www.ingramcontent.com/pod-product-compliance
Lightning Source LLC
Chambersburg PA
CBHW051905090426
42811CB00003B/468
9781617046063

סֵפֶר

עֲשָׂרָה מַאֲמָרוֹת

הָרַב הַמְּקֻבָּל

רַבֵּנוּ רַבִּי

מְנַחֵם עֲזַרְיָה מִפָּאֲנוּ

הרע"מ מפאנו

זצוקללה"ה

מְנֻקָּד

ידוע כי אין בר בלי תבן, כך אין ספר בלי טעויות, ועוד יודע אני כי דל ועני אני, **ואין עני אלא בדעה**. לכן מבקש אני בכל לשון של בקשה אם יש לכל אחד שאלות, הערות, הארות, תיקונים, נא לשלוח ל - book@simchatchaim.com והשתדל לענות, ולתקן את הצריך תיקון.

בברכה והצלחה בלימוד התורה הקדושה
ובעיקר בפנימיות התורה, ותורת הרע"מ מפאנו
ורפואה שלימה לכל חולי ישראל.

היב"ש

תֹּכֶן הַסֵּפֶר

הָרַב הַמְקֻבָּל רַבֵּנוּ רַבִּי

מְנַחֵם עֲזַרְיָה מִפָּאנוֹ

רַבִּי מְנַחֵם עֲזַרְיָה מִפָּאנוֹ, הַמְּכֻנֶּה גַּם עִמָּנוּאֵל דֶּה-פָּאנוֹ אוֹ בְּקִצּוּר: הרמ"ע מִפָּאנוֹ [ה'ש"ח - ד' בְּאָב ה'ש"ף; 1548 - 3 בְּאוֹגוּסְט 1620] הָיָה רַב, פּוֹסֵק וּמְקֻבָּל. נֶחְשָׁב לְגָדוֹל הַמְּקֻבָּלִים בְּיַהֲדוּת אִיטַלְיָה.

נוֹלַד לְמִשְׁפָּחָה מְיֻחֶסֶת מֵהָעֲיָרָה פָּאנוֹ [אִיטַלְיָה]. קַיֶּמֶת דֵּעָה כִּי נוֹלַד בְּבוֹלוֹנְיָה וְכִי מִשְׁפַּחְתּוֹ מוֹצָאָהּ הָיָה מִפָּאנוֹ. אָבִיו רַבִּי יִצְחָק בֶּרֶכְיָה הָיָה מִ"גֶּזַע יְשָׁרִים" וּמִיַּקִּירֵי הַיְּהוּדִים לְמִשְׁפַּחַת פָּאנוֹ. הוּא נָשָׂא לְאִשָּׁה אֶת בִּתּוֹ שֶׁל רַבִּי יִצְחָק פּוֹאָה מִמַּנְטוֹבָה מִגְּדוֹלֵי רַבָּנֵי אִיטַלְיָה בְּאוֹתָהּ עֵת.

לְאַחַר שֶׁלָּמַד תַּלְמוּד וַהֲלָכוֹת, הוּא שָׁקַד עַל לִמּוּד הַקַּבָּלָה. יְהוּדָה אַרְיֵה לֵיבּ בכ"ר יַעֲקֹב וְאִידִיסְלָווסְקִי מְתָאֵר אֶת סְגֻלּוֹתָיו בַּמִּשְׁפָּטִים הַבָּאִים - הַמַּלְאָךְ הַגּוֹאֵל אֶת חָכְמַת הַקַּבָּלָה, וְהֵפִיץ אֶת רוּחָהּ בְּחֶבֶל מְדִינַת אִיטַלְיָא, הָיָה רַבֵּנוּ מְנַחֵם עֲזַרְיָה מִפָּאנוֹ. הוּא הַגֶּבֶר הוּקַם עַל, לָשֵׂאת אֶת דֶּגֶל תּוֹרַת הַקַּבָּלָה בְּיָד רָמָה, וְהֶרְאָה אֶת גֹּדֶל תִּפְאַרְתָּהּ עַל פְּנֵי כָּל הַחָכְמוֹת וְהַמַּדָּעִים.

הוּא הַגֶּבֶר אֲשֶׁר שָׁקַד בֶּאֱמוּנָה עַל דַּלְתוֹת חָכְמַת הָאֱמֶת וְאָסַף בְּחָפְנָיו כָּל גִּנְזֵי תּוֹרַת הַקַּבָּלָה וְהָיוּ לַאֲחָדִים בְּיָדוֹ. הוּא הַגֶּבֶר אֲשֶׁר הֵאִיר עֵינֵי יִשְׂרָאֵל בְּמַאֲמָרָיו הַטְּהוֹרִים הַמְּאִירִים כַּסַּפִּירִים, וְהַמְּפַנִּים דֶּרֶךְ יָשָׁר לִפְנֵי כָּל הַחֲפֵצִים לְהִכָּנֵס בְּפַרְדֵּס הַחָכְמָה וּלְהֵנוֹת מֵעֵץ דַּעַת הַקַּבָּלָה.

הֲלֹא הוּא הרמ"ע ז"ל אִישׁ חֲמוּדוֹת הַמֹּלֶךְ בְּחָכְמַת הָאֱמֶת וּבְכָל תּוּשִׁיָּה לוֹ עֶשֶׂר יָדוֹת וּמִי בְּכָל בֵּית הַקַּבָּלָה נֶאֱמָן כָּמוֹהוּ.

נוֹלַד בָּעִיר בּוֹלוֹנְיָה. מוֹצָא מִשְׁפַּחְתּוֹ הָיָה מִפָּאנוֹ - עִיר קְטַנָּה לְיַד פִּיזָארִי, שֶׁיָּשְׁבוּ שָׁם יְהוּדִים כְּבָר בַּמֵּאָה הַ-14, וּבִשְׁנַת 1542 הִגִּיעוּ אֵלֶיהָ יְהוּדִים מִסִּיצִילְיָה.

יְדִיעוֹת הַבִּיּוֹגְרָפִיּוֹת הַמְּצוּיוֹת בְּאַמְתַּחְתֵּנוּ עַל אוֹדוֹתָיו קְטוּעוֹת הֵן, וְאֵין בִּיכָלְתֵּנוּ לְשַׂרְטֵט אֶת קוֹרוֹת חַיָּיו בִּשְׁלֵמוּת. הרמ"ע מִפָּאנוֹ נוֹלַד בְּבוֹלוֹנְיָה שֶׁבְּאִיטַלְיָה לְמִשְׁפָּחָה מְיֻחֶסֶת. בְּגִיל שְׁמוֹנֶה עֶשְׂרֵה הֵחֵל

לְשַׁמֵּשׁ מוֹהֵל, וּבֵין הַיֶּתֶר מַל בִּשְׁנַת של"א [1571] אֶת מִי שֶׁיִּתְפַּרְסֵם לְיָמִים כְּרַבִּי יְהוּדָה אַרְיֵה מִמּוֹדִינָה - בַּעַל שו"ת "זִקְנֵי יְהוּדָה".

בִּשְׁנַת שכ"ט [1569] גֹּרְשׁוּ הַיְּהוּדִים מֵאַרְצוֹת הַכְּנֵסִיָּה, והרמ"ע מִפָּאנוֹ עָבַר לְפֶרָארָה, שָׁם הֵחֵל לִלְמֹד קַבָּלָה לְפִי שִׁיטַת רַבִּי מֹשֶׁה קוֹרְדוֹבֵרוֹ מִצְּפַת. תּוֹךְ זְמַן קָצָר הִתְפַּרְסֵם כְּעִלּוּי גָּדוֹל, וְהָרָמַ"ק שָׁלַח לוֹ בְּאֶמְצָעוּת אֶחָד מִתַּלְמִידָיו אֶת סִפְרוֹ "פַּרְדֵּס רִמּוֹנִים". הרמ"ע הֶעְתִּיק אֶת מְקוֹם מוֹשָׁבוֹ לְוֶנֶצְיָה.

הרמ"ע מִפָּאנוֹ הָיָה רֹאשׁ יְשִׁיבָה בָּעִיר רֶגְיוֹ - כַּנִּרְאֶה בְּרֶג'וֹ אֶמֶלְיָה עִיר בִּצְפוֹן אִיטַלְיָה בְּמָחוֹז "אֶמֶלְיָה-רֶמָאנְיָה" בָּהּ הָיְתָה קְהִלָּה יְהוּדִית חֲשׁוּבָה. אֵלָיו נָהֲרוּ תַּלְמִידִים רַבִּים. מִמֶּנָּה עָבַר לָעִיר שֶׁל חוֹתְנוֹ מַנְטוֹבָה.

בְּמַנְטוֹבָה, הרמ"ע מִפָּאנוֹ נֶחֱשַׁב לְאִישׁ עָשִׁיר וּבַעַל יְשִׁיבָה גְּדוֹלָה וּבָהּ סִיֵּם אֶת חַיָּיו.

אֶת רֵאשִׁית תּוֹרַת הַקַּבָּלָה הוּא קִבֵּל מֵרַבּוֹ, רַבִּי עֶזְרָא מִפָּאנוֹ מִמַּנְטוֹבָה. הוּא הָיָה מִ"בְּנֵי עֲלִיָּה" מִמְּקֻבְּלֵי אֶרֶץ אִיטַלְיָא הוּא "סָלַל דֶּרֶךְ אֱמֶת לִפְנֵי הרמ"ע בִּשְׂדֵה חָכְמַת הָאֱמֶת וְהִכְנִיסוֹ לְגִנַּת בִּיתַן הַחָכְמָה" [הַקְדָּמָה לְסֵפֶר "פֶּלַח הָרִמּוֹן"].

מֵרַבִּי מֹשֶׁה קוֹרְדוֹבֵרוֹ הוּא קִבֵּל אֶת גּוּפֵי תּוֹרַת הַקַּבָּלָה, אַף עַל פִּי שֶׁלֹּא רָאָהוּ מִיָּמָיו, כְּפִי שֶׁכּוֹתֵב: "שֶׁכָּל יְמֵי הָיִיתִי מְחַבֵּב דְּבָרָיו בִּקְהַל רַב בְּבָתֵּי כְּנֵסִיּוֹת וּבְבָתֵּי מִדְרָשׁוֹת, בֶּאֱמֶת רַב מֻבְהָק הוּא לִי מִתּוֹךְ סְפָרָיו, תְּהִלָּה לַה', וְחַיָּב אֲנִי לוֹ מוֹרָא וְכָבוֹד בִּשְׁנֵי עוֹלָמוֹת כְּכָל שְׁאָר תַּלְמִידִים" [הַקְדָּמָה לְפֶלַח הָרִמּוֹן].

רָמָ"ק שָׁלַח לוֹ אֶת סִפְרוֹ פַּרְדֵּס רִמּוֹנִים, וּבוֹ עִקַּר שִׁיטָתוֹ בְּקַבָּלָה. בְּמוֹתוֹ שֶׁל הָרָמָ"ק שִׁלֵּם הרמ"ע לְאַלְמְנָתוֹ שֶׁל הָרָמָ"ק אֶלֶף זְהוּבִים זָהָב עֲבוּר הָרְשׁוּת לְהַעְתִּיק אֶת כְּתַב יַד בַּעְלָהּ. בְּנוֹסָף לְסִכּוּם זֶה שָׁלַח 20 אֲדֻמִּים לְרַבִּי יוֹסֵף קָארוֹ, 20 לְרַבִּי שְׁלֹמֹה הַלֵּוִי אֶלְקָבֵּץ וְ – 10 לְרַבִּי מֹשֶׁה אַלְשֵׁיךְ עַל מְנַת שֶׁיַּמְלִיצוּ בַּעֲדוֹ בִּפְנֵי הָאַלְמָנָה. כָּתַב קִצּוּר "פֶּלַח הָרִמּוֹן" לְסֵפֶר פַּרְדֵּס רִמּוֹנִים.

מֵרַבִּי יִשְׂרָאֵל סָרוּק מִצְּפַת שֶׁלָּמַד מִמֶּנּוּ קַבָּלַת הָאֲרִי ז"ל, וְכָתַב: "כָּךְ הוּא קַבָּלַת הָאֲרִי ז"ל מִפִּי מוֹרִי הָרַבֵּינוּ הָרַב יִשְׂרָאֵל נר"וּ אֶחָד מִגְּדוֹלֵי תַּלְמִידָיו שֶׁזִּכַּנִי לְהַרְבֵּה גּוּפֵי תּוֹרָה".

הרמ"ע מִפָּאֲנוֹ הָיָה גַּם תַּלְמִידוֹ שֶׁל הָרַב הַגָּדוֹל, רַבִּי יִשְׁמָעֵאל חֲנִינָא מְוּואלְמוֹנְטוֹ, מִגְּדוֹלֵי רַבָּנֵי פֵרָארָה וְרָאשֵׁי חַכְמֵי הַתַּלְמוּד בִּמְדִינַת אִיטַלְיָא , והרמ"ע מַזְכִּירוֹ בִּתְשׁוּבוֹתָיו בְּזוֹ הַלָּשׁוֹן: "זוֹ הוּא הַשִּׁיטָה הַנְּכוֹנָה וְקַלְטָה מוֹרִי הר"ר יִשְׁמָעֵאל חֲנִינָא נֵרוֹ אֲשֶׁר יָדַעְתָּ דִּמְחַדְּדָן וּנְהִירָן שְׁמַעְתְּתֵיהּ טוּבָא" [סִימָן לב]. גַּם בִּמְקוֹמוֹת נוֹסָפִים הוּא מַזְכִּירוֹ בְּשֵׁם הַתֹּאַר - "מוֹרִי וְרַבִּי".

סֵפֶר

עֲשָׂרָה מַאֲמָרוֹת

מַאֲמַר חֲקֹר דִּין

מַאֲמַר חֲקֹר דִּין - חֵלֶק א פֶּרֶק א

הַחֲקִירָה בְּמַאֲמָר הַזֶּה תָּסוּב עַל מִשְׁפְּטֵי ה' אֱמֶת בִּשְׁלֹשָׁה עוֹלָמוֹת:

הָאֶחָד עוֹלָם הַזֶּה כְּפִי הַמְפֻרְסָם מֵעִנְיָנוֹ שֶׁהוּא דִּין רֹאשׁ הַשָּׁנָה וְהַנִּלְוִים אֵלָיו כְּמוֹ שֶׁיָּבֹא. וְהַשֵּׁנִי עוֹלַם הַנְּשָׁמוֹת לְדִין שֶׁאַחַר הַמָּוֶת. וְהַשְּׁלִישִׁי עוֹלַם הַתְּחִיָּה הוּא הַדִּין הָאַחֲרוֹן הַמַּשְׁלִים לְכֻלָּם עַל הָרִאשׁוֹנִים נֶאֱמַר יְחַיֵּנוּ מִיֹּמָיִם בַּקֵּשׁ מִבַּעַל הָרַחֲמִים שֶׁיִּגְזֹר עָלֵינוּ הַחַיִּים הָאֲמִתִּיִּים בִּתְחִלַּת הַבְּרִיאָה עַד סוֹף הַהִסְתַּלְּקוּת מִן הָעוֹלָם הַזֶּה, וּתְפִלָּתוֹ זָכָה שֶׁנֵּצֵא זַכָּאִים מִשְּׁנֵי יְמֵי הַדִּין שֶׁאָמַרְנוּ. עַל דֶּרֶךְ מָה שֶׁכָּתוּב וְיוֹם הַמָּוֶת מִיּוֹם הִוָּלְדוֹ וּכְמוֹ שֶׁיִּתְבָּאֵר בַּחֵלֶק הַשֵּׁנִי פ"ו. וְאָתְיָא כִּי הָא דְּאָמַר מֹשֶׁה רַבֵּנוּ ע"ה בִּתְפִלָּתוֹ, שֶׁשְּׁכָחוּהוּ אַחֲרֵי מוֹתוֹ וְחָזַר וְיָסְדָהּ דָּוִד הַמֶּלֶךְ נְעִים זְמִירוֹת יִשְׂרָאֵל, שַׂמְּחֵנוּ כִּימוֹת עִנִּיתָנוּ, לֹא לִתֵּן קִצְבָּה ח"ו לִימֵי הַשִּׂמְחָה הָרוּחָנִית שֶׁעָלֶיהָ הָיָה מִתְחַנֵּן. וּכְבָר אָמַר וּנְרַנְּנָה וְנִשְׂמְחָה בְּכָל יָמֵינוּ כַּיּוֹצֵא בוֹ יְהִי חַסְדְּךָ ה' עָלֵינוּ כַּאֲשֶׁר יִחַלְנוּ לָךְ, מִשְׁפָּטוֹ כָּל זְמַן שֶׁיִּחַלְנוּ לָךְ שֶׁהוּא תָּמִיד לֹא כְּשִׁעוּר הַיַּחַל שֶׁזֶּה יֵשׁ לוֹ קִצְבָּה, וּלְחֶסֶד ה' אֵין לוֹ קִצְבָּה, אֲבָל אָמְרוּ רַבּוֹתֵינוּ ז"ל מָאן דְּצָלֵי צְלוֹתֵיהּ בָּעֵי לְפָרְשָׁה מִלֵּי כִּדְקָא יָאוֹת, לְפִיכָךְ פֵּרֵשׁ וְאָמַר שֶׁאֵינוֹ מְבַקֵּשׁ עַל הֶעָתִיד בִּלְבַד. וְגַם עַל הֶעָבָר לֹא יַסְפִּיק מִמֶּנּוּ מָה שֶׁנַּעֲשָׂה בוֹ רְצוֹנוֹ יִתְבָּרֵךְ, כִּי פְּשִׁיטָא שֶׁאֵינוֹ מְקַפֵּחַ שְׂכַר כָּל בְּרִיָּה אֶלָּא נוֹסָף עַל כָּל זֶה שַׂמְּחֵנוּ גַּם כֵּן כִּימוֹת עִנִּיתָנוּ כְּאִלּוּ קִיַּמְנוּ הַמִּצְוֹת בְּכָל זְמַן לְפִי שֶׁאֵין שִׂמְחָה זוּלָתָן, וְאַף עַל פִּי שֶׁיֵּשׁ בְּהֶמְשֵׁךְ הַחַיִּים יְמוֹת עִנִּיתָנוּ, וְלֹא הֻנַּח לָנוּ לִשְׁמֹר מִשְׁפְּטֵי צִדְקֶךָ, הֲרֵי זֶה אֹנֶס וְרַחֲמָנָא פַּטְרֵיהּ. וְעַל דֶּרֶךְ זֶה אָמַר יוֹאֵל וְשִׁלַּמְתִּי לָכֶם אֶת הַשָּׁנִים, וּפָשׁוּט הוּא. וְיִהְיֶה שְׁנוֹת רָאִינוּ רָעָה מְצֹרָף לַפָּסוּק הַנִּמְשָׁךְ יֵרָאֶה אֶל עֲבָדֶיךָ פָעֳלֶךָ כִּי הֵן, לֹא קָצְרָה יָדוֹ יִתְבָּרֵךְ לְחַדֵּשׁ מֵאָז מִדַּת טוּבוֹ בְּכָל יוֹם כָּל אוֹתוֹ זְמַן גַּם כֵּן, אֶלָּא שֶׁעֲדַיִן לֹא זָכִינוּ בוֹ כִּי מִפְּנֵי הָרָעָה נֶאֱסַף וְנִגְנַז, וְהוּא כָּנוּס וְנָתוּן בָּאוֹצָר מַלְכּוֹ

שֶׁל עוֹלָם עַד יַעֲבֹר זָעַם. עַל כֵּן אָמַר, יֵרָאֶה אֶל עֲבָדֶיךָ פָעֳלֶךָ כְּאָמְרוֹ הַרְאֵנוּ ה' חַסְדֶּךָ וּכְתִיב פָּעַלְתָּ לַחוֹסִים בָּךְ כִּי הַהִתְבּוֹנְנוּת בְּמִדּוֹתָיו יִתְבָּרֵךְ הוּא תַּכְלִית הַטּוֹבָה וְהוּא הַדֶּרֶךְ עַל בְּנֵיהֶם כְּטַעַם זְכוּת אָבוֹת הַנַּעֲשֶׂה מַזָּלָן שֶׁל בָּנִים וְנִבְאָרֵהוּ בְּפֶרֶק כ"ח כ"ט ול' מֵהַחֵלֶק הַשֵּׁנִי. הָדָר הוּא בְּלִי סָפֵק לְהַצְדָּקַת הַהַנְהָגָה בֶּאֱמֶת וָיֹשֶׁר. וִיהִי נֹעַם ה' אֱלֹהֵינוּ עָלֵינוּ הוּא מַזָּלֵנוּ הָרִאשׁוֹן, דְּלָא תָּלֵי בִּזְכוּתָא כְּלָל אֲשֶׁר הֵכִין לְבֵית יִשְׂרָאֵל רַב טוּב וְחֶסֶד עָצוּם כְּיַד הַמֶּלֶךְ הָעֶלְיוֹן הַמֵּטִיב לַכֹּל, אָמַר יְהִי רָצוֹן שֶׁלֹּא יִפְחֲתוּ לָנוּ מִמֶּנּוּ מְאוּמָה לֹא יֵאָצֵר וְלֹא יֵחָסֵן לַיֹּשְׁבִים לִפְנֵי ה' יִהְיֶה הִיא דְּעָתֵיהּ דְּרַבִּי עֲקִיבָא שֶׁנִּזְכַּר שָׁם. וּמַעֲשֵׂה יָדֵינוּ הוּא הַזְּכוּת הַמִּתְחַדֵּשׁ דְּבַר יוֹם בְּיוֹמוֹ, כּוֹנְנָה עָלֵינוּ לְהוֹסִיף כֹּחַ בְּמַזָּלֵנוּ בְּכָל דּוֹר וָדוֹר הִיא דַּעְתַּיְהוּ דְּרַבָּנָן כְּמוֹ שֶׁיָּבֹא. וַאֲפִלּוּ תֵּימָא רַבִּי עֲקִיבָא דִּסְגִיָּין כַּוָּתֵהּ כְּמוֹ שֶׁנִּזְכַּר שָׁם, יִהְיֶה כּוֹנְנָה עָלֵינוּ עַל אֲכִילַת פֵּרוֹת בָּעוֹלָם הַזֶּה שֶׁל מַעֲשִׂים טוֹבִים דְּהַשְׁתָּא וּמַעֲשֵׂה יָדֵינוּ כּוֹנְנֵהוּ כֵּן מִשְׁפָּטוֹ לְדוֹר אַחֲרוֹן. וּכְשֶׁיַּגִּיעַ הַמְעַיֵּן לְהַשְׁלָמַת הַדְּרוּשׁ הַזֶּה בִּמְקוֹם כְּבוֹדוֹ שֶׁזְּכַרְנוּ, יִשְׂמַח וְיָגֵל מְאֹד בַּאֲמִתּוּת הֲבָנַת הַכָּתוּב הַזֶּה, עִם הַתּוֹחֶלֶת לַחֲזוֹת בְּנֹעַם ה' וּלְבַקֵּר בְּהֵיכָלוֹ. וּמִי שֶׁהִשְׁלִים מִדַּת יָמָיו כְּמֹשֶׁה רַבֵּנוּ עָלָיו הַשָּׁלוֹם וְאֵין זֶה רַק מִקְצָת שִׁבְחוֹ שֶׁכֵּן בְּפָנָיו הֵעִיד עָלָיו חֲפֵץ חֶסֶד, הֵן קָרְבוּ יָמֶיךָ כְּפֵרוּשׁ הַזֹּהַר דְּקָרִיבוּ קַמֵּי מַלְכָּא בְּלָא כִּסּוּפָא, יָכוֹל לְהִתְפַּלֵּל כְּגוֹן זוֹ לְזַכּוֹת אֶת הָרַבִּים:

מַאֲמָר חֵקֶר דִּין - חֵלֶק א פֶּרֶק ב

מֵקִים דְּבַר עַבְדּוֹ בָּרוּךְ הוּא עֲצַת נְבִיאוֹ יַשְׁלִים, כִּי אֵין שְׂחוֹק הַלִּוְיָתָן זוּלַת זֶה לְקַבֵּץ בּוֹ בְּכָל יוֹם מֵעֵין בִּרְכוֹתָיו מְעַדּוּנֵי הַמִּצְוֹת שֶׁהַצַּדִּיקִים מִתְאַוִּים בְּלֵב שָׁלֵם, לִהְיוֹת עוֹשִׂים וּמְעַשִּׂים תָּמִיד כִּי מַחְשַׁבְתָּם מִצְטָרֶפֶת לְמַעֲשֶׂה וְהֵם עַכְשָׁו אַוְרָרֵי יוֹם שֶׁיֵּשׁ בּוֹ בִּטּוּל מִצְוֹתֵיהֶם מֵחֲמַת אֹנֶס. וּבִזְמַן הַסְּעוּדָה עֲתִידִים עוֹרֵר לִוְיָתָן לַעֲנוֹת עָלָיו דִּבְרֵי שֶׁבַח וְהַלֵּל גָּדוֹל לְנוֹרָא תְהִלֹּת עֹשֵׂה פֶלֶא שֶׁהוּא צַדִּיק חוֹנֵן וְנוֹתֵן תְּהִלָּה מַצְדִּיק אֶת הַגְּמוּל עַל הַמַּחֲשָׁבָה חוֹנֵן מַתְּנַת חִנָּם עַל הַמַּעֲשֶׂה שֶׁלֹּא הֻשְׁלַם. וְנוֹתֵן שְׂכַר שְׁנֵיהֶם כְּמוֹ שֶׁאָנוּ עֲתִידִים לְבָאֵר בְּפֶרֶק כ"ב מֵהַחֵלֶק הַשֵּׁנִי בס"ד. וּכְתִיב לִוְיָתָן זֶה יָצַרְתָּ לְשַׂחֶק בּוֹ כִּי פִיו יִתְבָּרֵךְ הוּא צִוָּה שֶׁיִּתְעַדְּנוּ בְּאוֹתָן מִצְוֹת וּבִשְׂכָרָן, אַף עַל פִּי שֶׁלֹּא נִגְמְרָה מְלַאכְתָּן וְרוּחוֹ הוּא קִבְּצָן לְאוֹתָהּ סְעוּדָה וּבִשְׁבִיל זֶה עֹז וְחֶדְוָה לְפָנָיו מִמָּה שֶׁיִּשְׂמַח יִשְׂרָאֵל בְּעֹשָׂיו. וְהִנֵּה הַקִּוּוּי אֶל הַשִּׂמְחָה יִקָּרֵא שְׂחֹק. עַל דֶּרֶךְ הָאָמוּר בְּאַבְרָהָם כְּשֶׁנָּפַל עַל פָּנָיו בִּבְשׂוֹרַת הַזֶּרַע. אֶלָּא שֶׁבָּא אֵצֶל הַלִּוְיָתָן בְּפֹעַל יוֹצֵא כִּי יִצְרוֹ מַמְצִיא וּמַסְגִּיל בּוֹ הַשָּׂחוֹק בְּכָל יוֹם לְהָטִיב לַטּוֹבִים כָּאָמוּר. וּבְהִשְׁתַּלֵּם לָהֶם הַשִּׂמְחָה עַצְמָהּ לֶעָתִיד לָבֹא, יִשְׂמַח ה' בְּמַעֲשָׂיו:

וּבְפֶרֶק לִפְנֵי אֵידֵיהֶן נִתְיַחֲדוּ לוֹ ד' רִבְעֵי הַיּוֹם לְמַחְלְקוֹתָם. הָרִאשׁוֹן, לַעֲסֹק הַתּוֹרָה לְחַדֵּשׁ בָּהּ מַעֲשֵׂה בְרֵאשִׁית בְּחֶסֶד גָּמוּר כִּי הִיא כְּלִי אוּמָנוּתוֹ. הַשֵּׁנִי, לָדוּן אֶת הָעוֹלָם אַחֲרֵי קְשִׁירַת כְּתָרִים מִתְּפִלָּתָן שֶׁל כָּל יִשְׂרָאֵל שַׁחֲרִית, וְאַף עַל פִּי כֵן לֹא יִצְדַּק לְפָנָיו כָּל חַי, לְפִיכָךְ עוֹמֵד מִכִּסֵּא דִין וְיוֹשֵׁב עַל כִּסֵּא רַחֲמִים. הַשְּׁלִישִׁי. לָזוּן אֶת כָּל הָעוֹלָם לְהַשְׁלִים בּוֹ תְּמוּרַת הַנֶּתֶךְ. הָרְבִיעִי, לְסַגֵּל מִצְוַת הַיּוֹם, וּבֵאַרְנוּהוּ בְּמַאֲמָר אֵם כָּל חַי בַּחֵלֶק הַשְּׁלִישִׁי מִמֶּנּוּ הַמְתַּקְנוּ סוֹד הַסְּעוּדָה בְּכָל חֲלָקֶיהָ יְעַיֵּן שָׁם. וּמָה גַּם עַתָּה יִצְדַּק מְאֹד בְּמַאֲמַר הַנָּבִיא יְחַיֵּנוּ מִיּוֹמָיִם שֶׁדִּין הָעוֹלָם הַזֶּה בִּכְלָלוֹ יֵחָשֵׁב דִּין אֶחָד בִּלְבַד אַף עַל פִּי שֶׁפְּרָטָיו רַבִּים כַּנּוֹדָע מֵהִתְעוֹרְרוּת שָׁנָה אַחַר שָׁנָה בְּאֶחָד בְּתִשְׁרֵי. כִּי אָמְנָם הַנִּגְזָר בּוֹ כְּפַעַם בְּפַעַם שׁוֹמֵר תְּמוּנָה וְיַחַס אֶחָד לִמְאֹרָעוֹת הַמַּרְגָּשׁוֹת בְּגוּף וְנֶפֶשׁ וְהוּא גַּם כֵּן מִצְטָרֵף לִבְחִינוֹת וְעִיּוּנוֹת הַמִּתְחַדְּשׁוֹת מִינֶיהָ וּבָהּ בְּכָל יוֹם וּבְכָל שָׁעָה לָכֵן מִכְּלָלוֹ יְמֵי עוֹלָם בְּדִין אֶחָד וּמִשְׁפָּט מְיֻחָד וְתִסְבֹּל הַמְּלִיצָה בְּדִבְרֵי הַנָּבִיא שֶׁיִּקְרָאֵהוּ יוֹם אֶחָד וְעַל הַדִּין הָאַחֲרוֹן שֶׁהוּא תַּכְלִית שְׁלֵמוּת לַדִּינִים שֶׁקְּדָמוּהוּ אָמַר בַּיּוֹם הַשְּׁלִישִׁי יְקִמֵנוּ וְנִחְיֶה לְפָנָיו. וְדִסְלִיקְנָא מִינֵיהּ נִפְתַּח בְּיָהּ אִידֵי דַּחֲבִיב לָן כְּדֶרֶךְ שֶׁאָמְרָה חַנָּה תְּחִלָּה, ה' מֵמִית וּמְחַיֶּה, וּמִמֶּנּוּ נִקַּח דֻּגְמָא לְעוֹלָם הַנְּשָׁמוֹת מִדְּאַסְמְכִינְהוּ קְרָא בְּאָמְרוֹ מוֹרִיד שְׁאוֹל וַיָּעַל וְזֶה הָאַחֲרוֹן פּוֹעֵל בּוֹדֵד יִתְבָּאֵר בְּמָה שֶׁיָּבֹא עַל דֶּרֶךְ מָה שֶׁאָמַר מֹשֶׁה רַבֵּנוּ ע"ה וְשָׁב ה' אֱלֹהֶיךָ אֶת שְׁבוּתְךָ וּכְמוֹ שֶׁדָּרְשׁוּ בְּמַסֶּכֶת מְגִלָּה כ"ט. שֶׁאַף הוּא שָׁב עִמָּהֶם. וְעַל דִּינֵי הָעוֹלָם הַזֶּה אָמְרָה, ה' מוֹרִישׁ וּמַעֲשִׁיר עַד סוֹף הַתְּפִלָּה לָכֵן הִרְחִיבָה בָּהֶם הַדִּבּוּר כִּי הָיְתָה נְבוּאָתָהּ עַל מִשְׁפַּט הַמֶּלֶךְ וְעַל שְׁמוּאֵל בְּנָהּ הוּא הַגֶּבֶר הוּקַם עַל מַמְלְכוּת יִשְׂרָאֵל מֵהָעֵד מַלְכִּין וּמֵהָקֵם מַלְכִּין וּמֶלֶךְ נִכְנָס לַדִּין תְּחִלָּה כַּנּוֹדָע מֵהָנֵהוּ תְּרֵי טַעֲמֵי דְּאִתְּמַרוּ בְּפֶרֶק קַמָּא דְּרֹאשׁ הַשָּׁנָה ט"ז. חַד מִקַּמֵּי דְּלִפּוֹשׁ חָרוֹן אַף וְחַד דְּלָאו אוֹרַח אַרְעָא לְאוֹקוּמֵי מַלְכָּא אַבָּרַאי וְתוּ דִּכְלֵי עָלְמָא גְּרִיר אֲבַתְרֵהּ כְּטוֹב כְּחוֹטֵא כְּמוֹ שֶׁהוֹכִיחוּ בְּפֶרֶק קַמָּא דְּחֻלִּין ד ע"ב מִקְּרָא דְּמוֹשֵׁל מַקְשִׁיב וְאַף עַל פִּי כֵן אֵין לְמֵדִין מִן הַכְּלָלוֹת צֵא וּלְמַד מִדּוֹרוֹ שֶׁל יְהוֹיָקִים וְשֶׁל צִדְקִיָּהוּ בְּפֶרֶק חֵלֶק דַּף ק"ג עַיֵּן שָׁם. אַךְ לֹא עָלֵינוּ הַמְּלָאכָה לֶאֱסֹף מִן הַמְּפֻזָּר וְלֹא לַעֲצֹר אֶת הַמְּכֻנָּס בְּסִפְרֵי הַמְּחַבְּרִים חֲדָשִׁים גַּם יְשָׁנִים בִּדְרוּשִׁים הָאֵלֶּה שֶׁאָנוּ בְּבֵאוּרָם רַק לְהָבִין וּלְהוֹרוֹת בְּדֶרֶךְ קְצָרָה וּבְשָׂפָה בְּרוּרָה חָכְמְתָא לְחַכִּימִין מִמָּה שֶׁחָנַן חוֹנֵן דַּלִּים אֶת אֲשֶׁר יָחֹן לִלְמֹד וְאֶת אֲשֶׁר יְרַחֵם לִשְׁמֹר וְלַעֲשׂוֹת:

מַאֲמַר חֵקֶר דִּין - חֵלֶק א פֶּרֶק ג

תַּנְיָא בֵּית שַׁמַּאי אוֹמְרִים שָׁלֹשׁ כִּתּוֹת לְיוֹם הַדִּין וְכוּ' דִּקְדְּקוּ בַּתּוֹסָפוֹת בְּרֵישׁ רֹאשׁ הַשָּׁנָה וּבְרֵישׁ בָּבָא קַמָּא דְּאִיכָּא דּוּכְתֵּי בְּמַתְנִיתִין דְּמַתְּנִינָן

הֵן, כְּגוֹן שׁוֹמְרִים וְרָאשֵׁי שָׁנִים. וְדוּכְתֵּי דְּלָא מַתְנִינָן הֵן כְּאָבוֹת נְזִיקִין
וּמְחַסְּרֵי כַּפָּרָה. וּמָה שֶׁתֵּרְצוּ שָׁם בְּרֹאשׁ הַשָּׁנָה אֵינוּ טַעַם מַסְפִּיק
דְּאִיתֵיהּ בִּנְזִיקִין דְּלִקַּמֵּיהּ דְּקָא דְּקַתָּנֵי לֹא דְּקָתָּנֵי קָאֵי רָאֵי זֶה כְּרָאֵי זֶה וּלְיָתָהּ
בִּמְחַסְּרֵי כַּפָּרָה אַמְּנָם יָפֶה הִרְגִּישׁוּ דְּתַנָּא דְּמַתְנִיתִין דּוּקָנָא הוּא וְנִיחָא
לֵיהּ לְהֵן הַוְיָה לִדְבָרִים שֶׁבִּקְדֻשָּׁה כְּגוֹן רָאשֵׁי שָׁנִים שֶׁהַרְבֵּה מְצַנֵּת
תְּלוּיוֹת בָּהֶם וְגַבֵּי שׁוֹמְרִים נַמֵי כָּתִיב עַל חוֹמתַיִךְ יְרוּשָׁלַיִם הִפְקַדְתִּי
שׁוֹמְרִים שֶׁהֵם ד' כְּנֶגֶד ד' אוֹתִיּוֹת הַשֵּׁם ג' דִּינֵיהֶם ג' דְּרָעִים דְּלָעֵלָּא לֹא
מִתְפָּרְשָׁן לְעוֹלְמִין וַעֲלֵיהוּ כְּתִיב כָּל הַיּוֹם וְכָל הַלַּיְלָה תָּמִיד לֹא יֶחֱשׁוּ
כְּטַעַם עַלְמוֹת שִׁיר שֶׁכְּנֶגְדָּם נוֹשֵׂא שָׂכָר דָּא יוֹ"ד כִּי שֶׁכְּנֶה בַּתַּחְתּוֹנִים
צָרֵךְ גָּבוֹהַּ וְהַשׂוֹכֵר דָּא ה"א שׂוֹכֵר פּוֹעֲלִים וְעוֹמֵד עֲלֵיהֶם כַּנּוֹדַע
הַמַּזְכִּרִים אֶת ה' אַל דֳּמִי לָכֶם נֶאֱמַר עַל שׁוֹמֵר חִנָּם דָּא נָא"ו נָטַר
נוֹקְבֵיהּ מִפְּגַם פּוֹרְקֵי עַל הָאוֹכְלִים לְמַעְדַּנִּים חִנָּם מִן הַמִּצְוֹת וְהַשּׁוֹאֵל
דָּא ה"א עָנִי וְאֶבְיוֹן כְּדָוִד מֶלֶךְ יִשְׂרָאֵל שֶׁמְּבַקֵּשׁ פֶּרֶס מַרְבּוֹ לְחַלֵּק לְכָל
הֲמוֹן יִשְׂרָאֵל לְךָ נֶאֱמַר וְאַל תִּתְּנוּ דֳּמֵי לוֹ שֶׁהוּא תָּלוּי בְּדַעַת אֲחֵרִים
וְדֵי בָּזֶה. וְנִשְׁמַר הַתַּנָּא בְּצֶדֶק שֶׁלֹּא לְהוֹצִיא מִפִּיו הוֹיֵ"ה לַנְּזָקִין
נוֹטָרִיקוֹן שֶׁלָּהֶם שבמ"ה, שׁוֹר בּוֹר מַבְעֶה הַבְּעֵר, וְהִיא עִיר קְטַנָּה
אַחֲרוֹנָה לְעָרֵי הַכְּנַעֲנִי בְּעֵבֶר הַיַּרְדֵּן שֶׁכְּנֶגְדָּהּ עִיר הַקֹּדֶשׁ וְשָׁם הָעִיר
מִיּוֹם ה' שָׁמָּה כָּאָמוּר וּמְחַסְּרֵי כַּפָּרָה נַמֵי אֵין הוֹיָתָם וְטַהֲרָתָם שְׁלֵמָה.
וְרַבִּי חִיָּא וְרַבִּי אוֹשַׁעֲיָא גַּבֵּי י"ג אָבוֹת וכ"ד דְּמַתְנֵי דְּמַתְנֵי חַד חַד מָנַיְהוּ
בִּנְזִיקִין הֵנָּה בִּקְצָת סְפָרִים מְדֻיָּקִים לֹא מַתְנוּ הֵן מִיהוּ אֶפְשָׁר דְּתַנָּא בָּרָא
לֹא דָּיֵּק כֻּלֵּי הַאי וְהָכָא מָאן דְּלָא תָּנֵי הֵן דָּיֵּק שַׁפִּיר מִשּׁוּם רְשָׁעִים וּמָאן
דְּתָנֵי הֵן קַסָבַּר סוֹף סוֹף קִלּוּסוֹ שֶׁל הַקָּדוֹשׁ בָּרוּךְ הוּא עוֹלֶה מִכֻּלָּן כְּמוֹ
שִׁבְעָא. וְגַבֵּי אַרְבַּע מִיתוֹת בֵּית דִּין בְּכֻלְּהוּ תַּנְיָין הֵן שֶׁכָּל הַמּוּמָתִין
מְתוֹדִין וְיֵשׁ לָהֶם חֵלֶק לְעוֹלָם הַבָּא וְגַבֵּי בָּתִּים אֲבָנִים וְאֵשָׁרוֹת דְּפֶרֶק
הָאֱלִילִים קָתָנֵי הֵן לְהַחֲמִיר בְּאִסּוּרָן וּלְקַמָּן בְּפֶרֶק הָרִאשׁוֹן מֵהַחֵלֶק
הַחֲמִישִׁי נְבָאֵר חִלּוּקֵי הַדִּין שֶׁל שָׁלֹשׁ כִּתּוֹת אֵלֶּה כְּפִי הַמַּסְקָנָא דְּהָדָא
מַתְנִיתִין. וְאִתְּמַר עֲלָהּ בַּגְּמָרָא רֹאשׁ הַשָּׁנָה י"ז. אָמַר מַר בֵּית הִלֵּל
אוֹמֵר רַב חֶסֶד מַטֶּה כְּלַפֵּי חֶסֶד הֵיכִי עָבֵד רַבִּי אֶלְעָזָר אָמַר כּוֹבֵשׁ
שֶׁנֶּאֱמַר יָשׁוּב יְרַחֲמֵנוּ יִכְבֹּשׁ עֲוֹנֹתֵינוּ רַבִּי יוֹסֵי בַּר חֲנִינָא אָמַר נוֹשֵׂא
שֶׁנֶּאֱמַר נוֹשֵׂא עָוֹן וְעֹבֵר עַל פֶּשַׁע. תָּנָא דְּבֵי רַבִּי יִשְׁמָעֵאל מַעֲבִיר רִאשׁוֹן
רִאשׁוֹן וְכָךְ הִיא הַמִּדָּה. אָמַר רָבָא וְעָוֹן עַצְמוֹ אֵינוֹ נִמְחָק דְּאֵי אִכָּא
רֻבָּא עֲוֹנוֹת מִחְשׁוּב בַּהֲדַיְהוּ. וּפֵרֵשׁ רַשִׁ"י כּוֹבֵשׁ מַטְמִין מִן הָעֲוֹנוֹת
תַּחַת כִּסֵּא הַכָּבוֹד. נוֹשֵׂא מַגְבִּיהַּ כַּף מֹאזְנַיִם וְהַזְכִיּוֹת מַכְרִיעוֹת יָפֶה
כְּלַפֵּי מַטָּה, עַד כָּאן. וְאוּלָם הַהַטְמָנָה לְמִקְצָת עֲוֹנוֹת פֵּרוּשׁוֹ בְּהֶכְרֵחַ
לְבַטֵּל עָוֹן קְצָתוֹ וּמְקוֹם הַטְמָנָתָם יוֹכִיחַ כִּי עִם הַתְּשׁוּבָה הַמַּגַּעַת עַד
כִּסֵּא הַכָּבוֹד זְדוֹנוֹת נַעֲשׂוֹת כִּשְׁגָגוֹת וְעִם זֶה לֹא לַיַחֲדוֹ יִכּוֹן לָשׁוֹן אַחֵר
שֶׁפֵּרֵשׁ רַשִׁ"י בְּפֶרְקִ"ן בָּעֶרְכִּין [דַּף ח' ע"ב] כּוֹבֵשׁ תּוֹפֵס מִן הָעֲוֹנוֹת
וְכוֹבְשָׁן בִּמְצוּלוֹת יָם, עַד כָּאן. וְהַכַּוָּנָה שֶׁהַנִּדּוֹנִיּוֹת שֶׁבָּהֶם מֶשֶׁךְ שָׁם

מִתַּחַת כִּסֵּא הַכָּבוֹד וְלֹא נִשְׁאַר בִּלְתִּי אִם חֵלֶק הַשְּׁגָגָה שֶׁהוּא נָקֵל לְהִתְכַּפֵּר וְזוֹ מִדַּת כָּל אָדָם שֶׁרֻבָּם בֵּינוֹנִים וְעָלֶיהָ בִּקֵּשׁ מֹשֶׁה רַבֵּנוּ ע"ה כְּמוֹ שֶׁדָּרְשׁוּ בְּסוֹף יוֹמָא עַל פָּסוּק נֹשֵׂא עָוֹן וָפֶשַׁע וְחַטָּאָה לְפִי שֶׁאֶפְשָׁר לַצִּבּוּר לַעֲמֹד בָּהּ. וְאַרְבָּעָה עַמּוּדֶיהָ הַנִּכְלָלִים בְּסוּר מֵרַע פֵּרֵשׁ יְשַׁעְיָה, רַחֲצוּ, עֲזִיבַת הַחֵטְא. הִזַּכּוּ. חֲרָטָה. הָסִירוּ, וִדּוּי שֶׁעַל יְדֵי כֵּן הַקָּטֵגוֹר מִסְתַּלֵּק מִנֶּגֶד וּמוֹדֶה בִּקְנָס פָּטוּר וּלְפִי שֶׁהַחוֹטֵא מְאַבֵּד אֶת הָעוֹלָם שֶׁנִּבְרָא בְּאוֹתִיּוֹת הַתּוֹרָה נִתְקַן הַוִּדּוּי בְּאַלְפָא בֵּית"א. וְהִנֵּה הָאוֹתִיּוֹת תְּחִלָּה עָאלוּ לְמִפְרַע קֳדָם מַלְכָּא וְשָׁם תִּשְׁרֵי לְעַד שֶׁבּוֹ נִבְרָא הָעוֹלָם כְּרַבִּי אֱלִיעֶזֶר שֶׁכֵּן עָלָה בְּמַחֲשָׁבָה לְהִבָּרְאוֹת בְּמִדַּת הַדִּין רָאָה שֶׁאֵינוֹ מִתְקַיֵּם שִׁתֵּף לָהּ מִדַּת רַחֲמִים וְהַדּוֹר עָאלוּ אַתְוָן כְּסִדְרָן א' ב' נָטַל הַקָּדוֹשׁ בָּרוּךְ הוּא מֵאֵלּוּ וְאֵלּוּ וְשִׁתֵּף בָּהֶן י' שֶׁל שְׁמוֹ וְחָתַם בְּרֵאשִׁית לְפִיכָךְ נָהֲגוּ פְּרוּשִׁין לְהִתְוַדּוֹת באבג"ד ובתשר"ק וּבְמַאֲמַר הַמִּדּוֹת אֲמִינָא מִלְּתָא בְּהַהִיא דִּבְנִיסָן נִבְרָא הָעוֹלָם מָר אָמַר חֲדָא וּמָר אָמַר חֲדָא וְלָא פְּלִיגֵי. חֲדָלוּ הָרֵעַ שֶׁבָּא לְיָדוֹ דְּבַר עֲבֵרָה וְנִצּוֹל הֵימֶנּוּ. וְלֹא עוֹד אֶלָּא שֶׁאֲפִלּוּ הִתְחִיל בַּעֲבֵרָה וְעוֹדֶנּוּ עוֹסֵק בָּהּ אִם חָדַל הוּא מִמֶּנָּה לִרְצוֹנוֹ לָחוּס עַל כְּבוֹד קוֹנוֹ כְּגוֹן נוֹעֵץ צִפָּרְנָיו בַּקַּרְקַע הֲרֵי הוּא מְתֻקָּן וּמְקֻבָּל וּלְפִיכָךְ אָמַר חִדְלוּ הָרֵעַ חָסֵר כָּל שִׁמּוּשֵׁי הַמָּקוֹר לִכְלֹל אֶת כֻּלָּם. וְאִיכָּא דַּעֲדִיפֵי מִנֵּהּ בְּמַעֲלוֹת הַתְּשׁוּבָה בְּעֹשֶׂה טוֹב כְּמוֹ שֶׁיָּבֹא בְּפֶרֶק י"א שֶׁהַזּוֹכֶה אֲלֵיהֶן נִכְתַּב וְנֶחְתַּם לְאַלְתַּר לְחַיִּים בְּסִפְרָן שֶׁל צַדִּיקִים:

מַאֲמַר חֵקֶר דִּין - חֵלֶק א פֶּרֶק ד

אָתְאַן לִשְׁמַעְתִּין מַגְבִּיהַּ הַיְנוּ סוֹבֵל כִּדְכְתִיב אֲנִי עָשִׂיתִי וַאֲנִי אֶשָּׂא וּכְגוֹן וַאֲשֶׁר הֲרֵעוֹתִי וּשְׁאָר הַפְּסוּקִים הַנִּדְרָשִׁים עִמּוֹ בְּפֶרֶק הֶחָלִיל סֻכָּה נ"ב:

וּבְכָל אֶחָד מִשְּׁנֵי דְּרָכִים אֵלֶּה מַשְׁמַע לְהוּ לְהָנֵי אָמוֹרָאֵי לְמָר כִּדְאִית לֵהּ וּלְמָר כִּדְאִית לֵהּ שֶׁאֵין בּוֹ מַשּׂוֹא פָּנִים שֶׁהֲרֵי מִדָּה טוֹבָה מְרֻבָּה מִמִּדַּת פֻּרְעָנוּת וּבַמֶּה יִוָּדַע אֵפוֹא הוֹאִיל וְהַכַּפּוֹת שְׁקוּלוֹת אֶלָּא בְּחַד מֵהָנֵי גַּוְנֵי דְּפָרִישׁוּ רַבָּנָן. וּלְתַנָּא דְּבֵי רַבִּי יִשְׁמָעֵאל אַכַּתִּי אִיכָּא לְמֵיחַשׁ בְּהוּ וּמִשּׁוּם הָכֵי קָאָמַר שֶׁאֵינוֹ אֶלָּא מַעֲבִיר פֵּרֵשׁ מַפְלִיג אוֹתוֹ מִלְּפָנָיו שֶׁלֹּא יְקַטְרֵג עַד דְּיֶהֱוֵא מַתְקָלָא מוּכָח וְכָךְ הִיא הַמִּדָּה הַנְּכוֹנָה שֶׁאֵין בָּהּ מַשּׂוֹא פָּנִים וּמִכָּאן לָמַד רָבָא שֶׁאֵינוֹ נִמְחָק וְאִי גָּרְסִינַן וְכֵן תָּנָא דְּבֵי רַבִּי יִשְׁמָעֵאל דְּאָתָא לְסִיּוּעֵי לְרַבִּי יוֹסֵי בַּר חֲנִינָא הַיְנוּ נוֹשֵׂא הַיְנוּ מַעֲבִיר. אֲבָל כְּפִי הַגִּרְסָא הָרִאשׁוֹנָה וְעִקָּר דְּאִיכָּא ג' מַחְלוֹקוֹת בַּדָּבָר. וּפֵרֵשׁ רַשִׁ"י שֶׁמֵּהָעֲוֹנוֹת רִאשׁוֹנִים הַבָּאִים לְכַף מֹאזְנַיִם מַעֲבִיר הָרִאשׁוֹן בִּלְבַד וְאִם בִּלְעָדָיו יַכְרִיעוּ הַזְּכֻיּוֹת הֲרֵי זֶה צַדִּיק אֲבָל אִם עֲדַיִן הַדִּין שָׁקוּל אָז הֶעָוֹן שֶׁאֵינוֹ נִמְחָק מַכְרִיעַ לְחוֹבָה. פֵּרוּשׁ לְפֵרוּשׁוֹ

הֵנָּה דִּקְדֵּק לוֹמַר מִן הַבָּאִים לְכַף מֹאזְנַיִם לְמִעוּטֵי רִאשׁוֹן וּשְׁנִי שֶׁאֵינָם בָּאִים לִידֵי חֶשְׁבּוֹן לְעוֹלָם כִּדְתַנְיָא בְּפֶרֶק בָּתְרָא דְּיוֹמָא פ"ו:
רַבִּי יוֹסֵי בַּר יְהוּדָה אָמַר עָבַר אָדָם עֲבֵרָה פַּעַם רִאשׁוֹנָה וּשְׁנִיָּה מָחֲלִין לוֹ שְׁלִישִׁית אֵין מָחֲלִין לוֹ שֶׁנֶּאֱמַר הֶן כָּל אֵלֶּה יִפְעַל אֵל פַּעֲמַיִם שָׁלֹשׁ עִם גָּבֶר וּבְיָחִיד שָׁנוּ כִּדְאִיתָא הָתָם. וְהָנֵי מִילֵּי בְּיִשְׂרָאֵל דַּוְקָא אַחֲרֵי שֶׁנִּתְּנָה תּוֹרָה וְנִתְחַדְּשָׁה הֲלָכָה וּבַעֲבֵרוֹת חֲלוּקוֹת וְשֶׁאֵין בָּהֶן סֶרֶךְ עֲבוֹדַת נָכְרִיָּה שֶׁכָּל הַמּוֹדֶה בָּהּ כִּכּוֹפֵר בְּכָל הַתּוֹרָה כֻּלָּהּ אֲבָל הַשּׁוֹנֶה בְּאִוַּלְתּוֹ כְּמוֹ שֶׁנִּבְאַר לְקַמָּן בְּפֶרֶק י"ד מֵהַחֵלֶק הַשְּׁלִישִׁי אִי אֶפְשָׁר לוֹמַר עָלָיו כֵּן וְסָרָה עִם זֶה תְּמִיהָה רַבָּה מִדִּין אָבִינוּ הָרִאשׁוֹן שֶׁנִּתְפַּס בְּעָוֹן רִאשׁוֹן לְפִי הַמְפֻרְסָם מֵעִנְיָנוֹ וּבְפֶרֶק כ"ב מֵהַחֵלֶק הַשֵּׁנִי זָכוֹר אֶזְכְּרֶנּוּ עוֹד לְמַעַן יִצְדַּק דִּין שָׁמַיִם וְנִגְלָה כְּבוֹד ה':

מַאֲמַר חֵקֶר דִּין - חֵלֶק א פֶּרֶק ה

אָמְנָם הָרַב פֵּרֵשׁ מַעֲבִיר רִאשׁוֹן רִאשׁוֹן בְּדֶרֶךְ אַחֶרֶת וְזֶה לְשׁוֹנוֹ אָדָם יָשָׁר וְתָמִים בִּדְרָכָיו אִם נִכְשַׁל בְּחֵטְא נַעֲדִין לֹא בָּא חֵטְא לְיָדוֹ מֵעוֹדוֹ אוֹתוֹ הַחֵטְא אֵין הַקָּדוֹשׁ בָּרוּךְ הוּא כּוֹתְבוֹ עָלָיו אֶלָּא מַעֲבִירוֹ וְכָךְ הִיא מִדָּתוֹ שֶׁל הַקָּדוֹשׁ בָּרוּךְ הוּא שֶׁלֹּא לְחַיְּבוֹ מִתְּחִלָּה כִּדְכְתִיב הֶן כָּל אֵלֶּה יִפְעַל אֵל פַּעֲמַיִם שָׁלֹשׁ עִם גָּבֶר עַד כָּאן. סְבִירָא לֵהּ דְּהָא דְּתַנְּא דְּבֵי רַבִּי יִשְׁמָעֵאל בְּדְרַבִּי יוֹסֵי בַּר יְהוּדָה שֶׁיִּכָּא לְלַמֵּד עָלֶיהָ דְּמַאי מָחֲלִין דְּקָתְנֵי הָתָם מַעֲבִירִין וְאֵינָם נִמְחָקִין דְּאִי אִיכָּא רֻבָּא עוֹנוֹת בַּר מָנַיְהוּ מִיחַשְׁבֵי בַּהֲדַיְהוּ לְהֵעָנֵשׁ עֲלֵיהֶם וּלְהָכִי אַסְמְכָה הָרַב לְמִלְּתֵהּ אַקְּרָא דְּהֵן כָּל אֵלֶּה יִפְעַל אֵל וּמַאי דְקָאמַר נִכְשַׁל בְּחֵטְא וְאוֹתוֹ חֵטְא וְכוּ' לָאו לְמֵימַר חֵטְא אֶחָד דַּוְקָא אֶלָּא לְלַמְּדֵנוּ שֶׁאֵין הַקָּדוֹשׁ בָּרוּךְ הוּא מְחַיְּבוֹ בַּתְּחִלָּה וְהוּא הַדִּין לְפַעַם שְׁנִיָּה דִּקְרָא לְהָכִי אָתָא, וּלְפִי זֶה יְדֻקְדַּק נָמֵי דְּרִאשׁוֹן רִאשׁוֹן תְּרֵי מַשְׁמַע. עוֹד הִשְׁמִיעָנוּ הָרַב פֵּרוּשׁ אַחֵר לְגָאוֹן דְּקָאָמַר הָא דְּרַבִּי יִשְׁמָעֵאל קַיְמָא בְּאָדָם יְרֵא שָׁמַיִם שֶׁהוּא קָבוּעַ בַּעֲשִׂיַּת מִצְוֹת ה' וְשׁוֹמֵר חֲמוּרוֹת וּבְעִתִּים חוֹטֵא בְּקַלּוֹת מִדָּתוֹ שֶׁל הַקָּדוֹשׁ בָּרוּךְ הוּא עִמּוֹ שֶׁהוּא מַעֲבִיר רִאשׁוֹן וְכוּ' וְעִם הָרָ"ן נִתְוַכֵּחַ בְּסָמוּךְ דִּסְבַר לְפָרֵשׁ דִּבְרֵי הַגָּאוֹן דְּאִי אִיכָּא רֻבָּא עוֹנוֹת אֲפִלּוּ בַּהֲדֵי קַמָּאֵי אִנְּהוּ נָמֵי מִחְשְׁבֵי וְהוּא לֹא כֵן יְדַמֶּה וְיֵשׁ בַּתְּשׁוּבוֹת הַמִּזְרָחִי דִּקְדּוּקִים בְּסֻגְיַת הַגְּמָרָא לְפִי דַּרְכּוֹ שֶׁל הָרָ"ן אֵינָם מִן הַמְּכֻוָּן אֵלֵינוּ כִּי הוּא לֹא הֶעֱמִיק שָׁם בַּדְּרוּשׁ רַק לְפִי דַּעַת הַשּׁוֹאֵל וְהֶעָרוֹתָיו. גַּם רָאִינוּ בִּתְשׁוּבוֹת אַלָאשְׁקֶר וּלְרַבִּים זוּלָתוֹ וּבְשִׁטַּת הַגָּאוֹן וְהָרַב וְהָרָ"ן דְּבָרִים בִּלְתִּי מַסְפִּיקִים אַף לֹא מְסַדְּרִים כָּל צָרְכָּם הִשְׁמַטְנוּ אוֹתָם לְאַהֲבַת הַקִּצּוּר. וְהָרַמְבַּ"ם בְּפֶרֶק שְׁלִישִׁי מֵהִלְכוֹת תְּשׁוּבָה תָּפַשׂ בִּפְשִׁיטוּת דֶּרֶךְ הָרַב בִּתְחִלַּת הַחֶשְׁבּוֹן לִתְלוֹת עָוֹן רִאשׁוֹן וּשְׁנִי עַד שֶׁיִּתְבָּרֵר אִי אִיכָּא רֻבָּא בַּר מָנַיְהוּ וְאַחַר כָּךְ פֵּרֵשׁ מַעֲבִיר רִאשׁוֹן רִאשׁוֹן עַל מְחִילַת

הָעֲוֹנוֹת אַחֲרֵי הַשְׁוָאַת הַמֹּאזְנַיִם כְּשִׁטַּת הַגָּאוֹן בִּקְצָת הַרְחֵק מְאֹד מִדַּרְכּוֹ שֶׁל הָרַ"ן. וְהָרֹא"ש סָתַם דְּבָרָיו כִּי הִנֵּה פֶּתַח תְּחִלָּה כְּדַעַת רַשִׁ"י שֶׁפֵּרֵשׁ מַעֲבִיר חֵטְא אֶחָד בִּלְבַד וְלָאו מִשְּׁמֵהּ אָמְרָה לְמִלְּתֵהּ דְּלָא לְמִשְׁכּוּנֵי נַפְשֵׁיהּ אַמַּאי דִּסְבִירָא לֵהּ לְרַשִׁ"י שֶׁהוּא הָרִאשׁוֹן דַּוְקָא מֵהַבָּאִים לְכַף מֹאזְנַיִם כִּדְפָרְשִׁינַן וְאַחַר כָּךְ הֶעְתִּיק דִּבְרֵי הָרַב וְהַגָּאוֹן וְלֹא הִכְרִיעַ:

מַאֲמַר חֵקֶר דִּין - חֵלֶק א פֶּרֶק ו

הֵן אֵלֶּה קְצוֹת דַּרְכֵי הַמְּחַבְּרִים בִּשְׁמוּעָה זוֹ וְאַחֲרֵי הַהִתְבּוֹנְנוּת עַל שָׁרְשֵׁיהֶן אֶשְׁכָּחֵן לְכֻלְּהוּ פִּרְכָא בַּר מִמִּלְּתָא דְּגָאוֹן דְּלֵית בָּהּ פִּרְכָא, וּמִשּׁוּם הָכִי אֶתְיַנֵּן עָלָה לַבְּרוּרָה שַׁפִּיר לְהוֹשִׁיבָהּ עַל מְלֹאת. וּמִמָּה שֶׁיַּקְשֶׁה לְרַשִׁ"י הוּא דְּהָא מִדְּרַבִּי אֶלְעָזָר וְרַבִּי יוֹסֵי בַּר חֲנִינָא נִשְׁמַע לְתַנָּא דְּבֵי רַבִּי יִשְׁמָעֵאל שֶׁמִּדָּה זוֹ נוֹהֶגֶת בְּכָל הָעֲוֹנוֹת הַבָּאִים לְכַף מֹאזְנַיִם לֹא לְאַחַד מֵהֶן בִּלְבַד וְלֹא שָׁמְעִינַן לְפֵרוּשֵׁי נוֹשֵׂא חוֹטֵף עָוֹן אֶחָד כְּפֵרוּשׁוֹ שֶׁל בַּעַל הֶעָרוּךְ וְלֹא עוֹבֵר עַל פֶּשַׁע אֶחָד דְּהָא גַּבֵּי כּוֹבֵשׁ כְּתִיב בְּהֶדְיָא יִכְבֹּשׁ עֲוֹנוֹתֵינוּ אֶלָּא מַאי נוֹשֵׂא עָוֹן הַמְּדָ"א כָּל תִּשָּׂא עָוֹן וְכֵן עוֹבֵר עַל פֶּשַׁע מַעֲבִיר רִאשׁוֹן רִאשׁוֹן לֹא אֶחָד בִּלְבַד. ואע"ג דְּבִירוּשַׁלְמִי דְּפֵאָה פֶּרֶק קַמָּא אָמַר רַבִּי יוֹסֵי בַּר חֲנִינָא נוֹשֵׂא עֲוֹנוֹת אֵין כְּתִיב כָּאן אֶלָּא נוֹשֵׂא עָוֹן הַקָּדוֹשׁ בָּרוּךְ הוּא חוֹטֵף שְׁטָר אֶחָד מִן הָעֲבֵרוֹת וְהַזְּכֻיּוֹת מַכְרִיעוֹת וְאָתְיָא כְּרַשִׁ"י וּכְבַעַל הֶעָרוּךְ לֹא נַאֲמִין לִשְׁמוּעָתֵנוּ דְּתָקוּם כְּהַהִיא שִׁטָּתָא דְּהָתָם לֹא קַיְמָא בְּנֵי מַעֲרָבָא אַמִּלְּתַיְהוּ דְּבֵית הִלֵּל אֶלָּא רַבִּי יוֹסֵי בַּר חֲנִינָא סְבָרָא דְּנַפְשֵׁיהּ קָאָמַר תֵּדַע דְּרַבִּי אֶלְעָזָר נָמֵי לֹא קָאָמַר הָתָם כּוֹבֵשׁ כְּמֵימְרֵהּ דְּהָכָא אֶלָּא אָמַר רַבִּי אֶלְעָזָר וּלְךָ ה' הַחֶסֶד כִּי אַתָּה תְשַׁלֵּם לְאִישׁ כְּמַעֲשֵׂהוּ וְאִי לֵית לֵהּ אֶת יְהִיב לֵהּ מִן דִּידָךְ הִיא דַּעְתֵּיהּ דְּרַבִּי אֶלְעָזָר דְּרַבִּי אֶלְעָזָר אָמַר רַב חֶסֶד מַטֶּה כְּלַפֵּי חֶסֶד עַד כָּאן. מַשְׁמַע לְהֶדְיָא דְּרַבִּי אֶלְעָזָר לְחוֹדֵהּ קָאֵי אָרַב חִסְדָּא וְאַדַּעְתָּא דִּידֵיהּ לֹא כִּמְפָרֵשׁ דִּבְרֵי בֵּית הִלֵּל וְרַבִּי יוֹסֵי בַּר חֲנִינָא אָמַר מִלְּתָא בְּאַנְפֵּי נַפְשֵׁיהּ אַקְּרָא דְּנוֹשֵׂא עָוֹן. וְאִבָּרֵא הַפָּסוּק הַזֶּה הָכִי נְהֲכִי מַשְׁמַע אוֹ עָוֹן אֶחָד כְּשִׁטַּת הַיְּרוּשַׁלְמִי אוֹ כָּל עָוֹן כְּפִי שִׁטָּתוֹ הָכָא מִדְּגַבֵּי כּוֹבֵשׁ כְּתִיב לְהֶדְיָא יִכְבֹּשׁ עֲוֹנוֹתֵינוּ מְחַוַּרְתָּא הָאִי דִּגְמָרָא דִּדָן כִּדְאֲמַרַן וְכָל שֶׁכֵּן אִי תַּנָּא דְּבֵי רַבִּי יִשְׁמָעֵאל פֵּרוּשֵׁי קָא מְפָרֵשׁ מַאי נוֹשֵׂא מַעֲבִיר דְּהָא רִאשׁוֹן רִאשׁוֹן טוּבָא מַשְׁמַע:

מַאֲמַר חֵקֶר דִּין - חֵלֶק א פֶּרֶק ז

גַּם לְדַעַת הָרַב וּפֵרוּשׁוֹ אִיכָּא לְמִפְרַךְ דְּעַד כָּאן לֹא פְּלִיגִי רַבָּנָן הָכָא אֶלָּא לְפֵרוּשֵׁי רַב חֶסֶד דְּקָאָמְרֵי בֵּית הִלֵּל וְהִנֵּה הֵם לֹא אָמְרוּ אֶלָּא

לְבֵינוֹנִיִּים לְבַדָּם וְהַהִיא דרבִּי יוֹסֵי בַּר יְהוּדָה נוֹהֶגֶת בְּכָל אָדָם וּמוֹכְחָא מִלְּתֵיהּ שֶׁאֵין מַשְׁגִּיחִין בְּכַף מֹאזְנַיִם כָּל עִקָּר בִּשְׁבִיל רִאשׁוֹן וּשְׁנִי אֶלָּא מָחֳלָן אוֹתָן לְגַמְרֵי. וְהָכִי מַשְׁמַע בְּבֵרוּר מִדַּעַת הַגָּאוֹן שֶׁסְּתָם וְלֹא פֵּרֵשׁ רִאשׁוֹן וּשְׁנִי דרבִּי יוֹסֵי בַּר יְהוּדָה מָה תְּהֵא עֲלֵיהֶם וּמִסְתַּמָּא אִית לָן לְמֵימַר דִּסְבִירָא לֵהּ בְּהוּ כְּדַעַת רַשִׁ"י שֶׁאֵינָם בָּאִים לִידֵי חֶשְׁבּוֹן כִּפְשָׁטֵיהּ דְּהַהוּא מַתְנִיתִין דְּאִי לֹא תֵּימָא הָכִי מַאי רְבוּתֵיהּוּ. וְלֵיכָּא לְמֵימַר כְּמוֹ שֶׁחָשַׁב הָרָ"ן בְּפֵרוּשׁ דְּבָרָיו שֶׁל גָּאוֹן שֶׁלֹּא חִלֵּק בֵּין רִאשׁוֹן וּשְׁנִי לְכָל שְׁאָר עֲוֹנוֹת דְּעָלְמָא כְּאִלּוּ סָבַר הַאי תַּנָּא דְּבֵי רַבִּי יִשְׁמָעֵאל וְהָא דְּבֵית הִלֵּל פְּלִיגָא אַדְּרַבִּי יוֹסֵי בַּר יְהוּדָה דְּאִי הָכִי לֹא הֲוָה שָׁתִיק גְּמָרָא מִינֵיהּ וּמִדְּלָא אִשְׁתַּמֵּט בְּחַד מֵהַנֵּי דּוּכְתֵי לְאֻקְמַהּ בִּפְלֻגְתָּא שְׁמַע מִינַהּ דְּמַר אָמַר חֲדָא וּמַר אָמַר חֲדָא וְלֹא פְּלִיגֵי. וְתוּ קָשְׁיָא לֵהּ נָמֵי מָה שֶׁהִקְשִׁינוּ לְדִבְרֵי הָרַב דְּכֻלֵּהּ שְׁמַעְתִּין בְּבֵינוֹנִיִּים עָסְקִינָן וְהָתָם בְּכָל אָדָם. וְגַם הַנֶּפֶשׁ לֹא תְּמַלֵּא מִדַּעַת הָרַמְבַּ"ם דִּמְזַכֵּי שְׁטָרָא לְבֵי תְּרֵי תְּחִלָּה פֵּרֵשׁ מַעֲבִיר רִאשׁוֹן רִאשׁוֹן כְּדֶרֶךְ הָרַב וּדְעָלָהּ קָאֵי מֵימְרָא דְּרָבָא וְאַחַר כָּךְ נָטָה לְדַעַת הַגָּאוֹן וּפֵרֵשׁ מַעֲבִיר רִאשׁוֹן רִאשׁוֹן עַל מְחִילוֹת הָעֲוֹנוֹת כֻּלָּם אֶחָד לְאֶחָד אַחֲרֵי שֶׁנִּמְצָא הַחֶשְׁבּוֹן כַּהֹגֶן דָּתוֹ לֹא שַׁיְּכָא בְּיָהּ מִלְּתָא דְּרָבָא כְּלָל וְאִי אֶפְשָׁר בְּשׁוּם פָּנִים לְפָרֵשׁ דִּבּוּר אֶחָד בִּדְרָכִים שׁוֹנִים מְחוּלְּפֵי הַזְּמַנִּים אֶחָד לִפְנֵי הַחֶשְׁבּוֹן וְאֶחָד לְאַחַר הַחֶשְׁבּוֹן. וְעִם מִי הַמּוֹנֵעַ בִּדְלֵיכָּא רֻבָּא עֲוֹנוֹת שֶׁרַב חֶסֶד לֹא יַעֲבִיר אֶת כֻּלָּם מִלְּפָנָיו בְּבַת אַחַת:

מַאֲמַר חֵקֶר דִּין - חֵלֶק א פֶּרֶק ח

עַל כֵּן עַל כָּל דִּבְרֵי הַסְּפֵקוֹת שֶׁזָּכַרְנוּ לְגָאוֹן אָנוּ שׁוֹמְעִים אַחֲרֵי רוֹאֵנוּ דְּחָשׁ לֵהּ הָרַב לְמִילְּתֵיהּ וְגַם הָרַמְבַּ"ם הֱצִיקַתְהוּ הָאֱמֶת וּתְאַלְּצֵהוּ לִכָּנֵס בְּשִׁטָּתוֹ וּבָהּ חָתַם סְבָרָתוֹ וְאוּלָם לֹא יְסַפֵּק בְּדַעְתּוֹ שֶׁל גָּאוֹן שֶׁאֵין לָנוּ עֵסֶק בִּשְׁמַעְתִּין עִם עֲוֹנוֹת רִאשׁוֹנִים כְּלָל כְּמוֹ שֶׁבֵּאַרְנוּ בְּדַעַת רַשִׁ"י וְאַחֲרֵי שֶׁנִּמְחֲלוּ הַשָּׁנִים מְחִילָה גְּמוּרָה אָז יַתְחִיל הַחֶשְׁבּוֹן עַל מַעֲשָׂיו שֶׁל אָדָם מִכָּאן וָאֵילָךְ בִּלְבַד. וְאֶזְכּוּתָא קָמְהַדַּר לְמֵימְרָא דְּבִירָא שָׁמַיִם עָסְקִינָן הַקָּבוּעַ בַּעֲשֶׂת מִצְוֹת וְשׁוֹמֵר חֲמוּרוֹת וּלְעִתִּים חוֹטֵא בְּקַלּוֹת. וְאַגַּב אָרְחֵיהּ נִשְׁמַר מֵהֶהֶפֶךְ שֶׁאִם נִכְשַׁל בַּחֲמוּרוֹת תְּחִלָּה אִם כֵּן כְּתַב לְמִיתָה בְּרֹאשׁ הַשָּׁנָה שֶׁפָּגַע בּוֹ רִאשׁוֹן וּמַאי עֲבִידְתֵּהּ הָכָא בַּהֲדֵי בֵּינוֹנִיִּים וְכִי תֵּימָא דְּנָפְקָא מִנָּהּ אִי הָדַר אִתְקַן בֵּינֵי בֵּינֵי אַכַּתִּי קַלּוֹת לָאו דַּוְקָא דְּאִי לָאו הָכִי חֲמוּרוֹת דְּלֵיתְנְהוּ מְפוֹשָׁעִים בְּגוּפָן וַעֲדַיִן הוּא בֵּינוֹנִי מַאי נָדוּן בְּהוּ. וְעוֹד יֵשׁ עֲבֵרָה קַלָּה לְמַרְאֵה עֵינֵינוּ וְאֶל דֵּעוֹת ה' יָדִין אוֹתָהּ כַּחֲמוּרָה לְפִי מְקוֹמָהּ וּשְׁעָתָהּ וְכֵן בְּהֶפֶךְ וְלוֹ לְבַדּוֹ נִתְכְּנוּ עֲלִילוֹת כְּמוֹ שֶׁזָּכַר הָרַמְבַּ"ם אֶלָּא וַדַּאי בְּמִיְדֵי דִּשְׁכִיחַ אָמְרָה לְמִלְּתֵהּ וְלִשָּׁנָא מְעַלְּיָא. נָקַט לְמֶהְדַּר אֶזְכּוּתָא כְּתַנָּא דְּסַנְהֶדְרִין בִּשְׁלְהֵי פֶּרֶק הָיוּ

בָּדְקָן וּכְדַאֲמְרָן וְתוּ שׁוּתָא דְּרַבָּנָן הָכִי הוּא דִּלְמִעוּט עוֹנוֹת עֲבֵרוֹת קַלּוֹת קָרֵי לְהוּ וְלִמְעוּט זְכִיּוֹת נָמֵי קָרֵי לְהוּ מִצְוֹת קַלּוֹת וְהָכִי מוּכָח הָתָם בִּירוּשַׁלְמִי. וְאִי בְּעֵיַת אֵימָא אֵין וַדַּאי קַלּוֹת דַּוְקָא קָאָמַר וְלָא לְמַעוּטֵי חֲמוּרוֹת דְּסוֹף יוֹמָא וּדְפֶרֶק קַמָּא דִּשְׁבוּעוֹת אֶלָּא לְמַעוּטֵי חֲמוּרוֹת דִּשְׁמַעְתִּין כְּגוֹן פּוֹרֵשׁ מִדַּרְכֵי צִבּוּר וּפוֹשְׁעִים בְּגוּפָן כְּפִי מָה שֶׁאָנוּ עֲתִידִים לְפָרֵשׁ בְּחֹמֶר עוֹנָם מָה הוּא בִּתְחִלַּת הַחֵלֶק הַחֲמִישִׁי בס"ד. וְהִנֵּה מִדָּתוֹ שֶׁל הַקָּדוֹשׁ בָּרוּךְ הוּא לְהַעֲבִיר אֶת כֻּלָּם רִאשׁוֹן רִאשׁוֹן שֶׁפֵּרוּשׁוֹ בְּלִי הֶפְסֵק עַל דֶּרֶךְ קַמָּא קַמָּא בָּטֵיל וְכֻלָּן נִמְחָלִן לְפִי שָׁעָה וּבְתוֹרַת צַדִּיקִים יֵחָשֵׁב הָאִישׁ אֲשֶׁר אֵלֶּה לוֹ לְפִי רֹב הַזְּכִיּוֹת שֶׁקָּדְמוּ בְּדִינוֹ וְעָוֹן עַצְמוֹ אֵינוֹ נִמְחָק אֶלָּא תָּלוּי וְעוֹמֵד וְאִם בִּשְׁעַת גְּמַר דִּין נִמְצְאוּ הַזְּכִיּוֹת מְרֻבִּין מִן הָעוֹנוֹת הַבָּאִים לְכַף מֹאזְנַיִם אוֹ שֶׁהֵם שְׁקוּלִים וְרַב חֶסֶד מַטֶּה כְּלַפֵּי חֶסֶד דִּלְהָכִי אֶתְיַיֵּן עֲלָהּ הֲרֵי עָבְרוּ הָעוֹנוֹת רִאשׁוֹן רִאשׁוֹן וְאֵינָם חֲשׁוּבִים לִכְלוּם בְּהַכְרָעַת הַמֹּאזְנַיִם כְּאִלּוּ לֹא עֲשָׂאוּם:

מַאֲמַר חֵקֶר דִּין - חֵלֶק א פֶּרֶק ט

אֶפֶס כִּי לֹא יִצְדַּק בְּמִדּוֹתָיו שֶׁל הַקָּדוֹשׁ בָּרוּךְ הוּא לִהְיוֹת וַתְּרָן כִּי כָל דְּרָכָיו מִשְׁפָּט וְכֵן כְּתִיב צַדִּיק ה' בְּכָל דְּרָכָיו אַף עַל פִּי שֶׁהוּא חָסִיד בְּכָל מַעֲשָׂיו. הָא כֵּיצַד מַאֲרִיךְ אַפֵּיהּ וְגַבֵּי דִּלֵיהּ עִם שֶׁאָנוּ מַזְהִירִים בּוֹ דְּלָאו עַל דִּין הָעוֹנוֹת וְעָנְשָׁם אִתְּמַר גַּבֵּי דִּלֵיהּ חָלִילָה לָאֵל כִּי עֹנֶשׁ לְצַדִּיקוֹ שֶׁל עוֹלָם לֹא טוֹב וְהַרְבֵּה גַּבָּאִין מַחֲזִרִין וְנִפְרָעִין כִּדְתְנַן בְּאָבוֹת אֲשֶׁר לֹא יִתְיַצְּבוּ לְנֶגֶד עֵינָיו כִּי בְּאוֹר פְּנֵי מֶלֶךְ חַיִּים וְעֹז וְחֶדְוָה לְפָנָיו. וּמַאי דִּכְתִיב וְיִתְעַצֵּב אֶל לִבּוֹ פֵּרוּשׁוֹ אָסַף אֶל לִבּוֹ כִּי מִמֶּנּוּ תּוֹצְאוֹת חַיִּים כָּל הָעֲצָבִים וְהַמֵּיתָרִים דִּכְתִיב בְּהוּ יָדֶיךָ עִצְּבוּנִי וַיַּעֲשׂוּנִי וְהֵם הַקּוֹשְׁרִים יַחַד חֶלְקֵי הָעוֹלָם שֶׁהוּא אָדָם גָּדוֹל כַּנּוֹדָע וּבֵאַרְנוּהוּ יָפֶה יָפֶה בְּמַאֲמַר הַנֶּפֶשׁ וְהוּא יִתְבָּרַךְ הַמַּשִּׁיךְ אוֹתָם אֶל לִבּוֹ כָּאָמוּר בְּמָה שֶׁרוּחוֹ וְנִשְׁמָתוֹ אֵלָיו יֶאֱסֹף וְהוּא טַעַם הַהִתְפַּעֵל וְאָז בִּנְיַן הָעוֹלָם נֶהֱרָס מֵעַצְמוֹ כִּי אֵין דָּבָר רַע יוֹרֵד מִלְמַעְלָה וּבִמְסָרָה שְׁנֵיהֶם תָּרִין. הַבָּשָׂר עוֹדֶנּוּ חֲנִית וְחִצִּים. וְהֶרְמֵז מִמֶּנּוּ מִשְׁפָּטוֹ וּשְׂאֵתוֹ יֵצֵא וְכֵן כְּתִיב יִגְמָר נָא רַע רְשָׁעִים מִבַּלְעֲדֵי סִבָּה אַחֶרֶת הוּא לְבַדּוֹ דִּידֵיהּ עָבִיד אֲבָל בְּמִדַּת הַטּוֹב אַתָּה בְּעַצְמְךָ וּבִכְבוֹדְךָ תְּכוֹנֵן צַדִּיק וְעַל הִתְפַּשֵּׁט הַהַשְׁגָּחָה בִּרְצוּעוֹת הַגּוּבַיְנָא דָּרְשׁוּ אָכְלָה וּמָחֲתָה פִּיהָ אָמְרָה לֹא פָעַלְתִּי אָוֶן. אֶלָּא מַאי אִית לָן לְמֵימַר שֶׁהוּא גַּבֵּי דִּלֵיהּ דַּוְקָא מָה שֶׁהוּא שֶׁלּוֹ חֶלְקוֹ בֶּאֱמֶת הִיא הַנְּשָׁמָה הַקְּדוֹשָׁה חֵלֶק ה' עַמּוֹ חֶלְקִי ה' אָמְרָה נַפְשִׁי וּבִשְׁבִילָהּ מַאֲרִיךְ אַפּוֹ וּמְעַכֵּב לַגַּבָּאִים שְׁלוּחֵי הַדִּין שֶׁלֹּא יִגְבּוּ חֲלָקִים הָרְאוּיִ לָהֶם מֵהַחוֹטֵא בָּעֳנָשִׁים קָשִׁים בְּבַת אַחַת אֶלָּא נִפְרָעִין מִמֶּנּוּ הַקַּל הַקַּל תְּחִלָּה לְמַעַן יִתְעוֹרֵר הָאָדָם בִּתְשׁוּבָה וְיָצָא חֵלֶק אֱלוֹהַּ מְנֻקֶּה מִכָּל

מוּם לְבִלְתִּי יִדַּח מִמֶּנּוּ נִדָּח וְהוּא בְּאוּר נָכוֹן וַאֲמִתִּי אַף עַל פִּי שֶׁגְּדוֹלֵי הַחֲכָמִים לֹא חָשׁוּ לְהִזָּהֵר בּוֹ מֵהֶמְשֵׁכָם אַחֲרֵי הַמְּפֻרְסָם אֲשֶׁר לֹא יְכַזֵּב כִּי רַב מְאֹד מַחֲנֵה אֱלֹהִים וּמַלְכוּתוֹ בְּכָל מָשָׁלָה וְיֵשׁ פַּרְפֶּרֶת נָאָה בְּפָסוּק **א"י הב"ל** אָחִיךָ וְהוּא נוֹטָרִיקוֹן אִם יָשׁוּךְ הַנָּחָשׁ בְּלֹא לָחַשׁ שֶׁכֵּן אָמְרוּ חֲכָמִים אֵין הַנָּחָשׁ נוֹשֵׁךְ אֶת הָאָדָם מִלְּמַטָּה אֶלָּא אִם כֵּן לָחֲשׁוּ עָלָיו מִלְּמַעְלָה כְּטַעַם נוֹטֵל רְשׁוּת וְנוֹטֵל נְשָׁמָה. וְהִנֵּה הַכֹּל מוֹדִים שֶׁאֵין הַקָּדוֹשׁ בָּרוּךְ הוּא וַתְּרָן אֶלָּא דָּן בְּרַחֲמִים. בְּרַם הָכָא בִּשְׁמַעְתִּין דָּגֹ' כִּתּוֹת בְּהֶכְרֵעַ הַמֹּאזְנַיִם עַסְקִינָן שֶׁלְּפִי הַמִּשְׁפָּט הַכּוֹלֵל אַזְלִינָן בָּתַר רֻבָּא, וְאִם הַדִּין שָׁקוּל אָז מִדָּה טוֹבָה מַכְרַעַת כָּרָאוּי לָהּ. וּכְבָר עָלְתָה בְּיָדֵנוּ שִׁטַּת הַגָּאוֹן מְפֹרֶשֶׁת יָפֶה וּמֻסְכֶּמֶת בְּכָל חֲלָקֶיהָ עִם סֻגְיַת הַגְּמָרָא מְיֻסֶּדֶת עַל סְבָרָא נֶאֱמָנָה בְּלֹא קוּשְׁיָא וּבְלֹא סָפֵק. וְנִרְאֶה שֶׁהָרַאֲבָ"ד בְּהַשָּׂגוֹת כָּךְ הָיָה סָבוּר שֶׁאָמַר שֶׁאֵין בִּשְׁמוּעָה זוֹ זֵכֶר לִמְחִילַת עָוֹן אֶלָּא לְהַצִּיל הַבֵּינוֹנִיִּים מִגֵּיהִנֹּם עַד כָּאן. מַשְׁמַע שֶׁהַבִּלְתִּי נִמְחָלִים הֵם נֶחֱשָׁבִים בְּמִדָּה זוֹ וְכָךְ עִקָּר. וּתְנָאֵי הָיוּ דְּבָרָיו שָׁם בְּדֶרֶבִּי יוֹסֵי בַּר יְהוּדָה שֶׁבְּעָוֹן רִאשׁוֹן וּשְׁנֵי שֶׁאָמַרְנוּ הֱיוֹתָם נִמְחָלִין לְגַמְרֵי אֵין הָאָדָם צָרִיךְ לְיוֹם הַכִּפּוּרִים וְלֹא לְיִסּוּרִים וּמִיתָה וַאֲפִלּוּ הָיוּ מִן הַחֲמוּרִים וּבִלְבַד שֶׁיַּעֲשֶׂה מֵהֶם תְּשׁוּבָה. וְיָפֶה אָמַר אִם הוּא זָכוּר מֵהֶם שֶׁלֹּא יַעֲמֹד בְּמִרְדּוֹ אֲבָל מִדָּה טוֹבָה זוֹ לֹא תָּשׁוּב רֵיקָם לְשׁוֹכֵחַ אֲפִלּוּ בְּלֹא תְּשׁוּבָה וְלָנוּ עוֹד תְּנָאֵי בְּדֶרֶבִּי יוֹסֵי בַּר יְהוּדָה זְכַרְנוּם בְּפֶרֶק רְבִיעִי וִישֻׁלַּם בֵּאוּרָם בַּפְּרָקִים הַמְצֻיָּנִים שָׁם בס"ד:

מַאֲמַר חֵקֶר דִּין - חֵלֶק א פֶּרֶק י

אָמְרוּ חֲכָמִים הָרִאשׁוֹנִים כִּי הַמִּתְוַדֶּה וּמִתְחָרֵט עַל הָעֲוֹנוֹת שֶׁהוּא זוֹכֵר מֵהֶם וְשׁוֹכֵחַ לְהִתְוַדּוֹת עַל קְצָתָם שֶׁנֶּעֶלְמוּ מִמֶּנּוּ אֵין הַנֶּעֱלָמוֹת מְעַכְּבוֹת אֶת הַכַּפָּרָה. וְאַסְמְכוּהָ לְמִלְּתַיְהוּ אַהָא דִּתְנַן בֵּית אָפֵל אֵין פּוֹתְחִין בּוֹ חַלּוֹנוֹת לִרְאוֹת אֶת נִגְעוֹ וְכֵן כ"ד רָאשֵׁי אֵבָרִים אֵינָן מְטַמְּאִין מִשּׁוּם מִחְיָה דִּכְתִיב לְכָל מַרְאֵה עֵינֵי הַכֹּהֵן דְּלָא יִצְטָרֵךְ לְאַרְמָא עִנּוּי אוֹ לְמָאכָא. וְהֵם הֵבִיאוּ גַּם כֵּן סִימָן לַדָּבָר מִמַּאי דְּאִתְּמַר בְּבִעוּר חָמֵץ חוֹרֵי הַבַּיִת הָעֶלְיוֹנִים וְהַתַּחְתּוֹנִים אֵינָם צְרִיכִים בְּדִיקָה. וְאַף עַל פִּי שֶׁאֵלּוּ וָאֵלּוּ צְרִיכִים תְּשׁוּבָה לְמִי שֶׁזּוֹכְרָם וְאֵינָהּ מְעַכֶּבֶת בָּהֶם לְשׁוֹכֵחַ מִכָּל מָקוֹם רַבּוֹ יַתִּירָא אִשְׁתַּכַּח לַעֲוֹנוֹת רִאשׁוֹנִים יוֹתֵר מִכֻּלָּם שֶׁאִם לֹא חָטָא אָדָם כָּל יָמָיו רַק פַּעֲמַיִם בִּלְבַד וְשֶׁכָחֵן וְלֹא הִתְוַדָּה עֲלֵיהֶם מֵעוֹלָם אֵין הַוִּדּוּי מְעַכֵּב כַּפָּרָתָן אֶלָּא נִמְחָלִין מֵאֲלֵיהֶן אֲבָל שְׁאָר עֲוֹנוֹת אִם הִתְוַדָּה עַל קְצָתָם וְשָׁכַח קְצָתָן הַוִּדּוּי מוֹעִיל לְכֻלָּם דְּאָנַן סָהֲדֵי שֶׁאִלּוּ זְכָרָם הָיָה מִתְוַדֶּה וְתוֹהֶה עֲלֵיהֶם גַּם כֵּן דְּמַאי שְׁנָא. וּבְהֶדְיָא אָמְרוּ רַבָּנָן אֵין תְּשׁוּבָה לַחֲצָאִין גַּבֵּי חָשׁוּד עַל הַשְּׁבוּעָה אֲבָל אִם אֵין גַּם אֶחָד מִתְּנָאֵי הַתְּשׁוּבָה לֹא וִדּוּי וְלֹא חֲרָטָה וְהוּא לֹא יָדַע וְאָשֵׁם בְּמָה

יִתְכַּפֵּר לוֹ. וְהַיְינוּ דְּאָמַר רַבָּא בְּפֶרֶק קַמָּא דְּחֻלִּין גַּבֵּי בֵּית אֵפֶל כִּדְלְעֵיל הָנֵי מִילֵּי הֵיכָא דְּלָא אִתְחַזַּק אֲבָל כֵּיוָן דְּאִתְחַזַּק אִתְחַזַּק וּבִפְלֻגְתָּא דְּרַבִּי וְרַבִּי שִׁמְעוֹן בֶּן גַּמְלִיאֵל אִי בִּתְרֵי אוֹ בִּתְלָתָא הָוֵי חֲזָקָה נִרְאִין הַדְּבָרִים דְּהַיְינוּ דְרַבִּי יוֹסֵי בַּר יְהוּדָה דְּקָא דָּרֵשׁ פְּעָמִים לְיָחִיד שָׁלֹשׁ לְצִבּוּר וְהַיְינוּ קְרָא דְּנוֹשֵׂא עָוֹן וְעֹבֵר עַל פֶּשַׁע בִּדְרָשָׁה אַחֲרִיתִי דְּלָא כִּדְתַנֵּי דְּבֵי רַבִּי יִשְׁמָעֵאל וְאֶפְשָׁר דִּפְלִיג בְּמַשְׁמָעוּת דָּרְשָׁן עִם רַבִּי יוֹסֵי בַּר יְהוּדָה דְּהַיְינוּ לְדִידֵיהּ עוֹנוֹת רִאשׁוֹנִים הַנִּמְחָלִים לְיָחִיד לְגַמְרֵי אֲבָל גַּבֵּי צִבּוּר הָרִאשׁוֹן לְעוֹלָם נֶחֱשָׁב שׁוֹגֵג כִּדְכְתִיב וּלְבֵית יַעֲקֹב חַטֹּאתָם וְשֵׁנִי וּשְׁלִישִׁי קַיָּמֵי בְּנֹשֵׂא עָוֹן וְעֹבֵר עַל פֶּשַׁע וְנִמְחָלִין גַּם הֵם לְגַמְרֵי כְּדַאֲמַרַן. וְהָא אִפְסִיקָא הִלְכְתָא בְּפֶרֶק הַבָּא עַל יְבִמְתּוֹ נְשׂוּאִין וּמַלְקִיּוֹת כְּרַבִּי. פֵּרוּשׁ נְשׂוּאִין אִשָּׁה שֶׁמֵּתוּ אֲנָשֶׁיהָ אִי נָמֵי שֶׁשָּׁהֲתָה עִם כָּל אֶחָד מֵהֶם י' שָׁנִים וְלֹא יָלְדָה לֹא תִנָּשֵׂא לִשְׁלִישִׁי דִּמְדַמִּינָן לָהּ לְיָחִיד לְאַחְזוּקֵי בִּתְרֵי זִמְנֵי כֵּיוָן דִּמְעוּטָא נִנְהוּ וְכֵן מִי שֶׁלָּקָה וְשָׁנָה עַל חִיּוּב כָּרֵת אֶחָד דָּבָר מִיתָה הוּא וּמַפְקִיר עַצְמוֹ לַעֲבֵרָה חֲמוּרָה מַכְנִיסִין אוֹתוֹ לַכִּפָּה לְקָרֵב מִיתָתוֹ וְהַנֵּי נָמֵי מְעוּטָא נִנְהוּ. וְסָתוֹת וְשׁוֹר הַמּוּעָד כְּרַשְׁבָּ"ג. וְסָתוֹת וַדַּאי לְרַבִּים מְדַמֵּינַן לְהוּ וּבְהֵמָה הָכֵי נָמֵי דָּלֵית לָהּ מַזָּלָא פֵּרוּשׁ דַּעַת לִשְׁמֹר עַצְמָהּ וְיָאוּת כָּל מִלֵּי דְּרַבָּנָן. עוֹד אָמְרוּ בַּגְּמָרָא כִּי שְׁלֹשָׁה דְּבָרִים מַזְכִּירִין עֲוֹנוֹתָיו שֶׁל אָדָם קִיר נָטוּי וְעִיּוּן תְּפִלָּה וּמוֹסֵר דִּין עַל חֲבֵרוֹ. וְאַף עַל גַּב דְּכָל חֲדָא מִנַּיְהוּ חֲמִירָא בְּאַנְפֵּי נַפְשָׁהּ לְפִי הַפְּשָׁט הַנִּגְלֶה מִכָּל מָקוֹם מִבְּעֵי לָן לְמִנְדַּע מְנַיְנָא לָמָּה לְהוּ דְּהָא אִינָשֵׁי מְבַדְּקֵי בְּגֶשֶׁר וְכָל דְּכוֹתֵיהּ כִּדְאִיתָא בְּבַמֶּה מַדְלִיקִין וּמָה בֵּין אוֹתָהּ בְּדִיקָה לְהַזְכָּרַת עוֹנוֹת וְאִבְרָא לֹא גָּרַע קִיר נָטוּי מִגֶּשֶׁר וְהוּא לְבַדּוֹ בּוֹדֵק וְאֵינָךְ הָכֵי נָמֵי אֲבָל לְהַזְכִּיר עוֹנוֹת דְּמַשְׁמָע אֲפִלּוּ שֶׁנֶּעֶלְמוּ וְאָבַד זִכְרָם מִכָּל מָקוֹם עַל יְדֵי מַעֲשֶׂה אֲסוּרָן חוֹזֵר וְנֵעוֹר בְּעִנְיַן ג' דְּבָרִים יַחַד הָא' קִיר נָטוּי וְאוּלָם בַּגְּמָרָא פֶּרֶק לִפְנֵי אֵידֵיהֶן וּבְמִדְרָשׁוֹת בִּמְקוֹמוֹת רַבִּים פֵּרְשׁוּ קִיר שֶׁמַּשְׁמָעוֹ אָדוֹן וְהוּא מִיפִּיפִּיתוֹ שֶׁל לְשׁוֹן יוֹם וּבִהְיוֹת אֶצְלוֹ כִּבְיָכוֹל תַּשּׁוּת כֹּחַ כְּמוֹ שֶׁדָּרְשׁוּ עַל פָּסוּק צוּר יְלָדְךָ תֶּשִׁי, וְהָאָדָם מְעַיֵּן בִּתְפִלָּתוֹ דְּמַשְׁמַע שֶׁהוּא מְבַקֵּשׁ צָרְכֵי עַצְמוֹ לֹא זוּלַת. וּמוֹסֵר דִּין הַנְּטוּיָה הָעֶלְיוֹנָה עַל אֲחֵרִים כְּאִלּוּ הוּא נָקִי מֵעָוֹן אָז וַדַּאי אֲפִלּוּ עָשָׂה תְּשׁוּבָה מִמָּה שֶׁזָּכַר לֹא בִּלְבַד עוֹנוֹתָיו נִבְדָּקִים אֶלָּא גַּם הַנִּשְׁכָּחוֹת מִלֵּב מְקַטְרְגִים עָלָיו מֵעַתָּה וְהוּא רַחוּם יְכַפֵּר:

מַאֲמַר חֵקֶר דִּין - חֵלֶק א פֶּרֶק יא

הַדִּין אֱמֶת הַכֹּל מְתֻקָּן בְּכָל הָנֵי הִלְכְתָא גַּבְרְוָתָא שֶׁדִּינָן שָׁוֶה לִימוֹת עוֹלָם שֶׁזָּכַרְנוּ פֶּתַח דְּבָרֵינוּ בַּכֵּסֶא לְיוֹם חַגֵּנוּ וּלְדִין הַמָּוֶת וּלְדִין הַתְּחִיָּה, כִּי מִשְׁפְּטֵי ה' אֱמֶת יִצְדְּקוּ יַחְדָּו וְאֵין הַדָּבָר תָּלוּי אֶלָּא בִּתְשׁוּבָה וּבְהַשְׁלָמוֹת תְּנָאֶיהָ. וּכְבָר בֵּאַרְנוּ בְּפֶרֶק ג' מִדִּבְרֵי הַנָּבִיא יְשַׁעְיָהוּ ד'

תְּקוּנֶיהָ בְּסוּר מֵרָע וּשְׁיָרֵנוּ לַמָּקוֹם הַזֶּה הַבֵּאוּר לִשְׁתֵּי מַעֲלוֹת טוֹבוֹת אֲשֶׁר לָהּ בַּעֲשֵׂה טוֹב וּלְכָל אֶחָד מֵהֶן ד' תִּקּוּנֵי זִכְרָם בֶּן אָמוֹץ וּצְרָפָם אֶל הָרִאשׁוֹנִים כִּי בְּאָמְרוֹ לִמְדוּ הֵיטֵב בָּאֵר חִיּוּבֵנוּ לְהִשְׁתַּלֵּם בְּעִיּוּן בְּכָל כֹּחֵנוּ מִצְוֹתָיו חֻקּוֹתָיו וְתוֹרוֹתָיו וְהַכֹּל נִכְלָל בְּמִלַּת הֵיטֵב שֶׁהוּא בְּגִמַּטְרִיָּא שֵׁם בֶּן ד' אוֹתִיּוֹת הַגָּדוֹל וְהַנּוֹרָא הַבִּלְתִּי נֶהְגֶּה וְהָעִיּוּן בּוֹ וּבַאֲמִתָּתוֹ מַשְׁלִים כָּל חֶסֶד וּבְהִצְטָרֵף אוֹתִיּוֹת מִסְפַּר פָּשׁוּט כָּפוּל מְשֻׁלָּשׁ וּמְרֻבָּע הַמֻּרְגָּל בְּחֶשְׁבּוֹן אוֹתִיּוֹת הַקֹּדֶשׁ עַל שַׁעַר בַּת רַבִּים מִגְּדוֹלֵי הַמְחַבְּרִים עוֹלֶה ע' פָּנִים לַתּוֹרָה וּכְבָר נִצְטַוֵּינוּ לִכְתֹּב אֶת הַתּוֹרָה עַל הָאֲבָנִים בְּעֵבֶר הַיַּרְדֵּן בָּאֵר הֵיטֵב וְרַבּוֹתֵינוּ אָמְרוּ שֶׁהָיְתָה הַמִּצְוָה עָלֵינוּ לִכְתֹּב בְּשִׁבְעִים לָשׁוֹן יוּבְאוּ אַחַר כָּךְ ד' תְּנָאִים אֲחֵרִים בְּכִשְׁרוֹן הַמַּעֲשֶׂה דִּרְשׁוּ מִשְׁפָּט אַשְּׁרוּ חָמוֹץ שִׁפְטוּ יָתוֹם רִיבוּ אַלְמָנָה. וְקָרוֹב לִשְׁמֹעַ שֶׁהֵם נִתְלִים בַּד' אוֹתִיּוֹת הַכְּתִיבָה לְשֵׁם הַגָּדוֹל עַל הַסֵּדֶר כְּשֵׁם שֶׁד' תְּנָאִים הַמְפֹרָשִׁים בְּסוּר מֵרָע תְּלוּיִים וְעוֹמְדִים בַּד' אוֹתִיּוֹת הַקְּרִיאָה. וְהָרָגִיל בִּשְׂפַת אֱמֶת יוֹדֵעַ כֵּן. וְכָאן צְרִיכִים אָנוּ לִיזָּהֵר כִּי יֵשׁ אָדָם שֶׁעֲמָלוֹ בַּתּוֹרָה וּבַמִּצְוֹת אֲפִלּוּ בְּקִיּוּם הֶעָשֵׂן יִקָּרֵא סָר מֵרָע כְּגוֹן הַמִּתְעַטֵּף בְּצִיצִית לִזְכֹּר שֶׁלֹּא לָתוּר אַחֲרֵי מַחְשֶׁבֶת הַלֵּב וְהָעֵינַיִם וְיֵשׁ מֵהֶם שֶׁאֲפִלּוּ בְּהַרְחָקַת הַלָּאוִין יִקָּרֵא עוֹשֶׂה טוֹב לֶאֱסֹר בְּזִיקִים וְכַבְלֵי בַּרְזֶל הַמִּתְאַוֶּה בָּהֶן וּצְבָאוֹ וּפְקוּדָיו תַּחַת שַׁלְטָנוּתָא דְּקֻבָּ"ה וְהִיא מִבְחַר הַכַּוָּנוֹת בִּשְׁמִירָתָם. וְיֵשׁ בָּזֶה טַעַם לְשֶׁבַח לָמָּה שֶׁכָּתַב הָרַב אִבְּן עֶזְרָא בְּסֵפֶר הָעֲצָמִים כִּי יֵשׁ בְּגוּף שס"ה עוֹרְקִים שׁוֹקְטִים כְּמִנְיַן הַלֵּילוֹת וְלָנוּ הֵן הַלָּאוִין בְּכַוָּנַת סוּר מֵרָע וּשְׁסָ"ה עוֹרְקִים דּוֹפְקִים כְּמִנְיַן הַיָּמִים אֲשֶׁר הֵם לְפִי דַּרְכֵּנוּ שְׁמִירַת הַלָּאוִין בְּכַוָּנַת עֲשֵׂה טוֹב וְהוּא כַּפְתּוֹר וָפֶרַח עִם מָה שֶׁיָּבֹא בְּמַאֲמַר חֲכָמִים עָבַר וְשָׁנָה הֻתְּרָה לוֹ בַּחֵלֶק הַשְּׁלִישִׁי פֶּרֶק י"ד וְאֵין כֶּפֶל בָּאֵבָרִים כִּי אֵין בָּהֶם סוּר מֵרָע אֶלָּא בְּמִקְרֶה וְשִׁעוּר כִּמְפֻרְסָם:

מַאֲמַר חֵקֶר דִּין - חֵלֶק א פֶּרֶק יב

לְכוּ נָא וְנִוָּכְחָה יֹאמַר ה', אֲנִי וְאַתֶּם נְבָרֵר אֶת עַצְמֵנוּ שֶׁכֵּן שִׁמּוּשׁ הַנִּפְעָל כְּמוֹ נַעֲמָשָׂא לֹא נִשְׁמַר. וְיָדוּעַ בְּהִלְכוֹת דַּיָּנִים שֶׁאִם בָּאוּ לָדִין עָנִי וְעָשִׁיר אוֹמְרִים לְעָשִׁיר לְבוּשׁ כְּמוֹתוֹ אוֹ הַלְבִּישֵׁהוּ כְּמוֹתְךָ. וּבִתְחִלַּת הַוִּכּוּחַ הַזֶּה לֶעָתִיד לָבֹא יְקַיֵּם בְּעַצְמוֹ הַצַּד הָרִאשׁוֹן בְּסָמוּךְ נְדַבֵּר בּוֹ עַל אֹזֶן שׁוֹמַעַת וּבְסוֹפוֹ יַלְבִּישֵׁנוּ בִּגְדֵי יֶשַׁע מְעִיל צְדָקָה וַעֲתִידִים צַדִּיקִים שֶׁיִּקָּרְאוּ בִּשְׁמוֹ כַּנּוֹדָע וְהִנֵּה הַפָּסוּק הַזֶּה יִכְלֹל הַחֲלֻקּוֹת שְׁתֵּיהֶן עַל הָרִאשׁוֹנָה וְהִיא מִיִּרְאָה אוֹ שֶׁלֹּא לִשְׁמָהּ כִּי גָדֵל עַד שָׁמַיִם חַסְדּוֹ לְזוֹכִים אֵלֶיהָ וְתוּ לֹא דְּהַיְנוּ עַד כִּסֵּא הַכָּבוֹד כְּמוֹ שֶׁנִּזְכַּרְנוּ בְּפֶרֶק ג' אָמַר הַנָּבִיא לְכוּ נָא וְנִוָּכְחָה וְאַתְיָא כִּי הָא דִּתְנַן הוּא עֵד הוּא דַּיָּן הוּא בַּעַל דִּין. כִּי הִנֵּה בְּמִתְיַחֵס לְחוֹטֵא בֵּינוֹ לְבֵין עַצְמוֹ הוּא עֵד.

וּכְבָר הֵעִיד בָּנוּ עַל זֶה בְּאָמְרוֹ שִׁחֵת לוֹ לֹא בָּנָיו מוּמָם וּמְתַרְגְּמִינָן חַבִּילוּ לְהוֹן לֹא לֵהּ וּבֵינוֹ לְזוּלָתוֹ הוּא דַּיָּן וּבֵינוֹ לַמָּקוֹם הוּא בַּעַל דִּין וְכֵן בְּדָוִד הוּא אוֹמֵר לְךָ לְבַדְּךָ חָטָאתִי כִּי אָמְנָם אֵין רוֹאֶה זוּלָתְךָ. וְאַתָּה עֵד כָּאָמוּר וְהָרַע בְּעֵינֶיךָ עָשִׂיתִי. וְאַתָּה דַּיָּן וּלְפִיכָךְ אָמַר לְמַעַן תִּצְדַּק בְּדָבְרֶךָ וּכְמוֹ בַּעַל דִּין תִּזְכֶּה בְּשָׁפְטֶךָ. וּבָאוּ שְׁנֵי הַתְּאָרִים הָאַחֲרוֹנִים בְּצֵרוּף גָּמוּר לִתֵּן אֶת הָאָמוּר שֶׁל זֶה בָּזֶה לְחַזֵּק אֱמוּנָתֵנוּ בּוֹ וּבְצִדּוּק דִּינוֹ שֶׁאִלְמָלֵא כֵּן תִּצְדַּק בְּשָׁפְטְךָ מִבָּעֵי לֵהּ וְכֵן תִּזְכֶּה בְּדָבְרֶךָ. אוֹ יִהְיֶה הַפָּסוּק מוּסָב קְצָתוֹ אֶל קְצָתוֹ וְכוֹלֵל דַּיָּן וּבַעַל דִּין בִּלְבַד כִּי יֹאמַר לְךָ לְבַדְּךָ חָטָאתִי לְמַעַן תִּצְדַּק בְּדָבְרֶךָ וְהָרַע בְּעֵינֶיךָ עָשִׂיתִי לְמַעַן תִּזְכֶּה בְּשָׁפְטֶךָ. וּבְאָמְרוֹ אַחַר כָּךְ כִּי פְשָׁעַי אֲנִי אֵדָע הֶאֱמִין עָלָיו אֶת הָעֵד שֶׁהוּא לְבַדּוֹ מֵעִיד יְחִידִי. וּלְדַקְדֵּק מִלַּת לְמַעַן כְּפִי הַמּוּבָן מִמֶּנָּה בִּפְשִׁיטוּת עַל הַדֶּרֶךְ הַזֶּה הַשֵּׁנִי יֹאמַר צָרִיךְ אַתָּה שֶׁתִּזְכֶּה בְּשָׁפְטְךָ יִרְצֶה שֶׁתִּזְכֶּה לְעַצְמְךָ בְּמָה שֶׁתִּשְׁפֹּט רִאשׁוֹנָה הֱיוֹתְךָ לְבַדְּךָ בַּעַל דִּינִי שֶׁאֵין בְּעִנְיָן דָּבָר מִתְיַחֵס לְזוּלָתְךָ כְּלָל כַּנּוֹדָע מִדִּינוֹ שֶׁל אוּרִיָּה שֶׁהָיָה מוֹרֵד בְּמַלְכוּת וְשֶׁלֹּא קָרַב לְבַת שֶׁבַע כָּל יָמָיו וְשֶׁכָּתַב לָהּ סֵפֶר כְּרִיתוּת לֹא נִשְׁאַר בְּחֶטְאוֹ שֶׁל דָּוִד רַק מָה שֶׁהִגְבִּיר חֶרֶב בְּנֵי עַמּוֹן עַל מַחֲנֵה יִשְׂרָאֵל פֶּן יֹאמְרוּ יָדֵינוּ רָמָה וְתוּ דְּלָא גָּרַע מָה שֶׁבָּא אֶל בַּת שֶׁבַע מִמַּאן דְּשָׁקֵל בִּשְׂרָא מִבֵּי טַבָּחָא וְלָא יְהִיב דְּמֵי לְאַלְתַּר וְהָיוּ חֲבֵרָיו בּוֹשִׁים וַדַּאי מִשְּׁמוּעָתוֹ יֵשׁ כָּאן שׁוֹגֵג וּמֵזִיד בְּחִלּוּל הַשֵּׁם זֶה וְזֶה בֵּינוֹ לַמָּקוֹם בִּלְבַד לְמַעַן תִּצְדַּק כְּמוֹ דַּיָּן בְּדָבְרֶךָ עַל יְדֵי נָתָן לֹא תָמוּת. אוֹ יֹאמַר לְךָ לְבַדְּךָ חָטָאתִי בְּהִרְהוּר שֶׁאֵין זוּלָתְךָ מַכִּיר בּוֹ וְהָרַע בְּעֵינֶיךָ עָשִׂיתִי הֵם בָּתֵּי דִּינִין שֶׁל מַעְלָה כְּדִלְקַמָּן וּלְמַעַן תִּצְדַּק בְּדָבְרֶךָ שֶׁהַמַּעֲשֶׂה רָאוּי לִמְחֹל צָרִיךְ אַתָּה שֶׁתִּזְכֶּה בְּשָׁפְטְךָ אֶת הַהִרְהוּר לְכַף זְכוּת וּבָא בְּפֹעַל עוֹמֵד שֶׁהוּא כִּבְיָכוֹל זוֹכֶה לְעַצְמוֹ בְּשָׁעָה שֶׁמְּזַכֶּה אֶת בָּנָיו מִן הַדִּין וְזֶה וָזֶה פֵּרוּשׁוֹ מִתְיַשֵּׁב מְאֹד וַאֲמִתִּי בְּעַצְמוֹ שֶׁיִּהְיֶה לְמַעַן תִּצְדַּק הוּא הַתַּכְלִית לְתִזְכֶּה בְּשָׁפְטְךָ לֹא סָבָה אֶל הַחֵטְא מִיהוּ פְּרִישׁוֹ בָּהוּ רַבָּנָן דְּאִינוּן מִלֵּי דִּבְדִיחוּתָא לִמְצֹא חֵן בְּשִׁירָיו וְזַמָּרָיו דְּלָא לִמְרוֹ עַבְדָּא זַכִּי לְמָרֵיהּ בְּזֹהַר וּבְפֶרֶק חֵלֶק כְּאִלּוּ יֵאָמֵר חָטָאתִי לְאַמֵּן דְּבָרֶיךָ שֶׁאָמַרְתָּ כִּי יֵצֶר לֵב הָאָדָם רַע מִנְּעֻרָיו עַד שֶׁיִּצְדַּק לוֹמַר כִּי אָדָם אֵין צַדִּיק בָּאָרֶץ אֲשֶׁר יַעֲשֶׂה טּוֹב וְלֹא יֶחֱטָא שֶׁאֲפִלּוּ בְּמַעֲשֵׂה הַמִּצְוֹת שֶׁלָּנוּ יֵשׁ בָּהֶן כַּמָּה חֶסְרוֹנוֹת כְּמוֹ שֶׁנַּזְכִּיר בְּחֵלֶק ב' פֶּרֶק ט"ז. וְעֵצָה טוֹבָה קָא מַשְׁמַע לַן קְרָא דִּכְתִיב טוֹב לַגֶּבֶר כִּי יִשָּׂא עֹל בִּנְעוּרָיו אָמַר כִּי טוֹב לוֹ עוֹדֶנּוּ אִישׁ בְּתָקְפּוֹ וּגְבוּרָתוֹ כִּי יִשָּׂא עֹל הַתּוֹרָה וְהַמִּצְוֹת בְּאוֹתוֹ הַחֵלֶק שֶׁיִּצְרוֹ תּוֹקְפוֹ וְהַיְינוּ בִּנְעוּרָיו כִּדְלְעֵיל דְּאִי לֹא תֵּימָא הָכִי קָשֶׁה דְּפָתַח בְּגֶבֶר וּמְסַיֵּם בְּנַעַר וְלֹא עוֹד אֶלָּא דְּקָאמַר יִשָּׂא לָשׁוֹן עָתִיד וְהוּא גְּזֵרָה הֲפוּכָה בְּלִי סָפֵק אֶלָּא כִּדְאֲמַרַן שֶׁעַל אוֹתוֹ הַיֵּצֶר שֶׁהוּא רַע מִנְּעוּרָיו דִּבֵּר הַנָּבִיא הַמְקוֹנֵן וְטוֹב לַגֶּבֶר שֶׁהוּא כּוֹפֵהוּ וּמַחֲזִירוֹ לְמוּטָב וּמֻבְטָח לוֹ שֶׁהַקָּדוֹשׁ בָּרוּךְ הוּא עוֹזְרוֹ כִּי הוּא יָדַע יִצְרֵנוּ הַזָּכוּר בַּתּוֹרָה אֲלָפִים

שָׁנָה קֹדֶם הָעוֹלָם שֶׁעֲדַיִן הָיָה מְצִיאוּתֵנוּ בְּאוֹתוֹ הָעֵדֶר הַקּוֹדֵם לַהֲוָיָה וְהוּא אָמְרוּ כִּי עָפָר אֲנַחְנוּ וּמִלַּת כִּי מִשְׁפָּטָהּ כַּאֲשֶׁר וְהַכֹּל הָיָה מִן הֶעָפָר כַּנּוֹדָע וְיִהְיֶה זָכוּר פָּעוּל כְּמַשְׁמָעוֹ מוּסָב אֶל הַיֵּצֶר וְהוּא פָּשׁוּט נָכוֹן. אוֹ יֹאמַר לְךָ לְבַדְּךָ חָטָאתִי בְּדָבָר בַּת שֶׁבַע שֶׁהָיָה שׁוֹגֵג בְּחִלּוּל הַשֵּׁם שֶׁחָשַׁב לְהַסְתִּיר אֶת הַדָּבָר וְהָרַע שֶׁהוּא מֵזִיד בִּדְבַר אוּרִיָּה בְּעֵינֶיךָ עָשִׂיתִי הֵן הֵמָּה שִׁבְעָה עֵינֵי ה' רָאשֵׁי סַנְהֶדְרָאוֹת שֶׁל מַעְלָה שֶׁכְּנֶגְדָּן עֵינֵי הָעֵדָה לְמַטָּה אֲשֶׁר חֶרֶב גָּאוֹתָן שֶׁל יִשְׂרָאֵל מְסוּרָה בְּיָדָם לְהָמִית בְּסַנְהֶדְרִין אוֹ בְּמִשְׁפַּט הַמֶּלֶךְ לֹא עַל יְדֵי חֶרֶב בְּנֵי עַמּוֹן כָּאָמוּר. אוֹ יֹאמַר לְךָ לְבַדְּךָ בָּעוֹלָם הָעֶלְיוֹן אֵין שָׁם פְּגַם בְּמַעֲשֵׂה הַתַּחְתּוֹנִים חֶסְרוֹן שְׁלֵמוּתְךָ וְיִהְיֶה חָטָאתִי מִלְּשׁוֹן אֲנִי וּבְנִי שְׁלֹמֹה חַטָּאִים אַךְ הַפְּגַם בְּעֶצֶם מַגִּיעַ לְעוֹלָם הַמְשָׁרְתִים שֶׁזָּכַרְנוּ וְלָמָּה שֶׁבְּעָוֹן אָדָם נִקְנְסָה מִיתָה עָלָיו וְעַל דָּוִד כַּנּוֹדָע בְּפָסוּק מוֹת תָּמוּת וּכְמוֹ שֶׁיָּבֹא נִכְשַׁל דָּוִד בָּזֶה מֵעֵין גִּלּוּי עֲרָיוֹת וּשְׁפִיכַת דָּמִים כְּשֵׁם שֶׁבִּקֵּשׁ לַעֲבֹד אֱלִילִים בְּבָרְחוֹ מִפְּנֵי אַבְשָׁלוֹם כִּדְכְתִיב וַיְהִי דָוִד בָּא עַד הָרֹאשׁ לְהַצְדִּיק דִּין שָׁמַיִם בְּעֵינֵי הֶהָמוֹן אֲשֶׁר לֹא עָמְדוּ בְּסוֹד הָעִבּוּר וְיִתְמְהוּ מִכַּמָּה שִׁירוֹת וְתִשְׁבָּחוֹת שֶׁלּוֹ אֲשֶׁר לֹא הִסְפִּיקוּ לְהַצִּילוֹ מִדִּין הַמָּוֶת וְלַעֲשׂוֹתוֹ מָשִׁיחַ. וִידַקְדֵּק עִם כָּל זֶה פָּסוּק יָפֶה אַף נָעִים אוֹמֵר דָּרְשֵׁנִי וְהוּא אָמַר חַטָּאתִי אוֹדִיעֲךָ וַעֲוֹנִי לֹא כִסִּיתִי אָמַרְתִּי אוֹדֶה עֲלֵי פְשָׁעַי לַה' וְאַתָּה נָשָׂאתָ עֲוֹן חַטָּאתִי סֶלָה, כִּי הַרְבֵּה דְּבָרִים יֵשׁ לְהִתְעוֹרֵר בּוֹ. תְּחִלָּה מָה זוֹ הוֹדָעָה כְּלַפֵּי מַעְלָה וְלָמָּה הִנִּיחַ אוֹתָהּ בְּצַד הַחֵטְא וּשְׁלַל כִּסּוּי הֶעָוֹן, וְאַמַּאי הָכָא עָתִיד וְהָכָא עָבָר וּגְבֵי פְּשָׁעִים נָקַט לְתַרְוַיְהוּ אָמַרְתִּי אוֹדֶה, וְאַמַּאי אוֹדֶה עֲלֵי פְשָׁעַי וַהֲרֵי פְּשָׁעִים אֵלּוּ הַמְּרָדִים וְכָאן אֵין גַּם אֶחָד חָמוּר כָּל כָּךְ. וְאַמַּאי אַתָּה נָשָׂאתָ עָבָר. וְאַמַּאי תָּלָה הַמֵּזִיד בְּשׁוֹגֵג דִּכְתִיב עֲוֹן חַטָּאתִי וּפְשָׁעִים שֶׁנִּזְכַּר תְּחִלָּה מַאן מֵחִיל וּמַאן שָׁבֵק וּמַאי סֶלָה שַׁיָּךְ הָכָא. וְעִם מָה שֶׁהִקְדַּמְנוּ הַכֹּל מְתֻקָּן. יֹאמַר שֶׁגְּגָתִי בְּבַת שֶׁבַע אוֹדִיעַ אֵלֶיךָ נֶאֱמָן הַדַּיָּן כִּי הָא דִּתְנַן בְּפֶרֶק נִגְמַר הַדִּין הוּא אוֹמֵר יֵשׁ לִי לְלַמֵּד עַל עַצְמִי זְכוּת מַחֲזִירִין אוֹתוֹ וּבִלְבַד שֶׁיְּהֵא מַמָּשׁ בִּדְבָרָיו וַעֲוֹנִי בִּדְבַר אוּרִיָּה לֹא כִסִּיתִי מֵעִקָּרָא לִמְסֹר דִּינִי עַל יוֹאָב שֶׁהָיִיתִי רַשַּׁאי עַל זֶה דְּהָא אֵין שָׁלִיחַ לִדְבַר עֲבֵרָה וְאֶל הֶהָמוֹן אָמַרְתִּי שֶׁרְצוֹנִי לְהִתְוַדּוֹת עַל שְׁתֵּי אַשְׁמוֹתַי שֶׁהִגְדַּלְתִּי אוֹתָן עַל עַצְמִי וְנַעֲשֵׂיתִי רַב פֶּשַׁע אֶצְלָם לְצַדֵּק דִּינְךָ בְּעֵינֵיהֶם וַאֲצָרֵף עִמָּהֶם כָּל פִּשְׁעֵי הָרִאשׁוֹנִים אַף עַל פִּי שֶׁעָבַר עֲלֵיהֶם יוֹם הַכִּפּוּרִים וְזֶהוּ פְּשָׁעַי לַה' רָצָה שֶׁיִּהְיוּ דְּבָרָיו אֱמֶת בַּנִּגְלֶה וּבַנִּסְתָּר וְאַתָּה צֵרַפְתָּ מַחְשַׁבְתִּי הַטּוֹבָה לְמַעֲשֶׂה וּמִשְׁעַת הָאֲמִירָה נָשָׂאתָ עֲוֹן אוּרִיָּה וְדַנְתָּ אוֹתוֹ טָפֵל לְשִׁגְגָתִי בְּבַת שֶׁבַע וְהָיָה זֶה בְּבֵית דִּין עֶלְיוֹן דְּעַתִּיקָא קַדִּישָׁא כִּי רַבִּים רַחֲמָיו וּנְצָחִיִּים בְּלִי הֶפְסֵק וְהוּא אָמְרוּ סֶלָה. הַדֶּרֶךְ לְמוּסָר הַנָּבִיא שֶׁאָמַר לְכוּ נָא וְנִוָּכְחָה יִרְצֶה נְבָרֵר אֶת דִּינֵנוּ תְּחִלָּה עִם בַּעֲלֵי הָרִיב הַטּוֹעֲנִים הַלָּלוּ וְהַלָּלוּ עוֹבְרֵי עֲבֵרָה וְאַחַר כָּךְ בַּה' יִצְדְּקוּ וְיִתְהַלְלוּ כָּל זֶרַע יִשְׂרָאֵל:

מַאֲמָר חֵקֶר דִּין - חֵלֶק א פֶּרֶק יג

בְּזֶה שֶׁדָּרְשׁוּ רַבּוֹתֵינוּ עַל פָּסוּק כִּי כָּל הָעַמִּים יֵלְכוּ אִישׁ בְּשֵׁם אֱלֹהָיו יָדוּעַ בִּמְקוֹמוֹ וְכֵן עַל פָּסוּק כִּי בָאֵשׁ ה' נִשְׁפָּט וּבְמַאֲמַר דָּוִד הַמֶּלֶךְ ע"ה גַּם כִּי אֵלֵךְ בְּגֵיא צַלְמָוֶת לֹא אִירָא רָע כִּי אַתָּה עִמָּדִי וְעִם זֶה יִתְאַמֵּת מַה שֶּׁאָנוּ בְּבֵאוּרוֹ כִּי הֻבְטַחְנוּ לָצֵאת בְּדִימוֹס בִּזְמַן שֶׁאֲנַחְנוּ נֵלֵךְ בְּשֵׁם הַשּׁוֹכֵן אִתָּנוּ בְּתוֹךְ טֻמְאָתֵנוּ וְהוּא עָתִיד לִהְיוֹת לָנוּ מִקְוֶה טָהֳרָה. וְאַף בַּעֲבוֹדַת יוֹם הַכִּפּוּרִים כְּתִיב וְכִפֶּר עַל הַקֹּדֶשׁ וּבְאַהֲרֹן מִשְׁפְּטֵי קָרָא שֶׁיִּטַהֵר הַקֹּדֶשׁ הָעֶלְיוֹן מִטֻּמְאַת בְּנֵי יִשְׂרָאֵל וְהַשּׁוֹכֵן אִתָּם בְּתוֹךְ טֻמְאֹתָם כֵּן יַעֲשֶׂה לְאֹהֶל מוֹעֵד כִּי אֵין חָבוּשׁ מַתִּיר עַצְמוֹ:

וּלְמַעַן יִצְדַּק וְיִזְכֶּה שׁוֹפֵט צֶדֶק בְּסוֹף הַוִּכּוּחַ הַזֶּה הִקְדִּים לָעוֹלָם ז' דְּבָרִים וְכֻלָּם בִּשְׁבִיל יִשְׂרָאֵל וְטוֹבָתָם וַאֲפִלּוּ גֵּיהִנֹּם כְּמוֹ שֶׁאָנוּ עֲתִידִים לְפָרֵשׁ לְקַמָּן דִּסְגֵי בְּעַתּוֹתֶיהָ אֲפִלּוּ לְפוֹשְׁעִים שֶׁבָּנוּ שֶׁכָּל יְמֵיהֶם דְּאִיגֵי בְּמִצְוֹת וַחֲבוּל גּוּפַיְהוּ וְלֹא עוֹד אֶלָּא שֶׁתָּמִיד כָּל הַיּוֹם רָגְזוּ וְחָלוּ מִמּוֹסְרֵי הַנְּבִיאִים וְשַׁמְנוּ מְנָאֵץ מִתּוֹכַחְתָּם לֹא כֵן פּוֹרְקֵי עֹל כִּי בְּכָל חַכְמֵיהֶם וְשָׂרֵיהֶם שֶׁל מַעְלָה אֵין מוֹחֶה אַף עַל פִּי שֶׁיֵּשׁ לְאֵל יָדָם כִּי בְּזֹאת יִתְהַלֵּל שָׂרוֹ שֶׁל אֲבִימֶלֶךְ אֲשֶׁר כֵּן עָשָׂה כְּפֵרוּשׁ הַזֹּהַר בְּפָסוּק וָאֶחְשֹׂךְ גַּם אָנֹכִי אוֹתְךָ מֵחֲטוֹא לִי לְפִיכָךְ יִפְקֹד ה' עֲלֵיהֶם בַּמָּרוֹם לָדוּן אוֹתָם בְּגֵיהִנֹּם עֶלְיוֹן שֶׁנְּהַר דִּינוּר עוֹבֵר בְּתוֹכוֹ וּמִתְלַהֵב בּוֹ וְעַל הָאֲדָמָה בְּגֵיהִנֹּם תַּחְתּוֹן עַל רֹאשׁ רְשָׁעִים יָחוּל וַאֲנַחְנוּ בְּשֵׁם ה' אֱלֹהֵינוּ נַזְכִּיר. כִּי יְשָׁרִים דַּרְכֵי ה' וְצַדִּקִים יֵלְכוּ בָם וְהוּא תַּכְלִית הַטּוֹבָה וּפוֹשְׁעִים יִכָּשְׁלוּ בָם גַּם זוֹ רָעָה מֵעֵין הַטּוֹבָה כִּי הַמִּכְשׁוֹל יִהְיֶה בִּגְבוּלוֹת שֶׁל דַּרְכֵי ה' וּמִיָּד שֶׁיְּהַרְהֲרוּ תְּשׁוּבָה בְּלִבָּם קָרוֹב אֲלֵיהֶם הַדָּבָר מְאֹד וְעִם זֶה לֹא הִשְׁלִים הַנָּבִיא אֶלָּא בְּדִבְרֵי נְחֶמְיָה:

וְהוּא הַמְכֻוָּן לְרַבּוֹתֵינוּ בְּמָשָׁל הַשְּׁנַיִם שֶׁאָכְלוּ פִּסְחֵיהֶם כִּי מִצְוֹת לָאו לֵהָנוֹת נִתְּנוּ וּכְבָר קָדַם לָנוּ בְּפֶרֶק ג' שֶׁלִּמּוּד הַזֶּה בְּאַזְהָרוֹת גַּם כֵּן בְּפָסוּק חִדְלוּ הָרֵעַ:

מַאֲמָר חֵקֶר דִּין - חֵלֶק א פֶּרֶק יד

וְאוּלָם הַחֲלֻקָּה הַב' שֶׁזָּכַרְנוּ וְהִיא מֵאַהֲבָה וְלִשְׁמָהּ כִּי גָדוֹל מֵעַל שָׁמַיִם חַסְדּוֹ יִתְבָּרַךְ לַהוֹלְכִים בָּהּ תִּבְחַן בְּב' פָּנִים הָאֶחָד עַל שָׁמַיִם וְהַשֵּׁנִי הַרְבֵּה יוֹתֵר מֵעַל שָׁמַיִם וַעֲלֵיהֶם הַנָּבִיא מַבְטִיחַ אוֹתָנוּ שֶׁבְּהֶגַּע תְּשׁוּבָתֵנוּ לִלְבוּשֵׁיהּ דְּעַתִּיק יוֹמִין כִּתְלַג חִוָּר אָז אִם חֲטָאֵינוּ הַכּוֹלְלִים גַּם חֵלֶק הַשְּׁגָגוֹת שֶׁנִּשְׁאַר מִן הַזְּדוֹנוֹת בִּתְשׁוּבַת הֶהָמוֹן הַמַּגַּעַת עַד כִּסֵּא הַכָּבוֹד בִּלְבַד יִהְיוּ כַּשָּׁנִים הוּא הַבֶּגֶד הַצָּבוּעַ מִן הַתּוֹלַעַת אָז וַדַּאי כַּשֶּׁלֶג יַלְבִּינוּ כָּל דְּאָתֵי מֵחֶמְתָם וּזְכוּת גָּדוֹל יֵחָשֵׁב שֶׁלֹּא יִשָּׁאֵר שׁוּם רֹשֶׁם

מֵהֶם בָּעוֹלָם כְּדִכְתִיב כִּי בֹשֶׁת עֲלוּמַיִךְ תִּשְׁכָּחִי. וְעַל זֶה נֶאֱמַר אֶרְפָּא מְשׁוּבָתָם. וּבְהַגִּיעַ הַתְּשׁוּבָה לְשַׁעַר רֵישֵׁיהָ כְּעֹמֶר נָקִי אָז אִם יַאְדִּימוּ כַתּוֹלָע אֲפִלּוּ יִהְיוּ מֵאוֹתָן שֶׁאָמְרוּ עֲלֵיהֶם שִׁגְגַת לָמוּד עוֹלֶה זָדוֹן שֶׁהֲרֵי הַתּוֹלָע צוֹבֵעַ אֲחֵרִים כְּצֶמֶר יִהְיוּ שֶׁמְּלַבְּנִין אוֹתוֹ לְמַלֵּת וְטַעַם יִהְיוּ כְּטַעַם וַה' סָר מֵעָלַיִךְ וַיְהִי עָרֶךְ חָלִילָה לָאֵל מֵהֱיוֹתוֹ שׂוֹנֵא לַצַּדִּיק גָּמוּר כְּשָׁאוּל שֶׁהָיָה רִבּוֹ זְכֻיּוֹת בְּלִי סָפֵק אֶלָּא כֵּיוָן שֶׁה' סָר מֵעָלֶיךָ הִנֵּה עֵרֶךְ קִבֵּל הֲוָיָה מְחֻדֶּשֶׁת כְּמוֹ שֶׁבֵּאַרְנוּהוּ בְּמַאֲמַר הַנֶּפֶשׁ אַף כָּאן כְּצֶמֶר יִהְיוּ לְחַדֵּשׁ לָהֶם הֲוָיָה מְצֻחְצַחַת שֶׁזְּדוֹנוֹת נַעֲשִׂים כִּזְכֻיּוֹת וְהַסּוֹד הַזֶּה נִרְמַז בַּפָּסוּק וַיִּקְרָא ה' אֱלֹהִים אֶל הָאָדָם עַל הַדֶּרֶךְ הַמְּתֻרְגָּם בְּסֵדֶר קְדֻשָּׁה אִם שֶׁהַתְּשׁוּבָה קוֹרְאָהּ לְאַבָּא שְׁלֹמֹה שֶׁעָלֶיהָ כְּטַעַם הַתִּקּוּן בִּכְפָלַיִם שֶׁנִּפְרָשׁ בְּפֶרֶק כ"ב אוֹ אֶל הָאָדָם כִּפְשׁוּטוֹ כִּי הַכֹּל בִּידֵי שָׁמַיִם חוּץ מִיִּרְאַת שָׁמַיִם וְהַתְּשׁוּבָה קוֹרְאָהּ אֶל הָאָדָם וּמְצַפֶּה אֵלָיו שֶׁיּוֹצִיא אוֹתָהּ מִן הַכֹּחַ אֶל הַפֹּעַל בִּבְחִירָה וְרָצוֹן כָּרָאוּי. וְעִם זֶה נִרְדְּפָה לָדַעַת מָה יְקָר חַסְדּוֹ יִתְבָּרַךְ בִּהְיוֹתוֹ מַרְבֶּה מְחִילָה לַחֲטָאִים כִּי הַמְּחִילָה לְחוֹטֵא חֶסֶד גָּדוֹל אָמְנָם הַמְּחִלָּה לְחֵטְא עַצְמוֹ הוּא חֶסֶד רַב אִם יֵחָשֵׁב הַנִּדּוֹן כִּשְׁגָגָה וְעָצוּם מְאֹד אִם יֵהָפֵךְ לִזְכוּת וּמַלְאָךְ מֵלִיץ שֶׁיֵּעָשֶׂה הַקָּטֵגוֹר סָנֵגוֹר. וְעַל זֶה נֶאֱמַר אוֹהֲבֵם נְדָבָה וְנָתַן טַעַם לַדָּבָר כִּי שָׁב אַפִּי מִמֶּנּוּ וּכְבָר נִתְעוֹרְרוּ חֲזָ"ל וְאָמְרוּ שֶׁבִּשְׁבִיל יָחִיד שֶׁעָשָׂה תְּשׁוּבָה כְּגוֹן זוֹ מָחֲלִין לְכָל הַצִּבּוּר פֵּרוּשׁ חֶלְקָם בִּבְרִית הָאֵלֶּה לִהְיוֹתָם עֲרֵבִים זֶה לָזֶה הוּא הַנִּמְחַל בִּזְכוּתוֹ וְנָכוֹן הוּא. אָמְנָם פְּשָׁטֵיהּ דִּקְרָא יוּבַן עִם מָה שֶׁנֶּאֱמַר וְתֹאחֵז בְּמִשְׁפָּט יָדִי כִּי הַקָּדוֹשׁ בָּרוּךְ הוּא זוֹרֵק חִצָּיו וְיָדוֹ אוֹחֶזֶת בָּהֶן לַהֲשִׁיבָן כִּרְצוֹנוֹ וּמִדָּה זוֹ נוֹהֶגֶת בְּאַף יוֹתֵר מִכָּל שְׁאָר רָאשֵׁי הַמַּשְׁחִית דִּבְכֻלְּהוּ כְּתִיב תִּקּוּן פָּשׁוּט וְעָתִיד יְכַפֵּר עָוֹן וְלֹא יַשְׁחִית וְלֹא יָעִיר. וּבְאַף כְּתִיב וְהִרְבָּה לְהָשִׁיב הֲרֵי זֶה תִּקּוּן עָבָר וּכְפוּל שְׁמַעְתָּ הֱיוֹתוֹ שָׁם בְּמַחֲשֶׁבֶת הַבְּרִיאָה בְּאוֹתָהּ שָׁעָה נִגְזַר עָלָיו לְמִצְוָה רַבָּה לְהָשִׁיב אוֹתוֹ כָּרֶגַע. וְהוּא טַעַם הֶעָבָר הַחוֹזֵר וְנֵעוֹר וּמִתְהַפֵּךְ לֶעָתִיד בְּרַחֲמָיו יִתְבָּרַךְ בְּרֹב חֲסָדָיו. אֲבָל הַתְּשׁוּבָה הַזֹּאת מְעֻלָּה כָּל כָּךְ שֶׁהָאַף שְׁלוּחוֹ שֶׁל מָקוֹם שָׁב מֵעַצְמוֹ וְאוֹמֵר לְפָנָיו רִבּוֹנוֹ שֶׁל עוֹלָם אִי אֶפְשִׁי לַעֲשׂוֹת שְׁלִיחוּתִי שֶׁכְּבָר דָּחָאוּנִי בְּתֹקֶף תְּשׁוּבָתָם וְהוּא מְשַׂחֵק וְאוֹמֵר נִצְּחוּנִי בָּנַי. וְלֹא עוֹד אֶלָּא שֶׁהַקָּטֵגוֹר מֵעִיד עַל עַצְמוֹ שֶׁלֹּא הֵבִיאָה שֶׁכִּנָּה חָרוֹן אַף בָּעוֹלָם זוּלָתִי הֱוָיָתוֹ כְּדִכְתִיב אַף לֹא הֵבִיאָה אֶסְתֵּר אֶל הַמֶּלֶךְ כִּי אִם אוֹתִי אִם כֵּן בִּטּוּלוֹ הוּא תִּקּוּן עוֹלָם כְּדִכְתִיב וְגַם מָחָר אֲנִי קָרֻא לָהּ אֶל הַמֶּלֶךְ מָחָר דַּוְקָא וְלֹא יוֹתֵר כִּי בַּיּוֹם הַהוּא יוֹדַע לָהּ' בִּלַּע הַמָּוֶת לָנֶצַח. וְדַע שֶׁהָאַף מוֹכִיחַ לָאָדָם תְּחִלָּה עַל פְּנֵי מוּמוֹ וְאַחַר כָּךְ חֵמָה מְיַסֶּרֶת וְקֶצֶף מְכַלִּים בָּאַחֲרוֹנָה בִּהְיוֹתוֹ גּוֹרֵם לָאָדָם לִבְעֹט בְּיִסּוּרִין כְּדִכְתִיב וְכַעַס הַרְבֵּה וְחָלְיוֹ וָקָצֶף עַל כֵּן הִתְפַּלֵּל דָּוִד בָּרִאשׁוֹנָה אַל בְּאַפְּךָ תוֹכִיחֵנִי וְאַל בַּחֲמָתְךָ תְיַסְּרֵנִי וּמִמֵּילָא יִשְׁבֹּת בִּזָּיוֹן וָקֶצֶף. אֲבָל יָדוּעַ שֶׁבָּאוּ אַחַר כָּךְ עָלָיו יִסּוּרִן שֶׁנִּצְטָרַע ו' חֳדָשִׁים כְּשִׁטַּת הַבַּבְלִי

וְקָרָאֵי הָכִי דַּיְקֵי אוֹ שֵׁשׁ שָׁנִים כְּדַעַת הַיְרוּשַׁלְמִי וְאֶפְשָׁר דְּהָא וְהָא אִיתָא כִּי שִׁשָּׁה חֳדָשִׁים בִּלְבַד יָשַׁב בְּבֵית הַחָפְשִׁית מִשּׁוּם טֻמְאַת צָרַעַת וּפָרְשׁוּ מִמֶּנּוּ סַנְהֶדְרִין וְאַחַר כָּךְ בִּקֵּשׁ רַחֲמִים כְּדִכְתִיב יָשׁוּבוּ לִי יְרֵאֶךָ וְטָהַר מִטֻּמְאָתוֹ אַךְ לֹא נִתְרַפֵּא עַד ו' שָׁנִים וּמִשּׁוּם חוֹלִי לֹא מְדַחֵי מִנְּשִׂיאוּתֵיהּ כִּדְאִיתָא בְּפֶרֶק בָּתְרָא דְּהוֹרָיוֹת וּמִשֶּׁבָּאוּ עָלָיו יְסוּרִין אָמַר רבש"ע אַל בְּקֶצְפְּךָ תוֹכִיחֵנִי הוֹאִיל וּבַחֲמָתְךָ תְיַסְּרֵנִי בִּקֵּשׁ רַחֲמִים לִהְיוֹת סַבְלָן שֶׁלֹּא יֵבוֹשׁ וְלֹא יִכָּלֵם לִפְנֵי שׂוֹנְאֵי נַפְשׁוֹ אַחֲרֵי שֶׁנָּשָׂא עֹל הַיִּסּוּרִין דּוֹק בְּקָרָאֵי בְּב' הַמִּזְמוֹרִים וְתִמְצָא שֶׁזֶּה נֶאֱמַר קֹדֶם שֶׁנִּתְיַסֵּר וְזֶה נֶאֱמַר אַחֲרֵי כֵן וְאֵין אַל בְּקֶצְפְּךָ תוֹכִיחֵנִי מוֹשֵׁךְ עַצְמוֹ וְאַחֵר עִמּוֹ כְּדִבְרֵי הַמְּפָרְשִׁים אֶלָּא בָּאִים הַמִּקְרָאוֹת בִּשְׁנֵי הַמְּקוֹמוֹת בְּתַכְלִית הַדִּקְדּוּק וְהוּא הַנִּרְצֶה אֵלֵינוּ בְּכָל מָקוֹם:

מַאֲמַר חֵקֶר דִּין - חֵלֶק א פֶּרֶק טו

הַיּוֹדֵעַ לַחֲשֹׁב עֶשֶׂר תָּאֳרֵי הַסְּלִיחָה לְאֶרֶךְ אַפַּיִם וְרַב חֶסֶד כְּנֹסַח הַשָּׁגוּר בְּפִי כָּל יִשְׂרָאֵל אֵל מֶלֶךְ יוֹשֵׁב עַל כִּסֵּא רַחֲמִים לִבָּבוֹ יָבִין כִּי בָּא מַרְבֶּה מְחִילָה עִם בִּטּוּל הַדִּלְטוֹרְיָא מִן הַמָּדוֹר שֶׁכְּנֶגְדּוֹ לְמַטָּה דְּתַמָּן אַשְׁכַּחְתְּ וְלֹא לְמַעְלָה מִמֶּנּוּ בְּשׁוּם פָּנִים יְעַיֵּן בְּזֹהַר בְּרֵאשִׁית דַּף מ' כִּי עַל כֵּן לֹא הֻזְקְקוּ בַּעֲצִירַת מַגֵּפָה כִּי אִם פִּנְחָס וְדָוִד וְאַהֲרֹן שְׁלוּחוֹ שֶׁל מֹשֶׁה כִּי הִיא בָּאָה בִּגְבוּלָם וְהֵם לֹא בָּאוּ בִּגְבוּלָהּ וְאוּלָם זוֹ כֹּחוֹ שֶׁל אַהֲרֹן בְּעָמְדוֹ בֵּין הַמֵּתִים וּבֵין הַחַיִּים כִּי שָׁם הָיָה מַלְאַךְ הַמָּוֶת מִתְגַּבֵּר כְּנֶגֶד הַבָּכוּ עַד שֶׁזֵּרְזוּ מֹשֶׁה לְאַהֲרֹן וְאָמַר וְהוֹלֵךְ מְהֵרָה וּכְתִיב וַיָּרָץ אֶל תּוֹךְ הַקָּהָל תָּפַשׂ מִדָּתוֹ שֶׁל אוֹתוֹ מַלְאָךְ שֶׁהוּא רָץ בִּשְׁעַת הַמַּגֵּפָה וּבִתְמוּרַת אתב"ש לְמִלַּת מַגֵּפָה [יָרוּץ] תֵּדְעֵהוּ כִּי שְׁמוֹנָה פְּסִיעוֹת שֶׁהוּא רָגִיל לִפְסֹעַ בִּרְשׁוּת שְׁמוֹנָה אוֹתִיּוֹת הַקְּרִיאָה וְהַכְּתִיבָה לַשֵּׁם הַגָּדוֹל הִנֵּה בִּשְׁעַת הַמַּגֵּפָה יָרוּץ וְכוּלְּלָן כְּאֶחָד כְּדִבְרֵיהֶם ז"ל בְּמַסֶּכֶת בְּרָכוֹת וּכְבָר כָּפְתוּ אַהֲרֹן לְקַיֵּם מָה שֶׁנֶּאֱמַר צַדִּיק מוֹשֵׁל יִרְאַת אֱלֹהִים. וּמִלְּתָא אַגַּב אָרְחַךְ מִבָּעֵי לָן לְאוֹדוֹעֵי כִּי מִיכָאֵל בְּאַחַת לְפִי שֶׁהוּא מְשָׁרֵת לְיוֹ"ד שֶׁבַּשֵּׁם וּבָתַר רֵישָׁא גּוּפָא אָזִיל וְגַבְרִיאֵל בִּשְׁתַּיִם שֶׁהוּא מְשָׁרֵת לְהֵ"א וְצָרִיךְ לִטֹּל רְשׁוּת מִן הַיּוֹ"ד תְּחִלָּה וּמִשֶּׁנָּטַל רְשׁוּת אַחַר כָּךְ מִן הַהֵ"א כָּל שְׁאָר אוֹתִיּוֹת נִשְׁמָעוֹת אֵלֶיהָ וּמִדִּכְתִיב בְּמַעֲשֵׂה בְּרֵאשִׁית וְעוֹף יְעוֹפֵף הָא רָמִיזֵי תַּרְוַיְהוּ בְּאוֹרַיְתָא וּמַלְכְּהוֹן דְּמַלְאָכֵי' אִנּוּן כִּדְאִיתָא בַּמִּדְרָשׁ שׁוֹחֵר טוֹב וְאִיכָּא לְמִשְׁמַע מֵהַאי קְרָא וּמִסְּבָרָא נַמִּי דְּאִיתֵיהּ לְחַד שֶׁהוּא בְּשָׁלֹשׁ וּמַנּוּ אוּרִיאֵל מְשָׁרֵת הַוָּא"ו וּמִדִּכְתִיב עַל הָאָרֶץ נִרְמָז אֵלִיָּהוּ בְּאַרְבַּע וּרְפָאֵל כָּמוֹהוּ כִּי אָמְנָם לְכָל הַמְשָׁרְתִים קְדוֹשִׁים הָאֵלֶּה הִנֵּה אוֹתִיּוֹת הַכִּנּוּי הוֹלְכוֹת לְמַסַּע אוֹתִיּוֹת הַשֵּׁם וְאֵין צָרִיךְ לִטֹּל רְשׁוּת מִבֵּית דִּין:

מַאֲמַר חֲקֹר דִּין - חֵלֶק א פֶּרֶק טז

אַרְבָּעָה חִלּוּקֵי כַּפָּרָה הָיָה רַבִּי יִשְׁמָעֵאל דּוֹרֵשׁ וּפֵרֵשׁ רַבִּי אֶלְעָזָר בֶּן עֲזַרְיָה ג' הֵן וּתְשׁוּבָה עִם כֻּלָּן כִּי עַל בִּטּוּל מִצְוַת עֲשֵׂה הִיא לְבַדָּהּ מְכַפֶּרֶת מִיָּד וְיֵשׁ שֶׁשּׁוֹנִים בָּהּ לֹא זָז מִשָּׁם עַד שֶׁמּוֹחֲלִין לוֹ וְכָךְ הִיא שְׁנוּיָה בְּפֶרֶק קַמָּא דִּשְׁבוּעוֹת וְהַכַּוָּנָה לַחֲלֹק בֵּין בִּטּוּל עֲשֵׂה גְּרֵידָא לְקַלִּין שֶׁבְּלָאוִין שֶׁאַף עַל פִּי שֶׁדִּינָם כַּעֲשֵׂה וְאֵין לוֹקִין עֲלֵיהֶם עֲדַיִן צְרִיכִים לִפְנִים כִּי הָעוֹבֵר עַל לָאו הַנִּתָּק לַעֲשֵׂה אִם מִתּוֹךְ תְּשׁוּבָה קִיֵּם עֲשֵׂה שֶׁבּוֹ מִתְכַּפֵּר לְגַמְרֵי מִיָּד וְאִם לָאו הֲרֵי בְּיָדוֹ ב' עֲבֵרוֹת וּבִתְשׁוּבָה מִתְכַּפֵּר קְצָת וּמְקִילִין עָנְשׁוֹ אֲבָל אֵין לוֹ מְחִילָה גְּמוּרָה עַד שֶׁיָּבֹא יוֹם הַכִּפּוּרִים שֶׁהֲרֵי אַרְבַּעְתָּן בְּכַתְפֵיהּ כִּדְתָנֵי רַבִּי יוֹחָנָן בְּפֶרֶק הַלּוֹקִין כָּל מִצְוַת לֹא תַעֲשֶׂה שֶׁיֵּשׁ בָּהּ קוּם עֲשֵׂה קִיֵּם עֲשֵׂה שֶׁבָּהּ פָּטוּר לֹא קִיֵּם חַיָּב כָּךְ הִיא גִּרְסַת הָרַב וְהָרַמְבַּ"ם וּמִנָּה לֹא נָזוּעַ. מִיהוּ כֵּיוָן שֶׁקִּיּוּם הָעֲשֵׂה הָיָה פּוֹטְרוֹ מִן הַמַּלְקוֹת יֵשׁ לִלְמֹד מִדִּבְרֵי הַתּוֹסָפוֹת פֶּרֶק קַמָּא דִּשְׁבוּעוֹת שֶׁהוּא נֹחַ לְהִתְכַּפֵּר מִשְּׁאָר חַיָּבֵי מַלְקוֹת אַף עַל פִּי שֶׁלֹּא קִיֵּם הָעֲשֵׂה וְנִתְחַיֵּב דְּאִלּוּ שְׁאָר חַיָּבֵי מַלְקִיּוֹת תְּשׁוּבָה תּוֹלָה לְהָגֵן מִן הָעֹנֶשׁ עַד שֶׁיָּבֹא יוֹם הַכִּפּוּרִים וִיכַפֵּר וְנָפְקָא מִנָּהּ שֶׁאִם נִגְזַר עָלָיו קֹדֶם לָכֵן לָמוּת לִפְנֵי יוֹם הַכִּפּוּרִים אֵין לְהִמָּלֵט לִפְנֵי מוֹתוֹ מִכָּל הָעֹנֶשׁ הָרָאוּי לְאוֹתוֹ עָוֹן אֲבָל בְּזֶה לֹא בִּלְבַד תְּשׁוּבָה תּוֹלָה לְהָגֵן אֶלָּא מְמַעֶטֶת אֶת הָעֹנֶשׁ שֶׁאִם לֹא יַגִּיעוּ יָמָיו לְיוֹם הַכִּפּוּרִים יַסְפִּיק לוֹ עֹנֶשׁ מוּעָט לְהַשְׁלִים כַּפָּרָתוֹ. וְכִי תֵּימָא בִּשְׁאָר חַיָּבֵי מַלְקוֹת שֶׁמֵּתוּ קֹדֶם יוֹם הַכִּפּוּרִים לְמַאי אַהֲנִיא לְהוּ תְּשׁוּבָה כְּבָר אֶפְשָׁר לוֹמַר שֶׁתּוֹעִיל אֲלֵיהֶם לְדִין הַנֶּפֶשׁ וּלְעוֹלָם הַבָּא דַּחֲשִׁיבָא לְהוּ מִצְוָה יְתֵרָה לְהַכְרָעַת הַמֹּאזְנַיִם וְנִיחָא לָן לְמֵימַר שֶׁאַף בְּעָנְשֵׁי הָעוֹלָם הַזֶּה טוּבָא מְעַלְּיָא לְהוּ כְּדִתְנַן תְּשׁוּבָה וּמַעֲשִׂים טוֹבִים כִּתְרִיס לִפְנֵי הַפֻּרְעָנוּת שֶׁהִיא בָּאָה עַל הָאָדָם בְּכֹחַ אַמִּיץ לְגָרוֹי בְּעָלְמָא וּמִתּוֹךְ תְּשׁוּבָה מְעַלַּיְתָא שִׁרְיוֹן קַשְׂקַשִּׂים הוּא לְבוּשׁ וְלֹא יָדַע. וּבִהְיוֹת שׁוּרַת הַדִּין דַּעֲצִיבְיָה מִסְתַּיָּהּ אִם כֵּן יִירָא בִּלְבַד וְלֹא יֵחַת:

מַאֲמַר חֲקֹר דִּין - חֵלֶק א פֶּרֶק יז

בַּחֲגִיגָה פֶּרֶק קַמָּא [דַּף ה] אָמַר רַבִּי חֲנִינָא בַּר פָּפָּא כָּל הָעוֹשֶׂה דָּבָר וּמִתְחָרֵט בּוֹ מוֹחֲלִין לוֹ מִיָּד וְלֹא גָּרְסִינַן עַל כָּל עֲוֹנוֹתָיו כִּדְמוּכָח מִדִּבְרֵי הַתּוֹסָפוֹת שָׁם וּבְפֶרֶק קַמָּא דִּשְׁבוּעוֹת אֶלָּא שֶׁהֵם אָמְרוּ בַּחֲגִיגָה דְּרַבִּי חֲנִינָא בַּר פָּפָּא פְּלִיג אַדְּרַבִּי יִשְׁמָעֵאל וְלֵיכָּא לְמֵימַר אֶלָּא דִּפְלִיג אַפְּרוּשֵׁהּ דְּרַב יְהוּדָה לְמַתְנִיתִין סוֹף יוֹמָא דְּמִתַּמְּהִינַן עֲלָהּ הַשְׁתָּא תְּשׁוּבָה מְכַפֶּרֶת עַל לֹא תַעֲשֶׂה אֲעֲשֵׂה מִבַּעְיָא וּפֵרֵשׁ רַב יְהוּדָה בְּלָאו הַנִּתָּק

לַעֲשֵׂה וְרַבִּי חֲנִינָא בַּר פָּפָּא אָמַר לֹא זוֹ אַף זוֹ קָתָנֵי וְלוֹקְמָיָה לִסְתָם מָתְנִיתִין דְּלָא כְּרַבִּי יִשְׁמָעֵאל אֲבָל בַּשָּׁבוּעוֹת אוֹקְמוּהָ בְּתוֹסָפוֹת לַדְּרַבִּי חֲנִינָא בַּר פַּפָּא כְּרַבִּי יִשְׁמָעֵאל וּכְפֵרוּשׁ רַב יְהוּדָה לְמָתְנִיתִין דְּיוֹמָא לֹא סַיְּמוּהָ וּמִדִּבְרֵיהֶם בַּחֲגִיגָה מוּכָח דְּרַבִּי חֲנִינָא בַּר פַּפָּא בְּקַלּוּת מְיָרֵי וּבְלָאו שֶׁנִּתָּן לְתַשְׁלוּמִין וְהַדָּבָר יָדוּעַ שֶׁאֵין אָדָם לוֹקֶה וּמְשַׁלֵּם אֶלָּא דִּינָא הָכִי דִּבְמָמוֹנָא כְּגוֹן עָשְׁקֵי שָׂכָר שָׂכִיר מְשַׁלֵּם וְאֵינוֹ לוֹקֶה וְעִם הַתְּשׁוּבָה מָחֳלָן לוֹ מִיָּד וּבִקְנָסָא כְּגוֹן אֹנֵס וּמְפַתֶּה בִּמְמָזֶּרֶת וּדְכוֹתָהּ וְאִתְּרוּ בְּיָהּ לוֹקֶה וְאֵינוֹ מְשַׁלֵּם וְסָרָה תְּמִיהַת כֶּסֶף מִשְׁנָה פֶּרֶק י"ח מֵהִלְכוֹת סַנְהֶדְרִין וּמִדְּלִיכָּא בִּשְׁמַעְתִּין דַּחֲגִיגָה מַלְקוּת אֶלָּא תַּשְׁלוּמִין וְעַל כְּרֵתִין אַחֵר שֶׁרָצָה אֶת חֲבֵרוֹ מָחֳלָן לוֹ אָתֵי שַׁפִּיר דַּחֲשִׁיב כַּעֲשֵׂה וּכְקַלִּין שֶׁבְּלָאוִין וּכְבָר בָּטְלָה מַחְלוּקְתָּן וְתוּ דָּיְקִינַן אֲמָרָם הַתָּם בַּחֲגִיגָה שֶׁעוֹשֶׂה דָּבָר וּמִתְחָרֵט שֶׁפֵּרוּשׁוֹ דָּבָר אֶחָד לְאַפּוּקֵי שְׁנֵי דְּבָרִים מִסּוּג אֶחָד כְּגוֹן לֶקַח הָאֵם עַל הַבָּנִים וְלֹא שִׁלַּח שֶׁהוּא כְּמוֹ עָבַר וְשָׁנָה וְלוֹקֶה כְּרַבִּי יוֹחָנָן וּכְדַאֲמַרַן:

מַאֲמַר חֲקוֹר דִּין - חֵלֶק א פֶּרֶק יח

מַסְקָנָא דְּמִלְּתָא דִּתְשׁוּבָה גְּרֵידְתָּא מְכַפֶּרֶת מִיָּד עַל עָשֵׂה וְדִכְוָתֵיהָ מֵהֲנֵךְ לָאוִין שֶׁאֵין לוֹקִין עֲלֵיהֶם. וְאַף עַל פִּי שֶׁעוֹלַת נְדָבָה גַּם הִיא כַּפָּרְתָּן הָכָא בְּמַאי עָסְקִינַן בְּכַפָּרָה דְּאַתְיָא מִמֵּילָא וְהֵיכִי דָּמֵי קַלִּין שֶׁבְּלָאוִין כְּגוֹן לָאו שֶׁבִּכְלָלוֹת אוֹ בָּא מִכְּלָל עָשֵׂה אוֹ שֶׁאֵין בּוֹ מַעֲשֶׂה חוּץ מִנִּשְׁבָּע וּמֵמֵר וּמְקַלֵּל וְעֵדִים זוֹמְמִין אוֹ נִתַּק לַעֲשֵׂה וְקִיֵּם עֲשֵׂה שֶׁבּוֹ וּבִכְלָל זֶה לָאו שֶׁנִּתַּן לְתַשְׁלוּמִים וְשִׁלֵּם וְזֶה הָאַחֲרוֹן הִכְבִּיד שֶׁאִם לֹא שִׁלֵּם אֲפִלּוּ הַמִּיתָה אֵינָהּ מְכַפֶּרֶת לְגַמְרֵי דִּכְתִיב אֶת נֶפֶשׁ בְּעָלָיו יִקָּח אִם לֹא קָדַם הַנִּגְזָל וּמָחַל. וְטוֹבָה גְּדוֹלָה הִיא לַנִּגְזָל עוֹדֶנּוּ חַי שֶׁיִּמְחֹל לוֹ בֵּין בְּחַיֵּי גַּזְלָן בֵּין לְאַחַר מוֹתוֹ דַּיְקָא נָמֵי דִּכְתִיב בְּעָלָיו כִּדְאִיתָא בְּפֶרֶק הַגּוֹזֵל בָּתְרָא שֶׁעִם זֶה יְקֻיַּם בּוֹ הַיִּעוּד הַטּוֹב שֶׁנֶּאֱמַר לְיִרְמְיָה יָשֻׁבוּ הֵמָּה אֵלֶיךָ וְאַתָּה לֹא תָשׁוּב אֲלֵיהֶם אֲבָל לָאוִין שֶׁאֵין לוֹקִין עֲלֵיהֶם לְהַחְמִיר בְּעָנְשָׁם כְּגוֹן שֶׁנִּתְּנוּ לְאַזְהָרַת מִיתַת בֵּית דִּין אֵינָם בִּכְלָל הַזֶּה. וְהַתְּשׁוּבָה מְכַפֶּרֶת עַל חַיָּבֵי מַלְקִיּוֹת גְּרֵידֵי בְּצֵרוּף יוֹם הַכִּפּוּרִים. וְאוּלָם עַל חַיָּבֵי כְּרֵיתוּת כְּגוֹן נִדָּה וּמְטַמֵּא מִקְדָּשׁ וְקָדָשָׁיו וְכֵן חַיָּבֵי מִיתָה בִּידֵי שָׁמַיִם כְּגוֹן זָר שֶׁשִּׁמֵּשׁ בַּמִּקְדָּשׁ שֶׁאֵלּוּ וָאֵלּוּ יוֹצְאִין יְדֵי עָנְשָׁן בְּמַלְקוּת וְכֵן פֶּסַח וּמִילָה בְּמִצְוַת עֲשֵׂה שֶׁהֵן בְּכָרֵת וְכוֹבֵשׁ נְבוּאָתוֹ וַחֲבֵרָיו שֶׁהֵן בְּמִיתָה אַף עַל פִּי שֶׁאֵלּוּ וְאֵלּוּ אֵין בָּהֶם מַעֲשֶׂה וְאֵין לוֹקִין עֲלֵיהֶם וְחַיָּבֵי מִיתוֹת בֵּית דִּין שֶׁאֵין בָּהֶם כָּרֵת וְאֵינָן מְבִיאִין חַטָּאת עַל שִׁגְגָתָן וְאֵלּוּ הֵן מְקַלֵּל אָבִיו וְאִמּוֹ מֵסִית וּמַדִּיחַ וּמְכַשֵּׁף וּבֵן סוֹרֵר וּמוֹרֶה בַּנִּסְקָלִין וְהָרוֹצֵחַ בְּנֶהֱרָגִין וְכָל הַנֶּחֱנָקִין חוּץ מִן הַבָּא אֶל אֵשֶׁת רֵעֵהוּ שֶׁכָּל הָעֲרָיוֹת יֵשׁ בִּזְדוֹנָן כָּרֵת וּבְשִׁגְגָתָן חַטָּאת וְכֵן כָּל מִי שֶׁיֵּשׁ בִּזְדוֹנוֹ

כָּרֵת וּבְהַתְרָאַת מִיתַת בֵּית דִּין כְּגוֹן מְחַלֵּל שַׁבָּת וְכָל שְׁאָר חַיָּבֵי כְּרִיתוּת שֶׁבַּתּוֹרָה וְגַם אֵלֶּה שֶׁאָמְרוּ הֲלָכָה קַנָּאִין פּוֹגְעִין בָּהֶן וְכֵן כֹּהֵן שֶׁשִּׁמֵּשׁ בְּטֻמְאָה שֶׁאֶחָיו הַכֹּהֲנִים מְפַצְּעִין אֶת מוֹחוֹ בְּגִזְרִין וּמִי שֶׁחַיָּב רֹאשׁוֹ לַמֶּלֶךְ שֶׁהוּא בְּסַיִף לְכָל מִלֵּי כְּדִכְתִיב וַאֲשֶׁר חֶרֶב גַּאֲוָתֶךָ עַל כֻּלָּן כֵּיוָן שֶׁיֵּשׁ בָּהֶן חִיּוּב מִיתָה מֵאֵיזֶה מִין שֶׁיִּהְיֶה תְּשׁוּבָה מְכַפֶּרֶת עִם הַיִּסּוּרִין שֶׁהֵם נֶאֱמָנִים לְשׁוֹלְחָם בְּמִדָּה בְּמִשְׁקָל וּבִמְּשׂוּרָה וְהַאי דְּקָתָּנֵי כְּרִיתוּת וּמִיתוֹת בֵּית דִּין תָּנָא וְשַׁיַּר כָּל הָנֵי דַּאֲמַרַן דְּלָא סַגֵּי לְהוֹ בְּמַלְקוּת וְלִכְלַל חִלּוּל הַשֵּׁם לֹא בָּאוּ. עוֹד אִיכָּא לְמֵימַר דִּבְכֻלְּהוּ יִסּוּרִן מְמָרְקִין אֲפִלּוּ בְּלֹא תְּשׁוּבָה חוּץ מִכְּרִיתוּת שֶׁל תּוֹרָה וּמִיתוֹת בֵּית דִּין דַּוְקָא דִּבְעֵינַן בָּהוּ תְּשׁוּבָה וְיִסּוּרִין וּנְדַבֵּר בָּם בַּפֶּרֶק הַבָּא לְפִיכָךְ הַאי תַּנָּא דְּחִלּוּקִין כַּפָּרָה כֵּיוָן דְּסִיקְנָא שְׁלֹשָׁה הֵם וּתְשׁוּבָה עִם כֻּלָּם בָּהֲנָךְ לֹא מִיָּרֵי אֲבָל עַל חִלּוּל הַשֵּׁם אֵין תְּשׁוּבָה מְכַפֶּרֶת אֶלָּא עִם הַמִּיתָה וְאָמַרְנוּ בְּכֻלָּם שֶׁהֵם תּוֹלִים עַד גְּמַר הַכַּפָּרָה לֹא יְחַיֵּב שֶׁהֶחִלּוּק הֶחָמוּר לֹא יְכַפֵּר אִם לֹא יְקַדֵּם אֵלָיו הַקַּל זוּלָתִי בִּתְשׁוּבָה שֶׁהוּא הֶכְרֵחִית עִם כֻּלָּן לְהַשְׁלָמַת הַכַּפָּרָה לְכָל חוֹטֵא עַל הַדֶּרֶךְ שֶׁבֵּאַרְנוּ בְּרֵישׁ פֶּרֶק י':

מַאֲמַר חֵקֶר דִּין - חֵלֶק א פֶּרֶק יט

הָאוֹמֵר אֶחֱטָא וְאָשׁוּב אֶחֱטָא וְאָשׁוּב אֵין מַסְפִּיקִין בְּיָדוֹ לַעֲשׂוֹת תְּשׁוּבָה אֶחֱטָא וְיוֹם הַכִּפּוּרִים מְכַפֵּר אֵין יוֹם הַכִּפּוּרִים מְכַפֵּר מַתְנִיתִין הִיא בְּסוֹף יוֹמָא. וְרֵישָׁא וַדַּאי תַּרְתֵּי קָא מַשְׁמַע לָן שֶׁהָאוֹמֵר אֶחֱטָא וְאָשׁוּב אֲפִלּוּ פַּעַם אֶחָד אֵין מַסְפִּיקִין וְשֶׁאִם הוּא עוֹבֵר וְשׁוֹנֶה אֲפִלּוּ לֹא הִתְנָה עַל מַעֲשֵׂה הָעֲבֵרָה מֵהַבְטָחָתוֹ לָשׁוּב גַּם הוּא בִּכְלָל אֵין מַסְפִּיקִין וּכְמוֹ שֶׁיָּבֹא בְּחֵלֶק ג' פֶּרֶק ט' וּמִנָּהּ גַּם כֵּן יֵשׁ לָנוּ לִלְמֹד שֶׁהָאוֹמֵר אֶחֱטָא וְיִסּוּרִין מְמָרְקִין אֵין יִסּוּרִן מְמָרְקִין וְכֵן הוּא אוֹמֵר יְמַהֵר יָחִישָׁה מַעֲשֵׂהוּ אֶחֱטָא וּמִיתָה מְכַפֶּרֶת אֵין מִיתָה מְכַפֶּרֶת וְכֵן הוּא אוֹמֵר אָכוֹל וְשָׁתֹה כִּי מָחָר נָמוּת מָה כְּתִיב בָּתְרֵהּ אִם יְכֻפַּר עַד תְּמוּתוּן וְתַרְגֵּם יוֹנָתָן מוֹתָא תִּנְיָנָא הוֹרָה מָה שֶׁאָמַרְנוּ. אֲבָל אִם שָׁב מֵחֶטְאוֹ וּמִדִּבּוּרוֹ אוֹ מִמַּחֲשַׁבְתּוֹ מֵאִישׁ שׁוֹגֶה וּמְפַתֶּה שֶׁהוּא חוֹטֵא אַגַּב כַּפָּרָתוֹ כִּדְאָמְרִינַן אַגַּב שֶׁאֲנִי אָז וַדַּאי הַתְּשׁוּבָה מְסַפֶּקֶת עִם כָּל חִלּוּקֵי הַכַּפָּרָה אִישׁ לֹא נֶעְדָּר. וְכָאן שַׁיָּךְ לוֹמַר מִיתָה מְכַפֶּרֶת דַּוְקָא עִם הַתְּשׁוּבָה אֲבָל לֹא חֵטְא אַגַּב כַּפָּרָתוֹ מִיתָה מְכַפֶּרֶת אֲפִלּוּ בְּלֹא תְּשׁוּבָה כְּגוֹן חַיָּבֵי אָשָׁם תָּלוּי אוֹ אֲפִלּוּ חַיָּבֵי חַטָּאת וַאֲשָׁמוֹת וַדַּאי אִם שָׁכַח וְלֹא הִתְוַדָּה שֶׁאֵינוֹ עוֹמֵד בְּמִרְדּוֹ כִּדְרַבָּא בְּפֶרֶק נִגְמַר הַדִּין וְהוּא דְּאָמַר הָתָם שֶׁאִם נֶהֱרַג מִתּוֹךְ רִשְׁעוֹ מִתְכַּפֵּר דְּהָווּ לְהוֹ יִסּוּרִן וּמִיתָה חוּץ מִיּוֹדֵעַ רִבּוֹנוֹ וּמִכַּוֵּן לִמְרֹד בּוֹ לֹא אָמְרָה רַבָּא לִשְׁמַעְתֵּהּ אֶלָּא עַל הַפּוֹשְׁעִים בְּגוּפָן וּנְדַבֵּר בָּם בַּחֵלֶק הַחֲמִישִׁי בס"ד וְזֶה שֶׁאָמַרְנוּ הוּא מְחֻוָּר הַרְבֵּה יוֹתֵר מִתֵּרוּץ הַתּוֹסָפוֹת לְקֻשְׁיַת הר"ש מִדְּרַיְנָשׁ בְּפֶרֶק קַמָּא דִּשְׁבוּעוֹת דִּזְמַנִּין מַשְׁמַע דִּבְעֵינַן

תְּשׁוּבָה עִם כֻּלְּהוּ חִלּוּקֵי כַּפָּרָה וְזִמְנִין מַשְׁמַע דְּלָא מְעַכְּבָא וּמָה שֶׁבֵּאַרְנוּהוּ נָכוֹן וּבָרוּר. וּלְפִי דַּרְכֵּנוּ לָמַדְנוּ כַּיּוֹצֵא בּוֹ חִלּוּק אֱמֶת וְיַצִּיב בֵּין חַיָּבֵי מִיתָה בִּידֵי שָׁמַיִם לְחַיָּבֵי כְּרֵיתוּת אֵלּוּ וָאֵלּוּ שֶׁלֹּא נִתְכַּפְּרוּ בְּיִסּוּרִין עַד שֶׁמֵּתוּ מִלְּבַד מָה שֶׁפֵּרְשׁוּ רַבֵּנוּ חֲנַנְאֵל וְרַשִׁ"י שֶׁהַמִּיתָה בּוֹ וְלֹא בְּזַרְעוֹ וְהַכָּרֵת בּוֹ וּבְזַרְעוֹ וְהָכִי מוֹכְחִינַן בְּפֶרֶק הַבָּא עַל יְבִמְתּוֹ מִקְּרָאֵי דַּעֲרִירִים יָמוּתוּ עֲרִירִים יִהְיוּ יֵשׁ לוֹ בָּנִים קוֹבְרָן אֵין לוֹ בָּנִים הוֹלֵךְ בְּלֹא בָּנִים וְכֻלְּהוּ כְּרֵיתוּת יָלְפֵי מֵהֲדָדֵי וְהַהִיא דְּמַתְנִיָּא פֶּרֶק וְאֵלּוּ מְגַלְּחִין גַּבֵּי יוֹמֵי וּשְׁנֵי לֹא נָחֲתִינַן בָּהּ אֶלָּא בֵּין מִיתַת כָּל אָדָם לְמִיתַת עֲנָשִׁים לֹא כְּמָאן דְּאַסִּיק אַדַּעְתֵּיהּ דְּכָרֵת עַד חֲמִשִּׁים שָׁנָה וּמִיתָה עַד שִׁשִּׁים דְּהָא שֶׁנִּין עָרוּךְ הוּא הָתָם בְּפוּמֵיהּ דְּרָבָא כִּדְאֲמַרַן. וְאָנוּ מוֹסִיפִין חִלּוּק אַחֵר לְפִי הַמְּכֻוָּן בַּפֶּרֶק הַזֶּה כִּי חַיָּבֵי מִיתָה בִּידֵי שָׁמַיִם הֱוֵא מִיתָתָם כַּפָּרָתָם אֲפִלּוּ בְּלֹא תְּשׁוּבָה וְכֵן כָּל אוֹתָם שֶׁשָּׁנִינוּ בְּסוֹף הַנִּשְׂרָפִין שֶׁמִּיתָתָם שֶׁלֹּא בְּבֵית דִּין עַל יְדֵי קַנָּאִים וְדוֹמֵיהֶם כִּי לֹא אָמְרוּ שֶׁהַמּוּמָתִים מִתְוַדִּין אֶלָּא גַּבֵּי ד' מִיתוֹת דַּוְקָא. וּמִכָּאן אַתָּה לָמֵד לָמָּה נִסְמַךְ פֶּרֶק חֵלֶק לְדִסְלִיק מִנֵּיהּ אַף עַל פִּי שֶׁהִפְסִיק בְּנֶהֱרָגִין דּוֹק וְתִשְׁכַּח. וּמִסְתַּבְּרָא לָן שֶׁבְּדוֹרוֹת הָרִאשׁוֹנִים הָיוּ קוֹרִין תְּחִלַּת אוֹתוֹ הַפֶּרֶק בְּאֶרֶץ יִשְׂרָאֵל בְּאִסְרוּ חַג הַפֶּסַח שֶׁחָל בְּשַׁבָּת עַד סוֹף מַחֲלָקְתָּם שֶׁל רַבִּי אֱלִיעֶזֶר וְרַבִּי עֲקִיבָא גַּבֵּי עֲשֶׂרֶת הַשְּׁבָטִים שֶׁכֻּלָּן אֲסֻפּוֹת מִן הַבָּרַיְתוֹת כְּמוֹ פֶּרֶק קִנְיַן תּוֹרָה וְדוֹמֶה לָמָּה שֶׁמַּפְטִירִין בְּחוֹל הַמּוֹעֵד שֶׁל פֶּסַח בִּתְחִיַּת הַמֵּתִים דְּקַיְמָא לָן בְּנִיסָן עֲתִידִים לִחְיוֹת וּמַתְחִילִין אָבוֹת לְשַׁבָּת הַבָּאָה וּלְעוֹלָם לֹא הָיוּ קוֹרִין כָּל יִשְׂרָאֵל וּמֹשֶׁה קִבֵּל כִּי הֲדָדֵי אַף עַל פִּי שֶׁהָאַחֲרוֹנִים לֹא דִקְדְּקוּ בְּכָךְ. אֶתְאַן לִשְׁמַעְתִּין דְּגַבֵּי חַיָּבֵי כְּרֵיתוּת מִן הַתּוֹרָה לְאַפּוּקֵי כָּרֵת מִדִּבְרֵי קַבָּלָה הַמְּפֹרָשׁ בִּנְבוּאַת מַלְאָכִי תָּנְיָא הִכָּרֵת תִּכָּרֵת הִכָּרֵת בָּעוֹלָם הַזֶּה תִּכָּרֵת בָּעוֹלָם הַבָּא יָכוֹל אֲפִלּוּ עָשָׂה תְּשׁוּבָה תַּלְמוּד לוֹמַר עֲוֹנָה בָהּ לֹא אָמַרְתִּי אֶלָּא בִּזְמַן שֶׁעֲוֹנָהּ בָּהּ עַד כָּאן. לָמַדְנוּ שֶׁהֵן צְרִיכִים תְּשׁוּבָה בְּחַיָּבֵי מִיתוֹת בֵּית דִּין אֲבָל חַיָּבֵי מִיתָה בִּידֵי שָׁמַיִם וַחֲבֵרֵיהֶם וּבִכְלָלָם אוֹתוֹ כָּרֵת שֶׁהָיָה גְּמָרָא אֶצְלָם עַד דְּאָתָא מַלְאָכִי וְאַסְמְכֵי אַקְּרָא אֲשֶׁר לֹא יְקַוֶּה מֵאוֹתָהּ טִפָּה סִימַן בְּרָכָה לְעוֹלָם עֵר וְעוֹנֶה וּמַגִּישׁ מִנְחָה אֵין תְּשׁוּבָה מְעַכֶּבֶת בָּהֶם כְּמוֹ שֶׁבֵּאַרְנוּ וּבְמַאֲמַר הַנֶּפֶשׁ נוֹסִיף לָקַח בְּחִלּוּק אַחֵר עַצְמוֹ שֶׁבֵּין מִיתָה לְכָרֵת שׁוֹמֵר נַפְשׁוֹ יִרְחַק מֵהֶן. וְאָמְנָם שָׁנָה הַכָּתוּב בְּכָרְתוֹ שֶׁל זְדוֹן מְלָאכָה בְּיוֹם הַכִּפּוּרִים דִּכְתִיב בְּיָהּ וְהַאֲבַדְתִּי לְהַחְמִיר עָלָיו בְּדָבָר הֶחָדָשׁ וְהוּא זֶה כִּי הִנֵּה הָעוֹבֵר עֲבֵרָה וְשׁוֹנָה בָּהּ הֻתְּרָה לוֹ כִּדְבָעֵינַן לְמֵימַר לְקַמָּן. וְעוֹד אָמַרְנוּ בְּפֶרֶק ד' שֶׁאֲפִלּוּ עֲוֹנוֹת רִאשׁוֹנִים אֵין מָחֲלִין לוֹ כָּל כְּגוֹן זוֹ נוֹסָף עַל מָה שֶׁזָּכַרְנוּ בְּפֶרֶק זֶה וְהִנֵּה הַמֵּזִיד בְּיוֹם הַכִּפּוּרִים מִסְתָמָא יֶחֱטָא תְּחִלָּה בִּזְדוֹן אֲכִילָה שֶׁיִּצְרוֹ תּוֹקְפוֹ בָּהּ בְּיוֹתֵר וְאַחַר כָּךְ בִּזְדוֹן מְלָאכָה וְכֵן סִדְּרָן הַכָּתוּב שֶׁדִּבֵּר בַּהֹוֶה לְפִיכָךְ הֶחֱמִיר עָלָיו שֶׁיְּהֵא דּוֹמֶה לְעוֹבֵר וְשׁוֹנֶה אַף עַל פִּי שֶׁהֵן ב' שֵׁמוֹת דִּתְנַן אָכַל

וְעָשָׂה מְלָאכָה חַיָּב שְׁתֵּי חַטָּאוֹת דַּיְקָא נָמֵי דִּכְתִיב מִקֶּרֶב עַמָּהּ אַף עַל פִּי שֶׁעֲדַיִן הוּא בְּקֶרֶב עַמָּהּ שֶׁמִּן הַדִּין לֹא הֻתְּרָה לוֹ מִכָּל מָקוֹם כְּתִיב בְּיָהּ וְהַאֲבַדְתִּי וְלָמַדְנוּ גַּם כֵּן שֶׁהַכָּרֵת הוּא אָבְדַן הַנֶּפֶשׁ כְּדִבְרֵיהֶם זַ"ל אֶלָּא שֶׁמְּמַהֲרִין לִפָּרַע מִזֶּה כְּדַאֲמַרַן רַחֲמָנָא לִישְׁזְבָן:

מַאֲמָר חֵקֶר דִּין - חֵלֶק א פֶּרֶק כ

אוֹתָהּ שֶׁשְּׁנִינוּ אֵין מַסְפִּיקִין בְּיָדוֹ לַעֲשׂוֹת תְּשׁוּבָה לֵיכָּא לְפָרֵשׁ בְּבֶן בְּרִית כְּחִזּוּק לֵב פַּרְעֹה וְסִיחוֹן לְהַשְׁמִדָם עֲדֵי עַד כִּי הֵם וְכָל כַּיּוֹצֵא בָּהֶם אֵינָם בִּכְלַל תַּקָּנַת הַשָּׁבִים וְאוֹקְמִינְהוּ רַחֲמָנָא אַדִּינַיְהוּ, כְּמוֹ שֶׁעוֹד נַזְכִּיר בַּחֵלֶק הַשֵּׁנִי פֶּרֶק י"א וּבְחֵלֶק הָרְבִיעִי פֶּרֶק י"ג אֶלָּא לִמְנֹעַ מִמֶּנּוּ בִּתְחִלַּת תְּשׁוּבָתוֹ הַסִּיּוּעַ מִלְמַעְלָה. שֶׁאָמְרוּ עָלָיו אָדָם מְקַדֵּשׁ עַצְמוֹ מְעַט לְמַטָּה וּבָעוֹלָם הַזֶּה מְקַדְּשִׁין אוֹתוֹ הַרְבֵּה לְמַעְלָה וּבָעוֹלָם הַבָּא. כִּי הַמַּתָּנָה לַחְטֹא עַל יְדֵי אַמְתָּלָאָה פּוֹשֵׁעַ הוּא וְרָחוֹק מִיְּשׁוּעָה. אָמְנָם הַכֹּל בִּידֵי שָׁמַיִם חוּץ מִיִּרְאַת שָׁמַיִם דִּכְתִיב בָּהּ לְצַדִּיק גָּמוּר מָה ה' אֱלֹהֶיךָ שֹׁאֵל מֵעִמָּךְ דִּמִלְּתָא זוּטַרְתִּי הִיא לְגַבֵּיהּ, כְּמוֹ שֶׁיָּבֹא בְּפֶרֶק כ"ה וֶהֱיוֹתוֹ יִתְבָּרַךְ שׁוֹאֵל כָּךְ הוּא הַבְטָחָה גְּדוֹלָה שֶׁהַדָּבָר מָסוּר בְּיָדֵינוּ וּלְבַעֲלֵי תְּשׁוּבָה כְּתִיב מִי יִתֵּן טָהוֹר מִטָּמֵא לֹא אֶחָד, שֶׁאֵין יְחִידוֹ שֶׁל עוֹלָם מְטַפֵּל בְּטַהֲרָתָם, אֶלָּא אִם כֵּן פָּתְחוּ לְעַצְמָן פִּתְחָהּ שֶׁל תְּשׁוּבָה בְּלֵב נִשְׁבָּר וְנִדְכָּה וּכְמוֹ שֶׁפֵּרֵשׁ מוֹרֵי הה"ר יִשְׁמָעֵאל חֲנִינָא זצ"ל שֶׁהִתְנָה בְּזֶה הַמֶּלֶךְ הֶחָסִיד הוּא הַגֶּבֶר הֻקַם עָלָּהּ שֶׁל תְּשׁוּבָה שֶׁיִּהְיֶה נִשְׁבַּר לְגַמְרֵי כְּשִׁבְרֵי כְּלֵי חֶרֶשׂ לֹא יִצְלַח לַכֹּל, שֶׁאֵינָן עוֹשִׂין מֵעֵין מְלַאכְתָּן וּשְׁבִירָתָן טַהֲרָתָם כִּי אָמְנָם הַיִּרְאָה אֵינָהּ כְּלוּם הֶבֶל וְאֵין בָּהּ מוֹעִיל, זוּלָתִי בִּבְחִירָה וְרָצוֹן שֶׁכְּנֶגְדָּהּ צִנִּים פַּחִים וַאֲבִזְרַיְהוּ וּכְגוֹן בֶּטֶן רְשָׁעִים אוֹ גַּבְרָא דְּנָשֵׁי קַטְלוּהוּ כָּל שֶׁיֶּשְׁנוֹ בְּשׁוֹמֵר נַפְשׁוֹ יִרְחַק מֵהֶם, קְרֵינָא בְּיָהּ צִנִּים פַּחִים וְאָמַר קְרָא בְּדֶרֶךְ עִקֵּשׁ שֶׁאֵין מְזַמְּנִין אוֹתָן מִן הַשָּׁמַיִם אֶלָּא לְמִי שֶׁאֵין בּוֹ יִרְאַת שָׁמַיִם שְׁלֵמָה הַכֹּל לְפִי מַה שֶּׁהוּא אָדָם, וְנוֹרָא עַל כָּל סְבִיבָיו כִּדְלְקַמָּן. וּמִי שֶׁמִּתְחַזֵּק בִּתְשׁוּבָה שְׁלֵמָה וּמְקַדֵּשׁ עַצְמוֹ בְּכָל כֹּחוֹ עָלָיו נֶאֱמַר וְשׁוּב אֵלַי נְאֻם ה', אֵלַי דַּוְקָא כְּרַבִּי יוֹחָנָן פֶּרֶק בָּתְרָא דְּיוֹמָא וְהוּא פֵּרֵשׁ שָׁם הָאִי דְּקָאָמַר נָבִיא, שׁוּבָה יִשְׂרָאֵל עַד ה' אֱלֹהֶיךָ, שֶׁרָצָה לוֹמַר עַד וְלֹא עַד בִּכְלָל כְּרַבִּי לֵוִי דְּאָמַר עַד כִּסֵּא הַכָּבוֹד, פֵּרוּשׁ וְכִסֵּא הַכָּבוֹד לְבַדּוֹ בִּכְלָל, אֲבָל הַיּוֹשֵׁב עַל הַכִּסֵּא אָמַר וְשׁוּב אֵלַי כְּדַאֲמַרַן, וּפֵרַשְׁנוּהוּ בְּפֶרֶק י"ד עָמוּד עָלָיו וּכְתִיב וְאֵת זָנִית רֵעִים רַבִּים עַל שֵׁם מִסְפַּר עָרֶיךָ הָיוּ אֱלֹהֶיךָ וְאַף עַל פִּי כֵן לֹא קְרֵינָן בָּהּ וְהָלְכָה וְהָיְתָה לְאִישׁ אַחֵר וְלֹא אַחֲרֵי אֲשֶׁר הֻטַּמָּאָה הֵעִיד הַכָּתוּב עָלֶיהָ שֶׁעֲבוֹדָה נָכְרִיָּה מִקְרֶה הוּא לָהּ, לְפִיכָךְ כְּתִיב וְשׁוּב אֵלַי כִּי נִפְלְאַתָה אַהֲבָתוֹ לָהּ:

מַאֲמַר חֵקֶר דִּין - חֵלֶק א פֶּרֶק כא

לִפְעֻלּוֹת אָדָם בְּדִבּוּר שְׂפָתָיו וְכָל יֵצֶר מַחְשְׁבֹת לִבּוֹ לֹא שְׁמַעְנוּ בִּלְתִּי אִם שְׁתֵּי יְצִירוֹת וְלָהֶן שְׁנֵי שְׁבִילִין, אֶחָד טָמֵא וְאֶחָד טָהוֹר שֶׁכְּנֶגְדָּן אָמְרָה תּוֹרָה עֲשֵׂה וְלֹא תַעֲשֶׂה וַאֲפִלּוּ דִּבְרֵי הָרְשׁוּת יֵחָשְׁבוּ גַּם הֵם מִצְוֹת קַלּוֹת, לְמִי שֶׁמְּקַיֵּם בְּעַצְמוֹ בְּכָל דְּרָכֶיךָ דָעֵהוּ וּמִצְוָה כְּגוֹן זוֹ לְגַבֵּי חוֹבָה רְשׁוּת קָרֵינַן לַהּ, וְהַהֵפֶךְ בְּהֵפֶךְ וְהוּא טַעַם בִּרְכַּת הַנֶּהֱנִין שֶׁאָמַר עָלֶיהָ הֶחָבֵר לַכּוּזָרִי שֶׁהִיא כְּעֵין הִזְדַּמְּנוּת לַהֲנָאָה וְשֶׁהוּא כֶּפֶל הַהֲנָאָה. וּפֵרוּשׁ הַכֶּפֶל בש"י עוֹלָמוֹת בַּשָּׁמַיִם מִמַּעַל וְעַל הָאָרֶץ מִתָּחַת וְעַל זֶה נֶאֱמַר מַה יָּפִית וּמַה נָּעַמְתְּ אַהֲבָה בַּתַּעֲנוּגִים כִּי בְּכִהַאי גַּוְנָא הַהֲנָאָה עַצְמָהּ מִצְוָה תֵּחָשֵׁב וְאַף הִיא מְעוֹרֶרֶת אַהֲבָה בֵּין יִשְׂרָאֵל לַאֲבִיהֶם שֶׁבַּשָּׁמַיִם. וְיֵשׁ בָּזֶה סוֹד גָּדוֹל בְּמִצְוַת עֹנֶג שַׁבָּת שֶׁהִיא לְעֵדֶן הַנְּשָׁמָה יְתֵרָה שֶׁתַּעֲשֶׂה בְּעַצְמָהּ מִצְוָה רַבָּה לִכְבוֹד שֶׁכִּנָּה בַּתַּחְתּוֹנִים דְּהַיְנוּ לְבָרֵךְ בִּרְכַּת הַמָּזוֹן מִצְוָה שֶׁאֵינָהּ נוֹהֶגֶת בָּעֶלְיוֹנִים כְּלָל. וְהָעוֹלָם בִּכְלָלוֹ מִתְבָּרֵךְ בִּזְכוּתָהּ כָּל שֵׁשֶׁת יְמֵי הַמַּעֲשֶׂה וְהוּא טַעַם אֲכִילַת לֶחֶם הַפָּנִים לַכֹּהֲנִים בְּשַׁבָּת וְהוּא תּוֹפֵס לֵילוֹ עִמּוֹ כְּדִין אֲכִילַת קָדָשִׁים לְפִיכָךְ יְסַדֵּר אָדָם שֻׁלְחָנוֹ בְּמוֹצָאֵי שַׁבָּת אַף עַל פִּי שֶׁאֵינוֹ צָרִיךְ אֶלָּא לִכְזַיִת וְעַל זֶה סוֹד אָמַר אַבְרָהָם לִשְׁלֹשָׁה אֲנָשִׁים בְּאֵלוֹנֵי מַמְרֵא, וְאֶקְחָה פַת לֶחֶם וְסַעֲדוּ לִבְּכֶם אַחַר תַּעֲבֹרוּ עַל הַדֶּרֶךְ שֶׁאֲמַרְנוּהוּ בְּמַאֲמַר אֵם כָּל חַי יְעֻיַּן שָׁם, כִּי עַל כֵּן עֲבַרְתֶּם עַל עַבְדְּכֶם אָמַר כִּי עַל כֵּן דַּוְקָא נִתְכַּוְּנוּ גַּם הֵם לִסְעֹד אֶצְלוֹ וְאֵין צָרִיךְ לְמָה שֶׁנִּדְחֲקוּ בּוֹ הַמְפָרְשִׁים, וְתַכְלִית הַסְּעוּדָה לְזַמֵּן בִּשְׁלוֹשָׁה עִם בִּרְכַּת הַמָּזוֹן שֶׁהִיא מִצְוָה רַבָּה מְחֻדֶּשֶׁת אֶצְלָם, וְהוּא פְּשָׁט נָכוֹן וּבָרוּר וְלֹא עַל חִנָּם הִמְצִיא הַיּוֹצֵר הָאֱלֹהִי יְצִירַת הָרַע כָּל הֵיכָא דְּאִיתֵיהּ לְהִתְעַנֵּג בּוֹ בִּדְבָרִים הַחָמְרִיִּים לְשֵׁם מִצְוָה. הָא לָמַדְנוּ שֶׁלֹּא נִבְרָא אֶלָּא לִהְיוֹת צֶוֶת אֶל הַטּוֹב אוֹהֵב וְרֵעַ לְהַשָּׂגַת צְרָכָיו. וְעָלָיו תְּנַן בְּאָבוֹת אַל תְּהִי בָז לְכָל אָדָם לְהֶפְלֵגוֹ אִי אֶפְשָׁר שֶׁהוּא חֵלֶק אָדָם מֵאֵל בִּיצִירָה לְפִיכָךְ הִזְהִיר אַל תְּבַזֵּהוּ כִּי כָל מַה שֶּׁיִּצְדַּק בּוֹ דְּמוּת אָדָם נִתָּן לִדְרֹשׁ בּוֹ אֲדַמֶּה לְעֶלְיוֹן. אַשְׁרֵי הַמְחַכֶּה וְיַגִּיעַ לְהִדָּמוֹת אֵלָיו בְּאַהֲבָה עַד שֶׁתֶּחְפָּץ כִּי אַף עַל פִּי שֶׁאָמְרוּ בּוֹ שְׂמֹאל דּוֹחָה אֵין לְךָ אָדָם שֶׁאֵין לוֹ שָׁעָה לַעֲשׂוֹת נַחַת רוּחַ לְיוֹצְרוֹ בְּיָמִין מְקָרֶבֶת. פִּי שֶׁאֵין מְקוֹמוֹ שֶׁל אָדָם מְכַבְּדוֹ אֶלָּא הוּא מְכַבֵּד אֶת מְקוֹמוֹ אָמַר שֶׁשְּׁלֵמוּתוֹ בְּעֵת רָצוֹן וְאַל תְּהִי מַפְלִיג לְכָל דָּבָר לְהַפְרִידוֹ בְּמַחְשַׁבְתְּךָ מִן הַתַּכְלִית שֶׁנִּבְרָא בִּשְׁבִילוֹ כְּאִלּוּ אֵין לִיחִידוֹ שֶׁל עוֹלָם צֹרֶךְ בּוֹ. צֵא וּלְמַד מִמָּה שֶׁהֵשִׁיבוּ הַזְּקֵנִים לַשּׁוֹאֲלִים בַּמִּשְׁנָה בְּפֶרֶק רַבִּי יִשְׁמָעֵאל כִּי אֵין לְךָ דָּבָר שֶׁאֵין לוֹ מָקוֹם לְהַשְׁלָמַת רְצוֹנוֹ יִתְבָּרֵךְ:

מַאֲמַר חֲקֹר דִּין - חֵלֶק א פֶּרֶק כב

יָדוּעַ וּמְפֻרְסָם כִּי הָעוֹבֵר עַל אַחַת מִכָּל הָאַזְהָרוֹת שֶׁבַּתּוֹרָה שׁוֹגֶה בִּכְפָלַיִם. הָאֶחָד מַעֲשֵׂה הָעֲבֵרָה וְהַשֵּׁנִי שֶׁאִלּוּ נִמְלַט מִמֶּנָּה הָיָה נֶחֱשָׁב לְמִצְוָה רַבָּה מִלְּבַד בִּטּוּל מִצְוָה אַחֶרֶת שֶׁהָיָה אֶפְשָׁר לְקַיְּמָהּ בְּאוֹתָהּ שָׁעָה אַחֲרֵי מָה שֶׁבֵּאַרְנוּ שֶׁאֲפִלּוּ פְּעֻלּוֹת הָרְשׁוּת יֵשׁ בָּהֶן דִּקְדּוּקֵי מִצְוַת לְפִיכָךְ הֻצְרְכָה תְּשׁוּבָה עִם שְׁאָר חִלּוּקֵי הַכַּפָּרָה כְּמוֹ שֶׁזָּכַרְנוּ, לֹא בִּלְבַד לְהֶכְרֵחַ הַחֲרָטָה שֶׁהִיא מִתְנָאִים הָרִאשׁוֹנִים וְהָעַצְמִיִּים אֶלָּא שֶׁהִיא מִצְוַת עֲשֵׂה גְּדוֹלָה וַחֲבִיבָה מְאֹד שֶׁקָּדְמָה לָעוֹלָם וּשְׁקוּלָה כְּכָל הַתּוֹרָה וְשַׁפִּיר מְכַפֶּרֶת עַל בִּטּוּל הָעֲשֵׂה בֵּין בְּצֵרוּף עֲבֵרָה אַחֶרֶת בֵּין בְּיוֹשֵׁב וּבָטֵל וְאוּלָם חֹמֶר בְּחִלּוּל הַשֵּׁם שֶׁהַמְּחַלְּלוֹ בַּסֵּתֶר נִפְרָעִין מִמֶּנּוּ בְּגָלוּי שֶׁכֵּן רִשּׁוּמוֹ נִכָּר לְזַכֵּי הָרְאוּת וּלְבַעֲלֵי חָכְמַת הַשִּׂרְטוּט וּדְכַוָּתָם וְאַל יַחֲשֹׁב אָדָם לְהִנָּצֵל מֵעָנְשׁוֹ בְּטַעֲנַת שׁוֹגֵג כִּי גַּם הוּא יֶשְׁנוֹ בְּחִלּוּל הַשֵּׁם כְּטַעַם שִׁגְגַת תַּלְמוּד עוֹלָה זָדוֹן לְפִיכָךְ אָמַר הַתַּנָּא אֶחָד שׁוֹגֵג וְאֶחָד מֵזִיד בְּחִלּוּל הַשֵּׁם לֹא לְהַשְׁווֹת אֶת הַמִּדָּה חָלִילָה מֵעַל אֶלָּא לוֹמַר שֶׁשְּׁנֵיהֶם יֶשְׁנָם בְּחֹמֶר הַחִלּוּל וּלְפוּם גְּמָלָא שִׁיחְנָא לְפִיכָךְ הַמְּחַלֵּל אֶת הַקֳּדָשִׁים וְהַמְּבַזֶּה אֶת הַמּוֹעֲדוֹת וַחֲבֵרֵיהֶם אִם אֵינָם מַפְלִיגִין בְּעֵסֶק הַתּוֹרָה אֵין תְּשׁוּבָה וּמַעֲשִׂים טוֹבִים מַסְפִּיקִין לְהַשְׁלָמַת כַּפָּרָתָם, וְהֵם וְכָל דּוֹמֵיהֶם שֶׁיֵּשׁ בְּיָדָם חִלּוּל הַשֵּׁם צְרִיכִים חִזּוּק רַב לְבַקֵּשׁ רַחֲמִים שֶׁיִּזְכּוּ לְתַקֵּן בִּכְפָלַיִם שֶׁכֵּן מְפֹרָשׁ עַל יְדֵי דָּנִיֵּאל וְלֹא חִלִּינוּ אֶת פְּנֵי ה' אֱלֹהֵינוּ לָשׁוּב מֵעֲוֹנֵנוּ וּלְהַשְׂכִּיל בַּאֲמִתֶּךָ וּמִבְּנֵי עֵלִי לָמַדְנוּ שֶׁלֹּא יִתְכַּפֵּר עֲוֹנָם בְּזֶבַח וּמִנְחָה וַהֲרֵי אֵינָם בָּאִים אֶלָּא עִם הַתְּשׁוּבָה. וְזוּלָתָהּ הֵם זֶבַח רְשָׁעִים אֲבָל מִתְכַּפֵּר בְּדִבְרֵי תּוֹרָה דִּכְתִיב זֹאת הַתּוֹרָה אָדָם כִּי יָמוּת בְּאֹהֶל מִכָּאן שֶׁאֹהֶל הַתּוֹרָה מְכַפֵּר כְּמִיתָה וְאֵין מִיתָה אֶלָּא גְּנִיזָה לַנֶּפֶשׁ הַמַּשְׂכֶּלֶת שֶׁהִיא מִתְעַלֶּמֶת מִדַּרְכֵי חֹשֶׁךְ עַל כֵּן צָרִיךְ לְהַרְבּוֹת בְּעֵסֶק הַתּוֹרָה בַּסֵּתֶר כִּדְמַשְׁמַע מִדִּכְתִיב בְּאֹהֶל עַד שֶׁהִיא עַצְמָהּ שֶׁתַּכְרִיז עָלָיו בְּגָלוּי לְהַשְׂכִּיל לְהָטִיב לְזוּלָתוֹ בַּזְּמַן וְהָרַבִּים צְרִיכִים לוֹ. וּבִלְבַד שֶׁיְּכַוֵּן לִבּוֹ לַשָּׁמַיִם בְּלִי שׁוּם פְּנִיָּה אַחֶרֶת כִּי אָז ה' בָּדָד יַנְחֶנּוּ וְאֵין עִמּוֹ אֵל נֵכָר. וְזֶה הַדָּבָר אֲשֶׁר הִפְלִיא לְדַבֵּר בּוֹ רַבָּן גַּמְלִיאֵל בְּנוֹ שֶׁל רַבִּי בְּפֶרֶק שֵׁנִי דְּאָבוֹת אָמַר עֲשֵׂה רְצוֹנוֹ כִּרְצוֹנְךָ כִּי הִנֵּה רְצוֹנְךָ יִשְׁעֶה אֶל עוֹשֵׂהוּ לָדַעַת בַּמֶּה יִתְרַצֶּה עֶבֶד אֶל אֲדוֹנָיו וְאָז רְצוֹנוֹ יִתְהַלֵּל בְּמַלְכּוֹ וּפָנָה לְמַעְלָה וְיֹאמַר לְפָנָיו בְּהַאי בָּרָא אָתֵינָא קַמָּךְ וְיִהְיֶה הַמְּכֻוָּן אֵלֶיךָ בְּזֶה כְּדֵי שֶׁיֵּעָשֶׂה רְצוֹנְךָ כִּרְצוֹנוֹ שֶׁתִּהְיֶה גַּם אַתָּה מֵטִיב לְזוּלַת כָּמוֹהוּ הֲרֵי מִצְוָה לִשְׁמָהּ לֹא לְקַבֵּל פְּרָס אֶלָּא שְׂכַר מִצְוָה מִצְוָה. וְהוּא הַנִּרְצֶה לְמֹשֶׁה רַבֵּנוּ ע"ה בְּאָמְרוֹ אִם נָא מָצָאתִי חֵן בְּעֵינֶיךָ יִרְצֶה אִם הָיָה שֶׁנַּעֲשָׂה מֵהִשְׁתַּדְּלוּתִי רְצוֹנְךָ כִּרְצוֹנִי כְּטַעַם מְצִיאַת הַחֵן שֶׁנִּתְבָּאֵר בְּפֶרֶק כ"ד הוֹדִיעֵנִי נָא אֶת דְּרָכֶיךָ וּפֵרְשׁוּ חֲכָמִים שֶׁבִּקֵּשׁ לָדַעַת אֵיךְ הַמַּחֲשָׁבָה

מִתְפַּשֶּׁטֶת בָּהֶם שֶׁעִם זֶה אֶדְעַךְ בֶּאֱמֶת לֹא בְּאֹפֶן אַחֵר וְהַתַּכְלִית לְמַעַן אֶמְצָא חֵן בְּעֵינֶיךָ שֶׁיִּהְיֶה מִמִּדַּת טוּבְךָ רְצוֹנִי כִּרְצוֹנְךָ וְרָאָה לְמִי אֲנִי עָמֵל וּמְבַקֵּשׁ לְהֵיטִיב כִּי עַמְּךָ הַגּוֹי הַזֶּה עוֹד אָמַר בָּטֵל רְצוֹנְךָ כְּטַעַם כַּאֲשֶׁר יַנִּיחַ יָדוֹ וּפֵרֵשׁ בְּסֵפֶר הַבָּהִיר שֶׁאָסוּר לַעֲמֹד בִּנְשִׂיאוּת כַּפַּיִם יוֹתֵר מִג' שָׁעוֹת וְהַכַּוָּנָה שֶׁלֹּא לְהַטְרִיחַ כְּלַפֵּי מַעְלָה אֶלָּא כְּדֵי ג' בְּרָכוֹת יְבָרֶכְךָ יָאֵר יִשָּׂא בְּרָכָה וְשָׁעָה אַחַת לְאַבְרָהָם שְׁנִיָּה לְיִצְחָק שְׁלִישִׁית לְיַעֲקֹב וְכָל כָּךְ לָמָּה מִפְּנֵי רְצוֹנוֹ שֶׁיְּהֵא לוֹ פְּנַאי לְהַשְׁפִּיעַ וְלֹא יַשְׁעֶה אֶל עוֹשֵׂהוּ בְּאוֹתָהּ שָׁעָה דְּאִיְּדֵי דְּטָרִיד לְמִפְלָט לֹא בָּלַע וְהוּא טַעַם הָסֵבִּי עֵינַיִךְ מִנֶּגְדִּי כְּדֵי שֶׁיְּבַטֵּל רָצוֹן אֲחֵרִים הַמְבַקְּשִׁים לְהִתְגַּבֵּר בְּאוֹתָהּ שָׁעָה עַל ה' וְעַל מְשִׁיחוֹ כְּטַעַם וְגֶבֶר עֲמָלֵק בִּפְרֹחַ רְשָׁעִים כְּמוֹ עֵשֶׂב וְיִמָּשֵׁךְ בִּטּוּלָם מִפְּנֵי רְצוֹנְךָ שֶׁכַּוָּנָתְךָ לַשָּׁמַיִם לְהַשְׁמִידָם עֲדֵי עַד וְאָז יִהְיֶה הַשֵּׁם שָׁלֵם וְהַכִּסֵּא שָׁלֵם שֶׁהוּא הַמְּכֻוָּן בְּב' חֶלְקֵי הַמִּשְׁנָה הַזֹּאת בֶּאֱמֶת לֹא הַפְקָעַת רְצוֹן הֶדְיוֹט וּבִטּוּל הָפְכּוֹ וְלָמַדְנוּ מִמֶּנָּה הָרְשׁוּת נְתוּנָה לָאָדָם לְהִדָּמוֹת לָעֶלְיוֹן אִם יָשִׂים אֵלָיו לִבּוֹ:

מַאֲמַר חֲקֹר דִּין - חֵלֶק א פֶּרֶק כג

וּבְמַעֲרָבָא מַתְנוּ בַּעֲוֹן בֵּית עֵלִי בְּזֶבַח וּמִנְחָה אֵינוֹ מִתְכַּפֵּר אֲבָל מִתְכַּפֵּר בִּתְפִלָּה שֶׁהִיא בָּאָה מֵעֲמַקֵּי הַלֵּב וְסוֹף תִּקּוּנֶיהָ נְפִילַת אַפַּיִם לְהַצְדִּיק הַמִּיתָה עַל עַצְמוֹ וְכֵן מָצִינוּ בְּיַעֲקֹב אָבִינוּ שֶׁהָיָה מְחוֹלֵל בְּגָלוּתוֹ הָאַחֲרוֹן מִפִּשְׁעֵי הַדּוֹרוֹת שֶׁקְּדָמוּהוּ וְאָמְרוּ עָלָיו שֶׁהָיָה קוֹרֵא אֶת שְׁמַע כְּשֶׁפָּגַע בְּיוֹסֵף וְאֵינוֹ סָפֵק שֶׁסָּמַךְ גַּם כֵּן גְּאֻלָּה לִתְפִלָּה וּמִיָּד שֶׁסִּיֵּם תְּפִלָּתוֹ פִּיהוּ פָּתַח בְּחָכְמָה וְאָמַר אָמוּתָה הַפַּעַם כְּטַעַם נְפִילַת אַפַּיִם שֶׁהוּא רָז נִגְלֶה בַּכָּתוּב וּמַאֲמָרוֹ אַחֲרֵי רְאוֹתִי אֶת פָּנֶיךָ כִּי עוֹדְךָ חָי יֵשׁ סֶמֶךְ לָמָּה שֶׁכָּתְבוּ הָאַחֲרוֹנִים דִּבְעִינַן מָקוֹם שֶׁיֵּשׁ בּוֹ סֵפֶר תּוֹרָה אֵיךְ שֶׁיּוּבַן יְעֻיַּן בְּסֵפֶר הָרוֹקֵחַ לְהָרַבִּי אֱלִיעֶזֶר מִגַּרְמַיְזָא ז"ל שֶׁהַכַּוָּנָה לְהָעִירֵנוּ כִּי הַצְדָּקַת הַמִּיתָה עַל עַצְמֵנוּ הוּא בֵּית חַיֵּינוּ כְּטַעַם נִפְּלָה נָא נְפִילָה מַמָּשׁ לֹא פִּקָּדוֹן וְנִפּוֹל בְּיַד ה' דַּוְקָא כִּי יַד הָיִינוּ מְקוֹם ה' הָיִינוּ סֵפֶר תּוֹרָה וַדַּאי לְקַיֵּם הַתְּנַאי הַזֶּה בְּפֹעַל אוֹ בְּרֶמֶז כִּי בֶן זְקֻנִים הוּא לוֹ וּמְתַרְגְּמִינָן בַּר חַכִּים מִלְּבַד מָה שֶׁהוּא מְבֹאָר בִּשְׂפַת אֱמֶת כִּי מִדָּתוֹ שֶׁל יוֹסֵף הוּא סֵפֶר הַזִּכָּרוֹן לְתוֹרַת יַעֲקֹב אָבִינוּ וְהוּא גַּם כֵּן הַגְּאֻלָּה שֶׁצָּרִיךְ לִסְמֹךְ אוֹתָהּ אֶל הַתְּפִלָּה וְלָמַדְנוּ שֶׁהַיּוֹדֵעַ לְכַוֵּן כָּל צָרְכּוֹ בְּכָךְ מַחֲשַׁבְתּוֹ מְשַׁוְיָא לַהּ מְקוֹם סֵפֶר תּוֹרָה לֹא כָּל הָרוֹצֶה לִטֹּל אֶת הַשֵּׁם יִטֹּל וְדַי בְּכָל זֶה הֶעָרָה. וְיֵשׁ מִצְוֹת אֲחֵרוֹת שְׁקוּלוֹת כְּכָל הַתּוֹרָה וּמוֹעִילוֹת עִם הַתְּשׁוּבָה הַשְּׁלֵמָה לַעֲוֹן חִלּוּל הַשֵּׁם כְּגוֹן גְּמִילוּת חֲסָדִים בִּזְרִיזוּת רַב וּמִתְמִיד וְכֵן שְׁמִירַת שַׁבָּת וְקִיּוּם שָׁלֹשׁ סְעוּדוֹת לְשֵׁם שָׁמַיִם דִּכְתִיב אָז תִּתְעַנַּג עַל ה' וּבְשֵׁם הָאֲרִ"י ז"ל אָמְרוּ כִּי סְעוּדַת לֵיל שַׁבָּת מְעוֹרֶרֶת זְכוּתוֹ שֶׁל יִצְחָק בַּעַל הַהַנְהָגָה בְּשֶׁמָּטָה הַזֹּאת כְּמוֹ

שֶׁנִּבְאַר בַּמַּאֲמָר אִם כָּל חַי וְתוֹעִיל לְהִנָּצֵל מֵחֶבְלֵי מְשִׁיחֵנוּ. וְשֶׁל שַׁחֲרִית תְּעוֹרֵר זְכוּת אַבְרָהָם סָבָא חֲסִידָא לְהִנָּצֵל מִדִּינָהּ שֶׁל גֵּיהִנֹּם שֶׁהוּא עוֹמֵד עַל הַפֶּתַח לְהַצִּיל אֶת בָּנָיו שׁוֹמְרֵי בְּרִית וַהֲרֵי מִלָּה וְשַׁבָּת תְּרֵי פַּלְגֵי דְּגוּפָא הֵם כַּנּוֹדָע. וְשֶׁל מִנְחָה תְּעוֹרֵר זְכוּת יַעֲקֹב אֲבִיהֶם שֶׁל שִׁבְעִים נֶפֶשׁ לְהִנָּצֵל מִמִּלְחֶמֶת גו"ג ומגו"ג בְּגִמַטְרִיא שִׁבְעִים וּכְבָר זָכַרְנוּ בְּפֶרֶק כ"א מִצְוָה לְסַדֵּר שֻׁלְחָנוּ בְּמוֹצָאֵי שַׁבָּת לְעוֹרֵר זְכוּת דָּוִד הַמֶּלֶךְ רֶגֶל רְבִיעִי לְהִנָּצֵל מֵחִבּוּט הַקֶּבֶר עַל כֵּן אַל יְהִי עֹנֶג שַׁבָּת קַל בְּעֵינֵינוּ שֶׁהוּא מִן הַמִּצְוֹת הַשְּׁקוּלוֹת כְּכָל הַתּוֹרָה כָּאָמוּר וְעַל כֻּלָּם הַכּוֹפֵר בְּכָל מִינֵי עֲבוֹדָה נָכְרִיָּה כִּמְנַשֶּׁה בֶּן חִזְקִיָּהוּ שֶׁחָתַר חֲתִירוֹת בָּרָקִיעַ כִּי נִסְתַּם בְּעֵינָיו פֶּתַח שֶׁל תְּשׁוּבָה הַנִּרְמָז בְּצוּרַת הַהֵ"א כִּדְאִיתָא בִּמְנָחוֹת וְעָמְדָה לְפָנָיו בְּצוּרַת חֵי"ת מְחִתָּה לְפוֹעֲלֵי אָוֶן וְהוּא חָתַר בָּהּ וְחַטְרֵיהָ לְגַגָּהּ וּפָנָה לְמַעְלָה לִיחִידוֹ שֶׁל עוֹלָם וְנִתְקַבֵּל. וְכֵן מָצִינוּ בִּיהוֹנָתָן בֶּן גֵּרְשׁוֹן בֶּן מְנַשֶּׁה תָּאֵר אֵמָתַי לָמָּה שֶׁנְּשָׁהוּ אֱלֹקִים אֶת הַצַּדִּיק שֶׁלֹּא יִזָּכֵר שְׁמוֹ עַל הַקַּלְקָלָה בָּא דָּוִד וְהֶחְזִירוֹ בִּתְשׁוּבָה וּמִנָּהוּ עַל הָאוֹצָרוֹת בָּא שְׁלֹמֹה וְשִׁנָּה סַנְקְלִיטִין שֶׁל אָבִיו וְחָזַר לְסוּרוֹ וְהָיָה נְבִיא הַבַּעַל בְּבֵית אֵל וּבְסוֹף יָמָיו נִתְקָרֵב גַּם הוּא עַל יְדֵי לְגִימָה כְּאֲבִי אִמּוֹ שֶׁל גֵּרְשֹׁם אָבִיו שֶׁעַל יְדֵי לְגִימָה זָכָה וְנִכְנַס תַּחַת כַּנְפֵי הַשְּׁכִינָה וּבְשָׁעָה שֶׁיְּהוֹנָתָן הִרְהֵר מֵאֵלָיו תְּשׁוּבָה שְׁלֵמָה שָׁרְתָה עָלָיו רוּחַ הַקֹּדֶשׁ וְהָיָה נְבִיא אֱמֶת לַה' לְהוֹכִיחַ אֶת חֲבֵרוֹ שֶׁעָבַר עַל נְבוּאַת עַצְמוֹ וְגַם נִבָּא בְּמָה שֶׁנִּתְנַבֵּא חֲבֵרוֹ עַל הַמִּזְבֵּחַ אֲשֶׁר בְּבֵית אֵל וְנוֹסְפָה נְבוּאָתוֹ שֶׁל יְהוֹנָתָן עַל כָּל בָּתֵּי הַבָּמוֹת אֲשֶׁר בְּעָרֵי שֹׁמְרוֹן וּכְשֶׁפִּרְסֵם נְבוּאָתוֹ וְלֹא כִּחֵד דָּבָר אֵין לְךָ כְּפִירַת עֲבוֹדָה אַחֶרֶת וְקִדּוּשׁ שֵׁם שָׁמַיִם גָּדוֹל מִזֶּה עַיֵּן בְּסוֹף הַחֵלֶק הַשְּׁלִישִׁי:

מַאֲמַר חֵקֶר דִּין - חֵלֶק א פֶּרֶק כד

הַתּוֹרָה וְהַמִּצְוָה וְכָל מִיְּדֵי דִּמְלֶאכֶת שָׁמַיִם יֵשׁ מְכֻוָּנִים בָּהֶן לְהִנָּצֵל מִן הַפְּגָעִים אוֹ לְאַהֲבַת הַתּוֹעֶלֶת אוֹ הָעֲרֵבוּת שֶׁיַּשִּׂיג הָאָדָם מִן הַחָכְמָה וְכִשְׁרוֹן הַמַּעֲשֶׂה אוֹ לְאַהֲבַת הַטּוֹב בְּהֶחְלֵט אֲשֶׁר הֵמָּה יִרְאֵי ה' וְחוֹשְׁבֵי שְׁמוֹ וּכְבָר הוֹכִיחַ אֱלִיפַז לְאִיּוֹב הֲלֹא יִרְאָתְךָ כִּסְלָתֶךָ תִּקְוָתְךָ וְתֹם דְּרָכֶיךָ. גִּנָּהוּ עַל הֱיוֹתוֹ יְרֵא יִרְאַת הָעֳנָשִׁים שֶׁעָלֶיהָ אָמַר כִּסְלָתְךָ רָצָה בָּזֶה שֶׁאֵין לוֹ חֵלֶק בְּיִרְאָה רַק מָה שֶׁהָיָה זוֹחֵל וְדוֹאֵג שֶׁמָּא כְּמִקְרֵה הַכְּסִיל גַּם הוּא יִקְרֵהוּ כְּמוֹ שֶׁהֵעִיד בְּעַצְמוֹ וַאֲשֶׁר יָגֹרְתִּי יָבֹא לִי. וּכְבָר הָיָה מֵצֵר יַעֲקֹב עַל מָה שֶׁהֻכְרַח לִירֹא אֶת עֵשָׂו כִּדְכְתִיב וַיִּירָא יַעֲקֹב מְאֹד עַל זֶה וַיֵּצֶר לוֹ וּמִיָּד הִשְׁתַּדֵּל בְּהַצָּלָה וְנֶעְזַר בִּתְפִלָּה כִּי אָמְנָם יִרְאַת הַפְּגָעִים הִיא רְצוּעָה בִּישָׁא, תַּחַת אֱלֹהִים קְדוֹשִׁים שֶׁהִרְחִיקוּהָ מֵעֲלֵיהֶם יַעֲקֹב וְיוֹסֵף כְּמוֹ שֶׁהֵעִידָה תּוֹרָה מִשְּׁמוֹ שֶׁל כָּל אֶחָד מֵהֶם הֲתַחַת אֱלֹהִים אָנִי רָצוּ בָּזֶה לֹא תְּהֵא יִרְאָתֵנוּ אֶלָּא אֶת הָאֱלֹהִים אֶת

כְּבֹדוֹ וְאֶת גָּדְלוֹ דַּעֲלַיָּה כְּתִיב שִׁבְטְךָ וּמִשְׁעַנְתֶּךָ הֵמָּה יְנַחֲמֻנִי כִּי הַשֵּׁבֶט עַצְמוֹ הִיא הַמִּשְׁעֶנֶת כְּטַעַם וַאֲנִי יִסַּרְתִּי חִזַּקְתִּי זְרוֹעֹתָם וּכְתִיב הָיְתָה לִּי דִמְעָתִי לֶחֶם יוֹמָם וָלָיְלָה. כִּי הַדִּמְעָה אֲשֶׁר הִיא בְּטִבְעָהּ כִּלְיוֹן עֵינַיִם וְדַאֲבוֹן נֶפֶשׁ, הָיְתָה לִי לֶחֶם לְבַב אֱנוֹשׁ יִסְעַד בְּאָמְרָם אֵלַי כָּל הַיּוֹם דַּע כִּי אַיֵּה שֶׁהוּא מְקוֹר הָרַחֲמִים כַּיָּדוּעַ בִּשְׂפַת אֱמֶת הוּא אֱלֹקֶיךָ שׁוֹפְטֶךָ וְהָיְינוּ דְּאַסְמְכִינְהוּ קְרָא יְרֵא אֱלֹקִים וְסָר מֵרָע יִרְצֶה סָר מִן הַיִּרְאָה הַחִצוֹנִיּוֹת הַגּוֹרֶמֶת רָעָה לְעַצְמוֹ. וְיִצְדַּק זֶה וָזֶה בְּאִיּוֹב עִם הַסָּפֵק שֶׁנִּכְנַס בְּלִבּוֹ בְּהַשְׁגָּחָה כִּי תְּחִלָּה הָיָה סָר מֵרַע אָמְנָם כְּשֶׁהִתְחִיל לִדְאֹג עַל מִשְׁפָּט מְעֻקָּל נִלְכַּד בָּרֶשֶׁת זוֹ מֵהוֹדָאַת פִּיו וְלַסּוֹף הָיָה בּוֹעֵט בְּיִסּוּרִים וּמִתְלוֹצֵץ עֲלֵיהֶם בְּאָמְרוֹ הֲיָם אָנִי אִם תַּנִּין כִּי תָשִׂית עָלַי מִשְׁמָר וְיָדוּעַ כִּי הוּא הָיָה מֵחֶצְיוֹ וּלְמַטָּה מִתְפַּלֵּשׁ בְּתוֹךְ הָאֵפֶר לְיַבֵּשׁ אֶת הַשְּׁחִין הַלַּח וְזֶה כְּעֵין חוֹל גְּבוּל לַיָּם וּמֵחֶצְיוֹ וּלְמַעְלָה מִתְגָּרֵד בְּחֶרֶשׂ מִן הַשְּׁחִין הַיָּבֵשׁ וְהוּא כְּעֵין תַּנִּין זֶה הַנָּחָשׁ שֶׁנָּדוֹן לְהַפְשִׁיט עוֹרוֹ אֶחָד לְשִׁבְעָה שָׁנִים. אָמַר שֶׁלֹּא חָטָא בְּגוּפוֹ שֶׁיִּצְטָרֵךְ לְהַגְבִּיל שִׁבְתּוֹ בָּאֵפֶר וְלֹא בְנַפְשׁוֹ שֶׁיִּתְחַיֵּב לְהַפְשִׁיט מַלְבּוּשֵׁי תַּאֲווֹתֶיהָ וְאֵין לְךָ כְּסִילוּת גְּדוֹלָה מִזּוֹ לִהְיוֹת יָרֵא וְחָרֵד מִן הַיִּסּוּרִים וְאַחַר כָּךְ בּוֹעֵט בָּהֶם. וְאָמַר תִּקְוָתְךָ כִּי הָיְתָה יִרְאָתוֹ גַּם כֵּן בְּסִבַּת הַתִּקְוָה וְהַתּוֹחֶלֶת לְשָׂכָר מֻגְבָּל וּמְקֻוֶּה בְּשֵׂכֶל אֱנוֹשִׁי וְהִיא אַהֲבַת הַמּוֹעִיל לֹא קְנֵי לָהּ כְּמוֹ שֶׁנַּזְכִּיר, וְתֹם דְּרָכֶיךָ הוּא הָעֲרָבוֹת שֶׁיַּשִּׂיג הָאָדָם מִתְּמִימוּת הַמִּדּוֹת הָאֱנוֹשִׁיּוֹת יַעַבְדוּהוּ עַמִּים וְיִשְׁתַּחֲווּ לוֹ לְאֻמִּים וְנִתְיַשֵּׁב עִם זֶה פְּשָׁטֶיהָ דִּקְרָא שֶׁאֵינוֹ מְסֹרָס כְּדַעַת הַמְפָרְשִׁים אֶלָּא מְכֻוָּן הֵטִיב בְּסִדּוּרוֹ עִם סֵדֶר בִּרְכוֹת הַשַּׁחַר לְנָכְרִי עֶבֶד אִשָּׁה יָבֹא בְּאוּרוֹ בְּמַאֲמַר הַנֶּפֶשׁ וְכָמוֹהוּ כִּי כָּל אֹכֵל חָמֵץ וְנִכְרְתָה מִיּוֹם הָרִאשֹׁן עַד יוֹם הַשְּׁבִעִי אֵין זֶה מִקְרָא מְסֹרָס אֶלָּא לְלַמְּדֵנוּ שֶׁהַכָּרֵת הוּא בְּבֵית דִּין שֶׁל יָמִים רִאשׁוֹנִים בִּלְבַד אֲבָל ג' מִדּוֹת רִאשׁוֹנוֹת מָה כְּתִיב בָּהוּ אי"ן בי"ת אש"ר תְּאָרִים עַצְמִיִּים אֱלֹהִים כַּנּוֹדָע בִּשְׂפַת אֱמֶת אֵין שָׁם מֵת וְכֵן וְנֵר אֱלֹהִים טֶרֶם יִכְבֶּה וּשְׁמוּאֵל שֹׁכֵב בְּהֵיכַל ה' אֵינֶנּוּ מְסֹרָס אֶלָּא עַד שֶׁלֹּא שָׁקַע נֵרוֹ שֶׁל עֵלִי וּשְׁמוּאֵל שׁוֹכֵב פֵּרוּשׁ מִתְלַמֵּד בְּהֶפְשֵׁט הַהַרְגָּשׁוֹת בְּהֵיכַל ה' הַיָּדוּעַ לְאַסְפַּקְלַרְיָא שֶׁאֵינָהּ מְאִירָה אִילָנָא דְּמוּתָא שֶׁהָיָה מֵכִין עַצְמוֹ לִנְבוּאָה וְדוֹמֵיהֶם. רַבִּים נָבוֹכוּ בָּהֶם הַמְפָרְשִׁים דָּרוּשׁ וְקַבֵּל שָׂכָר. אָמְנָם לֹא יֵחָשֵׁב שֶׁהִגִּיעַ הַשָּׁלֵם לְהַשָּׂגַת הַיִּרְאָה הָאֲמִתִּית שֶׁהִיא שַׁעַר הַתּוֹרָה וְהַחָכְמָה אֶלָּא בִּהְיוֹת הַשָּׂגָתָהּ וְתַכְלִיתָהּ לְהִשְׁתַּלֵּם בְּדַרְכֵי הַמָּקוֹם לְפִי שֶׁהוּא רְצוֹנוֹ לֹא זוּלַת כִּי זוֹ הִיא תְּחִלַּת הַתּוֹרָה בְּמַחֲשָׁבָה וְהַפּוֹרֵשׁ מִמֶּנָּה פּוֹרֵשׁ מִן הַחַיִּים כִּשְׁאֵלַת הַנָּבִיא עַל מָה אָבְדָה הָאָרֶץ וַיֹּאמֶר ה' עַל עָזְבָם אֶת תּוֹרָתִי כִּי לְזֹאת יִקָּרֵא תּוֹרַת ה' תְּמִימָה וְזוֹ הִיא גַּם כֵּן כַּוָּנָתָהּ הָעַצְמִית בְּהֶמְשֵׁךְ מִצְוֹתֶיהָ וְאַזְהָרוֹתֶיהָ כְּמוֹ שֶׁיָּבֹא עַל כֵּן אָמַר וְלֹא שָׁמְעוּ בְּקוֹלִי וְהִיא הַתּוֹחֶלֶת שֶׁאֵין לְמַעְלָה מִמֶּנָּה שֶׁשְּׂכַר מִצְוָה מִצְוָה וְהֵם לֹא הָלְכוּ בָהּ כִּי הִיא הַהִתְהַלְּכוּת אֶת הָאֱלֹקִים מֵעִלּוּי לְעִלּוּי לְקַיֵּם מֵעֹשֶׁר מָה שֶׁקִּיֵּם מֵעֹנִי

וְאֵין עָשִׁיר אֶלָּא הַשָּׂמֵחַ בְּחֶלְקוֹ וְאֵין שִׂמְחָה לְיִשְׂרָאֵל אֶלָּא בְּעוֹשָׂיו כִּי חֵלֶק ה' עַמּוֹ וּמִן הַנִּגְלוֹת בְּאוֹתִיּוֹת הַשֵּׁם שֶׁהָרְבִיעִית עֲנִיָּה מִן הַנִּקּוּד צוֹפִיָּה הֲלִיכוֹתֶיהָ שֶׁל כְּלַל הַשֵּׁם בָּאוֹתִיּוֹת הָרִאשׁוֹנוֹת בְּלֶכְתָּן תֵּלֵךְ וּבְעָמְדָן תַּעֲמֹד וְהָרֶמֶז וּבְהַגִּיעַ תֹּר אֶסְתֵּר לֹא בִקְשָׁה דָּבָר. וְאָז הָיְתָה נוֹשֵׂאת חֵן מֵעַצְמָהּ בְּלִי הִשְׁתַּדְּלוּת וְאַף כְּשֶׁלָּבְשָׁה מַלְכוּת הֵעִיד עָלֶיהָ הַכָּתוּב נָשְׂאָה חֵן שֶׁלֹּא כִּוְּנָה לוֹ אֲבָל מְצִיאַת הַחֵן יֵאָמֵר עַל הַדָּבָר הַמִּתְבַּקֵּשׁ בְּכַוָּנָה וְלֹא אָמְרָה אֶסְתֵּר אִם מָצָאתִי חֵן בְּעֵינֵי הַמֶּלֶךְ אֶלָּא כְּלַפֵּי מַלְכּוֹ שֶׁל עוֹלָם וְנִדְבַּר בּוֹ בְּמַאֲמַר אֵם כָּל חַי חֵלֶק א' יְעֻיַּן שָׁם. וְאוּלָם הַמְקַיֵּם אֶת הַתּוֹרָה מֵעֹנִי בְּאוֹתָהּ דֻּגְמָא מִבְּלִי שׁוּם פְּנִיָּה אַחֶרֶת רַק לָלֶכֶת בְּדַרְכֵי הַמָּקוֹם סוֹפוֹ לְקַיְּמָהּ מֵעֹשֶׁר שֶׁכֵּן עֲתִידִים צַדִּיקִים שֶׁיִּקָּרְאוּ בַּד' אוֹתִיּוֹת וְאִם הַתּוֹרָה שֶׁהִיא בִּנְיַן אָב לְכָל הַמִּצְוֹת הַשְּׁקוּלוֹת כְּמוֹתָהּ לֹא תְּכַפֵּר עַל חִלּוּל הַשֵּׁם וַאֲפִלּוּ עִם הַתְּשׁוּבָה אֶלָּא בִּהְיוֹתָהּ לִשְׁמָהּ בֶּאֱמֶת עַל דֶּרֶךְ שֶׁבֵּאַרְנוּהוּ קַל וָחֹמֶר לִשְׁאָר מִצְוַת שֶׁנִּזְכַּרְנוּ בַּפֶּרֶק הַקּוֹדֵם וּפָשׁוּט הוּא. וּבְפֶרֶק הַנִּזָּקִין מוּכָח שֶׁלֹּא הָיָה לָעוֹלָם תּוֹרָה וּגְדֻלָּה בְּמָקוֹם אֶחָד אֶלָּא בְּמֹשֶׁה וְרַבִּי וְרַב אָשֵׁי שֶׁמֵּהֶם תּוֹרָה שְׁלֵמָה יָצְאָה לְכָל יִשְׂרָאֵל וְכָל זְמַן מֶמְשַׁלְתָּם לֹא נוֹדַע גָּדוֹל מֵהֶם בְּחָכְמָה וּשְׁלָשְׁתָּן עַנְוְתָנִין הָיוּ שֶׁהוּא הָאוֹת וְהַמּוֹפֵת אֶל הָעוֹסְקִים בָּהּ לִשְׁמָהּ. וְאוּלָם הַפּוֹרֵשׁ מִן הַתּוֹרָה קָרָא עָלָיו רַבִּי שִׁמְעוֹן בַּר יוֹחַאי הַמִּקְרָא הַזֶּה בְּמִשְׁנָה דַּחֲגִיגָה [דַּף ט] מְעֻוָּת לֹא יוּכַל לִתְקֹן וְרַבִּי שִׁמְעוֹן בֶּן מְנַסְיָא מוֹקֵי לָהּ הָתָם עַל הַמּוֹלִיד מַמְזֵר וְנִרְאֶה דְּלֹא פְּלִיגֵי אֶלָּא בַּר יוֹחַאי דָּרֵשׁ מְעֻוָּת וּבֶן מְנַסְיָא דָּרֵשׁ לֹא יוּכַל לְתַקֵּן מִתְּרוֹוַיְהוּ תִּסְתַּיֵּם וּמָה שֶּׁגַּם שְׁלֹמֹה בְּסֵפֶר קֹהֶלֶת פֵּרֵשׁ בְּסֵפֶר מִשְׁלֵי פָּרָשַׁת בְּנִי לְחָכְמָתִי הַקְשִׁיבָה וְשָׁם בֵּאֵר דַּרְכֵי הַתִּקּוּן בְּכָל צְדָדֵי הָאֶפְשָׁר כִּי מַאֲמַר קֹהֶלֶת לְפִי מְקוֹמוֹ וּשְׁעָתוֹ. וְהַיּוֹדֵעַ הַמְסַפֵּר בְּעָנְשׁוֹ שֶׁל קֹרַח שֶׁחָלַק עַל רַבּוֹ וּפֵרַשׁ מִן הַתּוֹרָה יָשׁוּם וְיַצְדִּיק עָלָיו אֶת הַדִּין:

מַאֲמַר חֲקֹר דִּין - חֵלֶק א פֶּרֶק כה

וְהִנֵּה טוֹב לְהָבִין וּלְהַשְׂכִּיל כִּי יִרְאַת הַפְּגָעִים נֶחֱלָק לִשְׁתַּיִם עָנְשֵׁי הָעוֹלָם הַזֶּה וְהָעוֹלָם הַבָּא. וְכֵן צְפִיַּת הַשָּׂכָר וְהוּא הַמּוֹעִיל לֵישֵׁב בְּשָׁלוֹם בָּעוֹלָם הַזֶּה וְלֵהָנוֹת בָּעוֹלָם הַבָּא. וְהָעֲרֵבוּת גַּם כֵּן מִן הָעֹשֶׁר וְהַכָּבוֹד בָּעוֹלָם הַזֶּה וְהַהִתְנַשְּׂאוּת לָעוֹלָם הַבָּא, כְּגַסּוּת רוּחוֹ שֶׁל יָרָבְעָם זָכְרוּהוּ בְּפֶרֶק חֵלֶק שֶׁטְּרָדָתוֹ מִן הָעוֹלָם. וּמֵעַתָּה כָּל חָכָם יִנָּצֵל מִכָּל מִינֵי הַיִּרְאָה שֶׁנִּזְכַּרְנוּ דַּעֲלַיְהוּ כְּתִיב וַיֹּאמֶר מֹשֶׁה אֶל הָעָם אַל תִּירָאוּ וּבִשְׁתַּיִם זוֹ יִתְחַתֵּן כִּדְפָסִיק הָתָם קְרָא בַּעֲבוּר תִּהְיֶה יִרְאָתוֹ עַל פְּנֵיכֶם יִרְאָתוֹ דַּוְקָא מִפְּתִחוֹת הַקְּדוֹשׁוֹת אֲשֶׁר יָאוּת לָהֶן לְהִקָּרֵא חִצוֹנִיּוֹת בְּעֵרֶךְ מָה שֶּׁלִּפְנִים מֵהֶן כִּי אֵלֶּה הַחִצוֹנִיּוֹת תּוּבַלְנָה בִּשְׂמָחוֹת וָגִיל לְהַנְהָגָה הַתַּחְתּוֹנָה שֶׁאֵלֶיהָ רֶמֶז הַתַּנָּא בְּקִיּוּם הַתּוֹרָה מֵעֹנִי וְהִיא עֲבוֹדָה

שֶׁבַּגַּן מָה הוּא חָנוּן אַף אַתָּה חָנוּן וְכָל דְּכוָתָהּ וּמִשָּׁם וּמֵאָלֶף אֶחָד יִזְכֶּה לִהְיוֹת כְּרֻבּוֹ בַּמַּפְתְּחוֹת הַפְּנִימִיּוֹת תְּבוֹאֶינָה בְּהֵיכַל מֶלֶךְ לְהַנְהָגַת הָעֶלְיוֹן וְקִיּוּמָהּ מֵעֵשֶׂר וְהִיא שְׁמִירָה שֶׁבְּעֶדְנָן בַּדֵּעָה בִּינָה וְהַשֵּׂכֶל. וְעִם זֶה יוּבַן פָּסוּק וַיִּקַּח ה' אֱלֹקִים אֶת הָאָדָם שֶׁלָּקַח שֶׁכִּנֵּס עִמּוֹ וַיַּנִּחֵהוּ בְגַן עֵדֶן לְעָבְדָהּ וּלְשָׁמְרָהּ הֲרֵי שְׁמִירָה הַנִּצְקְבָה עוֹלָה יָפֶה כִּפְשׁוּטוֹ וְעוֹד נָדְבַּר בּוֹ בַּחֵלֶק הַשֵּׁנִי פֶּרֶק י"ז וּבָאֵלֶּה וַדַּאי אָמְרוּ זְכוּתָא דְּרַבִּים עָדִיף, כִּי מֵאֶלֶף הַנִּכְנָסִין לַמִּקְרָא וּמֵהֶם מֵאָה לַמִּשְׁנָה וּמֵהֶם י' לַגְּמָרָא הִנֵּה הָאֶחָד הַמְּיֻחָד מֵהֶם הוּא לְבַדּוֹ יַגִּיעַ לְהוֹרָאָה כִּי יֹאמַר הִנֵּה הִנְנִי אֱלֹקֵינוּ זֶה, כֵּן מִשְׁפָּטוֹ בְּבֵית דִּין שֶׁל מַעֲלָה וְיֹאחֵז צַדִּיק דַּרְכּוֹ בְּבֵית דִּין שֶׁל מַטָּה. דְּאִי לָא תֵּימָא הָכִי הָנֵי י' דְּקָאָמַרְתְּ שֶׁהֵן נִכְנָסִים לַגְּמָרָא מָה חָסְרוּ מִשִּׁמּוּשָׁם שֶׁאֵינָם בְּנֵי הוֹרָאָה הָא לֹא אָמְרוּ הַתַּנָּאִים מִכְּלִי עוֹלָם אֶלָּא עַל הַמּוֹרִים מִתּוֹךְ מִשְׁנָה אוֹ מִתּוֹךְ גְּמָרָא סְתָמָתָא דְּהַיְנוּ מִתּוֹךְ גִּרְסָא בֵּין שֶׁתְּהֵא מִשְׁנָה מִשְּׁנָאָהּ רַבִּי אוֹ מִן הַבָּרַיְתוֹת שֶׁסִּדְּרוּ תַּלְמִידָיו אַחֲרָיו וּכְשֶׁתֵּצֵא הֲלָכָה לְמַעֲשֶׂה מִדֶּרֶךְ הַתַּנָּאִים הַלָּלוּ בְּלִי בְּחִינָה וְהַשְׁעָרָה אַחֶרֶת לֹא נִשְׁמַע אֲלֵיהֶם וְכָל אֵלּוּ נִכְלָלוּ בְּאוֹתָם הַנִּכְנָסִים לַמִּשְׁנָה שֶׁלֹּא שִׁמְּשׁוּ כָּל צָרְכָּם וְלֹא רָמוּ מַתְנִיתִין אַהֲדָדֵי לַעֲמֹד מִתּוֹךְ הַפִּלְפּוּל עַל בֻּרְיָן שֶׁל דְּבָרִים וְאִישׁ כָּזֶה נִקְרָאֵהוּ גָּמִיר וְלֹא סָבִיר אָמְנָם מִי שֶׁזָּכָה לַהֲוָיוֹת דְּרַב וּשְׁמוּאֵל וּשְׁאָר מָארֵי דְּגְמָרָא כְּגוֹן אַבַּיֵּי וְרָבָא וְחַבְרֵיהֶם וְשִׁמֵּשׁ תַּלְמִידֵי חֲכָמִים הַרְבֵּה מַדּוּעַ לֹא נֹאמַר שֶׁהִגִּיעַ לְהוֹרָאָה כֵּיוָן דְּגָמִיר כְּהֶחָכָם וְסָבִיר כְּיוֹדֵעַ כִּי יוֹדֵעַ פֵּשֶׁר דָּבָר הָא וַדַּאי אֲפִלּוּ מַסְבְּרִין לֵהּ וּמִסְבַּר הֲוֵי בִּכְלַל קָרָא וְשָׁנָה וְשִׁמֵּשׁ וְלָמָּה לֹא יָדִין וְלֹא יוֹרֶה וְהַלֹא רַבִּי אֱלִיעֶזֶר הַגָּדוֹל מִיָּמָיו לֹא אָמַר דָּבָר שֶׁלֹּא שָׁמַע מֵרַבּוֹתָיו הַעֲלָה בְדַעַת אָדָם שֶׁלֹּא הִגִּיעַ לְהוֹרָאָה חָלִילָה אֶלָּא וַדַּאי כְּדַאֲמָרַן. יִשְׁמַע חָכָם וְיוֹסֶף לֶקַח מִמָּה שֶׁעֲזָרְנוּ לְצָדְקָהּ בַּדֵּרוּשׁ הַזֶּה בִּמְקוֹמוֹת רַבִּים מִזֶּה הַמַּאֲמָר. וְהַמַּשְׂכִּילִים יַזְהִירוּ בְּיִשּׁוּב דִּבְרֵי רַבִּי יַנַּאי וּפֵרֵשׁ רָשִׁ"י בַּפֶּרֶק בָּא לוֹ עִם דִּבְרֵי רַבָּה בַּר רַב הוּנָא בְּפֶרֶק בַּמֶּה מַדְלִיקִין כִּי הַמַּפְתְּחוֹת הַחִיצוֹנִיּוֹת תִּחְלֹתָן בְּה"א תַּתָּאָה יִרְאָה סְתָם לֹא נִפְלֵאת וְלֹא רְחוֹקָה אֶלָּא בֵּינוֹנִית לְכָל אָדָם וְזוּטַרְתֵּי לְמֹשֶׁה לִכָּנֵס בָּהֶן אֶל הַנָּא"ו אוֹ חָצֵר הַחִיצוֹנָה תּוֹרָה סְתָם וּבָהּ שְׁמִירַת הַמַּפְתְּחוֹת הַפְּנִימִיּוֹת עַד ה' עִלָּאָה הִיא הַיִּרְאָה הַשְּׁלֵמָה אֲפִלּוּ לְמֹשֶׁה קְטִירָא מִתְּמַן עֲנָנָא קְטִירָא בְּדְחִילוּ וְהָא וַדַּאי לָאו מִלְּתָא זוּטַרְתֵּי הִיא אֲפִלּוּ לְמֹשֶׁה אֶלָּא רַבָּתִי לְכָלָל הָעָם וְאֵלָיו הָיְתָה בֵּינוֹנִית אֶפְשָׁרִית הַהַשָּׂגָה וַעֲדַיִן מַפְתְּחוֹת הֵן לִכָּנֵס בָּהֶן אֶל הֶחָצֵר הַפְּנִימִית יו"ד שֶׁבַּשֵּׁם אֲשֶׁר יִקְּרָאוּהָ בֶּאֱמֶת חָכְמָה קְדוּמָה לִרְאוֹת קָמֵי עַתִּיק יוֹמִין הַנִּרְמָז בְּעֹקֶץ הָעֶלְיוֹן שֶׁבַּיו"ד וְשָׁם יִרְאָה רַבָּתִי שֶׁאֵין לְמַעֲלָה הֵימֶנָּה:

לג

מַאֲמַר חֲקֹר דִּין - חֵלֶק א פֶּרֶק כו

הֲלֹא יָדַעְנוּ אִם לֹא שָׁמַעְנוּ כִּי אָבִינוּ הָרִאשׁוֹן נוֹצַר בְּשֵׁם מָלֵא וְנִקְרָא אָדָם בְּגִימַטְרִיָּא שֵׁם מָלֵא וּפָשַׁט הַמִּלָּה אֲדָמָה לָעֶלְיוֹן. בָּטֵל אֶת הַתּוֹרָה מֵעֹשֶׁר וּבְמָה שֶׁגֹּרַשׁ מִגַּן עֵדֶן הֻתְּרָה לוֹ לְבַטָּלָה מֵעֹנִי כִּי בָּטְלוּ מִמֶּנּוּ מִצְוַת הַגַּן וְהַשְׂכָּלוֹת הָעֵדֶן וְכֵן בְּדָוִד הוּא אוֹמֵר גֵּרְשׁוּנִי מֵהִסְתַּפֵּחַ בְּנַחֲלַת ה' לֵאמֹר לֵךְ עֲבֹד אֱלֹהִים אֲחֵרִים וּלְפִי שֶׁבְּרִית כְּרוּתָה לַשְּׂפָתַיִם כְּתִיב וַיְהִי דָוִד בָּא עַד הָרֹאשׁ וּכְמוֹ שֶׁדָּרְשׁוּ בִּקֵּשׁ לַעֲבֹד וְלֹא עָבַד וְאַחַר כָּךְ קִיְּמָהּ מֵעֹנִי דִּכְתִיב וַאֲנִי בְעָנְיִי הֲכִינוֹתִי לְבֵית אֱלֹקִים וְכֵן מֶלֶךְ הַמָּשִׁיחַ תְּחִלָּה מְדֻכָּא מֵעֲוֺנוֹתֵינוּ וְהוּא עָתִיד לְקַיְּמָהּ מֵעֹשֶׁר דִּכְתִיב וְנָחָה עָלָיו רוּחַ ה' וְכֵן מָצִינוּ בִּשְׁלֹמֹה יוֹשֵׁב עַל כִּסֵּא ה' וְאַחַר כָּךְ בָּטְלָה מֵעֹשֶׁר עַד שֶׁגֹּרַשׁ מִמַּלְכוּתוֹ וּבָטְלָה מֵעֹנִי בָּא יִרְמְיָה וּבָטְלָה מֵעֹנִי דִּכְתִיב אֲנִי הַגֶּבֶר רָאָה עֳנִי וְנִתְקַיְּמָה בְּיָמָיו הַהַתְרָאָה הָאֲמוּרָה לִשְׁלֹמֹה בְּשַׁלְוָתוֹ אִם שׁוֹב תְּשׁוּבוּן מֵאַחֲרַי וְהַבַּיִת הַזֶּה יִהְיֶה עֶלְיוֹן וְנִבְאַרֵהוּ בְּסָמוּךְ אַף הוּא קִיְּמָהּ מֵעֹנִי שֶׁלֹּא סָר כָּל יָמָיו מִלְּמָחוֹת וּלְהוֹכִיחַ. וְכֵן הִלֵּל הַבַּבְלִי קִיְּמָהּ מֵעֹנִי וְאַחַר כָּךְ הָיָה נְשִׂיא יִשְׂרָאֵל בַּבַּיִת הַשֵּׁנִי וְקִיְּמָהּ מֵעֹשֶׁר. וְאָמְנָם עַל חִנָּם נִדְחֲקוּ הַמְפָרְשִׁים בַּפָּסוּק שֶׁזָּכַרְנוּ הַבַּיִת הַזֶּה יִהְיֶה עֶלְיוֹן וְהוֹצִיאוּהוּ מִפְּשׁוּטוֹ שֶׁהֲרֵי אָמְרוּ בְּפֶרֶק חֵלֶק גַּבָּהּ הַכָּלָא דַּרְכּוֹ בְּיָהּ מִן שְׁמַיָּא וּלְעוֹלָם לֹא בָאוּ דִּבְרֵי הַנְּבוּאָה אֶלָּא בְּתַכְלִית הַדִּקְדּוּק לַאֲמִתּוֹת הַסִּפּוּר הַנִּגְלֶה. צֵא וּלְמַד מִדִּבְרֵי דָּוִד אֶל הַתְּקוֹעִית חַי ה' אִם יִפֹּל מִשַּׂעֲרַת בִּנְךָ אַרְצָה וְהַדְּבָרִים מַגִּיעִים לְאַבְשָׁלוֹם שֶׁנִּתְלָה בִּשְׂעָרוֹ כַּנּוֹדָע וְכָאֵלֶּה רַבּוֹת כְּמוֹ שֶׁנַּזְכִּיר בַּחֵלֶק הַשֵּׁנִי פֶּרֶק י"ג. וְכָאן תִּסְתַּיֵּם הֲבָנַת הַמַּאֲמָר עִם מָה שֶׁנִּתְבָּאֵר בַּזֹּהַר פָּרָשַׁת פְּקוּדֵי בִּיסוֹדֵי צִיּוֹן וִירוּשָׁלַיִם דְּאִתְגְּנִיזוּ וְלֹא שָׁלְטוּ אוֹיְבִים בָּהֶם וְאָנוּ רֶמֶז מִזֶּה בַּכָּתוּב מַה לָּךְ אֵפוֹא כִּי עָלִית כֻּלָּךְ לַגַּגּוֹת וּמַאי דִּכְתִיב וַיַּצֶּת אֵשׁ בְּצִיּוֹן וַתֹּאכַל יְסוֹדֹתֶיהָ הַכַּוָּנָה עַל יְסוֹדַת הָאֵשׁ הַחִיצוֹנִית הַהִיא שֶׁהָרַע מְכַלֶּה אֶת עַצְמוֹ וְגָמַר שְׁלִיחוּתוֹ הוּא בִּטּוּלוֹ כְּמוֹ שֶׁיָּבֹא וְאִם חוֹמַת הָעִיר כָּךְ, קַל וָחֹמֶר לַמִּקְדָּשׁ עַצְמוֹ כִּי נִסְתַּלְּקוּ אַבְנֵי קֹדֶשׁ בְּנֵס לְהִתְנוֹסֵס בַּמָּקוֹם שֶׁאֵין הַיָּד שׁוֹלֶטֶת וְהַבַּיִת הָיָה עֶלְיוֹן כְּמַשְׁמָעוֹ דְּהָא גַּבָּהּ הַכָּלָא וּבְפֵרוּשׁ אָמְרוּ חֲכָמִים שֶׁאֲפִלּוּ מַפְתְּחוֹת הַמִּקְדָּשׁ יָרְדָה פִּסַּת יָד וּנְטָלָתַן מִיְּדֵיהֶן שֶׁל כֹּהֲנִים וּמַאי דְּאָמְרֵי רַבָּנָן דַּרְכּוֹ בְּיָהּ מִן שְׁמַיָּא אַקְרָא קָאֵי דְּקָמַסְהִיד גַּת בְּעָלְמָא הוּא דָּרַךְ ה' כִּי הָיוּ אַבְנֵי נֵזֶר מִתְנוֹסְסוֹת עַל אַדְמָתוֹ וְהַרְבֵּה שְׁלוּחִים לְמָקוֹם שֶׁדִּין וְשַׁדְּתִין וְהֵם הֵבִיאוּ גַּלִּים שֶׁל אֲבָנִים מְשֻׂרָפוֹת סִיד לְהַשְׂבִּיעַ עֵינוֹ שֶׁל אוֹתוֹ רָשָׁע. דַּיְקָא נָמֵי דְּקָאָמַר לֵהּ בֵּיתָא קַלְיָא קַלֵּית וְעוֹד קַל וָחֹמֶר מִשֵּׁשׁ עֶגְלוֹת צָב שֶׁהֵן קַיָּמוֹת לְעוֹלָם עִם קַרְשֵׁי הַמִּשְׁכָּן וְאַבְזָרֵיהּוּ וְהוּא הַדָּבָר שֶׁנִּתְבַּשֵּׂר שְׁלֹמֹה אַחֲרֵי תְּפִלָּתוֹ שֶׁלֹּא יִשְׁלְטוּ שׂוֹנְאִים בְּמַעֲשֵׂה יָדָיו בִּזְכוּת מָה שֶׁהָיְתָה כַּוָּנָתוֹ וּמַחְשַׁבְתּוֹ בְּבֵית

בְּהִבָּנְתוֹ מוּל הַמִּקְדָּשׁ הָעֶלְיוֹן. וְהִתְבּוֹנַנּוּ אָמְרוּ תְּחִלָּה הַשָּׁמַיִם וּשְׁמֵי הַשָּׁמַיִם לֹא יְכַלְכְּלוּךָ אַף כִּי הַבַּיִת הַזֶּה אֲשֶׁר בָּנִיתִי תָּלָה הַמִּעוּט בְּעַצְמוֹ כִּי מֱהֱיוֹתוֹ בִּנְיַן בָּשָׂר וָדָם קָטָן מֵהָכִיל כְּבוֹד שְׁכִינָה וְגַם אֶל הַנָּכְרִי כְּשֶׁבִּקֵּשׁ רַחֲמִים שֶׁיִּשְׁמַע אֵל וְיַעֲנֵהוּ בִּזְכוּת הַבַּיִת הַמְּקֻדָּשׁ אָמַר לָדַעַת כִּי שִׁמְךָ נִקְרָא עַל הַבַּיִת הַזֶּה אֲשֶׁר בָּנִיתִי כִּי זֶה שְׁמוֹ אֲשֶׁר יִקְרָאוּ הַנָּכְרִי מִקְדַּשׁ הַמֶּלֶךְ שְׁלֹמֹה וְהוּא כְּטַעַם אַשְׁרֵי יוֹשְׁבֵי בֵיתֶךָ אֲשֶׁר אָדָם עַז לוֹ בְּךָ וְגוֹ' הִנֵּה יוֹשְׁבֵי בְּבֵיתְךָ לֹא נֶאֱמַר אֶלָּא בֵיתֶךָ כִּי הֵם עַצְמָם הֵיכַל וְכִסֵּא ה' כִּדְכְתִיב זֶה אֵלִי וְאַנְוֵהוּ אֶהְיֶה לוֹ נָוֶה לְהַשְׁלָמַת הַדֻּגְמָא לִכְבוֹד שְׁכִינָה מָה כְּתִיב בְּיָהּ יְזַמֶּרְךָ כָבוֹד וְלֹא יִדֹּם אַף הֵמָּה בְּצִדְקָתָם עוֹד יְהַלְלוּךָ סֶלָה אַשְׁרֵי אָדָם עַז לוֹ בְּךָ גַּם הוּא יְבֻשַּׂר בְּמִינֵי הָאֹשֶׁר בִּהְיוֹת בָּהּ' מִבְטָחוֹ אַף עַל פִּי שֶׁלֹּא יִזְכֶּה לִהְיוֹת הוּא עַצְמוֹ מֶרְכָּבָה רַק מְסִלּוֹת עֻזּוֹ וּבִטְחוֹנוֹ בִּלְבָבָם שֶׁל יוֹשְׁבֵי בֵיתֶךָ דְּאִי לֹא תֵימָא הָכִי בִּלְבָבוֹ מִבָּעֵי לֵהּ אֶלָּא כְּדַאֲמַרַן וְהוּא עַל דֶּרֶךְ אַלְהָא דְּמֵאִיר עֲנֵנִי אֲשֶׁר לֹא יָדַע לְכַוֵּן יוֹתֵר מִזֶּה הַשִּׁעוּר. אָמְנָם כְּשֶׁהִתְפַּלֵּל עַל יִשְׂרָאֵל בְּצֵאתָם לַמִּלְחָמָה לֹא זָכַר הַבַּיִת הַזֶּה אֶלָּא הַבַּיִת אֲשֶׁר בָּנִיתִי לִשְׁמֶךָ וְעוֹד בְּנָתִי כְּתִיב יֵשׁ אֵם לַמָּסֹרֶת וְהַכַּוָּנָה כִּי בֵן לְרֵעִי מֵרָחוֹק הוּא בֵּית הַמִּקְדָּשׁ שֶׁל מַעְלָה שֶׁרָאָה וְעָשָׂה כְּתַבְנִיתוֹ לְפִיכָךְ הוֹסִיף וְאָמַר לִשְׁמֶךָ כִּי הַבִּנְיָן הַתַּחְתּוֹן וְהִתְבּוֹנְנוּת הָעֶלְיוֹן זֶה וָזֶה הָיָה לְשֵׁם שָׁמַיִם לֹא לְגַאֲוָה וְגֹדֶל לֵבָב ח"ו וּלְזֶה רָאוּי שֶׁיְּכַוְּנוּ יִשְׂרָאֵל עִם חָכָם וְנָבוֹן כְּדֵי שֶׁתִּתְקַבֵּל תְּפִלָּתָם וּכְשֶׁבִּקֵּשׁ רַחֲמִים עַל גָּלֻיּוֹת יִשְׂרָאֵל אָמַר וְהִתְפַּלְלוּ אֵלֶיךָ דֶּרֶךְ אַרְצָם וְגוֹ' וְהַבַּיִת אֲשֶׁר בָּנִיתִי לִשְׁמֶךָ אַף כָּאן יֵשׁ אֵם לַמָּסֹרֶת בָּנִיתָ כְּתִיב כִּי אֵין יִשְׂרָאֵל נִגְאָלִים אֶלָּא בִּזְכוּת מִקְדַּשׁ ה' כּוֹנְנוּ יָדָיו, ה' יִמְלֹךְ לְעֹלָם וָעֶד:

סְלִיק חֵלֶק רִאשׁוֹן

מַאֲמָר חֲקֹר דִּין - חֵלֶק ב פֶּרֶק א

סוּגְיָא דִּשְׁמַעְתָּא בְּפֶרֶק קַמָּא דְּרֹאשׁ הַשָּׁנָה שֶׁאָדָם נִדּוֹן בְּכָל שָׁעָה לִבְחִינָה וְעִיּוּנֵי בְּעָלְמָא כְּרַבִּי נָתָן וּבְכָל יוֹם נִדּוֹן לִפְקִידָה שֶׁהוּא עִיּוּן כּוֹלֵל בְּחִינוֹת הַרְבֵּה כְּרַבִּי יוֹסִי דְּכָל חַד מִנַּיְהוּ חֲדָא קָתָנֵי וְלָא פְּלִיגִי רַבָּנָן עֲלַיְהוּ וּשְׁתֵּי מִדּוֹת אֵלּוּ נוֹהֲגוֹת בִּשְׁלֵמִים וַעֲלֵיהֶם אָמַר אִיּוֹב מָה אֱנוֹשׁ כִּי תְגַדְּלֶנּוּ כִּי תָשִׁית אֵלָיו לִבֶּךָ וַתִּפְקְדֶנּוּ לִבְקָרִים לִרְגָעִים תִּבְחָנֶנּוּ וּמֶלֶךְ וְצִבּוּר כַּיּוֹצֵא בָּהֶן שֶׁכֵּן מְפֹרָשׁ עַל יְדֵי שְׁלֹמֹה לַעֲשׂוֹת מִשְׁפַּט עַבְדּוֹ וּמִשְׁפַּט עַמּוֹ יִשְׂרָאֵל דְּבַר יוֹם בְּיוֹמוֹ פֵּרוּשׁ כָּל דָּבָר וְדָבָר שֶׁבְּיוֹם אֶחָד שֶׁהֵם מִבְּחִינוֹת הַרְבֵּה מִתְאַסְּפִים בְּאוֹתוֹ יוֹם לִפְקִידָה וְעַל הַמִּשְׁפָּט הַכּוֹלֵל הַזֶּה אָמְרוּ אֵין אָדָם לָן בִּירוּשָׁלַיִם וּבְיָדוֹ עָוֹן וְעַל זֶה נֶאֱמַר בְּיוֹמוֹ תִתֵּן שְׂכָרוֹ שֶׁדְּרָשׁוּהוּ עַל שְׂכַר מִצְוָה שֶׁבְּכָל יוֹם פֶּן יַעֲבֹר יוֹמוֹ עִם בִּטּוּל קָרְבָּנוֹ וְאָמְרוּ בְּכָל יוֹם תֵּן לוֹ מֵעֵין בִּרְכוֹתָיו. אֶתְאַן לְרַבָּנָן דְּכֻלְּהוּ סְבִירָא לְהוּ שֶׁכָּל אָדָם נִדּוֹן בְּרֹאשׁ הַשָּׁנָה וּגְזַר דִּין שֶׁלּוֹ נֶחְתָּם בְּיוֹם הַכִּפּוּרִים כְּדִמְתַּנּוּ לְהוּ רַבִּי מֵאִיר וְרַבִּי הוֹדָה וְכֵן תָּנָא דְּבֵי רַבִּי יִשְׁמָעֵאל וְלֹא נֶחֱלָק אָדָם בְּדָבָר עַל מָה נֶחְלְקוּ עַל דִּין הָעוֹלָם בִּכְלָל דִּתְנַן בַּד' פְּרָקִים הָעוֹלָם נִדּוֹן בַּפֶּסַח עַל הַתְּבוּאָה בַּעֲצֶרֶת עַל פֵּרוֹת הָאִילָן בְּרֹאשׁ הַשָּׁנָה כָּל בָּאֵי עוֹלָם עוֹבְרִין לְפָנָיו כִּבְנֵי מָרוֹן וּבֶחַג נִדּוֹנִין עַל הַמַּיִם. וְאַסְּקִינַן דִּסְתַם מָתְנִיתִין אָתָא כְּתַנָּא דְּבֵי רַבִּי יִשְׁמָעֵאל וְכִי קָתָנֵי אַתְחָלַת דִּין לְפִיכָךְ לֹא הֻזְכַּר בְּמִשְׁנָתֵנוּ שֶׁאָדָם נֶחְתָּם בְּיוֹם הַכִּפּוּרִים כִּדְקָתְנֵי בַּבָּרַיְתָא לַהֲדָיָא וּבְהָא פְּלִיגֵי רַבִּי מֵאִיר לֵית לֵהּ ד' פְּרָקִים רַבִּי יְהוּדָה תָּנֵי לְהוּ לִגְזַר דִּין שֶׁכָּל אֶחָד נֶחְתָּם בִּזְמַנּוֹ בְּפֶסַח עַל הַתְּבוּאָה וְכֵן כֻּלָּם וְסָבַר רַבִּי יְהוּדָה שֶׁתְּחִלַּת דִּינָם תָּלוּי בְּרֹאשׁ הַשָּׁנָה וְתַנָּא דְּמַתְנִיתִין אַפְקִינְהוּ לְכֻלְּהוּ מִדִּין רֹאשׁ הַשָּׁנָה לְבַר מֵאָדָם וּמִדְּאַמְרִינַן דְּכִי קָתָנֵי אַתְחָלַת דִּין צָרְכִינַן לְמִנְדַּע גְּזַר דִּין דְּהָנֵי תְּלָת אֵימַת הֲוֵי וּלְקוּשְׁטָא דְּמִלְּתָא אֵין דְּבָרִים הַלָּלוּ צְרִיכִין לְהִתְיַחֵד אֲלֵיהֶם זְמַנִּים מְחוּלְפִים אֶחָד לִתְחִלַּת דִּין וְאֶחָד לִגְזַר דִּין אֶלָּא הַכֹּל נִגְזַר עֲלֵיהֶם בְּבַת אַחַת לֹא אָמְרוּ תְּחִלָּה וָסוֹף אֶלָּא לְאָדָם שֶׁאִם שָׁב בֵּנְתַיִם מָחֲלִין לוֹ. וּלְאוֹקְמֵיהּ לְמָתְנִיתִין דְּלָא כְּרַבִּי יְהוּדָה אָמְרוּ דְּכִי קָתָנֵי אַתְחָלַת דִּין לְאַפּוּקֵי רֹאשׁ הַשָּׁנָה שֶׁאֵינוֹ תְּחִלַּת דִּינָם שֶׁל תְּבוּאָה פֵּרוֹת וּמַיִם. נִמְצָא אַרְבָּעָה פְּרָקִים ג' מֵהֶם תְּחִלָּה וָסוֹף וּפִרְקוֹ שֶׁל אָדָם לִתְחִלַּת דִּין דַּוְקָא שֶׁהֲרֵי הוּא נֶחְתָּם בְּיוֹם הַכִּפּוּרִים לְדִבְרֵי הַכֹּל שֶׁבּוֹ נִמּוֹל אַבְרָהָם בַּבֹּקֶר לָדַעַת קְצָת וּבוֹ נֶעֱקַד יִצְחָק בִּשְׁעַת הַמִּנְחָה וּבוֹ נִתְּנוּ לוּחוֹת שְׁנִיּוֹת שֶׁנִּתְקַיְּמוּ בְּיָדֵינוּ לְחַיּוֹתֵינוּ כְּהַיּוֹם הַזֶּה:

מַאֲמַר חֵקֶר דִּין - חֵלֶק ב פֶּרֶק ב

הוֹאִיל וְאֵין תְּבוּאָה פֵּרוֹת וּמַיִם אֶלָּא לְאָדָם אַף אָנוּ נִשְׁאַל וְנֹאמַר שֶׁמָּא הַכֹּל נִגְזָר בְּרֹאשׁ הַשָּׁנָה וְנֶחְתָּם בְּיוֹם הַכִּפּוּרִים כְּמוֹ שֶׁאָמַרְנוּ בְּדִינוֹ שֶׁל אָדָם וּכְדַעַת רַבִּי מֵאִיר לְכָל מִלֵּי וּלְמַאי הִלְכְתָא קָתָנֵי הַאי סְתָמָא פֶּסַח וַעֲצֶרֶת וְחַג. וְהֵשִׁיב הָרַ"ן, שֶׁדְּבָרִים אֵלּוּ נְדוֹנִים בִּזְמַנִּים לְכָל הָעוֹלָם, וּבְרֹאשׁ הַשָּׁנָה מִתְחַלְּקִים לִגְבָרִים וְנָכוֹן הוּא. וְאֶפְשָׁר עוֹד דְּכָל מַאי דְּאִתְּמַר בְּדִינוֹ שֶׁל אָדָם הוּא עַל עַצְמוֹ בִּכְלָל לִבְנֵי חַיֵּי וּמְזוֹנֵי דִּכְלְהוּ בְּמַזָּלָא תְּלוֹ אֶלָּא שֶׁבְּרֹאשׁ הַשָּׁנָה נִגְזָר עֲלֵיהֶם אִם הָאָדָם רָאוּי לִהְיוֹת מַשְׁלִימִין לוֹ אוֹ פּוֹחֲתִין לוֹ כִּדְלְקַמָּן בְּפֶרֶק כ"ח וּמִי שֶׁזּוֹכֶה לִשְׁתֵּי שֻׁלְחָנוֹת וּמַשְׁלִימִין לוֹ בְּהַרְוָחָה מִקְרֵי נִכְתַּב לְחַיִּים מִדֵּי שָׁנָה בְּשָׁנָה וַאֲפִלּוּ בָּאַחֲרוֹנָה כְּמוֹ שֶׁיָּבֹא שֶׁהֲרֵי מָלְאוּ יָמָיו וּשְׁנוֹתָיו אָמְנָם לֹא עַל הַלֶּחֶם לְבַדּוֹ יִחְיֶה הָאָדָם כִּי אֵלּוּ נִגְזָר כָּל אַרְבָּעִים שָׁנָה שֶׁהָיוּ אֲבוֹתֵינוּ בַּמִּדְבָּר שֶׁדָּפוּן לַתְּבוּאָה וְרָקָב לַפֵּרוֹת וְחֹרֶב לַמַּיִם הֲרֵי בְּלִי סָפֵק בְּכָל רָאשֵׁי אוֹתָן הַשָּׁנִים נִכְתַּב וְנֶחְתַּם עַל יִשְׂרָאֵל לֶאֱכֹל לְשָׂבְעָה דְּגַן שָׁמַיִם וְלִשְׁתּוֹת מִבְּאֵרָהּ שֶׁל מִרְיָם וּלְעֻמַּת זֶה סוֹפֵר מִימֵי רַבִּי יוֹחָנָן שֶׁפַּעַם אַחַת הָיוּ ד' סְאִין בְּסֶלַע וּנְפִישֵׁי נְפִיחֵי כָפָן מִדַּלְיַת אִיסָר הֲרֵי יְדִיעַת הַהֲפָכִים שֶׁכְּבָר הָיוּ מִלְּפָנֵינוּ מְחַיֶּבֶת לָנוּ כִּי דִּין הָאָדָם לְחוּד, וְדִין הַתְּבוּאָה לְחוּד. וְאַף מַיִם וּפֵרוֹת כַּיּוֹצֵא בָהּ צֵא וּלְמַד מֵחָרוּב וְעֵין הַמַּיִם שֶׁנִּזְדַּמְּנוּ בַּמְּעָרָה לְרַבִּי שִׁמְעוֹן וּלְרַבִּי אֶלְעָזָר בְּנוֹ בְּפֶרֶק בַּמֶּה מַדְלִיקִין וּבְכְגוֹן דָּא וַדַּאי לְמֵדִין מִמַּעֲשֵׂה נִסִּים שֶׁאֵינָם אֶלָּא מִסְּגֻלּוֹת הַהַשְׁגָּחָה הָעֶלְיוֹנָה עַל כָּל דַּרְכֵי בְּנֵי אָדָם מִגְּדוֹל הָעֵצָה וְרַב הָעֲלִילָה. רַק אֵין דָּבָר שֶׁתִּתְחַלֵּף בּוֹ הַתְּבוּאָה מִמַּיִם וּפֵרוֹת אֶלָּא דְּמִתַּדְנָא תְּרֵי דִּינִין בְּפֶסַח שֶׁלִּפְנֵי הַזֶּרַע נִדּוֹנֵית עַל הַזְּרִיעָה וְעַל הַצְּמִיחָה וּבְפֶסַח שֶׁלִּפְנֵי הַקָּצִיר נִדּוֹנֵית עַל הַבִּשּׁוּל וְהָאֲסֵפָה הַבַּיְתָה לְשָׁלוֹם מִיהוּ עִקַּר דִּינָהּ עַל הַתְּבוּאָה שֶׁבַּשָּׂדוֹת שֶׁהִיא בְּקָמוֹתֶיהָ אִם תִּתְבָּרֵךְ לַאֲכִילָה וְלִזְרִיעָה וְהָוֵי דּוּמְיָא דְּכָל הָנָךְ אֶלָּא שֶׁסּוֹף סוֹף מִמֵּילָא הִיא נִדּוֹנֵית תְּרֵי זִמְנֵי וְאִיכָּא לְמֵימַר בְּטַעֲמָא דְּמִלְּתָא דְּשָׁאנֵי תְּבוּאָה הוֹאִיל וְעִקַּר חִיּוּתָא הִיא וְאָתְיָא נָמֵי כְּמַאן דְּאָמַר פְּרִי שֶׁחָטָא בּוֹ אָדָם הָרִאשׁוֹן חִטָּה הָיָה וְנִקְרָא עֵץ לְחֹזֶק נְטִיעָתוֹ אֲשֶׁר פִּרְיוֹ יִתֵּן בְּעִתּוֹ כְּמוֹ שֶׁיִּתְבָּאֵר בְּסָמוּךְ וְאָז נֶאֱמַר לוֹ אֲרוּרָה הָאֲדָמָה בַּעֲבוּרֶךָ כַּמָּה דַּעַת אָמַר וַיֹּאכְלוּ מֵעֲבוּר הָאָרֶץ דָּן אֶת הַמָּזוֹן הַטָּמוּן בָּאֲדָמָה עוֹד נֶאֱמַר לוֹ בְּזֵעַת אַפֶּךָ תֹּאכַל לֶחֶם דָּן אוֹתוֹ גַּם אַחֲרֵי צְמִיחָתוֹ לְכַמָּה יְגִיעוֹת:

מַאֲמַר חֵקֶר דִּין - חֵלֶק ב פֶּרֶק ג

גַּם אֶת זֶה לְעֻמַּת זֶה הִבְטִחָנוּ לִימוֹת הַמָּשִׁיחַ יְהִי פִסַּת בַּר בָּאָרֶץ וְדָרְשׁוּ

בּוֹ עֲתִידָה אֶרֶץ יִשְׂרָאֵל שֶׁתּוֹצִיא גְּלוּסְקָאוֹת וּכְלֵי מֵלָת כִּי מִמֶּגֶד תְּבוּאוֹת שֶׁמֶשׁ וּכְבָר נִתְמַעֲטוּ הַמְּאוֹרוֹת בְּעָוֹן רִאשׁוֹן וְעָמְדָה חַמָּה עַל אֶחָד משמ"ג חֲלָקִים מִמַּה שֶּׁהָיְתָה כְּדִבְרֵי יוֹנָתָן בֶּן עֻזִּיאֵל זָכוּר אֶזְכְּרֶנּוּ עוֹד וּמֵאֵין כֹּחַ בַּמָּאוֹר הַגָּדוֹל לְבַשֵּׁל הַתְּבוּאָה הַנִּשְׁאֲרָה בִּמְצִיאוּת הַחִטָּה בִּלְבַד וְהוּא טַעַם שֵׁם חִטָּה חָסֵר נו"ן בְּהוֹרָאַת הַדָּגֵשׁ וּבְשׁוּב הַמְּאוֹרוֹת לְקַדְמוּתָן אָז קְלִפַּת הַחִטִּין שֶׁמִּמֶּנָּה הַסֻּבִּין תִּתְבַּשֵּׁל הֵיטֵב וְהַקֶּמַח שֶׁבִּפְנִים יִהְיֶה מְקֻבָּץ הַחֲלָקִים לֹא נִפְרָד וְיִהְיֶה הַכֹּל יַחַד כַּאֲשֶׁר בַּתְּחִלָּה גְּלוּסְקָא יְפֵיפִיָּה כְּאֹרֶךְ רָאשֵׁי שִׁבֹּלֶת וְשִׁעוּר כָּל גְּלוּסְקָא וּגְלוּסְקָא עֲשִׂירִית הָאֵיפָה דִּכְתִיב בְּרֹאשׁ הָרִים כַּמָּה דְּאַתְּ אָמַר מֵרֵאשִׁית עֲרִיסוֹתֵיכֶם חַלָּה תָּרִימוּ וְנִקְרֵאת עוֹמֶר עַל שֵׁם הָעִמּוּר שֶׁהוּא לְבַדּוֹ גְּמַר מְלָאכָה וְרָאוּי לַאֲכִילָה כְּמוֹ הַפַּת שֶׁנִּקְרֵאת כֵּן אֶלֵינוּ עַל שֵׁם הָאֲפִיָּה וְהַפְּתִיתָה שֶׁלְּפָנֶיהָ מְלִישָׁה גְּדוֹלָה לְפָתִין גְּרִיצִין לְהַפְרִישׁ מֵהֶן חַלָּה שְׁלֹמָה וְהָעֹמֶר עֲשִׂרִית הָאֵיפָה הוּא וְהָאֵיפָה עֲשִׂירִית הַכּוֹר הֲרֵי הַטֶּבַע הָרִאשׁוֹן וְהָאַחֲרוֹן בִּשְׁלִיחוּת שֶׁל מָקוֹם בַּעֲבוּר שְׁמוֹ הַגָּדוֹל צַר צוּרָה עַל פִּי הַתּוֹרָה לִתְרוּמָה וּלְמַעַשְׂרוֹת שֶׁהִיא עַצְמָהּ חַלָּה גְּלוּסְקָא שְׁלֹמָה כִּדְאָמְרַן וְהוּא הַנִּרְצֶה לְרַבּוֹתֵינוּ שֶׁדָּרְשׁוּ בְּרֵאשִׁית בִּזְכוּת חַלָּה בִּזְכוּת מַעַשְׂרוֹת בִּכּוּרִים וְהַיְנוּ דִּתְנַן הַמּוֹנֶה מְשֻׁבָּח שֶׁהוּא הַמְּכַוֵּן תְּחִלָּה לְהַפְרִישׁ מִן הַגְּלוּסְקָאוֹת חַד מִמְּאָה עֶשֶׂר מֵעֶשֶׂר וְכֻלָּן שְׁלֵמִין לֹא פְּתִיתִין וְהַמּוֹדֵד מְשֻׁבָּח מִמֶּנּוּ לִתְרֹם מִן הַיָּפֶה וְהַשּׁוֹקֵל מְשֻׁבָּח מִשְּׁלָשְׁתָּן שֶׁתְּהֵא מְנַת הַכֹּהֲנִים מֻכְרַעַת בְּכַף מֹאזְנַיִם וְאוּלָם הָעִשָּׂרוֹן הוּא מ"ג בֵּצִים וְחֹמֶשׁ בֵּיצָה הֲרֵי אֵלּוּ רי"ו חֲמָשִׁין בְּסוֹד כּוֹסִי רוי"ה דְּהַיְנוּ רי"ו ה' הָסֵר ט' חֲמָשִׁין שִׁעוּר חַלָּה שֶׁהֵן אֶחָד מכ"ד נִשְׁאַר או"ר עַל שֵׁם מִצְוַת ה' בר"ה מְאִירַת עֵינָיִם וְכֵן עָתִיד הַקָּדוֹשׁ בָּרוּךְ הוּא לְהוֹסִיף כֹּחַ בְּתוֹלַעַת הַמֶּשִׁי שֶׁנִּזְכְּרוּ רַבּוֹתֵינוּ מַפְלִיאוֹת הַדֻּגְמָא שֶׁיֵּשׁ בַּמְּאֹרָעוֹת שֶׁלָּהּ וְהַנִּרְאֵית לְעֵין כֹּל הִיא הֶרְמֵז לִתְחִיַּת הַמֵּתִים וּלְקַרְנֵי הַהוֹד וְלִכְנָפַיִם שֶׁעֲתִידִים לְהִתְחַדֵּשׁ לָהֶם כַּנְּשָׁרִים וְאָז תַּעֲשֶׂה לְעַצְמָהּ בַּיִת גָּדוֹל שֶׁכֻּלּוֹ מֶשִׁי נָקִי וְיִפְתַּח מֵאֵלָיו עִם גְּמַר מְלַאכְתּוֹ בְּצֵאת מִמֶּנּוּ הַתּוֹלַעַת לַאֲוִיר הָעוֹלָם וְהָיָה פִּי רֹאשׁוֹ בְּתוֹכוֹ כִּדְכְתִיב בְּרֹאשׁ הָרִים וְהוּא כְּעֵין מַעֲשֶׂה הַמְּעִיל יָכִין וְצַדִּיק יִלְבַּשׁ. דִּכְלָהּ עָלְמָא מִיהַת אָדָם נִדּוֹן בְּרֹאשׁ הַשָּׁנָה שֶׁבּוֹ נִבְרָא וּגְזַר דִּינוֹ נֶחְתָּם בְּיוֹם הַכִּפּוּרִים הַבָּא לי' הַיָּמִים שֶׁהֵם עֵדָה שׁוֹפֶטֶת לְבֵינוֹנִיִּים שֶׁלֹּא זָכוּ וְהֵם גַּם כֵּן עֵדָה מַצֶּלֶת לְמִי שֶׁזָּכוּ בָּהֶם כְּמוֹ שֶׁנִּזְכַּר וְהַשְׁתָּא נִפְתַּח בְּמַאי דְּאִתְּמַר עֲלָהּ:

מַאֲמַר חֵקֶר דִּין - חֵלֶק ב פֶּרֶק ד

אָמַר רַבִּי כְּרֻסְפְּדַאי אָמַר רַבִּי יוֹחָנָן ג' סְפָרִים נִפְתָּחִים בְּרֹאשׁ הַשָּׁנָה אֶחָד שֶׁל צַדִּיקִים גְּמוּרִים וְאֶחָד שֶׁל רְשָׁעִים גְּמוּרִים וְאֶחָד שֶׁל בֵּינוֹנִים. שֶׁל צַדִּיקִים גְּמוּרִים נִכְתָּבִים וְנֶחְתָּמִים לְאַלְתַּר לְחַיִּים. שֶׁל רְשָׁעִים

גְּמוּרִים נִכְתָּבִים וְנֶחְתָּמִים לְאַלְתַּר לְמִיתָה, וְשֶׁל בֵּינוֹנִיִּים תְּלוּיִין וְעָמְדִין מֵרֹאשׁ הַשָּׁנָה וְעַד יוֹם הַכִּפּוּרִים זָכוּ נִכְתָּבִים לְחַיִּים, לֹא זָכוּ נִכְתָּבִים לְמִיתָה. אָמַר רַבִּי אֲבָהוּ מַאי קְרָאָה יִמָּחוּ מִסֵּפֶר חַיִּים וְעִם צַדִּיקִים אַל יִכָּתֵבוּ. יִמָּחוּ מִסֵּפֶר, זֶה סִפְרָם שֶׁל רְשָׁעִים גְּמוּרִים. חַיִּים, זֶה סִפְרָם שֶׁל צַדִּיקִים גְּמוּרִים. וְעִם צַדִּיקִים אַל יִכָּתֵבוּ, זֶה סִפְרָם שֶׁל בֵּינוֹנִיִּים. רַב נַחְמָן בַּר יִצְחָק אָמַר מֵהָכָא מְחֵנִי נָא מִסִּפְרְךָ אֲשֶׁר כָּתָבְתָּ. מְחֵנִי נָא, זֶה סִפְרָם שֶׁל רְשָׁעִים גְּמוּרִים. מִסִּפְרְךָ, זֶה סִפְרָם שֶׁל צַדִּיקִים גְּמוּרִים. אֲשֶׁר כָּתָבְתָּ, זֶה סִפְרָם שֶׁל בֵּינוֹנִיִּים עַד כָּאן. מִדְּקָאָמַר נִפְתָּחִים בְּרֹאשׁ הַשָּׁנָה שְׁמַע מִינַהּ שֶׁהֵם כְּתוּבִים כְּבָר עַל הַחֲלֻקָּה הַזֹּאת וְאֵינָם מְחֻסָּרִים אֶלָּא פְּתִיחָה דְּלָא תִּסַּק אַדַּעְתִּין שֶׁיִּהְיוּ לְפָנָיו יִתְבָּרַךְ ב' מִינֵי סְפָרִים הָאֶחָד מַה שֶּׁשָּׁנִינוּ וְכָל מַעֲשֶׂיךָ בַּסֵּפֶר נִכְתָּבִים כְּאִלּוּ כָּל אָדָם יֵשׁ לוֹ סֵפֶר בִּפְנֵי עַצְמוֹ שֶׁנִּכְתָּב בִּשְׁעַת מַעֲשֶׂה אִם טוֹב וְאִם רָע וְהָכָא מַשְׁמַע שֶׁכָּל הַצַּדִּיקִים נִכְתָּבִים בְּסֵפֶר אֶחָד וְהָרְשָׁעִים בְּסֵפֶר אֶחָד וְכֵן הַבֵּינוֹנִיִּים דְּאַלְמָא בְּשָׁעָה שֶׁשּׁוֹקְלִים מַעֲשָׂיו שֶׁל אָדָם מַעְתִּיקִין אוֹתָם מִסֵּפֶר אֶל סֵפֶר קָא מַשְׁמַע לָן דְּלָאו הָכִי אֶלָּא בְּרֹאשׁ הַשָּׁנָה נִפְתָּחִים הַסְּפָרִים שֶׁכְּבָר נִכְתְּבוּ וְזֵכֶר כָּל הַמַּעֲשִׂים בָּא לְפָנָיו יִתְבָּרַךְ לָדוּן אוֹתָם לְחַיִּים וְלָמוּת. וְיִתְבָּאֵר לְקַמָּן מַה הֵמָּה אֵלֶּה הַסְּפָרִים דְּבָרִים כְּמַשְׁמָעָן וְאֹפֶן כְּתִיבָתָם. רִאשׁוֹנָה עַל סֵפֶר אֶחָד וְאֵיךְ וּמָתַי יִתְחַלְּקוּ לג' סְפָרִים. וּכְבָר הֻרְגַּשׁ מִלְּפָנֵינוּ הַקֹּשִׁי הֶעָצוּם בְּמִלַּת "שֶׁל" שֶׁהֻכְפְּלָה בְּמֵמַר קִדּוּשִׁין אֵלּוּ פְּעָמִים שְׁלֹשָׁה דְּנִיחָא בְּכֻלְּהוּ לְגַבֵּי נִפְתָּחִים אֲבָל לְגַבֵּי נִכְתָּבִים וְנֶחְתָּמִים אֵין לָהּ טַעַם לְמִי שֶׁאֵין לוֹ חֵךְ וְלָנוּ הִיא מְתוּקָה מִדְּבַשׁ וְנֹפֶת צוּפִים וְלִמְּדָנוּ מִמֶּנָּה כַּמָּה טַעֲמֵי תּוֹרָה שֶׁכֻּלָּם אֱמֶת צָדְקוּ יַחְדָּו לַיְשָׁבִים לִפְנֵי ה' יִהְיֶה סַחְרָהּ קֹדֶשׁ הִלּוּלִים לְהָבִין וּלְהַשְׂכִּיל בְּפָנִים שׁוֹנִים אֲמִתָּהּ שֶׁל שְׁמוּעָה זוֹ בס"ד. תֵּאָלַמְנָה שִׂפְתֵי שָׁקֶר וּמְבַקְשֵׁי ה' יָבִינוּ כֹל:

מַאֲמָר חֵקֶר דִּין - חֵלֶק ב פֶּרֶק ה

פָּתַח דְּבָרֵינוּ בַּדְּרוּשׁ הַנּוֹרָא הַזֶּה יָאִיר לְפָנֵינוּ מֵרֵאשִׁית אַחֲרִית כִּי אֵלֶּה הַסְּפָרִים נִפְתָּחוּ בְּרֹאשׁ הַשָּׁנָה תְּחִלָּה בְּיוֹם הַשִּׁשִּׁי דְּמַעֲשֵׂה בְרֵאשִׁית דִּכְתִיב בֵּיהּ וַיַּרְא אֱלֹהִים אֶת כָּל אֲשֶׁר עָשָׂה כְּטַעַם כֻּלָּם נִסְקָרִים בִּסְקִירָה אַחַת וְתַנְיָא בְּרֹאשׁ הַשָּׁנָה כָּל בָּאֵי עוֹלָם עוֹבְרִים לְפָנָיו כִּבְנֵי מָרוֹן הָכָא תַּרְגִּימוּ כִּבְנֵי אִמְּרְנָא פֵּרְשׁוּ בּוֹ כְּמַכְנִיס צֹאן לַדִּיר לְהִתְעַשֵּׂר וְהַדְּבָרִים מְכֻוָּנִים עִם מַאֲמַר הַנָּבִיא כְּרוֹעֶה עֶדְרוֹ יִרְעֶה זֶה דֶּרֶךְ כְּלָל וְהַפְּרָט מְפֹרָשׁ בִּזְרֹעוֹ יְקַבֵּץ טְלָאִים זוֹ מִדַּת הַדִּין לָרְשָׁעִים שֶׁהֵם חֲזָקִים בְּאֶבְרֵי גוּפָם בְּחֵיקוֹ יִשָּׂא זֶה הַחֶסֶד לַצַּדִּיקִים מִנַּיִן תְּבָרֵךְ דקב"ה עָלוֹת יְנַהֵל בְּרַחֲמִים לַבֵּינוֹנִיִּים וּכְתִיב הַיּוֹצֵר יַחַד לִבָּם בְּאֵפוּתוֹ שֶׁל אָדָם הָרִאשׁוֹן מֵאָז הָיָה מֵבִין אֶל כָּל מַעֲשֵׂיהֶם רַק שֶׁאֵינוֹ דָּן אוֹתָם אֶלָּא בְּכָל

שָׁנָה לְפִי מְקוֹמוֹ וּשְׁעָתוֹ אִי נָמֵי הַיּוֹצֵר יַחַד לִבָּם מֵאָז הִנֵּה עַתָּה הוּא מֵבִין לַאֲחֵרִים פֹּעַל יוֹצֵא וְהַבּוֹדֵד בָּנַת לְרֵעִי יִרְצֶה מַכְרִיז וּמוֹדִיעַ אֶל כָּל מַעֲשֵׂיהֶם בִּכְתִיבָה וַחֲתִימָה אוֹ יִהְיֶה אֲמָרָם כִּבְנֵי אִמְּרָנָא מְיַפְיְפִתּוֹ שֶׁל לְשׁוֹן יוֹנִי שֶׁקּוֹרִין לְיוֹם אִמְּרָא יִרְצֶה עוֹבְרִים כֻּלָּם לְפָנָיו כְּאִלּוּ הַיּוֹם נִבְרְאוּ כְּטַעַם הַיּוֹם הֲרַת עוֹלָם. וְאוּלָם שְׁלֹשָׁה סְפָרִים הֵם מָה שֶׁצִּוָּה וְהִזְהִר וְהִתְּרָה אָבִינוּ הָרִאשׁוֹן מִפִּיו יִתְבָּרַךְ כִּי אָמְנָם מָה שֶׁאָמַר מִכֹּל עֵץ הַגָּן אָכֹל תֹּאכֵל זוֹ מִצְוַת עֲשֵׂה סִפְרָן שֶׁל צַדִּיקִים וּמַתַּן שְׂכָרָן וְהוּא טַעַם הַכֶּפֶל שֶׁשְּׂכַר מִצְוָה מִצְוָה וְכָל הָאֲכִילָה הָאֲמוּרָה בַּפָּסוּק הַזֶּה בַּתּוֹרָה וּבַמִּצְוֹת הַכָּתוּב מְדַבֵּר שֶׁאִלּוּ זָכִינוּ הָיְתָה אוֹתָהּ הָאֲכִילָה נֶחְשֶׁבֶת לָנוּ כַּאֲכִילַת קָדָשִׁים וְכַהֲנָחַת תְּפִלִּין. וְכֵן דָּוִד שֶׁהוּא חַי בְּגַן עֵדֶן מְקַיֵּם עַכְשָׁו הַמִּצְוָה הַזֹּאת יוֹם יוֹם וְהוּא יוֹצֵא יָצָא וְשָׁב לְקַיֵּם בְּעַצְמוֹ חֳלָיֵנוּ הוּא נָשָׂא וּמַכְאוֹבֵנוּ הוּא סְבָלָם. וּמֵעֵץ הַדַּעַת טוֹב וָרָע לֹא תֹאכַל מִמֶּנּוּ זוֹ מִצְוַת לֹא תַעֲשֶׂה סִפְרָן שֶׁל בֵּינוֹנִיִּים שֶׁהֵם צְרִיכִין לִיזָּהֵר בְּיוֹתֵר וְהוּא מַתַּן שְׂכָרָן כִּדְכְתִיב אַף לֹא פָעֲלוּ עַוְלָה בִּדְרָכָיו הָלָכוּ דִּלְדִידְהוּ אִצְטְרִיךְ לְמֵימַר יָשַׁב וְלֹא עָבַר עֲבֵרָה נוֹתְנִין לוֹ שָׂכָר כְּעוֹשֶׂה מִצְוָה וּכְמוֹ שֵׁיבָא. כִּי בְּיוֹם אֲכָלְךָ מִמֶּנּוּ מוֹת תָּמוּת זֶה עָנְשָׁן שֶׁל עֲבֵרוֹת סִפְרָן שֶׁל רְשָׁעִים וְטַעַם הַכֶּפֶל לְפִי פְּשׁוּטוֹ כִּי מֵחֲמַת הָאֲכִילָה מֵעֵץ הַדַּעַת בּוֹ בַּיּוֹם נִתְמַעֲטָה קוֹמָתוֹ וּמִיָּד הֻתְחֲלָה הַהַתָּכָה וְנִתַּן לוֹ אַחַר כָּךְ מָזוֹן מִתְיַחֵס לִתְמוּרַת הַנִּתָּךְ כִּי הָיָה מַאֲכָלוֹ תְּחִלָּה לְהוֹסִיף כֹּחַ בְּעַצְמוֹ וּלְהַשְׁלִים הַנֶּאֱכָל שֶׁיִּהְיֶה כָּמוֹהוּ וְגַם אָמְנָה בְּכִשְׁרוֹן מַעֲשָׂיו הָיָה סָפֵק בְּיָדוֹ תָּמִיד בְּלִי הֶפְסֵק לְהוֹסִיף כֹּחַ בִּגְבוּרָה שֶׁל מַעְלָה עַד אֵין חֵקֶר כְּטַעַם הָרָגִיל בְּקִדּוּשׁ הַיּוֹם זוֹכֶה וּמְמַלֵּא גַּרְבֵי יַיִן שֶׁאֵין הַמַּאֲמָר יוֹצֵא מִדֵּי פְּשׁוּטוֹ, וְנִסְתְּרוּ עַל הַיַּיִן שֶׁמְּשֻׁמָּר בַּעֲנָבָיו וְהוּא הַדִּין טַלִּית נָאֶה לָרָגִיל בַּצִּיצִית וְהוּא אִמְרַת אֱלוֹהַּ צְרוּפָה דְּאִתְּמַר בָּהּ בְּעִדָּן רִתְחָא בְּצַע אִמְרָתוֹ וּמִתַּרְגֵּם בְּזַע פּוֹרְפִירָא דִּלְיָהּ וּבְעֵת רָצוֹן דְּיוֹקַן הַצַּדִּיקִים חָקוּק בָּהּ כְּמוֹ שֶׁאָנוּ עֲתִידִים לְפָרֵשׁ בְּחֵלֶק הַחֲמִשִּׁי וְהָרָגִיל בִּמְזוּזָה זוֹכֶה לְדִירָה נָאָה כִּי מְזוּזָה בְּגִימַטְרִיָּא ד' אוֹתִיּוֹת הַקְּרִיאָה הֵיכַל הַשֵּׁם הַגָּדוֹל הַבִּלְתִּי נֶהְגֶּה וְהִנֵּה אָבִינוּ הָרִאשׁוֹן הָיָה עָתִיד לֵילֵךְ בְּכֹחַ הָאֲכִילָה הַהִיא מֵחַיִל אֶל חַיִל וּלְהַגִּיעַ בְּגוּף וָנֶפֶשׁ אֶל הָעֵדֶן אֲשֶׁר אֵין שָׁם אֲכִילָה וּשְׁתִיָּה אֶלָּא הַהֲנָאָה מִזִּיו הַשְּׁכִינָה אֲבָל אַחַר הַחֵטְא הִתְמִידָה הַהַתָּכָה בְּכָל יוֹם וְאֵין הַמָּזוֹן תְּמוּרָה מַסְפֶּקֶת וְכָל שֶׁכֵּן בִּהְיוֹתוֹ יָגֵעַ בּוֹ אֶלָּא לְסַעֲדוֹ לְחַיֵּי שָׁעָה עַד שֶׁהִגִּיעַ אֶל הַגְּוִיעָה בְּסוֹף יָמָיו לְכַלֵּא הַפֶּשַׁע וּלְהָתֵם חַטָּאת וּלְהָבִיא צֶדֶק עוֹלָמִים:

מַאֲמַר חֵקֶר דִּין - חֵלֶק ב פֶּרֶק ו

טוֹב שֵׁם מִשֶּׁמֶן טוֹב וְיוֹם הַמָּוֶת מִיּוֹם הִוָּלְדוֹ אָמַר כִּי רָאוּי שֶׁיֵּחָשֵׁב טוֹב בְּהֶחְלֵט הַשֵּׁם סְתָם שֶׁהוּא מְצִיאוּת הָאָדָם עַל הָאֹפֶן מֵהַשְּׁלֵמוּת שֶׁבּוֹ

נִבְרָא תְּחִלָּה אֲפִלּוּ בְּלֹא זְכוּת נוֹסָף רַק עִם הַהֲכָנָה לְהִדָּמוֹת לָעֶלְיוֹן כְּטַעַם שֵׁם אָדָם יוֹתֵר מִשֶּׁמֶן טוֹב וְהוּא שְׂכַר מִצְוַת שֶׁיַּעֲמֹל בּוֹ מֵעַתָּה אַחֲרֵי שֶׁנִּגְרַע מֵעֶרְכּוֹ עִם הֱיוֹת גַּם הוּא כְּדַאי לִכָּנֵס בְּגֶדֶר הַטּוֹב וְאַף עַל פִּי שֶׁנִּתְאַחֲרָהוּ לִשְׂכַר מִצְוָה כַּמְּצֻוֶּה עַצְמָהּ הַשַּׁתָּא מִיהַת מְקוֹמָהּ וְשַׁעֲתָּה לֹא לְרָצוֹן עַד שֶׁיִּצְדַּק אָמְרוּ כָּל מַעֲשֵׂנוּ תָּהוּ וְהוּא הַדָּבָר הַבִּלְתִּי מֻשְׁלָם וּכְטַעַם ה' יִגְמֹר בַּעֲדִי. כִּי אֵינוֹ דוֹמֶה בֶּן יִשְׂרָאֵל הַמִּתְפַּלֵּל בְּחוּץ לָאָרֶץ לְמִי שֶׁמִּתְפַּלֵּל בָּאָרֶץ אוֹ בַּמִּקְדָּשׁ יוּכַל שֶׁכֵּן בְּגַן עֵדֶן וְכֵן יֵשׁ הֶבְדֵּל רַב מָה שֶׁלֹּא נֶעֱלַם בֵּין עֵת רָצוֹן לְעִתּוֹת בַּצָּרָה כִּי מָה יִתְרוֹן לוֹ לְאָדָם בִּהְיוֹתוֹ תַּחַת הַשֶּׁמֶשׁ כָּפוּף וְנִכְנַע לַמְּאֹרָעוֹת הַמּוּחָשׁוֹת יוֹם יוֹם בְּכָל עִתָּיו וּרְגָעָיו הִנֵּה כְּרִבָּן כֵּן חָטְאוּ לוֹ לִמְנֹעַ מִמֶּנּוּ הַשָּׂגַת שְׁלֵמָתוֹ וְאַף עַל פִּי שֶׁיַּעֲסֹק תָּמִיד בַּתּוֹרָה וּבַמִּצְוֹת אֵין לְךָ מִצְוָה בָּעוֹלָם הַזֶּה שֶׁלֹּא יְהֵא שְׂכָרָהּ מֻשְׁלָם וְהוֹתֵר אִם יוֹעִיל זְכוּתָהּ לַהֲשִׁיבוֹ עַל כַּנּוֹ הַטִּבְעִי בִּלְבַד כַּאֲשֶׁר בַּתְּחִלָּה וְהוּא טַעַם חַדֵּשׁ יָמֵינוּ כְּקֶדֶם שֶׁכְּפָלוֹ הַנָּבִיא בְּסוֹף מְגִלַּת קִינוֹת כְּמוֹ שֶׁיָּבֹא. וְהוֹסִיף כִּי טוֹב יוֹם הַמָּוֶת שֶׁבּוֹ יִתְקַיֵּם הַשֵּׁם לָנֶצַח אִם יִזְכֶּה לִפָּטֵר בְּשֵׁם טוֹב מִן הָעוֹלָם מִיּוֹם הוּלְדוֹ שֶׁאֵין בּוֹ הַבְטָחָה קַיֶּמֶת כִּי הֵן בִּקְדֹשָׁיו לֹא יַאֲמִין. אוֹ יֹאמַר כִּי טוֹב יוֹם הַמָּוֶת הַנּוֹגֵעַ לְכָל בְּצֵאתוֹ לַפּוֹעַל מִיּוֹם הוּלְדוֹ הוּא יוֹם הַחֵטְא שֶׁבּוֹ נוֹלַד הַמָּוֶת מֵעַצְמוֹ וְנִתְחַדֵּשׁ בְּכֹחַ בִּלְבַד וְגַם זֶה לָנוּ מִטַּעֲמֵי הַכֶּפֶל בְּהַתְרָאָה שֶׁזְּכַרְנוּ בַּפֶּרֶק הַקּוֹדֵם כִּי בּוֹ בַּיּוֹם הוּכְנָה הַמִּיתָה וְהִיא עֲתִידָה לָצֵאת לַפֹּעַל לְכָל אִישׁ בְּיוֹמוֹ. עוֹד בְּיוֹם הַחֵטְא נוֹלַד הַמְּבַטֵּל וּבַיּוֹם הַמָּוֶת יִתְבַּטֵּל הַמְּבַטֵּל וְהִנֵּה טוֹב מְאֹד כִּי אָמְנָם הַפָּסוּק הַזֶּה נֶאֱמַר עַל מְצִיאוּת הַמְּבַטֵּל שֶׁהוּא יֵצֶר הָרַע אוֹ הַמָּוֶת אוֹ גֵּיהִנֹּם הַכֹּל בִּכְלָל וּמְצִיאוּתָם נוֹסָף עַל תַּכְלִית הַבְּרִיאָה שֶׁאֵינָן מְכֻוָּנִים לְעַצְמָם לְפִיכָךְ יִצְדַּק לוֹמַר בָּהֶם מְאֹד וְעוֹד שֶׁכָּל הָעוֹלָם בִּרְשׁוּתָם לִפָּרַע מִן הָרְשָׁעִים פֵּרוּשׁ לְהַגְלוֹת עַל יָדָם הַמָּסָךְ הַמַּבְדִּיל בֵּין הַשְּׁכִינָה וְהַצַּדִּיקִים עִם בִּטּוּל הַמְּבַטֵּל וְהִנֵּה טוֹב מְאֹד בְּהִטָּהֵר יֵצֶר הָרַע עַצְמוֹ וּמִתְרַבָּה הַטּוֹב מִנֵּיהּ וּבֵהּ וְאַף גֵּיהִנֹּם יִטַּהֵר וְנוֹסָף עַל גְּבוּלֵי גַּן עֵדֶן כְּמוֹ שֶׁיָּבֹא וְהַכֹּל הוֹלֵךְ אֶל מָקוֹם אֶחָד לְקַיֵּם כָּל דִּבְרֵי חֲכָמִים:

מַאֲמַר חֵקֹר דִּין - חֵלֶק ב פֶּרֶק ז

יְפָרֵשׁ כֶּפֶל הַמִּיתָה שֶׁנֶּאֶמְרָה לְאָדָם כִּי בּוֹ בַּיּוֹם שֶׁנִּבְרָא בַּטֶּבַע הַנִּצְחִיּוֹת בִּרְצוֹן קוֹנוֹ הִנֵּה בִּרְצוֹן עַצְמוֹ נִשְׁתַּנָּה עַל יְדֵי הַחֵטְא וְנִדּוֹן לְמִיתָה בְּתֹאַר קַיָּם שֶׁיִּצְדַּק לוֹמַר בּוֹ סוֹף אָדָם לָמוּת. וְזֶה כְּלָל גָּדוֹל בְּכֶפֶל הַפְּעָלִים בְּכָל הַמִּקְרָא כִּי הַמָּקוֹר הַסָּמוּךְ לְעָבָר אוֹ לֶעָתִיד הוּא שֵׁם הַפֹּעַל יְתֹאַר בּוֹ נוֹשֵׂא הַפְּעֻלָּה הַהוּא אֶלָּא שֶׁבְּהִתְחַזֵּק הַתֹּאַר יְקַדֵּם אֶל הַפְּעֻלָּה כְּמוֹ אִם שָׁמוֹעַ תִּשְׁמְעוּ וְהַהֶפֶךְ בְּהִתְאַחֲרוֹ אֵלֶיהָ כְּמוֹ וַיִּשְׁפֹּט שָׁפוֹט וְלִפְעָמִים הַתֹּאַר עַצְמוֹ הוּא הַמְּתֹאָר בַּכָּתוּב וְאֵין זוּלָתוֹ כְּמוֹ דָּחֹה דְּחִיתַנִי כִּי זֶה

שָׁלֹשׁ רְגָלִים אָמַר דָּוִד הַמֶּלֶךְ ע"ה עַל יֵצֶר הָרַע הוּא הַמֶּלֶךְ זָקֵן וּכְסִיל וְעַל כָּל יְלִידֵי בֵּיתוֹ שָׂרָיו וַעֲבָדָיו בְּשֵׁם ה' כִּי אֲמִילַם רִאשׁוֹנָה עַל הֱיוֹתוֹ מַתְעֶה בְּכָל צִדְדֵי הַהֲסָתָה וְהַפִּתּוּי, שֵׁנִית עַל הֱיוֹתוֹ מַסְטִין הוֹלֵךְ רָכִיל וּמֵעִיד בְּאָדָם בִּכְלָל אִם הוּא רַב פֶּשַׁע בְּהַכְרָעַת הַמֹּאזְנַיִם וּבִפְרָט עַל כָּל מַעֲשָׂיו וְזֶהוּ סִבּוּנִי גַם סְבָבוּנִי וְאַחֲרֵי שֶׁנּוֹטֵל רְשׁוּת גּוֹבֶה חוֹבוֹ מִמֶּנּוּ בָּעֳנָשִׁים שׁוֹנִים כַּדְּבוֹרִים הַלָּלוּ מִדַּבְשֵׁיהּוּ וּמֵעֻקְצֵיהּוּ וְהוּא טַעַם שְׁלֹשָׁה שְׁמוֹת הָעֶצֶם אֲשֶׁר לוֹ כַּנּוֹדָע. וְיָדוּעַ מַאי דְּתָנָא לֵהּ הַהוּא סָבָא לְאַבַּיֵּי הַגָּדוֹל מֵחֲבֵרוֹ יִצְרוֹ גָּדוֹל הֵימֶנּוּ וְזֶהוּ לְהַשְׁלָמַת הַמִּבְחָן שֶׁהוּא גּוֹרֵם כִּי גַם אֶת זֶה לְעֻמַּת זֶה עָשָׂה הָאֱלֹהִים הַהוּא יִקָּרֵא נֶהֱנֶה מִיגִיעוֹ וְגָדוֹל מִיִּרְאַ שָׁמַיִם שֶׁאֵין יִצְרוֹ תּוֹקְפוֹ אֲבָל זֶה נֶהֱנֶה וְנִשְׂכָּר מִמַּה שֶּׁהוּא יָגֵעַ וְעָמֵל לָכֹף אֶת יִצְרוֹ וְכֵן כְּתִיב וְאֶת הַצְּפוֹנִי אַרְחִיק מֵעֲלֵיכֶם כִּי הִגְדִּיל לַעֲשׂוֹת וְדָרְשׁוּ בְּתַלְמִידֵי חֲכָמִים יוֹתֵר מִכֻּלָּם. אוֹ יִהְיֶה נֶהֱנֶה מִיגִיעוֹ כִּפְשׁוּטוֹ הַמַּצְדִּיק עָלָיו דִּין שָׁמַיִם וְשָׂמֵחַ בְּמַה שֶּׁנִּגְזַר עָלָיו שֶׁלֹּא יֹאכַל אֶלָּא מִיגִיעַ כַּפָּיו וְהוּא גָּדוֹל מִן הַסּוֹמֵךְ עַל הַנֵּס שֶׁהוּא בְּוַדַּאי יְרֵא שָׁמַיִם וְאַקְרָא קָא סָמִיךְ דִּכְתִיב אֵין מַחְסוֹר לִירֵאָיו. וּמִזֶּה יוּבַן לְפִי הַדֶּרֶךְ הָרִאשׁוֹן פְּשָׁט אֲמִתִּי נָכוֹן וּבָרוּר בְּפָסוּק יִגְעַר ה' בְּךָ הַבֹּחֵר בִּירוּשָׁלַיִם אָמַר כִּי רָאוּי וּמְחֻיָּב שֶׁיִּתְמַהּ הַשָּׂטָן מִגְּעָרָה רִאשׁוֹנָה בִּכְלָל וּמִגְּעָרָה אַחֲרוֹנָה בִּפְרָט עַל הֱיוֹת הַשָּׂטָן בּוֹחֵר לְהִתְגַּבֵּר כְּנֶגֶד הָפְכּוֹ בִּירוּשָׁלַיִם עִיר הַצֶּדֶק קִרְיָה נֶאֱמָנָה. וּכְבָר פַּחַד אֲדוֹנֵנוּ דָּוִד שֶׁמָּא יַחְשְׁבוּ מַאֲמָרָיו גִּירָא בְּעֵינֵיהּ שֶׁיִּתְגַּבֵּר כְּנֶגְדּוֹ ח"ו כִּי לֹא יוּכַל לָדוּן עִם שֶׁהִתְקִיף מִמֶּנּוּ יֵשׁ אִם לַמָּסֹרֶת שֶׁנִּתְגַּבֵּר מֵעַצְמוֹ כִּבְיָכוֹל שֶׁלֹּא מִן הַמְּכֻוָּן בִּיצִירָתוֹ אוֹ שֶׁקִּבֵּל תּוֹקְפּוֹ וּגְבוּרָתוֹ מֵהָאִישׁ הַחוֹטֵא וְאֵיךְ יוּכַל לָדוּן עִמּוֹ עַל כֵּן בְּפָסוּק הַזֶּה הוֹדָה לוֹ שֶׁהוּא רַב הַדְּחִיָּה וּמְתֹאָר בְּחֹזֶק פְּעֻלָּתוֹ וְאֵין לְהִמָּלֵט מִפָּנָיו אֶלָּא בְּעֶזְרַת ה' וּבֵית דִּינוֹ כִּי בִּטּוּל הַמְּבַטֵּל דִּינָא הוֵי וּכְמַאֲמַר דְּעָכוֹ כְּאֵשׁ קוֹצִים שֶׁגָּמַר שְׁלִיחוּתָהּ הוּא בְּטוֹלָה. וְיֵשׁ בְּמַאֲמָר מוֹת תָּמוּת מִצְוַת עֲשֵׂה שֶׁהַלָּאו דְּלָא תֹאכַל הַמֻּקְדָּם בַּכָּתוּב נִתַּק אֵלֶיהָ וְהִיא הַהֶמְסֵר לְמִיתָה עַל קִדּוּשׁ הַשֵּׁם לֹא זוּלַת אִם בְּפֹעַל מְשֻׁלָּם כְּשֶׁיָּבֹא מַעֲשֶׂה לְיָדוֹ וְאִם בְּפֹעַל דִּמְיוֹנִי כְּטַעַם נְפִילַת אַפַּיִם שֶׁרָמַזְנוּ לְמַעְלָה וְזֶה מִבְחַר הַפֵּרוּשִׁים הַנְּקוּבִים לַפְּשָׁט וְהַמַּשְׁלִים לְכֻלָּם וְלָנוּ עוֹד בָּזֶה דְּרָכִים אֲמִתִּיִּים יוּבַן בָּהֶם כֶּפֶל הַמִּיתָה מֵעֵין הַמְּאֹרָע בְּנִשְׁמוֹת אָדָם שֶׁבְּהִסְתַּלֵּק חֶלְקִיָּה עוֹדֶנּוּ חַי וְהִתְעַלֵּם קְצָתָם מִקְּצָתָם הִנֵּה הַנִּשְׁאֶרֶת תְּהִי כְּמֵת וּבֵאַרְנוּהוּ בְּמַאֲמַר הַנֶּפֶשׁ בס"ד. וּכְבָר זָכַרְנוּ לְמַעְלָה בַּחֵלֶק הָרִאשׁוֹן פֶּרֶק י"ב טַעַם הַכֶּפֶל הַזֶּה לְפִי פְּשׁוּטוֹ שֶׁהוּא לְאָדָם וּלְדָוִד וְנִתְבַּשֵּׂר גַּם כֵּן שֶׁלֹּא יוֹסִיף לְדַאֲבָה עוֹד כִּי אָמְנָם הַמֶּלֶךְ מְשִׁיחֵנוּ יְחִי עוֹד לָנֶצַח לֹא יִרְאֶה הַשָּׁחַת. וּבִכְלַל זֶה נִגְלָה לְאָדָם הֱיוֹת דָּוִד הוּא הַקָּטָן מִכָּל הַיִּלּוּד הַחַי לְמָה שֶׁהָיָה עָתִיד לְהִוָּלֵד כְּתוֹלְדוֹת הַנְּפָלִים שֶׁאֵין לָהֶם חַיֵּי שָׁעָה כִּי כְּפִי זְכוּתוֹ שֶׁל כָּל אָדָם לְשֶׁעָבַר כָּךְ מַזָּלוֹ לֶעָתִיד וְהַיְינוּ דְּקַמְתְּמַהּ יִשַׁי אָבִיו כְּשֶׁאָמַר לִשְׁמוּאֵל עוֹד שָׁאַר הַקָּטָן כְּלוֹמַר עוֹדֶנּוּ חַי

שֶׁלֹּא בְּדֶרֶךְ טֶבַע וְאָמַר לוֹ שְׁמוּאֵל שְׁלָחָה וְקָחֶנּוּ כִּי לֹא נָסֹב עַד בֹּאוֹ פֹה כִּי אָמְנָם מִלַּת נָסֹב הִיא כְּמוֹ נָאוֹר אוֹ כְּמוֹ וְנָרוּץ הַגַּלְגַּל אָמַר כִּי לֹא הָשְׁלַם לְדָוִד סְבוּב שְׁנֵי שֶׁל אוֹתָהּ הַשָּׁעָה עַד בֹּאוֹ לְהִמָּשֵׁחַ וְצָלְחָה עָלָיו רוּחַ ה'. וְיוּבַן מִזֶּה כִּפְשׁוּטוֹ אֲשֶׁר יִקְרָאוּהוּ בֶּאֱמֶת בְּפֶרֶק חֵלֶק לְמֶלֶךְ מְשִׁיחֵנוּ בַּר נִפְלֵי שֶׁהוּא בֶּן שְׁנֵי נְפָלִים מַמָּשׁ כִּי אָדָם נַעֲשָׂה נֵפֶל בְּיוֹם אָכְלוֹ מֵעֵץ הַדַּעַת דְּהַיְנוּ רִאשׁוֹן לִיצִירָתוֹ וְדָוִד כִּדְאָמְרָן. וְהִנֵּה מָשִׁיחַ לְכַפָּרַת שְׁנֵיהֶם יָשִׂים אָשָׁם נַפְשׁוֹ כִּדְכְתִיב גַּבֵּיהּ לְהֶדְיָא בְּפָרָשַׁת הִנֵּה יַשְׂכִּיל עַבְדִּי אָשָׁם בְּגִימַטְרִיָּא מנח"ם ב"ן עמיא"ל מָה כְּתִיב בַּתְרֵיהּ יִרְאֶה זֶרַע יַאֲרִיךְ יָמִים וְחֵפֶץ ה' בְּיָדוֹ יִצְלָח וְאֵלָיו הָיָה דָּוִד צוֹפֶה כָּל יָמָיו אוּלַי יִזְכֶּה בְּשִׁירָיו וְזִמְרָיו לַעֲשׂוֹת מָשִׁיחַ כִּדְכְתִיב וַאֲנִי איח"ל שֶׁהוּא נוֹטָרִיקוֹן אִם יִתְמַהְמַהּ חַכֵּה לוֹ כִּי בֹא יָבֹא וְלֹא יְאַחֵר מִסְפַּר הַכֹּל בְּרֵאשִׁית עִם כְּלָלוּת הַפָּסוּק שֶׁזֶּהוּ תַּכְלִית הַבְּרִיאָה וְאֵין חוֹכֵי לוֹ אֶלָּא ישרא"ל בְּגִימַטְרִיָּא אִם יִתְמַהְמַהּ מָה כְּתִיב בַּתְרֵיהּ חַכֵּה לוֹ לְשׁוֹן יָחִיד כְּטַעַם ה' בָּדָד יַנְחֶנּוּ וְאֵין עִמּוֹ אֵל נֵכָר:

מַאֲמַר חֵקֶר דִּין - חֵלֶק ב פֶּרֶק ח

בִּטּוּל הַמִּבְטָל אֲשֶׁר אָמַרְנוּ הוּא מֵעֵין מָה שֶׁנֶּאֱמַר לְדוֹר דֵּעָה בַּעֲוֹן הַמְרַגְּלִים וּפִגְרֵיכֶם אַתֶּם יִפְּלוּ בַּמִּדְבָּר הַזֶּה וְיָדוּעַ מַעֲלָתָם שֶׁזָּכוּ לִרְאוֹת בְּסִינַי אֶת הַנִּשְׁמָע וְעַל הַיָּם אָמְרוּ זֶה אֵלִי וְאַנְוֵהוּ. וּמִזֶּה לָמַד רַבִּי עֲקִיבָא בְּפֶרֶק חֵלֶק שֶׁאֵין לָהֶם צֹרֶךְ לְעוֹלָם הַבָּא וְאַף עַל גַּב דְּאָמַר עָלֶיהָ רַבִּי יוֹחָנָן שֶׁבְּקָהּ רַבִּי עֲקִיבָא לַחֲסִידוּתֵיהּ הַיְנוּ מִשּׁוּם דְּאָמְרָהּ לְמִילְּתֵיהּ בְּלִשָּׁנָא דְּמַשְׁמַע לְתַרְתֵּי אַנְפֵּי כִּי הֵיכִי דְּתֶהֱוֵי לְהוּ כַּפָּרָה דְּמִשּׁוּם הָכֵי נָמֵי מִתְּנִינָן בַּג' מְלָכִים וְקָרְיָנָן וּמְתַרְגְּמִינָן בְּמַעֲשֵׂה הָעֵגֶל הָרִאשׁוֹן. וּמָה שֶׁאָמַרְנוּ שֶׁאֵין לָהֶם צֹרֶךְ לָשׁוּב לְעוֹלָם הַבָּא הוּא מִשּׁוּם דִּכְתִיב בֵּיהּ וְאָמַר בַּיּוֹם הַהוּא הִנֵּה אֱלֹקֵינוּ זֶה וְהֵם הוֹרוּ עָלָיו בְּאֶצְבַּע בָּעוֹלָם הַזֶּה כִּדְאָמְרָן. וּכְבָר דָּרַשׁ עֲלֵיהֶם שָׁם רַבִּי אֱלִיעֶזֶר אִסְפוּ לִי חֲסִידַי שֶׁהִצְדִּיקוּ עֲלֵיהֶם דִּין שָׁמַיִם וּמֵתוּ לִרְצוֹנָם כְּמוֹ שֶׁנִּזְכִּיר כֹּרְתֵי בְרִיתִי עֲלֵי זָבַח אִם שֶׁהָיָה לְאֵל יָדָם לִהְיוֹת בַּעֲלֵי בְּרִית לֵאלֹהִים בָּעוֹלָם הַזֶּה שֶׁיֵּשׁ בּוֹ זְבִיחָה וַאֲכִילָה כְּטַעַם זִבְחֵי שְׁלָמִים הָעוֹשִׂים שָׁלוֹם בְּפָמַלְיָא שֶׁל מַעְלָה וְשֶׁל מַטָּה וְאִם שֶׁכְּרִיתוּת הַבְּרִית הָיְתָה בַּזְּבִיחָה עַצְמָהּ זִבְחֵי צֶדֶק לְכַפֵּר עַל כָּל הָעוֹלָם כֻּלּוֹ וּבְבָרַיְתָא דְּרַבִּי אֱלִיעֶזֶר סוֹף פֶּרֶק מ"א הִפְלִיגוּ בְּמַעֲלָתָם יְעַיֵּן שָׁם וּבְמִדְרָשׁ רַבָּה סוֹף פָּרָשַׁת וְהָיָה כִּי תָבוֹא אָמְרוּ שֶׁלֹּא שָׁלְטָה רִמָּה בִּבְשָׂרָם וְיֵשׁ בַּדָּבָר לְהָקֵל וּלְהַחֲמִיר כִּי לְפוּם גַּמְלָא שִׁיחְנָא יְעַיֵּן בְּזֹהַר פָּרָשַׁת שְׁלַח לְךָ דַּף קס"ב ע"ב. וְאוּלָם מָה שֶׁלֹּא נָשָׂא אוֹתָם הָאָרֶץ דּוֹמֶה לְמַאי דְּאָמְרֵי רַבָּנָן בְּאֵלִיָּהוּ דְּלָא יָכִיל עָלְמָא לְמִסְבְּלֵיהּ בְּזֹהַר פָּרָשַׁת וַיִּגַּשׁ כִּי כְּשֵׁם שֶׁפָּרְחָה נִשְׁמָתוֹ שֶׁל יִצְחָק בִּשְׁעַת הָעֲקֵדָה כָּךְ פָּרְחָה נִשְׁמָתָן שֶׁל יִשְׂרָאֵל בְּסִינַי

וְנִשְׁמַת פִּנְחָס בַּשִּׁטִּים כַּיָּדוּעַ כִּי מִפְּרִיחַת נִשְׁמָתוֹ שֶׁל יִצְחָק נִגְלָם הָאַיִל שֶׁנִּבְרָא בְּכֹחַ בִּלְבַד עֶרֶב שַׁבָּת בֵּין הַשְּׁמָשׁוֹת לְפִיכָךְ נִקְרָא אִלּוּ שֶׁל אַבְרָהָם שֶׁהָיָה קָנוּי אֵלָיו לֹא לְיִצְחָק שֶׁאֵין קִנְיָן בְּקֶבֶר וְלֹא הֻשְׁלַם הַחֵפֶץ עַד שֶׁאַבְרָהָם הִקְרִיבוֹ שֶׁהוּא קִנְיָנוֹ וְעָקַד אוֹתוֹ גַּם כֵּן כַּעֲקֵדַת הַתְּמִידִין בְּפֶרֶק לֹא הָיוּ כְּפָתֵן עַיֵּן מַאֲמַר אֵם כָּל חַי כִּי גַּם הָאַיִל נִבְרָא בְּדִין וְנִתְקַיֵּם בּוֹ הַפְּשֵׁט וְנִתּוּחַ וְכָלִיל לָאִישִׁים וַהֲרֵי הוּא כְּאִלּוּ יִצְחָק שָׁחוּט כְּאִלּוּ יִצְחָק שָׂרוּף. וּמִמַּאי דְּאִתְּמַר בְּיִצְחָק דְּחָזַר הַהוּא רוּחָא מֵעָלְמָא עִלָּאָה בִּלְחוֹדוֹי יְעֻיַּן בְּזֹהַר רֵישׁ פָּרָשַׁת נֹחַ וְרוּחָא דְּעָלְמָא תַּתָּאָה נִגְלָם כָּאָמוּר אָנוּ לְמֵדִים לְפִנְחָס וְדוֹר דֵּעָה שֶׁלֹּא שָׁבוּ לְאֵיתָנָם הָרִאשׁוֹן בְּטֶבַע הַחַיִּים בָּעוֹלָם הַזֶּה זוּלָתִי הַמְּלָכִים נוֹעֲדוּ עָבְרוּ יַחְדָּו מֵעֲצַת הַמְּרַגְּלִים כָּלֵב דְּאָתֵי מִיהוּדָה עֵקֶב הָיְתָה רוּחַ אַחֶרֶת עִמּוֹ כְּמָה דְּאַתְּ אָמַר יֹסֵף ה' לִי בֵּן אַחֵר שֶׁזָּכָה לָהּ בְּחֶבְרוֹן וַיְמַלֵּא אַחֲרֵי שֶׁהִשְׁלִים מִדַּת אֲחוֹרַיִם עִם הַפָּנִים הַנּוֹרָאִים וּמִיּוֹסֵף יְהוֹשֻׁעַ בִּן נוּן נַעַר שֶׁמְּשַׁמֵּשׁ רַבֵּנוּ ע"ה שִׁתֵּף עִמּוֹ שֶׁכִּינָה דְּכָל בֵּי עֲשָׂרָה קַדְמָא וְאַתְיָא וְלִכְבוֹדָהּ לֹא יָמִישׁ מִתּוֹךְ הָאֹהֶל. וְיִצְדַּק לְכָל שְׁאָר הַדּוֹר הַהוּא לוֹמַר וּפִגְרֵיכֶם עַל הַחַיִּים שֶׁהָיוּ חַיִּים עֲדָנָה שֶׁכְּבָר פִּגְרוּ מֵרוּחָא דְּהַאי עָלְמָא וְאָמַר אַתֶּם כִּי הָיָה בְּכֹחָם לְזַכֵּךְ אֶת חָמְרָם כְּיִצְחָק וְאֵלִיָּהוּ שֶׁיִּהְיֶה כִּסֵּא כָּבוֹד לְהַהוּא רוּחָא עִלָּאָה וּבִרְצוֹנָם פִּגְרוּ וְרָפוּ יְדֵיהֶם מִן הַתִּקּוּן הַהוּא כְּמוֹ שֶׁהוֹכִיחָם עַל זֶה מֹשֶׁה רַבֵּנוּ ע"ה וְהוֹדִיעָם כִּי אָמְנָם הַפְּגָרִים יִפְּלוּ וְאַתֶּם מַשְׁמָע שֶׁיִּהְיֶה לָכֶם קִיּוּם כִּי עוֹד תִּחְיוּ אַחֲרֵי נָפְלָם. וְיֵשׁ בְּמַשְׁמָעוֹ קֹשִׁי הַפְּרֵדָה לְהַשְׁלָמַת הַמָּרוּק שֶׁאַתֶּם בְּרִיאִים עַל עָמְדְכֶם וְסוֹבְלִים נְפִילַת הַגּוּפוֹת וְיִרְמֹז לָהֶם גַּם כֵּן כִּי זְכוּת רַב יֵחָשֵׁב אִם בִּרְצוֹנָם יִפְּלוּ לְכַפָּרַת נַפְשָׁם וְכֵן עָשׂוּ שֶׁבְּלֵיל תִּשְׁעָה בְּאָב הָיוּ יוֹצְאִים לַחְפֹּר כְּדִבְרֵיהֶם ז"ל בִּירוּשַׁלְמִי בְּסוֹף תַּעֲנִיּוֹת. וְיָדוּעַ כִּי מַעֲשֵׂה הַמְּרַגְּלִים נֶחֱשַׁב לְחַטָּאת הַצִּבּוּר סֵרָחוֹן שֵׁנִי שֶׁכְּבָר קְדָמוּהוּ הָעֵגֶל אָמְרוּ עָלָיו בְּאַגָּדָה שֶׁמֶּחֱצְיוֹ כְּלַפֵּי רֹאשׁוֹ הָיָה כְּתַבְנִית שׁוֹר אֹכֵל עֵשֶׂב מִעוּטָא הוּא שֶׁפִּיו יָפֶה דַּיֵּק וְאָכִיל מָה שֶׁאֵין כֵּן בַּחֲמוֹר שֶׁאוֹכֵל קוֹצִים כִּדְאִיתָא בְּפֶרֶק תּוֹלִין וּכְלַפֵּי זְנָבוֹ הָיָה חֲמוֹר וְהֵן שְׁתֵּי מִדּוֹת בַּקְּלִפָּה לְיוֹנוּס וְיוֹמְבְּרוּס בָּנָיו שֶׁל בִּלְעָם וְעַל כִּלְאַיִם זֶה אָמְרוּ אֵלֶּה אֱלֹהֶיךָ יִשְׂרָאֵל שֶׁכְּנֶגְדָּן בִּקְדֻשָּׁה הִנֵּה אַהֲרֹן וְחוּר עִמָּכֶם אָכֵן לְאֵלֶּה הָיְתָה הַכְרָעָה מִן הַזְּקֵנִים יוֹשְׁבִים בִּמְקוֹם הַנּוֹעַד שֶׁאֵין בֵּית דִּין שָׁקוּל וַאֲפִלּוּ רֹאשׁ בֵּית דִּין בְּכָל מְקוֹם בֵּית הַנּוֹעַד עִקָּר וּלְאֵלֶּה לֹא הָיְתָה הַכְרָעָה וְקִלְקְלוּ וּכְשֶׁמֵּת חוּר בָּנָה אַהֲרֹן מִזְבֵּחַ לִפְנֵי עַצְמוֹ לְהַגְבִּיר מִדַּת הַחֶסֶד הַקָּדוֹשׁ וַיִּקְרָא אַהֲרֹן וַיֹּאמַר חַג לַה' בִּקֵּשׁ רַחֲמִים עַל צוֹם הָרְבִיעִי שֶׁיִּהְיֶה לְשָׂשׂוֹן וּלְשִׂמְחָה וְלֵיכָּא מִידֵי בִּנְבִיאִים דְּלָא רָמֵז בְּאוֹרַיְתָא מִכָּל מָקוֹם בִּהְיוֹת הָעוֹלָם נָדוֹן אַחַר רֻבּוֹ חַטָּאת הַקָּהָל הוּא בְּלִי סָפֵק וּמֵאָז חָל עָלֵינוּ הַחִיּוּב לְהוֹרִיד עֶדְיֵנוּ מֵהַר חוֹרֵב כִּי מִמֶּנּוּ תּוֹצְאוֹת חַיִּים חֵרוּת מִמַּלְאַךְ הַמָּוֶת כְּמוֹ שֶׁיִּתְבָּאֵר לְךָ בַּפֶּרֶק הַבָּא וְהוּא הָיָה הִזְדַּמְּנוּת לְמִיתָה

בִּלְבַד וְכָאן נִמְשְׁכָה הַמִּיתָה מַמָּשׁ כְּטַעַם מוֹת תָּמוּת כִּי שְׂכַר עֲבֵרָה עֲבֵרָה וּכְטַעַם וּבְיוֹם פָּקְדִי וּפָקַדְתִּי וְהוּא רַחוּם יְכַפֵּר:

מַאֲמָר חֵקֹר דִּין - חֵלֶק ב פֶּרֶק ט

אַחֲרֵי שֶׁשָּׁמְעוּ אֲבוֹתֵינוּ אֶת הַדָּבָר הָרַע שֶׁנֶּאֱמַר לְמֹשֶׁה בַּעֲוֹן הָעֵגֶל כִּי לֹא אֶעֱלֶה בְּקִרְבְּךָ כְּתִיב וַיִּתְאַבָּלוּ וְלֹא שָׁתוּ אִישׁ עֶדְיוֹ עָלָיו אֲבָל בּוֹטְחִים הָיוּ שֶׁיַּעֲבֹר זַעַם וְיָשׁוּבוּ לְהִתְקַשֵּׁט בּוֹ כִּי אָמְנָם מִתַּרְגּוּמוֹ שֶׁל יְהוֹנָתָן בֶּן עֻזִּיאֵל לָמַדְנוּ שְׁנֵי דְּבָרִים יִכְלֹל אוֹתָם מַאֲמָר אֶחָד הָרִאשׁוֹן אָמְרוֹ לֵית אֶפְשָׁר דְּאִסְלֵק שְׁכִינַת יְקָרֵי מִבֵּינֵיכוֹן וְהוּא מָה שֶׁתִּרְגֵּם אוּנְקְלוֹס גַּם כֵּן וְהַכַּוָּנָה עַל הַשּׁוֹכֵן אִתָּם בְּתוֹךְ טֻמְאֹתָם שֶׁהוּא הֶסְתֵּר פָּנִים בְּהִתְלַבְּשׁוּת שֶׁכְּנָה בִּנְפְרָדִים קְדוֹשִׁים שֶׁהֵמָּה מִתְלַבְּשִׁים בַּחֲצוֹנִים וְלַהֲכִי דַּיֵּק קְרָא בְּתוֹךְ טֻמְאֹתָם אֲשֶׁר אֵינֶנִּי שׁוֹכֵן בְּטֻמְאָתָם ח"ו כִּי מִי נָתַן נָזִיר בֵּין הַשִּׁכּוֹרִים אוֹ כֹּהֵן בֵּין הַקְּבָרוֹת אֶלָּא שׁוֹכֵן בְּאוֹתוֹ הַתּוֹכִיּוּת שֶׁהַטֻּמְאָה מְצוּיָה חוּצָה לוֹ בִּסְבָבָתָם וּכְבָר רָמַזְנוּ מִזֶּה בְּחֵלֶק הָרִאשׁוֹן פֶּרֶק ט"ו וְהַשֵּׁנִי בְּרַם לֹא יְהֵא יְקָרֵי שָׁרֵי בִּמְדוֹר מַשִּׁרְיָתְכוֹן וְהֵם נִתְאַבְּלוּ עַל הַפִּתְרוֹן הַשֵּׁנִי וְהָרִאשׁוֹן הָיָה לָהֶם נֶחָמָה קְצָת עַל כֵּן לֹא נֶחֱשָׁב לִתְשׁוּבָה שְׁלֵמָה אֶלָּא מִתְדַּמָּה לִתְשׁוּבַת הַחוֹנֵף כִּי עִקַּר הָאֵבֶל שֶׁחִיַּבְנוּ בּוֹ בַּחֲטָאֵינוּ וּבַעֲוֹנוֹת אֲבוֹתֵינוּ אֵינוֹ בִּשְׁבִיל יִרְאַת הָעֹנֶשׁ אַדְּרַבָּא כָּל כְּגוֹן זֶה מְגָרֶה הָעֹנֶשׁ בְּעַצְמוֹ וְאֵינוֹ מְכַפֵּר כְּטַעַם לֹא שָׁלַוְתִּי וְלֹא שָׁקַטְתִּי הָאָמוּר בְּאִיּוֹב אֶלָּא צָרִיךְ לִמְסֹר עַצְמֵנוּ לְמִיתָה בְּלֵב שָׁלֵם וְלַחְשֹׁק בָּהּ לְכַפָּר עַל רִחוּק הַכָּבוֹד מִבֵּית חַיֵּינוּ וְאָז יִצְדַּק בְּנִשְׁמוֹתֵינוּ מִשְּׁעַת הַמְּסִירָה מַאֲמָר עָלַי כַּפָּרָה בְּכָל פֵּרוּשָׁיו הַנֶּאֱמָרִים בֶּאֱמֶת וְהוּא טַעַם הָרוֹצֶה לִחְיוֹת יָמִית אֶת עַצְמוֹ עַל הַדֶּרֶךְ שֶׁאָמַרְנוּ וּכְשֶׁתָּנוּחַ הַסְכָּמַת הָאָדָם עַל זֶה בִּשְׁלֵמוּת אָז הוּא מְכַפֵּר וּמִתְכַּפֵּר עוֹדֶנּוּ חַי אַף כִּי אַחֲרֵי מוֹתוֹ יוּכַל לְהִמָּנוֹת עִם מַצְדִּיקֵי הָרַבִּים בְּלִי סָפֵק. לְפִיכָךְ הַתָּרָה בָּהֶם מֹשֶׁה רַבֵּנוּ ע"ה וְהוֹדִיעָם בְּחֶמְלַת ה' שֶׁיּוֹרִידוּ עֶדְיָם מִמַּחְשְׁבֹתָם לְגַמְרֵי וְטוֹב לָהֶם. עַל זֹאת יִתְבּוֹנֵן כָּל חָסִיד וְיָשִׁיב אֶל לִבּוֹ כִּי מִי שֶׁלֹּא יָדַע בְּיוֹם טוֹבָה לְהַצְדִּיק רַחֲמֵי שָׁמַיִם בְּכִשְׁרוֹן הַמַּעֲשֶׂה אֲשֶׁר בְּהִתְעַנּוּתוֹ כְּתִיב וְהוֹכַחְתִּיו בְּשֵׁבֶט אֲנָשִׁים הִנֵּה מַה טּוֹב וּמַה נָּעִים אִם יִצְדַּק דִּינוֹ עַל עַצְמוֹ בְּיוֹם רָעָה בְּלִי צִיּוּר כְּלָל וּלְאֵלֶּה הַצַּדִּיקִים הַמְקַיְּמִים בְּעַצְמָם כָּךְ יִצְדַּק בְּלִי סָפֵק שֶׁבְּמִיתָתָם קְרוּיִים חַיִּים עֲלֵיהֶם כְּתִיב וּמַשְׂבִּיעַ לְכָל חַי רָצוֹן כְּפִי עִלּוּי נִשְׁמָתָם בְּאוֹתָהּ שָׁעָה לְהִדָּבֵק בִּרְצוֹן הָעֶלְיוֹן וּכְתִיב אַךְ בְּשָׂרוֹ עָלָיו יִכְאָב וְנַפְשׁוֹ עָלָיו תֶּאֱבָל לָמַד עַל מִי שֶׁאֵינוֹ מִתְאַבֵּל עַל עַצְמוֹ אֶלָּא עַל עֲוֹנוֹתָיו וְשָׂמֵחַ בְּיִסּוּרִין לִכְבוֹד שָׁמַיִם שֶׁבְּשָׂרוֹ לֹא יִכְאַב בְּחַיָּיו וּבְמוֹתוֹ וּמִן הַשָּׁמַיִם יְרַחֲמוּ שֶׁלֹּא יַרְגִּישׁ בְּצַעֲרוֹ וְהִזְכִּיר הַכָּתוּב לְשֶׁבַח וַיִּתְנַצְּלוּ בְנֵי יִשְׂרָאֵל אֶת עֶדְיָם שֶׁהוּא יוֹתֵר מֵהוֹרָדָה כְּמוֹ שֶׁתִּרְגֵּם יוֹנָתָן וְאִתְרוֹקְנוּ כִּי נִתְיָאֲשׁוּ הֵמָּה מִמֶּנּוּ שֶׁלֹּא יֶחְפְּצוּ בוֹ כְּלָל

אַחֲרֵי רוֹאֵם כִּי טוֹב מוֹתָם מֵחַיֵּיהֶם עַל דֶּרֶךְ מָה שֶׁאָמַר יְשַׁעְיָה לְבַד בְּךָ נַזְכִּיר שְׁמֶךָ מֵתִים בַּל יִחְיוּ וְכָל שֶׁכֵּן עִם יֵאוּשׁ הָעֵדִי מֵהֶם כְּטַעַם אֶת עֵדִים וְלֹא אָמַר מֵעֵדִים וּכְבָר פֵּרֵשׁ הָרַמְבַּ"ן בִּבְרֵאשִׁית רַבָּה וְהִיא דַּעַת הַמְתַרְגֵּם הָרִאשׁוֹן שֶׁנִּזְכַּרְנוּ מִפִּי חַגַּי זְכַרְיָה וּמַלְאָכִי שֶׁהָעֵדִי הַהוּא הָיָה עוֹשֶׂה חֵרוּת מִמַּלְאַךְ הַמָּוֶת וְאִלּוּ הוֹרִידוּהוּ בִּלְבַד הָיָה מוֹרֶה קַבָּלַת הַמִּיתָה בְּאַהֲבָה אִם חָפֵץ בָּהּ ה' וְהוּא טַעַם בְּכָל נַפְשְׁךָ אֲפִלּוּ נוֹטֵל אֶת נַפְשְׁךָ. אֲבָל הַהִתְרַקְּנוּת שֶׁאֲמַרְנוּ הוּא בְּלִי סָפֵק חֵשֶׁק נִמְרָץ לְמָרֵק הֶעָוֹן בְּמִיתָה עַל כָּל פָּנִים כְּרַבִּי עֲקִיבָא שֶׁהָיָה מִתְאַוֶּה מָתַי יָבֹא לְיָדוֹ לְקַיֵּם הַמִּקְרָא הַזֶּה וְלֹא עַל חִנָּם כִּי לוֹ יָאֲתָה לְכַפֵּר עַל גָּלוּת הַכָּבוֹד בִּמְכִירַת יוֹסֵף לְמָר כִּדְאִית לֵהּ וּלְמָר כִּדְאִית לֵהּ אִם עַל פְּתִיחַת הַקַּלְקָלָה תְּחִלָּה בְּמַאֲמַר הִנֵּה בַּעַל הַחֲלוֹמוֹת וּמִשָּׁם בָּא לִידֵי נִסָּיוֹן וְהָיָה צַדִּיק מִמֶּנּוּ כְּשִׁטַּת הָאֲרִ"י זצ"ל וְאִם עַל שִׁתּוּף שֶׁכִּנָּה בְּהַעֲלָמַת מְכִירָתוֹ וּבָרוּךְ הַיּוֹדֵעַ מִי הֶעֱלָה לַשָּׁמַיִם שִׂיאוֹ בָּזֶה וְאוֹתָהּ תְּשׁוּקָה הִיא שֶׁעָלְתָה בְּמַחֲשָׁבָה לְפָנָיו יִתְבָּרֵךְ וְלֹא הֱשִׁיבוּהָ רֵיקָם כְּטַעַם נִפְּלָה נָּא בְיַד ה' כִּי רַבִּים רַחֲמָיו וְעַל זֶה נֶאֱמַר בְּבַת קוֹל אַשְׁרֶיךָ רַבִּי עֲקִיבָא שֶׁיָּצָאתָ נִשְׁמָתְךָ בְּאֶחָד וְכֵן כְּתִיב וְהוּא בְאֶחָד וּמִי יְשִׁיבֶנּוּ וְנַפְשׁוֹ אִוְּתָה וַיָּעַשׂ כִּי יַשְׁלִים חֻקִּי וְכָהֵנָּה רַבּוֹת עִמּוֹ כִּי הוּא שָׂכָר שֶׁאֵין לְמַעְלָה מִמֶּנּוּ שֶׁכֵּן הִרְאוּהוּ לְמֹשֶׁה רַבֵּנוּ ע"ה בִּשְׂכַר תּוֹרָתוֹ שֶׁל רַבִּי עֲקִיבָא רַב הוּא וְאִישׁ נָבוּב יִלָּבֵב. וְאֶפְשָׁר לְפָרֵשׁ עוֹד דְּמֵעִקָּרָא לֹא שָׁתוּ אִישׁ עֶדְיוֹ עָלָיו וְהוּא הַנֵּזֶר וְהָעֵדוּת שֶׁל נַעֲשֶׂה וְנִשְׁמַע לְכָל אֶחָד מִיִּשְׂרָאֵל שֶׁקְּשָׁרוּם לָהֶם ס' רִבּוֹא מַלְאֲכֵי הַשָּׁרֵת כְּנֶגֶד ס' גִּבּוֹרִים דְּקַיָּמִין אַפּוֹטְרוֹפְּסִין בַּהֲדֵי מִיכָאֵל עֲלַיְהוּ דְּיִשְׂרָאֵל וְנָהֲגוּ יִשְׂרָאֵל נְזִיפָה בְּעַצְמָם לְהִתְנַדּוֹת מֵהֶם לִרְצוֹנָם כְּטַעַם הַמִּשְׁנָה הַיְּרוּשַׁלְמִית דְּתַעֲנִיּוֹת דִּשְׁלַח לֵהּ שִׁמְעוֹן בֶּן שָׁטַח לְחוֹנִי הַמְעַגֵּל צָרִיךְ אַתָּה לְהִתְנַדּוֹת וְהַכַּוָּנָה בָּזֶה עֵצָה טוֹבָה דְּאַף עַל גַּב דְּאִיהוּ לֹא אִמְנֵי עָלֶיהָ לִנְהֹג נְזִיפוּתָא בְּנַפְשֵׁיהּ מוּשָׁבָה הַנֻּסְחָא הַזֹּאת מְשֻׁלֶּמֶת אֶל הַבַּבְלִית וּמְצֵרוּף שְׁתֵּיהֶן הֻשְׁלַם הַמּוּסָר לְמָרֵי דְּעֶבְדָּא וְלַשּׁוֹמְעִים יִנְעַם כִּי אֵין בַּחֲלוּף הַגִּרְסָאוֹת דָּבָר בָּטֵל וְכֵן בְּסוֹף כְּתוּבּוֹת הַכֹּל מַעֲלִין וְלֹא מוֹצִיאִין אֶחָד אֲנָשִׁים וְאֶחָד נָשִׁים וְאִיכָּא דְּמַתְנֵי אֶחָד נָשִׁים וְאֶחָד עֲבָדִים וְתַרְוַיְהוּ אִיתַנְהוּ חֲדָא בְּמַעֲלִין וַחֲדָא בְּעָלִין וּדְכַוָּתַיְהוּ טוּבָא. הַדְרָן לְדוֹר הַמִּדְבָּר שֶׁקִּיְּמוּ בְּעַצְמָם עֲצַת שִׁמְעוֹן בֶּן שָׁטַח וְכָל אֶחָד הָיָה רַשַּׁאי לָחוּב בְּעַצְמוֹ בָּזֶה אָמְנָם כִּתְרוֹ שֶׁל צִבּוּר בִּזְכוּת מָה שֶׁאָמְרוּ קוֹל אֶחָד יַחְדָּיו נַעֲשֶׂה בִּלְבַד זֶה פַּעֲמַיִם וְנִדְבַּר בָּם בְּפִרְקֵי הַצֶּלֶם וְהַדְּמוּת בַּחֵלֶק הָרְבִיעִי מִן הַמַּאֲמָר הַזֶּה בס"ד עֲדַיִן לֹא הוֹרִידוּהוּ וְהָיָה לָהֶם בִּשְׁבִילוֹ חֵרוּת מִמַּלְאַךְ הַמָּוֶת עַד שֶׁהֶשִּׂיאָם הַדִּבּוּר עֵצָה הוֹגֶנֶת וְקִבְּלוּהָ בְּסֵבֶר פָּנִים יָפוֹת כָּאָמוּר וִידֻקְדַּק עִם זֶה הוֹרֵד עֶדְיְךָ בִּלְשׁוֹן יָחִיד וְכֵן וַיִּתְנַצְּלוּ אֶת עֶדְיָם מֵהַר חוֹרֵב כִּי עַכְשָׁו בָּטֵל מֵהֶם כָּל מָה שֶׁקִּבְּלוּ מֵחֹרֵב לֹא קֹדֶם לָכֵן. לְפִיכָךְ יָרְדוּ ק"כ רִבּוֹא מַלְאֲכֵי חַבָּלָה וּפֵרְקוּם שֶׁקִּבְּלוּ עֲלֵיהֶם כֶּפֶל הַמִּיתָה כְּפִי כָּל הַפֵּרוּשִׁים הַצּוֹדְקִים בּוֹ יְעֻיַּן מַאֲמַר הַנֶּפֶשׁ

אֲשֶׁר לָנוּ בְּפֶרֶק כ"ח וְהוּא טַעַם הַכֶּפֶל לְמִנְיַן מַלְאָכִים הַלָּלוּ עוֹשֵׂי דְּבָרוֹ שֶׁל שֵׁם אֱלֹהִים בק"כ צֵרוּפִים שֶׁלּוֹ שֶׁכְּנֶגְדָּם בְּעִנְיָן שֶׁיִּהְיוּ ק"כ בְּנֵי אָדָם בְּעִיר אַחַת כְּדֵי שֶׁתְּהֵא רְאוּיָה לְסַנְהֶדְרִין וְכֻלָּם זָכָה מֹשֶׁה וּנְטָלָם דִּכְתִיב וּמֹשֶׁה יִקַּח אֶת הָאֹהֶל כִּי הוּא מָסַר עַצְמוֹ תְּחִלָּה לְמִיתָה עֲלֵיהֶם וְעוֹד אֵין דְּבָרִים שֶׁבִּקְדֻשָּׁה נִמְסָרִים בְּיַד מַלְאֲכֵי חַבָּלָה ח"ו כְּמוֹ שֶׁנִּזְהָר מִזֶּה רַבִּי יֵבָא סָבָא בְּזֹהַר מִשְׁפָּטִים בְּפָסוּק אִם רָעָה בְּעֵינֵי אֲדֹנֶיהָ בְּסוֹף אוֹתָהּ פִּסְקָא יְעֻיַּן שָׁם. אַף כָּאן מֹשֶׁה נְטָלָם לְהַנְחִילָם לְכֹל הוֹלֵךְ בִּדְרָכָיו וַהֲכִי מוּכָח קְרָא דִּכְתִיב וְהָיָה כָּל מְבַקֵּשׁ ה' וְכוּ' וְעַל יְדֵי מֹשֶׁה אֱמֶת וְתוֹרָתוֹ אֱמֶת עָתִיד הַקָּדוֹשׁ בָּרוּךְ הוּא לְהַחֲזִירָן לְיִשְׂרָאֵל כִּדְמַסִּיק הָתָם בְּפֶרֶק רַבִּי עֲקִיבָא מִדִּכְתִיב וּפְדוּיֵי ה' יְשׁוּבוּן וּבָאוּ צִיּוֹן בְּרִנָּה וְשִׂמְחַת עוֹלָם עַל רֹאשָׁם שִׂמְחָה שֶׁמֵּעוֹלָם עַל רֹאשָׁם וְעוֹד נָשׁוּב נְדַבֵּר בָּם בְּסוֹף הַחֵלֶק הַזֶּה בס"ד:

מַאֲמָר חֲקֹר דִּין - חֵלֶק ב פֶּרֶק י

אָמַר מַר שֶׁל צַדִּיקִים גְּמוּרִים נִכְתָּבִים וְנֶחְתָּמִים לְאַלְתָּר לְחַיִּים הָכִי גָּרְסִינַן בִּקְצָת סְפָרִים וּכְבָר זָכַרְנוּ מָה שֶׁהִקְשָׁה לַאֲחֵרִים בְּמִלַּת שֶׁל הָאֲמוּרָה בָּזֶה ג' פְּעָמִים אֵצֶל כְּתִיבָה וְאָנוּ מוֹסִיפִין שְׁתֵּי הֶעָרוֹת בְּסִפְרָם שֶׁל בֵּינוֹנִים אַחַת שֶׁלֹּא נִזְכְּרָה בּוֹ חֲתִימָה אִם לְטוֹב אִם לְמוּטָב וְהָאַחֶרֶת הִיא וְתֵרוּצָהּ עָבְרוּ יַחְדָּיו לְפֶרֶק י"ב וְלוּ הוֹאַלְנוּ לְהַנִּיחַ בְּמֻשְׁלָם הֱיוֹת הַגִּרְסָא מְדֻקְדֶּקֶת הִנֵּה הַקּוּשְׁיָא הָרִאשׁוֹנָה בִּשְׁמוֹנֶה דְּרָכִים אֲמִתִּיִּים תְּהֵא מְתֹרֶצֶת יָפֶה כִּי אָמְנָם רַבִּי יוֹחָנָן מֵאַרְיֵהּ דְּהַאי מֵימְרָא דְּקָרָא רַבִּי עֲלָיָה הַמִּקְרָא הַזֶּה בְּטֶרֶם אֶצָּרְךָ בַבֶּטֶן יְדַעְתִּיךָ בְּפֶרֶק בָּתְרָא דְּיוֹמָא וְחַבְּבוּ בְּרֵישׁ פְּסָחִים דְּדַיֵּק בִּלְשָׁנֵהּ כְּהִלֵּל הַזָּקֵן דִּלְקַמָּן בְּפֶרֶק י"ט גַּם בַּמָּקוֹם הַזֶּה פִּיהוּ פָּתַח בְּחָכְמָה לִתְלוֹת הַקְּלָלָה בַּסֵּפֶר לֹא בְּאָדָם עַל דֶּרֶךְ יִתַּמּוּ חַטָּאִים לֹא חוֹטְאִים וְעָשָׂה סְיָג לִדְבָרָיו מִבֵּית מֵרֵאשִׁית אַחֲרִית. אִי נָמֵי הָכָא אָמְרָה לְמִלְּתֵהּ בְּשִׁיטַת הַבָּרַיְתָא מִיּוֹם הַדִּין דִּפְתַחְנָא בָּהּ בִּתְחִלַּת הַמַּאֲמָר וְהָתָם נִיחָא דִּבְכִתּוֹת מְיָרֵי וְכַת שֶׁל אֵלּוּ וְשֶׁל אֵלּוּ נִכְתָּבִים כָּרָאוּי לָהֶם וְלַדּוּגְמָטְרִין שֶׁלָּהֶם וִיצַדֵּק אָמַרְנוּ כִּי הַכַּת שֶׁל רְשָׁעִים דְּהַיְנוּ קִשּׁוּרָם וְהִתְחַבְּרָם כִּי הָא דִּמְכַנְּפִי בֵּי עֲשָׂרָה וְגַנָּבֵי כְּשׁוּרָא אוֹ דֶּרֶךְ רְשָׁעִים כְּדִבְרֵי הַמֶּלֶךְ נְעִים זְמִירוֹת הִיא הָאוֹבֶדֶת לְגַמְרֵי עִם הַפִּזּוּר הַמְּשֻׁבָּח וְיָפֶה לָהֶם כְּדִכְתִיב יִתְפָּרְדוּ כָּל פֹּעֲלֵי אָוֶן כִּי קֶשֶׁר רְשָׁעִים אֵינוֹ מִן הַמִּנְיָן אֲבָל רְשָׁעִים עַצְמָם יוֹעִיל אֲלֵיהֶם הַמָּרוּק בְּאַחֲרִית הַיָּמִים כְּמוֹ שֶׁיָּבֹא. וְעַל דֶּרֶךְ זֶה אָנוּ צְרִיכִין לְפָרֵשׁ בְּכָל מָקוֹם אֶת הַכְּתוּבִים הַמְגַזְּמִים עֲלֵיהֶם כְּגוֹן כִּי רְשָׁעִים יֹאבֵדוּ שֶׁהַכַּוָּנָה הִיא כְּמוֹ שֶׁפֵּרֵשׁ לְהַלָּן וּרְשָׁעִים עוֹד אֵינָם שֶׁהוּא נִמְשָׁךְ לְרֵישֵׁיהּ דִּקְרָא יִתַּמּוּ חַטָּאִים לֹא חוֹטְאִים וְאֵינָם עוֹד רְשָׁעִים אֲבָל עֲתִידִים לְתַקֵּן בְּמִשְׁפַּט צֶדֶק עִם שִׁנּוּי הַשֵּׁם שִׁנּוּי מָקוֹם שִׁנּוּי מַעֲשֶׂה כִּי לֹא דָבָר רֵק הוּא וְכֵן

יֹאבְדוּ רְשָׁעִים מִפְּנֵי אֱלֹהִים כִּי אָמְנָם לְפִיּוּס הַדִּין צָרִיךְ לְאַבְּדָם אֲבָל מִשֶּׁנִּתְפַּיֵּס הַדַּיָּן יָשׁוּבוּ לִהְיוֹת כַּאֲבֵדָה הַמִּתְבַּקֶּשֶׁת. נַאֲפִלּוּ גְּבָל וְעַמּוֹן נַעֲמָלֵק וְכָל אוֹתוֹ קֶשֶׁר רְשָׁעִים שֶׁהֶחֱרִיד עָלָיו אָסָף אֶת הָעֶלְיוֹנִים לֵאמֹר אֱלֹהִים אַל דֳּמִי לָךְ אַל תֶּחֱרַשׁ וְאַל תִּשְׁקֹט אֵל מָה כְּתִיב בְּיָהּ יֵבֹשׁוּ וְיִבָּהֲלוּ עֲדֵי עַד וְיַחְפְּרוּ וְיֹאבֵדוּ וְאַחֲרֵי כֵן כְּתִיב וְיֵדְעוּ כִּי אַתָּה שִׁמְךָ ה' לְבַדֶּךָ שֶׁהוּא לָהֶם תִּקּוּן גָּדוֹל וְזֶה יַסְפִּיק אֶל הַמְּכֻוָּן הֵנָּה. וְהַכַּת הַצַּדֶּקֶת הִיא בְּלִי סָפֵק מִשְׁתַּלֶּמֶת יֶתֶר שְׂאֵת בְּרָב עָם הַדְרַת מֶלֶךְ הוּא הַכְּנוּס לַצַּדִּיקִים הַטּוֹב לָהֶם וְטוֹב לְעוֹלָם שֶׁהֵם נַעֲשִׂים כִּתּוֹת כִּתּוֹת חֲבוּרוֹת חֲבוּרוֹת לֵהָנוֹת בַּטְרַקְלִין מִזִּיו הַשְּׁכִינָה. וְהָכָא אִיכָּא לְמֵמַר דְּסָרְכָא דְּהָתַם נָקַט וְאָתָא וְכֵן צָרִיךְ לוֹמַר בְּמִלַּת לְאַלְתָּר דְּאִתְּמַר הָכָא דְּלָאו דַּוְקָא דְּאִי לֹא תֵּימָא הָכִי רַבִּי יוֹחָנָן דְּאָמַר דְּלָא כְּמָאן דְּהָא לֹא פְּלִג תַּנָּא בִּגְזַר דִּין שֶׁל כָּל אָדָם שֶׁאֵינוֹ נֶחְתָּם אֶלָּא בְּיוֹם הַכִּפּוּרִים כִּדְלְעֵיל בְּפֶרֶק א' וּכְמוֹ שִׁיבָא אַלְמָא הַהוּא יוֹמָא מִקְּרֵי לְאַלְתָּר דְּדָהוּ אֵצֶל חֲתִימָה וּמַאי לְאַלְתָּר כְּמוֹ עַל אָתַר וְהָכָא נָמֵי פֵּרוּשׁוֹ אִישׁ עַל יָדוֹ וְעַל מְקוֹמוֹ וּלְפִיכָךְ גַּבֵּי בֵּינוֹנִיִּים שֶׁדִּינָם תָּלוּי עַד יוֹם הַכִּפּוּרִים אָמַר שֶׁאָז נִכְתָּבִים לְחַיִּים וְלֹא זָכַר בָּהֶם חֲתִימָה כִּי סָמַךְ עַל הַבָּבוֹת הָרִאשׁוֹנוֹת וְעַל הַמְפֻרְסָם מִשְׁמַעְתָּא דְּד' פְּרָקִים שֶׁכֵּן מִצְוַת הַיּוֹם בַּחֲתִימָה וְאֵין בֵּין ב' סְפָרִים הָרִאשׁוֹנִים לְסִפְרָן שֶׁל בֵּינוֹנִים אֶלָּא זְמַן כְּתִיבָה בִּלְבַד וְכֵן דֶּרֶךְ הַמִּשְׁנָה בִּמְקוֹמוֹת רַבִּים לְהָבִיא בָּבוֹת חֲלוּקוֹת סְמוּכוֹת אוֹ מֻפְלָגוֹת כְּגוֹן הַהִיא דִּקְנִים וְהַהוּא דְּהוֹרָיוֹת וּכְרִיתוּת וְדוֹמֵיהֶן הָאַחַת מְפָרֶשֶׁת חֲבֶרְתָּהּ וְהָכָא הָכֵי נָמֵי:

מַאֲמַר חֵקֶר דִּין - חֵלֶק ב פֶּרֶק יא

וְאִי בְּעָיַת אֵימָא אֵין וַדַּאי סִפְרָן שֶׁל צַדִּיקִים וְשֶׁל רְשָׁעִים נִכְתַּב וְנֶחְתַּם לְחַיִּים וְלָמוּת לֹא הָאָדָם לְקַיֵּם דִּבְרֵי הַתּוֹסָפוֹת שֶׁנַּזְכִּיר בְּפֶרֶק כ"א כִּי אֶפְשָׁר לַחַיִּים הַלָּלוּ שֶׁהֵם הַחַיִּים הָאֲמִתִּיִּים הַנִּכְתָּבִים בְּסֵפֶר לִהְיוֹת גֵּרְמַן לָאָדָם לְפִי שָׁעָה יְסוּרִין אוֹ מִיתָה עַל צַד הַמָּרוּק וְהַהֶפֶךְ וּמְשַׁלֵּם לְשֹׂנְאָיו אֶל פָּנָיו לְהַאֲבִידוֹ יֹאמַר שֶׁהוּא מְשַׁלֵּם לְשׂוֹנְאָיו מִיָּד שְׂכַר הַמִּצְוֹת שֶׁהֵם עוֹשִׂים לְהִתְיַהֵר וְזֶהוּ אֶל פָּנָיו שֶׁאֵין מַעֲשֵׂיהֶם אֶלָּא לְפָנִים לְהִתְרָאוֹת בַּחֲנֻפָּה לְפָנָיו יִתְבָּרַךְ כְּאָמְרָם ז"ל שֶׁלֶּעָתִיד לָבֹא הַלָּלוּ וְהַלָּלוּ נוֹטְלִים סֵפֶר תּוֹרָה וּבָאִים לְקַבֵּל שְׂכָרָם וְהִנֵּה הוּא מַקְדִּים לְשׂוֹנְאָיו וּפוֹרֵעַ שְׂכַר מַעֲשֵׂיהֶם בָּעוֹלָם הַזֶּה לְהַאֲבִידוֹ לְאוֹתוֹ תַּשְׁלוּם גְּמוּל שֶׁלֹּא יִמָּצֵא כָּתוּב בְּסֵפֶר הַזִּכְרוֹנוֹת בִּמְרוֹם הֱיוֹתוֹ יִתְבָּרַךְ חַיָּב בְּתַשְׁלוּמִין עַל דֶּרֶךְ הָאָמוּר בִּכְשֵׁרִים וְחַנֹּתִי אֶת אֲשֶׁר אָחֹן כִּי שְׂכַר מִצְוַת בְּהַאי עָלְמָא לֵיכָּא וּכְתִיב אֶפְּנְקֶסְיָה אָחֹן לִפְלֹנִי כָּךְ וְכָךְ וְאֲרַחֵם לִפְלֹנִי כָּךְ וְכָךְ עַל דֶּרֶךְ חוֹנֵן וְנוֹתֵן בַּאֲרַנְוּהָ בְּפֶרֶק ב' מֵחֵלֶק דְּרִאשׁוֹן. וּבְמַסָּרָה נַחֲנוּתִי תְּרֵין נַחֲנוּתִי לִבְנֵי בִטְנִי מְלַמֵּד שֶׁאֵין מִדָּה זוֹ נוֹהֶגֶת

אֶלָּא לַעֲמוּסִים מִנִּי בֶטֶן. אוֹ יִהְיֶה אָחוֹן טוֹבָתָן שֶׁל צַדִּיקִים וְאָרְחָם לִתֵּן בָּהֶם כֹּחַ וּבֵית קִבּוּל לִסְבֹּל אוֹתָם וְהוּא שִׁתּוּף הַמִּלָּה בֶּאֱמֶת. אֲבָל שְׂכָרָם שֶׁל אֵלֶּה לֹא יֵאָצֵר וְלֹא יֵחָסֵן. לְפִיכָךְ כָּפַל וְאָמַר לֹא יְאַחֵר לְשׂוֹנְאוֹ שֶׁשָּׁנָה כָּאן מַרְבִּים לְיָחִיד לְלַמֵּד שֶׁאֲפִלּוּ אֶחָד מֵהֶם בְּסוֹף הָעוֹלָם עוֹשֶׂה דָּבָר קַל מְמַהֲרִים לִתֵּן שְׂכָרוֹ שֶׁאֵין הַקָּדוֹשׁ בָּרוּךְ הוּא בָּז לְכָל דָּבָר אֲפִלּוּ שְׂכַר שִׂיחָה נָאָה. עוֹד מִמָּה שֶׁנֶּאֱמַר כָּאן לְשׂוֹנְאוֹ לְשׁוֹן חַיֵּד דִּלְגַבֵּיהּ נִיחָא אוֹמְרוֹ אֶל פָּנָיו יְשַׁלֶּם לוֹ לְמַדְנוּ דְּאֵל פָּנָיו דְּרֵישָׁא לָאו בְּדִידֵיהּ מִשְׁתַּעֵי קְרָא דְּאִי הָכִי אֶל פְּנֵיהֶם מִבָּעֵי לֵהּ דְּשׂוֹנְאָיו כְּתִיב אֶלָּא רֵישָׁא אֶל פָּנָיו שֶׁל נוֹתֵן קָאָמַר כִּדְפָרֵשִׁית כִּי כְּשֵׁם שֶׁמַּעֲשֵׂיהֶם לְפָנִים כָּךְ מַתַּן שְׂכָרָן אֵינוֹ אֶלָּא לְפָנִים מִתַּעֲנוּגֵי הָעוֹלָם הַזֶּה דָּבָר שֶׁאֵין בּוֹ מַמָּשׁ וְזֶהוּ אֶל פָּנָיו שֶׁל מְקַבֵּל יְשַׁלֶּם לוֹ שֶׁהֲרֵי הַמַּעֲשֶׂה בָּא בְּחוֹנֵף אֶל פָּנָיו שֶׁל נוֹתֵן וְלִבָּם לֹא נָכוֹן עִמּוֹ וּכְבָר נִמְלַטְנוּ מִן הַכֶּפֶל וּמִן הַחִלּוּף וּבָאוּ חֶלְקֵי הַכָּתוּב בְּתַכְלִית הַדִּקְדּוּק כָּרָאוּי לָהֶם. אוֹ יְפָרֵשׁ רֵישֵׁיהּ דִּקְרָא עַל פּוֹשְׁעֵי זוּלָתֵנוּ וְיִהְיֶה אָמְרוֹ אֶל פָּנָיו כָּל זְמַן שֶׁעוֹמְדִים בְּמִרְדָּם וְהֵם עֲדַיִן שׂוֹנְאָיו אֶל פָּנָיו וְיָדוּעַ שֶׁאַזְהָרָתָם מִיתָתָם וְאֵין תְּשׁוּבָה מַסְפֶּקֶת לָהֶם עַד הֱיוֹתָם גֵּרֵי צֶדֶק לָבֹא בִּקְהַל דִּכְתִיב בְּהוּ כַּגֵּר כָּאֶזְרָח וְטַעְמָא דְּמִלְּתָא כִּי הַתְּשׁוּבָה הִיא מִצְוַת עֲשֵׂה אַחַת נִתְיַחֲדוּ בָּהּ יִשְׂרָאֵל עַל צַד הַחֶמְלָה וְנִלְוָה הַגֵּר עֲלֵיהֶם וּמִי שֶׁאֵינוֹ מִצֻוֶּה לָאו כָּל כְּמִינֵיהּ לִמְחוֹת כָּעָב פְּשָׁעָיו וּכְעָנָן חַטֹּאתָיו וַאֲפִלּוּ נַעֲמָן גֵּר תּוֹשָׁב וְכָל דִּכְווֹתֵיהּ עֲתִידִים לִתֵּן אֶת הַדִּין עַל מַה שֶּׁעָבְרוּ עֲלֵיהֶם הַמַּעֲשִׂים אֲשֶׁר לֹא יֵעָשׂוּ אֶלָּא שֶׁהֵם קְרוֹבִים אֶל הַתִּקּוּן וְנָקֵל זֹאת בְּעֵינֵי ה' וְאַל יִקְשֶׁה בְּעֵינֶיךָ מֵאַנְשֵׁי נִינְוֵה כִּי הַרְבֵּה תְּשׁוּבוֹת בְּדָבָר הָאֶחָד כִּי רִבּוּי אֻכְלוּסֶיהָ הָיָה מְעוֹרֵר עֲלֵיהֶם רַחֲמִים בִּשְׁבִיל י"ב רִבּוֹא אָדָם שֶׁאֵין בָּהֶם חֵטְא וּבְהֵמָה רַבָּה שֶׁהָיָה חָרְבָּנָהּ אִבּוּד חֵלֶק רַב וּמְסֻיָּם בָּעוֹלָם. ב' אַנְשֵׁי נִינְוֵה הֶעֱמִידוּ עַצְמָם עַל דִּין תּוֹרָה לְהַחֲזִיר גְּזֵלָה בְּעֵינָהּ כְּמוֹ שֶׁיָּבֹא בַּחֵלֶק הָרְבִיעִי פֶּרֶק י"ג. ג' אַף הֵם לֹא נִצּוֹלוּ אֶלָּא הֶאֱרִיךְ לָהֶם אַפּוֹ לְשַׁלֵּם גְּמוּל צַעֲקָתָם וּמַעֲשֵׂיהֶם בָּעוֹלָם הַזֶּה וְלַסּוֹף נִתְקַיֵּם בָּהֶם כָּל חֲזוֹן נַחוּם הָאֶלְקֹשִׁי שֶׁאָמַר עֲלֵיהֶם אֵל קַנֹּא וְנוֹקֵם ה' עַד סוֹף הַסֵּפֶר. אֲבָל גֵּר שֶׁנִּתְגַּיֵּר כְּקָטָן שֶׁנּוֹלַד דָּמֵי וְהַדֻּגְמָא בִּנְזָקִין שׁוֹר שֶׁל הֶפְקֵר שֶׁהִזִּיק דַּהֲנֵי בְּהֶפְקֵרָא נִיחָא לְהוֹ וְקֹדֶם שֶׁתְּפָשׂוֹ נִזָּק הוּא הַקַּטֵּגוֹר הַנִּפְרָע מִמֶּנּוּ קֹדֶם אַחֵר וְזָכָה בּוֹ שֶׁגְּזָרוּהוּ בֵּית דִּין פָּטוּר כִּדְאָמְרָן. וְסֵפֵיהּ דִּקְרָא לֹא יְאַחֵר לְשׂוֹנְאוֹ יְפָרֵשׁ לְהֶדְיוֹט שֶׁבָּנוּ יָחִיד וְגַלְמוּד הַפּוֹרֵק עֹל וְהַדֻּגְמָא בְּשׁוֹר שֶׁל יִשְׂרָאֵל שֶׁאִם נָגַח וְאַחַר כָּךְ הִקְדִּישׁ שֶׁעָשָׂה תְּשׁוּבָה שְׁלֵמָה אוֹ נָגַח וְאַחַר כָּךְ הִפְקִיר עַצְמוֹ שֶׁהִתְמַכֵּר לַעֲשׂוֹת הָרַע הָרִאשׁוֹן פָּטוּר בִּזְכוּת תְּשׁוּבָתוֹ וְהַשֵּׁנִי גַּם כֵּן פָּטוּר מִדִּינֵי הָעוֹלָם הַזֶּה דְּהָא נוֹתְנִין לוֹ שְׂכַר מִצְוַת קַלּוֹת כִּדְכְתִיב אֶל פָּנָיו יְשַׁלֶּם לוֹ וְכָאן לֹא כְּתִיב לְהַאֲבִידוֹ דְּסוֹף סוֹף קב"ה גַּבֵּי דִּלְיָהּ עַל הַדֶּרֶךְ שֶׁבֵּאַרְנוּהוּ בַּחֵלֶק הָרִאשׁוֹן פֶּרֶק ט'. אוֹ יֹאמַר רַבִּי כְּרוֹסְפְּדָאִי כִּי הַסֵּפֶר

נִכְתַּב לְמִיתָה לֹא הָאָדָם לְקַיֵּם בּוֹ מָה שֶׁנֶּאֱמַר תָּשֵׁב אֱנוֹשׁ עַד דַּכָּא וּבַצַּדִּיקִים נֶאֱמַר הֵן בִּקְדֹשָׁיו לֹא יַאֲמִין לְפִיכָךְ הַסֵּפֶר נִכְתַּב לְחַיִּים וְהֵמָּה נִשְׁאָרִים עַל אֶפְשָׁרוּת בְּחִירָתָם כָּל יְמֵי חַיֵּיהֶם. אוֹ יֹאמַר כִּי הַסֵּפֶר נִכְתַּב וְנֶחְתַּם לְאַלְתָּר לְמִיתָה לֹא הַפִּתְקִים שֶׁהֵם נִכְתָּבִים לְאַלְתָּר וְנֶחְתָּמִין לְאַחַר זְמַן כַּמְּבֹאָר בְּזֹהַר פָּרָשַׁת אָמוֹר וְהֶעְתַּק בְּסִפְרֵי הַדְּפוּס בְּפָרָשַׁת וַיְחִי וּנְדַבֵּר בּוֹ בְּפֶרֶק כ"ה. אוֹ יֹאמַר כִּי סִפְרָן שֶׁל רְשָׁעִים וַאֲפִלּוּ הַמַּעֲשֶׂה הַטּוֹב שֶׁלָּהֶם הַכֹּל נֶחְתַּם לְמִיתָה כְּטַעַם לְהַאֲבִידוֹ שֶׁזָּכַרְנוּ לְמַעְלָה כִּי זִבְחֵיהֶם לֹא לְרָצוֹן וְסִפְרָן שֶׁל צַדִּיקִים הַטּוֹב וְהַמּוּטָב הַכֹּל נֶחְתַּם לְחַיִּים כְּטַעַם זְדוֹנוֹת כִּזְכִיּוֹת וַהֲכִי דַּיֵּק לָן קְרָא דְּרַב נַחְמָן בַּר יִצְחָק דּוּק וְתִשְׁכַּח אוֹ יֹאמַר שֶׁהַסֵּפֶר נִדּוֹן וּבְעָלָיו עִמּוֹ אִם לְמָוֶת אִם לְחַיִּים וּנְבָאֲרֵהוּ בְּסָמוּךְ:

מַאֲמָר חֵקֶר דִּין - חֵלֶק ב פֶּרֶק יב

כְּבָר זָכַרְנוּ בְּפֶרֶק ד' שֶׁכָּל מַעֲשֵׂי הָאָדָם נִכְתָּבִים בִּשְׁעָתָן בְּסֵפֶר אֶחָד כִּפְשָׁטָא דְּמַתְנִיתִין רֵישׁ פֶּרֶק ב' דְּמַסֶּכֶת אָבוֹת אַף עַל פִּי שֶׁבְּרֹאשׁ הַשָּׁנָה נִפְתָּחִים ג' סְפָרִים וּצְרִיכִים אָנוּ לַעֲמֹד עַל בֻּרְיָן שֶׁל דְּבָרִים הַלָּלוּ. דַּע כִּי הַסֵּפֶר הַכּוֹלֵל שֶׁכָּל מַעֲשָׂיו שֶׁל אָדָם נִכְתָּבִים בּוֹ מִיָּד בִּשְׁעַת מַעֲשֶׂה הוּא הָאֲוִיר הַסְּפִירִי הוּא הַמַּקִּיף וּבוֹ יוּחָקוּ כָּל פְּרָטֵי תְּנוּעַת הָאָדָם אִם הוּא נוֹדֵד כְּנַף הָעַיִן וּפוֹצֶה פֶּה וּמְצַפְצֵף לְטוֹב אוֹ לְמוּטָב קַל וָחֹמֶר לִשְׁאָר אֵבָרִים עַל כֵּן בַּהֲרָמַת יָד נִקְרָא רָשָׁע וַאֲפִלּוּ הִרְהוּרֵי לִבּוֹ אִי אֶפְשָׁר שֶׁלֹּא יְחַדְּשׁוּ בְּפָנָיו שִׂמְחָה אוֹ עַצְבוּת וְכַיּוֹצֵא בָּזֶה ה' יִרְאֶה לַלֵּבָב וּמִיָּד יֵשׁ בְּרֵרָה לְפָנָיו יִתְבָּרֵךְ לִסְגֹל הַמַּעֲשִׂים הַטּוֹבִים בָּאֲוִיר גַּן עֵדֶן הַמִּתְלַבֵּשׁ לָהֶם בָּאֲוִיר הָעוֹלָם הַזֶּה וְהָרָעִים גַּם כֵּן בַּאֲוִירָה שֶׁל גֵּיהִנֹּם כִּי גַּם אֶת זֶה לְעֻמַּת זֶה עָשָׂה הָאֱלֹהִים בְּכָל מָקוֹם בְּשִׁוּוּי מֻחְלָט. וּמִי שֶׁרַבּוּ זְכִיּוֹת הִנֵּה בְּרֹאשׁ הַשָּׁנָה נִפְתָּחִים לְמַעֲשָׂיו שַׁעֲרֵי גַּן עֵדֶן וְהָאֲוִיר שֶׁבִּפְנִים קוֹלְטָן וְאֶת אֲוִירָן וְזֶהוּ נִכְתָּבִים וְנֶחְתָּמִים לְחַיִּים כִּי הִיא כְּתִיבָה חֲדָשָׁה לְגַבֵּי הָאֲוִיר הַפְּנִימִי וַחֲתִימָה לְגַבֵּי הָאֲוִיר הַנִּכְנָס וַאֲפִלּוּ יַחְמִיץ הָאָדָם אַחַר כָּךְ אֵינָם אוֹבְדִים לְעוֹלָם אֶלָּא כְּמָה דְּאָמְרוּ רַבָּנָן זָכָה נוֹטֵל חֶלְקוֹ וְחֵלֶק חֲבֵרוֹ בְּגַן עֵדֶן וּנְבָאֲרֵהוּ בְּפֶרֶק י"ד וְהַהֵפֶךְ בְּהֵפֶךְ. וְסִפְרָן שֶׁל בֵּינוֹנִיִּים זִיל הָכָא קָא מַדְּחֵי לֵהּ וְזִיל הָכָא קָא מַדְּחֵי לֵהּ לְפִיכָךְ נִשְׁאֲרוּ תְּלוּיִם וְעוֹמְדִים בָּאֲוִיר הַמִּתְלַבֵּשׁ בָּעוֹלָם הַזֶּה עַד יוֹם הַכִּפּוּרִים זָכוּ נִכְתָּבִים לְחַיִּים כְּדַאֲמַרַן. וּמִכָּאן אַתָּה לָמֵד כִּי מִי שֶׁרַבּוּ זְכִיּוֹת אֵינוֹ נִשְׂכָּר עֲלֵיהֶם בָּעוֹלָם הַזֶּה שֶׁכְּבָר נִגְנְזוּ בָּאֲוִיר גַּן עֵדֶן וּשְׁמוּרִים לָעוֹלָם הַבָּא וְקֹדֶם רֹאשׁ הַשָּׁנָה נָמֵי הֶעָתִיד לִגָּנֵז כְּגָנוּז דָּמֵי אַדְּרַבָּה יִתְחַיֵּב שֶׁיִּתְיַסֵּר וּמוּרָק וְשׁוּטַף בָּעוֹלָם הַזֶּה בְּהֶכְרֵחַ מִמִּעוּט עֲוֹנוֹת שֶׁלֹּא נִכְנְסוּ בָּאֲוִיר גֵּיהִנֹּם וְזֶה מָקוֹם כַּפָּרָתָם. וְאִיכָּא לְמֵידַק בְּדִינָן שֶׁל בֵּינוֹנִיִּים אַמַּאי לֹא זָכוּ נִכְתָּבִים לְמִיתָה לֵימָא נִתְחַיְּבוּ נִכְתָּבִים

לְמִיתָה הָא לָאו הָכִי רַב חֶסֶד מַטֶּה כְּלַפֵּי חֶסֶד אוֹ נִתְלֵי לְהוֹ אֲפִלּוּ טוּבָא נָמֵי וְאֶפְשָׁר דַּחֲשִׁיבָה לְגַבַּיְהוּ שְׁעַת רִתְחָא דְּעָנְשֵׁי בָּהּ אֲפִלּוּ אֶעֱשֶׂה כִּדְאָמַר לֵהּ מַלְאֲכָא לְרַב קְטִינָא בְּפֶרֶק הַתְּכֵלֶת לְפִיכָךְ אִם עָבְרוּ עֲלֵיהֶם הֵי' יָמִים בְּלִי שׁוּם זְכוּת אִנְּהוּ אַפְסִידוּ אַנַפְשַׁיְהוּ אֲבָל אִם זָכוּ לְאֵיזֶה מִצְוָה בְּיָמִים שֶׁבֵּנְתַיִם דְּלֵיכָּא לְמִדַּיְנִינְהוּ כְּפוֹשְׁעִים אָז אַף עַל פִּי שֶׁחָטְאוּ כְּנֶגְדָּהּ וְחָזַר הַדִּין לִהְיוֹת שֶׁקֹּדֶם יוֹם הַכִּפּוּרִים שַׁפִּיר אִיכָּא לְמֵמַר רַב חֶסֶד מַטֶּה כְּלַפֵּי חֶסֶד. וְהִנֵּה זֹאת זִכָּרוֹן בְּסֵפֶר שֶׁל רְשָׁעִים גְּמוּרִים שֶׁאַחֲרִיתוֹ עֲדֵי אוֹבֵד וְנָדוֹן עִמָּהֶם בְּרֹאשׁ הַשָּׁנָה כְּמוֹ שֶׁבֵּאַרְנוּ בַּפֶּרֶק הַקּוֹדֵם חֲקַרְנוּהָ כֵּן הִיא בְּאֶבֶן שֶׁל מִצְוָה הַנִּסְקָלִים וּבְסַיִף שֶׁל נֶהֱרָגִים וּדְכַוָּתַיְהוּ שֶׁהֵן טְעוּנִין גְּנִיזָה לְהַשְׁבִּית אוֹיֵב וּמִתְנַקֵּם וְכֵן כְּתִיב כִּי בֹשֶׁת עֲלוּמַיִךְ תִּשְׁכָּחִי וּכְתִיב וְאֶת הַבְּהֵמָה תַּהֲרֹגוּ וּכְבָר נִמְלַטְנוּ מְזָרוֹת הַגִּרְסָא שֶׁזָּכַרְנוּ בְּפֶרֶק ד' וּבְרֵישׁ פֶּרֶק י' בְּשִׁבְעָה דְּרָכִים אֲחֵרִים כֻּלָּם נְכוֹחִים לַמֵּבִין וְגַם זֶה לָנוּ אַחֲרוֹן חָבִיב וְנַרְחִיב הַבֵּאוּר בּוֹ כְּפִי כֹּחֵנוּ כִּי רַב מְאוֹד הַתּוֹעֶלֶת הַנִּמְשָׁךְ מִמִּדָּה טוֹבָה זוֹ כְּמוֹ שֶׁיָּבֹא בַּפְּרָקִים הַלָּלוּ שֶׁכֵּן סִפְרָן שֶׁל צַדִּיקִים הוּא עַצְמוֹ מִתְקַיֵּם וּמִתְכַּבֵּד עֲלֵיהֶם וְהָכִי מַשְׁמַע לָן קְרָא דְּרַבִּי אֲבָהוּ וְקַל לְהָבִין. צֵא וּלְמַד מִמָּה שֶׁהֵעִידָה תּוֹרָה עַל הַצַּדִּיקִים כִּדְכְתִיב גַּבֵּי רְאוּבֵן לְמַעַן הַצִּיל אֹתוֹ מִיָּדָם וְלֹא עוֹד אֶלָּא שֶׁהֻכְפַּל וְנִכְתַּב בְּסֵפֶר בִּמְקוֹמוֹת רַבִּים שְׂכַר מַחֲשָׁבָה כִּשְׂכַר מַעֲשֶׂה כִּדְכְתִיב וַיַּעֲשׂוּ בְּנֵי יִשְׂרָאֵל שֶׁקִּבְּלוּ עֲלֵיהֶם בְּלֵב שָׁלֵם מִצְוַת מֹשֶׁה וְאַהֲרֹן וְהֶעֱלָה עֲלֵיהֶם הַכָּתוּב כְּאִלּוּ עֲשָׂאוּהָ וְאַחַר כָּךְ כֵּן עָשׂוּ בִּשְׁעַת מַעֲשֶׂה:

מַאֲמַר חֲקֹר דִּין - חֵלֶק ב פֶּרֶק יג

וְאוּלָם כְּשֶׁלֹּא הִסְפִּיק הַמְחוֹקֵק הַנֶּאֱמָן לְהָעִיד וּלְלַמֵּד זְכוּת עַל עַמּוֹ וְצֹאן מַרְעִיתוֹ לְאַחַר מַעֲשֶׂה וּשְׁחַרְנוּהוּ וְאֵינֶנּוּ הִפְלִיא תּוּשִׁיָּה בִּשְׁעַת מַעֲשֶׂה וְהוֹדִיעַ דְּרָכָיו בִּשְׁמֹנָה פְּסוּקִים שֶׁבָּאוּ בְּסוֹף הַתּוֹרָה אָמְרוּ עֲלֵיהֶם בְּפֶרֶק הַקֹּמֶץ רַבָּה יָחִיד קוֹרֵא אוֹתָן בְּבֵית הַכְּנֶסֶת וְאָנוּ מְפָרְשִׁים שֶׁמֻּתָּר לִקְרוֹתָן בְּלֹא סַרְסוּר וּבִכְלַל דְּבָרֵינוּ דִּבְרֵי רַשִׁ"י שֶׁפֵּרֵשׁ שֶׁאֵין מַפְסִיקִין בָּהֶם וְהַטַּעַם לְכָל זֶה הוּא לְפִי שֶׁמֹּשֶׁה רַבֵּנוּ ע"ה לֹא סַרְסֵר בָּהֶן לִיהוֹשֻׁעַ וְלֹא פֵּרֵשׁ בָּהֶן כְּלוּם לֹא לוֹ וְלֹא לְזוּלָתוֹ אֵין כָּאן סֵדֶר הַמִּשְׁנָה בְּפֶרֶק כֵּיצַד מְעַבְּרִין שֶׁיִּהְיוּ רַבִּים נִזְקָקִין לָהֶם אֶלָּא הַקָּדוֹשׁ בָּרוּךְ הוּא אֲמָרָן וּמֹשֶׁה כְּתָבָן בְּדֶמַע בְּסֵפֶר הַמֻּנָּח מִצַּד אֲרוֹן הַבְּרִית שֶׁמִּמֶּנּוּ מַעְתִּיקִין אוֹ מַגִּידִין לַמֶּלֶךְ וְנִגְנַז עִם הָאָרוֹן בִּימֵי יֹאשִׁיָּהוּ וְאַחֲרֵי כֵן נוֹלַד הַסָּפֵק בַּג' סְפָרִים שֶׁנִּמְצְאוּ בָּעֲזָרָה כִּדְאִיתָא בְּמַסֶּכֶת סוֹפְרִים פֶּרֶק ו'. וּפְשׁוּטָן שֶׁל דְּבָרִים כִּי דָּמוֹעַ תִּדְמַע עֵינוֹ שֶׁל מֹשֶׁה עַל מָה שֶׁיּוֹדֵעַ אַחֲרֵי מוֹתוֹ כִּי הַשְׁחֵת יַשְׁחִיתוּן וְשֶׁלֹּא זָכוּ שֶׁיִּכָּנֵס עִמָּהֶם לְאֶרֶץ יִשְׂרָאֵל לִתְקֹעַ אוֹתָם יָתֵד בְּמָקוֹם נֶאֱמָן וּלְבַטֵּל גְּזֵרַת הַגָּלוּת שֶׁנֶּאֶמְרָה בֵּין הַבְּתָרִים וְהָיָה

אוֹתוֹ דֶּמַע מְגֻנָּן הַדְּיוֹ מִן הַשָּׁחֹר שֶׁבְּאִישׁוֹן בַּת עַיִן יוֹרֵד טִפִּין טִפִּין לְכָל אוֹת נוֹזְלוֹ מַבְהִיק כְּעֶצֶם הַשָּׁמַיִם עַד שֶׁהָיוּ הָאוֹתִיּוֹת מַתְאִימוֹת וְאֵין עֵינוֹ שֶׁל מֹשֶׁה וְלֹא סֵפֶר הַתּוֹרָה חֲסֵרִים כְּלוּם וְהָיוּ אָמְנָם הַפְּסוּקִים שְׁמוֹנָה שֶׁנִּתְיַחֲדוּ עִמּוֹ בְּאוֹתָהּ שָׁעָה שְׁמֹנָה אוֹתִיּוֹת שֶׁל שֵׁם הַכְּתִיבָה וְשֵׁם הַקְּרִיאָה וְכָל דְּכַוָּתַיְהוּ מִשְּׁמוֹת הַיִּחוּד וּכְנֶגְדָּן נִזְכַּר בָּהֶם שְׁמוֹ שֶׁל מֹשֶׁה שְׁמוֹנָה פְּעָמִים וְהַתֵּבוֹת **יב**"ק שֶׁסּוֹדוֹ יָדוּעַ וְהָאוֹתִיּוֹת כְּמִנְיַן חֵשֶׁק וְדַי בָּזֶה לְהָעִיר הַמַּשְׂכִּיל אֲבָל בי"ב סְפָרִים שֶׁכָּתַב מֹשֶׁה לְכָל שֵׁבֶט וְשֵׁבֶט נִתְקַיֵּם נֹצֵר תְּאֵנָה יֹאכַל פִּרְיָהּ וִיהוֹשֻׁעַ כְּתָבָן לִשְׁמוֹנָה פְּסוּקִים הַלָּלוּ וְכָל דִּבְרֵי חֲכָמִים קַיָּמִים. וְאֵין סָפֵק שֶׁרְאוּיָה כָּל הַתּוֹרָה לִכָּתֵב בְּאוֹתוֹ דֶּמַע אֶלָּא שֶׁלֹּא זָכִינוּ לְהִשְׁתַּמֵּשׁ בּוֹ כִּי הָאִישׁ מֹשֶׁה שֶׁכְּתִיב בּוֹ מִן הַמַּיִם מְשִׁיתִהוּ לְיוֹדְעֵי סוֹדוֹ חָזַר לִיסוֹדוֹ בְּהַעֲלוֹתוֹ מִן הַמְּדַמֵּעַ לִשְׁמֵי מָרוֹם יְעַיֵּן מַאֲמָר אֵם כָּל חַי חֵלֶק ג' סִימָן י"א וְעִם כָּל זֶה לֹא כָהֲתָה עֵינוֹ מִקֵּרוּן עוֹר הַפָּנִים כְּמַרְאֵה אֵשׁ בֵּית לָהּ לַתּוֹרָה שֶׁהִיא בְּרִית אֵשׁ מִדַּת הַדִּין וְלֹא הָיָה הָעוֹלָם מִתְקַיֵּם בָּהּ אֶלָּא בְּהִשְׁתַּתֵּף אֵלֶיהָ מִדַּת רַחֲמִים כִּדְכְתִיב בְּמֹשֶׁה וַיַּרְא רֵאשִׁית לוֹ וְלֹא נָס לֵחֹה כְּטֶבַע הַמַּיִם הַנִּגָּרִים בַּמּוֹרָד וְעַל אוֹתָהּ הָעֲלָאָה כְּתִיב וַיָּמָת שָׁם וֶאֱמֶת הָיָה בְּאוֹתָהּ שָׁעָה עַל הַדֶּרֶךְ שֶׁאָמַרְנוּ כִּי כְּבָר נֶאֱמַר לוֹ עֲלֵה אֶל הַר הָעֲבָרִים וּמוֹת שָׁם צִוּוּי מַמָּשׁ עַל הַמִּיתָה לִרְצוֹנוֹ וְכָאן הֵעִידָה תּוֹרָה עָלָיו שֶׁקִּיֵּם עֲשֵׂה כְּמוֹ שֶׁקִּיֵּם שְׁאָר הַמִּצְוֹת וְאָז הַקָּדוֹשׁ בָּרוּךְ הוּא הָיָה אוֹמֵר וַיָּמָת שָׁם מֹשֶׁה וְהוּא מִתְמוֹתֵת וְכוֹתֵב בְּדֶמַע כְּטַעַם עִבְרֵי בְּעֵמֶק הַבָּכָא מַעְיָן יְשִׁיתוּהוּ שֶׁנִּתְבָּאֵר בְּחֵלֶק הַחֲמִישִׁי פֶּרֶק ו' וְהָיָה זֶה לְעוֹרֵר רַחֲמִים תֵּכֶף וּמִיָּד עַל מֵתֵי מִדְבָּר הָעָם אֲשֶׁר אִתּוֹ וְאֵין לְךָ עַל פִּי ה' כִּפְשׁוּטוֹ יוֹתֵר מְדֻקְדָּק מִזֶּה אֲבָל בְּאַהֲרֹן כְּתִיב וַיַּעַל עַל פִּי ה' וַיָּמָת שָׁם וְהַהֶבְדֵּל בֵּינֵיהֶם מְבֹאָר נִגְלֶה. כְּתִיב וַיָּמָת שָׁם מֹשֶׁה עֶבֶד ה' עָבַד בְּגִימַטְרִיָּא ניח"ח. באר"ץ מוא"ב בְּגִימַטְרִיָּא בש"ם דְּהַיְנוּ בספ"ר. ע"ל פ"י ה' בְּגִימַטְרִיָּא רי"ו וְהוֹ' עָלָה לְבַעַל הַחֹטֶם שֶׁל מָלֵא קוֹמָתוֹ דְּהַיְנוּ יְסוֹד אַבָּא עִלָּאָה בְּאֶרֶץ מוֹאָב דָּרְשִׁינַן מא"ב לִהְיוֹת שָׁם רי"ח ניח"ח בְּגִימַטְרִיָּא באר"ץ עִם הַמִּלָּה. עֶבֶד ה' בְּאֶרֶץ מוֹאָב בְּגִימַטְרִיָּא תמ"ד דְּהַיְנוּ ב' פְּעָמִים בֶּרֶךְ עַל כֵּן כּוֹפֵל הַכָּתוּב וְזֹאת הַבְּרָכָה אֲשֶׁר בֵּרַךְ מֹשֶׁה עַיֵּן לְקַמָּן פֶּרֶק ט"ו גַּם אַהֲרֹן הָיָה רֵיחַ נִיחֹחַ אֶל הַקּוֹמָה הָרְמוּזָה בְּהֹר הָהָר עַל פִּי ה' דְּהַיְנוּ בַּעַל הַחֹטֶם שֶׁל יְסוֹד אִמָּא וְנִקְרָא הַר הָהָר עַל שֵׁם אִישׁ תְּבוּנוֹת וְהִנֵּה הָעֲלִיָּה הָיְתָה עַל פִּי ה' וּמִמֶּנָּה נִמְשְׁכָה הַמִּיתָה כִּי הוּא מְחַיֶּה חַיִּים שׁוֹשְׁבִינָא עִלָּאָה וְאֵיךְ יֹאמַר לוֹ פִּי ה' שֶׁיָּמוּת אֶלָּא מֹשֶׁה נַעֲשָׂה בָּזֶה שְׁלוּחוֹ שֶׁל מָקוֹם וּבְמָרִים לֹא פֵּרֵשׁ בָּהּ עַל פִּי ה' שֶׁל אוֹתָהּ קוֹמָה הָרְמוּזָה בְּקָדֵשׁ כִּי הִיא עוֹלַת נְקֵבָה שֶׁהֻתְּרָה לְיָחִיד בִּלְבַד בְּבָמָה וּרְאָיָה מַטְלָה חָלָב דִּשְׁמוּאֵל וּמִשְׁתֵּי פָּרוֹת שֶׁשָּׁגְרוּ פְּלִשְׁתִּים עִם אֲרוֹן הָאֱלֹהִים וְלִמְּדָנוּ שֶׁמַּעֲשֵׂה הַצַּדִּיקִים בִּשְׁעָתוֹ נִכְתָּב בְּפֹעַל לְפָנָיו יִתְבָּרֵךְ כִּי הַמִּצְוָה עוֹלָה וְכוֹתֶבֶת עַצְמָהּ בַּמָּרוֹם. אֱמֶת

שֶׁבַּזֹּהַר מוּכָח שֶׁמֹּשֶׁה רַבֵּנוּ ע"ה נִסְתַּלֵּק בְּשַׁבָּת וְכֵן נִמְצָא בִּתְשׁוּבוֹת הַגְּאוֹנִים. אָמְנָם אָנָא דְּאָמְרֵי כְּרַבִּי י נְאִי בְּמִדְרָשׁ רַבָּה וּכְתַנָּא דְּסֵדֶר עוֹלָם זִכְרוֹ הָרֹא"שׁ בְּפֶרֶק עַרְבֵי פְּסָחִים דְּמֵהָתָם מוּכָח שֶׁהָיָה בְּעֶרֶב שַׁבָּת. וְיֵשׁ לִי לִלְמֹד שֶׁאֵין הַזֹּהַר חוֹלֵק שֶׁהֲרֵי אָמַר בְּפָרָשַׁת תְּרוּמָה כִּי בְּמִנְחַת שַׁבָּת בֵּי מִדְרְשָׁא דְּמֹשֶׁה אִתְבַּטֵּל וְלֹא יִצְדַּק לוֹמַר כֵּן בְּמִי שֶׁיָּדָיו עַסְקָנִיּוֹת בְּאוֹתָהּ שָׁעָה לְהוֹסִיף שְׁמוֹנָה פְּסוּקִים בְּסֵפֶר הַתּוֹרָה וְזֶה לֹא הָיָה וַדַּאי בְּשַׁבָּת דְּלֵיכָּא לְמֵימַר בְּכְהַאי גַּוְנָא בַּמֵּתִים חָפְשִׁי הָא מַאי אִית לָן לְמֵימַר שֶׁבְּעֶרֶב שַׁבָּת הָיָה כּוֹתֵב וּמִתְמוֹתֵת כְּמוֹ שֶׁנִּזְכִּיר בְּסָמוּךְ וְלֹא נִסְתַּלֵּק לְגַמְרֵי עַד יוֹם שַׁבָּת שְׁעַת הַמִּנְחָה וְיֵשׁ סֶמֶךְ לָזֶה בְּפָרָשַׁת תְּרוּ שֶׁאָמַר תָּא חֲזֵי בְּכָל שִׁית יוֹמֵי דְשַׁבְּתָא כַּד מָטָאת שַׁעֲתָּה דִּצְלוֹתָא דְּמִנְחָה דִּינָא תַּקִּיפָא שָׁלְטָא וְכָל דִּינִין מִתְעָרִין אֲבָל בְּיוֹמָא דְשַׁבְּתָא כַּד מָטָא עִדָּן דִּצְלוֹתָא דְּמִנְחָה רַעֲוָא דְּרַעֲוִין אִשְׁתְּכַח עַתִּיקָא קַדִּישָׁא גַּלְיָא רְצוֹן דִּלֵיהּ וְכָל דִּינִין מִתְכַּפְיָן וּמִשְׁתַּכְּחָא רְעוּתָא וְחֵדוּ בְּכֹלָּא וּבְהַאי רָצוֹן אִסְתַּלַּק מֹשֶׁה נְבִיאָה מְהֵימְנָא קַדִּישָׁא מֵעָלְמָא בְּגִין לְמִנְדַּע דְּלָא בְּדִינָא אִסְתַּלַּק וְהַהִיא שַׁעֲתָא בִּרְצוֹן דְּעַתִּיקָא קַדִּישָׁא נָפְקַת נִשְׁמְתֵיהּ ואתטמר בֵּיהּ וְכוּ' עַד כָּאן. אַלְמָא רָאוּי הָיָה לְהִסְתַּלֵּק בְּחֹל אֶלָּא שֶׁנִּתְעַכֵּב גְּמַר סִלּוּקוֹ עַד יוֹם שַׁבָּת בְּגִין לְמִנְדַּע וְכוּ' וּנְבָאֲרֵהוּ בְּסָמוּךְ. וְהִנֵּה מֹשֶׁה רַבֵּנוּ ע"ה קָרָא עַצְמוֹ מְחוֹקֵק סָפוּן שֶׁאִלּוּ הָיָה תָּאֵר לְחֶלְקָה הָיָה צָרִיךְ לוֹמַר סְפוּנָה וְזֶה כִּי בְּשָׁעָה שֶׁהָיָה מְחוֹקֵק ב' הַפְּסוּקִים הָאֵלֶּה וַיָּמָת וַיִּקְבֹּר גַּם קְבוּרָה הָיְתָה לוֹ שֶׁהֲרֵי הַקָּדוֹשׁ בָּרוּךְ הוּא אוֹמֵר וַיִּקְבֹּר אוֹתוֹ וּמֹשֶׁה כּוֹתֵב וְקוֹבֵר בְּאָהֳלוֹ עַל הַדָּבָר אוֹתָהּ הַקּוֹמָה מָאוֹר לְבוּשׁוֹ שֶׁבָּהּ כָּתַב שְׁאָר הַתּוֹרָה וְכָל זֶה הָיָה בְּעֶרֶב שַׁבָּת וְיִצְדַּק עִם זֶה שֶׁהַקָּדוֹשׁ בָּרוּךְ הוּא קְבָרוֹ בְּמַאֲמָר וְהוּא קָבַר עַצְמוֹ בְּמַעֲשֶׂה שֶׁבִּכְתִיבָה וּמְסָרָהּ לְקֶבֶר יוּבַל וְעוֹד נָשׁוּב נְדַבֵּר בּוֹ. וּמִכָּאן וָאֵילָךְ בִּכְתִיבַת שְׁאָר הַפְּסוּקִים עַד סוֹף הַתּוֹרָה כְּבָר הָיָה סָפוּן וְעוֹדֶנּוּ מְחוֹקֵק בַּסֵּפֶר הַמְיֻחָד שֶׁזְּכַרְנוּ וְהַקּוֹמָה הַנִּכְבֶּדֶת הַזֹּאת שֶׁבָּהּ כָּתַב שְׁמֹנָה פְּסוּקִים לֹא נִגְנְזָה עַד יוֹם שַׁבָּת. וְקָרוֹב לִשְׁמֹעַ מַה שֶּׁאָנוּ בְּבֵאוּרוֹ עִם הַמְפָרֵשׁ אֶצְלֵנוּ יָפֶה יָפֶה בְּמַאֲמַר הַנֶּפֶשׁ פֶּרֶק ט"ו שֶׁיֵּשׁ לְכָל אֶחָד מִצַּדִּיקֵי יִשְׂרָאֵל צֶלֶם וּדְמוּת עֶלְיוֹן וְהוּא לֹא נִסְתַּלֵּק לְמֹשֶׁה אֲדוֹנֵנוּ עַד יוֹם שַׁבָּת וְצֶלֶם וּדְמוּת תַּחְתּוֹן שֶׁנִּסְתַּלֵּק מִמֶּנּוּ בְּעֶרֶב שַׁבָּת וְלֹא יַרְחִיקוּ שְׁלֵמֵי הָעִיּוּן הֱיוֹת הַקּוֹמָה הָעֶלְיוֹנָה שֶׁל מֹשֶׁה רַבֵּנוּ ע"ה מְאַחֶרֶת לָצֵאת מִן הָעוֹלָם הַזֶּה בְּהִזְדַּכֵּךְ אֵלִיָּה גֹּלֶם נִרְאֶה לָעֵינַיִם כִּשְׁלוֹשָׁה אֲנָשִׁים דְּאֵלוֹנֵי מַמְרֵא אוֹ כְּרַבִּי נְחוּנְיָא בֶּן הַקָּנָה וּשְׁאָר הֲרוּגֵי מַלְכוּת שֶׁאַחֲרֵי נִמְכְּרוּ וְנִגְמַר הַדִּין עֲלֵיהֶם בְּפֹעַל לְכַפֵּר עַל בְּנֵי יִשְׂרָאֵל גְּאֻלָּה הָיְתָה לָהֶם מִמָּה שֶׁיָּרַד דְּמוּת דְּיוֹקְנָם וְנִדְמָה לְשׁוֹדְדֵיהֶם לַעֲשׂוֹת בָּהֶם שְׁפָטִים וּבְסוֹף בְּהֶרֶג הֲרוּגֵיהֶם הוֹרְגוֹ כִּדְאִיתָא בְּפִרְקֵי הֵיכָלוֹת וּכְמוֹ שֶׁפֵּרֵשׁ הָאֲרִ"י ז"ל. אוֹ יִהְיֶה הַהִתְלַבְּשׁוּת לְמֹשֶׁה בְּאֹפֶן יוֹתֵר רוּחָנִי וְשָׁלֵם. וְכָל שֶׁכֵּן שֶׁיּוֹסִיפוּ אַהֲבָה בַּדְּרוּשׁ הַזֶּה עִם הַמֻּזְכָּר בְּמִדְרָשׁ רַבָּה לְסוֹף פָּרָשַׁת וַיֵּלֶךְ כִּי אַחֲרֵי

שֶׁכָּתַב י"ג סְפָרִים הַשְׁכִּים לְפִתְחוֹ שֶׁל יְהוֹשֻׁעַ וְאֵין הַשְׁכָּמָה אֶלָּא לְמָחֳרַת בַּבֹּקֶר וּכְשֶׁנִּכְנְסוּ לְאֹהֶל מוֹעֵד הִפְסִיק בֵּינֵיהֶם עַמּוּד הֶעָנָן כִּי אֵין מַלְכוּת נוֹגַעַת בַּחֲבֶרְתָּהּ כִּדְאִיתָא הָתָם וְהָא קָאמִינָא דְּלָא אִשְׁתַּהֵי מֹשֶׁה אֶלָּא בְּגִין לְמִנְדַּע דְּלָא בְּדִינָא אִסְתַּלַּק וְהַיְינוּ דְּקָרוּ לָהּ בְּזֹהַר נְבִיאָה מְהֵימְנָא קַדִּישָׁא שֶׁכְּבָר נִתְקַדֵּשׁ בְּאוֹתָהּ שָׁעָה לְהִתְקַבֵּל בָּרָצוֹן הָעֶלְיוֹן עִם מָה שֶׁפָּשַׁט הַצֶּלֶם וּדְמוּת תַּחְתּוֹן מֵעֶרֶב שַׁבָּת כָּאָמוּר. וּמֵאָז הִרְגִּישׁוּ כָּל יִשְׂרָאֵל בְּאוֹתוֹ הַהֶפְשֵׁט וְהַסִּלּוּק וְהִסְכִּימוּ לִבְכּוֹת שְׁלֹשִׁים יוֹם וּמַשְׁמָעוּת הַהַסְכָּמָה כְּתִיב וַיִּתְּמוּ שֶׁהַיָּמִים קִבְּלוּ תְּמִימוּת מִמָּה שֶׁקִּבְּלוּם יִשְׂרָאֵל עֲלֵיהֶם וְעָלְתָה הַסְכָּמָתָם לְרָצוֹן לְפָנָיו יִתְבָּרֵךְ לְלַמֵּד עֲלֵיהֶם זְכוּת מְצָרֶפֶת לְמַעֲשֶׂה כְּאִלּוּ כְּבָר עֲשׂוּהוּ וּבְוַדַּאי לִכְתֹּב בְּתוֹרַת ה' תְּמִימָה קְרִיאָה נֶאֱמָנָה כִּכְתָבָהּ וְכִלְשׁוֹנָהּ. חָלִילָה לָהּ מִן הַגְּזָמוֹת וְהִיא רְחוֹקָה מִן הַשִּׁתּוּפִים וּמִן הַשְּׁאָלוֹת אֶלָּא ע' פָּנִים לַתּוֹרָה וְכָל כֵּן עוֹלֶה לְכַמָּה טְעָמִים אָכֵן מָצִינוּ פָּסוּק אֶחָד מְפָרֵשׁ חֲבֵרוֹ שֶׁלֹּא כְּמִדְרַשׁ חֲכָמִים וּמִשָּׁם רְאָיָה בְּרוּרָה שֶׁבְּכָל הַתּוֹרָה כֻּלָּהּ אֵין מִקְרָא יוֹצֵא מִידֵי פְּשׁוּטוֹ כִּדְרַבָּא בְּמַסֶּכֶת יְבָמוֹת וְהוּא בְּדִבְרֵי הַיָּמִים בַּאֲמַצְיָה שֶׁהָרַג אֶת הוֹרְגֵי אָבִיו וְאֶת בְּנֵיהֶם לֹא הֵמִית כַּכָּתוּב בְּתוֹרַת מֹשֶׁה לֹא יוּמְתוּ אָבוֹת עַל בָּנִים וְהָתָם אִצְטְרִיךְ לְדִין עֵדוּת שֶׁלֹּא יוּמְתוּ אָבוֹת בְּעֵדוּת בָּנִים אֶלָּא כְּדַאֲמַרַן וּכְבָר פֵּרְשׁוּ לָהּ בַּפָּסוּק עָרִים גְּדוֹלוֹת וּבְצוּרוֹת בַּשָּׁמַיִם שֶׁכֵּן הוּא הָאֱמֶת כִּפְשׁוּטוֹ שֶׁאֵין שָׂרִים חִיצוֹנִים נִכְנָסִים בִּגְבוּלֵי הָאָרֶץ בַּמָּרוֹם וְכֵן מָה שֶׁאָמַר אַבְרָהָם אֶל נְעָרָיו וְנִשְׁתַּחֲוֶה וְנָשׁוּבָה אֲלֵיכֶם אִלּוּ נִשְׁחַט יִצְחָק הָיָה מִתְקַיֵּם לִתְחִיַּת הַמֵּתִים שֶׁאֱלִיעֶזֶר נִכְנַס חַי בְּגַן עֵדֶן וְיִשְׁמָעֵאל יִזְכֶּה שֶׁעָשָׂה תְּשׁוּבָה וְהַיְינוּ דְּקָאָמַר לְהוּ שְׁבוּ לָכֶם פֹּה עִם הַחֲמוֹר אֲבָל לֹא לְעוֹלָם הַבָּא עִם הַחֲמוֹר וַאֲפִלּוּ דִּבְרֵי דָּוִד לַאֲחִימֶלֶךְ הַכֹּהֵן שֶׁנִּרְאֵית כִּגְנֵבוֹת דַּעַת לְפִקּוּחַ נֶפֶשׁ וּדְבָרָיו אֲשֶׁר שָׂם בְּפִי חוּשַׁי הָאַרְכִּי לְפַיֵּס אֶת אַבְשָׁלוֹם כֻּלָּם לְשׁוֹן חָכְמָה הַשּׁוֹמֵר אֱמֶת לְעוֹלָם כִּמְבֹאָר יָפֶה אֶצְלֵנוּ בִּמְקוֹמוֹ כִּי עַל כֵּן בָּאוּ בְּסִפְרֵי הַנְּבִיאִים לְלַמֵּד עַל הָאֱמֶת שֶׁמַּצֶּלֶת אֶת בְּעָלֶיהָ. הָרוֹצֶה לִטְעוֹת יִטְעֶה וּלְעוֹלָם קוּשְׁטָא קָאֵי וְכֵן מָה שֶׁאָמַר מִיכָיְהוּ לְאַחְאָב עֲלֵה וְהַצְלַח וְנִבְאַרְהוּ:

מַאֲמַר חֵקֶר דִּין - חֵלֶק ב פֶּרֶק יד

עַל זֹאת הִתְפַּלֵּל הַתַּנָּא דְּאָבוֹת בְּאָמְרוֹ וְתֵן חֶלְקֵנוּ בְּתוֹרָתֶךָ כִּי כְּשֵׁם שֶׁבַח מַעֲשָׂיו שֶׁל מַעְלָה הִגִּיד לְעַמּוֹ כָּךְ מַעֲשֵׂה הַצַּדִּיקִים גִּבֹּרֵי כֹחַ עֹשֵׂי דְבָרוֹ מַמָּשׁ בְּחִדּוּשֵׁי תּוֹרָה בַּהֲלָכָה נָתוּן בְּאוֹצַר מַלְכּוֹ שֶׁל עוֹלָם תּוֹרָה שֶׁל מַעְלָה וְהוּא כְּלֵי אֻמָּנוּתוֹ לַעֲשׂוֹת מֵהֶם בְּכָל יוֹם תָּמִיד שָׁמַיִם חֲדָשִׁים וָאָרֶץ חֲדָשָׁה כְּדִבְרֵי רַבִּי שִׁמְעוֹן בְּאַגַּדְתֵּהּ וְעַל זֶה אָמְרוּ הַכֹּל תָּלוּי בְּמַזָּל וַאֲפִלּוּ סֵפֶר תּוֹרָה שֶׁבַּהֵיכָל לְפִי פְּשׁוּטוֹ כִּי הוּא חָתוּם וּמֻנָּח בְּקֶרֶן זָוִית עַד יִזַּל מַיִם מִדָּלְיָו שֶׁל יִשְׂרָאֵל לְחַדֵּשׁ בּוֹ עַל פֶּה רָזֵי תּוֹרָה

וּמַזָּל זֶה אֵינוֹ פּוֹסֵק וְהוֹלֵךְ כָּל יְמֵי הַחֵפֶץ וְיֵשׁ דּוֹר מְגַדֵּל אֲכְלוּסִין שֶׁל חֲכָמִים יוֹתֵר מֵחֲבֵרוֹ וְעַל הַכַּוָּנָה הַזֹּאת אָמַר רַבִּי זֵירָא כִּי סְלִיק לְהָתָם יְהֵא רַעֲוָא דְּאֵימָא מִלְּתָא דְּתִתְקַבַּל שֶׁפֵּרוּשׁוֹ בַּשָּׁמַיִם מִמַּעַל וְעַל הָאָרֶץ מִתָּחַת וְאָמַר חֶלְקֵנוּ בִּלְשׁוֹן רַבִּים אִם לִכְלָלוּת הַחֲכָמִים לְשֶׁתֵּפִי נַפְשֵׁיהּ בִּזְכוּת הָרַבִּים וְאִם לְהֶמְשֵׁךְ מָה שֶׁאָמְרוּ עַל פָּסוּק אָז נִדְבְּרוּ וַיִּכָּתֵב תְּרֵי מִכַּתְבָן מִלַּיְיהוּ בְּסֵפֶר הַזִּכְרוֹנוֹת וְעַל כָּרְחֲךָ לוֹמַר שֶׁעַל עִלּוּיָן שֶׁל חִדּוּשֵׁי תּוֹרָה הַדְּבָרִים אֲמוּרִים דְּאִי לֹא מִי גָּרַע עֵסֶק הַתּוֹרָה מִכָּל שְׁאָר מִצְוָה וַאֲפִלּוּ קַלּוֹת שֶׁבָּהֶן שֶׁהֲרֵי כָּל מַעֲשֵׂינוּ לִיחִידִים נָמֵי בְּסֵפֶר נִכְתָּבִין. וְאִי בָּעֵית אֵימָא אִכְפַּלוּ מִקְרָא וּמִשְׁנָה וּגְמָרָא לְלַמְּדֵנוּ דְּתָרֵי דַּוְקָא מִכְתָּבָן מִלַּיְיהוּ אֶחָד דִּבְרֵי תוֹרָה וְאֶחָד שְׁאָר הַמִּצְוֹת וְהַנֵּי תְּרֵי יֵצֶר טוֹב וְיֵצֶר הָרַע נִנְהוּ שֶׁהֵם דַּוְקָא אִישׁ אֶל רֵעֵהוּ אַל תִּקְרֵי רַע בְּכָל מָקוֹם אֶלָּא רֵעַ שֶׁנִּבְרָא לְשַׁמְּשֵׁנוּ וּלְסַיְּעֵנוּ בַּעֲבוֹדַת שָׁמַיִם וְהֵן הֵם ב' מַלְאֲכֵי הַשָּׁרֵת הַסּוֹדְרִים תַּלְמוּדוֹ שֶׁל אָדָם בְּפָנָיו בְּצֵאתוֹ מִן הָעוֹלָם שֶׁלֹּא יְהֵא לוֹ בֹּשֶׁת פָּנִים לִפְנֵי הַקָּדוֹשׁ בָּרוּךְ הוּא כְּדִבְרֵי חֲכָמִים עַל פָּסוּק לֹא יַרְעִיב ה' נֶפֶשׁ צַדִּיק וְעָלַיְיהוּ רָמַיָּא לְהַסְדִּיר לְפָנָיו מָה שֶׁשָּׁמְעוּ מִפִּיו תּוֹרָה כָּל יְמֵי חַיָּיו וְנִתְחַדְּשׁוּ שְׁנֵיהֶם עַל יָדוֹ שֶׁהֲרֵי מָשַׁךְ אוֹתָם לְבֵית הַמִּדְרָשׁ וּמָאן מַלְאֲכֵי הַשָּׁרֵת רַבָּנָן וּבְמָסוֹרָה וַיָּגֶל תָּרֵין וַיָּגֶל אֶת הָאֶבֶן וַיָּגֶל כְּבוֹדִי מְלַמֵּד שֶׁיֵּשׁ שִׂמְחָה לְאֶבֶן נֶגֶף בִּזְמַן שֶׁהַצַּדִּיק מַעֲבִירָהּ מֵעַל פִּי הַבְּאֵר שֶׁכֵּן יֵצֶר הָרַע לַעֲשׂוֹת רְצוֹן קוֹנוֹ מְכֻוָּן. עוֹד בְּמָסוֹרָה רַק תָּרֵין וְהַבּוֹר רַק כִּי לֹא דָבָר רֵק הוּא מְלַמֵּד שֶׁהַכֹּל תִּקּוּן עוֹלָם וּבִהְיוֹתוֹ נִשְׁמָע לְיֵצֶר טוֹב גַּם הוּא מוּטָב וּמִכְתָּבָן מִלַּיְיהוּ. חַד לֹא מִכְתָּבָן מִלּוּי בְּאַבְנֵי שֶׁיֵּשׁ טָהוֹר כֵּיוָן שֶׁלֹּא נִכְתְּבוּ בָּעוֹלָם הַזֶּה בְּלֵב הָאֶבֶן. וְהוּא טַעַם זָכָה נוֹטֵל חֶלְקוֹ וְחֵלֶק חֲבֵרוֹ בְּגַן עֵדֶן וְנוֹטֵל שְׂכָרוֹ וְהוּא נַעֲשָׂה צִנּוֹר לַשָּׂכָר הַמַּגִּיעַ לַחֲבֵרוֹ עַל דֶּרֶךְ הַנִּמְנֶה מֵעֲשָׂרָה רִאשׁוֹנִים שֶׁנּוֹטֵל שְׂכַר כָּל הַבָּאִים אַחֲרָיו לֹא לִגְרֹעַ חֶלְקָם אֶלָּא שֶׁכֻּלָּם זוֹכִים עַל יָדוֹ נִמְצָא הוּא נוֹטֵל שְׂכַר כֻּלָּם וְנָתְנוּ לָהֶם וְנִשְׁאָר לוֹ כְּנֶגֶד כֻּלָּם כִּי הָאֲחֵרִים נוֹטְלִים מִמֶּנּוּ וְהוּא אֵינוֹ חָסֵר וְהָא וְהָא אִיתָא כְּמוֹ שֶׁנַּזְכִּיר לְקַמָּן. וְלִמְּדָנוּ מִזֶּה שֶׁגּוּפוֹת הַצַּדִּיקִים הָאוֹכְלִים לְשֹׂבַע נַפְשָׁם לְהָשִׁיב צוּרַת הַנֶּאֱכָל לְהִתְעַצֵּם אֹכֶל כְּמוֹ שֶׁנַּזְכִּיר בָּזֶה בְּפֶרֶק י"ז מֵאַחֲרֵי שֶׁיִּזְכּוּ לִתְחִיָּה שׁוּב אֵינָם חוֹזְרִים לַעֲפָרָם כְּדִבְרֵי רַבּוֹתֵינוּ. וְאַף עַל פִּי שֶׁאֵין בָּעוֹלָם הַבָּא אֲכִילָה וּשְׁתִיָּה לֹא יַחְשְׁבוּ הָאֲבָרִים הַמְּיֻחָדִים לָזֶה שֶׁיִּהְיֶה מְצִיאוּתָם בָּעֵת הַהִיא לְבַטָּלָה כֵּיוָן שֶׁהָיוּ תַּשְׁמִישֵׁי קְדֻשָּׁה בָּעוֹלָם הַזֶּה כַּאֲכִילַת מִצְוָה לֶאֱכֹל לֶחֶם לִפְנֵי הָאֱלֹהִים וְהִנֵּה בְּכָל לְעִסָּה וּלְעִיסָה הוֹסִיפוּ כֹּחַ בִּגְבוּרָה שֶׁל מַעְלָה לְחַדֵּשׁ בְּכָל יוֹם תָּמִיד מַעֲשֵׂה בְרֵאשִׁית בְּהִתְחַדֵּשׁ עַל יָדָם צוּרָה מְשֻׂכֶּלֶת אֶל הַמֶּלַח וְהַמַּיִם שֶׁהֵם מִבַּעֲלֵי הַצּוּרָה הַדּוֹמֶמֶת וְאֵין צָרִיךְ לוֹמַר לְבַעֲלֵי הַצּוֹמַחַת וְהַמַּרְגֶּשֶׁת וּרְאוּיִים צַדִּיקִים הַלָּלוּ לִשְׁתֵּי עֲטָרוֹת בְּרֹאשׁ כָּל אֶחָד לְקַנֵּה וּלְוֶשֶׁט הָאִי כִּי אָרְחֵיהּ בְּתִקּוּן הַמַּעֲשֶׂה וְהָאִי כִּי אָרְחֵיהּ בְּתִקּוּן בִּרְכַּת הַנֶּהֱנִין שֶׁשָּׁבָה לְכָל צַדִּיק בְּבִרְכַּת

הַמְּצֻנָּה. וְזִיו שְׁכִינָה עָלָה עַל גַּבֵּיהֶם לְפִי טֹהַר מַחְשְׁבוֹתָם וְזִכּוּךְ כַּוָּנָתָם יוֹם יוֹם וְהוּא הַזִּיו שֶׁהַשְּׁכִינָה נֶהֱנֵית מִמֶּנּוּ כְּטַעַם וַיֹּאכְלוּ מֵעֲבוּר הָאָרֶץ כִּי לֹא יִטֹּשׁ ה' אֶת עַמּוֹ בַּעֲבוּר שְׁמוֹ הַגָּדוֹל וּכְתִיב מִמֶּנִּי פֶּרְיְךָ נִמְצָא:

מַאֲמַר חֲקוֹר דִּין - חֵלֶק ב פֶּרֶק טו

וְיִתָּכֵן לְפָרֵשׁ גַּם כֵּן וְתֵן חֶלְקֵנוּ בְּתוֹרָתֶךָ כִּי הִיא אָמְנָם בַּקָּשָׁה מֵאִתּוֹ יִתְבָּרַךְ שֶׁחֶלְקֵנוּ בַּתּוֹרָה יִהְיֶה לְרָצוֹן לְפָנָיו מִכְּלַל הַשָּׁנוּן שֶׁהוּא עוֹסֵק בַּתּוֹרָה בִּישִׁיבָה שֶׁל מַעְלָה כִּי הָא דִּיתִיב וּתְנֵי אֱלִיעֶזֶר בְּנִי אוֹמֵר עֶגְלָה בַּת שְׁנָתָהּ פָּרָה בַּת שְׁתַּיִם וּלְפִי שֶׁהָיָה רַבִּי אֱלִיעֶזֶר סִינַי וּמַכְרִיעַ בָּזֶה כָּל חַכְמֵי יִשְׂרָאֵל עִם הֱיוֹתוֹ מֵכְרַע עִמָּהֶם מְחַבְּרוֹ שֶׁהָיָה עוֹקֵר הָרִים אֵלָיו נִתְאַוָּה מֹשֶׁה שֶׁיֵּצֵא מֵחֲלָצָיו וְקָרָא לִבְנוֹ בִּשְׁמוֹ עַיֵּן בָּזֶה בְּסוֹף הַחֵלֶק הַשְּׁלִישִׁי וְהָרְגִיל בְּשׁוּתָא דְּרַבָּנָן דְּקָאָמְרֵי גַּבֵּי חַיָּה עִלָּאָה שֶׁשְּׁמוֹ יִשְׂרָאֵל מִמַּרְאֵה מָתְנָיו וּלְמַעְלָה יִשְׂרָאֵל מִמַּרְאֵה מָתְנָיו וּלְמַטָּה יַעֲקֹב וְכֵן כְּתִיב מִי יָקוּם יַעֲקֹב כִּי קָטֹן הוּא יָבִין מַהוּ יְהִי רָצוֹן שֶׁיֵּצֵא מֵחֲלָצַי וְהוּא אִם כֵּן סִינַי דַּוְקָא וְעַל סוֹד זֶה כְּתִיב זֵכֶר צַדִּיק לִבְרָכָה וּבַזֹּהַר רֵישׁ פָּרָשַׁת בְּמִדְבַּר מַשְׁמַע שֶׁיֵּשׁ כָּאן כֶּפֶל הַבְּרָכָה זכ"ר בְּגִימַטְרִיָּא ברכ"ה כְּעֵין מָה שֶׁאָמַר מֹשֶׁה רַבֵּנוּ ע"ה יוֹסֵף עֲלֵיכֶם כָּכֶם וְהָדַר וִיבָרֵךְ אֶתְכֶם כִּי הַמַּזְכִּיר אֶת הַצַּדִּיק מְעוֹרֵר לְעֻמָּתוֹ פַּרְצוּף שֶׁלּוֹ וְהִנֵּה פַּרְצוּף הוּא בְּגִימַטְרִיָּא שְׁנֵי פְּעָמִים **ברו"ך** אַלְמָא צָרִיךְ לִכְפֹּל בְּבִרְכָתוֹ לְרַבּוֹת כָּל שִׁעוּר קוֹמָתוֹ וּכְתִיב בָּרוּךְ ה' לְעוֹלָם אָמֵן וְאָמֵן בְּגִימַטְרִיָּא בָּדָד יַנְחֶנּוּ וְאֵין עִמּוֹ אֵל נֵכָר הֲרֵי הַכֶּפֶל נָמֵי גַּבֵּי עוֹנֶה אָמֵן אַחַר בִּרְכוֹתָיו וְהֵן בְּגִימַטְרִיָּא יַעֲקֹב מָלֵא בְּוָא"ו כְּדֵי שֶׁיִּתְבָּרֵךְ מְלֹא קוֹמָתוֹ וְכֵן יַעֲקֹב בְּלֹא וָא"ו בְּגִימַטְרִיָּא מלא"ך הָאֱלֹהִים דְּהַיְנוּ אָמֵן אָמֵן לָכֵן מַה טּוֹב שֶׁיִּהְיוּ אֵצֶל כָּל אָדָם שְׁנֵי רֵעִים חֲבֵרִים מַקְשִׁיבִים וְעוֹנִים אָמֵן אַחַר בִּרְכוֹתָיו. וּלְפִי פְּשׁוּטָן שֶׁל דְּבָרִים אֶפְשָׁר כִּי בְּשָׁעָה שֶׁהֶרְאָהוּ הַקָּדוֹשׁ בָּרוּךְ הוּא לְמֹשֶׁה דּוֹר דּוֹר וַחֲכָמָיו צָפָה בְּמַעֲלָתוֹ שֶׁל רַבִּי עֲקִיבָא וְיָדַע שֶׁמִּשֵּׁשֶׁת יְמֵי בְּרֵאשִׁית עָלָה בְּמַחֲשָׁבָה שֶׁיִּהְיֶה בֶּן גֵּרִים לְפִיכָךְ בִּקֵּשׁ עַל רַבּוֹ שֶׁיֵּצֵא מֵחֲלָצָיו וְאוּלַי הָיָה מִבְּנֵי בְּנוֹתָיו וּכְשֶׁנִּתְפַּס לְמַלְכוּת נִתְקַיֵּם בּוֹ וַיַּצִּלֵנִי מֵחֶרֶב פַּרְעֹה שֶׁעָשָׂאוֹ מֹשֶׁה פּוֹעֵל דִּמְיוֹנִי לְהַצָּלָתוֹ שֶׁל רַבִּי אֱלִיעֶזֶר. עוֹד טַעְמוֹ וְרָאוּ דְּבִדִידָן תַּלְיָא מִלְּתָא לְחַיֵּב אוֹתָנוּ עַל הַזְּהִירוּת וְהַזְּהִירוּת בְּמִצְוַת כַּפֵּי כֹּהֵנוּ וְהַיְינוּ חֶלְקֵנוּ בְּתוֹרָתֶךָ כִּי אָמְנָם חַג ה' לָנוּ בְּיוֹם מַתַּן תּוֹרָתֵנוּ מִקְרָא קֹדֶשׁ לְסוֹף חֲמִשִּׁים יוֹם אַחַר הַפֶּסַח וּפֶסַח מִצְרַיִם בַּחֲמִשִּׁי בְּשַׁבָּת הָיָה וּלְכֻלְּהוּ עָלְמָא בְּשַׁבָּת נִתְּנָה תּוֹרָה שֶׁהוּא לְסוֹף נ"א יוֹם וְהִיא גּוּפָא קַשְׁיָא. אֶלָּא וַדַּאי כֵּיוָן שֶׁמַּתַּן תּוֹרָה הָיָה בְּחוּץ לָאָרֶץ ה' חָפֵץ לְמַעַן צִדְקוֹ לִתֵּן חֶלְקֵנוּ בְּתוֹרָתוֹ שֶׁכֵּן הִסְכִּימָה דַּעַת עֶלְיוֹן לָחוֹג בְּעַצְמוֹ וּבִכְבוֹדוֹ בְּיוֹם טוֹב שֶׁל גָּלֻיּוֹת שֶׁהוֹסִיף מֹשֶׁה מִדַּעְתּוֹ כְּדִבְרֵי רַבִּי יוֹסֵי כִּי שָׁם עֲרֵבִים עָלָיו דִּבְרֵי דוֹדִים הֵמָּה הַיּוֹצְרִים

עֵת לַעֲשׂוֹת לַה' לְפִיכָךְ הֵפֵרוּ תּוֹרָתוֹ כִּתְלוּנוֹת הַנָּבִיא יְשַׁעְיָהוּ לְבַד בְּךָ נַזְכִּיר שְׁמֶךָ שֶׁדְּרָשָׁהּ בַּר יוֹחַאי עַל הַסּוֹד הַזֶּה וּמִשּׁוּם הָא לֹא אִשְׁתְּמִיט קְרָא בְּשׁוּם דּוּכְתָּא לְמֵימַר שֶׁחַג הַשָּׁבוּעוֹת הוּא יוֹם מַתַּן תּוֹרָה וְאֵין צָרִיךְ לָמָּה שֶׁנִּתְחַבְּטוּ בּוֹ הָאַחֲרוֹנִים וְאִם מֵעִקָּרָא הוֹרָאַת שָׁעָה הָיְתָה מִן הַשָּׁמַיִם כְּדִבְרֵי סְתָם תַּנָּא בַּבָּרַיְתָא שָׁם בְּפֶרֶק רַבִּי עֲקִיבָא אַשְׁרֵי הָאָב שֶׁמְּקַלְּסִין אוֹתוֹ כַּמְדַבֵּר עַל אֹזֶן שׁוֹמַעַת בָּרוּךְ שֶׁבָּחַר בָּהֶם וּבְמִשְׁנָתָם:

מַאֲמַר חֵקֶר דִּין - חֵלֶק ב פֶּרֶק טז

אִיתָא בִּשְׁקָלִים יְרוּשַׁלְמִי פֶּרֶק ו' רַבִּי חֲנִינָא בֶּן אֲחִי רַבִּי יְהוֹשֻׁעַ דָּרֵשׁ מְמֻלָּאִים בְּתַרְשִׁישׁ עַל הַלּוּחוֹת שֶׁבֵּין כָּל דִּבּוּר וְדִבּוּר דִּקְדּוּקֶיהָ וְאוֹתִיּוֹתֶיהָ שֶׁל תּוֹרָה אֵיךְ שֶׁיּוּבַן וְזֶה מַסְכִּים עִם הַנִּדְרָשׁ בְּבַבְלִי עַל פְּסוּק הַתּוֹרָה וְהַמִּצְוָה אֲשֶׁר כָּתַבְתִּי שֶׁכֻּלָּם נִתְּנוּ לְמֹשֶׁה בְּסִינַי וּמֵאוֹתָהּ שָׁעָה קָרֵי בְּהוּ אֲשֶׁר כָּתַבְתִּי וְלָנוּ דְּבָרִים כִּפְשָׁטָן שֶׁאִלְמָלֵא זֻהֲמַת הַנָּחָשׁ כְּבָר הָיְתָה כָּל הַתּוֹרָה נְתוּנָה בְּלִבּוֹ שֶׁל אָדָם וְזַרְעוֹ כְּמוֹ שֶׁאָנוּ מְקַוִּים מִמֶּנָּה לַיִּעוּד יִרְמְיָה שֶׁאָמַר נָתַתִּי תּוֹרָתִי בְּקִרְבָּם וְעַל לִבָּם אֶכְתֲּבֶנָּה וְהַכַּוָּנָה כִּי הַתּוֹרָה בְּקֶרֶב לִבְּנוּ מַתָּנָה הִיא וְקַלּוּת הַהֲסָרָה אָמְנָם בַּמֹּחַ שֶׁהוּא מְכֻוָּן עַל הַלֵּב וְקָרָא זֶה אֶל זֶה לְקוֹל צִנּוֹרָיו עוֹלִים וְיוֹרְדִים בְּאֹרַח סָתוּם כַּנּוֹדָע תַּפּוּחַ מִכְתָּב אֱלֹהִים לֹא תָזוּז מִשָּׁם לְעוֹלָם וְזֶה סוֹד הַתְּפִלִּין בִּמְקוֹם הַלֵּב וּמְקוֹם הַמּוֹחַ כִּי מִשֶּׁאִבַּדְנוּ הַשְּׁלֵמוּת הָעַצְמִי הֻצְרַכְנוּ לְדֻגְמָתוֹ מִבַּחוּץ וְעַל זֶה נֶאֱמַר שִׂימֵנִי כַחוֹתָם עַל לִבֶּךָ בְּאַרְנוּהוּ בְּמַאֲמָר אֵם כָּל חַי. יִשְׂרָאֵל שֶׁעָמְדוּ עַל הַר סִינַי פָּסְקָה זֻהֲמָתָן וּלְפִי שֶׁמִּכְלַל הָעוֹלָם לֹא פָּסְקָה הֻזְקְקוּ לְלוּחוֹת הַבְּרִית. אִי נָמֵי כֵּיוָן שֶׁנַּעֲשֵׂינוּ בְּנֵי חוֹרִין מִן הַמָּוֶת מִן הַיִּסּוּרִין וּמִן הַמַּלְכִיּוֹת הִנֵּה שָׁב לְבָבֵנוּ וְשִׂכְלֵנוּ כְּעֶצֶם הַשָּׁמַיִם לְטֹהַר וְאָנוּ חִבַּלְנוּ בְּעַצְמֵנוּ כְּשֶׁאָמַרְנוּ לְמֹשֶׁה וְאַל יְדַבֵּר עִמָּנוּ אֱלֹהִים פֶּן נָמוּת וּמֵאָז נִתְּנָה תּוֹרָה לְהִכָּתֵב עַל לוּחוֹת הָאֶבֶן לְהָסִיר מִמֶּנּוּ לֵב הָאֶבֶן עַל כֵּן אָמְרוּ שֶׁלֹּא הָיְתָה תּוֹרָה מִשְׁתַּכַּחַת מִיִּשְׂרָאֵל אִלְמָלֵא נִשְׁתַּבְּרוּ לוּחוֹת רִאשׁוֹנוֹת. וְלוּלֵא סָרַחְנוּ בָּעֵגֶל לֹא הֻצְרְכוּ לִגָּנֵז בָּאָרוֹן אֶלָּא יָדָיו שֶׁל מֹשֶׁה הָיוּ לָהֶם תַּשְׁמִישֵׁי קְדֻשָּׁה לְכִסֵּא כְּבוֹדָם וּמוֹשָׁב יְקָרָם לִכָּנֵס עִמָּהֶם לְאַלְתַּר בְּקֶרֶב כָּל יִשְׂרָאֵל לָאָרֶץ וּלְצִיּוֹן מִכְלַל יֹפִי לֹא לְהִשְׁתַּקֵּעַ אוֹ אֲפִלּוּ לָגוּר שָׁם שֶׁהֲרֵי גְּדֹלָה מַעֲלַת מֹשֶׁה וְדוֹר הַמִּדְבָּר הַרְבֵּה יוֹתֵר מִמַּעֲלַת אֶרֶץ יִשְׂרָאֵל כַּמְבֹאָר בַּזֹּהַר וַאֲפִלּוּ בְּסוֹף הָאַרְבָּעִים שֶׁכְּבָר כָּלוּ דוֹר הַמִּדְבָּר לָמוּת מִקֶּרֶב הָעָם הִתְחַנֵּן מֹשֶׁה אֶעְבְּרָה נָּא וְאֶרְאֶה לֹא שָׁאַל רַק הַמַּעֲבָר לָתֵת עֵינָיו בָּהּ כְּטַעַם תָּמִיד עֵינֵי ה' אֱלֹהֶיךָ בָּהּ לַיּוֹדְעִים סוֹדוֹ וּמֹשֶׁה הָיָה חָפֵץ מְאֹד לְהַגִּיעַ עַד שַׁעֲרֵי גַּן עֵדֶן הֵסֵר מִשָּׁם אֶת הַכְּרֻבִים וְאֵת לַהַט הַחֶרֶב לִפְתֹּחַ דֶּרֶךְ עֵץ הַחַיִּים לְגוֹי צַדִּיק שֹׁמֵר אֱמֻנִים. וְאִלּוּ זָכִינוּ שֶׁמֹּשֶׁה רַבֵּנוּ ע"ה יֵלֵךְ לְפָנֵינוּ מֵעִלּוּי לְעִלּוּי וְלוּחוֹת עֵדוּת עַל שְׁתֵּי יָדָיו הִנֵּה אָז כָּל תַּלְמִיד

וָתִיק הַקָּרֵב הַקָּרֵב הָיָה רַשַּׁאי לְהִסְתַּכֵּל וּלְהִתְבּוֹנֵן בָּהֶם וְעֵינָיו רוֹאוֹת כְּפִי כֹּחוֹ דִּקְדּוּקֵי תּוֹרָה חֲרוּתִים עֲלֵיהֶם שֶׁהַכֹּל נֶאֱמַר לְמֹשֶׁה בְּסִינַי. וְשַׁוְעָתֵנוּ לְפָנָיו יִתְבָּרֵךְ אַחַת הִיא עַל כֵּן אָמַרְנוּ שֶׁחֶלְקֵנוּ בַּעֲמַל תּוֹרָה הַמָּסוּר לְשִׂכְלֵנוּ לְהָבִין וּלְהַשְׂכִּיל בָּהּ יִהְיֶה נָתוּן וְכָמוּס בְּתוֹרַת ה' תְּמִימָה חָרוּת עַל הַלּוּחוֹת לֹא יִמָּאֵס וְלֹא יִגְעַל כְּתוֹרָתוֹ שֶׁל דּוֹאֵג דִּכְתִיב בְּיָהּ גַּם אֵל יִתָּצְךָ לָנֶצַח דְּלָא לֵיתֵי לְעָלְמָא דְאָתֵי יַחְתְּךָ וְיִסָּחֲךָ מֵאֹהֶל דְּלָא לִמְרוֹ שְׁמַעְתָּא מִשְּׁמֵהּ בְּבֵי רַבָּנָן וְשֵׁרֶשְׁךָ מֵאֶרֶץ חַיִּים סֶלָה דְּלָא לֶהֱווֹ לֵהּ בְּנֵי רַבָּנָן. וּמִי שֶׁיִּזְכֶּה לִרְאוֹת בְּחַיָּיו בְּכָל הַיּוֹצֵא מִפִּיו חָרוּת עַל הַלּוּחוֹת מֻבְטָח לוֹ שֶׁהוּא וְתוֹרָתוֹ חַיִּים וְקַיָּמִים בְּאוֹר פְּנֵי מֶלֶךְ וְעַכְשָׁו שֶׁנִּגְנְזוּ לוּחוֹת הַבְּרִית כָּל הָעוֹסֵק בְּתוֹרָה לִשְׁמָהּ יְבֻשַּׂר בָּזֶה כְּאִלּוּ עֵינוֹ רָאֲתָה:

מַאֲמָר חֲקֹר דִּין - חֵלֶק ב פֶּרֶק יז

כּוּלֵּיהּ עָלְמָא יָדְעִין וּמִשְׁתַּבְּשִׁין בְּמַאֲמָר הַמְפֻרְסָם לַחֲכָמִים שֶׁהַלָּלוּ אוֹסְרִים וְהַלָּלוּ מַתִּירִים וְכֻלָּם דִּבְרֵי אֱלֹהִים חַיִּים. וְהָאֱמֶת הַבָּרוּר הוּא כִּי כָּל מַחְלֹקֶת שֶׁהוּא לְשֵׁם שָׁמַיִם סוֹפָהּ לְהִתְקַיֵּם וּלְאַמֵּת דְּבָרֶיהָ בְּכָל חֲלָקֶיהָ כִּי הָא דְּאִפְלִיגוּ רַבָּנָן בְּמִצְוַת פְּרִיָּה וּרְבִיָּה פֶּרֶק הַבָּא עַל יְבִמְתּוֹ. דְּתַנָּא דִּידָן וְחַד מַתְנָאֵי בָּרָאֵי שׁוִין מִשּׁוּם בֵּית הִלֵּל דִּבְעֵינַן זָכָר וּנְקֵבָה וְחַד תַּנָּא בָּרָא מַתְנֵי הָכִי מִשּׁוּם בֵּית שַׁמַּאי וְדָא בְּרִירָא דְּמִלְּתָא וַדַּאי דְּיָלְפִינַן מִבְּרִיאָתוֹ שֶׁל עוֹלָם דְּהַיְנוּ אָדָם וְחַוָּה וְהַדֻּגְמָא אֲלֵיהֶם בִּשְׁתֵּי אוֹתִיּוֹת רִאשׁוֹנוֹת שֶׁל שֵׁם הַכּוֹלְלוֹת אֶת כָּל הַשֵּׁם כַּנּוֹדָע וְלֹא נֶחְלְקוּ אֲבוֹת הָעוֹלָם בְּכָךְ וּמִשֶּׁרַבּוּ תַּלְמִידִים שֶׁלֹּא שִׁמְּשׁוּ כָּל צָרְכָּם כִּדְלְקַמָּן חַד מַתְנֵי מִשּׁוּם בֵּית שַׁמַּאי דְּבָעוּ ב' זְכָרִים וְהַיְינוּ תַּנָּא דִּידָן דְּיָלֵיף מִבָּנָיו שֶׁל מֹשֶׁה שֶׁאִלְמָלֵא כֵּן פֵּרַשׁ מִן הָאִשָּׁה וְהִנֵּה הַדֻּגְמָא לְדִידֵיהּ י' ו' שֶׁבְּשֵׁם שֶׁהֵמָּה מַחֲזִירִים אַחֲרֵי הָאֲבֵדָה הַמִּתְבַּקֶּשֶׁת לָהֶם וּמִבְּרִיאָתוֹ שֶׁל עוֹלָם לֹא נִיחָא לֵהּ לְמֵילַף שֶׁאֵין דָּנִין אֶפְשָׁר מִשֶּׁאִי אֶפְשָׁר. וְאִיבְּרָא קַשְׁיָא לָן עֲלֵיהּ אֵמֹר דְּלֵיפַת מִמֹּשֶׁה שֶׁאִם הוֹלִיד ב' זְכָרִים יָצָא יְדֵי חוֹבָתוֹ שֶׁלֹּא יָצָא בְּאֶחָד מִי שָׁמַעְתְּ לֵהּ דִּלְמָא בְּחַד נָמֵי הָיָה פּוֹרֵשׁ אֶלָּא מִמֹּשֶׁה לֵיכָּא לְמִגְמַר שֶׁפָּטַר עַצְמוֹ מִן הַמִּצְוָה כְּעוֹסֵק בְּמִצְוָה רַבָּתִי דְּמִשּׁוּם כְּבוֹד שְׁכִינָה פֵּרַשׁ מִן הָאִשָּׁה וְדָן קַל וָחֹמֶר לְעַצְמוֹ מִפְּרִישַׁת הַר סִינַי וְהִסְכִּימָה עִמּוֹ דַּעַת הַמָּקוֹם. וְעוֹד כְּתִיב וְאִשְׁתְּךָ וּשְׁנֵי בָנֶיהָ עִמָּהּ מִשּׁוּם דְּמִלְּתָא יַתִּירְתָּא הֲוַת בְּיָהּ בְּמֹשֶׁה אִישׁ הָאֱלֹהִים דִּכְתִיב בְּדִבְרֵי הַיָּמִים בָּנָיו יִקָּרְאוּ עַל שֵׁבֶט הַלֵּוִי וּכְמוֹ שֵׁיבָא. וְאִיכָּא תַּנָּא בָּרָא מִשּׁוּם בֵּית שַׁמַּאי דְּבָעוּ שְׁנֵי זְכָרִים וּשְׁתֵּי נְקֵבוֹת לְדֻגְמָא שְׁלֹמָה בַּד' אוֹתִיּוֹת וְיָלֵיף מִבְּרִיאָתוֹ שֶׁל עוֹלָם בְּאֹפֶן אַחֵר שֶׁכֵּן אָדָם וְחַוָּה נִצְטַוּוּ בִּפְרִיָּה וּרְבִיָּה וְהוֹלִידוּ קַיִן וְהֶבֶל וְאַחְיוֹתֵיהֶם וּמִשֶּׁנֶּהֱרַג הֶבֶל וְנוֹלַד שֵׁת כְּתִיב תַּחַת הֶבֶל אַלְמָא בְּבָצִיר מֵהָכִי לֹא סַגִּי וְהֵשִׁיבוּ לוֹ בַּגְּמָרָא הוֹדָאָה

בְּעָלְמָא הִיא כִּי שָׁת לִי אֱלֹהִים זֶרַע אַחֵר וְתַנָּא בָּרָא אֲחֲרִינָא מִשּׁוּם בֵּית הִלֵּל סָבַר דְּסַגִּי בְּחַד אוֹ זָכָר אוֹ נְקֵבָה וְקָאָמַר לָשֶׁבֶת בְּעִינַן הָא אִיכָּא וְהַדֻּגְמָא בָּאוֹת י' שֶׁהִיא זָכָר תְּחִלָּה לַשֵּׁם הַנִּכְתָּב וְהִיא נְקֵבָה סוֹפוֹ שֶׁל שֵׁם הַנִּקְרָא וּלְקוּשְׁטָא דְּמִלְּתָא לָאו הָכִי הִלְכְתָא דְּחַד לָאו שְׁמָּיָה שֶׁבֶת דְּהָא אֶחָד רוֹאֶה וְנִזּוֹק וּכְתִיב כִּי יֵשְׁבוּ אַחִים יַחְדָּיו. הָא מַאי אִית לָן לְמֵמַר דִּקְרָא דַּיֵּיק דִּכְתִיב פְּרוּ לְהוֹלִיד זָכָר שֶׁהוּא עָקָר פְּרִי. וְרַבּוּ לְהוֹלִיד נְקֵבָה שֶׁאֵינָהּ אֶלָּא לִרְבִיָּה בְּעָלְמָא וְתִשְׁתַּלֵּם הַדֻּגְמָא כְּדָאמוּר רַבָּנָן בְּיָהּ וּבְאַתְּתֵיהָ בִּבְרִיָּה וּבִבְרַתֵּהּ וְאוּלָם בְּפֵרוּשׁ אָמְרָה תוֹרָה לְהַטּוֹת הַהֲלָכָה לְמַעֲשֶׂה אַחֲרֵי רַבִּים כִּי כָּל נְתִיבוֹתֶיהָ שָׁלוֹם אֲבָל לֹא חָשַׁב שֶׁיִּהְיֶה כָּזָב בְּדַעַת הַיְחִידִים הַנִּדְחִים כִּי אֵין מְדַמֶּה שֶׁקֶר ח"ו בְּמָה שֶׁנֶּאֱמַר בְּסִינַי וּבְמָה שֶׁהוּא חָרוּת עַל הַלֻּחֹת כְּפִי מָה שֶׁבֵּאַרְנוּהוּ אַדְּרַבָּה הָעִיּוּן הַהוּא הַכּוֹלֵל הַשּׁוֹמֵר אֱמֶת לְעוֹלָם יִשְׁפֹּט לִפְעֻלּוֹת אָדָם הַנָּאָה וְהַמְּגֻנָּה וְהַכֹּל לְפִי מַעֲשָׂיו שֶׁל אוֹתָהּ שָׁעָה כִּי מָה שֶׁהָיָה נָאֶה קֹדֶם הַחֵטְא הֱיוֹת הָאָדָם וְאִשְׁתּוֹ עֲרוּמִים שָׁב מְגֻנֶּה אַחַר הַחֵטְא וְהוּא אִם כֵּן הַנָּאָה וְהַמְּגֻנָּה בִּהְיוֹתָם עֲרוּמִים כָּל אֶחָד בִּזְמַנּוֹ דִּבְרֵי אֱלֹהִים חַיִּים הַמּוֹשֵׁל עַל הַהֲפָכִים עַל חִלּוּף הַזְּמַנִּים. וּמֵעוֹלָם לֹא נֶחֱלַק אָדָם מֵחַכְמֵי הַתּוֹרָה לְהַתִּיר אֶת הָעוֹרֵב וְלֶאֱסֹר אֶת הַיּוֹנָה עַל מָה נֶחְלְקוּ בְּדָבָר שֶׁיֵּשׁ לוֹ ב' פָּנִים אֲמִתִּיִּים וְצוֹדְקִים לְכָאן וּלְכָאן הַלָּלוּ מַסְבִּירִים פָּנִים לְהֶתֵּר וְהַלָּלוּ לְאִסּוּר לְפִי מְקוֹמוֹ וּשְׁעָתוֹ נִמְצָא הַהֶתֵּר וְהָאִסּוּר שְׁנֵיהֶם אֱמֶת וְלֵב בֵּית דִּין מַתָּנָה עֲלֵיהֶם אֵיזֶה יִכְשַׁר הֲלָכָה לְמַעֲשֶׂה וּמִכָּאן אַתָּה לָמֵד שֶׁיֵּשׁ הֲלָכָה וְלֹא לְמַעֲשֶׂה וְאֵינוֹ אֶלָּא כְּדַאֲמַרַן וּכְבָר הִמְתִּקְנוּ סוֹד בְּעִנְיְנֵי הַשָּׁנוּן בְּהַאי דְקָאמַר רַבִּי יְהוֹשֻׁעַ בְּמַסֶּכֶת בְּרָכוֹת אֵין הַחַי מַכְחִישׁ אֶת הַחַי וּמִשָּׁם נִלְמַד גַּם כֵּן לְהַהִיא דִּבְכוֹרוֹת שֶׁאִלּוּ הָיָה בֵּית הַמִּקְדָּשׁ קַיָּם חֶלְקֵנוּ בֵּין חָבֵר לְעַם הָאָרֶץ שֶׁלֹּא נֶחְשְׁדוּ חֲבֵרִים לְהָטִיל מוּם בַּקֳּדָשִׁים אֲבָל אַחֲרֵי הַחֻרְבָּן לֹא חִלַּקְנוּ וְכָל דִּבְרֵי חֲכָמִים קַיָּמִים, וְכֵן מָצִינוּ שֶׁאֲכִילַת הַבָּשָׂר נֶאֶסְרָה לְאָדָם לְגַמְרֵי חוּץ מִבְּשַׂר הַיּוֹרֵד מִן הַשָּׁמַיִם שֶׁהָיוּ מַלְאֲכֵי הַשָּׁרֵת צוֹלִין אוֹתוֹ לְפָנָיו אוֹ בְּשַׂר תְּמוּתַת מִיָּדוֹ לוֹ לְצֹרֶךְ דָּמָן וְעוֹרָן כִּדְלְקַמָּן בַּחֵלֶק הָרְבִיעִי פֶּרֶק י"ח וְהֻתְּרָה אֲכִילַת הַבָּשָׂר לְנֹחַ וּלְבָנָיו לְגַמְרֵי וּלְיִשְׂרָאֵל הֻתְּרָה קְצָתָהּ מִכְּלַל הָאִסּוּר שֶׁנִּתְחַדֵּשׁ בִּקְצָתָהּ וְלֶעָתִיד לָבֹא ה' מַתִּיר אֲסוּרִים שֶׁיַּשְׁלִים לִקְצָתָהּ סִימָנֵי טָהֳרָה וְטַעֲמָא דְּמִלְּתָא כִּי הָאֲכִילָה מוֹרָה צֹרֶךְ הַנֶּאֱכָל וַהֲכָנָתוֹ לְהִתְעַלּוֹת אֶל הָאֹכֶל לְהִתְעַצֵּם בּוֹ וְגַם שְׁלֵמוּת הָאֹכֶל שֶׁמִּמֶּנּוּ יָצָא מַאֲכָל וְזֶה פִּרְיוֹ לְהַחֲזִיר הֶעָנָף שֶׁיָּשׁוּב אֶל הַשֹּׁרֶשׁ וְאוּלָם קֹדֶם חֶטְאוֹ שֶׁל אָדָם לֹא הָיְתָה אֲכִילָתוֹ לִתְמוּרַת הַנִּתָּךְ שֶׁהֲרֵי לֹא הָיָה טִבְעוֹ מִתְנַגֵּד קְצָתוֹ לִקְצָתוֹ אֶלָּא צִוָּה עַל הָאֲכִילָה מִכָּל עֵץ הַגַּן חוּץ מֵעֵץ הַדַּעַת כְּמוֹ שֶׁנִּצְטַוּוּ הַכֹּהֲנִים בַּאֲכִילַת הַקֳּדָשִׁים מִמִּינִים שׁוֹנִים חוּץ מִן הָעוֹלָה וְנִמְצָא הָאֹכֶל חַטָּאת וְלֹא עוֹלָה מְקַיֵּם עֲשֵׂה וְלֹא תַעֲשֶׂה בְּאוֹתָהּ הָאֲכִילָה. וּכְמוֹ שֶׁנִּצְטַוֵּינוּ אֲנַחְנוּ בַּאֲכִילַת הַפֶּסַח חוּץ מִדָּמוֹ וְאֵמוּרָיו וְדוֹמֵיהֶם רַבִּים וְנִמְצֵינוּ נֶהֱנִים

בַּאֲכִילָתָן מִזִּיווֹ יִתְבָּרֵךְ שֶׁאָמַר וְנַעֲשָׂה רְצוֹנוֹ וְהוּא נַחַת רוּחַ לְפָנָיו וְהָיוּ אָמְנָם עֲצֵי הַגַּן מוּכָנִים לְפִי שְׁעָתָם בַּעֲבוֹדַת הָאָדָם שֶׁצִּוָּה לְעָבְדָהּ אֵיךְ שֶׁיּוּבַן אִם לַשְּׁכִינָה כְּמוֹ שֶׁפֵּרַשְׁנוּ לְמַעְלָה אִם לְנִשְׁמַת חַיִּים הַבָּאָה בַּפְּסוּקִים הַקּוֹדְמִים אַף עַל פִּי שֶׁהִפְסִיק בִּנְתַיִם כְּמוֹ שֶׁפֵּרֵשׁ זוּלָתֵנוּ וְנָכוֹן הוּא. אֲבָל בַּעֲלֵי הַחַיִּים הָיוּ עֲדַיִן מְחֻסְּרֵי זְמַן וּבִלְתִּי מְזֻמָּנִין לְקַבֵּל צוּרַת הָאָדָם לְעוֹצֶם שְׁלֵמוּתָם כָּרָאוּי אֲלֵיהֶם לְקָרְבַת שֶׁתַּפָּם בְּחַיֵּי הַהֶרְגֵּשׁ וְהַהוֹלָדָה בְּדוֹמֶה. וְאַחֲרֵי הַחֵטְא דִּכְתִיב בְּיָהּ מְשַׁנֶּה פָּנָיו וַתְּשַׁלְּחֵהוּ לֹא נִשְׁאַר בּוֹ כֹּחַ לְהַשְׁלִים חֶסְרוֹנָן כְּטַעַם עַמֵּי הָאָרֶץ אֲסוּרִים לֶאֱכֹל בָּשָׂר שֶׁהֵם בְּהֵמָה הֵמָּה לָהֶם וְכָל שֶׁכֵּן אַחֲרֵי שֶׁהָאֲכִילָה חַוָּה מֵעֵץ הַדַּעַת לְכָל הַבְּהֵמָה חַיָּה וָעוֹף כִּדְדָרְשִׁינַן מֵרִבּוּיָא דִּכְתִיב וַתִּתֵּן גַּם לְאִישָׁהּ אַף עַל פִּי שֶׁנִּתְקְנוּ אַחַר כָּךְ בְּשׁוֹר פַּר שֶׁהִקְרִיב אָדָם הָרִאשׁוֹן וּבִפְסִיקְתָּא אָמְרוּ כִּי עוֹף אֶחָד יֵשׁ וְחוֹל שְׁמוֹ שֶׁלֹּא רָצָה לֶאֱכֹל מִמֶּנּוּ וְהוּא חַי אֶלֶף שָׁנָה וּבְסוֹפָם גּוּפוֹ כָּלֶה וּכְנָפָיו מִתְמָרְטִים וּמַשְׁתִּיר בּוֹ כַּבֵּיצָה וְחוֹזֵר וּמְגַדֵּל אֵבָרִים עָלָיו אָמַר הַכָּתוּב וְכַחוֹל אַרְבֶּה יָמִים. וְיֵשׁ בָּזֶה שִׁטָּה אַחֶרֶת מִמִּי שֶׁסּוֹבֵר שֶׁהַדָּבָר הַמְשֻׁלָּם בְּטִבְעוֹ כָּל הַצֹּרֶךְ אֵינוֹ נֶאֱכָל אֲשֶׁר לֹא יָחֵל לְבֶן אָדָם שֶׁיַּפְשִׁט אוֹתוֹ מִן הַצּוּרָה הָרִאשׁוֹנָה לְהַלְבִּישׁוֹ צוּרָה אַחֶרֶת וְאָמַר כִּי תִּקּוּן בַּעֲלֵי הַחַיִּים עַל מְלֶאת הָיָה מָסוּר לְאָדָם הָרִאשׁוֹן בְּשָׁעָה שֶׁקָּרָא לָהֶם שֵׁמוֹת וּכְבָר נִתְעוֹרַרְנוּ עַל זֶה בִּמְקוֹמוֹ. נִמְצָא שֶׁהֲרִיגַת בַּעֲלֵי חַיִּים לֶאֱכֹל בָּשָׂר הִיא לְאָדָם קֹדֶם הַחֵטְא וְאַחֲרָיו גַּם כֵּן דָּבָר שֶׁאֵין לוֹ מַתִּירִין כְּלָל עַד שֶׁקִּלְקְלוּ בַּעֲלֵי חַיִּים כֻּלָּם בְּדוֹר הַמַּבּוּל וְנֹחַ מָצָא חֵן לְפִיכָךְ נֶאֱמַר בּוֹ כְּיֶרֶק עֵשֶׂב נָתַתִּי לָכֶם אֶת כֹּל וְלֹא אָמַר כְּכָל זוֹרֵעַ זֶרַע כִּי רָמַז לוֹ טַעַם הַהֶתֵּר יִרְצֶה כְּיֶרֶק עֵשֶׂב שֶׁנָּשְׂאוּ קַל וָחֹמֶר בְּעַצְמָן שֶׁלֹּא לָצֵאת בְּעִרְבּוּבְיָא נָתַתִּי לָכֶם לְאָכְלָה כָּל רֶמֶשׂ אֲשֶׁר הוּא חַי לְתַקֵּן עֵרֶב הַכֹּחוֹת שֶׁקִּלְקְלוּ בְּנֵי מִינָן בְּהִזְדַּקְקָן לְשֶׁאֵינָן מִינָן וּכְשֶׁפָּסְקָה זֻהֲמָתָן שֶׁל יִשְׂרָאֵל פָּסְקָה זֻהֲמַת בֶּהֱמְתָּן גַּם כֵּן כְּטַעַם וְהַכְּשָׂבִים הִפְרִיד יַעֲקֹב וְכֵן וְהִפְלָא ה' בֵּין מִקְנֵה יִשְׂרָאֵל וּבֵין מִקְנֵה מִצְרַיִם וְתַנָּא הָתָם אֶחָד שׁוֹר וְאֶחָד כָּל בְּהֵמָה חַיָּה וָעוֹף לְכָל מִלֵּי סוֹף פֶּרֶק הַפָּרָה וּלְעָתִיד לָבֹא תִּפְסֹק הַזֻּהֲמָא מִכָּל הַיִּלּוּד לֵאמֹר לָאֲסוּרִים צֵאוּ וְנִבְאֲרֵהוּ:

מַאֲמַר חֵקֶר דִּין - חֵלֶק ב פֶּרֶק יח

הֲרֵי אֵלֶּה הַהֶפְכִּין וְחִלּוּפֵי הַהוֹרָאָה כְּמוֹ הֶתֵּר אֲכִילַת בָּשָׂר וְאִסּוּרוֹ בְּכָל אוֹ בְּמִקְצָת בְּהִשְׁתַּנּוּת הָעִתִּים וְכֻלָּם דִּבְרֵי אֱלֹהִים חַיִּים וְעַד שֶׁלֹּא נִתְמַנָּה בֵּית דִּין שֶׁל מַטָּה הָיְתָה תּוֹרָה יֵצְאָה מִבֵּית דִּין שֶׁל מַעְלָה וְדָבָר בְּעִתּוֹ מַה טּוֹב. וְעַכְשָׁו נִתְּנָה תּוֹרָה וְנִתְחַדְּשָׁה הֲלָכָה אַחֲרֵי רַבִּים לְהַטּוֹת וְאֵין לְךָ אֶלָּא שׁוֹפֵט שֶׁבְּיָמֶיךָ שֶׁהֲרֵי בֵּית דִּין מְבַטֵּל דִּבְרֵי בֵּית דִּין שֶׁקְּדָמָהוּ בַּשָּׁנִים אוֹ אֲפִלּוּ קָטָן מִמֶּנּוּ אִם נָפַל הַמַּחְלֹקֶת בַּהֲבָנַת דַּרְכֵי

הַתּוֹרָה שֶׁזֶּה דּוֹרֵשׁ וּמְלַמֵּד בְּמִדָּה אַחַת וְזֶה בְּמִדָּה אַחֶרֶת כְּגוֹן רְבוּיֵי וּמְעוּטֵי אוֹ כְּלָלֵי וּפְרָטֵי וְאִלּוּ הָיָה שָׁם יָחִיד בְּבֵית דִּין רִאשׁוֹן דּוֹרֵשׁ כְּמוֹ שֶׁעָתִיד לִדְרֹשׁ בֵּית דִּין שֵׁנִי וּבְבֵית דִּין שֵׁנִי יָחִיד אֶחָד דּוֹרֵשׁ כְּמוֹ הָיָה דּוֹרֵשׁ בֵּית דִּין רִאשׁוֹן זֶה וְזֶה בְּדוֹרוֹ נַעֲשָׂה זָקֵן מַמְרֵא אִם הוֹרָה לַעֲשׂוֹת כִּדְבָרָיו אַחֲרֵי שֶׁהִסְכִּימוּ עַל הָפְכּוֹ בֵּית דִּין שֶׁבְּיָמָיו. לָמַדְנוּ מִזֶּה אַמּוֹת הַהוֹרָאָה בִּשְׁנֵי דְּרָכִים וְשֶׁהַמַּעֲשֶׂה הַנִּרְצֶה מִמֶּנָּה הוּא וּמֻסְכָּם לָרַבִּים לְפִי מְקוֹמוֹ וּשְׁעָתוֹ וּבִלְבַד בְּיוֹשְׁבֵי לִשְׁכַּת הַגָּזִית וְתַלְמִידֵיהֶם אַחֲרֵיהֶם מְכֻוָּנִים לִבָּם לַמָּקוֹם. אֲבָל לְבַטֵּל תַּקָּנָה אוֹ מִנְהָג בְּעִנְיָן בֵּית דִּין גָּדוֹל מִמֶּנּוּ כִּדְתְנַן בִּבְחִירָתָא וְאִם הוּא מִגְדָּר מִלְּתָא דְּלָא לִיגַּע בְּאִסּוּר תּוֹרָה וּפָשַׁט בְּכָל יִשְׂרָאֵל אֲפִלּוּ אֵלִיָּהוּ וּבֵית דִּינוֹ אֵינוֹ יָכוֹל לְבַטְּלוֹ וְזֶה לְפִי שֶׁבְּתַקָּנָה וּבִסְיָג לֵיכָּא לְמֵימַר בָּהוּ הָאִי תּוֹרָה וְהָאִי תּוֹרָה אֶלָּא קַיָּמֵי בְּלֹא תָּסוּר אִם כֵּן יָפֶה אָמַר רַבִּי יְהוֹשֻׁעַ כִּי לֹא בַשָּׁמַיִם הִיא הַהֲלָכָה לְמַעֲשֶׂה אַף עַל פִּי שֶׁכָּל דַּרְכֵי הַפִּלְפּוּל אֱמֶת צָדְקוּ יַחְדָּו. וּבַת קוֹל שֶׁאָמְרָה עַל רַבִּי אֱלִיעֶזֶר שֶׁהֲלָכָה כְּמוֹתוֹ בְּכָל מָקוֹם קוּשְׁטָא קָאָמַר שֶׁמֵּעוֹלָם לֹא אָמַר דָּבָר שֶׁלֹּא שָׁמַע מֵרַבּוֹתָיו וְיֵשׁ בְּכָל מָקוֹם בָּתֵּי דִּינִין מִתַּלְמִידֵי בֵּית שַׁמַּאי וּמוֹרִין כְּמוֹתוֹ דְּלֵיכָּא מִשּׁוּם לֹא תִתְגּוֹדְדוּ כַּמְּבֹאָר בְּרֵישׁ מְגִלָּה וּבְפֶרֶק קַמָּא דִּיבָמוֹת וְלֹא עוֹד אֶלָּא דְּמַחְדְּדֵי טְפֵי וּמִכָּל מָקוֹם רַבּוּ בָּתֵּי דִּינִין הַמּוֹרִים כְּבֵית הִלֵּל שֶׁעַנְוְתָנִים וְנוֹחִים הָיוּ וּבָתְרַיְהוּ גְּרִירִינַן וְרַבִּים מִתַּלְמִידֵי בֵּית שַׁמַּאי לֹא עָשׂוּ מַעֲשֶׂה אֶלָּא כְּדִבְרֵיהֶם. וּמִמָּה שֶׁבֵּאַרְנוּ יִתְבּוֹנֵן הַמַּשְׂכִּיל בְּחֹמֶר לָשׁוֹן הָרַע שֶׁל דּוֹאֵג דַּעֲלֵיהּ כְּתִיב מְבָרֵךְ רֵעֵהוּ בְּקוֹל גָּדוֹל בְּשָׁעָה שֶׁאָמַר לְשָׁאוּל רָאִיתִי בֵּן לְיִשַׁי בֵּית הַלַּחְמִי וְהִרְבָּה בִּשְׁבָחָיו מִקְרָא וּגְמָרָא בְּפֶרֶק חֵלֶק וּבְכֻלָּן הָיָה שָׁאוּל מֵשִׁיב אַף יוֹנָתָן בְּנִי כֵּן וּכְשֶׁחָתַם הַמַּאֲמָר וַה' עִמּוֹ שֶׁהֲלָכָה כְּמוֹתוֹ בְּכָל מָקוֹם חָלַשׁ דַּעְתֵּיהּ דְּשָׁאוּל וְלֹא עֲנָהוּ עוֹד כִּי אִי אֶפְשָׁר לוֹמַר כֵּן עַל ב' חוֹלְקִים רַק לְאֶחָד מֵהֶם הַזּוֹכֶה לְאַסּוֹקֵי שְׁמַעְתָּא אַלִּבָּא דְּהִלְכְתָא וְהָיָה דּוֹאֵג מְסַפֵּר לָשׁוֹן הָרַע עַל רָאשֵׁי סַנְהֶדְרָאוֹת וְעַל בֵּית דִּין הַגָּדוֹל שֶׁהָיוּ מַכְרִיעִים לִרְצוֹנָם הַהֲלָכָה כְּדָוִד עִם הֱיוֹתָם רַשָּׁאִים עַל שְׁנֵי דְּרָכִים וְהָאֱמֶת שֶׁאֵין קוֹבְעִים הֲלָכָה אֶלָּא עַל פִּי הַמִּנְהָג וְכָל זְמַן שֶׁנָּהֲגוּ הָעָם בְּדָבָר לֹא מַחְנָן אֲבָל אִם הוּא מִנְהַג וְתִקֵּן מוֹרִינַן וְכֵינָן שֶׁהֻקְבְּעָה הַהֲלָכָה דָּרְשִׁינַן לָהּ בְּפָרְקָא וְזֶה טַעַם וַה' עִמּוֹ הוּא וּבֵית דִּינוֹ עִלָּאָה וְתַתָּאָה:

מַאֲמָר חֵקֹר דִּין - חֵלֶק ב פֶּרֶק יט

מַחְלֹקֶת רִאשׁוֹנָה לְחַכְמֵי הַמִּשְׁנָה הָיְתָה בְּחָמֵשׁ זוּגוֹת שֶׁל תַּנָּאִים זֶה אַחַר זֶה לִסְמֹךְ וְשֶׁלֹּא לִסְמֹךְ שֶׁאֶחָד מֵהֶם הָיָה נָשִׂיא וְאֶחָד אַב בֵּית דִּין וְלֹא עָמְדוּ עָלֶיהָ לְמִנְיָן לְפִי שֶׁאֵינָהּ אֶלָּא שְׁבוּת וְהַנְּשִׂיאִים הָיוּ אוֹסְרִים בַּזּוּגוֹת הָרִאשׁוֹנִים וְלִכְבוֹדָם לֹא הִתִּירוּהָ בִּכְנוּפְיָא עַד שֶׁקָּם בָּבָא בֶּן

בְּטָא שֶׁהָיָה אֶחָד מִתַּלְמִידֵי בֵּית שַׁמַּאי וְיָדַע שֶׁהֲלָכָה כְּבֵית הִלֵּל הָאוֹמְרִים לִסְמֹךְ וְכֵיוָן שֶׁמָּצָא הָעֲזָרָה שׁוֹמֶמֶת בְּיָמִים טוֹבִים הָלַךְ וְהֵבִיא שְׁלֹשֶׁת אֲלָפִים טְלָאִים מְבֻקָּרִים מִצֹּאן קֵדָר וְהֶעֱמִידָן בְּהַר הַבַּיִת וְאָמַר שְׁמָעוּנִי בֵּית יִשְׂרָאֵל הֶחָפֵץ בָּא וְיִסְמֹךְ בְּאוֹתָהּ שָׁעָה הֻקְבְּעָה הֲלָכָה כִּדְבָרָיו וְלֹא הָיְתָה מַחְלֹקֶת זוּלָתָהּ בֵּין הָרִאשׁוֹנִים עַד שֶׁנֶּחְלְקוּ הִלֵּל וְשַׁמַּאי בִּשְׁלֹשָׁה דְּבָרִים אֲחֵרִים וְהֵם שִׁעוּר חַלָּה וּפְסוּל מִקְוָאוֹת וּפְקִידַת הַנִּדָּה לְמַפְרֵעַ וּכְשֶׁעָמְדוּ עֲלֵיהֶן לְמִנְיָן הֻקְבְּעָה הֲלָכָה לֹא כְּדִבְרֵי זֶה וְלֹא כְּדִבְרֵי זֶה כִּדְתְנַן בִּבְחִירְתָּא וְאַפְלִיגוּ אַחֲרִיתִי נָמִי בְּבָרַיְתָא דְּתַנְיָא הַבּוֹצֵר לַגַּת שַׁמַּאי אוֹמֵר הֻכְשַׁר וְאוֹתוֹ הַיּוֹם הָיָה הִלֵּל כָּפוּף וְיוֹשֵׁב לִפְנֵי שַׁמַּאי כְּאֶחָד מִן הַתַּלְמִידִים וְהָיָה קָשֶׁה לְיִשְׂרָאֵל כַּיּוֹם שֶׁנַּעֲשָׂה הָעֵגֶל כִּדְאִיתָא בְּמַסֶּכֶת שַׁבָּת פֶּרֶק קַמָּא כִּי הֻקְשָׁה לָהֶם בְּיוֹתֵר מַה שֶּׁנִּצְּחָה קַפְּדָנוּתוֹ שֶׁל שַׁמַּאי לְעַנְוְתָנוּתוֹ שֶׁל הִלֵּל דִּבְעִי מְנָיָה מִפְּנֵי מָה בּוֹצְרִים בְּטָהֳרָה וְקָאָמַר לֵהּ אִם תַּקְנִיטֵנִי גּוֹזְרַנִי טֻמְאָה אַף עַל הַמְּסִיקָה וְאִלְמָלֵא שִׁפְלוּת רוּחוֹ שֶׁל הִלֵּל הֲוָה לְהוּ לְמֵיחַשׁ דִּלְמָא ח"ו נַעֲשֵׂית תּוֹרָה בְּאוֹתוֹ הַיּוֹם כִּשְׁתֵּי תּוֹרוֹת וְאַף עַל גַּב דְּאֵין אַב בֵּית דִּין רַשַּׁאי לְהוֹרוֹת בִּפְנֵי הַנָּשִׂיא דַּחֲשִׁיב רְבִיָּה כִּדְאָמְרַן לְהֶדְיָא בְּפֶרֶק אֵין דּוֹרְשִׁין גַּבֵּי יְהוּדָה בֶּן טַבַּאי וְשִׁמְעוֹן בֶּן שֶׁטַח שָׁאנֵי הָכָא דִּפְלִיג לֵהּ נָשִׂיא יְקָרָא וְתוּ מִגְדָּר מִלְּתָא הֲוָה מִשּׁוּם טָהֳרַת תְּרוּמָה וְקָדָשִׁים וְאַף עַל פִּי כֵן לֹא קִבְּלָה מְנַיְהוּ לִכְבוֹד הַנָּשִׂיא דְּאִיהוּ לֹא חָשׁ לֵהּ וְאִנְּהוּ חַיְשֵׁי וְלֹא נִתְקַיְּמָה גְּזֵרַת שַׁמַּאי בְּאוֹתוֹ הַיּוֹם עַד שֶׁגָּזְרוּ עָלָיו תַּלְמִידֵיהֶם וְנִתְקַיְּמָה בְּיָדָם בְּרֹב מִנְיָן. וּמִלְּתָא אַגַּב אָרְחִין מִבְּעֵי לָן לְמִנְדַּע דְּאַף עַל גַּב דְּתַנְיָא בְּסִפְרֵי בְּפָרָשַׁת הַמֶּלֶךְ שֶׁכָּל פַּרְנָסֵי יִשְׂרָאֵל בְּנֵיהֶם עוֹמְדִים תַּחְתֵּיהֶם וּבְתוֹרַת כֹּהֲנִים יְלִיף מִדִּכְתִיב גַּבֵּי כֹּהֵן גָּדוֹל וַאֲשֶׁר יְמַלֵּא אֶת יָדוֹ דִּבְעֵי מְמַלֵּא מְקוֹם אֲבוֹתָיו וּבְפֶרֶק הַנּוֹשֵׂא מוּכָח דִּסְגֵי מְמַלֵּא בְּיִרְאָה אַף עַל פִּי שֶׁאֵינוֹ מְמַלֵּא בְּחָכְמָה הָנֵי מִילֵי בְּכֶתֶר כְּהֻנָּה וְכֶתֶר מַלְכוּת וְכָל דְּדָמֵי לֵהּ כְּגוֹן שְׂרָרוּתָא דְּמָתָא אֲבָל גַּבֵּי נָשִׂיא וְאַב בֵּית דִּין כֵּיוָן שֶׁכֶּתֶר תּוֹרָה מֻנָּח בְּקֶרֶן זָוִית הָרוֹצֶה יָבֹא וְיִטֹּל אֵין הַדָּבָר כֵּן מִדִּין הַתּוֹרָה לְפִיכָךְ לֹא מָצִינוּ בַּנְּשִׂיאִים הָרִאשׁוֹנִים שֶׁיִּהְיוּ מַנְחִילִים כִּתְרֵיהֶם לִבְנֵיהֶם אֶלָּא מֵהִלֵּל וְאֵילָךְ דְּאָמַר מַר הִלֵּל וְשִׁמְעוֹן גַּמְלִיאֵל וְשִׁמְעוֹן נָהֲגוּ נְשִׂיאָתָם בִּפְנֵי הַבַּיִת מֵאָה שָׁנָה. וְהוּא שִׁמְעוֹן בֶּן גַּמְלִיאֵל מֵהֲרוּגֵי מַלְכוּת שֶׁאָמַר בְּפִרְקָא קַמָּא דְּאָבוֹת כָּל יָמַי גָּדַלְתִּי בֵּין הַחֲכָמִים וּמַה שֶּׁלֹּא נִקְרָא רַבָּן לִכְבוֹד נְשִׂיאוּתוֹ לְפִי שֶׁגָּדוֹל מֵרַבָּן שְׁמוֹ וְנִזְכַּר בַּמִּשְׁנָה פַּעַם אַחֶרֶת סוֹף פֶּרֶק קַמָּא דִּכְרִיתוּת שֶׁהֶעֱמִיד קִנִּים בִּירוּשָׁלַיִם בְּרְבָעְתַּיִם וְאֶפְשָׁר שֶׁכֵּיוָן שֶׁקִּלְקְלוּ עַבְדֵי חַשְׁמוֹנַאי בְּבַיִת שֵׁנִי וְעָמְדוּ הוֹרְדוֹס וּבָנָיו וְחָטְפוּ לָהֶם עַל יִשְׂרָאֵל מַלְכוּת שֶׁאֵינָהּ הוֹגֶנֶת הִתְקִינוּ בֵּית דִּין שֶׁיְּהֵא כֶּתֶר תּוֹרָה מַשְׁלִים לְכֶתֶר מַלְכוּת לְהוֹשִׁיב הַבֵּן עַל כִּסֵּא אָבִיו וּכְבָר זְכַרְנוּ בְּסוֹף הַחֵלֶק הָרִאשׁוֹן מִלְּתָא יַתִּירְתָּא דַּהֲוַת בְּהִלֵּל וְהִסְכִּים הַקָּדוֹשׁ בָּרוּךְ הוּא עַל יָדָם שֶׁזָּכוּ לְשַׁלְשֶׁלֶת יַחֲסִין גְּדוֹלָה וְהָיוּ כֻּלָּם רְאוּיִם

לִנְשִׂיאוּת וְהַיְינוּ דְּקָא בָּעֵי רַבִּי מָה אֲנִי בְּשָׂעִיר בְּסוֹף הוֹרָיוֹת. וּבִימֵי רַבָּן גַּמְלִיאֵל נִשְׁנֵית מַתְנִיתָא דְּפֶרֶק לִפְנֵי אֵידֵיהֶן כְּשֵׁם שֶׁשּׂוֹרְפִין עַל הַמְּלָכִים כָּךְ שָׂרְפִין עַל הַנְּשִׂיאִים וּכְשֶׁמֵּת שִׁמְעוֹן הַשֵּׁנִי שֶׁזָּכַרְנוּ וְגַמְלִיאֵל בְּנוֹ הָיָה קָטָן נִכְנַס בֶּן זַכַּאי תַּחְתָּיו וּבִקֵּשׁ מְטִיטוּס שׁוּשִׁילְתָּא דְּרַבָּן גַּמְלִיאֵל הַיְינוּ שֶׁלֹּא תִּפְסֹק הַנְּשִׂיאוּת מִבֵּיתוֹ וְנִקְרָא רַבָּן יוֹחָנָן שֶׁהֶעֱמִיד תַּלְמִידִים הַרְבֵּה וּכְבָר גָּלְתָה סַנְהֶדְרִין בְּיָמָיו וְעָמְדָה תּוֹרָה בְּרִפְיוֹן יָדַיִם לְפִיכָךְ לֹא כִּבְּדוּ אֶת הַנְּשִׂיאִים לִקְרֹא לָהֶם בִּשְׁמָם כַּאֲשֶׁר בָּרִאשׁוֹנָה וְאַחֲרָיו נִמְשְׁכוּ לִקְרֹא לַנְּשִׂיאִים בְּשֵׁם רַבָּן כְּמוֹ רַבָּן גַּמְלִיאֵל וְלִכְבוֹדוֹ הָיוּ מַזְכִּירִין אֶת זְקֵנוֹ בְּשֵׁם רַבָּן גַּמְלִיאֵל הַזָּקֵן וְאַחֲרָיו רַבָּן שִׁמְעוֹן בֶּן גַּמְלִיאֵל אָבִיו שֶׁל רַבִּי שֶׁחָשַׁשׁ הַרְבֵּה לִכְבוֹד הַנְּשִׂיאוּת בְּמַסֶּכֶת הוֹרָיוֹת אַף עַל פִּי שֶׁעַנְוְתָן הָיָה וְהוּא שֶׁשָּׁנָה בְּאָבוֹת עַל שְׁלֹשָׁה דְּבָרִים הָעוֹלָם קַיָּם וְעַל שְׁמוֹ הָיוּ מַזְכִּירִים אֶת זְקֵנוֹ בְּמַסֶּכֶת כְּרִיתוּת כִּדְאָמְרַן בְּשֵׁם רַבִּי שִׁמְעוֹן בֶּן גַּמְלִיאֵל זֶהוּ הֶמְשֵׁךְ הַדְּבָרִים הַלָּלוּ בֶּאֱמֶת אַף עַל פִּי שֶׁמִּקְצָת מְפָרְשִׁים לֹא דִּקְדְּקוּ בָּהֶם. וְעוֹד אוֹמֵר אֲנִי שֶׁרַבִּי סָמַךְ דִּבְרֵי עַצְמוֹ בְּרֵישׁ פֶּרֶק ב' דְּאָבוֹת לְדִבְרֵי אָבִיו שֶׁזָּכַרְנוּ וְאַחֲרָיו סָמַךְ דִּבְרֵי בְּנוֹ פֹּה תַּלְמוּד תּוֹרָה עִם דֶּרֶךְ אֶרֶץ וְאַחֲרָיו אַל תִּפְרֹשׁ מִן הַצִּבּוּר שֶׁהֵם דִּבְרֵי הִלֵּל בֶּן בְּנוֹ שֶׁרָחַץ בְּכָבוּל עִם יְהוּדָה אָחִיו פֶּרֶק מָקוֹם שֶׁנָּהֲגוּ וְכָאן שָׁנָה רַבִּי עַל עַצְמוֹ לֹא יָמוּשׁוּ מִפִּיךָ וּמִפִּי זַרְעֲךָ וּמִפִּי זֶרַע זַרְעֲךָ וְאַחַר כָּךְ סָמַךְ לְהִלֵּל זֶה דִּבְרֵי הִלֵּל הַזָּקֵן אֲבִי הַיַּחַס שֶׁאָמַר אֵין בּוּר יְרֵא חֵטְא וְשְׁנֵי הֲלָכוֹת לֹא דִּקְדְּקוּ בָּזֶה וְשׁוֹנִים גַּבֵּי אֵין בּוּר יְרֵא חֵטְא הוּא הָיָה אוֹמֵר כְּשֵׁם שֶׁנִּשְׁתַּבְּשׁוּ רַבִּים בִּשְׁנֵי רַבִּי שִׁמְעוֹן בֶּן גַּמְלִיאֵל דְּסוֹף פֶּרֶק קַמָּא וְשׁוֹנִים בַּשֵּׁנִי הוּא הָיָה אוֹמֵר וְהָאֱמֶת בָּזֶה וּבָזֶה מָה שֶׁבֵּאַרְנוּהוּ. וְלֹא רַבּוּ מַחְלֹקֶת בְּיִשְׂרָאֵל עַד אַחֲרֵי הַחֻרְבָּן הַשֵּׁנִי בִּימֵי רַבָּן גַּמְלִיאֵל דְּיַבְנֶה וַחֲבֵרָיו תַּלְמִידֵי שַׁמַּאי וְהִלֵּל דְּהַיְנוּ תַּלְמִידֵי רַבָּן יוֹחָנָן בֶּן זַכַּאי תַּלְמִידוֹ שֶׁל הִלֵּל וְשֶׁכְּנֶגְדָּם מִבֵּית שַׁמַּאי אֵלּוּ וָאֵלּוּ שֶׁלֹּא שִׁמְּשׁוּ כָּל צָרְכָּם לֹא שֶׁנִּתְרַשְּׁלוּ בָּהּ ח"ו אֶלָּא שֶׁבָּטְלָה בִּימֵיהֶם לִשְׁכַּת הַגָּזִית אֲבָל בֶּן זַכַּאי רַבָּם שֶׁהָיָה שָׁנִים רַבּוֹת בִּפְנֵי הַבַּיִת אֲפִלּוּ הֲוָיוֹת דְּאַבַּיֵי וְרָבָא הֲוָה גָּמִיר וּכְבָר זָכָה הוּא וְרַבּוֹתָיו לִקְבֹּעַ בְּכֻלָּן הֲלָכוֹת פְּסוּקוֹת מִבְּלִי מַחְלֹקֶת אָמְנָם קִלְקוּל הַזְּמַנִּים וּטְרוּף הַשָּׁעָה הִכְבִּיד עָלֵינוּ אֶת הַהֲלָכָה וְנִסְתַּפְּקָה הַהוֹרָאָה וְנִשְׁאֲרוּ שְׁנֵי הַצְּדָדִים בְּלִי הֶכְרֵעַ עִם הֱיוֹת שְׁנֵיהֶם מְקֻבָּלִים מִסִּינַי וְהַכֹּל חָרוּת עַל הַלּוּחוֹת שֶׁבֵּין כָּל דִּבּוּר וְדִבּוּר דִּקְדּוּקֶיהָ וְאוֹתִיּוֹתֶיהָ שֶׁל תּוֹרָה כְּמוֹ שֶׁזָּכַרְנוּ וְהָיָה זֶה כְּעֵין מַעֲשֵׂה הָאוּרִים וְתֻמִּים הַאי כִּי אַרְחֵיהּ וְהַאי כִּי אַרְחֵיהּ. וְאַף גַּם זֹאת הִתְחַנֵּן הַתַּנָּא לְפָנָיו יִתְבָּרַךְ שֶׁחֶלְקֵנוּ בְּחִדּוּשֵׁי הַתּוֹרָה חֵלֶק הַנְּשָׁמָה דַּוְקָא שֶׁמִּמְּקוֹם הַתּוֹרָה וְהַחָכְמָה הָעֶלְיוֹנָה חוֹצְבָה יִכָּתֵב מִכְתָּב אֱלֹהִים וִיהֵא חָתוּם בְּאוֹצְרוֹתָיו בְּכָל מָקוֹם שֶׁהֵן כֵּיוָן שֶׁחָלַק לִירֵאָיו מֵחָכְמָתוֹ מַמָּשׁ שֶׁהוּא עוֹסֵק בָּהּ תָּמִיד לֹא כֵן לְבָשָׂר וָדָם דְּעָלְמָא דְּנָתַן מֵחָכְמָתוֹ מְבָרְכִים עֲלַיְהוּ אִי מִשּׁוּם שֶׁהוּא מַתָּנָה לְמִי שֶׁאֵינוֹ הָגוּן וְהַחֵלֶק מוֹרֶה

שֶׁמָּן הַדִּין יֵשׁ לוֹ בָּהּ זְכִיּוֹת. וְאִי מִשּׁוּם שֶׁהַדָּבָר הַנִּיזָּן אֲלֵיהֶם הוּא מֻפְקָר וְנֶעֱזָב מֵהַנּוֹתֵן כְּדָבָר שֶׁאֵין בּוֹ מַמָּשׁ אֲבָל הַחֵלֶק הַנִּתָּן לָנוּ שָׁמוּר לַאֲדוֹן הַכֹּל בָּרוּךְ הוּא וּמִמֶּנּוּ הַנִּצְחִיּוּת הַנִּכְסָף לִשְׁלֵמִים שֶׁעָלָיו בִּקֵּשׁ דָּוִד הַמֶּלֶךְ ע"ה אָגוּרָה בְאָהָלְךָ עוֹלָמִים כִּי הִנֵּה בְּאוֹתִיּוֹת הַתּוֹרָה הָיָה יָהּ ה' צוּר עוֹלָמִים וְהַזּוֹכֶה אֵלֶיהָ בַּשִּׁעוּר הַזֶּה נַעֲשָׂה שֻׁתָּף בְּמַעֲשֵׂה בְרֵאשִׁית בְּלִי סָפֵק כַּיּוֹצֵא בַּדָּבָר אָנוּ מְבָרְכִין שֶׁחָלַק מִכְּבוֹדוֹ לִירֵאָיו כִּי הוּא מֶלֶךְ יִשְׂרָאֵל וְגוֹאֲלוֹ בֶּאֱמֶת וְהוּא אוֹמֵר עַל דָּוִד נָסַכְתִּי מַלְכִּי עַל צִיּוֹן כִּי מַלְכוּתָא דְאַרְעָא כְּעֵין מַלְכוּתָא דִרְקִיעָא אֲבָל לְבָשָׂר וָדָם בְּעָלְמָא נָתַן מִכְּבוֹדוֹ כִּי לַה' הַמְּלוּכָה וּמֹשֵׁל בַּגּוֹיִם פֵּרְשׁוּהוּ מִלְּשׁוֹן מֶמְשָׁלָה אוֹ מַמְשִׁיל מְשָׁלִים וּשְׁנֵיהֶם כְּאֶחָד טוֹבִים אָמְנָם בְּתֹאַר מֶלֶךְ מַלְכֵי יְשַׁפֵּר עֲלָךְ כִּי עֲצַת ה' לְעוֹלָם נִפְלְאוֹתָיו וּמַחְשְׁבוֹתָיו אֵלֵינוּ:

מַאֲמַר חֵקֶר דִּין - חֵלֶק ב פֶּרֶק כ

וּמָה גַּם עַתָּה נָבִינָה בְּמִכְתַּב הַלּוּחוֹת דְּתַנְיָא הָתָם בִּירוּשַׁלְמִי כֵּיצַד הָיוּ הַלּוּחוֹת כְּתוּבוֹת חֲנַנְיָה בֶּן אֲחִי רַבִּי יְהוֹשֻׁעַ אוֹמֵר חֲמִשָּׁה עַל זֶה וַחֲמִשָּׁה עַל זֶה רַבָּנִין אָמְרֵי עֲשָׂרָה רַבִּי שִׁמְעוֹן בֶּן יוֹחַאי אוֹמֵר עֶשְׂרִים רַבִּי סִימָאי אוֹמֵר אַרְבָּעִים. וְהַיּוֹתֵר קָרוֹב לִפְשַׁט הַמַּאֲמָר וַאֲמִתָּתוֹ הוּא שֶׁכָּל אֶחָד מֵהַתַּנָּאִים מוֹסִיף עַל דִּבְרֵי חֲבֵרוֹ וְלָא פְּלִיגֵי. דִּכְלָה עָלְמָא מִיהַת רֹחַב שִׁשָּׁה עַל שִׁשָּׁה מַחֲזִיק עֲשֶׂרֶת הַדִּבְּרוֹת לֹא פָּחוֹת וְלֹא יוֹתֵר וְהֵם נִקְרָאִים בְּשֶׁטַח אֶחָד לְכָל רוּחַ וּלְכָל פִּנָּה לְמַעַן יִלְמְדוּ לַהֲגוֹת בָּהֶם כָּל הַקָּרֵב הַקָּרֵב מֵאַרְבָּעָה דְּגָלִים יְהוּדָה רְאוּבֵן מִדָּרוֹם וְכֵן כֻּלָּם וְהָיָה זֶה מַעֲשֵׂה אֱלֹהִים בִּלְתִּי מְשֹׁעָר בְּשִׂכְלֵנוּ לֹא כְּמַעֲשֵׂה הֶדְיוֹט שֶׁצִּיֵּר זוּלָתֵנוּ לְפָנֵינוּ בְּבֵית הַמִּדְרָשׁ וְנַעַר יִכְתְּבֵם. וּבְרִירָא דְּמִלְּתָא דְּמָאן דְּאָמַר חֲמִשָּׁה חֲמִשָּׁה חָשַׁב לְהוּ בִּזְמַן שֶׁעַל צַד יִנָּשְׂאוּ עַל שְׁתֵּי יָדָיו שֶׁל מֹשֶׁה וְהָיוּ תּוֹאֲמִים וּמְאִירִים אֶל עֵבֶר פָּנָיו וְהוּא צוֹפֶה וְהוֹגֶה בָּהֶם אֶת כָּל הַדִּבְּרוֹת חֲמִשָּׁה עַל זֶה וַחֲמִשָּׁה עַל זֶה שֶׁהֲרֵי עָבְי כָּל אֶחָד מֵהֶם שְׁלֹשָׁה טְפָחִים כַּנּוֹדָע וּמָאן דְּאָמַר עֲשָׂרָה לְכָל לוּחַ חָשַׁב לְהוּ בְּפִתְחוֹ אוֹתָם לְעֵינֵי כָּל יִשְׂרָאֵל וּכְדֶרֶךְ שֶׁהֵם מֻנָּחִים בָּאָרוֹן כִּדְאִיתָא בְּבָבָא בָּתְרָא פֶּרֶק הַשֻּׁתָּפִין וְהָיוּ עֶשְׂרִים לְכָל חֲדָא מָנִיהוּ בְּהֶחְשֵׁב שְׁנֵי עֶבְרֵיהֶם. וְהָאוֹמֵר אַרְבָּעִים עַל זֶה וְאַרְבָּעִים עַל זֶה מוֹסִיף צִדֵּי צְדָדִים שֶׁהֵם אַרְבָּעָה לְלוּחַ אֶחָד וַחֲמִשָּׁה דִבְּרוֹת לְכָל אֶחָד מֵהֶם כְּמוֹ שֶׁזָּכַרְנוּ דּוֹק בְּקָרָאֵי דְּמַיְתִי רְאָיָה מָנַיְהוּ וְתִשְׁכַּח דִּיאוֹת אָמְרִין וְנִיחָא לָן לְמֵימַר שֶׁפָּסוּק וַיְדַבֵּר אֱלֹהִים אֵינֶנּוּ מִן הַמִּדָּה אֶלָּא בִּכְלַל דִּקְדּוּקֶיהָ וְאוֹתִיּוֹתֶיהָ שֶׁל תּוֹרָה שֶׁזָּכַרְנוּ בְּפֶרֶק ט"ז. אֲבָל אֲשֵׁמִים אֲנַחְנוּ מִשֶּׁסָּרַחְנוּ בָּעֵגֶל כִּי נִשְׁבְּרוּ לוּחוֹת רִאשׁוֹנוֹת וּשְׁנִיּוֹת נִגְנְזוּ וְהֻצְרַכְנוּ לְסֵפֶר תּוֹרָה וְאוֹתִיּוֹתֶיהָ נִתְלַקְּטוּ מֵרֹאשָׁם הָאוֹתִיּוֹת שֶׁפָּרְחוּ בִּשְׁבִירַת לוּחוֹת רִאשׁוֹנוֹת תֵּדַע שֶׁיֵּשׁ הֶבְדֵּל מְרֻבֶּה בְּנֻסְחַת הַדִּבְּרוֹת בֵּין רִאשׁוֹנוֹת לִשְׁנִיּוֹת וְאֵין סָפֵק שֶׁיֵּשׁ

הֶבְדֵּל גַּם כֵּן בְּאוֹתִיּוֹתֶיהָ וְדִקְדּוּקֶיהָ שֶׁזָּכַרְנוּ בְּפֶרֶק ט"ז וְהִנֵּה לְתַקֵּן שִׁבְרֵי לוּחוֹת הֻזְקַק מֹשֶׁה רַבֵּנוּ ע"ה לִפְסֹל מַחְצַב סַנְפְּרִינוֹן לְלוּחוֹת שְׁנִיּוֹת דְּהַיְנוּ דּוֹמֵם וּלְתִקּוּן הַצּוֹמֵחַ הֵבִיא עֲפָצִין לְסֵפֶר תּוֹרָה וְקָנֶה לַעֲשׂוֹת קֻלְמוֹס וּלְתִקּוּן בַּעֲלֵי חַיִּים הֻזְקַק לְעַבֵּד עוֹר בְּהֵמָה טְהוֹרָה אֲפִלּוּ מְנֻבָּלוֹת וּטְרֵפוֹת שֶׁלָּהֶן דְּהַיְנוּ נְפוּלָה וּשְׁבוּרָה לַיּוֹדְעִים סוֹדָהּ שֶׁכְּנֶגְדָּן כְּתִיב וַיִּשְׁלַח וַיִּשָּׁבֵר וְרוֹשֶׁם הָאוֹתִיּוֹת שֶׁנִּשְׁאֲרוּ בְּשִׁבְרֶיהָ הַיּוֹתֵר מְעֻלֶּה מִמֶּנָּה הוּא חֵלֶק אָדָם שֶׁנִּתְקַן עַל יְדֵי מֹשֶׁה בִּכְתִיבַת סֵפֶר תּוֹרָה וּמִן הָאוֹתִיּוֹת הַפּוֹרְחוֹת עַצְמָם חָזְרוּ מִקְצָת בְּמִכְתָּב אֱלֹהִים חָרוּת עַל הַלּוּחוֹת וְהִנֵּה שְׁבִירַת הַלּוּחוֹת עַצְמָן הִיא כְּעֵין הָאָמוּר בְּפָרָשַׁת סוֹטָה שְׁמִי שֶׁנִּכְתַּב בִּקְדֻשָּׁה יִמָּחֶה עַל הַמַּיִם לַעֲשׂוֹת שָׁלוֹם בֵּין אִישׁ לְאִשְׁתּוֹ דְּהַיְנוּ לְהַשְׁלִים הַדִּין אוֹ לְהַגְדִּיל הַטּוֹב וְהַמֵּטִיב וְהִנֵּה שָׁלוֹם בְּמֶ"ם רַבָּתִי בְּגִימַטְרִיָּא י"ג פְּעָמִים ע"ב לְפִיכָךְ כָּתַב מֹשֶׁה י"ג סְפָרִים בְּתוֹרַת חֶסֶד וְשׁוּב קִלְקַלְנוּ בִּימֵי הַזְּקֵנִים וְהַנְּבִיאִים וְנִכְתְּבוּ תּוֹכְחוֹתֵיהֶם לְאוֹת לִבְנֵי מֶרִי וְנֶחָמוֹתֵיהֶם לִמְחַכָּה לָהֶן וּמִשֶּׁחָרַב הַבַּיִת הַשֵּׁנִי הַכֹּל נִתָּן לִכָּתֵב מִשּׁוּם עֵת לַעֲשׂוֹת כְּרַבִּי נָתָן הוֹי אֶכְתָּב לוֹ רֻבֵּי תּוֹרָתִי כְּמוֹ זָר נֶחְשָׁבוּ. וְהַשְׁתָּא דְּאַשְׁכַּחְנָא כַּמָּה מַרְגָּנִיאָתָהּ תּוּתֵי הַהוּא חַסְפָּא דְּדָלוּ אֲחֲרִינָא בְּהַקְשׁוֹתָם עַל מַאֲמַר רַבִּי כְּרוּסְפְּדַאי נָשׁוּב לְהִתְבּוֹנֵן בִּשְׁלֹשָׁה סְפָרִים וּכְתִיבָתָם נַבִּינָה לְאַחֲרִיתָם:

מַאֲמַר חֵקֹר דִּין - חֵלֶק ב פֶּרֶק כא

קְצָת מְפָרְשִׁים וּמְחַשּׁוּבֵיהֶם אָמְרוּ שֶׁאֲפִלּוּ צַדִּיק גָּמוּר לְפִי רֹב הַמַּעֲשֶׂה הַטּוֹב שֶׁזָּכָה בּוֹ יֵחָשֵׁב מִכָּל מָקוֹם רָשָׁע בְּדִינוֹ בְּרֹאשׁ הַשָּׁנָה לִפְנֵי מוֹתוֹ וּמֵהֶם מִי שֶׁהִפְלִיג הַמְּלִיצָה הַמָּשָׁל וּפַחַד וְרָאוּי לְהִזָּהֵר בְּדִבְרֵיהֶם אֵלֶּה כִּי אָנוּ לֹא נַאֲמִין בִּשְׁלֵמִים דִּכְתִיב בְּהוּ אֶת מִסְפַּר יָמֶיךָ אֲמַלֵּא שֶׁתִּתְיַחֵס מִיתָתָם לְדִין רֹאשׁ הַשָּׁנָה וְאַף אָדָם הָרִאשׁוֹן וְאַבְרָהָם דִּכְתִיב בְּמִסְפַּר יְמֵי חַיֵּיהֶם אֲשֶׁר חַי לְלַמֵּד שֶׁלֹּא הִשְׁלִימוּ מִנְיַן הַשָּׁנִים שֶׁהָיָה קָצוּב אֲלֵיהֶם כִּדְלְקַמָּן בְּחֵלֶק הָרְבִיעִי פֶּרֶק ג' לֹא נִכְתְּבוּ בְּשָׁנָה אַחֲרוֹנָה אֶלָּא בְּסִפְרָן שֶׁל צַדִּיקִים בְּלִי סָפֵק. וְגַם לֹא תְּצַיֵּר כְּתִיבָה לְמִיתָה בִּשְׁבִיל עָוֹן קַל לְפִי פְּשַׁט הַמֵּימְרָא דְּרַבִּי כְּרוּסְפְּדַאי. וְלֹא נֹאבֶה לְהַטּוֹת לְבָבֵנוּ אֶל הָרַב יִצְחָק עֲרָאמָה וּלְרַבִּים זוּלָתוֹ מִבַּעֲלֵי הַסְּבָרוֹת הַחֲדָשׁוֹת אֲשֶׁר דִּבְרֵיהֶם בַּדְּרוּשׁ הַזֶּה לֹא יוֹעִילוּ בֶּאֱמוּנָה וְלֹא יַצִּילוּ מִן הַסְּפֵקוֹת הַלְוַאי וְלֹא יוֹסִיפוּ עַל הַמְּבוּכוֹת הָרִאשׁוֹנוֹת כָּהֵנָּה וְכָהֵנָּה אֶלָּא מֵחַנּוּרְתָּא שִׁטְתָּהּ הַתּוֹסָפוֹת וּמִמֵּילָא רְוָחָא שְׁמַעְתָּא בְּפֵרוּשָׁם עִם סִיּוּעַ רַב וָרָם אֲשֶׁר לָנוּ לְדַעְתָּם בְּסִפְרֵי דְּאַגַּדְתָּא אֶלָּא שֶׁהַקָּצוּר יָפֶה וְכָל מָה שֶׁהֻרְגַּשׁ נֶגְדָּם וְהַקֻשָׁה עַל דִּבְרֵיהֶם מִבְּלִי שֶׁנַּאֲרִיךְ בְּהַעְתָּקָתוֹ יִתֹּרֵץ אֶל נָכוֹן בִּכְלָל בֵּאוּרֵנוּ. אָמְרוּ בַּעֲלֵי הַתּוֹסָפוֹת כִּי כָּל הַנִּגְזָר בְּרֹאשׁ הַשָּׁנָה בְּבֵית דִּין שֶׁל מַעְלָה מִדִּינֵי הָעוֹלָם הַזֶּה עַל הַצַּדִּיקִים אֲפִלּוּ יִהְיֶה לְיִסּוּרִין אוֹ מִיתָה

חַיִּים אִקְרֵי לְדִין הַנֶּפֶשׁ. וְגַם רַשִׁ"י הָכִי סְבִירָא לֵהּ וּמוֹכְחָא מִלְּתֵיהּ מִמָּה שֶׁפֵּרֵשׁ בְּפֶרֶק קַמָּא דְּקִדּוּשִׁין גַּבֵּי הַהִיא דְּתָנְיָא כָּל שֶׁזְּכִיּוֹתָיו מְרֻבִּים מֵעֲוֹנוֹתָיו מְרֵעִין לוֹ וְכוּ' יְעַיֵּן שָׁם. וְלֹא הִקְשׁוּ לוֹ בַּתּוֹסָפוֹת הָתָם אֶלָּא בִּפְלֻגְתָּא דְּאָמוֹרָאֵי אֲבָל לְקוּשְׁטָא דְּמִלְּתָא שָׁוִים שֶׁכָּךְ הִיא הַמִּדָּה כְּמוֹ שֶׁזָּכַרְנוּ. וְאֶפְשָׁר גַּם כֵּן שֶׁבְּרֹאשׁ הַשָּׁנָה יִכָּתֵב הָאָדָם בִּסְתָם עִם הַצַּדִּיקִים וְהוּא מָה שֶׁאָנוּ קוֹרְאִים אוֹתוֹ כְּתִיבָה לְחַיִּים וְזֶה גּוֹרֵם אַחַר כָּךְ תּוֹךְ שְׁנָתוֹ שֶׁיִּזְדַּקְדֵּק עַל מַעֲשָׂיו כְּחוּט הַשְּׂעָרָה וְהָכִי נָמֵי מִסְתַּבְּרָא שֶׁהַקָּדוֹשׁ בָּרוּךְ הוּא מְבַקֵּר פִּנְקָסִים שֶׁל אֵלֶּה הָעֲתִידִים לִזְכּוֹת לָעוֹלָם הַבָּא וּלְקִצָּתָם עַל כָּל נֶעְלָם הָאֱלֹהִים יָבִיא בַּמִּשְׁפָּט לְדֶרֶךְ חַיִּים תּוֹכַחַת מוּסָר. וְקָרוֹב לִשְׁמֹעַ כִּי זֶה מִסּוּג מָה שֶׁאָמְרוּ מֵתִים יוֹרְשִׁים אֶת הַחַיִּים וְהִנֵּה שֶׁמַּעְנוּהָ בְּחֶלְקַת הָאָרֶץ וּמְצָאנוּהָ בְּנַחֲלַת הָעוֹלָם הַבָּא כִּי הָא דְּאָמְרָן וּבַתּוֹרָה דִּכְתִיב בָּהּ מוֹרָשָׁה קְהִלַּת יַעֲקֹב וְכִדְאָמַר רַבָּנָן אֵין דִּבְרֵי תוֹרָה מִתְקַיְּמִים אֶלָּא בְּמִי שֶׁמֵּמִית עַצְמוֹ עֲלֵיהֶן וְהֵן שָׁלֹשׁ מַתָּנוֹת טוֹבוֹת שֶׁנָּתַן הַקָּדוֹשׁ בָּרוּךְ הוּא לְיִשְׂרָאֵל וְכֻלָּן עַל יְדֵי יִסּוּרִין שֶׁאֵין שְׁלֵמוּת הַשָּׂגָתָם בַּחַיִּים הָאֵלֶּה כִּי עָפָר אֲנַחְנוּ וּבָאוּ הַיִּסּוּרִים בִּשְׁלָשְׁתָּן לְמִי שֶׁרַבּוּ זְכִיּוֹת הֶעָתִיד לִזְכּוֹת אֲלֵיהֶן לְמָרֵק מִעוּט עֲוֹנוֹת לְשׂוּמוֹ כְּמַלְאֲכֵי הַשָּׁרֵת:

מַאֲמַר חֵקֶר דִּין - חֵלֶק ב פֶּרֶק כב

כָּל הָעוֹשֶׂה מִצְוָה אַחַת מְטִיבִין לוֹ וּמַאֲרִיכִין יָמָיו וְנוֹחֵל אֶת הָאָרֶץ מַתְנִיתִין הִיא סוֹף פֶּרֶק קַמָּא דְּקִדּוּשִׁין. וּמַשְׁמַע לָן דְּהָכִי קָאָמַר זוֹכֶה לְג' מַתָּנוֹת שֶׁזָּכַרְנוּ בַּפֶּרֶק הַקּוֹדֵם תּוֹרָה דִּכְתִיב בָּהּ לֶקַח טוֹב עוֹלָם הַבָּא שֶׁכֻּלּוֹ אָרוֹךְ וְאֶרֶץ יִשְׂרָאֵל כְּמַשְׁמָעָהּ. וְאַסְקִינַן דְּמִצְוָה אַחַת יְתֵרָה עַל זְכִיּוֹתָיו קָאָמַר וּקְתַנֵּי סְתָמָא מִצְוָה אַחַת לְלַמֶּדְךָ כִּי אֶפְשָׁר לְמִצְוָה אַחַת בִּלְבַד כְּפִי שְׁלֵמוּתָהּ בְּקִיּוּם תְּנָאֶיהָ וּגְדָרֶיהָ וְצֹרֶךְ שַׁעְתָּהּ לְהַכְרִיעַ כְּנֶגֶד מִנְיָן רַב מִן הָעֲבֵרוֹת בְּמִשְׁקָל אֶל דֵּעוֹת שֶׁזָּכַר הָרַמְבַּ"ם בְּהִלְכוֹת תְּשׁוּבָה לָא שְׁנָא קִיּוּם עֲשֵׂה אֶחָד לָא שְׁנָא הַזָּהֵר מִדְּבַר עֲבֵרָה שֶׁבָּא לְיָדוֹ וְנִצּוֹל הֵימֶנּוּ דַּחֲשַׁבִינַן לֵהּ כְּעוֹשֶׂה מִצְוָה וּרְאָיָה מִיּוֹסֵף הַצַּדִּיק כִּמְפֻרְסָם. וּמַסְקִינַן הָתָם דְּלָא בְּעֵינָן יִתְרוֹן אֶלָּא בְּמִצְוֹת קַלּוֹת שֶׁאֵין בָּהֶן כֹּחַ לְהַכְרִיעַ כְּנֶגֶד הָעֲוֹנוֹת רַק בְּרֹב מִנְיָן וּבְלָאו הָכִי אֵינוֹ אֶלָּא בֵּינוֹנִי אֲבָל אִם יֵשׁ בִּכְלַל הַמִּצְוֹת חֲדָא מֵהַנָּךְ שֶׁאָדָם אוֹכֵל פֵּרוֹתֵיהֶם בָּעוֹלָם הַזֶּה וְהַקֶּרֶן קַיֶּמֶת לוֹ לָעוֹלָם הַבָּא אַף עַל פִּי שֶׁהַכַּפּוֹת שְׁקוּלוֹת מֶחֱצָה עַל מֶחֱצָה הָא וַדַּאי מַכְרַעַת לִזְכוּת וְאֵינוֹ בֵּינוֹנִי אֶלָּא צַדִּיק גָּמוּר וְשִׁלּוּחַ הַקֵּן נָמֵי דְּכַוָּתַיְהוּ אַף עַל גַּב דְּלֵיכָּא לְמֵימַר תְּנָא וְשַׁיֵּר דְּהָא אֵלּוּ דְּבָרִים קָתָנֵי אֶלָּא שֶׁאֵינָהּ עוֹשָׂה פֵּרוֹת מִשּׁוּם דְּהַוְיָא בֵּינוֹ לַמָּקוֹם וּכְתִיב אִם צָדַקְתָּ מַה תִּתֶּן לוֹ וְשֶׁכְּנֶגְדּוֹ בְּחִלּוּל הַשֵּׁם אֲפִלּוּ הַכַּפּוֹת שְׁקוּלוֹת מַכְרַעַת לְחוֹבָה וְאָמְרִינַן נָמֵי הָתָם שֶׁמִּי שֶׁהוּא צַדִּיק לַשָּׁמַיִם וְטוֹב

לַבְּרִיּוֹת ש לִזְכִיּוֹתָיו כֻּלָּם קֶרֶן וּפֵרוֹת אֲבָל שֶׁכְּנֶגְדּוֹ אֵינוֹ כֵּן כִּי אֲפִלּוּ רָשָׁע לַשָּׁמַיִם וְרַע לַבְּרִיּוֹת עֲבֵרָה שֶׁעוֹשָׂה פֵּרוֹת כְּגוֹן חִלּוּל הַשֵּׁם יֵשׁ לָהּ פֵּרוֹת וְעִם זֶה לֹא יִקְשֶׁה מִירוּשַׁלַיִם כִּי לָקְחָה כִּפְלַיִם בְּכָל חַטֹּאתֶיהָ לְדֶרֶךְ הַמְפָרְשִׁים שֶׁהֲרֵי חִלּוּל הַשֵּׁם הוּא הַגּוֹרֵם בֶּאֱמֹר לָהֶם עַם ה' אֵלֶּה וּמֵאַרְצוֹ יָצָאוּ אֲבָל עֲבֵרָה שֶׁאֵינָהּ עוֹשָׂה פֵּרוֹת אֵין לָהּ פֵּרוֹת. עוֹד מַחֲשָׁבָה טוֹבָה הַקָּדוֹשׁ בָּרוּךְ הוּא מְצָרְפָהּ לְמַעֲשֶׂה שֶׁאֲפִלּוּ נֶאֱנַס וְלֹא עָשָׂה מִצְוָה שֶׁחָשַׁב לַעֲשׂוֹתָהּ מַעֲלִין עָלָיו כְּאִלּוּ חָשַׁב וְעָשָׂה מִצְוָה וְאִם זָכָה לְקַיְּמָהּ הֲרֵי זֶה נִשְׂכָּר אַחַר כָּךְ עַל הַמַּעֲשֶׂה בִּשְׁבִילוֹ וּבִשְׁבִיל כַּוָּנַת שְׁעָתוֹ וִידַקְדֵּק עִם זֶה דִּקְדּוּק גָּמוּר וַיַּעֲשׂוּ בְּנֵי יִשְׂרָאֵל כֵּן עָשׂוּ עַל הַדֶּרֶךְ שֶׁבֵּאַרְנוּהוּ בְּפֶרֶק י"ג אֲבָל בְּמַחֲשָׁבָה רָעָה אֵינוֹ כֵּן שֶׁאִם הִיא עוֹשָׂה פֵּרוֹת כְּלוֹמַר שֶׁיֵּשׁ בָּהּ מַעֲשֶׂה הִיא לְבַדָּהּ מִצְטָרֶפֶת לְמַעֲשֶׂה וְנֶעֱנָשׁ עַל הַמַּחֲשָׁבָה וְעַל הַמַּעֲשֶׂה. אֵין בָּהּ מַעֲשֶׂה אֵינוֹ נֶעֱנָשׁ אֶלָּא עַל הַמַּחֲשָׁבָה בִּלְבַד. אָמְנָם כִּי הָעֵבֶר עֲבֵרָה וְשׁוֹנֶה בָּהּ מַה שֶּׁהֻתְּרָה לוֹ גּוֹרֵם לְהָבָא שֶׁתְּהֵא מַחֲשַׁבְתּוֹ בָּהּ מִצְטָרֶפֶת לְמַעֲשֶׂה אֲבָל בְּמַחֲשֶׁבֶת עֲבוֹדָה נָכְרִיָּה אֲפִלּוּ פַּעַם רִאשׁוֹנָה נָמִי. וְזוֹ טַעֲנָה נִצַּחַת לְהֵעָנֵשׁ אָבִינוּ הָרִאשׁוֹן עַל עָוֹן רִאשׁוֹן אַף לְפִי הַמְפֻרְסָם כִּי אַזְהָרַת הָאֲכִילָה מֵעֵץ הַדַּעַת יֵשׁ בָּהּ סֶרֶךְ עֲבוֹדָה נָכְרִיָּה כִּמְפֹרָשׁ בְּאַגָּדָה בִּמְקוֹמוֹת רַבִּים וְלֹא עוֹד אֶלָּא דְּאַטְעִינְהוּ נָחָשׁ בִּדְנַפְשַׁיְהוּ בְּאָמְרוֹ וִהְיִיתֶם כֵּאלֹהִים וּכְמוֹ שֶׁנַּזְכִּיר בַּחֵלֶק הַשְּׁלִישִׁי פֶּרֶק י"ז וְאֵינוֹ רָחוֹק לְהַאֲמִין שֶׁהַנָּחָשׁ הָיָה מְדַבֵּר עִם הָאִשָּׁה בִּלְשׁוֹנָם וְשֶׁנִּטַּל מִמֶּנּוּ אוֹתוֹ הַכֹּחַ בְּקִלְלַת אָרוּר מִכָּל הַבְּהֵמָה שֶׁלְּפִי גְּדֻלָּתוֹ מַפַּלְתּוֹ כִּי הִנֵּה מֵעִקָּרָא חֲנָנוֹ בְּזֶה כְּדֵי שֶׁיּוּכַל לְהַלֵּךְ בִּשְׁלִיחוּתוֹ שֶׁל אָדָם לִקְצֵוֵי אֶרֶץ וְיָם רְחֹקִים וּלְהָשִׁיב שׁוֹלְחוֹ דָּבָר. וְעַתָּה לְכֻלָּם יֵשׁ שִׂיחָה בְּקוֹלָם כְּגוֹן צִפְצוּפֵי עוֹפוֹת וּגְעִיַּת הַשּׁוֹר וְדוֹמֵיהֶם שֶׁהַחֲכָמִים מְבִינִים עַל יָדָם מַה שֶּׁנִּתָּן לָהֶם רְשׁוּת וּלְנַחֵשׁ אֵין מִזֶּה כְּלוּם אִי נָמֵי גַּם הוּא הָיָה מְדַבֵּר עִם חַוָּה עַל יְדֵי קְרִיצוֹת וּרְמִיזוֹת וְעַכְשָׁו בָּטְלוּ מִמֶּנּוּ וְיֵשׁ בַּמִּדְרָשׁ יְסוֹד לִשְׁנֵי דְּרָכִים הַלָּלוּ וְהֶעֱלוּ בַּתּוֹסָפוֹת כִּי לְמִי שֶׁאֵינוֹ בֶּן בְּרִית מַחֲשָׁבָה רָעָה מִצְטָרֶפֶת לְמַעֲשֶׂה בְּכָל גַּוְנָא מִדִּכְתִיב גַּבֵּי עֵשָׂו מֵחֲמַס אָחִיךָ יַעֲקֹב וְאַף עַל פִּי שֶׁאָמְרוּ שָׁם עָלָיו בֶּן שֶׁנִּתְנַכֵּר שֶׁאֲנִי גַּבֵּי יְרֻשָּׁה לְעֵשָׂו נָתַתִּי אֶת הַר שֵׂעִיר לְמֵימַר שֶׁאֵין מִשָּׁם רְאָיָה שֶׁיְּהֵא נָכְרִי יוֹרֵשׁ אֶת אָבִיו לֹא לְמַסְקָנָא אִתְּמַר אֶלָּא לְרַוְחָא דְּמִלְּתָא דַּאֲפִלּוּ נֵימָא הָכִי נָפְקָא לָן מִבְּנֵי לוֹט דִּכְתִיב בְּהוּ נָתַתִּי אֶת עָר יְרֻשָּׁה וּמִכָּל מָקוֹם פְּשָׁטֵיהּ דִּקְרָא הָיִינוּ כְּדִבְרֵיהֶם. וּמַחֲשָׁבָה טוֹבָה לְעַם נָכְרִי אֵינָהּ מִצְטָרֶפֶת לְמַעֲשֶׂה מִדְּגַבֵּי דָּרְיָוֶשׁ לֹא כְּתִיב שֶׁהִצִּיל אֶת דָּנִיֵּאל אֶלָּא הֲוָה מְשַׁדֵּר לְהַצָּלוּתֵיהּ אַף עַל גַּב דַּהֲוָה לֵיהּ מְנָיָה הַצָּלָה פּוּרְתָּא עַד מֶעָלֵי שִׁמְשָׁא:

מַאֲמַר חֲקֹר דִּין - חֵלֶק ב פֶּרֶק כג

אֵין בֵּית דִּין שֶׁל מַעְלָה מַעֲנִישׁ פָּחוֹת מִבֶּן עֶשְׂרִים שָׁנָה כַּנּוֹדָע וְזֵכֶר לַדָּבָר כִּי שָׁמַע אֱלֹהִים אֶל קוֹל הַנַּעַר בַּאֲשֶׁר הוּא שָׁם וְהֶרְמֵז לֵאלֹהִים וְלַשָּׁמַיִם שֶׁזָּכַר דְּאִלּוּ בְּבֵית דִּין תַּחְתּוֹן שֶׁאֱלֹהִים נִצָּב בַּעֲדַת אֵל הֲרֵי כְּבָר נֶאֱמַר כֹּל אֲשֶׁר תֹּאמַר אֵלֶיךָ שָׂרָה שְׁמַע בְּקֹלָהּ וּלְפִי שֶׁאֵין קָרְבָּה פּוֹסֶלֶת בְּבֶן הָאָמָה נִדּוֹן בְּגֵרוּשִׁין בְּבֵית דִּינוֹ שֶׁל אַבְרָהָם עַל ג' עֲבֵרוֹת חֲמוּרוֹת דָּרְשׁוּ אוֹתָן חֲכָמִים עַל מִלַּת מְצַחֵק וְאַף עַל פִּי שֶׁאַבְרָהָם שִׁחְרֵר אֶת הַגָּר תְּחִלָּה כְּדִבְרֵי יוֹנָתָן בֶּן עֻזִּיאֵל הִנֵּה קֹדֶם מַתַּן תּוֹרָה לֹא הָיָה שִׁחְרוּר עֲבָדִים מוֹעִיל כִּי אִם לְשֵׁמָן כְּגֵרִים תּוֹשָׁבִים וְעוֹד חָזְרוּ הִיא וְהוּא לְגִלּוּלֵי בֵּית אָבִיהָ אֶלָּא שֶׁקְּשָׁרָה פִּתְחָהּ וְלֹא הָיְתָה לְאִישׁ עַד שֶׁעָשָׂה בָּהּ אַבְרָהָם לְקוּחִים שְׁנַיִם וּמִן הוּא וָהָלְאָה הָיוּ מַעֲשֶׂיהָ נָאִים כִּקְטֹרֶת. וּמַלְאֲכֵי הַשָּׁרֵת בִּקְּשׁוּ לָדוּן אֶת יִשְׁמָעֵאל עוֹד עַל שֵׁם סוֹפוֹ אָמַר לָהֶם שׁוֹפֵט צֶדֶק שֶׁאֵין דָּנִין כֵּן אֲפִלּוּ לְבֶן סוֹרֵר וּמוֹרֶה אֶלָּא לְפִי מַעֲשָׂיו שֶׁל אוֹתָהּ שָׁעָה כְּגוֹן שֶׁהוּא זוֹלֵל וְסוֹבֵא עַכְשָׁו וְסוֹפוֹ מְלַסְטֵם אֶת הַבְּרִיּוֹת דְּטָבָא לֵהּ עַבְדִּין לֵהּ יָמוּת זַכַּאי וְאַל יָמוּת חַיָּב. אֲבָל אִם אֵין בּוֹ עָוֹן מֵאוֹתוֹ מַעֲשֶׂה שֶׁהוּא עָתִיד לַחְטֹא אֵין עוֹנְשִׁין אוֹתוֹ אֲפִלּוּ בְּשֵׁב וְאַל תַּעֲשֶׂה כְּגוֹן שֶׁלֹּא לְהַעֲלוֹת לוֹ בְּאֵר וְאַף עַל פִּי שֶׁיִּכָּשֵׁל בְּקוּם עֲשֵׂה לְאַחַר זְמַן לְהָמִית בְּצָמָא גּוֹלִים כְּמוֹתוֹ וְהֵם בָּנִים לַמָּקוֹם וְעוֹד שֶׁאֲנִי יִשְׁמָעֵאל אַף עַל פִּי שֶׁהָיְתָה בּוֹ בְּאוֹתָהּ שָׁעָה תְּחִלַּת הַקַּלְקָלָה כְּמוֹ שֶׁזָּכַרְנוּ מִדְרֶשֶׁת מְצַחֵק מִכָּל מָקוֹם אֵין סוֹפוֹ לְהָמִית בְּצָמָא אֶלָּא בָּנָיו הֵם הָעֲתִידִים לַחְטֹא וְאֵין דָּנִין בֵּן סוֹרֵר וּמוֹרֶה רַק עַל קַלְקָלַת עַצְמוֹ תְּחִלָּה וָסוֹף. אָמְנָם הַמִּיתָה לִפְחוּתִים מִי"ג שָׁנָה אֵינָהּ אֶלָּא בַּעֲוֹן אֲבוֹתָם. וּמִשְּׁנַת י"ג עַד עֶשְׂרִים הַמִּיתָה מֵהַבֵּית דִּין עֶלְיוֹן הִיא לְטוֹבָה תָּמִיד אִם רַבּוּ זְכֻיּוֹת וְקָרוֹב לְהַרְשִׁיעַ מַעֲבִירִין אוֹתוֹ מִן הָעוֹלָם לָתֵת לוֹ שְׂכַר מִצְוֹת וּלְחַדֵּשׁ עַל פִּי זְכוּתוֹ כְּמוֹ שֶׁיָּבֹא בְּפֶרֶק כ"ח כִּי לֹא אָמְרוּ שֶׁאֵין בֵּית דִּין שֶׁל מַעְלָה מֵמִית בְּאוֹתוֹ פֶּרֶק אֶלָּא שֶׁאֵינוֹ מַעֲנִישׁ וּמִיתָה זוֹ אֵינָהּ עַל צַד הָעֹנֶשׁ כָּאָמוּר. וְגַם זֶה סִיּוּעַ שֶׁיֵּשׁ בּוֹ מַמָּשׁ לְדַעַת הַתּוֹסָפוֹת שֶׁזָּכַרְנוּ. וְאִם רַבּוּ עֲוֹנוֹת וּמֵת הֲרֵי זֶה בִּכְלָל מִשְׁפָּט שֶׁיֵּשׁ עִמּוֹ צְדָקָה כְּמוֹ שֶׁיִּקְרֶה לִפְעָמִים גַּם כֵּן לְגָדֹל מִבֶּן עֶשְׂרִים לִהְיוֹת נִסְפֶּה בְּלֹא מִשְׁפַּט מְקוֹמוֹ וּשְׁעָתוֹ כִּי אִם עַל שֵׁם סוֹפוֹ לְמַעֵט אֶת הַתִּפְלָה וּלְקָרֵב כַּפָּרָתוֹ וְדִין אֱמֶת הוּא כְּפִי רִשְׁעָתוֹ וּבֵן סוֹרֵר וּמוֹרֶה בְּבֵית דִּין שֶׁל מַטָּה דֻּגְמָתוֹ כִּדְאָמְרַן:

מַאֲמַר חֲקֹר דִּין - חֵלֶק ב פֶּרֶק כד

בְּשָׁעָה שֶׁבָּא הַקָּדוֹשׁ בָּרוּךְ הוּא בְּדִין עַל אָדָם הָרִאשׁוֹן בְּרֹאשׁ הַשָּׁנָה

רִאשׁוֹן עַל חֵטְא רִאשׁוֹן נִכְנַס עִמּוֹ בִּדְבָרִים מֵעֵין הַמְּאֹרָע וְאָמַר לוֹ אַיֶּכָּה הוֹדִיעוֹ שֶׁאוֹתוֹ הַיּוֹם א' בְּתִשְׁרֵי שֶׁהוּא תְּחִלַּת דִּינוֹ שֶׁל אָדָם בְּכָל שָׁנָה וְשָׁנָה וְאַחֲרָיו בְּעָשׂוֹר לַחֹדֶשׁ גְּמַר דִּין וְהוּא בְּסוֹף נְעִילַת שַׁעֲרֵי שָׁמַיִם שֶׁיֵּשׁ מְקַדֶּשֶׁת הַיּוֹם בִּתְחִלַּת הַשָּׁנָה לְמִי שֶׁמּוֹסִיף מֵחוֹל עַל הַקֹּדֶשׁ עַד אוֹתָהּ שָׁעָה כְּמוֹ רמ"ג שָׁעוֹת וּלְאַחַר כ' בְּתִשְׁרֵי יֵשׁ חוֹתֵם הַדִּין בְּלֵיל הוֹשַׁעְנָא רַבָּא בִּשְׁעַת מֶמְשֶׁלֶת הַלְּבָנָה כַּנּוֹדָע וּבְאוֹתָהּ שָׁנָה רִאשׁוֹנָה חָל הוֹשַׁעְנָא רַבָּא בְּיוֹם ה' וְהַלְּבָנָה מוֹשֶׁלֶת בַּלֵּילוֹת בְּשָׁעָה רְבִיעִית וְהוֹרָאוֹתֶיהָ נוֹדָעוֹת לָרַבִּים מִשָּׁעָה חֲמִישִׁית וְאֵילָךְ שֶׁהַדִּין נִמְסָר לַשְּׁלוּחִין. אִם כֵּן נִרְמַז לוֹ לְאָדָם הָרִאשׁוֹן הַיּוֹם וְהַשָּׁעָה בְּאוֹת ה' שֶׁל איכ"ה וְהוּא כְּמוֹ רמ"ג שָׁעוֹת אֲחֵרוֹת מִשְּׁעַת נְעִילָה עַד אָז סִימָן לְדָבָר לְאֵלּוּ וּלְאֵלּוּ הַלְלוּהוּ בתו"ף וּמָחוֹל שֶׁלְּסוֹף תפ"ו שָׁעוֹת תִּשְׁתַּלֵּם הַמְּחִילָה וְהוּא בְּגִימַטְרִיָּא הַשֵּׁם הַגָּדוֹל שֶׁל חוֹתָם אֱמֶת וְהוּא זֶה יו"ד א' הֵ"א מ' וָא"ו ת' הֵ"א וּבְמִסְפָּר קָטָן עוֹלֶה אָדָם מֵעֶשְׂרוֹ שֶׁל אֱמֶת כַּמְבֹאָר בְּתִקּוּנֵי בְּרֵאשִׁית נִמְצָא חוֹתֵם הַדִּין שֶׁהוּא לכ"א יוֹם מִמּוֹלָדוֹ שֶׁל אָדָם הָרִאשׁוֹן וְסִימָנָךְ אהי"ה ולכ"ו יוֹם מִתְּחִלַּת מַעֲשֵׂה בְּרֵאשִׁית וְסִימָנָךְ שֵׁם בֶּן אַרְבַּע הַבִּלְתִּי נֶהֱגֶה. וְזֹאת הַתְּעוּדָה בְּיִשְׂרָאֵל נוֹדַעַת וּמֻסְכֶּמֶת לָרַבִּים וְנִיחָא כִּי אַחֲרֵי שֶׁנִּגְמַר דִּינוֹ שֶׁל כָּל יָחִיד וְיָחִיד בִּכְתִיבָה וַחֲתִימָה וּמְסִירָה וְאֵין לְהָשִׁיב אָנוּ מַרְבִּים בְּתַחֲנוּנִים לְמָחֳרָתוֹ עַל צָרְכֵי רַבִּים. וְיֵשׁ לְמִנְהַג נְבִיאִים בַּחֲבִיטַת הָעֲרָבָה בְּיוֹם זֶה בְּלֹא בְּרָכָה זֵכֶר לְבִטּוּל הַדִּין וְהַשְׁבָּתָתוֹ מִכָּאן וְאֵילָךְ אַחֲרֵי שֶׁהֻמְתַּק יוֹם יוֹם כָּל שִׁבְעָה בְּהִצְטָרְפָהּ לְלוּלָב דְּבַר תּוֹרָה וְגַם אוֹתוֹ הַיּוֹם מַקִּיפִים בָּהּ תְּחִלָּה אֶת הַמִּזְבֵּחַ שֶׁבַע פְּעָמִים לְהוֹרוֹת עַל אֲחִיזַת שָׁרָשֶׁיהָ בַּקְּדֻשָּׁה הָעֶלְיוֹנָה מִמֶּנָּה הַנֵּצַח וְהַהוֹד לְכָל הַמֻּשְׁרָשׁ בָּהּ לֹא יִתָּאֵר בְּבִטּוּל אֶלָּא הַפּוֹרֵץ גְּדֵרוֹ וְהָיָה לְמִרְמָס וּמִשּׁוּם הָכִי אֲפִלּוּ עָלֶה אֶחָד בִּבְדַד אֶחָד סַגִּי לְהוֹרוֹת כִּי אֵין שִׁיּוּרַיִם לַשִּׁירַיִם וְשֶׁעָתִיד לְבַטֵּל לִגְמָרֵי וְהָרֶמֶז לְבַעֲלֵי הָרְצוּעָה בִּלְבַד כִּי הַדִּין הַקָּדוֹשׁ חַי וְקַיָּם וְהוּא הַמַּצִּיל אוֹתָנוּ בִּזְכוּת הָעֲקֵדָה כְּטַעַם כִּי אַתָּה אָבִינוּ כִּי אַבְרָהָם לֹא יְדָעָנוּ וְיִשְׂרָאֵל לֹא יַכִּירָנוּ הַמְּפֹרָשׁ אֶצְלֵנוּ בְּמַאֲמַר אֵם כָּל חַי. מִיהוּ אִיכָּא בְּאָמוֹרָאֵי מַאן דְּאָמַר דִּבְעֵינַן ג' בְּדִין לְחַיִּין וְרָצָה שֶׁיִּהְיוּ שְׁלֹשָׁה שֵׁמוֹת שֶׁהֵן בֵּית דִּין אֵל אֱלֹהִים ה' מַסְכִּימִים בְּבִטּוּלוֹ וְאֵין כֵּן הֲלָכָה כִּי אֵין פְּעֻלָּה זוֹ הוֹרָאַת הַהַסְכָּמָה אֶל הַמְּבַטְּלִים אֶלָּא הַהַשְׁבָּתָה עַצְמָהּ אֶל הַמִּתְפָּעֵל בְּבִטּוּל וּדְכוֹתָהּ בְּהַזָּאַת טְמֵא מֵת מִצְוָה אֵזוֹב שְׁלֹשָׁה גִּבְעוֹלִין וּשְׁיָרָיו שְׁנַיִם וְגַרְדּוּמָיו כָּל שֶׁהוּא:

מַאֲמַר חֵקֶר דִּין - חֵלֶק ב פֶּרֶק כה

וְרַב הָאִי גָּאוֹן אָמַר כִּי אַף עַל פִּי שֶׁכֵּן הִיא הַמַּסְקָנָא כְּמוֹ שֶׁאָמַרְנוּ אֲפִלּוּ עָלֶה אֶחָד בִּבְדַד אֶחָד לֹא נִיחָא לְמִצְוָה מִן הַמֻּבְחָר דְּלָא לְחַזֵּי בָּז לְדָבָר

וְיָפֶה אָמַר כִּי לִשָּׁנָא דִּגְמָרָא הוּא אֲפִלּוּ עָלֶה אֶחָד וּבַד אֶחָד בָּתַר הָכִי מִתְמַהְיָנָן עָלֶה אֶחָד וּבַד אֶחָד סָלְקָא דַּעְתָּךְ אֶלָּא אֵימָא אֲפִלּוּ עָלֶה אֶחָד בְּבַד אֶחָד. כִּי אָמְנָם עָלֶה אֶחָד לְבַדּוֹ וּבַד אֶחָד רֵיקָן לֹא סָלְקָא דַּעְתָּךְ אֲבָל הַכַּוָּנָה בְּלָשׁוֹן רִאשׁוֹן לְמִצְוָה מִן הַמֻּבְחָר שֶׁיִּהְיוּ ב' דְּבָרִים וּבְכָל אֶחָד מֵהֶן כָּל שֶׁהוּא וְהַיְינוּ דְּאָמְרִינַן חִבֵּט חַבֵּט דְּמַשְׁמַע בְּזֶה וּבָזֶה. וְלָמַדְנוּ שֶׁאֵין לַאֲגֻדָּן כָּל עִקָּר וְהֶרְמֵז לֹא תֵאָמְרוּן קֶשֶׁר שֶׁאֵינוֹ מִן הַמִּנְיָן כְּמוֹ שִׁיבָא וּמַדְאַסְקַהּ לְמִלְתֵהּ קַמַּיְתָא בְּזֶה הָאֹפֶן מֵהַמִּעוּט גָּמְרִינַן מִנָּהּ אֲפִלּוּ עָלֶה אֶחָד בְּבַד אֶחָד לְעִכּוּבָא דְּבָצִיר מֵהָכִי אִי אֶפְשָׁר. אֱמֶת נָכוֹן הַדָּבָר שֶׁיִּהְיוּ שְׁנֵי בַּדֵּי עֲרָבָה עַל שֵׁם שְׁנֵי אֶחָיו בְּחוּץ הָאֲמוּרִים בְּחָם שֶׁרָאָה וְהִגִּיד וְהִמְשִׁיךְ לָהֶם עֶרְוַת אָבִיו לְהַגְבִּיר הַכֹּחַ הַשְּׂמֹאל אֶלָּא שֶׁנִּתְגַּבְּרוּ כְּנֶגְדָּם שֵׁם וָיֶפֶת וַיְכַסּוּ אֵת עֶרְוַת אֲבִיהֶם וּפְנֵיהֶם אֲחֹרַנִּית לְקַדֵּשׁ מִדַּת אֲחוֹרַיִם וְגַם אֵלֶּה לַחֲכָמִים שְׁנַיִם אֲנָשִׁים מְרַגְּלִים וְהֵם הַשְּׁנֵי זְכָרִים חֲצוֹנִים אֲשֶׁר אָמַרְנוּ כְּקוֹף בִּפְנֵי אָדָם שֶׁהָיוּ כְּפוּתִים וְהוֹלְכִים בִּשְׁלִיחוּתוֹ שֶׁל יְהוֹשֻׁעַ לִכְבֹּשׁ אֶת אֶרֶץ כְּנַעַן בְּנוֹ שֶׁל חָם לִפְנֵי פִּנְחָס וְכָלֵב דִּכְתִיב בָּהוּ חֶרֶשׁ בֵּין בסי"ן דְּמַשְׁמַע שֶׁשְּׁבִירָתָן טָהֳרָתָן כְּדִין כְּלֵי חֶרֶשׂ בֵּין בְּשִׁי"ן שֶׁעֲתִידִים לִהְיוֹת אִלְּמִים וְחֵרְשִׁים. וְהֵן שִׁירַיִים לִשְׁנֵי בַּדִּים אֲחֵרִים שֶׁבַּלּוּלָב וּמִכָּאן וְאֵילָךְ אֵין שִׁירַיִם לְשִׁירַיִם כִּדְאֲמַרַן. וּמִמָּה שֶׁבֵּאַרְנוּ יוּבַן הַפָּסוּק שֶׁאָמַר וַיַּרְא חָם אֲבִי כְנַעַן אֵת עֶרְוַת אָבִיו שֶׁהֻצְרַךְ לְשַׁתֵּף עִמּוֹ כֹּחַ בְּנוֹ לְהַמְשִׁיךְ מִשְּׁנֵיהֶם בַּחוּץ. וּמִי שֶׁאֵין לוֹ אֶלָּא עָלֶה אֶחָד בְּבַד אֶחָד חַבֵּט בֵּיהּ נָמֵי וְלֹא בָּרִיךְ וְיָאוּת לְפִי דַּרְכֵּנוּ עַל שֵׁם בֶּן יְבָמָה שֶׁהַחַיָּה שְׁלֵמָה אַחֲרֵי הַגָּרוּי שֶׁל קְחוּ לִי חֶרֶב וְהוּא דָּבָר הַלָּמֵד מֵעִנְיָנוֹ כִּי שְׁנֵי הַנְּעָרִים הַמְרַגְּלִים שֶׁהוֹצִיאוּ אֶת רָחָב מִתּוֹךְ הַהֲפֵכָה הָיוּ אַחִים בַּעֲלֵי שְׁתַּיִם נָשִׁים זוֹנוֹת וְלֹא נוֹתַר מֵהֶן אִישׁ זוּלָתִי הַיִּלּוּד הַחַי מוּכָן אֶל הַתִּקּוּן שֶׁהַמְּצִיאוּת לֹא יֵעָדֵר לְגַמְרֵי לְפִיכָךְ בִּשְׁעַת הַקַּלְקָלָה נֶאֱמַר אָרוּר כְּנַעַן בְּעוֹשֶׂה מַעֲשֵׂה כְנַעַן אֲשֶׁר בְּיָדוֹ מֹאזְנֵי מִרְמָה לְאַפּוּקֵי טָבִי עַבְדּוֹ שֶׁל רַבָּן גַּמְלִיאֵל וְדִכְוָתֵיהּ דִּכְתִיב וְלֹא יִהְיֶה כְנַעֲנִי עוֹד בְּבֵית ה' צְבָאוֹת וְהוּא תֹּאַר אֲשֶׁר בְּהִטָּהֲרוּ מִמֶּנּוּ אָז יְקַבֵּל בְּרָצוֹן וְהֶרְגֵּל בְּאַגָּדָה וּנְפוּצוֹתֶיהָ יְקַבֵּץ בְּחָכְמָה בִּתְבוּנָה וּבְדַעַת יִשְׂמַח וְיָגֵל מְאֹד בְּדִבְרֵי חֲכָמִים וְחִידֹתָם. אָמְנָם בַּעֲלֵי הַחִפּוּשׂ מְחַבְּבֵי מִצְוַת אָמְרוּ כִּי בְּהָסִיר הַקְּלִפָּה מִן הַגַּרְעִינִין שֶׁבָּעֲרָבָה יִמָּצֵא בָּהּ כְּמִין גּוּף נָחָשׁ מֻפְשָׁט מֵעוֹרוֹ בְּלִי רֹאשׁ מוֹרֶה הָעֶלֶם הָרֹאשׁ שֶׁל אוֹתָהּ קוֹמָה כְּטַעַם וְרֹאשׁ פְּתָנִים אַכְזָר הֲלֹא הוּא כָּמֻס עִמָּדִי לְפִי שֶׁעוֹרַנוּ. וְהַפְּשָׁט הָעוֹר הוּא הַשְׁבָּתַת פְּעֻלָּתוֹ כַּנּוֹדָע וְהַחֲבָטָה בַּקַּרְקַע עַל שֵׁם וְיִנָּעֲרוּ רְשָׁעִים מִמֶּנָּה. וְזֶהוּ טַעַם נֶחְמָד לְמִנְהַג נְבִיאִים שֶׁזָּכַרְנוּ אֲבָל מָה שֶׁשָּׁנִינוּ שֶׁמִּצְוָתָהּ כָּל שִׁבְעָה לִזְקֹף אוֹתָהּ בְּצִדֵּי הַמִּזְבֵּחַ וְרָאשֶׁיהָ כְּפוּפִין עַל גַּבֵּי הַמִּזְבֵּחַ הִיא הֲלָכָה לְמֹשֶׁה מִסִּינַי וַאֲפִלּוּ בַּמִּקְדָּשׁ בִּשְׁבִיעִי בִּלְבַד טִלְטוּלָהּ דּוֹחֶה אֶת הַשַּׁבָּת וְעִם אַרְבָּעָה מִינִים בְּרִאשׁוֹן בִּלְבַד דְּבַר תּוֹרָה יִשְׁמַע חָכָם וְיוֹסֶף לֶקַח:

מַאֲמַר חֲקֹר דִּין - חֵלֶק ב פֶּרֶק כו

בִּזְמַן הַחוֹתָם שֶׁזָּכַרְנוּ בַּפֶּרֶק הַקּוֹדֵם נִמְצָא בַּזֹּהַר דְּבָרִים מִתְמֵהִים בִּתְחִלַּת הָעִיּוּן וְהִנָּם כְּתוּבִים בַּסְּפָרִים שֶׁלְּפָנֵינוּ בְּפָרָשַׁת וַיְחִי דַּף ר"כ אָמַר שֶׁבְּרֹאשׁ הַשָּׁנָה נִכְתָּבִן הַפִּתְקִין וְהֵם מַה שֶּׁאָמַר רַבִּי כְּרוּסְפְּדַאי שֶׁסִּפְרָם שֶׁל רְשָׁעִים נִכְתַּב וְנֶחְתַּם לְמִיתָה וְהוֹסִיף שֶׁאַף עַל פִּי כֵן ש כֹּחַ בִּתְשׁוּבָה לְבַטְּלָם עַד יוֹם הַכִּפּוּרִים וְאִם לֹא שָׁב הָאָדָם בֵּנְתַיִם נֶחְתָּמִין הַפִּתְקִין בְּיוֹם הַכִּפּוּרִים כָּךְ הִיא הַגִּרְסָא הַנְּכוֹנָה וְהוּא הַדָּבָר אֲשֶׁר אָמַרְנוּ שֶׁלֹּא נֶחֱלַק בּוֹ אָדָם מֵעוֹלָם וּכְמוֹ שֶׁבֵּאַרְנוּהוּ בְּפֶרֶק א' וּמִשֶּׁנִּכְתַּב וְנֶחְתַּם הַגְּזַר דִּין הוּא קָשֶׁה לְהָשִׁיב אֲפִלּוּ בִּתְשׁוּבָה אִם לֹא יִתְחַזֵּק בָּהּ הָאָדָם הַרְבֵּה שֶׁאָז אֵין דָּבָר עוֹמֵד בְּפָנָיו לְפִיכָךְ מִשֶּׁנֶּחְתְּמוּ הַפִּתְקִין אָמְרוּ שָׁם וַי לֵהּ דְּהָא תְּשׁוּבָה בָּעֵא לְאִסְתַּלְּקָא מִנֵּיהּ אִי זַכֵּי בִּתְשׁוּבָה שְׁלִימְתָּא כִּדְקָא יָאוּת טָב. שֶׁכֵּיוָן שֶׁעָבַר יוֹם הַכִּפּוּרִים אֵין מַסְפִּיקִין בְּיָדוֹ פֵּרוּשׁ אֵין מְסַיְּעִין אוֹתוֹ לַעֲשׂוֹת תְּשׁוּבָה וּמִכָּל מָקוֹם אִם נִתְחַזֵּק מֵאֵלָיו בִּתְשׁוּבָה שְׁלֵמָה בְּכָל תְּנָאֶיהָ כְּמוֹ שֶׁזָּכַרְנוּ בַּחֵלֶק הָרִאשׁוֹן עָלְתָה לוֹ. וְאִי לָא תַּלְיָן לֵהּ עַד הַהוּא יוֹמָא בָּתְרָאָה דַּעֲצֶרֶת הוּא תְּמִינָאָה וְאִי עָבִיד תְּשׁוּבָה שְׁלֵמְתָּא לְקָמֵי מָרֵיהּ אתקרעו וְאִי לָא זַכֵּי אִנּוּן פִּתְקִין נַפְקִין מִבֵּי מַלְכָּא וְאִתְמַסְרָן בִּידוֹי דְּסַנְטִירָא וְדִינָא מִתְעֲבֵד וּפִתְקִין לָא מִתְהַדְּרָן לְבֵי מַלְכָּא כֵּיוָן צוֹלְמִין אִתְעֲבָרוּ מִנֵּיהּ וְכוּ' וּבְהָהוּא לֵילְיָא דְּחַגָּא בָּתְרָאָה סַנְטֵרִין זְמִינִין. אָמַר כִּי אַחַר הַחֲתִימָה שֶׁל יוֹם הַכִּפּוּרִים תּוֹלִין לוֹ לִרְאוֹת אִם יִתְחַזֵּק בִּתְשׁוּבָה שְׁלֹמָה כָּאָמוּר. עַד הַהוּא יוֹמָא בָּתְרָאָה אִם בָּאנוּ לְפָרֵשׁ דְּיוֹמָא בָּתְרָאָה הָיְינוּ עֲצֶרֶת דְּהוּא תְּמִינָאָה הוּא הַדָּבָר הַמַּתְמִיהַּ אֲשֶׁר אָמַרְנוּ שֶׁאֵין דֶּרֶךְ לְיַשְּׁבוֹ אֶלָּא בְּדֹחַק רַב לֹא יְסַבְּלֵהוּ יָשָׁר הוֹלֵךְ וְלֹא נַאֲמִין הֱיוֹת הַזֹּהַר חוֹלֵק בְּשׁוּם פָּנִים עַל קַבָּלַת הָאֱמֶת הַמְּסוּרָה לָרַבִּים וְהַנִּסָּיוֹן הַנּוֹדָע הוֹי סִיַּעְתָּה. עַל כֵּן אַנְשֵׁי לֵבָב שִׁמְעוּ לִי כַּמָּה מְתֻקָּנִים דַּרְכֵי הַסֵּפֶר הַקָּדוֹשׁ הַהוּא וּמָה עַצְמוּ רָאשֵׁי פְּרָקָיו וְהִתְבּוֹנְנוּ אֲמָרָיו כִּי נָעֵמוּ:

מַאֲמַר חֲקֹר דִּין - חֵלֶק ב פֶּרֶק כז

בְּפָרָשַׁת אֱמֹר דַּף ק"ד וּלְקַחְתֶּם לָכֶם בַּיּוֹם הָרִאשׁוֹן וְכוּ' מִשָּׁם בְּלִי סָפֵק תְּחִלַּת הַמַּאֲמָר שֶׁאָנוּ בְּבֵאוּרוֹ כִּי עִם הֱיוֹתוֹ נִדְפַּס בְּפָרָשַׁת וַיְחִי וַדַּאי שְׁמַעְתְּתָא אַהֲדָדֵי אִתְמְרוּ וּכְבָר הִרְגִּישׁוּ בָּזֶה הַמַּדְפִּיסִים וְעָשׂוּ זֵכֶר לַדָּבָר בְּפָרָשַׁת אֱמֹר. וְהַנִּרְאֶה לָנוּ בַּאֲמִתּוֹ שֶׁל תּוֹרָה זוֹ הוּא כִּי הַזֹּהַר קוֹרֵא לְהוֹשַׁעְנָא רַבָּא יוֹמָא בָּתְרָאָה שֶׁהוּא אַחֲרוֹן לְסֻכּוֹת וְלוּלָב דְּעָלַיְהוּ קָאֵי בְּצֵרוּף שְׁנֵי הַמְּקוֹמוֹת כָּאָמוּר וְהָתָם נָמֵי בְּפָרָשַׁת וַיְחִי רְהָטָא כֻּלָּהּ שְׁמַעְתָּא בְּסֻכָּה וְלוּלָב וְנִיחָא דְּהוֹשַׁעְנָא רַבָּה הוּא בָּתְרָאָה

וְהוּא גַּם כֵּן אַחֲרוֹן לְנִסּוּךְ הַמַּיִם אַלִּבָּא דְּהִלְכְתָא כִּסְתָם מִשְׁנָה רֵישׁ פֶּרֶק לוּלָב וַעֲרָבָה וְכִי הֵיכִי דְּלָא לִקְשֵׁי עָלֶיהָ דִּשְׁמִינִי הוּא הָאַחֲרוֹן אָמַר דְּלָאו הָכִי דַּעֲצֶרֶת הוּא תְּמִינָאָה וְרֶגֶל בִּפְנֵי עַצְמוֹ הוּא לְכַמָּה הִלְכְתָא גּוּבְרָאתָהּ סִימָנִין פז"ר קש"ב לְפִיכָךְ בּוֹ לְבַדּוֹ כְּתִיב בַּיּוֹם בְּלֹא ו' הָעֵטֶף בְּפָרָשַׁת פִּנְחָס וּכְשֵׁם שֶׁעֲצֶרֶת רִאשׁוֹן מֻפְלָג מִן הַפֶּסַח כָּךְ עֲצֶרֶת זֶה כְּדַאי לִהְיוֹת נִמְנֶה לְבַדּוֹ כְּאִלּוּ הוּא מֻפְלָג מִן הֶחָג אַף עַל פִּי שֶׁנִּסְמַךְ אֵלָיו לְהוֹרוֹת עַל מוֹעֲדֵי ה' אֶלָּא שֶׁהֻשְׁווּ כֻּלָּם לְיוֹם טוֹב רִאשׁוֹן לִהְיוֹת חַגִּים וּבְיוֹם טוֹב אַחֲרוֹן מַעֲלִין בַּקֹּדֶשׁ. וְלָנוּ כַּיּוֹצֵא בּוֹ בִּשְׁנוֹת הַשְּׁמִטָּה שֶׁכֻּלָּן מֻפְלָגוֹת זוֹ מִזּוֹ וּרְחוֹקוֹת מֵהַיּוֹבֵל אַךְ שְׁנַת הַשְּׁבִיעִית וּשְׁנַת הַחֲמִשִּׁים כִּי הֲדָדֵי נִנְהוּ. וּמִשּׁוּם דִּפְסַקְיָה לְמִלְּתֵהּ הֲדַר אָמַר וְאִי עָבִיד תְּשׁוּבָה וְכָלֵי דִּכְבַר אָמְרָה חֲדָא זִמְנָא בְּדֶרֶךְ כְּלָל אֶלָּא שֶׁקִּצֵּר וְהִפְסִיק לְתָרוּצֵי שְׁמַעְתִּיהּ דְּלָא נֵתֵּב עָלָה וְחָזַר אַחַר כָּךְ לִפְרָטוֹ שֶׁל רִאשׁוֹן. וְתוּ דַּיֵּק בָּתַר הָכִי לְמֵמַר בְּהַהוּא לֵילְיָא דְּחָגָּא בָּתְרָאָה שֶׁפֵּרוּשׁוֹ הוֹשַׁעְנָא רַבָּא בְּלִי סָפֵק. וּבְזֹהַר הַבָּא מֵאֶרֶץ יִשְׂרָאֵל בִּמְהֵרָה תְּרַחֵם נִמְצָא מַאֲמָר מַסְכִּים בְּבֵרוּר לָזֶה שֶׁבֵּאַרְנוּ וְהֶעְתִּיקוּ הֶחָכָם בְּסֵפֶר אוֹר יָקָר בְּחֵלֶק שֵׁנִי מִפֵּרוּשָׁיו לְפָרָשַׁת בְּרֵאשִׁית מֵהַזֹּהַר בְּשַׁעַר ה' סִימָן ג' אָמַר שֶׁהוּא מִן הַתִּקּוּנִים. שִׁמְעוּ חֲכָמִים מִלַּי כִּי אֵין חַג הַמַּצּוֹת נִקְרָא חַג בִּשְׁלוּחַ אֶלָּא יוֹם טוֹב רִאשׁוֹן וּשְׁבִיעִי מִמֶּנּוּ בִּלְבַד וּבְדִבְרֵי הַיָּמִים כְּתִיב חַג הַמַּצּוֹת שִׁבְעַת יָמִים בְּחִזְקִיָּהוּ וּבְיֹאשִׁיָּהוּ עַל שֵׁם שִׂמְחַת הַקָּהָל לֹא זוּלַת אָמְנָם בְּחַג הַסֻּכּוֹת בְּפֵרוּשׁ אָמְרָה תּוֹרָה חַג לַה' שִׁבְעַת יָמִים וְאֵין שְׁמִינִי עֲצֶרֶת נִקְרָא חַג בְּכָל הַתּוֹרָה כֻּלָּהּ וְלֹא בְּדִבְרֵי קַבָּלָה וְזֶה מַעֲלָתוֹ שֶׁכֻּלָּם חוֹגְגִים וְסוֹבְבִים עַל נְקֻדַּת הַמֶּרְכָּז שֶׁהוּא מְקוֹמוֹ וְהֶרְמֵז בּוֹ עַל הַשְׁלָמָתָם וְהַשָּׂגַת תַּכְלִיתָם שֶׁל כָּל יִעוּדֵי הַתּוֹרָה וְהַנְּבִיאִים בַּשָּׁמַיִם מִמַּעַל וְעַל הָאָרֶץ מִתַּחַת לְעֵינֵי כָּל יִשְׂרָאֵל וּבוֹ בִּלַּע הַמָּוֶת לָנֶצַח נְצָחִים וְכָאן סְיָג לַחָכְמָה שְׁתִיקָה. לְפִיכָךְ אָמְרוּ שָׁם בְּזֹהַר פָּרָשַׁת אֱמֹר אַחֲרֵי שֶׁהִשְׁלִימוּ סִפּוּר הַמְּאֹרָע בְּחוֹתָם הַדִּין זֶה לְשׁוֹנָם בַּיּוֹם הַשְּׁמִינִי עֲצֶרֶת תִּהְיֶה לָכֶם דְּהָא וּמָא דָּא מַמְלְכָא הוּא בִּלְחוֹדוֹי חֶדְוָתָא דִּלֵיהּ בָּהוּ בְּיִשְׂרָאֵל:

מַאֲמַר חֵקֶר דִּין - חֵלֶק ב פֶּרֶק כח

תַּמָּן תְּנֵינַן בִּבְחִירְתָא הָאָב זוֹכֶה לַבֵּן בָּנוֹי בְּכֹחַ בְּעֹשֶׁר וּבְחָכְמָה וּבְשָׁנִים וּבְמִסְפַּר הַדּוֹרוֹת לְפָנָיו הוּא הַקֵּץ שֶׁנֶּאֱמַר קוֹרֵא הַדּוֹרוֹת מֵרֹאשׁ אַף עַל פִּי שֶׁנֶּאֱמַר אַרְבַּע מֵאוֹת שָׁנָה הֲרֵי נֶאֱמַר וְדוֹר רְבִיעִי יָשׁוּבוּ הֵנָּה וְהִיא מִשְׁנַת רַבִּי עֲקִיבָא לְאַגְמוֹרַן חָמֵשׁ מַעֲלוֹת טוֹבוֹת כְּנֶגֶד חֲמִשָּׁה שֵׁמוֹת אֲשֶׁר לְנִשְׁמַת הָאָב מִן הַמְּאֻחָר אֶל הַקּוֹדֵם לְהַנְחִיל לְבָנָיו אַחֲרָיו מֵעֵין דֻּגְמָא שֶׁל מַעְלָה וְזוֹכֶה דְּקָאמַר לְלַמְּדֵנוּ שֶׁהָאָב הַזַּכַּאי מְחַזֵּק בַּמָּה שֶׁיַּשִּׂיג בְּנוֹ בִּזְכוּתוֹ אֲבָל אֵין אַבָּא מְזַכֶּה בְּרָא עַד שֶׁיַּשִּׂיג שְׁלֵמוּתוֹ

בְּעַצְמוֹ וְהֶהְפֵּךְ בְּרָא מְזַכֶּה אַבָּא וְאֵינֶנּוּ זוֹכֶה לוֹ. יִתְּדַע שֶׁאֲפִלּוּ בְּמַאי דְּאָמוּר רַבָּנָן מֵתִים יוֹרְשִׁים אֶת הַחַיִּים שְׁמַעְתָּא הָכִי דַּיְקָא שֶׁלֹּא זָכוּ בָּהּ חַיִּים מֵעוֹלָם אֶלָּא אַחֲרֵי שֶׁחָזְרָה נַחֲלָתָם מֵהָאָבוֹת אֲלֵיהֶם וַעֲלֵיהֶם נֶאֱמַר וְשַׁבֵּחַ אֲנִי אֶת הַמֵּתִים שֶׁהֵם גְּדוֹלִים בְּמִיתָתָם יוֹתֵר מִבְּחַיֵּיהֶם וְהוּא טַעַם הַכָּתוּב בְּפָרָשַׁת מַסְעֵי שֶׁנִּזְכַּר הָאֲנָשִׁים אֲשֶׁר יִנְחֲלוּ לָנוּ אֶת הָאָרֶץ וְהָוֵה לֵהּ לְמֵימַר יַנְחִילוּ אֶלָּא הֵם יִנְחֲלוּ תְּחִלָּה לְשֵׁם כָּל הַשְּׁבָטִים וּשְׁלִיחוּתַיְהוּ דְּאָבוֹת הָעוֹלָם הוּא דְּעָבְדֵי וְדַע כִּי בְּכָל מָקוֹם שֶׁנֶּאֱמַר בְּאוֹתָהּ פָּרָשָׁה לְמַטֵּה פְּלוֹנִי וְלֹא אָמַר בְּנֵי הָיָה הַנָּשִׂיא מִיּוֹצְאֵי מִצְרַיִם כְּמוֹ כָּלֵב שֶׁלֹּא הָיָה בִּכְלַל הַגְּזֵרָה וְאֶפְשָׁר שֶׁאֱלִידָד הָיָה יָתֵר עַל בֶּן שִׁשִּׁים בְּפִרְקָן שֶׁל מְרַגְּלִים וְכָל מָקוֹם שֶׁנֶּאֱמַר לְמַטֵּה בְּנֵי פְּלוֹנִי הָיָה הַנָּשִׂיא מֵהַדּוֹר הַשֵּׁנִי דְּהַיְנוּ מִבָּאֵי הָאָרֶץ וּלְפִי שֶׁהָיָה כָּלֵב חֲבֵרוֹ שֶׁל יְהוֹשֻׁעַ לֹא יָאוּת לִקְרֹא לוֹ נָשִׂיא לְשֵׁבֶט אֶחָד בִּלְבַד אֶלָּא כָּלֵב סְתָם וְאוּלַי נְשִׂיא שֵׁבֶט אַחֵר הָיָה לְהָקֵל מֵעַל כָּלֵב שֶׁהָיָה זָקֵן שְׁאָר צָרְכֵי הַהַנְהָגָה וּלְפִי שֶׁהָיוּ שִׁמְעוֹן וּבִנְיָמִין סְמוּכִין לִיהוּדָה בְּנַחֲלָתָם וְנִקְבְּרוּ אֵצֶל כָּלֵב לֹא נִכְתַּב נָשִׂיא בִּשְׁנֵי הָרָאשִׁים שֶׁלָּהֶם וְסָמַךְ הַכָּתוּב עַל שְׁתֵּי פְּעָמִים שֶׁנִּזְכַּר תְּחִלָּה וְנָשִׂיא אֶחָד נָשִׂיא אֶחָד מִמַּטֶּה תִּנְהוּ עִנְיָן לִשְׁנַיִם אֵלֶּה וְהוּא דֶּרֶךְ נָכוֹן בְּסִדּוּר אוֹתָהּ פָּרָשָׁה. וְהִנֵּה דֶּרֶךְ הַכָּתוּב לִקְרֹא נַחֲלָה הַנִּמְשֶׁכֶת בְּיֹשֶׁר כְּנַחַל מַיִם לְמִשְׁפְּחוֹתָם לְבֵית אֲבוֹתָם וְהָרִאשׁוֹן הַזּוֹכֶה בָּהּ לוֹ וּלְדוֹרוֹתָיו יִקָּרֵא מִתְנַחֵל כִּי הוּא עוֹשֶׂה עַצְמוֹ נַחַל נוֹבֵעַ לִזְכוּת לְיוֹצְאֵי חֲלָצָיו אוֹ לְקוֹדְמִים אֵלָיו לְהַנְחִיל לִבְנֵיהֶם בְּקַו יָשָׁר שֶׁכֵּן נַחֲלָה לְמַפְרֵעַ מְמַשְׁמֶשֶׁת וְהוֹלֶכֶת עַד רְאוּבֵן וְהַיְנוּ מֵתִים יוֹרְשִׁים אֶת הַחַיִּים וְהוּא טַעַם לְמַטּוֹת אֲבוֹתֵיכֶם תִּתְנַחֲלוּ הָאָמוּר בְּחֶלְקַת הָאָרֶץ וְכֵן וְהִתְנַחַלְתֶּם אוֹתָם לִבְנֵיכֶם בַּעֲבָדִים שֶׁהֻקְּשׁוּ לְקַרְקָעוֹת וִירֻשָּׁה הִיא הַבָּאָה מִמָּקוֹם אַחֵר כְּגוֹן הַבֵּן אֶת אִמּוֹ וְהָאִישׁ אֶת אִשְׁתּוֹ וּכְתִיב וְכָל בַּת יֹרֶשֶׁת נַחֲלָה דִּלְגַבֵּי דִּדָּהּ הִיא נַחֲלָה וּלְגַבֵּי בָּאֵי כֹּחָהּ אֵינָהּ אֶלָּא יְרֻשָּׁה וּבָא הַכָּתוּב לְהַזְהִירֵנוּ שֶׁלֹּא נִבְטַח עַל זְכוּת אָבוֹת לִנְחֹל אֶת הָאָרֶץ בְּדֶרֶךְ טֶבַע וּסְגֻלָּה אֶלָּא צֶדֶק צֶדֶק תִּרְדֹּף לְמַעַן תִּחְיֶה וְיָרַשְׁתָּ אֶת הָאָרֶץ שֶׁתִּהְיֶה נִקְנֵית אֵלֵינוּ בִּזְכוּת עַצְמֵנוּ כְּאִלּוּ בָּאָה מִמָּקוֹם אַחֵר וְכֵן בַּתּוֹרָה כְּתִיב מוֹרָשָׁה קְהִלַּת יַעֲקֹב שֶׁאֵין תַּלְמִידֵי חֲכָמִים מַנְחִילִים כִּתְרֵיהֶם לִבְנֵיהֶם אֶלָּא כִּדְאָמַר לֵהּ עֲקַבְיָא לִבְרֵיהּ מַעֲשֶׂיךָ יְקָרְבוּךָ וּכְבָר זָכַרְנוּ מִזֶּה בְּפֶרֶק י"ט וְאִלְמָלֵא מִקְרָא כָּתוּב אִי אֶפְשָׁר לְאָמְרוֹ הִנֵּה נַחֲלַת ה' בָּנִים עַל דֶּרֶךְ וּנְחַלְתָּנוּ שֶׁאָמַר מֹשֶׁה רַבֵּנוּ ע"ה וּכְתִיב בָּנִים אַתֶּם לַה' אֱלֹהֵיכֶם וְקֹדֶם מִפְּעָלָיו מֵאָז זָכָה לָנוּ שְׁנֵי כְּתָרִים שֶׁל נַעֲשֶׂה וְנִשְׁמַע בְּתְרֵין עִטְרִין דִּלְיָהּ הָאֲמוּרִים בַּזֹּהַר כִּי בְּיָהּ ה' צוּר עוֹלָמִים וּמָה גַּם עַתָּה בְּיָד חֲזָקָה יִמְלֹךְ עָלֵינוּ פֶּן מָה יַּעֲשֶׂה לִשְׁמוֹ הַגָּדוֹל אֲשֶׁר יִקְרָאוּהוּ בֶּאֱמֶת שֵׁם הָעֶצֶם יִרְצֶה שְׁמוֹ שֶׁל עֶצֶם הָרָצוֹן בְּמִצְוֹתֵינוּ חָפֵץ מְאֹד וְיוּבַן מִזֶּה לְחַכְמֵי לֵב סְמִיכוּת פָּרָשַׁת אִם בְּחֻקּוֹתַי לְמַאי דִּסְלִיק מִינֵּיהּ. וְשָׁנִים דְּקָתָנֵי לִשְׁטָתֵיהּ אָזִיל בִּבְרַיְתָא פֶּרֶק הַחוֹלֵץ

דְּתַנְיָא אֶת מִסְפַּר יָמֶיךָ אֲמַלֵּא אֵלּוּ שְׁנֵי דוֹרוֹת זָכָה מַשְׁלִימִין לוֹ לֹא זָכָה פּוֹחֲתִין לוֹ דִּבְרֵי רַבִּי עֲקִיבָא וְקָסְבַר מִשֶּׁלּוֹ הוֹסִיפוּ לוֹ לְחִזְקִיָּהוּ הַמֶּלֶךְ חֲמֵשׁ עֶשְׂרֵה שָׁנָה שֶׁגָּזְרוּ לְפָחוֹת מִמֶּנּוּ עַל פִּי הַתְרָאָתוֹ שֶׁל יְשַׁעְיָהוּ וְאַף עַל גַּב דְּרַבָּנָן פְּלִיגֵי עָלֶיהָ וְהֵם אָמְרוּ זָכָה מוֹסִיפִין לוֹ לֹא זָכָה פּוֹחֲתִין לוֹ וּכְבָר הִרְגִּישׁוּ נֶגְדָּם בַּתּוֹסָפוֹת דְּחַיֵּי מֵהַנֵּי תְּלַת מִלֵּי דְּלָא תָּלוּ בִּזְכוּתָא נִנְהוּ פֵּרוּשׁ לְהוֹסִיף עֲלֵיהֶם אֶלָּא בְּמַזָּלָא תְּלוֹ. וְנִמְצָא הַמַּזָּל דִּידֵיהּ עָבִיד וְנִלְוָה אֵלָיו דִּין רֹאשׁ הַשָּׁנָה לְפָחוֹת מִן הַנִּגְזָר לְמִי שֶׁבְּהַשְׁפָּטוֹ יָצָא רָשָׁע וּלְהַשְׁלִים לַצַּדִּיקִים הוֹרָאַת הַמַּזָּל בִּשְׁוּבָה וְנַחַת וְלַבֵּינוֹנִיִּים כָּרָאוּי לָהֶם אֲבָל שְׂכַר מִצְוַת בְּהַאי עָלְמָא לֵיכָּא לְהוֹסִיף בִּשְׁבִילָם בְּנֵי חַיֵּי וּמְזוֹנֵי דְּקֶרֶן נִנְהוּ וְהִיא קַיֶּמֶת לְעוֹלָם הַבָּא כְּמוֹ שֶׁיָּבֹא אֶלָּא וַדַּאי פֵּרוֹת אָדָם אוֹכֵל בָּעוֹלָם הַזֶּה דְּהַיְנוּ מְזוֹנוֹת קְצוּבִין מֵרֹאשׁ הַשָּׁנָה לְרֹאשׁ הַשָּׁנָה לְהַמְצִיאָן בְּהַרְוָחָה וְעוֹד מָה שֶּׁמּוֹסִיפִין לִמְכַבֵּד שַׁבָּתוֹת וְיָמִים טוֹבִים וּלְמְגַדְּלֵי בְּנֵיהֶם לַתּוֹרָה כִּי פְּרִי מַעַלְלֵיהֶם יֹאכֵלוּ וּמְזוֹנֵי דְּאָמְרִינַן בְּמַזָּלָא תָּלוּ הַיְינוּ מְזוֹנֵי סְתָם שֶׁנִּגְזַר עָלֵינוּ דֵּי הַסִּפּוּק דְּבַר יוֹם בְּיוֹמוֹ וְהוּא קֶרֶן שָׁמוּר לָנוּ עַכְשָׁו מִזְּכוּת קֶדֶם וְהַסִּפּוּק הַזֶּה יֵשׁ כֹּחַ בִּזְכוּת דְּהַשְׁתָּא לְמַהֲרוֹ וְלַהֲבִיאוֹ מִמֶּרְחָק לֹא בְּעָמָל וְלֹא בִּיגִיעָה וְהִיא דַּעְתֵּיהּ דְּרַבִּי עֲקִיבָא דְּאָמַר מַשְׁלִימִין גַּבֵּי חַיֵּי וְהוּא הַדִּין אַשְׁאָרָא:

מַאֲמַר חֵקֶר דִּין - חֵלֶק ב פֶּרֶק כט

נַקְטִינַן שֶׁבְּכָל דּוֹר וָדוֹר אוֹכְלִים חֻקָּם בְּקֶרֶן דִּמְעִקָּרָא וּפֵרוֹת דְּהַשְׁתָּא כִּי הַזְּכוּת הַקַּיֶּמֶת לְדוֹר רִאשׁוֹן נַעֲשִׂים מַזָּל לַבָּאִים אַחֲרָיו וְזֶה יִצְדַּק מֵאָבוֹת לְבָנִים לְפִי פְּשׁוּטוֹ וּמִדְרָשׁוֹ וְהַמֵּבִין אֶת זֹאת יִתֵּן הוֹדָאָה עַל מָה שֶׁיָּדַעְנוּ מֵהֶמְשֵׁךְ הַדָּרוּשׁ אֲמִתָּהּ וְיָשְׁרָהּ שֶׁל מִדָּה זוֹ הָאֲמוּרָה אֵצֶל מִדּוֹת הָרַחֲמִים דִּכְתִיב פֹּקֵד עֲוֹן אָבוֹת עַל בָּנִים וְדַוְקָא הַנּוֹלָדִים אַחַר מַעֲשֵׂה הָעֲבֵרָה קֹדֶם שֶׁיָּשׁוּב הָאָב מִמֶּנָּה וְהַיְינוּ בְּנֹהַג שֶׁבָּעוֹלָם שֶׁאֵלּוּ אוֹחֲזִין מַעֲשֵׂה אֲבוֹתֵיהֶם בִּידֵיהֶם וּכְתִיב בַּתְרֵיהּ וְעֹשֶׂה חֶסֶד לַאֲלָפִים לְאֹהֲבַי וּלְשֹׁמְרֵי מִצְוֹתָי דְּהָא בְּהֵא תַּלְיָא אֶלָּא שֶׁמִּדָּה טוֹבָה מְרֻבָּה לְהָטִיב גַּם לַיְלוּדִים כְּבָר וְכֵן בְּדִין. וְגָדוֹל כֹּחָהּ שֶׁל אוֹתָהּ תְּשׁוּבָה מְעַלַּיְיתָא שֶׁזָּכַרְנוּ בְּחֵלֶק רִאשׁוֹן פֶּרֶק י"ד שֶׁאִם זָכָה בָּהּ הָאָב הִנֵּה הַזְּדוֹנוֹת אֲשֶׁר לֹא הִזִּיקוּ אֶלָּא לַנּוֹלָדִים אַחַר כָּךְ נַעֲשִׂים עַתָּה כִּזְכֻיּוֹת לְהַשְׂכִּיל לְהָטִיב גַּם לַיְלוּדִים מֵעִקָּרָא כִּי זַרְעוֹ הֵמָּה וְהוּא דֶּרֶךְ אֲמִתִּי וּבָרוּר וְעוֹד דְּאָם לֹא כֵן הַיְּלוּדִים בֵּינֵי בֵּינֵי מָה תְּהֵא עֲלֵיהֶם שֶׁהֲרֵי הָיוּ עִם הָאָב בְּכֹחַ בִּשְׁעַת הַקַּלְקָלָה וְלֹא שֶׁבוֹ עִמּוֹ אֶלָּא וַדַּאי כְּדַאֲמַרַן שֶׁזְּכוּת הָאָב גּוֹרֶמֶת מִתּוּק לְמַזַּל הַבָּנִים. וּבְכָל מָקוֹם שֶׁאַתָּה מוֹצֵא זְכוּת אָבוֹת הַקֶּרֶן קַיֶּמֶת לָהֶם לְעוֹלָם וְהוּא בְּרִית אָבוֹת בֶּאֱמֶת אֲבָל הַמּוּרָם מֵהֶם לְהָטִיב לְדוֹרוֹת הַבָּאִים אֲשֶׁר הוּא מַזָּלָן שֶׁל בָּנִים כָּאָמוּר אֶפְשָׁר שֶׁיִּכְלֶה בַּעֲוֹן הַבֵּן כִּדְאָמְרֵי רַבָּנַן תַּמָּה זְכוּת אָבוֹת דִּלְדִידֵיהּ מִיהַת כַּלְיָא קַרְנָא וְכָל זֶה

יִתְאַמֵּת בְּשִׁטַּת רַבִּי עֲקִיבָא שֶׁפּוֹסְקִין לְכָל אֶחָד מֵהַבָּנִים לְפִי מַזָּלוֹ כָּל הָרָאוּי לוֹ בְּעַיִן יָפָה וְעִם זֶה אֵין צֹרֶךְ לְתוֹסְפוֹת אֲבָל לְרַבָּנָן יִקְשֶׁה דְּאִי זְכוּת לָמָּה מַזָּל וְאִי מַזָּל לָמָּה זְכוּת. וְעוֹד קַשְׁיָא לָן אִמְלְתַיְהוּ אַסֵּיפָא מְדִיּוּקָא דְּרֵישָׁא וְאָרֵישָׁא מְדִיּוּקָא דְּסֵיפָא דְּדַיְקִינָא הָכִי זָכָה מוֹסִיפִין לוֹ הָא לֹא זָכָה אֵין מוֹסִיפִין וּלְעוֹלָם אֵין פּוֹחֲתִין אֶלָּא אִם נִתְחַיֵּב. וְאִי סֵיפָא דַּוְקָא דְּקָתָנֵי לֹא זָכָה פּוֹחֲתִין לוֹ דַּיָּהּ לִזְכוּת שֶׁבִּשְׁבִילָהּ לֹא יִפְחֲתוּ וְרֵישָׁא גּוּפָא קַשְׁיָא אֶלָּא מְחַוַּרְתָּא כְּרַבִּי עֲקִיבָא וְסוּגְיִין כְּוָתֵהּ. וְהָא דְּאִתְּמַר בַּחֲגִיגָה פֶּרֶק קַמָּא דְּאִי אִיכָּא נִסְפֶּה בְּלֹא מִשְׁפָּט מוֹסִיפִין יָמָיו לְצוֹרְבָא דְּרַבָּנָן דְּמַעֲבִיר בְּמִלֵּיהּ תֵּרְצוּ בַּתּוֹסָפוֹת בְּשֵׁם רַבֵּנוּ יִצְחָק שֶׁהַנִּגְזָר לְאֶחָד וְנִגְרַע מִמֶּנּוּ בַּעֲוֹנוֹ לֹא מִקְרֵי תּוֹסֶפֶת לְאִידָךְ כֵּיוָן שֶׁהוּא זְמַן רָאוּי לְחַיֵּי אִנָשׁ בְּעָלְמָא. וּלְדִידַן דִּפְשִׁיט לָן בְּאָמְרָם זָכָה נוֹטֵל חֶלְקוֹ וְחֵלֶק חֲבֵרוֹ דַּוְקָא חֲבֵרוֹ בַּתּוֹלֶדֶת מֵהַנֵּךְ דִּכְתִיב בָּהוּ וְחָשַׁב מַחֲשָׁבוֹת כַּמָּה דָּאַת אָמַר מַעֲשֶׂה חוֹשֵׁב בְּאַרְנוּהוּ בְּמַאֲמַר הַנֶּפֶשׁ לְבִלְתִּי יִדַּח מִמֶּנּוּ נִדָּח שֶׁהוּא בְּגִימַטְרִיָּא וּמִנֶּפֶשׁ חֲבֵרוֹ כְּגוֹן אָדָם וְדָוִד וְדוֹמֵיהֶם הָכָא נִיחָא טְפֵי שֶׁמִּתְּחִלָּה נִגְזְרוּ לְאֶחָד מֵהֶם עַל תְּנַאי וּכְשֶׁזָּכָה הַלָּה וּנְטָלָן יָאוּת אֲנַן אָמְרִין מִשֶּׁלּוֹ הוֹסִיפוּ לוֹ:

מַאֲמַר חֵקֶר דִּין - חֵלֶק ב פֶּרֶק ל

וְעוֹד דִּקְדְּקוּ בְּתוֹסְפוֹת סוֹף קִדּוּשִׁין בַּבָּרַיְתָא דְּהַכֹּל לְפִי זְכוּתוֹ שֶׁל אָדָם דְּהָא מְזוֹנֵי לָאו בִּזְכוּתָא תָּלוּ וּפֵרְשׁוּ לְפִי מַזָּלוֹ. אַף אָנוּ נֹאמַר דְּתַנָּא וַדַּאי דַּוְקָא קָתָנֵי שֶׁכֵּן מַזָּל שַׁעְתּוֹ מְגֻרָּר אַחַר זְכוּת קֶדֶם וַאֲפִלּוּ מִשֵּׁשֶׁת יְמֵי בְּרֵאשִׁית כְּטַעַם הָאֵיפָה הַיְּדוּעָה לְאָדָם הָרִאשׁוֹן בִּשְׁמוֹת רַבָּה וּכְמוֹ שֶׁרָמַזְנוּ בַּפֶּרֶק הַקּוֹדֵם וְהוּא הַזְּכוּת הַמַּאֲכִיל לִבְעָלָיו בְּכָל דּוֹר וָדוֹר פֵּרוֹת יַלְשָׁעָתוֹ וְשׁוֹמֵר אֶת הַקֶּרֶן לְעַצְמוֹ וְאוֹתוֹ זְכוּת הוּא הֲוָיָה לָהֶם לְבָנִים לְמַזָּל לֶעָתִיד וְהַמַּזָּל הַזֶּה צַדִּיק יִבְחַן כִּי יוֹלִידֵהוּ פְּעָמִים רַבּוֹת תַּחַת מַבָּט שֶׁמֵּימֵי מַטֶּה אֶת טִבְעוֹ לִתְכוּנוֹת שׁוֹנוֹת אֲשֶׁר לֹא כְּתוֹרָתֵנוּ כְּדֵי שֶׁיִּתְגַּבֵּר עַל יִצְרוֹ וְיִנְצָחֵהוּ וְזֶה סוֹד הַנִּסְיוֹנוֹת דִּכְתִיב בָּהוּ לְהֵטִיבְךָ בְּאַחֲרִיתֶךָ. וְאֶפְשָׁר גַּם כֵּן שֶׁזָּכָה הָאָדָם כְּבָר לַעֲמֹד בְּנִסָּיוֹן אֶחָד וְיָשׁוּב לִימֵי עֲלוּמָיו לְהִבָּחֵן בְּנִסָּיוֹן שֵׁנִי כְּפִי הוֹרָאַת מַזָּל שַׁעְתּוֹ וְהַיְינוּ דְּבָרָא מְזַכֶּה אַבָּא כְּשֶׁיַּעֲמֹד בְּזֶה הַמִּבְחָן הֶחָדָשׁ אַךְ לֹא בְּהֶפֶךְ וְאַבַּיֵּי הוּא דְּאָמַר בְּפֶרֶק תְּפִלַּת הַשַּׁחַר גְּמִירֵי טָבָא לָא הָוֵי בִּישָׁא אֲבָל אֵין רָבָא מוֹדֶה לוֹ וַאֲפִלּוּ לְאַבַּיֵּי אִמַּר דִּשְׁמַעְתָּ לֵהּ בְּדָבָר אֶחָד בִּשְׁנֵי דְּבָרִים מִי אָמַר. וְאוּלָם בַּזְּכוּת הָאַחֲרוֹן תִּהְיֶה הַקֶּרֶן קַיֶּמֶת לְמַזָּל עֶלְיוֹן שֶׁאֵין בּוֹ מִבְחָן כְּלָל אֶלָּא מְזֻמָּן לְתַכְלִית הַטּוֹבָה וּמִמֶּנּוּ בְּנֵי לְמוּדֵי ה' עֲדֵי עַד יֵשְׁבוּ לְכִסֵּא לוֹ וְחַיִּים בְּאוֹר פְּנֵי מֶלֶךְ וְנִזּוֹנִים מִזִּיו שְׁכִינָה. וְלִמְּדָנוּ לַדּוֹרוֹת שֶׁבִּנְתַּיִם שֶׁאֵין כֹּחַ בִּזְכוּת דְּהַשְׁתָּא לְשַׁדֵּד אֶת הַמַּזָּל אִם לֹא בְּיָד חֲזָקָה וְזוֹ כֹּחוֹ שֶׁל אַבְרָהָם דְּצֶדֶק הֲוָה קָאֵי לֵהּ בַּמַּעֲרָב וְאוֹקְמוּהוּ בַּמִּזְרָח וְאַף

עַל זֶה שֶׁיִּתְבּוֹנֵן הַמַּשְׂכִּיל כִּי עֲדַיִן יֵשׁ תְּנַאי מֻקְדָּם מִשֵּׁשֶׁת יְמֵי בְּרֵאשִׁית לְהָשִׁיב כָּל שִׁנּוּיֵי הַטֶּבַע לִתְנָאָם הָרִאשׁוֹן אֶלָּא שֶׁאוּלַי צֶדֶק בְּמַעֲרָב הָיָה שִׁנּוּי הַטֶּבַע מֵהֶכְרֵחַ הַמִּבְחָן וּכְשֶׁהֶחֱזִירוּהוּ לַמִּזְרָח הוּא תְּנָאוֹ הָרִאשׁוֹן וְאֶפְשָׁר גַּם כֵּן שֶׁלֹּא הָיָה הַתְּנַאי אֶלָּא עַל הַבְּרִיאוּת הַכּוֹלְלוֹת כְּגוֹן הַיָּם שֶׁיִּקָּרַע וְיָשׁוּב לְאֵיתָנוֹ וְהַחַמָּה שֶׁתַּעֲמֹד לִיהוֹשֻׁעַ וְתָשׁוּב לִסְבוּבָהּ. וְאִם נַנִּיחַ דִּמְעִקָּרָא הָיָה לוֹ לְאַבְרָהָם צֶדֶק בְּמַעֲרָב אַף אָנוּ נֹאמַר שֶׁאִלְמָלֵא זְכוּת זַרְעוֹ אַחֲרָיו שֶׁלֹּא יַפְסִיק לְעוֹלָם כְּבָר שָׁב הַמַּזָּל לִתְנָאוֹ לְשַׁוְיֵהּ לְאַבְרָהָם מֵחֲשׁוּכֵי בָּנִים וְהוּא הַמְּגַנֵּם עָלֵינוּ בְּכָל דּוֹר וָדוֹר אֶלָּא שֶׁקָּדַם רַב חֶסֶד לִזְכֹּר לְבָנִים זְכוּת כָּל הָאָבוֹת כְּחוּט מְשֻׁלָּשׁ שֶׁלֹּא בִּמְהֵרָה יִנָּתֵק גַּם בְּנֵיהֶם עֲדֵי עַד יוֹסִיפוּ זְכִיּוֹת לַבָּאִים אַחֲרֵיהֶם כִּי אֵין לְךָ דּוֹר שֶׁאֵין בּוֹ כְּאַבְרָהָם וְלָא בְּצִיר עָלְמָא מִתְּלָתִין וְשִׁיתָּא צַדִּיקִים בְּחוּצָה לָאָרֶץ וּכְנֶגְדָּן בָּאָרֶץ כִּדְאִיתָא בְּאַגָּדָה וּבְפֶרֶק גִּיד הַנָּשֶׁה שֶׁטָּה אַחֶרֶת גַּבֵּי חֹמֶר שְׂעוֹרִים וּלְתֶךְ שְׂעוֹרִים דִּהוֹשֵׁעַ וְיוּבַן עִם זֶה מַאֲמַר חֲכָמִים כְּפִי פְּשׁוּטוֹ בְּנֵי חַיֵּי וּמְזוֹנֵי לָאו בִּזְכוּתָא פֵּרוּשׁ דְּהַשְׁתָּא תַּלְיָא מִלְּתָא אֶלָּא בְּמַזָּלָא שָׁעָה שֶׁיֻּלַּד בָּהּ וְהוּא עַצְמוֹ תָּלוּי בִּזְכוּת קֶדֶם כָּאָמוּר וּמִשְׁפְּטֵי ה' אֱמֶת צָדְקוּ יַחְדָּו וְלָנוּ עוֹד בְּזֶה דְּבָרִים בְּמַאֲמַר אֵם כָּל חַי בַּחֵלֶק הָרִאשׁוֹן סִימָן ו' וּבְרֵישׁ הַחֵלֶק הַשְּׁלִישִׁי מִמֶּנּוּ יְעֻיַּן שָׁם:

מַאֲמַר חֲקֹר דִּין - חֵלֶק ב פֶּרֶק לא

וְתוּ דָּיְקִינַן סֵיפָא דְּמַתְנִיתִין דְּקָאָמַר הַתָּם וּבְמִסְפַּר הַדּוֹרוֹת לְפָנָיו הוּא הַקֵּץ וְהֵבִיא רְאָיָה מִמָּה שֶׁנֶּאֱמַר בִּגְאֻלַּת מִצְרַיִם וּכְבָר פֵּרְשׁוּ עַל הַיְשׁוּעָה הַקְּרוֹבָה לָבֹא זָכוּ אֲחִישֶׁנָּה וְיִהְיֶה בְּעִתָּהּ וְהֵן הֵן אֲרֻכּוֹת וּקְצָרוֹת דְּמִדְרַשׁ אֵיכָה עַל פָּסוּק הָיְתָה לָמַס שֶׁהָיָה הַקָּדוֹשׁ בָּרוּךְ הוּא מְטַיֵּל עִם אַבְרָהָם אָבִינוּ בְּבֵית הַמִּקְדָּשׁ בְּחֻרְבָּנוֹ וְכֵן בְּמִדְרַשׁ קֹהֶלֶת עַל פָּסוּק מְתוּקָה שְׁנַת הָעוֹבֵד שֶׁהָרֶמֶז בִּשְׁנֵי הַמִּקְרָאוֹת עַל תִּקּוּן הָעוֹלָם שֶׁבְּבִנְיַן הַבַּיִת הַשְּׁלִישִׁי תְּחִיַּת הַמֵּתִים תְּלוּיָה בּוֹ שֶׁאֵין לוֹ זְמַן מֻגְבָּל אִלּוּ לֹא זָכוּ אֲרֻכּוֹת זָכוּ קְצָרוֹת דְּהַיְנוּ אֲחִישֶׁנָּה. וְכֵיצַד תִּהְיֶינָה הָאֲרֻכּוֹת הֵן עַצְמָן קְצָרוֹת דְּהַיְנוּ בְּעִתָּהּ אֲחִישֶׁנָּה כִּי הֲדָדֵי מְפֹרָשׁ בְּרֵישֵׁיהּ דִּקְרָא הַקָּטֹן יִהְיֶה לָאֶלֶף שֶׁיִּשְׁרְצוּ בִּמְאֹד מְאֹד וְיִכְלוּ מְהֵרָה נְשָׁמוֹת שֶׁבַּגּוּף דָּא תִּפְאֶרֶת כְּמוֹ שֶׁפֵּרֵשׁ הָאֲרִ"י זצ"ל וְאָז תִּפָּסֵק הַזֻּהֲמָא מִכָּל הַיְצוּר שֶׁהוּא נִכְלָל בְּאֶלֶף דּוֹר וְהֵם לְגַלְגְּלֹתָם שִׁשִּׁים אֶלֶף רִבּוֹא אֲפִלּוּ יִהְיוּ כֻּלָּם בִּזְמַן אֶחָד כְּמוֹ שֶׁבִּקֵּשׁ מֹשֶׁה רַבֵּנוּ ע"ה יוֹסֵף ה' עֲלֵיכֶם כָּכֶם אֶלֶף פְּעָמִים וְיָבֹא בְּאוּרוֹ בְּפֶרֶק שֶׁאַחַר זֶה וְהָדָר אָמַר וִיבָרֵךְ אֶתְכֶם עַד אֵין חֵקֶר כַּאֲשֶׁר דִּבֶּר לָכֶם וּלְעוֹלָם הָיָה בָּהֶם פְּרוֹטְרוֹט נוֹסָף עַל שִׁשִּׁים רִבּוֹא לְהוֹרוֹת שֶׁבָּא מִגִּדְרֵי הַמִּסְפָּר כְּטַעַם וַיְהִי מְתָיו מִסְפָּר הַתְּפַלֵּל שֶׁיִּהְיוּ הֵמָּה הַמִּסְפָּר עַצְמוֹ הַמִּתְרַבֶּה עַד אֵין קֵץ וְלֹא יְהֵא הַמִּסְפָּר מַגְדִּיר אוֹתָם כְּמוֹ שֶׁהָיָה בִּתְחִלַּת צְמִיחָתָם שֶׁאָמַר יַעֲקֹב עַל עַצְמוֹ וַאֲנִי מְתֵי מִסְפָּר

לֹא אָמַר מָתַי בְּפַתַ"ח אֶלָּא בצר"י סְמוּכִים אֶל הַמִּסְפָּר וּטְפֵלִים אֵלָיו. וְעַל הֱיוֹת יוֹצְאֵי מִצְרַיִם בִּלְתִּי מֻגְבָּלִים בְּמִסְפָּרָם שֶׁיֵּשׁ לָהֶם שִׁעוּר לְמַטָּה אֲבָל לֹא שִׁעוּר לְמַעְלָה עַל כֵּן הָיוּ לְעוֹלָם יוֹתֵר מִשִּׁשִּׁים רִבּוֹא וּבְמִנְיָן הָרִאשׁוֹן הָיוּ שֵׁשׁ מֵאוֹת אֶלֶף וּשְׁלֹשֶׁת אֲלָפִים וַחֲמֵשׁ מְאוֹת וַחֲמִשִּׁים וְלָנוּ בּוֹ גִּימַטְרִיָּא בְּדָבָר הַלָּמֵד מֵעִנְיָנוֹ שֶׁהֵן וַדַּאי פַּרְפְּרָאוֹת לַחָכְמָה כִּי אָמְנָם מַרְגְּלָא בְּפֻמַּיְהוּ דְּרַבָּנָן שֶׁקּוּל מֹשֶׁה כְּנֶגֶד כָּל יִשְׂרָאֵל וְיֵשׁ בָּאוֹתִיּוֹת שְׁמוֹ עִם יוּ"ד דִּשְׁכִינְתָּא שֶׁהָיְתָה תָּמִיד מְאִירָה בּוֹ מִסְפַּר שִׁשִּׁים רִבּוֹא הָא כֵּיצַד **מ'** פְּעָמִים **ש'** הֵם י"ב אֶלֶף וְכֻלָּם חֲמִשָּׁה פְּעָמִים הֵם שִׁשִּׁים אֶלֶף וְכֻלָּן עֶשֶׂר פְּעָמִים הֲרֵי שִׁשִּׁים רִבּוֹא. עוֹד אוֹתִיּוֹת סִינַי כְּשֶׁנִּסְפָּרָם עַל הַדֶּרֶךְ שֶׁזָּכַרְנוּ עוֹלוֹת לִשְׁלֹשִׁים רִבּוֹא וְיֵשׁ אָמְנָם סִינַי שֶׁל מַעְלָה מְכֻוָּן כְּמוֹ סִינַי שֶׁל מַטָּה וְנִרְמָז בָּאוֹתִיּוֹת סִינַי כְּשֶׁמִּלּוּאָן סִינַי שֵׁנִי הֲרֵי שֵׁשׁ מֵאוֹת אֶלֶף. וְיֵשׁ בָּאוֹתִיּוֹת הַשֵּׁם הַגָּדוֹל כְּשֶׁנִּסְפָּרָם גַּם כֵּן עַל הַדֶּרֶךְ זֶה מִנְיַן אֶלֶף וַחֲמֵשׁ מֵאוֹת בְּגִימַטְרִיָּא מל"ך של"ם בְּמִסְפָּר הַגָּדוֹל שֶׁל מנצפ"ך וְהָאוֹתִיּוֹת כְּפוּלוֹת בְּמִלּוּאוֹתָן כַּנּוֹדָע כִּי כֶּפֶל הַהֵ"א בְּהֵ"א אַחֶרֶת כִּפְלַיִם וְרָאָה וְעָשָׂה שֶׁהַנְּקֻדָּה מוּסָב עַל נָח נִרְאֶה וְכֵן כֶּפֶל הָאוֹתִיּוֹת הֲרֵי שְׁלֹשֶׁת אֲלָפִים. וְהַהוֹרָאָה הַיּוֹתֵר נוֹדָעָה וּמְפֻרְסֶמֶת לְמִלּוּי זֶה שֶׁל שֵׁם הָעֶצֶם שֶׁהוּא הָאוֹתִיּוֹת בְּעַצְמָן הִיא עַל הֶעָתִיד שֶׁיִּהְיֶה הַשֵּׁם נִקְרָא כְּמוֹ שֶׁהוּא נִכְתָּב אָמְנָם עַל יִחוּד שְׁנֵי הַמְּאוֹרוֹת הָעֶלְיוֹנִים וְהַשְׁוָאָתָן שֶׁהָרֶמֶז לָהֶם בִּשְׁתֵּי אוֹתִיּוֹת אַחֲרוֹנוֹת שֶׁל שֵׁם הִנֵּה אֲנַחְנוּ נִמְנֶה גִּימַטְרִיָּא אַחֶרֶת בְּאוֹתִיּוֹתָיו י' פְּעָמִים ה' הֵם נ' נ' פְּעָמִים ו"ה הֲרֵי חֲמֵשׁ מֵאוֹת וַחֲמִשִּׁים:

מַאֲמַר חֵקֶר דִּין - חֵלֶק ב פֶּרֶק לב

הַדְּגָלִים כֻּלָּם שֶׁהָיוּ לַאֲבוֹתֵינוּ בַּמִּדְבָּר גַּם הֵמָּה חֲתוּמִים בִּשְׁמוֹתָיו יִתְבָּרַךְ כִּי הָיָה דֶּגֶל מַחֲנֵה יְהוּדָה מִזְרָחָה קפ"ו אֶלֶף וְד' מֵאוֹת. הָאֲלָפִים הֵם רִבּוּעַ אוֹתִיּוֹתָיו שֶׁל שֵׁם כָּל אוֹת לְעַצְמוֹ כַּנּוֹדָע בַּתָּאַר מָקוֹם וְהֵן הֵן אַרְבָּעָה מִלּוּאִים מְחוּלָּפִים לְשֵׁם יה"ו וְכֵן מִלּוּי שֵׁם אֶהְיֶה שֶׁהוּא ק"מ וּמִלּוּי שֵׁם הֲוָיָה מ"ו וּשְׁנֵיהֶם ביודי"ן וְהַמֵּאוֹת לד' אוֹתִיּוֹת הַכִּנּוּי. דֶּגֶל מַחֲנֵה רְאוּבֵן תֵּימָנָה קנ"א אֶלֶף ות"נ הָאֲלָפִים הֵם רִבּוּעַ אוֹתִיּוֹתָיו שֶׁל שֵׁם אהי"ה עַל הַדֶּרֶךְ הָאָמוּר. וְהוּא מִלּוּאוֹ גַּם כֵּן בההי"ן כִּדְלְעֵיל וְהַפְּרוֹטְרוֹט רֶמֶז למ"ה שְׁמוֹ הַמִּתְרַבֶּה עַל עֶשֶׂר אוֹתִיּוֹתָיו וְעוֹלֶה ת"נ. דֶּגֶל מַחֲנֵה אֶפְרַיִם יָמָּה ק"ח אֶלֶף וּמֵאָה הָאֲלָפִים הֵם רֶמֶז לְשֵׁם מ"ץ פ"ץ בְּהִתְרַבּוּת כָּל אֶחָד מִשְּׁנֵי חֲצָאֵי הַשֵּׁם בְּאוֹתִיּוֹתָיו זוֹ אֶל זוֹ עֵדֶר עֵדֶר לְבַדּוֹ וְנֶחְשָׁב הַצָּדִ"י בִּשְׁנֵיהֶם כְּאוֹתִיּוֹת גְּדוֹלוֹת שֶׁל מנצפ"ך עוֹד בְּהִתְרַבּוּת הָאוֹתִיּוֹת הָאֵלֶּה זוֹ עַל זוֹ בְּאוֹתָהּ הַחֲלֻקָּה עַצְמָהּ בְּחוּשְׁבָּן זְעֵיר דַּחֲנוֹךְ עוֹלוֹת ק"ח כְּמִסְפַּר הָאֲלָפִים. אָמְנָם הַפְּרוֹטְרוֹט מְלַמְּדֵנוּ כִּי זֶה הַשַּׁעַר לַה' יֵשׁ בּוֹ מֵאָה שְׁעָרִים כַּנּוֹדָע. דֶּגֶל מַחֲנֵה דָן צָפֹנָה קנ"ז

אֶלֶף וְשֵׁשׁ מֵאוֹת הָאֲלָפִים רֶמֶז לְשֵׁם אֱלֹקִים שֶׁהוּא בַּצָּפוּן וְסוֹדוֹ י"ה מָלֵא וּכְשֶׁנִּצְרַף אוֹתִיּוֹת מָלֵא לְיוּ"ד לְבַדָּהּ וּלְהֵ"א לְבַדָּהּ יַעֲלֶה הַמִּסְפָּר שֶׁזָּכַרְנוּ. וְעוֹד אֱלֹהִים וּשְׁנֵי מְקוֹרוֹתָיו שֶׁהֵם שֵׁם בֶּן ד' פָּשׁוּט וּמָלֵא באלפי"ן עוֹלִים קנ"ז וְהַפְּרוֹטְרוֹט הוּא שֵׁם י"ה בִּכְלָלוּת עֶשֶׂר הַמַּקִּיף אֶת מִלּוּאוֹ מֵאַרְבַּע רוּחוֹת. אִי נַמִּי אֱלֹהִים פָּשׁוּט מְרֻבָּע וּמָלֵא עִם אוֹתִיּוֹת הַמִּלּוּי וְהַשֵּׁם הַכּוֹלֵל הֵן שֵׁשׁ מֵאוֹת מְכֻוָּנוֹת לֹא פָּחוֹת וְלֹא יוֹתֵר וְהַכֹּל עוֹלֶה בַּשָּׁוֶה וְדִקְדּוּק רַב לְמִסְפַּר בְּנֵי יִשְׂרָאֵל כְּשֶׁנִּמְנוּ תְּחִלָּה בְּמִדְבַּר סִינַי. לְאֵלֶּה הֻתְּרָה הַדְּרִישָׁה מִפִּי רַב אֶחָד זֶה מֹשֶׁה וּמִפִּי אַהֲרֹן גַּם כֵּן שֶׁנִּסְתַּלֵּק מֹשֶׁה שֶׁהֵם שְׁקוּלִים זֶה בְּזֶה וְשָׁנָה אַהֲרֹן לָהֶם פִּרְקוֹ וְגַם יִשַׁי אֲבִי דָוִד אָמְרוּ עָלָיו שֶׁהָיָה נִכְנָס בְּאֻכְלָסָא וְיָצָא בְּאֻכְלָסָא וּבְפֶרֶק הָרוֹאֶה נַקְטִינַן אֵין אוֹכְלוֹסָא פְּחוּתָה מִס' רִבּוֹא. אֶלְעָזָר וְאִיתָמָר הָיוּ לָהֶם שְׁנֵי מְתֻרְגְּמִים וְשִׁבְעִים זְקֵנִים אָמוֹרָאִים תַּחְתָּם וּכְשֶׁנּוֹסַף הַלְוִיִּים עַל פְּקוּדֵי בְּנֵי יִשְׂרָאֵל שֶׁגַּם הֵם הָיוּ נִכְנָסִים בְּלִי סָפֵק בְּסֵדֶר הַמִּשְׁנָה וְכֵן הַזְּקֵנִים לְמַעְלָה מִס' שָׁנָה אַף עַל פִּי שֶׁכַּח הַשְׂכָּלָתָם כַּנִּיָּר מָחוּק קָרוֹב הַדָּבָר לְהַתִּיר לְאָמוֹרָא אֶחָד ע' רִבּוֹא. וּכְבָר נוֹדַע מִמַּעֲלָתָם שֶׁל דּוֹר דֵּעָה שֶׁהָיָה כָּל אֶחָד מֵהֶם שָׁקוּל כְּאֶלֶף אִישׁ דִּכְתִיב דָּבָר צִוָּה לְאֶלֶף דּוֹר מְלַמֵּד שֶׁמְּקַבְּלֵי הַתּוֹרָה הָיוּ שְׁקוּלִים כְּאֶלֶף דּוֹר וּכְתִיב אָדָם אֶחָד מֵאֶלֶף מָצָאתִי זֶה מֹשֶׁה שֶׁהָיָה שָׁקוּל כְּכֻלָּם וְאִשָּׁה בְכָל אֵלֶּה לֹא מָצָאתִי שֶׁלֹּא מָצָא בַּת זוּגוֹ אֶלָּא בְּמִדְיָן אָמְרוּ עָלָיו בְּאַגָּדָה יֹסֵף עֲלֵיכֶם כָּכֶם אֶלֶף פְּעָמִים זוֹ מִשֶּׁלִּי הִיא וְעוֹד אָמְרוּ שֶׁקֹּדֶם הָעֵגֶל הָיוּ פָּנָיו מַבְהִיקִים אֶלֶף פְּעָמִים וְיָתֵר מִקַּרְנֵי הַהוֹד וְלֹא הָיוּ זְקוּקִים לְמַסְוֶה וְעָלָיו נֶאֱמוּ כִּימֵי צֵאתְךָ מֵאֶרֶץ מִצְרַיִם שֶׁהוּא לְנֹכַח אֶל מֹשֶׁה וּכְתִיב לְעֵיל מִינֵיהּ רְעֵה עַמְּךָ בְשִׁבְטֶךָ אַרְאֶנּוּ נִפְלָאוֹת לְכָל הָעָם שֶׁזָּכַר הוֹרָה הַשָּׁקוּל הַכּוֹלֵל אֲשֶׁר אָמַרְנוּ יְעֻיַּן בַּחֵלֶק הַשְּׁלִישִׁי סוֹף פֶּרֶק ו' וּמִכָּאן יִשְׁמַע חָכָם מַאי דִּכְתִיב וְהִשְׁאַרְתִּי בְיִשְׂרָאֵל שִׁבְעַת אֲלָפִים שֶׁקָּדְמָה מְסִירָתוֹ מִסִּינַי מֵעֵת הֱיוֹתָהּ שָׁם כְּמוֹ שֶׁבֵּאַרְנוּ בְּמַאֲמָר אֵם כָּל חַי עַד שֶׁנִּתְנַבֵּא עָלָיו אֵלִיָּהוּ בְּחֹרֵב וּפִתְרוֹנוֹ בְּעֶצֶם עַל תַּכְלִית הַטּוֹבָה עָתִיד לְהִתְקַיֵּם קֹדֶם הַקָּדוֹשׁ שֶׁל שְׁנַת הַחֲמִשִּׁים כִּי מִשָּׁם וָהָלְאָה אֲפִלּוּ הִרְהוּר אָסוּר וְכָל שֶׁלֹּא נִפְגַּם בְּשֶׁמֶץ עֲבוֹדָה נָכְרִיָּה מֻבְטָח לְהִמָּנוֹת עִמָּהֶם אָמְנָם פְּשָׁטֵיהּ דִּקְרָא בְּאַנְשֵׁי הַחַיִל שֶׁל אוֹתוֹ הַדּוֹר כִּי הַיּוֹשְׁבִים בְּעָרֵיהֶם לֹא פָּחֲתוּ מִשִּׁשִּׁים רִבּוֹא וְלֹא יִפְחֲתוּ:

סְלִיק חֵלֶק שֵׁנִי

מַאֲמַר חֲקוֹר דִּין - חֵלֶק ג פֶּרֶק א

עַד הֵנָּה עֲזָרוּנוּ ה' לַחֲקוֹר בְּדִינֵי הָעוֹלָם הַזֶּה מִמָּה שֶׁחִשְּׁבְנוּהוּ מוֹעִיל לְמִי שֶׁרָאָה וְיָדַע דִּבְרֵי חֲכָמִים כְּמַסְמְרוֹת נְטוּעִים לַעֲמֹד עַל כַּוָּנַת דִּבְרֵיהֶם בֶּאֱמֶת וָיֹשֶׁר. וְאוּלָם בְּיוֹם הַמָּוֶת אֲשֶׁר יִקְרָאוּהוּ רַבָּנָן קַמָּאֵי לְכָל אִישׁ יוֹמוֹ יוֹמָא דְּדִינָא רַבָּא יָדִין אֱלֹקֵי הַמִּשְׁפָּט עַל גְּמוּל הַנְּשָׁמָה אִם תִּכָּנֵס לְגַן עֵדֶן אִם לַגֵּיהִנֹּם וְכֵיצַד תֵּעָנֵשׁ וּבְמָה תִּתְעַדֵּן. וְכֵן אִם תֵּלֵךְ לַקֵּץ וְתָנוּחַ אוֹ אִם הִיא צְרִיכָה לָשׁוּב בַּדֶּרֶךְ הַזֶּה עוֹד וְעָלָיו מְפֹרָשׁ בְּדִבְרֵי קֹהֶלֶת וּזְכֹר אֶת בּוֹרְאֶךָ עַד אֲשֶׁר לֹא יָבוֹאוּ יְמֵי הָרָעָה וְנָרֹץ הַגַּלְגַּל אֶל הַבּוֹר וְרַבּוֹתֵינוּ דָּרְשׁוּ בּוֹ בְּאֶרֶךְ בְּרַךְ בּוֹרְאֶךָ כִּי הָא דִּתְנַן דַּע מֵאַיִן בָּאתָ וּלְאָן אַתָּה הוֹלֵךְ וְלִפְנֵי מִי אַתָּה עָתִיד לִתֵּן דִּין וְחֶשְׁבּוֹן שֶׁכְּנֶגְדָּן בְּסוֹטָה מַיִם וְעָפָר וְכָתָב וּמִן הַמְּפָרְשִׁים מִי שֶׁנִּתְעוֹרֵר עַל הַכֶּפֶל שֶׁבָּא אַחַר כֵּן בְּדִבְרֵי הַתַּנָּא וְלֹא נִיחָא לֵהּ לְמֵימַר תְּנֵי וְהָדַר מְפָרֵשׁ אֶלָּא דִּבְרֵישָׁא אֲחַשְׁבֵהּ לְמַחְצַב הַנְּשָׁמָה שֶׁבָּאָה מִתַּחַת כִּסֵּא הַכָּבוֹד וְאֵלָיו הִיא שֶׁבָּהּ לָלֶכֶת לְפִי הַמְפֻרְסָם. וְהִזְהִיר שֶׁלֹּא יְזַלְזְלוּ בָהּ כִּי בַת מֶלֶךְ הִיא וּבְסֵיפָא אֲתָרֵי בֵּיהּ עַל פְּחִיתוּת הַגּוּף וּמְאֹרָעָיו וְנָכוֹן הוּא. אֶפֶס כִּי עֲדַיִן צְרִיכִים אָנוּ לְהִתְבּוֹנֵן עַל הַבָּבָא הַשְּׁלִישִׁית לִפְנֵי מִי אַתָּה עָתִיד לִתֵּן דִּין וְחֶשְׁבּוֹן שֶׁלֹּא פֵּרֵשׁ בָּהּ דָּבָר בְּטַעַם הַכֶּפֶל וְאֶפְשָׁר לְפִי שִׁטָּתוֹ לוֹמַר כִּי בְּרֵישָׁא כֵּיוָן לְדִין שֶׁיִּתֵּן עַל הָעֲשֵׂה טוֹב אִם הִשְׁלִים חֻקֵּי נִשְׁמָתוֹ וּבְסֵיפָא מַתְרֶה עַל הַסּוּר מֵרַע שֶׁלֹּא יָבֹא בְּחֶשְׁבּוֹנוֹ לְדַבֵּר מִטִּנּוּפֵי הַגּוּף וְתַאֲווֹתָיו. אֲבָל מָה שֶׁנִּרְאֶה לָנוּ פָּשׁוּט בְּכַוָּנַת הַתַּנָּא הוּא כִּי שׁוֹמֵר נַפְשׁוֹ בְּטָהֳרָה כְּשֶׁהוּא נוֹתֵן דִּין וְחֶשְׁבּוֹן הַקָּדוֹשׁ בָּרוּךְ הוּא מִשְׁתַּבֵּחַ בּוֹ בְּכָל פַּמַּלְיָא דִּילֵהּ כִּדְכְתִיב יִשְׂרָאֵל אֲשֶׁר בְּךָ אֶתְפָּאָר וְקוֹרֵא לַאֲבוֹת הָעוֹלָם וּבְנֵיהֶם עִמָּהֶם וְאוֹמֵר אַשְׁרֵיכֶם שֶׁיָּצָא זֶה מֵחֲלָצֵיכֶם לְפִיכָךְ סְתָם לָן תַּנָּא בְּרֵישָׁא וְאָמַר לִפְנֵי מִי וְתוּ לֹא כִּי הַדָּבָר יָדוּעַ דְּכֻלְּהוּ עָלְמִין חֲדָאן בַּהֲדֵיהּ וּבְמוֹת אָדָם רָשָׁע אֵינוֹ כֵּן אֶלָּא הַקָּדוֹשׁ בָּרוּךְ הוּא לְבַדּוֹ מְעַיֵּן בְּדִינוֹ כִּי הוּא יוֹדֵעַ נִסְתָּרוֹת וְנִגְלוֹת וְכַמָּה מִן הַגְּנַאי מַגִּיעַ לְגוֹרֵם שֶׁמֶּלֶךְ גָּדוֹל עַל כָּל אֱלֹהִים יִטַּפֵּל בִּכְלִי מָלֵא בּוּשָׁה וּכְלִמָּה לְפִיכָךְ הֶאֱרִיךְ בְּתֹאָרִים גַּבֵּי סֵיפָא בִּלְבַד דְּאִלּוּ לְגוּפֵיהּ מֵימְרָא בָּעֵי:

מַאֲמַר חֲקוֹר דִּין - חֵלֶק ג פֶּרֶק ב

גָּרְסִינַן בְּפֶרֶק הַזָּהָב אָמַר רַבִּי חֲנִינָא הַכֹּל יוֹרְדִין לַגֵּיהִנֹּם חוּץ מִשְּׁלֹשָׁה הַכֹּל יוֹרְדִין סָלְקָא דַּעְתָּךְ אֶלָּא כָּל הַיּוֹרְדִים עוֹלִים חוּץ מִבָּא אֶל אֵשֶׁת רֵעֵהוּ וּמַלְבִּין פְּנֵי חֲבֵרוֹ בָּרַבִּים וּמְכַנֶּה לוֹ שֵׁם רַע אַף עַל גַּב דְּדָשׁ בֵּיהּ. וּמַשְׁמַע לָן דְּהַאי הַכֹּל לְאַתּוּיֵי צַדִּיקִים וּבֵינוֹנִיִּים יֵשׁ מֵהֶם מִי שֶׁיּוֹרֵד

לְהַצָּלַת הַזּוּלַת כְּמוֹ שֶׁיָּבֹא בְּאַבְרָהָם אָבִינוּ ע"ה בְּפֶרֶק י"ז וְיֵשׁ מִי שֶׁיּוֹרֵד עַל צַד הַמָּרוּק לִרְאוֹת מָה רַב טוּבוֹ יִתְבָּרַךְ לְהַצִּילוֹ מִשְּׁאוֹל תַּחְתִּיָּה וְכָל שֶׁכֵּן עִם מָה שֶׁנּוֹסִיף לֶקַח בְּפֶרֶק ט"ז וְיֵשׁ מִי שֶׁיּוֹרֵד לִרְאוֹת חָלִלָה שֶׁכָּל הָעוֹלָם כֻּלּוֹ כִּסּוּי קְדֵרָה אֵלָיו וְהוּא דֶּרֶךְ לְשַׁעֲרֵי גַּן עֵדֶן כְּדֶרֶךְ מִדְבַּר הָעַמִּים לְבָאֵי הָאָרֶץ וְעָתִיד לְהִתְקַדֵּשׁ בִּקְדֻשַּׁת הַגַּן כְּמוֹ שֶׁיָּבֹא וְזָכַרְנוּ מִזֶּה בְּמַאֲמַר הַנֶּפֶשׁ יְעַיֵּן שָׁם. וְעַל דָּא וַדַּאי הֲוָה בָּכִי רַבָּן יוֹחָנָן בֶּן זַכַּאי כְּשֶׁאָמַר אֵינִי יוֹדֵעַ לְאֵיזֶה דֶּרֶךְ מוֹלִיכִין אוֹתִי כִּי אֲפִלּוּ הַמַּעֲבָר לְבַדּוֹ לֵילֵךְ מִשָּׁם לְגַן עֵדֶן מַבְעִית מְאֹד נוֹסָף עַל מָה שֶׁיֵּשׁ בְּדִבְרֵי הַשָּׁלֵם תּוֹכָחָה לְזוּלָתוֹ מִקַּל וָחֹמֶר. וְאֵלֶּה שְׁנֵי דְּרָכִים פְּשׁוּטִים יְאוֹתוּ לָנוּ בְּפֵרוּשׁ מַאֲמַר מֹשֶׁה רַבֵּנוּ ע"ה הַאֲזִינוּ הַשָּׁמַיִם וְתִשְׁמַע הָאָרֶץ כְּפִי מָה שֶׁדָּרְשׁוּ בּוֹ אֵינִי יוֹדֵעַ נַפְשִׁי לְהֵיכָן הוֹלֶכֶת כְּתִיב מִי יוֹדֵעַ רוּחַ בְּנֵי הָאָדָם הָעֹלָה הִיא לְמָעְלָה וְרוּחַ הַבְּהֵמָה הַיֹּרֶדֶת הִיא לְמַטָּה לָאָרֶץ מַפְקִיד אֲנִי עָלֶיהָ אֶת שְׁנֵיהֶם בְּכָל מָקוֹם שֶׁהִיא הוֹלֶכֶת תְּהֵא מֻנַּחַת יָפָה. וְהוּא דִּבּוּר מַתְמִיהַּ מְאֹד לְאִישׁ אֲשֶׁר כָּמוֹהוּ אַף אִם נַנִּיחַ שֶׁלֹּא דִּבֵּר רַק עַל הַנֶּפֶשׁ הַחִיּוּנִית בִּלְבַד אֶלָּא כִּדְאָמְרַן וּבְחֵלֶק הָרְבִיעִי פֶּרֶק ב' נִרְמַז בּוֹ דֶּרֶךְ אַחֶרֶת לַהֲבָנַת הַדְּבָרִים הַלָּלוּ. אוֹ יִרְצֶה עַל דֶּרֶךְ מָה שֶׁאָמַר דָּוִד הַמֶּלֶךְ ע"ה יִפְּלוּ בְמַכְמֹרָיו רְשָׁעִים יַחַד אָנֹכִי שֶׁפֵּרוּשׁ לְהִשְׁתַּתֵּף לִרְצוֹנִי בְּצָרָתָם חָלִילָה לוֹ מִן הַנְּפִילָה אֶלָּא עַד אֶעֱבֹר עַל דֶּרֶךְ עוֹבְרֵי בְּעֵמֶק הַבָּכָא שֶׁעוֹד נַזְכִּיר. וְאֶפְשָׁר לְפָרֵשׁ יַחַד אָנֹכִי כְּלַפֵּי דָּוִד עִלָּאָה דְּאִית לֵהּ לְהַקָּדוֹשׁ בָּרוּךְ הוּא וְאַיְּהוּ יָתִיב וּתְנֵי מֵאִיר בְּנִי אָמַר בְּשָׁעָה שֶׁאָדָם מִצְטַעֵר שְׁכִינָה מָה לָשׁוֹן אוֹמֶרֶת קַלַּנִי מֵרֹאשִׁי קַלַּנִי מִזְּרוֹעִי כְּטַעַם הַקּוֹמָה הַכּוֹלֶלֶת שֶׁנִּתְּנָה לְאָדָם הָרִאשׁוֹן דִּרְשׁוּהָ בִּשְׁמוֹת רַבָּה פֶּרֶק מ' עַל פָּסוּק אֵיפֹה הָיִיתָ בְּיָסְדִי אָרֶץ וְיִהְיֶה קַלַּנִי כִּנּוּי לְהָפְכוֹ כְּאַבַּיֵּי הַתָּם פֶּרֶק גְּמַר הַדִּין וּפֵרֵשׁ רַשִׁ"י דְּדָרִישׁ קִלְלַת אֱלֹהִים קַל לֵית וְאָמַר כִּי הוּא חוֹשֵׁשׁ מְכֻבָּד הָרֹאשׁ הַזְּרוֹעַ עַל יְצִירַת אִישׁ מִצְטַעֵר בַּעֲוֹנוֹ וּלְפִי זֶה יָחוּשׁ הָרֹאשׁ עַל מַחֲשֶׁבֶת בְּרִיאָתוֹ וְהַזְּרוֹעַ עַל הַמַּעֲשֶׂה אוֹ יְפָרֵשׁ כֹּבֶד זֶה עַל דֶּרֶךְ זַעֲתָן שֶׁל חַיּוֹת בְּשָׁעָה שֶׁכִּסֵּא הַכָּבוֹד מַכְבִּיד עֲלֵיהֶם בְּעֵת רָעָה כִּי אָמְנָם בְּעֵת רָצוֹן הוּא נוֹשֵׂא אֶת נוֹשְׂאָיו וְאֵין לְחַיּוֹת עָמָל וִיגִיעָה. לְפִיכָךְ נְהַר דִּינוּר הַנִּמְשָׁךְ מִזֵּעָתָן יָחוּל עַל רֹאשׁ רְשָׁעִים הַגּוֹרְמִים לָהֶן כֵּן. אוֹ יִהְיֶה מִלְּשׁוֹן וְנִקְלָה אָחִיךָ. אוֹ מִלְּשׁוֹן קְלִיל לִי עָלְמָא כְּרַבָּא הַתָּם וְהַכַּוָּנָה קֹצֶר רוּחַ וּמִקְרָא מָלֵא כְּתִיב וַתִּקְצַר נַפְשִׁי בַּעֲמַל יִשְׂרָאֵל. אוֹ מִלְּשׁוֹן אֲשֶׁר קָלָם מֶלֶךְ בָּבֶל עַל דֶּרֶךְ בָּאֵשׁ ה' נִשְׁפָּט שֶׁזָּכַרְנוּ בְּחֵלֶק א' פֶּרֶק י"ג וְכֵן כְּתִיב אֲנִי אֶסְבֹּל וַאֲמַלֵּט. לְפִיכָךְ אָמַר דָּוִד יַחַד אָנֹכִי עַד אֶעֱבוֹר דֶּרֶךְ עֵץ הַחַיִּים בְּהִסְתַּלֵּק שְׁמִירַת הַכְּרוּבִים וְלַהַט הַחֶרֶב מִשַּׁעֲרֵי גַּן עֵדֶן כִּי אָז רוּחַ הַטֻּמְאָה יַעֲבֹר מִן הָאָרֶץ שֶׁהוּא הַמּוֹנֵעַ הַשְׁרָאַת שְׁכִינָה בַּתַּחְתּוֹנִים וְהָרֶמֶז בְּמָסוֹרָה אֶעֱבֹר ג' מְלֵאִים חַד בְּהַפְטָרַת שִׁמְעוּ וַתֹּאמְרִי לֹא אֶעֱבוֹר כִּי עַל כָּל גִּבְעָה כְּתִיב בְּדָלֶ"ת וְקֵרֵי בְּרֵי"שׁ הֲרֵי עֲבוֹדָה נָכְרִיָּה מְעַכֶּבֶת וְלֹא נִתְמַלְּאָה צוּר

אֶלָּא מֵחֻרְבָּנָהּ שֶׁל יְרוּשָׁלַיִם. אָרְחִי גָּדֵר וְלֹא אֶעֱבוֹר כִּי כָּל יְמֵי הַמָּרוּק הוּא גַּם כֵּן אֶל מִסְתַּתֵּר. יַחַד אָנֹכִי עַד אֶעֱבוֹר הוּא הַתִּקּוּן הַמְּקֻוֶּה בִּזְמַן שֶׁכְּבוֹד ה' יִהְיֶה מָלֵא אֶת הַמִּשְׁכָּן וּכְדַאֲמַרַן:

מַאֲמָר חֲקֹר דִּין - חֵלֶק ג פֶּרֶק ג

אוֹ יְפָרֵשׁ מַאֲמָר הַאֲזִינוּ הַשָּׁמַיִם כְּפִי מַעֲלַת הָאוֹמְרוֹ שֶׁכָּל נִבְרָא בָּעֶלְיוֹנִים וּבַתַּחְתּוֹנִים לֹא דָּמָה אֵלָיו בְּיָפְיוֹ כִּי אֲפִלּוּ בְּחַיָּיו הָיָה מְאַחֵז פְּנֵי כִסֵּא בְּמָה שֶׁלְּמַעְלָה הֵימֶנּוּ וְאָמַר כֵּן לְפִי שֶׁרוּחַ בְּנֵי אָדָם הָעוֹלָה הִיא לְמַעְלָה הוּא לְקַבֵּל שָׂכָר וְרוּחַ הַבְּהֵמָה הַיֹּרֶדֶת הִיא לְמַטָּה לָאָרֶץ שֶׁאֵינָהּ מִבַּעֲלֵי הַגְּמוּל וְחוֹזֶרֶת לִיסוֹדָהּ וְהָאִישׁ מֹשֶׁה עָנוּ מְאֹד לֹא הָיָה מְצַפֶּה לְתַשְׁלוּם גְּמוּל וְלֹא עָבַד אֶת הַמָּקוֹם עַל מְנָת כָּךְ וְלֹא עוֹד אֶלָּא שֶׁמִּעֵט הַכָּתוּב בְּתֹאַר עַצְמוֹ וְעָשָׂה לוֹ וָא"ו קְטִיעָא הַנִּתָּן לִדָּרֵשׁ עָנִי מְאֹד כִּי לֹא הָיָה חוֹשֵׁב עַצְמוֹ לִמְאוּמָה לְפִיכָךְ אָמַר כָּל מָקוֹם שֶׁנַּפְשִׁי הוֹלֶכֶת תְּהֵא מֻנַּחַת פֹּה כִּי לְכָל פִּנּוֹת אֲשֶׁר יִפְנֶה רְצוֹן שׁוֹכְנִי סְנֶה עֲצָתוֹ תָקוּם וְחָפְצוֹ יַשְׁלִים. אָמְנָם הִסְכִּימָה דַּעַת עֶלְיוֹן לְדַעַת מֹשֶׁה רַבֵּנוּ ע"ה בִּכְתִיבַת הַוָּא"ו זְעִירָא שֶׁאֲמַרְנוּ לְפִי שֶׁאֵין עוֹלָמוֹ מְקוֹמוֹ כִּי קָטֹן מֵהָכִיל מַתַּן שְׂכָרוֹ עָלָיו נֶאֱמַר **מְ**'תוּקָה **שְׁ**'נַת **הָ**'עוֹבֵד רָאשֵׁי תֵּבוֹת מש"ה שֶׁגַּם בְּקֶבֶר הוּא לְעוֹלָם דּוֹבֵב שִׂפְתֵי יְשֵׁנִים אִם מְעַט וְאִם הַרְבֵּה יֹאכֵל שֶׁאֵינוֹ מַחֲזִיק טוֹבָה לְעַצְמוֹ וְתָלָה בִּזְכוּת אֲחֵרִים וְהַשָּׂבֵעַ לֶעָשִׁיר כְּמוֹ חִזְקִיָּהוּ שֶׁהָיָה עָשִׁיר בַּתּוֹרָה וּבַמִּצְוֹת אֲבָל הָיָה מַשְׂבִּיעַ עַצְמוֹ וְתוֹלֶה בִּזְכוּתוֹ אֵינֶנּוּ מַנִּיחַ לוֹ לִישׁוֹן שֶׁתָּלוּ לוֹ בִּזְכוּת אֲחֵרִים. וְלֹא יִקְשֶׁה לְמַאֲמָר עָנִי מְאֹד מָה שֶׁנִּתְפַּרְסֵם בְּהֶפֶךְ מֵאוֹמְרָם שֶׁאֵין שְׁכִינָה שׁוֹרָה אֶלָּא עַל חָכָם גִּבּוֹר וְעָשִׁיר וּבַעַל קוֹמָה וְכֻלָּן מִמֹּשֶׁה שֶׁהֲרֵי לֹא נִתְעַשֵּׁר אֶלָּא מִפְּסֹלֶת הַלּוּחוֹת וְאֹזֶן שׁוֹמַעַת מִלִּין תִּבְחַן כִּי אֵין הָעֹשֶׁר הַזֶּה מֵהַמִּין הַמְּזֻמָּן לְכָל הָאָדָם אֲשֶׁר עַל פְּנֵי הָאֲדָמָה כִּי כָּל יִשְׁעוֹ וְכָל חֵפֶץ שְׁלִיחוּתוֹ בַּעֲשָׂרָה דְּבָרִים שֶׁנִּבְרְאוּ עֶרֶב שַׁבָּת בֵּין הַשְּׁמָשׁוֹת וְכֻלָּם מַעֲשֵׂה נִסִּים הֵכִין אוֹתָם הַחֶסֶד הָאֱלֹהִי לְתַקֵּן כָּל אֶחָד בִּזְמַנּוֹ מִקִּלְקוּל הַטֶּבַע הַיָּשָׁר שֶׁנִּבְרָא בַּעֲשָׂרָה מַאֲמָרוֹת אֶת אֲשֶׁר עִוְּתוּ אָדָם בִּיקָר בַּל יָלִין וְלֹא נִתְחַדֵּשׁ דָּבָר מֵהֶם אֲשֶׁר פִּרְיוֹ יִתֵּן בְּעִתּוֹ בְּצֵאתוֹ מִן הַכֹּחַ אֶל הַפֹּעַל אֶלָּא עַל יְדֵי מֹשֶׁה רַבֵּנוּ ע"ה וּבִזְכוּתוֹ וְכֻלְּהוּ זִיל קְרִי בֵּי רַב חוּץ מֵהַקֶּשֶׁת וְהַשָּׁמִיר שֶׁאָנוּ צְרִיכִים בָּהֶם לְדִבְרֵי אַגָּדָה וּכְבָר דָּרְשׁוּ בְּשֶׁגַּם זֶה מֹשֶׁה שֶׁזְּכוּתוֹ הֵגֵנָּה עַל נֹחַ וּבָנָיו וְהֵם בַּעֲלֵי בְּרִית הַקֶּשֶׁת. וְהַשָּׁמִיר שֶׁמֵּשׁ גַּם כֵּן בְּיָמָיו לְפַתֵּחַ עַל אַבְנֵי הָאֵפוֹד אֶת שְׁמוֹת בְּנֵי יִשְׂרָאֵל. וּלְהַשְׁלִים עֲשָׂרָה דְּבָרִים מְפֹרָשִׁים בְּכָתוּב עַל הַהַנְהָגָה הַזֹּאת שֶׁנִּמְסְרָה לוֹ לְבַדּוֹ הוֹסִיפוּ יֵשׁ אוֹמְרִים בַּמִּשְׁנָה דְּאָבוֹת לְמַנּוֹת עִמָּהֶם קִבְרוֹ שֶׁל מֹשֶׁה וּבְבָרַיְתָא פֶּרֶק מָקוֹם שֶׁנָּהֲגוּ הוֹסִיפוּ מְעָרָה שֶׁעָמַד בָּהּ מֹשֶׁה וְאֵלִיָּהוּ וְאַף אֵילוֹ שֶׁל אַבְרָהָם אָבִינוּ אָמְרוּ עָלָיו שֶׁשִּׁמֵּשׁ בְּהַר סִינַי שֶׁתָּקַע בּוֹ

בְּקֶרֶן שְׂמֹאל וּלְעָתִיד לָבֹא יִתָּקַע בְּשֶׁל יָמִין וּצְבָת בִּצְבָת לְמַעֲשֵׂה הַמִּשְׁכָּן:

מַאֲמַר חֲקֹר דִּין - חֵלֶק ג פֶּרֶק ד

וִיסוֹד הַדְּרוּשׁ הַזֶּה שֶׁאָנוּ בְּבֵאוּרוֹ הוּא כִּי הָעוֹלָם נִבְרָא בְּדִין וּמֹשֶׁה רַבֵּנוּ ע"ה בְּחֶסֶד פָּשׁוּט שֶׁלֹּא הֻגְלַם לְעַצְמוֹ זוּלָתִי לְמַשְׁתִּיתוֹ שֶׁל עוֹלָם שֶׁלֹּא יֹאבַד כְּמוֹ שֶׁקָּדַם הָרֶמֶז בְּזֶה בְּפָסוּק מִן הַמַּיִם מְשִׁיתִהוּ עַל כֵּן הֻשְׁלַךְ לַיְאוֹר לְהַשִּׁיק מֵימָיו וּלְטַהֲרָם וְאַף הַבְּאֵר חָזַר בִּזְכוּתוֹ מִשֶּׁמֵּתָה מִרְיָם וְכָל זְמַן שֶׁהָיְתָה מְצֹרַעַת הָיָה הוּא הַמָּשׁוּי מִן הַמַּיִם הָעֶלְיוֹן מַשִּׁיק מִן הַבְּאֵר שֶׁלֹּא יִשְׁתּוּ יִשְׂרָאֵל מַעְיָן נִרְפָּס וּמָקוֹר מָשְׁחָת ח"ו וְהוּא טַעַם אֵל נָא רְפָא נָא לָהּ הִפְלִיא עֵצָה הִגְדִּיל תּוּשִׁיָּה בִּתְפִלָּה קְצָרָה זוֹ וְהֶאֱרִיךְ בְּפֵרוּשָׁהּ בְּסִתְרֵי הַתּוֹרָה מוֹרֵי הה"ר עֶזְרָא נר"ו וְלָנוּ לְפִי כַּוָּנַת הַמַּאֲמָר בַּמָּקוֹם הַזֶּה יַסְפִּיק לְפָרֵשׁ בָּהּ כִּי הִתְפַּלֵּל לְהַעֲלוֹת לָהּ אֲרֻכָה תֶּכֶף וּמִיָּד לְצָרְכָּהּ יִשְׂרָאֵל כָּאָמוּר. עוֹד הַמִּלּוֹת הַלָּלוּ הֵן בְּגֵימַטְרִיָּא בָּנֶיךָ רָפָא אֱלֹהִים עַל דֶּרֶךְ ה' רוֹפְאֶךָ הָאָמוּר בְּמֵי מָרָה וְכֵן רִפֵּאתִי לַמַּיִם הָאֵלֶּה דֶּאֱלִישָׁע בִּירִיחוֹ מִלְּבַד מָה שֶׁצָּפָה שֶׁעֲתִידִים לְדַבֵּר בֶּאֱלֹהִים וּבְמֹשֶׁה בִּקֵּשׁ מְחִילָה עַל מִרְיָם שֶׁלֹּא דִּבְּרָה אֶלָּא בְּמֹשֶׁה פֶּן יָדוּנוּ קַל וָחֹמֶר לְהַגְדִּיל בְּעָנְשָׁם שֶׁל אֵלֶּה ח"ו וְהוֹעִילָה תְּפִלָּתוֹ שֶׁלֹּא דָּנוּ אוֹתָהּ אֶלָּא מִקַּל וָחֹמֶר כִּי הֵיכִי דְּנִימָא בְּיָהּ דַּיּוֹ לָבֹא מִן הַדִּין לִהְיוֹת כַּנָּדוֹן לְפִיכָךְ לֹא הֻחְלְטָה מִרְיָם לְטֻמְאָה אֶלָּא טָהֳרָה מִתּוֹךְ הֶסְגֵּר עַיֵּן בְּרֵישׁ מַאֲמַר הַמִּדּוֹת הַדֶּרֶן לְמֹשֶׁה כִּי אָמְנָם שִׁתְּפוּ הַקָּדוֹשׁ בָּרוּךְ הוּא לִכְלַל הַבְּרִיאָה שֶׁבִּלְעָדָיו לֹא הָיְתָה מִתְקַיֶּמֶת וְאֵין רֵיקוּת נִמְצָא בָּעוֹלָם וְאֵין אָדָם נוֹגֵעַ בְּמוּכָן לַחֲבֵרוֹ עַל כֵּן לֹא הָיָה לְמֹשֶׁה רַבֵּנוּ ע"ה חֵלֶק וְנַחֲלָה עִם אֶחָיו בִּכְלַל הָעוֹלָם וְלֹא בְּהַנְהָגָתוֹ וְאָבִיו הָיָה צַדִּיק תָּמִים שֶׁכֵּן נִקְרָא עַמְרָם מִלְּשׁוֹן עָמָר נָקִי וּמֵת בְּעֶטְיוֹ שֶׁל נָחָשׁ וְאִשְׁתּוֹ שֶׁהִיא דוֹדָתוֹ אֲשֶׁר לֹא כְּתוֹרָתֵנוּ אַחֲרֵי שֶׁנִּתְחַדְּשָׁה הֲלָכָה וְאַף לֹא כְּמִנְהַג הָעוֹלָם נוֹלְדָה בְּמָקוֹם שֶׁאֵינוֹ לֹא מֵאֶרֶץ מִצְרַיִם וְלֹא מֵאֶרֶץ יִשְׂרָאֵל אֶלָּא בֵּין הַחוֹמוֹת וּבִהְיוֹת מִצְרַיִם מִצְרָנִית אֵלֶיהָ עִלָּאָה וְתַתָּאָה כְּבָר יֵחָשֵׁב מָקוֹם בֵּין הַחוֹמוֹת מִגְּבוּלֵי הָאָרֶץ וְהִיא הִשְׁלִימָה מִנְיַן שִׁבְעִים נֶפֶשׁ לְיוֹרְדֵי מִצְרַיִם עִם כָּבוֹד שֶׁכִּנָּה וּשְׁמָהּ יוֹכֶבֶד אַל תִּקְרֵי יוֹכֶבֶד אֶלָּא כְּבוֹדִי וְהִיא בְּגֵימַטְרִיָּא מ"ב תַּסְפִּיק הָעֵרָה בְּמֵבִין וְלֵב חָכָם מָה יָגֵל מְאֹד. אַף לֹא עִבְּרַתּוּ אִמּוֹ לְמֹשֶׁה אֶלָּא אַחַר הַיֵּאוּשׁ לְעֵת זִקְנָתָהּ וְהָיָה זֶה בְּשִׁשָּׁה בְּסִיוָן שֶׁבּוֹ נִתְּנָה תּוֹרָה לְיִשְׂרָאֵל עַל יָדוֹ וְנִקְרָא עַל שְׁמוֹ זִכְרוּ תּוֹרַת מֹשֶׁה עַבְדִּי שֶׁמַּחְצַב נִשְׁמָתוֹ גּוֹרֵם כִּי הִיא וְהַתּוֹרָה תְּאוֹמִים הֵם וּמַזַּל הַחֹדֶשׁ סִימָן לַדָּבָר וּלְפִי שֶׁלֹּא הֻכַּר עִבּוּרָהּ שֶׁל יוֹכֶבֶד וְלֹא עָלָה עַל דַּעַת אִשָּׁה כָּךְ עַל כֵּן נִתְחַכֵּם לִשְׁמָא תִּתְעַבֵּר וְחָשַׁשׁ לִגְזֵרַת הַיְאוֹר וְשִׁלְּחָהּ מִבֵּיתוֹ תַּמּוּז וְאָב וּמִמֵּילָא הֲוָא לָהּ כַּפָּרָה עַל מָה שֶׁגָּרְמָנוּ הַמִּזְמוּז בָּעֶלְיוֹנִים כְּטַעַם אָנֹכִי

אֶרֶד עִמְּךָ מִצְרַיְמָה שֶׁרָאשֵׁי תֵּבוֹת גִּימַטְרִיָּא יב"ק סוֹפֵי תֵּבוֹת יו"ד הֵ"א וָא"ו עוֹד אָנֹכִי אֵרֵד עִמְּךָ רָאשֵׁי תֵּבוֹת ע"ב אָנֹכִי בְּגִימַטְרִיָּא כִּסֵּא אָרַד בְּגִימַטְרִיָּא מָאתַיִם שֶׁל רִבּוּעַ אֱלֹהִים וְחָמֵשׁ אוֹתִיּוֹת. עמ"ך בְּגִימַטְרִיָּא ק"ל שֶׁהוּא רִבּוּעַ הֲוָיָה בְּמִלּוּי אַלְפִין מִצְרַיְמָה בְּגִימַטְרִיָּא שְׁכִינָה הֲרֵי כָּל הַשֵּׁמוֹת קְדוֹשִׁים הַלָּלוּ יָרְדוּ עִמָּהֶם לְמִצְרַיִם וְעִם זֶה פֵּרַשׁ מִמֶּנָּה הֶחֳדָשִׁים הָרִאשׁוֹנִים שֶׁהַתַּשְׁמִישׁ קָשֶׁה לַוָּלָד וּכְשֶׁחָשְׁבוּ שֶׁפָּסְקָה גְּזֵרַת הַיְאוֹר הֶחֱזִירָהּ בֶּאֱלוּל שֶׁהוּא עֵת דּוֹדִים נוֹטָרִיקוֹן אֲנִי לְדוֹדִי וְדוֹדִי לִי וּבוֹ תְּחִלַּת הַפִּיּוּס לְכַפֵּר עָוֹן וּמַזָּלוֹ בְּתוּלָה שְׁמוּרָה לְבַעֲלָהּ כִּי שָׁבָה לִימֵי עֲלוּמֶיהָ וְאַף עַל פִּי שֶׁעָבְרוּ עָלֶיהָ כַּמָּה חֳדָשִׁים לְעִבּוּרָהּ לֹא הִכִּירוּ בָהּ כִּבְתוּלָה זוֹ שֶׁרַחְמָהּ צַר כִּי חֹמֶר אוֹתוֹ הָעוֹבֵר שֶׁבְּמֵעֶיהָ הָיָה מִן הָאוֹרָה שֶׁל מַעְלָה כְּמַאֲמָרָם ז"ל עַל פָּסוּק וַתֵּרֶא אֹתוֹ כִּי טוֹב הוּא וְלֹא הֻכַּר עֻבָּרָהּ שֶׁכֵּן מְקוֹמוֹ אֵינוֹ מִן הַמִּדָּה וַיָּלְדָה בְּשִׁבְעָה בַּאֲדָר *חחלה לַחֹדֶשׁ הָעֲשִׂירִי דְּבַעֲשַׂר דַּרְגִּין אִשְׁתַּכְלַל וּדְכַלָּה עָלְמָא כִּסְבוּרִים הָיוּ שֶׁיָּלְדָה לִמְקֻטָּעִים וְהָאֱמֶת שֶׁחֹדֶשׁ טֵבֵת הָיָה לוֹ שְׁמִינִי לְעֻבָּר שֶׁהַכֹּל מִסְתַּכְּנִים בּוֹ וְהוּא מִלָּשׁוֹן וּבַת טָוֶת כִּי שִׁנּוּי הַמִּבְטָא יִסְבֹּל חִלּוּף הָאוֹתִיּוֹת וּמַשְׁמָעוֹ עִנּוּי נֶפֶשׁ אוֹ תִּהְיֶה מִלָּה מֻרְכֶּבֶת טָב בַּת כְּאִלּוּ פִּסְקָה טוֹבָה וְעָמְדָה מִלֶּדֶת כָּל שֶׁכֵּן בְּתֹקֶף הַשִּׁעְבּוּד שֶׁהָיְתָה הַקָּטֵגוֹרְיָא מִתְגַּבֶּרֶת נֶגֶד מוֹשִׁיעָן שֶׁל יִשְׂרָאֵל. וַתִּצְפְּנֵהוּ שֶׁכְּנֶגֶד שְׁלֹשָׁה יְרָחִים שֶׁאָמַרְנוּ שֶׁמִּדַּת הַדִּין מְתוּחָה בָּעוֹלָם תַּמּוּז וְאָב וְטֵבֵת כְּדִבְרֵי הַזֹּהַר שֶׁלֹּא יָגֵן זְכוּתוֹ לְעַכֵּב חֻרְבַּן הַבַּיִת כְּדֵי לִשְׁפֹּךְ חָרוֹן אַפּוֹ עַל הָעֵצִים וְעַל הָאֲבָנִים וּכְשֶׁנּוֹלַד נִתְמַלֵּא הַבַּיִת אוֹרָה כְּדַאֲמָרָן וְהָרֶמֶז בשג"ם כְּמוֹ שֶׁזָּכַרְנוּ בּוֹ בַּפֶּרֶק הַקּוֹדֵם וְכָאן הַבֵּי"ת שִׁמּוּשִׁית וְהַשְּׁאָר מְפֹרָשׁ בְּתַרְגּוּם יוֹנָתָן בִּשְׁלֹשָׁה מְקוֹמוֹת בְּסוֹף שִׁירַת דְּבוֹרָה וּבְדִבְרֵי דָוִד אַחֲרוֹנִים בְּפָסוּק וְאוֹר הַחַמָּה יִהְיֶה שִׁבְעָתַיִם כִּי מִיּוֹם הוּלְּדוֹ הֵאִירוּ מ"ט שַׁעֲרֵי בִּינָה הָרְמוּזִים בְּמִלַּת שִׁבְעָתַיִם שֶׁהֵם כִּפְלֵי הַשְּׁבִיעִיּוֹת זוֹ עַל זוֹ וְהֵם אָמְנָם נִסְתְּמוּ לוֹ לְהֶבֶל בְּיוֹם חֲמִשִּׁים לְלֵדָתוֹ שֶׁבּוֹ מֵת כִּי בְּהֶבֶל בָּא בִּלְתִּי מְגֻלָּם כָּאָמוּר וּלְסוֹף ק"ל שָׁנָה כְּתִיב שָׁת לִי אֱלֹהִים זֶרַע אַחֵר תַּחַת הֶבֶל כִּי הֻצְרַךְ לְהִגָּלֵם בְּפֹעַל דֶּרֶךְ שֶׁיָּצְתָה בְּחֶסֶד גָּמוּר שֶׁלֹּא מִטֶּבַע הַמַּחְצָב וּלְפִי שֶׁאֵין הַמַּיִם נִגְלָדִים אֶלָּא בְּצָפוֹן מְקוֹם הַגְּבוּרוֹת לְפִיכָךְ נִזְכַּר בּוֹ אֱלֹהִים וְחָמֵשׁ הֲוָיוֹת לְחָמֵשׁ גְּבוּרוֹת הֵן בְּגִימַטְרִיָּא ק"ל שָׁנִים. וְנִקְרָא שֵׁת בְּהִגָּלְמוֹ וְהִתְפַּשֵּׁט הַשַּׁעַר הַחֲמִשִּׁים שֶׁהוּא עַצְמוֹ שֵׁם אֶהְיֶה מַשְׁלִים הַמ"ט פָּנִים שֶׁל תּוֹרָה לִהְיוֹת ע' וְלֹא עוֹד אֶלָּא דִּבְמִנְיָנָא זוּטָא יֵשׁ בּוֹ מ"ט פָּנִים טָהוֹר וּמ"ט פָּנִים טָמֵא אֲבָל בְּמִנְיָנָא רַבָּא כֻּלּוֹ טָהֳר וּמֵהֶם נִתְפַּשְּׁטוּ שְׁבַע מֵאוֹת סִדְרֵי מִשְׁנָה שׁוֹנִים בִּימֵי רַבִּי יְהוּדָה בֶּן בְּתֵירָא בְּפֶרֶק אֵין דּוֹרְשִׁין כְּמִנְיַן שֵׁת וּנְדַבֵּר בָּם לְקַמָּן בְּפֶרֶק ט' וְתַמָּן נָמֵי אִיכָּא דְּמַתְנֵי שֵׁשׁ מֵאוֹת הֶבֶל שְׁתֵּי פְּעָמִים הַיְינוּ ה' פְּעָמִים ב' הֲרֵי י' וְעוֹד י' פְּעָמִים שְׁלֹשִׁים שְׁלֹשׁ מֵאוֹת כִּדִלְעֵיל בְּסוֹף הַחֵלֶק הַשֵּׁנִי גַּבֵּי מֹשֶׁה שֶׁהוּא שֵׁנִי לְהֶבֶל וּלְמֹשֶׁה רַבֵּנוּ ע"ה נִזְדַּכֵּךְ

אוֹתוֹ הַזֶּרַע הַמְּגֻלָּם מֵעֵין הָאוֹרָה שֶׁל מַעְלָה כְּדֵי שֶׁיִּהְיֶה מוּכָן אֶל הַחֶמְדָּה הַגְּנוּזָה וְלֹא יַטְרִידֵהוּ צֹרֶךְ הַמָּזוֹן לִתְמוּרַת הַנִּתָּךְ וּנְדַבֵּר בּוֹ לְפָנֵינוּ בְּפֶרֶק ט' וַחֲמִשִּׁים שַׁעֲרֵי בִינָה חָסֵר אֶחָד נִפְתְּחוּ לוֹ בְּחַיָּיו כְּאוֹר שִׁבְעַת הַיָּמִים שֶׁל מַעֲשֵׂה בְּרֵאשִׁית מְקֻבָּץ יַחַד וז' פְּעָמִים מ"ט הֵם שמ"ג. עוֹד טוֹב הוּא שֶׁנּוֹלַד מָהוּל ובי"ד בַּאֲדָר הַטִּיפוּ מִמֶּנּוּ דַּם בְּרִית לְהַשְׁבִּית אוֹיֵב בִּימֵי מָרְדְּכַי וְאֶסְתֵּר כְּשֵׁם שֶׁזְּכוּתוֹ הַגִּנָּה לְדוֹר הַמַּבּוּל מִסְפַּר שְׁנֵי חַיָּיו וְכָל אוֹתָם הַשָּׁנִים נִתְעַסֵּק נֹחַ בְּבִנְיַן הַתֵּבָה. וְתִקָּרֵא שֶׁכִּנָּה שְׁמוֹ מֹשֶׁה שֶׁהוּא דּוֹלֶה וּמוֹשֶׁה אֶת יִשְׂרָאֵל וְאֶת כָּל הָעוֹלָם מִמַּיִם רַבִּים וּבִטֵּל גְּזֵרַת הַיְאוֹר שֶׁנִּתְקַיְּמָה בְּעַצְמוֹ בְּיוֹם שֶׁנּוֹלַד וְאִית דְּאָמְרֵי בכ"א בְּנִיסָן הֻשְׁלַךְ שָׁם לְסוֹף מ"ד יוֹם לְפִיכָךְ נֶהֶפְכוּ בְּמִצְוָתוֹ מֵי הַיְאוֹר לְדָם וּבוֹ בַּיּוֹם לְסוֹף פ' שָׁנָה נִצּוֹלוּ יִשְׂרָאֵל עַל הַיָּם. וְאַף הוּא לֹא נֶעֱנַשׁ אֶלָּא עַל הַמַּיִם לְפִי שֶׁחָטָא בְּחֹק עַצְמוּתוֹ כְּשָׁאוּל בְּחֹק הַמַּלְכוּת לְדֶרֶךְ הַפְּשָׁט אוֹ בְּחֹק הַשֵּׁבֶט לְבַעֲלֵי אַגָּדָה שֶׁלֹּא נִמְסְרָה מְחִיַּת עֲמָלֵק אֶלָּא בְּיַד בִּנְיָמִין שֶׁלֹּא הִשְׁתַּחֲוָה לְעֵשָׂו כְּיֶתֶר אֶחָיו שֶׁעֲדַיִן לֹא נוֹלַד בְּשָׁעָה שֶׁהוּא עָבַר לִפְנֵיהֶם וַיִּשְׁתַּחוּ יַעֲקֹב וְכָל נָשָׁיו הֵנָּה וְיַלְדֵיהֶן וְאַף עַל פִּי שֶׁכֻּלָּם לֹא הִשְׁתַּחֲווּ אֶלָּא לַשְּׁכִינָה כְּדִבְרֵי הַזֹּהַר דִּדְרִישׁ וְהוּא עָבַר לִפְנֵיהֶם כִּדְתְנַן אֲנִי וָהוּ הוֹשִׁיעָה נָּא וְהָדָר וַיִּשְׁתַּחֲווּ וְכֻלָּם כָּמוֹהוּ מִכָּל מָקוֹם יֵשׁ בּוֹ מִשּׁוּם מַרְאִית הָעַיִן כִּי הָא דְּפַרְצוּפוֹת הַמְּקַלְּחוֹת מַיִם לֹא יִשְׁחֶה וְיִשְׁתֶּה וְהַקָּדוֹשׁ בָּרוּךְ הוּא מְדַקְדֵּק עִם הַצַּדִּיקִים כְּחוּט הַשַּׂעֲרָה:

מַאֲמַר חֵקֶר דִּין - חֵלֶק ג פֶּרֶק ה

וַתִּפְתַּח הַשְּׁכִינָה אֶת מַאֲסַר הַתֵּבָה וַתִּרְאֵהוּ אֶת הַיֶּלֶד רָאַתְהוּ סוֹבֵל עִם כְּלַל הַיְּלוּדִים שֶׁשָּׁקוּל כְּכֻלָּם וּמִצְטַעֵר בְּצָרָתָם וְהִנֵּה נַעַר הַיָּדוּעַ שַׂר הָעוֹלָם בּוֹכֶה עִמּוֹ עֲלֵיהֶם וּמִיָּד וַתַּחְמֹל בִּשְׁבִילוֹ שֶׁכָּל הָעוֹלָם נִצּוֹל וְנִזּוֹן בִּזְכוּתוֹ. וְהוּא אֲפִלּוּ חֲלַב אִמּוֹ בָּא בִּשְׂכָרָהּ שֶׁל בַּת פַּרְעֹה כְּשֵׁם שֶׁחֶלְקוֹ נִתָּן מִבֵּית פַּרְעֹה שֶׁלֹּא מִן הַמּוּכָן וּמֵאֶרֶץ כּוּשׁ כַּמֻּזְכָּר בְּאַגָּדָה שֶׁמָּלַךְ שָׁם אַרְבָּעִים שָׁנָה בַּחֲצִי יָמָיו וְאַף עַל פִּי שֶׁבְּרִית אֱלֹהָיו לֹא שָׁכַח מִכָּל מָקוֹם כֵּיוָן שֶׁכָּל אוֹתוֹ זְמַן לֹא נִתְעַסֵּק בְּצָרְכֵיהֶם שֶׁל יִשְׂרָאֵל הִנֵּה אַרְבָּעִים יוֹם אֶמְצָעִיִּים שֶׁעָמַד בָּהָר הָיוּ בְּכַעַס דֻּומְיָא דְּיַעֲקֹב שֶׁנֶּעֱנַשׁ עַל כ"ב שָׁנָה שֶׁלֹּא עָסַק בִּכְבוֹד הוֹרָיו אַף עַל פִּי שֶׁהָיָה בִּרְשׁוּת וְכֵן הֻצְרַךְ אַחַר כָּךְ לֶאֱכֹל לֶחֶם מִבְּנוֹת רְעוּאֵל וּמְעַט אֲשֶׁר הָיָה מַה שֶּׁיָּנַק שֶׁלֹּא בְּשָׂכָר בֵּין לְמַר וּבֵין לְמַר הָיָה לְצֹרֶךְ אִמּוֹ לִרְפוּאָתָהּ כַּנּוֹדָע מִתּוֹעֶלֶת הַהֲנָקָה לִכְלַל הַנָּשִׁים בֶּחֳדָשִׁים הָרִאשׁוֹנִים. כְּשֶׁבָּא לִשָּׂא אִשָּׁה לֹא מָצָא בַּת יִשְׂרָאֵל שֶׁאֵין לָהּ בֶּן זוּג כְּמוֹ שֶׁאֵרַע לִיהוֹשֻׁעַ בִּן נוּן וְלָאו מִטַּעְמֵיהּ לְפִיכָךְ אָמַר מֹשֶׁה גֵּר הָיִיתִי כָּל יְמֵי צְבָאִי וְעַכְשָׁו בְּבֵית יִתְרוֹ בְּאֶרֶץ נָכְרִיָּה וּכְתִיב וּמֹשֶׁה אִישׁ הָאֱלֹהִים בָּנָיו יִקָּרְאוּ עַל שֵׁבֶט הַלֵּוִי

כְּדִכְתִיב בְּהִלְכוֹת גֵּרִים לֶעָתִיד לָבֹא מִי גָּר אִתָּךְ פֵּרוּשׁ בַּעֲנִיּוּתֵךְ עָלַיִךְ יִפֹּל וּכְתִיב וְהָיָה הַשֵּׁבֶט אֲשֶׁר גָּר הַגֵּר אִתּוֹ שָׁם תִּתְּנוּ נַחֲלָתוֹ כְּשֶׁבָּא לָזוּן אֶת יִשְׂרָאֵל בַּמִּדְבָּר הֶאֱכִילָם מִשֶּׁלּוֹ דְּגַן שָׁמַיִם וּבָאָרֶץ לֹא הָיָה לוֹ בַּמֶּה לְפַרְנָסָם. כְּשֵׁם שֶׁאָהֳלוֹ מִחוּץ לַמַּחֲנֶה כָּךְ קִבְרוֹ בְּאֶרֶץ מוֹאָב מֵאָבִיו שֶׁבַּשָּׁמַיִם כְּטַעַם חַד חָרוּב שֶׁקָּדַם לָעוֹלָם כְּשִׁיטַת הָאֲרִ"י זצ"ל יְעֻיַּן מַאֲמַר אֵם כָּל חַי חֵלֶק ג' סִימָן י"א לֹא מֵהָאָרֶץ נָתַן לִבְנֵי אָדָם וַיְהִי מוּל בֵּית פְּעוֹר עַל דֶּרֶךְ וְלֹא קָם נָבִיא עוֹד בְּיִשְׂרָאֵל כְּמֹשֶׁה אֲבָל בְּאֻמּוֹת הָעוֹלָם קָם וּמָנוּ בִּלְעָם כְּפֵרוּשׁ הַזֹּהַר כִּי הוּא לְבַדּוֹ הָיָה שָׁקוּל כְּכָל שִׁבְעִים אֻמּוֹת מִתְעַלֶּה עַל כָּל בַּעֲלֵי הַקֶּסֶם כְּשֵׁם שֶׁנִּתְעַלָּה מֹשֶׁה עַל כָּל נְבִיאֵי ה'. וּמִזֶּה יוּבַן בִּשְׁלֵמוּת פָּסוּק בְּרַח לְךָ אֶל מְקוֹמֶךָ שֶׁאָמְרוּ בָּלָק לְבִלְעָם וְהוּא נִדְרָשׁ לְבַעֲלֵי סִתְרֵי תּוֹרָה הַגָּבֹהַּ לְמַעְלָה בְּסוֹד רָצוֹא וָשׁוֹב כִּי רַב הוּא שֶׁכֵּן יַחַס חַיּוֹת הַקֹּדֶשׁ אֶל הַשֹּׁרֶשׁ הַנֶּעְלָם הוּא הַיַּחַס בִּקְלִיפּוֹת לְבָלָק מָרֵי דְּעֻבְדָּא עִם בִּלְעָם שֶׁכֹּחוֹ בְּפִיו וְשָׁקוּל כְּנֶגֶד כָּל בַּעֲלֵי כִּתְרִין תַּתָּאִין וְכָל שֶׁכֵּן שֶׁנִּפְלֵאת מַעֲלָתוֹ בְּעֵינֵי בָּלָק אַחֲרֵי שֶׁנִּתְקָרֵב אֶל הַקֹּדֶשׁ בִּכְדֵי שֶׁיְּבָרֵךְ אֶת יִשְׂרָאֵל זֶה שָׁלֹשׁ פְּעָמִים. וְהִנֵּה בְּאוֹתָהּ שָׁעָה מְנָעָהוּ ה' מִן הַכָּבוֹד הַמְדֻמֶּה הַנִּגְלֶה לְבַעֲלֵי הַקֶּסֶם מֵהַלָּלוּ שֶׁאֶל הָעוֹנְנִים וְאֶל קוֹסְמִים יִשְׁמָעוּ. וְלֹא הִשִּׂיג בָּלָק עַד הֵיכָן נִתְעַלָּה בִּלְעָם לְפִיכָךְ נִבְהַל מִשְּׁמוּעַ וְהִסְתִּיר פָּנָיו מִמֶּנּוּ כְּמוֹרָאָן שֶׁל יִשְׂרָאֵל מִקַּרְנֵי הוֹדוֹ שֶׁל מֹשֶׁה יְעֻיַּן מַאֲמַר הַנֶּפֶשׁ פֶּרֶק ח' וּפֶרֶק ט"ז. כָּךְ יוּבַן בַּמָּקוֹם הַזֶּה כִּי בֵּית פְּעוֹר הוּא תַּכְלִית הַזֻּהֲמָא וְהַמֶּרְכָּז אֵלֶיהָ שֶׁבּוֹ נִקְשְׁרוּ אַף וְחֵמָה כְּדִבְרֵיהֶם ז"ל וְקִבְרוֹ שֶׁל מֹשֶׁה תַּכְלִית הַטָּהֳרָה שֶׁפְּעוֹר וְהֵם שׁוֹקְעִים מִפָּנָיו וְהוּא הַר הָעֲבָרִים שֶׁכָּל פְּנִיּוֹת הַקְּדוֹשָׁה וְכָל עֲבָרֶיהָ אֵלָיו יָשׁוּבוּ וְנִקְרָא הַר נְבוֹ שֶׁכָּל הַנְּבִיאִים מֻשְׁפָּעִים מִשָּׁם כְּמוֹ שֶׁדָּרְשׁוּ בְּסִפְרֵי וּכְטַעַם וְכֻלָּן מִמֹּשֶׁה שֶׁזָּכַרְנוּ בָּזֶה בְּפֶרֶק ג'. וּלְפִי דַּרְכֵּנוּ יְפֹרַשׁ מִלְּשׁוֹן נָבוּב לוּחוֹת שֶׁהָיָה חָלוּל תַּחְתָּיו תָּלוּי עַל בְּלִימָה. וְכֵן אֲרוֹן הַבְּרִית שֶׁנַּעֲשָׂה עַל שְׁמוֹ כְּדִכְתִיב וְעָשִׂיתָ לְךָ אֲרוֹן עֵץ אֵין מְקוֹמוֹ מִן הַמִּדָּה אֶלָּא בְּנֵס הָיָה עוֹמֵד כַּנּוֹדָע:

מַאֲמַר חֲקֹר דִּין - חֵלֶק ג פֶּרֶק ו

וַיִּקְבֹּר אוֹתוֹ בַגַּי לְפִיכָךְ עֶלְיוֹנִים רוֹאִים אוֹתוֹ לְמַטָּה כִּפְשׁוּטוֹ. וְהוּא בְּגִימַטְרִיָּא **גבה"ה** וּבְאַתְבַּ"שׁ **בר"ם** לְפִיכָךְ תַּחְתּוֹנִים רוֹאִים אוֹתוֹ לְמַעְלָה וּבֶאֱמֶת הוּא מִתְנַשֵּׂא לְכֹל לְרֹאשׁ הַרְבֵּה יוֹתֵר מֵרְאִיָּתָם עַד אֵין שִׁעוּר דְּמִתַּרְגְּמִינָן בְּסִתְרֵי תּוֹרָה וְקֶבֶר יָתֵהּ בְּתַלִּיסַר מְכִילָן דְּרַחֲמֵי וְלֹא יָדַע אֲפִלּוּ זֶה מֹשֶׁה הָאִישׁ אֶת קְבֻרָתוֹ עַד הַיּוֹם הַזֶּה וְעַד בִּכְלָל. וְאִם יְפֹרַשׁ וְלֹא עַד בִּכְלָל אַף אָנוּ נֹאמַר וְלֹא פָקַד אִישׁ מִלְחָמָה מֵמִית וּמְחַיֶּה אֶת קְבוּרָתוֹ אַף עַל פִּי שֶׁנִּבְרֵאת בְּכֹחַ בֵּין הַשְּׁמָשׁוֹת לֹא יָדַע פֵּרוּשׁ לֹא הֻשְׁלְמָה פְּעֻלָּתוֹ עַד הַיּוֹם הַזֶּה. וִידֻקְדַּק וְלֹא יָדַע עַל דֶּרֶךְ עַתָּה יָדַעְתִּי

הָאָמוּר בָּעֲקֵדָה שֶׁאָז נִתְפַּשְּׁטָה הַיְּדִיעָה בַּהֹוֶה הַנִּרְמָז בְּמִלַּת עַתָּה שֶׁאָמַר עָלָיו קֹהֶלֶת לַכֹּל זְמָן הִיא הַהַזְמָנָה בְּפֹעַל בְּצֵאתָהּ מִכֹּחַ הַמְּצִיאוּת הַשּׁוֹקֵעַ שֶׁהָיָה לָהּ בְּסֵדֶר זְמַנִּים שֶׁנֶּאֱמַר עָלָיו וְעֵת לְכָל חֵפֶץ וְהַיּוֹדֵעַ מָה בֵּין לֵיל לְלַיְלָה וּמָה בֵּין נַעַר לְנַעֲרָה כַּמְבֹאָר בַּזֹּהַר יְפָרֵשׁ עַל פִּי דַּרְכָּם מָה בֵּין עֵת לְעַתָּה. אוֹ יֹאמַר מָה שֶׁבָּחַרְתָּ עַתָּה הוּא מָה שֶׁיָּדַעְתִּי כְּבָר כְּמוֹ שֶׁנִּבְאַר בְּמַאֲמַר הַמִּדּוֹת וּבְחֵלֶק הָרְבִיעִי מִזֶּה הַמַּאֲמָר כִּי הַיְּדִיעָה עַל דִּבְרַת בְּנֵי הָאָדָם הוּא בְּמָה שֶׁיִּבְחָרוּהוּ וְאִם כֵּן אֵין יְדִיעָתוֹ מְכָרַחַת אַף כָּאן בָּחַר לִשְׁחֹט וְלֹא שָׁחַט וְהוּא הַדָּבָר שֶׁהָיָה גָּלוּי לְפָנָיו יִתְבָּרַךְ וּלְעוֹלָם אֵין צֹרֶךְ בִּידִיעָה אֶלָּא אֵצֶל הַבְּחִירָה שֶׁאִם לֹא כֵּן אֵין שֶׁבַח בִּידִיעַת הָעֲתִידוֹת כִּי גַּם שָׁפֵל אֲנָשִׁים יוֹדֵעַ מָה שֶׁהוּא רוֹצֶה לַעֲשׂוֹת מִכָּל אֲשֶׁר תִּמְצָא יָדוֹ אֲפִלּוּ עַל יְדֵי שָׁלִיחַ אִם אֵינֶנּוּ תָּלוּי בְּדַעַת זוּלָתוֹ וּדְבָרִים פְּשׁוּטִים הֵם יָשִׂישׂוּ וְיִשְׂמְחוּ בָם הַשְּׁלֵמִים בְּעִיּוּן וִישָׁרִים בְּלִבּוֹתָם. וְלָנוּ עוֹד בִּפְשָׁט הַכָּתוּב כִּי אוּרִיאֵל הַמַּלְאָךְ הַדּוֹבֵר בּוֹ הוּא דְּקָאמַר עַתָּה יָדַעְתִּי דַּיְקָא נָמִי דְּקָאמַר מִמְּנִי כִּי הוּא בַּעַל הָאֵשׁ הָרְבוּצָה כַּאֲרִי עַל גַּבֵּי הַמִּזְבֵּחַ בְּעֵת רָצוֹן שֶׁכְּנֶגְדּוֹ בְּחוּץ בִּלְאָדָן פְּנֵי כֶלֶב וּמִשְׁמְעוֹ לֹא אֲדוֹנִים אֵין אֱלֹהִים כָּל מְזִמּוֹתָיו לְפִיכָךְ נֶאֱסַר לַמִּזְבֵּחַ מְחִיר כֶּלֶב וְהוּא הַכֶּלֶב הַכּוֹפְרִי שַׂר מַלְכוּת בָּבֶל שֶׁהָיָה בַּעֲוֹנוֹתֵינוּ רֹבַע אֶת הַלְּבִיאָה לְאַנְּסָהּ בַּיְּעָרִים עַל כֵּן נֶאֱסַר אֶתְנַן זוֹנָה מִיהוּ כְּשֶׁרָבַע רִיבָה אַחַת מֵאֲחוֹרֶיהָ בַּפֶּרֶק הַבָּא עַל יְבִמְתּוֹ הִכְשִׁירוּהָ לִכְהֻנָּה וְאָמְרוּ אֵין זְנוּת לִבְהֵמָה פֵּרוּשׁ בְּמִין הָאָדָם וְהַדֻּגְמָא לְמַעְלָה נַעֲרָה דְּמַטְרוֹנִיתָא הִיא בִּלְבַד דְּאִתְחַלְּלַת וְעִם כָּל דָּא אִתְחַשַּׁב כְּאִלּוּ וְכוּ' וְדֵי בָזֶה וְיָדוּעַ שֶׁמִּבֵּין הַכֶּלֶב וְהַלְּבִיאָה נוֹלַד הַנָּמֵר הוּא שֶׁאָמַר הַנָּבִיא וָאֱהִי לָהֶם כְּמוֹ שָׁחַל וְהָיָה זֶה בַּבַּיִת הָרִאשׁוֹן כְּנָמֵר עַל דֶּרֶךְ אָשׁוּר בַּבַּיִת הַשֵּׁנִי שֶׁהָיְתָה הָאֵשׁ רְבוּצָה בוֹ כְּכֶלֶב וְעָלָיו אָמַר קֹהֶלֶת כִּי לְכֶלֶב חַי הוּא טוֹב מִן הָאַרְיֵה הַמֵּת יִרְצֶה שֶׁנִּסְתַּלֵּק מִמְּנוּיוֹ וְיֵשׁ נָמֵר נוֹלַד מִן הַלְּבִיאָה הַנִּרְבַּעַת לְאַנְּסָהּ גַּם כֵּן לַחֲזִיר מִיַּעַר בְּמֶמְשֶׁלֶת חֵיוְתָא אִימְתָנִי וְלֹא נֶאֱסַר מְחִיר חֲזִיר אִי מִשּׁוּם שֶׁעָתִיד לַחֲזֹר וְאִי מִשּׁוּם שֶׁבָּטְלוּ הַקָּרְבָּנוֹת לְגַמְרֵי בְּמַלְכוּתוֹ וְקַיֵּם לֵהּ בִּדְרַבָּה מִנַּיְהּ. וְדָנִיֵּאל בַּחֲלוֹמוֹ רָאָה הַחַיָּה הַשְּׁלִישִׁית כְּנָמֵר וּשְׁלֹמֹה הַמֶּלֶךְ ע"ה הִשְׁוָה כָּל אַרְבַּע חַיּוֹת בְּתֹאַר הַזֶּה בְּפָסוּק אִתִּי מִלְּבָנוֹן כַּלָּה מְבַשֵּׂר הֱיוֹת עוֹלָה עִמּוֹ מִמְּעוֹנוֹת אֲרָיוֹת צְבָא הַמָּרוֹם מֵהַרְרֵי נְמֵרִים עַל הָאֲדָמָה שֶׁהָיָה עַז כַּנָּמֵר בֵּין הַגָּלֻיּוֹת לַעֲשׂוֹת רְצוֹן אָבִינוּ שֶׁבַּשָּׁמַיִם הֲרֵי זֶה הוֹפֵךְ אֶת הַקְּלָלָה לִבְרָכָה. וּכְשֵׁם שֶׁיֵּשׁ פְּנֵי אַרְיֵה וּפְנֵי כֶלֶב בְּעֵת מִלְחָמָה וְעֵת שָׁלוֹם בְּקַבָּלַת הַקָּרְבָּן כָּךְ יֶשְׁנָן בְּהַקְבָּלַת פְּנֵי הַנְּשָׁמוֹת בְּצֵאתָן מִן הָעוֹלָם. וְכָאן אוּרִיאֵל הוּא הָאוֹמֵר עַתָּה יָדַעְתִּי בְּצֵאת נַפְשׁוֹ שֶׁל יִצְחָק כְּמוֹ שֶׁזָּכַרְנוּ לְמַעְלָה בְּחֵלֶק ב' פֶּרֶק ח' וְהָיָה מְזֻמָּן לְהַעֲלוֹת הָעוֹלֶה מֵאֵילוֹ שֶׁל אַבְרָהָם אָבִינוּ וְהוּא שֶׁשִּׁמֵּשׁ גַּם כֵּן בֵּין הַבְּתָרִים וּמִמֶּנּוּ הַשְׁלָמַת הַמֶּרְכָּבָה לְאַבְרָהָם עִם ג' אֲנָשִׁים דְּאֵלוֹנֵי מַמְרֵא וְלָנוּ בָזֶה דֶּרֶךְ אַחֶרֶת בְּמַאֲמַר הַנֶּפֶשׁ אֲבָל בְּפָסוּק בִּי

נִשְׁבַּעְתִּי לֹא נֶאֱמַר מִמֶּנִּי דְּלָא אַרְיָא. עוֹד עַתָּה יָדַעְתִּי כִּי יְרֵא אֱלֹהִים אַתָּה כְּמוֹ עַתָּה יָדַעְתִּי כִּי הוֹשִׁיעַ ה' מְשִׁיחוֹ וְכָל הַפָּסוּק הָאָמוּר בְּפִיו שֶׁל יוֹם צָרָה הַנִּזְכָּר בִּתְחִלַּת הַמִּזְמוֹר דִּכְתִיב בְּיָהּ הִתְרַפִּיתָ בְּיוֹם צָרָה לְמִי שֶׁאֵינוֹ מִתְגַּבֵּר עַל יִצְרוֹ וּמִתְחַזֵּק בַּתּוֹרָה וּמַעֲשִׂים טוֹבִים צַר כְּחֲכָּה זוֹ שֶׁכְּנָּה לֹא עוֹד אֶלָּא דְּהַאי קְרָא מְסַפֵּיהּ לְרֵישֵׁיהּ מִדְּרִישׁ כְּחַכָּה צַר צָרָה בְּיוֹם הִתְרַפִּיתָ שֶׁהַחִצוֹנִים נוֹטְלִים כֹּחַ הַיְמָנָה וְהִיא מַר לָהּ וְעַל יְדֵי תְּשׁוּבָה וּתְפִלָּה יַעַנְךָ ה' בּוֹ וְכוֹפֵהוּ לִהְיוֹת סָנֵגוֹר וְאוֹתִיּוֹת הַשֵּׁם הֵן הִנֵּה תּוֹרָה וּתְשׁוּבָה תְּפִלָּה וּמַעֲשִׂים טוֹבִים שֶׁאָמְרוּ בְּמַסֶּכֶת בְּרָכוֹת שֶׁהֵמָּה ד' דְּבָרִים הַצְּרִיכִים חִזּוּק וּמַהוּ אֹמֶר הַמַּלְאָךְ רַע בַּעַל כָּרְחוֹ יְשַׂגֶּבְךָ שֵׁם אֱלֹהֵי יַעֲקֹב הוּא כְּחַכָּה שֶׁזָּכַרְנוּ אַף כָּאן אַחַר הַדְּבָרִים וְהוּא הַקָּטֵגוֹר הַנִּזְכָּר בְּרֹאשׁ הַפָּרָשָׁה בְּדִבְרֵי הַזֹּהַר נַעֲשָׂה מַלְאַךְ ה' וְהוֹדָה לְאַבְרָהָם שֶׁאֵין לְהַרְהֵר אַחַר נִסְיוֹנוֹ. סוֹף דָּבָר הָיָה מֹשֶׁה רַבֵּנוּ ע"ה מְסַפֵּק נַפְשׁוֹ הֵיכָן הִיא הוֹלֶכֶת כִּי לֹא בָּא מְעִקָּרָא אֶלָּא לְצֹרֶךְ יִשְׂרָאֵל כְּמוֹ שֶׁזָּכַרְנוּ בְּפֶרֶק ד' תֵּדַע שֶׁבְּהִתְפַּלְּלוֹ עֲלֵיהֶם לֹא חָזְרָה רֵיקָם לְעוֹלָם וּלְעַצְמוֹ אֲפִלּוּ בְּאַחַת לֹא עָלְתָה לוֹ לְפִיכָךְ הָיָה שׁוֹנֶה לְעַצְמוֹ הַיּוֹצְאִין לְהַצִּיל חוֹזְרִין לִמְקוֹמָן וְתוּ לֹא כְּדֵי לְמַעֵט בִּשְׂכַר מִצְוֹתָיו שֶׁלֹּא לְהַחֲזִיק טוֹבָה לְעַצְמוֹ כְּמוֹ שֶׁזָּכַרְנוּ רֵישׁ פֶּרֶק ג' אָמַר לֵהּ הַקָּדוֹשׁ בָּרוּךְ הוּא מֹשֶׁה אִי אַתָּה יוֹדֵעַ שֶׁאֵין מֹרִין מִתּוֹךְ מִשְׁנָה הָא אִתְּמַר עָלָהּ בַּגְּמָרָא וּכְלֵי זַיָּנָן עֲלֵיהֶם וְאֵין זַיָּנָן אֶלָּא עֵדִים כְּתַרְגּוּמוֹ שֶׁהִיא שְׂכַר מִצְוָה בְּלִי סָפֵק וְעַל מַתַּן שְׂכָרוֹ נֶאֱמַר וְחַנֹּתִי אֶת אֲשֶׁר אָחֹן לֹא אָמַר לְמִי שֶׁאָחֹן אֶלָּא אֶת הַשָּׂכָר שֶׁאָחֹן כִּי שְׁאָר כָּל הַצַּדִּיקִים שְׂכָרָם מְתֻקָּן מִשֵּׁשֶׁת יְמֵי בְּרֵאשִׁית אֲבָל אוֹצָר הֶעָתִיד לִיפָּתֵחַ לִפְנֵי מֹשֶׁה הַקָּדוֹשׁ בָּרוּךְ הוּא מוֹסִיף בּוֹ חֲנִינָה בְּכָל יוֹם כְּטַעַם נֶגֶד כָּל עַמְּךָ אֶעֱשֶׂה נִפְלָאֹת שֶׁהוּא עָתִיד לִטֹּל שְׂכַר כָּל הַדּוֹרוֹת אוֹ אִמָּא כְּנֶגֶד כָּל הַדּוֹרוֹת וְכֵן כְּתִיב אֲשֶׁר אֲנִי עֹשֶׂה עִמָּךְ עוֹשֶׂה וְהוֹלֵךְ תָּמִיד כְּטַעַם שָׁמַיִם חֲדָשִׁים וָאָרֶץ חֲדָשָׁה אֲשֶׁר אֲנִי עוֹשֶׂה מֵהַזֹּהַר יְעֻיַּן לְמַעְלָה בְּסוֹף מַאֲמַר הַחֵלֶק הַשֵּׁנִי וְאָמַר וְרִחַמְתִּי אֶת אֲשֶׁר אֲרַחֵם לְהַמְצִיא לוֹ כְּלִי מַחֲזִיק חֲנִינָתוֹ יִתְבָּרֵךְ בְּהַרְרֵי קֹדֶשׁ מְרַחֵם מִשַּׁחַר עַל הַדֶּרֶךְ שֶׁזָּכַרְנוּ וְהוּא כְּטַעַם בְּרֹגֶז רַחֵם תִּזְכֹּר:

מַאֲמַר חֲקֹר דִּין - חֵלֶק ג פֶּרֶק ז

עוֹד נִסְתַּפֵּק מֹשֶׁה רַבֵּנוּ ע"ה אִם אוּלַי עֲדַיִן צֹרֶךְ בּוֹ כְּמוֹ שֶׁהוּא צָרִיךְ לְרוּחַ הַבְּהֵמָה הַקְּדוֹשָׁה אִם כָּל חַי לְצֹאן קָדָשִׁים דְּאִתְּמַר בָּהּ בְּעִירָא אָכִיל בְּעִירָא הַיֹּרֶדֶת הִיא לְמַטָּה לָאָרֶץ לְהַשְׁלִים הַמְכֻוָּן בְּמַאֲמַר מֵהָאֹכֵל יָצָא מַאֲכָל שֶׁזָּכַרְנוּ לְמַעְלָה. אוֹ אִם יֵשׁ בּוֹ צֹרֶךְ הַקָּרְבָּן כְּיִצְחָק בֶּן אַבְרָהָם אוֹ כְּאַהֲרֹן וּבָנָיו שֶׁמֹּשֶׁה רַבֵּנוּ ע"ה הִקְרִיב אוֹתָם לַמָּקוֹם וּכְתִיב אַחַר כָּךְ וַיֵּרֶד מֵעֲשׂוֹת הַחַטָּאת עַל דֶּרֶךְ הָאָמוּר בְּאַבְרָהָם כְּשֶׁעָקַד אֶת בְּנוֹ וְהֶעֱלָהוּ אַסְּקֵתֵהּ אַנַּחְתֵּיהּ וְהוּא מִמָּה שֶׁצִּפָּה אַהֲרֹן

בְּרוּחַ הַקֹּדֶשׁ בְּמָה שֶׁקָּדְמָה תּוֹרָה לְהָעִיד עָלָיו וְרָאֲךָ וְשָׂמַח בְּלִבּוֹ. וְהִנֵּה מָצִינוּ בְּהֶבֶל שֶׁפָּתַח תְּחִלָּה לְהָכִין עַצְמוֹ לְקָרְבָּן דִּכְתִיב וְהֶבֶל הֵבִיא גַם הוּא לְרַבּוֹת שֶׁהָיָה מִתְאַוֶּה לְהַקְרִיב נַפְשׁוֹ לַשָּׁמַיִם בְּחָמֵשׁ מַדְרֵגוֹתֶיהָ הַיְדוּעוֹת וּרְמוּזוֹת לָנוּ בְּפָסוּק עוֹלָה הִיא אִשֵּׁה רֵיחַ נִיחוֹחַ וְכֻלָּן להוי"ה. וְיֵשׁ אוֹתִיּוֹת מִצְוָה בְּרָאשֵׁי תֵּבוֹת אֵלֶּה הוּא מִבְּכוֹרַת צֹאנוֹ וּמֵחֶלְבֵיהֶן כְּטַעַם שְׂכַר מִצְוָה כִּי הַכַּוָּנָה הַמְּעֻלָּה הַזֹּאת הִיא הַמִּצְוָה הָאֲמִתִּיִּת שְׂכַר כָּל הַמִּצְוֹת. עוֹד הֵ"א מִתְחַלֶּפֶת בְּעַיִ"ן בְּאַלְפָּא בֵּיתָא דא"ל ב"ם שֶׁהִיא מְשֻׁבַּחַת מְאֹד עוֹלָה וְאֵינָהּ יוֹרֶדֶת וּכְמוֹ אח"ס בט"ע וְהִנֵּה רָאשֵׁי תֵּבוֹת אֵלֶּה שֶׁהֵן מַהוּת הַקָּרְבָּן יָשׁוּבוּ לִדְרֹשׁ שֵׁנִית וְהֶבֶל הֵבִיא גַּם עַצְמוֹ. וְאַף אָבִינוּ הָרִאשׁוֹן בְּשָׁעָה שֶׁהִקְרִיב לַשָּׁמַיִם שׁוֹר פַּר מַקְרִין מַפְרִיס עָשָׂה מִמֶּנּוּ דֻּגְמָא לְעַצְמוֹ כִּי הִקְדִּים קַרְנָיו לְפַרְסוֹתָיו לְפִיכָךְ קָרְאוּ שׁוֹר בְּרֵישָׁא וְהָדַר פַּר וְעִם זֶה הִצְדִּיק הַדִּין עַל עַצְמוֹ עַל מָה שֶׁנִּתְמַעֲטָה קוֹמָתוֹ וְנֶעֶלְמוּ מִמֶּנּוּ קַרְנֵי הַחַיּוֹת הַנּוֹשְׂאוֹת אֶת הַכִּסֵּא. אֲבָל קַיִן לֹא שָׁת לִבּוֹ אֶל הַכַּוָּנָה הַזֹּאת וְנִדְחָה. וְהֶבֶל הֵבִיא גַם הוּא לְרַבּוֹת שֶׁהִשְׁלִים בְּכַוָּנָתוֹ חֶסְרוֹן קַיִן וְנִתְאַוָּה לְהַכְשִׁירוֹ לַשָּׁמַיִם וּכְשֶׁנָּפַל שָׁדוּד לְפָנָיו תְּחִלָּה לֹא אָבָה לְנַחֲרוֹ עַל פְּנֵי הַשָּׂדֶה שֶׁלֹּא תְּהֵא נָכְרִיָּה עֲבוֹדָתוֹ וַיָּקָם קַיִן וּבָעַט בּוֹ וְשִׁלֵּם לוֹ רָעָה תַּחַת טוֹבָה עַד שֶׁלְּסוֹף כַּמָּה דוֹרוֹת צֵרֵף הַקָּדוֹשׁ בָּרוּךְ הוּא מַחְשַׁבְתּוֹ שֶׁל הֶבֶל לְמַעֲשֶׂה וְעוֹד נָשׁוּב נְדַבֵּר בּוֹ. וְיֵשׁ אָמְנָם בְּמַעֲשֵׂה הַקָּרְבָּן רוּחַ בְּנֵי אָדָם הָעוֹלָה בְּכַוָּנָתוֹ הָרְצוּיָה וְרוּחַ הַבְּהֵמָה הַיּוֹרֶדֶת בְּקַבָּלַת הַדָּם וּזְרִיקָתוֹ שֶׁהוּא הַמַּעֲשֶׂה הַנִּרְצֶה וְלֹא הֻשְׁלְמָה הָעֲבוֹדָה בַּעֲקֵדַת יִצְחָק בֶּן אַבְרָהָם עִם מָה שֶׁפָּרְחָה נִשְׁמָתוֹ וְהוּא רוּחַ הָאָדָם שֶׁעָלְתָה לְמַעְלָה עַד שֶׁנִּגְמַר הַמַּעֲשֶׂה בְּגוּפוֹ שֶׁל אַיִל וּכְבָר נִתְבָּאֵר בָּזֶה מָה שֶׁיֵּשׁ בּוֹ דַּי בַּחֵלֶק הַשֵּׁנִי פֶּרֶק ח'. וְלֹא סוֹף דָּבָר הָיָה מֹשֶׁה רַבֵּנוּ ע"ה חָפֵץ לְהַקְרִיב עַצְמוֹ עוֹלָה אֶלָּא בְּכָל אֹפֶן שֶׁיּוֹעִיל לְרַצּוֹת אֶת יִשְׂרָאֵל לַאֲבִיהֶם שֶׁבַּשָּׁמַיִם וְלֹא בִּקֵּשׁ אֶלָּא לִהְיוֹת כַּפָּרָתָן אַשְׁרֵי הָעָם שככ"ה לוֹ זֶה מש"ה וּכְבָר נָחָה שָׁקְטָה מְבוּכַת הָעִיּוּן מִדִּין הַמָּוֶת שֶׁהָיָה מֹשֶׁה רַבֵּנוּ ע"ה מִסְתַּפֵּק בּוֹ עַל עַצְמוֹ בְּמַאֲמָר נִכְבָּד מְאֹד דִּבּוּר עַל אָפְנָיו לֹא יָאוֹת לְזוּלָתוֹ עִם מָה שֶׁנִּתְבָּאֵר בּוֹ:

מַאֲמַר חֵקֶר דִּין - חֵלֶק ג פֶּרֶק ח

עַתָּה שַׁבְנוּ לְמֵימְרָהּ דְּרַב חֲנִינָא שֶׁקָּדַם לָנוּ בְּפֶרֶק ב' דְּאִצְטְרִיךְ לְגוּפֵיהָ עַל הַחוֹטְאִים אַחֲרֵי שֶׁבֵּאַרְנוּ הַכֹּל לְאֵתוּיֵי מַאי. וּתְחִלַּת כָּל דָּבָר לֵב חָכָם יַשְׂכִּיל פִּיהוּ בְּמָה שֶׁאָנוּ רְגִילִים לְפָרֵשׁ בָּזֶה וּבְכָל כַּיּוֹצֵא בּוֹ שֶׁאֵין בַּעַל הַמַּאֲמָר שׁוֹגֶה בְּדִבּוּרוֹ הָאֶחָד עַד שֶׁהֻצְרַךְ לַחֲזֹר בּוֹ וּלְהָפְכוֹ מִכֹּחַ תְּמִיהָתֵנוּ אֶלָּא בָּא זֶה וְלָמַד עַל זֶה וּלְעוֹלָם רִאשׁוֹן עִקָּר כְּמוֹ שֶׁזָּכַרְנוּ עַל הַנִּמְנִים מֵעֲשָׂרָה רִאשׁוֹנִים בְּבֵית הַכְּנֶסֶת וּכְמוֹ שֶׁיָּבָא גַּבֵּי צַדִּיק גָּמוּר וְצַדִּיק שֶׁאֵינוֹ גָּמוּר וְהָכָא הָכִי קָאָמַר כֵּיוָן שֶׁאֵלָּה הַשְּׁלֹשָׁה אִם

יָרְדוּ לֹא יַעֲלוּ כְּדִמַסִּיק לְפִיכָךְ הַכֹּל יוֹרְדִים חוּץ מֵאֵלּוּ. וְזֶה דֶּרֶךְ אֱמֶת וּמֻכְרָח בַּהֲבָנַת הַגְּמָרָא לְכָל הַמַּאֲמָרִים הַבָּאִים בְּשִׁטָּה זוֹ אִישׁ לֹא נֶעְדַּר קָחֶנּוּ וְעֵינֶיךָ שִׂים עָלָיו כִּי הוּא פֶּלֶא. וּכְבָר נִמְצָא מַאֲמָר מֵאֵלּוּ בְּפֶרֶק יְצִיאוֹת הַשַּׁבָּת חוֹזֵר וְנֵעוֹר פְּעָמִים שָׁלֹשׁ וְכָל שֶׁכֵּן שֶׁהוֹסִיף בְּנוֹ אַהֲבָה בְּבֵאוּר הַכְּלָל הַזֶּה כִּדְגָרְסִינַן הָתָם תָּנָא אַף יָדַיִם הַבָּאוֹת מֵחֲמַת סֵפֶר פּוֹסְלוֹת אֶת הַתְּרוּמָה מִשּׁוּם דְּרַבִּי פַּרְנָךְ אָמַר רַבִּי יוֹחָנָן הָאוֹחֵז סֵפֶר תּוֹרָה עָרֹם נִקְבָּר עָרֹם עָרֹם סָלְקָא דַּעְתָּךְ אֶלָּא אָמַר רַבִּי זֵירָא עָרֹם בְּלֹא מִצְוֹת. בְּלֹא מִצְוֹת סָלְקָא דַּעְתָּךְ אֶלָּא אֵימָא עָרֹם בְּלֹא אוֹתָהּ מִצְוָה. וְהַכַּוָּנָה כִּי הָעוֹבֵר עַל דִּבְרֵיהֶם בְּמַגַּע סֵפֶר תּוֹרָה דֶּרֶךְ בִּזָּיוֹן גָּזְרוּ עָלָיו חֲכָמִים שֶׁיְּהֵא פּוֹסֵל אֶת הַתְּרוּמָה מִדִּכְתִיב וּנְתַתֶּם מִמֶּנּוּ אֶת תְּרוּמַת ה' לְאַהֲרֹן הַכֹּהֵן מָה אַהֲרֹן חָבֵר אַף בָּנָיו חֲבֵרִים. וְאוּלָם הֶעָרוֹם מִן מִצְוַת הוּא עָרוֹם לְגַמְרֵי מֵהַנְהוּ חִלּוּקֵי דְּרַבָּנָן הַיְּדוּעִים לְבַעֲלֵי מִצְוֹת וְהַבּוֹזֶה סֵפֶר תּוֹרָה מֵעִיד עַל עַצְמוֹ שֶׁבְּזֶה מָה שֶׁכָּתוּב בְּזֶה וּמִמֵּילָא יָדְעִינַן בֵּיהּ שֶׁהוּא עוֹשֶׂה מִצְוַת שֶׁלֹּא לִשְׁמָן וֶהֱיוֹתוֹ עָרוֹם מֵאוֹתָהּ מִצְוָה מְיֻחֶדֶת גּוֹרֵם הֱיוֹתוֹ עָרֹם מִכָּל הַמִּצְוֹת כֵּיוָן שֶׁהֵן בִּזּוּיוֹת עָלָיו. וּמְבֹאָר מִזֶּה דִּסְתָמָא דִּגְמָרָא עִם הַדִּבּוּר הָאַחֲרוֹן הֵבִיא מוֹפֵת רְאָיָה לְהַהִיא דְּרַבִּי זֵירָא וְדְרַבִּי זֵירָא גּוּפָא מוֹפֵת סִבָּה לְמֵימְרָא דְּרַבִּי פַּרְנָךְ שֶׁהוּא שֹׁרֶשׁ הַלִּמּוּד וְעִקָּרוֹ הַיּוֹתֵר מַבְהִיל וּמְגֻזָּם עַל מִי שֶׁהַמִּצְוֹת בְּזוּיוֹת עָלָיו וּשְׁלָשְׁתָּם יַחַד מִשְׁפָּטִים יְשָׁרִים וְתוֹרַת אֱמֶת וְאַחֲרֵי שֶׁנִּבְאַר בַּפְּרָקִים הַבָּאִים הַמַּאֲמָר הַיּוֹתֵר עָמֹק מִן הַנִּזְכָּרִים בַּגְּמָרָא עַל זֶה הַצַּד מֵחֶסְרוֹן הַהֲבָנָה לְמַרְאֵה עֵינַיִם עַד בָּא רֵעֵהוּ וַחֲקָרוֹ שֶׁהוּא דָּרוּשׁ יְקַר הָעֵרֶךְ וְצָרִיךְ מְאֹד אֶל הַמְּכֻוָּן מִמָּה שֶׁאָנוּ בְּבֵאוּרוֹ לֹא יִשָּׁאֵר בִּלְבָבֵנוּ שׁוּם סָפֵק עַל אֲמִתַּת הַכְּלָל הַזֶּה לְקַיֵּם כָּל דִּבְרֵי חֲכָמִים:

מַאֲמַר חֲקֹר דִּין - חֵלֶק ג פֶּרֶק ט

בְּשִׁלְהֵי יוֹמָא תְּנַן הָאוֹמֵר אֶחֱטָא וְאָשׁוּב אֶחֱטָא וְאָשׁוּב אֵין מַסְפִּיקִין בְּיָדוֹ לַעֲשׂוֹת תְּשׁוּבָה וּכְבָר זָכַרְנוּ מִזֶּה בְּחֵלֶק הָרִאשׁוֹן פֶּרֶק י"ט וְהַכֶּפֶל הַבָּא בְּמִשְׁנָתֵנוּ אַסְקוּהוּ בַּגְּמָרָא כִּדְרַב הוּנָא דְּאָמַר כֵּיוָן שֶׁעָבַר אָדָם עֲבֵרָה וְשָׁנָה בָּהּ הֻתְּרָה לוֹ הֻתְּרָה לוֹ סָלְקָא דַּעְתָּךְ אֶלָּא אֵימָא נַעֲשֵׂית לוֹ כְּהֶתֵּר. וְהַכַּוָּנָה כִּי הָאֱלֹהִים עָשָׂה אֶת הָאָדָם יָשָׁר שֶׁלֹּא יִתְאַוֶּה שׁוּם דָּבָר רַע. וְכָאן רִאשׁוֹנִים שָׁאֲלוּ אִם כֵּן הֵיאַךְ נִכְנַס בּוֹ יֵצֶר הָרַע לֶאֱכֹל מִן הַפְּרִי שֶׁהֻזְהַר עָלָיו. וּתְשׁוּבָתֵנוּ אֲלֵיהֶם כִּי מִצְוָה שֶׁלֹּא לִשְׁמָהּ גָּרְמָה לוֹ וְהִיא גּוּפָא קַשְׁיָא אֶלָּא שֶׁקִּטְרוּג הַיָּרֵחַ קֹדֶם לַכֹּל וְהִיא הָיְתָה מִצְוָה שֶׁלֹּא לִשְׁמָהּ הֶאֱרַכְנוּ בְּפֶשֶׁט הַמְּאֹרָע בְּרֵישׁ מַאֲמַר אֵם כָּל חַי. וְכָל פְּגָם שֶׁלֹּא חָלוּ בוֹ יְדֵי אָדָם בְּנָקֵל וְקַל לְתַקֵּן. וְכֵן אָמַר הָאֲרִ"י זַ"ל שֶׁאִלּוּ שָׁמַר אָדָם הָרִאשׁוֹן מִצְוָה אַחַת כְּמַאֲמָרָהּ הָיָה הַכֹּל מְתֻקָּן מִיָּד. וְעַל זֶה אָמַר דָּוִד הַמֶּלֶךְ ע"ה בְּחָפְזִי כָּל הָאָדָם כֹּזֵב שֶׁהוּא בֶּאֱמֶת וַדַּאי מְעַלְיָא

עַל מַעֲשֶׂה בַּת שֶׁבַע שֶׁבָּא בְּמַכְאוֹב וְאָכְלָה פַּגָּה וְעַל פַּחֲזוּתוֹ שֶׁל אָדָם הָרִאשׁוֹן בְּמִצְוָה רִאשׁוֹנָה שֶׁנִּצְטַוָּה בָּהּ וְהִיא פְּרוּ וּרְבוּ כִּי הִנֵּה בִּתְחִלַּת תַּשְׁמִישׁוֹ נִזְקַק לְאִשְׁתּוֹ בְּחוֹל וּבְיוֹם וּבִשְׁעַת הִתְגַּבֵּר הַדִּין וּבְפִרְסוּם וְהוֹלִיד עָרְלָתוֹ זֶה קַיִן אֶת פִּרְיוֹ זֶה הֶבֶל. וְעַל הַדֻּגְמָא שֶׁלָּהֶם בְּמִשְׁפְּטֵי ה' אֱמֶת תַּנָּן בִּנְזָקִין הַכֶּלֶב וְהַגְּדִי שֶׁקָּפְצוּ מֵרֹאשׁ הַגַּג שֶׁנּוֹלְדוּ קֹדֶם זְמַנָּם וַהֲרֵי הֵם נְפָלִים וְשָׁבְרוּ אֶת הַכֵּלִים פֵּרוּשׁ נִתְקַלְקְלוּ בִּלְבוּשֵׁי הַנְּשָׁמָה הַמְּבֹאָרִים אֶצְלֵנוּ בְּמַאֲמַר הַנֶּפֶשׁ יְעֻיַּן שָׁם שׁוּרַת הַדִּין לְשַׁלֵּם נֶזֶק שָׁלֵם לְפִיכָךְ זֶה נֶהֱרַג וְזֶה נִטְרַד. וְתַנָּן נָמֵי הַתָּם הַכֶּלֶב שֶׁנָּטַל חֲרָרָה זוֹ תְּאוֹמָתוֹ שֶׁל הֶבֶל בַּת חוֹרִין וַדַּאי וְהָלַךְ לְגָדִישׁ לְהַגְדִּישׁ הַיְמֶנָּה תּוֹלְדוֹת אָכַל אֶת הַחֲרָרָה כַּמָּה דָּאַת אָמַר הַלֶּחֶם אֲשֶׁר הוּא אוֹכֵל וְהִדְלִיק אֶת הַגָּדִישׁ שֶׁנִּתְחַמֵּם בַּעֲבֵרָה וְהִטְבִּיעַ אִשּׁוֹ שֶׁל יֵצֶר רָע בְּתוֹלְדוֹתָיו עַל הַחֲרָרָה מְשַׁלֵּם נֶזֶק שָׁלֵם כַּמָּה דָּאַת אָמַר קִרְאֶן לוֹ וְיֹאכַל לָחֶם כִּי כְּשֵׁם שֶׁמֵּהָאֹכֶל יָצָא מַאֲכָל כָּךְ לְזֹאת יִקָּרֵא אִשָּׁה כִּי מֵאִישׁ לֻקֳחָה זֹּאת וְאֵלָיו הִיא שֶׁבָּהּ לָלֶכֶת וְהוּא טַעַם חוֹתֵן מֹשֶׁה רִאשׁוֹן לָזֶה הַתֹּאַר שֶׁהוּא אָח אָחוֹת נוֹתֵן סִימָן לְדַבֵּר אֲנִי חוֹתֶנְךָ יִתְרוֹ רָאשֵׁי תֵּבוֹת אָחִי וְכֵן חוֹתַנְתּוֹ אָחוֹת נוֹתֶנֶת כְּטַעַם אָחִיהָ וְאִמָּהּ שֶׁזָּכַר הַכָּתוּב בְּרִבְקָה וְכֻלָּהוּ הָכֵי נָמֵי שֶׁנּוֹתְנִים בְּנוֹתֵיהֶם לְמִי שֶׁהוּא אָח בְּתוֹלְדוֹת הַנְּשָׁמוֹת וְהוּא בֶּן זוּגָן בֶּאֱמֶת וְהוֹרֵי גֶּבֶר יִקָּרְאוּ לְכַלָּה חָמִיהָ וַחֲמוֹתוֹ פֵּרוּשׁ אַח יַחַם מִלְּשׁוֹן יַחְמְתַנִי אִמִּי שֶׁהֵמָּה מוֹלִידֵי הָאָח וְלֹא שַׁיָּךְ נְתִינָה גַּבַּיְהוּ כִּי אָמְנָם מוֹלִידֵי הָאִשָּׁה הֵם נוֹתְנִים אוֹתָהּ לְבֶן זוּגָהּ וְהַלָּלוּ לוֹקְחִים אוֹתָם אֶצְלָם לְהַשִּׂיאָהּ לוֹ. נָקְטִינַן שֶׁקַּיִן גָּזַל תְּאוֹמָתוֹ שֶׁל הֶבֶל וְיִתְרוֹ הוֹשִׁיב מֹשֶׁה וְצִפּוֹרָה בְּאַפִּרְיוֹן וְאָמַר לוֹ בְּחֶרֶב צֵא בְּגִין אִשְׁתְּךָ וְעַל דָּם זַרְעִיּוֹתָיו אָמַר לוֹ וּשְׁנֵי בָנֶיהָ עִמָּהּ שֶׁהָיוּ שְׁמוּרִים לָהּ מִשֵּׁשֶׁת יְמֵי בְרֵאשִׁית וְזָכִיתָ בָּהֶם וְהַיְנוּ דְּתַנְיָא בַּעֲשָׂרָה יוּחֲסִין אֵין צָרִיךְ לְהָבִיא רְאָיָה לֹא עַל הָאִשָּׁה וְלֹא עַל הַבָּנִים וּמָסַר לוֹ צֹאנוֹ שֶׁנִּשְׁאַר אֵצֶל קַיִן בְּמוֹת הֶבֶל וּמֹשֶׁה הֲוָה חָשֵׁב לְהוּ צֹאן יִתְרוֹ שֶׁכָּל הַמְּקַבֵּל מֵהֶם אֵין רוּחַ חֲכָמִים נוֹחָה הֵימֶנּוּ וְאַף עַל פִּי כֵן לֹא הָאֲכִילָה מִפְּרִי הָאֲדָמָה אֶלָּא הָלְכוּ אַרְבָּעִים יוֹם וְלֹא טַעְמוֹ כְּלוּם כְּדֶרֶךְ שֶׁהָלַךְ אֵלִיָּהוּ זָכוּר לַטּוֹב שֶׁנִּשְׁתַּהָה הַמָּזוֹן בְּמֵעָיו וְכָאן אַף מֹשֶׁה כֵּן מְשַׁלְּמוֹת גּוּפוֹ הַנִּמְשָׁל בְּצֹאנוֹ שֶׁל מֹשֶׁה וְהֵן הֵן תַּפּוּחֵי זָהָב בְּמַשְׂכִּיּוֹת כָּסֶף שֶׁהַמָּשָׁל וְהַנִּמְשָׁל שְׁנֵיהֶם אֱמֶת אֲבָל בָּהָר לֹא הָיָה כֵּן אֶלָּא מְשַׁלְּמוֹת הַנֶּפֶשׁ הֻצְרַךְ לְמָרֵק תְּחִלָּה אֲכִילָה וּשְׁתִיָּה לֵהָנוֹת מִזִּיו שְׁכִינָה. וְאָנוּ נַחְשֹׁב שבי"ז בְּתַמּוּז לֹא אָכַל שֶׁהָיָה עָסוּק בְּכַפָּרָתָן שֶׁל יִשְׂרָאֵל אַף לֹא כְּשֶׁיָּרַד לִפְסֹל לוּחוֹת שְׁנִיּוֹת הָיוּ אִם כֵּן ק"כ יָמִים רְצוּפִים וְלֹא הֻצְרַךְ מֵרוּק אַחֵר צֵא וַחֲשֹׁב מִכָּאן וְאֵילָךְ שֶׁכָּל יָמָיו הָיָה נִרְאֶה כְּאֹכֶל לֹא זוּלַת עַל הַדֶּרֶךְ הָאָמוּר בְּג' אֲנָשִׁים דְּאֵלוֹנֵי מַמְרֵא רִאשׁוֹן מִסְתַּלֵּק כִּי הַדָּבָר הַזֶּה אֵצֶל מֹשֶׁה אֲפִלּוּ בַּאֲכִילַת קָדָשִׁים כְּגוֹן הַמּוּרָם מִמִּלּוּאֵי אַהֲרֹן וּבָנָיו וְאַף בְּנוֹת רְעוּאֵל הִכִּירוּ בוֹ וּקְרָאוּהוּ אִישׁ מִצְרִי דְּאִית לֵהּ גַּבַּיְהוּ דִּינָא דְּבַר מִצְרָא

וְהוּא אָמַר קָרְאֶן לוֹ וְיֹאכַל לָחֶם לְנַתֵּר עִמּוֹ מֵחֶלְקוֹ מִפְּרִי הָאֲדָמָה וַיּוֹאֶל מֹשֶׁה לָשֶׁבֶת לֹא לֶאֱכֹל וְעִם זֶה נִתַּקֵּן קִלְקוּל רִאשׁוֹן שֶׁאָמַר לוֹ פֶּרַח בַּאֲוִירָא כְּטַעַם אוֹתִיּוֹת פּוֹרְחוֹת בִּשְׁבִירַת הַלּוּחוֹת כִּי נִשְׁאֲרוּ הָאוֹתִיּוֹת שֶׁבּוֹ נוֹצַר בִּלְתִּי מְגֻלָּמוֹת כִּדְמֵעִקָּרָא וּכְבָר זָכַרְנוּ מִזֶּה בְּפֶרֶק ד' וְהִנֵּה דָּן אוֹתוֹ כְּמִי שֶׁאָבְדָה דֶּרֶךְ שָׂדֵהוּ דִּתְנַן אַדְמוֹן אוֹמֵר יֵלֵךְ בְּקַצָּרָה וַחֲכָמִים אוֹמְרִים יִקַּח לוֹ דֶּרֶךְ בְּמֵאָה מָנֶה אוֹ יִפְרַח בָּאֲוִיר וְאֵין סָפֵק שֶׁאָבְדָה מֵהֶבֶל דֶּרֶךְ שָׂדֵהוּ כִּי בְּהֶבֶל בָּא בִּלְתִּי מְגֻלָּם. וְעוֹד שֶׁקָּפַץ וְנוֹלַד כְּתוֹלְדוֹת הַנְּפִלִים כְּמוֹ שֶׁבֵּאַרְנוּהוּ וְנוֹסִיף לָקַח בַּחֵלֶק הָרְבִיעִי פֶּרֶק ה' וּמִשָּׁעָה שֶׁהֵצִיץ בַּכָּבוֹד הָעֶלְיוֹן כְּשֶׁנִּתְקַבֵּל קָרְבָּנוֹ אָבַד אוֹתוֹ מְעַט אֲשֶׁר הָיָה לְפָנָיו בְּחַיֵּי שָׁעָה וְנִגְזַר עָלָיו לְהִשְׁתַּפֵּךְ דָּמוֹ וְדַם זַרְעִיּוֹתָיו וְהוּא מָה שֶׁפָּסַק עָלָיו אַדְמוֹן בַּעַל הַדִּין יֵלֵךְ בְּקִצְרוֹת שָׁנִים וְלֹא פֵּרֵשׁ בְּתַקָּנָתוֹ כְּלוּם. אָמְנָם הַחֶסֶד וְהָרַחֲמִים אָמְרוּ יִקַּח לוֹ דֶּרֶךְ בְּמֵאָה מָנֶה לְהַרְבּוֹת לוֹ תּוֹרָה וּמִצְוֹת לְזַכּוֹת אֶת עַצְמוֹ וְהוּא טַעַם שֶׁבַע מֵאוֹת סִדְרֵי מִשְׁנָה שֶׁזָּכַרְנוּ בְּפֶרֶק ד' הָרְמוּזִים בִּשְׁמוֹ שֶׁל שֵׁת שֶׁהֵם עֲשָׂרָה סְדָרִים לְכָל אֶחָד מִשִּׁבְעִים פָּנִים וְכָל סֵדֶר עֶשֶׂר מַסֶּכְתּוֹת וְכָל מַסֶּכְתָּא עֲשָׂרָה פְּרָקִים וְכָל פֶּרֶק עֶשֶׂר הֲלָכוֹת פְּסוּקוֹת הֲרֵי אֵלֶּה מֵאָה מָנֶה לְכָל פַּן וּפַן מִן הַתּוֹרָה דִּכְתִיב בָּהּ דְּרָכֶיהָ דַּרְכֵי נֹעַם וְכָל נְתִיבוֹתֶיהָ שָׁלוֹם אוֹ יִפְרַח בָּאֲוִיר לְהִשְׁתַּדֵּל בְּתַקָּנַת הַזּוּלַת כְּטַעַם וּמֹשֶׁה עָלָה אֶל הָאֱלֹהִים וְקַיִן שֶׁאָמַר לוֹ פֶּרַח בָּאֲוִירָא הָיָה דּוֹחֵק אֶת הַקֵּץ שֶׁלֹּא בְּעוֹנָתוֹ וְנַעֲשָׂה אַחַר כָּךְ קוֹסְטִינֵר לְאַדְמוֹן הַמְּגַלְגֵּל חוֹבָה עַל יְדֵי חַיָּב וְהִיא עַצְמָהּ תְּחִלַּת הַתִּקּוּן כְּטַעַם צַדִּיק ה' בְּכָל דְּרָכָיו וְחָסִיד בְּכָל מַעֲשָׂיו. וַיִּתֵּן אֶת צִפֹּרָה בִתּוֹ לְמֹשֶׁה צִפּוֹר טְהוֹרָה מַמָּשׁ רְאוּיָה לְקָרְבָּן נָאָה בְּמַעֲשֶׂיהָ שֶׁלֹּא שָׁמְעָה לְקַיִן וְקָשְׁרָה פְּתִחָה כְּטַעַם כִּי אִשָּׁה כֻּשִׁית לָקַח שֶׁהָיְתָה מְשַׁחֶרֶת וּמְנַוֶּלֶת עַצְמָהּ לְגַבֵּי שֶׁבָּאֵי וְהָא דִּתְנַן אָכַל אֶת הַחֲרָרָה כִּדְלְעֵיל אֶפְשָׁר שֶׁמַּעֲשֶׂה נִסִּים נַעֲשׂוּ לָהּ כְּאֶסְתֵּר שֶׁדָּרְשׁוּ בָּהּ הַסֵּתֶר אַסְתִּיר דְּאִזְדַּמְּנָא שֵׁדָה בְּאַתְרָהּ לְגַבֵּי אֲחַשְׁוֵרוֹשׁ וְאִם כֵּן הֵבְרֵר בִּתְאוֹמָתוֹ שֶׁל הֶבֶל דְּמֵעִקָּרָא גַּם זְכוּתָהּ הוֹעִיל בְּקָרְבָּנוֹ לְהִתְקַבֵּל בְּרָצוֹן הֲוֵי וַיִּשַׁע ה' אֶל הֶבֶל וְאֶל מִנְחָתוֹ קְרֵי בֵּיהּ מְנוּחָתוֹ וְאוּלַי זֹאת הִיא אוֹתָהּ רִיבָה שֶׁגַּם שֶׁמַּחְזַאי נָתַן עֵינָיו בָּהּ כִּדְאִיתָא בְּמִדְרָשׁ אַבְכִּיר אָמְרָה לוֹ אֵינִי שׁוֹמַעַת לְךָ עַד שֶׁתְּלַמְּדֵנִי שֵׁם הַמְפֹרָשׁ לָמְדוּ לָהּ וְהִזְכִּירַתּוּ וְעָלְתָה לָרָקִיעַ בְּלֹא חֵטְא וּשְׁמָהּ אִסְתַּהַר צִוָּה הַקָּדוֹשׁ בָּרוּךְ הוּא לְקָבְעָהּ בֵּין שִׁבְעָה כּוֹכָבִים וּקְבָעוּהָ בְּכִימָה עַד כָּאן וְכֵיוָן שֶׁגּוּפָהּ נִמְלַט בְּצִדְקָתָהּ מִן הַמָּוֶת רְאוּיָה הָיְתָה נִשְׁמָתָהּ לָשׁוּב לְהִתְלַבֵּשׁ בְּגוּף טָהוֹר וְהַגַּזְלָן עַצְמוֹ הֵשֵׁב יְשִׁיבָה לְאֶחָיו וְהַיְינוּ דְּתַנְיָא עַל הַחֲרָרָה מְשַׁלֵּם נֶזֶק שָׁלֵם וְעַל הַגָּדִישׁ מְשַׁלֵּם חֲצִי נֶזֶק זֶה תּוּבַל קַיִן וְזַרְעוֹ שֶׁנִּמּוֹחוּ בַּמַּבּוּל וַאֲחוֹתוֹ נַעֲמָה אִשְׁתּוֹ שֶׁל נֹחַ נִשְׁתַּיְּרָה לְבִנְיַן הָעוֹלָם וּשְׁנֵי הַמְּאֹרָעוֹת הָאֵלֶּה הָיוּ יְסוֹד הַהוֹרָאָה לְדִינֵי הַמִּשְׁנָה כְּדַאֲמַרַן:

מַאֲמַר חֲקוֹר דִּין - חֵלֶק ג פֶּרֶק י

לְפִיכָךְ אָמַר דָּוִד הֵן בְּעָוֹן חוֹלָלְתִּי פֵּרוּשׁ מֵאָז הֶעֱמַדְתִּי תּוֹלְדוֹת בְּעָוֹן וּמִדָּה כְּנֶגֶד מִדָּה לֹא בְּטֵלָה שֶׁהֲרֵי בְּחֵטְא יֶחֱמַתְנִי אִמִּי. אָמְרוּ עָלָיו בְּאַגָּדָה שֶׁיִּשַׁי אָבִיו בְּזִקְנָתוֹ הָיָה פּוֹרֵשׁ מֵאִשְׁתּוֹ וְאֵין סָפֵק אֶצְלֵנוּ שֶׁהָיָה מִמִּדַּת חֲסִידוּת שֶׁמָּא מָה שֶׁאָמְרָה תּוֹרָה לֹא יָבוֹא עַמֹּנִי וּמוֹאָבִי פֵּרוּשׁוֹ מוֹאָבִי וַאֲפִלּוּ מוֹאָבִית שֶׁכֵּן הֲלָכָה זוֹ הָיְתָה רוֹפֶפֶת בְּיַד אוֹתוֹ הַדּוֹר עַד שֶׁבָּא יִתְרָא הַיִּשְׁמְעֵאלִי חֲתָנוֹ שֶׁל יִשַׁי שֶׁחָדַד וְחָגַר חַרְבּוֹ כְּיִשְׁמָעֵאל וְנָעַץ אוֹתָהּ בְּבֵית הַמִּדְרָשׁ לְהַעֲמִיד הֲלָכָה מוֹאָבִי וְלֹא מוֹאָבִית מִבֵּית דִּינוֹ שֶׁל שְׁמוּאֵל הָרָמָתִי וְיִשַׁי הַצַּדִּיק לְאַפּוּקֵי נַפְשֵׁיהּ מִסַּפְקָא וּלְקַיֵּם בְּעַצְמוֹ וְלָעֶרֶב אַל תַּנַּח יָדֶךָ בִּקֵּשׁ לָבֹא אֶל שִׁפְחָתוֹ. וּמִסְתַּבְּרָא לָן שֶׁהָיָה זֶה אַחַר שֶׁשִּׁחְרְרָהּ עַל תְּנַאי אִם מוֹאָבִי וְלֹא מוֹאָבִית אָמְרָה תּוֹרָה הֲרֵי אַתְּ בַּת חוֹרִין וְאִם מוֹאָבִי וַאֲפִלּוּ מוֹאָבִית אֵין בְּדִבְרֵי כְּלוּם שֶׁהֲרֵי וַדָּאן בְּוַדָּאן מֻתָּר כְּדִתְנַן בַּעֲשָׂרָה יוּחֲסִין וְאַף עַל פִּי שֶׁמַּמְזֵר מֻתָּר בְּגִיּוֹרֶת וּמְשֻׁחְרֶרֶת וְהוּא הַדִּין לְמוֹאָבִי זָכָר דִּקְהַל גֵּרִים וּמְשֻׁחְרָרִים לֹא אִקְרֵי קְהַל הֲוֵה נִיחָא לֵהּ טְפֵי שֶׁיִּהְיוּ בָּנָיו עֲבָדִים וְיוּכַל לְשַׁחְרְרָם מִיָּד וְלֹא יִהְיוּ לוֹ אַחַר פְּסוּלוֹ שֶׁאִלּוּ הָיְתָה אִמָּם מְשֻׁחְרֶרֶת הָיוּ הַבָּנִים כָּמוֹהוּ הוֹלְכִים אַחַר הַפָּגוּם וַאֲסוּרִים לָבֹא בִּקְהַל עַד עוֹלָם. וְהִנֵּה הַשִּׁפְחָה הַנֶּאֱמֶנֶת וְיוֹדַעַת שֶׁכֵּן הֲלָכָה רוֹוַחַת לְהַתִּיר אֶת הַנָּשִׁים מִבְּנוֹת עַמּוֹן וּמוֹאָב לָבֹא בַּקָּהָל מָסְרָה סִימָנִין לְאִשְׁתּוֹ שֶׁל יִשַׁי שֶׁהָיְתָה בְּאוֹתָהּ שָׁעָה שְׂנוּאָה לְבַעְלָהּ לְמַעֲלָתָהּ כְּמוֹ שֶׁיָּבֹא בְּלֵאָה בְּפֶרֶק י"ח וּמֵאוֹתוֹ מַעֲשֶׂה נוֹלַד דָּוִד כְּלֵדָתוֹ שֶׁל רְאוּבֵן שֶׁיֵּשׁ לָחוּשׁ בָּזֶה וּבָזֶה מִבְּנֵי תְּמוּרָה לְמַרְאֵה עֵינַיִם אָמְנָם יוֹדֵעַ צַדִּיקוֹ שֶׁל עוֹלָם דִּין דַּלִּים שֶׁהָיוּ נִשְׁמוֹתֵיהֶם שֶׁל אֵלֶּה צְרִיכוֹת לָצֵאת לַאֲוִיר הָעוֹלָם בַּחֲשַׁאי וְגָד בְּכוֹר זִלְפָּה נָמֵי דְּכַוָּתֵיהּ כְּמוֹ שֶׁנַּזְכִּיר שָׁם. דָּוִד לְכַפֵּר עַל פִּרְסוּם פַּחֲזוּתוֹ שֶׁל אָדָם הָרִאשׁוֹן וּרְאוּבֵן פֵּרֵשׁ בּוֹ הָאֲרִ"י שֶׁהוּא תִּקּוּן קַיִן כְּחָזָ"ל לְפִיכָךְ אָמְרָה בֵּן וְלֹא אִישׁ שֶׁאֵינוֹ אֶלָּא עָנָף אֶל הַשֹּׁרֶשׁ וְזֶה יִבָּנֶה מָה שֶּׁזֶּה הָרַס וְהוּא הַבֵּן הָרִאשׁוֹן בְּכוֹרוֹ שֶׁל עוֹלָם מְזֻמָּן לִבְכוֹרָה כְּהֻנָּה וּמַלְכוּת. עוֹד קָרֵי בֵּיהּ אוֹר בֵּן עַל שֵׁם הָאוֹר הַגָּנוּז. וְגָד מַרְאֶה אֲחוֹרַיִם שֶׁבּוֹ נִגְנַז הָאוֹר שֶׁכֵּן כְּתִיב בְּלֵאָה כִּי עָמְדָה מִלֶּדֶת לְפִיכָךְ נִגְנְזָה הָאָלֶף בְּמִלַּת בָּגָד. וּכְבָר הָיְתָה נֶפֶשׁ דָּוִד מִתְקַשָּׁה לָצֵאת לְהִתְלַבֵּשׁ בְּאוֹתָהּ טִפָּה שֶׁהִזְרִיעַ אָבִיו בְּשָׁעָה שֶׁהָיָה שׁוֹתֶה כּוֹס זֶה וּבְלִבּוֹ עַל כּוֹס אַחֵר וְהַקָּדוֹשׁ בָּרוּךְ הוּא בִּשְּׂרוֹ שֶׁאָבִיו צַדִּיק גָּמוּר וְכָל מַעֲשָׂיו לְשֵׁם שָׁמַיִם וְהִבְטִיחוֹ עַל דַּעַת אִמּוֹ שֶׁעָשְׂתָה בָּזֶה עֲבֵרָה לִשְׁמָהּ בְּאַרְנוּהָ בִּמְקוֹמָהּ:

מַאֲמָר חֵקֹר דִּין - חֵלֶק ג פֶּרֶק יא

הַמִּצְוָה הָרִאשׁוֹנָה אֲשֶׁר אָמַרְנוּ הִיא בִּנְיַן אָב לְכָל הַמִּצְוֹת שֶׁהֵן צְרִיכוֹת שָׁמוּר וְהִזְדַּמְּנוּת רַב כְּמוֹ שֶׁהָיָה מַכְרִיז שְׁלֹמֹה הַמֶּלֶךְ ע"ה שׁוֹמֵר מִצְוָה לֹא יֵדַע דָּבָר רָע. צֵא וּלְמַד מֵאֲכִילָתוֹ שֶׁל פֶּסַח מִצְרַיִם דִּכְתִיב בְּיָהּ חִפָּזוֹן שְׁכִינָה שֶׁהָיְתָה נֶחְפֶּזֶת לִגְאֹל אֶת בָּנֶיהָ וּלְהַזְהִיר מִן הַבִּלְבּוּל וְהַמְּהוּמָה בְּקִיּוּם אוֹתָהּ מִצְוָה לְלַמְּדֵנוּ שֶׁלֹּא נֶאֱמַר בָּהּ חִפָּזוֹן אֶלָּא עַל הַכַּוָּנָה הַזֹּאת הִקְדִּים וּפֵרֵשׁ וְכָכָה תֹּאכְלוּ אוֹתוֹ בִּשְׁלֹשָׁה מִינֵי הִזְדַּמְּנוּת. וְנוֹדַע מִדִּבְרֵי חֲכָמִים גְּדוֹלָה עֲבֵרָה לִשְׁמָהּ מִמִּצְוָה שֶׁלֹּא לִשְׁמָהּ וְהוּא מַאֲמָר גָּדוֹל הָעֵצָה כִּי הִנֵּה בְּרִיאַת הַמַּזִּיקִין עֲבֵרָה לִשְׁמָהּ וּגְדוֹלָה הִיא בְּצֹרֶךְ הַהַנְהָגָה הַיְשָׁרָה מִסִּבַּת מִצְוָה שֶׁלֹּא לִשְׁמָהּ שֶׁעָשָׂה תְּחִלָּה בְּחִפָּזוֹן אָבִינוּ הָרִאשׁוֹן כִּדְלְעֵיל פֶּרֶק ט' וְהִיא צְרִיכָה מֵרוֹק לְהָרִים קֶרֶן לְעַמּוֹ בְּטֹהַר הַמַּחֲשָׁבָה וְזִכּוּךְ הַכַּוָּנָה וּכְשֶׁנִּבְרְאוּ הַמַּזִּיקִין עֶרֶב שַׁבָּת בֵּין הַשְּׁמָשׁוֹת בְּשָׁעָה שֶׁהָיָה כְּעֵין חִפָּזוֹן מִדָּה כְּנֶגֶד מִדָּה פַּחַד אָדָם לְנַפְשׁוֹ וַיִּצְעַק צְעָקָה גְּדוֹלָה כִּי הִנֵּה אֹיְבֶיךָ ה' וְרוּחַ הַקֹּדֶשׁ בְּפִיהוּ אֱמֶת אַף הִיא תָּשִׁיב אֲמָרֶיהָ כִּי הִנֵּה אֹיְבֶיךָ יֹאבֵדוּ וַתָּרֶם כִּרְאֵם קַרְנִי כִּי עַל כֵּן נִבְרְאוּ בְּרִיאָה גְּרוּעָה בְּאוֹתָהּ שָׁעָה לֹא מִן הַיּוֹם שֶׁלֹּא תְּשַׁלֵּם לָהֶם בְּרִיאָה וְלֹא מִן הַלַּיְלָה שֶׁאֵין בְּרִיאָה כְּלָל עִם קְדֻשַּׁת הַיּוֹם אֶלָּא בֵּין הַשְּׁמָשׁוֹת דַּוְקָא כְּהֶרֶף עַיִן וְנִבְאֲרֵהוּ. וּמִן הַסִּימָן הַמְפֻרְסָם בְּמַזַּל שָׁעוֹת **חל"ם כצנ"ש** רָאשֵׁי יָמִים **כצנ"ש חל"ם** רָאשֵׁי לֵילוֹת יִתְבָּאֵר לָנוּ כִּי בְּרִיאַת הַמַּזִּיקִין הָיְתָה בְּסוֹף מֶמְשֶׁלֶת צֶדֶק לְמַעַן יִהְיוּ נִכְנָעִים אֵלָיו שֶׁהוּא מַזָּלוֹ שֶׁל אַבְרָהָם אָבִינוּ כִּדְכְתִיב צֶדֶק יִקְרָאֵהוּ לְרַגְלוֹ וּלְפִי שֶׁבּוֹ נִבְרְאוּ הַמַּזִּיקִין תְּחִלָּה הֲוָה קָאֵי לֵהּ בַּמַּעֲרָב קָרוֹב לִשְׁקֹעַ עַד שֶׁגָּבְרוּ רַחֲמָיו יִתְבָּרַךְ עָלֵינוּ וְאוֹקְמֵהּ בַּמִּזְרָח שֶׁיְּהֵא זוֹרֵחַ צוֹמֵחַ וְעוֹלֶה מִן הָאֹפֶק. וְהִנֵּה הֶפְסֵקָה בְּרִיאָתָם בִּתְחִלַּת מֶמְשֶׁלֶת מַאְדִּים דִּמְאַרְיֵהוֹן לָאט לְהוֹן אֲבַדּוֹן וּמוֹת וְזֶהוּ וַדַּאי גְּמַר מַעֲשֵׂה בְּרֵאשִׁית לְהָכִין לַמַּזִּיקִין מִטְבָּח שֶׁהֵמָּה יֵאַבְדוּ וּקְדֻשַּׁת הַיּוֹם לְעוֹלָם תַּעֲמֹד לְשׁוֹמְרֵי שַׁבָּת וְקוֹרְאֵי עֹנֶג. וּמִשְּׁנֵי הַמְשָׁרְתִים הַלָּלוּ יִסְתַּיְּעוּ בְּלֵילֵי שַׁבָּתוֹת הַמְּלָוִים אוֹתָנוּ לְבַקֵּשׁ רַחֲמִים עָלֵינוּ שֶׁנַּתְמִיד בִּכְבוֹד שַׁבָּת וְאַל יְהִי מוֹנֵעַ:

מַאֲמָר חֵקֹר דִּין - חֵלֶק ג פֶּרֶק יב

וַיְכַל אֱלֹהִים בַּיּוֹם הַשְּׁבִיעִי מְלַאכְתּוֹ אֲשֶׁר עָשָׂה כִּי עִם גְּמַר מַעֲשֵׂהוּ נִכְנַס בּוֹ כְּחוּט הַשְּׂעָרָה מֵרֹחַב הַגַּלְגַּל וְכֵן עִם גְּמַר הַשְּׁבִיתָה בְּמוֹצָאֵי שְׁבִיעִי כְּתִיב וַיִּנָּפַשׁ בְּגִימַטְרִיָּא מוֹת וְדָרְשׁוּ בּוֹ וַי אָבְדָה נֶפֶשׁ וְהַכַּוָּנָה עַל נֶפֶשׁ הָאָדָם שֶׁנִּסְתַּלְּקָה מִמֶּנּוּ נְשָׁמָה יְתֵרָה אָמְנָם אֵין מִקְרָא יוֹצֵא מִידֵי פְשׁוּטוֹ כִּי בְּמִי שֶׁשָּׁבַת בּוֹ כְּתִיב וַיִּנָּפַשׁ נִפְעַל כִּבְיָכוֹל נִתְלַבֵּשׁ

בְּאוֹתוֹ חֵלֶק הָעוֹלֶה מִנִּשְׁמַת אָדָם וְשׁוֹאֵל מִמֶּנָּה בְּמַאי אִתְעֲסַקְתְּ בְּחִדּוּשֵׁי תּוֹרָה דַּעֲלַיָּהּ כְּתִיב אַל תִּמְנַע טוֹב מִבְּעָלָיו כַּנּוֹדָע. וְהַיְינוּ נֶפֶשׁ הַיְינוּ טוֹב בַּחֲלוּף אתב"ש וְזֶה הַהִתְלַבְּשׁוּת מְחֻיָּב שֶׁיִּהְיֶה בָּרֶגַע הָאַחֲרוֹן מֵהַשְׁבִיתָה קֹדֶם שֶׁיִּשְׁלְטוּ יְמֵי הַחֹל וּבוֹ מוֹסִיף כֹּחַ לְחַדֵּשׁ מַעֲשֵׂה בְּרֵאשִׁית בְּשֵׁשֶׁת יָמִים הַבָּאִים שֶׁבָּהֶם רַגְלֵי הַהַנְהָגָה נִרְדּוֹת מוּת כָּכָה בְּלֵיל שַׁבָּת הֻפְשַׁט לְגַמְרֵי מַלְבּוּשֵׁי הַחֹל וְנִכְנַס בִּקְדֻשָּׁה כְּחוּט הַשְּׂעָרָה וּבְאוֹתוֹ מַשֶּׁהוּ כְּתִיב וַיְכַל כְּדִבְרֵי חֲכָמִים כִּי הוּא בִּטּוּל הַמְּבַטֵּל כְּמוֹ שֶׁזָּכַרְנוּ וּבוֹ שִׁכְלוּל כָּל מַעֲשֵׂה בְּרֵאשִׁית וְחֶמְדַּת יָמָיו וּכְדֵי שֶׁלֹּא נִטְעֶה דַּיֵּק קְרָא וְאָמַר בְּרֵישָׁא וַיְהִי עֶרֶב וַיְהִי בֹקֶר יוֹם הַשִּׁשִּׁי וּמִיָּד וַיְכֻלּוּ הַשָּׁמַיִם שֶׁאֵין מַעֲשֵׂה בְּרֵאשִׁית חָסֵר כְּלוּם לְפִיכָךְ נִתְיַחֲסָה לָהֶם הַשְׁלָמָה וְלֹא בְּסוֹף הַיּוֹם בִּלְבַד אֶלָּא מִשֶּׁנִּבְרָא הָאָדָם שֶׁהָיָה אַחֲרוֹן לְכָל הַיִּצּוּר הַשְׁלָמָה הַבְּרִיאָה וּשְׁאָר הַיּוֹם הָיָה יְחִידוֹ שֶׁל עוֹלָם מֵכִין לְפָנָיו סְעוּדַת שַׁבָּת כִּי כָּל שִׂיחַ הַשָּׂדֶה טֶרֶם יִהְיֶה בָאָרֶץ וְכָל עֵשֶׂב הַשָּׂדֶה טֶרֶם יִצְמָח הֻצְרְכָה יְצִירַת הָאָדָם וְהַנָּחָתוֹ בְּגַן עֵדֶן. וּכְבָר נִתְבָּאֵר בְּאַגָּדָה כִּי בִהְיוֹת הָאֵל יִתְבָּרַךְ מַעֲלֶה נְשִׂיאִים בְּשַׁבָּת וּמַמְטִיר עַל הָאָרֶץ אֵינוֹ מוֹצִיא מֵרְשׁוּת לִרְשׁוּת אֶלָּא כְּבַעַל הַבַּיִת שֶׁחֲצֵרוֹ כֻּלּוֹ לְפָנָיו כַּד' אַמּוֹת נַאֲוִיר רְשׁוּת הַיָּחִיד עַד לָרָקִיעַ כָּל שֶׁכֵּן בְּיוֹם ו' מֵחֲצִי הַיּוֹם וָאֵילָךְ שֶׁהוּא עֵת כָּשֵׁר לְהַשְׁלִים הַהַזְמָנָה לִמְלֶאכֶת שֵׁשֶׁת מַיִם שֶׁתְּהֵא מְתֻקֶּנֶת לִכְבוֹד שַׁבָּת וּלְהָכִין לוֹ לְאָדָם חֻפָּה וְסֻכַּת שָׁלוֹם וְאַף עַל פִּי כֵן קָרֵינָן בֵּיהּ נָמֵי יוֹם הַשִּׁשִּׁי וַיְכֻלּוּ הַשָּׁמַיִם שֶׁהִפְסִיק הַהֲכָנוֹת הָאֵלֶּה מִבְּעוֹד יוֹם לְקַיֵּם בְּעַצְמוֹ וּבִכְבוֹדוֹ תּוֹסֶפֶת שַׁבָּת לֶאֱסֹר מְלָאכוֹת דְּאוֹרַיְתָא אֶלָּא שֶׁאֲפִלּוּ הָרֶגַע הָאַחֲרוֹן שֶׁל סוֹף בֵּין הַשְּׁמָשׁוֹת שֶׁכְּבָר נִגְמַר הַכֹּל לֹא הָיָה בּוֹ נַחַת רוּחַ לְפָנָיו יִתְבָּרַךְ וְלֹא נִתְיַחֲסָה לוֹ הַשְׁלָמַת מַעֲשָׂיו אַף עַל פִּי שֶׁהַנִּבְרָאִים הָיוּ עַל תְּכוּנָתָם עַד שֶׁבָּאָה שַׁבָּת בָּאָה מְנוּחָה וְאָז כְּתִיב וַיְכַל אֱלֹהִים כְּאָמְרָם לֹא הָיָה הָעוֹלָם חָסֵר אֶלָּא שַׁבָּת וְרָאוּי אִם כֵּן לוֹמַר שֶׁלֹּא כַּלָּה עַד שֶׁשָּׁבַת לְהַשְׁבִּית אוֹיֵב כָּאָמוּר וְכָל כְּגוֹן זוֹ לֹא נִמְסְרָה אֶלָּא לִבְנֵי בְּרִית תֵּדַע שֶׁשָּׁנוּ לְתַלְמַי וְלֹא פֵּרְשׁוּ לוֹ. וְאַף עַל פִּי שֶׁהִסְתִּירוּ הַסּוֹד לֹא הֶחֱלִיפוּ הַמְּלִיצָה אֶלָּא בְּתוֹרַת אֱמֶת כְּמוֹ שֶׁזָּכַרְנוּ וְכֵן כְּשֶׁשָּׁנוּ בִּתְחִלַּת הַתּוֹרָה אֱלֹהִים בָּרָא בְּרֵאשִׁית הָיְתָה הַכַּוָּנָה שֶׁאֱלֹהִים עֶלְיוֹן בָּרָא בְּרֵאשִׁית תַּחְתּוֹן דַּעֲלַיָּהּ כְּתִיב וְתֵרֶב חָכְמַת שְׁלֹמֹה עַל דֶּרֶךְ הַמְתַרְגֵּם הַיְרוּשַׁלְמִי וְכֵן כֻּלָּם:

מַאֲמַר חֵקֹר דִּין - חֵלֶק ג פֶּרֶק יג

וּבִפְלֻגְתָּא דְּתַנָּאֵי בְּשִׁעוּר בֵּין הַשְּׁמָשׁוֹת מַר חָשֵׁב זְמַן בְּרִיאַת עֲשָׂרָה דְּבָרִים מִשֶּׁשָּׁקְעָה חַמָּה וְכָל זְמַן שֶׁפְּנֵי מִזְרָח מַאֲדִימִין וְאָז מְעַשְּׂרִין אֶת הַדְּמַאי כִּי כָּל אֶחָד מֵהֶם יֹאמַר עָלָיו דִּין מַאי כִּי לֹא יָדְעוּ מַה הוּא עַד בָּא יוֹמוֹ לָצֵאת לַפֹּעַל כִּדְלְעֵיל וּמַעֲרְבִין עֵרוּבֵי חֲצֵרוֹת שֶׁלֹּא נִתְקְנוּ אֶלָּא

מִשּׁוּם דַּרְכֵי שָׁלוֹם וְכָל י' דְּבָרִים כֵּן וּבֵאַרְנוּהוּ וְטָמְנֶן אֶת הַחַמִּין כְּטַעַם קִבְרוֹ שֶׁל מֹשֶׁה וְהֶרְמֵז מַיִם תָּבְעָה אֵשׁ לֵהָנוֹת בְּשַׁבָּת מִמָּה שֶׁהוּכַן בְּעֶרֶב שַׁבָּת וְהֻתְּרָה הַהַטְמָנָה בְּדָבָר שֶׁאֵינוֹ מוֹסִיף הֶבֶל כִּי הָיְתָה מִיתָתוֹ לִרְצוֹנוֹ קִיּוּם מִצְוַת עֲשֵׂה וְהוּא קָבַר אֶת עַצְמוֹ כְּמוֹ שֶׁזָּכַרְנוּ בַּחֵלֶק הַשֵּׁנִי פֶּרֶק י"ג וְכָל אֵלּוּ הָעֲשָׂרָה דְּבָרִים לֹא נִבְרְאוּ אֶלָּא בְּכֹחַ שֶׁהוּא כִּלְאַחַר יָד וּמַר חָשֵׁב בְּרִיאַת הַמַּזִּיקִין בִּלְבַד כְּטַעַם אֲמִירָה לְנָכְרִי שֶׁהֻתְּרָה אֲפִלּוּ בְּאוֹתָהּ שָׁעָה כְּהֶרֶף עַיִן וְהוּא עוֹשֶׂה לְאַלְתָּר אֲבָל לָדַעַת עַצְמוֹ וּלְצָרְכּוֹ כְּתִיב לֹא יִשְׁבֹּתוּ וְאִם שָׁבַת חַיָּב מִיתָה לָא שְׁנָא בְּיוֹם שַׁבָּת וְלָא שְׁנָא בְּאֶחָד מִשְּׁאָר יְמֵי הַשָּׁבוּעַ. אֱמֶת שֶׁחַכְמֵי קֶדֶם אָמְרוּ כִּי חֲנוֹךְ בֶּן יֶרֶד בְּרֹב חָכְמָתוֹ וַחֲסִידוּתוֹ חִדֵּשׁ דָּתוֹת וְנִימוּסִים לְכָל הָאֻמּוֹת הַקַּדְמוֹנִיּוֹת כְּפִי מַה שֶּׁיָּדַע מִטִּבְעֵי הָאֲנָשִׁים וְהָאַקְלִמִים שֶׁהַמָּזוֹן הַמּוֹעִיל לָזֶה לֹא יָאוֹת לַחֲבֵרוֹ וְאָסַר לְכָל אֶחָד מֵהֶם הַמַּאֲכָלִים הַמַּזִּיקִין לְקִיּוּם הַרְכָּבָתָם וְהִרְחִיק אֶת כֻּלָּם מִטֻּמְאַת הַמֵּתִים וּמִן הָעֲרָיוֹת נ לִמְּדָם הַהַנְהָגוֹת הָרְאוּיוֹת וְהַקָּרְבָּנוֹת לַאֲדוֹן הַכֹּל בָּרוּךְ הוּא כְּפִי הָרָאוּי לְכָל מְדִינָה לְצֹרֶךְ מְקוֹמָהּ וּמִשְׁטָרֶיהָ לִהְיוֹת רְצוּיָה לְפָנָיו יִתְבָּרַךְ וְזֶה מִמָּה שֶׁלֹּא נִזְהַר בּוֹ זוּלָתֵנוּ כְּאִלּוּ הֶחֱזִיק יְדֵי עוֹבְרֵי עֲבֵרָה לְהַקְרִיב לֵאלֹהֵי הָאֲרָצוֹת חָלִילָה. וְאָמְרוּ שֶׁתִּקֵּן לָהֶם מוֹעֲדוֹת וְעַל זֶה אָנוּ דָּנִים עַכְשָׁו. אַךְ יִתָּכֵן שֶׁלֹּא הָיוּ מוֹעֲדָיו קְבוּעִים לָהֶם רַק לְשָׁמוֹת בַּעֲבוֹדַת שָׁמַיִם מִבְּלִי שֶׁיִּהְיֶה לָהֶם בִּטּוּל מְלָאכָה לָעָם אַף עַל גַּב דְּבַטְלָנֵי טוּבָא אִיכָּא בְּשׁוּקָא כְּמוֹ שֶׁהוּא חֹק עוֹד הַיּוֹם לַקֵּדָר וְעֶרֶב אֲשֶׁר לֹא יַמְלִיכוּ עֲלֵיהֶם מֶלֶךְ בִּלְתִּי אִם לָמַד אֻמָּנוּת וּפוֹעַל יָדָיו יִרְצוּ וְהֵמָּה בְּחַגָּם וְשַׁבְתָּם הָיוּ חוֹגְגִים וְעוֹסְקִים בִּמְלַאכְתָּם וְכָךְ יָפֶה לָהֶם כִּי לֹא הָיְתָה שְׁבִיתָה לָהֶם אֶלָּא בְּשָׁרָשִׁים הָעֶלְיוֹנִים דְּעָאלוּ בְּמַחֲשָׁבָה וְאִתְגְּנִיזוּ וְהִיא אַזְהָרָתָם מִיתָתָם אַךְ עִם הַהִתְפַּשְּׁטוּת לַעֲמַל יַלְדּוּ וְלֹא נִתַּן עֲמַל תּוֹרָה שֶׁהוּא שְׂכַר שַׁבָּת אֶלָּא לִבְנֵי בְּרִית וְאַף עַל גַּב דְּלָא כְּתִיב לֹא יִשְׁבֹּתוּ עַד נֹחַ לָאו לְמֵימְרָא שֶׁלֹּא הֻזְהֲרוּ עַל זֶה תְּחִלָּה אֶלָּא כָּל מִצְוַת בְּנֵי נֹחַ גְּמָרָא וְאָתוּ רַבָּנָן אַסְמְכִינְהוּ אַקְּרָאֵי אָמְנָם הָיוּ צַדִּיקֵי הַדּוֹרוֹת כֻּלָּם שׁוֹמְרֵי שַׁבָּת בְּלִי סָפֵק וְשַׁבָּת אֶצְלָם מִצְוָה רַבָּה אַחֲרֵי שֶׁפָּרְשׁוּ לָלֶכֶת בְּדַרְכֵי יִשְׂרָאֵל. וְעִם מַה שֶּׁאָמַרְנוּ יִתְאַמֵּת שֶׁהָיְתָה בְּרִיאַת הַמַּזִּיקִין בְּרִיאָה גְּרוּעָה וַחֲסֵרָה מְאֹד כִּי הִמְתִּין לָהּ עַד הָרֶגַע הָאַחֲרוֹן שֶׁבִּקֹּשִׁי הִסְפִּיק הַזְּמַן לְהַמְצִיא לָהֶם צוּרָה כָּל דְּהוּ פַּעַם אַחַת וְלֹא יֶשְׁנָהּ אֶלָּא כְּהֶרֶף עַיִן מִלְּשׁוֹן וַיִּרֶף מִמֶּנּוּ כִּבְיָכוֹל כְּאִלּוּ נִסְתַּלְּקָה הָעַיִן הָעֶלְיוֹנָה מְרַחֵם עַל הָעוֹלָם וְהַיְינוּ דְּקָאָמַר נָבִיא בְּרֶגַע קָטֹן עֲזַבְתִּיךְ וְעִם קְדֻשַּׁת הַיּוֹם שֶׁיֵּשׁ בָּהּ סֻכַּת שָׁלוֹם בְּרַחֲמִים גְּדוֹלִים אֲקַבְּצֵךְ:

מַאֲמַר חֵקֶר דִּין - חֵלֶק ג פֶּרֶק יד

כְּלָל גָּדוֹל אָמְרָה תּוֹרָה וְהָלַכְתָּ בִּדְרָכָיו וּבְדִינוֹ שֶׁל שׁוֹאֵל כְּתִיב בְּעָלָיו

אֵין עִמּוֹ פֵּרוּשׁ בִּשְׁעַת שְׁאֵלָה שָׁלֵם יְשַׁלֵּם אַף עַל פִּי שֶׁהָיָה עִמּוֹ בִּשְׁעַת מַעֲשֶׂה אִם בְּעָלָיו עִמּוֹ בִּשְׁעַת שְׁאֵלָה אַף עַל פִּי שֶׁלֹּא הָיָה עִמּוֹ בִּשְׁעַת מַעֲשֶׂה לֹא יְשַׁלֵּם. וְהַדֻּגְמָא כִּי כָּל פְּעֻלָּה שֶׁהִיא לִשְׁמָהּ אֲפִלּוּ אֵינָהּ רְצוּיָה בְּעַצְמָהּ מִקְרֵי בְּעָלָיו עִמּוֹ בְּמַחֲשָׁבָה וּדְמֵי לִבְרִיאַת הַמַּזִּיקִין דִּמְקַרְיָא כִּבְיָכוֹל בְּעָלָיו אֵין עִמּוֹ בִּשְׁעַת מַעֲשֶׂה כֵּיוָן שֶׁהִיא בְּרִיאָה גְּרוּעָה לְפִיכָךְ אַל יְשַׁלֵּם דִּכְתִיב אַל תֹּאמַר אֲשַׁלְּמָה רָע. וּמִזֶּה לָמַדְנוּ לְהַצִּיל אֶת הַנִּרְדָּף בְּאֶחָד מֵאֵיבָרָיו שֶׁל רוֹדֵף כָּל הֵיכָא דְּאֶפְשָׁר לִבְחֹר בְּרַע בְּמֻעוּטוֹ אֲבָל כָּל פְּעֻלָּה שֶׁלֹּא לִשְׁמָהּ אֲפִלּוּ בְּמַעֲשֵׂה הַמִּצְוֹת אֵין בְּעָלָיו עִמּוֹ כִּי תְּחִלַּת הַמַּחֲשָׁבָה הוּא סוֹף הַמַּעֲשֶׂה וְאַף עַל פִּי שֶׁהוּא עִמּוֹ בִּשְׁעַת מַעֲשֶׂה שֶׁהַמִּצְוָה מִמְּצִיאָתוֹ קְצָת כְּטַעַם שְׁמָהּ מִצְוָה זוֹ וַדַּאי צְרִיכָה תַּשְׁלוּם כָּפוּל שֶׁיִּמְסֹר אָדָם עַצְמוֹ פַּעַם אַחֶרֶת עַל קִיּוּמָהּ לִשְׁמָהּ כְּטַעַם מִתּוֹךְ שֶׁלֹּא לִשְׁמָהּ בָּא לִשְׁמָהּ וְדָעֵהוּ וְאִם לֹא עָשָׂה כֵּן נוֹחַ לוֹ שֶׁלֹּא נִבְרָא אוֹ שֶׁנֶּהֶפְכָה שִׁלְיָתוֹ עַל פָּנָיו וֶהֱבִינֵהוּ שֶׁלֹּא תִּצְרַךְ לֹא לְקֻשְׁיוֹת הַתּוֹסָפוֹת וְלֹא לִתְרוּצָם. וְהִנֵּה הָאִישׁ הָעוֹשֶׂה עֲבֵרָה לִשְׁמָהּ כְּגוֹן הַהוֹרֵג אֶת הָרוֹדֵף לְהַצִּיל נַעֲרָה מְאֹרָסָה יֵשׁ לָהּ דֻּגְמָא בְּדַרְכֵי הַמָּקוֹם אֲבָל לְמִצְוָה שֶׁלֹּא לִשְׁמָהּ אֵין לָהּ בְּמַעֲשָׂיו דֻּגְמָא כָּל עִקָּר חָלִילָה לָאֵל אִם כֵּן עֲבֵרָה חֲמוּרָה הִיא בְּיַד הָעוֹשֶׂה אוֹתָהּ וְהַיְינוּ דְּאָמְרֵי אִינָשֵׁי תְּפִלָּה בְּלֹא כַּוָּנָה כְּגוּף בְּלִי נְשָׁמָה שֶׁהוּא מְטַמֵּא טֻמְאָה חֲמוּרָה אַף תְּפִלָּה בְּלֹא כַּוָּנָה מְעוֹרֶרֶת קָטֵיגוֹרְיָא לְפִי שֶׁאֵין שְׁכִינָה שׁוֹרָה עַל הַפָּגוּם וּמִמֵּילָא יֵשׁ רְשׁוּת לָחוּל שָׁם בִּלְתִּי טָהוֹר. וְאֵין סָפֵק שֶׁאָדָם הָרִאשׁוֹן בַּעַל וְשָׁנָה בְּעֶרֶב שַׁבָּת שֶׁאֵין אִשָּׁה מִתְעַבֶּרֶת מִבִּיאָה רִאשׁוֹנָה וְכֵן כְּתִיב וְהָאָדָם יָדַע אֶת חַוָּה וְאַחַר כָּךְ נִתְּהַר מִבִּיאָה שְׁנִיָּה וְעִם זֶה הֻתְּרָה לוֹ תַּאֲוַת הַמִּשְׁגָּל שֶׁהָיְתָה תְּחִלָּה קְשׁוּרָה בְּחַבְלֵי הַשֵּׂכֶל וְנֶאֱסֶרֶת בַּעֲבוֹתוֹת הַטֶּבַע הַיָּשָׁר הַגּוֹרֵם אַהֲבָה בְּתַעֲנוּגִים לְאָבִינוּ שֶׁבַּשָּׁמַיִם וּמִשֶּׁהֻתְּרָה אוֹתָהּ הַתַּאֲוָה מִקְּשׁוּרֶיהָ וּשְׁמִירָתָהּ הִיא גָּרְמָה לוֹ לִשְׁמֹעַ בְּקוֹל אִשְׁתּוֹ. כֵּן הַדָּבָר הַזֶּה שֶׁלִּמְּדָנוּ רַב הוּנָא זְכַרְנוּהוּ בְּפֶרֶק ט' כִּי כָּל שס"ה לָאוִין שֶׁבַּתּוֹרָה שׁוֹמְרִים אֶת שׁוֹמְרֵיהֶם וְיֵצֶר הָרַע אָסוּר בָּהֶם בְּקֶשֶׁר שֶׁל קַיָּמָא שֶׁהוּא כָּפוּל כְּטַעַם שמ"י עם י"ה שס"ה מִלְּבַד מָה שֶׁזָּכַרְנוּ מִדִּבְרֵי הָרַב אִבְּן עֶזְרָא בַּחֵלֶק הָרִאשׁוֹן סוֹף פֶּרֶק י"א. עָבַר אָדָם עֲבֵרָה אַחַת הֻתַּר חֲצִי הַקֶּשֶׁר מִצַּד הַחֹמֶר שֶׁנִּתְקַלְקֵל בְּאוֹתוֹ מַעֲשֶׂה וְכֵיוָן שֶׁשָּׁנָה בָּהּ מִיָּד הֻתַּר הַקֶּשֶׁר כֻּלּוֹ שֶׁנֶּחֱלַשׁ הַנֶּפֶשׁ וְנִפְסָד הַשֵּׂכֶל וְהִמְשִׁילוּהוּ בַּעֲלֵי אַגָּדָה לְכֶלֶב רַע הָאָסוּר בְּזִיקִים וְהָעוֹבֵר וְשׁוֹנֶה מַתִּיר אוֹתוֹ וּמְשַׁסֵּהוּ בְּעַצְמוֹ וְדִינֵיהָ הוֹי שֶׁאֵין לוֹ עַל בַּעַל הַכֶּלֶב אֲפִלּוּ תַּרְעוֹמוֹת. אִי נָמֵי רַב הוּנָא הָכֵי קָאָמַר הֻתְּרָה לוֹ וְעָתִיד לִתֵּן עָלֶיהָ אֶת הַדִּין וְהוּא גּוּפֶיהָ קָרָא עָלָיו הַמִּקְרָא הַזֶּה בְּפֶרֶק אֵלּוּ מְגַלְּחִין בָּכוּ בָכֹה לַהֹלֵךְ כִּי לֹא יָשׁוּב עוֹד וְרָאָה אֶת אֶרֶץ מוֹלַדְתּוֹ וְכָאן מוֹדַעָא רַבָּא לְמָאן דְּנִיחָא לֵהּ בְּהַפְקָרָא וְהַיְינוּ דְּאָמְרֵי לֵהּ חֲבֵרָיו לְאִיּוֹב אִם בָּנֶיךָ חָטְאוּ לוֹ וַיְשַׁלְּחֵם בְּיַד פִּשְׁעָם. אִי נָמֵי הֻתְּרָה לוֹ לָדוּן אוֹתוֹ עַל מַחֲשָׁבָה רָעָה שֶׁהִיא מִכָּאן וָאֵילָךְ מִצְטָרֶפֶת

לוֹ לְמַעֲשֶׂה. אִי נַמִּי הֶתְּרָה לוֹ שֶׁאֲפִלּוּ יָשַׁב פַּעַם אַחֶרֶת וְלֹא עָבַר עָלֶיהָ אֵינוֹ מְקַבֵּל שָׂכָר אֶלָּא כְּמִי שֶׁאֵינוֹ מְצֻוֶּה וְעוֹשֶׂה עַד שֶׁיָּשׁוּב בִּתְשׁוּבָה שְׁלֵמָה וִיקַבֵּל עָלָיו עֹל מַלְכוּת שָׁמַיִם. וּמֵעַתָּה הַשּׁוֹנֶה בְּאִוַּלְתּוֹ יִדְאַג כָּל יָמָיו אַחֲרֵי שֶׁהִטָּה אֶת עַצְמוֹ לְאוֹתָהּ הַמִּדָּה הָאֲסוּרָה כְּאִלּוּ הִיא הֶיתֵּר גָּמוּר וְהוּא הַלָּשׁוֹן הַשֵּׁנִי שֶׁזָּכַרְנוּ מִן הַגְּמָרָא שֶׁבָּא טְפֵלָה אֶל הָרִאשׁוֹן וּשְׁנֵיהֶם אֱמֶת צָדְקוּ יַחְדָּיו:

מַאֲמַר חֵקֶר דִּין - חֵלֶק ג פֶּרֶק טו

אֶתְאַן לְיוֹרְדֵי גֵּיהִנֹּם דִּפְתַחְנָא בָּהוּ בְּפֶרֶק ב' יָדוּעַ וּמְפֻרְסָם שֶׁאֵין אוּר שֶׁל גֵּיהִנֹּם שׁוֹלֵט בְּפוֹשְׁעֵי יִשְׂרָאֵל לְכַלּוֹתָם ח"ו אֶלָּא יוֹרְדִים לְבַעְתּוּתָא בְּעָלְמָא וּקְצָתָם נִכְוִים כְּפָעֳלָם וּכְרֹעַ מַעַלְלֵיהֶם וְהָדָר נְחִיַּת אַבְרָהָם שֶׁקִּיֵּם כָּל הַמִּצְוֹת וְיָרַד לָאוּר כַּשְׂדִּים עַל קִדּוּשׁ הַשֵּׁם וּבִזְכוּתוֹ מַסִּיק לְהוּ לְקַיֵּם מַה שֶּׁהִבְטַח בִּבְרִית בֵּין הַבְּתָרִים שֶׁהֶרְאָה לוֹ הַקָּדוֹשׁ בָּרוּךְ הוּא גֵּיהִנֹּם וּמַלְכֻיּוֹת כְּדֵי שֶׁיִּבְחַר לְזַרְעוֹ אֶת הַגָּלֻיּוֹת וְהָיָה אָדָם הָרִאשׁוֹן לוֹ לְמוֹפֵת דְּטָבָא לֵהּ עַבְדֵי לֵהּ כִּי דָנוּהוּ בְּשִׁלּוּחִין חוּץ לְגַן עֵדֶן וּבְגֵרוּשִׁין מֵאַקְלִם לְאַקְלִם וְאַף אֲבוֹתֵינוּ נִדּוֹנוּ בְּשִׁלּוּחִין חוּצָה לָאָרֶץ וּבְגֵרוּשִׁין מִפַּרְעֹה לַאֲבִימֶלֶךְ וּמִבֵּית לָבָן לְמִצְרַיִם וְגָלוּת יְרוּשָׁלַיִם גַּם כֵּן שֻׁלְּחוּ חוּצָה לָאָרֶץ וְגֹרְשׁוּ מִבָּבֶל לְעֵילָם וְכֵן בִּשְׁאָר גָּלֻיּוֹת כְּטַעַם כִּי נָצוּ גַּם נָעוּ לֹא דַּי שֶׁנָּצוּ פֵּרוּשׁ הִרְחִיקוּ נְדֹד מִלְּשׁוֹן יֹאבַר נֵץ אֶלָּא גַּם נָעוּ מִמָּקוֹם לְמָקוֹם. אוֹ יֹאמַר נָצוּ עַל הַנִּדָּחִים שֶׁהֵם עֲשֶׂרֶת הַשְּׁבָטִים גַּם נָעוּ עַל הַנְּפוֹצִים בְּטַלְטוּלִים רַבִּים שֶׁהֵם יְהוּדָה וּבִנְיָמִין אוֹ יִהְיֶה מִלְּשׁוֹן עָלְתָה נִצָּהּ כִּי בִּתְחִלַּת צְמִיחָתָם נָע וָנָד וְהִקִּיאָתֶם הָאָרֶץ. אִי נַמִּי בִּשְׁבִיל קְטַטָה גָּלוּ כְּתַרְגּוּם וְהָיוּ הַגָּלֻיּוֹת אַרְבַּע כַּנּוֹדָע כְּטַעַם כִּפְלַיִם בְּכָל חַטֹּאתֶיהָ כִּי הַכֶּפֶל הָאֶחָד הוּא שְׁנַיִם פְּשׁוּטִים וְכֶפֶל הַכֶּפֶל אַרְבָּעָה וְהָיָה זֶה בְּכָל חַטֹּאתֶיהָ שֶׁהִגִּיעוּ הַמַּרְדִּים לְאַרְבָּעָה עוֹלָמוֹת אֲשֶׁר הֵמָּה נִמְנִים גַּם כֵּן שְׁנַיִם שְׁנַיִם הָאֲצִילוּת וְהַבְּרִיאָה לְחוּד יְצִירָה וַעֲשִׂיָּה לְחוּד. וְהִנֵּה צִוָּהוּ הַקָּדוֹשׁ בָּרוּךְ הוּא לְאַבְרָהָם אָבִינוּ ע"ה לְהָכִין לוֹ פֹּעַל דִּמְיוֹנִי בְּעֶגְלָה יְפֵה פִיָּה מִצְרַיִם וּבִמְחָרִיבֵי הַבַּיִת בָּרִאשׁוֹנָה וּבַשְּׁנִיָּה שֶׁנִּמְשְׁלוּ לִבְהֵמָה דַּקָּה הַנּוֹחָה לִכְבֹּשׁ כָּךְ אֵלֶּה לָנוּ נוֹחִים לִכְבֹּשׁ אִם נִזְכֶּה בַּתּוֹרָה הַגּוֹלָה עִמָּנוּ עַכְשָׁו לֹא הָיָה כֵּן בְּמִצְרַיִם. וּבָאוּ מְשֻׁלָּשִׁים מֵהִדַּמּוּתָם זֶה לָזֶה בְּמַחֲשָׁבָה רָעָה. וַיְבַתֵּר אוֹתָם בַּתָּוֶךְ כִּי שָׁבַר אַחַר מַטֵּה רְשָׁעִים וְאֶת הַצִּפּוֹר נוֹדֶדֶת מִקִּנָּהּ לֹא בָתָר וְהָרֶמֶז לְיִשְׂרָאֵל שֶׁהֵם קַיָּמִים לְעוֹלָם וּבָאוּ בִּשְׁנֵי שְׁמוֹת תּוֹר וְגוֹזָל עַל שֵׁם יְהוּדָה וְאֶפְרַיִם. וַיֵּרֶד הָעַיִט זוֹ כְּנוּפְיָא שֶׁל מַלְאֲכֵי הַשָּׁרֵת שֶׁבִּקְּשׁוּ לְכַלּוֹת אֶת הַבְּתָרִים הֵן הֵם הַפְּגָרִים שֶׁזָּכַר לְמַעַן לֹא יִשְׁתַּעְבְּדוּ בָּנוּ כְּדֶרֶךְ שֶׁקִּטְרְגוּ עַל יִשְׁמָעֵאל כְּשֶׁהָיָה צָחָא צָמָא וַיַּשֵּׁב אוֹתָם אַבְרָם הִפְרִיחַ לְפִי שָׁעָה אוֹתוֹ הָעַיִט שֶׁהוּא שֵׁם כּוֹלֵל כְּמוֹ עַם צֹאן צִפּוֹר וְדוֹמֵיהֶם כִּי רָצָה לִשְׁמֹעַ מַה

יְצַוֶּה ה' עַל הַפְּגָרִים הָהֵם וְאָז הֶרְאָהוּ בֵּין הָעַרְבַּיִם אֵימָה חֲשֵׁכָה גְדֹלָה נֹפֶלֶת עָלָיו כָּל זְמַן שֶׁהַפְּגָרִים קַיָּמִים וְהוֹדִיעוֹ הַגָּלוּת הָרִאשׁוֹן שֶׁל אַרְבַּע מֵאוֹת שָׁנָה הַמְּגֻבָּל לְדוֹר רְבִיעִי לְהָכִין צַד תִּקּוּן אַף עַל הַנִּדּוֹנִים לְדוֹרֵי דוֹרוֹת מְעוּטָם אַרְבָּעָה כְּמוֹ שֶׁיָּבֹא:

מַאֲמָר חֵקֶר דִּין - חֵלֶק ג פֶּרֶק טז

וַיְהִי הַשֶּׁמֶשׁ בָּאָה בִּתְחִלַּת הַלַּיְלָה הֶרְאָהוּ דִּינָהּ שֶׁל גֵּיהִנֹּם מְחֻלָּלָה שֶׁהוּא תַּנּוּר עָשָׁן וְאוֹר דְּדָה שֶׁהוּא לַפִּיד אֵשׁ דִּכְתִיב בָּהוּ אוּר לוֹ בְּצִיּוֹן וְתַנּוּר לוֹ בִּירוּשָׁלָם כְּטַעַם הַבּוֹחֵר בִּירוּשָׁלַיִם שֶׁפֵּרַשְׁנוּ בְּפֶרֶק ז' מֵהַחֵלֶק הַשֵּׁנִי כִּי סְבִיבָיו נִשְׂעֲרָה מְאֹד וּמִשָּׁם עָתִיד לְטַהֵר כְּמוֹ שֶׁיָּבֹא. וְהֶעֱבִיר שְׁבִיב גֵּיהִנֹּם בֵּין הַגְּזָרִים לְהַשְׁמִדָם עֲדֵי עַד וְרָמַז לְזָקֵן בְּרֹב חֲסָדָיו כִּי טוֹב לָנוּ עֲבֹד אֶת מִצְרַיִם מֵרֶדֶת שַׁחַת לְהִשְׁתַּקֵּעַ שָׁם ח"ו. אֶלָּא הַכֹּל יוֹרְדִין לְגַרְוִי בְּעָלְמָא כְּמוֹ שֶׁזָּכַרְנוּ וְכָל שֶׁכֵּן עִם מַה שֶּׁדָּרַשׁ הָאֲרִ"י זצ"ל בְּפָסוּק מוֹרִיד שְׁאוֹל וַיָּעַל אָמַר כִּי יֵשׁ צַדִּיקִים גְּמוּרִים נִכְשָׁלִים בְּהִרְהוּרֵי עֲבֵרָה לֹא יַכִּיר בָּהֶם זוּלָתוֹ יִתְבָּרַךְ הַבּוֹחֵן כְּלָיוֹת וָלֵב וְיֵשׁ רְשָׁעִים גְּמוּרִים מְהַרְהֲרִים תְּשׁוּבָה בְּלִבָּם עִם דִּכְדּוּכָהּ שֶׁל נֶפֶשׁ לֹא נִגְלוּ תַּעֲלוּמוֹת לִבָּם בִּלְתִּי לַה' לְבַדּוֹ וְהִנֵּה מַלְאָךְ אַכְזָרִי יְשֻׁלַּח בָּהֶם לְהוֹרִידָם לְבְאֵר שַׁחַת כְּפָעֳלָם וְכֹרַע מַעַלְלֵיהֶם וְאֶל הָרִאשׁוֹנִים שֶׁזָּכַרְנוּ אֵין שָׂטָן וְאֵין פֶּגַע רָע אָכֵן הַצּוּר תָּמִים פָּעֳלוֹ מוֹרִיד שְׁאוֹל אוֹתָם הַצַּדִּיקִים שֶׁהָיוּ לָהֶם מַחְשְׁבוֹת אָוֶן וּכְדֵי שֶׁלֹּא לְבַיְּשָׁם גּוֹזֵר עֲלֵיהֶם לְהַעֲלוֹת מִשָּׁם אוֹתָם שֶׁהִרְהֲרוּ תְּשׁוּבָה בְּלִבָּם וְאֵין לְךָ מִשְׁפָּט שֶׁיֵּשׁ עִמּוֹ צְדָקָה גָּדוֹל מִזֶּה. וְאָמְנָם כָּל הַיּוֹרְדִים עוֹלִים חוּץ מִן הַשְּׁלֹשָׁה שֶׁפֵּרֵשׁ רַבִּי חֲנִינָא וְהוֹצִיאָם מִן הַכְּלָל שֶׁלְּפִי חֹמֶר עוֹנָם הָיָה רָאוּי שֶׁיִּשְׁלֹט בָּהֶם אִשּׁוֹ שֶׁל גֵּיהִנֹּם לְכַלּוֹתָם מִנֶּפֶשׁ וְעַד בָּשָׂר אֲבָל אֵין חֵפֶץ לְרַב חֶסֶד בְּכָךְ לְפִיכָךְ גֵּיהִנֹּם בָּטֵל מֵהֶם וְדִין גֵּיהִנֹּם אֵינוֹ בָּטֵל אֶלָּא בְּכָל הַקָּדוֹשׁ בָּרוּךְ הוּא עוֹשֶׂה שְׁלִיחוּת כִּי רַב מְאֹד מַחֲנֵהוּ. וְהִקְשׁוּ שָׁם בַּתּוֹסָפוֹת פֶּרֶק הַזָּהָב מִדְּאָמַר לְהוּ דָּוִד לְשׂוֹנְאֵי נַפְשׁוֹ הַבָּא אֶל אֵשֶׁת רֵעֵהוּ מִיתָתוֹ בְּחֶנֶק וְיֵשׁ לוֹ חֵלֶק לָעוֹלָם הַבָּא הַמַּלְבִּין פְּנֵי חֲבֵרוֹ בָּרַבִּים אֵין לוֹ חֵלֶק לָעוֹלָם הַבָּא. וְתִרְצוּ לְפִי דַּרְכָּם וְהָעוֹלֶה מִדִּבְרֵיהֶם כִּי שְׁלֹשָׁה אֵינָם עוֹלִים לְאַלְתַּר וּבָזֶה הֵם שָׁוִים אֲבָל יֵשׁ מֵהֶם שֶׁאֵין עוֹלִים כְּלָל וְהֵם מַלְבִּין וּמְכַנֶּה וּלְפִיכָךְ לֹא יָרְדוּ אֶלָּא כֵּן מִשְׁפָּטָם שֶׁהֵם לֹא חַיִּים לָעוֹלָם הַבָּא וְלֹא נִדּוֹנִין בַּגֵּיהִנֹּם וּלְפִי הָאֱמֶת אֵין זֶה אֶלָּא שְׁנוּיָא בְּעָלְמָא וְלֹא סָמְכִינַן עֲלוּיָהּ תֵּדַע דִּבְפֶרֶק חֹמֶר בְּקֹדֶשׁ תִּרְצוּ בְּדֶרֶךְ אַחֶרֶת וְהִיא רְחוֹקָה מִזּוֹ שֶׁאָמַרְנוּ עַל שְׁמָם. אֲבָל לְדִידַן עִקַּר קוּשְׁיָא לֵיתָא דְּדָוִד הָכִי קָאָמַר הַבָּא אֶל אֵשֶׁת רֵעֵהוּ מִיתָתוֹ בְּחֶנֶק וְכָל הַמּוּמָתִין מִתְוַדִּין וְיֵשׁ לָהֶם חֵלֶק לָעוֹלָם הַבָּא. וַאֲפִלּוּ אֵין עֵדִים וְהַתְרָאָה יוֹדֵעַ הוּא בְּעַצְמוֹ שֶׁכֵּן דִּינוֹ דְּזִיל קְרִי בֵּי רַב הוּא וְרָמֵי אַנַּפְשֵׁיהּ וּמִדְּכַר

לָשׁוּב. וְהַמַּלְבִּין פְּנֵי חֲבֵרוֹ אֵין בּוֹ מִיתַת בֵּית דִּין לְפִיכָךְ יַחְשְׁבֵהוּ הַנִּכְשָׁל בּוֹ עָוֹן קַל וְאֵינוֹ עוֹשֶׂה תְּשׁוּבָה וְנִטְרָד מִן הָעוֹלָם הַבָּא רַחֲמָנָא לִצְּלַן:

מַאֲמַר חֵקֶר דִּין - חֵלֶק ג פֶּרֶק יז

בַּיּוֹם הַהוּא אֲשֶׁר כָּרַת ה' בְּרִית עִם אַבְרָהָם אָבִינוּ בֵּין הַבְּתָרִים קִבֵּל עָלָיו שְׂכַר כָּל הַדּוֹרוֹת שֶׁקְּדָמוּהוּ וְיָדוּעַ כִּי נַחֲלַת ה' בָּנִים שָׂכָר פְּרִי הַבָּטֶן אִם כֵּן כָּל הַכְּשֵׁרִים שֶׁהָיוּ עֲתִידִים לָצֵאת מִבְּנֵי בְנֵיהֶם שֶׁל עֶשְׂרִים דּוֹרוֹת עָנְתָה בּוֹ צִדְקָתוֹ שֶׁל אַבְרָהָם וְקִבֵּל עָלָיו שְׂכָרָם הַכּוֹלֵל גַּם כֵּן שְׂכַר כָּל הַדּוֹרוֹת הַבָּאִים אַחֲרָיו. דַּיְקָא נָמֵי דְּקָתָנֵי שְׂכַר כֻּלָּם וְלֹא אָמַר שְׂכָרָם דְּאִי מֵאָדָם וְעַד נֹחַ לֹא צָרִיךְ לְרִבּוּיֵי דִּפְשִׁיטָא דְּקַמָּאֵי מִבְּעֵי לֵהּ לְתִקּוּנֵי בְּרֵישָׁא כֵּיוָן דְּנֹחַ לָאו בַּר הָכֵי הֲוָה אֶלָּא בְּצִדְקָתוֹ הִצִּיל אֶת נַפְשׁוֹ וְנַפְשׁוֹת בֵּיתוֹ בִּלְבַד. אֲבָל אַבְרָהָם אַב הֲמוֹן גּוֹיִם נָתְנוּ הָאֱלֹהִים רָאשֵׁי תֵּבוֹת אַב הַגַּן יִרְצֶה אָב לְכָל הֶעָתִיד לִזְכּוֹת לְגַן עֵדֶן אַחֲרֵי שֶׁכִּפֵּר עַל כָּל יוֹרְדֵי גֵיהִנֹּם בִּרְדָתוֹ לָאוּר כַּשְׂדִּים כָּאן וְכָאן הָיְתָה בָּאֲמָנָה אִתּוֹ נֶפֶשׁ אָדָם הָרִאשׁוֹן הוּא שֶׁאָמְרוּ בַּת הָיְתָה לוֹ וּבַכֹּל שְׁמָהּ וְהִיא הַמַּרְגָּלִית שֶׁהָיְתָה תְּלוּיָה בְּצַוָּארוֹ שֶׁהוּא מְקוֹמָהּ בַּקּוֹמָה הַכּוֹלֶלֶת אֵיפָתוֹ שֶׁל אָדָם שֶׁזָּכַרְנוּ כְּבָר עַיֵּן מַאֲמַר אֵם כָּל חַי חֵלֶק ג' סִימָן כ"ז וְכָל חוֹלֵה הַנֶּפֶשׁ הָרוֹאָה בְּטָהֳרָתָהּ מִיָּד מִתְרַפֵּא מֵעָוֹן עֲבוֹדָה נָכְרִיָּה שֶׁלָּקַח שֶׁמֶץ מֶנְהוּ בְּעֶטְיוֹ שֶׁל נָחָשׁ וּכְשֶׁמֵּת אַבְרָהָם תְּלָאָהּ הַקָּדוֹשׁ בָּרוּךְ הוּא בְּגַלְגַּל חַמָּה שֶׁכֵּן דִּינוֹ שֶׁל חוֹלֵה הַנֶּפֶשׁ כָּאָמוּר וּרְפוּאָתוֹ תְּלוּיָה עַד אוֹתוֹ הַיּוֹם שֶׁיּוֹצִיא הַקָּדוֹשׁ בָּרוּךְ הוּא חַמָּה מִנַּרְתִּקָהּ רְשָׁעִים נִדּוֹנִין בָּהּ וְזֶה חֵלֶף עֲבוֹדָתָם אוֹתָהּ וְהִתְלַהֲבוּת מַכָּתָהּ לְכָל חַטָּאוֹת הָאָדָם רָצוּחַ וְנָאוּף וְצַדִּיקִים מִתְרַפְּאִין מִמֶּנָּה שֶׁמְּעִידָה עֲלֵיהֶם לְהַגִּיד יָשְׁרָם. וּכְשֶׁהָיָה אַבְרָהָם אָבִינוּ ע"ה מְבַקֵּשׁ רַחֲמִים עַל סְדוֹם אָמַר וְאָנֹכִי עָפָר וָאֵפֶר פֵּרוּשׁ עָפָר מִן הַיְצִירָה הָרִאשׁוֹנָה שֶׁנִּגְלָה אֵלָיו כָּאָמוּר וְאֵפֶר מֵאוּר כַּשְׂדִּים שֶׁקִּיֵּם בְּעַצְמוֹ פְּסִילֵי אֱלֹהֵיהֶם תִּשְׂרְפוּן בָּאֵשׁ מִמָּה שֶׁבִּקְשׁוּ כָּל הַבְּרִיּוֹת לְהִשְׁתַּחֲווֹת לוֹ לְאָדָם הָרִאשׁוֹן אַף עַל פִּי שֶׁלֹּא קִבֵּל וְנִמְשַׁךְ טָעוּתָן זֶה לָהֶם מֵאֲכִילָתָם עֵץ הַדַּעַת שֶׁהִמְרִיד אוֹתָם לַשָּׁמַיִם וּכְבָר דָּמוֹ הַנָּחָשׁ וְרוֹכְבוֹ לְהַמְרִיד ח"ו אָדָם כְּמוֹתוֹ כְּטַעַם וִהְיִיתֶם כֵּאלֹהִים שֶׁפֵּרוּשׁוֹ כָּזֶה הָרוֹכֵב וְאָדָם בְּתֹקֶף תְּשׁוּבָתוֹ עָשָׂה מְלוּכָה בִּלְבַד עַל כָּל הַבָּאִים לְהִשְׁתַּחֲווֹת לְהַחֲזִירָם לְמוּטָב לֹא זוּלַת וּמִיָּד צוֹם וְזַרְזָם אֲנִי וְאַתֶּם בֹּאוּ נִשְׁתַּחֲוֶה וְנִכְרָעָה נִבְרְכָה לִפְנֵי ה' עֹשֵׂנוּ עַל כֵּן זָכָה אָדָם הָרִאשׁוֹן שֶׁכָּל יְמֵי שְׁנוֹתָיו לֹא הָיְתָה בָּעוֹלָם עֲבוֹדָה נָכְרִיָּה וְלֹא טָעָה אַחֲרֶיהָ אֱנוֹשׁ בְּחַיָּיו וּכְבָר זָכַרְנוּ מִזֶּה בְּרֵישׁ מַאֲמַר הַנֶּפֶשׁ יְעֻיַּן שָׁם:

מַאֲמַר חֵקֶר דִּין - חֵלֶק ג פֶּרֶק יח

בְּהֵעָקֵד יִצְחָק עַל גַּבֵּי הַמִּזְבֵּחַ נֶעֱקַד עִמּוֹ רוּחוֹ שֶׁל אָדָם וְכוֹפֵר בְּרִיתוֹ אֶת מוֹת מְעוֹן שְׁפִיכוּת דָּמִים שֶׁנִּכְלַל בְּעֶטְיוֹ שֶׁל נָחָשׁ וַעֲוֹן גִּלּוּי עֲרָיוֹת כְּבָר זָכַרְנוּ שֶׁנַּעֲשָׂה לוֹ פּוֹעֵל דִּמְיוֹנִי בְּחֶפְזָתוֹ שֶׁל אָדָם לְהִזָּקֵק לְאִשְׁתּוֹ וּמִשָּׁם נִמְשְׁכָה לוֹ תַּקָּלָה אַחֶרֶת ק"ל שָׁנָה שֶׁהוֹלִיד מַלְיָלִין רוּחִין וְשֵׁדִין כְּמַאֲמַר חֲזָ"ל קֹדֶם שֶׁיַּעֲמֹד תּוֹלְדוֹת לְמַשְׁתִּיתוֹ שֶׁל עוֹלָם מֵחַוָּה עֲקֶרֶת הַבַּיִת כִּי הִיא הָיְתָה אֵם כָּל חַי אֵלּוּ הַצַּדִּיקִים הַחַיִּים לְעוֹלָם כַּמָּה דָּאַת אָמַר אֲשֶׁר יַעֲשֶׂה אוֹתָם הָאָדָם וָחַי וּנְתַקֵּן אוֹתוֹ עָוֹן בְּשׁוּפְרֵיהּ דְּיַעֲקֹב מֵעֵין שׁוּפְרֵיהּ דְּאָדָם הָרִאשׁוֹן אֲשֶׁר הַפִּקָּד אִתּוֹ הִיא נִשְׁמָתוֹ אֲשֶׁר הִגְלְתָה עִמּוֹ לְחָרָן בְּצֵאתוֹ לַחֲזֹר עַל אֲבֵדָתוֹ וְהֶתִּרָה לוֹ שָׁם שְׁתֵּי אֲחָיוֹת בִּקְדֻשָּׁה וּבְהִזְדַּמְּנוּת וּמָתוּן רַב שֶׁהוּא הָפֵךְ הַחִפָּזוֹן וְהָיוּ לְקוּחֵי הַגְּדוֹלָה בְּסֵתֶר וּשְׂנוּאָה וְנִלְאָה בַּעֲבוֹדַת בַּעְלָהּ לְמַעֲלָתָהּ וְהַקְּטַנָּה בְּגָלוּי כִּי לוֹ יָאֲתָה וּמִזֶּה יוּבַן מַאֲמַר יִרְמְיָה כִּי הָיִיתִי לְיִשְׂרָאֵל לְאָב וְאֶפְרַיִם בְּכֹרִי הוּא כִּי רְאוּבֵן בְּכוֹר יַעֲקֹב בְּמַעֲשֶׂה וְיוֹסֵף בְּכוֹר לַשָּׁמַיִם בִּשְׁבִיל הַמַּחֲשָׁבָה. כַּיּוֹצֵא בּוֹ אָנֹכִי עֵשָׂו בְּכוֹרֶךָ שֶׁפֵּרְשׁוּ אָנֹכִי וְעֵשָׂו כְּמוֹ שֶׁמֶשׁ יָרֵחַ הָא כֵּיצַד פֵּרְשׁוּהוּ חֲכָמִים מָשָׁל לִשְׁפוֹפֶרֶת שֶׁל קָנִים יַעֲקֹב נִכְנַס רִאשׁוֹן וְעֵשָׂו פָּטַר אֶת הָרֶחֶם. וּכְבָר יִקָּשֶׁה לָזֶה מַה שֶּׁאָמַר בַּזֹּהַר סוֹף פָּרָשַׁת מְצֹרָע דְּעֵשָׂו טִפָּה קַדְמָאָה הֲוָה כְּדֵי שֶׁיִּתְבָּרֵר זֶרַע יִצְחָק מִסִּיגֵי הַזָּהָב תְּחִלָּה. וְנִרְאִין הַדְּבָרִים מִמָּה שֶׁהֻבְרַר אַבְרָהָם תְּחִלָּה בְּצֵאת מִמֶּנּוּ יִשְׁמָעֵאל וְהוּא בֶּן פ"ו שָׁנָה בְּהִתְגַּבֵּר עָלָיו הַדִּין מִשָּׁם אֱלֹהִים שֶׁמִּסְפָּרוֹ כְּמִנְיַן שְׁנוֹתָיו שֶׁל אוֹתָהּ שָׁעָה. אָמְנָם הַמָּשָׁל אֲמִתִּי בְּשַׁלְשֶׁלֶת יַחֲסִין שֶׁל מַעְלָה כִּי נִשְׁמַת יַעֲקֹב נֶאֶצְלָה תְּחִלָּה וְהוּא בְּכוֹר לַשָּׁמַיִם כְּטַעַם בְּנֵי בְּכוֹרֵי יִשְׂרָאֵל וּבְגַשְׁמֵי הָיָה עֵשָׂו בְּכוֹרוֹ שֶׁל יִצְחָק גַּם בְּהַזְרָעָה כְּדַעַת הַזֹּהַר וְהוּא פָּטַר אֶת הָרֶחֶם גַּם כֵּן וְכָל דִּבְרֵי חֲכָמִים קַיָּמִים. וְאַף זִלְפָּה שִׁפְחַת לֵאָה נִתְּנָה לְיַעֲקֹב בַּחֲשַׁאי כִּדְכְתִיב וַתִּקַּח וַתִּתֵּן שֶׁלֹּא נִמְלְכָה לֵאָה בְּיַעֲקֹב תְּחִלָּה כְּמוֹ שֶׁעָשׂוּ שָׂרָה וְרָחֵל וְהוּא טַעַם בָּגָד שֶׁאָמְרָה לֵאָה יֵשׁ אֵם לַמָּסֹרֶת לְפִיכָךְ לֹא זָכוּ רְאוּבֵן וְגָד לִטֹּל חֵלֶק בָּאָרֶץ אֲשֶׁר ה' אֱלֹהֵינוּ דּוֹרֵשׁ אוֹתָהּ תָּמִיד אֶלָּא מֵעֵבֶר הַיַּרְדֵּן. וַחֲצִי שֵׁבֶט הַמְנַשֶּׁה מִדָּה אַחֶרֶת הָיְתָה בּוֹ בִּשְׁבִיל אָסְנַת אִמּוֹ שֶׁהָיְתָה בַּת דִּינָה מִשְּׁכֶם הַחִוִּי אֶלָּא שֶׁפּוֹטִיפַר גִּדְּלָהּ וְנִקְרֵאת עַל שְׁמוֹ וּמְנַשֶּׁה פָּטַר אֶת הָרֶחֶם וְנִפְגַּם חֶצְיוֹ כִּי הָיְתָה אִמּוֹ מִתְיַחֶסֶת אַחַר אָבִיהָ חִוִּי בֶּן חֲמוֹר שֶׁלֹּא נִתְּנָה תּוֹרָה בְּיָמָיו וַעֲדַיִן לֹא נִתְחַדְּשָׁה הֲלָכָה שֶׁיְּהֵא בֶּן בִּתְּךָ מִן הַחִוִּי קָרוּי בִּנְךָ וּמָה גַּם עַתָּה לֹא אָמְרוּ הַוָּלָד כָּשֵׁר אֶלָּא מִן הַתּוֹרָה אֲבָל פָּגוּם מִדְּרַבָּנַן דְּאָמְרִינַן לַהּ אִטָּמֵר אוֹ גַּלֵּי אוֹ סָב בַּת מִינָךְ כִּדְאִיתָא בְּפֶרֶק הַחוֹלֵץ וְאִם בַּת הִיא וְנִשֵּׂאת לְכֹהֵן לֹא מַפְקִינַן מִינֵּיהּ וְזַרְעָהּ כָּשֵׁר לִכְהֻנָּה לְפִיכָךְ לֹא נִפְגַּם מְנַשֶּׁה אֶלָּא חֶצְיוֹ מִדְּהֻכְשַׁר חֶצְיוֹ הִנֵּה לְגַבֵּי אֶפְרַיִם מִיהַת מַאי

דְּהָנֵּה הָנָה וְדוֹרְשֵׁי רְשׁוּמוֹת עָשׂוּ לָהֶם צִיּוּנִים בְּפָסוּק מִגְרָעוֹת נָתַן לַבַּיִת סָבִיב חוּצָה מְנַשֶּׁה גָּד רְאוּבֵן רָאשֵׁי תֵּבוֹת מג"ר בִּשְׁבִיל עִוּוּת שֶׁהָיָה בָּהֶם כָּאָמוּר נִשְׁאֲרוּ חוּצָה לָאָרֶץ הַנִּבְחֶרֶת. וְכֵן בְּדָוִד מִמָּה שֶׁזָּכַרְנוּ בְּפֶרֶק עֲשִׂירִי נֶאֱמַר בּוֹ אַחַר כָּךְ לְפִי שָׁעָה גֵּרְשׁוּנִי מֵהִסְתַּפֵּחַ בְּנַחֲלַת ה' וְרָאשֵׁי תֵּבוֹת אֵלֶּה גַּם בִּי הִתְאַנַּף שֶׁאָמַר מֹשֶׁה רַבֵּנוּ ע"ה עַל הַמֶּנַע מִמֶּנּוּ הַכְּנִיסָה לָאָרֶץ כִּי נִתְעַלָּה אָבִיו לְהָקִים זֶרַע מִדּוֹדָתוֹ וְשָׁבָה הוֹרָתוֹ וְלֵדָתוֹ נֶעֶלְמָה מֵעֵינֵי כָּל חַי עַד בָּא פְּקִידָתָהּ וְכָל דּוֹר דֵּעָה כָּמוֹהוּ לֹא נִכְנְסוּ לָאָרֶץ לְמַעֲלָתָם כִּי לֹא הָיוּ נִזְקָקִים לָהּ אֶלָּא לַעֲבֹר מִשָּׁם לְשַׁעֲרֵי גַּן עֵדֶן הָסֵר מִשָּׁם הַכְּרוּבִים וְלַהַט הַחֶרֶב כְּטַעַם אֶעְבְּרָה נָּא וּבֵאַרְנוּהוּ:

מַאֲמַר חֲקֹר דִּין - חֵלֶק ג פֶּרֶק יט

הֵן הָאָדָם אָב אֶחָד לְכֻלָּנוּ הָיָה לָבוּשׁ כָּתְנוֹת אוֹר בְּגַן עֵדֶן לְכַוָּנָה מֵאֵל אֶחָד בְּרָאָנוּ שֶׁמַּחְצַב נִשְׁמָתוֹ יִשְׁלַח שָׁרָשָׁיו כֻּלָּם קְדוֹשִׁים בְּלֵב אֶחָד לְעָבְדוֹ שְׁכֶם אֶחָד וּמִשָּׁם הֶפֵּצָם קֶסֶם מָרִי שֶׁהִמְשִׁיךְ אֶת הָעָרְלָה וְנַעֲשׂוּ כָּתְנוֹת עוֹר כְּטַעַם הָעַיִ"ן הַתְּלוּיָה בְּפָסוּק לֶאֱחֹז בְּכַנְפוֹת הָאָרֶץ וְיִנָּעֲרוּ רְשָׁעִים מִמֶּנָּה כִּי נִתְעָרֵב טָמֵא בְּטָהוֹר וּמִשֹּׁרֶשׁ נָחָשׁ שֶׁבָּא עַל חַוָּה וְהֵטִיל בָּהּ זֻהֲמָא יָצָא צֶפַע שָׂרָף מְעוֹפֵף הוּא קַיִן הָרָשָׁע קְנָא דְּמָסְבוּתָא וּמִשֶּׁרָאָה הַחֶסֶד הָעֶלְיוֹן שֶׁאֵין הָעוֹלָם מִתְקַיֵּם בּוֹ הוֹסִיף בְּתוֹלְדוֹת אֶת אָחִיו אֶת הָבֶל נִיקָּם קַיִן וַיַּהַרְגֵהוּ לְדַאֲבוֹן נֶפֶשׁ הָעוֹלָם עַל דָּמוֹ וְדַם זַרְעִיּוֹתָיו עַד שֶׁנּוֹלַד שֵׁת בְּצֶלֶם וּדְמוּת כְּמוֹ שֶׁאָנוּ עֲתִידִים לְבָאֵר בַּחֵלֶק הָרְבִיעִי. וּמֵאָז הָיוּ הַנְּשָׁמוֹת הַקְּדוֹשׁוֹת מִתְחַפְּשׂוֹת וּבָאוֹת בִּיחִידֵי סְגֻלָּה כָּל עֶשְׂרִים דּוֹרוֹת וְלִפְעָמִים תִּכְרַעְנָה יַלְדֵיהֶן תְּפַלַּחְנָה עַל חֻר פֶּתֶן וְעַל מְאוּרַת צִפְעוֹנִי ד שֶׁבָּא אַבְרָהָם אָבִינוּ וְקִבֵּל עָלָיו שְׂכַר כֻּלָּם עָלָיו נֶאֱמַר זָרַח בַּחֹשֶׁךְ אוֹר לַיְשָׁרִים אֵלּוּ הַנְּשָׁמוֹת שֶׁזָּכַרְנוּ בְּהִלּוֹ נֵרוֹ עֲלֵיהֶן בִּשְׁלֹשָׁה מִינֵי שְׁלֵמוּת חַנּוּן וְרַחוּם וְצַדִּיק הֵן הֵן שָׁלֹשׁ מִדּוֹת טוֹבוֹת שֶׁיַּחֲסוּ לוֹ בְּסֵפֶר הַבָּהִיר וְכֻלָּן מֵעֵין חֶסֶד אֵל שֶׁלֹּא הֻצְרַךְ לְשַׁמֵּשׁ בְּיָמָיו כְּדְאִיתָא נָמֵי בִּירוּשַׁלְמִי הָרִאשׁוֹנָה לְזַכּוֹת אֶת הָעוֹלָם וְהַיְינוּ חַנּוּן שֶׁהִיא מֵאִתּוֹ לָהֶם מַתְּנַת חִנָּם שֵׁנִית אֲפִלּוּ נִתְחַיְּבוּ מְזַכֶּה אוֹתָם כְּטַעַם בְּרֹגֶז רַחֵם תִּזְכֹּר. שְׁלִישִׁית מְשִׁיבָם וּמֵבִיא בְּלִבָּם לַעֲשׂוֹת רְצוֹן קוֹנָם וְהַיְינוּ צַדִּיק מַצְדִּיק אֲחֵרִים. וְהִנֵּה בְּיָמָיו נִפְלְגָה הָאָרֶץ לְשִׁבְעִים עֲנָפִים וּבוֹ בָּחַר ה' לְהַחֲזִיר כָּתְנוֹת אוֹר לְיִחוּדָן כִּי הֻבְדַּל יִשְׁמָעֵאל תְּחִלָּה פִּגּוּל מִן הַקֳּדָשִׁים וְלֹא נוֹלַד יִצְחָק עַד אֲשֶׁר תַּמּוּ כָּל זֵדִים וְכָל עוֹשֵׂי רִשְׁעָה הַמִּתְקוֹמְמִים בִּימִינוֹ שֶׁל מָקוֹם כַּדּוֹר אֱנוֹשׁ וְהַמַּבּוּל וְהַפְלָגָה וְאַחֲרִיתָם מָרָה שֶׁל אַנְשֵׁי סְדוֹם כִּי שָׁקַד ה' עַל הָרָעָה וַיְבִיאֶהָ עֲלֵיהֶם שָׁנָה אַחַת קֹדֶם שֶׁתִּתְמַלֵּא סְאָתָהּ שֶׁל צוֹעַר. עַל כֵּן עָמַד אַבְרָהָם בִּתְפִלָּה וּבִקֵּשׁ רַחֲמִים שֶׁלֹּא יָמוּת צַדִּיק עִם רָשָׁע אַף עַל פִּי שֶׁהַדִּין אֱמֶת אַחַר רֻבּוֹ

מִכָּל מָקוֹם בָּא בְּטַעֲנָה שֶׁלֹּא יֵבוֹשׁוּ הַצַּדִּיקִים לִתְחִיַּת הַמֵּתִים דְּקַיְמָא לָן עוֹמְדִים בְּמוּמָם וּמִתְרַפְּאִים וְלָמָּה זֶה יָמוּתוּ בְּגָפְרִית וּמֶלַח שֶׁיִּצְטָרְכוּ לָקוּם בְּגוּף שָׂרוּף אֵין עֶלְבּוֹן גָּדוֹל מִזֶּה עַל כֵּן כֶּפֶל וְאָמַר וְהָיָה כַצַּדִּיק כָּרָשָׁע חָלִלָה לָּךְ וּכְמוֹ שֶׁדָּרְשׁוּ הָרִאשׁוֹן לָעוֹלָם הַזֶּה וְהַשֵּׁנִי לָעוֹלָם הַבָּא וּכְדַאֲמַרַן וְהוֹדִיעוּ הָאֵל יִתְבָּרַךְ שֶׁאֵלּוּ נִמְצְאוּ שָׁם חֲמִשִּׁים צַדִּיקִים הָיוּ רְאוּיִם לִמְחִילָה גְּמוּרָה אַךְ עַל יְדֵי צֵרוּף שְׁכִינָתוֹ עִם תִּשְׁעָה לְכָל כֶּרֶךְ דַּי שֶׁלֹּא יַשְׁחִית אֶלָּא יָבִיא עֲלֵיהֶם יְסוּרִין וְכֵן לָרֹב הַכְּרָכִים אַרְבָּעָה אוֹ שְׁלֹשָׁה שֶׁיִּהְיוּ בְּכָל אֶחָד מֵהֶן עֲשָׂרָה צַדִּיקִים לֹא יַעֲשֶׂה מְאוּמָה רָע וְהַצֵּרוּף בָּהֶם מִמֵּילָא מַשְׁמָע לְהָגֵן מִכִּלָּיוֹן חָרוּץ אֲבָל לַמְּעַטִּים אֲפִלּוּ בְּלִי צָרוּף לֹא יַשְׁחִית אֶלָּא יְיַסֵּר. וּבָא חִלּוּף הַפְּעָלִים בַּכְּתוּבִים הָאֵלֶּה עִם מָה שֶׁבֵּאַרְנוּהוּ בְּתַכְלִית הַדִּקְדּוּק. אָמְנָם כְּבָר נִגְזְרָה גְּזֵרָה עֲלֵיהֶם כִּי בָּא עֵת דּוֹדִים לִפְקֹד אֶת שָׂרָה וְהָיְתָה הַכַּוָּנָה לְצָרֵף בְּיִצְחָק אֶת כָּל הָעִסָּה לְפִיכָךְ נִגְמַר דִּינָהּ שֶׁל סְדוֹם תְּחִלָּה. וְאַחֲרֵי שֶׁהֻפְרַשׁ מִיִּצְחָק הַשָּׂעִיר הַמִּשְׁתַּלֵּחַ אֶל אֶרֶץ אַחֶרֶת שֶׁאֵין לוֹ חֵלֶק בְּיִעוּדִים וְלֹא בַּעֲמָלָם רָאָה הַצֶּדֶק הָעֶלְיוֹן שֶׁיְּהֵא זֶרַע יַעֲקֹב סוֹבֵל יְסוּרִין שֶׁל אַהֲבָה וְנִתְפַּס בְּעָוֹן כָּל הַדּוֹרוֹת דֻּגְמַת הַצַּדִּיקִים שֶׁבְּכָל דּוֹר וְהַמָּשִׁיחַ עַצְמוֹ חֳלָיֵנוּ הוּא נָשָׂא וּמַכְאוֹבֵינוּ הוּא סְבָלָם וְעִם זֶה יְקֻיַּם מַאֲמַר וְנִבְרְכוּ בְךָ כָּל מִשְׁפְּחֹת הָאֲדָמָה וּבְזַרְעֶךָ כִּי אֵין הַהַבְרָכָה אֶלָּא הַשְׁפָּלַת הֶעָנָף עַד עֲפַר הָאָרֶץ כְּטַעַם וְנַפְשִׁי כֶּעָפָר לַכֹּל תִּהְיֶה שֶׁהַכֹּל יִמְצְאוּ נַחַת רוּחַ לַעֲשׂוֹת עָנָף וְלָשֵׂאת פֶּרִי בְּהִתְחַבְּרָם אֵלֶיהָ וּמֻבְטָח הוּא הַזֶּרַע הַקָּדוֹשׁ הַזֶּה שֶׁיּוֹצִיא פֶּרַח וְיָצִיץ צִיץ מַטַּע ה' לְהִתְפָּאֵר:

מַאֲמַר חֲקֹר דִּין - חֵלֶק ג פֶּרֶק כ

מְבֹאָר מִזֶּה דְּתַנָּא דְּמַתְנִיתִין דַּוְקָנָא הוּא וְהָכִי קָתָנֵי קִבֵּל עָלָיו שְׂכַר כֻּלָּם לְטוֹב וּלְמוּטָב עָלָיו דַּוְקָא עַל שִׁכְמוֹ שֶׁהִטָּהוּ לִסְבֹּל עֹל הַצֵּרוּף לְכֻלָּם כְּטַעַם יָשֻׁבוּ הֵמָּה אֵלֶיךָ וְאַתָּה לֹא תָשׁוּב אֲלֵיהֶם שֶׁנֶּאֱמַר לְיִרְמְיָהוּ וּכְטַעַם מָגֵן צָרִיךְ בְּיָדֶיךָ כִּי הֲמַסֵּרָם בְּיַד אַבְרָהָם הוּא מְגִנָּם וְהַצָּלָתָם בְּאַחֲרִית הַיָּמִים וְכֵן אֲמַגֶּנְךָ יִשְׂרָאֵל כִּי הַיְסוּרִין הַבָּאִים עָלֵינוּ מֵאִתּוֹ יִתְבָּרַךְ הֵם לָנוּ לְמַחֲסֶה וּלְמִסְתּוֹר מִדִּינָהּ שֶׁל גֵּיהִנֹּם כִּדְכְתִיב וְשַׂמְתִּי פְּקֻדָּתֵךְ שָׁלוֹם הָאָמוּר עַל הַיְסוּרִין שֶׁבְּגוּפוֹ שֶׁל אָדָם וְנוֹגְשַׂיִךְ צְדָקָה עַל מָמוֹנוֹ וְכֵן אָמַר הוֹשֵׁעַ בָּאוּ יְמֵי הַפְּקֻדָּה בָּאוּ יְמֵי הַשִּׁלֻּם כִּי יֵשׁ לוֹקֶה וְיֵשׁ מְשַׁלֵּם. וּכְבָר אָמְרוּ חֲכָמִים כִּי כָּל הַמִּסִּים וְאַרְנוֹנִיּוֹת שֶׁהַמַּלְכִיּוֹת גּוֹבִים מִמֶּנּוּ נֶחֱשָׁבִים לוֹ צְדָקָה רַבָּה לְפִי שֶׁהוּא צָרִיךְ לִתֵּן לָהֶם תַּשְׁלוּם גְּמוּל בָּעוֹלָם הַזֶּה יַעַן נִמְצָא בָּהֶם דָּבָר טוֹב כִּי כָל דְּרָכָיו מִשְׁפָּט. וּצְדָקָה עָשָׂה עִמָּנוּ כִּי עִם זֶה פָּדָאנוּ מֵרֶדֶת שַׁחַת מָצָא כֹפֶר וְלֹא עוֹד אֶלָּא שֶׁיִּתְחַשְּׁבָהּ לָנוּ צְדָקָה אֶצְלוֹ בִּהְיוֹתוֹ פּוֹרֵעַ חוֹבוֹתָיו בְּמָמוֹנֵנוּ וְזֶה אֶחָד מִן הָרְמָזִים הַנֶּחְמָדִים בְּכֶפֶל מִלַּת צְדָקָה שֶׁהִיא בא"ת ב"ש

צְדָקָה אַחֶרֶת וְאֵינָהּ חוֹזֶרֶת רֵיקָם מִן הַמְּקַבֵּל לְנוֹתֵן כְּטַעַם הָאִישׁ אֲשֶׁר עָשִׂיתִי עִמּוֹ נוֹסָף עַל הַגִּימַטְרִיָּא הַמְּפֻרְסֶמֶת כִּי מִי שֶׁאֵין לוֹ אֶלָּא מָאתַיִם זוּז חָסֵר אֶחָד רַשַּׁאי לִטֹּל צְדָקָה אֲפִלּוּ אֶלֶף זוּז בְּבַת אַחַת. וְעוֹד בָּהּ שְׁלִישִׁיָּה כִּי בְּהִצְטָרֵף זְרוֹעַ הַנּוֹתֵן וְיָדוֹ פְּשׁוּטָה בַּעֲלַת חָמֵשׁ אֶצְבָּעוֹת שֶׁהֵן ו"ה וְאִיסָר שֶׁהוּא יו"ד קְטַנָּה לְהִנָּתֵן אֶל יַד הֶעָנִי הוי והי"ה מַעֲשֵׂה הַצְּדָקָה שָׁלוֹם וְהֵן אַרְבַּע אוֹתִיּוֹת הַשֵּׁם הַגָּדוֹל. וְשָׁם בְּמַרְאוֹת בֵּין הַבְּתָרִים נִרְמַז לוֹ לְאַבְרָהָם אָבִינוּ ע"ה סוֹד הַקָּרְבָּנוֹת שֶׁכֵּן בִּגְאֻלַּת מִצְרַיִם נִתְחַנְּכָה כְּהֻנָּה עַל יְדֵי אַהֲרֹן בְּמִלּוּאִים וְעוֹלֵי בָבֶל גַּם כֵּן הִקְרִיבוּ מִלּוּאִים בִּימֵי עֶזְרָא וַעֲתִידִים מִלּוּאִים לִקְרֵב בַּחֲנֻכַּת הַבַּיִת הַשְּׁלִישִׁי בִּמְהֵרָה בְיָמֵינוּ עַל יְדֵי כֹּהֵן צֶדֶק שֶׁנִּזְכְּרוּ רַבּוֹתֵינוּ בְּמַסֶּכֶת סֻכָּה מִכְּלַל אַרְבָּעָה חֲרָשִׁים שֶׁרָאָה זְכַרְיָהוּ וְהוּא מִן הַכֹּהֲנִים מִזֶּרַע אַהֲרֹן כְּמוֹ עֶזְרָא אַף עַל פִּי שֶׁאֲחֵרִים לֹא פֵּרְשׁוּ כֵן וּלְעוֹלָם כְּהֻנָּה מְחַזֶּרֶת עַל אַכְסַנְיָא שֶׁלָּהּ וְלֹא עָלָה עֶזְרָא מִבָּבֶל עַד שֶׁיִּחֵס עַצְמוֹ וְעָלָה דּוֹק בְּקָרָאֵי כָּרוּךְ וּתְנִי וְתִשְׁכַּח מַרְגָּנִיתָא וּמַאֲמָר הֲלֹא אַהֲרֹן אָחִיךָ הַלֵּךְ פֵּרֵשׁ בּוֹ בֶּן פַּרְחִי רַבּוֹ וְתַלְמִידוֹ שֶׁל הר"ר שְׁלֹמֹה מַלְכּוֹ כִּי נִתְקַיֵּם בִּשְׁמוּאֵל הָרָמָתִי וּלְפִי זֶה הֻשְׁלְמָה שְׁאֵלַת אִמּוֹ בְּאָמְרָהּ וְנָתַתָּה לַאֲמָתְךָ זֶרַע אֲנָשִׁים שֶׁהוּא זֶרַע לְהַעֲמִיד שְׁנֵי אֲנָשִׁים כִּי הָא דְּתַנְיָא אִישִׁי כֹּהֵן גָּדוֹל. וְהָיוּ הָעֲגָלָה וְהָעֵז וְהָאַיִל מְשֻׁלָּשִׁים לְהַשְׁוָאַת הַכַּוָּנָה וְהַתַּכְלִית בַּמִּלּוּאִים הָאֵלֶּה זֶה שָׁלֹשׁ רְגָלִים שֶׁיִּמַּלֵּא כְבוֹד ה' אֶת בֵּית ה' וִיבַתֵּר אוֹתָם בְּתוֹךְ שֶׁכָּל הַקָּרְבָּנוֹת מְגַמָּתָם וְתַכְלִיתָם בָּעוֹלָם הַזֶּה לְהַצִּיל הַמַּקְרִיבָם מִדִּינָהּ שֶׁל גֵּיהִנֹּם וּכְשֵׁם שֶׁאֵין גֵּיהִנֹּם לֶעָתִיד לָבֹא כָּךְ כָּל הַקָּרְבָּנוֹת בְּטֵלִים בְּאוֹתוֹ זְמַן אֶלָּא זִבְחֵי תּוֹדָה. הַדְרָן לְכוּר הַבַּרְזֶל שֶׁקִּבֵּל עָלָיו אַבְרָהָם אָבִינוּ ע"ה לְצָרֵף בּוֹ כָּל הַנְּשָׁמוֹת הַנִּדָּחוֹת וּלְקַבֵּל הוּא לְבַדּוֹ שְׂכַר מִצְוָה שֶׁשְּׂכָרָהּ בְּאֶמֶת הַתּוֹרָה וְהַמִּצְוֹת לֹא זוּלַת:

מַאֲמַר חֵקֶר דִּין - חֵלֶק ג פֶּרֶק כא

עַתָּה יֵבוֹשׁ יַעֲקֹב בִּרְאוֹתוֹ יְלָדָיו גּוֹלִים לְמִצְרַיִם שֶׁהִיא מִצְרָנִית לְאֶרֶץ יִשְׂרָאֵל כִּי יָרְדָה שְׁכִינָה עִמָּהֶם לְהַפְרִיחַ בֵּין הַחוֹחִים שׁוֹשַׁנָּה זוֹ מַטֵּה שְׁלֹמֹה וּלְקַבֵּץ אֵלֶיהָ נִדְחֵי יִשְׂרָאֵל הֲלֹא הֵמָּה נִיצוֹצוֹת הַקְּדוֹשָׁה שֶׁנִּשְׁאֲרוּ עַד אָז עִם נָחָשׁ בִּכְפִיפָה וְעַל יְדֵי כּוּר הַבַּרְזֶל נִסְפְּחוּ עַל בֵּית יַעֲקֹב מֵהַנִּלְוִים עֲלֵיהֶם בְּשֶׁכְּבָר מֵאֲשֶׁר קֻמְּטוּ וְלֹא עֵת וְחָזְרוּ וְנִדּוֹנוּ בְּדוּגְמֶטְרִין רִאשׁוֹנָה בִּגְזֵרַת הַיְאוֹר וְהַנָּפוֹץ לְלָבוֹן הַלְּבֵנִים כְּמוֹ שֶׁעוֹד נַזְכִּיר אֶלָּא שֶׁבְּמַבּוּל וּבְפַלָּגָה נִכְבֵּית גַּחַלְתָּם בְּלֹא תְּשׁוּבָה וְכָאן פַּרְעֹה הִקְרִיבָם לַאֲבִיהֶם שֶׁבַּשָּׁמַיִם וּמִי שֶׁנִּמְצָא שָׁם וְלֹא הָיָה רָאוּי לִיגָּאֵל מֵת מִתּוֹךְ תְּשׁוּבָה וּצְעָקָה שֶׁהֵן מוֹעִילוֹת עַד דִּכְדּוּכָהּ שֶׁל נֶפֶשׁ. וְכֵן בִּימֵי אֲפֵלָה שֶׁמֵּתוּ רַבִּים מִן הַפּוֹשְׁעִים שֶׁבָּנוּ כְּתִיב וּלְכָל בְּנֵי יִשְׂרָאֵל הָיָה אוֹר בְּמוֹשְׁבֹתָם וּבָא הָרִבּוּי לְהוֹרוֹת כִּי אֲפִלּוּ הַבִּלְתִּי רְאוּיִם לִיגָּאֵל כֵּיוָן

שֶׁמֵּתוּ מִתּוֹךְ תְּשׁוּבָה כְּדַאֲמָרָן הָיָה לָהֶם אוֹר בְּמוֹשְׁבוֹתָם בְּגַן עֵדֶן אִישׁ לֹא נֶעְדַּר. אוֹ יְפֹרַשׁ בְּמוֹשְׁבוֹתָם כִּי הָרְאוּיִים לְהִתְיַשֵּׁב וּלְהִגָּאֵל הָיָה לָהֶם אוֹר וְהֵם שֵׁשׁ מֵאוֹת אֶלֶף שֶׁקִּרְבָם הַמָּקוֹם לִפְנֵי הַר סִינַי וְאָז רָאָה וַיַּתֵּר לְכָל זוּלָתָם שֶׁבַע מִצְוֹת כְּלָלִיּוֹת וּפְרָטָן שְׁלֹשִׁים כִּדְאִיתָא בְּפֶרֶק גִּיד הַנָּשֶׁה וְאֵלּוּ הֵן:

רִאשׁוֹנָה עֲבוֹדַת אֱלִילִים וְנִטְפָּלוֹת אֵלֶיהָ מַעֲבִיר בָּאֵשׁ קוֹסֵם מְעוֹנֵן מְנַחֵשׁ וּמְכַשֵּׁף חֹבֵר חָבֶר אוֹב יִדְּעוֹנִי דּוֹרֵשׁ אֶל הַמֵּתִים. כְּרַבִּי יוֹסֵי דְּאָמַר כָּל הָאָמוּר בְּפָרָשַׁת מְכַשֵּׁף בֶּן נֹחַ מֻזְהָר עָלָיו. הֲרֵי עֶשֶׂר מִצְוֹת.

שֵׁנִית גִּלּוּי עֲרָיוֹת וְנִטְפָּלוֹת אֵלֶיהָ פְּרוּ אַחַת וּרְבוּ שְׁתַּיִם בְּמִצְוַת עֲשֵׂה וְאִסּוּר הַזָּכוּר אֲפִלּוּ יַחְדּוּ בִּכְתוּבָה וְכִלְאֵי בְּהֵמָה וְהַסֵּרוּס וְהַרְכָּבַת אִילָן הֲרֵי שֶׁבַע עַיִן בְּסָמוּךְ.

שְׁלִישִׁית שְׁפִיכוּת דָּמִים וְסוֹטֵר לוֹעוֹ שֶׁל יִשְׂרָאֵל טְפֵלָה אֵלֶיהָ הֲרֵי שְׁתַּיִם.

רְבִיעִית בִּרְכַּת ה' וּכְבוֹד הַתּוֹרָה טְפֵלָה אֵלֶיהָ וְכֵן לַעֲסֹק בַּתּוֹרָה שֶׁנִּתְּנָה לָהֶם שֶׁבֶּן נֹחַ הָעוֹסֵק בָּהּ הֲרֵי הוּא כְּכֹהֵן גָּדוֹל הֲרֵי שָׁלֹשׁ.

חֲמִישִׁית גָּזֵל וְשֶׁלֹּא לַעֲסֹק בַּתּוֹרָה מוֹרָשָׁה אֵלֵינוּ טְפֵלָה אֵלֶיהָ הֲרֵי שְׁתַּיִם.

שִׁשִּׁית הַדִּינִין לְיִשּׁוּבוֹ שֶׁל עוֹלָם וְלֹא יִשְׁבֹּתוּ טְפֵלָה אֵלֶיהָ הֲרֵי שְׁתַּיִם.

שְׁבִיעִית אֵבֶר מִן הַחַי וְנִטְפָּלוֹת אֵלֶיהָ דָּם מִן הַחַי וּנְבֵלָה וּבְשַׂר הַמֵּת.

הֲרֵי אַרְבַּע מִסְפַּר כֻּלָּן שְׁלֹשִׁים אַף עַל פִּי שֶׁפְּרוּ וּרְבוּ מִצְוָה אַחַת הִיא אֵלֵינוּ בְּמִסְפַּר תרי"ג לֹא יִקְשֶׁה לָמָּה נֶחְלְקָה בְּזֶה לִשְׁתַּיִם כִּי אֵין לְמֵדִין מִתּוֹרַת מֹשֶׁה רַבֵּנוּ לְתוֹרַת בְּנֵי נֹחַ אִי נָמֵי לְעוֹלָם פְּרוּ וּרְבוּ אַחַת תֵּחָשֵׁב לָנוּ וְלָהֶם וּמִצְוֹת דִּינִין הִיא שֶׁנֶּחְלְקָה לִשְׁתַּיִם וְהֵן עֲשֵׂה וְלֹא תַעֲשֶׂה כִּדְאִיתָא בַּגְּמָרָא וּפֵרֵשׁ רַשִׁ"י עֲשֵׂה מִשְׁפָּט וְלֹא תַעֲשֶׂה עַל וְהַקָּרְבָּנוֹת לְכָל הַדּוֹרוֹת הָרִאשׁוֹנִים הָיוּ כְּמוֹ שֶׁאֵינוֹ מְצֻוֶּה וְעוֹשֶׂה כָּךְ נִרְאֶה לִי לְקַיֵּם כָּל דִּבְרֵי חֲכָמִים וְכָל אֵלֶּה נִשְׁנוּ בְּפֶרֶק אַרְבַּע מִיתוֹת בַּר מִתְּלָת דְּאִיתַנְהוּ בְּפֶרֶק גִּיד הַנָּשֶׁה וְאַתְיָא שְׁמַעְתִּין כְּכֻלְּהוּ תַּנָּאֵי וְכֻלְּהוּ אָמוֹרָאֵי דְּמַר אָמַר חֲדָא וּמַר אָמַר חֲדָא וְלֹא פְּלִיגֵי וְהָנֵי תְּלָת דְּקָאָמְרָן הַיְינוּ זָכוּר וּבְשַׂר אָדָם וּכְבוֹד תּוֹרָה וְאִיכָּא נָמֵי בְּשַׂר נְבֵלָה דְּמַתְנִינַן לָהּ בִּפְסִיקְתָּא לְהָדְיָא מִדִּכְתִיב כָּל רֶמֶשׂ אֲשֶׁר הוּא חַי לְאַפּוּקֵי נְבֵלָה דְּהַיְנוּ שֶׁמֵּתָה מֵאֵלֶיהָ וְשֶׁלֹּא כְּדִבְרֵי הַתּוֹסָפוֹת בְּפֶרֶק אַרְבַּע מִיתוֹת שֶׁאָמְרוּ דִּבְכִי הַאי גַּוְנָא הֻתְּרָה לְאָדָם הָרִאשׁוֹן מִדִּכְתִיב אָכֹל תֹּאכֵל וְלֹא אֵבֶר מִן הַחַי דִּכְלָלָהּ עָלְמָא מִיהַת לֹא הֻתַּר לוֹ לְהָמִית בְּהֵמָה חַיָּה וָעוֹף לֶאֱכֹל בָּשָׂר אַלְמָא הֻתַּר לְהָמִית לִרְפוּאָה אוֹ לֵהָנוֹת מֵעוֹרָן וַהֲדַר אִשְׁתְּרֵי בִּבְשָׂרָן וְהָא דְּאָמְרִינַן גַּבֵּי רָאָה וַיַּתֵּר לֹא תִּדּוֹק מִינֵּיהּ שֶׁיִּהְיֶה מֻתָּר לָנוּ לְהַחֲטִיא אָדָם בִּדְבַר דְּהָא תַּנְיָא לֹא יוֹשִׁיט אָדָם אֵבֶר מִן הַחַי לְבֶן נֹחַ וּבְפֵרוּשׁ אָמְרָה תּוֹרָה לַכֶּלֶב תַּשְׁלִיכוּן אוֹתוֹ אֶלָּא הֻתְּרוּ לָהֶם וַעֲתִידִים לִתֵּן אֶת הַדִּין כְּמִי שֶׁעָבַר וְשָׁנָה בֵּאַרְנוּהוּ בְּפֶרֶק י"ד אִי נָמֵי הֻתְּרוּ לָהֶם

שֶׁאֲפִלּוּ קִיְּמוּ אוֹתָן אֵין לָהֶם מַתַּן שָׂכָר אֶלָּא כְּמִי שֶׁאֵינוֹ מְצֻוֶּה וְעוֹשֶׂה כִּי אֵין עוֹד נְשָׁמוֹת נִדְחוֹת שֶׁבִּשְׁבִילָן מֵעִקָּרָא חָשַׁב מַחֲשָׁבוֹת שֶׁלֹּא לְשֶׁהוּתָן בְּלֹא תּוֹרָה אֲפִלּוּ שָׁעָה אַחַת:

מַאֲמָר חֲקֹר דִּין - חֵלֶק ג פֶּרֶק כב

בְּצֵאת יִשְׂרָאֵל מִמִּצְרַיִם מִכּוּר הַבַּרְזֶל כָּאָמוּר מִיָּד נַעֲשִׂינוּ מַמְלֶכֶת כֹּהֲנִים וְזָכִינוּ לַדְּגָלִים שֶׁהֵם דֻּגְמָא מַמָּשׁ לְמַחֲנֶה שְׁכִינָה וּכְתִיב כֵּן חָנוּ לְדִגְלֵיהֶם וְכֵן נָסָעוּ כִּי הָיוּ הַמַּסָּעוֹת מ"ב שֶׁכְּנֶגְדָּן לְמַעְלָה תּוֹצְאוֹת חַיִּים לְבָאֵי הָאָרֶץ הָעֶלְיוֹנָה לִירוּשָׁלַיִם הַבְּנוּיָה בַּמָּרוֹם. וְעַל זֶה נֶאֱמַר וַיִּכְתֹּב מֹשֶׁה אֶת מוֹצָאֵיהֶם לְמַסְעֵיהֶם עַל פִּי ה' אָמַר כִּי הַכְּתִיבָה בְּעֶצֶם וְרִאשׁוֹנָה הָיְתָה לַפֵּרוּשׁ שֶׁהֵם סִבָּה אֲמִתִּית לְמַסְּעֵיהֶם בְּכִוּוּן מֻפְלָא וְאֵלֶּה מַסְּעֵיהֶם לְמוֹצָאֵיהֶם שֶׁגַּם הֵמָּה כֻּוְּנוּ הַמַּסָּעוֹת מוּל הַמּוֹצָאוֹת וְדֻגְמָתָן וְשָׁב הַכָּתוּב הַזֶּה יָפֶה אַף נָעִים בְּכֶפֶל וּבְהִפּוּךְ. וְהֻקַּשׁ לָנוּ בּוֹ לְכָל הַתּוֹרָה שֶׁמְּדַבֶּרֶת בְּעֶצֶם בָּעֶלְיוֹנִים וְרוֹמְזוֹת בְּשֵׁנִיּוֹת בַּתַּחְתּוֹנִים אַף עַל פִּי שֶׁהָרַמְבָּ"ן בְּפָרָשַׁת בְּרֵאשִׁית לֹא כָּתַב כֵּן כִּי נִמְשַׁךְ אַחַר הַמַּאֲמָר הַמְפֻרְסָם דִּבְּרָה תּוֹרָה כִּלְשׁוֹן בְּנֵי אָדָם אַף אָנוּ נֹאמַר דְּבָרוֹ בְּנֵי אָדָם כִּלְשׁוֹן הַתּוֹרָה וְהַכֹּל אֱמֶת עַל אֹזֶן שׁוֹמַעַת. וְרָאוּי הָיָה שֶׁלֹּא לְקַבֵּל עוֹד בִּיצִיאַת מִצְרַיִם לְקַיֵּם ה' בָּדָד יַנְחֶנּוּ וְאִם הֵמָּה מִתְגַּיְּרִים מֵאֲלֵיהֶם דְּאַסְקְנַן בְּמַסֶּכֶת יְבָמוֹת דִּבְדִיעֲבַד אֲפִלּוּ טַבְלָה לְנִדָּתָהּ אוֹ טָבַל לְקִרְיוֹ לְמִי שֶׁאֵינוֹ מְחֻסָּר אֶלָּא טְבִילָה מַהֲנֵי אַף עַל גַּב דִּלְכַתְּחִלָּה בְּעֵינָן טְבִילָה בְּאַפֵּי תְּלָתָא אֲנַן נַעֲבִיד לְהוֹ תַּקַּנְתָּא לְמֵסַב בַּר מִנַּיְהוּ בַּת הַנְּתִינִים וְעַבְדֵי שְׁלֹמֹה דְּהָא בִּימֵי דָּוִד וּשְׁלֹמֹה נָמֵי לֹא הָיוּ מְקַבְּלִים גֵּרִים וְאִיגַּיְּירוּ מֵאָה וַחֲמִשִּׁים אֶלֶף מֵאֲלֵיהֶם וְגָזְרוּ עֲלֵיהֶם שֶׁלֹּא יָבֹאוּ בַּקָּהָל לָנוּ וְכֵן יִהְיֶה לִימוֹת מְשִׁיחֵנוּ אִם רַבִּים מֵעַמֵּי הָאָרֶץ יִהְיוּ מִתְיַהֲדִים אַךְ בִּקֵּשׁ מֹשֶׁה לְהַפְסִיק הַזֻּהֲמָא מֵעֵרֶב רַב עָלָה אִתָּנוּ לְפִיכָךְ קִבְּלָם וּמָל אוֹתָם וְרֻבָּם נִסְפְּחוּ עַל שֵׁבֶט שִׁמְעוֹן וַיַּחְשְׁבָהּ לוֹ צְדָקָה כֵּיוָן שֶׁעֲדַיִן לֹא נִתְּנָה תּוֹרָה אַף הוּא הֶחֱיָה אֶת מִיכָה כְּמוֹ שֶׁנַּזְכִּיר בְּסָמוּךְ וּלְפִי שֶׁהֶעֱבִיר בְּיָם צָרָה וְכִבְיָכוֹל קָצַר הַמַּצָּע מֵהִשְׂתָּרֵר עָלָיו שְׁנֵי רֵעִים הָיוּ מֹשֶׁה וּבְנֵי יִשְׂרָאֵל כִּבְדֵי שָׂפָה בְּסוֹף שִׁירַת הַיָּם בְּאָמְרָם ה' יִמְלֹךְ לְעֹלָם וָעֶד וְלֹא אָמְרוּ ה' מֶלֶךְ כִּי מִתְּנָאֵי הַמְּלוּכָה הָאֲמִתִּית הוּא אָבְדַן כָּל מְעַרְעֵר וּמְקַטְרֵג כְּמוֹ שֶׁיִּהְיֶה בְּאַחֲרִית הַיָּמִים וְהַשְׁתָּא מִיהַת לֹא אִסְתַּיְּעָא מִלְּתָא אַדְּרַבָּא נִסְפְּחוּ אֵלֶּה בְּעִרְבּוּבְיָא עָלֵינוּ עַד שֶׁהֶחֱטִיאוּ אוֹתָנוּ וְגָבְרָה הַקָּטֵגוֹרְיָא כִּי שָׁבוּ הָאֱלִילִים כְּהֶתֵּר וְנִגְזְרָה הַמִּדָּה כְּנֶגֶד מִדָּה לַהֲבִיאֵנוּ אֶל הַמָּקוֹם הַזֶּה נוֹטְרִים כְּרָמִים בְּטָהֳרָה עַד יְרַחֲמֵנוּ עֹשֵׂנוּ. בָּא וּרְאֵה כַּמָּה הֶעָוֹן גּוֹרֵם שֶׁאִלְמָלֵא חָטָאנוּ בָּעֵגֶל לֹא נֶחְלְקָה מַלְכוּת בֵּית דָּוִד וְלֹא תָּעִינוּ אַחֲרֵי חַטֹּאות יָרָבְעָם שֶׁבִּשְׁבִילָם גָּלִינוּ מֵאַרְצֵנוּ וְנוּטַל כָּבוֹד מִבֵּית חַיֵּינוּ. וְכָאן הַבֵּן שׁוֹאֵל אִלְמָלֵא אֵרַע כָּךְ

בְּמָה הָיְתָה מִתְקַיֶּמֶת מַרְאָה בֵּין הַבְּתָרִים דִּכְתִיב בָּהּ אֵימָה חֲשֵׁכָה גְדֹלָה נֹפֶלֶת עָלָיו וְדָרְשׁוּ חֲכָמִים אַרְבַּע מַלְכֻיּוֹת מַד' תֵּבוֹת אֵלֶּה וְאַל תְּשִׁיבֵנִי מֵהֱיוֹתוֹ יִתְבָּרַךְ נוֹרָא עֲלִילָה כִּי אֵין זֶה מַסְפִּיק לִמְבִינֵי מַדָּע אֶלָּא וַדַּאי הַכֹּל נֶאֱמַר עַל גָּלוּת מִצְרַיִם אֵימָה בְּצֵרוּף דּוֹר אֱנוֹשׁ כִּי בְּיָמָיו הֵצִיף אוֹקְיָינוֹס שְׁלִישׁ הָעוֹלָם חֲשֵׁכָה בְּדוֹר הַמַּבּוּל שֶׁלֹּא שִׁמְּשׁוּ בּוֹ הַמְּאוֹרוֹת גְּדוֹלָה זוֹ הַפְּלָגָה שֶׁגָּדַל הַמֶּרֶד בְּבִנְיַן הַמִּגְדָּל נוֹפֶלֶת זוֹ מַהְפֵּכַת סְדוֹם עָלָיו בִּגְבוּל נַחֲלָתוֹ שֶׁהוּא מֶלֶךְ גָּדוֹל מֵאֶרֶץ יִשְׂרָאֵל וַאֲנַחְנוּ עֲוֹנוֹתֵיהֶם סָבַלְנוּ כִּי הַדּוֹרוֹת הָרִאשׁוֹנִים גָּרְמוּ לָנוּ גְּזֵרַת הַיְאוֹרָה תַּשְׁלִיכוּהוּ שֶׁנִּתְקַיְּמָה בְּמֹשֶׁה כָּל הַבֵּן הַיִּלּוֹד שֶׁהוּא שָׁקוּל כְּכָל יִשְׂרָאֵל וְעָלְתָה הָיָה לוֹ מַאֲסַר הַתֵּבָה כְּאִלּוּ שֶׁמֶשׁ יָרֵחַ קָדְרוּ וּכְאִלּוּ הֻכָּה בַּסַּנְוֵרִים כְּאַנְשֵׁי סְדוֹם וַתַּחְמְרָה אִמּוֹ בְּחֵמָר וּבַזָּפֶת לְטַהֵר אֶת הַחֹמֶר שֶׁהָיָה לָהֶם לַחֹמֶר לְבוֹנֵי הַמִּגְדָּל וְהַזֶּפֶת מַבְעִיר כִּבְשׁוֹנוֹת לִשְׂרֵפַת הַלְּבֵנָה לְאֶבֶן וְתַחַת בִּלְבּוּל לְשׁוֹנָם הֻצְרַךְ מֹשֶׁה רַבֵּנוּ ע"ה לִהְיוֹת כְּבַד פֶּה וּכְבַד לָשׁוֹן וְיָדוּעַ מִמְּעוּט פֻּרְעָנוּת שֶׁל דּוֹר הַפְּלָגָה בְּעֵרֶךְ לְגֹדֶל עֲוֹנָם כִּי הֵמָּה פָּשְׁטוּ יְדֵיהֶם בַּזְּבוּל הָעֶלְיוֹן אֶלָּא שֶׁהָיוּ שָׂפָה אַחַת חֲבוּר עֲצַבִּים עַל כֵּן לֹא שָׁלַח יָדוֹ בְּגוּפוֹתָם וְעוֹד כִּי קָרוֹב עוֹנָם שֶׁהָיָה בִּשְׁנַת מ"ח לְאַבְרָהָם אָבִינוּ ע"ה וְאָז הֻשְׁלְמָה הַכָּרָתוֹ אֶת בּוֹרְאוֹ אַף עַל פִּי שֶׁהִתְחִיל לַחְקֹר בָּהּ בְּעִיּוּנוֹ וְהוּא בֶּן ג' שָׁנִים. וּלְפִיכָךְ כָּבֵד עָלֵינוּ עָנְשָׁם וְהֻצְרַכְנוּ לִסְבֹּל בִּשְׁבִילָם עֲבוֹדַת פֶּרֶךְ בְּחֹמֶר וּבִלְבֵנִים וּלְהִתְמַעֵךְ קְצָתוֹ בִּדְימוֹסֵי בִּנְיָן וּמִיכָה שֶׁנִּצּוֹל בְּמִצְרַיִם מִדִּין הַפְּלָגָה לְשִׂכִּים בְּעֵינֵינוּ וְלִצְנִינִים בְּצִדֵּנוּ פַּלְגָּה עָשָׂה בְּמַלְכוּת שָׁמַיִם וּבְמַלְכוּת בֵּית דָּוִד כִּי הָא דְּאָמוּר רַבָּנָן תַּנָּא הוּא מִיכָה הוּא נְבָט הוּא שֶׁבַע בֶּן בִּכְרִי וְגָרַם לָנוּ וּלְבָנֵינוּ הַנָּפוֹץ וּבְמִצְרַיִם כְּתִיב וַיָּפֶץ הָעָם וּמֹשֶׁה שֶׁהִצִּילוֹ נֶעֱנַשׁ לִהְיוֹת בֶּן בְּנוֹ תּוֹעֶה אֶצְלוֹ וְהָיָה עֲשָׁנוֹ מִתְעָרֵב עִם עֲשַׁן שיל"ה בְּגֵימַטְרִיָּא מֹשֶׁה וְהוּא בְּגֵימַטְרִיָּא אֱלֹהִים אֲחֵרִים לְאִכְפַּיָּה לָן וְהַיְינוּ חרו"ן א"ף כְּמִסְפַּר מש"ה שֶׁכֵּן קִבְרוֹ שֶׁל מֹשֶׁה מַשְׁקִיעַ אֶת פְּעוֹר בְּגֵימַטְרִיָּא מֹשֶׁה וַעֲשְׁתֵּי עֶשְׂרֵה קְלִפִּין שֶׁזָּכַרְנוּ בְּמַאֲמַר הַנֶּפֶשׁ וְהוּא מַשְׁקִיעַ גַּם כֵּן אַף וְחֵמָה הַנִּלְוִים אֵלָיו כְּדִבְרֵי רַבּוֹתֵינוּ. וְהַלֵּוִי הַזֶּה כֹּהֵן לְמִיכָה הָיָה בֶּן גֵּרְשֹׁם שֶׁשִּׁעְבְּדוֹ אָבִיו בִּתְנַאי כְּתוּבָה לַעֲבוֹדָה שֶׁהִיא זָרָה לוֹ כִּדְפִתֵּר לָהּ דָּוִד לִשְׁבוּאֵל כִּי צָפָה הֱיוֹת יִתְרוֹ עָתִיד לְהִתְגַּיֵּר תְּחִלָּה וְלֹא יָנוּחַ שֵׁבֶט הָרֶשַׁע עַל גּוֹרַל הַצַּדִּיקִים מִיהוּ בְּרִית כְּרוּתָה לַשְּׂפָתַיִם וּסְבִיבָיו נִשְׂעֲרָה מְאֹד וְהָיָה גֵּרְשֹׁם מְמֻרְאֶה מָתְנָיו וּלְמַעְלָה י לְפִיכָךְ כְּשֶׁנָּטָה לְחוּץ פָּגַע בֶּאֱלֹהִים אֲחֵרִים וּכְשֶׁחָזַר וְנִתַּקֵּן שָׁרְתָה עָלָיו שְׁכִינָה וֶאֱלִיעֶזֶר מְמֻרְאֶה מָתְנָיו וּלְמַטָּה. וּכְבָר רָמַזְנוּ מִזֶּה בִּשְׁנֵיהֶם בַּחֵלֶק הָרִאשׁוֹן פֶּרֶק כ"ג וּבְחֵלֶק הַשֵּׁנִי פֶּרֶק ט"ו. הַדְרָן לְצֵרוּף אֲבוֹתֵינוּ בְּמִצְרַיִם כִּי אַנְשֵׁי סְדוֹם לְקָרְבַת זְמַנָּם וֶהֱיוֹתָם מִגְּבוּל אַרְצֵנוּ כָּבְדָה יָדָם עָלֵינוּ וּמֵתוּ מִנַּיִן רַב מִפּוֹשְׁעֵי יִשְׂרָאֵל בִּשְׁלֹשֶׁת יְמֵי אֲפֵלָה הֲדָא הוּא דִכְתִיב נוֹפֶלֶת עָלָיו דַּוְקָא וְהָכִי דַּיֵּק תַּנָּא דְּאָבוֹת דְּקָתַנֵי וְקִבֵּל עָלָיו שְׂכַר

כֻּלָּם עָלָיו דַּוְקָא כְּאָמוּר וּמִי שֶׁלֹּא הֵבִין אֶת זֹאת שִׁבֵּשׁ אֶת הַגִּרְסָא וְהָאֱמֶת מָה שֶׁבֵּאַרְנוּהוּ:

סְלִיק חֵלֶק שְׁלִישִׁי

מַאֲמַר חֲקֹר דִּין - חֵלֶק ד פֶּרֶק א

הַצֶּלֶם וְהַדְּמוּת מַעֲלוֹת טוֹבוֹת לַמָּקוֹם עָלֵינוּ לְצַדִּיקִים גְּמוּרִים וּלְבַעֲלֵי תְּשׁוּבָה שֶׁמֵּהֶן זָכִינוּ לְהִמָּנוֹת לְפָנָיו אִם כְּבָנִים אִם כַּעֲבָדִים וְהוּא טַעַם גֵּרִים וְתוֹשָׁבִים אַתֶּם עִמָּדִי כִּי ה' הוּא הָאֱלֹהִים וְהַיְדִיעָה הִיא הַבְּחִירָה וְהַלִּמּוּד הוּא הַמַּעֲשֶׂה וּכְבָר אָמְרוּ חֲכָמִים בְּמָקוֹם שֶׁבַּעֲלֵי תְשׁוּבָה עוֹמְדִים אֵין צַדִּיקִים גְּמוּרִים יְכוֹלִים לַעֲמֹד. וְיֵשׁ אָמְנָם בַּדְּבָרִים הָאֵלֶּה מְלִיצָה לְחַבֵּב מַדְרֵגָתָם בְּעֵינֵיהֶם וְאָתְיָא לְקוּשְׁטָא דְּמִלְּתָא כִּי הָא דְּתַנִּינָן טַהֲרַת הַקֹּדֶשׁ מִדְרָס לְחַטָּאת אַף עַל פִּי שֶׁטְּבוּל יוֹם פּוֹסֵל בִּתְרוּמָה וְקָדָשִׁים דְּבַר תּוֹרָה וּפָרַת חַטָּאת הָיוּ כָּל מַעֲשֶׂיהָ בְּכֹהֵן וּבְכֵלִים טְבוּלֵי יוֹם. וְכֵן שְׁלָמָא מִן שְׁמַיָּא בְּרֵישָׁא לְרָחוֹק וְהָדַר לְקָרוֹב דִּינָא הוּי כְּטַעַם וְלֹא אַבָא בָּעִיר וְדָרְשׁוּ שֶׁלֹּא יִכָּנֵס בִּירוּשָׁלַיִם שֶׁל מַעְלָה תְּחִלָּה וְכֵן יְכוֹלָה שְׁכִינָה שֶׁתֹּאמַר לְהַקָּדוֹשׁ בָּרוּךְ הוּא אֵינִי נְזוֹנִית לְמַעְלָה כֵּיוָן שֶׁאֵינִי עוֹשֶׂה תִּקּוּן לְמַטָּה בְּשָׁעָה שֶׁאֵין הַדּוֹר רָאוּי לְכָךְ וּלְעוֹלָם עִקַּר שְׁכִנָּה בַּתַּחְתּוֹנִים לְהַשְׁכִּין עֶלְיוֹנִים בְּאָהֳלֵיהֶם. וּמִכָּל מָקוֹם גַּם זֶה לָנוּ מִשְּׁלֵמוּת הַתּוֹרָה וַאֲמִתָּתָהּ שֶׁכָּל מְלִיצוֹתֶיהָ אֱמֶת לְפִי פְּשׁוּטָן כְּמוֹ שֶׁבֵּאַרְנוּ לְמַעְלָה וְטַעְמָא דְּהָכָא הוּא שֶׁאֵין בַּעֲלֵי תְשׁוּבָה מַאֲמִינִים בְּעַצְמָם עַד יוֹם מוֹתָם וְנִשְׁמָרִים מְאֹד לְנַפְשׁוֹתָם. אֱמֶת דְּגַבֵּי צַדִּיקִים גְּמוּרִים כְּתִיב לֹא יְאֻנֶּה לַצַּדִּיק כָּל אָוֶן דַּוְקָא הַפּוֹעַל הַזֶּה הַנִּגְזָר מִן הַשֵּׁם וְהַבְטָחָה גְּדוֹלָה הִיא זוֹ שֶׁלֹּא יָבֹא לְיָדוֹ דְּבַר עֲבֵרָה דְּמֵהֵיכָא תֵּתִי כֵּיוָן שֶׁהוּא מִתְהַלֵּךְ בְּתֻמּוֹ צַדִּיק לֹא יַחֲשֹׁב וְלֹא יְהַרְהֵר בְּשׁוּם דָּבָר רַע אַדְּרַבָּה הוּא פּוֹרֵשׁ וּמִתְרַחֵק הַרְבֵּה מִשַּׁעֲרֵי הַהֶתֵּר שֶׁלֹּא לִיגַּע אֲפִלּוּ כְּחוּט הַשַּׂעֲרָה בְּאֶחָד מִשַּׁעֲרֵי הָאִסּוּר וְהָכִי אַשְׁכְּחָן בִּיחֶזְקֵאל דָּהוּהַ מִשְׁתַּבַּח וְאָזִיל בְּנַפְשֵׁיהּ שֶׁלֹּא אָכַל נְבֵלָה וְטְרֵפָה. וּבָא לִפְטֹר עִם זֶה מִמִּצְוָתוֹ יִתְבָּרֵךְ שֶׁאָמַר לוֹ לְעוֹג עוּגַת שְׂעוֹרִים בְּגֶלְלֵי צוֹאַת הָאָדָם וְכַאֲשֶׁר הֶחֱלִיפָה בִּצְפִיעֵי הַבָּקָר סָבַר וְקִבֵּיל אַךְ לֹא מֵאֲמִינוּת הַדַּעַת אֶלָּא מֵהַרְחָקָה הַדּוֹמָה לְכָעוּר וְכָךְ אָמַר יְחֶזְקֵאל רִבּוֹנוֹ שֶׁל עוֹלָם גָּלוּי וְיָדוּעַ לְפָנֶיךָ שֶׁאַנְשֵׁי דוֹרִי אוֹכְלִים נְבֵלוֹת וּטְרֵפוֹת שְׁקָצִים וּרְמָשִׂים כְּמוֹ שֶׁבָּא בְּפֶרֶק חֵלֶק וְהֵם נַעֲשִׂים צוֹאַת הָאָדָם וְאַף עַל גַּב דְּפָקַע אִסּוּרַיְהוּ וּפְרָשָׁא בְּעָלְמָא נִנְהוּ מִכָּל מָקוֹם כְּשֵׁם שֶׁנִּזְהַרְתִּי מִבְּהֵמוֹת כּוֹס כּוֹס הַקְּרוֹבָה לִהְיוֹת נְבֵלָה כָּךְ אֶזָּהֵר מִן הַגְּלָלִים הַבָּאִים מִן הַנְּבֵלָה וְשָׂמַח מִצְּפִיעֵי הַבָּקָר הַבָּאִים מִיֶּרֶק עֵשֶׂב. וְאִישׁ אֲשֶׁר כָּמוֹהוּ אֵין סָפֵק שֶׁהַמִּצְוֹת הַבָּאוֹת עַל יָדוֹ הֵן בְּתַכְלִית הַשְּׁלֵמוּת בְּתֹם לֵבָב וּבְנִקְיוֹן כַּפַּיִם וּבוֹחֵן לְבָבוֹת וּכְלָיוֹת הוּא לְבַדּוֹ צוֹפֶה וּמַבִּיט בְּמַעֲלָתָם כִּדְדָרְשִׁינַן בָּהוּ עַיִן לֹא רָאָתָה אֱלֹקִים זוּלָתְךָ וְכָל הַנְּבִיאִים לֹא נִתְנַבְּאוּ אֶלָּא לְבַעֲלֵי תְשׁוּבָה כִּי גָּרַם עֶטְיוֹ שֶׁל נָחָשׁ שֶׁאֲפִלּוּ הַשְּׁלֵמִים יֵחָשְׁבוּ עִמָּהֶם וּפָשׁוּט הוּא כִּי אֵינוֹ דּוֹמֶה הֶבֶל שֶׁיֵּשׁ בּוֹ חֵטְא לְהֶבֶל שֶׁאֵין בּוֹ חֵטְא וּכְבָר

הֶעִירוֹנוּ חֲכָמִים בְּפֶרֶק קַמָּא דְּבְרָכוֹת עַל צַדִּיק בֶּן צַדִּיק אֲשֶׁר יִקְרָאוּהוּ צַדִּיק גָּמוּר וְלַצַּדִּיק בֶּן רָשָׁע צַדִּיק שֶׁאֵינוֹ גָּמוּר עַל הַדֶּרֶךְ הַמֻּרְגָּל אֶצְלֵנוּ דְּכָל תְּרֵי לִישְׁנֵי כִּי הַאי גַּוְנָא לָא סִתְרָן אַהֲדָדֵי. וְעִם הַמְּלִיצָה הַזֹּאת לְיוֹדְעָהּ וְרָגִיל בָּהּ לְנַפְשֵׁנוּ יִנְעַם כָּתוּב הָדָר הוּא הָאָמוּר בְּיֹאשִׁיָּהוּ הַמֶּלֶךְ וְכָמֹהוּ לֹא הָיָה לְפָנָיו מֶלֶךְ אֲשֶׁר שָׁב אֶל ה' וַאֲנַחְנוּ לֹא נֵדַע מַה פִּשְׁעוֹ מַה חַטָּאתוֹ שֶׁהִזְקִיקוּהוּ לִתְשׁוּבָה זוֹ אֶלָּא שֶׁהָיָה צַדִּיק בֶּן רָשָׁע הוּא הַמֶּלֶךְ אָחָז שֶׁאָמַר לוֹ יְשַׁעְיָה שִׁמְעוּ נָא בֵּית דָּוִד מִדְּקָאמַר נָא שֶׁפֵּרוּשׁוֹ עַתָּה שְׁמַע מִינַהּ שֶׁהוּא עָתִיד לִשְׁמֹעַ לְאַחַר זְמַן וְגַם בְּאוֹתָהּ שָׁעָה הָיָה בּוֹשׁ מִמּוֹכִיחָיו כִּדְאַסְמְכוּהּ אַקְּרָא דִּכְתִיב אֶל מְסִלַּת שְׂדֵה כוֹבֵס שֶׁהָיָה כּוֹבֵשׁ פָּנָיו בַּקַּרְקַע מִפְּנֵי יְשַׁעְיָהוּ וְעִדּוֹ נִתְנַבֵּא עַל הַמִּזְבֵּחַ בְּבֵית אֵל הִנֵּה בֵן נוֹלָד לְבֵית דָּוִד יֹאשִׁיָּהוּ שְׁמוֹ וּמַפְלִיג בְּתִקּוּן מַעֲשָׂיו כַּנּוֹדָע. וְכַלְלָא דְּמִלְתָא שֶׁצַּדִּיקִים גְּמוּרִים הֵם בְּלִי סָפֵק גְּדוֹלִים בַּעֲשֵׂה טוֹב וּבַעֲלֵי תְּשׁוּבָה גְּדוֹלִים בְּסוּר מֵרָע וְהַיְינוּ פְּלֻגְתָּא דְּרַבִּי אֲבָהוּ וְרַבִּי חִיָּא בַּר אַבָּא בְּפֶרֶק חֵלֶק לֹא שֶׁיְּהֵא הָאֶחָד מְבַטֵּל דִּבְרֵי חֲבֵרוֹ אֶלָּא כִּדְמִתַּרְגְּמִינַן וּתְהֵי הַמֶּחֱצָה וַהֲוַת פַּלְגְּתָא שֶׁכָּל אֶחָד אָמַר חֲצִי דָּבָר וְהָא וְהָא אִיתָא. וּמָה שֶׁנִּתְיַחֲסָה מַעֲלָתָם שֶׁל בַּעֲלֵי תְּשׁוּבָה בְּתֹאַר מָקוֹם אַתְיָא כִּדְמְחוּי רַב יְהוּדָה וּנְבָאֲרֵהוּ:

מַאֲמָר חֵקֶר דִּין - חֵלֶק ד פֶּרֶק ב

הִנֵּה אָבִינוּ הָרַחֲמָן אֶחָד וְאֵין שֵׁנִי גַּם בֵּן וָאָח אֵין לוֹ כְּדִבְרֵי קֹהֶלֶת וְלֹא יִצְדַּק הַתֹּאַר הַזֶּה בְּעֶצֶם זוּלָתִי עַל הַכְּלָלוֹת כְּטַעַם בְּנִי בְכוֹרִי יִשְׂרָאֵל וּמַאֲמַר ה' אָמַר אֵלַי בְּנִי אַתָּה אִם בָּאנוּ לְפָרְשׁוֹ כִּפְשׁוּטוֹ עַל דָּוִד הַמֶּלֶךְ ע"ה אַף הוּא לְלַמֵּד עַל הַכְּלָל כֻּלּוֹ יָצָא מַגִּיד מֵרֵאשִׁית אַחֲרִית כַּיָּדוּעַ מִנִּשְׁמָתוֹ שֶׁהָיָה מוֹרֶה בָּהּ הַחִיּוּב מִכָּל זוּלָתָהּ לְהִתְבּוֹנֵן בְּפִלְיאוּת הַבְּרִיאָה כְּאָמְרוֹ נִפְלָאִים מַעֲשֶׂיךָ וְנַפְשִׁי יֹדַעַת מְאֹד כִּי הִיא רָאֲתָה וְהִשִּׂיגָה אוֹתָם מִלִּפְנֵי הַחֵטְא הַקָּדוּם בְּזִינָם וְצִבְיוֹנָם וְכֻלָּם הָיוּ נִסְקָרִים מִמֶּנָּה בִּסְקִירָה אַחַת מִסּוֹף הָעוֹלָם וְעַד סוֹפוֹ. אָמְנָם לֹא פָּתַח דָּוִד סִפְרוֹ בְּאוֹתוֹ מִזְמוֹר הֶחָבִיב הַמְּשֻׁבָּח מַתְחִיל בְּאַשְׁרֵי וּמְסַיֵּם בְּאַשְׁרֵי לֹא עַל יְדֵי עַצְמוֹ וְלֹא עַל יְדֵי אֶחָד מֵעֲשָׂרָה זְקֵנִים הַמְּשׁוֹרְרִים אֶלָּא סְתָמוֹ כְּפֵרוּשׁוֹ עַל כְּנֶסֶת יִשְׂרָאֵל וְיִהְיֶה אָמְרוּ ה' אָמַר אֵלַי בְּנִי אַתָּה כְּמַאֲמַר בְּנִי בְכוֹרִי יִשְׂרָאֵל. וּבִשְׁלֹמֹה כְּתִיב אֲנִי אֶהְיֶה לּוֹ לְאָב וְהוּא יִהְיֶה לִּי לְבֵן עַל שֵׁם הֶעָתִיד שֶׁנֶּאֱמַר בּוֹ וַיֵּשֶׁב שְׁלֹמֹה עַל כִּסֵּא ה' שֶׁאָמְרוּ רז"ל שֶׁמָּלַךְ בָּעֶלְיוֹנִים וּבַתַּחְתּוֹנִים וְהִיא מַמְלֶכֶת יִשְׂרָאֵל בֶּאֱמֶת וְאֵין סָפֵק כִּי שָׂרִים הוֹלְכִים כַּעֲבָדִים בִּימֵי מְגוּרֵיהֶם חוּצָה לָאָרֶץ וּכְתִיב גֵּרִים וְתוֹשָׁבִים אַתֶּם עִמָּדִי כִּבְיָכוֹל עִמָּדִי מַמָּשׁ כְּטַעַם הַגָּלוּת שֶׁדָּרַשׁ רַבִּי שִׁמְעוֹן בֶּן יוֹחַאי בְּפֶרֶק בְּנֵי הָעִיר וְשָׁבוּ עִמָּהֶם מִן הַגָּלֻיּוֹת. וְאוּלָם הַמִּתְבּוֹנֵן בְּסִתְרֵי תוֹרָה בֵּן יֵאָמֵר לוֹ וְהָעוֹסֵק בִּפְשׁוּטָן שֶׁל דְּבָרִים הַהוּא

יִקָּרֵא עֶבֶד וּכְתִיב עֶבֶד מַשְׂכִּיל יִמְשֹׁל בְּבֵן מֵבִישׁ כִּי אַחַר כַּוָּנַת הַלֵּב הֵם הַדְּבָרִים וּמִי שֶׁהִשְׁלִים עַצְמוֹ בְּנִסְתָּרוֹת וּנְגָלוֹת וְאֵין לוֹ עֵסֶק בְּעוֹלָמוֹ רַק לְהַשְׁלָמַת הַזּוּלַת וּמְטַפֵּל בּוֹ לְפִי צֹרֶךְ שְׁעָתוֹ עֶבֶד נֶאֱמָן יֹאמַר לוֹ חֵלֶף עֲבוֹדָתוֹ לְהַרְבּוֹת כְּבוֹד שָׁמַיִם וְגַם זֶה טַעַם לְשֶׁבַח בְּמַאֲמַר אֵינִי יוֹדֵעַ נַפְשִׁי הֵיכָן הוֹלֶכֶת שֶׁבֵּאַרְנוּ לְמַעְלָה כִּי רוּחַ בְּנֵי הָאָדָם הִיא מִדָּתָן שֶׁל בָּנִים וְנֶפֶשׁ הַבְּהֵמָה עִם כָּל הֶעָלוּי הַנִּדְרָשׁ בָּהּ הִיא מִדַּת הָעֲבָדִים. וַיִּקָּרֵא גַּם כֵּן אִישׁ הָאֱלֹהִים כְּלוֹמַר עֶבֶד שֶׁהוּא הַבֵּן כְּמֹשֶׁה אֵלִיָּהוּ וֶאֱלִישָׁע וְחַבְרֵיהֶם וּכְמוֹ שֶׁיִּתְבָּאֵר בְּסִיַּעְתָּא דִּשְׁמַיָּא. וְעַל אֵלֶּה אָמְרוּ חֲכָמִים אֹרַח אִתְּתָא לְמִפְלַח לְבַעֲלָהּ וְאֹרַח בְּנַיָּא לְמִפְלַח לַאֲבוּהוֹן:

מַאֲמַר חֵקֶר דִּין - חֵלֶק ד פֶּרֶק ג

הֲיוֹדֵעַ נֶפֶשׁ הַגֵּר כְּטַעַם גֵּרִים הֱיִיתֶם בְּאֶרֶץ מִצְרָיִם וּכְטַעַם הַדָּר בְּחוּצָה לָאָרֶץ אֶרֶץ שֶׁהֵחֵפֶץ בְּכָךְ אִלּוּ הָיָה שָׁם לֹא הָיָה נִגְאָל יָבִין נֶפֶשׁ הַתּוֹשָׁב וְנֶפֶשׁ דָּוִד שֶׁאָמַר עַל עַצְמוֹ כִּי גֵר אָנֹכִי עִמָּךְ תּוֹשָׁב כְּכָל אֲבוֹתָי וְהַדְּבָרִים מַגִּיעִים לְשַׁלְשֶׁלֶת יַחֲסִין שֶׁהָיְתָה לוֹ מִן הָאָבוֹת שֶׁנֶּחְשְׁבוּ גֵּרִים לְהוֹלָדָם מִתֶּרַח וְנָחוֹר אָבִיו וְכָל הָאִמָּהוֹת בָּאוּ מִנָּחוֹר וְהָרָן אֲחִי אַבְרָהָם וְגַם דָּוִד מֶלֶךְ יִשְׂרָאֵל שֶׁיָּצָא מֵרוּת הַמּוֹאֲבִיָּה גֵּר יֵחָשֵׁב כְּמוֹתָהּ אֶלָּא שֶׁהוּא מִתְיַחֵס גַּם אַחֲרֵי יֶרֶד חֲנוֹךְ וּמְתוּשֶׁלַח שֶׁהָיוּ תּוֹשָׁבִים כְּטַעַם צַדִּיק בֶּן צַדִּיק וּכְתִיב טוֹבָה חָכְמָה עִם נַחֲלָה כִּי אֵין דָּחוּי אֶצְלָם כְּלָל וְדָוִד תּוֹשָׁב דֻּגְמָתָם. כִּי אָמְנָם אָדָם הָרִאשׁוֹן שִׁיֵּר מִשֶּׁלּוֹ שִׁבְעִים שָׁנָה לְדָוִד בְּשָׁעָה שֶׁבִּקֵּשׁ רַחֲמִים עַל עַצְמוֹ שֶׁלֹּא יִתְקַיֵּם עָלָיו גְּזַר דִּינוֹ בְּיוֹם הַחֵטְא מַמָּשׁ אֶלָּא בְּיוֹמוֹ שֶׁל הַקָּדוֹשׁ בָּרוּךְ הוּא בִּכְדֵי שֶׁיּוּכַל לַעֲשׂוֹת תְּשׁוּבָה וְקִבֵּל עָלָיו תַּעֲנִית כָּל יָמָיו שֶׁהָיוּ תתק"ל שָׁנָה כְּמִנְיַן תַּעֲנִית וְהָיָה זֶה בְּאוֹתוֹ הַיּוֹם בִּשְׁעַת הַמִּנְחָה דִּכְתִיב בָּהּ תִּכּוֹן תְּפִלָּתִי קְטֹרֶת לְפָנֶיךָ רָאשֵׁי תֵּבוֹת תתק"ל סוֹפֵי תֵּבוֹת נֹתֵךְ שֶׁגָּזַר עַל עַצְמוֹ הַתָּכַת דָּמוֹ בְּתַעֲנִית כָּאָמוּר תתק"ל עִם ד"ם בְּגִימַטְרִיָּא תתקע"ד דּוֹרוֹת אֲשֶׁר קֻמְּטוּ וְלֹא עֵת כִּי הִשְׁתַּדֵּל בְּתַקָּנָתָם כְּטַעַם אֲלַמְּדָה פֹשְׁעִים דְּרָכֶיךָ וְחַטָּאִים אֵלֶיךָ יָשׁוּבוּ אַלְמָא חֵטְא רַבִּים נָשָׂא כִּמְבַקֵּשׁ רַחֲמִים עַל חֲבֵרוֹ וְהוּא צָרִיךְ לְאוֹתוֹ דָּבָר שׁוּרַת הַדִּין נוֹתֶנֶת שֶׁהוּא נַעֲנֶה תְּחִלָּה וְכֵן תְּפִלָּתִי בְּגִימַטְרִיָּא תתק"ל כִּי בָּא דָּגֵשׁ הַלמ"ד בִּמְקוֹם יו"ד כַּנּוֹדָע וּכְתִיב מַשְׂאַת כַּפַּי מִנְחַת עָרֶב שֶׁהִיא הָיְתָה תְּפִלָּה רִאשׁוֹנָה לְבָאֵי עוֹלָם עַל כֵּן הִזְהִירוּ רַבּוֹתֵינוּ עַל תְּפִלַּת הַמִּנְחָה בְּיוֹתֵר וְתַנְיָא בְּפֶרֶק הַתְּכֵלֶת אֵין מְחַנְּכִין מִזְבַּח הַזָּהָב אֶלָּא בִּקְטֹרֶת הַסַּמִּים שֶׁל בֵּין הָעַרְבַּיִם כִּי הַקְּטֹרֶת הִיא עֲבוֹדָה בַּחֲשַׁאי וּבִיחִידִים כַּנּוֹדָע לִרְמֹז עַל עֲבוֹדָה שֶׁבַּלֵּב וְיִחוּד הַמַּחֲשָׁבָה לְכַוֵּן הֵיטֵב וּלְהִתְבּוֹדֵד בָּהּ. וְהִנֵּה קֹדֶם הַחֵטְא כְּדַאי הֵם לוֹ אֵלֶּה הַשִּׁבְעִים שָׁנָה לְאָבִינוּ הָרִאשׁוֹן לְהַשְׁלָמַת הָאֶלֶף לִחְיוֹת בָּהֶם

כְּצַדִּיק גָּמוּר וַיְחִי עוֹד לָנֶצַח לֹא יִרְאֶה הַשָּׁחַת וְאַחֲרֵי הַחֵטְא גַּם כֵּן דִידֵיהּ הֲווּ בְּחֶמְלַת ה' עָלָיו כִּי חָפֵץ חֶסֶד הוּא לְהַאֲרִיךְ אַפּוֹ עַד סוֹף אֶלֶף שָׁנָה עִם בֵּין הַשְּׁמָשׁוֹת אַךְ כְּמוֹ בַּעַל תְּשׁוּבָה וְאַף עַל פִּי שֶׁנִּמְלַךְ וּשְׁיָרָם לְדָוִד מִכָּל מָקוֹם הָיָה צָרִיךְ סִיּוּעַ כִּי אֵין חָבוּשׁ מַתִּיר עַצְמוֹ וְעַרְבִיָּה דְּדוֹד עַרְבָא צָרִיךְ. וְאָמְרוּ בָּאַגָּדָה כִּי הַמַּתָּנָה נִכְתְּבָה בַּסֵּפֶר וְחָתְמוּ עָלֶיהָ הַקָּדוֹשׁ בָּרוּךְ הוּא וּמְטַטְרוֹן וְאָדָם עַד כָּאן. הִנֵּה הַסֵּפֶר הַזֶּה הוּא סִפְרָן שֶׁל צַדִּיקִים שֶׁנִּפְתַּח בְּרֹאשׁ הַשָּׁנָה רִאשׁוֹן וְחָתְמוּ הַקָּדוֹשׁ בָּרוּךְ הוּא וּמְטַטְרוֹן עֵדִים בְּדָבָר וְאָדָם הוֹדָה בַּחֲתִימָתוֹ כְּאִלּוּ נֶחְקְרָה עֵדוּתָם בְּבֵית דִּין אִי נָמֵי חָתַם הַקָּדוֹשׁ בָּרוּךְ הוּא אֲשֶׁר בְּיָדוֹ נֶפֶשׁ כָּל חָי וּכְתִיב וְאַתָּה מְחַיֶּה אֶת כֻּלָּם שֶׁיְּחַיֶּה אֶת דָּוִד אַחֲרֵי נָפְלוּ מִסְּגֻלַּת הַתּוֹלָדוֹת כַּנּוֹדָע וְחָתַם מְטַטְרוֹן לְשִׁיּוּרוֹ שֶׁל חֲנוֹךְ וַחֲבֵרָיו וְאָדָם לְשִׁיּוּרָן שֶׁל אָבוֹת שֶׁהָיָה בָּאֲמָנָה אִתָּם וְאָמְנָם הָאָבוֹת כְּמוֹ גֵּרִים וְתָרוּ לְדָוִד מִשֶּׁלָּהֶם אַבְרָהָם חָמֵשׁ שָׁנִים שֶׁלֹּא הִגִּיעַ לִשְׁנוֹתָיו שֶׁל יִצְחָק וְיַעֲקֹב כ"ח שֶׁלֹּא הִגִּיעַ לִשְׁנוֹת אַבְרָהָם וְיוֹסֵף בִּמְקוֹם יִצְחָק וַתֵּר ל"ז שָׁנָה שֶׁלֹּא הִגִּיעַ לִשְׁנוֹת יַעֲקֹב וְהָיָה מִסְפַּר כֻּלָּם שִׁבְעִים שָׁנָה כַּמְּבֹאָר בַּזֹּהַר וְהֻצְרַךְ לְכַנֵּס יוֹסֵף בִּמְקוֹם יִצְחָק שֶׁהֲרֵי יִצְחָק הַצַּדִּיק דִּין הַמִּיתָה עַל עַצְמוֹ בָּעֲקֵדָה בִּשְׁנַת ל"ז שֶׁלוֹ יְעַיֵּן מַאֲמַר אֵם כָּל חַי בְּסוֹפוֹ. וְכֵן הַתּוֹשָׁבִים אֲשֶׁר זָכַרְנוּ שֶׁהָיוּ מִבְחַר הַדּוֹרוֹת הָהֵם מָצִינוּ לְיֶרֶד שֶׁנִּתַּר אֶצְלוֹ ל"ח שָׁנָה וּמְתוּשֶׁלַח ל"א שֶׁחָסְרוּ לְכָל אֶחָד מֵהֶם מִן הָאֶלֶף וַחֲנוֹךְ לְמִלּוּי יָמָיו וּשְׁנוֹתָיו שֶׁהוּא שַׂר הָעוֹלָם הָיָה דַּי שֶׁיַּשְׁלִימוּ לִימוֹת הַחַמָּה יוֹם לְשָׁנָה וְאֵין הַסִּבּוּב מִשְׁתַּלֵּם לַחַמָּה אֶלָּא בְּשַׁסָ"ה יָמִים וּרְבִיעַ בְּקָרוֹב שֶׁהוּא חֵלֶק מְסֻיָּם וְחָשׁוּב שָׁנָה בְּשִׁיּוּרוֹ שֶׁל חֲנוֹךְ שֶׁכֵּן הָיָה רָאוּי לִהְיוֹת שְׁנוֹת מִסְפַּר ש"ם הוי"ה כְּטַעַם שְׁמוֹ כְּשֵׁם רַבּוֹ הָאָמוּר בִּמְטַטְרוֹן וְהַיְינוּ שַׁדַּי והוי"ה בְּמִלּוּי שָׁוֶה לְשָׁרְשׁוֹ זְכַרְנוּהוּ בְּחֵלֶק הַשֵּׁנִי פֶּרֶק ל"א וּכְתִיב כִּי שְׁמִי בקרב"ו בְּגִימַטְרִיָּא ש"י וְדָלֶ"ת בְּאֶמְצַע רוֹמֶזֶת לְאַרְבַּע אוֹתִיּוֹת שֶׁהֵם כְּשֵׁם שד"י בְּהֶעְלֵם וְגָלוּי בְּשֵׁם מָלֵא כְּדַאֲמַרַן. וְעַל זֶה נֶאֱמַר בְּדָוִד גֵּר כְּאַבְרָהָם וַחֲבֵרָיו תּוֹשָׁב כַּחֲנוֹךְ וַחֲבֵרָיו הוֹי כְּכָל אֲבוֹתַי. וְאָמַר גֵּר אָנֹכִי עִמָּךְ שְׁמוּרָה עַל הַהוֹוֶה אֲבָל תּוֹשָׁב יִתְקַיֵּם בִּמְשִׁיחֵנוּ אוֹ יִהְיֶה עִמָּךְ מְשַׁמֵּשׁ לְפָנָיו וּלְאַחֲרָיו וְכֵן הוּא אוֹמֵר עַל עַצְמוֹ נַעַר הָיִיתִי פֵּרוּשׁ כַּחֲנוֹךְ שֶׁנִּבְחַר בִּימֵי עֲלוּמָיו לְשַׁמֵּשׁ בַּמָּרוֹם גַּם זָקַנְתִּי כַּאֲבוֹת הָעוֹלָם שֶׁזִּקְנָה קָפְצָה עֲלֵיהֶם:

מַאֲמַר חֲקֹר דִּין - חֵלֶק ד פֶּרֶק ד

כִּי בָחַר ה' בְּצִיּוֹן אִוָּהּ לְמוֹשָׁב לוֹ יָדַעְנוּ הֱיוֹת יְרוּשָׁלַיִם מִבְחַר הַמְּקוֹמוֹת בַּיִּשּׁוּב לְהַשִּׂיג בָּהּ הָרָצוֹן הָאֱלֹהִי וְרוּחַ הַקֹּדֶשׁ וְהָעָם הַיּוֹשֵׁב בָּהּ הָיָה נְשׂוּא עָוֹן כָּרָאוּי לְבֶן מֶלֶךְ בְּפַלָּטִין שֶׁל מֶלֶךְ וְכָל זְמַן שֶׁדָּוִד מַלְכֵּנוּ הָיָה בְּגֵרוּתוֹ הִנֵּה הַיְבוּסִי יוֹשֵׁב יְרוּשָׁלַיִם הָיָה מִתְגַּבֵּר כְּנֶגְדּוֹ עִם הָעִוְרִים

וְהַפִּסְחִים שְׂנוּאֵי נֶפֶשׁ דָּוִד שֶׁהַכְּנוּס אֲלֵיהֶם סַרְסוּרָא דְּחֶטְאָה כַּנּוֹדָע מִמְּשַׁל הַחִגֵּר וְתַרְוַיְהוּ הֲווּ בְּבִלְעָם וְהָיוּ הָעִוְּרִים מַחֲטִיאֵי הָעִיּוּן וְהַפִּסְחִים מַחֲרִיבֵי הַמַּעֲשֶׂה וְהֵמָּה מוֹנְעִים גְּדוֹלִים לְהַשְׁלָמַת הַצֶּלֶם וְהַדְּמוּת אֲשֶׁר אָמַרְנוּ וְאֵין סָפֵק שֶׁשֵּׁם יְבוּסִי נִגְזַר מִלְּשׁוֹן דָּם תְּבוּסָה שֶׁהוּא תַּעֲרֹבֶת הַדָּם שֶׁיָּצָא מֵחַיִּים עִם הַדָּם שֶׁיָּצָא לְאַחַר מִיתָה כְּטַעַם כֶּפֶל הַמִּיתָה שֶׁהֻתְּרָה בָּהּ אָדָם הָרִאשׁוֹן וּבֵאַרְנוּהוּ וְיֵשׁ בְּטֻמְאָתוֹ שֶׁהִיא מִדְּרַבָּנַן אַזְהָרָה רַבָּה לְכֻלָּנוּ שֶׁלֹּא נִהְיֶה חוֹבְלִים בְּעַצְמֵנוּ וְדַי בְּכָל זֶה הֶעָרָה. וְכֵיוָן שֶׁמָּלַךְ דָּוִד עַל כָּל יִשְׂרָאֵל וְהוּא יִחוּד הַפַּרְצוּפִים כֻּלָּן הִנֵּה אָז בָּטַח בְּעַצְמוֹ שֶׁזֶּה וָזֶה יִתְקַיֵּם בְּיָדוֹ כְּמוֹ שֶׁיִּעֵד יְחֶזְקֵאל וְעָשִׂיתִי אֹתָם לְגוֹי אֶחָד וּמֶלֶךְ אֶחָד יִהְיֶה לְכֻלָּם כִּי הוּא הַשְׁלָמַת הַיִּעוּד שֶׁזָּכַרְנוּ בְּפֶרֶק ב' ה' אָמַר אֵלַי בְּנִי אַתָּה עַל הַכְּלָל וְעַל הַפְּרָט כִּדְלְעֵיל. לְפִיכָךְ הִכְרִיז דָּוִד הַמֶּלֶךְ ע"ה בְּכָל מַחֲנֵה יִשְׂרָאֵל כָּל מַכֵּה יְבֻסִי וְיִגַּע בַּצִּנּוֹר וְלֹא הֻצְרַךְ לְפָרֵשׁ מָה שְׂכָרוֹ כִּי מִי שֶׁיַּכֶּה אֶת יְבוּסִי יִגַּע בְּלִי סָפֵק בְּצִנּוֹר הָרָצוֹן לַעֲשׂוֹת שְׁלִיחוּתוֹ וְהִצְלִיחַ וְאֵין שָׂכָר גָּדוֹל מִזֶּה עַל כֵּן מִשֶּׁלּוֹ נָתְנוּ לוֹ לִהְיוֹת לְרֹאשׁ וּלְשַׂר וּלְפִי שֶׁיּוֹאָב זָכָה לְכָךְ חָזְרוּ וְנֵעוֹרוּ כָּל קִלְלוֹתָיו לְמַפְרֵעַ וְנִתְקַיְּמוּ אַחַר כָּךְ בְּזֶרַע הַמְקַלֵּל אַחֲרֵי שֶׁהוּא עַצְמוֹ פֵּרֵשׁ שְׂכָרוֹ וּבִימֵי יְהוֹשֻׁעַ כְּתִיב וְאֶת הַיְבוּסִי יוֹשְׁבֵי יְרוּשָׁלַםִ לֹא יָכְלוּ בְּנֵי יְהוּדָה לְהוֹרִישָׁם וּבְסִפְרֵי פָּרָשַׁת רְאֵה אָמַר רַבִּי יְהוֹשֻׁעַ בֶּן קָרְחָה יְכוֹלִים הָיוּ אֲבָל אֵינָם רַשָּׁאִים וְטַעֲמָא דְּמִלְּתָא כִּי הָיְתָה הַמִּצְוָה הַזֹּאת מְיֻחֶדֶת לְדָוִד וַאֲנָשָׁיו וְעַדַיִן לֹא יוּכְלוּ כְּתִיב אַף עַל גַּב דְּלֹא יָכְלוּ קְרִי כִּי לֹא נִתְקַיְּמָה בְּיָדֵינוּ בַּחֲטָאֵינוּ וּבַעֲוֹנוֹת אֲבוֹתֵינוּ. וּכְשֵׁם שֶׁהַמָּקוֹם הַהוּא מָקוֹם כְּנוּס לְבַעֲלֵי הַצֶּלֶם וְהַדְּמוּת בְּעֵת רָצוֹן כָּךְ נִתְיַחֲדוּ בּוֹ תְּחִלָּה הַיְּדִיעָה וְהַבְּחִירָה כְּטַעַם עַתָּה יָדַעְתִּי הָאָמוּר בָּעֲקֵדָה שֶׁכְּבָר פָּתַחְנוּ לוֹ שַׁעֲרֵי אוֹרָה בַּחֵלֶק הַקּוֹדֵם וְגַם זֶה מִמָּה שֶׁאָנוּ בְּבֵאוּרוֹ כִּי אָמְנָם הַיְּדִיעָה הִיא גּוּפָא חִבּוּר וְיִחוּד אֶל הַדַּעַת וְהַיּוֹדֵעַ וְהַיָּדוּעַ וּכְתִיב יָדַע מָה בַחֲשׁוֹכָא וּנְהוֹרָא עִמֵּיהּ שְׁרֵא כִּי הוּא מְקוֹם הָאוֹרָה וְאֵין הָאוֹרָה מְקוֹמוֹ דְּהָא מִי שֶׁבָּאוֹר אֵינוֹ רוֹאֶה מָה שֶׁבְּחֹשֶׁךְ אַךְ מִמִּעוּט הַיָּרֵחַ הֻבְרְרָה הַבְּחִירָה וְהַכַּפָּרָה בִּשְׂעִיר הַחַטָּאת תּוֹעִיל לְהָשִׁיב הַבְּחִירָה אֶל הַדַּעַת וְאוּלָם הַבְּחִירָה בְּהֶחְלֵט מִבְּלִי שֵׁבֶט מוּסָר הִיא מִדַּת הָעֶבֶד הַסָּכָל הָעוֹבֵד בְּשָׁלוּחַ וּמְכַוֵּין לַהֲנָאַת עַצְמוֹ וְאִם יִבְעַט בְּרַבּוֹ יִמְכְּרֶנּוּ לִצְמִיתוּת כְּמוֹ שֶׁאֵרַע לְדוֹר הַפְּלָגָה וּכְמַאֲמַר רְאֵה וְתֵר בְּשָׁעָה שֶׁזָּרַח מִשֵּׂעִיר וְהוֹפִיעַ מִפָּארָן שֶׁהִתִּיר לָהֶם שֶׁבַע מִצְוֹת אָמְנָם לְבָנִים נֶאֱמַר יוֹרֶנּוּ בַּדֶּרֶךְ יִבְחַר וּכְתִיב אֶמְלוֹךְ עֲלֵיכֶם עַל כָּל פָּנִים כִּי אֵל דֵּעוֹת ה' וְלוֹ נִתְכְּנוּ עֲלִלוֹת וְהוּא טַעַם לְכִי וּמַעֲטִי אֶת עַצְמֵךְ וְלִתַּקְרוּ צַדִּיקִים עַל שְׁמָךְ כְּמוֹ שֶׁאָנוּ עֲתִידִים לְפָרֵשׁ בְּאוֹר מַסְפִּיק בְּמַאֲמַר הַמְּאוֹרוֹת הַגְּדוֹלִים בְּסִיַּעְתָּא דִּשְׁמַיָּא:

מַאֲמַר חֲקֹר דִּין - חֵלֶק ד פֶּרֶק ה

בְּמַאֲמַר נַעֲשֶׂה אָדָם פֵּרְשׁוּ חֲכָמִים בִּבְרֵאשִׁית רַבָּה בְּלִבּוֹ נִמְלַךְ בְּמַלְאֲכֵי הַשָּׁרֵת נִמְלַךְ בְּנִשְׁמוֹתֵיהֶם שֶׁל צַדִּיקִים נִמְלַךְ בְּמַעֲשֵׂה שָׁמַיִם וָאָרֶץ נִמְלַךְ וְלַחֲזָ"ל הַכֹּל אֱמֶת כִּי נִסְתַּכֵּל בְּכָל דַּרְכֵי הַשִּׁמּוּשׁ לְצֶלֶם וּלְדַמּוּת אִם בְּתַכְלִית הַהִתְיַחֲדוּת כְּמוֹ שֶׁנַּזְכִּיר וְעַל שְׁלֵמוּת הַנְהָגָה זוֹ בְּלִבּוֹ נִמְלַךְ וּבְמָשׁוּל הַצֶּלֶם עַל הַדְּמוּת בְּמַלְאֲכֵי הַשָּׁרֵת נִמְלַךְ כְּטַעַם הַחַיּוֹת הַנּוֹשְׂאוֹת אֶת הַכִּסֵּא לֹא בְּעָמָל וְלֹא בִּיגִיעָה אֶלָּא הַכִּסֵּא שָׂמֵחַ וְנוֹשֵׂא אֶת נוֹשְׂאָיו כַּנּוֹדָע. וּבְמֶמְשֶׁלֶת הַדְּמוּת שֶׁבַּעֲלֵי תְּשׁוּבָה מִתְחַבְּבִים בּוֹ וְהַצֶּלֶם עִמּוֹ בְּנִשְׁמוֹתֵיהֶם שֶׁל צַדִּיקִים נִמְלַךְ שֶׁהוּא סוֹד הַדְּיוֹקְנִין אֲשֶׁר לְכָל אֶחָד וְאֶחָד כַּמְּבֹאָר בְּמַאֲמַר הַנֶּפֶשׁ. אוֹ יְפָרֵשׁ בְּנִשְׁמוֹתֵיהֶם שֶׁל צַדִּיקִים נִמְלַךְ עַל אִיקוֹנִין רִאשׁוֹנָה שֶׁבֵּאַרְנוּ שָׁם וְיִהְיֶה זֶה בְּמֶמְשֶׁלֶת הַצֶּלֶם עַל הַדְּמוּת וּבְמַלְאֲכֵי הַשָּׁרֵת נִמְלַךְ בְּמֶמְשֶׁלֶת הַדְּמוּת וְהַצֶּלֶם עִמּוֹ בִּמְלַאכְתּוֹ וְהוּא יוֹתֵר נָכוֹן יְעַיֵּן שָׁם בְּפֶרֶק ט"ו וּבְמָשׁוּל הַדְּמוּת לְבַדּוֹ בְּמַעֲשֵׂה שָׁמַיִם וָאָרֶץ נִמְלַךְ. בֹּא וּרְאֵה כִּי בְּהִתְיַחֵד הָאֵל יִתְבָּרַךְ לִבְרֹא אֶת הָאָדָם בְּעַצְמוֹ וּבִכְבוֹדוֹ אָז בְּלִבּוֹ נִמְלַךְ וּבָרָא אוֹתוֹ בְּצַלְמוֹ וְהַדְּמוּת לֹא הֲוָה סָלִיק בִּשְׁמָא כְּלָל אֶלָּא גַּם הוּא נִכְלַל בְּשָׁרְשׁוֹ וְהוּא טַעַם כֶּפֶל הַפָּסוּק שֶׁאָמַר בְּצֶלֶם אֱלֹהִים בָּרָא אֹתוֹ וּכְשֶׁנִּמְלַךְ בְּנִשְׁמוֹתֵיהֶם שֶׁל צַדִּיקִים אָמַר נַעֲשֶׂה אָדָם בְּצַלְמֵנוּ כִּדְמוּתֵנוּ וּמִטַּעַם הַהַמְלָכָה בְּמַלְאֲכֵי הַשָּׁרֵת נֶאֱמַר בְּלֵדָתוֹ שֶׁל שֵׁת בְּתֹקֶף תְּשׁוּבָתוֹ שֶׁל אָדָם הָרִאשׁוֹן וַיּוֹלֶד בִּדְמוּתוֹ כְּצַלְמוֹ וּמִן הַהַמְלָכָה בְּמַעֲשֵׂה שָׁמַיִם וָאָרֶץ נֶאֱמַר בָּרָא אֱלֹהִים אָדָם כִּדְמוּת אֱלֹהִים עָשָׂה אוֹתוֹ כְּטַעַם בְּיוֹם אֲכָלְךָ מִמֶּנּוּ מוֹת תָּמוּת שֶׁנִּמְסַר אֶל הַמַּעֲרָכָה בְּיוֹם בָּרָא מַמָּשׁ וְעַל הַדֶּרֶךְ שֶׁבֵּאַרְנוּהוּ בְּמַאֲמַר הַנֶּפֶשׁ רֵישׁ פֶּרֶק כ"א וְהַיְינוּ דְּאַסְמְכֵהּ קְרָא לְסֵפֶר תּוֹלְדוֹת אָדָם אַיְּדֵי דִּבְעֵי מֵימַר מִדַּת יָמָיו מָה הִיא דְּמֵרֵישָׁא נָמֵי הִנֵּה כִּי כֵן גָּרַם הַחֵטְא בְּיוֹם תּוֹלְדוֹת לִהְיוֹת סוֹף אָדָם לָמוּת אֲבָל בְּלֵדָתָם שֶׁל קַיִן וְהֶבֶל לֹא הֻזְכַּר מִכָּל זֶה כְּלוּם וְלֹא חָלָה בָּהֶם הַמַּלְכָּה כְּלָל לֹא דִּבְּרָה תּוֹרָה בְּמֵתִים מֵעִקָּרָא וְרַבָּנָן אַסְמְכִינְהוּ לְכָל הַהַמְלָכוֹת הַלָּלוּ לְפָסוּק נַעֲשֶׂה אָדָם שֶׁהוּא בִּנְיַן אָב לִכְלַל הַנּוֹשֵׂא וּבוֹ נִזְכְּרוּ צֶלֶם וּדְמוּת בְּפֵרוּשׁ וּבוֹ הִסְכִּימָה דַּעַת הַנִּבְרָא שֶׁהוּא כּוֹלֵל נִשְׁמוֹת הַצַּדִּיקִים לְדַעַת הָעֶלְיוֹנָה. וְיָדַעְנוּ עִם זֶה מַה יָּקָר מַאֲמַר נַעֲשֶׂה אָדָם בְּצַלְמֵנוּ כִּדְמוּתֵנוּ לְפִי הַפְּשָׁט הַנִּגְלֶה שֶׁיִּהְיֶה הַצֶּלֶם עַצְמוֹ וְהַדְּמוּת בַּדִּמְיוֹן כְּטַעַם אֲנִי אָמַרְתִּי אֱלֹהִים אַתֶּם בְּרֵישָׁא וְהָדַר בְּנֵי עֶלְיוֹן כֻּלְּכֶם כִּדְכְתִיב אֲדַמֶּה לְעֶלְיוֹן וְהָיוּ אָז הַצֶּלֶם וְהַדְּמוּת רְאוּיִם לִרְדּוֹת בָּעֶלְיוֹנִים וּבַתַּחְתּוֹנִים וְעָלָה תְּנַיְנָן חָבִיב אָדָם שֶׁנִּבְרָא בְּצֶלֶם וּמַיְתֵי קְרָא דִּכְתִיב לְהַלָּן בְּפָרָשַׁת נֹחַ דְּאִלּוּ צֶלֶם לְחוּדֵהּ דְּפָרָשַׁת בְּרֵאשִׁית אִיכָּא לְמִדְרַשׁ בֵּיהּ דַּעֲדִיפָא מִנֵּהּ כִּדְאָמְרָן וְתַנָּא לֹא אַיְּרֵי בֵּיהּ כִּי עַיִן לֹא רָאָתָה אֱלֹהִים זוּלָתְךָ. וְהָתָם בְּפָרָשַׁת נֹחַ

גְּלֵי קְרָא דִּבְתַרְתֵּי מִיְּרֵי דְּהַיְנוּ צֶלֶם וּדְמוּת בְּאָמְרוֹ תְּחִלָּה שֹׁפֵךְ דַּם הָאָדָם בָּאָדָם שֶׁיִּצְדְּקוּ בְּכֶפֶל זֶה כָּל הַפֵּרוּשִׁים הַנֶּאֱמָרִים בֶּאֱמֶת לְכֶפֶל הַמִּיתָה שֶׁהֶתְּרָה בָּהּ אָבִינוּ הָרִאשׁוֹן כִּדְלְעֵיל בְּחֵלֶק ב' וְקָרוֹב לִשְׁמֹעַ כִּי לְבָנִים שֶׁהֵם צַדִּיקִים גְּמוּרִים הַשָּׁנוּן גָּדוֹל בְּהֶחְלֵט וְהִיא הַחֶמְדָּה הַגְּנוּזָה שֶׁבָּהּ יִשְׂמַח יִשְׂרָאֵל בְּעוֹשָׂיו כִּי הָא דִּתְנִינָן חֲבִיבִין יִשְׂרָאֵל שֶׁנִּקְרְאוּ בָּנִים לַמָּקוֹם וְלַעֲבָדִים שֶׁהֵם בַּעֲלֵי תְּשׁוּבָה הַמַּעֲשֶׂה גָּדוֹל בְּהֶחְלֵט וְכָאן חֲבִיבִין יִשְׂרָאֵל שֶׁנִּתַּן לָהֶם כְּלִי חֶמְדָּה וְאָמַר אַחַר כָּךְ שֶׁבּוֹ נִבְרָא הָעוֹלָם לְהוֹרוֹת עַל סִדּוּרוֹ בַּדְּבָרִים הַמְּפֹרָשִׁים בִּלְבַד כִּי הַנִּסְתָּרוֹת מִמֶּנּוּ לַה' אֱלֹהֵינוּ וּכְלֵי אֻמָּנוּתוֹ בָּהֶן הַחֶמְדָּה עַצְמָהּ וְהַכֹּל מְבֹאָר בְּפָרָשַׁת ה' קָנָנִי רֵאשִׁית דַּרְכּוֹ דּוֹק וְתִשְׁכַּח:

מַאֲמַר חֵקֶר דִּין - חֵלֶק ד פֶּרֶק ו

הָא לָמַדְתָּ כִּי חֶמְדָּה לְחוּד וּכְלִי חֶמְדָּה לְחוּד וַעֲלֵיהֶן תְּנַן מֹשֶׁה קִבֵּל תּוֹרָה מִסִּינַי לֹא אָמַר אֶת הַתּוֹרָה שֶׁלֹּא עַל עֶצֶם הַתּוֹרָה וְנִסְתְּרָה הַדְּבָרִים אֲמוּרִים דְּלָא שַׁיָּךְ בָּהּ לְשׁוֹן קַבָּלָה אוֹ מְסִירָה אֶלָּא הַשָּׂגָה שִׂכְלִית אָמְנָם בְּסִינַי הָיָה עוֹסֵק בְּחֶמְדָּה עַצְמָהּ וְלֹא הֻרְשָׁה לִמְסֹר אוֹתָהּ לַאֲחֵרִים כִּדְאִיתָא בְּסִפְרֵי וְאֹתִי צִוָּה ה' בָּעֵת הַהִיא דְּבָרִים צִוָּה אוֹתִי לְאָמְרָם בֵּינִי לְבֵין עַצְמִי וְהוּא טַעַם וַיְדַבֵּר ה' אֶל מֹשֶׁה מַה שֶּׁיֵּאוֹת לוֹ לְבַדּוֹ עֲמִיקְתָא וּמִסְתַּתְּרָא לֵאמֹר מַה שֶּׁיֶּשְׁנוֹ בִּלְךָ אֱמֹר. וְכֵן בְּפָרָשַׁת יִפְקֹד ה' אֱלֹהֵי הָרוּחֹת כְּתִיב וַיְדַבֵּר מֹשֶׁה אֶל ה' מַה שֶּׁדִּבֵּר לִכְבוֹד שָׁמַיִם לֵאמֹר מַה שֶּׁיֵּשׁ בּוֹ צֹרֶךְ הַהַכְרָזָה בְּבֵית דִּין שֶׁל מַעְלָה שֶׁבִּלְעָדֶיהָ אֵין מְמַנִּין פַּרְנָס עַל הַצִּבּוּר לְמַטָּה וְאֵין לְהִתְעַלֵּם מִמַּה שֶּׁדִּקְדֵּק בַּעַל הַטְּעָמִים בְּפָסוּק וַיְדַבֵּר ה' אֶל מֹשֶׁה לֵּאמֹר בְּכָל מָקוֹם שֶׁהוּא שֶׁאֵין בּוֹ טַעַם מַסְפִּיק זוּלָתִי טִפְּחָא בְּמִלַּת ה' אֲבָל בְּפָסוּק וַיְדַבֵּר מֹשֶׁה אֶל ה' לֵאמֹר יֵשׁ זָקֵף קָטֹן בְּמִלַּת מֹשֶׁה וְטִפְּחָא תַּחַת ה' וְכָמוֹהוּ וַיְדַבֵּר ה' אֶל אַהֲרֹן לֵאמֹר וְכֵן וַיְדַבֵּר ה' אֶל יְהוֹשֻׁעַ לֵאמֹר יֵשׁ זָקֵף קָטֹן אֵצֶל ה' וְטִפְּחָא גַּבֵּי אַהֲרֹן וְגַבֵּי יְהוֹשֻׁעַ. וּבְפָסוּק וַיְחַל מֹשֶׁה אֶת פְּנֵי ה' אֱלֹהָיו חָסֵר הַטִּפְּחָא מִלִּפְנֵי הָאֶתְנַחְתָּא שֶׁלֹּא כְּמִנְהָג וְרַבִּים כֵּן וְהֻרְגַּל עִמָּנוּ גַּם בְּנִגּוּן טְעָמִים בְּבָתֵּי כְנֵסִיּוֹת וּבְבָתֵּי מִדְרָשׁוֹת יָבִין אֶת כָּל אֵלֶּה וְדוֹמֵיהֶם הָעֲצוּמִים וְהָרַבִּים בִּפְשִׁיטוּת גְּמוּרָה לְפִיכָךְ תַּסְפִּיק לוֹ הָעֶרָה. וְהוּא מְבֹאָר נִגְלֶה שֶׁאֵין לְמֹשֶׁה עֵסֶק בְּעֶצֶם עִם כְּלִי חֶמְדָּה אֶלָּא לְצֹרֶךְ אֲחֵרִים שֶׁקִּבֵּל אוֹתוֹ בְּפִקָּדוֹן וּמְסָרוֹ לִיהוֹשֻׁעַ וּמְנָיָה וּבָהּ הֶחֱזִיר תְּשׁוּבָה לְמַלְאֲכֵי הַשָּׁרֵת אַף עַל פִּי שֶׁהָיְתָה תְּלוּנָתָם עַל הַחֶמְדָּה עַצְמָהּ שֶׁעִם זֶה הוֹאִיל בֵּאֵר כִּי הַשָּׁנוּן הוּא הַמַּעֲשֶׂה וְשֶׁהַכֹּל בִּשְׁבִיל יִשְׂרָאֵל לְעִתִּים מְזֻמָּנִים וּכְטַעַם אֶרְאֶנּוּ נִפְלָאוֹת שֶׁזָּכַרְנוּ בְּסוֹף הַחֵלֶק הַשֵּׁנִי. וְהָא דִּתְנַן לֹא הַמִּדְרָשׁ הוּא הָעִקָּר אֶלָּא הַמַּעֲשֶׂה יוּבַן עִם מַה שֶּׁאָמְרוּ בְּתִקּוּנִים עִקַּר דְּאַרְבַּע אַתְוָן וְעֶשֶׂר אַתְוָן אִיהִי מַלְכוּת שָׁמַיִם וְאָמְרוּ כִּי הַמּוֹדֶה

בָּהּ וְלֹא בִּשְׁאָר אוֹתִיּוֹת מְקַצֵּץ בִּנְטִיעוֹת וְהַמּוֹדֶה בִּשְׁאָר אוֹתִיּוֹת וְלֹא בָּהּ כֹּפֵר בְּעִקָּר וּמִזֶּה לָמַדְנוּ שֶׁהַשָּׁנוּן לְעַצְמוֹ תּוֹרָה אוֹר פְּנֵי חַמָּה מַטַּע ה' לְהִתְפָּאֵר וְעִקָּרוֹ מֻפְקָד בָּאָרֶץ נָתַן לִבְנֵי אָדָם לַעֲשׂוֹת עָנָף וְלָשֵׂאת פֶּרִי וְהֹוֶה הַמַּעֲשֶׂה נֵר מִצְוָה הַמָּסוּר לְדוֹר דּוֹר וְדוֹרְשָׁיו מִבָּאֵי הָאָרֶץ שֶׁבָּהּ עִקַּר קִיּוּם הַמִּצְוֹת וּתְחִלַּת הַנְהָגָתָן מִיְּהוֹשֻׁעַ פְּנֵי לְבָנָה. וּלְפִי שֶׁהַטּוֹבִים וְהַכְּשֵׁרִים שֶׁבָּנוּ יֵחָשְׁבוּ בַּעֲלֵי תְשׁוּבָה מַעֲטָיו שֶׁל נָחָשׁ כְּמוֹ שֶׁזָּכַרְנוּ בְּפֶרֶק א' כִּי עַל כֵּן אָמַר הַנָּבִיא וַנְּהִי כְּטָמֵא כֻּלָּנוּ וּלְפִיכָךְ אָמְרוּ בַּיְרוּשַׁלְמִי כִּי בְּמָקוֹם שֶׁיֵּשׁ לָחוּשׁ לִלְמֹד שֶׁיִּתְבַּטֵּל הַמַּעֲשֶׂה בִּשְׁבִילוֹ אָז נִזְקָקִין לְמַעֲשֶׂה וּמְבַטְּלִים הַלִּמּוּד מִפָּנָיו וְשָׁנוּן עָרוּךְ הוּא גַּם בְּבַבְלִי בְּפֶרֶק קַמָּא דְּמוֹעֵד קָטָן מִצְוָה שֶׁאִי אֶפְשָׁר לְהִתְקַיֵּם עַל יְדֵי אֲחֵרִים מְבַטְּלִין תַּלְמוּד תּוֹרָה מִפָּנֶיהָ וּכְבָר נוֹדַע כִּי הֶפְסֵק הַזֻּהֲמָא מִיִּשְׂרָאֵל לֹא יַסְפִּיק לִכְלַל הַמְּצִיאוּת עַד שֶׁיֻּשְׁלַם הַתִּקּוּן לְכָל בָּאֵי הָעוֹלָם לְפִיכָךְ נִמְנוּ וְגָמְרוּ לִמּוּד גָּדוֹל שֶׁמֵּבִיא לִידֵי מַעֲשֶׂה אֵיךְ שֶׁיּוּבַן דְּאִי לְדִידֵהּ הֲרֵי הַמַּעֲשֶׂה הוּא הַתַּכְלִית וְהַמֵּבִיא אֵלָיו גָּדוֹל בְּסִבָּה פּוֹעֶלֶת נַקְטִינַן מָנָה שֶׁאֵין מַעֲשֶׂה גָּדוֹל אֶלָּא כָּל זְמַן שֶׁהָעִיּוּן מֵבִיא אֵלָיו וְהַיְינוּ דְּתַנְיָא מַעֲשָׂיו מְרֻבִּים מֵחָכְמָתוֹ שֶׁהֵם בְּהַכְרָעַת הַמֹּאזְנַיִם מְרֻבִּים מִסִּבַּת חָכְמָתוֹ וְעִיּוּנוֹ שֶׁבּוֹ יֻשְׁלַם הַמַּעֲשֶׂה וּכְתִיב בְּצִדְקָתִי הֶחֱזַקְתִּי וְלֹא אַרְפֶּא מְלַמֵּד שֶׁכָּל הַמַּחֲזִיק בְּמִצְוָה אַחַת וְנִזְדַּמְּנָה לוֹ אַחֶרֶת אִם הֵן שְׁקוּלוֹת יֹאחַז צַדִּיק דַּרְכּוֹ וְהָאַחֶרֶת תִּתְקַיֵּם עַל יְדֵי אֲחֵרִים דְּאִי לֹא תֵּימָא הָכִי פְּשִׁיטָא וְכִי נֶחְשְׁדוּ כְּשֵׁרִים לְהַנִּיחַ כַּשְׁרוּתָם חָלִילָה וְאִי לְאַחֲרָנֵי דְּלִמּוּד דִּידֵהּ מֵבִיא לִידֵי מַעֲשֶׂה עַל הָאֹפֶן מֵהַשְּׁלֵמוֹת שֶׁבֵּאַרְנוּהוּ הֲרֵי הוּא מִמַּצְדִּיקֵי הָרַבִּים וְעָלָה מִמַּדְרֵגַת בֶּן לִהְיוֹת אִישׁ הָאֱלֹהִים פֵּרַשְׁנוּהוּ בְּכָל שֶׁמּוֹשָׁיו לְמַעַן תִּצְדַּק וְכֻלְּהוּ אִיתַנְהוּ בְּיָהּ:

מַאֲמַר חֵקֹר דִּין - חֵלֶק ד פֶּרֶק ז

כָּתַב הָרַמְבָּ"ן בְּפֵרוּשׁ הַתּוֹרָה כִּי כָּל גְּזֵרַת עִירִין בְּצֵאתָהּ לַפּוֹעַל דִּמְיוֹן תִּתְקַיֵּם אַחַר כָּךְ בְּחִיּוּב כְּמוֹ חֵץ תְּשׁוּעָה לַה' וְכָכָה תִּשְׁקַע בָּבֶל לְפִיכָךְ עָשָׂה הַקָּדוֹשׁ בָּרוּךְ הוּא דִּמְיוֹנוֹת לְאָבוֹת עַל הֶעָתִיד לְבָנִים זֶהוּ כְּלַל דְּבָרָיו בְּרֵישׁ פָּרָשַׁת לֶךְ לְךָ. וְכָל מִדְרְשֵׁי אַגָּדָה יַחְדָּו יִהְיוּ תַמִּים בַּאֲמוּת הַדִּבּוּר הַזֶּה. וְלָנוּ כַּיּוֹצֵא בוֹ מַעֲשֵׂה הָאֲרִי וְהַדֹּב שֶׁהִכָּה דָוִד בֵּאַרְנוּהוּ בְּמַאֲמַר אֵם כָּל חַי. וְיֵשׁ בְּפֶרֶק חֵלֶק מַאֲמָר מַסְכִּים מְאֹד לִדְרֹשׁ הַזֶּה מִדַּעַת כָּל גְּדוֹלֵי הָאָמוֹרָאִים כִּי שָׁאֲלוּ שָׁם דָּנִיֵּאל הֵיכָן הָלַךְ שֶׁלֹּא הֻשְׁלַךְ עִם חֲבֵרָיו לְכִבְשַׁן הָאֵשׁ וְהָיָה זֶה בַּעֲצַת ה' וְדָנִיֵּאל עַצְמוֹ וּנְבוּכַדְנֶצַּר כִּדְאִיתָא הָתָם רַב אָמַר לְמִיכְרָא נַהֲרָא בְּטוּרָא וּשְׁמוּאֵל אָמַר לַאֲתוּיֵי בִּזְרָא דְּאַסְפַּסְתָּא וְרַבִּי יוֹחָנָן אָמַר לַאֲתוּיֵי חֲזִירֵי מֵאֲלֶכְּסַנְדְּרִיָּא וְהִנֵּה יִתָּכֵן שֶׁנְבוּכַד נֶצַּר פָּקַד עָלָיו שֶׁבְּדֶרֶךְ אֶחָד יְצַוֶּה עַל שָׁלֹשׁ מִשְׁמָרוֹת אֵלֶּה שֶׁיִּמַּנֶּה עֲלֵיהֶן עֲבָדִים הַרְבֵּה כְּיַד הַמֶּלֶךְ הַגָּדוֹל שֶׁהָיָה צָרִיךְ

לִמְלַאכְתּוֹ וְהוּא אִישׁ חֲמוּדוֹת יַכְוִין בְּמַעֲשֵׂהוּ כִּי הַצּוּר תָּמִים פָּעֳלוֹ כִּנּוּי הוּא לְמִדַּת הַדִּין דִּמְנָה אֶתְנַזֶּרֶת אֶבֶן דִּי לָא בִידַיִן כְּפִתְרוֹן חֲלוֹמוֹ הָרִאשׁוֹן שֶׁל נְבוּכַד נֶצַּר יִתְלַבֵּשׁ בְּמִדַּת רַחֲמִים לְהוֹצִיא מָצוּר הַחַלָּמִישׁ מַעְיְנוֹ מַיִם שֶׁאֵינוֹ פּוֹסֵק וְנָהָר מִתְגַּבֵּר וְהוֹלֵךְ וְהָיָה הַפּוֹעֵל הַדִּמְיוֹנִי הַזֶּה לְדָנִיאֵל לְעוֹרֵר רַחֲמֵי הַמָּקוֹם שֶׁיְּמַהֵר אָבְדַן הָאַנְדְּרְטִי שֶׁהֵקִים מֶלֶךְ בָּבֶל עַל אַרְבַּע רִבְעֶיהָ. וּשְׁמוּאֵל אָמַר לְאֵתוּיֵי בְּזָרָא דְּאַסְפַּסְתָּא הִיא חָצִיר לִבְהֵמָה הַנִּזְרַעַת וּרְאוּיָה לִקְצֹר כָּל שְׁלֹשִׁים יוֹם כַּמֻּזְכָּר בְּרֵישׁ פֶּרֶק חֶזְקַת הַבָּתִּים. וּנְבוּכַד נֶצַּר הָיָה צָרִיךְ לָהּ הַרְבֵּה לְאֻרְוֹת סוּסָיו וְחֵילוֹתָיו כִּי רַב מְאֹד מַחֲנֵהוּ וְדָנִיאֵל בְּמַעֲשֵׂהוּ יַכְוִין לְהַפְרִיחַ צְמִיחָתָן שֶׁל אַרְבַּע חַיּוֹת כְּמוֹ עֵשֶׂב לְהַקְצָרָם בַּעֲגָלָא עֲדֵי עַד. וְרַבִּי יוֹחָנָן אָמַר לְאֵתוּיֵי חֲזִירֵי מֵאַלֶכְּסַנְדְּרְיָא וְאוּם שֶׁל נְקֵבוֹתֵיהֶם קַיָּמָא בִּרְצוֹן הַמֶּלֶךְ הָאַדִּיר אֲשֶׁר לֹא כְּדַת שֶׁהֵעִיד עָלֶיהָ תּוֹדוֹס הָרוֹפֵא בְּמַסֶּכֶת בְּכוֹרוֹת וְיָדוּעַ כִּי מַמְלְכוּת מִצְרַיִם עַל יְדֵי תַּלְמַי נֶהֱרַג הַשְּׁלִישׁ הַגָּדוֹל שֶׁהָיָה מְעַכֵּב שָׁלְטָנוּת חֲבֵרוֹ רִאשׁוֹן לְבַעֲלֵי הַתֹּאַר שֶׁהוּא קָרוֹב בְּמַבָּט' לְשֵׁם הַחַי' הַזֶּה הַיַּעֲרִי שֶׁמִּמֶּנּוּ יָנְקוּ הַמּוֹשְׁלִים הָרִאשׁוֹנִים כַּנּוֹדָע וְהָיוּ קַדְמוֹנֵי הַתֹּאַר הָאָמוּר בְּרֹב אוֹנִים וְאַמִּיץ כֹּחַ לְחַיָּה הָרְבִיעִית שֶׁרָאָה דָּנִיאֵל וְהוּא הָיָה יוֹדֵעַ שֶׁאִי אֶפְשָׁר לְבַטֵּל הַגְּזֵרָה שֶׁגַּם הִיא חֵלֶק מֵהָאַנְדְּרְטִי שֶׁזָּכַרְנוּ וְכִוֵּן לִשְׁקֹד עָלֶיהָ לְהַחֲלִישׁ כֹּחָהּ. עוֹד אָמְרוּ חֲכָמִים שֶׁדָּנִיאֵל בְּמִצְוַת הַקָּדוֹשׁ בָּרוּךְ הוּא הָלַךְ עִם יְחֶזְקֵאל לְהַחְיוֹת מֵתִים בְּבִקְעַת דּוּרָא נִתְגַּבֵּר בָּזֶה כְּנֶגֶד הָפְכּוֹ בְּפֹעַל דִּמְיוֹנִי לְקֵץ הַיָּמִין:

מַאֲמַר חֵקֶר דִּין - חֵלֶק ד פֶּרֶק ח

הַכֹּל צָפוּי וְהָרְשׁוּת נְתוּנָה וּבְטוּב הָעוֹלָם נִדּוֹן וְהַכֹּל לְפִי רֹב הַמַּעֲשֶׂה כָּךְ שָׁנָה רַבִּי עֲקִיבָא בְּמַסֶּכֶת אָבוֹת פֶּרֶק ג' וּמִמָּה שֶׁזְּכַרְנוּהָ בְּרֵישׁ הַפֶּרֶק הַקּוֹדֵם מְבֹאָר נִגְלֶה שֶׁאֵין הַמְּצִיאוּת הַפָּשׁוּט בִּגְזֵרַת עִירִין מְחַיֵּב הַמַּעֲשֶׂה הֶעָתִיד וּרְאָיָה גַּם כֵּן מֵאוּרִים וְתֻמִּים דִּקְעִילָה כִּי אַף עַל פִּי שֶׁנֶּאֱמַר שָׁם יָרֵד יַסְגִּירוּ וּכְבָר יָצָא מִן הַכֹּחַ הַפָּשׁוּט אֶלָּא מַה שֶּׁבֵּינוֹ וּבֵין הַפּוֹעֵל מִכָּל מָקוֹם לֹא יָרַד וְלֹא הִסְגִּירוּ כִּי אֵין בָּזֶה פּוֹעֵל דִּמְיוֹן שֶׁיִּתְעַצֵּם בּוֹ הַנִּרְצֶה מִמֶּנּוּ וְכָל הַנִּגְזָר עַל דִּבְרַת בְּנֵי הָאָדָם הוּא עַל תְּנָאֵי בְּלִי סָפֵק וְעַל דֶּרֶךְ זֶה יִצְדַּק מְאֹד שֶׁנֶּאֱמַר כִּי הַתּוֹרָה הַכְּתוּבָה לְפָנָיו יִתְבָּרֵךְ בִּמְרוֹם אַלְפַּיִם שָׁנָה קֹדֶם הָעוֹלָם אֵיךְ שֶׁיּוּבַן הִיא מֵמַר קַדִּישִׁין עַל הַמִּצְוֹת הָעֲתִידוֹת לְהִתְקַיֵּם עַל יָדֵינוּ וּבְמַעֲמַד הַר סִינַי יָצְאָה לַפֹּעַל דִּמְיוֹן עַל כָּל הַמַּעֲשֶׂה שָׁם וְדַק אָמַרְנוּ כֹּל אֲשֶׁר דִּבֶּר ה' נַעֲשֶׂה וְנִשְׁמָע בִּקְרִיאַת סֵפֶר הַבְּרִית בְּפָרָשַׁת מִשְׁפָּטִים רָז שֶׁמַּלְאֲכֵי הַשָּׁרֵת מְשַׁתַּמְּשִׁים בּוֹ מִשְׁאָל אֲלֵיהֶם בִּבְחִינַת הֱיוֹתָם מְשָׁרְתֵי עֶלְיוֹן עַל דֶּרֶךְ מֹשֶׁה עַבְדִּי וְהוּא עַצְמִי לִבְנֵי עֶלְיוֹן שֶׁבִּשְׁבִילָם נִבְרָא הָעוֹלָם וּנְדַבֵּר עוֹד מִזֶּה בְּסָמוּךְ וְשִׁשִּׁים רִבּוֹא מַלְאֲכֵי הַשָּׁרֵת קָשַׁר לְכָל אֶחָד מִמֶּנּוּ שְׁנֵי

כְּתָרִים אֶחָד לִכְבוֹד הַצֶּלֶם וְאֶחָד לִכְבוֹד הַדְּמוּת וּכְבָר זָכַרְנוּ מִזֶּה בְּחֵלֶק הַשֵּׁנִי סוֹף פֶּרֶק ט' עַמּוּד עָלָיו נַעֲדִין הָיִינוּ מְקַוִּים לִסְבֹּל אֶת הַדִּבּוּר מִפִּי הַגְּבוּרָה אָמְנָם רְעָדָה אֲחָזַתְנוּ וְאָמַרְנוּ לְמֹשֶׁה קְרַב אַתָּה וּשְׁמַע וְאַתְּ תְּדַבֵּר אֵלֵינוּ בְּחֹזֶק הַשְּׁמִיעָה וְרִפְיוֹן הַדִּבּוּר עַל כֵּן נִתְהַפֵּךְ הַסֵּדֶר כִּדְכְתִיב וְשָׁמַעְנוּ וְעָשִׂינוּ. וְהִנֵּה הַמַּעֲשֶׂה הָאָמוּר כָּאן יִצְדַּק עַל הַצֶּלֶם כְּשֵׁם שֶׁיֵּאוֹת בִּבְרִיאוּת הָאָדָם שֵׁם אֱלֹהִים אֻמְנָא דְּמַעֲשֵׂה בְרֵאשִׁית לְמַלְכָּא שֶׁהוּא שֵׁם בֶּן אַרְבַּע הַנֶּעֱלָם בְּתוֹכוֹ כְּמוֹ שֶׁנַּזְכִּיר וּבָאָה הַשְּׁמִיעָה עַל הַדְּמוּת וִיהִיֶה נַעֲשֶׂה וְנִשְׁמַע כְּמוֹ בְּצַלְמֵנוּ כִּדְמוּתֵנוּ וְהַשִּׁמּוּשׁ לֵאלֹהִים הַנִּזְכָּר בַּכָּתוּב וּלְשֵׁם הַמְיֻחָד עִמּוֹ תָּמִיד וְשָׁמַעְנוּ וְעָשִׂינוּ הוּא כְּמוֹ בִּדְמוּתוֹ בְּצַלְמוֹ הַנִּזְכָּר בְּלֵדָתוֹ שֶׁל שֵׁת אַחֲרֵי שֶׁהִשְׁלִמָה לְאָבִיו תְּשׁוּבָה מְעַלְּיְתָא כְּמוֹ שֶׁזָּכַרְנוּ בְּפֶרֶק ה' וְזוֹ מִדַּת הָעֲבָדִים עַצְמִית לְמַלְאֲכֵי הַשָּׁרֵת שֶׁהֵמָּה מְחִצָּה לְעַצְמָם מֻגְבָּלִים שֶׁלֹּא לַעֲשׂוֹת שְׁתֵּי שְׁלִיחוּת וּמֻכְרָחִים לִשְׁמֹעַ מָה יְצַוֶּה ה' לִפְנֵי הָעֲשִׂיָּה אֶלָּא שֶׁהֵמָּה מִשְׁתַּמְּשִׁים בְּאוֹתוֹ רָז הַמָּסוּר לְבָנִים הַמְיַחֲלִים לִשְׂכַר מִצְוָה שֶׁהוּא מִצְוָה אַחֶרֶת לֹא זוּלַת וְהַהֶבְדֵּל בֵּינֵיהֶם כִּי בֶּן בֵּין הַבָּנִים דְּבָרָיו קַיָּמִים לֹא כֵן הָעֲבָדִים עַד שֶׁיִּשְׁווּ כֻּלָּם לָדַעַת אַחַת. וְעוֹד חֲבִיבִים הַבָּנִים שֶׁכָּל הָעוֹלָמוֹת מְסוּרִים בְּיָדָם לְשַׁנּוֹת הַטֶּבַע לִרְצוֹנָם כְּגוֹן פִּי הָאָרֶץ וְכֵן שֶׁמֶשׁ בְּגִבְעוֹן דּוֹם הֲרֵי נַעֲשָׂה וְאַחַר כָּךְ נִשְׁמַע כְּמוֹ וַעֲמָשָׂא לֹא נִשְׁמַר הֲדָא הוּא דִכְתִיב לִשְׁמֹעַ ה' בְּקוֹל אִישׁ וְהִיא הַנּוֹתֶנֶת שֶׁגַּם אֲנַחְנוּ נִשְׁמַע לֶעָתִיד לְהַתְמִיד הַנִּגּוּן הַמּוֹסִיף כֹּחַ בִּגְבוּרָה שֶׁל מַעְלָה וְשֶׁבַח רַב נִשְׁתַּבְּחוּ יִשְׂרָאֵל לִהְיוֹת כָּל אֶחָד מֵהֶם דּוֹמֶה לְמַלְאֲכֵי הַשָּׁרֵת לְהִשְׁתַּמֵּשׁ בְּרָז זֶה אֲשֶׁר אֵינֶנּוּ מָסוּר אֶלָּא לִיחִידֵי סְגֻלָּה כָּאָמוּר. וּגְדוֹלָה הִיא אֵלֵינוּ מָה שֶׁנִּפְלֵינוּ שְׁתֵּי פְּעָמִים בְּקַבָּלַת עֹל מַלְכוּת שָׁמַיִם אַחַת בְּפָרָשַׁת יִתְרוֹ וַיַּעֲנוּ כָל הָעָם יַחְדָּו בְּהַשְׁוָאַת הַפַּרְצוּפִין וְהַדֵּעוֹת כֻּלָּן אֲשֶׁר דִּבֶּר ה' נַעֲשֶׂה וּבְהִתְיַחֲדוּת הַמַּעֲלָה הַזֶּה אֵין צָרִיךְ לִשְׁמִיעָה דְּמִמֵּילָא אָתְיָא וְעַל זֶה נֶאֱמַר וַיָּשֶׁב מֹשֶׁה וְשׁוּב נֶאֱמַר וַיַּגֵּד מֹשֶׁה שֶׁהִיא הַגָּדָה רְצוֹנִית גְּדוֹלָה מִתְּשׁוּבָה וְהִיא מֶשֶׁךְ חָכְמָה כַּנּוֹדָע וְלֹא פֵּרֵשׁ מָה הִיא וְאַחַת בְּפָרָשַׁת מִשְׁפָּטִים דִּכְתִיב וַיַּעַן כָּל הָעָם קוֹל אֶחָד כָּאן הִפְלַגְנוּ הַהִתְיַחֲדוּת בְּמַעֲנֶה אַחַת וּבְקוֹל אֶחָד שֶׁהֵן פְּעֻלּוֹת הַצֶּלֶם וְהַדְּמוּת בְּיִחוּד גָּמוּר וּמֻפְלָא וְאָמַרְנוּ נַעֲשֶׂה בִּלְבַד פַּעַם אַחֶרֶת וּכְנֶגְדָּן וַיִּבְרָא אֱלֹהִים אֶת הָאָדָם בְּצַלְמוֹ הֲרֵי בְּרִיאָה אַחַת מִשֵּׁם אֱלֹהִים בְּצֶלֶם אֱלֹהִים בָּרָא אֹתוֹ הֲרֵי בְּרִיאָה שְׁנִיָּה וְלֹא פֵּרֵשׁ מִי הַבּוֹרֵא כִּי הוּא הַשֵּׁם הַנֶּעֱלָם יִתְבָּרֵךְ לָעַד מִלְּבַד מָה שֶׁפֵּרַשְׁנוּ בוֹ בְּפֶרֶק ה' וְיִצְדַּק בְּזֶה גַּם כֵּן מָה שֶׁזָּכַרְנוּ שָׁם כִּי נִכְלַל הַדְּמוּת בְּצֶלֶם וּנְשָׁנָה בַּפָּסוּק כְּשֵׁם שֶׁנִּכְלְלָה בִּדְבָרֵינוּ זֶה פְּעָמִים הַשְּׁמִיעָה בְּמַעֲשֶׂה וְהוּא טַעַם וַיֹּאמֶר אֱלֹהִים בְּלִבּוֹ נִמְלַךְ זֶה שֵׁם בֶּן אַרְבַּע אוֹתִיּוֹת בָּרוּךְ הוּא מִבַּלְעָדָיו אֵין אֱלֹהִים וְזוֹ אַחַת מִן הַהַשְׁוָאוֹת הַמֻּפְלָאוֹת וְהָעֲמֻקּוֹת אֲשֶׁר לְמַעֲשֵׂה בְרֵאשִׁית עִם מַתַּן תּוֹרָה שֶׁמַּעֲנֶה וְאַתָּה דַּע לְךָ כִּי נַעֲשֶׂה בִּלְבַד מְכֻוָּן לְצֶלֶם אֱלֹהִים כִּי נִשְׂגָּב שְׁמוֹ

לְבַדּוֹ וְהַדְּמוּת נִכְלַל בְּשָׁרְשׁוֹ וְדוֹמֶה לוֹ. נַעֲשֶׂה וְנִשְׁמַע בְּמֶמְשֶׁלֶת הַצֶּלֶם עַל הַדְּמוּת וְשָׁמַעְנוּ וְעָשִׂינוּ בִּקְדִימַת הַדְּמוּת לְצֶלֶם. וּבְשָׁעָה שֶׁאָמְרוּ דַּבֵּר אַתָּה עִמָּנוּ וְנִשְׁמָעָה וְאַל יְדַבֵּר עִמָּנוּ אֱלֹהִים נִתְעַלֵּם הַצֶּלֶם וְנִשְׁאַר הַדְּמוּת וְהִיא שֶׁגָּרְמָה לָנוּ הוֹרָדַת עֶדְיֵנוּ מֵהַר חוֹרֵב וְהַהִתְרוֹקְנוּת מִמֶּנּוּ זְכַרְנוּהוּ בַּחֵלֶק הַשֵּׁנִי פֶּרֶק ט' וְזֶה מְקוֹם הִתְבּוֹנְנוּת בַּהֶבְדֵּל אֲשֶׁר בֵּין אָמַרְנוּ וְנִשְׁמְעָה עָתִיד בְּצוּרָתוֹ וּבֵין וְשָׁמַעְנוּ שֶׁהוּא עָבַר מְהֻפָּךְ לֶעָתִיד וְאָנוּ עֲתִידִים לִרְמֹז מִזֶּה בְּסוֹף פֶּרֶק עֲשִׂירִי וְהַפֶּלֶא בְּמִלַּת וְנִשְׁמְעָה הַמִּתְפָּרֶשֶׁת יָפֶה בְּמוּבָן עָבַר וְנִפְעַל לִנְקֵבָה הוּא שֶׁהוֹכִיחַ מֹשֶׁה לְהַלָּן עַל מָה שֶׁאָמְרוּ לוֹ וְאַתְּ תְּדַבֵּר אֵלֵינוּ כְּמוֹ שֶׁזָּכַרְנוּ בְּפֶרֶק זֶה וְאִם נִפְרֵשׁ וָא"ו שֶׁל וְנִשְׁמְעָה שֶׁתֶּהֱפַךְ הַמִּלָּה מֵעָבָר לֶעָתִיד לִנְקֵבָה הַנִּשְׁמַעַת וְהִיא פִּי הַגְּבוּרָה גַּם זֶה מִכְּלַל הַשִּׁבְעִים פָּנִים וְכָמוֹהוּ וְנִקְּתָה וְנִזְרְעָה זָרַע. וְהִנֵּה כָּאן קִבְּלוּ יִשְׂרָאֵל עֲלֵיהֶם גַּם תּוֹרָה שֶׁבְּעַל פֶּה הָעִיּוּנִית כְּגוֹן מִדְרָשׁ וְאַגָּדָה וְהַמַּעֲשִׂית כְּגוֹן מִצְוַת וְאַזְהָרוֹת דְּרַבָּנָן יֵשׁ מֵהֶן אֲשֶׁר נוֹדַע מִי סִדְּרָן כְּגוֹן שְׁלֹמֹה שֶׁתִּקֵּן עֵרוּבִין מִשּׁוּם רִבּוּי אֻכְלוּסִין שֶׁהָיוּ בְּיָמָיו בִּירוּשָׁלַיִם וּנְטִילַת יָדַיִם לְרִבּוּי הַזְּבָחִים שֶׁהָיוּ נֶאֱכָלִים בְּכָל הָעִיר. וְיֵשׁ מֵהֶן שֶׁלֹּא נוֹדַע לָנוּ מִי אֲבִיהֶן כְּגוֹן שְׁבוּת וּמֻקְצֶה וּשְׁנִיּוֹת לַעֲרָיוֹת וְדוֹמֵיהֶן. אֵלֶּה אֵיפֹה הֵן גּוּפָהּ שֶׁל תּוֹרָה שֶׁבְּעַל פֶּה הַכֹּל מִבֵּית דִּינוֹ שֶׁל מֹשֶׁה מִפִּ"י גְבוּר"ה שֶׁהוּא בְּגִימַטְרִיָּא מדרבנ"ן וְכֵן מש"ה עִם הַמִּלָּה שמ"ו שֶׁל הַקָּדוֹשׁ בָּרוּךְ הוּא וְאוּלָם עַל הַשְּׁמִיעָה לְבַדָּהּ כְּתִיב וְאָעִידָה בָּם אֶת הַשָּׁמַיִם וְאֶת הָאָרֶץ בִּשְׁמִיעָה וְהָאֲזָנָה שֶׁבָּאָה בִּמְקוֹם מַעֲשֶׂה לְחֶסְרוֹנוֹ וְהִנֵּה קֹדֶם הַחֵטְא נִתְיַחֲסָה הָאֲזָנָה לַשָּׁמַיִם וּשְׁמִיעָה לָאָרֶץ כְּדִבְרֵי הָרַב כְּטַעַם אֶעֱנֶה אֶת הַשָּׁמַיִם תְּחִלָּה וְהֵם יַעֲנוּ אֶת הָאָרֶץ וְאַחַר הַחֵטְא נִתְיַחֲסָה שְׁמִיעָה לַשָּׁמַיִם וְהָאֲזָנָה לָאָרֶץ כְּדִבְרֵי הַתַּלְמִיד כְּטַעַם שׁוּבוּ אֵלַי וְאָשׁוּבָה אֲלֵיכֶם:

מַאֲמַר חֲקֹר דִּין - חֵלֶק ד פֶּרֶק ט

שַׁיָּתוֹ לְבַבְכֶם לִכְלָלוּת פָּרָשִׁיּוֹתֶיהָ שֶׁל תּוֹרָה כִּי לֹא בָאוּ הַמִּצְוֹת בָּהֶן בִּלְשׁוֹן צִוּוּי אֶלָּא בְּהוֹרָאַת הֶעָתִיד לֹא יִהְיֶה. לֹא תִשְׁתַּחֲוֶה. לֹא תִשָּׂא. וְהַכַּוָּנָה גָּלוּי וְיָדוּעַ לְפָנַי שֶׁלֹּא יִהְיֶה לְךָ אֱלֹהִים אֲחֵרִים וְכֵן כֻּלָּם כִּי טֶבַע הַמְּחֻצָּב לֹא יִסְבֹּל מַעֲשֵׂה הָעֲבֵרָה וְהָיָה הַנִּכְשָׁל בָּהּ מִקְרֵה הַכְּסִיל אֲשֶׁר לֹא יַתְמִיד. וְגַם הֶעָשֵׂן בָּאוּ בְּשֵׁם הַתֹּאַר הַכּוֹלֵל כָּל הַזְּמַנִּים וְהוּא אָמְרוּ זָכוֹר אֶת יוֹם הַשַּׁבָּת בקמ"ץ לֹא בשב"א כְּמוֹ זָכוֹת יְמוֹת עוֹלָם אֶלָּא כֵּן מַשְׁמָעוֹ אָנֹכִי הָרוֹעֶה אוֹתְךָ בְּאוֹתוֹ הַכֹּחַ הַנִּרְמָז בְּתָאֳרִים אֵלֶּה זָכוֹר וְכַבֵּד רוֹצֶה לוֹמַר עוֹדְךָ זוֹכֵר שַׁבָּתוֹת וּמְכַבֵּד הַהוֹרִים וְגַם הַדִּבְּרוֹת מְסַיְּעוֹת הַכֹּחַ הַהוּא וּמוֹצִיאוֹת אוֹתוֹ לַפֹּעַל דִּמְיוֹן לַעֲזֹר אוֹתָנוּ בְּהַשְׁלָמָתוֹ כְּדֶרֶךְ הַפִּתְרוֹן לַחֲלֹם וּבִלְבַד דְּמִפְּשַׁר לְפוּם אַדְמוּי וְכָל שֶׁכֵּן בִּהְיוֹת הַדִּבּוּר מִכְתַּב אֱלֹהִים חָרוּת עַל הַלּוּחוֹת וּמְבֹאָר מִזֶּה שֶׁהַכֹּל

צָפוּי בְּסֵדֶר זְמַנִּים וְהָרְשׁוּת נְתוּנָה בְּהֶמְשֵׁךְ הַזְּמַן וְהַצְּפִיָּה הִיא בַּדָּבָר הַנִּבְחָר שֶׁהוּא הַנּוֹדָע וְאוּלָם הַבְּחִירָה אֵלֵינוּ מַתָּנָה מֵהָרָצוֹן הָעֶלְיוֹן וְאֵין בִּידִיעָה בִּטּוּל הָרָצוֹן חָלִילָה וְהִרְחַבְנוּ הַבֵּאוּר בְּזֶה בְּמַאֲמַר הַמִּדּוֹת בַּמִּדָּה הָרְבִיעִית חֲמִשִׁית וְשִׁשִּׁית יְעֻיַּן שָׁם. וַעֲדַיִן יֵשׁ לִלְמֹד כִּי לֹא בִּלְבַד לֹא קָצְרָה יְדִיעָתוֹ בָּרוּךְ הוּא עַל הֶעָתִיד אֵצֶל הַבְּחִירָה אֶלָּא אַף עַל פִּי שֶׁיֵּשׁ אֶל הַנִּמְנָע טֶבַע קַיָּם אֵצֶל הַשֵּׂכֶל הָאֱנוֹשִׁי וְלֹא יְדֻמֶּה בִּטּוּל הֶעָבָר שֶׁיִּהְיֶה מַה שֶּׁהָיָה כְּלֹא הָיָה מִכָּל מָקוֹם אֵין כָּל דָּבָר נִמְנָע לַאֲדוֹן הַכֹּל וְצִמְצוּם שְׁכִינָתוֹ לָעַד שֶׁהוּא נִמְנָע גָּמוּר בְּדֶרֶךְ טֶבַע אֶל הַמְּתֹאָר בְּאֵין תַּכְלִית בֶּאֱמֶת וְהוּא אָמְנָם שַׁלִּיט עַל הַמִּתְקוֹמֵם בַּמָּקוֹם לֹא יְכִילֵהוּ לְמִתְקוֹמֵם בְּשׁוּם פָּנִים וּמְצוּדָתוֹ פְּרוּשָׂה עַל בִּטּוּל הַזְּמַן כִּי מַלְכוּתוֹ בְּכָל מָשָׁלָה וְהוּא בַּעַל הַחֵפֶץ הַמַּאֲרִיךְ זְמַן הַטֶּבַע כִּרְצוֹנוֹ וְהַמְּצִיאוּת לֹא יָשׁוּב בּוֹ הֶעְדֵּר וְאִם רוּחוֹ וְנִשְׁמָתוֹ אֵלָיו יֶאֱסֹף בַּמֶּה נֶחְשָׁב הוּא הַטֶּבַע וְהַזְּמַן בָּטֵל הֶעָבָר מֵעִקָּרוֹ אֵין כָּאן לֹא מְנִיעָה וְלֹא קִיּוּם. וְכָכָה לֹא יִבָּצֵר מִמֶּנּוּ מְזִמָּה לְגַדֵּל הַחֵלֶק שֶׁיִּהְיֶה יוֹתֵר מֵהַכֹּל כְּטַעַם וְאֶעֱשֶׂה אוֹתְךָ לְגוֹי עָצוּם וָרָב מִמֶּנּוּ לַשּׁוֹמְעִים יִנְעַם לְפָרְשׁוֹ כִּפְשׁוּטוֹ בַּאֲמוּת הַדָּרוּשׁ זֶה. וְיָדוּעַ שֶׁהֻצְרְכָה הַבְטָחָה זוֹ לְמֹשֶׁה כְּדֵי שֶׁיּוּכַל לְהַתִּיר הַנֶּדֶר כְּמוֹ יָחִיד מֻמְחֶה לְרָאשֵׁי הַמַּטּוֹת שֵׂכֶל כְּגוֹן זוֹ לֹא נִמְסְרָה לְמַלְאֲכֵי הַשָּׁרֵת וְכֵן צָרִיךְ לוֹמַר גַּבֵּי יְכָנְיָה דְּאִתְּמַר בֵּיהּ עֲרִירִי גֶּבֶר לֹא יִצְלַח וּבַסּוֹף הֻתַּר הַנֶּדֶר וְהָיָה זֶה עַל יְדֵי נִשְׁמוֹת הַצַּדִּיקִים שֶׁהָיְתָה לָהֶם שְׁעַת הַכֹּשֶׁר אוֹ לַצַּדִּיקִים עַצְמָם שֶׁלֹּא טָעֲמוּ טַעַם מִיתָה וְנִכְנְסוּ חַיִּים בְּגַן עֵדֶן וְאָמְנָם הָיָה מֹשֶׁה בְּשֶׁלּוֹ נוֹגֵעַ בַּדָּבָר דִּכְתִיב וַיְהִי בִישֻׁרוּן מֶלֶךְ וְאֵין מֶלֶךְ בְּלֹא עַם אָמַר לוֹ הַקָּדוֹשׁ בָּרוּךְ הוּא הֲנִיחָה לִי וְאֲגַדֵּל מֶמְשַׁלְתְּךְ בְּרָב עָם הַדְרַת מֶלֶךְ וּכְשֶׁיָּדַע שֶׁהַדָּבָר תָּלוּי בּוֹ מִיָּד וַיְחַל מֹשֶׁה כִּבְיָכוֹל אָמַר מָחוּל לוֹ וְנֶהְפַּךְ ואכל"ם ומלא"ך פָּנָיו הוֹשִׁיעָם עוֹד הַנִּיחָה בְּגִימַטְרִיָּא שָׁלֹשׁ הֲוָיוֹת רֶמֶז לוֹ שֶׁיָּעִיר מִלְּמַטָּה סִיּוּעַ לְשָׁלֹשׁ מִדּוֹת עֶלְיוֹנוֹת אֵל אֱלֹהִים ה' שֶׁיַּסְכִּימוּ כֻּלָּם בְּרַחֲמִים מִיָּד אָמַר מֹשֶׁה זְכוֹר לְאַבְרָהָם לְיִצְחָק וּלְיִשְׂרָאֵל וְלֹא אָמַר יַעֲקֹב לְהוֹסִיף כֹּחַ בְּרַחֲמֵי הַקַּו הָאֶמְצָעִי שֶׁכֵּן יִשְׂרָאֵל הוּא בְּגִימַטְרִיָּא מֹשֶׁה יַעֲקֹב דָּוִד וָא"ו רַבָּה אֶת יוֹסֵף לְמ"ד רַבָּה מִגְדָּל הַפּוֹרֵחַ בָּאֲוִיר שֶׁהוּא חוֹפֵף עַל שַׁלְשֶׁלֶת הָאָבוֹת וּמָצוּי אֶצְלָם וְהַמַּשְׂכִּיל יָבִין. הַדְרָן לִכְלָלָן שֶׁאֵין לְמֻשְׂכָּלוֹת רִאשׁוֹנוֹת מְבָא אֵצֶל הַחֵפֶץ הַפָּשׁוּט שֶׁהִמְצִיא אוֹתָן וְהֵן בְּיָדוֹ כְּחֹמֶר בְּיַד הַיּוֹצֵר וְהַנִּבְהָל לְהָשִׁיב עַל זֶה רָתוּי לוֹ כְּאִלּוּ לֹא בָּא לָעוֹלָם כִּי בָּא לְהִסְתַּכֵּל בְּמָה לְפָנִים וּמָה לְאָחוֹר וְהָעוֹלָם מִזְדַּעְזֵעַ וְנִרְתַּת מִפָּנָיו וְהוּא דִּקְדּוּק מִלַּת רָתוּי בֶּאֱמֶת מִלְּשׁוֹן רֶתֶת וָזִיעַ. וּמֵחַיּוֹת הַקֹּדֶשׁ נָדוּן קַל וָחֹמֶר שֶׁהֵן יוֹתֵר חֲשׁוּבוֹת מִמָּה שֶׁמְּמַלְּלוֹת וּמְלוּלָן בְּרָצוֹא וָשׁוֹב בְּעָמְדָם תְּרַפֶּינָה כַּנְפֵיהֶן:

מַאֲמַר חֲקֹר דִּין - חֵלֶק ד פֶּרֶק י

טַעְמוֹ וּרְאוּ כִּי הַפְּסוּקִים שֶׁזָּכַר הָרַמְבָּ"ם עַל מְנִיעַת הַהִתְבּוֹנְנוּת בִּדְרָשׁוֹת הַיְדִיעָה הִנֵּה הֵמָּה מוֹרִים עַל אֲמִתָּתוֹ אָמַר הַנָּבִיא כִּי לֹא מַחְשְׁבוֹתַי מַחְשְׁבוֹתֵיכֶם יִרְצֶה כִּי פְּשִׁיטוּת מַחְשְׁבוֹתָיו יִתְבָּרַךְ בְּתַחְלָתָן שֶׁהֵן כְּאַיִן וְאֶפֶס כְּטַעַם הֶעְדֵּר כְּלָלִי אוֹ מְיֻחָד שֶׁיִּהְיֶה הַקּוֹדֵם לְכָל דָּבָר הֵן הֵן מַחְשְׁבוֹתֵינוּ הָרְאוּיוֹת לָנוּ בְּכַוָּנַת הַמִּצְוֹת וְזוֹ מִדַּת הַטּוֹב וְעַל מִדַּת הָרַע אָמַר וְלֹא דַּרְכֵיכֶם דְּרָכַי כִּי הַשְׁבָּתַת דְּרָכֵינוּ הַחָמְרִיִּים וְהֶשְׁאֵרָם בַּאֲפִיסָה מֻחְלֶטֶת לֹא תִּרְצָח לֹא תִּנְאָף לֹא תִּגְנֹב הֵם דַּרְכֵי הַמָּקוֹם שֶׁצִּוָּה עַל הַשְׁבָּתָתָם וּבִטּוּלָם. וּכְשֵׁם שֶׁגָּבְהוּ שָׁמַיִם מֵאֶרֶץ כִּי לֹא הֻטְבַּע בִּקְעֲרוּרִית כִּפַּת הָרָקִיעַ לְהִתְעַלּוֹת בִּסְבִיב שָׁוֶה גָּבֹהַּ מֵהַמֶּרְכָּז רַק מֵהִתְגַּלּוּת צוּרַת הָאָרֶץ אֶלָּא הָאָרֶץ קָדְמָה בָּזֶה עִם שֶׁקָּדְמוּ שָׁמַיִם בִּבְרִיאָתָם בְּכֹחַ הָאֲמוּרָה בִּתְחִלַּת הַתּוֹרָה כֵּן דַּרְכֵי בִּידִיעָה גָּבְהוּ וְנִתְעַצְּמוּ מִדַּרְכֵיכֶם בִּבְחִירָה לָסוּר מֵרָע כְּטַעַם תְּפִלִּין דְּמָארֵי עָלְמָא שֶׁבָּהֶם הַנְהָגַת הַחֹל כִּמְבֹאָר אֶצְלֵנוּ בְּמַאֲמַר הַטּוֹטָפוֹת וּמַחְשְׁבוֹתַי מִמַּחְשְׁבוֹתֵיכֶם בְּמַעֲשֵׂה הַטּוֹב לְשֵׁם שָׁמַיִם עַל הַדֶּרֶךְ שֶׁבֵּאַרְנוּהוּ בָּזֶה בְּפֶרֶק ח' כְּטַעַם שַׁבְּתוֹת ה' הַצַּד הַשָּׁוֶה שֶׁבָּהֶם כִּי בְּטוּב הָעוֹלָם נִדּוֹן וְאֵין בְּדִינוֹ יִתְבָּרַךְ אֶלָּא מֹאזְנֵי צֶדֶק עַל כַּמּוּת הַטּוֹב שֶׁיַּגִּיעַ לִבְרוּאָיו אִם מְעַט וְאִם הַרְבֵּה כִּי שְׂכַר מִצְוָה מִצְוָה וְהַבּוֹחֵר בָּהּ בּוֹחֵר בִּשְׂכָרָהּ הַמְּסֻגָּל מִנָּהּ וּבָהּ כִּי שֵׁם ה' נִקְרָא עָלֶיהָ כַּנּוֹדָע מֵחֲלֻקַּת הָאוֹתִיּוֹת שְׁתַּיִם שְׁתַּיִם הַנִּסְתָּרוֹת וְהַנִּגְלוֹת אִלּוּ בְּמִלּוּלָא וְעֻבְדָּא וְאִלּוּ בְּמַחֲשָׁבָה וּרְעוּתָא דְּלִבָּא שֶׁהֵן וּתְמוּרָתָן קֹדֶשׁ אֵצֶל הַשָּׁלֵם שֶׁתּוֹכוֹ כְּבָרוֹ וְרֶמֶז לַדָּבָר בי"ה הוי"ה צוּר עוֹלָמִים י"ה י"ה שְׁתֵּי פְּעָמִים אֶחָד לְעַצְמוֹ וְאֶחָד בְּרֹאשׁ הַשֵּׁם הַבִּלְתִּי נֶהֱגֶה דְּהַיְנוּ הֵן וּתְמוּרָתָן אוֹ רְשׁוּמָן לְיוֹדְעִים סוֹדוֹ וְאֵין בְּיִסּוּרִין וּמִיתָה וּבְעָנְשֵׁי גֵּיהִנֹּם אֶלָּא טוֹבָה כְּפוּלָה כְּטַעַם וְהִנֵּה טוֹב מְאֹד הָאָמוּר עַל בִּטּוּל הַמְּבַטֵּל וּבֵאַרְנוּהוּ וְהַבּוֹחֵר בַּעֲבֵרָה בּוֹחֵר בִּשְׂכָרָהּ הַבָּא מֵאֵלָיו לְפִיכָךְ אֵין בּוֹ וְיָתֵר אֶלָּא אֶרֶךְ אַפַּיִם וְהוּא מֵהַטּוֹב שֶׁהָעוֹלָם נִדּוֹן בּוֹ וּכְבָר הֻתְּרָה כָּל אָדָם עַל זֶה בִּירֵחִים שֶׁאֵין בָּהֶם שָׁנָה וּמִשָּׁעָה שֶׁהָיָה צָפוּי שֶׁאוֹלַתּוֹ תְּסַלֵּף דַּרְכּוֹ עַל ה' יִזְעַף לִבּוֹ כְּטַעַם בָּתֵּי גוֹאֵי דְּאָמוּר רַבָּנָן בְּפֶרֶק אֵין דּוֹרְשִׁין דְּאִית בְּהוּ עֲצִיבוּ כִּגְרְסַת רַשִׁ"י וּכְפֵרוּשׁ הֶחָכָם בְּפַרְדֵּס רִמּוֹנִים לֹא כִּדְמַפִּיךְ לָהּ ה"ר טוֹדְרוֹס הַלֵּוִי. וְהַכֹּל לְפִי רֹב הַמַּעֲשֶׂה יִרְצֶה שֶׁכְּלַל הָעוֹלָם נִדּוֹן אַחַר רֻבּוֹ וְיִרְמֹז גַּם כֵּן כִּי בָּעַצְלְתַּיִם מַךְ הַמְּקָרֶה הוּא הַמְּצִיאוּת בְּכֹחַ אֲשֶׁר לְמַעֲשֵׂה הַמִּצְוֹת בְּשָׁרְשֵׁי הַנְּשָׁמוֹת שֶׁלֹּא יִתְבַּטֵּל ח"ו אֶלָּא שְׁאַר מַךְ וּבִלְתִּי מֵאִיר כָּל זְמַן הָעַצְלוּת וּבְשִׁפְלוּת יָדַיִם בְּהִטַּפֵּל כְּלֵי הַמַּעֲשֶׂה בַּדְּבָרִים הַשְּׁפָלִים וְהַמְגֻנִּים דָּלוּף הַבַּיִת לְפִי שָׁעָה וְעוֹד יָשׁוּב וְנִבְנָה שֶׁכֵּן כְּתִיב וּבָחַרְתָּ בַּחַיִּים עָבַר בִּמְקוֹם עָתִיד וְהָא וְהָא אִיתָא שֶׁכְּבָר בָּחַרְנוּ בַּחַיִּים כְּשֶׁהָיִינוּ

כְּטַעַם הַמֶּלֶךְ בִּמְלַאכְתּוֹ וְכֵן בְּסִינַי וּמֵבְטִיחִים אָנוּ לִבְחֹר בָּהֶם בִּזְמַנֵּיהֶם וּבְפֹעַל מֻשְׁלָם וְזֶה כְּלָל גָּדוֹל בַּתּוֹרָה שֶׁכָּל עָתִיד בִּמְקוֹם עָבָר וְעָבָר בִּמְקוֹם עָתִיד אַתָּה צָרִיךְ לִדְרֹשׁ אֶת שְׁנֵיהֶם שֶׁיִּהְיוּ סְמוּכִים בֶּאֱמֶת וְיָשָׁר וּמְהֵמָּה בְּנִי הִזָּהֵר כִּי אֵין לְךָ עֵסֶק עִמָּהֶם אִם לֹא בְּשִׁמּוּשׁ חֲכָמִים צַו לָצָו קַו לָקָו וְעַל פִּי הַתּוֹרָה אֲשֶׁר יוֹרוּךָ:

מַאֲמַר חֵקֶר דִּין - חֵלֶק ד פֶּרֶק יא

הַתִּקּוּן הַכּוֹלֵל אֲשֶׁר אָמַרְנוּ בְּהֶפְסֵק הַזֻּהֲמָא מִכָּל הַיְּצוּר הוּא הַמְּקֻוֶּה אֵלֵינוּ תָּמִיד וְלֹא תִּמְצָא בְּכָתוּב בְּרָכָה לֵאלֹהִים בִּלְתִּי לַה' לְבַדּוֹ אֶלָּא כְּשֶׁקָּדַם אֵלֶיהָ מֵעֵין הַמְּאֹרָע הַזֶּה בְּפֵרוּשׁ אוֹ בְּרֶמֶז וְכֵן בִּבְנֵי גָּד וּבְנֵי רְאוּבֵן כְּשֶׁהוֹצִיאוּ עַצְמָם מֵחֲשַׁד עֲבוֹדָה נָכְרִיָּה בַּמִּזְבֵּחַ אֲשֶׁר בָּנוּ כִּי לֹא תֵּאָנֵת בְּרָכָה זוֹ אֶלָּא אִם כֵּן זוּלַת. עַל כֵּן אָמְרוּ בִּירוּשַׁלְמִי בֶּן נֹחַ שֶׁבֵּרַךְ אֶת הַשֵּׁם עוֹנִין אַחֲרָיו אָמֵן בֵּרַךְ בְּשֵׁם אֵין עוֹנִין וּמִסְתַּבְּרָא לָן בְּפֵרוּשָׁא דְּמִלְּתָא דִּמְבָרֵךְ שֵׁם בְּשֵׁם קָאָמַר בְּסֵיפָא בְּדָבָר הַלָּמֵד מֵעִנְיָנוֹ וְאַתְיָא מִמְּגַדֵּף שֶׁהֲרֵי יְדִיעַת הַהֲפָכִים אַחַת וְכִי הָא דְּאָמַר הוֹשִׁיעַ הַשָּׁמַיִם יַעֲנוּ אֶת הָאָרֶץ שֶׁהוּא בִּשְׂפַת אַחַת בְּמַאֲמַר דָּוִד מַלְכֵּנוּ כִּי לְךָ ה' הוֹחָלְתִּי אַתָּה תַעֲנֶה ה' אֱלֹהַי קַדְמָאָה בְּיוּ"ד ה"י תִּנְיָנָא בְּאָלֶ"ף דָּלֶ"ת וּבְכִי הַאי גַּוְנָא חָיְשִׁינַן לֵהּ לְשִׁתּוּף שֵׁם שָׁמַיִם וְדָבָר אַחֵר כֵּיוָן שֶׁאֵין לוֹ עֵסֶק בְּתוֹרַת מֹשֶׁה רַבֵּנוּ וְחַיָּב מִיתָה עָלֶיהָ שֶׁאֵינוֹ יוֹרֵד לָעֲמָקָהּ וּמְשַׁנֶּה אֶת טַעְמָהּ אֲבָל מְבָרֵךְ אֶת הַשֵּׁם סְתָם מִתּוֹרַת בְּנֵי נֹחַ הֻתְּרָה לוֹ וַהֲרֵי הוּא עָלֶיהָ כְּכֹהֵן גָּדוֹל. וְעַל הַתִּקּוּן הַכּוֹלֵל הַזֶּה אָמְרוּ בְּנֵי קֹרַח כָּל הָעַמִּים תִּקְעוּ כָף וְכָל הַמִּזְמוֹר כַּנִּרְאֶה מִפְּשׁוּטוֹ וְאָמַר יַדְבֵּר עַמִּים תַּחְתֵּנוּ וְאוֹ בָּחַר לָנוּ אֶת נַחֲלָתֵנוּ אֶת גְּאוֹן יַעֲקֹב אֲשֶׁר אָהֵב סֶלָה כִּי מְתָאֵב אָנֹכִי אֶת גְּאוֹן יַעֲקֹב כְּתִיב וְלֹא נִיחָא לְמָרֵיהּוּ שֶׁיִּפָּרֵשׁ כְּמוֹ מְתָעֵב חָלִילָה אֶלָּא מִן גָּרְסָה נַפְשִׁי לְתַאֲבָה וְכִבְיָכוֹל הוּא מְתָאֵב לָמָּה שֶׁאֵין בְּיָדוֹ לְהַשִּׂיגוֹ כִּי הַכֹּל בִּידֵי שָׁמַיִם חוּץ מִיִּרְאַת שָׁמַיִם וּמֹשֶׁה רַבֵּנוּ ע"ה אָמַר עַל הַכַּוָּנוֹת הָאֵלֶּה תְּבִאֵמוֹ וְתִטָּעֵמוֹ בְּהַר נַחֲלָתְךָ כִּי וַדַּאי שִׁמּוּשׁ הָרַבִּים בַּכָּתוּב הַזֶּה מוּסָב לָעַמִּים שֶׁזָּכַר רִאשׁוֹנָה כִּי נִבְהֲלוּ מִפְּנֵי פַּחַד ה' וּמֵהֲדַר גְּאוֹנוֹ וְהָיָה רָאוּי לָהֶם לִלְמֹד מִיִּתְרוֹ שֶׁהָיָה בַּתְּחִלָּה כֹּהֵן לְכָל הָאֱלֹהִים וְהֵמָּה לֹא אֱלֹהִים וְאַחַר כָּךְ נִכְנַס תַּחַת כַּנְפֵי הַשְּׁכִינָה וּמִכָּל הָאֱלֹהִים דִּכְתִיב בְּהוּ אֶעֱשֶׂה שְׁפָטִים יָדַע כִּי גָּדוֹל ה' כִּיתְרוֹן הָאוֹר מִן הַחֹשֶׁךְ. אוֹ יָדַעְתִּי יוֹתֵר מִכָּל הָאֱלֹהִים הַנֶּעֱבָדִים כִּי גָּדוֹל ה' וְחִסָּרוֹן יְדִיעָתָם בִּשְׁבִיל הַדָּבָר שֶׁזָּדוּ עַל עַצְמָם שֶׁנִּתְפְּסוּ לְהֵעָבֵד לֶעָתִיד לִפָּרַע מֵהֶם אִי נָמֵי יָדַעְתִּי מֵהֶם כִּי גָּדוֹל ה' כִּי הַכֹּל מוֹדִים בֶּאֱלָהוּת הַסִּבָּה הָרִאשׁוֹנָה כְּטַעַם מִי מֶלֶךְ הַגּוֹיִם שֶׁלֹּא יִירָאֲךָ דֶּרֶב יָבֹא סָבָא וְלוּ חָכְמוּ יַשְׂכִּילוּ זֹאת הָעַמִּים סְבִיבוֹתָיו הָיָה לָהֶם לְהִטָּהֵר כְּמוֹתוֹ בִּשְׁכוֹן יִשְׂרָאֵל אֶצְלָם בַּמִּדְבָּר וְהָיָה מִתְקַיֵּם בִּימֵי מֹשֶׁה רַבֵּנוּ ע"ה מָה שֶׁנִּכְסַף אֵלָיו

בְּאָמְרוֹ ה' יִמְלֹךְ לְעֹלָם וָעֶד וְאַף עַל פִּי שֶׁלֹּא אָמַר ה' מֶלֶךְ ה' מָלָךְ אַף הוּא הִשְׁלִים בְּכַוָּנַת תְּפִלָּתוֹ מָה שֶׁקָּצְרָה לְשׁוֹנוֹ כְּמוֹ שֶׁזָּכַרְנוּ בְּסוֹף הַחֵלֶק הַקּוֹדֵם כִּי בִּקֵּשׁ עַל הַהֹוֶה שֶׁיַּתְמִיד עַל הָאֹפֶן הֶעָתִיד וְעַל תִּקּוּן הֶעָבָר גַּם כֵּן כְּטַעַם שֶׁמְּחָנוּ כִּמּוֹת עִנִּיתָנוּ שֶׁקָּדַם בֵּאוּרוֹ בִּתְחִלַּת הַמַּאֲמָר וּבְנֵי קֹרַח אָמְרוּ מָלַךְ אֱלֹהִים עַל גּוֹיִם אֱלֹהִים יָשַׁב עַל כִּסֵּא קָדְשׁוֹ הוּא הַכִּסֵּא שֶׁרָאָה יְחֶזְקֵאל עַל דְּמוּתוֹ דְּמוּת כְּמַרְאֵה אָדָם עָלָיו מִלְמָעְלָה וְעַל זֹאת הַדֻּגְמָא הַנִּפְלָאָה כְּתִיב אֲנִי אָמַרְתִּי אֱלֹהִים אַתֶּם וּבְנֵי עֶלְיוֹן כֻּלְּכֶם וְהַשְׁתָּא מִיהַת קוּשְׁטָא קָאָמַר לָהּ נָחָשׁ לְחַוָּה וִהְיִיתֶם כֵּאלֹהִים כִּי אָבְדָנוּ הַשְּׁלֵמוּת הָעַצְמִי וְנִשְׁאַר הַדִּמְיוֹן בִּלְבַד וְכֵן הֵן הָאָדָם הָיָה כְּאַחַד שֶׁלֹּא בִּרְצוֹן גָּבוֹהַּ כִּי חָפֵץ בּוֹ שֶׁיִּהְיֶה אֶחָד מַמָּשׁ כְּטַעַם כֹּל הַנְּשָׁמָה תְּהַלֵּל יָהּ לֹא אָמַר כָּל נְשָׁמָה וְלֹא כָּל הַנְּשָׁמוֹת אֶלָּא כָּל הַנְּשָׁמָה דָּעֵהוּ נַעַבְדֵהוּ וְתָבִין אָמְרוּ תְּהַלֵּל יָהּ כִּי הַהַלֵּל וְהַמְּהַלֵּל וְהַמְּהֻלָּל אֶחָד וְטַעַם אֱלֹהִים וּבְנֵי עֶלְיוֹן עַל הַצֶּלֶם וְהַדְּמוּת כְּמוֹ שֶׁבֵּאַרְנוּ:

פֶּרֶק שְׁנֵים עָשָׂר כְּבָר זָכַרְנוּ שִׁבְחוֹ שֶׁל אָדָם הָרִאשׁוֹן מִתּוֹךְ גְּנוּתוֹ כִּי בְּחֶטְאוֹ מֵת בְּאוֹתָהּ שָׁעָה מַמָּשׁ לִרְצוֹנוֹ שֶׁלֹּא לְהַחֲטִיא הַצֶּלֶם וְהַדְּמוּת שֶׁהָיָה בּוֹ וְהַצַּדִּיק הַמִּיתָה עַל עַצְמוֹ כְּטַעַם וְלִבִּי חָלַל בְּקִרְבִּי וְהָיוּ כָּל יָמָיו בִּתְשׁוּבָה גְּמוּרָה רָאוּי אִם כֵּן שֶׁמַּעֲשֵׂהוּ יִהְיֶה לָנוּ לְמוֹפֵת לְפִיכָךְ אָמַר הַמְּשׁוֹרֵר אָכֵן כְּאָדָם תְּמוּתוּן וּכְאַחַד הַשָּׂרִים תִּפֹּלוּ זֶה שֶׁמַּחוֹזַאי מְיָחֵד שֶׁבִּשְׁנֵי הַשָּׂרִים שֶׁנָּפְלוּ מִמְּקוֹם קְדֻשָּׁתָם וְאָמְרוּ עָלָיו בְּאַגָּדָה שֶׁשְּׁנֵי בָּנָיו סִפְּרוּ לוֹ שֶׁחָלְמוּ חַרְבֵּנוּ שֶׁל עוֹלָם וּמְטַטְרוֹן גַּם כֵּן שָׁלַח וְהוֹדִיעוֹ גְּזֵרַת הַמַּבּוּל וְעָמַד בִּבְכִי וְהָיָה מִצְטַעֵר עַל הָעוֹלָם וּבִזְכוּת זֶה נִפְתְּחוּ לוֹ שַׁעֲרֵי תְּשׁוּבָה וְתָלָה עַצְמוֹ בֵּין שָׁמַיִם לָאָרֶץ רַגְלָיו בַּשָּׁמַיִם וְרֹאשׁוֹ בָּאָרֶץ וְגַם זוֹ דֻּגְמָא מְעֻלָּה לְעֶבֶד יִשְׁאַף צֵל. וְעַל הַהִתְמָדָה אָמְרוּ שֶׁעוֹדֶנּוּ תָּלוּי וְעוֹמֵד בִּתְשׁוּבָה לִפְנֵי הַקָּדוֹשׁ בָּרוּךְ הוּא וּבְפֶרֶק ט' דְּמַסֶּכֶת נִדָּה אָמַר מַר סִיחוֹן וְעוֹג אַחִים הֲווּ בְּנֵי אֲחִיָּה בַּר שֶׁמְחַזַאי וּפְשִׁיטָא לְהוּ הָתָם דְּעוֹג הוּא הַפָּלִיט שֶׁפָּלַט מִן הַמַּבּוּל וְהַתּוֹסָפוֹת לָמְדוּ בְּהֶקֵּשׁ לְסִיחוֹן שֶׁגַּם הוּא הָיָה בְּאוֹתָהּ הַצָּלָה צֵא וּלְמַד שְׂכַר הַמִּתְאַבְּלִים עַל הַצִּבּוּר שֶׁהֵם וּבְנֵיהֶם רוֹאִים בְּנֶחָמַת הַצִּבּוּר. וְאוּלָם בְּהִשְׁתַּלֵּם אֶצְלֵנוּ תְּנָאֵי הַתְּשׁוּבָה נְקוּוֶה אֶל הַיִּעוּד שֶׁרָמַז אֵלָיו אָסָף בְּאָמְרוֹ קוּמָה אֱלֹהִים שָׁפְטָה הָאָרֶץ עַל דֶּרֶךְ תִּזְכֶּה בְּשָׁפְטֶךָ וּבֵאַרְנוּהוּ כִּי אַתָּה תִנְחַל בְּכָל הַגּוֹיִם אִלּוּ אָמַר אֶת כֹּל הָיָה בְּמַשְׁמָע שֶׁהֵמָּה יֹאבְדוּ וְנַחֲלָתָם לְעוֹלָם תִּהְיֶה עַכְשָׁו שֶׁאָמַר בְּכָל הַגּוֹיִם פֵּרוּשׁוֹ שֶׁגַּם הֵמָּה יְקַבְּלוּ עֹל מַלְכוּתוֹ וְיִהְיוּ בְּצִדְקָתָם מְכוֹן לְשִׁבְתּוֹ כְּמוֹ שֶׁבֵּאַרְנוּ בַּפֶּרֶק הַקּוֹדֵם וְהַגְּבוּל שֶׁאֵלָיו צוֹפֶה הַיִּעוּד הַגָּדוֹל הַזֶּה הוּא עַד יַעֲבֹר עַמְּךָ ה' אֶת הַיַּרְדֵּן לִכָּנֵס לְאֶרֶץ יִשְׂרָאֵל עַד יַעֲבֹר שֵׁנִית מִשָּׁם לְגַן עֵדֶן שֶׁהוּא הַתַּכְלִית הַמְקֻוֶּה לְבָאֵי הָאָרֶץ בְּאוֹתָהּ שָׁעָה וְכֵן עִם זוֹ קָנִיתָ בְּגִימַטְרִיָּא לְרָאשֵׁי תֵבוֹת לְחוּד וְהַשְּׁאָר לְחוּד הוּא גַּן עֵדֶן סָתוּם שֶׁאָז יִהְיֶה פָּתוּחַ עִם הֲסָרַת הַמּוֹנֵעַ. אוֹ יִהְיֶה עַד יַעֲבֹר עַמְּךָ ה' זוֹ בִּיאָה רִאשׁוֹנָה לְבַעֲלֵי

הַצְּלָם שֶׁהֵם צַדִּיקִים גְּמוּרִים עַד יַעֲבֹר עַם זוּ קָנִיתָ זוֹ בִּיאָה שְׁנִיָּה לְבַעֲלֵי תְשׁוּבָה מַשְׁלִימֵי הַדְּמוּת וְאַחַר כָּךְ תְּבִאֵמוֹ וְתִטָּעֵמוֹ לְכָל הַגּוֹיִם בְּהַר נַחֲלָתְךָ כָּאָמוּר וְכֵן מָצִינוּ בִּיאָה רִאשׁוֹנָה וּשְׁנִיָּה מְפֹרֶשֶׁת בְּפָנִים שׁוֹנִים כִּי אוּנְקְלוֹס תִּרְגֵּם אוֹתָן עַל מַעְבְּרוֹת אַרְנוֹן וְהַיַּרְדֵּן וּבְמַסֶּכֶת בְּרָכוֹת פֵּרְשׁוּם עַל בָּאֵי הָאָרֶץ בִּימֵי יְהוֹשֻׁעַ וּבִימֵי עֶזְרָא וּמָה שֶׁבֵּאַרְנוּהוּ גַּם הוּא מִן הַסּוֹד אַף אָנוּ לָהּ עֵינֵינוּ עַד שֶׁיַּחֲנֵנוּ בְּמַעְבְּרוֹת נְהַר סַמְבַּטְיוֹן לֶאֱסֹף נִדְחֵי יִשְׂרָאֵל וּמַעְבְּרוֹת הַיָּם כָּל הֵיכָא דְּאִיתִינְהוּ לְקַבֵּץ נְפוּצוֹת יְהוּדָה. וִישַׁעְיָהוּ אַחַר שֶׁהִכְרִיז עַל הַתְּשׁוּבָה בְּפָרָשַׁת דִּרְשׁוּ ה' בְּהִמָּצְאוֹ וְהִבְטִיחַ לִבְנֵי הַנֵּכָר הַנִּלְוִים עַל ה' וַהֲבִיאוֹתִים אֶל הַר קָדְשִׁי חָתַם הַמַּאֲמָר בְּשֵׁם שׁוֹלְחוֹ נְאֻם ה' אֱלֹהִים מְקַבֵּץ נִדְחֵי יִשְׂרָאֵל עוֹד אֲקַבֵּץ עָלָיו לְנִקְבָּצָיו עַד כָּאן פְּקֻדַּת שָׁלוֹם עַל הָאֲדָמָה וְאַחַר כָּךְ הִכְרִיז עַל צְבָא הַמָּרוֹם בַּמָּרוֹם כֹּל חַיְתוֹ שָׂדָי אֵתָיו לֶאֱכֹל כָּל חַיְתוֹ בַּיָּעַר כְּטַעַם מֵהָאֹכֵל יָצָא מַאֲכָל מְצָאנוּהוּ בשד"י יע"ר שֶׁהֵם בְּגִימַטְרִיָּא מְטַטְרוֹן סַנְדַּלְפוֹן כִּי רוּחַ הַחַיָּה בָּאוֹפַנִּים וּבֵי"ת בְּיַעַר כְּבֵי"ת בְּכָל הַגּוֹיִם:

מַאֲמַר חֵקֶר דִּין - חֵלֶק ד פֶּרֶק יג

אַשְׁרֵיהֶם לְבַעֲלֵי תְשׁוּבָה כִּי לְמִחְיָה שְׁלָחָם אֱלֹהִים לְטַהֵר הַמְּקוֹמוֹת אֲשֶׁר נָפֹצוּ שָׁם וַחֲבִיבִים הָיוּ יִשְׂרָאֵל שֶׁהֵם שָׁמְרוּ תוֹרָה וּמִצְוַת בְּמָקוֹם שֶׁשֵּׁדִים גְּדוֹלִים לֹא עָמְדוּ בוֹ בְּנִסְיוֹנָם וְהוּא מָקוֹם שֶׁבַּעֲלֵי תְשׁוּבָה עוֹמְדִים בּוֹ בְּנִסָּיוֹן בְּלִי סָפֵק וְזוֹ הִיא סִבָּה עַצְמִית לְכָל הַגָּלֻיּוֹת שֶׁהָיָה רִאשׁוֹן לְכֻלָּם וַיְגָרֶשׁ אֶת הָאָדָם כִּי אָז נִתְחַדֵּשׁ לוֹ מִגְרָשׁ חוּץ לְגַן עֵדֶן לְמַעַן יְתַקֵּן הָאֲוִיר הַחִיצוֹן בְּהֶבֶל פִּיו וְיָכִין כִּסֵּא כָבוֹד לְהַשְׁרָאַת שְׁכִינָה בְּכָל מָקוֹם. וְזֶהוּ טַעַם וְלֹא נָחָם אֱלֹהִים דֶּרֶךְ אֶרֶץ פְּלִשְׁתִּים כִּי קָרוֹב הוּא וְלֹא הָיָה מִתְקַדֵּשׁ מִדְבַּר הָעַמִּים וּכְבָר בִּקְשׁוּ יִשְׂרָאֵל מִדֵּי עָבְרָם לְהַשְׁלִים אֶרֶץ אֱדֹם וְעַמּוֹן וּמוֹאָב אֲשֶׁר הוֹרִישׁוּ קֵינִי קְנִזִּי קַדְמוֹנִי וְיָשְׁבוּ תַּחְתָּם וְלוּ חָכְמוּ שָׁלֹשׁ אֻמּוֹת הַלָּלוּ דְּקָרִיבִין בְּיִחוּסָא לְיִשְׂרָאֵל לֹא הֻצְרַךְ לְקַעְקֵעַ בִּירָתָם כְּמוֹ שֶׁאֵרַע לְאֶרֶץ סִיחוֹן וְעוֹג כִּי מִי שֶׁאֵין לוֹ זְכוּת אֵצֶל הַרְהוּרֵי תְשׁוּבָה אֵין לוֹ חֵלֶק בְּתַקָּנַת הַשָּׁבִים. גָּזַל מָרִישׁ וּבְנָאוֹ בְּבִירָה מְקַעְקֵעַ כָּל הַבִּירָה וּמַחֲזִיר מָרִישׁ לִבְעָלָיו וְזֶהוּ דִּין תּוֹרָה לְפִיכָךְ יָפֶה עָשׂוּ אַנְשֵׁי נִינְוֵה שֶׁאֵינָם בִּכְלַל תַּקָּנַת חֲכָמִים וּבְבָצִיר מֵהָכִי לֹא הֲוָה סַגִּי לְהוּ וְהוּא רֶמֶז לְעֵת אֲשֶׁר שָׁלַט אָדָם בְּלִיַּעַל בְּאָדָם מָצָא חֲכָמָה שֶׁאֵין לַחִיצוֹנִים בִּירָה אֶלָּא בְּמָרִישׁ שֶׁלָּנוּ לְרַע לוֹ לְאָדָם בְּלִיַּעַל כִּי בְּבִנְיַן נְעָרִים הוּא מְנֹעָרִים מִן הַמִּצְוֹת וְהוּא סְתִירָה לָהֶם בִּזְמַן שֶׁהָאֲבֵדָה מִתְבַּקֶּשֶׁת לִבְעָלֶיהָ. וְאִם יֵשׁ תַּקָּנָה לְהוֹצִיא מִשָּׁם אֵיזוֹ פְּרֵדָה טוֹבָה כָּרוּת וְנַעֲמָה וְעוֹבַדְיָה גֵּר אֲדוֹמִי לְאֵלּוּ תִּקְּנוּ שֶׁיַּחֲזִיר לִבְעָלֶיהָ דְּמֵי מָרִישׁ דֵּי שָׁוְיוֹ בְּתִקּוּן שְׁכִינָה כִּי גֵר שֶׁנִּתְגַּיֵּר כְּקָטָן שֶׁנּוֹלַד דָּמֵי.

הַדְּרָן לְגַלְיוֹת יִשְׂרָאֵל לְפִי שֶׁגָּלוּת שׁוֹמְרוֹן לֹא הָיוּ בְּנֵי תוֹרָה דַּי לָהֶם לְקַדֵּשׁ פֵּאָה אַחַת מִן הָעוֹלָם חְלַח וַחֲבוּר נְהַר גּוֹזָן וְעָרֵי מָדַי אֲבָל גָּלוּת יְרוּשָׁלַיִם מִשָּׁם נָפוֹצוּ לְאַרְבַּע רוּחוֹת הָעוֹלָם לְמַעַן יָפֻצוּ מַעְיְנוֹתָם לְהוֹעִיל אֶל הַכְּלָל וְהִיא תַּקָּנַת הַשָּׁבִים כְּדִכְתִיב אֲלַמְּדָה פּוֹשְׁעִים דְּרָכֶיךָ מָה כְּתִיב בַּתְרֵיהּ וְחַטָּאִים אֵלֶיךָ יָשׁוּבוּ חוֹטְאִים לֹא נֶאֱמַר אֶלָּא חַטָּאִים כְּטַעַם זְדוֹנוֹת כִּזְכֻיּוֹת וּפֵרְשׁוּהוּ וּכְתִיב שְׁגִיאוֹת מִי יָבִין מִנִּסְתָּרוֹת נַקֵּנִי גַּם מִזֵּדִים חֲשׂךְ עַבְדֶּךָ כִּי הִנֵּה יֵצֶר הָרַע מַתְעֶה מְעַט מְעַט וְהָאָדָם חוֹטֵא תְּחִלָּתוֹ בְּאֹנֶס וְסוֹפוֹ בְּרָצוֹן עַל כֵּן אָמַר שְׁגִיאוֹת מִי יָבִין בִּהְיוֹת הַטֶּבַע מְקֻלְקָל בְּפִתְקָה שֶׁל חַוָּה לְפִיכָךְ שְׁתַּיִם זוֹ שֶׁאֲלָתִי מִנִּסְתָּרוֹת נַקֵּנִי אַף בַּמִּשְׁפָּט לְנַקּוֹת אוֹתִי מִפְּגַם הַנִּסְתָּרוֹת כְּטַעַם הֶסְתֵּר אַסְתִּיר פָּנַי גַּם מִזֵּדִים הַמִּתְהַוִּים מִן הַזְּדוֹנוֹת כְּטַעַם קוֹנֶה לוֹ קָטֵגוֹר אֶחָד חֲשׂוֹךְ עֲבָדֶיךָ אַל יִמְשְׁלוּ בִּי לַחֲטֹא עוֹד. אָז אִתָּם פֵּרְשׁוּ אֶהְיֶה תָמִים עִמָּהֶם וְאַתְמִים אוֹתָם כִּי הַמְּצִיאוּת לֹא יָשׁוּב הָעֵדֶר וְצָרִיךְ לְטַהֲרָם כְּטָהֳרַת הַחֲזִיר שֶׁעָתִיד הַקָּדוֹשׁ בָּרוּךְ הוּא לְחַדֵּשׁ בְּרִיאָתוֹ בִּשְׁנֵי סִימָנִים שֶׁעַכְשָׁו אֵינוֹ אֶלָּא מַפְרִיס פַּרְסָה וְהוּא עָתִיד לְהַעֲלוֹת גֵּרָה וּמָה שֶׁהֵעִיד הַכָּתוּב עָלָיו וְהוּא גֵּרָה לֹא יִגָּר אֵינֶנּוּ עָתִיד כְּדִבְרֵי הַקִּמְחִי אֶלָּא פּוֹעַל עָבַר הוּא בְּשֶׁקֶל אָבִי יִסַּר וְהַתַּרְגּוּם מְסַיְּעֵנוּ וּבָא הַשֵּׁם בְּפֶלֶס דֵּעָה מִן הַפּוֹעַל אֲשֶׁר כָּמוֹהוּ יָדַעְתָּ הַשַּׁחַר מְקוֹמוֹ. וְתִמָּשֵׁךְ עִם זֶה טָהֳרַת הַנֶּפֶשׁ אֲשֶׁר עָשׂוּ אֲבוֹתֵינוּ בְּחָרָן שֶׁהָיוּ תְּחִלָּה גֵּרֵי שַׁעַר בִּלְבַד וַעֲתִידִים לִהְיוֹת גֵּרֵי צֶדֶק וְכֵן רִבּוּי הָעֲבָדִים אֲשֶׁר יַחֲזִיקוּ בִּכְנַף הַצִּיצִית שֶׁלָּנוּ:

מַאֲמַר חֲקֹר דִּין - חֵלֶק ד פֶּרֶק יד

כְּתִיב בְּתַקָּנַת הַשָּׁבִים התקושש"ו וְקֹשׁוּ וּכְבָר נֶאֱמַר בּוֹ נוֹטָרִיקוֹן יָפֶה הֲסִירוּ תְּחִלָּה קֻפָּה שֶׁל שְׁרָצִים וְהָדָר וְקֹשׁוּ כִּדְאָמוּר רַבָּנָן קְשֹׁט עַצְמְךָ וְאַחַר כָּךְ קְשֹׁט אֲחֵרִים וְהֵיכִי דָּמֵי קָשׁוֹט עַצְמוֹ כִּדְמָחוּי רַב יְהוּדָה בְּאוֹתוֹ מָקוֹם בְּאוֹתוֹ פֶּרֶק בְּאוֹתָהּ אִשָּׁה וְהִנֵּה הַפְּשָׁט אֱמֶת וְהָרֶמֶז נָכוֹן לִשְׁלֹשָׁה עוֹלָמוֹת עֶלְיוֹנִים שֶׁהַמֶּרֶד וְהַזָּדוֹן וְהַשִּׁגָּיוֹן פּוֹגְמִים בָּהֶם וְלִשְׁלֹשָׁה חֲלָקִים עַצְמִיִּים בָּאָדָם שֶׁהֵם גּוּפוֹ וְנִשְׁמָתוֹ וְהַצֶּלֶם שֶׁהוּא אֶמְצָעִי בֵּינֵיהֶם וְנִדְבַּר בָּם בְּמַאֲמַר הַנֶּפֶשׁ. כִּי אָמְנָם הַנְּשָׁמָה הַנִּצֶּבֶת עִמֵּנוּ בָּזֶה הַפֶּרֶק הִיא כְּלָל הַדְּיוֹקְנִין אֲשֶׁר הֵמָּה כִּסֵּא הֵיכַל וּמָעוֹן לְאִיקוֹנִין רִאשׁוֹנָה הַבִּלְתִּי מִתְחַלֶּקֶת כַּמְבֹאָר שָׁם וְהַצֶּלֶם הוּא בָּאֱמֶת הַפֶּרֶק הַקּוֹשֵׁר וּמְחַבֵּר הַנִּבְדָּל בַּמֻּרְגָּשׁ וְהוּא הַגּוּף הַמִּתְפַּעֵל וּמִצְטַיֵּר מִכָּל מָה שֶׁלְּמַעְלָה מִמֶּנּוּ כְּאִשָּׁה הַמִּתְפַּעֶלֶת מִצְטַיֶּרֶת וּמִשְׁתַּלֶּמֶת מִזּוּלָתָהּ כַּנּוֹדָע וּמִי שֶׁזָּכָה בְּחַיָּיו לְמִדַּת אֶרֶךְ אַפַּיִם עַד מָעוֹת יוּכַל לְתַקֵּן אַשְׁרֵי זִקְנוּתוֹ שֶׁכִּפְּרָה אֶת יַלְדוּתוֹ וְכָל שֶׁכֵּן אִם נִתְגַּבֵּר עַל יִצְרוֹ עוֹדֶנּוּ אִישׁ בְּכוֹחוֹ וּגְבוּרָתוֹ קֹדֶם שֶׁיַּזְקִין כְּמוֹ שֶׁדָּרְשׁוּ מִפְּנֵי שֵׂיבָה תָּקוּם כִּי אָז יְהַדֵּר פָּנָיו כְּשֶׁיִּהְיֶה זָקֵן מְהֻדָּר בִּתְשׁוּבָה מְקֻדֶּמֶת וְזוֹכֶה לְיִרְאָה

כְּדִכְתִיב וְיָרֵאתָ מֵאֱלֹהֶיךָ. אֲנִי ה' נֶאֱמָן לִתֵּן שָׂכָר וְאֵין לָנוּ שָׂכָר עַל הַיִּרְאָה גָּדוֹל מִן הָעֲנָוָה כִּדְתַנְיָא רַבִּי פִּנְחָס בֶּן יָאִיר בְּפֶרֶק לִפְנֵי עַדֵיהֶן וְלָא פְּלִיג אַדְּרַבִּי יְהוֹשֻׁעַ בֶּן לֵוִי הָתָם אֶלָּא בַּחֲסִידוּת דְּאַחְשְׁבֵהּ טְפֵי רַבִּי פִּנְחָס מִשּׁוּם דְּאִיהוּ קָאִים בְּהַהוּא דַּרְגָּא כַּמְבֹאָר בְּזֹהַר דְּאִיהוּ דַּרְגֵּיהּ דְּאַבְרָהָם וְכֵן גִינא"י נהר"א עִם הַכּוֹלֵל בְּגִימַטְרִיָּא אֶשֶׁל דְּאַפְסְקֵהּ רַבִּי פִּנְחָס בִּזְכוּת אַבְרָהָם תְּלַת זִמְנִין. (נ"א אָמִין) רִאשׁוֹנָה לִגְרָמֵיהּ דַּהֲוָה אָזִיל לְפִדְיוֹן שְׁבוּיִים וְסִימָנֶיךָ אָלֶ"ף בִּינָה רָזָא דְּפֻרְקָנָא שְׁנִיָּה לְמַצָּה שְׁמוּרָה סִמָּנוּ שִׁי"ן שְׁלִישִׁית לִבְנֵי לְוִיָּה סִמָּנוּ לַמ"ד. וּכְבָר אָמְרוּ חֲכָמִים כִּי גַּם בִּשְׁעַת מִיתָה תּוֹעִיל הַתְּשׁוּבָה כְּדִכְתִיב תָּשֵׁב אֱנוֹשׁ עַד דכ"א וְלָנוּ בּוֹ גַּם כֵּן נוֹטָרִיקוֹן דִּירָה נָאָה בְּמַחֲשֶׁבֶת הַלֵּב כֵּלִים נָאִים בְּאֵבָרִים שֶׁהֵם כְּלֵי הַמַּעֲשֶׂה אִשָּׁה נָאָה בְּנִשְׁמַת אָדָם שֶׁבְּהִצְטָרֵף שְׁלֵמוּת שְׁלֹשָׁה חֲלָקִים אֵלֶּה וַדַּאי מַרְחִיבִין דַּעְתּוֹ שֶׁל אָדָם לְהִתְקַבֵּל בִּתְשׁוּבָה שְׁלֵמָה. וַאֲפִלּוּ מִי שֶׁגּוֹעַ בַּעֲוֹנוֹ דְּעוּ כִּי עִם ה' הַחֶסֶד וְהַרְבֵּה עִמּוֹ פְדוּת כַּאֲשֶׁר שָׁמַעְנוּ כֵּן רָאִינוּ בַּאֲצִילֵי בְּנֵי יִשְׂרָאֵל שֶׁנִּתְקַיֵּם בָּהֶם אֲשֶׁר דִּבֶּר ה' עַל הַמָּרוּק בִּקְרוֹבַי אֶקָּדֵשׁ וְעַל הַפְּדוּת נֶאֱמַר וְעַל פְּנֵי כָל הָעָם אֶכָּבֵד וְעַל שְׁנֵיהֶם כְּתִיב וְנִקְדַּשׁ בִּכְבוֹדִי כִּי כְּבוֹד שָׁמַיִם מִתְרַבֶּה בִּזְמַן שֶׁהוּא גַּבֵּי דִּלְיָהּ עַל הַדֶּרֶךְ שֶׁבֵּאַרְנוּהוּ בַּחֵלֶק הָרִאשׁוֹן אֶלָּא שֶׁסְּבִיבָיו נִשְׂעֲרָה מְאֹד וְיָקָר פִּדְיוֹן נַפְשָׁם וּלְלַמֵּד עַל הַכְּלָל כֻּלּוֹ חֲכָמִים יַגִּידוּ מִקִּלְקוּלָם וְתִקַּנְתָּם לָקַח מֵהֶם דֻּגְמָא לְדוֹרוֹת וְנָבוֹן תַּחְבּוּלוֹת יִקְנֶה לְהַצִּיל נַפְשׁוֹ מִנִּי שָׁחַת לֵאוֹר בְּאוֹר הַחַיִּים. כְּתִיב וְאֶל אֲצִילֵי בְּנֵי יִשְׂרָאֵל לֹא שָׁלַח יָדוֹ אָמַר רַבִּי פִּנְחָס מִכָּאן שֶׁהָיוּ רְאוּיִם לִשְׁלִיחוּת יָד כִּי הֵגֵסּוּ דַּעְתָּם כְּלַפֵּי מַעְלָה וַיֹּאכְלוּ וַיִּשְׁתּוּ וְאַף לְפִי תַּרְגּוּם אוּנְקְלוֹס וַהֲווֹ חָדָאן בְּקֻרְבָּנֵיהוֹן הֲלֹא זֶה הָיָה עִנְיָנוֹ שֶׁל הֶבֶל כִּי עִם הֱיוֹתוֹ תּוֹסֶפֶת בִּבְרִיאָה לְצֹרֶךְ אֲחֵרִים מְעִקָּרָא מִכָּל מָקוֹם נִתְקַיְּמוּ בּוֹ כָּל תְּנָאֵי הַסִּבּוּב כִּי חִבַּת מִצְוָה גָּרְמָה לוֹ שֶׁהֵצִיץ וּמֵת וְנִתְמַעֵט בּוֹ הַדְּמוּת וְהַצֶּלֶם אַחַר כֵּן חָזַר עִם תִּקּוּן הַדְּמוּת כְּמוֹ שֶׁזָּכַרְנוּ לְמַעְלָה וְעוֹד חָזַר וְהִשְׁלִים הַצֶּלֶם לוֹ וְלַאֲחֵרִים. וְעַל אַרְבָּעָה לֹא אֲשִׁיבֶנּוּ כֵּיוָן דְּנָח בֵּיהּ אֲבוּי שֶׁהִפְסִיק הַזֻּהֲמָא מֵעַם קְרוֹבוֹ. אָמְרוּ עַל הֶבֶל שֶׁזָּחָה דַּעְתּוֹ עָלָיו וְהֵצִיץ בְּכָבוֹד כְּשֶׁנִּתְקַבֵּל קָרְבָּנוֹ וְשֶׁל אָחִיו לֹא כֵן וְנִתְלָה לוֹ עַד הֱיוֹתָם בַּשָּׂדֶה וְגַם שָׁם לֹא נִשְׁמַר מֵרַחֲמֵי רְשָׁעִים אַכְזָרִי וַיָּקָם קַיִן אַף כָּאן תָּלָה לָהֶם אֶרֶךְ אַפַּיִם מִסִּינַי עַד אֹהֶל מוֹעֵד וְגָבַהּ דִּלְיָהּ שֶׁנִּתְחַנְּכוּ תְּחִלָּה בִּכְהֻנָּה כָּרָאוּי לָהֶם לִפְנֵי מוֹתָם וְאֵין סָפֵק שֶׁבְּרֹאשׁ הַשָּׁנָה לִפְנֵי הַמִּלּוּאִים נִכְתְּבוּ וְנֶחְתְּמוּ בְּסִפְרָן שֶׁל צַדִּיקִים וְהוּא הַגּוֹרֵם שֶׁיְּדַקְדֵּק הַקָּדוֹשׁ בָּרוּךְ הוּא עִמָּהֶם כְּחוּט הַשַּׂעֲרָה וּבַשְּׁמִינִי לְמִלּוּאִים הֵגֵסּוּ דַּעְתָּם בַּאֲבִיהֶם וְרַבָּם כְּמוֹ שֶׁנַּזְכִּיר וְהַקָּדוֹשׁ בָּרוּךְ הוּא תּוֹבֵעַ עֶלְבּוֹן חֲסִידָיו יוֹתֵר מִכְּבוֹד עַצְמוֹ:

מַאֲמַר חֲקֹר דִּין - חֵלֶק ד פֶּרֶק טו

וְאַף גַּם זֹאת אָמְרוּ חֲכָמִים כִּי מִיתַת בְּנֵי אַהֲרֹן הָיְתָה עַל הַקְּרִיבָה וְעַל הַהַקְרָבָה וְשֶׁלֹּא חָלְקוּ כָּבוֹד לַאֲבִיהֶם וְשֶׁלֹּא נָטְלוּ עֵצָה מִמֹּשֶׁה וְשֶׁלֹּא נִמְלְכוּ זֶה עִם זֶה וְשֶׁהוֹרוּ הֲלָכָה בִּפְנֵי רַבָּן וְשֶׁנִּכְנְסוּ שְׁתוּיֵי יַיִן וּמְחֻסְּרֵי בְגָדִים וּבְלֹא קִדּוּשׁ יָדַיִם וְרַגְלַיִם וְשֶׁתִּקְּנוּ בַּחוּץ וְהִכְנִיסוּ בִּפְנִים כְּדֶרֶךְ צְדוֹקִים וְשֶׁלֹּא הָיוּ לָהֶם בָּנִים וְלֹא נָשִׁים וְכֻלְּהוּ אַסְמְכִינְהוּ רַבָּנָן אַקְּרָאֵי וְעַל כָּל אֵלֶּה לְזוּת שְׂפָתַיִם שֶׁשָּׁמַעְנוּ שֶׁהָיוּ אוֹמְרִים מָתַי יָמוּתוּ שְׁנֵי זְקֵנִים הַלָּלוּ וַאֲנוּ נַנְהִיג אֶת הַקָּהָל וְהֵפֶךְ בְּדָוִד הַמֶּלֶךְ ע"ה שֶׁאָמַר שָׂמַחְתִּי בְּאֹמְרִים לִי בֵּית ה' נֵלֵךְ אַף עַל פִּי שֶׁבְּאָזְנָיו יִשְׁמַע כְּטַעַם בְּאוֹמְרִים לִי מָתַי יָמוּת זָקֵן זֶה וְיַעֲמֹד בְּנוֹ וְיִבְנֶה הַמִּקְדָּשׁ וְקָרוֹב לִשְׁמֹעַ שֶׁהָיוּ עִם זֶה שְׁנֵי בְּנֵי אַהֲרֹן מִכְּלָלָם שֶׁל מַחְשְׁבֵי קָצִין וּכְבָר חָשַׁב יְהוֹשֻׁעַ שֶׁיִּהְיוּ אֶלְדָּד וּמֵידָד חוֹטְאִים בָּזֶה כְּשֶׁאָמַר עֲלֵיהֶם אֲדֹנִי מֹשֶׁה כְּלָאֵם אָמַר שֶׁיִּמְנָעֵם מֵהִשְׁתַּמֵּשׁ בְּשַׁרְבִיטוֹ עוֹדֶנּוּ חַי עִמָּהֶם לְמַטָּה וְאָתְיָא מִלְּתֵיהּ דִּיהוֹשֻׁעַ כִּי הָא דִּתְנִינַן יְהִי כְבוֹד תַּלְמִידְךָ חָבִיב עָלֶיךָ כְּשֶׁלָּךְ וּכְבוֹד חֲבֵרְךָ כְּמוֹרָא רַבְּךָ וּמוֹרָא רַבְּךָ כְּמוֹרָא שָׁמַיִם רֵישָׁא מִמֹּשֶׁה שֶׁכִּבֵּד אֶת יְהוֹשֻׁעַ וְאָמַר לוֹ בְּחַר לָנוּ אֲנָשִׁים וְהַדֻּגְמָא כִּי יָד עַל כֵּס יָהּ כֵּיוָן שֶׁאֵין הַכִּסֵּא שָׁלֵם אֵין הַשֵּׁם שָׁלֵם מְצִיעָא מֵאַהֲרֹן שֶׁאָמַר לְמֹשֶׁה בִּי אֲדֹנִי וְהַדֻּגְמָא בִּשְׂעִיר רֹאשׁ חֹדֶשׁ שֶׁהַשֶּׁמֶשׁ וְהַיָּרֵחַ רֵעִים אֲהוּבִים וְהֻצְרְכָה הַכַּפָּרָה לְפִיּוּס עֶלְיוֹן סֵיפָא וַדַּאי מִיְּהוֹשֻׁעַ כְּדַאֲמַרַן וְהַדֻּגְמָא וְלֹא אַבָּא בָּעִיר הַשָּׁוֶה מוֹרָאוֹ שֶׁל רוֹכֵב בָּעֲרָבוֹת לָרֹכֵב בִּשְׁמֵי שְׁמֵי קֶדֶם כַּמְבֹאָר בִּמְקוֹמוֹ. וְאוּלָם חוֹבָה עָלֵינוּ לְהָלִיץ בְּעַד נָדָב וַאֲבִיהוּא כִּי חִבַּת מִצְוָה גָּרְמָה לָהֶם תְּחִלָּה שֶׁהָרְסוּ אֶל ה' לִרְאוֹת וּבְמַעֲשֵׂה הַקְּטֹרֶת גַּם כֵּן נִבְהֲלוּ נֶחְפְּזוּ לַחֲטֹף לָהֶם מִצְוָה אָמְנָם כָּל דָּבָר שֶׁבִּקְדֻשָּׁה בָּעֵי הַזְמָנָה כְּמוֹ שֶׁזָּכַרְנוּ לְמַעְלָה. וְחַטָּאתָם כִּי כָבְדָה בְּשִׂיחָה בְּטֵלָה עַל מוֹת אֲבִיהֶם וְרַבִּים הִגְדִּילוּ עֲלֵיהֶם לְגֻדְלָתָם שֶׁהָיוּ צוֹפִים לְמֵרָחוֹק מַעֲלַת הַזְּקֵנִים לְקֵץ הַיָּמִין וְאוֹמְרִים מָתַי יִסְתַּלְּקוּ כַּחֲנוֹךְ וְאֵלִיָּהוּ וּלְמַדְרֵגָה נוֹסֶפֶת עֲלֵיהֶם הַגְּבֹהָה לְמַעְלָה לְכֹהֵן פְּאֵר בִּרְוּם הַשָּׁמַיִם וַאֲנוּ נַנְהִיג עַל הָאָרֶץ מִתַּחַת. וּכְבָר הָיָה לָהֶם מָקוֹם לִטְעוֹת מִמָּה שֶׁנִּמְשְׁחוּ עִם אֲבִיהֶם גַּם מִמָּה שֶׁפָּקַד מֹשֶׁה אֶת יְהוֹשֻׁעַ עַל מִלְחֶמֶת עֲמָלֵק וְהוּא אִזְדַּמֵּן לְקָרְבָא דִּלְעֵלָּא לְהַפִּיל הַשַּׂר בַּמָּרוֹם וְשִׁתֵּף עִמּוֹ אַהֲרֹן וְחוּר וּמִיּוֹם שֶׁנַּעֲשָׂה הָעֵגֶל נִסְתַּלֵּק חוּר וְנִכְנַס נַחְשׁוֹן וְגַם הוּא מֵת בְּאוֹתָהּ שָׁנָה וְנִגְזְרָה גְּזֵרָה עַל אַהֲרֹן וּמֵאָז גָּזַר מֹשֶׁה עַל עַצְמוֹ לְכַפֵּר עַל בְּנֵי יִשְׂרָאֵל וְיוֹדְעִים הָיוּ נָדָב וַאֲבִיהוּא שֶׁפְּנֵי יְהוֹשֻׁעַ פְּנֵי לְבָנָה הַצְּרִיכָה סִיּוּעַ לְהַצִּיל מֵחֶרֶב נַפְשֵׁנוּ בְּמִלְחֶמֶת שִׁבְעָה עֲמָמִין כִּדְכְתִיב וְלִפְנֵי אֶלְעָזָר הַכֹּהֵן יַעֲמֹד שֶׁהוּא כֹּהֵן גָּדוֹל וְעוֹד צִוָּה לִהְיוֹת אֶצְלוֹ מְשׁוּחַ מִלְחָמָה אִם כֵּן שְׁנֵיהֶם הָיוּ יְכוֹלִים לְהַנְהִיג אֶת בָּאֵי הָאָרֶץ בְּאוֹתוֹ פֶּרֶק עִם יְהוֹשֻׁעַ וְנַחְשׁוֹן אַחַד עָשָׂר יוֹם

מֵחֹרֵב עַד קָדֵשׁ בַּרְנֵעַ וְאָז שְׁנֵי הַזְּקֵנִים עִם דּוֹר דֵּעָה יַחְדָּו יִהְיוּ תָּמִים לִרְעוֹת בְּגַנִּים וּבְעֵדֶן מִקֶּדֶם וְהֵם לֹא יָדְעוּ שֶׁהַדְּבָרִים מַגִּיעִים לְאֶלְעָזָר וּפִנְחָס עִם יְהוֹשֻׁעַ וְכָלֵב לְסוֹף אַרְבָּעִים שָׁנָה כִּי לֹא הֻצְרַךְ נַחְשׁוֹן אֶלָּא לְהָגֵן מְנַחֵשׁ שָׂרָף בִּתְחִלַּת כְּנִיסָתָם לַמִּדְבָּר אֲבָל פִּנְחָס וְכָלֵב בָּאוּ אַחַר כָּךְ לְהַצִּיל בָּאֵי הָאָרֶץ מִיַּד כֶּלֶב וּמִפִּי אַרְיֵה:

מַאֲמַר חֲקֹר דִּין - חֵלֶק ד פֶּרֶק טז

וְגַם אָמְנָם כֹּה מִשְׁפָּטָם שֶׁל מַחְשְׁבֵי קָצִין שֶׁהֵם מְעַכְּבִים בְּפֹעַל הַגְּאֻלָּה לְעַצְמָם כְּמוֹ שֶׁאֵרַע לִבְנֵי אֶפְרַיִם בְּצֵאת יִשְׂרָאֵל מִמִּצְרַיִם וְאֵין גְּאֻלָּה שְׁלֵמָה אִם יִהְיֶה נִדַּח בִּקְצֵה הַשָּׁמַיִם אִם כֵּן יָפֶה אָמְרוּ חֲכָמִים שֶׁהֵם מְעַכְּבִים אֶת הַגְּאֻלָּה בִּכְלָל לְפִיכָךְ כְּשֵׁם שֶׁבֶּן דָּוִד מְחוֹלָל מִפְּשָׁעֵינוּ כָּךְ בֶּן אֶפְרַיִם יְדֻקַּר עַל זֹאת וְעוֹד אַחֶרֶת וּמְשֶּׁיַּגִּיעַ עַד שַׁעֲרֵי מָוֶת וִיהַרְהֵר תְּשׁוּבָה בְּלִבּוֹ אָז בֶּן דָּוִד וְכָל קְדוֹשִׁים עִמּוֹ יְבַקְּשׁוּ עָלָיו רַחֲמִים וִיחַיּוּהוּ כִּדְכְתִיב וְשָׁפַכְתִּי עַל בֵּית דָּוִד וְעַל יוֹשְׁבֵי יְרוּשָׁלַםִ רוּחַ חֵן וְתַחֲנוּנִים וְהִבִּיטוּ אֵלַי אֵת אֲשֶׁר דָּקָרוּ עַל דֶּרֶךְ צוֹרֵם מִכֶּרֶם וְכֵן אַבְרָהָם וְיַעֲקֹב אָמְרוּ יִמָּחוּ עֲוֹנוֹתֵיהֶם עַל קְדֻשַּׁת שְׁמָךְ כַּמְבֹאָר בְּמִדְרַשׁ אֵיכָה מֵהַזֹּהַר וּפֵרוּשׁוֹ בְּהֶמְסֵרָם עַל קְדֻשַּׁת שְׁמָךְ מִיָּד יִמָּחוּ עֲוֹנוֹתֵיהֶם אַף כָּאן בֵּית דָּוִד וְיֹשֵׁב יְרוּשָׁלֶם זֶה בֵּית דִּין הַגָּדוֹל נָטוּרֵי קַרְתָּא הָעוֹסְקִים בִּיְשׁוּבָהּ עִלָּא וְתַתָּא דְּקָרוּהוּ לְבֶן אֶפְרַיִם שֶׁהִסְכִּימוּ בְּדִינוֹ וְעַכְשָׁו בִּתְפִלָּתָם יִזְכֶּה עַד דַּכָּא לִתְשׁוּבָה שְׁלֵמָה כִּדְכְתִיב וְהִבִּיטוּ אֵלַי מִן הַהִפְעִיל שֶׁהָעוֹמֵד מִמֶּנּוּ וְנֶבֶט לָאָרֶץ. וּכְתִיב בַּיּוֹם הַהוּא יִגְדַּל הַמִּסְפֵּד בִּירוּשָׁלַםִ כְּמִסְפַּד הֲדַדְרִמּוֹן בְּבִקְעַת מְגִדּוֹן וּמְתַרְגְּמִינָן כְּמִסְפֵּד אַחְאָב בַּר עָמְרִי דְּקָטְלֵיהּ הֲדַדְרִמּוֹן בְּרָמוֹת גִּלְעָד וּכְמִסְפַּד יֹאשִׁיָּה בַּר אָמוֹן דְּקָטְלֵיהּ פַּרְעֹה חֲגִירָא בְּבִקְעַת מְגִדּוֹן וְיֵשׁ בַּמִּקְרָא קָצָר זֶה כְּפָלִים לַתּוּשִׁיָּה מִמָּה שֶׁהִשְׁמִיעָנוּ הַתַּרְגּוּם עִם אֲרִיכוּתֵיהּ כִּי אָמְנָם אַחְאָב וְיֹאשִׁיָּהוּ שְׁנֵיהֶם מֵתוּ בְּחִצִּים כִּדְכְתִיב כְּטוֹב כְּחוֹטֶא וְאַחְאָב לֹא נִסְפַּד מֵחֲסִידֵי יִשְׂרָאֵל אֶלָּא מִמְּשָׁרְתָיו רְשָׁעִים כִּדְאִיתָא בַּסּוֹף פֶּרֶק אַרְבָּעָה אָבוֹת אַדְּרַבָּה וַיַּעֲבֹר הָרִנָּה בְּמַחֲנֶה כַּמָּה דָּאַת אָמַר וּבַאֲבוֹד רְשָׁעִים רִנָּה כִּדְאִיתָא בְּפֶרֶק אֶחָד דִּינֵי מָמוֹנוֹת דַּיְקָא נָמֵי דִּכְתִיב וַיַּעֲבֹר חָסֵר וָי"ו שֶׁהוּא כְּמוֹ וַיַּעֲבֵר אֱלֹהִים רוּחַ עַל הָאָרֶץ פֹּעַל יוֹצֵא וּכְמוֹ שֶׁדָּרְשׁוּ הָתָם הוּא אֵינוֹ שָׂשׂ אֶלָּא יָשִׂישׂ בְּאָבוֹד רְשָׁעִים. וְהִנֵּה הַסּוֹפְדִים עַל יֹאשִׁיָּהוּ בְּבִקְעַת מְגִדּוֹן הִגְדִּילוּ הַמִּסְפֵּד בְּזָכְרָם מָה שֶׁעָשָׂה הֲדַדְרִמּוֹן וְאָמְרוּ יָדֵינוּ רָמָה הָיָה הַמִּסְפֵּד לֹא מִיתַת אַחְאָב שֶׁהֲרֵי אָמַר לוֹ מִיכָיְהוּ עֲלֵה וְהַצְלַח פֹּעַל יוֹצֵא וְהַבּוֹדֵד צְלַח רְכַב אָמַר שֶׁיַּצְלִיחַ אֶת אֲחֵרִים וְנָתַן ה' וְלֹא פֵּרֵשׁ מִי הַנּוֹתֵן דֶּרֶךְ מוּסָר בְּיַד הַמֶּלֶךְ זֶה הֲדַדְרִמּוֹן אֶלָּא וַדַּאי קוּשְׁטָא קָאָמַר וְהַצְלָחַת אֲחֵרִים הִיא מָה שֶׁפֵּרֵשׁ לוֹ אַחַר כָּךְ יָשׁוּבוּ אִישׁ לְבֵיתוֹ בְּשָׁלוֹם וְלָמָּה זֶה יִסְפְּדוּהוּ הַטּוֹבִים וְהַכְּשֵׁרִים אִם בָּמוֹת אָדָם רָשָׁע נִסְתַּלֵּק חָרוֹן אַף

מִן הָעוֹלָם וְאָז אִישׁ וּבֵיתוֹ הַבָּאִים מִצְרָיְמָה אֵת יַעֲקֹב כַּמְבֹאָר בְּזֹהַר יָשׁוּבוּ בָּעֲטָרָה שֶׁעִטְּרָה לּוֹ אִמּוֹ לַמֶּלֶךְ שְׁלֹמֹה אֶלָּא כְּדַאֲמָרַן וְהַמֶּלֶךְ אָחָז גַּם כֵּן לֹא רָצָה חִזְקִיָּה לְסָפְדוֹ אַדְּרַבָּה גָּרַר עַצְמוֹתָיו לְטַהֲרָן אַחֲרֵי שֶׁצָּפָה לְעַצְמוֹ בִּנְיָן דְּלֹא מְעַלֵּי שֶׁאֵינָם כְּדַאי לְצָרֵף עִסַּת אָבִיו עַד דּוֹר שְׁלִישִׁי וְאַף בְּהֶסְפֵּדוֹ שֶׁל בֶּן יוֹסֵף שֶׁיִּמָּסֵר בְּיַד גּוֹג וּמָגוֹג עַל חַטָּאת יָרָבְעָם יַזְכִּירוּ מִיתַת שָׁאוּל וִיהוֹנָתָן שֶׁהָיוּ צַדִּיקִים גְּמוּרִים וִיהוֹנָתָן הָיָה בּוֹחֵר לְבֶן יִשַׁי פֵּרוּשׁ בּוֹחֵר אֶת הַמְּלוּכָה לִמְסֹר אוֹתָהּ לְדָוִד דְּאָתֵי מְלֵאָה לְבַשְׁתְּ שְׁנֵי בָּנֶיהָ שֶׁל רָחֵל הוּא דְּאָתֵי מִבִּנְיָמִין וְאִמּוֹ מִיּוֹסֵף שֶׁהָיְתָה מִשֵּׁבֶט מְנַשֶּׁה מִיַּבֵשׁ גִּלְעָד. וְאִלְמָלֵא שֶׁשָּׁאֲלוּ יִשְׂרָאֵל מֶלֶךְ שֶׁלֹּא כַּהֹגֶן לֹא אֲכָלוּהוּ פָּגָה לְמַלְכוּת רִאשׁוֹנָה וְדָוִד וִיהוֹנָתָן הַמֶּלֶךְ וְהַמִּשְׁנֶה הָיוּ מְזֻמָּנִים לַעֲשׂוֹת מְלוּכָה שֶׁל קְיָמָא עַל יִשְׂרָאֵל אֲבָל מֵאָסָם מַלְכוּת שָׁמַיִם וְהַמִּכְשֵׁלָה שֶׁל פְּסוּל מִיכָה שֶׁהָיָה בֵּינֵיהֶם גָּרְמָה לְהָקִים לָהֶם מֶלֶךְ שָׁאוּל כִּשְׁמוֹ כֵּן הוּא מֻשְׁאָל לְכֶתֶר מַלְכוּת לְפִי שָׁעָה. וְאָבְדַן הָאֲתוֹנוֹת הוּא רֶמֶז לְקִלְקוּל הַדּוֹר שֶׁהַקְּלִפָּה פָּרְצָה גְּדֵרָה מֵאַיִן חוֹבֵשׁ וְלוּ יֶאֱתֶה לְהַחֲזִירָן שֶׁהָיָה צַדִּיק גָּמוּר בְּלִי דֹּפִי כְּדִבְרֵי חֲכָמִים אֶלָּא שֶׁהָיָה מֵעָלְמָא דְּנֻקְבָּא דְּאָתֵי מִבִּנְיָמִין דְּאִתְּמַר לְאִמֵּיהָ גַּם זֶה לָךְ בֵּן וְהַנְּעָרוֹת הָיוּ מוֹלִיכוּת אוֹתוֹ בֵּית הָרוֹאֶה וְהָיוּ מַרְבִּים שִׂיחָה עִמּוֹ וּמִסְתַּכְּלוֹת בְּיָפְיוֹ לֹא עַל חִנָּם כִּי צִדְקָנִיּוֹת הָיוּ אַךְ מַזָּלַיְהוּ חָזֵי כִּי הוּא הַמַּלְבִּישָׁן שָׁנִי עִם עֲדָנִים וְרַבִּי יִשְׁמָעֵאל כָּמוֹהוּ כְּדִתְנַן בְּמַסֶּכֶת נְדָרִים וְהִקְפִּיד עֲלֵיהֶן מְאֹד הוֹאִיל וְכֵן הוּא עַל מָה שֶׁנָּתְנוּ לְדָוִד הָרְבָבוֹת וְלֹא הָאֲלָפִים. וְדָבָר ה' בְּפִיהֶן אֱמֶת כֵּוְּנוּ לַהֲלָכָה כִּי מִדַּת בִּנְיָמִין צָעִיר הִיא הַמַּעֲשֵׂר אֶל הַפֶּלֶא הָעֶלְיוֹן דִּכְתִיב בְּיָהּ נִפְלְאתָה אַהֲבָתְךָ לִי כְּדִלְקַמָּן וּבַעֲלִילַת מִלְחֶמֶת עֲמָלֵק בְּאַחַת לֹא עָלְתָה לוֹ וְנִתְקַיְּמָה נְבוּאַת שְׁמוּאֵל גַּם אַתֶּם גַּם מַלְכְּכֶם תִּסָּפוּ וְלֹא עוֹד אֶלָּא שֶׁלֹּא נִסְפְּדוּ שָׁאוּל וִיהוֹנָתָן כַּהֲלָכָה וּבְאוֹתוֹ הֶסְפֵּד הָאַחֲרוֹן רָחֵל מְבַכָּה עַל עֲוֹן בָּנֶיהָ שֶׁזֶּה מִיּוֹסֵף וְזֶה מִבִּנְיָמִין מֵאֲנָה הִנָּחֵם עֲלֵיהֶם כַּאֲשֶׁר אֵינֶנּוּ לָזֶה הַמְּעוֹרֵר אֶת הַבְּכִי כְּמוֹ שֶׁאָמַר יַעֲקֹב דּוֹמֶה עָלַי כְּאִלּוּ שְׁנֵיהֶם מֵתוּ בְּיוֹם אֶחָד וְדַי בְּכָל זֶה הֶעָרָה לַמֵּבִין. וְיָדוּעַ כִּי יוֹנָה בֶּן אֲמִתַּי הוּא בֶּן הַצָּרְפִית אֲשֶׁר הֶחֱיָה אֵלִיָּהוּ וְכַאֲשֶׁר בָּא אֶצְלָהּ בִּדְבַר ה' הִתְחִיל לַחְקֹר אוֹתָהּ עַל עִסְקֵי טָהֳרָה כִּי הוּא הָיָה אֹכֵל חֻלּוֹת וְהָכִי דַּיֵּק קְרָא דִּכְתִיב לִקְחִי נָא לִי פַּת לֶחֶם בְּיָדֵךְ דְּהַאי בְּיָדֵךְ מִלְּתָא יַתִּירְתָא הִיא לִדְרָשָׁא זוֹ וְהִיא חָשְׁדָה אוֹתוֹ שֶׁכַּוָּנָתוֹ לַחְקֹר עַל עִסְקֵי תַשְׁמִישׁ מְטַמְאָה יֻצְאָה מִגּוּפָהּ בִּלְבַד כְּנִזְכָּר בְּפִרְקֵי רַבִּי אֱלִיעֶזֶר וְנֶעֶנְשָׁה עַל זֶה. וְאֵין נִסְתָּר מַה שֶּׁכָּתְבוּ בַּתּוֹסָפוֹת עַל בֶּן הַצָּרְפִית וּמִזֶּה נֵדַע לָמָּה חָרָה לוֹ לְיוֹנָה שֶׁלֹּא נִתְקַיְּמָה בְּיָמָיו הֲפִיכַת נִינְוֵה כִּי חוֹשֵׁשׁ הָיָה לָהֶם מִמִּלְחֶמֶת גּוֹג וּמָגוֹג וְנָבִין גַּם כֵּן מַה שֶּׁאָמְרוּ בְּתַעֲנִיּוֹת גַּבֵּי כ"ד בְּרָכוֹת דְּמִשּׁוּם דִּבְעֵי מְחַתֵּם מְרַחֵם עַל הָאָרֶץ הִקְדִּימוּ יוֹנָה לְדָוִד וּשְׁלֹמֹה כִּי אַחֲרֵי הִשְׁתַּפֵּךְ כַּמַּיִם מָרָתוֹ שֶׁל זֶה יָצִיץ וּפָרַח כִּסֵּא דָוִד אַף

אָנוּ נַצְדִּיק דִּין שָׁמַיִם לְהִתְבּוֹנֵן עַד כַּמָּה פְּעָמִים הִגִּיעַ הַמִּשְׁנֶה עַד שַׁעֲרֵי מָוֶת נֶאֱמָן הַדַּיָּן בָּרוּךְ הוּא אֲשֶׁר לֹא יִשָּׂא פָנִים:

מַאֲמַר חֵקֶר דִּין - חֵלֶק ד פֶּרֶק יז

וְהַמַּשְׂכִּילִים יַזְהִירוּ עִם מָה שֶׁאָמַר יְהוֹנָתָן לְדָוִד אַתָּה תִּמְלֹךְ עַל כָּל יִשְׂרָאֵל וְאָנֹכִי אֶהְיֶה לְּךָ לְמִשְׁנֶה וְגַם שָׁאוּל אָבִי יֹדֵעַ כֵּן כִּי הַיְדִיעָה לֹא תֹּאמַר אֶלָּא בִּדְבָרִים הָאֲמִתִּיִּים הָעֲתִידִים לְהִתְקַיֵּם עַל כָּל פָּנִים וְגַם שָׁאוּל כְּשֶׁפִּיֵּס אֶת דָּוִד אַחֲרֵי כָּרְתוֹ אֶת כְּנַף הַמְּעִיל בִּמְעָרָה לְאוֹת שֶׁלֹּא רָצָה לַחֲבוֹל בּוֹ אָמַר לוֹ יָדַעְתִּי כִּי מָלֹךְ תִּמְלוֹךְ וְקָמָה בְּיָדְךָ מַמְלֶכֶת יִשְׂרָאֵל וְהֵן שָׁלֹשׁ מַלְכִיּוֹת לְאָדָם לְדָוִד וּלְמָשִׁיחַ כִּי בְּיַד מָשִׁיחַ לְבַדּוֹ תִּתְקַיֵּם מַמְלֶכֶת יִשְׂרָאֵל כְּאָמְרָם ז"ל שֶׁפֵּרוּשׁוֹ מַמְלֶכֶת שְׁפָלָה הִיא חֵלֶק הַמִּשְׁנֶה וְתָקָם בְּיַד מָשִׁיחַ בַּעַל הַמְּלוּכָה הָאֲמִתִּית שֶׁיִּהְיֶה הַמִּשְׁנֶה נִשְׁמָע אֵלָיו לְגַמְרֵי וּכְבָר זָכַרְנוּ כִּי הָיָה יְהוֹנָתָן שָׂמֵחַ וְחָפֵץ לִהְיוֹת לוֹ לְמִשְׁנֶה כִּי אָמְנָם נֶפֶשׁ יְהוֹנָתָן נִקְשְׁרָה בְּנֶפֶשׁ דָּוִד כְּקָטָן נִתְלֶה בְּגָדוֹל הוּא שֶׁדָּוִד מְקוֹנֵן עָלָיו נִפְלְאַתָה אַהֲבָתְךָ לִי כִּי אֵין הַשֵּׂכֶל סוֹבֵל מִדֶּרֶךְ הַטֶּבַע שֶׁיִּהְיֶה בֶּן הַמֶּלֶךְ אוֹהֵב אֶת עַבְדּוֹ עַד שֶׁיּוֹשִׁיבֵהוּ לִרְצוֹנוֹ עַל כִּסֵּא אָבִיו וְהוּא יִהְיֶה לוֹ לְמִשְׁנֶה אֶלָּא אָמַר דָּוִד מֵאַהֲבַת נָשִׁים אִמּוֹתֵינוּ זוֹ לָזוֹ שֶׁרָחֵל מָסְרָה סִימָנִין לְלֵאָה וְלֹא נִתְקַנְּאָה בְּרֵךְ אֲחוֹתָהּ מִשָּׁם הִתְחִילָה אַהֲבָתְךָ לִי שֶׁלֹּא הָיִיתָ מְקַנֵּא בִּי וְהָיָה זֶה וְזֶה מֵהַפֶּלֶא הָעֶלְיוֹן שֶׁאֵין בּוֹ טַעַם וּמַשְׂבִּיעַ לְכָל חַי רָצוֹן בְּלֹא קִנְאָה וּבְלֹא תַּחֲרוּת וְהוּא אֲשֶׁר חָפֵץ עָשָׂה שֶׁתּוֹשִׁיב קְטַנָּה אֶת הַגְּדוֹלָה בְּאַפִּרְיוֹן וְתַעֲשֶׂה לָהּ שׁוֹשְׁבִינוּת וְכֵן בְּמִשְׁפַּט הַמֶּלֶךְ לִהְיוֹת בִּנְיָמִין צָעִיר כּוֹנֵן לִיהוּדָה כִּסְאוֹ נִמְצְאוּ לְפִי זֶה שְׁנֵי מִינֵי זִוּוּג לְאָדָם אֶחָד כְּרָחֵל לְיַעֲקֹב שֶׁהָיְתָה בַּת זוּגוֹ מַמָּשׁ בְּתוֹלֶדֶת הַנְּשָׁמוֹת מְזֻוָּגָן שֶׁל הַקָּדוֹשׁ בָּרוּךְ הוּא וּכְנֶסֶת יִשְׂרָאֵל עַל זֶה נֶאֱמַר עֶזְרִי מֵעִם ה' כְּמָה דְּאַתְּ אָמַר אֶעֱשֶׂה לוֹ עֵזֶר כְּנֶגְדּוֹ וְאֶחָד שֶׁלֹּא מִדִּין הַתּוֹלָדוֹת אֶלָּא בְּרַחֲמִים כְּזִוּוּגָהּ שֶׁל לֵאָה כְּמָה דִּכְתִיב מֵאַיִן יָבֹא עֶזְרִי כִּי הַפֶּלֶא הָעֶלְיוֹן נִקְרָא אַיִן כַּנּוֹדָע וְכֵן כְּתִיב וְהַחָכְמָה מֵאַיִן תִּמָּצֵא יֹאמַר נָא צַדִּיקוֹ שֶׁל עוֹלָם דִּכְתִיב בְּיָהּ הַצַּדִּיק אָבַד אֶשָּׂא עֵינַי שְׁתֵּי מִדּוֹת שֶׁעָלָיו אֶל הֶהָרִים שְׁלֹשָׁה שֶׁעֲלֵיהֶן מֵאַיִן פֶּלֶא כָּלִיל תְּלַת יָבֹא עֶזְרִי כִּדְאָמְרָן וְהוּא בֶּאֱמֶת יִחוּד נִפְלָא פָּשׁוּט וּבָרוּר בִּשְׂפַת אֱמֶת וְהָאוֹמֵר הַמִּזְמוֹר הַזֶּה בְּכַוָּנָה בְּסוֹף כָּל תְּפִלּוֹתָיו קֹדֶם עֲקִירַת רַגְלָיו מְזַמְּנִין לוֹ בַּת זוּגוֹ הוֹגֶנֶת לוֹ אִם בְּתוֹלָדוֹת וְאִם בְּרַחֲמִים וְהַמְבַקֵּשׁ רַחֲמִים עַל הַזִּוּוּג הָעֶלְיוֹן לְפִי הַכַּוָּנָה שֶׁזָּכַרְנוּ וְהוּא צָרִיךְ לְאוֹתוֹ דָּבָר הוּא נַעֲנֶה תְּחִלָּה לְמַעַן יִזְכֶּה לְאִתְעָרָא מִתְתָּא וְלִהְיוֹת שׁוֹשְׁבִין לְעֵלָּא. וְאָמְנָם עַד שֶׁלֹּא נוֹלַד רְחַבְעָם לֹא נִגְמַר הַצֵּרוּף לְבֵית דָּוִד מִשְּׁתֵּי בְּנוֹת לוֹט וּכְשֶׁהָיָה תִּינוֹק וּמֻטָּל בַּעֲרִיסָה דָּוִד נוֹתֵן שֶׁבַח וְהוֹדָאָה שֶׁכְּבָר הֻשְׁלַם בְּיָמָיו אִי נָמֵי שֶׁצָּפָה כִּי קָרוֹב הוּא הַתִּקּוּן הַזֶּה כַּמְּבֹאָר אֶצְלֵנוּ בְּמַאֲמַר אֵם כָּל חַי אָמַר עָלָיו

וְעַל עַצְמוֹ נִפְלְאוֹתֶיךָ וּמַחְשְׁבוֹתֶיךָ אֵלֵינוּ אַחַר כָּךְ בִּקֵּשׁ הַקָּדוֹשׁ בָּרוּךְ הוּא שֶׁיִּהְיוּ רְחַבְעָם וְיָרָבְעָם יְהוּדָה וְאֶפְרַיִם יַחְדָּו הַמֶּלֶךְ וְהַמִּשְׁנֶה לְמַעַן סוּר שְׁמִירַת הַכְּרוּבִים וְלַהַט הַחֶרֶב מִקֶּדֶם לְגַן עֵדֶן לְקַיֵּם שָׁם וְהִתְהַלַּכְתִּי בְּתוֹכְכֶם כִּדְאִיתָא בְּפֶרֶק חֵלֶק אֶלָּא שֶׁלֹּא זָכִינוּ נִזְכֶּה וְנִחְיֶה וְנִרְאֶה. אָכֵן כְּתִיב בִּקְרוֹבַי אֶקָּדֵשׁ כִּי בְּשָׁעָה שֶׁנִּקְדַּשׁ הַכָּבוֹד בְּנָדָב וַאֲבִיהוּא הָיוּ קְרוֹבִים לַמָּקוֹם כִּי עַל כָּל אֵלֶּה הִרְהֲרוּ תְּשׁוּבָה בְּלִבָּם וְאַחֲרֵי שֶׁהָיָה רָחוֹק מִפְּנִינִים מִכְּרָם גְּאֻלָּה הָיְתָה לָהֶם עַל יְדֵי פִּנְחָס שֶׁלֹּא נִתְכַּהֵן עַד שֶׁשָּׁפַט אֶת זִמְרִי בִּפְגִיעַת קַנָּאִים וְאָז פָּרְחָה נִשְׁמָתוֹ מִפַּחַד פִּתְאוֹם וְנִזְדַּמְּנוּ לוֹ נִשְׁמוֹת נָדָב וַאֲבִיהוּא בִּתְרֵי פַּלְגֵי גּוּפָא וְהֶחֱיוּהוּ וְתַחַת אֲשֶׁר קִנֵּא לֵאלֹהָיו כְּשֶׁנִּתְעוֹרֵר מֵאֵלָיו לְאוֹתוֹ מַעֲשֶׂה זָכָה לְמַאי דִּכְתִיב הִנְנִי נֹתֵן לוֹ אֶת בריתי"י שָׁלוֹם בְּגִימַטְרִיָּא בָּרוּךְ כְּבוֹד הוי"ה מִמְּקוֹמוֹ בְּכָ"ף רַבָּתִי דְּמִנְצְפַךְ וְהוּא נוֹטָרִיקוֹן שֶׁל וְהֵמָּה **בוכי"ם** פֶּתַח אֹהֶל מוֹעֵד כִּי שַׁעֲרֵי דִמְעָה לֹא נִנְעֲלוּ בִּפְנֵיהֶם וְהוּא קָם בְּמַעֲשֶׂה רַב לִהְיוֹת שָׁקוּל כְּנֶגֶד כֻּלָּם וְתַחַת אֲשֶׁר כִּפֶּר עַל בְּנֵי יִשְׂרָאֵל בְּסִיּוּעַ נִשְׁמוֹתֵיהֶם שֶׁל אֵלֶּה זָכָה לוֹ וּלְזַרְעוֹ אַחֲרָיו לִבְרִית כְּהֻנַּת עוֹלָם וְאָז נִתְיַחֵס אֵצֶל אַהֲרֹן הַכֹּהֵן הָרֹאשׁ אֲשֶׁר לֹא כְּמִשְׁפַּט הַכְּהֻנָּה כֵּיוָן שֶׁמְּשִׁיחָתוֹ לֹא הוֹעִילָה לְפִנְחָס רַק מָה שֶׁזָּכָה בּוֹ מִמַּעֲשֵׂה עַצְמוֹ כִּי עוֹשֶׂה גוֹאֲלָם חָזָק לַכֹּהֲנִים הַמְּשׁוּחִים וְהֵשִׁיב חֵמָה מֵעַל בְּנֵי יִשְׂרָאֵל וּכְתִיב וַיַּעֲמֹד פִּינְחָס וַיְפַלֵּל. וְיִתְפַּלֵּל לֹא נֶאֱמַר מִן הַהִתְפַּעֵל כִּי מַלְאַךְ ה' צְבָאוֹת הוּא וּכְמוֹ שֶׁדָּרְשׁוּ עַל פָּסוּק וַתִּקַּח הָאִשָּׁה אֶת שְׁנֵי הָאֲנָשִׁים וַתִּצְפְּנוֹ כִּי כָּלֵב לְבַדּוֹ הִסְתִּירָה מִפְּנֵיהֶם וּפִנְחָס הִסְתִּיר אֶת עַצְמוֹ אַךְ לְפִי פְּשׁוּטוֹ יִצְדַּק לְפָרֵשׁ וַתִּצְפְּנוּ לְאוֹתוֹ מַעֲשֶׂה שֶׁלֹּא יַרְגִּישׁוּ אֲפִלּוּ בְּנֵי הַבַּיִת בְּלְקִיחָתָהּ אוֹתָם דְּהָא כְּתִיב אַחַר כָּךְ הַעֲלִתַם וַתִּטְמְנֵם וְאוּלָם בְּפָסוּק וַיְפַלֵּל יִצְדַּק מָה שֶׁזָּכַרְנוּ בִּפְשַׁט הַכָּתוּב נוֹסָף עַל מָה שֶׁבֵּאַרְנוּ בּוֹ בְּסוֹף הַחֵלֶק הָרִאשׁוֹן מִמַּאֲמָר אֵם כָּל חַי כִּי הוּא אָמְנָם אֵינֶנּוּ צָרִיךְ לְהִתְדַּבֵּק וּלְהִתְקַשֵּׁר לְמַעְלָה אֶלָּא הָיָה קוֹשֵׁר כְּתָרִים לְמָארֵי מַלְכִּין מִתְּפִלַּת מֹשֶׁה וַחֲבֵרָיו שֶׁהָיוּ בֹּכִים פֶּתַח אֹהֶל מוֹעֵד וּמַצְדִּיקִים עֲלֵיהֶן דִּין שָׁמַיִם לְטַהֵר הַשָּׁרָשִׁים הָעֶלְיוֹנִים מִפְּגָמוֹ שֶׁל זִמְרִי וְהוּא כְּטַעַם הַמַּיִם הַתַּחְתּוֹנִים לְיוֹדְעִים סוֹדָם דְּבַכְיָן וְאָמְרִין אַף אֲנַן בְּעֵינָן לְמֵיקַם קָמֵי מַלְכָּא:

מַאֲמַר חֲקֹר דִּין - חֵלֶק ד פֶּרֶק יח

מִתּוֹךְ שִׁבְחָם שֶׁל פִּנְחָס וְאֵלִיָּהוּ בְּתִקּוּן נִשְׁמוֹתֵיהֶם שֶׁל נָדָב וַאֲבִיהוּא בְּכָל פְּרָט וּפְרָט מִשְּׁגִיאוֹתָם מִדָּה כְּנֶגֶד מִדָּה מוֹרֶה חַטָּאִים בַּדֶּרֶךְ אֵיךְ תִּשְׁתַּלֵּם לָהֶם תְּשׁוּבָה נֶאֱמָנָה וְהֶרְמֵז בְּמַסָּרָה וַאֲסַפְתּוֹ תְּרֵין חַד וַאֲסַפְתּוֹ אֶל תּוֹךְ בֵּיתֶךָ וְחַד וַאֲסַפְתּוֹ מִצָּרַעְתּוֹ מִכָּאן שֶׁחוֹבָה עַל בַּעַל הָאֲבֵדָה לָחוּס עָלֶיהָ לְטָהֳרָהּ כְּחֶמְלַת הַתּוֹרָה עַל נֶפֶשׁ הַגֵּר קַל וָחֹמֶר לְחוֹטֵא

עַצְמוֹ שֶׁזָּכָה לְאֶרֶךְ אַפַּיִם. וְאַף עַל פִּי שֶׁיֵּשׁ מֵרַבּוֹתֵינוּ אוֹמְרִים בִּפְשִׁיטוּת פִּינְחָס הוּא אֵלִיָּהוּ אֵין הַדָּבָר כְּמַחְשֶׁבֶת הֲמוֹן הַחֲכָמִים שֶׁפִּינְחָס לֹא מֵת וְשֶׁקַּיָּם בְּעַצְמוֹ שֶׁנּוּי הַשֵּׁם. אַךְ אֵלִיָּהוּ מִבְּנֵי בָּנֶיהָ שֶׁל רָחֵל הָיָה וְאָבִיו שְׁמוֹ אֲבִיָּה מִבְּנֵי בֶּכֶר אִישׁ יְמִינִי שֶׁנִּזְכַּר בְּרֵישׁ סֵפֶר דִּבְרֵי הַיָּמִים וְאֵלִיָּהוּ גַּם הוּא נִזְכַּר שָׁם בְּסָמוּךְ וּפִלְפּוּלָא בְּעָלְמָא הוּא דְּקָאמַר לֵהּ רַבָּה בַּר אֲבוּהַ וְלָאו כֹּהֵן הוּא מַר בְּפֶרֶק הַמְקַבֵּל וְעוֹד שֶׁנִּתְכַּהֵן בְּהַר הַכַּרְמֶל אֶלָּא מַעֲשֵׂה פִּינְחָס מַשְׁלִימִים לְאֵלִיָּהוּ וּמַעֲשֵׂה אֵלִיָּהוּ מַשְׁלִימִים לְפִינְחָס וּמִבֵּין שְׁנֵיהֶם הֻשְׁלַם הַתִּקּוּן לַאֲצִילֵי בְּנֵי יִשְׂרָאֵל אִלֵּה דַּעֲלַיְהוּ קָאֲמָנָא. כִּי הֵם הֵגֵסּוּ דַּעְתָּם כְּלַפֵּי מַעְלָה וּבְאֵלִיָּהוּ כְּתִיב וַיָּלֶט פָּנָיו בְּאַדַּרְתּוֹ הֵם עָבְרוּ וְנֶעֶנְשׁוּ עַל הַקְרִיבָה לִפְנִים מִמְּחִיצָתָם וּפִינְחָס פֵּרֵשׁ מִן הַכְּהֻנָּה הַגְּדוֹלָה כַּמָּה שָׁנִים וְעֵלִי נִכְנַס תַּחְתָּיו וְאַף אֵלִיָּהוּ לֹא שִׁמֵּשׁ בְּהַר הַכַּרְמֶל אֶלָּא בְּמִצְוַת ה' לְהוֹרָאַת שָׁעָה כְּדִכְתִיב וּבִדְבָרְךָ עָשִׂיתִי וְעַל הַהַקְרָבָה חֲלִין לָעֲזָרָה הוּא הִקְרִיב קָדָשִׁים בַּחוּץ עַל פִּי הַדָּבָר כִּדְאֲמַרַן וְטֶרֶם יִזְכֶּה לָזֶה תִּקֵּן שִׁגְיוֹנוֹ שֶׁל פִּנְחָס בִּימֵי יִפְתָּח שֶׁלֹּא רָצָה לֵילֵךְ אֶצְלוֹ לְהַתִּיר נִדְרוֹ וְנִסְתַּלְּקָה מִמֶּנּוּ שְׁכִינָה עַכְשָׁו הָלַךְ אֵלִיָּהוּ לְבַקֵּר אֶת חִיאֵל בֵּית הָאֱלִי שׁוֹשְׁבִינֶיהָ דְּאַחְאָב כִּדְאִיתָא בְּחֵלֶק וְשָׁרְתָה עָלָיו רוּחַ הַקֹּדֶשׁ לְקַדֵּשׁ שֵׁם שָׁמַיִם בָּרַבִּים כִּי אָמְנָם מַלְעִיג הָיָה חִיאֵל עַל דִּבְרֵי חֲכָמִים שֶׁלֹּא חָס לְחֶרְמוֹ שֶׁל יְהוֹשֻׁעַ בְּבִנְיַן יְרִיחוֹ וּבָא בְּטַעֲנָה שֶׁאֲפִלּוּ דִּבְרֵי תוֹרָה הָיוּ נִרְאִין בְּעֵינָיו אִיּוּם בְּעָלְמָא כְּמַאן דְּגָזִים וְלֹא עָבִיד שֶׁהֲרֵי הוּא וְאַחְאָב הָיוּ עוֹבְדִים לְבַעַל וְלֹא נֶעֶצְרוּ הַשָּׁמַיִם כַּכָּתוּב בַּתּוֹרָה תַּנָּא לֵהּ אֵלִיָּהוּ זָכוּר לְטוֹב חֹמֶר בְּדִבְרֵי סוֹפְרִים מִדִּבְרֵי תוֹרָה כִּדְאִיתָא בְּפֶרֶק הַנֶּחֱנָקִין וּדְכַוָּתָהּ בְּדוֹכְתֵי טוּבָא וְכָבוֹד שָׁמַיִם בִּמְקוֹמוֹ מֻנָּח שֶׁהוּא מַאֲרִיךְ אַפֵּיהּ וְגַבֵּי דְּלִיָּה כְּמוֹ שֶׁבֵּאַרְנוּ בָּזֶה בַּחֵלֶק הָרִאשׁוֹן. וְהַיְינוּ דְּקָאמַר לֵהּ אֵלִיָּהוּ חַי ה' אֱלֹהֵי יִשְׂרָאֵל אֲשֶׁר עָמַדְתִּי לְפָנָיו כִּי הוּא חַי וְקַיָּם לָעוֹלָם וּדְבָרוֹ לֹא יָשׁוּב רֵיקָם אֲבָל אֲנִי יְלוּד אִשָּׁה צָרִיךְ לְאַמֵּת אֶת דְּבָרַי וְהוּא טַעַם חָמוּר בְּדִבְרֵי סוֹפְרִים שֶׁזָּכַרְנוּ לְפִיכָךְ אִם יִהְיֶה הַשָּׁנִים הָאֵלֶּה טַל וּמָטָר כִּי אִם לְפִי דְבָרִי. וְהֵם לֹא חָלְקוּ כָּבוֹד לַאֲבִיהֶם וּכְבוֹדוֹ גָּלָה מֵהֶם שֶׁלֹּא נִתְיַחֲסוּ בַּכְּהֻנָּה אֶלָּא אֵצֶל פִּנְחָס כְּפֵרוּשׁ הַזֹּהַר עַל פָּסוּק וַתֵּלֶד לוֹ אֶת פִּנְחָס אֵלֶּה רָאשֵׁי אֲבוֹת הַלְוִיִּם וַהֲלֹא פִּנְחָס לֵוִי הָיָה עַד אוֹתָהּ שָׁעָה וְאָז הָיְתָה כְּהֻנָּה מְחַזֶּרֶת עַל אַכְסַנְיָא שֶׁלָּהּ כַּיּוֹצֵא בַּדָּבָר אַתָּה אוֹמֵר הֲלֹא אַהֲרֹן אָחִיךָ הַלֵּוִי שֶׁעֲדַיִן לֹא נִתְכַּהֵן וְיָדוּעַ כִּי אֵין כֹּהֵן אֶלָּא מְשָׁרֵת. וְתַנְּן אֵין כַּהוֹן בְּבָמָה כִּי הַיָּחִיד הַמַּקְרִיב בִּשְׁבִיל עַצְמוֹ לֹא יִקָּרֵא כֹּהֵן הָא מָה אֲנִי מְקַיֵּם וְהוּא כֹהֵן לְאֵל עֶלְיוֹן הָאָמוּר בְּמַלְכִּי צֶדֶק זֶה שֵׁם בֶּן נֹחַ שֶׁנִּתְכַּהֵן בִּשְׁבִיל אָבִיו כְּשֶׁבִּקֵּשׁ נֹחַ לְהַעֲלוֹת עוֹלוֹת בַּמִּזְבֵּחַ וְהָיָה בַּעַל מוּם שֶׁהִכִּישׁוֹ אֲרִי בְּתֵבָה אָמַר לְשֵׁם בְּנוֹ שֶׁיַּקְרִיבֵם בַּעֲדוֹ וּמָה שֶׁתִּרְגֵּם אוּנְקְלוֹס עַל פָּסוּק יֶתֶר שְׂאֵת וְיֶתֶר עָז לָמַדְנוּ שֶׁהָעֲבוֹדָה בִּבְכוֹרוֹת הִיא מִשְׁפַּט הַכְּהֻנָּה לְפִיכָךְ קַיִן נִתְעוֹרֵר בָּהּ תְּחִלָּה שֶׁאִלּוּ

נִתְרַצָּה לוֹ בִּשְׁבִיל עַצְמוֹ הָיָה מִתְחַנֵּן גַּם כֵּן בִּשְׁבִיל אֲחֵרִים וּכְתִיב בִּיהּ הֲלֹא אִם תֵּיטִיב שְׂאֵת שֶׁכֵּן אָמְרָה תּוֹרָה יָבֹא זַכַּאי וִיכַפֵּר עַל הַחַיָּב. וּמֵעַתָּה יִשְׁמַע חָכָם כִּי חֲנוֹךְ בֶּן יֶרֶד וְשֵׁם בֶּן נֹחַ שׁוֹשְׁבִינִין הָיוּ לְאָדָם וְהֶבֶל וּכְבָר זָכַרְנוּ בְּפֶרֶק שְׁלִישִׁי כִּי חֲנוֹךְ הָיָה מִן הַמַּשְׁלִימִין לְדָוִד וּתוֹר שְׁנוֹתָיו שֶׁל אָדָם עִם יֶרֶד וּמְתוּשֶׁלַח וְיָדוּעַ שֶׁזָּכָה לְתַקֵּן אֵת אֲשֶׁר עִוְּתוֹ וְעֵינָיו רוֹאוֹת כְּטַעַם קֵן צִפּוֹר לְיוֹדְעֵי סוֹדוֹ כָּכָה זָכָה שֵׁם לִהְיוֹת אֵמוּן פֵּדָגוֹג לְהֶבֶל אַחֲרֵי שֶׁהֻשְׁתַּת מִמֶּנּוּ הָעוֹלָם בְּשֵׁת וְלָאו לְמַגָּנָא הֲוָה קוֹבֵעַ מִדְרָשׁוֹת כְּדִבְרֵי הַזֹּהַר וּמִשָּׁם זָכָה מֹשֶׁה לְכַהֵן בְּחֵלֶק לָבָן וְלֹא עוֹד אֶלָּא שֶׁקִּיֵּם מִצְוַת אָדָם כִּי יַקְרִיב מִכֶּם שֶׁכֵּן כְּתִיב וַיַּקְרֵב מֹשֶׁה אֶת אַהֲרֹן וְאֶת בָּנָיו כְּמוֹ שֶׁזָּכַרְנוּ מִזֶּה לְמַעְלָה. וְהִנֵּה בִּשְׁנֵי מְקוֹמוֹת דִּמָּה מֹשֶׁה עַצְמוֹ לְאַבְרָהָם לִכְהֻנָּה וּלְמַלְכוּת כִּדְאִיתָא בִּבְרֵאשִׁית רַבָּה פָּרָשַׁת הָעֲקֵדָה וּבְרֵישׁ וָאֶתְחַנַּן אֶלָּא שֶׁאַבְרָהָם נִתְקָרֵב וּמֹשֶׁה נִתְרַחֵק כִּי אָדָם בְּכוֹרוֹ שֶׁל עוֹלָם הָיָה לוֹ לְכַהֵן פְּאֵר לְעַצְמוֹ וּלְכָל בָּאֵי עוֹלָם כְּמִשְׁפַּט הַכְּהֻנָּה לְשַׁמֵּשׁ לְאֵל עֶלְיוֹן בִּשְׁבִיל בָּנָיו וְלֹא הִקְרִיב אֶלָּא שׁוֹר פַּר לְעַצְמוֹ גַּם בְּמַלְכוּת נִגְרַע מֵעֶרְכּוֹ שֶׁאִלּוּ לֹא חָטָא וּמֶלֶךְ עַל עוֹלָמוֹ לֹא הָיוּ קַיִן וְהֶבֶל חוֹלְקִים אוֹתוֹ בֵּינֵיהֶם וְלֹא בָּאִים לִידֵי מְרִיבָה. וְאַבְרָהָם זָכָה לְתַקֵּן בִּשְׁנֵיהֶם בִּהְיוֹתוֹ אֻמָּן פֵּדָגוֹג לְנֶפֶשׁ אָדָם כְּמוֹ שֶׁזָּכַרְנוּ לְמַעְלָה וּמֹשֶׁה חָשַׁב לְהִדָּמוֹת לְשֵׁם בֶּן נֹחַ שֶׁהָיָה מֶלֶךְ שָׁלֵם וְכֹהֵן לְאֵל עֶלְיוֹן אָמְרוּ לוֹ אַל תִּקְרַב הֲלוֹם כִּי אֵין עוֹלָמוֹ מְקוֹמוֹ בֵּאַרְנוּהוּ בַּחֵלֶק הַשְּׁלִישִׁי וְהָאֱמֶת שֶׁלֹּא נִתְרַחֵק מִשְּׁתֵּיהֶן אֶלָּא שֶׁלֹּא לְהַנְחִילָן לְבָנָיו כִּי הוּא עַצְמוֹ הָיָה מֶלֶךְ וְכֹהֵן אֵין שַׁעַר נִנְעָל בְּפָנָיו בַּשָּׁמַיִם מִמַּעַל וְעַל הָאָרֶץ מִתָּחַת וְלֹא עוֹד אֶלָּא שֶׁמָּלַךְ עַל הָעָם הַנִּבְחָר בְּמַדְרֵגַת יְשֻׁרוּן שֶׁלֹּא זָכָה אָדָם זוּלָתוֹ לְאוֹתָהּ מַלְכוּת דִּכְתִיב בָּהּ רֹכֵב שָׁמַיִם בְּעֶזְרֶךָ וּבְגַאֲוָתוֹ שְׁחָקִים שֶׁהִיא מַלְכוּת מְיֻחֶדֶת לְאֵל יִתְבָּרֵךְ כִּדְכְתִיב בְּרֵישָׁא אֵין כָּאֵל יְשֻׁרוּן. וּבִכְהֻנָּה גַּם כֵּן הִקְרִיב אֲנָשִׁים לַשָּׁמַיִם אֶת אַהֲרֹן וְאֶת בָּנָיו כָּאָמוּר וּכְבָר הָיוּ נָדָב וַאֲבִיהוּא בִּשְׂרֵפַת נִשְׁמָתָם כְּאֵבְרֵי הָעוֹלָה וְכָאֵמוּרֵי הַחַטָּאת מֵהֶקֵּשָׁא דִּקְרָאֵי דִּכְתִיבֵי אַהֲדָדֵי וַתֵּצֵא אֵשׁ מִלִּפְנֵי ה' וְאָמְרוּ שֶׁזִּכָּרוֹן מִיתָתָם בְּיוֹם הַכִּפּוּרִים מְכַפֵּר כְּקָרְבָּנוֹת וְהָיוּ אֶלְעָזָר וְאִיתָמָר כְּשִׁירֵי הַמֻּקְדָּשִׁין דִּכְתִיב בְּהוּ הַנּוֹתָרִים לָמַדְנוּ מִזֶּה כְּהֻנָּה גְּדוֹלָה וּמְשֻׁבַּחַת לְמֹשֶׁה רַבֵּנוּ ע"ה לְהוֹרָאַת שָׁעָה וְעַל יְדֵי מַעֲשֶׂה חָזְרָה כְּהֻנַּת עוֹלָם לְאַהֲרֹן שֶׁהָיָה גָּדוֹל מִמֶּנּוּ בְּשָׁנִים זֹאת וְעוֹד אַחֶרֶת שְׁמֻעֶנָּה וְאַתָּה דַע לָךְ:

מַאֲמַר חֵקֶר דִּין - חֵלֶק ד פֶּרֶק יט

שְׁלֵוֵי עוֹלָם הִשְׂגּוּ חַיִל וְלֹא נָטְלוּ עֵצָה מִמֹּשֶׁה עַל דָּבָר הַצָּרִיךְ לְרֹב יוֹעֲצִים וּפִנְחָס בְּשִׁטִּים נִמְלַךְ בְּמֹשֶׁה בְּמָה שֶׁאֵין עֵצָה אַדְּרַבָּה יִקְשֶׁה שֶׁבְּכְגוֹן זוֹ אֵין נִמְלָכִין בְּבֵית דִּין וְהַבָּא לִימָּלֵךְ אֵין מוֹרִין לוֹ אֶלָּא כָּךְ

אָמַר לוֹ פִּנְחָס לְמֹשֶׁה כְּבָר לְמַדְתָּנוּ רַבֵּנוּ דִּינוֹ שֶׁל קַנַּאי וְאֵינִי צָרִיךְ עַכְשָׁו אֶלָּא לְקַיֵּם בְּעַצְמִי מוּסַר הַשֵּׂכֶל לִרְצוֹת דַּלִּים נְפָשׁוֹת אֶבְיוֹנִים וְעִם זֶה בָּאוֹת נַפְשׁוֹ שֶׁאָפָה רוּחַ שְׁנֵי שְׂרִידִים הַלָּלוּ וְאַף מֹשֶׁה שַׁפִּיר קָאֲמַרְתְּ הוּא דְּאָמַר לֵהּ שֶׁכָּךְ אָמְרוּ הֲלָכָה קַרְיָנָא דְּאִגַּרְתָּא לֶהֱוֵי פַּרְוָנְקָא וְהִלְכְתָא הוּא דְּאִסְתַּיֵּם לֵהּ לְפִנְחָס מִמֹּשֶׁה לֹא רְשׁוּתָא לְמַעַן יִצְדַּק הַתַּלְמִיד בְּדַבְּרוֹ יִזְכֶּה הָרַב בְּשָׁפְטוֹ. הֵם לֹא נָטְלוּ עֵצָה זֶה מִזֶּה וְכָאן בָּאוּ שְׁנֵיהֶם בְּעֵצָה אַחַת אֵצֶל פִּנְחָס לְהוֹסִיף כֹּחַ בִּגְבוּרָה שֶׁל מַעְלָה הֵם הוֹרוּ הֲלָכָה בִּפְנֵי רַבָּם וּפִנְחָס בָּרַח מִן הַהוֹרָאָה וְלֹא קִבֵּל לֵישֵׁב בָּרֹאשׁ אַחֲרֵי מוֹת יְהוֹשֻׁעַ כָּל יְמֵי הַזְּקֵנִים וְהַשּׁוֹפְטִים. הֵם נִכְנְסוּ שְׁתוּיֵי יַיִן וּבְאֵלִיָּהוּ כְּתִיב וּמִן הַנַּחַל יִשְׁתֶּה וּמִן הַצָּרְפִית לֹא שָׁאַל אֶלָּא מַיִם וְהַמַּלְאָךְ הֵכִין לוֹ צַפַּחַת מַיִם כְּדִין כֹּהֲנֵי בֵית אָב. הֵם נִכְנְסוּ מְחֻסְּרֵי בְגָדִים וְאֵלִיָּהוּ נִתְאַבֵּל עַל זֶה וְהָיָה לוֹ אֵזוֹר עוֹר תַּחַת אַבְנֵט וְקִיֵּם בְּעַצְמוֹ עוֹר הָעֹלָה אֲשֶׁר הִקְרִיב לַכֹּהֵן לוֹ יִהְיֶה כִּי בְּאַבְרָהָם כְּתִיב אַתָּה כֹהֵן לְעוֹלָם שֶׁהֶעֱלָה אֶת יִצְחָק שֶׁהוּא כָּל הָעוֹלָם כְּטַעַם שְׂכַר כֻּלָּם שֶׁבֵּאַרְנוּ וּמִמָּה שֶׁרָמַזְנוּ בוֹ בְּמַאֲמָר אֵם כָּל חַי וְאֵלִיָּהוּ אָמַר חַי ה' אֲשֶׁר עָמַדְתִּי לְפָנָיו וְהָיָה זֶה בְּהַר הַמּוֹרִיָּה דְּמַזָּלֵהּ הָיָה שָׁם וְהוּא הִקְרִיב לַכֹּהֵן זֶה אַבְרָהָם אֶת הָאַיִל שֶׁהָיָה נֶאֱחַז בַּסְּבַךְ לְפִיכָךְ אָמְרָה תּוֹרָה עוֹר הָעוֹלָה לוֹ יִהְיֶה וִידַקְדֵּק עִם זֶה לוֹ יְתֵרָה דְּאִיכָּא בְּקָרָא דָּהוּהַ מָצֵי לְמֵמַר לַכֹּהֵן יִהְיֶה אֶלָּא כְּדַאֲמַרַן וְעוֹלַת אִישׁ נָמִי מָתוֹק מִדְּבַשׁ וְנֹפֶת צוּפִים לְמִי שֶׁיֵּשׁ לוֹ חֵךְ. הֵם נִתְעַצְּלוּ בְּקִדּוּשׁ יָדַיִם וְרַגְלַיִם וְאֵלִיָּהוּ קִדֵּשׁ כָּל גּוּפוֹ בְּנַחַל כְּרִית יָמִים רַבִּים. הֵם תִּקְּנוּ אֵשׁ בַּחוּץ וְהִכְנִיסוּ עָשָׁן בִּפְנִים וְהוּא אָמַר וְאֵשׁ לֹא אָשִׂים וְלֹא הָיָה שָׁם מַעֲלֵה עָשָׁן אֶלָּא כָּל הַתְּעָלָה מָלֵא מַיִם. הֵם עָשׂוּ אֲשֶׁר לֹא צִוָּה אֹתָם. וְהוּא אָמַר וּבִדְבָרְךָ עָשִׂיתִי. לֹא הָיוּ לָהֶם בָּנִים וְנִגְאֲלוּ מִבֶּן אֲחִיהֶם דוֹמֶה לְדִינוֹ שֶׁל בֶּן יְבָמָה. וְעַל שֵׁם עוֹרְבָא בָּעֵי בְּנֵי הָעוֹרְבִים כִּלְכְּלוּ אֶת אֵלִיָּהוּ. לֹא הָיוּ לָהֶם נָשִׁים שֶׁבִּתוּלוֹת יִשְׂרָאֵל לֹא הוּלְלוּ מֵהֶם וְהָיוּ מִתְאַוִּים לִבְנוֹת מְלָכִים וְנִגְאֲלוּ עַל יְדֵי בֶּן אִשָּׁה מִבְּנוֹת פּוּטִיאֵל אֲשֶׁר קִנֵּא בְּנָשִׂיא שִׁמְעוֹן שֶׁחָטָא בְּבַת נְסִיכִים וְכֵן אֵלִיָּהוּ קִנֵּא בְּאַחְאָב אֲשֶׁר הֵסַתָּה אֹתוֹ אִיזֶבֶל אִשְׁתּוֹ שֶׁהָיְתָה בַּת מֶלֶךְ צִדוֹנִים. הֵם אָמְרוּ מָתַי יָמוּתוּ שְׁנֵי זְקֵנִים הַלָּלוּ וְאֵלִיָּהוּ אָמַר קַח נַפְשִׁי. הֵם הָיוּ עִם זֶה מְחַשְּׁבִים קָצִין וְהוּא אָמַר לֹא טוֹב אָנֹכִי מֵאֲבֹתָי כִּדְאָמַר רַבִּי זֵירָא אַרְעָא דְּמֹשֶׁה וְאַהֲרֹן לֹא זָכוּ לְמֵיעַל לְגַוָּהּ מָאן יֵמַר דַּאֲזַכֵּי בָּהּ אֲנָא. הֵם בִּקְּשׁוּ לְהַנְהִיג אֶת הַקָּהָל וּמִסְתָּמָא הָיוּ מְצַפִּים לִנְהֹג שְׂרָרָה בְּאֶרֶץ יִשְׂרָאֵל וְהוּא אָמַר וְאִוָּתֵר אֲנִי לְבַדִּי בִּקֵּשׁ עַל אֲחֵרִים שֶׁיַּנְהִיגוּ אֶת יִשְׂרָאֵל עַד שֶׁנִּצְטַוָּה בִּמְשִׁיחַת יֵהוּא לְמֶלֶךְ וֶאֱלִישָׁע לְנָבִיא וְלֹא עָלָה בִסְעָרָה הַשָּׁמַיִם אֶלָּא בְּעֵבֶר הַיַּרְדֵּן וְגַם אָז הֶעֱלָה לְמַעְלָה לִמְקוֹמָהּ הָאֵשׁ שֶׁיָּצְאָה מֵאֵת ה' בִּשְׁבִילָם בַּשְּׁמִינִי לַמִּלּוּאִים:

מַאֲמַר חֵקֶר דִּין - חֵלֶק ד פֶּרֶק כ

הָאֹמֵר לְאָבִיו וּלְאִמּוֹ לֹא רְאִיתִיו זֶה פִּנְחָס וַדַּאי שֶׁבִּקֵּשׁ מֹשֶׁה רַבֵּנוּ ע"ה עָלָיו רַחֲמִים בָּרֵךְ ה' חֵילוֹ וּפֹעַל יָדָיו תִּרְצֶה כִּי הוּא הָאוֹמֵר לְאָבִיו זֶה אֶלְעָזָר וּלְאִמּוֹ כְּמַשְׁמָעוֹ לֹא רְאִיתִיו לְאַהֲרֹן הַנִּזְכָּר בְּפָסוּק שֶׁל מַעְלָה דִּכְתִיב תֻּמֶּיךָ וְאוּרֶיךָ לְאִישׁ חֲסִידֶךָ וּפֵרוּשׁ לֹא רְאִיתִיו לֹא נֶהֱנֵיתִי מִמְּשִׁיחָתוֹ כְּלוּם שֶׁלֹּא נִתְכַּהֵן פִּנְחָס אֶלָּא בִּזְכוּת עַצְמוֹ וּלְפִי זֶה לְאָבִיו נִיחָא וּלְאִמּוֹ נָמֵי אִצְטְרִיךְ אִי לְמַאן דְּאָמַר מִבְּנוֹת יוֹסֵף שֶׁפִּטְפֵּט בְּיִצְרוֹ וְיוֹסֵף הָיָה בְּכוֹר בְּמַחֲשָׁבָה וּכְבָר זָכַרְנוּ כִּי הַכְּהֻנָּה הִיא מִמִּשְׁפְּטֵי הַבְּכוֹרָה קָא מַשְׁמַע לָן שֶׁתָּלוּ לוֹ בִּזְכוּת עַצְמוֹ לֹא בִּזְכוּת אֲחֵרִים וְאִי לְמַאן דְּאָמַר מִבְּנוֹת יִתְרוֹ שֶׁפִּטֵּם עֲגָלִים לְלֹא אֱלֹהִים וְהָא וְהָא אִיתָא דְּאָבוּהָ מִיּוֹסֵף אִמָּהּ מִיִּתְרוֹ וְהַיְינוּ נָמֵי דְּאָמַר לְהוּ אֵלִיָּהוּ לְרַבָּנָן אֲנִי מִבְּנֵי בָנֶיהָ שֶׁל רָחֵל וְאֶפְשָׁר נָמֵי דְּאֵם אָבִיהָ הָיְתָה מִשִּׁבְטוֹ שֶׁל גָּד וְכָל דִּבְרֵי חֲכָמִים קַיָּמִין סָלְקָא דַּעְתָּךְ אֲמִינָא דְּאִימֵּיהּ גָּרְמָא לֵהּ לְרַחֵק כִּדְמֵעִקָּרָא כִּי כֵן מִשְׁפָּטוֹ שֶׁל כֹּהֵן אוֹן שֶׁיִּרְחָקוּ בָּנָיו מִיֵּשַׁע אִי נָמֵי נִיחָא קַמֵּי שְׁמַיָּא לִתֵּן טָהוֹר מִטָּמֵא דְּהָכִי אַשְׁכְּחַן בְּיוֹנָדָב בֶּן רֵכָב שֶׁהֶעֱמִיד כֹּהֲנִים גְּדוֹלִים מִבְּנֵי בְנוֹתָיו וּשְׁמֹנָה כֹּהֲנִים נְבִיאִים יָצְאוּ מִבְּנֵי בְּנוֹתֶיהָ שֶׁל רָחָב שֶׁנִּשֵּׂאת לִיהוֹשֻׁעַ אִמָּא פִּנְחָס נָמֵי אִימֵּיהּ גָּרְמָה לֵהּ לְקָרֵב כִּדְהַשְׁתָּא קָא מַשְׁמַע לָן דְּלָא וְאֶת אֶחָיו לֹא הִכִּיר וְאֶת בָּנָיו לֹא יָדָע שֶׁפֵּרַשׁ מֵהַנְהָגַת הָעוֹלָם לְהִתְבּוֹדֵד בַּעֲבוֹדַת קוֹנוֹ וּלְפִי שֶׁאֵין אָדָם רַשַּׁאי לִפְרֹק עֹל הַבָּנִים וְהַקְּרוֹבִים מֵעַל צַוָּארוֹ עַד הִשְׁלִימוּ אֶת חֻקּוֹ עִמָּהֶם לְחַנְּכָם בַּתּוֹרָה וּבְיִרְאַת שָׁמַיִם אָמַר שֶׁלֹּא עָשָׂה כֵּן אֶלָּא בִּזְמַן שֶׁהֵמָּה כְּבָר שָׁמְרוּ אִמְרָתְךָ בִּלְבָבָם שֶׁלָּמְדוּ כָּל הַתּוֹרָה וּבְרִיתְךָ יִנְצֹרוּ זוֹ הַתְמָדַת הַשִּׁנּוּן כִּי אֲפִלּוּ תַּלְמִיד חָכָם שֶׁיּוֹשֵׁב וְשׁוֹנֶה כָּל יָמָיו צָרִיךְ לְהִזָּהֵר שֶׁלֹּא יִשְׁכַּח דָּבָר אֶחָד מִמַּה שֶּׁלָּמַד כִּדְתְנַן בְּאָבוֹת וְיֵשׁ לוֹ לִלְמֹד מֵעֹפֶר הָאֵילִים שֶׁהוּא רָץ לְפָנָיו וּמִסְתַּכֵּל תָּמִיד לְאַחֲרָיו וְהֵם גַּם כֵּן רְאוּיִים לְהוֹרָאָה בַּנִּגְלֶה מִמֶּנָּה כְּגוֹן הַמִּשְׁפָּטִים הַמְפֻרְסָמִים לֶהָמוֹן וּבְדֻגְמָא הַנִּסְתֶּרֶת הַמְּסוּרָה בִּלְחִישָׁה לַחֲכָמִים וְהִיא תּוֹרַת ה' צֹרֶךְ גָּבוֹהַּ כִּדִכְתִיב וְתוֹרָתְךָ לְיִשְׂרָאֵל וּרְאוּיִם גַּם כֵּן לְהִתְחַנֵּךְ בִּכְהֻנָּה אֲפִלּוּ בַּעֲבוֹדוֹת הַפְּנִימִיּוֹת כְּגוֹן הַקְּטֹרֶת שֶׁהִיא כָּלָה עַל הַמִּזְבֵּחַ הַפְּנִימִי כִּי אֲפִלּוּ הָעוֹלָה עוֹרָהּ לַכֹּהֲנִים מַה שֶּׁאֵין בִּקְטֹרֶת וְזֶה הַמִּזְבֵּחַ שֶׁבַּהֵיכָל מְיֻחָד לְגָבֹהַּ שֶׁאֵינֶנּוּ מַתִּיר לְזוּלָתוֹ כְּלוּם לֹא כֵן מִזְבַּח הַנְּחֹשֶׁת שֶׁכֹּהֲנִים וּבְעָלִים נֶהֱנִים מִמֶּנּוּ אַחֲרֵי שֶׁקָּרַב הַמַּתִּיר כְּמִצְוָתוֹ וּלְפִיכָךְ אָמַר מִזְבֵּחַ וְאָז שֶׁהִשְׁלִמוּ הַבָּנִים וְהַקְּרוֹבִים בַּעֲבוֹדַת שָׁמַיִם בָּרֵךְ ה' חֵילוֹ שֶׁל רֹאשׁ בֵּית אָב הַקָּדוֹשׁ הַזֶּה שֶׁפֵּרַשׁ מִדַּרְכֵי הָעוֹלָם לַעֲמֹד לִפְנֵי ה' בְּהִתְבּוֹדְדוּת תְּדִירָה כְּמַאֲמַר חַי ה' אֲשֶׁר עָמַדְתִּי לְפָנָיו לְפִי פְּשׁוּטוֹ בִּקֵּשׁ שֶׁבְּנָיו יִתְבָּרְכוּ מִפִּי עֶלְיוֹן אַחֲרֵי שֶׁשָּׂם ה' מִבְטָחוֹ עֲלֵיהֶם וּפוֹעַל יָדָיו תִּרְצֶה

כְּשֶׁיִּבְנֶה אֵלִיָּהוּ לְפָנֶיךָ מִזְבֵּחַ וְיַקְרִיב בְּהַר הַכַּרְמֶל מָחַץ מָתְנַיִם קָמָיו נְבִיאֵי הַבַּעַל וּמְשַׂנְאָיו מִן יְקוּמוּן נְבִיאֵי הָאֲשֵׁרָה אוֹכְלֵי שֻׁלְחַן אִיזֶבֶל אֲבָל אַחְאָב נִכְנַע וּנְתַקֵּן וְעִם זֶה הָיְתָה בִּרְכָתוֹ שֶׁל מֹשֶׁה רַבֵּנוּ ע"ה כּוֹלֶלֶת מִשְׁפַּט הַכְּהֻנָּה לִשְׁנֵי רָאשֵׁי הַיַּחַס אֲשֶׁר לָהּ אַהֲרֹן וּפִנְחָס וְהוּא פְּשָׁט נָכוֹן וּבָרוּר וּלְפִי דַּרְכֵּנוּ לָמַדְנוּ שֶׁהֻשְׁלַם לָהֶם לְנָדָב וַאֲבִיהוּא עַל יְדֵי פִּנְחָס הוּא אֵלִיָּהוּ שִׁנּוּי הַשֵּׁם שִׁנּוּי מָקוֹם וְשִׁנּוּי מַעֲשֶׂה וּכְבָר הִרְחַבְנוּ הַמַּאֲמָר מָה שֶׁיַּסְפִּיק אֶל הַמְּכֻוָּן בְּצִדּוּק דִּינוֹ יִתְבָּרַךְ בִּשְׁנֵי עוֹלָמוֹת:

סְלִיק חֵלֶק רְבִיעִי

מַאֲמַר חֲקוֹר דִּין - חֵלֶק ה פֶּרֶק א

יוֹם ה' הַגָּדוֹל וְהַנּוֹרָא הוּא יוֹם הַדִּין שֶׁל זְמַן הַתְּחִיָּה הַמִּשְׁפָּט לֵאלֹהִים הוּא אִם יוּכַל הָאָדָם לְהִמָּנוֹת עִם הַצַּדִּיקִים יוֹשְׁבִים וְעַטְרוֹתֵיהֶם בְּרָאשֵׁיהֶם וְנֶהֱנִים מִזִּיו שְׁכִינָה אֲשֶׁר הֵמָּה בְּצִדְקָתָם יַחֲלִיפוּ כֹחַ בְּאוֹתָן הַשָּׁנִים שֶׁעָתִיד הַקָּדוֹשׁ בָּרוּךְ הוּא לְחַדֵּשׁ בָּהֶן אֶת עוֹלָמוֹ. וְהִנֵּה כָּל גְּדוֹלֵי הַחֲכָמִים הִסְכִּימוּ בְּבֵאוּר הַבָּרַיְתָא דְּשָׁלֹשׁ כִּתּוֹת לְיוֹם הַדִּין הַשְּׁנוּיָה בַּתּוֹסָפוֹת דְּסַנְהֶדְרִין פֶּרֶק י"ג וּבְסֵדֶר עוֹלָם פֶּרֶק ג' שֶׁכֵּן מִשְׁפְּטֵי ה' עַל עוֹלַם הַתְּחִיָּה וְחִלּוּקֵי דִּינֶיהָ שִׁשָּׁה בְּאוֹרָם בַּגְּמָרָא פֶּרֶק קַמָּא דְּרֹאשׁ הַשָּׁנָה וְאֵלּוּ הֵן:

רִאשׁוֹנָה צַדִּיקִים גְּמוּרִים לְחַיֵּי עוֹלָם. שֵׁנִית בֵּינוֹנִים דְּלָא פּוֹשְׁעִים בְּגוּפָן רַב חֶסֶד מַטֶּה כְּלַפֵּי חֶסֶד. שְׁלִישִׁית בֵּינוֹנִים וּפוֹשְׁעִין בְּגוּפָן יוֹרְדִין לְפִי שָׁעָה וּמְצַפְצְפִין שֶׁפֵּרוּשׁוֹ צָפוֹן אוֹ צוֹעֲקִים אוֹ מְבַצְבְּצִין וְעוֹלִין לִמְנוּחָתָם. רְבִיעִית רֻבָּא עֲוֹנוֹת וְלָאו פּוֹשְׁעִים בְּגוּפָן וְיֵשׁ מִי שֶׁפֵּרֵשׁ עֲלֵיהֶם הָא דְּתַנְיָא בִּבְחִירְתָא מִשְׁפַּט רְשָׁעִים בְּגֵיהִנֹּם שְׁנֵים עָשָׂר חֹדֶשׁ וְאַחַר כָּךְ עוֹלִים לִמְנוּחָתָם. וַאֲחֵרִים פֵּרְשׁוּ לְהָקֵל עֲלֵיהֶם וְהִשְׁווּ הַמִּדָּה לְבֵינוֹנִים אֲשֶׁר הֵמָּה פּוֹשְׁעִים בְּגוּפָן לְרֻבָּא עֲוֹנוֹת דְּלָאו פּוֹשְׁעִים דְּכִי הֲדָדֵי נִנְהוּ וְשֶׁאֵין זְמַנָּם קָצוּב אֶלָּא נִדּוֹנִין לְפִי שָׁעָה פֵּרוּשׁ לְפִי צֹרֶךְ הַמֵּרוּק וְדִינָם לֹא יַגִּיעַ בְּשׁוּם פָּנִים לִשְׁנֵים עָשָׂר חֹדֶשׁ וּמִכָּל מָקוֹם פְּנֵיהֶם דּוֹמִים לְשׁוּלֵי קְדֵרָה תַּחַת כְּוִיָּה מֵאִשּׁוֹ שֶׁל גֵּיהִנֹּם וְקָשֶׁה קְצָת לְהַחֲמִיר כָּל כָּךְ עַל הַבֵּינוֹנִים אַף עַל פִּי שֶׁיִּהְיוּ פּוֹשְׁעִים בְּגוּפָן כֵּיוָן שֶׁסּוֹף סוֹף אֵין כַּף חוֹבָה מַכְרַעַת בָּהֶם בְּמִשְׁקָל אֶל דֵּעוֹת. חֲמִישִׁית רֻבָּא עֲוֹנוֹת וּפוֹשְׁעִים בְּגוּפָן שֶׁמִּשְׁפָּטָן בַּגֵּיהִנֹּם שְׁנֵים עָשָׂר חֹדֶשׁ לְדִבְרֵי הַכֹּל וְאַחַר כָּךְ גּוּפָן כָּלָה וְנִשְׁמָתָן נִשְׂרֶפֶת גֵּיהִנֹּם פּוֹלַטְתָּן וְרוּחַ מְפַזַּרְתָּן תַּחַת כַּפּוֹת רַגְלֵי הַצַּדִּיקִים כִּנְבוּאַת מַלְאָכִי זֶהוּ דִּין הַתְּחִיָּה שֶׁכַּיּוֹצֵא בָּהֶם בְּדִין הַמָּוֶת אַחַר שְׁנֵים עָשָׂר חֹדֶשׁ גֵּיהִנֹּם פּוֹלַטְתָּן וְנִמְסָרִים לְדוּמָה וְגַם שָׁם אֵין לָהֶם מְנוּחָה אֶלָּא שֶׁהֵם עֲתִידִים אֶל הַמִּבְחָן שֶׁגִּלָּהוּ אֱלִיָּהוּ לְאִיּוֹב. שִׁשִּׁית נוֹתְנֵי חִתִּית בְּאֶרֶץ חַיִּים וּפוֹרְשִׁים מִדַּרְכֵי צִבּוּר וּמַחֲטִיאֵי הָרַבִּים גֵּיהִנֹּם נִנְעֶלֶת בִּפְנֵיהֶן וְנִדּוֹנֶן בָּהּ לְדוֹרֵי דוֹרוֹת וְאֵלֶּה בְּדִין הַמָּוֶת אַחַר דּוֹרֵי דוֹרוֹת שֶׁמִּעוּטָם עַל רְבָעִים אֶפְשָׁר שֶׁיִּבְחֲנוּ גַּם הֵמָּה בְּחָכְמָה נֶעֱלָמָה מִן הַחוֹשֵׁב מַחֲשָׁבוֹת לְבִלְתִּי יִדַּח מִמֶּנּוּ נִדָּח. וְהוּא טַעַם גֵּיהִנֹּם כָּלָה וְהֵם אֵינָם כָּלִים שֶׁאָנוּ מְפָרְשִׁים אוֹתוֹ כְּפִי מָה שֶׁפֵּרְשׁוּ חֲכָמִים בְּפָסוּק חִצַּי אֲכַלֶּה בָּם מָה הַתָּם חִצַּי כָּלִים וְהוּא תַּכְלִית יִסּוּרֶן אַף כָּאן גֵּיהִנֹּם כָּלָה וְהוּא תַּכְלִית הָעֹנֶשׁ שֶׁהַחִצִּים וְהַגֵּיהִנֹּם לֹא יִשְׁבְּתוּ כָּל יְמֵי הֱיוֹתָם מְקֻצּוּף עֲלֵיהֶם וּמְגָעוּר בָּם אָמְנָם סוֹף סוֹף הֵם אֵינָם כָּלִים וְגֵיהִנֹּם גּוּפֶיהָ נִקְרָא כֵּן שֶׁהִיא גֵּי שֶׁל הִנֹּם וּפֵרוּשׁ שׁוּחָה עֲמֻקָּה שֶׁיּוֹרְדִין לָהּ עַל עִסְקֵי חִנָּם וְהַנְּשָׁמוֹת שֶׁנִּטְהֲרוּ מַעֲלִין אוֹתָן לִשְׁלוּחֵי גַּן

עֵדֶן וְאוֹמְרִים הִנָּם הָא אִתְלַבְּנוּ וְעַל הַנְּשָׁמוֹת הַנִּבְדָּקוֹת בִּלְבַד שֶׁאֵינָן צְרִיכוֹת לָבוֹן צְנָחִין לְהוֹן הִנָּם קְחוּ וּלְכוּ כַּמְבֹאָר בַּזֹּהַר וּלְקוּשְׁטָא דְּמִלְּתָא אֵין לְךָ דָּבָר נִצְחִי אֶלָּא בְּמִדַּת הַטּוֹב:

מַאֲמַר חֲקֹר דִּין - חֵלֶק ה פֶּרֶק ב

מִמַּשְׁמָע שֶׁנֶּאֱמַר צַדִּיק ה' בְּכָל דְּרָכָיו וְחָסִיד בְּכָל מַעֲשָׂיו לָמַדְנוּ לְדִין הַתְּחִיָּה גַּם כֵּן שֶׁיֵּשׁ לְמִשְׁפַּט רְשָׁעִים אֵלֶּה הֶפְסֵק לְדוֹר אַחֲרוֹן וּמָצָאנוּ לָזֶה רֶמֶז בַּפָּסוּק וְהָיָה מִדֵּי חֹדֶשׁ הַשֵּׁנִי שֶׁנִּכְפַּל בִּנְבוּאוֹת יְשַׁעְיָהוּ בְּסוֹף הַסֵּפֶר וְאָמְרוּ הַמְפָרְשִׁים שֶׁהוּא כְּדֵי לְסַיֵּם בְּנֶחָמָה וְאָנוּ אוֹמְרִים דְּהָא וְהָא אִיתָא לְמֵימְרָא דְּמוֹרְדִים וּפוֹשְׁעִים נָמֵי אַחֲרֵי שֶׁיִּהְיוּ דֵּרָאוֹן לְכָל בָּשָׂר אֵיךְ שֶׁיּוּבַן עוֹד חָזוֹן לַמּוֹעֵדָם שֶׁיָּבֹאוּ לְהִשְׁתַּחֲוֹת לְמֶלֶךְ ה' צְבָאוֹת וְכֵן אַתָּה אוֹמֵר בִּשְׁאָר הַפְּסוּקִים כַּיּוֹצֵא בָזֶה וְכֻלָּם נִכְפְּלוּ בְּסוֹף אַרְבָּעָה סְפָרִים סִימָנִים יתק"ק שֶׁהֵם נִדְרָשִׁים לְעַצְמָם כִּי בְּסוֹף תְּרֵי עָשָׂר אָמַר שֶׁיִּשְׁלַח אֶת אֵלִיָּהוּ הַנָּבִיא וּמִמָּה שֶׁנִּסְמַךְ לְפָסֵק זִכְרוּ תּוֹרַת מֹשֶׁה יֵשׁ לִלְמֹד שֶׁיָּבֹא לְלַמֵּד לְיִשְׂרָאֵל סְתוּמוֹת הַתּוֹרָה וּלְתָרֵץ סְפֵקוֹת הוֹרָאוֹתֶיהָ כִּי הוּא תַּלְמִיד מֻבְהָק לְמֹשֶׁה רַבֵּנוּ ע"ה וּבַפָּסוּק שֶׁלְּאַחֲרָיו מְפֹרָשׁ שִׁשִּׁים שָׁלוֹם בָּעוֹלָם וַעֲדַיִן אֵינִי יוֹדֵעַ אֵיזוֹ הִיא עִקַּר שְׁלִיחוּתוֹ וְאִם תִּמְצָא לוֹמַר הַשָּׁלוֹם עִקָּר לֹא יָדַעְנוּ כַּמָּה כֹּחוֹ לְפִיכָךְ אָמַר פֶּן אָבֹא וְהִכֵּתִי עַל כֵּן אֲנִי מַקְדִּים וְשׁוֹלֵחַ אוֹתוֹ לָמַדְנוּ שֶׁהַשָּׁלוֹם בַּבַּיִת מַצִּיל מִן הַפֻּרְעָנוּת וְכֵן בְּבֵית יִשְׂרָאֵל שֶׁכֻּלָּם אַחִים וְרֵעִים. וּבְסוֹף קִינוֹת נִמְשַׁךְ לְכַוָּנַת הַפֶּרֶק הַזֶּה כִּי אִם מָאֹס מְאַסְתָּנוּ קָצַפְתָּ עָלֵינוּ עַד מְאֹד אֲפִלּוּ שֶׁיַּגִּיעַ הַקֵּצֶף לְתַכְלִית הַמֶּרֶד הֲשִׁיבֵנוּ וְנָשׁוּבָה דְּאִי לָא אַהְדְּרֵהּ קְרָא הֲוָה אָמֵינָא הָנֵי מִלֵּי מֵחַיִּים כִּדְמַשְׁמַע מִדִּכְתִיב בְּרֵישָׁא לָמָּה לָנֶצַח תִּשְׁכָּחֵנוּ עַל כֵּן חָזַר וְכָפְלוֹ לְלַמְּדֵנוּ שֶׁאֲפִלּוּ אַחַר דִּינָהּ שֶׁל גֵּיהִנֹּם יֵשׁ תִּקְוָה לְפוֹשְׁעֵי יִשְׂרָאֵל שֶׁהֵם עֲתִידִים לָשׁוּב וּלְהִתְחַדֵּשׁ כְּאִלּוּ לֹא חֵטְא מֵעוֹלָם וְהוּא אָמְרוּ חַדֵּשׁ יָמֵינוּ כְּקֶדֶם עַל דֶּרֶךְ שֶׁמְּחִנּוּ כִּימוֹת עִנִּיתָנוּ וּבֵאַרְנוּהוּ. וְקֹהֶלֶת חָתַם סִפְרוֹ בַּפָּסוּק סוֹף דָּבָר הַכֹּל נִשְׁמָע כִּי אֶת כָּל מַעֲשֶׂה הָאֱלֹהִים יָבִא בְמִשְׁפָּט שֶׁמָּא תֹּאמַר אֵין אַחַר גְּמַר דִּין כְּלוּם סוֹף דָּבָר אֶת הָאֱלֹהִים יְרָא לְצַדֵּק דִּינוֹ וּלְבָרְכוֹ בְּכָל עֵת כִּי זֶה כָּל הָאָדָם וְהוּא מָה שֶׁאָנוּ עֲתִידִים לְבָאֵר בַּפְּרָקִים הַבָּאִים בְּסִיַּעְתָּא דִּשְׁמַיָּא:

מַאֲמַר חֲקֹר דִּין - חֵלֶק ה פֶּרֶק ג

פּוֹשְׁעִים בְּגוּפָן דְּקָאָמְרֵי יָהֲבוּ בְּהוּ רַבָּנָן סִימָנָא אִם בְּבִזּוּי מִצְוַת דְּלָא שַׁיָּךְ אֶלָּא בְּמִצְוָה עֲלֵיהֶן וְאִם בְּהִתְמַכֵּר לְדָבָר עֲבֵרָה דְּלָא שְׁכִיחַ אֶלָּא בְּמִי שֶׁלֹּא עָמְדוּ רַגְלֵי אֲבוֹתָיו עַל הַר סִינַי אִם בְּפֹעַל דִּכְתִיב בְּהוּ מוֹרָשָׁה קְהִלַּת יַעֲקֹב יְרֻשָּׁה מַמָּשׁ אַף לֹא מֵאָבוֹת לְבָנִים אֶלָּא מִמָּקוֹם

אַחֵר דְּהַיְנוּ מִן הָרַב לְתַלְמִידוֹ כְּמוֹ שֶׁכְּבָר בֵּאַרְנוּ וְאִם בְּכֹחַ דְּקָרֵינַן בְּיָהּ אֹרְסָה סוֹד הַנְּשָׁמוֹת שֶׁהָיוּ עֲתִידוֹת לְהִבָּרְאוֹת כָּךְ דָּרַשׁ רַבִּי נָתָן ז"ל לָכֵן הִרְחִיבָה שְׁאוֹל נַפְשָׁהּ עַל בִּטּוּל הָעֹשֶׁן וּפָעֲרָה פִיהָ עַל הַלָּאוִין לִבְלִי חֹק רֵישׁ לָקִישׁ בְּפֶרֶק חֵלֶק דָּרַשׁ לְמִי שֶׁשִּׁיֵּר אֲפִלּוּ חֹק אֶחָד אָמַר לוֹ רַבִּי יוֹחָנָן לָא נִיחָא לְמָרַיְהוּ אֶלָּא לְמִי שֶׁלֹּא שָׁמַר אֲפִלּוּ חֹק אֶחָד וְתַרְוַיְהוּ פּוֹשְׁעֵי יִשְׂרָאֵל בְּגוּפָן זֶה שִׁיֵּר חֹק אֶחָד שֶׁמִּצְוָתוֹ בְּזוּיָה עָלָיו כְּמוֹ שֶׁנַּזְכִּיר וְזֶה לֹא שָׁמַר אֲפִלּוּ חֹק אֶחָד כְּמַאֲמָרוֹ אֶלָּא מִצְוַת אֲנָשִׁים מְלֻמָּדָה פָּרְשָׁתָא מְסַיְּעָא לֵהּ לְרַבִּי יוֹחָנָן דִּכְתִיב אִם בְּחֻקֹּתַי תִּמְאָסוּ לֹא מְאַסְתִּים וְאִם אֶת מִשְׁפָּטַי תִּגְעַל נַפְשְׁכֶם לֹא גְעַלְתִּים לְבִלְתִּי עֲשׂוֹת אֶת כָּל מִצְוֹתַי לְכַלּוֹתָם לְהָפֵרְכֶם אֶת בְּרִיתִי לְהָפֵר בְּרִיתִי אִתָּם וְכָל כָּךְ לָמָּה כִּי אֲנִי ה' אֱלֹהֵיהֶם. וְכָאן מָקוֹם עִיּוּן עִם הַהִיא דְּתַנְיָא פֶּרֶק אָמַר לָהֶם הַמְמֻנֶּה פְּשָׁעִים אֵלּוּ הַמְּרָדִים וְכוּ' דִּפְלִיגֵי בָּהּ רַבִּי מֵאִיר וְרַבָּנָן בְּסֵדֶר הַוִּדּוּי וּבֵין לְמַר וּבֵין לְמַר שְׁלֹשָׁה חִלּוּקֵי עֲבֵרָה הֵן אֶלָּא שֶׁלֹּא שָׁנוּ בְּסִדּוּרָן אִם חֵטְא קוֹדֵם לְעָוֹן וּפֶשַׁע אוֹ מִתְאַחֵר אֲלֵיהֶם ' יוּתְבָא מְסַיֵּעַ לְהוּ לְרַבָּנָן מִוִּדּוּיוֹ שֶׁל דָּנִיאֵל שֶׁאָמַר חָטָאנוּ וְעָוִינוּ וְהִרְשַׁעְנוּ וּמָרַדְנוּ וְקַשְׁיָא לָן אַמִּלְתֵיהּ דְּהָנֵי אַרְבָּעָה נִנְהוּ וְאִי הִרְשַׁעְנוּ דְּאָמַר דָּוִד הַיְינוּ מְרָדִים דְּמָנְיָהּ נָמֵי מֵיתֵי סִיַּעְתָּא לְרַבָּנָן לָמָּה לֵהּ לְדָנִיאֵל כְּלֵי הַאי דְּהָכָא וַדַּאי לֵיכָּא לְמֵימַר תְּנֵי וְהָדַר מְפָרֵשׁ דָּלֵית כָּאן מְפָרֵט אֶת הַחֵטְא אֶלָּא אִידֵי וְאִידֵי כְּלָלָא הוּא. וּלְמַסְקָנָא דְּמִלְּתָא תְּרֵי גַּוְנֵי מְרָדִים נִנְהוּ בְּמַלְכוּתָא דְּאַרְעָא וּבְמַלְכוּתָא דִּרְקִיעָא חַד כַּמָּה דְּאַשְׁכְּחַן בְּשָׁאוּל וּבְנֵי בְלִיַּעַל אָמְרוּ מַה יֹּשִׁעֵנוּ זֶה וַיִּבְזֻהוּ הָכֵי נָמֵי חָשֵׁב כְּלַפֵּי שְׁמַיָּא מִי שֶׁהַמִּצְוֹת בְּזוּיוֹת עָלָיו וְאוֹמֵר מָה אִכְפַּת לֵהּ לְרַחֲמָנָא בֵּין שֹׁחֵט מִן הַצַּוָּאר לְשׁוֹחֵט מִן הָעֹרֶף וְלֵית לֵהּ אָמְרַתְּ אֱלוֹהַּ צְרוּפָה אֶלָּא אֹכֵל נְבֵלוֹת אֲפִלּוּ שֶׁלֹּא לְתֵאָבוֹן כְּמוֹ שֶׁזָּכַר הָרַ"ן בְּרֵישׁ חֻלִּין וּמֵהָכָא אִיכָּא לְמֵימַר דְּגָמְרָה לְמִלְּתֵהּ דְּהָא חָמֵר דִּינֵיהָ מֵאוֹכֵל לְתֵאָבוֹן שֶׁגַּם הוּא מֵזִיד אֶלָּא דְּכָפִין אָכִיל לְמַלֵּא נַפְשׁוֹ כִּי יִרְעָב וְזֶה אֲפִלּוּ לֹא כָּפִין נָמֵי בָּז לְדָבָר יְהַבַל לוֹ שֶׁבֵּק הֶתֵּרָא וְאָכִיל אִסּוּרָא אֲבָל קִיל מֵאֹכֶל לְהַכְעִיס שֶׁהוּא הַמְכַוֵּן לְהַקְצִיף כְּהָהוּא דִּכְתִיב בְּיָהּ הַרְבֵּה אַשְׁמָה וְלֹא עוֹד אֶלָּא שֶׁבֶּן בְּנוֹ בִּקֵּשׁ לְהַכְעִיס יוֹתֵר מִמֶּנּוּ לְפִיכָךְ הִפְלִיג דָּנִיאֵל בְּוִדּוּיוֹ שֶׁיָּדַע צָרְךְ הַשָּׁעָה אֲבָל בְּדוֹרוֹת הָרִאשׁוֹנִים לֹא הֵעֵזּוּ כָּל הַדָּא חֲצִיפוּתָא כְּלַפֵּי שְׁמַיָּא וְהָוֵה סַגִּי לְהוּ לְהִתְוַדּוֹת עַל הַקַּלִּים שֶׁבַּמְּרָדִים כִּי הָא דְּאָמַר דָּוִד חָטָאנוּ עִם אֲבוֹתֵינוּ הֶעֱוִינוּ הִרְשָׁעְנוּ. וּפֶשַׁע דְּאָמַר מֹשֶׁה כּוֹלֵל אֶת שְׁנֵיהֶם הַמֶּרֶד כְּמַשְׁמָעוֹ כְּדִכְתִיב מֶלֶךְ מוֹאָב פָּשַׁע בִּי וְהַבִּזָּיוֹן כִּדְתַנְיָא פּוֹשְׁעֵי יִשְׂרָאֵל בְּגוּפָן וְאָמְרוּ רַבָּנָן דְּהַיְנוּ קַרְקַפְתָּא דְּלָא מַנַּח תְּפִלִּין וְכִדְפֵרֵשׁ רַבֵּנוּ תָּם דְּאָמְרֵי מַאי אַהֲנוּ רְצוּעוֹת הַלָּלוּ וְכֵן פּוֹשְׁעִים בַּעֲרָיוֹת דְּקִיל לְהוּ אִסּוּרַיְהוּ אִי נָמֵי אָמְרֵי לֹא פָּקִיד רַחֲמָנָא עֲלַיְהוּ וְכָלְיָה הַאי וַדַּאי לֹא שְׁכִיחַ בְּיִשְׂרָאֵל כִּדְאָמְרַן:

מַאֲמַר חֵקֶר דִּין - חֵלֶק ה פֶּרֶק ד

בְּסַנְהֶדְרִין פֶּרֶק זֶה בּוֹרֵר פְּלִיגֵי אַבַּיֵּי וְרָבָא בְּקָרָא דְּאַל תָּשֶׁת רָשָׁע עֵד רָבָא מוֹדֶה לְאַבַּיֵּי בְּרָשָׁע דְּחָמָס שֶׁהוּא פָּסוּל לְעֵדוּת וּדְמֵי לֵהּ כְּפִין אָכַל נְבֵלוֹת לְתֵאָבוֹן דְּהָכִי נָמֵי כְּפִין אָכִיל אַרְבַּע זוּזֵי וּמַסְהִיד שֶׁקְּרָא אֲבָל רָשָׁע לְהַכְעִיס אַבַּיֵּי אָמַר פָּסוּל וְרָבָא אָמַר כָּשֵׁר וְהִלְכְתָא כְּאַבַּיֵּי דְּסוֹף סִימָנָא דיע"ל קג"ם הוּא וְאַף עַל פִּי כֵן הֵיכִי תִּפְסֹק אֲדַעְתִּין שֶׁרָבָא יַכְשִׁיר לְכָל עֵדוּת שֶׁבַּתּוֹרָה אֶת הַמַּכְעִיס הֶחָמוּר הַמְּכַוֵּין לִמְרֹד בַּמָּקוֹם דְּהָא אֲפִלּוּ רָשָׁע כִּי הַאי גַּוְנָא לְדָבָר אֶחָד קַל הֲוֵי רָשָׁע וּמִתְנַכֵּר לְכָל הַתּוֹרָה כֻּלָּהּ אֶלָּא וַדַּאי כָּל שֶׁלֹּא לְתֵאָבוֹן בִּלְבַד קָרֵי לֵהּ רָשָׁע לְהַכְעִיס דַּחֲמִיר מִמֵּזִיד וְקִיל מִמּוֹרֵד כִּדְאָמְרָן. וְגָמְרִינַן לִשְׁמַעְתִּין דְּכָל לְתֵאָבוֹן לֹא מִיקְרוּ פּוֹשְׁעִים בְּגוּפָן תֵּדַע דְּאָמַר רַבָּנָן מְעוּטָן בַּעֲרָיוֹת וְהָכָא אַפִּיקוּ לְהוּ מִיִּשְׂרָאֵל לְגַמְרֵי וְכִי תָּנְיָא פּוֹשְׁעִים בְּגוּפָן לְהָקֵל עֲלֵיהֶם דִּבְגוּפָן פּוֹשְׁעִים אֲבָל לֹא כְּלַפֵּי שְׁמַיָּא וְנִיחָא דִּגְבֵי רָבָא זְכִיּוֹת לֹא בָּעֵינָן תְּנָאָה שֶׁלֹּא יְהֵא בְּמִעוּט עֲוֹנוֹת שֶׁלָּהֶם מֵאֵלֶּה הַפּוֹשְׁעִים בְּגוּפָן אֶלָּא אֲפִלּוּ אִיתַנְהוּ אָזְלִינַן בָּתַר רָבָא וְהוּא הַדָּבָר אֲשֶׁר אָמַרְנוּ לְהָקֵל עַל הַבֵּינוֹנִים אֲפִלּוּ שֶׁיִּהְיוּ פּוֹשְׁעִים בְּגוּפָן שֶׁאִלּוּ הָיוּ מִתְכַּוְּנִים לְהַכְעִיס אֵינָם אֶלָּא פּוֹרְשִׁים מִדַּרְכֵי צִבּוּר לְגַמְרֵי וְלֹא מְעַיְּנֵי בְּדִינַיְהוּ כִּי הֵמָּה מֵהֶבֶל יַחַד זִבְחֵיהֶם לֹא לְרָצוֹן וּמִנְחָה לֹא יִרְצֶה מִיָּדָם עֲלַיְהוּ אָמַר קְרָא לֹא תַחְמֹל וְלֹא תְכַסֶּה וְלֵיכָּא לְמֵמַר בְּהוּ רָבָא זְכִיּוֹת בְּשׁוּם פָּנִים לְפִיכָךְ לְהַחֲיוֹתָם אִי אֶפְשָׁר בְּמֹאזְנַיִם לַעֲלוֹת שֶׁהֲרֵי כָּל צִדְקוֹתָם לֹא תִזָּכַרְנָה אֶלָּא אִם שָׁבוּ בִּתְשׁוּבָה שְׁלֵמָה מֵעַצְמוֹ שֶׁל מֶרֶד וּבְחֶרְטָה גְּמוּרָה בְּלִי שׁוּם שִׁיּוּר ה' יִרְאֶה לַלֵּבָב וְהַיּוֹדֵעַ מָה שֶׁפֵּרֵשׁ הר"י נִיקְטִילְיָא בְּהָנֵי תְּרֵי גַּוְנֵי פּוֹשְׁעִים בְּגוּפָן לֹא לֵימָא דִּפְלִיג אַדִּידָן אֶלָּא הָא וְהָא אִיתָא וּפֵשֶׁר דָּבָר יָדַע לֵב חָכָם. וְעָדִין יֵשׁ לִלְמֹד בְּוִדּוּיוֹ שֶׁל דָּוִד מַאי הַאי דְּקָאָמַר חָטָאנוּ עִם אֲבוֹתֵינוּ וּמַאי הֶעֱוִינוּ הִרְשַׁעְנוּ פְּעָלִים יוֹצְאִים וּלְפִי פְּשׁוּטוֹ שֶׁל מִקְרָא אֶפְשָׁר לְפָרֵשׁ דְּהַיְנוּ כְּשֶׁאוֹחֲזִים מַעֲשֵׂי הָאָבוֹת בַּעֲבֵרָה הָעוֹשָׂה פֵּרוֹת שֶׁאֲחֵרִים לְמֵדִים מִמַּעֲשֵׂינוּ אַךְ הָאֱמֶת הַבָּרוּר הוּא דְּהָכִי קָאָמַר אִלּוּ חָטָאנוּ בִּפְנֵי עַצְמֵנוּ וְלֹא הָיוּ אֲבוֹתֵינוּ בָּנוּ מַמָּשׁ בְּסוֹד הָעִבּוּר הָיָה הַחֵטְא נָקֵל אֲבָל חָטָאנוּ עִמָּהֶם שֶׁהָיוּ כְּבָר צַדִּיקִים זֶהוּ תְּחִלַּת הַקַּלְקָלָה וְאַחַר כָּךְ הֶעֱוִינוּ אוֹתָם בִּזְדוֹנוֹת וְהִרְשַׁעְנוּ בַּפְּשִׁיעָה וְהוּא חֵטְא גָּדוֹל וִדּוּי גָּדוֹל. עוֹד יֵשׁ בָּזֶה וִדּוּי לְמַפְרֵעַ בַּמֶּה שֶׁחָטָאנוּ עִם אֲבוֹתֵינוּ בְּחַיֵּיהֶם וְהָיוּ נִצּוֹצוֹת נִשְׁמוֹתֵינוּ גְּנוּזוֹת בְּתוֹכָם כְּטַעַם אֲשֶׁר אֵינֶנּוּ פֹּה וְאָז אִלּוּ הָיוּ אוֹתָן הַנִּצּוֹצוֹת מִתְגַּבְּרוֹת עַל הַמַּתְעֶה כְּבָר הִצִּילוּ אֶת הָאָבוֹת שֶׁלֹּא הָיוּ חוֹטְאִים לְפִיכָךְ הַבָּנִים עֲרֵבִים לָאָבוֹת כִּי הָאָב הוּא בְּחַיָּיו יָחִיד אֵצֶל רַבִּים שֶׁהֵן אוֹתָן הַנִּצּוֹצוֹת וּכְרֻבָּם כֵּן חָטְאוּ אִם כֵּן אֲנַחְנוּ הֶעֱוִינוּ וְהִרְשַׁעְנוּ אוֹתָם מֵאָז וְאֵין

סַרְחוֹנָם תָּלוּי אֶלָּא בָּנוּ עַל כֵּן חוֹבָה עָלֵינוּ לְתַקֵּן בִּכְפָלַיִם בִּשְׁבִילֵנוּ וּבִשְׁבִילָם וְהוּא טַעַם בְּרָא מְזַכֵּי אַבָּא בְּלִי סָפֵק:

מַאֲמַר חֵקֶר דִּין - חֵלֶק ה פֶּרֶק ה

בָּרוּךְ גָּדוֹל דֵּעָה הַצַּדִּיק בְּכָל דְּרָכָיו וְחָסִיד בְּכָל מַעֲשָׂיו כִּי הִנֵּה אוֹיְבֵי ה' הַמּוֹרְדִים וְהַפּוֹשְׁעִים בּוֹ דִּכְתִיב בָּהוּ כִּי תוֹלַעְתָּם לֹא תָמוּת מִיתָה הוּא דָּלֵית לָהּ כָּל זְמַן הָעֹנֶשׁ וְאֵין מִיתָה אֶלָּא גְּנִיזָה כַּיָּדוּעַ בִּמְקוֹמוֹ וְעַד שֶׁהַקָּטֵגוֹר הַנִּקְנֶה עַל יְדֵי הַחֵטְא הוּא הַתּוֹלַעַת שֶׁנִּזְכַּר עוֹסֵק וּבָא לִגְבּוֹת אֶת חוֹבוֹ לֹא יְתֹאַר בְּמִיתָה וְאֵין הַחַי מַכְחִישׁ אֶת הַחַי כְּמוֹ שֶׁנִּזְכַּרְנוּ לְמַעְלָה אֲבָל אַחֲרֵי נִמְכַּר הַחוֹטֵא בְּיַד אֲדוֹנִים קָשֶׁה גְּאֻלָּה תִּהְיֶה לוֹ בְּהִתְבַּטֵּל הַתּוֹלַעַת בִּטּוּל גָּמוּר שֶׁהוּא הַרְבֵּה יוֹתֵר מִן הַמִּיתָה כִּדְכְתִיב כִּי הִנֵּה אֹיְבֶיךָ יֹאבֵדוּ וַאֲבַדּוֹן וּמוֹת ב' דְּבָרִים הֵם דְּהָא חַלְקִינְהוּ קְרָא. וְאֵשׁ לֹא תִכְבֶּה כִּדְאָמוּר רַבָּנָן אִשּׁוֹ שֶׁל גֵּיהִנֹּם אֵין לוֹ כְּבִיָּה עוֹלָמִית. וּכְבָר נִתְגַּנּוּ בַּמִּשְׁנָה הָאוֹמְרִים אֵין עוֹלָם אֶלָּא אֶחָד שֶׁהֲרֵי בְּבַיִת רִאשׁוֹן הָיוּ חָתְמִין מִן הָעוֹלָם וְעַד הָעוֹלָם וְהוּא מַטְבֵּעַ שֶׁטְּבָעוּהוּ דָּוִד הַמֶּלֶךְ ע"ה וּבֵית דִּינוֹ דְּהַיְנוּ מִן הָעוֹלָם מִזְּמַן אָדָם הָרִאשׁוֹן וְעַד הָעוֹלָם יְמוֹת הַמָּשִׁיחַ אֲבָל בְּבַיִת שֵׁנִי בִּשְׁבִיל חֲמִשָּׁה דְּבָרִים שֶׁחָסְרוּ בּוֹ לֹא הָיוּ חָתְמִין תְּחִלָּה אֶלָּא מִן הָעוֹלָם וְאַחַר כָּךְ הֶחֱזִירוּ הַדָּבָר לְיָשְׁנוֹ שֶׁלֹּא לְחַזֵּק אֶת הַכּוֹפְרִים וּמֵעִקָּרָא סְבָרוּהָ כִּי הָא דְּאָמוּר רַבָּנָן שֶׁעַד אַבְרָהָם הָיָה הַקָּדוֹשׁ בָּרוּךְ הוּא נִקְרָא אֱלֹהֵי הַשָּׁמַיִם בִּלְבַד אַחַר שֶׁקִּלְקְלוּ נִמְרוֹד וַחֲבֵרָיו וְגָרְמוּ סִלּוּק שְׁכִינָה מִן הַתַּחְתּוֹנִים אָמְנָם עַל יְדֵי אַבְרָהָם הוֹסִיפוּ לִקְרֹא בִּשְׁמוֹ אֱלֹהֵי הָאָרֶץ וְהָבִינְהוּ וְהוּא עַל דֶּרֶךְ אַיֵּה גְּבוּרוֹתָיו וְנוֹרְאוֹתָיו שֶׁאָמְרוּ יִרְמְיָהוּ וְדָנִיֵּאל זֶה מִעֵט תֹּאַר גִּבּוֹר וְזֶה תֹּאַר נוֹרָא עַד שֶׁבָּאוּ אַנְשֵׁי כְּנֶסֶת הַגְּדוֹלָה וְתַלְמִידֵיהֶם וְהֶחֱזִירוּ בָּזֶה וּבָזֶה עֲטָרָה לְיָשְׁנָהּ. וּלְעוֹלָם לֹא הָיוּ עוֹנִין אָמֵן בַּמִּקְדָּשׁ וְהָנֵי מִלֵּי בְּבִרְכוֹת הַתְּפִלָּה אֲבָל בְּבִרְכוֹת הַשֶּׁבַח וּשְׁאָר הַמִּצְוֹת לֹא הָיוּ מַאֲרִיכִין בְּמַטְבֵּעַ בְּרָכוֹת וְהָיוּ כָּל הָעָם עוֹנִין אָמֵן כְּמוֹ שֶׁפֵּרֵשׁ הריב"ד וּמַיְתֵי קְרָא דִּכְתִיב וַיְבָרֶךְ עֶזְרָא אֶת ה' הַגָּדוֹל וַיַּעֲנוּ כָּל הָעָם אָמֵן. וְכָאן הַבֵּן שׁוֹאֵל שֶׁהֲרֵי מֹשֶׁה רַבֵּנוּ ע"ה כִּדְאָמַר בְּרֵישׁ פָּרָשַׁת וְהָיָה עֵקֶב אֵל גָּדוֹל וְנוֹרָא וְלֹא הִזְכִּיר גִּבּוֹר וְהֵן הֵן דִּבְרֵי דָּנִיֵּאל אַף אַתָּה אֱמֹר לוֹ כִּי עַל כֵּן הִקְדִּים מֹשֶׁה רַבֵּנוּ ע"ה שָׁם בִּדְבָרָיו תְּנַאי מְפֹרָשׁ כִּי ה' אֱלֹהֶיךָ בְּקִרְבֶּךָ כְּטַעַם כִּי לֹא יִהְיֶה בְךָ אֵל זָר וּבֵאַרְנוּהוּ בְּמַאֲמַר הַנֶּפֶשׁ פֶּרֶק כ"ח מָה כְּתִיב בַּתְרֵיהּ אָנֹכִי ה' אֱלֹהֶיךָ כִּי קָצַר הַמַּצָּע מֵהִשְׂתָּרֵעַ עָלָיו שְׁנֵי רֵעִים וְעִם זֶה אֵין צֹרֶךְ בְּתֹאַר גִּבּוֹר שֶׁכֵּן מִשְׁפָּטוֹ לְהַגְבִּיר יְרֵאָיו עַל יִצְרָם וְעִם בִּטּוּל הַמְּבַטֵּל שֶׁנִּזְכַּרְנוּ לְמַעְלָה שַׁדַּי לֹא מְצָאנוּהָ שַׂגִּיא כֹחַ הָא לָמַדְנוּ שֶׁאִשּׁוֹ שֶׁל גֵּיהִנֹּם כְּבִיָּה עוֹלָמִית הוּא דָּלֵית לָהּ אֲבָל בְּהֶפְסֵק עוֹלָם זֶה יֵשׁ לוֹ כְּבִיָּה קַל וָחֹמֶר מִמָּה שֶׁדָּרְשׁוּ בְּמִדָּה טוֹבָה עֹד כָּל יְמֵי הָאָרֶץ אֵין בְּרִית כְּרוּתָה

לִבְנֵי נֹחַ אֶלָּא כָּל יְמֵי הָאָרֶץ כָּלְתָה הָאָרֶץ כָּלָה הַבְּרִית דִּכְתִיב וְהָאָרֶץ כְּבֶגֶד תִּבְלֶה אַלְמָא בְּהַנְהָגַת הָעוֹלָם הַבָּא אֵין רַע כָּל עִקָּר וְעוֹד אָמְרוּ חֲכָמִים אֵין גֵּיהִנֹּם לֶעָתִיד לָבֹא הַכַּוָּנָה עַל אוֹר דִּדָה דְּאִיבְרֵי בְּשֵׁנִי אֲבָל חָלִילָה שֶׁנִּבְרָא קֹדֶם הָעוֹלָם עָתִיד לְהִתְקַדֵּשׁ בִּקְדֻשַּׁת הַגַּן כְּמוֹ שֶׁנִּזְכַּר וְשָׁם הָיָה מָחוֹל הַצַּדִּיקִים וְהַקָּדוֹשׁ בָּרוּךְ הוּא רֹאשׁ חוֹלָה וּכְתִיב גַּם הִיא לַמֶּלֶךְ הוּכָן. וְאַחֲרֵי שֶׁנִּתְבָּאֵר דַּאֲבַדּוֹן לְתוֹלַעַת הַכְּבִיָּה לְאֵשׁ עֶדֶן הַדֵּרָאוֹן מַתְמִיד לְכָל בָּשָׂר אָמְנָם עֲתִידִים צַדִּיקִים לְהִזְדַּכֵּךְ בְּגוּף וָנֶפֶשׁ כְּמוֹ שֶׁאָנוּ עֲתִידִים לְפָרֵשׁ בְּמַאֲמַר תְּחִיַּת הַמֵּתִים בְּסִיַּעְתָּא דִּשְׁמַיָּא וִיקֻיַּם בָּהֶם הַיִּעוּד הַטּוֹב שֶׁעָלָה בְּמַחֲשָׁבָה כִּדְכְתִיב אֲנִי אָמַרְתִּי אֱלֹהִים אַתֶּם וְאָז יִהְיֶה כָּל אֶחָד דּוֹמֶה לְקוֹנוֹ שֶׁהוּא טְהוֹר עֵינַיִם מֵרְאוֹת בְּרָע וְשׁוּב לֹא שַׁיָּךְ בַּמּוֹרְדִים דֵּרָאוֹן אֶלָּא תַּמּוּ חֲטָאִים לֹא חוֹטְאִים אוֹ עַל דֶּרֶךְ בַּמִּדְבָּר הַזֶּה יִתַּמּוּ שֶׁדָּרְשׁוּ בּוֹ לְשׁוֹן תְּמִימוּת וּרְשָׁעִים עוֹד אֵינָם בִּמְצִיאוּת הַגָּרוּעַ הַהוּא שֶׁבְּכָל אֲשֶׁר יִפְנוּ יַרְטִיעוּ אֲבָל יֶשְׁנָם בִּמְצִיאוּת שֶׁקֶט וְשַׁאֲנָן כִּדְכְתִיב וְשִׁלּוּמַת רְשָׁעִים תִּרְאֶה:

מַאֲמַר חֵקֶר דִּין - חֵלֶק ד פֶּרֶק ו

תְּנַן הָתָם בִּנְזָקִין כֹּל שֶׁחַבְתִּי בִּשְׁמִירָתוֹ הִכְשַׁרְתִּי אֶת נִזְקוֹ הִכְשַׁרְתִּי בְּמִקְצָת נִזְקוֹ חַבְתִּי בְּתַשְׁלוּמֵי נִזְקוֹ כְּהֶכְשֵׁר כָּל נִזְקוֹ. וְכַמָּה הוּא מִן הַמַּתְמִיהִין הַתַּנָּא הַזֶּה לִתְלוֹת בְּעַצְמוֹ קִלְלַת אֲחֵרִים אֶלָּא וַדַּאי מָאן תַּנָּא דָּא קב"ה שֶׁרָצָה לְזַכּוֹת אֶת יִשְׂרָאֵל וְהוּא תַּנָּא יְרוּשַׁלְמִי דְּתָנֵי לִשָּׁנָא קְלִילָא כִּדְאִיתָא בַּגְּמָרָא אַסֵּיפָא דְּרֵישָׁא דְּקָתָנֵי חָב הַמַּזִּיק וּמַשְׁמָעוֹ לְהָקֵל וְלֹא לְהַחְמִיר וְכָךְ אָמַר לָהֶם בְּנֵי אַל תִּרְגְּזוּ מִמָּה שֶׁשָּׁנִיתִי לָכֶם חָב הַמַּזִּיק לְשַׁלֵּם תַּשְׁלוּמֵי נֶזֶק כִּי אָמְנָם לֹא אָמַרְתִּי אֶלָּא בְּמֵיטַב הָאָרֶץ וְהַכַּוָּנָה לִשְׁפֹּךְ אֶת הַחֵמָה עַל הָעֵצִים וְעַל הָאֲבָנִים וּכְטַעַם וְכִפֶּר אַדְמָתוֹ עַמּוֹ לְפִי פְּשׁוּטוֹ. וְלָנוּ פָּשַׁט וְתָר נִגְלֶה וּמִכְרַח מִמֶּנּוּ דְּהוֹה לֵהּ לְמֵימַר וְכַפָּרָה אַדְמָתוֹ עַמּוֹ אוֹ וְכָפַר בְּאַדְמָתוֹ עַמּוֹ אֶלָּא הָכִי קָאָמַר וְכִפֶּר עַמּוֹ עַל אַדְמָתוֹ שֶׁל מַעְלָה בִּתְשׁוּבָה וּמַעֲשִׂים טוֹבִים כְּמוֹ שֶׁפֵּרַשְׁנוּ בְּחֵלֶק הָרִאשׁוֹן פָּסוּק וְכִפֶּר עַל הַקֹּדֶשׁ בְּפֶרֶק י"ג וְזֶה וְזֶה כַּפְתּוֹר וָפֶרַח וַאֲפִלּוּ תֵּימָא דְּמֵיטַב הָאָרֶץ עַל גּוּף הָאָדָם אִתְּמַר שֶׁהוּא וַדַּאי חֶלְקָתוֹ שֶׁל עוֹלָם מִכָּל מָקוֹם יֵשׁ תַּקָּנָה לְאַחֲרִיתוֹ וְנַפְשׁוֹ בְּטוֹב תָּלִין כִּי אָנֹכִי אָנֹכִי הוּא מֹחֶה פְשָׁעֶיךָ לְמַעֲנִי אֲשֶׁר הֲרֵעוֹתִי לָתֵת שְׂאוֹר בְּעִסָּה כְּמוֹ שֶׁדָּרְשׁוּ בְּמַסֶּכֶת סֻכָּה וְעִם זֶה חַבְתִּי בִּשְׁמִירָתוֹ הִכְשַׁרְתִּי אֶת נִזְקוֹ כִּי יֵצֶר לֵב הָאָדָם רַע מִנְּעֻרָיו כִּדְאִיתָא הָתָם. וּמֵעִקָּרָא נָמֵי הִכְשַׁרְתִּי בְּמִקְצָת נִזְקוֹ שֶׁמִּעַטְתִּי אֶת הַיָּרֵחַ חַבְתִּי בְּתַשְׁלוּמֵי נִזְקוֹ כְּהֶכְשֵׁר כָּל נִזְקוֹ כְּטַעַם וּשְׂעִיר עִזִּים אֶחָד לְחַטָּאת לַה' לְפִיכָךְ לֹא יִהְיֶה לָּךְ עוֹד הַשֶּׁמֶשׁ לְאוֹר יוֹמָם וּלְנֹגַהּ הַיָּרֵחַ לֹא יָאִיר לָךְ כִּי ה' יִהְיֶה לָּךְ לְאוֹר עוֹלָם. רַבָּנָן מַתְנוּ בּוֹר שֶׁל שְׁנֵי שֻׁתָּפִין הַשֵּׁנִי חַיָּב כִּי אָמְנָם נַחְנוּ פָשַׁעְנוּ וּמָרִינוּ

וְהוּא וַדַּאי מְעַלְיָא לְעוֹרֵר רַחֲמֵי הַמָּקוֹם אָמַר הַקָּדוֹשׁ בָּרוּךְ הוּא בְּנַי לֹא כָּךְ הִיא הַמִּדָּה אֶלָּא כָּסֵהוּ הַשֵּׁנִי כָּרָאוּי אֵלּוּ תַּקָּנוֹת חֲכָמִים הָעוֹשִׂים סְיָג לַתּוֹרָה וְנָפַל שָׁמָּה שׁוֹר אוֹ חֲמוֹר וּמֵת פָּטוּר כִּי הָא דְּאָמוּר רַבָּנָן שׁוֹר וְלֹא אָדָם מִבַּעֲלֵי אִיקוֹנִין רִאשׁוֹנָה שֶׁבֵּאַרְנוּ בְּמַאֲמַר הַנֶּפֶשׁ כִּי יִפֹּל הַנּוֹפֵל מִמְּחֻסְּרֵי הַתּוֹלָדוֹת שֶׁהֵם בְּהֵמָה הֵמָּה לָהֶם חֲמוֹר וְלֹא כֵּלִים שֶׁלֹּא זָכוּ לְדִיקוֹנֵן קְדוֹשִׁים הַנִּזְכָּרִים שָׁם שֶׁהֵן בָּאֱמֶת אִיקוֹנִין שְׁנִיָּה אַלְמָא לָאו בְּנֵי מַזָּלָא נִנְהוּ הָאוֹבְדִים הָאֵלֶּה לְפִיכָךְ הַשֵּׁנִי פָּטוּר וַאֲנִי הוּא שֶׁמִּעַטְתִּי לָהֶם אֶת הַתּוֹלָדוֹת בְּמִשְׁפְּטֵי ה' אֱמֶת צָדְקוּ יַחְדָּו וַאֲנִי עָתִיד לְהַשְׁלִמָם לָהֶם כְּמוֹ שֶׁנִּתְבָּאֵר בַּפְּרָקִים הַלָּלוּ. וּכְבָר דָּרְשׁוּ בְּפֶרֶק חֵלֶק לִי גִלְעָד לִי מְנַשֶּׁה עַל חַבְתָּן שֶׁל פּוֹשְׁעֵי יִשְׂרָאֵל לִפְנֵי הַמָּקוֹם אַחֲרֵי הַכִּבֵּס אֶת הַנֶּגַע מִבִּגְדֵיהֶם וְהִטַּהֲרוּ וְאִיתָא נָמִי בַּבָּרַיְתָא דְּרַבִּי אֱלִיעֶזֶר פֶּרֶק י"ז:

מַאֲמַר חֲקֹר דִּין - חֵלֶק ה פֶּרֶק ז

וְעַסּוֹתֶם רְשָׁעִים כִּי יִהְיוּ אֵפֶר תַּחַת כַּפּוֹת רַגְלֵיכֶם הֲרֵי זֶה יִעוּד נִפְלָא אֲשֶׁר יֵשׁ בּוֹ חֶסֶד וֶאֱמֶת אֶל הַכַּת הָאַחֶרֶת שֶׁנִּמְנֵית חֲמִשִׁית וְהִנֵּה הָאֵפֶר הַזֶּה לֹא יִדְרְכוּהוּ בִּנְעָלַיִם כִּי סוֹפוֹ לִהְיוֹת אַדְמַת קֹדֶשׁ וּבַר גַּבֵּל הוּא בְּשַׁעֲרֵי דִמְעָה שֶׁלֹּא נִנְעֲלוּ אֵין זֹאת כִּי אִם מִצְוַת עֲשֵׂה לַצַּדִּיקִים שֶׁיִּהְיוּ עוֹבְרֵי בְּעֵמֶק הַבָּכָא זֶה גֵּיהִנֹּם לְהַחֲיוֹת הָאוֹבְדִים הָאֵלֶּה כְּמוֹ שֶׁעָשָׂה יְחֶזְקֵאל שֶׁהֶחֱיָה אֶת הַמֵּתִים וּכְתִיב וְהֶעֱבִירַנִי עֲלֵיהֶם סָבִיב סָבִיב אַף צַדִּיקִים רְאִי שְׁמוֹ יִתְבָּרַךְ שֶׁנִּזְכַּר מַלְאָכִי בְּסוֹף נְבוּאָתוֹ יַעַבְרוּ בְּעֵמֶק הַבָּכָא וַיַּסְפִּיק לִכְלָלוּת הַכַּוָּנָה בַּפָּסוּק הַזֶּה לְפָרְשׁוֹ כִּפְשׁוּטוֹ שֶׁהֵמָּה בּוֹכִים שָׁם בִּתְפִלָּה וְתַחֲנוּנִים מֵרֹב דִּמְעָתָם וְדִמְעַת הַחֲטָאִים בְּנַפְשׁוֹתָם שֶׁיִּתְעוֹרְרוּ לִבְכּוֹת עִמָּהֶם מֵעַיִן יְשִׁיתוּהוּ לְאוֹתוֹ הָעֵמֶק כְּעֵין הַמַּיִם מְפַכִּים שֶׁנִּזְכַּר יְחֶזְקֵאל שֶׁהֵם עֲתִידִים לָצֵאת מִתַּחַת מִפְתַּן הַהֵיכָל כִּדְתְנַן בִּשְׁקָלִים וּמִדּוֹת וְהוּא טַהֲרָתוֹ שֶׁל גֵּיהִנֹּם אֲשֶׁר אָמַרְנוּ וְעִם הַהִתְעוֹרְרוּת הַזֶּה גֶּשֶׁם נְדָבוֹת יָנִיף אֱלֹהִים וְיִזְרֹק אֲלֵיהֶם מַיִם טְהוֹרִים מִן הַמַּיִם הָעֶלְיוֹנִים הַתְּלוּיִים בְּמַאֲמָר יְלִיוֹדְעֵי סוֹדָם וּמִשָּׁם אוֹצְרוֹת טַל שֶׁל תְּחִיַּת הַמֵּתִים וְאָז גַּם מֵאֵלֶּה הָאוֹבְדִים בְּרָכוֹת יַעֲטֶה מוֹרֶה וְהֵם יֵלְכוּ מֵחַיִל אֶל חָיִל עַד הַגִּיעָם אַחַר זְמַן רַב לְהִמָּנוֹת עִם הַצַּדִּיקִים הוּא הַחַיִל הַנִּבְחָר אֲשֶׁר יֵרָאֶה אֶל אֱלֹהִים בְּצִיּוֹן. וְאֶפְשָׁר לְפָרֵשׁ מִלַּת גַּם שֶׁבָּאָה לְרַבּוֹת מָה שֶׁאָמַר צְפַנְיָה בְּשֵׁם ה' עֲתָרַי בַּת פּוּצַי יוֹבִלוּן מִנְחָתִי יִרְצֶה עֲתָרַי בְּבֵית תְּפִלָּתִי שֶׁיִּכְבְּשׁוּ רַחֲמַי אֶת כַּעֲסִי וּשְׁאָר הַתְּפִלָּה הֵמָּה יוֹבִילוּן בַּת פּוּצַי כִּי יִהְיוּ אֵפֶר נִבְזֶה נָפוֹץ לִהְיוֹת אַחֲרֵי כֵן נַחַת רוּחַ לְפָנַי וְזֶה מִנְחָתִי. הֲרֵי אֵלֶּה שְׁלֹשָׁה שֶׁתָּפִין בְּהִתְעוֹרְרוּת הָרַחֲמִים עַל הַמּוֹרְדִים וְהַפּוֹשְׁעִים אַחֲרֵי שֶׁיִּמַּקּוּ בַּעֲוֹנָם וְהֵם דִּמְעַת הַצַּדִּיקִים מִדֵּי עָבְרָם בְּעֵמֶק הַבָּכָא וְדִמְעַת הָעֲשׁוּקִים עַצְמָם כְּמוֹ שֶׁדָּרְשׁוּ עֲלֵיהֶם

בְּפֶרֶק עוֹשִׂין פַּסִּין גַּם בְּרָכוֹת יַעֲטֶה מוֹרֶה לְרַבּוֹת מָה שֶׁזָּכַרְנוּ:

מַאֲמַר חֲקֹר דִּין - חֵלֶק ה פֶּרֶק ח

וְלֹא רְחוֹקָה הִיא מִלַּת יַעֲטֶה בְּמָקוֹם הַזֶּה מִמָּה שֶׁדָּרְשׁוּ עַל פָּסוּק יָדִין בַּגּוֹיִם מָלֵא גְוִיּוֹת כִּי בִּזְכוּת הַקְּדוֹשִׁים מֵתִים מֵחֶלֶד עַל קְדֻשַּׁת שְׁמוֹ יִתְבָּרַךְ הַחֲקוּקִים בְּפּוֹרְפִּירָא דִּלְיָהּ דְּעָלָה כְּתִיב בְּיוֹם רָעָה בֶּצַע אִמְרָתוֹ הִנֵּה אָז בְּעֵת רָצוֹן יַעֲטֶה אוֹתָהּ בִּשְׁבִיל הוֹרִידָם כְּנַחַל דִּמְעָה וְצִדְקָתָם עוֹמֶדֶת לָעַד לְפָנָיו יִתְבָּרַךְ לְלַמֵּד סָנֵגוֹרְיָא עַל כָּל הַנֶּחֱשָׁלִים וְהִיא הַפּוֹרְפִּירָא וְהַכּוֹלֶלֶת כָּל מִדּוֹתָיו לְבוּשֵׁי הַהַשְׁגָּחָה הָעֶלְיוֹנָה וּמְצַדֶּקֶת אֶת דִּינֶיהָ דְּאִתְּמַר עָלָהּ וְכָל מַלְבּוּשַׁי אֶגְאָלְתִּי יִרְצֶה אֶגְאַל אוֹתָם לְהָבָא כַּאֲשֶׁר גְּאַלְתִּים כְּבָר כִּי אָמְנָם הָיוּ תְּחִלָּה מְגוֹאָלִים בְּדַם הֲרוּגֵי מַלְכוּת וְנִגְאֲלוּ עִם זֶה מִן הַקָּטֵגוֹרְיָא שֶׁהָיְתָה מְתוּחָה נֶגֶד הַכְּלָל וְהֻצְרְכוּ גַּם כֵּן לִהְיוֹת מְגוֹאָלִים בְּדַם הַהוֹרְגִים וְנִגְאֲלוּ מִבְּרִית אָבוֹת שֶׁהֵמָּה מְמוֹשְׁכָנִים עִמָּהֶם לְכָךְ לָמַדְנוּ בַּפּוֹעַל הַנִּכְבָּד הַזֶּה טַעַם הַשִּׁתּוּף וְהַהַרְכָּבָה הַשּׁוֹמֵר אֱמֶת לְעוֹלָם. וּמִדִּבְרֵי יְשַׁעְיָה אֵלֶּה יָדַעְנוּ נֶאֱמָנָה כִּי יָדִין גַּם כֵּן אֶת הַמָּלֵא גוֹיוֹת הוּא עֵשָׂו בְּנוֹ הַנֶּאֱהָב לְיִצְחָק בַּעַל הַדִּין בִּשְׁבִיל הֱיוֹת עֵשָׂו מָלֵא גוֹיוֹת כְּטַעַם כִּי צַיִד בְּפִיו לְפִי שֶׁעוֹרַנוּ שֶׁכְּבָר זָכוּ בּוֹ רַבִּים עַל יְדֵי הַמְּפָרֵשׁ לִמְגִלַּת אֵיכָה בְּדֶרֶךְ הַסּוֹד הָכִי קָרָא שְׁמָהּ קִינַת סְתָרִים בְּפָסוּק יֵשְׁבוּ לָאָרֶץ יִדְּמוּ יְעֻיַּן שָׁם כִּי הוּא דָּרוּשׁ עָמֹק צָרִיךְ מְאֹד אֶל הַמָּקוֹם הַזֶּה לְהַשְׁלָמַת הַבֵּאוּר לִמְחִיַּת זַרְעוֹ שֶׁל עֲמָלֵק הַנִּמְשֶׁכֶת לְדִין זֶה כִּי בְּהִתְאַסֵּף הַקּוֹמָה כֻּלָּהּ לִהְיוֹת צַיִד בְּפִיו שֶׁל עֵשָׂו כְּמוֹ שֶׁנִּתְבָּאֵר שָׁם אָז יִהְיֶה עֲמָלֵק נִדּוֹן בִּשְׁתֵּי מַחֲיוֹת נוֹסָפוֹת אַחַת מִן הַפֶּה וְאַחַת מִן הַחֹטֶם שֶׁסּוֹדוֹ שָׁמַיִם וְהַפֶּה תַּחְתָּיו כַּנּוֹדָע לָרָגִיל בָּאִדְּרָא וְהוּא הַמְּכֻוָּן בְּפָסוּק מָחֹה אֶמְחֶה אֶת זֵכֶר עֲמָלֵק מִתַּחַת הַשָּׁמָיִם הַכַּוָּנָה שֶׁאֵין מִדַּת אֹרֶךְ אַפַּיִם הַמְּסוּרָה לְבַעַל הַחֹטֶם נוֹהֶגֶת כְּלָל בַּעֲמָלֵק לֹא מִנֵּהּ וְלֹא מִקְּצָתֵהּ וּשְׁמָא גָרֵים כִּי עֲמָלֵק רֹאשׁ צָרִים נִקְרָא כֵּן עַל שֵׁם עָמָל עֵמֶק מְלָק עֶלֶק הֵן הֵן ד' קְלִפּוֹת קָשׁוֹת סְקִילָה שְׂרֵפָה הֶרֶג וָחֶנֶק עַל הַסֵּדֶר וְכֻלָּן נִתְקַיְּמוּ בְּבִלְעָם כְּמוֹ שֶׁדָּרְשׁוּ בְּפֶרֶק חֵלֶק וּבְזֶה אָנוּ צְרִיכִים לְמָרֵי סִתְרֵי תוֹרָה שֶׁאָמְרוּ כִּי כְּשֵׁם שֶׁיֵּשׁ בִּקְדֻשָּׁה מֹשֶׁה מִלְּגָאו יַעֲקֹב מִלְּבַר כָּךְ בִּלְעָם מִלְּגָאו עֲמָלֵק מִלְּבַר וּבְהִתְחַלֵּף הַבֵּי"ת בְּקוּ"ף בְּאַלְפָא בֵּיתָא יְדוּעָה נִמְצְאוּ שְׁמוֹתֵיהֶם שָׁוִים הֲרֵי בִּלְעָם שָׁקוּל כְּמֹשֶׁה וּבֵאַרְנוּהוּ לְפִיכָךְ כָּתַב מֹשֶׁה פָּרָשַׁת בִּלְעָם וְהִיא מְגִלָּה שֶׁמָּסַר מֹשֶׁה לִיהוֹשֻׁעַ תְּחִלָּתָהּ וַיִּתֵּן מֹשֶׁה לְמַטֵּה בְּנֵי רְאוּבֵן וְסוֹפָהּ וּלְשֵׁבֶט הַלֵּוִי לֹא נָתַן מֹשֶׁה נַחֲלָה וְכוּ' דִּכְתִיב בָּהּ וְאֶת בִּלְעָם בֶּן בְּעוֹר הַקּוֹסֵם הָרְגוּ בְנֵי יִשְׂרָאֵל בַּחֶרֶב עַל חַלְלֵיהֶם וּמִכָּאן דָּרְשׁוּ בּוֹ ד' מִיתוֹת פּוֹרֵשׁ בְּפָסוּק זֶה עִנּוּ וְעָנְשׁוּ וְאַיְדֵי דְּזוּטְרָא פָּרָשָׁה זוֹ טְפֵלָה יְהוֹשֻׁעַ לְסִפְרוֹ כְּמוֹ שֶׁעָשָׂה יְשַׁעְיָה לִשְׁנֵי פְּסוּקִים שֶׁנִּבָּא אוֹתָם בְּאֵרִי אָבִיו שֶׁל הוֹשֵׁעַ יְעֻיַּן מַאֲמַר אֵם כָּל חַי חֵלֶק

ב' סִימָן א' וּבָא הָרֶמֶז בִּשְׁמוֹ שֶׁל עֲמָלֵק לד' קְלִפּוֹת שֶׁזְּכַרְנוּ עַל דֶּרֶךְ הַהַרְכָּבָה הַבָּאָה אֵלֵינוּ בְּמַאֲמַר תְּחִיַּת הַמֵּתִים לְמִלַּת רֶטְפַּשׁ הַכּוֹלֶלֶת רְפוּאַת כָּל פֶּצַע וְחַבּוּרָה וּמַכָּה טְרִיָּה בַּד' פְּעֻלּוֹתֶיהָ הַיְדוּעוֹת בִּמְלֶאכֶת הַיָּד גַּם זֶה מִפְּלָאֵי לְשׁוֹנֵנוּ קֹדֶשׁ קָדָשִׁים וּכְתִיב כִּי רֶגַע בְּאַפּוֹ כִּי תְּחִלַּת הַשְׁרָשַׁת הַחִצּוֹנִים הִיא בָּאַף וַעֲתִידִים לְהִתְבַּטֵּל לְמַטָּה אַךְ מְצִיאוּתָן בְּקֹדֶשׁ עוֹמֶדֶת לָעַד וַעֲמָלֵק עָתִיד לִמָּחוֹת הוּא וְהַשְׁרָשָׁתוֹ מִשָּׁם לֹא יִשָּׁאֵר מִמֶּנּוּ זוּלָתִי רֹשֶׁם דַּק חָתוּם וְכָמוּס לְמַעְלָה מִן הַחֹטֶם כְּמוֹ שֶׁיִּתְבָּאֵר בְּסָמוּךְ:

מַאֲמַר חֵקֶר דִּין - חֵלֶק ה פֶּרֶק ט

וַיֹּאמֶר ה' אֶל מֹשֶׁה כְּתֹב זֹאת זִכָּרוֹן בַּסֵּפֶר וְשִׂים בְּאָזְנֵי יְהוֹשֻׁעַ כְּבָר זֵכֶר הֶחָכָם בִּפְרָקָיו שֶׁהִצִּיעַ לִפְנֵי הַהַקְדָּמוֹת הַקְּצָרוֹת אֲשֶׁר כָּתַב לְמַתְחִילִים בְּחָכְמָה שֶׁיַּמָּה בְּפִיהֶם מַה שֶּׁעָגְמָה נַפְשׁוֹ לְדַל שׁוֹאֵל כֵּיוָן שֶׁאֵין מִקְרָא יוֹצֵא מִידֵי פְּשׁוּטוֹ הֲיִתָּכֵן בְּמִצְוָה הַזֹּאת אַחֲרֵי שֶׁנִּתְּנָה לִכָּתֵב בִּמְגִלַּת סֵפֶר הֱיוֹתָהּ שֶׁיַּמָּה בְּאָזְנֵי יְהוֹשֻׁעַ מַמָּשׁ הוּא אָמַר שֶׁהֵשִׁיב שְׁאֵלָה זוֹ לְעַצְמוֹ וְלִבְנֵי גִּילוֹ כִּי מֹחַ הַשּׁוֹאֵל הַהוּא לֹא הֱוֵה מְצִי לְמִסְבְּלֵיהּ וְלֹא זָכִינוּ לְפֵרוּשׁוֹ עַד עַתָּה. וּמַה שֶּׁהֶעְתִּיק הָרַשְׁבָּ"א הַלֵּוִי בְּפֵרוּשׁ מַאֲמַר הַזֶּה מַתְחִיל יַעֲקֹב וּמֹשֶׁה וְיוֹסֵף כַּחֲדָא אָזְלִין מִדִּבְרֵי ן' פַּרְחִי יְעֻיַּן שָׁם הִתְבּוֹנַנּוּ אֶל הַמָּקוֹם הַזֶּה מַה עִצְמוֹ אָזְנֵי יְהוֹשֻׁעַ אֶל הַיִּעוּד הַזֶּה עִם מַה שֶּׁנֶּאֱמַר וַיְּסַר קֵינִי מִתּוֹךְ עֲמָלֵק כִּי אָמְנָם אָזְנֵי קוֹמָתוֹ שֶׁל יְהוֹשֻׁעַ בִּן נוּן נַעַר בְּעָלְמָא דְּהַהוּא נַעַר דִּלְעֵלָּא הַמְּתֹאָר בְּעֵץ הַדַּעַת טוֹב וָרָע הֵן הִנֵּה נִרְתַּק מְיֻחָד לְמַעְלָה מִן הַחֹטֶם שֶׁבּוֹ יוּחַק וִיכֻתַּב עַל יְדֵי מֹשֶׁה רַבֵּנוּ ע"ה הַיִּחוּד הָאֲמִתִּי וְהוּא זֹאת זִכָּרוֹן בְּסֵפֶר סִימָן לְדַבֵּר רָחֵל יוֹסֵף וְיַעֲקֹב כַּנּוֹדָע בִּשְׂפַת אֱמֶת בְּהֶגְנֵז שָׁם רְשָׁעִים חָדְלוּ רֹגֶז וְשָׁם יָנוּחוּ יְגִיעֵי כֹחַ וּמִשָּׁם גַּם כֵּן יֵשׁ לָנוּ לִלְמֹד טַעַם לַשֶּׁבַח בְּמָה שֶׁיֹּאמַר לִיהוֹשֻׁעַ כָּל אִישׁ אֲשֶׁר יַמְרֶה אֶת פִּיךָ לְכֹל אֲשֶׁר תְּצַוֶּנּוּ יוּמַת וְאָמְרוּ חֲכָמִים יָכוֹל אֲפִלּוּ לִדְבַר עֲבֵרָה תַּלְמוּד לוֹמַר רַק חֲזַק בַּתּוֹרָה וֶאֱמַץ בְּמִצְוֹת דְּלָא חָשֵׁד יְהוֹשֻׁעַ חָלִילָה אֶלָּא מַה שֶּׁהֻתַּר לִשְׁאָר נְבִיאִים לְהוֹרָאַת שָׁעָה כְּגוֹן אֵלִיָּהוּ בְּהַר הַכַּרְמֶל דִּכְתִיב בֵּיהּ אֵלָיו תִּשְׁמָעוּן כָּל כְּגוֹן זוֹ נֶאֱסַר לִיהוֹשֻׁעַ דְּלֹא לְמָרֵי אַכַּתִּי לֹא שְׁכִיב מֹשֶׁה שֶׁבְּקִינָן שְׁמַעְתֵּיהּ וְעוֹד פְּנֵי יְהוֹשֻׁעַ פְּנֵי לְבָנָה וְלֵית לָהּ לְסִיהֲרָא מִגַּרְמָהּ כְּלוּם וְהַיְינוּ רַק בְּגִימַטְרִיָּא מצפ"ץ נְקֵבָה תְּסוֹבֵב אֶת הַשֵּׁם הַגָּדוֹל דַּעֲלֵיהּ כְּתִיב בְּהוּ בְּיִשְׂרָאֵל וְהָיִיתָ רַק לְמַעְלָה עַל שֵׁם אֲחוֹתִי רַעְיָתִי וְכֵן חֲזַק וֶאֱמַץ בְּגִימַטְרִיָּא רנ"ב אֵבְרֵי הַנְּקֵבָה הַחֲלוּשָׁה שֶׁיֵּשׁ לָהּ שְׁנֵי צִירִים וּשְׁתֵּי דְּלָתוֹת וּצְרִיכָה חִזּוּק דִּכְתִיב כִּי חִזַּק בְּרִיחֵי שְׁעָרָיִךְ סוֹד הַצְּנִיעוּת וְאָז בֵּרַךְ בָּנַיִךְ בְּקִרְבֵּךְ בֵּאַרְנוּהוּ בְּמַאֲמַר אֵם כָּל חַי לְפִיכָךְ אָמְרוּ זְקֵנִים שֶׁבַּדּוֹר אוֹי לְאוֹתָהּ בּוּשָׁה וְנִתְעַצְּלוּ בְּהֶסְפֵּדוֹ כִּי הָיוּ עֲסוּקִים בְּמִצְוָה

אַחֶרֶת בַּחֲלֻקַּת הָאָרֶץ לִגְבָרִים וְהַגְבָּלַת תְּחֻמֶּיהָ וּמִכָּל מָקוֹם הֲוָה לְהוֹ לְאַסּוּקֵי אַדַּעְתַּיְהוּ כִּי בַּחֲלֻקָּתָהּ לִשְׁבָטִים הַשָּׁוֶה הַכָּתוּב נְבוּאַת יְהוֹשֻׁעַ לְרַבּוֹ בְּדִבּוּר וַאֲמִירָה וְדָעֵהוּ וּכְבָר זָכַרְנוּ מִזֶּה בְּחֵלֶק רְבִיעִי פֶּרֶק ו' יְעֻיַּן שָׁם:

מַאֲמַר חֵקֹר דִּין - חֵלֶק ה פֶּרֶק י

אַשְׁרֵי כָּל חוֹכֵי לוֹ לֵאלֹהֵי הַמִּשְׁפָּט כִּי יָדִין גַּם כֵּן אֶת הַמָּלֵא גוֹיוֹת קְדוֹשׁוֹת כְּטַעַם בְּעִירָא אָכִיל בְּעִירָא שֶׁזָּכַרְנוּ לְמַעְלָה וְהוּא הַמְּכֻוָּן לַנָּבִיא בְּאָמְרוֹ כִּי בָאֵשׁ ה' נִשְׁפָּט וּמִזֶּה יִמָּשֵׁךְ מַחַץ רֹאשׁ לְעֵשָׂו רֹאשׁ פְּתָנִים כְּמוֹ שֶׁנִּמְחַץ רֹאשׁוֹ עַל יְדֵי חוּשִׁים בֶּן דָּן וּכְבָר אָמְרוּ שֶׁצָּפָה יִצְחָק הֱיוֹתוֹ עָתִיד לְהַרְהֵר תְּשׁוּבָה בְּלִבּוֹ לְפִיכָךְ אָמַר וְהָיָה כַּאֲשֶׁר תָּרִיד מִלְּשׁוֹן אָרִיד בְּשִׂיחִי כְּתוֹהֶה עַל עוֹנוֹתָיו וּפָרַקְתָּ עֻלּוֹ מֵעַל צַוָּארֶךָ כִּי אָז פָּרַק עֹל הַשָּׂעִיר הַנּוֹשֵׂא עָלָיו אֶת כָּל עֲוֹן אִישׁ תָּם מֵהַחֵלֶק הַמִּתְעַלֶּה בְּקוֹמָתוֹ עַל הַצַּוָּאר דַּוְקָא אֲבָל שְׁאָר הַגּוּף לֹא פָּלַט דִּכְתִיב לֶאֱחֹז בְּכַנְפוֹת הָאָרֶץ וְיִנָּעֲרוּ רְשָׁעִים מִמֶּנָּה. וְהָרֹאשׁ נִשְׁרַשׁ בִּקְדֻשָּׁה עַל אֶרֶץ רַבָּה דְּעָלָה כְּתִיב רַבָּה אֱמוּנָתֶךָ וְהִיא סְגֻלַּת הַמְּקוֹמוֹת לְהַחֲזִיק הַמּוּעָט אֶת הַמְּרֻבֶּה הַטּוֹב וְהַמּוּטָב וּלְדֻגְמָא זוֹ נִגְנַז רֵישֵׁיהּ דְּעֵשָׂו בְּעִטְפֵיהּ דְּיִצְחָק אָבִיו וִימִין הָאָב חוֹתֶמֶת פִּי הַבֵּן בְּמֶתֶג וָרֶסֶן עֶדְיוֹ לִבְלוֹם. וְאַחֲרֵי שֶׁנִּמְחַץ אוֹתוֹ הָרֹאשׁ כָּאָמוּר מִנַּחַל בַּדֶּרֶךְ יִשְׁתֶּה הוּא נַחַל הַשִּׁטִּים אֲשֶׁר שֶׁקּוֹהוּ מַעְיָן מִבֵּית ה' עַל כֵּן יָרִים רֹאשׁ בִּזְכוּת אֲבוֹתָיו הַקְּדוֹשִׁים שֶׁהֵמָּה בְּצִדְקָתָם יוֹצִיאוּ יָקָר מִזּוֹלֵל וְזֶה בִּנְיַן אָב לְכָל מְחֻסְּרֵי כַּפָּרָה לְהָכִין לָהֶם מִקְוֵה טָהֳרָה. וּכְתִיב וְאָזְנֶיךָ תִּשְׁמַעְנָה דָבָר מֵאַחֲרֶיךָ לֵאמֹר זֶה הַדֶּרֶךְ לְכוּ בוֹ כִּי אֲפִלּוּ הַגְּנוּזִים בְּאָזְנֵי הַנַּעַר בְּמִדַּת אֲחוֹרַיִם כְּמוֹ שֶׁזָּכַרְנוּ הֵם אֶפְשָׁרֵי הַתִּקּוּן בְּאַחֲרִית הַיָּמִים וְדֻגְמָתוֹ בָּעוֹלָם צֶמַח צַדִּיק שֶׁיָּצָא מֵהֶם וּמָנוּ רַב שְׁמוּאֵל בַּר שִׁילַת מִבְּנֵי בָנָיו שֶׁל הָמָן כְּשֵׁם שֶׁיָּצָא רַבִּי מֵאִיר מִנֵּירוֹן קֵיסָר וְאֻנְקְלוֹס הַגֵּר בַּר אֲחָתֵהּ דְּטִיטוּס שְׁמַעְיָה וְאַבְטַלְיוֹן מִסַּנְחֵרִיב וּמִסִּיסְרָא רַבִּי עֲקִיבָא שֶׁאוֹתִיּוֹת שְׁמוֹ הֵן סוֹפֵי תֵבוֹת אוֹר זָרֻעַ לַצַּדִּיק וּלְיִשְׁרֵי לֵב שִׂמְחָה שֶׁהוּא מְסוֹד תּוֹרָה שֶׁבְּעַל פֶּה מִן הַמָּקוֹר שֶׁיֵּשׁ לָהּ בַּפֶּלֶא הָעֶלְיוֹן מֵהֶאָרָתוֹ בָּהּ. וְזֶהוּ שֶׁאָמַר סִיסְרָא לְיָעֵל הֲיֵשׁ פֹּה אִישׁ וְאָמְרָה אַיִן וּלְרֶמֶז לְזֶה מַחֲלִיפִין הַהֵ"א בָּאָלֶ"ף:

מַאֲמַר חֵקֹר דִּין - חֵלֶק ה פֶּרֶק יא

וְאוּלָם לֹא עָבַר בֶּן עַזַּאי עַל הִלְכוֹת דֶּרֶךְ אֶרֶץ כְּשֶׁאָמַר בְּפֶרֶק בָּתְרָא דִּבְכוֹרוֹת כָּל חַכְמֵי יִשְׂרָאֵל דּוֹמִין עָלַי כִּקְלִפַּת הַשּׁוּם חוּץ מִן הַקֵּרֵחַ הַזֶּה אֶלָּא כָּבוֹד גָּדוֹל נִתְכַּבְּדוּ אֶצְלוֹ כָּל חַכְמֵי יִשְׂרָאֵל וְרַבִּי עֲקִיבָא בָּרֹאשׁ לְפִי שֶׁהַנָּחָשׁ לָהוּט אַחַר הַשּׁוּם כִּדְאִיתָא בִּבְרֵאשִׁית רַבָּה וְתוּמָא

שְׁחִיקָא סַכַּנְתָּא לְגָלוּיָא בְּיוֹם טוֹב פֶּרֶק קַמָּא וּמִזֶּה לָמַדְנוּ בְּכַוָּנַת בֶּן עַזַּאי שֶׁכָּל חַכְמֵי יִשְׂרָאֵל הֵם שׁוֹמְרִים לַתּוֹרָה וּמַצִּילִים אוֹתָהּ מִדְּרָשׁוֹת צְדוֹקִים וְאַגָּדוֹת שֶׁל דֹּפִי כְּמוֹ הַקְּלִפָּה לְשׁוּם שֶׁהוּא פְּרִי מְסֻגָּל לְהַרְבּוֹת אֶת הַדְּמוּת וְהִיא מְגִנָּה עָלָיו מִן הַנְּחָשִׁים חוּץ מֵרַבִּי עֲקִיבָא קֵרֵחַ הוּא טָהוֹר מְטַמֵּא שֶׁהוּא בַּעַל הַפְּרִי עַצְמוֹ תּוֹרָה שֶׁבְּעַל פֶּה שׁוּם הַדַּיָּנִים שׁוּם בא"ת ב"ש בפ"י וְזֶה כֹּחוֹ לֵאלֹהָיו הֲלָכָה לְמֹשֶׁה מִסִּינַי כִּי הַכֹּל נֶאֱמַר לְמֹשֶׁה. בֶּאֱמֶת אָמְרוּ חֲכָמִים ז"ל דְּבָרִים שֶׁלֹּא נִגְלוּ לְמֹשֶׁה אֶלָּא כְּלָלִים כְּלָלִים נִגְלוּ לְרַבִּי עֲקִיבָא שֶׁזָּכָה לִדְרֹשׁ אוֹתָם מִדַּעַת עַצְמוֹ וּמְכֻוָּן לַהֲלָכָה כִּי כְּשֵׁם שֶׁנֶּפֶשׁ מֹשֶׁה רַבֵּנוּ ע"ה הִיא מִמַּחְצַב הַתּוֹרָה שֶׁבִּכְתָב וְנִקְרֵאת תּוֹרַת מֹשֶׁה כָּךְ נֶפֶשׁ רַבִּי עֲקִיבָא מִמַּחְצַב הַתּוֹרָה שֶׁבְּעַל פֶּה וְנִקְרֵאת עַל שְׁמוֹ לְפִי דַּעְתֵּנוּ שֶׁהֲרֵי סְתַם מִשְׁנָה רַבִּי מֵאִיר סְתָם תּוֹסֶפְתָּא רַבִּי נְחֶמְיָה סְתָם סִפְרָא רַבִּי יְהוּדָה סְתָם סִפְרֵי רַבִּי שִׁמְעוֹן סְתָם סֵדֶר עוֹלָם רַבִּי יוֹסִי וְכֻלְּהוּ אַלִּבָּא דְּרַבִּי עֲקִיבָא וְהֶעֱמִידוֹ הַקָּדוֹשׁ בָּרוּךְ הוּא בְּדוֹר הַחֻרְבָּן לְהָגֵן עַל הָעוֹלָם וְעַל הַתּוֹרָה שֶׁלֹּא תִּשְׁתַּכַּח. לְפִיכָךְ בְּעַד הַחַלּוֹן נִשְׁקָפָה שֶׁכִּנָּה שֶׁלֹּא יֹאבַד סִיסְרָא בִּשְׁבִיל שַׁלְשֶׁלֶת יַחֲסִין שֶׁהָיְתָה גְּנוּזָה בּוֹ עַד שֶׁנִּתְעַבְּרָה מִמֶּנּוּ יָעֵל בְּבִיאָה שְׁלִישִׁית מִשֶּׁבַע בִּיאוֹת שֶׁל סִיסְרָא שֵׁשׁ הֵנָּה שָׂנֵא ה' לֹא נִזְכְּרָה לְשֶׁבַח אֶלָּא זֹאת דִּכְתִיב בָּהּ שָׁכַב דֶּרֶךְ כָּבוֹד כַּמָּה דָּאַת אָמַר וַיִּשְׁכַּב עִמָּהּ בַּלַּיְלָה הוּא וַתְּיַבֵּב שֶׁכִּנָּה עַל אִחוּר הַצֵּרוּף מַדּוּעַ בּוֹשֵׁשׁ רִכְבּוֹ לָבֹא שֶׁהִטְעִינוּ אוֹתוֹ רָשָׁע צֵרוּף מְרֻבֶּה בְּרֹב זֻהֲמָא שֶׁהֵטִיל בָּהּ תְּחִלָּה וְסוֹף חַכְמוֹת שָׂרוֹתֶיהָ תַּעֲנֶנָּה וְהֵן עֲלָמוֹת תּוֹפְפוֹת אַף הִיא תָּשִׁיב אֲמָרֶיהָ לָהּ הֲלֹא יִמְצְאוּ חֶלְקוֹ שָׁלָל לְהַפְשִׁיט הַבְּגָדִים הַצּוֹאִים בְּצֵרוּף אַחֵר צָרוּף וְהוּא רַחַם חַד רַחֲמָתַיִם תְּרֵי הָא תְּלָת לְרֹאשׁ גֶּבֶר אֲשֶׁר דַּרְכּוֹ נִסְתָּרָה וַיָּסֶךְ אֱלוֹהַ בַּעֲדוֹ. עַל אֵלֶּה נֶאֱמַר כֵּן יֹאבְדוּ כָּל אוֹיְבֶיךָ ה' וְעַל רַבִּי עֲקִיבָא וַחֲבֵרָיו כְּתִיב וְאֹהֲבָיו כְּצֵאת הַשֶּׁמֶשׁ בִּגְבֻרָתוֹ:

מַאֲמַר חֵקֶר דִּין - חֵלֶק ה פֶּרֶק יב

אַחֲרֵי הוֹדִיעַ אֱלֹהִים אוֹתָנוּ אֶת כָּל זֹאת תָּא וְאַגְמֳרָךְ רָאשֵׁי פְּרָקִים בְּדֻגְמָתָן שֶׁל שָׁלֹשׁ כִּתּוֹת כִּי יֵשׁ לָהֶם סִימָן בַּגְּמָרָא יַזְהִירוּ הַמַּשְׂכִּילִים מִנָּהּ וּבָהּ כְּזֹהַר הָרָקִיעַ. אָמְרוּ בְּמַסֶּכֶת נְדָרִים מָאן מַלְאֲכֵי הַשָּׁרֵת רַבָּנָן יְעֻיַּן מַאֲמָר אֵם כָּל חַי חֵלֶק ג' סִימָן י"א. וְרַבָּה בַּר נַחְמָנִי בְּפֶרֶק הָרוֹאֶה הָיָה אוֹמֵר כְּגוֹן אָנוּ בֵּינוֹנִיִּים כִּי הֵן בִּקְדֹשָׁיו לֹא יַאֲמִין וַאֲנַחְנוּ לֹא נֵדַע עַד הֵיכָן תַּכְלִית הַמִּבְחָן וְיָמֶיהָ שֶׁל כַּת שְׁלִישִׁית קֻמְּטוּ וְלֹא עֵת כִּדְאִיתָא בְּפֶרֶק אֵין דּוֹרְשִׁין כִּי גֵּיהִנֹּם כַּלֵּה וְהֵם אֵינָם כָּלִים אֶלָּא נָהָר יוּצַק יְסוֹדָם. עַל זֹאת תִּתְחַלְחֵל הַנֶּפֶשׁ הַחָכְמָה מְאֹד תָּבִין לְאַחֲרִיתָהּ צוֹפִיָּה הֲלִיכוֹת בֵּיתָהּ בְּאֵימָה וּבְיִרְאָה וַעֲנָוָה כְּכַלָּה נָאָה וַחֲסוּדָה תָּגִיל בִּרְעָדָה בְּתוֹךְ חֻפָּתָהּ וְיִתְאַו הַמֶּלֶךְ יָפְיֵהּ. בֵּית יִשְׂרָאֵל בָּרְכוּ אֶת ה' בְּהֵ"א תַּתָּאָה בֵּית

אַהֲרֹן שׁוֹשְׁבִינָא דְמַטְרוֹנִיתָא בָּרְכוּ אֶת ה' בְּנָא"ו שֶׁל שָׁלוֹם שֶׁהוּא מַשְׁלִים הַחֶסֶד וּמַשְׁפִּיעוֹ בָּעוֹלָם וְנִקְרָא אַל חַי עַל שְׁמוֹ. בֵּית הַלֵּוִי בָּרְכוּ אֶת ה' בְּהֵ"א עִלָּאָה דִכְתִיב בָּהּ וְעָבַד הַלֵּוִי הוּא. יִרְאֵי ה' בָּרְכוּ אֶת ה' בְּיוֹ"ד דְּתַמָּן יִרְאָה. בָּרוּךְ ה' בְּקוֹצָא דִלְעֵלָּא רֹאשׁ וּמְקוֹר כָּל בְּרָכוֹת מִצִּיּוֹן מִכְלַל יֹפִי אֱלֹהִים הוֹפִיעַ דִּכְלָהוּ אִתְכְּלִילוֹ בִּשְׁכִינְתָּא אֵם הַבָּנִים שְׂמֵחָה בָּרְכִי נַפְשִׁי אֶת ה' הַלְלוּיָהּ:

יְהִי כְבוֹד ה' לְעוֹלָם:

סְלִיק מַאֲמַר חֵקֶר דִּין:

סֵפֶר

עֲשָׂרָה מַאֲמָרוֹת

מַאֲמַר אֵם כָּל חַי

מַאֲמַר אֵם כָּל חַי - חֵלֶק א סִימָן א

לִדְרֹשׁ בָּרַבִּים בַּכֶּסֶא לְיוֹם חַגֵּנוּ:

וַה' פָּקַד אֶת שָׂרָה כַּאֲשֶׁר אָמָר וַיַּעַשׂ ה' לְשָׂרָה כַּאֲשֶׁר דִּבֵּר. אָמְרוּ רַבּוֹתֵינוּ ע"ה כָּל מָקוֹם שֶׁנֶּאֱמַר וַה' הוּא וּבֵית דִּינוֹ. בַּמָּקוֹם הַזֶּה כִּי אַף עַל פִּי שֶׁהִפְקִידָה לְשָׂרָה הָיְתָה מִפּוֹעַל הָרַחֲמִים הֻצְרַךְ לְהִמָּלֵךְ עִם מִדַּת הַדִּין לְפִי שֶׁהַקָּדוֹשׁ בָּרוּךְ הוּא מְדַקְדֵּק עִם הַצַּדִּיקִים כְּחוּט הַשַּׂעֲרָה. אָמְנָם אֹפֶן הַלִּמּוּד אֵיךְ הַמִּלָּה הַזֹּאת תּוֹרָה הֱיוֹת בֵּית דִּינוֹ מְצֹרָף אֵלָיו לָהֶם מִדָּה בַּתּוֹרָה אֵין רִבּוּי אַחַר רִבּוּי אֶלָּא לְמַעֵט כִּי הִנֵּה הַשֵּׁם הַגָּדוֹל בֶּן אַרְבַּע אוֹתִיּוֹת ב"ה יָדוּעַ וּמְפֻרְסָם שֶׁהוּא מְיֻחָד לְמִדַּת הָרַחֲמִים וְהַוָּי"ו הַנּוֹסֶפֶת בְּמִלַּת וַה' הִיא עַצְמָהּ אוֹת שֶׁל רַחֲמִים וּבָאָה לְמַעֵט בְּגִדְרֵי הָרַחֲמִים וּלְהוֹסִיף בֵּית דִּינוֹ וְכַמְדֻמִּים אָנוּ שֶׁהוּא מְעוּט רַחֲמִים וְאֵינוֹ אֶלָּא רִבּוּי רַחֲמִים שֶׁגַּם הַבַּיִת דִּין מַסְכִּים לִפְעֻלָּה זוֹ. וּבַמִּדְרָשׁ רַבָּה סֵפֶר בַּמִּדְבָּר פָּרָשָׁה ג' וַאֲנִי הֵ"א וּבֵית דִּינוֹ וְהוּא מַאֲמַר הַשֵּׁם הַמְיֻחָד. וּבִירוּשַׁלְמִי רֵישׁ סַנְהֶדְרִין אָמְרוּ ה' אֱלֹהִים הוּא וּבֵית דִּינוֹ וּשְׁלָשְׁתָּם הֵבִיאוּ בִּנְיַן אָב מִפָּסוּק וַה' דָּבָר עָלֶיךָ שֶׁאָמַר מִיכָיְהוּ לְאַחְאָב שֶׁכֵּן מִיתַת אַחְאָב הָיְתָה לְטוֹבָתָן שֶׁל יִשְׂרָאֵל כְּדִכְתִיב לֹא אֲדֹנִים לָאֵלֶּה יָשׁוּבוּ אִישׁ לְבֵיתוֹ בְּשָׁלוֹם וְכֵן בְּאִיּוֹב כְּתִיב ה' נָתַן בְּחֶסֶד גָּמוּר וַה' לָקַח בְּמִשְׁפַּט צֶדֶק יְהִי שֶׁהוּא שֵׁם ה' אֶחָד מִצֵּרוּפֵי אוֹתִיּוֹתָיו כַּנּוֹדָע שֶׁשִּׁמֵּשׁ בְּמַעֲשֵׂה בְרֵאשִׁית מְבֹרָךְ מִכָּל מָקוֹם שֶׁזֶּה וְזֶה קִיּוּם מַעֲשֵׂה בְרֵאשִׁית הוּא כְּדִתְנַן בַּעֲשָׂרָה מַאֲמָרוֹת נִבְרָא הָעוֹלָם לִפָּרַע וְלִתֵּן שָׂכָר בֵּאַרְנוּהוּ בְּמַאֲמַר הַמִּדּוֹת עַמּוּד עָלָיו. וּלְעוֹלָם ה' הוּא הָאֱלֹהִים וְיָדוּעַ שֶׁאֵין אֱלֹהִים אֶלָּא דַּיָּן לְפִיכָךְ לֵית אַבְטָחוּתָא לְצַדִּיקַיָּא בְּהַאי עָלְמָא. וְהֵם אָמְרוּ מַלְכָּא שְׁלִיָם אֵיהוּ כַד דְּאִין לְטָב דְּאִין לְבִישׁ וְכָל שֶׁכֵּן בְּהֶפֶךְ כִּי מִדָּה טוֹבָה מְרֻבָּה וְכֵן כְּתִיב בַּקְּשׁוּ אֶת ה' כָּל עַנְוֵי אֶרֶץ אֲשֶׁר מִשְׁפָּטוֹ פָּעָלוּ וְאָמְרוּ חֲכָמִים בִּמְקוֹם מִשְׁפָּטוֹ שָׁם פָּעֳלוֹ שֶׁמַּזְכִּירִים זְכֻיּוֹתֵיהֶם בִּשְׁעַת הַדִּין:

מַאֲמָר אֵם כָּל חַי - חֵלֶק א סִימָן ב

וּמִזֶּה יָצָא לָנוּ לָמוּד נִפְלָא בְּהַאי דְּמִשְׁתַּבְּחֵי בְּיָהּ רַבָּנָן בִּיחֶזְקֵאל בְּשָׁעָה שֶׁנִּשְׁאַל מֵאִתּוֹ יִתְבָּרַךְ הֲתִחְיֶינָה הָעֲצָמוֹת הָאֵלֶּה וְהֵשִׁיב בְּמוּסַר הַשֵּׂכֶל ה' אֱלֹהִים אַתָּה יָדָעְתָּ. וְלִכְאוֹרָה נִרְאֶה שֶׁנִּשְׁמַט וְלֹא פֵּרֵשׁ מָה יֵּשׁ אֶת נַפְשׁוֹ לָדוּן אֲלֵיהֶם וּמַאי רַבּוּתֶיהָ לִתְלוֹת הַכְרָעָתוֹ בְּדַעַת הַמָּקוֹם. אֶלָּא כָּךְ אָמַר יְחֶזְקֵאל רִבּוֹנוֹ שֶׁל עוֹלָם יוֹדֵעַ אֲנִי בְּשִׁתּוּף מִדּוֹתֶיךָ שֶׁאַתָּה אָדוֹן יָחִיד מוֹשֵׁל עַל כָּל הַהֲפָכִים וּמַנְהִיג בָּהֶם אֶת עוֹלָמְךָ כְּטַעַם עוֹשֶׂה שָׁלוֹם בִּמְרוֹמָיו לְפִיכָךְ אִם בְּמִדַּת הַדִּין אַתָּה שׁוֹאֲלֵנִי אַתָּה יָדַעְתָּ וְיִסַּרְתָּ אוֹתָם מִן וַיִּדַּע בָּהֶם אֵת אַנְשֵׁי סֻכּוֹת שֶׁהוֹדִיעַ סֵרְחוֹנָם עַל יְדֵי הַפֻּרְעָנוּת וְאֵין מִקְרָא יוֹצֵא מִידֵי פְשׁוּטוֹ וּלְאֵלֶּה הַיּוֹם הוֹדַעַת הַשְׁגָּחָתְךָ וִידִיעָתְךָ בִּפְרָטֵי מַעֲשֵׂיהֶם הֵן אַתָּה מֶחֱצַת מִי יְרַפֵּא לָהֶם וְאִם בְּמִדַּת רַחֲמִים אַתָּה שׁוֹאֲלֵנִי אַתָּה רַחֲמְתָּ מִן הָעוֹלָם וְעַד הָעוֹלָם וְרַחֲמֶיךָ עַל כָּל מַעֲשֶׂיךָ מִן וְיֵדַע אֱלֹהִים שֶׁאֵין הַשְׁגָּחָתוֹ וִידִיעָתוֹ לְעוֹלָם אֶלָּא לְתַכְלִית הַטּוֹבָה. אִם כֵּן וַדַּאי בְּשִׁתּוּף שְׁנֵי שֵׁמוֹת אֵלֶּה אַתָּה יָדַעְתָּ מִן וְהָאָדָם יָדַע פֵּרוּשׁ יִחַדְתָּ מִדּוֹתֶיךָ לָדוּן בְּרַחֲמִים לְפִיכָךְ מְמִתִים מִיָּדְךָ ה' אַף עַל פִּי שֶׁהֵם עַכְשָׁו מֵתִים מֵחֶלֶד חֶלְקָם בַּחַיִּים לֶעָתִיד וְהִנֵּה כָּאן בִּפְקִידָה נֶאֱמַר וַה' וּבְצֵאתוֹ לַפּוֹעַל נֶאֱמַר וַיַּעַשׂ ה' כִּי אֵין צָרִךְ לְהַזְכִּיר בּוֹ מַעֲשֵׂה בֵּית דִּין לְקַיֵּם מָה שֶׁנֶּאֱמַר צַדִּיק ה' בְּכָל דְּרָכָיו וְחָסִיד בְּכָל מַעֲשָׂיו כִּי הַפְּקִידָה הִיא דֶּרֶךְ לְהַגָּעַת הַמְּבֻקָּשׁ וְהַמַּעֲשֶׂה הוּא גְּמַר הַתַּכְלִית וְזֶה מְבֹאָר בְּגַלֵּה:

מַאֲמָר אֵם כָּל חַי - חֵלֶק א סִימָן ג

פַּקֵּד הַפּוֹעַל הַזֶּה מַשְׁמָעוֹ הַשְׁגָּחָה. וּמִנְיָן. וְצִוּוּי. וּמָנוּי. וְחִסָּרוֹן. הָרִאשׁוֹן שֶׁאָמַרְנוּ מֵעִנְיָן הַהַשְׁגָּחָה הוּא כְּמוֹ פָּקוֹד פָּקַדְתִּי אֶתְכֶם. וְהַמִּנְיָן כְּמוֹ לִפְקוּדֵיהֶם וְהַצִּוּוּי כְּמוֹ פִּקּוּדֵי ה' יְשָׁרִים וְהַמָּנוּי כְּמוֹ וַיַּפְקֵד הַמֶּלֶךְ פְּקִידִים וּמִמֶּנּוּ הַפִּקָּדוֹן אֲשֶׁר הָפְקַד אִתּוֹ. וְהַחֶסְרוֹן כְּמוֹ וַיִּפָּקֵד מְקוֹם דָּוִד. וְעִם הֱיוֹת הַפְּקִידָה הַזֹּאת בְּעֶצֶם וְרִאשׁוֹנָה מֵעִנְיָן הַהַשְׁגָּחָה כְּמוֹ שֶׁנִּבְאַר מִכָּל מָקוֹם כֻּלְּהוּ אִיתַנְהוּ בָּהּ כִּי מִי שֶׁהוּא עָקָר אֵינֶנּוּ כְּדַאי לְהִמָּנוֹת עִם לִגְיוֹנוֹתָיו שֶׁל מֶלֶךְ מַלְכֵי הַמְּלָכִים אֶלָּא אִם כֵּן הִשְׁלִים חַקּוּ פַּעַם אַחֶרֶת כְּבֶן עַזַּאי כְּמוֹ שִׁיבָא וּמִזֶּה הַטַּעַם הָיוּ פְּקוּדֵי מֹשֶׁה רָאשֵׁי מִשְׁפָּחוֹת בִּלְבַד וַעֲלֵיהֶם נֶאֱמַר לְגֻלְגְּלֹתָם שֶׁהָיָה מֹשֶׁה רַבֵּנוּ ע"ה צוֹפֶה בְּרוּחַ הַקֹּדֶשׁ מִנְיַן הַטַּפִּין שֶׁבְּרֹאשׁ כָּל אֶחָד וְאֶחָד כְּמוֹ שֶׁכָּתַב הֶחָכָם ז"ל בְּפֵרוּשׁוֹ עַל הַתּוֹרָה וְאָמַר שֶׁכָּל מִי שֶׁהָיָה עָתִיד הוּא לְבַדּוֹ לְהַעֲמִיד שִׁשִּׁים רִבּוֹא הָיָה נִמְנֶה רֹאשׁ מִשְׁפָּחָה עַל כֵּן נִמְנוּ מָכִיר וְגִלְעָד לִשְׁנַיִם עִם הֱיוֹת מָכִיר אֲבִי גִלְעָד כִּי גִלְעָד לְבַדּוֹ הָיָה בְּכֹחוֹ לְהַעֲמִיד שִׁשִּׁים רִבּוֹא וְנִשְׁאֲרוּ לְמָכִיר מִיֶּתֶר בָּנָיו שִׁשִּׁים רִבּוֹא אֲחֵרִים מִבַּלְעֲדֵי גִלְעָד

וְיוֹתֵר מִזֶּה גַּם כֵּן הָיָה צוֹפֶה וּמַבִּיט בְּכָל אֶחָד וְאֶחָד מֵהֶם וְהוּא רָז נִגְלֶה בַּמִּלָּה הַנִּזְכֶּרֶת לְמִי שֶׁשִּׁית אֵלֶיהָ לֵב וְהַכֹּל בִּכְלַל מַה שֶּׁאָמְרוּ חֲכָמִים שֶׁהֶרְאָהוּ הַקָּדוֹשׁ בָּרוּךְ הוּא לְמֹשֶׁה דּוֹר דּוֹר וַחֲכָמָיו דּוֹר דּוֹר וּפַרְנָסָיו. וְיוּבַן מִזֶּה מַה שֶּׁכָּתַב רַשִׁ"י בְּפָרָשַׁת פִּנְחָס סָמוּךְ לַפָּסוּק וּבְנֵי קֹרַח לֹא מֵתוּ בְּשֵׁם הַיְּרוּשַׁלְמִי שֶׁבְּמִלְחֶמֶת הָעֲמָלֵקִי אַחֲרֵי מוֹת אַהֲרֹן בִּקְשׁוּ מִקְצָת הָעָם לָשׁוּב לְמִצְרַיִם וְרָדְפוּ בְּנֵי לֵוִי אַחֲרֵיהֶם וּמֵתוּ מֵאֵלֶּה וּמֵאֵלֶּה עַד שֶׁבָּטְלוּ אַרְבַּע מִשְׁפָּחוֹת מִשֵּׁבֶט לֵוִי. וְרַשִׁ"י אָמַר שֶׁשְּׁתַּיִם הֵן שִׁמְעִי וְעֻזִּיאֵלִי והג' מִשְׁפַּחַת הַיִּצְהָרִי שֶׁלֹּא נִמְנָה מִמֶּנָּה בְּעַרְבוֹת מוֹאָב רַק מִשְׁפַּחַת הַקָּרְחִי וְאָמַר שֶׁלֹּא נִתְבָּרֵר לוֹ הָרְבִיעִית מִנַּיִן. וּמַאי קֻשְׁיָא וַהֲלֹא בְּפָרָשַׁת וָאֵרָא כְּתִיב וּבְנֵי יִצְהָר קֹרַח וָנֶפֶג וְזִכְרִי וְכֵיוָן שֶׁנִּמְנֵית לְהַלָּן מִשְׁפַּחַת הַקָּרְחִי לְבַדָּהּ הֲרֵי כָּאן נֶפֶג וְזִכְרִי שֶׁהֵן בָּטְלוּ אֶלָּא וַדַּאי הַיְּרוּשַׁלְמִי חָשֵׁב לְהוּ שְׁתַּיִם לְהַגְדִּיל הַדְּאָגָה לָדַעַת כַּמָּה הַחֵטְא גּוֹרֵם. וְרַשִׁ"י עַל פִּי הַקְדָּמָתֵנוּ רָאָה שֶׁלֹּא נִמְנוּ שְׁתַּיִם אֵלֶּה לְבַדָּהֶן בְּשׁוּם מָקוֹם שֶׁיֵּאָמֵר עֲלֵיהֶן מִשְׁפַּחַת הַנֶּפְגִּי מִשְׁפַּחַת הַזִּכְרִי אִם כֵּן עַל שֵׁם אֲבִיהֶם יִקָּרְאוּ וּמִשְׁפַּחַת הַיִּצְהָרִי נִתְמַעֲטָה מֵהֶם וְכָל דִּבְרֵי חֲכָמִים קַיָּמִים. וְאִישׁ נָבוּב יִלָּבֵב בִּפְקוּדֵי מֹשֶׁה וְאַהֲרֹן בְּמִדְבַּר סִינַי שֶׁלֹּא נֶאֱמַר פְּקוּדָיו בְּמִסְפַּר שֵׁמוֹת אֶלָּא בְּשֵׁבֶט שִׁמְעוֹן לְבַדּוֹ שֶׁרוּחַ הַקֹּדֶשׁ דּוֹאֵג עֲלֵיהֶם אֲשֶׁר טִפַּחְתִּי וְרִבִּיתִי אֹיְבִי כִלָּם לְפִי שֶׁנִּסְפְּחוּ עֲלֵיהֶם רַבִּים מֵעֵרֶב רַב וְנָשְׂאוּ אַחַר כָּךְ נָשִׁים מִבְּנוֹת שִׁמְעוֹן וְיָלְדוּ לָהֶם מֵעֵין מַה שֶּׁאֵרַע לְדִינָה בַּת יַעֲקֹב שֶׁהֵטִיל בָּהּ הַחִוִּי זֻהֲמָא קֹדֶם שֶׁנִּשֵּׂאת לְשִׁמְעוֹן וְיָלְדָה לוֹ זִמְרִי בֶּן סָלוּא הוּא שָׁאוּל בֶּן הַכְּנַעֲנִית אֶלָּא אֵיפֹה חָטְאוּ וְהֶחֱטִיאוּ וְגַם יַד ה' הָיְתָה בָּם וַיְהִי הַמֵּתִים בַּמַּגֵּפָה כְּמִסְפַּר הֲרוּגֵי שְׁכֶם אַחֲרֵי שֶׁנִּכְנְסוּ בִּבְרִית הַמִּילָה שֶׁלֹּא לִשְׁמָהּ. וְהַדָּבָר יָדוּעַ בִּפְקוּדֵי מֹשֶׁה וְאֶלְעָזָר בְּעַרְבוֹת מוֹאָב שֶׁהָיָה שִׁבְטוֹ שֶׁל שִׁמְעוֹן יָרוּד מְאֹד בְּאוֹתוֹ מִנְיָן וְיֵשׁ בְּמַשְׁמַע פְּקוּדָיו הָאָמוּר שֵׁם הַמִּנְיָן לְדַאֲבוֹן נֶפֶשׁ בִּשְׁבִיל הַחִסָּרוֹן שֶׁהָיָה עָתִיד וְצָפוּי אֲלֵיהֶם. וְאוּלָם הָיְתָה שָׂרָה אִמֵּנוּ בִּפְקִידָה וְדַעַת חַנָּה בָּהּ נִכְנֶסֶת בְּמִסְפַּר צְבָאוֹת מַעְלָה וּמַטָּה עַל דֶּרֶךְ הַמּוֹצִיא בְמִסְפָּר צְבָאָם:

מַאֲמַר אֵם כָּל חַי - חֵלֶק א סִימָן ד

אַךְ הַמּוּבָן מִלְּשׁוֹן צִוּוּי הוּא בְּלִי סָפֵק חִדּוּשׁ בְּרִיאָה בְּטֶבַע הַצַּדֶּקֶת שֶׁלֹּא הָיְתָה עֲקָרָה בִּלְבַד כְּדֶרֶךְ כָּל הָאָרֶץ אֶלָּא מִתְּחִלַּת יְצִירָתָהּ הָיְתָה חֲסֵרָה הַשִּׁלְפּוּחִית שֶׁהַוָּלָד נוֹצָר בְּתוֹכָהּ וְעַל זֶה אָמְרוּ חֲכָמִים שֶׁעִקַּר מַטְרוֹן לֹא הָיָה לָהּ וְהֻצְרַךְ הַקָּדוֹשׁ בָּרוּךְ הוּא לְצַוֹּת עַל יְצִירַת הַכְּלִי הַזֶּה בָּהּ בְּדֶרֶךְ פֶּלֶא וְהוּא בְּטִבְעָהּ חִדּוּשׁ מַעֲשֵׂה בְרֵאשִׁית דִּכְתִיב בְּיָהּ כִּי הוּא אָמַר וַיֶּהִי הוּא צִוָּה וַיַּעֲמֹד כְּתִיב הָתָם אָמַר וְצִוָּה וּכְתִיב הָכָא פָּקַד אֶת שָׂרָה כַּאֲשֶׁר אָמָר. וְאָמְנָם בְּמַשְׁמַע הַמִּנּוּי פָּשׁוּט וּמְבֹאָר שֶׁכְּשֵׁם

שֶׁנִּתְמַנָּה אַבְרָהָם אָב הֲמוֹן גּוֹיִם כָּךְ הָיְתָה שָׂרָה אִמֵּנוּ אֵם כָּל חַי פֵּרוּשׁ אֵם לְכָל אִישׁ חַי אֵלּוּ הַצַּדִּיקִים שֶׁאֲפִלּוּ בְּמִיתָתָם קְרוּיִים חַיִּים וְכָל הַגֵּרִים הָעֲתִידִים לְהִתְגַּיֵּר בִּכְלָל הַזֶּה כְּמוֹ שֶׁעוֹד נַזְכִּיר. וְהִנֵּה בֵּין הַבְּתָרִים נֶאֱמַר לְאַבְרָהָם כִּי הָיָה זַרְעוֹ דּוֹמֶה לְכֹכָבִים שֶׁבּוֹרְאָן לְבַדּוֹ סוֹפְרָן וְגַם קֹדֶם לָכֵן אַחֲרֵי הִפָּרֵד לוֹט מֵעִמּוֹ נֶאֱמַר לוֹ אִם וְכָל אִישׁ לִמְנוֹת אֶת עֲפַר הָאָרֶץ גַּם זַרְעֲךָ יִמָּנֶה שֶׁהוּא מַאֲמָר הַנָּחִי אֶל הַקַּדְמוֹן בְּחִיּוּב מְצִיאוּתוֹ וְקִיּוּמוֹ הָאִישׁ הַמְיֻחָד בִּלְתִּי נִתְלָה בִּזְכוּתוֹ בָּרוּךְ הוּא שֶׁמְּחַבְּבָן וּמְנָה אוֹתָם אֲבָל בְּבֶן הָאָמָה פְּסִיקָא לֵהּ לְמַלְאַךְ הַדּוֹבֵר בָּהּ שֶׁזַּרְעוֹ לֹא יִסָּפֵר מֵרֹב כִּי אֵין חֵפֶץ בְּרִבּוּי אֲשֶׁר לִפְרָטָיו שְׁלֵמוּת כְּטַעַם הֲיִרְצֶה ה' בְּאַלְפֵי אֵילִים וְהֵם אֵילֵי נְבָיוֹת בְּכוֹר יִשְׁמָעֵאל:

מַאֲמַר אֵם כָּל חַי - חֵלֶק א סִימָן ה

וּמַשְׁמַע הַחִסָּרוֹן הוּא עַל דֶּרֶךְ מִעוּט הַיָּרֵחַ שֶׁעִם רִבּוּי צְבָאֶיהָ הַפִּיס דַּעְתָּהּ וְזֶה כִּי בִּזְמַן שֶׁאִישׁ וְאִשָּׁה אֵינָם מוֹלִידִים אֵין לְאֶחָד מֵהֶם מַעֲלָה עַל חֲבֵרוֹ בְּהַשְׁלָמַת הַתַּכְלִית הַכּוֹלֵל וּמִזֶּה הַצַּד נִקְרְאוּ הַמְּאוֹרוֹת שְׁנֵיהֶם גְּדוֹלִים בִּתְחִלַּת יְצִירָתָם כְּמוֹ שֶׁאָמְרוּ בְּזֹהַר שִׁיר הַשִּׁירִים דַּהֲווֹ נְהוֹרִין דְּבוּקִין כַּחֲדָא וַהֲווּ בְּשִׁקְלָא חֲדָא לְאִתְקְרֵי תַּרְוַיְהוּ גְּדוֹלִים לָאו דַּהֲוֹת סֵיהֲרָא רַב וְעִלָּאָה אֶלָּא דִּבְכָל זִמְנָא דְּסֵיהֲרָא כְּשִׁמְשָׁא בְּרָזָא חֲדָא בְּגִינָהּ אִתְקְרֵי אִינְהוּ בְּהֲדֵיהָ גְּדוֹלִים זְנָבָא דְּאַרְיֵה אַרְיֵה אִיהוּ וְאַרְיֵה אִתְקְרֵי וְכָמוֹהוּ שֵׁבֶט דָּן הֻשְׁוָה לִיהוּדָה לְהִקָּרֵא אַרְיֵה עַל שֵׁם הַמָּשִׁיחַ שֶׁאָבִיו מִיהוּדָה אִמּוֹ מִדָּן כִּדְאִיתָא בְּמִדְרָשׁ רַבָּה וְהִנֵּה זֹאת חֲקַרְנוּהָ כֵּן הִיא בִּשְׁנֵי הַמְּאוֹרוֹת הָאֵלֶּה הַשּׁוֹאַת הָאַחֲוָה בִּלְבַד כְּעֵין אָח וְאָחוֹת סָמְכִן עַל שֻׁלְחַן אֲבִיהֶם וְאֵינוֹ מְשַׁנֶּה בֵּין הַבָּנִים כְּלָל. וְדַעַת הַמְּלִיצָה יִנְעַם בְּכָתוּב הָדָר הוּא שֶׁאָמַר אַבְרָהָם עַל שָׂרָה אֲחֹתִי בַת אָבִי הִוא שֶׁמִּזֶּה הַיַּחַס לֹא הָיָה גָּדוֹל מִמֶּנָּה וְלֹא בְּהֶפֶךְ. אַךְ לֹא בַת אִמִּי שֶׁהָיְתָה אֵם אַבְרָהָם רַבָּתִי בַּנָּשִׁים כְּפִי הַמִּסְפָּר מִמֶּנָּה לַיּוֹדְעִים חֵן וְהָרָן אָבִיהָ שֶׁל שָׂרָה הָיָה מֵאִשָּׁה אַחֶרֶת. וְיָדוּעַ כִּי עוֹלָם חֶסֶד יִבָּנֶה דְּלָא סַגִּי לֵהּ לְדוֹר רִאשׁוֹן אֶלָּא בְּאָח נוֹשֵׂא אֲחוֹתוֹ אַף כָּאן מֵעֵין דֻּגְמָא זוֹ חֶסֶד הוּא הַהִזְדַּמֵּן לְאַבְרָהָם בַּת אָחִיו שֶׁאֵין אָדָם נִמְנָע מִלִּקְרֹא לָהּ אֲחוֹתוֹ וְכֵן כְּתִיב בְּלוֹט כִּי נִשְׁבָּה אָחִיו וְיִרְמְיָה קָרָא דּוֹדוֹ לַחֲנַמְאֵל בֶּן דּוֹדוֹ וְהִיא הוֹגֶנֶת לוֹ בְּמַעֲשֶׂיהָ וּכְתִיב וַתְּהִי לוֹ לְאִשָּׁה לִרְצוֹנָהּ לָמָּה שֶׁבְּטֶבַע וּסְגֻלָּה רוֹצָה אִשָּׁה בְּקַב וְתִפְלוּת בְּמַעַר אִישׁ וּלְוִיּוֹת מט' קַבִּין וּפְרִישׁוּת כְּטַעַם הָאַחֲוָה שֶׁכֵּן א"ח עוֹלֶה תִּשְׁעָה. וְהָאָחוֹת פֶּלֶג גּוּפָא הִיא דלי"ת וּבְשָׁעָה שֶׁעֵינֶיהָ דַּלּוּ לַמָּרוֹם כְּתִיב לִבַּבְתִּנִי אֲחֹתִי כַלָּה כְּטַעַם הֲסָרַת לֵב הָאֶבֶן לְהִתְחַדֵּשׁ לֵב בָּשָׂר וְהָיוּ לְבָשָׂר אֶחָד כְּמוֹ שֶׁנִּבְאָר וְהוּא טַעַם הַשְּׁנוֹת מִלַּת לִבַּבְתִּנִי פַּעֲמַיִם וְהִנֵּה נַפְשָׁהּ שֶׁל אוֹתָהּ צַדֶּקֶת יוֹדַעַת מְאֹד שֶׁאֵין בְּאוֹתוֹ הַדּוֹר צַדִּיק כָּמוֹהוּ וְהָיְתָה לוֹ לְאִשָּׁה שֶׁלֹּא מִדַּעַת אָבִיהָ שֶׁהָיָה

מִקְּטַנֵּי אֲמָנָה כַּנּוֹדָע:

מַאֲמַר אֵם כָּל חַי - חֵלֶק א סִימָן ו

וּלְפִי שֶׁחִיָּה תְּלוּיִם בְּחַיָּיו וְחָלִילָה לִכְלִי שֶׁנִּשְׁתַּמֵּשׁ בּוֹ קֹדֶשׁ לָצֵאת לְחֻלִּין בְּהִלָּקַח בֵּית פַּרְעֹה עַל כֵּן חָשׁ לָהּ אַבְרָהָם בְּמִצְרַיִם וְאָמַר וְהָרְגוּ אֹתִי וְאֹתָךְ יְחַיּוּ שֶׁהֵן שְׁתַּיִם רָעוֹת שֶׁכְּנֶגְדָּן כְּפִירַת הַמַּשְׁגִּיחַ בַּפְּרָטִים כְּטַעַם מָה שֶׁאָמַר פַּרְעֹה לֹא יָדַעְתִּי אֶת ה' עִם הַהוֹדָאָה בַּהַנְהָגָה הַכּוֹלֶלֶת עַל צַד הַסִּדּוּר הַטִּבְעִי כְּטַעַם אֶצְבַּע אֱלֹקִים הִיא. וְהִנֵּה מִלַּת אֶצְבַּע הִיא בְּגִימַטְרִיָּא אָלֶ"ף ה"י וָי"ו ה"י גְּשַׁפַּנְקָא רַבָּא דְּמַעֲשֵׂה בְּרֵאשִׁית שֶׁהוּא נוֹטָרִיקוֹן אֶת הַשָּׁמַיִם וְאֵת הָאָרֶץ אֶפְשָׁר שֶׁהָיוּ מוֹדִים בְּחִדּוּשׁ מֵחֹמֶר קָדוּם כְּדַעַת אַפְלָטוֹן אַךְ לֹא בַּהַשְׁגָּחָה הַפְּרָטִית עַל צַד הַגְּמוּל אוֹ עַל צַד הָרָצוֹן הַמֻּחְלָט כְּמוֹ שֶׁנַּאֲמִינֵהוּ אֲנַחְנוּ עַל פִּי הַתּוֹרָה וְהֵן הַנְהָגוֹת יְשָׁרוֹת וּמַתְאִימוֹת דְּעָלַיְהוּ כְּתִיב הֲיֵשׁ ה' בְּקִרְבֵּנוּ אִם אָיִן שֶׁאִלְמָלֵא דְּרַשְׁנוּהוּ דֶּרֶךְ נִסָּיוֹן הָיָה נֶחְשָׁב לָנוּ מִצְוָה רַבָּה וְהוּא טַעַם יֵשׁ מַזָּל לְיִשְׂרָאֵל וְאֵין מַזָּל לְיִשְׂרָאֵל דְּמַר אָמַר חֲדָא וּמַר אָמַר חֲדָא יֵשׁ מַזָּל לְבַעֲלֵי תְּשׁוּבָה אֵין מַזָּל לְצַדִּיקִים גְּמוּרִים יְעֻיַּן מַאֲמַר חֵקֶר דִּין בְּרֵישׁ הַחֵלֶק הָרְבִיעִי וְכָאן הֶחֱזִיק אַבְרָהָם בְּמִדַּת הָאַחְוָה שֶׁאֵין הַלָּלוּ מִתְקַנְּאִים בָּהּ אַדְּרַבָּה אָמַר לְמַעַן יִיטַב לִי בַעֲבוּרֵךְ וּפֵרְשׁוּ יִתְּנוּ לִי מַתָּנוֹת וְהוּא מַאֲמָר מַתְמִיהַּ עִם מָה שֶׁנִּתְפַּרְסֵם כִּי בֶּאֱמֶת וְיָשָׁר הָיָה מוֹאֵס בְּבֶצַע מַעֲשַׁקּוֹת כָּל יָמָיו יוֹתֵר מִכָּל זוּלָתוֹ חַיָּב מִזֶּה שֶׁאֵין מַתָּנוֹת הַלָּלוּ אֶלָּא שֵׁם טֻמְאָה שֶׁנָּטַל מִמִּצְרַיִם לְהַנְחִילוֹ אַחַר כָּךְ לִבְנֵי הַפִּלַגְשִׁים כַּדִּין כְּתוּבּוֹת בְּנִין דִּכְרִין דִּכְתִיב בָּהוּ נָתַן אַבְרָהָם מַתָּנוֹת וֶהֱיוֹתוֹ שַׁלִּיט עַל שֵׁם טֻמְאָה וּמֵנָה בּוֹ סֵדֶר הַבְדָּלוֹת לְהַרְחִיקוֹ מֵעַל יִצְחָק וּבָנָיו הוּא הַגּוֹרֵם לְנַפְשׁוֹ חַיִּים בְּאוֹר פְּנֵי מֶלֶךְ בְּאָמְרוֹ וְחָיְתָה נַפְשִׁי בִּגְלָלֵךְ וּכְתִיב וּלְאַבְרָם הֵיטִיב הַטּוֹב וְהַמֵּטִיב בָּרוּךְ הוּא בַּעֲבוּרָהּ כִּדְאָמְרֵי רַבָּנָן אוֹקִירוּ לִנְשַׁיְכוּ וְתִתְעַתְּרוּ. וַיְהִי לִי צֹאן וּבָקָר וְכוּ' פְּרָטָן שִׁבְעָה וּבְיִצְחָק נֶאֱמַר וַיְהִי לִי מִקְנֵה צֹאן וְכוּ' הֲרֵי כָּאן שִׁשָּׁה וְיַעֲקֹב אָמַר וַיְהִי לִי שׁוֹר וַחֲמוֹר וְכוּ' שֶׁהֵן חֲמִשָּׁה וּמִכָּאן אַתָּה לָמֵד מֵהֵיכָן הָיוּ לָהֶם הַקִּנְיָנִים הָאֵלֶּה לַאֲבוֹת הָעוֹלָם וְלֹא חָלוּ בִּנְתִינָתָם יְדֵי אָדָם אֶלָּא הַגְּדוּלָּה וְהַגְּבוּרָה וְהַתִּפְאֶרֶת שֶׁהֵן בְּמִדּוֹת הָאֱלֹקִיּוֹת חֲמִישִׁית שִׁשִּׁית וּשְׁבִיעִית לְמַפְרֵעַ כִּמְפֻרְסָם וְהֵן הַיָּד הַגְּדוֹלָה הַיָּד הַחֲזָקָה וְיָד רָמָה בְּיֹשֶׁר סִדּוּרָן מִלְמַעְלָה לְמַטָּה וּמִזֶּה נִזְהַר יַעֲקֹב כְּשֶׁאָמַר לְלָבָן לֹא תִתֶּן לִי מְאוּמָה כְּטַעַם וְדִרְשׁוּ אֶת שְׁלוֹם הָעִיר אֲשֶׁר הִגְלֵיתִי אֶתְכֶם שָׁמָּה כִּי בִשְׁלוֹמָהּ יִהְיֶה לָכֶם שָׁלוֹם יִרְצֶה שֶׁתִּהְיֶה יְנִיקַתְכֶם בִּשְׁלוֹמָהּ דַּוְקָא מִן הַקָּדוֹשׁ הַמִּתְלַבֶּשֶׁת בַּחוּץ לֹא זוּלַת כְּמוֹ שֶׁזְּכַרְנוּ שָׁם חֵלֶק ב' פֶּרֶק ט' וְהִיא צְרִיכָה סִיּוּעַ מִכִּשְׁרוֹן מַעֲשֵׂינוּ לְפִיכָךְ אָמַר אֶעֱשֶׂה גַם אָנֹכִי לְבֵיתִי:

מַאֲמָר אֵם כָּל חַי - חֵלֶק א סִימָן ז

וּכְבָר לִמְדוּנוּ חֲכָמִים בְּדִבְרֵי דָנִיאֵל כְּשֶׁהָיָה לִפְנֵי נְבוּכַד נֶצַּר וְאָמַר מַרְאֵי חֶלְמָא לְשָׂנְאָךְ וּפִשְׁרֵיהּ לְעָרָךְ שֶׁכְּלַפֵּי כָּבוֹד שֶׁכִּנָּה אָמַר כָּךְ. וְכֵן אֲנִי אוֹמֵר בִּנְחֶמְיָה כְּשֶׁאָמַר לוֹ אַרְתַּחְשַׁסְתָּא מַדּוּעַ פָּנֶיךָ הַתָּכֵן שֶׁבֵּין שְׁאֵלַת הַמֶּלֶךְ לִתְשׁוּבַת נְחֶמְיָה יִהְיֶה שָׁהוּת לְהִתְפַּלֵּל בְּפָנִים אֲפִלּוּ תְּפִלָּה קְצָרָה אֶלָּא מָה הָיְתָה תְּפִלָּתוֹ הַדְּבָרִים עַצְמָם שֶׁהָיָה אוֹמֵר לִפְנֵי הַמֶּלֶךְ וְלִבּוֹ לַשָּׁמַיִם וְכֵן בְּאֶסְתֵּר וּפָשׁוּט הוּא לְלַמֵּד בְּנֵי יְהוּדָה לָשִׁית עֵצוֹת בְּנַפְשֵׁנוּ שֶׁיִּהְיֶה ה' לְנֶגְדֵּנוּ תָּמִיד וּלְפָנָיו תִּטֹּף מִלָּתֵנוּ לְפִיּוּס וּלְבַקָּשָׁה וּלְכָל צְרָכֵינוּ אַף כָּאן לִכְבוֹד הָעֶלְיוֹן אָמַר יַעֲקֹב אֶעֱבָדְךָ שֶׁבַע שָׁנִים בְּרָחֵל בִּתְּךָ הַקְּטַנָּה דִּכְתִיב בָּהּ יֵשׁ שָׂכָר לִפְעֻלָּתֵךְ וְיֵשׁ תִּקְוָה לְאַחֲרִיתֵךְ לְפִיכָךְ הָיוּ בְּעֵינָיו כְּיָמִים אֲחָדִים וְאֵלָיו הִתְחַנֵּן לֹא תִתֶּן לִי מְאוּמָה שֶׁיִּבָרֵר חֶלְקוֹ מִן הַמֻּבְחָר כָּל מוּם לֹא יִהְיֶה בּוֹ לֹא לְאַהֲבַת הָעֹשֶׁר אֶלָּא לִכְבוֹד שָׁמַיִם כִּדְכְתִיב אָשׁוּבָה אֶרְעֶה צֹאנְךָ אֶשְׁמֹר כְּמוֹ שֶׁנְּבָאֵר בְּסָמוּךְ וִיהְיֶה אָמְרוּ מָתַי אֶעֱשֶׂה גַם אָנֹכִי לְבֵיתִי כְּטַעַם אִם אֵין אֲנִי לִי מִי לִי וְכָל הַמִּשְׁנָה וְיֵשׁ בְּרָאשֵׁי תֵּבוֹת אֵלֶּה אֶגְאַל בֵּיתִי שֶׁכֵּן נִכְסֵי חוּצָה לָאָרֶץ הָיוּ כֻּלָּהּ לְפִדְיוֹן בֵּית עוֹלָמִים שֶׁלּוֹ כְּדִבְרֵיהֶם ז"ל עַל פָּסוּק בְּקִבְרִי אֲשֶׁר כָּרִיתִי לִי:

מַאֲמָר אֵם כָּל חַי - חֵלֶק א סִימָן ח

אִי נָמֵי אֶגְאַל בֵּיתִי זֶה בֵּית יַעֲקֹב אֲשֶׁר פָּדָה אֶת אַבְרָהָם רְצוֹנִי י"ב שְׁבָטִים כִּדְכְתִיב כִּי בִרְאוֹתוֹ יְלָדָיו וְכוּ' שֶׁבִּזְכוּתָם נִצּוֹל מֵאוּר כַּשְׂדִּים וּלְפִי שֶׁנּוֹלְדוּ בְּחוּצָה לָאָרֶץ הַמְּצִיא פִּדְיוֹן נַפְשָׁם בִּיגִיעַ כַּפָּיו מִמֶּנּוּ שֶׁגַּר דּוֹרוֹן לְעֵשָׂו מִמֶּנּוּ קָנָה אֶת שְׁכֶם מִיַּד בְּנֵי חֲמוֹר וְהִסְכִּימָה בְּזֶה דַּעַת הָעֶלְיוֹנָה כְּדֵי שֶׁלֹּא יִהְיֶה לְעֶבֶד נִמְכָּר יוֹסֵף בִּרְשׁוּת אַחֶרֶת מֵעָרֵי הָעַמִּים אֶלָּא בִּתְחִלָּה יִשְׁלְטוּ בוֹ אֶחָיו בִּרְשׁוּת הַקְּדוֹשָׁה וְאַחַר כָּךְ יִהְיֶה הוּא מֹשֵׁל בְּכָל אֶרֶץ מִצְרַיִם לְמַחֲסֶה וּלְמִסְתּוֹר מִשִּׁעְבּוּדָן שֶׁל יִשְׂרָאֵל תַּחַת יַד מִצְרַיִם כַּמְּבֹאָר בַּזֹּהַר שֶׁהֲרֵי גְּזֵרַת נַעֲבָדוּם שֶׁנֶּאֶמְרָה בֵּין הַבְּתָרִים חִיְּבָה עַבְדוּת מַמָּשׁ וְנִתְקַיְּמָה בְּיוֹסֵף שֶׁהָיָה גוּפוֹ קָנוּי לְמִצְרַיִם וְאִלּוּ יָרַד שָׁם עִם שִׁעְבּוּד הַגּוּף וְלֹא שָׁלְטוּ בוֹ אֶחָיו תְּחִלָּה אֶלָּא הָיָה נִשְׁבָּה מִמִּדְיָנִים אוֹ יִשְׁמְעֵאלִים וְנִמְכַּר שָׁם הָיָה אֶפְשָׁר לְהִטָּמַע בֵּינֵיהֶם לְעוֹלָם וְנִגְרַע שֵׁבֶט מִיִּשְׂרָאֵל ח"ו מִי יְקִימֶנּוּ שֶׁהֲרֵי דִּין עֶבֶד עִבְרִי לָצֵאת בְּגִרְעוֹן כֶּסֶף כְּשֶׁנִּמְכַּר לְעֵקֶר אֵינוֹ אֶלָּא בְּמוֹכֵר יִשְׂרָאֵל וְאַף עַל פִּי שֶׁיּוֹסֵף הָיָה מֶלֶךְ אַחַר כָּךְ וְהַמִּצְרִים הָיוּ עֲבָדִים אֵלָיו בִּמְעַט קִנְיַן הַגּוּף שֶׁהֶחֱיָה אוֹתָם בְּלֶחֶם מִכָּל מָקוֹם יֹאמְרוּ מִקְרֶה הוּא לְעֶבֶד מָשׁוּל בְּשָׂרִים וְהֵם אָמְרוּ וְהָיִינוּ עֲבָדִים לְפַרְעֹה וְלֹא לָךְ וְאֵין צָרִיךְ לוֹמַר

אַחֲרֵי שֶׁנִּשְׁתַּעְבְּדוּ יִשְׂרָאֵל בְּמִצְרַיִם כִּי גַּם בְּמַלְכוּתוֹ שֶׁל יוֹסֵף לֹא יוֹעִיל וְלֹא יַצִּיל. אֲבָל עַכְשָׁו שֶׁמְּכָרוּהוּ אֶחָיו בַּאֲחֻזַּת נַחֲלָתָם בְּאֶרֶץ יִשְׂרָאֵל גְּאֻלָּה תִּהְיֶה לוֹ וְחָשַׁב עִם קוֹנֵהוּ וַהֲרֵי גָּרַע פִּדְיוֹנוֹ וְיָצָא עַל הַמִּחְיָה וְעַל הַכַּלְכָּלָה. וְאַף בְּכָל שְׁאָר תַּכְסִיסֵי מַלְכוּת נָהַג שְׂרָרָה כָּל יָמָיו בְּמִצְרַיִם. וּלְעוֹלָם הָיָה כָּפוּף וְנִכְנָע לְאֵימַת צִבּוּר בִּקְהַל ה' שֶׁכֵּן כְּתִיב בְּאֶחָיו וַיְצַוּוּ אֶל יוֹסֵף אֲפִלּוּ בְּשָׁעַת כְּנִיעָתָם אֵלָיו אִשְׁתְּכַחוּ יִשְׂרָאֵל דְּשָׁלְטוּ עַל כֻּלְּהוּ:

מַאֲמַר אֵם כָּל חַי - חֵלֶק א סִימָן ט

בְּמַעֲשֵׂה הַמַּקְלוֹת לְיַעֲקֹב אָבִינוּ יֵשׁ בּוֹ פּוֹעַל דִּמְיוֹנִי לְבֵרוּר הַנְּשָׁמוֹת הַקְּדוֹשׁוֹת מִכּוּר הַבַּרְזֶל כִּדְכְתִיב וַיִּתֵּן פְּנֵי הַצֹּאן כְּטַעַם צֹאן אָדָם שֶׁאָמַר יְחֶזְקֵאל אֶל עָקוּד זֶה יִצְחָק אִי נָמֵי שֶׁכִּוֵּן בָּהֶם לְטַעַם הַקָּרְבָּנוֹת כִּי הָא דְּתַנְיָא אֵין כּוֹפְתִין אֶת הַטָּלֶה אֶלָּא מְעַקְּדִין. הַדְרָן לְאַבְרָהָם שֶׁאָמַר לְמֶלֶךְ סְדוֹם אִם אֶקַּח מִכָּל אֲשֶׁר לָךְ וְלֹא קִבֵּל מַתָּנוֹת מֵאֲבִימֶלֶךְ אֶלָּא לְהוֹרָאַת הַפִּיּוּס וְעַל מְנָת לְהַחֲזִיר שֶׁכֵּן אֶלֶף כֶּסֶף דְּקָאָמַר לְשָׂרָה מִשְׁפָּטוֹ שָׁוֶה כֶּסֶף בְּלִי סָפֵק וְהֵן הֵן צֹאן וּבָקָר שֶׁנִּזְכַּר הַכָּתוּב בִּנְתִינָה עַצְמָהּ דְּאִי לֹא תֵּימָא הָכִי מַדּוּעַ לֹא זְכָרָם אֲבִימֶלֶךְ לְשָׂרָה לְהָפִיס אֶת דַּעְתָּהּ בְּיוֹתֵר וְגַם אַחֲרֵי כֵן הֶחֱזִרָם אַבְרָהָם לַאֲבִימֶלֶךְ בִּכְרִיתַת הַבְּרִית אַךְ לֹא הֵשִׁיב עֲבָדִים וּשְׁפָחוֹת שֶׁמָּלוּ וְטָבְלוּ וְהֵם בִּכְלַל הַנֶּפֶשׁ אֲשֶׁר עָשׂוּ וְאֵיךְ יַחֲזִירֵם לְסוּרָם אֶלָּא הֵמָּה הָיוּ עַבְדֵי יִצְחָק הַנִּזְכָּרִים בְּפָרָשַׁת הַבְּאֵרוֹת שֶׁחָפְרוּ בְּנַחַל גְּרָר כִּי אַנְשֵׁי הַמָּקוֹם הֵמָּה וּבְקִיאִים בְּמוֹצָאֵי מַיִם וְרוֹעֵי גְרָר בִּקְּשׁוּ לְעָשְׁקָם כְּרוֹעֵי מִדְיָן לִבְנוֹת יִתְרוֹ כֵּיוָן שֶׁפֵּרְשׁוּ מִדַּרְכֵיהֶם וּכְבָר זָכְרוּ רַבּוֹתֵינוּ כִּי בְּעָשְׁקָם הַבְּאֵר הָרִאשׁוֹן נֶחֱרַב בְּיָדָם וּכְשֶׁהֶחֱזִירוּהוּ נָבַע מֵאֵלָיו הַשֵּׁנִי נֶחֱרַב וְשׁוּב לֹא נָבַע. הַשְּׁלִישִׁי לֹא עֲשָׁקוּהוּ כְּלָל וְאוּלָם רוֹעֵי יִצְחָק בְּמִצְוָתוֹ הִצִּילוּ הָעֲבָדִים מִיַּד פְּלִשְׁתִּים הָא לָמַדְנוּ דְּרוֹעֵי יִצְחָק לְחוּד וְעַבְדֵי יִצְחָק לְחוּד וְהוּא דִּקְדּוּק נָכוֹן בַּכָּתוּב:

מַאֲמַר אֵם כָּל חַי - חֵלֶק א סִימָן י

אָמְנָם הָאִשָּׁה צְרִיכָה לְבָנִים בְּיוֹתֵר שֶׁהֵם חוּטְרֵי לֵדָה כְּדִבְרֵיהֶם ז"ל וְעַל יָדָם תְּהֵא חֲבִיבָה עַל בַּעְלָהּ כְּאָמְרָם אֵין אִשָּׁה אֶלָּא לְבָנִים וּכְתִיב יִבְעָלוּךְ בָּנָיִךְ כִּי טִפּוֹת הַזֶּרַע שֶׁהַבָּנִים נוֹצָרִים מֵהֶן הֵן רוֹבְעוֹת אוֹתָהּ תָּמִיד כָּל יְמֵי הָעִבּוּר וּמוֹצִיאוֹת שְׁלֵמוּתָהּ מִן הַכֹּחַ אֶל הַפֹּעַל וְעִם זֶה הַבָּנִים הֵמָּה מַשְׁלִימִים הַתַּכְלִית בָּהּ בְּלִי סָפֵק לְפִי שֶׁאֵין בָּהּ שְׁלֵמוּת עַצְמָהּ כְּמוֹ הָאָדָם כִּי עַל כֵּן אָמְרוּ שֶׁדַּעְתָּהּ קַלָּה וּמְבַקֶּשֶׁת הַשְׁלָמָתָהּ עַל דֶּם כְּרָחֵל שֶׁאָמְרָה הָבָה לִּי בָנִים אַף עַל גַּב דְּלָא מִפַּקְדָא וּבְהִצְטָרֵף

אֱלֶיהָ דַּעַת הָאָב וְדַעַת הַבָּנִים וְדַעַת נוֹתֵן הַצּוּרוֹת כְּמוֹ שֶׁאָנוּ עֲתִידִים לְבָאֵר שֶׁכֻּלָּם מְתֹאָרִים בִּפְקִידָה יִצְדַּק מְאֹד אָמְרָם ז"ל עַל פָּסוּק וַיִּבֶן אֶת הַצֵּלָע שֶׁנָּתַן בִּינָה בָּאִשָּׁה יוֹתֵר מִן הָאִישׁ וְיָדוּעַ שֶׁהַבִּינָה אוֹצַר הַדַּעַת הִיא כְּמוֹ שֶׁפֵּרֵשׁ הָרַמְבָּ"ם בְּאָבוֹת סוֹף פֶּרֶק ג' וְקֻשְׁיַת נַחֲלַת אָבוֹת בְּטֵלָה מֵעִקָּרָא כִּי בְּמִדַּת הָאֱנוֹשִׁיּוֹת הַתַּנָּא מְדַבֵּר לֹא בָּאֱלֹקִיּוֹת לְפִי פְּשׁוּטָן שֶׁל דְּבָרִים אַף כָּאן בְּהִצְטָרֵף אֵצֶל הַיָּרֵחַ דַּעַת עֶלְיוֹן נוֹתֵן הַצּוּרוֹת וְדַעַת הַבָּנִים יִשְׂרָאֵל בּוֹנֶיהָ וַדַּאי כִּדְדָרְשִׁינַן מִיתּוּרָא דִּקְרָא שֶׁהֵם בְּמִצְוָתוֹ רוֹאִים הֲלִיכוֹת הַשֶּׁמֶשׁ וּמוֹנִין לָהּ לַיָּרֵחַ בָּאֳמָנָה אִתּוֹ הֵנָּה בְּזֶה בְּלִי סָפֵק חִבָּה יְתֵרָה נוֹדַעַת לָהּ וְאָמְנָם הָיוּ הַכֹּכָבִים.מְהַדְּרִים מֶמְשֶׁלֶת הַלַּיְלָה עַד שֶׁיִּצְדַּק אָמַרְנוּ שֶׁהַמְּאוֹרוֹת שְׁנֵיהֶם גְּדוֹלִים מִתְּחִלַּת יְצִירָתָם הַשֶּׁמֶשׁ בְּרֹב בִּנְיָן וְהַיָּרֵחַ בְּרֹב מִנְיָן וְהִנֵּה בְּשִׁתּוּף הַנְהָגוֹתֵיהֶם בְּשָׁנֵי גָּמוּר יֻשַּׂג הַתַּכְלִית בַּבְּרִיאָה כְּמוֹ שֶׁיָּבֹא:

מַאֲמַר אֵם כָּל חַי - חֵלֶק א סִימָן יא

אָכֵן קִטְרְגָה הַיָּרֵחַ לִפְנֵי הַקָּדוֹשׁ בָּרוּךְ הוּא בְּמַאֲמָר שֶׁיֵּשׁ בּוֹ בַּקָּשַׁת הַשָּׁלוֹם וּרְדִיפַת הָאַהֲבָה לְפִיכָךְ קְרָאוּהוּ חֲכָמִים קִטְרוּג מִלָּה מֻרְכֶּבֶת שֶׁמַּשְׁמָעָהּ קְטֹטֶת הַחֶמְדָּה אוֹ קֶשֶׁר הַחֶמְדָּה כִּדְמִתַּרְגְּמִינַן נֶחְמָד לְמַרְאֶה מְרַגַּג לְמֶחֱזֵי וְאָמְרָה אִי אֶפְשָׁר לִשְׁנֵי מְלָכִים לְהִשְׁתַּמֵּשׁ בְּכֶתֶר אֶחָד. כָּךְ הִיא שְׁנוּיָה בְּפֶרֶק אֵלּוּ טְרֵפוֹת וּפֵרוּשָׁהּ כִּי לֹא דַּי לְהַשְׁלָמַת הַחֵפֶץ אֶל הַטּוֹב וְהַמֵּטִיב שֶׁיִּהְיוּ שְׁנֵיהֶם קַיָּמִים בָּאִישׁ וְכָל אֶחָד יַסְפִּיק שְׁלֵמוּתוֹ לְעַצְמוֹ וּבִלְתִּי מֵטִיב לְזוּלָתוֹ וּמִזֶּה הַצַּד תַּחְמֹד הַיָּרֵחַ הִתְחַבְּרָה לַשֶּׁמֶשׁ בְּדֶרֶךְ אִישׁוּת דְּהַיְנוּ שִׁתּוּף הַהַנְהָגָה בְּהַסְכָּמַת חֶלְקֶיהָ כְּדֵי שֶׁיּוֹעִילוּ שְׁנֵיהֶם לְזוּלָתָם וְהָיְתָה תְּשׁוּקָתָהּ לְחַבֵּר מְתָמִיד בְּהַשְׁוָאָה גְּמוּרָה בִּהְיוֹת הָאוֹרָה שֶׁל מַעְלָה מִתְפַּשֶּׁטֶת לִפְנֵיהֶם בְּלִי הֶפְסֵק כְּיַד הַמֶּלֶךְ וְאַף עַל פִּי שֶׁיִּהְיוּ הַשֶּׁמֶשׁ שַׁלִּיט לְבַדּוֹ עַל מֶמְשֶׁלֶת הַיּוֹם וּבוֹ יֵצֵא אָדָם לְפָעֳלוֹ וְלַעֲבֹדָתוֹ בְּמִצְוַת הַנּוֹהָגוֹת בּוֹ הֵנָּה בִּהְיוֹת הַיָּרֵחַ עַל מֶמְשֶׁלֶת הַלַּיְלָה לְכִשְׁרוֹן הַמַּעֲשֶׂה שֶׁזְּמַן הַלַּיְלָה גָּרְמָא אֵלָיו דְּלָא אִיבְרֵי אֶלָּא לְגִרְסָא וְכָל כַּיּוֹצֵא בּוֹ יֵחָשֵׁב לַיָּרֵחַ יְקָר וּגְדוֹלָה שֶׁבְּזֶה תִּהְיֶה עוֹלָה עִמּוֹ וְאֵינָהּ יוֹרֶדֶת מִמַּעֲלָתוֹ:

מַאֲמַר אֵם כָּל חַי - חֵלֶק א סִימָן יב

וְיִצְדַּק הַוִּכּוּחַ הַזֶּה בְּחָכְמָה וּמוּסָר לַיָּרֵחַ אִם שֶׁיִּהְיוּ הַגְּרָמִים הַשְּׁמֵימִיִּים חַיִּים מַשְׂכִּילִים אִם שֶׁמְּנִיעֵיהֶם הֵם הַמְּדַבְּרִים וּמִשְׁתַּדְּלִים בְּתַקָּנָתָם וְנִקְרָאִים עַל שְׁמָם וּכְשֶׁיּוּנַח הֱיוֹתָם בַּעֲלֵי שֵׂכֶל הוּא הַדָּבָר אֲשֶׁר אִמְּתוּהוּ חַכְמֵי יִשְׂרָאֵל בְּפֶרֶק מִי שֶׁהָיָה טָמֵא בְּאָמְרָם שֶׁהַגַּלְגַּל קָבוּעַ וְהַמַּזָּל חוֹזֵר וְזֶה כִּי הַמַּזָּל הוּא חֵלֶק שִׂכְלִי מְיֻחָד בַּגַּלְגַּל כְּמוֹחַ בָּאָדָם

שֶׁהוּא מַנְהִיג אֶת הַגּוּף בְּהַשְׂכֵּל וְחוֹשֵׁק וּמִתְדַּבֵּק וְנַעֲשָׂה כִּסֵּא כָּבוֹד לַנְּשָׁמָה כֵּן הַדָּבָר בְּמַזָּל שֶׁהוּא הַמַּשְׂכִּיל וּמַנְהִיג בְּחָכְמָתוֹ אֶת הַגַּלְגַּל וְחוֹשֵׁק וּמִתְדַּבֵּק וְנַעֲשָׂה בָּסִיס לְמַלְאָךְ אִם כֵּן הַגַּלְגַּל הוּא בַּעַל נֶפֶשׁ חִיּוּנִית קָבוּעַ בִּשְׁלֵמוּתוֹ הַקַּיָּם בְּאִישׁ וְשִׂכְלוֹ הוּא הַמַּזָּל הַחוֹזֵר לְהִתְבּוֹנֵן בִּרְצוֹן קוֹנוֹ וּמִתְעוֹרֵר אֶל הַתְּנוּעָה הַמְּסֻדֶּרֶת בְּגַלְגַּל שֶׁלּוֹ וְהַנֶּפֶשׁ הַמַּשְׂכֶּלֶת אֵלָיו הוּא הַמַּלְאָךְ כִּי בִּלְעָדָיו לֹא יִתְבּוֹנֵן בִּשְׁכִינָה לְהַשְׁלִים חֶפְצָהּ כְּשֵׁם שֶׁאֵין הַמּוֹחַ בְּאָדָם מַכִּיר אֶת בּוֹרְאוֹ בִּשְׁלֵמוּת מִבַּלְעֲדֵי הַנְּשָׁמָה וְהָאוֹמֵר מַזָּל קָבוּעַ וְגַלְגַּל חוֹזֵר דּוֹבֵר אֱמֶת שֶׁהָרַגְלַיִם הֵן הֵנָּה מוֹלִיכוֹת אֶת הָרֹאשׁ וְהוּא וְחָמְרוֹ שָׁוִים בָּזֶה הַמּוּחָשׁ וּכְבָר הִפְרִיז אֶת הַמִּדָּה מִי שֶׁאָמַר מִן הַמְּפָרְשִׁים שֶׁחָזְרוּ חַכְמֵי יִשְׂרָאֵל וְהוֹדוּ לָאוֹמְרִים כָּךְ שֶׁאֵין הַסּוּגְיָא כִּדְבָרָיו וְיַנִּיחַ שֶׁשָּׁתְקוּ לָהֶם וְגַם מָצְאוּ בִּשְׁנֵי הֲלָכוֹת הוֹלֵךְ לְשִׁטָּתָם אֲשֶׁר אֵין בָּהּ כָּזָב לְפִי הַפְּשָׁט הַנִּגְלֶה הִנֵּה הֵמָּה בְּחָכְמָתָם לֹא רָצוּ לְגַלּוֹת טַעְמָם וְנִמּוּקָם וְלָדַעַת הָאוֹמְרִים שֶׁאֵין לַגְּרָמִים הַלָּלוּ חַיּוּת מֵעַצְמָם וּתְנוּעָתָם אֵינָהּ אֶלָּא טִבְעִית בְּסִבּוּב כַּעֲלִיַּת הַיְסוֹדוֹת הַקַּלִּים וִירִידַת הַכְּבֵדִים אַף אָנוּ נֹאמַר שֶׁמְּנִיעֵיהֶם מַתְחִילִים בְּמַזָּל וּמַשְׁלִימִים בְּגַלְגַּל הַנִּגְרָר אַחֲרָיו לֹא יְדַמֶּה הֵהֵפֶךְ מִזֶּה בְּשׁוּם פָּנִים לָעוֹמְדִים בְּסוֹד הַבְּרִיאָה וְאָמוֹת סְדוּרָה:

מַאֲמַר אֵם כָּל חַי - חֵלֶק א סִימָן יג

גַּם אֵלֶּה לַחֲכָמִים מִשְּׁלֵי הַקִּטְרוּג וְהַמִּעוּט לַיָּרֵחַ מִדִּבְרֵיהֶם וְחִידָתָם עַל מַה שֶּׁקָּדְמוּ הַמְּאוֹרוֹת בִּבְרִיאָתָם לָאָדָם וְלֹא נוֹדַע אֲלֵיהֶם אוֹ אֶל מְנִיעֵיהֶם לְמִי וְלָמָּה עַד לְאַחַר זְמַן וְהָרֶמֶז בְּמִלַּת קִטְרוּג בְּגִימַטְרִיָּא שי"ח הַשָּׂדֶה וְהֵן הֵן רָאשֵׁי תֵּבוֹת שֶׁל נֶפֶשׁ רוּחַ נְשָׁמָה חַיָּה יְחִידָה וְסוֹפֵי תֵּבוֹת שֶׁלָּהֶן שיח"ה בְּסוֹד נַעַר נַעֲרָה וְאוֹתִיּוֹת אֶמְצָעִיּוֹת בְּגִימַטְרִיָּא חת"ן מֵהָכָא מוּכָח שֶׁקָּדְמָה שִׂיחָה לִפְנֵי אֵל וְאָדָם אֵין לְפִיכָךְ בִּקְּשׁוּ בַּעֲלֵי הַשֵּׂכֶל לַעֲמֹד בְּסוֹד ה' בָּזֶה וּבְכַיּוֹצֵא בּוֹ וְהִיא לְרַבּוֹתֵינוּ מְלִיצָה יְדוּעָה דְּגַמְלָא אָתָא לְמִבְעֵי קַרְנֵי וְאוּדְנֵי דַּהֲווֹ לֵהּ גַּזְזֻנְהוּ מִנֵּיהּ. כִּי אָמְנָם כָּל מַעֲלֵי הַגֵּרָה חַסְרֵי הַשִּׁנַּיִם לְפִיכָךְ הֵם בַּעֲלֵי קַרְנַיִם כִּי יִתְפַּשֵּׁט עַל רָאשֵׁיהֶם מִלְּמַעְלָה אוֹתוֹ הַחֹמֶר הַקָּשֶׁה שֶׁמִּמֶּנּוּ הַשִּׁנַּיִם לְיֶתֶר הַבַּעַל הַחַיִּים. וְהַגָּמָל מַעֲלֵה גֵּרָה וּבָעָא קַרְנֵי בְּטַעֲנָה זוֹ וְלֹא הוֹדוּ לוֹ שֶׁכְּבָר הֶעֱלוּ בַּגְּמָרָא דְּאִית לֵהּ נִיבֵי. וּבָהֶם נִתְפַּשֵּׁט גַּם כֵּן חֵלֶק מִן הַסְּחוּס שֶׁמִּמֶּנּוּ גֹּדֶל הָאָזְנַיִם לְנִגְרַע מֵאוֹתָן הַנִּיבִים לְפִיכָךְ אוּדְנֵי דַּהֲווֹ לֵהּ בְּרָאוּי לְפִי שִׁטָּתוֹ לֹא בְּמַחְזָק גַּזְזֻנְהוּ מִנֵּיהּ וְהַקְּטִינוּם וְעַל זֶה הַדֶּרֶךְ מֵהִתְבּוֹנְנוּת עַל סִתְרֵי הַטֶּבַע הַיָּשָׁר הָיָה כָּל הָאָמוּר בַּיָּרֵחַ כְּמוֹ שֶׁזְּכַרְנוּ אֶלָּא שֶׁהָיְתָה מִצְוָה שֶׁלֹּא לִשְׁמָהּ וְאֹרֶךְ הַוִּכּוּחַ רְאָיָה לָזֶה וְלֹא עוֹד אֶלָּא שֶׁאֲפִלּוּ אַחֲרֵי רֹב הַפִּיּוּס לֹא נִתְפַּיֵּס וְלֹא נִתְקָרְרָה דַּעְתָּהּ לְפִיכָךְ הֻצְרְכָה הַכַּפָּרָה וְהִנֵּה בָּאָה הַתְּשׁוּבָה הָרִאשׁוֹנָה אֵלֶיהָ שֶׁתַּקְטִין עַצְמָהּ כִּי אִשָּׁה

מַזְרַעַת תְּחִלָּה יוֹלֶדֶת זָכָר וְהוּא הַטַּעַם הָאָמוּר בִּבְרֵאשִׁית רַבָּה שֶׁנִּקְרָא מָאוֹר קָטָן עַל יְדֵי שֶׁנִּכְנַס בִּתְחוּמוֹ שֶׁל חֲבֵרוֹ אַף עַל פִּי שֶׁנִּכְנַס בִּרְשׁוּת וְלֹא עוֹד אֶלָּא שֶׁאָמְרוּ אֲנִי גָּרַמְתִּי לוֹ לִכָּנֵס בִּתְחוּמוֹ שֶׁל חֲבֵרוֹ כִּי בִּהְיוֹת הַיָּרֵחַ מַרְגֶּשֶׁת בְּחֶסְרוֹנָהּ רָאוּי וּמְחֻיָּב אֵלֶיהָ שֶׁתּוֹדֶה הֱיוֹתָהּ צְרִיכָה אֶל הַשֶּׁמֶשׁ יוֹתֵר מִצָּרְכּוֹ אֵלֶיהָ שֶׁעִם הוֹדָאָתָהּ זֹאת הִיא תְּמַעֵט עַצְמָהּ כְּאָמְרוֹ לְכִי וּמַעֲטִי אֶת עַצְמֵךְ וְגַם זֶה לָהּ נֶחָמָה קְצָת מִמָּה שֶׁנִּתְבָּאֵר בְּתַעֲנִיּוֹת וּבְסַנְהֶדְרִין כִּי הַמִּתְבַּיֵּשׁ מֵעַצְמוֹ אֵין לוֹ בֹּשֶׁת פָּנִים כְּמוֹ הַמִּתְבַּיֵּשׁ מֵאֲחֵרִים. וְעִם זֶה תִּמְשֹׁל בַּיּוֹם וּבַלַּיְלָה כִּי אַף בְּמֶמְשֶׁלֶת הַשֶּׁמֶשׁ הִיא תִּהְיֶה לוֹ עֵזֶר כְּנֶגְדּוֹ שֶׁכֵּן הַנָּשִׁים צִדְקָנִיּוֹת מְגַדְּלוֹת אֶת בְּנֵינוּ וּמַצִּילוֹת אוֹתָנוּ מֵחֵטְא הַחִסָּרוֹן לִמְנֹעַ עַצְמוֹ מִפְּרִיָּה וּרְבִיָּה וּמֵחֵטְא הַיִּתְרוֹן בַּעֲרָיוֹת שֶׁבַּתּוֹרָה וְאַף עַל פִּי שֶׁהוּא אֶצְלוֹ שְׁרַגָּא בְּטִהֲרָא וְעִקַּר הַמֶּמְשָׁלָה לַשֶּׁמֶשׁ שֶׁכֵּן הָאִישׁ מְצֻוֶּה עַל פְּרִיָּה וּרְבִיָּה וְהוּא וְאִמּוֹ חַיָּבִים בִּכְבוֹד אָבִיו וְכָל שֶׁיֵּשׁ קִדּוּשִׁין וְאֵין עֲבֵרָה הַוָּלָד הוֹלֵךְ אַחַר הַזָּכָר הָדָא הוּא דִכְתִיב לְמִשְׁפְּחוֹתָם לְבֵית אֲבוֹתָם. מִכָּל מָקוֹם אִיהִי מְקָרְבָא הֲנָיָתָהּ לְבַעַל עַצְמוֹ וְהַקַּל מֵעָלָיו טוֹרַח גִּדּוּל הַבָּנִים כִּי רַב הוּא וְעוֹד שֶׁאִם מֵבִיא חִטִּים חִטִּים כּוֹסֵס אִי לָאו שֶׁהִיא טוֹחֶנֶת וְאוֹפָה מֵבִיא פִּשְׁתָּן פִּשְׁתָּן לוֹבֵשׁ אִי לָאו שֶׁהִיא טוֹוָה וְאוֹרֶגֶת וְהַמְּאוֹרוֹת גַּם כֵּן אַף עַל גַּב דִּמְמֶּגֶד תְּבוּאוֹת שֶׁמֶשׁ הָא בְּעֵינָן נַמִּי מִמֶּגֶד גֶּרֶשׁ יְרָחִים. וְלֹא עוֹד אֶלָּא שֶׁהִיא בַּעֲלַת פִּקָּדוֹן וְכָל יֵשׁ לוֹ נָתַן בְּיָדָהּ וְגַם זֶה לָהּ מִעוּט מִצַּד וּגְדוּלָּה מִצַּד כִּי הִיא מְחַלֶּקֶת בִּרְשׁוּתוֹ מִנְּכָסָיו לְמַאן דִּצְרִיךְ קְטַנִּים עִם גְּדוֹלִים כִּי יֵשׁ מֵהֶם עוֹסְקֵי מִצְוַת כְּגוֹן לְהַרְבּוֹת אֶת הַדְּמוּת שֶׁמִּצְוָתוֹ בַּלַּיְלָה וְכֵן אֵין רִנָּה שֶׁל תּוֹרָה אֶלָּא בַּלַּיְלָה וּלְעֻמָּתָן כְּתִיב בּוֹ תִּרְמֹשׂ כָּל חַיְתוֹ יָעַר וְהִיא לְכֻלָּם וּלְסַרְנֵיהֶם תִּתֵּן טֶרֶף לְבֵיתָהּ וְחֹק לְנַעֲרֹתֶיהָ:

מַאֲמַר אֵם כָּל חַי - חֵלֶק א סִימָן יָד

וּמִמַּאֲמַר שִׁיר הַשִּׁירִים מֵהַזֹּהַר שֶׁזָּכַרְנוּ לְמַעְלָה מוּכָח שֶׁהַיָּרֵחַ עַצְמָהּ פִּיהָ פָּתְחָה בְּחָכְמָה לִשְׁאֹל הַהַקְטָנָה הַזֹּאת וְיוֹנָתָן בֶּן עֻזִּיאֵל אָמַר שֶׁהָיוּ הַמְּאוֹרוֹת שְׁנֵיהֶם גְּדוֹלִים כ"א שָׁעוֹת פָּחוֹת תרע"ב חֲלָקִים מתתר"ף לְשָׁעָה וְסִימָנָם עִתִּי"ם בְּמִסְפַּר אוֹתִיּוֹת גְּדוֹלוֹת שֶׁל מנצפ"ך וּבְגִימַטְרִיָּא תרח"ם תב"ל שֶׁהוּא ט"ו פְּעָמִים ע"ב עַל שֵׁם בְּיָהּ ה' צוּר עוֹלָמִים וְהַשֵּׁם בְּמִלּוּי יודי"ן עוֹלֶה ע"ב עוֹד אֲחוֹרֵיהֶם שֶׁל ד' מִלּוּאֵי הַשֵּׁם הַבִּלְתִּי נֶהֱגֶה דְּהַיְנוּ פָּשׁוּט כָּפוּל מְשֻׁלָּשׁ מְרֻבָּע לְכָל אֶחָד מֵהֶם עוֹלִים תרכ"ד וְג' מִלּוּאִים יֵשׁ לְשֵׁם אֶהְיֶה עוֹלִים תנ"ה מִסְפַּר כֻּלָּם תתר"ף עִם הַכּוֹלֵל. עוֹד כ"ד פְּעָמִים הַשֵּׁם בְּמִלּוּי אלפי"ן עוֹלֶה תתר"ף שֶׁכְּנֶגֶד כ"ד צֵרוּפֵי שֵׁם אדנ"י כַּנּוֹדָע כִּי ד' אֲבָנִים בּוֹנוֹת כ"ד בָּתִּים. וְיֵשׁ לְחָכָם זצ"ל בְּסֵפֶר פַּרְדֵּס רִמּוֹנִים דֶּרֶךְ אַחֶרֶת בתתר"ף וּלְפִי מָה

שֶׁבֵּאַרְנוּ בְּזֶה הָיָה שְׁוִי הַמְּאוֹרוֹת כ' שָׁעוֹת שְׁלֵמוֹת לְכ' אוֹתִיּוֹת שֶׁיֵּשׁ בִּשְׁנֵי מִלּוּאִים רִאשׁוֹנִים לְשֵׁם בֶּן ד' שֶׁאֵין מְצִדָּם מִעוּט לַיָּרֵחַ כְּלָל וְהַמִּלּוּי הַג' כִּי הוּא זֶה דאלפי"ן כֵּיוָן דְּמָנְיָה וּבָהּ הִתְחִיל הַמִּעוּט לַיָּרֵחַ לֹא יֵחָשֵׁב אֶלָּא שָׁעָה אַחַת וי"ז חֲלָקִים ממ"ה שֶׁבּוֹ הָיוּ עֲדַיִן הַמְּאוֹרוֹת גְּדוֹלִים עַל שֵׁם ב' אוֹתִיּוֹת רִאשׁוֹנוֹת מִמֶּנּוּ י"ו וּנְקֻדָּה אֶמְצָעִית לְאוֹת ד' דְּאָמַר מַר יו"ד הַנּוּת וְהִיא אֶחָד מֵעֲשָׂרָה בְּיו"ד רִאשׁוֹנָה אֶחָד מִשִּׁשָּׁה לְוָא"ו וְדַי בְּזֶה וְכֵיוָן שֶׁהִתְחִילָה יו"ד קְטַנָּה הַלָּזוֹ לְהִתְפַּשֵּׁט לִצְדָדִין לְהִצְטַיֵּר בְּדָלֶ"ת הִתְחִיל הַדִּלּוּת וְהַמִּעוּט עַל שֵׁם הִשְׁלִיךְ מִשָּׁמַיִם אַרְצוֹ שֶׁל תִּפְאֶרֶת יִשְׂרָאֵל וְהַחֵלֶק הַמֻּשְׁלָךְ הוּא מַלְוֵי א"ד בְּגִימַטְרִיָּא תרע"א וְהַכּוֹלֵל הוֹי צַר כֹּחַ כֹּה שֶׁהוּא הַשַּׁעַר שֶׁזָּכַרְנוּ שֶׁהָיָה הַמִּעוּט בכ"ח חֲלָקִים אַחֲרוֹנִים שֶׁבְּמִלּוּי זֶה שֶׁהֵם תרע"ב חֲלָקִים בְּשָׁעָה כִּי בעבר"ת ה' צְבָאוֹת נֶעְתַּם אָרֶץ. אִי נָמֵי כ"א שָׁעוֹת שֶׁאָמַר בֶּן עֻזִּיאֵל רֶמֶז לְשֵׁם אֶהְיֶה הַשַּׁעַר הָעֶלְיוֹן כַּנּוֹדָע פָּחוֹת הַחֲלָקִים אֲשֶׁר אָמַרְנוּ שֶׁהֵם תרע"א וְהַכּוֹלֵל הוּא הַשַּׁעַר הַתַּחְתּוֹן וְכֵן כ"ו פְּעָמִים כ"ו הֵם תרע"א עִם אַרְבַּע אוֹתִיּוֹת וְהַכּוֹלֵל וְהָיָה הַכֹּל צָפוּי בִּתְחִלַּת הַמַּחֲשָׁבָה שֶׁכֵּן כְּתִיב מְאֵרַת חָסֵר כִּי הָיָה הַמִּעוּט גּוֹרֵם מְאֵרַת ה' בְּבֵית רָשָׁע וְהִנֵּה יְהִי מְאֵרַת עִם אַרְבַּע אוֹתִיּוֹת וְהַמִּלָּה הֵם בְּגִימַטְרִיָּא תרע"א וְגַם בְּזֶה דַּי אֶל הַמְּכֻוָּן. וְאוּלָם רֹב מָה שֶׁבָּא בְּמַסֶּכֶת חֻלִּין בְּדֶרֶךְ שַׁקְלָא וְטַרְיָא בֵּין הַיָּרֵחַ וְשׁוֹפֵט צֶדֶק בְּזֹהַר שִׁיר הַשִּׁירִים יוּבָא עַל צַד הַהֲנָחָה הַמֻּסְכֶּמֶת מִשְּׁנֵי הַמְדַבְּרִים כִּי כָּל אִשָּׁה יוֹדַעַת אִישׁ קוֹנֶה אָדוֹן לְעַצְמָהּ בִּבְחִירָה וְרָצוֹן כְּטַעַם הָאִשָּׁה נִקְנֵית וְהֶחֱלִיפוּ הַמְּלִיצָה הָרִאשׁוֹנָה בְּאָמְרָם אִי אֶפְשָׁר לְמַלְכָּא חַד לְאִשְׁתַּמְּשָׁא בִּתְרִין כִּתְרִין כַּחֲדָא אֶלָּא דָּא בִּלְחֹדוֹי וְדָא בִּלְחוֹדוֹי כִּי כָּאן הַמֶּלֶךְ הוּא הַקָּדוֹשׁ בָּרוּךְ הוּא וְתִרִין כִּתְרִין הֵם הַשֶּׁמֶשׁ וְהַיָּרֵחַ וְלֹא תְּאֻנַּת לָהֶם הַהַשְׁוָאָה הַנִּכְסֶפֶת לְהַשָּׂגַת תַּכְלִיתָם עַד שֶׁיִּהְיוּ נִכָּרִים תְּחִלָּה כָּל אֶחָד מֵהֶם בִּשְׁלֵמוּתוֹ לְבַדּוֹ וּמָתְנִיתִין הִיא נוֹתְנִין לִבְתוּלָה זְמַן וְכוּ' וְכָךְ נוֹתְנִין לָאִישׁ לְפַרְנֵס אֶת עַצְמוֹ:

מַאֲמַר אֵם כָּל חַי - חֵלֶק א סִימָן טו

עַל זֹאת עִקַּר קְבִיעוּת הַמּוֹעֲדִים תָּלוּי בַּלְּבָנָה עִם הֱיוֹתָהּ צוֹפִיָּה הֲלִיכוֹת הַשֶּׁמֶשׁ כִּי כָּל יֶשְׁעָהּ וְכָל חֶפֶץ לְהִדָּבֵק בּוֹ וְהִיא אָמְנָם סוֹבֶבֶת כָּל כִּפַּת הָרָקִיעַ בִּזְמַן כ"ז יָמִים וּרְבִיעַ בְּקָרוֹב וּמַגַּעַת אֶל הַמָּקוֹם שֶׁהָיְתָה שָׁם בָּרִאשׁוֹנָה תַּחַת הַשֶּׁמֶשׁ בְּרֶגַע הַדִּבּוּק שֶׁעָבַר וּבִזְמַן שְׁנֵי יָמִים אֲחֵרִים וּרְבִיעַ בְּקָרוֹב תָּשׁוּב לְהַשִּׂיגוֹ וּלְהִדָּבֵק בּוֹ וְשָׁם יֵחָשֵׁב לָהּ מוֹלָד אַחֵר כַּנּוֹדָע נִמְצֵאת הַיָּרֵחַ הוֹלֶכֶת בִּשְׁנֵי יָמִים וּרְבִיעַ וְיוֹתֵר מִמֶּנּוּ כְּמוֹ חֲצִי שָׁעָה כָּל מָה שֶׁהָלַךְ הַשֶּׁמֶשׁ בכ"ט יָמִים וָחֵצִי וּשְׁתֵּי יָדוֹת שָׁעָה בְּקָרוֹב. וְיָדוּעַ שֶׁלֹּא יִפְחֲתוּ לָהּ מי"ב דִּבּוּקִים לְשָׁנָה וְאָז פָּנֶיהָ הָעֶלְיוֹנִים מְאִירִים כִּי מֵעוֹלָם לֹא רָאֲתָה חַמָּה פְּגִימָתָהּ שֶׁל לְבָנָה וְהֵן הֵן דַּרְכֵי שָׁלוֹם שֶׁבֵּינוֹ

לְבִינָה גַּם אַחֲרֵי הַקִּטְרוּג כְּמוֹ שֶׁבֵּאַרְנוּהוּ וְזֹאת עֹלַת חֹדֶשׁ בְּחָדְשׁוֹ הִיא הָעוֹלָה אֶצְלוֹ בְּלִי סָפֵק אֶלָּא שֶׁעֲדַיִן אָנוּ צְרִיכִים לְהָבִיא שָׂעִיר לְחַטָּאת כֵּיוָן שֶׁהִיא מִכָּאן וְאֵילָךְ מִתְרַחֶקֶת מְדוּדָה לְהָאִיר לָנוּ וְכֵן הַתַּמּוֹ בְּסֵפֶר הַבָּהִיר דְּאִיכָּא יְרִידָה בְּחַטָּאת מִדִּכְתִיב בְּיוֹם שֶׁנָּטַל עֶשֶׂר עֲטָרוֹת וְיָרַד מֵעֲשׂוֹת הַחַטָּאת וּלְפִיכָךְ אֵין מְקַדְּשִׁין אֶת הֶחָדָשׁ אֶלָּא אַחַר הַדִּבּוּק עִם הַשֶּׁמֶשׁ שֶׁהִיא מִתְחַדֶּשֶׁת וְעוֹלָה עִמּוֹ בְּהִלּוֹ נֵרוֹ עֲלֵי רֹאשָׁהּ וְעַל שְׁמוֹ נִקְרָאִים חָדְשֵׁי הַשָּׁנָה וְאֵין פּוֹחֲתִין מִי"ב לְמִסְפַּר שִׁבְטֵי יִשְׂרָאֵל דִּכְתִיב בָּהוּ וּלְיִשְׁרֵי לֵב שמח"ה בְּגִימַטְרִיָּא שנ"ג יָמִים לִפְחוּתָה שֶׁבַּשָּׁנִים וְאֵין מוֹסִיפִין עַל שְׁלֹשָׁה עָשָׂר בְּהֶחְלֵק שֵׁבֶט יוֹסֵף לִשְׁנַיִם וְהָיוּ כֻּלָּם כְּמִסְפַּר מִדּוֹת הָרַחֲמִים שֶׁבִּמְקוֹרָן הֵן י"ב וְעִם הַכּוֹלֵל י"ג וְאֵין לָנוּ בְּשָׁנִים יְתֵרָה עַל שפ"ה יָמִים שֶׁהֵם בְּגִימַטְרִיָּא שְׁכִינָה וּכְשֵׁם שֶׁהַיָּרֵחַ לִרְצוֹנָהּ כָּרֶגַע מְמַעֶטֶת אֶת עַצְמָהּ וּפוֹנָה לְצָרְכֵי הָעוֹלָם אַף הַצַּדִּיקִים כֵּן. וְנִקְרָאִים עַל שְׁמָהּ כִּי אַף עַל פִּי שֶׁנִּתַּן לָהֶם קְבִיעוּת הַמּוֹעֲדִים בִּרְשׁוּתָם לְגַמְרֵי אֲפִלּוּ מֻטְעִים שׁוֹגְגִים אוֹ מְזִידִים כִּדְרָשַׁת אַתֶּם ג' פְּעָמִים מִכָּל מָקוֹם הִנֵּה הִנָּם מַקְטִינִים עַצְמָם לִפְנֵי אֲדוֹן כָּל הָאָרֶץ הַמְּגַלֶּה סוֹדוֹ לַעֲבָדָיו וּבְרִיתוֹ לְהוֹדִיעָם כִּי יֹשֶׁר הַהַנְהָגָה כֵּן חִיֵּב שֶׁיִּהְיֶה הַזְּמַן מָסוּר בְּיָדָם לִהְיוֹתוֹ נִבְרָא כָּמוֹנוּ:

מַאֲמַר אֵם כָּל חַי - חֵלֶק א סִימָן טז

וְלוּ חָכְמוּ יַשְׂכִּילוּ זֹאת הַמִּתְפָּאֲרִים בְּמֶחְקָר הֲלֹא יָדְעוּ אִם לֹא יָבִינוּ כִּי לַכֹּל זְמָן וְעֵת לְכָל חֵפֶץ תַּחַת הַשָּׁמַיִם בִּלְבַד אַךְ לֹא מֵעַל הַשָּׁמַיִם כְּלָל. וַאֲפִלּוּ הֶמְשֵׁךְ בִּלְתִּי מְשֹׁעָר אֲשֶׁר יִקְרָאוּהוּ לְמָה שֶׁהָיָה קֹדֶם הַתְחָלַת הַהַשְׁעָרָה לְמִדַּת יוֹם וּמִדַּת לַיְלָה הוּא מַאֲמָר מְגֻמְגָּם אָסוּר לְהִתְבּוֹנֵן בּוֹ כִּי לֹא יִצְדַּק בְּקַדְמוּת יִתְבָּרֵךְ הַבִּלְתִּי בַּעַל תַּכְלִית שֶׁנִּתְאָרֵהוּ בְּמֶשֶׁךְ אַף עַל פִּי שֶׁנֶּאֱמַר בִּלְתִּי מְשֹׁעָר כִּי אָמְנָם הֶמְשֵׁךְ בְּטֶבַע וּסְגֻלָּה יְחֻיַּב בּוֹ עָבָר הֹוֶה וְעָתִיד וְכָל זֶה אֵינֶנּוּ שָׁוֶה אֵצֶל הַקַּדְמוּת וְהַנִּצְחִיּוּת הַמֻּחְלָט בִּמְצִיאוּתוֹ לְבַדּוֹ הַמְּרוֹמָם עַל כָּל בְּרָכָה וּתְהִלָּה כִּי אֵין שָׁם עָבָר אוֹ עָתִיד כְּלָל לֹא קֹדֶם שֶׁנִּבְרָא הַזְּמַן וְלֹא עַתָּה שֶׁאָנוּ מְתֹאָרִים בַּזְּמַן וְלֹא אַחֲרֵי תֹּם חֻקּוֹת שָׁמַיִם לָכֵן יִתְיַחֵס הַזְּמַן לָעֲלוּלִים בּוֹ כְּמוֹ יְמוֹת עוֹלָם כִּימֵי הַשָּׁמַיִם וְדוֹמֵיהֶם לֹא זוּלַת כִּי עַל כֵּן אָמַר אִיּוֹב הֲכִימֵי אֱנוֹשׁ יָמֶיךָ יִרְצֶה שֶׁאֵין לָהֶם יַחַס וְדִמְיוֹן עִם שְׁפַל אֲנָשִׁים כְּשִׁטַּת הַזֹּהַר שֶׁכֵּן מַכָּתוֹ אֲנוּשָׁה וְיָמָיו יִכְלוּ בְּאֶפֶס תִּקְוָה אִם שְׁנוֹתֶיךָ כִּימֵי גָבֶר גַּם הַצַּדִּיק הַמִּתְגַּבֵּר עַל יִצְרוֹ שֶׁיָּמָיו נִצְחִי וְקַיָּמִים כַּנּוֹדָע אֵין לָהֶם עֵרֶךְ אֲפִלּוּ עִם שְׁנוֹתֶיךָ הוּא הַזְּמַן הַמִּשְׁתַּנֶּה בְּהַנְהָגוֹתֶיךָ מִדִּין לְרַחֲמִים וְהוּא טַעַם הַכֶּפֶל וְהַחִלּוּף בַּכָּתוּב. וְאוּלָם יוֹמוֹ שֶׁל הַקָּדוֹשׁ בָּרוּךְ הוּא שֶׁהוּא אֶלֶף שָׁנִים יִצְדַּק מְאֹד שֶׁנִּקְרָאוּהוּ סֵדֶר זְמַנִּים וְהוּא אֶחָד מִטַּעֲמֵי הַסְּפִירָה בֵּין קְצִירַת הָעֹמֶר לְמַתַּן תּוֹרָה וְהוּא הֶהָפֵךְ לְמֶשֶׁךְ בִּלְתִּי מְשֹׁעָר

כְּנֶגְדִּיּוֹת גְּמוּרָה כִּמְפֻרְסָם לְכָל מֵבִין וּמִזֶּה יוּבַן הַפָּסוּק שֶׁאָמַר וְאַתָּה הוּא וּשְׁנוֹתֶיךָ לֹא יִתָּמּוּ אָמַר שֶׁבָּא הַכִּנּוּיִים הָאֵלֶּה הַכּוֹלְלִים תָּאֳרֵי הַהַשְׁגָּחָה הַמִּתְחַלֶּפֶת מִגְלֵית לְנֶעֶלָמָה וּמִתְיַחֵד בִּשְׁתֵּיהֶן כְּטַעַם בָּרוּךְ אַתָּה ה' אֲשֶׁר קִדְּשָׁנוּ וְסֵדֶר זְמַנִּים שֶׁלָּהּ בַּהֲדַיְהוּ אֵין לָהֶם כִּלָּיוֹן וְדוֹק שְׁנוֹתֶיךָ שֶׁהוּא לְשׁוֹן נְקֵבָה וְלֹא יִתָּמּוּ לְשׁוֹן זָכָר דְּהָא אֵין סֵיפֵיהּ דִּקְרָא מִדְּרִישׁ אַדְּסָלֵיק מִינֵיהּ בִּלְבַד אֶלָּא אָרֵישָׁא נָמֵי אַלְמָא הַקִּיּוּם לְסֵדֶר זְמַנִּים תָּלוּי בְּהִצְטָרְפוּ אֶל הַתְּאָרִים שֶׁזָּכַרְנוּ אֲשֶׁר יַחְדָּו יִכְנוּ לְנֵצַח נְצָחִים:

מַאֲמַר אֵם כָּל חַי - חֵלֶק א סִימָן יז

זֶה הוּא הַמְּכֻוָּן אֵלֵינוּ בְּמִלַּת אֱמֶת שֶׁאָנוּ מוֹסִיפִין בְּסוֹף קְרִיאַת שְׁמַע עַל שֵׁם ה' אֱלֹהִים אֱמֶת וְהִיא לְבַדָּהּ מַסְפֶּקֶת לְיָחִיד הַיּוֹדֵעַ לְכַוֵּן בָּהּ בִּמְקוֹם שָׁלֹשׁ תֵּבוֹת שֶׁמּוֹסִיף שְׁלִיחַ צִבּוּר כִּי יָדוּעַ בְּאוֹתִיּוֹת אֱמֶת שֶׁהֵן רֹאשׁ תּוֹךְ סוֹף לְאַלְפָא בֵּיתָא וְכֵן חוֹתָמוֹ שֶׁל הַקָּדוֹשׁ בָּרוּךְ הוּא דִּכְתִיב בֵּיהּ אֲנִי רִאשׁוֹן לְעֵלָּא עַד אֵין סוֹף וַאֲנִי אַחֲרוֹן לְתַתָּא עַד אֵין תַּכְלִית וּמִבַּלְעָדַי אֵין אֱלֹהִים בְּאֶמְצַע הַקְּצָווֹת הַבִּלְתִּי מֻגְבָּלוֹת כְּלָל וְעִקָּר וְעַל הַיְסוֹד הַזֶּה שֶׁהוּא בְּעַצְמוֹ יַצִּיב וְנָכוֹן כָּתוּב בְּסֵפֶר טַעֲמֵי הַמִּצְוֹת לְקָנֶה שֶׁחִבְּרוֹ ה"ר אֲבִיגְדוֹר בַּעַל הַפְּלִיאָה שֶׁתֵּבוֹת הַחֲזָרָה רָאוּי שֶׁתִּהְיֶינָה אֲנִי ה' אֱלֹהֵיכֶם וְיֵשׁ לוֹ יְסוֹד גַּם כֵּן בַּמִּדְרָשׁ הַנֶּעֱלָם דִּמְגִלַּת רוּת וּלְקַמָּן נֵימָא בֵּיהּ מִלְּתָא גַּבֵּי סָרְכִין תְּלָתָא אֲשֶׁר יֹאמַר אֲלֵיהֶם שָׂרֵי הַפָּנִים בְּקִשִּׁירַת כְּתָרִים לְרַבָּם מֵאִשֵּׁי יִשְׂרָאֵל וּתְפִלָּתָם וְעוֹד דִּכְתִיב וַה' אֱלֹהִים אֱמֶת שֶׁפֵּרוּשׁוֹ הוּא וּבֵית דִּינוֹ כִּדְלְעֵיל וְהַיְינוּ אֲנִי ה' וְעִם זֶה לֹא יִטְעֶה ש"ץ לֵאמֹר אֱמֶת בְּסוֹף קְרִיאַת שְׁמַע בְּלַחַשׁ דְּלָא אֶיְרָא בְּשׁוּם אֹפֶן וּמִסְפַּר הַתֵּבוֹת יָעִיד עַל זֶה אַף עַל פִּי שֶׁהַרְבֵּה מִן הָאַחֲרוֹנִים לֹא דִּקְדְּקוּ בְּכָךְ וְנִרְאִין דְּבָרֵינוּ מִדִּבְרֵיהֶם וּמִכָּל מָקוֹם לֹא נָהֲגוּ לַחְזֹר מִלַּת אֲנִי אֶלָּא כָּךְ הוּא הַתִּקּוּן הַקָּבוּעַ וּמָסוּר לָרַבִּים שֶׁשְּׁלִיחַ צִבּוּר לְבַדּוֹ חוֹזֵר ה' אֱלֹהֵיכֶם וְכֻלֵּיהּ עָלְמָא מוֹסִיפִין אֱמֶת פַּעַם אַחַת בִּלְבַד יָחִיד בַּתְּחִלָּה וְלֹא בְּסוֹף וּשְׁלִיחַ צִבּוּר בַּסּוֹף וְלֹא בַּתְּחִלָּה יְהַיְינוּ מַסְקָנָא דִּגְמָרָא לְהִלְכְתָא פְּסִיקְתָּא אֵינוֹ חוֹזֵר וְאוֹמֵר אֱמֶת וּסְתָמָא קָאָמַר שֶׁאֵין שׁוּם אָדָם חוֹזֵר וְאוֹמֵר אֱמֶת שֶׁהֲרֵי ש"ץ לֹא אָמְרוּ מֵעִקָּרָא וְאֵין לְשַׁנּוֹת כִּי גַּם זֶה מֻסְכָּם בַּזֹּהַר וּבַמִּדְרָשׁ הַנֶּעֱלָם שָׁם גַּם כֵּן נִתְבָּאֵר הַתִּקּוּן לְיָחִיד לְכַוֵּן בווי"ן שֶׁהֵן מִסְפַּר ב' שְׁמוֹת הֵיכַל הוי"ה וֶאֱמֶת שֶׁאָמַר הַיָּחִיד תְּחִלָּה הֲרֵי ג' שְׁמוֹת אָמְנָם דְּדָן עָדִיף לְכַוֵּן בֶּאֱמֶת שֶׁהֲרֵי בַּלַּיְלָה אֵין שָׁם ווי"ן וּמִכָּל מָקוֹם יֵשׁ מְכֻוָּנִים בְּמִלַּת וֶאֱמוּנָה שֶׁיֵּשׁ בָּהּ אָמֵן כְּמִסְפַּר הווי"ן מִזֶּה וּמִזֶּה יִתְקַלֵּס עִלָּאָה וּבִלְבַד שֶׁיְּכַוֵּין אָדָם דַּעְתּוֹ לַשָּׁמַיִם וְהוֹאִיל וְאָתָא לְיָדָן דִּין קְרִיאַת שְׁמַע נֵימָא בֵּיהּ מִלְּתָא בְּמַאי דְּפָרִישׁוּ רַבָּנָן הַמְדַקְדֵּק בְּאוֹתִיּוֹתֶיהָ מְצַנְּנִים לוֹ גֵּיהִנֹּם וּתְנֵי רַב עוֹבַדְיָה וְלַמַּדְתֶּם

שֶׁיְּהֵא לְמוּדָךְ תַּם דְּאִתְּמַר עֲלָהּ בַּגְּמָרָא עָנֵי רָבָא בָּתְרֵיהּ כְּגוֹן בְּכָל לְבָבְךָ וְדוֹמֵיהֶם וּמִבָּעֵי לָן לְמִנְדַּע מַאי קָמַשְׁמַע לָן רָבָא דְּהַיְנוּ הַךְ לְקוּשְׁטָא דְּמִלְּתָא מְעַט שֶׁלֹּא נֶחְשַׁב כִּדְבָקִים אֶלָּא הָאוֹתִיּוֹת הַשָּׁווֹת וּשְׁתֵּיהֶן נָעוֹת כְּמוֹ שֶׁהֵעִיד ה"ר יוֹנָה מִן הַנֻּסְחָאוֹת הַמְּדֻיָּקוֹת שֶׁבַּגְּמָרָא. וְהֵן אָמְנָם שְׁמֹנָה זוּגוֹת בִּלְבַד אַרְבָּעָה ללמדי"ן תרי"ן לממי"ן אֶחָד לְבֵי"ת וְאֶחָד לְפֵ"א מִסְפַּר כֻּלָּן שִׁשִּׁים בְּחוּשְׁבָן זְעֵיר דְּחֲנוֹךְ כָּךְ הִיא קַבָּלַת הָאֲרִ"י זצ"ל מִפִּי מוֹרֵי הה"ר יִשְׂרָאֵל נר"ו אֶחָד מִגְּדוֹלֵי תַּלְמִידָיו שֶׁזָּכַנִי לְהַרְבֵּה גּוּפֵי תּוֹרָה וְהַדְּבָרִים עַתִּיקִין לָדַעַת לָמָּה שְׁמֹנָה וְלָמָּה שִׁשִּׁים וְלָמָּה חוּשְׁבָן זְעֵיר אֵין זֶה מְקוֹמָהּ וְכָל יֶתֶר הַזְּרוּזִין חוּץ מֵאֵלֶּה הֵם בִּכְלָל מְדַקְדֵּק בְּאוֹתִיּוֹתֶיהָ אַךְ לֹא מִן הַדְּבָקִים שֶׁצָּרִיךְ לִתֵּן רֶוַח בֵּינֵיהֶם כְּמוֹתָם וְדַי בָּזֶה:

מַאֲמַר אֵם כָּל חַי - חֵלֶק א סִימָן יח

וְהִנֵּה אֱלֹהֵינוּ זֶה יִתְבָּרַךְ שְׁמוֹ הַמּוֹשֵׁל עַל סֵדֶר זְמַנִּים וְהַכֹּל כַּחֹמֶר בְּיַד הַיּוֹצֵר כֵּן הוּא בְּיָדוֹ וּבִרְשׁוּתוֹ יָבֹא בְמִשְׁפָּט עַל כָּל נֶעְלָם בְּכָל יוֹם וּבְכָל שָׁעָה כְּמוֹ שֶׁנִּתְבָּאֵר בַּגְּמָרָא מִפָּסוּק וַתִּפְקְדֶנּוּ לִבְקָרִים לִרְגָעִים תִּבְחָנֶנּוּ וּכְבָר בֵּאַרְנוּ בְּמַאֲמָר חֵקֶר דִּין בַּחֵלֶק הַשֵּׁנִי שֶׁהַתַּנָּאִים הַנִּרְאִים כְּחוֹלְקִים בָּזֶה מָר אָמַר חֲדָא וּמָר אָמַר חֲדָא וְלֹא פְּלִיגֵי וְלֹא יַחַד יוֹם מִיּוֹמַיִם לְצַדֵּק בּוֹ אֶת דִּינָיו כְּמוֹ הַיּוֹם הֲרַת עוֹלָם הַמְיֻחָד לְדִין הָאָדָם וְכֵן לְיֶתֶר הַהַנְהָגוֹת כְּמוֹ שְׁאָר פְּרָקִים שֶׁבָּהֶם הָעוֹלָם נָדוֹן אֶלָּא לְהַיְשָׁרַת לְבָבֵנוּ לְיִרְאָתוֹ אַחֲרֵי שֶׁהָעוֹלָם נָתַן בְּלִבֵּנוּ לִהְיוֹת טְרוּדִים בְּרֹב הַזְּמַן וְהָיוּ הַפְּרָקִים הָאֵלֶּה לָנוּ וּלְבָנֵינוּ מִקְרָאֵי קֹדֶשׁ לְפִדְיוֹן נַפְשֵׁנוּ בְּלִי סָפֵק שֶׁכְּנֶגְדָּם פְּנֵי הַמֶּרְכָּבָה יִלְמְדוּ עָלֵינוּ זְכוּת וְעַל שֵׁם נִקְרְאוּ אַרְבָּעָה פְּרָקִים שֶׁהֵם פִּרְקֵי הַמֶּרְכָּבָה וּקְשׁוּרֶיהָ וְעוֹד שֶׁהֵם פְּקִידִין עַל הַפֻּרְקָן וְעַל הַפְּדוּת אַרְבָּעָה גּוֹאֲלִים וַדַּאי שֶׁכֵּן מִצְוָה עָלֵינוּ בְּכָל אֶחָד מֵהֶם לְטַהֵר עַצְמֵנוּ תְּחִלָּה וּלְהַקְבִּיל פְּנֵי הָרַב מֵעֵין מִצְוַת רְאִיָּה לְהַקְבָּלַת פְּנֵי שְׁכִינָה וְלַעֲסֹק בַּתּוֹרָה וּלְהַרְבּוֹת בָּעֲבוֹדָה דְּהַיְנוּ בִּתְפִלָּה וּבְקָרְבָּנוֹת הַיּוֹם ו לְשַׂמֵּחַ בָּהֶם הֶעָנִי וְהַגֵּר וְכָל אַלְמָנָה וְיָתוֹם שֶׁהִיא גְּמִילוּת חֲסָדִים הֲרֵי שְׁלֹשָׁה עַמּוּדֵי עוֹלָם כִּי בָּזֶה יוֹרֵנוּ מִדְּרָכָיו וְנֵלְכָה בְּאוֹרְחוֹתָיו:

מַאֲמַר אֵם כָּל חַי - חֵלֶק א סִימָן יט

הֲרֵי אָנוּ בַּקִּדּוּשׁ הֶחָדָשׁ וְהַזְּמַנִּים כְּמוֹ הַכַּלָּה שֶׁתְּבָעוּהָ לְנָשֵׂא בְּנִיסָן אוֹ בְּסִיוָן וְעַד שֶׁתִּתְפַּיֵּס וְתֹאמַר יוֹם פְּלוֹנִי נִיסָן לֹא רָמֵינַן שַׂעֲרֵי בְּאַסִּינְתָּא וּמִשֶּׁנִּתְפַּיְּסָה וְקָבְעָה רֹאשׁ חֹדֶשׁ צְרִיכָה לְהַמְתִּין לְפַרְנֵס עַצְמָהּ עַד ט"ו לְחֹדֶשׁ אוֹ ו' בּוֹ הָאֵי כְּדִינֵיהּ וְהָאֵי בְּדִינֵיהּ אֲבָל בִּקְדֻשַּׁת הַיּוֹם הֲרַת עוֹלָם

אֵינוֹ כֵּן שֶׁהֲרֵי הֶחָדָשׁ מִתְכַּסֶּה בֶּחָג לְפִי שֶׁהִיא נִתְבַּעַת לִבְדִיקָה תְּחִלָּה בְּרֹאשׁ הַשָּׁנָה וְיוֹם הַכִּפּוּרִים בִּרְחִימוּתָא דְּאִית בָּהּ קִנְאָה כִּי הֵן בִּקְדֹשָׁיו לֹא יַאֲמִין וּכְשֶׁנִּמְצָא בְּדִימוּס וְסִימָנִים בְּיָדֵינוּ לוּלָב וְאַרְבַּעַת מִינָיו נִזְכֶּה לְסֻכַּת שָׁלוֹם עַל כָּל כָּבוֹד חֻפָּה וְנִקְּתָה וְנִזְרְעָה זָרַע. הַצַּד הַשָּׁוֶה לְחָדְשֵׁי הַשָּׁנָה כֻּלָּם הוּא מַה שֶּׁכָּתוּב בִּתְשׁוּבוֹת הַגְּאוֹנִים כִּי שִׁבְעַת יָמִים קֹדֶם רְאִיַּת הַלְּבָנָה מִדַּת רַחֲמִים עוֹרֶכֶת מִלְחָמָה עִם סַמָּאֵל וְחֵילָיו עַל הַמִּעוּט וְהַשָּׂעִיר מְעוֹרֵר תִּגָּר עִם אִישׁ חֵלֶק עַל קִנְאָה יָפָה כַּלְּבָנָה וּמִיכָאֵל וְגַבְרִיאֵל נִלְחָמִים נֶגֶד הַמְקַטְרְגִים וּבְסוֹף יוֹם הַשְּׁבִיעִי גַּבְרִיאֵל מַחֲלִישׁ כֹּחָם וּמִיכָאֵל כֹּהֵן גָּדוֹל מֵבִיא לְשַׁמְעֲשָׁאֵל הַשַּׂר הַגָּדוֹל הַמְלַמֵּד זְכוּת עַל עֵשָׂו שֶׁהוּא כִּדְמוּת שָׂעִיר וּמַקְרִיבוֹ כִּדְמוּת קָרְבָּן בַּמִּזְבֵּחַ הָעוֹמֵד לִפְנֵי הַתְּשׁוּבָה בְּכָל רֹאשׁ חֹדֶשׁ וְאָז מִתְפַּיֵּס הָרָצוֹן וְהַכָּבוֹד מִתְרַבָּה וּמִתְמַלֵּא וְכֹחַ הַשָּׂעִיר כָּלָה בְּאֵשׁ הַגְּבוּרָה אֶלָּא שֶׁחוֹזֵר וְנֵעוֹר בִּימֵי הַיְּרִידָה עַד הַזְּמַן הַמְּיֻעָד דִּכְתִיב בְּיָהּ וְהָיָה אוֹר הַלְּבָנָה כְּאוֹר הַחַמָּה. וְלָמַדְנוּ מִזֶּה לְהַקְבָּלַת פְּנֵי שְׁכִינָה בְּבִרְכַּת הַלְּבָנָה שֶׁמִּצְוָה מִן הַמֻּבְחָר שֶׁלֹּא לְבָרֵךְ עָלֶיהָ עַד לֵיל שְׁבִיעִי לְדִבֵּק וְקֹדֶם שִׁשָּׁה עָשָׂר לְעִכּוּבָא וַהֲרֵי דַּיְקֵי תְּרֵי לִישְׁנֵי בַּגְּמָרָא דְּפָרְשׁוּ מִלְּתֵיהּ דְּרַבִּי יוֹחָנָן דְּאָמַר עַד שֶׁתִּתְמַלֵּא פְּגִימָתָהּ וְלֹא פְּלִיגֵי וְהַיְינוּ עַד שֶׁתִּתְבַּשֵּׁם דְּמַסֶּכֶת סוֹפְרִים וּכְמוֹ שֶׁבֵּאַרְנוּ מִלְּתָא וְטַעְמֵיהּ וְלָמָּה בְּחֹל וּבְמוֹצָאֵי שַׁבָּתוֹת בְּעִיּוּנֵי הַשָּׁנוּן יִדָּרֵשׁ מִשָּׁם:

מַאֲמַר אֵם כָּל חַי - חֵלֶק א סִימָן כ

הַשְׁתָּא מִיהַת לֹא מִיַּתְבָא דַּעְתָּא שֶׁל יָרֵחַ כִּי הַמִּבְחָן קָשֶׁה וּלְעִתִּים רְחוֹקוֹת אַף הִיא תָּשִׁיב אֲמָרֶיהָ לַאֲדוֹנֶיהָ בְּקֶרֶב לִבָּהּ שִׂימֵנִי כַחוֹתָם עַל לִבֶּךָ אֲשֶׁר שָׁם נִגְלָה אֵלָיו קֵץ הַיָּמִין כַּאֲשֶׁר הָיְתָה בְּאָמְנָה אִתּוֹ מַגִּיד מֵרֵאשִׁית אַחֲרִית כְּחוֹתָם עַל זְרוֹעֶךָ שְׂמֹאל דּוֹחָה מֵאָז הַבֹּקֶר שֶׁל חִדּוּשׁ הָעוֹלָם וְעַד עַתָּה דְּעָלָה אִיתְּמַר לְאֵבָרַי לֹא גַּלִּיתִי וַאֲפִלּוּ לְיָמִין מְקָרֶבֶת מַה כְּתִיב בַּתְרֵיהּ כִּי עַזָּה כַמָּוֶת אַהֲבָה קָשָׁה כִשְׁאוֹל קִנְאָה רְשָׁפֶיהָ רִשְׁפֵּי אֵשׁ שַׁלְהֶבֶת יָהּ וּלְהַשְׁלָמַת הַבֵּאוּר בִּמְכֻוָּן הִנֵּה יְדֻקְדַּק בַּכָּתוּב תְּחִלָּה הַכֶּפֶל וְהַחִלּוּף לְכָל חֲלָקָיו אִישׁ לֹא נֶעְדָּר וְצֵרוּף קְצָתָם מִזֶּה וּמִזֶּה וְהִתְחַסֵּם בִּכְלָלוּת הַדְּרוּשׁ הַלָּז שֶׁאָנוּ בְּבֵאוּרוֹ. וְעַתָּה יִשְׁמַע חָכָם כִּי כָּאן הָרַעְיָה הַתַּמָּה בְּצוּף דְּבַשׁ אִמְרֵי נֹעַם מָצְאָה בֵּית שָׁאוּל אֶל הַמָּוֶת עָרוּךְ מֵאֶתְמוֹל שֶׁיִּתְרַחֵב בְּדוּגְמֶטְרְיָא שֶׁל רְשָׁעִים כְּטַעַם אֵין כָּל חָדָשׁ גַּם הוּא לְמֶלֶךְ הוּכָן שֶׁהַכֹּל בָּרָא לִכְבוֹדוֹ וְעָתִיד לְהוֹסִיף חֲלָלוֹ כֻּלּוֹ אוֹמֵר כָּבוֹד עַל הֵיכָלוֹ בְּגַן עֵדֶן בִּזְכוּת הַנּוֹתֵן רֶוַח בֵּין הַדְּבָקִים שֶׁל קְרִיאַת שְׁמַע שֶׁהֵן שִׁשִּׁים כִּדְלְעֵיל וְהוּא טַעַם אָמְרָם ז"ל עֵדֶן אֶחָד מִשִּׁשִּׁים בַּגֵּיהִנֹּם כִּי כָּל רֶוַח וְרָוַח בְּקֶרֶב כָּל יִשְׂרָאֵל מוֹסִיף עֵדֶן אֶחָד בָּעוֹלָם וְנִמְצֵינוּ הוֹפְכִים אֶת הַקְּלָלָה לִבְרָכָה וְאִם גֵּיהִנֹּם כָּךְ קַל וָחֹמֶר

לְכָל הַיְצוּר וְהִיא גַּם הִיא אָמְרָה כִּי הַקִּנְאָה רוּחַ טָהֳרָה וַדַּאי קַן לָהּ לְאַהֲבָה. וְאֵשׁ הַגַּחֶלֶת מְעוֹן הַשַּׁלְהֶבֶת. כִּי עַז הַמִּתְקוֹמֵם וּמִי יְקִימֶנּוּ וְקָשֶׁה הַמָּקוֹם בַּל יִמּוֹט לְעוֹלָם. וְהִנֵּה הַצּוּר תָּמִים פָּעֳלוֹ שָׂם הַלֵּב זְבוּל לוֹ לְחוֹתָם וְהִרְבָּה עִמּוֹ פְּדוּת כְּדֻגְמָא דַּקָּה מִן הַדַּקָּה כְּמֹחַ עָלָיו מִלְמַעְלָה וְהוּא טַעַם עַל לִבְּךָ וְכָמוֹהוּ וְעַל לִבָּם אֲכַתְּבֶנָּה בֵּאַרְנוּהוּ בְּמַאֲמָר חֵקֶר דִּין. וּבִזְרוֹעַ ה' וּמַאי נִיהוּ אֱלֹהִים דְּמַעֲשֵׂה בְּרֵאשִׁית בּוֹ חוֹתֵם הַחִדּוּשׁ וְהַדֻּגְמָא בִּימִינוֹ מִמַּעַל לוֹ דִּכְתִיב בְּיָהּ רוּם יְדֵיהוּ נָשָׂא וּבוֹ עוֹלָם חֶסֶד יִבָּנֶה כְּטַעַם עַל זְרוֹעֲךָ וַהֲרֵי הִיא מִתְחַנֶּנֶת לָשׁוּב לִימֵי עֲלוּמֶיהָ עַל הַפֻּרְקָן וְעַל הַפְּדוּת שֶׁיְּהֵא טוֹב אַחֲרִית דָּבָר כַּאֲשֶׁר הָיָה בִּתְחִלַּת הַמַּחֲשָׁבָה רֵאשִׁית דַּעַת בִּזְמַן שֶׁקָּדְמוּ שָׂרִים שָׁמַיִם הָעֶלְיוֹנִים וְתוֹלְדוֹתֶיהָ אַחַר נוֹגְנִים הָאָרֶץ הָעֶלְיוֹנָה וְתוֹלְדוֹתֶיהָ בְּתוֹךְ עֲלָמוֹת תּוֹפְפוֹת אֵלּוּ נִשְׁמוֹתֵיהֶם שֶׁל צַדִּיקִים דַּעֲלַיְהוּ כְּתִיב יְהִי אוֹר בְּהֶפְשֵׁט כָּתְנוֹת עוֹר הוּא נִרְתְּקוּ דִּכְתִיב בְּיָהּ וַיְהִי אוֹר וְעַל דָּבָר זֶה נִכְרַת בְּרִית שֶׁלֹּא לִדְחֹק אֶת הַקֵּץ:

מַאֲמַר אֵם כָּל חַי - חֵלֶק א סִימָן כא

וּלְמַעַן יְזַמֶּרְךָ כָבוֹד הָעֶלְיוֹן וְלֹא יִדּוֹם אַף הַיָּרֵחַ כֵּן אַל דֳּמִי לָהּ בִּמְהֻלָּלָהּ אַל תֶּחֱרַשׁ וְאַל תִּשְׁקֹט עַד שֶׁהַמְּצִיא לָהּ הַקָּדוֹשׁ בָּרוּךְ הוּא לְפִי שָׁעָה תִּקּוּן מַשְׁקִיף לְכָל צָרְכֵי הָעוֹלָם בְּאָמְרוֹ הֵבִיאוּ עָלַי כַּפָּרָה עַל שֶׁמִּעַטְתִּי אֶת הַיָּרֵחַ וּכְבָר הִרְגִּישׁ הָרַב בְּרֹאשׁ מַסֶּכֶת שְׁבוּעוֹת קֹשִׁי הַמַּאֲמָר כִּפְשׁוּטוֹ וְתִקֵּן אוֹתוֹ בִּשְׁנֵי פֵּרוּשִׁים אֲמִתִּיִּים וְהָיוּ תוֹאֲמִים וּצְרִיכִים זֶה לָזֶה בְּעֶצֶם לֹא תִשְׁתַּלֵּם הֲבָנַת הַדָּרוּשׁ אֶלָּא בְּשִׁתּוּפָם יַחַד. הַפֵּרוּשׁ הָאֶחָד יִתְבָּאֵר עָלַי כְּמוֹ לְפָנַי וְהוּא לְבַדּוֹ מָה שֶׁהֵבִינוּ מִמֶּנּוּ הָאַחֲרוֹנִים. אֲבָל זֶה אֵינֶנּוּ מַסְפִּיק אֶלָּא כְּשֶׁיְּפֹרַשׁ גַּם כֵּן עָלַי מִטַּעַם הָרַב כָּאָמוּר בִּשְׁבִיל הָעֲרָבוֹת שֶׁעָרַבְתִּי לַיָּרֵחַ שֶׁתִּהְיוּ צַדִּיקִים וְקוֹבְעִים רָאשֵׁי חֳדָשִׁים עַל פִּי רְאִיָּתָהּ וּמַתְמִידִים הַמִּנְיָן בָּהּ לִשְׁמִטּוֹת וְלַיּוֹבְלִים לִקְדֻשַּׁת הָאָרֶץ הַנִּבְחֶרֶת שֶׁהִיא דֻּגְמָתָהּ מְמַעֶטֶת וּמְצַמְצֶמֶת עַצְמָהּ בִּזְמַן שֶׁאֵין כָּל יוֹשְׁבֶיהָ עָלֶיהָ כַּצְּבִי הַזֶּה שֶׁאֵין עוֹרוֹ מַחֲזִיק אֶת בְּשָׂרוֹ כִּי הַצְּבִי עוֹדֶנּוּ חַי מַרְחִיב אֶת עוֹרוֹ בַּעֲיָם רוּחוֹ וְשִׁעוּר הַהַרְחָבָה הָעֲתִידָה וּמְזֻמֶּנֶת לְאֶרֶץ הַנִּבְחֶרֶת מְפֹרָשׁ בַּכָּתוּב שֶׁאָמַר צְבִי הִיא לְכָל הָאֲרָצוֹת וּבִזְמַן שֶׁהַחַי הַזֶּה טָעוּן הַפְּשָׁט חָדַל כִּי קָטָן הוּא מֵהָכִיל אֶת בְּשָׂרוֹ:

מַאֲמַר אֵם כָּל חַי - חֵלֶק א סִימָן כב

מִמָּה שֶׁיָּדַעְנוּ שֶׁאֵין בְּשַׂר הַמֵּת מַרְחִיב אֶת הָעוֹר וּרְשָׁעִים בְּחַיֵּיהֶם קְרוּיִם מֵתִים לְפִיכָךְ בְּהִתְחַבֵּר אַבְרָם לְלוֹט כְּתִיב וְלֹא נָשָׂא אֹתָם הָאָרֶץ וְאֵין זֶה מִקְרָא קָצָר כְּדִבְרֵי הַמְפָרְשִׁים אֶלָּא אוֹתָם פֵּרוּשׁוֹ הָאוֹת שֶׁלָּהֶם

כְּטַעַם אוֹת אֱמֶת וְאוֹת חוּט הַשָּׁנִי שֶׁדָּרְשׁוּ חֲכָמִים בְּדִבְרֵי רָחָב וְכֵן וַיִּתְנַכְּלוּ אוֹתוֹ לֹא יִצְדַּק הַהִתְפַּעֵל בִּפְשַׁט הַכָּתוּב הַמֻּרְגָּל לַמְפָרְשִׁים אֶלָּא בְּמָה שֶׁבֵּאַרְנוּהוּ שֶׁדָּמוּ בְּעַצְמָם אֲחֵי יוֹסֵף הֱיוֹתָם מַסְפִּיקִים לְהַשְׁלִים הָאוֹת שֶׁלּוֹ בִּדְגָלִים וּבְצִבְאוֹת ה' וְאַחַר כָּךְ יוּכְלוּ לַהֲמִיתוֹ וְלֹא יִמָּשֵׁךְ מִזֶּה גֵּרָעוֹן בְּמַחֲנֶה שֶׁכִּנָּה לְפִי דַּעְתָּם וְהָיָה זֶה בְּמִדַּת הַשָּׁלוֹם שֶׁהֶחֱזִיקוּ בּוֹ בֵּינוֹתָם בְּלֵב שָׁלֵם וּבְכֹחוֹ זֶה שִׁתְּפוּ שֶׁכִּנָּה עִמָּהֶם כִּי הוּא לְבַדּוֹ מַסְפִּיק לְהַמְשִׁיךְ בָּעוֹלָם חֶסֶד אֵל מִתְלַיְסֵר מְכֵילָן דְּרַחֲמֵי שֶׁכֵּן י"ג פְּעָמִים חֶסֶד בְּגֵימַטְרִיָּא שָׁלוֹם בְּמִסְפַּר אוֹתִיּוֹת גְּדוֹלוֹת שֶׁל מנצפ"ך וּכְתִיב אֵין שָׁלוֹם לָרְשָׁעִים שֶׁאֵין שִׂנְאַת חִנָּם וּשְׁלִילַת הַשָּׁלוֹם מְצוּיָה אֶלָּא בַּנְּשָׁמוֹת פְּגוּמוֹת וְכָל שֶׁכֵּן אִם בְּשֶׁכְּבָר כָּשְׁלוּ אִישׁ בְּאָחִיו צֵא וּלְמַד מִתַּלְמִידֵי רַבִּי עֲקִיבָא שֶׁלֹּא חָלְקוּ כָּבוֹד זֶה לָזֶה בְּזִכְרָם עֲוֹן שִׁטִּים שֶׁלֹּא הִטַּהֲרוּ מִמֶּנּוּ עַד אֲשֶׁר יַחְדָּו יִכְלָיוּן דְּמִיתוֹ מוֹתָא תַּנְיָנָא בְּאוֹתוֹ פֶּרֶק וְדוֹק סְמִיכוּת הַכְּתוּבִים בְּפָרָשַׁת פִּנְחָס וּבְנֵי קֹרַח לֹא מֵתוּ כְּתִיב בָּתְרֵיהּ בְּנֵי שִׁמְעוֹן כָּרִיךְ וּתְנֵי לֹא מֵתוּ בְּנֵי שִׁמְעוֹן אֶלָּא מִזַּרְעוֹ שֶׁל עֵרֶב רַב שֶׁנָּשְׂאוּ נָשִׁים בְּאוֹתוֹ הַשֵּׁבֶט וּכְבָר זָכַרְנוּ מִזֶּה לְמַעְלָה:

מַאֲמַר אֵם כָּל חַי - חֵלֶק א סִימָן כג

וְאַף דּוֹר הַמִּדְבָּר שֶׁאָמְרוּ בְּשִׂנְאַת ה' אוֹתָנוּ וְהוּא הָפַךְ וַיִּתְנַכְּלוּ אוֹתוֹ לְפִי דַּרְכֵּנוּ נִגְזַר עֲלֵיהֶם וּפִגְרֵיכֶם אַתֶּם יִפְּלוּ בַּמִּדְבָּר הַזֶּה רָאשֵׁי תֵּבוֹת ואיב"ה שֶׁהִיא גָּרְמָה לָהֶם אֵיבָה אַחֶרֶת נוֹטָרִיקוֹן אֵיכָה יָשְׁבָה בָדָד הָעִיר כְּפִי הַנִּדְרָשׁ בּוֹ וְזֶה שֶׁהֵם הָיוּ מִמַּחְצַב גָּבוֹהַּ מְקוֹר הָאַהֲבָה כַּנּוֹדָע דַּעֲלָיָה כְּתִיב הַכֹּל הָיָה מִן הֶעָפָר אֲפִלּוּ גַּלְגַּל חַמָּה וְלֹא עָמְדוּ בְּשַׁלְוָתָם אַדְּרַבָּה הִשְׁחִיתוּ לְהַכְנִיס אֶת הַשִּׂנְאָה בִּתְחוּם הַמֶּלֶךְ הָעֶלְיוֹן שֶׁהַשָּׁלוֹם שֶׁלּוֹ וְנִדּוֹנוּ לְהִתְעַכֵּל זֻהֲמָתָן בַּעֲפַר הַמִּדְבָּר מָקוֹם נָחָשׁ שָׂרָף וְעַקְרָב עַד הַיּוֹם הַזֶּה כְּנִרְמָז בַּזֹּהַר וְהוּא טַעַם כִּי יִפֹּל הַנּוֹפֵל הוּא הַגּוּף הַמִּתְפַּעֵל בְּזֻהֲמָא וּכְטַעַם וּבִגְדֵי עֲרוּמִּים תַּפְשִׁיט כִּי הָעֲרוּמִּים מִן הַשְּׁלֵמוּת לוֹבְשִׁים בִּגְדֵי אֵבֶל וּבְשׁוּבָם לִשְׁלֵמוּתָם שֶׁבַח הוּא לָהֶם הַפְשָׁטַת בִּגְדֵי עֲרוּמִּים לִלְבֹּשׁ בִּגְדֵי יֶשַׁע מְעִיל צְדָקָה וְאֵין צֹרֶךְ לָמָּה שֶׁנִּדְחַק הָרַב אִבְּן עֶזְרָא בַּפָּסוּק הַזֶּה וְיִשְׁתַּבַּח בּוֹ בְּכָל מָקוֹם לַדִּמְיוֹן כִּי יַחְשְׁבֵהוּ לוֹ פְּשָׁט נֶחְמָד לֹא לָנוּ. וְאוּלָם הַשָּׁלוֹם סִימָן מֻבְהָק לְרֵעִים בַּתּוֹרָה וּבַמִּצְוֹת גַּם מִתְּמוֹל גַּם מִשִּׁלְשֹׁם וְדִגְלוֹ עֲלֵיהֶם אַהֲבָה כְּטַעַם וַיִּתְנַכְּלוּ אוֹתוֹ שֶׁזָּכַרְנוּ אַף כָּאן דֶּגֶל שֶׁל אַבְרָם וְלוֹט וְהָאוֹת שֶׁלָּהֶם לֹא נָשָׂא אֶת הָאָרֶץ שֶׁתַּרְחִיב מָקוֹם אֳהָלָהּ לִשְׁנֵיהֶם אֲפִלּוּ בְּאוֹתָהּ שָׁעָה אֲשֶׁר הֵם עָלֶיהָ וְאַחֲרֵי הִפָּרֵד לוֹט רְחָבָה וְנִסְבָּה לְאַבְרָם לְבַדּוֹ כִּדְכְתִיב שָׂא נָא עֵינֶיךָ וּרְאֵה צָפֹנָה וָנֶגְבָּה וָקֵדְמָה וָיָמָּה וְהֵהֶפֶךְ בְּלוֹט כִּי תְּחִלָּה יָשַׁב בְּעָרֵי הַכִּכָּר אַחַר כָּךְ וַיֶּאֱהַל עַד סְדוֹם וּלְסוֹף צִמְצֵם יְשִׁיבָתוֹ בְּשַׁעַר סְדוֹם וְגַם שָׁם לֹא הֻנַּח לוֹ כִּי אֵין הַבּוֹר מִתְמַלֵּא מֵחֻלְיָתוֹ. וּכְשֵׁם שֶׁנֶּאֱמַר

בְּנֶחָמַת הָאָרֶץ הַאֲרִיכִי מֵיתָרַיִךְ וַעֲתִידָה יְרוּשָׁלַיִם שֶׁתִּתְרַחֵב עַד דַּמֶּשֶׂק לְהָכִיל רִבּוּי אֻכְלוּסִיָּה כְּטַעַם מִי יָלַד לִי אֶת אֵלֶּה כָּךְ וְהָיָה אוֹר הַלְּבָנָה כְּאוֹר הַחַמָּה:

מַאֲמָר אֵם כָּל חַי - חֵלֶק א סִימַן כד

וְהִנֵּה מְצִיאוּת הַמּוּחָשׁ מִן הָאָרֶץ הַקְּדוֹשָׁה שֶׁמֵּאַרְבַּע מֵאוֹת פַּרְסָה מְרֻבָּעוֹת שֶׁהָיְתָה כְּבָר בְּעֵת שָׁלוֹם עַכְשָׁו נִתְקָרְבוּ גְּבוּלֶיהָ הַמְּפֹרָשִׁים בַּתּוֹרָה וְנִרְאִים לָעֵינַיִם דְּחָקוּהָ צִמְצְמוּהָ וּקְפָלוּהָ בֵּינֵיהֶם לְקַיֵּם וְשָׁמְמוּ עָלֶיהָ אוֹיְבֵיכֶם זֶה הַדָּבָר מְקָרֵב מְאֹד אֶל הַשֵּׂכֶל אֱמוּנַת הָאֶפְשָׁרוּת בְּמִעוּט הַיָּרֵחַ מִן הַמְּצִיאוּת בְּכֹחַ שֶׁהוּכַן תְּחִלָּה קֹדֶם הַחֵטְא מְנוֹרָא עֲלִילָה עַל בְּנֵי אָדָם וְנִמְשַׁךְ אַחֲרֵי כֵן בְּמַעֲשֶׂה וְכָל הַנִּדְרָשׁ בָּהּ אֱמֶת שֶׁאִלּוּ זָכִינוּ הָיִינוּ נֶהֱנִים תָּדִיר מֵהָאוֹרָה שֶׁל מַעְלָה וּשְׁנֵי הַמְּאוֹרוֹת הָיוּ מְשַׁמְּשִׁים לְפָנֵינוּ כְּמַעֲשֵׂה הָאוֹרְלוֹגִין לִמְדֹּד בָּהֶם סֵדֶר זְמַנִּים לֹא זוּלַת שֶׁכֵּן כְּתִיב בָּרִאשׁוֹנָה וְהָיוּ לְאוֹתוֹת וּלְמוֹעֲדִים אָמְנָם בִּצְפִיַּת הַחֵטְא הוּכְנוּ גַּם כֵּן לְהָאִיר עַל הָאָרֶץ וְהַדָּבָר יָדוּעַ מֵהַגְּשָׁמִים הַזַּכִּים שֶׁבְּהִקָּפֵל חֶלְקֵיהֶם וּבְהִתְקַבְּצָם זֶה אֶל זֶה יִתְעַבּוּ וִימַעֵט סְפִירִיּוּתָם כְּדִבְרֵי הָרַמְבָּ"ם בפ"ד מִיְּסוֹדֵי הַתּוֹרָה וְכֵיוָן שֶׁהֵעִידוּ הַכְּתוּבִים וּפֵרְשׁוּ רַבּוֹתֵינוּ שֶׁנִּתְמַעֲטָה הָאוֹרָה בַּעֲוֹנוֹתֵינוּ אֵין תֵּמַהּ שֶׁיִּמָּשֵׁךְ זֶה מֵהִתְכַּנֵּס גּוּפֵי הַמְּאוֹרוֹת עַצְמָם וְהַקְּטַנָּתָם בְּפֹעַל וְהַהֶגְדֵּל בַּמְּאוֹרוֹת מִזֶּה לָזֶה בֵּין רַב לִמְעַט וְהוּא טַעַם וְחָפְרָה הַלְּבָנָה לְפִי שָׁעָה כְּטַעַם וְאַל תִּכָּלְמִי כִּי לֹא תַחְפִּירִי הָאָמוּר בָּאָרֶץ וְאַף עַל פִּי שֶׁנֶּאֱמַר גַּם כֵּן וּבוֹשָׁה הַחַמָּה דְּבָרִים כִּפְשָׁטָן שֶׁכְּנֶגְדָּהּ כָּל הָעוֹלָם כֻּלּוֹ לָקָה הֲלֹא הִשְׁאִירָה עוֹלָלוֹת לָתֵת שְׂכָרָם בָּעוֹלָם הַזֶּה לְמוֹנֶיןָ לָהּ:

מַאֲמָר אֵם כָּל חַי - חֵלֶק א סִימָן כֹּה

וּמָה גַּם עַתָּה צַדִּיקִים נִקְרָאִים עַל שְׁמוֹ שֶׁל הַמָּאוֹר הַקָּטָן וְיָדוּעַ מָה שֶׁהֵשִׁיבוּ לַצָּדוֹקִים בְּסוֹף מַסֶּכֶת יָדַיִם כִּי כָּל דָּבָר לְפִי חִבָּתוֹ טֻמְאָתוֹ וּכְבָר פֵּרֵשׁ בֶּן עֻזִּיאֵל בַּג' מְקוֹמוֹת מִן הַנְּבִיאִים חֲזָרַת הַמְּאוֹרוֹת לְקַדְמוּתָן שֶׁתִּקּוּן הַחַמָּה יְהֵא עַל חַד תְּלַת מְאָה וְאַרְבְּעִין וּתְלָת שֶׁהוּא רִבּוּעַ הַשְּׁבִיעִיּוֹת בְּאֹרֶךְ וְרֹחַב וְעֹמֶק כְּטַעַם וְאוֹר הַחַמָּה יִהְיֶה שִׁבְעָתַיִם בְּשׁוּב לְאֵיתָנוֹ הָרִאשׁוֹן רֶמֶז לְדָבָר בְּסֵפֶר מִשְׁלֵי לֹא יָבוּזוּ לַגַּנָּב וְנִמְצָא יְשַׁלֵּם שִׁבְעָתַיִם הָאָמוּר עַל חֶטְאוֹ שֶׁל אָדָם שֶׁגָּנַב מֵעֵץ הַדַּעַת וְשִׁלֵּם מֵמֵּיטַב כָּאָמוּר וּלְפִי הַמִּסְפָּר מְקֻפּוּלָה שֶׁל אֶרֶץ יִשְׂרָאֵל בָּעֵת הַזֹּאת בְּתוֹךְ גְּבוּלֶיהָ שֶׁזָּכַרְנוּ קָרוֹב הַדָּבָר מְאֹד לִשְׁמִירַת הַיַּחַס הַזֶּה וְדַי בְּמָה שֶׁאָמַרְנוּ אֶל הַמְכֻוָּן עַתָּה:

מַאֲמַר אֵם כָּל חַי - חֵלֶק א סִימָן כו

יָדוּעַ מִמַּאֲמַר קָרְבָּנִי לַחְמִי לְאִשַּׁי שֶׁסּוֹד הַקָּרְבָּנוֹת הוּא פִּיּוּס פָּמַלְיָא שֶׁל מַעְלָה וְשֶׁל מַטָּה שֶׁיֵּהָנוּ כֻּלָּם מִשֻּׁלְחָנוֹ שֶׁל מֶלֶךְ וַאֲפִלּוּ הָעוֹלָה שֶׁהִיא כָּלִיל לָאִישִׁים יֵשׁ מִמֶּנָּה הָעוֹר לַכֹּהֲנִים וְשָׂעִיר הַחַטָּאת מִמֶּנּוּ לַמִּזְבֵּחַ דָּמוֹ וְאֵמוּרָיו וְהַבָּשָׂר וְהָעוֹר לַכֹּהֲנִים. וּמִזֶּה לָמַדְנוּ פְּשַׁט אֲמִתִּי מָתוֹק לְנֶפֶשׁ וּבָרוּר כַּשֶּׁמֶשׁ בַּפָּסוּק הָאָמוּר לְעֵלִי וַתְּכַבֵּד אֶת בָּנֶיךָ מִמֶּנִּי לְהַבְרִיאֲכֶם מֵרֵאשִׁית כָּל מִנְחַת יִשְׂרָאֵל לְעַמִּי שֶׁאָמְרוּ הַמְּפָרְשִׁים הלמ"ד נוֹסֶפֶת וְאֵין הַדָּבָר כֵּן אֶלָּא הִיא כלמ"ד לְאִישַׁי אַף כָּאן לְעַמִּי יִכְלֹל כָּל הַנֶּהֱנִים מִן הַקָּרְבָּן הָאִישִׁים לְחֶלְקָם וְהַכֹּהֲנִים לְחֶלְקָם שֶׁהוּא שִׁירֵי הַקָּרְבָּן לֹא הָרֵאשִׁית וּפָשׁוּט הוּא. אוֹ יֹאמַר לְעַמִּי לְעֵינֵי עַמִּי שֶׁבִּבְרִיאוּתָם הֱיוֹת יָפֶה כֹּחַ הַכֹּהֲנִים מִכֹּחַ הַמִּזְבֵּחַ יֹאמְרוּ שֻׁלְחַן ה' נִבְזֶה הוּא. אוֹ יֹאמַר מֵרֵאשִׁית כָּל מִנְחַת יִשְׂרָאֵל הַבָּא לְצָרְךָ עַמִּי הֵם הַנְּשָׁמוֹת הָעֲתִידוֹת לְהִבָּרְאוֹת שֶׁעִם הַמֶּלֶךְ בִּמְלַאכְתּוֹ יָשְׁבוּ שָׁם וְהֵם עַמּוֹ וְנַחֲלָתוֹ וְהַדְּבָרִים מַגִּיעִים לְמִנְחַת יוֹלֶדֶת שֶׁהָיוּ מְשַׁהִין אֶת קִנֵּיהֶן וּמְמַעֲטִים אֶת הַדָּמוֹת כְּדִבְרֵי רַבּוֹתֵינוּ:

מַאֲמַר אֵם כָּל חַי - חֵלֶק א סִימָן כז

וְעַל הַמּוּרָם מֵהֶם לַכֹּהֲנִים נֶאֱמַר וְאָכְלוּ אֹתָם אֲשֶׁר כֻּפַּר בָּהֶם וְאָמְרוּ חֲכָמִים כֹּהֲנִים אוֹכְלִים וּבְעָלִים מִתְכַּפְּרִים תּוֹרָה אַחַת לְחַטָּאוֹת הַצִּבּוּר וְהַיָּחִיד. וְהַכַּוָּנָה כִּי הָיְתָה לָהֶם אֲכִילַת הַקָּרְבָּנוֹת גְּזֵרַת מֶלֶךְ כְּהַנָּחַת תְּפִלִּין וּכְמַתַּן דָּמִים וְהַקְטָרַת אֵמוּרִים לַמִּזְבֵּחַ וְשָׁב עִם זֶה קִיּוּם הַמִּצְוָה הַזֹּאת בָּא לְלַמֵּד וְנִמְצָא לָמֵד כִּי אָנוּ נֶחְשָׁב שֶׁאֲכִילָתָם מְכַפֶּרֶת לַבְּעָלִים וְאֵינוֹ אֶלָּא מִמָּה שֶׁהַבְּעָלִים מִתְכַּפְּרִים חֲסִידִים שֶׁבִּכְהֻנָּה אוֹכְלִים שֶׁהֲרֵי הֵן מְסֻבִּין עַל שֻׁלְחַן גָּבוֹהַּ בְּמָקוֹם קָדוֹשׁ נֶהֱנִין וְנִזּוֹנִין מִזִּיו שְׁכִינָה. וּכְבָר הָיְתָה בְּרָכָה מִשְׁתַּלַּחַת בְּעֵת רָצוֹן בַּחֲלוּקָתָן וּבַאֲכִילָתָן לְשֹׂבַע הַמְּעַט הוּא אִם רַב הַמַּגִּיעַ לְכָל אֶחָד וְאֶחָד וּמַזְכִּירִים הָיוּ לְשַׁבֵּחַ אֶת הַבַּבְלִיִּים שֶׁדַּעְתָּם יָפָה בְּשָׂעִיר הַחִיצוֹן שֶׁל יוֹם הַכִּפּוּרִים שֶׁחָל בְּעֶרֶב שַׁבָּת שֶׁלֹּא הֱבִיאוּהוּ לִידֵי נוֹתָר כְּדִתְנַן בִּמְנָחוֹת פֶּרֶק שְׁתֵּי הַלֶּחֶם:

מַאֲמַר אֵם כָּל חַי - חֵלֶק א סִימָן כח

וּבֶאֱמֶת אֵין צַדִּיק בָּאָרֶץ אֲשֶׁר יַעֲשֶׂה טּוֹב וְלֹא יֶחֱטָא וּלְפִיכָךְ אָנוּ צְרִיכִין כַּפָּרָה מִן הַסְּתָם חַטָּאת לַה' כְּמוֹ שֶׁאָמַרְנוּ כִּי הוּא הַמַּכְרִיז עַל יַד נְבִיאוֹ וְעַמֵּךְ כֻּלָּם צַדִּיקִים וְהוּא עָרֵב הַמְּחַזֵּר עַל הַלְּוִים וּמְזָרְזָם שֶׁיִּפְרְעוּ בִּשְׁבִיל הָעֲרֵבוּת שֶׁלּוֹ וְיִצְדַּק לוֹמַר עָלַי בְּדִקְדּוּק גָּמוּר כִּי הַכַּפָּרָה

לְעַצְמְכֶם וְהֶחוֹב עָלַי לְכַפֵּר עֲלֵיכֶם כִּי מִקְוֵה יִשְׂרָאֵל ה'. וִיפֹרַשׁ גַּם כֵּן עָלַי לְפִי הָאֱמֶת כְּטַעַם כִּגְמוּל עָלַי נַפְשִׁי לְיוֹדְעֵי חֵן אִי נָמֵי כְּטַעַם לֵוִו עָלַי וַאֲנִי פּוֹרֵעַ כִּי עֶצֶם הַבִּטָּחוֹן גּוֹרֵם הַכַּפָּרָה מִמָּה שֶׁנִּתְמַעֵט הַיָּרֵחַ לְחֶסְרוֹנֵנוּ אוֹ יִרְצֶה לְמַעֲנִי פֵּרוּשׁ הֵבִיאוּ אִתְעֲרוּתָא מתתא בִּכְדֵי שֶׁיַּסְפִּיק לְאִתְעֲרָא לְעֵלָּא וְהוּא טַעַם לְמַעֲנֵהוּ לְקִלּוּסוֹ שֶׁהוּא מְקַלֵּס וּמִתְקַלֵּס מֵעָלָה וּמַטָּה וְשִׁנּוּי הַנִּגּוּן בִּתְרֵי קָלֵי הוּא בֶּאֱמֶת מַפְלִיא לַעֲשׂוֹת כֵּן כְּשֶׁיֶּחְסַר הַהִתְעוֹרְרוּת תַּחְתּוֹן שֶׁאָז נֶאֱמַר אָנֹכִי אָנֹכִי הוּא מֹחֶה פְשָׁעֶיךָ לְמַעֲנִי פֵּרוּשׁ אָנֹכִי בְּהַשְׁגָּחָה הַנִּגְלֵית אָנֹכִי הוּא בְּהַשְׁגָּחָה הַנִּסְתֶּרֶת כְּמוֹ שֶׁזָּכַרְנוּ לְמַעְלָה דְּעָלְיָהוּ אִתְּמַר יוֹם כִּפּוּרִים הוּא תְּרֵי מַשְׁמַע וְהַיְינוּ דְּקָאָמַר מוֹחֶה פְּשָׁעֶיךָ לְמַעֲנִי כִּי אֲפִלּוּ זְכוּת אָבוֹת אֵינֶנּוּ מַסְפִּיק אִם אֵין הַתַּחְתּוֹנִים אֲשֶׁר הֵמָּה חַיִּים עֲדֶנָה מִתְעוֹרְרִים תְּחִלָּה לִתְשׁוּבָה וְכֵן לְמַעֲנִי לְמַעֲנִי אֶעֱשֶׂה שֶׁמַּזְקִיקִין אוֹתוֹ לְהַשְׁוָאַת הַנִּגּוּן בֵּינוֹ לְבֵין עַצְמוֹ כִּי אֵיךְ יֵחַל ח"ו וְחִזְקִיָּהוּ אָמַר הִנֵּה לְשָׁלוֹם מַר לִי מָר כֵּפֶל הַמְּרִירוּת לְפִי שֶׁנֶּאֱמַר לוֹ וְגַנּוֹתִי עַל הָעִיר הַזֹּאת לְהוֹשִׁיעָהּ לְמַעֲנִי שֶׁאֵין בְּדוֹר זְכוּת מָגֵן וּלְמַעַן דָּוִד עַבְדִּי כְּטַעַם מֵתִים יוֹרְשִׁים אֶת הַחַיִּים שֶׁבֵּאַרְנוּ בְּמַאֲמַר חֵקֶר דִּין וְכֵן וְשַׁבֵּחַ אֲנִי אֶת הַמֵּתִים דְּקֹהֶלֶת. וְהִנֵּה הַמְּרִירוּת הָרִאשׁוֹן הָיָה נוֹגֵעַ אֵלָיו בִּכְלָלוּת לְפִיכָךְ אָמַר תְּחִלָּה מַר לִי כִּי יִצְטָרֵךְ הָאֵל יִתְבָּרֵךְ לְהִתְעוֹרֵר בְּרֵישָׁא דִּכְתִיב לְמַעֲנִי אָמְנָם הַמְּרִירוּת הַשֵּׁנִי לִי מַר שֶׁהָיָה פְּרָטִי אֵלָיו שֶׁאֲפִלּוּ לְבַסּוֹף לֹא יֵחָשֵׁב לוֹ זְכוּת אֶלָּא לְדָוִד אָבִיו וְהָיָה זֶה לְפִי שֶׁתָּלָה בִּזְכוּת עַצְמוֹ תָּלוּ לוֹ בִּזְכוּת אֲחֵרִים כְּדִבְרֵי רַבּוֹתֵינוּ. וְיִצְדַּק לְפָרֵשׁ גַּם כֵּן מִלַּת עָלַי כְּטַעַם הָאֹכֵל בְּשַׂר אַבִּירִים אֵין זֹאת רַק עֲטָרָה לְרֹאשׁוֹ שֶׁאָמַר וְנַעֲשָׂה רְצוֹנוֹ:

מַאֲמַר אֵם כָּל חַי - חֵלֶק א סִימָן כט

וְהוּא טַעַם קְשִׁירַת כְּתָרִים מִן הַתְּפִלּוֹת שֶׁנִּתְיַחֲסָה בְּאַגָּדָה לְשַׂר הַפָּנִים וְצָרִיךְ שֶׁיַּמְתִּין תְּפִלַּת הֶעָנִי הַמַּאֲרִיךְ לִשְׁפֹּךְ שִׂיחוֹ וּתְחִלַּת דְּבָרָיו לִפְנֵי ה' מִתְנַצֵּל עַל הֱיוֹתוֹ גּוֹרֵם בְּמַעֲשָׂיו אִחוּר הַקְּשִׁירָה וּמָה גַּם עַתָּה וְהוּא תְּפִלָּה לְעָנִי כִּי יַעֲטֹף וְנִקְרָא הַקּוֹשֵׁר שַׂר הַפָּנִים כִּי הוּא מַרְבֶּה הַמִּשְׂרָה כְּשִׁעוּר הַפָּנִים הַמִּתְפַּלְּלִים הֵם מִי שֶׁאֵינוֹ יוֹדֵעַ לְהִתְפַּלֵּל אֶלָּא בְּמִדַּת הַנֶּפֶשׁ וְשַׂר אַחֵר קוֹשֵׁר כְּתָרִים מִכָּל הַתְּפִלּוֹת כְּגוֹן זוֹ סַנְדַּלְפוֹן שְׁמוֹ וַאֲחֵרִים בְּמִדַּת הָרוּחַ וְלָהֶם שַׂר אֶחָד גָּדוֹל מִן הָרִאשׁוֹן כְּמוֹ שֶׁנִּזְכִּיר וְעַל שְׁתֵּי מַדְרֵגוֹת אֵלֶּה נֶאֱמַר רַבּוֹת בָּנוֹת עָשׂוּ חָיִל וְעַל הַנְּשָׁמָה וְשׁוֹשְׁבִינֶיהָ הַמִּתְפַּלְּלִים בָּהּ כְּתִיב וְאַתְּ עָלִית עַל כֻּלָּנָה וְלָהֶם שַׂר גָּדוֹל נוֹרָא מְאֹד הוּא הַמַּלְאָךְ הַגּוֹאֵל שֶׁזָּכַר יַעֲקֹב אֲשֶׁר לֹא יְגוּרֵהוּ רַע לְאֶחָד הַפֵּרוּשִׁים הַנֶּאֱמָרִים בֶּאֱמֶת וּבִקֵּשׁ רַחֲמִים עָלָיו שֶׁיִּתְּנוּ לוֹ רְשׁוּת לְבָרֵךְ אֶת הַנְּעָרִים הֵם הַשָּׂרִים שֶׁזָּכַרְנוּ רִאשׁוֹנָה דְּעָלַיְהוּ אָמַר מֹשֶׁה לְפַרְעֹה בִּנְעָרֵינוּ תְּרֵי וּבִזְקֵנֵנוּ חַד נֵלֵךְ שֶׁכֵּן כָּתוּב בִּסְפָרִים מְדֻיָּקִים קַדְמָאָה

בְּיוֹ"ד תַּנְיָינָא בְּלֹא יוֹ"ד נִיקְרָא בִּשְׁלָשְׁתָּם שֵׁם ה' בִּזְכוּת יַעֲקֹב וְזֶהוּ שְׁמִי וּבִזְכוּת אֲבוֹתָיו כִּדְמַסִּיק קְרָא וְהוּא הַשְׁלָמַת הַמֶּרְכָּבָה הָעֶלְיוֹנָה כַּנּוֹדָע מֵאֲמָרָם ז"ל הָאָבוֹת הֵם הַמֶּרְכָּבָה וְהָרֶמֶז בְּמָסָרָה וְתַחַת תָּרִין וְתַחַת כִּי אָהַב אֶת אֲבֹתֶיךָ וְתַחַת הָרָקִיעַ כַּנְפֵיהֶם יְשָׁרוֹת:

מַאֲמַר אֵם כָּל חַי - חֵלֶק א סִימָן ל

וּבְתֹאַר שַׂר הַפָּנִים זֶה שֶׁזָּכַרְנוּ יֵשׁ בּוֹ פֵּרוּשִׁים אֲחֵרִים שֶׁהֵן כִּבְשׁוֹנוֹ שֶׁל עוֹלָם גַּם מָה שֶׁבֵּאַרְנוּהוּ כְּאֶחָד מֵהֶם אֲמִתִּי וּמִתְיַשֵּׁב לְפִי הַפְּשָׁט וְהוּא הַמְּכֻוָּן לְרַבִּי חִיָּא רַבָּה בִּירוּשַׁלְמִי פֶּרֶק הָיָה קוֹרֵא שֶׁהָיָה מְהַרְהֵר בִּתְפִלָּתוֹ מָאן עָיֵל קָמֵי מַלְכָּא קַדְמָאֵי אַלְקֶפְתָּא זֶה אַכְתְּרִיאֵל מִן הַשְּׁלֹשָׁה הָכִי נִכְבָּד אוֹ רֵישׁ גָּלוּתָא זֶה מְטַטְרוֹן הַנִּקְרָא בֶּן יָרֵד עַל שֵׁם יְרִידַת הַגָּלוּת כַּנּוֹדָע. אָמַר שֶׁזֶּה הָיָה עִקַּר כַּוָּנָתוֹ לְהַבְחִין אִם הָיָה גּוֹבֵר בִּתְפִלָּתוֹ הַדִּבּוּר אוֹ הַמַּחֲשָׁבָה וְהַכַּוָּנָה הַנְּכוֹנָה וְנִזְהַר שֶׁלֹּא לְכַוֵּן יוֹתֵר מִזֶּה כִּי הָיָה חוֹשֵׁשׁ לְעַצְמוֹ מֵעִיּוּן תְּפִלָּה וְרַבִּי בּוֹן הֲוָה מְנֵי דִּימוֹסְיָא הֵן הֵם פִּנּוֹת הַהֵלְכְתָא שֶׁהַתְּפִלָּה מִתְקַבֶּלֶת בָּהֶם וּשְׁמוּאֵל הֲוָה מְנֵי אֶפְרוֹחִים אֵלּוּ כִּתּוֹת הַמַּלְאָכִים הַמַּעֲלִים אוֹתָהּ בְּכַנְפֵיהֶם וְאִידָךְ מַחֲזִיק טֵיבוּתָא לְרֵישֵׁיהּ דְּכִי מָטֵי לְמוֹדִים כָּרַע מִגַּרְמֵיהּ לְהוֹרִיד שֶׁפַע שֶׁבַע רָצוֹן לֹא בְּעָמָל וְלֹא בִּיגִיעָה וְהִנֵּה תִּקּוּנֵי הַתְּפִלָּה שֶׁזָּכַרְנוּ נִקְרָאוּ כְּתָרִים וְלֹא עֲטָרוֹת כִּי יֵשׁ בָּעֲטָרָה מִדַּת אֲחוֹרַיִם וְהַכֶּתֶר כֻּלּוֹ לְפָנִים. וְהַנֵּזֶר שֶׁהוּא עֵדוּת לְמַלְכֵי בֵּית דָּוִד נִקְרָא כֵּן עַל שֵׁם שֶׁפּוּעַ הַקָּדְקֹד רֵאשִׁית דַּעַת לְמַעְלָה מִמְּקוֹם תְּפִלִּין שֶׁמַּתְחִיל לְהִנָּזֵר מוּל עֹרֶף וְהוּא חִבּוּר עַצְמוֹת הַגֻּלְגֹּלֶת הַנּוֹדָע לְחַכְמֵי הַנִּתּוּחַ בְּשֵׁם מֶחְבֶּרֶת הַנֵּזֶר וּלְרַבִּי שִׁמְעוֹן בֶּן יוֹחַאי בְּרֵישׁ פָּרָשַׁת מִשְׁפָּטִים בְּשֵׁם חַדּוּדֵי דְּגוּלְגַּלְתָּא. וְהוּא מְקוֹם הַמִּבְחָן לְמִי שֶׁרָאוּי לַהֲלָמוֹ כַּנּוֹדָע וְאֵין כָּאן מָקוֹם לְבָאֵר יוֹתֵר:

מַאֲמַר אֵם כָּל חַי - חֵלֶק א סִימָן לא

הָא לָמַדְנוּ כִּי שְׁלֹשָׁה שָׂרֵי הַפָּנִים יֵשׁ כְּדַאֲמָרַן וּלְכָל אֶחָד שְׁמוֹת מֵחוּלָפִים כְּפִי שְׁלִיחוּתוֹ וּמִדַּת שַׁעְתּוֹ וְשֵׁם אֶחָד יִכְלֹל שְׁלָשְׁתָּם בְּשָׁעָה שֶׁהַכָּבוֹד מִתְעַטֵּר בָּהֶן וְאוֹמֵר לָהֶם לְיִשְׂרָאֵל אֲנִי ה' אֱלֹהֵיכֶם בֵּאַרְנוּהוּ בִּמְקוֹמוֹ. אֵלֶּה אֵפוֹא הֵם מַלְאֲכֵי הַשָּׁרֵת הַנִּזְקָקִין לְכָל הַתְּפִלּוֹת לְקַשִּׁירַת כְּתָרִים לְרִבָּם לֹא זוּלַת וְאֵינָן מַכִּירִין פְּנֵי הַמִּתְפַּלֵּל בִּלְשׁוֹן אֲרַמִּי אַף עַל פִּי שֶׁחָלַק לוֹ הַכָּתוּב כָּבוֹד בַּתּוֹרָה נְבִיאִים וּכְתוּבִים וְכָל שֶׁכֵּן בִּשְׁאָר לְשׁוֹנוֹת שֶׁלֹּא זָכוּ לְכָךְ וְאַל תְּשִׁיבֵנוּ מִדַּעַת קְצָת מְפָרְשִׁים שֶׁאָמְרוּ כִּי צָפְנַת פַּעְנֵחַ הִיא מִלָּה מִצְרִית שֶׁאֵינֶנָּה אֶלָּא עִבְרִית וּמֻרְכֶּבֶת מִשְּׁנֵי פְּעָלִים פ"ע שֶׁמַּשְׁמָעוֹ הֲרָמַת קוֹל כְּמוֹ כְּיוֹלֵדָה אֶפְעֶה נַחַ כִּפְשׁוּטוֹ יִרְצֶה שֶׁבַּהֲרִימוֹ קוֹלוֹ לְגַלּוֹת וּלְפַרְסֵם הַדָּבָר הַצָּפוּן דַּעַת הַשּׁוֹמֵעַ נוֹחָה הֵימֶנּוּ.

קֶשֶׁר הַמַּאֲמָר צְפוּנוֹת מְגַלֶּה בְּנַחַת רוּחַ לֹא כְּחַרְטֻמֵּי מִצְרַיִם שֶׁהָיוּ פּוֹתְרִין וְלֹא לְפַרְעֹה כִּי דִּבְרֵיהֶם לֹא לְרָצוֹן. לָמַדְנוּ לְכָל הַלְּשׁוֹנוֹת זוּלָתִי הַמְּקֻדָּשׁ לְבַדּוֹ שֶׁבּוֹ נִבְרָא הָעוֹלָם שֶׁאֵינָן כְּדַאי לְקֶשֶׁר בְּכִתְרוֹ שֶׁל חַי הָעוֹלָמִים אֶלָּא אִם כֵּן הָיָה הַמִּתְפַּלֵּל עָנִי בְּדַעַת שֶׁאֵינוֹ מֵבִין לְשׁוֹן הַקֹּדֶשׁ וְלִפְנֵי ה' דַּוְקָא יִשְׁפֹּךְ שִׂיחוֹ הַבּוֹחֵן כְּלָיוֹת וָלֵב וְנַחַת רוּחַ לְפָנָיו מִן הַתְּפִלָּה בִּלְשׁוֹן לוֹעֵז בְּלֵב נִשְׁבָּר וְנִדְכֶּה יוֹתֵר מִתְּפִלָּה בְּלֹא כַּוָּנָה וַאֲפִלּוּ בִּלְשׁוֹן הַקֹּדֶשׁ וּפָשׁוּט הוּא לְפִי שֶׁאִי אֶפְשָׁר לְהִמָּצֵא כַּוָּנָה בְּלֹא הַשְׂכָּלַת הַלֵּב לְמָה שֶׁאָדָם מוֹצִיא מִפִּיו:

מַאֲמַר אֵם כָּל חַי - חֵלֶק א סִימָן לב

וְזֶה חֹמֶר בִּתְפִלָּה מִכָּל שְׁאָר הַמִּצְוֹת שֶׁאִם עֲשָׂאָן אָדָם עַל יְדֵי עַצְמוֹ אֵינָם צְרִיכוֹת כַּוָּנָה אֲבָל עַל יְדֵי אֲחֵרִים צְרִיכוֹת כַּוָּנָה לְמוֹצִיא שֶׁיְּקַבֵּל עָלָיו לִהְיוֹת שְׁלוּחוֹ וּלְיוֹצֵא שֶׁאִם אֵינוֹ מְכַוֵּין לָצֵאת אַיֵּה חֶלְקוֹ בְּמִצְוָה הַהִיא. וְעִם זֶה סוּגְיַת הַגְּמָרָא עוֹלָה כַּהֹגֶן בְּלִי שׁוּם מַחְלֹקֶת. וְאַף עַל פִּי שֶׁקְּצָת הַפּוֹסְקִים לֹא אָמְרוּ כֵּן לֹא בִּתְפִלּוֹת הַלּוֹעֲזוֹת בְּלַעַז וְלֹא בְּכַוָּנַת הַמִּצְוֹת הָא דָּדָן וַדַּאי עֲדִיפָא מִדִּידְהוּ בְּדָבָר דִּלְמֵד מֵעִנְיָנוֹ וּכְשֶׁהֶעָנִי הַזֶּה מְכַוֵּין בָּהּ בְּכָל כֹּחוֹ כְּתִיב פָּנָה אֶל תְּפִלַּת הָעַרְעָר שֶׁהוּא יְחִידִי וְאֵין לוֹ מְסַיְּעִים כְּדַאֲמָרַן אֶלָּא עֵינָיו יְשַׁבְּרוּ לַמָּרוֹם וְקָדוֹשׁ הַמַּבִּיט אֶל עָנִי וּנְכֵה רוּחַ כְּשֶׁהוּא מִתְפַּלֵּל מִמַּעֲמַקֵּי לִבּוֹ וְקוֹלוֹ לֹא יִשָּׁמַע לְזוּלָתוֹ רַק לְאָזְנֵי הַמִּתְפַּלֵּל וּלְמִי שֶׁאֵלָיו מִתְפַּלְּלִים בָּרוּךְ הוּא כִּי נִשְׂגָּב שְׁמוֹ לְבַדּוֹ וְדָוִד הַמֶּלֶךְ ע"ה אָמַר חָנֵּנִי ה' כִּי לֹא אֶחְדַּל מֵהִתְפַּלֵּל אֵלֶיךָ אַחֲרֵי הֱיוֹתְךָ מִתְאַוֶּה לִתְפִלָּתָן שֶׁל צַדִּיקִים אֶלָּא אֵלֶיךָ אֶקְרָא כָּל הַיּוֹם:

מַאֲמַר אֵם כָּל חַי - חֵלֶק א סִימָן לג

וּמֵהַנֵּי קְרָאֵי דִּתְחִנָּה דִּגְמָרִינַן מְנַיְהוּ בְּמַסֶּכֶת בְּרָכוֹת הִלְכְתָא גְּבָרְוָאתָא לִתְפִלָּה יֵשׁ לִי לִלְמֹד גַּם כֵּן הִלְכְתָא רַבָּתִי שֶׁרָאוּי לָנוּחַ בִּשְׁעַת הַתְּפִלָּה כִּדְכְתִיב בָּהּ רַק שְׂפָתֶיהָ נָעוֹת מְעַט הַתְּנוּעָה לְכָל שְׁאָר הַקּוֹמָה לֹא נֶאֱמַר כָּל עַצְמוֹתַי תֹּאמַרְנָה אֶלָּא בִּזְמִירוֹת וְהִלּוּלִים לְשִׁבְחוֹ שֶׁל מָקוֹם כִּדְכְתִיב ה' מִי כָמוֹךָ לֹא הִתִּירָה שׁוּם תְּנוּעָה בִּשְׁעַת הַתְּפִלָּה זוּלַת מָה שֶׁנָּהֲגוּ קְצָת פְּרוּשִׁים לְקַיֵּם בְּעַצְמָם מִפְּנֵי שֶׁמִּי נַחַת הוּא בַּחֲתִימַת הַבְּרָכוֹת בִּלְבַד וּבְנִיחוּתָא וְהָאֲרִ"י זצ"ל הָיָה מְצַוֶּה אֶל כָּל הַמִּתְפַּלְּלִים עַרְבִית שַׁחֲרִית וּמִנְחָה שֶׁכִּנְעוּ זְרוֹעוֹתֵיהֶם עַל לִבָּם יַמִּינָא עַל שְׂמָאלָא וּלְקַיֵּם בְּעַצְמָם כָּל אֲחוֹרֵיהֶם בַּיְתָה שֶׁיְּהֵא הַפֶּרֶק הָאֶמְצָעִי מִשְּׁתֵּי הַזְּרוֹעוֹת נֶגֶד פְּנֵי הַמִּתְפַּלֵּל. וְהֶחָכָם בַּעַל פַּרְדֵּס רִמּוֹנִים זצ"ל הָיָה אוֹמֵר לָכֹף אֶת הַגּוּדָל בְּתוֹךְ פִּסַּת הַיָּד מֵאוֹתוֹ הַטַּעַם עַצְמוֹ דִּתְנַן בְּמַסֶּכֶת יוֹמָא גַּבֵּי פְּיָסוֹת אֵין מוֹצִיאִין אֲגוּדָל בַּמִּקְדָּשׁ וְהַכֹּל עוֹלֶה אֶל מָקוֹם

אֶחָד לִכְלַל הַדִּין בְּרַחֲמִים וִירֵא שָׁמַיִם יָצָא יְדֵי שְׁנֵיהֶם:

מַאֲמַר אֵם כָּל חַי - חֵלֶק א סִימָן לד

וְיֵשׁ תְּפִלּוֹת שֶׁאֵינָן צְרִיכוֹת סִיּוּעַ לְמַעְלָה בַּעֲלֵיהֶן כְּגוֹן פִּנְחָס בַּשִּׁטִּים כִּי אָמְנָם עָלָה בִּתְפִלָּתוֹ לְחַיָּה וִיחִידָה שֶׁלֹּא נִמְסְרוּ פְּנֵיהֶם לְשָׁלִיחַ כְּמוֹ שֶׁבֵּאַרְנוּ בְּמַאֲמַר הַנֶּפֶשׁ לְפִיכָךְ כְּתִיב וַיַּעֲמֹד וַיְפַלֵּל וְלֹא נֶאֱמַר וַיִּתְפַּלֵּל. וְכָל הַפָּסוּק חָמֵשׁ תֵּבוֹת שֶׁבְּכָל אַחַת מֵהֶן חָמֵשׁ אוֹתִיּוֹת שֶׁנִּתְיַחֲדוּ בִּתְפִלָּתוֹ חֲמִשָּׁה פַּרְצוּפֵי הַנֶּפֶשׁ כְּלוּלִין זֶה מִזֶּה וְאַל תִּתְמַהּ אִם בְּמֹשֶׁה נֶאֱמַר וַיִּתְפַּלֵּל כִּי נַפְשׁוֹ שֶׁל מֹשֶׁה הִיא לְבַדָּהּ לְפִי גָּדְלָהּ וַחֲשִׁיבוּתָהּ תְּעוֹרֵר בָּעֶלְיוֹנִים מַה שֶׁלֹּא יְעוֹרְרֵהוּ פִּנְחָס בְּחַיָּה וִיחִידָה כֻּלֵּיהּ הַאי וְאוּלַי עוֹד מֹשֶׁה רַבֵּנוּ ע"ה הִשְׁלִים הַדִּיּוּקָן הָאֱנוֹשִׁי כָּל הָאֶפְשָׁר בְּמִדַּת מְקוֹמוֹ וּשְׁעָתוֹ וְלָא שְׁנָא זִיו יְקָרָא דְּאַפּוֹהִי מֵאָדָם לְמַלְאָךְ כִּי הָיָה גֵּרָעוֹן בְּחֶקְקוֹ עָצוּם וְרַב לֹא לִמְעַט בִּכְבוֹדָן שֶׁל מַלְאֲכֵי הַשָּׁרֵת חָלִילָה כִּי כְּבָר הִמְלַצְנוּ בְּמַאֲמַר חֵקֶר דִּין מַה שֶּׁאָמְרוּ רַבּוֹתֵינוּ גְּדוֹלִים צַדִּיקִים שֶׁלֹּא יוּבַן בְּשָׁלוּחַ כְּמוֹ שֶׁחָשַׁב הַגָּאוֹן רַב סְעַדְיָה וְרַבִּים אֲשֶׁר אִתּוֹ אַף עַל פִּי שֶׁאֵין מַמָּשׁ בְּדַעַת הַחוֹלְקִים עָלָיו וְסוֹתְרִים אֶת דְּבָרָיו אֲשֶׁר הֵמָּה טוֹבִים וּנְכוֹחִים מִדִּבְרֵיהֶם בְּלִי סָפֵק אֶלָּא לְהַרְבּוֹת בִּכְבוֹדוֹ שֶׁל מֹשֶׁה שֶׁהָיָה כָּל יָמָיו מִתְפַּלֵּל וּמוֹסִיף דְּבֵקוּת נִפְלָא הַגְּבֵה לְמַעְלָה מִכָּל זוּלָתוֹ בָּעֶלְיוֹנִים וְתַחְתּוֹנִים אֲבָל פִּנְחָס כִּי מַלְאַךְ ה' צְבָאוֹת הוּא כְּתִיב בֵּיהּ וַיְפַלֵּל פֹּעַל יוֹצֵא שֶׁהוּא קוֹשֵׁר כְּתָרִים לְרִבּוֹ מִדִּבּוּקָן וּתְפִלָּתָן שֶׁל שְׁאָר הָעָם:

מַאֲמַר אֵם כָּל חַי - חֵלֶק א סִימָן לה

וְיָדוּעַ כִּי הַכְּתָרִים הַתַּחְתּוֹנִים הֵן צֹרֶךְ גָּבוֹהַּ בְּקִשִּׁירַת הָעֶלְיוֹן תֵּדַע שֶׁאֵין צִיץ בְּלִי מִצְנֶפֶת וְהָעִנְיָן הַזֶּה יַעֲטֹף וְגוֹרֵם אִחוּר לְכֻלָּן וֶהֱיוֹתוֹ רָחוֹק מִישׁוּעָתוֹ הֵן הֵן דִּבְרֵי שַׁאֲגָתוֹ וְהֶהְפֵּךְ עִיּוּן תְּפִלָּה וּמוֹסֵר דִּין עַל חֲבֵרוֹ לְפִי שֶׁעוֹרַרְנוּ בִּמְקוֹמוֹ כִּי הוּא טוֹרֵף נַפְשׁוֹ בְּאַפּוֹ שֶׁיֵּצֵא וְלֹא הִמְתִּין לָעִנְיָן הַזֶּה כְּדִבְרֵיהֶם ז"ל בְּפֶרֶק קַמָּא דִּבְרָכוֹת. וְאוּלָם בִּזְמַן שֶׁאֵין בֵּית הַמִּקְדָּשׁ קַיָּם הַתְּפִלָּה הָרְצוּיָה שֶׁחֲבֵרָה לָהּ לְתוֹרַת הַכַּפָּרָה מְכַפֶּרֶת וְהַמְכַפֵּר אוֹמֵר הֲרֵי הוּא כְּאִלּוּ הִתְקַבַּלְתִּי. וּכְבָר נִמְלַטְנוּ מִן הַמְּבוּכוֹת הַמַּטְרִידוֹת קַלֵּי הָעִיּוּן בְּקִטְרוּג הַיָּרֵחַ בִּדְרָכִים אֲמִתִּיִּים עֲרֵבִים עַל שׁוֹמְעֵיהֶם בְּבִינָה דֵּעָה וְהַשְׂכֵּל לְהַשְׁווֹת אֶת הָאָמוּר בַּגְּמָרָא וּבַזֹּהַר וּבַמִּדְרָשׁ רַבָּה שֶׁכֻּלָּם דִּבְרֵי אֱלֹהִים חַיִּים נִתְּנוּ מֵרוֹעֶה אֶחָד:

תַּם וְנִשְׁלַם חֵלֶק רִאשׁוֹן

מַאֲמַר אֵם כָּל חַי - חֵלֶק ב סִימָן א

וַה' פָּקַד אֶת שָׂרָה וגו'. תָּרֵן הֶכְשֵׁר חָכְמָה רָמַז לָהּ הָאֵל יִתְבָּרַךְ לְאֵשֶׁת חַיִל הַלָּזוּ שֶׁתִּזְכֶּה לִבְנוֹת אֶת בֵּית יִשְׂרָאֵל בְּמָה שֶׁנִּתְמַעֲטָה עַצְמָהּ לִרְצוֹנָהּ כְּמוֹ שֶׁבֵּאַרְנוּ וְהִיא רִאשׁוֹנָה לְשֶׁבַע נְבִיאוֹת שֶׁכֻּלָּן מַתְאִימוֹת בְּהֶמְשֵׁךְ זְמַנָּן לְשֶׁבַע מִדּוֹת הַהַנְהָגָה הָעֶלְיוֹנָה אַחַת אֶל אַחַת עַל הַסֵּדֶר. שָׂרָה בְּחֶסֶד לְאַבְרָהָם אֵשֶׁת חָבֵר כְּחָבֵר. מִרְיָם בִּגְבוּרָה שֶׁבְּלֵדָתָהּ הִתְחִיל מְרִירוּת הַשִּׁעְבּוּד וּכְשֵׁם שֶׁהַלְוִיִּם מִסִּטְרָא דִּגְבוּרָה מִבָּעֵי לְהוּ לְארְמָא קָלָא בְּשִׁירֵי הַמִּקְדָּשׁ אַף הִיא וַתַּעַן לָהֶם מִרְיָם שִׁירוּ לַה' דְּבוֹרָה בְּתִפְאֶרֶת שֶׁכֵּן אָמְרָה לְבָרָק לֹא תִהְיֶה תִּפְאַרְתְּךָ וּמִכְּלָל לָאו אַתָּה שׁוֹמֵעַ הֵן אִלְמָא תִּהְיֶה תִּפְאַרְתִּי אָמְנָם סוֹף סוֹף נְקֵבָה הִיא לְפִיכָךְ וְתֶשֶׁר דְּבוֹרָה שֶׁהִיא מִצַּד הַדִּין. חַנָּה בְּנֵצַח שֶׁכֵּן זָכָה שְׁמוּאֵל בְּנָהּ וְהָיָה רִאשׁוֹן לְהִתְנַבְּאוּת מִמֶּנּוּ וְהַיְינוּ רָמָה קַרְנִי שֶׁעֹמֶק רוּם דְּסֵפֶר יְצִירָה הוּא נֶצַח. אֲבִיגַיִל בְּהוֹד בְּשׁוֹק שְׂמָאלִי כַּנּוֹדָע אֶל הַקּוֹמָה הַזֹּאת בִּפְשִׁיטוּת לְרָגִיל בְּדִבְרֵי חֲכָמִים וְחִידוֹתָם יִלְפִיכָךְ גִּלְּתָה שׁוֹקָהּ שֶׁפִּרְסְמָה נְבוּאָתָהּ וְהָלַךְ דָּוִד לְאוֹרָהּ שָׁלֹשׁ פַּרְסָאוֹת הֵן הֵן ג' עֲתִידוֹת שֶׁהֵאִירָה עֵינָיו בָּהֶן. אַחַת יִהְיוּ כְּנָבָל אוֹיְבֶיךָ כָּאן בִּשְׂרָהּ אוֹתוֹ שֶׁיָּמוּת נָבָל וְדָוִד לֹא הֵבִין וְסָבַר שֶׁכְּבָר מֵת אֶלָּא שֶׁהָיָה מְחַזֵּר לְהַחְרִים כָּל רְכוּשׁוֹ כְּמוֹרֵד בְּמַלְכוּת לְפִיכָךְ תָּבְעָה וְהִיא נִצְּחָה אוֹתוֹ בְּטַעֲנָתָהּ שֶׁעֲדַיִן לֹא יָצָא טִבְעוֹ בָּעוֹלָם וְדָנָה אֶת הַדִּין לְאוֹיְבֵי דָוִד לִהְיוֹת נִשְׁמוֹתֵיהֶם זוֹמְמוֹת וְהוֹלְכוֹת בְּתוֹךְ כַּף הַקֶּלַע וּבְהֶכְרֵחַ יִדְּמוּ כָּאֶבֶן תְּחִלָּה כִּדְכְתִיב בְּנָבָל וְהוּא הָיָה לְאָבֶן וְזֶה בְּעָוֹן לָשׁוֹן הָרַע דְּנִיחָא לֵהּ זָמְמָא בְּפוּמֵיהּ וְנִגְרַע אֲפִלּוּ מִצִּפְצוּפֵי עוֹפוֹת וְשִׂיחַת דְּקָלִים כְּפִי חֹמֶר עָוֹנוֹ וְכָל שֶׁכֵּן כְּשֶׁיֵּשׁ בּוֹ חֲרָטָה עַל אֵיזוֹ מִצְוָה כְּטַעַם תִּשְׁתַּפֵּכְנָה אַבְנֵי קֹדֶשׁ וְאוֹיְבֵי דָוִד מְכַלְלָם שֶׁכְּבָר הִמְלִיכוּ כָּל הָרוּחָנִיִּים אֶת אָדָם הָרִאשׁוֹן לְמֶלֶךְ עֲלֵיהֶם וְהוּא קִיֵּם בָּהֶם שׂוֹם תָּשִׂים עָלֶיךָ מֶלֶךְ שֶׁתְּהֵא אֵימָתוֹ עָלֶיךָ יִרְצֶה שֶׁתִּירָא מִמִּי שֶׁהוּא יָרֵא שֶׁאֵין עַל גַּבָּיו אֶלָּא ה' אֱלֹהָיו וְאִם מִזֶּרַע הַיְּהוּדִים הֵם אוֹיְבֵי דָוִד שֶׁזָּכַרְנוּ הִנֵּה נוֹסָף עָוֹן עַל עֲוֹנָם בִּהְיוֹתָם תּוֹהִים עַל הָרִאשׁוֹנוֹת מִמָּה שֶׁהִמְלִיכוּ הַשְּׁבָטִים אֶת יְהוּדָה עֲלֵיהֶם וּמִי שֶׁאֵין לוֹ חֵלֶק בְּדָוִד וְלֹא נַחֲלָה בְּבֶן יִשַׁי קָאֵי בְּמִי שֶׁפָּרַע מִדּוֹר הַמַּבּוּל דִּכְתִיב בְּהוּ וַתִּמָּלֵא הָאָרֶץ חָמָס וְאֵין חָמָס גָּדוֹל בָּעוֹלָם מִן הַמְּרִידָה בְּמַלְכוּת וּמִדּוֹר הַפְּלָגָה עַל חֲרֶטֶת הַמִּצְוָה כְּטַעַם בְּנָסְעָם מִקֶּדֶם שֶׁהִסִּיעוּ עַצְמָהּ מִקַּדְמוֹנוֹ שֶׁל עוֹלָם עַל כֵּן הָיְתָה לָהֶם הַלְּבֵנָה לְאָבֶן וְכֵן שֶׁמַּעְנוּ הַיָּרֵא אֶת ה' מֵעַבְדֵי פַּרְעֹה שֶׁאָמְרוּ תְּחִלָּה שַׁלַּח אֶת הָאֲנָשִׁים וְכֵיוָן שֶׁאָמְרוּ אַחַר כָּךְ מַה זֹּאת עָשִׂינוּ כִּי שִׁלַּחְנוּ אֶת יִשְׂרָאֵל מֵעָבְדֵנוּ יָרְדוּ בִמְצוֹלֹת כְּמוֹ אָבֶן וְהוּא טַעַם הַיְּרִידָה מַטָּה מַטָּה מֵאָדָם לְחַי מִמֶּנּוּ לְצוֹמֵחַ וּמִמֶּנּוּ לְדוֹמֵם וְכֵן בְּמִצְוַת סְקִילָה דִּתְנִינַן נִגְמַר הַדִּין שֶׁאֵין אַחֲרָיו דִּין וְהוּא

טַעַם כִּי יִפֹּל הַנּוֹפֵל מֵעִקָּרָא אִם בְּסוֹד הַמַּאֲסָר כְּטַעַם זוּמָמוֹת וְהוֹלְכוֹת אוֹ בְּאָבְדַן הַצּוּרוֹת וְהַפְּשָׁטָן לְגַמְרֵי וְהוּא מְבֹאָר מַאי תַּקַּנְתַּיְהוּ עֹבְרֵי בְּעֵמֶק הַבָּכָא מַעְיָן שֶׁיְּשִׁיתֻהוּ בכ"א נוֹטָרִיקוֹן בִּמְצוּלוֹת כְּמוֹ אֶבֶן וְיוֹרְדֵי גֵיהִנֹּם לְהַצָּלַת הַזּוּלַת כְּמוֹ שֶׁבֵּאַרְנוּ בְּמַאֲמַר חֵקֶר דִּין בַּחֵלֶק הַחֲמִישִׁי כָּךְ הֵמָּה עוֹבְרִים בְּעֵמֶק בְּכָאִים הַלָּלוּ עוֹבְרֵי דַּוְקָא בְּסוֹד הָעִבּוּר עַד אֲשֶׁר אֲבָנִים אֵלֶּה וְדוֹמֵיהֶם שֶׁחָקוּ בְּדִמְעוֹתֵיהֶם כַּמְבֹאָר שָׁם וּכְשֵׁם שֶׁהָיְתָה לָהֶם יְרִידַת פְּלָאִים בְּהַדְרָגָה כָּךְ בְּהַעֲלָאָה יֵלְכוּ מֵחַיִל אֶל חָיִל עַד הַקַּבָּלַת פְּנֵי שְׁכִינָה כִּדְכְתִיב יֵרָאֶה אֶל אֱלֹהִים בְּצִיּוֹן כְּטַעַם יֵרָאֶה כָּל זְכוּרְךָ. עוֹד הֶעֱמִיקָה בְּסוֹד הָעִבּוּר בְּאָמְרָה וַיָּקָם אָדָם לִרְדָפְךָ הוּא אָדָם בְּלִיַּעַל רוּחַ רָעָה מִבְּעָתוֹ לִשְׁאֹל בֵּאַרְנוּהוּ בְּמַאֲמַר הַנֶּפֶשׁ עֲמֹד עָלָיו. אָמְרָה לוֹ שְׁנִית כַּד תָּבְעָה וְלֹא תִהְיֶה זֹאת לְךָ לְפוּקָה הִזְהִירָה אוֹתוֹ עַל בַּת שֶׁבַע כִּי אָמְרָה זֹאת אַל תִּהְיֶה לְפוּקָה אֲבָל אֵידָךְ תִּהְיֶה כְּמִדְרַשׁ חֲכָמִים. שְׁלִישִׁית עָשֹׂה יַעֲשֶׂה ה' לַאדֹנִי בַּיִת נֶאֱמָן עָשָׂה לְדָוִד יַעֲשֶׂה לַמָּשִׁיחַ. חֻלְדָּה בְּפֵרוּשׁ כְּתִיב בָּהּ אֵשֶׁת שַׁלּוּם שֶׁנִּתְנַבְּאָה עַל יְדֵי צַדִּיקוֹ שֶׁל עוֹלָם שֶׁהוּא בְּרִית שָׁלוֹם כַּנּוֹדָע. אֶסְתֵּר כְּתִיב בָּהּ וַתִּלְבַּשׁ אֶסְתֵּר מַלְכוּת וְדַי בָּזֶה. וְיֵשׁ לְתַלְמִידֵי הָאֲרִ"י זצ"ל שִׁטָּה אַחֶרֶת בָּהֶן וּבִשְׁמוּעוֹתֵיהֶן שֶׁל נְבִיאוֹת הַלָּלוּ אִם קַבָּלָה נְקַבֵּל וְאֵין בָּהּ סְתִירָה אֶל הַדָּרוּשׁ וּמִלְּתָא אַגַּב אָרְחִין נֵימָא במ"ח נְבִיאִים שֶׁמָּנָה אוֹתָם רַשִׁ"י בְּפֶרֶק קַמָּא דִּמְגִלָּה בְּשֵׁם בַּעַל הֲלָכוֹת גְּדוֹלוֹת חוּץ מִשְּׁנַיִם שֶׁנֶּעֶלְמוּ מִמֶּנּוּ וְהֵם שֵׁם וָעֵבֶר. שֵׁם שֶׁאָמַר לְרִבְקָה שְׁנֵי גוֹיִם בְּבִטְנֵךְ וְעֵבֶר שֶׁנִּתְנַבֵּא עַל הַפְּלָגָה. וְתַרְוַיְהוּ מִיקָרוֹ נִתְנַבְּאוּ לְיִשְׂרָאֵל זֶה עַל עֵקֶב עַצְמוֹ וְזֶה עַל בְּחִירַת הָאָבוֹת כִּדְכְתִיב בְּהַנְחֵל עֶלְיוֹן גּוֹיִם וְכָל הַפָּסוּק וְיֵשׁ בְּסֵפֶר יְשַׁעְיָה שְׁנֵי פְּסוּקִים שֶׁהֵם נְבוּאוֹת בְּאֵרִי אָבִיו שֶׁל הוֹשֵׁעַ וְהָיָה כִּי אָמְרוּ אֲלֵיכֶם וְכוּ' כִּדְאִיתָא בַּגְּמָרָא וְכֵן עוֹדֵד וַחֲנָנִי בִּימֵי אָסָא שֶׁיֵּשׁ בְּדִבְרֵי שְׁנֵיהֶם נְבוּאָה לַדּוֹרוֹת לְפִיכָךְ רָאוּי לִמְנוֹת בִּכְלַל המ"ח נְבִיאִים. אוּלַי רָאוּי לְהָסִיר מִן הַמִּנְיָן בָּרוּךְ שֶׁהֵעִיד עַל עַצְמוֹ מְנוּחָה לֹא מָצָאתִי וְאָבִיו נָמֵי לֹא שָׁמַעְנוּ לוֹ נְבוּאָה מְפֹרֶשֶׁת וְכֵן שְׂרָיָה וּמַחְסֵיָה וְהָא דְּאָמַר מַר שְׁמוֹנָה כֹּהֲנִים נְבִיאִים עָמְדוּ מִבְּנֵי בְּנוֹתֶיהָ שֶׁל רָחָב רְאוּיִים לִנְבוּאָה קָאָמַר אִי נָמֵי נְבִיאִים שֶׁלֹּא נִכְתְּבוּ דִּבְרֵיהֶם וְהֵם הָיוּ לְאַלְפֵי רְבָבָה לֹא יֻקַּח מֵהֶם לַמִּנְיָן המ"ח וְכֵן אֶלְדָּד וּמֵידָד לֹא נִכְתְּבָה נְבוּאָתָם וְאִי קַשְׁיָא לָךְ עֵבֶר שֶׁלֹּא נִכְתְּבָה נְבוּאָתוֹ הָא כְּתִיב כִּי בְיָמָיו נִפְלְגָה הָאָרֶץ. וְהַמַּשְׁלִים הַמִּנְיָן הוּא הַנָּבִיא זָקֵן וְשָׁב בְּבֵית אֵל שֶׁהוֹסִיף עַל נְבוּאַת עִדּוֹ חֻרְבַּן הַבָּמוֹת שֶׁבְּעָרֵי שׁוֹמְרוֹן שֶׁזָּכַרְנוּ בְּמַאֲמַר חֵקֶר דִּין חֵלֶק א' וְכָל דִּבְרֵי חֲכָמִים קַיָּמִים:

מַאֲמַר אֵם כָּל חַי - חֵלֶק ב סִימָן ב

הַדְּרָן לְשָׂרָה אִמֵּנוּ אֵשֶׁת חַיִל עֲטֶרֶת בַּעְלָהּ הָכִי יִקָּרֵא שְׁמָהּ יִסְכָּה שֶׁסָּכְתָה

בְּרוּחַ הַקֹּדֶשׁ וְאָמְרוּ שֶׁאַבְרָהָם טָפֵל אֵלֶיהָ בִּנְבִיאוֹת עַל כֵּן בָּאָה אֵלֶיהָ הַפְּקִידָה הַזֹּאת מִשְׁתֵּי אַסְפַּקְלָרְיָאוֹת שֶׁמֵּהֶן כָּל חָזוֹן מְאִירָה וְשֶׁאֵינָהּ מְאִירָה שֶׁהֵן הוּא וּבֵית דִּינוֹ וְעִם זֶה פָּקַד אֶת שָׂרָה לְהַשִּׂיאָהּ עֵצָה הוֹגֶנֶת לָהּ כַּאֲשֶׁר אָמַר לַיָּרֵחַ לְמַעֵט אֶת עַצְמָהּ וְהִיא הִצְדִּיקָה עָלֶיהָ אֶת הַדִּין בְּשִׂמְחָה וַתַּעַשׂ בְּחֵפֶץ כַּפֶּיהָ שׁוֹשְׁבִינוּת לְהָגָר שִׁפְחָתָהּ וַתִּתֵּן אֹתָהּ לְאַבְרָם אִישָׁהּ לוֹ לְאִשָּׁה אַחֲרֵי שֶׁשִּׁחְרְרוּהָ כַּמְבֹאָר בְּמַאֲמָרָם חֵקֶר דִּין חֵלֶק ב' פֶּרֶק כ"ג עִם כִּי עַזָּה כַּמָּוֶת אַהֲבָתָהּ לוֹ וְקָשָׁה כִּשְׁאוֹל קִנְאַת הָאִשָּׁה בְּיֶרֶךְ חֲבֶרְתָּהּ. וְיֵשׁ לָזֶה דִּמְיוֹן עִם נִיצוֹץ הַשֶּׁמֶשׁ הַמַּכֶּה לִפְעָמִים בְּכַדּוּר הָאָרֶץ וְהוּא מִתְמַצֵּעַ בִּשְׁעַת הַנָּגוּד בֵּינוֹ לַיָּרֵחַ וְאָז יֹאמַר הֱיוֹת לְבָנָה לוֹקָה אַף כָּאן צַעַר גָּדוֹל הָיָה לָהּ לְשָׂרָה וְקִבְּלַתְהוּ בְּאַהֲבָה לָמָּה שֶׁנּוֹדַע לָהּ בְּחָכְמָתָהּ כִּי דִּין הוּא שֶׁתִּקְדַּם קְלִפָּה לִפְרִי בִּיצִירָתָהּ וְשֶׁיִּהְיוּ הַצַּדִּיקִים תְּחִלָּתָם יִסּוּרִין וְסוֹפָן שַׁלְוָה וּבִשְׂכַר זֶה פָּקַד אֶת שָׂרָה מֵעִנְיַן הַשְׁגָּחָה כְּמוֹ וְיָדַעְתָּ כִּי שָׁלוֹם אָהֳלֶךָ וּפָקַדְתָּ נָוְךָ וּכְתִיב כִּי בֹעֲלַיִךְ עֹשַׂיִךְ אַף כָּאן פָּקַד וְעָשָׂה כִּי הַמַּשְׁגִּיחַ עַל הַהֲטָבָה לְזוּלַת וּלְמִלּוּי חֶסְרוֹנוֹ הַהוּא יִקָּרֵא בַּעַל וּכְשֶׁהָיְתָה הַפְּקִידָה לְרָעָה הָיָה הַנָּבִיא מִתְלוֹנֵן וְאוֹמֵר ה' אֱלֹהֵינוּ בְּעָלוּנוּ אֲדֹנִים זוּלָתֶךָ כְּטַעַם תְּמַלְאֵמוֹ נַפְשִׁי לְפִי שֶׁעוֹרַרְנוּ בְּמַאֲמַר הַנֶּפֶשׁ:

מַאֲמַר אֵם כָּל חַי - חֵלֶק ב סִימָן ג

וְלָמָּה שֶׁאָנוּ רְגִילִים לְפָרֵשׁ כִּי הַנְּבוּאוֹת בְּדַעַת עֶלְיוֹן אֵינָן מְחַיְּבוֹת הָרָעוֹת וְהַטּוֹב עַד שֶׁצּוֹרֵךְ שֶׁעָתָן עָשָׂה לָהֶן פּוֹעֵל דִּמְיוֹנִי כְּפִי מַעֲשֶׂה הַתַּחְתּוֹנִים וְתַשְׁלִים שְׂכָרָן כְּמוֹ שֶׁיָּבֹא בְּסָמוּךְ הִנֵּה הוּא מְבֹאָר נִגְלֶה כִּי מָה שֶׁנִּתְנַבֵּא מִיכָיְהוּ בֶּן יִמְלָה עַל מוֹת אַחְאָב לֹא אֲדֹנִים לָאֵלֶּה יָשׁוּבוּ אִישׁ לְבֵיתוֹ בְּשָׁלוֹם הָיָה מָסוּר בְּסִינַי לִבְשׂוֹרָה נִפְלָאָה וְהִיא עֲתִידָה לְהִתְקַיֵּם עַל כָּל פָּנִים כִּי בַּזְּמַן שֶׁאֲדוֹנִים זוּלַת יִתְבָּרֵךְ יִתְבַּטְּלוּ וּבְנִשְׁמוֹתֵיהֶן שֶׁל יִשְׂרָאֵל לֹא יִמְשְׁלוּ יָשׁוּבוּ הַדְּיוֹקְנָאוֹת כֻּלָּן לְיִחוּדָן לְשָׁלוֹם אָמְנָם כָּל הַנְּבוּאוֹת קָדְמוּ בְּסִינַי שֶׁכֵּן אָמְרוּ חֲכָמִים אֵין נְבוּאָה שׁוֹרָה אֶלָּא עַל חָכָם גִּבּוֹר וְעָשִׁיר וְיֵשׁ מוֹסִיפִין בַּעַל קוֹמָה הַכֹּל כְּפִי הַמּוּכָן בּוֹ בַּחָכְמָה הַנֶּעֱלָמָה שֶׁהִיא אֵם הַנְּבוּאָה כְּמוֹ שֶׁנִּרְמַז בַּכָּתוּב וְנָבִיא לְבַב חָכְמָה. וְנוֹסָף עַל כָּל הַתְּאָרִים הָאֵלֶּה בְּעִנְיָן נָמֵי שֶׁיִּהְיוּ כֻּלָּם מִמֹּשֶׁה פֵּרוּשׁוֹ אִם קָדְמָה מְסִירָתָהּ מִסִּינַי לְמֹשֶׁה וּמִמֶּנּוּ לִשְׁאָר הַנְּבִיאִים אֵין וְאִי לֹא לֹא שֶׁאֵין נָבִיא רַשַּׁאי לְחַדֵּשׁ:

מַאֲמַר אֵם כָּל חַי - חֵלֶק ב סִימָן ד

וְזֶה הָיָה מְקוֹם הַטָּעוּת לְמִרְיָם כְּשֶׁאָמְרָה הֲרַק אַךְ בְּמֹשֶׁה דִּבֶּר ה' הֲרֵי כָּאן מִעוּט אַחַר מִעוּט לְרַבּוֹת וְכָמוֹהוּ אֵין בָּאָרוֹן רַק שְׁנֵי לֻחוֹת שֶׁדָּרְשׁוּ

שְׁנֵי מֵעוּטֵן אֵלּוּ בְּפֶרֶק קַמָּא דְּבָבָא בָּתְרָא לְרַבּוֹת סֵפֶר תּוֹרָה שֶׁמִּצַּד הָאָרוֹן אוֹ שִׁבְרֵי לוּחוֹת אִי מִשּׁוּם דְּהָכִי קָאָמַר אֵין שָׁם רַק שְׁנֵי לוּחוֹת בִּלְבַד אֶלָּא דָּבָר אַחֵר הָיָה עִמָּהֶם אִי נָמֵי אֵין בָּאָרוֹן מְעַט מָה שֶׁאֵינוֹ מְפֹרָשׁ רַק חָזַר וּמִעֵט לְרַבּוֹת בְּגִדְרֵי הַדָּבָר מְפֹרָשׁ לוּחוֹת שְׁלֵמוֹת וּשְׁבוּרוֹת. אוֹ לוּחוֹת וְסֵפֶר תּוֹרָה שֶׁיֵּשׁ בְּזֶה וּבָזֶה אוֹתִיּוֹת קַיָּמוֹת אַף כָּאן ב' מֵעוּטֵן שֶׁכֵּן אָמְרָה מִרְיָם הֲרַק אַךְ בְּמֹשֶׁה דִּבֶּר ה' שֶׁאֵין הַדִּבּוּר שׁוֹרָה עַל שְׁאָר הַנְּבִיאִים אֶלָּא עַל יְדֵי צִנּוֹר הַנְּבוּאָה הַמֻּשְׁרָשׁ בְּמֹשֶׁה אַךְ בְּמֹשֶׁה דִּבֶּר ה' מְעַט לְמֵמַר דְּהָנֵי מִילֵּי בִּימֵי מֹשֶׁה דַּוְקָא אַחַר שֶׁזָּכָה לְמַעְלָה הַהִיא נִפְלָאָה בְּעֵינֵינוּ גַּם זֶה רִבָּה הַכָּתוּב מָה שֶׁחָזַר וּפֵרֵשׁ לְהָדְיָא שֶׁקֹּדֶם לָכֵן הֲלֹא גַּם בָּנוּ דִבֵּר בְּמִצְרַיִם כַּמָּה דָּאַת אָמַר הַנְּבִיאָה אֲחוֹת אַהֲרֹן שֶׁעֲדַיִן לֹא נוֹלַד מֹשֶׁה. וְאַשְׁכְּחַן דְּכוֹתָהּ בַּגְּמָרָא מִלְּתָא דְּאַתְיָא בְּקַל וָחֹמֶר טָרַח וּמַיְתֵי לָהּ קְרָא. וְתַנָּא דְּמַתְנִיתִין נָמֵי רַבָּהּ וּפֵרֵשׁ מִיָּד בְּדוּכְתֵּי טוּבָא עַל זֶה סָמְכָה מִרְיָם בְּטַעֲנָתָהּ וְאַהֲרֹן לֹא מָחָה עַד שֶׁנִּגְלָה עֲלֵיהֶם הַקָּדוֹשׁ בָּרוּךְ הוּא וְהוֹדִיעָם שֶׁלֹּא הָיְתָה בָּעוֹלָם נְבוּאָה מֻשְׁלֶמֶת עַד שֶׁבָּא מֹשֶׁה דִּכְתִיב וּשְׁמִי ה' לֹא נוֹדַעְתִּי לָהֶם אֲפִלּוּ לַאֲבוֹת הָעוֹלָם וְאַחֲרָיו כְּתִיב נָבִיא אָקִים לָהֶם מִקֶּרֶב אֲחֵיהֶם כָּמוֹךָ עֲשָׂאוֹ דֻּגְמָא לַדּוֹרוֹת לְכָל הַנְּבִיאִים כֻּלָּם שֶׁלֹּא יִתְנַבְּאוּ אֶלָּא מִמָּה שֶׁנִּמְסַר בְּסִינַי:

מַאֲמַר אֵם כָּל חַי - חֵלֶק ב סִימַן ה

וִישַׁעְיָה מַכְרִיז וְאוֹמֵר מֵעֵת הֱיוֹתָהּ שָׁם אָנִי כִּי עָמְדוּ רַגְלֵי קוֹמָתוֹ עַל הַר סִינַי מֵעֵת הֱיוֹת נְבוּאָתוֹ שָׁם בְּכֹחַ פָּשׁוּט בִּלְתִּי מַכְרִיעַ כְּלוּם לְטוֹב אוֹ לְמוּטָב וְזוֹ הִיא לְמֹשֶׁה רַבֵּנוּ ע"ה שְׁלֵמוּת גְּדוֹלָה שֶׁשָּׁבָה דַּעְתּוֹ בַּעֲתִידוֹת בִּלְתִּי מַכְרַעַת כְּמוֹ שֶׁבֵּאַרְנוּ בִּמְקוֹמוֹ בְּדַעַת הַמָּקוֹם לְפִי שֶׁהַשָּׂגָתוֹ בָּהֶן הָיְתָה בִּצְפִיַּת הַדָּבָר הֶעָתִיד לִהְיוֹת נִבְחַר לֹא קָדְמָה בּוֹ אֲמִירָה וְדִבּוּר נְבוּאִיִּי כְּלָל אֶלָּא תְּמוּנַת ה' יַבִּיט יִרְצֶה הַתְּמוּנָה עַצְמָהּ שֶׁהַקָּדוֹשׁ בָּרוּךְ הוּא רוֹאֶה מִכָּל הַנִּמְצָאִים זוּלָתוֹ וְגַם מִן הַדְּבָרִים הָעֲתִידִים קֹדֶם הֱיוֹתָם זָכָה מֹשֶׁה לְהַשִּׂיג אוֹתָהּ עַל בֻּרְיָהּ וְיָדוּעַ שֶׁאֵין הַבָּטָה אֶלָּא מִלְּמַעְלָה לְמַטָּה וּכְתִיב פֶּה אֶל פֶּה אֲדַבֶּר בּוֹ מִנְּשִׁיקוֹת פִּיהוּ דְּשִׁיר הַשִּׁירִים נֶדָעֵהוּ וּכְתִיב וַיִּשְׁמַע אֶת הַקּוֹל מִדַּבֵּר אֵלָיו שֶׁהוּא מִן הַהִתְפַּעֵל כַּנּוֹדָע וּמַרְאֶה פּוֹעֵל וְצֵא כִּי הַקּוֹל וְהַדִּבּוּר הַהוּא הָיָה מַרְאֶה לְמֹשֶׁה אוֹתָהּ הַתְּמוּנָה שֶׁזָּכַרְנוּ בְּבֵרוּר וְלֹא בְּחִידוֹת וְאַל יִקְשֶׁה מַאֲמַר ה' לְמֹשֶׁה הִנְּךָ שֹׁכֵב עִם אֲבֹתֶיךָ וְקָם הָעָם כִּי הַכָּתוּב יַחַס הַהוֹדָעָה לַנָּבִיא שׁוֹכֵב שֶׁכֵּן הָיָה מֹשֶׁה מִתְנַבֵּא וְכוֹתֵב בְּדֶמַע מִיתָתוֹ וּקְבוּרָתוֹ וְהוּא מֻפְשָׁט מֵחֵלֶק הַגּוּף הַיְסוֹדִי שֶׁכְּבָר מֵת וְנִקְבַּר בְּפֹעַל וּמִמֵּילָא מַשְׁמַע שֶׁנִּסְתַּלְּקוּ מִמֶּנּוּ בְּאוֹתָהּ שָׁעָה הַצֶּלֶם וְהַדְּמוּת תַּחְתּוֹן שֶׁבָּא זְכַרְנוּם בְּמַאֲמַר הַנֶּפֶשׁ וְכַמְבֹאָר יָפֶה יָפֶה בְּמַאֲמַר חֵקֶר דִּין וְאֵין בְּזֶה

פּוֹעֵל דִּמְיוֹנִי עַד אֲשֶׁר יָבֹא הַנָּבִיא בְּשֵׁם ה' לְפַרְסֵם נְבוּאָתוֹ דָּבָר בְּעִתּוֹ הוּא עוֹדֶנּוּ חַי חַיֵּי בְּשָׂרִים בְּדֶרֶךְ כָּל הָאָרֶץ וְאָז בְּצֶדֶק וּמִשְׁפָּט וּמֵישָׁרִים יֻכְרַע פִּתְרוֹן הַנְּבוּאָה עַל דִּבְרַת בְּנֵי אָדָם כְּטַעַם וְעַתָּה ה' אֱלֹהִים שְׁלָחַנִי וְרוּחוֹ שֶׁהוּא רְצוֹנוֹ הַגּוֹזֵר עָלֶיהָ לִשְׁעָתָהּ הַהַכְרָזָה עַל יְדֵי הַנָּבִיא וְהִיא בְּרִית כְּרוּתָה לִשְׂפָתַיִם:

מַאֲמַר אֵם כָּל חַי - חֵלֶק ב סִימָן ו

כַּיּוֹצֵא בַּדָּבָר אַתָּה אוֹמֵר הַגֵּר אֲשֶׁר בְּקִרְבְּךָ עָלָה עָלֶיךָ מַעְלָה מָּעְלָה וְאַתָּה תֵרֵד מַטָּה מָּטָּה שֶׁהוּא בֶּאֱמֶת מַאֲמָר מַבְהִיל וּמְגֻזָּם יְרִידַת פְּלָאִים כְּמוֹ שֶׁזָּכַרְנוּ לְמַעְלָה סִימָן לְדִבֵּר אִשְׁתּוֹ שֶׁל לוֹט וְלָנוּ הוּא תַּכְלִית הַטּוֹבָה כִּי אָמְנָם הָגֵר הַזֶּה אוֹכֵל נְבֵלוֹת מִיָּדֵנוּ הוּא וְהִנֵּה מוֹשָׁבוֹ בְּשַׁעַר וּמִתְקַדֵּשׁ לִכָּנֵס בְּקֶרֶב מַחֲנֵנוּ לִהְיוֹת גֵּר צֶדֶק וּבֶן בִּתּוֹ רָאוּי לִהְיוֹת כֹּהֵן גָּדוֹל לַחְמֵנוּ יֹאכַל וְשִׂמְלָתֵנוּ יִלְבַּשׁ כִּדְכְתִיב וְאֹהֵב גֵּר לָתֶת לוֹ לֶחֶם וְשִׂמְלָה הוּא סוֹד הַכְּהֻנָּה מִבַּיִת וּמִחוּץ נְתוּנִים הֵמָּה לוֹ לְהַאֲכִיל וּלְהַלְבִּישׁ לִבְנֵי בְנוֹתָיו כְּאָמוּר וַיַּעֲקֹב עִם הַבְּכוֹרָה זָכָה אֲלֵיהֶם לֶאֱכֹל וְלִלְבֹּשׁ וְהוּא הַנִּרְמָז בְּמַסָּרָה לִלְבֹּשׁ תְּרֵין וּבֶגֶד לִלְבֹּשׁ לִלְבֹּשׁ אֶת הַבְּגָדִים שֶׁלָּזֶה נִתְאַוָּה יַעֲקֹב וְהִשִּׂיג מַאֲוַיֵּי לִבּוֹ שֶׁאֵין כְּהֻנָּה פּוֹסֶקֶת מִבְּנֵי בָנָיו לְעוֹלָם וְעוֹד יַעֲקֹב וּבָנָיו יֵשׁ בְּכֹחָם לְטַהֵר בֶּגֶד בּוֹגְדִים שֶׁיְּהֵא רָאוּי לִלְבִישָׁה כְּטַעַם כִּלְאַיִם בְּצִיצִית וְכֵן בְּבִגְדֵי כְּהֻנָּה וְהַיְינוּ זְדוֹנוֹת כִּזְכֻיּוֹת. אָמְנָם גֵּר שֶׁנָּשָׂא גִּיּוֹרֶת אֵין כֹּחוֹ יָפֶה לְהַעֲבִיר אֶת הַכֶּתֶם לְפִיכָךְ זָכַר בּוֹ שִׂמְלָה דַּיּוֹ שֶׁיַּחֲלִיף מִשְּׂמֹאל לְיָמִין. אִי נָמֵי יַעֲקֹב הָכֵי קָאָמַר וְנָתַן לִי פֵּרוּשׁ בִּשְׁבִילִי לֶחֶם לֶאֱכֹל לְמַאן דִּכְפִין וּבֶגֶד לִלְבֹּשׁ לְמַאן דִּצְרִיךְ וְאֶפְשָׁר שֶׁצָּפָה לַמָּן שֶׁנִּתַּן לְבָנָיו לְאַרְבָּעִים שָׁנָה בְּבַת אַחַת כִּדְכְתִיב הִנְנִי מַמְטִיר לָכֶם לֶחֶם לְכָל צָרְכֵיהֶם אֶלָּא שֶׁיִּתְחַלֵּק בִּירִידָה וּלְקִיטָה יוֹם יוֹם וּבֶגֶד לִלְבֹּשׁ הָכֵי נָמֵי אַחַת לְמ' שָׁנָה עַל שֵׁם שִׂמְלָתְךָ לֹא בָלְתָה מֵעָלֶיךָ וְדַיֵּק בְּכִי הַאי גַּוְונָא נָמֵי בֶּגֶד בְּיַעֲקֹב דְּאֵלִים זַכּוּתֵיהּ וְשִׂמְלָה בַּהֲמוֹן יִשְׂרָאֵל עַל הַדֶּרֶךְ שֶׁזָּכַרְנוּ:

מַאֲמַר אֵם כָּל חַי - חֵלֶק ב סִימָן ז

וְנִתְבָּאֲרוּ בַּכָּתוּב הַזֶּה ד' עִלּוּיִים לַגֵּר שַׁעַר הַבָּא לִהְיוֹת גֵּר צֶדֶק הָרִאשׁוֹן יַעֲלֶה כִּפְשׁוּטוֹ לְהִתְקַבֵּל בְּשֵׁם טוֹב בַּעֲדַת יִשְׂרָאֵל עָלֶיךָ מַעְלָה מַעְלָה יֵשׁ כָּאן ג' כְּתָרִים עָלֶיךָ זֶה כֶּתֶר מַלְכוּת דִּכְתִיב בֵּיהּ שׂוֹם תָּשִׂים עָלֶיךָ מֶלֶךְ לֹא שֶׁתַּפְסִיק הַמַּלְכוּת מִבֵּית דָּוִד לְעוֹלָם ח"ו אֶלָּא כָּל מְשִׂימוֹת שֶׁאַתָּה מֵשִׂים וַאֲפִלּוּ רֵישׁ גַּרְגּוּתָא אֵינָן אֶלָּא מִקֶּרֶב אָחִיךָ וְכֵיוָן שֶׁאִמּוֹ מִיִּשְׂרָאֵל קָרֵינָן בֵּיהּ מִקֶּרֶב אָחִיךָ. מַעְלָה זֶה כֶּתֶר כְּהֻנָּה לְבֶן בִּתּוֹ כְּאִמּוֹ שֶׁהִיא כְּשֵׁרָה לִכְהֻנָּה לְכַתְּחִלָּה כְּרַבִּי אֱלִעָזָר בֶּן יַעֲקֹב

בַּמִּשְׁנָה פֶּרֶק עֲשָׂרָה יוּחֲסִין אוֹ אֲפִלּוּ כְּרַבִּי יוֹסִי וּבְדִיעֲבַד וּמִזֶּה נִתְבַּשְּׂרוּ בְּנֵי יוֹנָדָב בֶּן רֵכָב מִפִּי יִרְמְיָהוּ. וְגַם הוּא כְּאֶחָד מֵהֶם מִבְּנֵי בְּנוֹתֶיהָ שֶׁל רָחָב שֶׁנִּשֵּׂאת לִיהוֹשֻׁעַ כַּנּוֹדָע וּרְחָבָה וְנִסְבָּה עִמּוֹ לְמַעְלָה כָּאָמוּר לְאוֹת וּלְמוֹפֵת עַד עוֹלָם כִּי מָה' הָיְתָה לּוֹ לְהַעֲמִיד מִמֶּנָּה שְׁמוֹנָה כֹּהֲנִים נְבִיאִים כְּזִוּוּגוֹ שֶׁל מֹשֶׁה עִם צִפּוֹרָה לְהַעֲמִיד מֵרְחַבְיָה בֶּן אֱלִיעֶזֶר לְבַדּוֹ לְמַעְלָה מִס' רִבּוֹא שֶׁכָּל דִּבּוּר לְטוֹבָה אֲפִלּוּ עַל תְּנַאי אֵינוֹ חוֹזֵר וּכְזִוּוּגָן שֶׁל רוּת וְנַעֲמָה לְמַמְלְכוּת יִשְׂרָאֵל. מַעֲלָה שֵׁנִי זֶה כֶּתֶר תּוֹרָה שֶׁהוּא גָּדוֹל מִשְּׁנֵיהֶם וְהִנֵּה שְׁמַעְיָה וְאַבְטַלְיוֹן לְפָנֵינוּ בְּבֵית הַמִּדְרָשׁ עֵדִים נֶאֱמָנִים:

מַאֲמַר אֵם כָּל חַי - חֵלֶק ב סִימָן ח

וְאַתָּה קָדוֹשׁ תֵּרֵד לְקַדֵּשׁ אֶרֶץ וְחוּצוֹת כְּטַעַם וַיֵּרֶד ה' עַל הַר סִינַי שֶׁכֵּן הוּא וְכָל בָּתֵּי כְּנֵסִיּוֹת וּבָתֵּי מִדְרָשׁוֹת שֶׁבְּחוּצָה לָאָרֶץ עֲתִידִים לִהְיוֹת נְטוּעִים בְּאֶרֶץ יִשְׂרָאֵל וְהַנּוֹתֵן עֵינָיו לְמַטָּה וְלִבּוֹ לְמַעְלָה בִּשְׁעַת הַתְּפִלָּה נַעֲשֶׂה דֻּגְמָא לְתָמִיד עֵינֵי ה' אֱלֹהֶיךָ בָּהּ לְיוֹדְעִים סוֹדוֹ וְהוּא הַדִּין וְהוּא הַטַּעַם לַכֹּהֲנִים וְהָעָם בִּשְׁעַת נְשִׂיאַת כַּפַּיִם. וְעִם זֶה נָחָה שָׁקְטָה תְּמִיהַת רַבִּי יוֹחָנָן מִסָּבֵי דְּאִיכָּא בְּבָבֶל בְּמַסֶּכֶת בְּרָכוֹת דִּכְיָוָן דְּמַקְדְּמֵי וּמַחְשְׁכֵי לְבֵי כְּנִשְׁתָּא הוּא הַדָּבָר שֶׁנֶּאֱמַר לְמַעַן יִרְבּוּ יְמֵיכֶם עַל הָאֲדָמָה כֵּן פֵּרְשׁוּ לָנוּ וְנָכוֹן הוּא מַטָּה מַטָּה זֶה גֵּיהִנֹּם וּדְיוֹטֵי הַתַּחְתּוֹנָה שֶׁבּוֹ כְּמוֹ שֶׁדָּרְשׁוּ חֲכָמִים בְּפָסוּק יָשׁוּבוּ רְשָׁעִים לִשְׁאוֹלָה לְמ"ד בִּתְחִלָּתָהּ וְה"א בְּסוֹפָהּ וְיָדוּעַ מִדְּרַבִּי חֲנִינָא בְּפֶרֶק הַזָּהָב שֶׁהַכֹּל יוֹרְדִים שָׁם אֲפִלּוּ צַדִּיקִים גְּמוּרִים לְטַהֲרוֹ וּלְקַדְּשׁוֹ כְּמוֹ שֶׁבֵּאַרְנוּ בְּמַאֲמַר חֵקֶר דִּין עָמַד עָלָיו וְלָנוּ עוֹד בַּכָּתוּב הַזֶּה פֵּרוּשִׁים מֻפְלָאִים וַעֲמֻקִּים עַל הַכַּוָּנָה הַזֹּאת וּכְמוֹ שֶׁנִּרְמַז בְּסָמוּךְ וְדַי בָּזֶה אֶל הַנִּרְצֶה הֵנָּה:

מַאֲמַר אֵם כָּל חַי - חֵלֶק ב סִימָן ט

וְאַף זְכַרְיָה נִתְנַבֵּא עַל חֻרְבַּן הַבַּיִת פְּתַח לְבָנוֹן דְּלָתֶיךָ וְתֹאכַל אֵשׁ בַּאֲרָזֶיךָ וּמְעִקָּרָא אֵינָהּ אֶלָּא הוֹדָעַת הַתִּקּוּן הַמְקֻוֶּה לְקֵץ הַיָּמִין בְּאִתְעָרוּתָא דִּסְלִיק מִתַּתָּא לְעֵלָּא. וְהוּא מַאֲמַר הַשְּׁכִינָה מִתְרַפֶּקֶת עַל דּוֹדָהּ רְשָׁפֶיהָ רִשְׁפֵּי הַחֶמְדָּה אֶל הָעֲבוֹדָה הָאֲמִתִּית לְדָבְקָה בּוֹ כְּמוֹ שֶׁרָמַזְנוּ בְּיֶרַח וְעָתִיד הַלְּבָנוֹן הָעֶלְיוֹן לְהִפָּתַח לִקְרָאתָהּ שֶׁהִיא תְּחִלַּת הַמַּחֲשָׁבָה וַאֲכִילָתָהּ אַרְזֵי הַלְּבָנוֹן הוּא סוֹד הַמַּעֲשֶׂה בְּשׁוּב הַהֲוָיוֹת לְנִרְתָּקָן כְּטַעַם מֵהָאֹכֵל יָצָא מַאֲכָל. כִּי הַמַּחֲשָׁבָה תְּחִלָּתָהּ לְמַעְלָה וְסוֹפָהּ לְמַטָּה וְהַמַּעֲשֶׂה בְּהֶפֶךְ וּמִזֶּה נָבִין כִּי תְּחִלַּת הַמַּעֲשֶׂה הוּא סוֹף הַמַּחֲשָׁבָה לָזֶה וְלָזֶה לֹא יְתֹאַר הַסּוֹף זוּלָתִי בְּמַשְׁמַע הַסִּבָּה הַתַּכְלִיתִית כִּי לְמַרְבֵּה הַמִּשְׂרָה וּלְשָׁלוֹם אֵין קֵץ וּבְסוֹף הַחֵלֶק הַשֵּׁנִי מֵהַמַּאֲמַר

הַנִּזְכָּר רָמַזְנוּ דָּרוּשׁ עָמֹק נִכְבָּד מְאֹד בְּפָסוּק וְהִשְׁאַרְתִּי בְיִשְׂרָאֵל שִׁבְעַת אֲלָפִים נִמְשָׁךְ אֶל הַכַּוָּנָה הַזֹּאת בֶּאֱמֶת מִן הַנְּבוּאוֹת שֶׁלֹּא נִגְלָה טַעֲמָן וְהָיָה פִּתְרוֹנָן לְפִי מְקוֹמָן וְלָנוּ עוֹד בְּמַאֲמַר גּוּר אַרְיֵה פֵּרוּשׁ לְשֶׁבַח נִפְלָא מְאֹד בְּפָסוּק הִנְנִי יוֹסִף לְהַפְלִיא אֶת הָעָם הַזֶּה וְכוּ' וּמֵעַתָּה יִלָּמֵד סָתוּם מִן הַמְּפֹרָשׁ:

מַאֲמַר אֵם כָּל חַי - חֵלֶק ב סִימָן י

אֶתְאַן לְמַעֲשֶׂה הַפְּקִידָה שֶׁאָנוּ בְּבֵאוּרוֹ כִּי כְּשֵׁם שֶׁטֶּרֶם יִצְמַח כָּל עֵשֶׂב הַשָּׂדֶה בְּמַעֲשֵׂה בְּרֵאשִׁית הֻצְרְכָה יְצִירַת הָאָדָם וְהַנָּחָתוֹ בְּגַן עֵדֶן וְהָדָר וְיִצְמַח כָּךְ בְּטֶרֶם יִהְיוּ מִינֵי הַחַיִּים פָּרִים וְרַבִּים הוּבְאוּ אֶל הָאָדָם שֶׁיִּפְקְדֵם וְיַשְׁגִּיחַ עֲלֵיהֶם לִקְרֹא לָהֶם שֵׁמוֹת וְהִיא פְּקֻדָּתָם שֶׁדָּרְשׁוּ רַבּוֹתֵינוּ עַל פָּסוּק זֹאת הַפַּעַם כִּי קְרִיאַת הַשֵּׁמוֹת לְכָל נוֹצָר הִיא גְּמַר צוּרָתוֹ וְעוֹשֶׂה אוֹתוֹ כְּלִי מוֹשֵׁל לְהַשָּׂגַת הַמְכֻוָּן מְנָיָהּ וּבֵהּ. וְיִצְדַּק עִם זֶה מָה שֶׁתִּתְיַחֵס פְּקִידַת הָאִשָּׁה לְג' רָאשִׁים הִנֵּה שְׁמַעְנוּהָ בִּשְׁמֵי הַשָּׁמַיִם מְצָאנוּהָ בִּיצִירַת הַוָּלָד. תְּחִלָּה לְסִבָּה הָרְחוֹקָה שֶׁהִיא הַגּוֹרֶמֶת בְּעֶצֶם בִּבְחִינַת הַצּוּרוֹת כְּמוֹ בוֹעֲלַיִךְ עוֹשַׂיִךְ. שֵׁנִית לְסִבָּה הַקְּרוֹבָה שֶׁהוּא צִנּוֹר הָרָצוֹן בִּפְקִידָה כְּמוֹ כִּי יִבְעַל בָּחוּר בְּתוּלָה. וְעוֹד בָּהּ שְׁלִישִׁיָּה לְמַעֲשֵׂה הַפְּקִידָה עַצְמָהּ כְּמוֹ יִבְעָלוּךְ בָּנַיִךְ וּבַאֲרַנְוֵהוּ. וְהִנֵּה הָאָדָם בִּרְצוֹן קוֹנוֹ הָיָה סִבָּה רְחוֹקָה בִּבְחִינַת הַצּוּרוֹת לְהַשְׁלִים קִיּוּם הַמִּין אֶל כָּל הַחַיִּים וְכֵן לְכָל שִׂיחַ הַשָּׂדֶה וּבְשָׁעָה שֶׁנִּטַּל הַמְּדַבֵּר שֶׁל לְשׁוֹן הַקֹּדֶשׁ מִדּוֹר הַפְלָגָה מִשֵּׁם הֶפְּצֵם ה' מֵהַקְּרָא שְׁמוֹ עֲלֵיהֶם כְּלָל כְּמוֹ שֶׁיָּבֹא וַיָּפֶץ ה' אוֹתָם לְמֶמְשֶׁלֶת ע' שָׂרִים אֲשֶׁר חֵלֶק אֲדוֹן הַכֹּל לְכָל הָעַמִּים לֹא לָנוּ ה' כְּטַעַם אֲדוֹנִים זוּלָתְךָ כִּי אָמְנָם אֲדוֹנִים הֵמָּה בִּרְצוֹנוֹ יִתְבָּרֵךְ וּמַשְׁפִּיעִים אֶת הַצּוּרוֹת לִלְשׁוֹנֹתָם לְמִשְׁפְּחוֹתָם וְהוּא אֲדוֹנֵי הָאֲדוֹנִים כִּי לֹא יִתָּאֵר אֵצֶל מִשְׁפְּחוֹת הָאֲדָמָה הֱיוֹתוֹ סִבָּה רְחוֹקָה אֲפִלּוּ לְצוּרוֹת שֶׁלָּהֶם כְּדֶרֶךְ שֶׁהוּא סִבָּה רְחוֹקָה אֶל הַגּוּפוֹת הַטְּהוֹרוֹת בְּנֵי תוֹרָה וְנִקְרָא אֶצְלָם הָאָדוֹן סְתָם כִּדְכְתִיב בְּמִצְוַת רְאִיָּה שֶׁהוּא כְּמוֹ אֲדוֹנֵי הָאֲדוֹנִים וְעָדִיף מְנָיָהּ בְּמַעֲלַת הַכְּלָל עַל פְּרָטֵי הַנְהָגוֹתָיו:

מַאֲמַר אֵם כָּל חַי - חֵלֶק ב סִימָן יא

אָמְנָם לַצּוּרוֹת הַפְּנִימִיּוֹת הַנִּכְלָלוֹת בָּהּ' שֵׁמוֹת נֶפֶשׁ רוּחַ נְשָׁמָה חַיָּה יְחִידָה הוּא בְּלִי סָפֵק סִבָּה קְרוֹבָה כִּי ה' הוּא הָאֱלֹהִים וּכְתִיב בָּנִים אַתֶּם לַה' אֱלֹהֵיכֶם וּבְסֵתֶר עֶלְיוֹן הַמְּרוֹמָם עַל כָּל בְּרָכָה וּתְהִלָּה וְשָׁם חֶבְיוֹן עֻזּוֹ הוּא לָהֶם סִבָּה רְחוֹקָה וּלְגוִיּוֹת הַמְּכֻבָּדוֹת הַמִּתְמַצְּעוֹת בֵּין הַגּוּף וְהַנֶּפֶשׁ אֲשֶׁר קָרְאוּ בִּשְׁמוֹתָם דְּיוֹקְנָאוֹת וּלְבוּשֵׁי הַנְּשָׁמוֹת הוּא אֱלֹהֵי הָאֱלֹהִים כְּמוֹ שֶׁיִּתָּאֵר אֵצֶל שָׂרֵי הַמֶּרְכָּבָה מְשָׁרְתֵי עֶלְיוֹן שֶׁהוּא לָהֶם

סָבָה קְרוֹבָה בְּשֵׁם אֱלֹהִים בִּלְבַד וְסִבָּה רְחוֹקָה בְּשֵׁם ה' וְנִקְרָא גַּם כֵּן אֱלֹהֵי יִשְׂרָאֵל עַל שֵׁם אֲנִי אָמַרְתִּי אֱלֹהִים אַתֶּם כְּפִי רֹב הַפֵּרוּשִׁים שֶׁנֶּאֶמְרוּ בּוֹ שֶׁכֻּלָּם אֱמֶת צָדְקוּ יַחְדָּו לְדֶרֶךְ זוֹ שֶׁאָנוּ בְּבֵאוּרָהּ. הָא לָמַדְנוּ שֶׁהַשֵּׁם הַמְיֻחָד סִבָּה קְרוֹבָה לַנְּשָׁמוֹת וְסִבָּה רְחוֹקָה לְדְיוֹקְנָאוֹת וְשֵׁם אֱלֹהִים לָהֶם סִבָּה קְרוֹבָה וּלְגוּפוֹת הַצַּדִּיקִים סִבָּה רְחוֹקָה שֶׁהָאָב וְהָאֵם סִבָּה קְרוֹבָה אֲלֵיהֶם וּבָאוּ הַתְּאָרִים כֻּלָּם עַל הַסֵּדֶר בְּפָסוּק זֶה כִּי ה' אֱלֹהֵיכֶם הוּא אֱלֹהֵי הָאֱלֹהִים וַאֲדֹנֵי הָאֲדֹנִים וּלְחֶלְקֵי הָאָדָם יֵשׁ סִימָן בְּפָסוּק קִדְּמוּ שָׁרִים אַחַר נֹגְנִים בְּתוֹךְ עֲלָמוֹת תּוֹפֵפוֹת כִּי הַקִּלּוּס הָעוֹלֶה מִן הַנְּשָׁמָה הוּא שִׁיר בְּלֹא כְּלִי וּמִן הַגּוּף נִגּוּן בִּכְלֵי וְהַצּוּרוֹת הַמִּתְמַצְּעוֹת הֵן הֵנָּה עֲלָמוֹת תּוֹפְפוֹת כִּי הֵן גּוִיּוֹת נֶעֱלָמוֹת כַּנּוֹדָע וּבְמַאֲמַר הַנֶּפֶשׁ נוֹסִיף לֶקַח בְּסִיַּעְתָּא דִשְׁמַיָּא:

מַאֲמַר אֵם כָּל חַי - חֵלֶק ב סִימָן יב

וּמִלְּתָא אַגַּב אָרְחִין נִרְדְּפָה לָדַעַת בַּמָּקוֹם הַזֶּה כִּי הַשֵּׁם הַמְיֻחָד הָרוֹמֵז לְעֶצֶם הָרָצוֹן בִּפְשִׁיטוּת נִקְרָא מֶלֶךְ יִשְׂרָאֵל שֶׁנַּמְלִיכֵהוּ עָלֵינוּ כְּהַיּוֹם הַזֶּה כִּי הָא דְּתַנְיָנָן אֵין פּוֹחֲתִין מֵעֲשָׂרָה מַלְכֻיּוֹת וְשָׁאֲלוּ בַּגְּמָרָא כְּנֶגֶד מִי וְהֵשִׁיבוּ כְּנֶגֶד עֲשָׂרָה מַאֲמָרוֹת דִּבְּרוֹת וְהִלּוּלִים כִּי הָיוּ הַמַּאֲמָרוֹת הַגְּבוּל שֶׁמִּמֶּנּוּ דַּעֲלִיָּה אִתְּמַר אֲנִי רִאשׁוֹן לְעֵלָּא עַד אֵין סוֹף וְהַדִּבְּרוֹת גְּבוּל שֶׁבֵּין כַּנּוֹדָע כִּי תּוֹר"ה בְּגִימַטְרִיָּא אמצעי"ת שֶׁנִּכְרְתוּ עָלֶיהָ כַּמָּה בְּרִיתוֹת בֵּין ה' וְיִשְׂרָאֵל וְהִיא הַמַּכְרֶזֶת בִּלְעָדַי אֵין אֱלֹהִים בְּאֶמְצַע וַעֲשָׂרָה הִלּוּלִים הֵן הֵמָּה גְּבוּל שֶׁאֵלָיו דַּעֲלִיָּה אִתְּמַר אֲנִי אַחֲרוֹן עַד אֵין תַּכְלִית:

מַאֲמַר אֵם כָּל חַי - חֵלֶק ב סִימָן יג

וְהָא דִּתְנַן רַבִּי יוֹסֵי אוֹמֵר אִם הִשְׁלִים בַּתּוֹרָה יָצָא וּתְרִיצְנָא הָכֵי קָאָמַר מַשְׁלִים בַּתּוֹרָה וְאִם הִשְׁלִים בְּנָבִיא יָצָא יָדוּעַ אֶל הַמַּשְׂכִּילִים הָרְגִילִים אֶצְלֵנוּ בִּישִׁיבָה מַה נִּמְרְצוּ אִמְרֵי יֹשֶׁר לְדַקְדֵּק בִּלְשׁוֹן הַתַּנָּא שֶׁבִּכְלַל דְּבָרָיו יִהְיוּ דִּבְרֵי הַגְּמָרָא וְיוֹתֵר מֵהֵמָּה מָה שֶׁיְּחַיְּבֵהוּ לְהַמְלִיץ שְׁנֵי הַטְּעָמִים בִּלְשׁוֹן חָכְמָה וּבְמָתְנִיתִין דְּהָכָא תְּנֵינָא לְהוֹ דְּתָנוּ רַבָּנָן שְׁמַע יִשְׂרָאֵל וְיָדַעְתָּ הַיּוֹם מַלְכוּת שָׁמַיִם שְׁלֹמֹה דִּבְרֵי רַבִּי יוֹסֵי אַלְמָא אִם הִשְׁלִים בַּתּוֹרָה שֶׁאֵין בָּהּ אֶלָּא שָׁלֹשׁ מַלְכִיּוֹת וּכְבָר נֶאֶמְרוּ מֵעִקָּרָא קֹדֶם לַנְּבִיאִים וּכְתוּבִים וְעַכְשָׁו הִשְׁלִים בְּחַד מֵהַנֵּי קְרָאֵי הַמְּפֹרָשִׁים בְּבָרַיְתָא אַף עַל פִּי שֶׁאֵין בְּהַשְׁלָמָתָהּ לְשׁוֹן מַלְכוּת יָצָא וּמִמֵּילָא מַשְׁמַע שֶׁאִם הִשְׁלִים בַּנָּבִיא בְּמַלְכוּת עַצְמָהּ יָצָא וְהוּא פֵּרוּשׁ אֲמִתִּי וּפָשׁוּט לְלַמְּדֵנוּ מִפְּלְאֵי הַמִּשְׁנָה עִם קְצוּרָה שֶׁיֵּשׁ בָּהּ כְּפָלַיִם לְתוּשִׁיָּה וְלֵיכָּא מִדֵּי בְּדְבֵי רַבִּי חִיָּא וְרַבִּי אוֹשַׁעְיָא דְּלָא פְּשָׁטָהּ רַבִּי מִמָּתְנִיתִין כְּדַאֲמַר

אִילְפָא וְהָא דְּאִבַּעְיָא לָן כְּנֶגֶד מִי וּפְשִׁיטְנָא כִּדְלְעֵיל הוּא הַדִּין וְהוּא הַטַּעַם לְזִכְרוֹנוֹת וְשׁוֹפָרוֹת:

מַאֲמַר אֵם כָּל חַי - חֵלֶק ב סִימָן יד

וּלְפִי שֶׁה' הוּא הָאֱלֹהִים הִנֵּה שֵׁם הָעֶצֶם שֶׁזְּכַרְנוּ נִקְרָא גַּם כֵּן אֱלֹהֵי יִשְׂרָאֵל כִּי לֹא יְתֹאַר הַשֵּׁם הַמְיֻחָד בִּסְמִיכוּת כְּלָל לְפִיכָךְ צְבָאוֹת הוּא עַצְמוֹ אֶחָד מִן הַכִּנּוּיִים שֶׁאֵינָם נִמְחָקִים כְּפִי הַנֻּסְחָאוֹת הַמְדֻיָּקוֹת בְּמַסֶּכֶת שְׁבוּעוֹת וְכֵן הִסְכִּימוּ גְּדוֹלֵי הַפּוֹסְקִים. אָמְנָם שֵׁם אֱלֹהִים הוּא כִּנּוּי הַהַנְהָגָה סְתָם וְעַל הַהַנְהָגָה הַכּוֹלֶלֶת כְּתִיב מָלַךְ אֱלֹהִים עַל גּוֹיִם וּכְתִיב כִּי לַה' הַמְּלוּכָה וּמֹשֵׁל בַּגּוֹיִם יִרְצֶה כִּי הַמְּלוּכָה בִּכְלָל הִיא בֶּאֱמֶת לַשֵּׁם הַמְיֻחָד כִּי הוּא אֱלֹהֵינוּ וּבִשְׁבִילֵנוּ נִקְרָא מֶלֶךְ הָעוֹלָם וֵאלֹהֵי כָּל הָאָרֶץ אָמְנָם הַמּוֹשֵׁל בַּגּוֹיִם שֶׁהוּא שֵׁם אֱלֹהִים כָּאָמוּר גַּם הוּא קִנְיָנוֹ שֶׁל שֵׁם הַמְיֻחָד כְּמוֹ הַמְּלוּכָה שֶׁזָּכַר כְּבָר וְכַיּוֹצֵא בָּזֶה נִדְרַשׁ בַּזֹּהַר פָּרָשַׁת מִקֵּץ עַל פָּסוּק שָׁלַח מֶלֶךְ וַיַּתִּירֵהוּ מֹשֵׁל עַמִּים וַיְפַתְּחֵהוּ כִּי אַף עַל פִּי שֶׁנֶּאֱמַר ה' הוּא הָאֱלֹהִים לֹא יֵאָמֵר עַל צַד הַדִּקְדּוּק אֱלֹהִים הוּא ה' שֶׁהֲרֵי הַשֹּׁרֶשׁ הוּא עֶצֶם הָעֲנָף וְכוֹלֵל אוֹתוֹ בְּלִי שִׁיּוּר לֹא כֵן הָעֲנָף אֶל הַשֹּׁרֶשׁ כַּנּוֹדָע לַמַּתְחִילִים בְּחָכְמָה וְעוֹד טַעְמוֹ וּרְאוּ כִּי לֹא נֶאֱמַר ה' הוּא אֱלֹהִים אֶלָּא הָאֱלֹהִים בְּהֵ"א הַיְדִיעָה וְלֹא נֶאֱמַר מָלַךְ הָאֱלֹהִים עַל גּוֹיִם אֶלָּא אֱלֹהִים סְתָם וְהִתְבּוֹנְנוּ דִּקְדּוּק הַתְּאָרִים וְתִפְאֶרֶת הַמְּלִיצָה כִּי רַבָּה:

מַאֲמַר אֵם כָּל חַי - חֵלֶק ב סִימָן טו

וּפַעַם אַחַת בִּלְבַד שָׁמַעְנוּ לְיִרְמְיָהוּ מַכְרִיז מִי לֹא יִרָאֲךָ מֶלֶךְ הַגּוֹיִם וְאַף עַל פִּי שֶׁגַּם הֵ"א הַיְדִיעָה הַזֹּאת כּוֹלֶלֶת כְּמוֹ הַמְּלוּכָה סְתָם שֶׁאָמַר דָּוִד וְדוֹמֶה לְאָמְרֵנוּ מֶלֶךְ הָעוֹלָם מִכָּל מָקוֹם שָׁמַעְנוּ לְרַבִּי יֵבָא שֶׁדָּרַשׁ בּוֹ מִי מֶלֶךְ הַגּוֹיִם דְּלֹא יִירָאֲךָ וְרַבִּי שִׁמְעוֹן לֹא רָצָה לְהוֹצִיאוֹ מִידֵי פְּשׁוּטוֹ וּפֵרֵשׁ בּוֹ מַלְכָּא עִלָּאָה לְרַדָּאָה לוֹן וּלְמֶעְבַּד בְּהוֹן רְעוּתֵיהּ כִּי לְךָ יָאֲתָה לְמִדְחַל מִנָּךְ עֵלָּא וְתַתָּא דְּלָא לְמָרוֹן מֶלֶךְ יִשְׂרָאֵל בִּלְחוֹד הוּא וּפִטְרוֹן אַחֲרָא אִית בִּשְׁמַיִם לִשְׁאָר עַמִּין הֲדָא הוּא דִכְתִיב וּבְכָל מַלְכוּתָם מֵאֵין כָּמוֹךָ. סְפִיחַ קָצִיר מִלְּשׁוֹן הַזֹּהַר. וְהוּא פָּשַׁט נִגְלֶה לְתֹאַר מֶלֶךְ מַלְכֵי הַמְּלָכִים כִּי הוּא מֶלֶךְ עַל צְבָא הַמָּרוֹם מַלְכֵיהֶם שֶׁל מַעְלָה אֲשֶׁר הֵמָּה מוֹשְׁלִים עַל מַלְכֵי הָאֲדָמָה וְלֹא יִקָּרֵא מֶלֶךְ עֲלֵיהֶם בְּיִחוּד כִּי הוּא מִלְּשׁוֹן עֵצָה וְהַמְלָכָה כְּמוֹ מַלְכֵּי יִשְׁפַּר עָלָיךְ אָמְנָם כָּל יִשְׂרָאֵל בְּנֵי מְלָכִים הֵם וּכְתִיב נִפְלְאוֹתֶיךָ וּמַחְשְׁבוֹתֶיךָ אֵלֵינוּ שֶׁהוּא פָּסוּק נִפְלָא אֲפִלּוּ לְפִי פְּשׁוּטוֹ וְיִתֹּאַר אֶצְלֵנוּ מֶלֶךְ מַלְכֵי הַמְּלָכִים בְּסוֹדוֹ. זֶה וָזֶה בּוֹקֵעַ וְעוֹלֶה עַד אֵין חֵקֶר. אֲבָל לְכָל זוּלָתֵנוּ אַרְבַּע מַלְכָוָן אִית לְעֵלָּא דְּשַׁלִּיטִין

בְּרְעוּתֶיהָ עַל כָּל שְׁאָר עַמִּין וְהוּא יִתְבָּרַךְ שְׁמוֹ כְּמִצְבְּיֵהּ עָבִיד בְּכָל חֵילֵי שְׁמַיָּא וְדָאֲרֵי אַרְעָא וְאֵינוֹ נִמְלָךְ בְּתַקָּנָתָם אֶלָּא בְּהַנְהָגָה כּוֹלֶלֶת וְעַל יְדֵי אֶמְצָעִיִּים וְדַי בָּזֶה הֶעָרָה:

מַאֲמַר אֵם כָּל חַי - חֵלֶק ב סִימָן טז

וּכְבָר נִתְעוֹרַרְנוּ וְדָרַשְׁנוּ לָרַבִּים אֲשֶׁר הֵמָּה רָאוּ כֵּן תָּמְהוּ בִּתְפִלַּת תַּעֲנִיּוֹת לְכָל קְהַל עֲדַת יִשְׂרָאֵל נֹסַח שֶׁגּוּר בְּפִי הַכֹּל הַמְּעִידִים עַל מֹשֶׁה רַבֵּנוּ ע"ה שֶׁעָמַד בִּתְפִלָּה עַל עֲוֹנוֹת אֲבוֹתֵינוּ וְכֵן אָמַר בִּתְפִלָּתוֹ מַלְכֵי וֶאֱלֹהַי סְלַח נָא לַעֲוֹן הָעָם הַזֶּה וְלֹא מָצִינוּ זֶה הַתֹּאַר זוּלָתִי בְּשִׁירֵי דָּוִד מַלְכֵּנוּ לֹא בְּדִבְרֵי מֹשֶׁה אֲדוֹנֵנוּ חָלִילָה לְהוֹצִיא שֶׁקֶר מִפִּינוּ וְכָל שֶׁכֵּן בִּהְיוֹתֵנוּ עוֹמְדִים בִּתְפִלָּה וּבְתַחֲנוּנִים לִפְנֵי הַמָּקוֹם אֶלָּא עִקָּרָן שֶׁל דְּבָרִים כֵּן הוּא כִּי בְּמַעֲשֵׂה הָעֵגֶל הִזְכִּיר הָרוֹעֶה הַנֶּאֱמָן י"ג מִדּוֹת שֶׁל רַחֲמִים וְהַסִּימָן הַכּוֹלְלָן הוּא מֶלֶךְ מַלְכֵי הַמְּלָכִים שֶׁיֵּשׁ בּוֹ י"ג אוֹתִיּוֹת. אָמְנָם בַּעֲוֹן הַמְרַגְּלִים רָאָה הֱיוֹת צֹרֶךְ הַשָּׁעָה לְהַזְכִּיר תֵּשַׁע מִדּוֹת בִּלְבַד וְלֹא עוֹד אֶלָּא שֶׁקְּצָתָן רַחֲמִים וּקְצָתָן דִּין וְהַסִּימָן הַכּוֹלְלָן מַלְכֵי וֶאֱלֹהַי שֶׁיֵּשׁ בּוֹ ט' אוֹתִיּוֹת רִאשׁוֹנוֹת רַחֲמִים כִּדְאָמְרָן וְהָאַחֲרוֹנוֹת דִּין כִּי אֱלֹהֵי מִשְׁפָּט ה' אַשְׁרֵי כָּל חוֹכֵי לוֹ וּלְפִי הַמְכֻוָּן הִנֵּה תַּסְפִּיק הַנְחָתֵנוּ בִּפְשִׁיטוּת כִּי הוּא לְבַדּוֹ סִבָּה פּוֹעֶלֶת בְּעַצְמוֹ וּבִכְבוֹדוֹ נְתִינַת הַצּוּרוֹת לָעַם קְרוֹבוֹ וְהוּא הַנִּרְצֶה בְּפָסוּק וַה' פָּקַד אֶת שָׂרָה הַנּוֹשֵׂא לִכְלָל הַדָּרוּשׁ שֶׁמַּשְׁמָעוֹ הַשְׁגָּחָה וְזִכָּרוֹן לְטוֹבָה כְּדִבְרֵיהֶם ז"ל פִּקְדוֹנוֹת הֲרֵי הֵם כְּזִכְרוֹנוֹת. וַיַּעַשׂ ה' לְשָׂרָה בֵּית נֶאֱמָן כַּאֲשֶׁר דִּבֵּר וְהוּא בֵּית יִשְׂרָאֵל שֶׁכֻּלָּם הָיוּ צַדִּיקִים וַחֲבִיבִים לִפְנֵי הַקָּדוֹשׁ בָּרוּךְ הוּא יוֹתֵר מֵחֻקּוֹת שָׁמַיִם:

מַאֲמַר אֵם כָּל חַי - חֵלֶק ב סִימָן יז

וְגַנָּז זֶה טַעַם נָכוֹן לִהְיוֹת יוֹם טוֹב מִקְרָא קֹדֶשׁ הַזֶּה הֶחָדָשׁ מִתְכַּסֶּה בּוֹ כִּי חַג ה' לָנוּ הוּא עִקָּר וְהֶחָדָשׁ טְפֵלָה אֵלָיו. וְעוֹד אֵין בֵּית דִּין שֶׁל מַעְלָה מוֹשִׁיבִין כִּסְאוֹת לְמִשְׁפָּט בְּיוֹם זֶה הַמְיֻחָד לְדִין עַד שֶׁיַּסְכִּימוּ בֵּית דִּין שֶׁל מַטָּה לְקַדְּשׁוֹ וְלֹא חָלָה עָלֵינוּ מִצְוַת הַתּוֹרָה לִתְקֹעַ בְּשׁוֹפָר עַד שֶׁיִּגְזְרוּ בֵּית דִּין שֶׁל מַטָּה בְּאֵיזֶה יוֹם תָּחוּל וְכָמוֹהוּ אֶקְרָא לֵאלֹהִים עֶלְיוֹן לָאֵל גֹּמֵר עָלָי כִּי הַטֶּבַע מְשֻׁעְבָּד לִקְבִיעוּת הֶחֳדָשִׁים וְעִבּוּר הַשָּׁנִים כְּגוֹן פְּחוּתָה מִבַּת שָׁלֹשׁ שָׁנִים וְיוֹם אֶחָד שֶׁהַבָּא עָלֶיהָ כְּנוֹתֵן אֶצְבַּע בְּעַיִן וְאִם בְּרֹאשׁ חֹדֶשׁ אֲדָר שֶׁנּוֹלְדָה בּוֹ נֶאֶנְסָה אַחַר כָּךְ לְסוֹף שָׁלֹשׁ שָׁנִים וְיוֹם אֶחָד וְעָמַד פְּתָחָה פָּתוּחַ כ"ח יוֹם וּבְיוֹם כ"ט עִבְּרוּ בֵּית דִּין אֶת הַשָּׁנָה בְּתוּלֶיהָ חוֹזְרִים כָּךְ אֵין דִּין לְמַעְלָה וְאֵין יוֹם טוֹב לְמַטָּה עַד שֶׁיִּקְבָּעוּהוּ סַנְהֶדְרִין. וְעַל שְׁנֵי דְּבָרִים אֵלֶּה הַמַּתְמִיהִים בְּלִי סָפֵק וּמַרְאִים חִבָּתָנוּ לִפְנֵי הַמָּקוֹם נֶאֱמַר תִּקְעוּ בַחֹדֶשׁ שׁוֹפָר בַּכֶּסֶא

לְיוֹם חַגֵּנוּ אָמַר שֶׁרָאוּי וּמְחֻיָּב לְקַיֵּם מִצְוַת עֲשֵׂה לִתְקֹעַ בּוֹ בְּשׁוֹפָר כְּשֶׁנִּקְבָּעֵהוּ אֲנַחְנוּ שֶׁיִּהְיֶה חַג לַה' וּבִזְמַן שֶׁיָּחוּל הַחֹק הַזֶּה לְיִשְׂרָאֵל לְמַטָּה אָז יִהְיֶה מִשְׁפָּט לֵאלֹהֵי יַעֲקֹב בְּבֵית דִּין שֶׁל מַעְלָה כָּאָמוּר וְאָתְיָא כִּי הָא דְּתַנְיָא אִם בָּאוּ עֵדִים מִן הַמִּנְחָה וּלְמַעְלָה נוֹהֲגִין אוֹתוֹ הַיּוֹם קֹדֶשׁ וּלְמָחָר קֹדֶשׁ עַל פִּי הַתַּקָּנָה שֶׁהֻקְבַּע בִּפְנֵי הַבַּיִת וּפֵרֵשׁ בֶּן הַסְּגַן בַּתּוֹסֶפְתָּא אוֹתוֹ הַיּוֹם קֹדֶשׁ וְתוֹקְעִין וּלְמָחָר קֹדֶשׁ לְהַקְרָבַת מוּסָפִין כִּי עִם הֱיוֹת עֵדוּתָן רְאָיָה לִקְבֹּעַ רֹאשׁ הַשָּׁנָה אוֹתוֹ הַיּוֹם וְהָיוּ חוֹשְׁשִׁין בֵּית דִּין זְרִיזִין לְהָרִיעַ בִּתְחִלָּתָהּ מַמָּשׁ לְעַרְבֵּב אֶת הַשָּׂטָן מִכָּל מָקוֹם הִתְקִינוּ בְּלִשְׁכַּת הַגָּזִית לַעֲקֹר לְכַתְּחִלָּה קְבִיעוּת הַמּוֹעֲדוֹת מִמֶּנּוּ עַד מָחָר כִּדְרָשַׁת אַתֶּם אֲפִלּוּ מְזִידִים וְהָיוּ חוֹזְרִים וְתוֹקְעִין בּוֹ בְּלִי סָפֵק כִּי מֻבְטָח הוּא צַדִּיקוֹ שֶׁל עוֹלָם בַּעֲבָדָיו הַנְּבִיאִים שֶׁאָמַר לָהֶם הַחֹדֶשׁ הַזֶּה לָכֶם וּבְכָל בֵּית דִּין שֶׁיַּעֲמֹד אַחֲרֵיהֶם שֶׁלֹּא תֵּצֵא תַּקָּלָה מִתַּחַת יָדָם אֶלָּא עֲבֵרָה לִשְׁמָהּ שֶׁגַּם הִיא מִדַּרְכֵי הַמָּקוֹם כְּמוֹ בְּרִיאַת הַמַּזִּיקִין וְהַר הַכַּרְמֶל יוֹכִיחַ לְפִיכָךְ הִיא גְּדוֹלָה וַחֲבִיבָה מְאֹד לְפָנָיו מִמִּצְוָה שֶׁלֹּא לִשְׁמָהּ שֶׁאֵין לָהּ דֻּגְמָא בִּדְרָכָיו כְּלָל:

מַאֲמַר אֵם כָּל חַי - חֵלֶק ב סִימָן יח

וְאַף עַל פִּי שֶׁאַחַר הַחֻרְבָּן הִתְקִין רַבָּן יוֹחָנָן בֶּן זַכַּאי לְקַבֵּל עֵדוּת הַחֹדֶשׁ כָּל הַיּוֹם תַּקָּנָה רִאשׁוֹנָה לֹא זָזָה מִמְּקוֹמָהּ לַעֲשׂוֹת אוֹתוֹ הַיּוֹם קֹדֶשׁ וּלְמָחָר קֹדֶשׁ אִם הָיוּ מְאַחֲרִין לָבֹא אֶלָּא שֶׁמּוֹנִין לַמּוֹעֲדוֹת מִן הָרִאשׁוֹן דְּלֵיכָּא לְמֵיחַשׁ לְקִלְקוּל הַשִּׁיר שֶׁקִּלְקְלַת הַחֻרְבָּן תַּקָּנָתוֹ וּבֶן זַכַּאי שֶׁנִּזְכַּר בַּמִּשְׁנָה רֵישׁ פֶּרֶק הָיוּ בּוֹדְקִין קֹדֶם נְשִׂיאוּתוֹ הוּא שֶׁהָיָה נָשִׂיא בִּזְמַן הַחֻרְבָּן וְגָלָה לְבִנְיָה וְהֶחֱזִיר הַדָּבָר לְיָשְׁנוֹ בְּקַבָּלַת הָעֵדוּת בִּלְבַד וַעֲדַיִן חֹמֶר קְדֻשָּׁה אֲרִיכְתָּא כִּדְקָאֵי קָאֵי לְפִיכָךְ מִצֵּרוּף שְׁתֵּי הַתַּקָּנוֹת הָאֵלֶּה חֻיַּבְנוּ לָחוּג אֶת חַג ה' זֶה שְׁנֵי יָמִים בֵּין בָּאָרֶץ בֵּין חוּצָה לָהּ וּמוֹנִין מִן הָרִאשׁוֹן כָּאָמוּר וּמְיַדִּיעַת הַשָּׁרָשִׁים הָאֲמִתִּיִּים הַלָּלוּ מִמֵּילָא רְוָחָא שְׁמַעְתָּא לַנּוֹהֲגִים לְהַזְכִּיר בִּתְפִלַּת הַמּוּסָף מִלְּבַד עוֹלַת הַחֹדֶשׁ שֶׁאֵין לְאָמְרוֹ אֶלָּא בְּיוֹם רִאשׁוֹן בִּלְבַד וְאֵין כָּאן זִלְזוּל לְיוֹם טוֹב שֵׁנִי דְּכֻלֵּהּ עָלְמָא יָדְעֵי שֶׁאֵינוֹ בָּא עַל הַסָּפֵק כִּשְׁאָר יָמִים טוֹבִים שֶׁל גָּלֻיּוֹת לְפִי שֶׁהֵן שְׁתֵּי קְדוּשׁוֹת בֵּין בִּזְמַן שֶׁהָיוּ נִזְכָּרִים וְנַעֲשִׂים בִּשְׁבִיל הַסָּפֵק בֵּין עַכְשָׁו שֶׁאֵינוֹ אֶלָּא מִנְהַג אֲבוֹתֵינוּ בְּיָדֵינוּ וְאֵין בְּמִנְהַג חוּמְרָא לְבָנִים לְעוֹלָם יוֹתֵר מִמַּה שֶּׁהֶחֱמִירוּ הָאָבוֹת עַל עַצְמָם הֵם אָמְרוּ שְׁתֵּי קְדוּשׁוֹת וּלְדִידַן נַמֵּי שְׁתֵּי קְדוּשׁוֹת:

מַאֲמַר אֵם כָּל חַי - חֵלֶק ב סִימָן יט

וּמִכָּאן סִיּוּעַ רַב לְהַשָּׂגַת הָרַאֲבַ"ד בְּפֶרֶק ו' מֵהִלְכוֹת יוֹם טוֹב לֹא יִמְצְאוּ

מַשִּׂיגֵי הַהַשָּׂגָה בְּבִטּוּלוֹ כָּל אַנְשֵׁי חַיִל יְדֵיהֶם וְעוֹד מִנְהַג אֲבוֹתֵינוּ לֹא הָיָה מְחַיֵּב אוֹתָנוּ בַּדָּבָר הַזֶּה שֶׁהֲרֵי הֵם לֹא נָהֲגוּ כָּךְ אֶלָּא מִשּׁוּם סָפֵק וּבְסוּר הַסָּפֵק יָסוּר הַמִּנְהָג מֵאֵלָיו אֶלָּא דְּשָׁלְחוּ מִתָּם דְּנָחוּשׁ לְמִנְהָגָם שֶׁמָּא נָבֹא לִידֵי סָפֵק אִם כֵּן הַסָּפֵק הוּא הַגּוֹרֵם אֵלֵינוּ כָּמוֹנוּ כְּמוֹהֶם וּלְעוֹלָם שְׁתֵּי קְדוּשׁוֹת הֵן. אֲבָל שְׁנֵי יָמִים טוֹבִים שֶׁל רֹאשׁ הַשָּׁנָה יוֹמָא אֲרִיכְתָּא וּקְדוּשָּׁה אַחַת הִיא בְּכָל זְמַן טוּבָא אִיכָּא לְמֵיחַשׁ אִם בָּאנוּ לְהַזְכִּיר עוֹלַת הֶחָדָשׁ גַּם בְּשֵׁנִי שֶׁלֹּא תְּהֵא תַּקָּנָתוֹ קַלְקָלַת הַמּוֹעֲדוֹת שִׁמְּנוּ לָהֶן מִמֶּנּוּ כְּדֶרֶךְ שֶׁמּוֹנִין לְכָל רָאשֵׁי חֳדָשִׁים דְּעָלְמָא וּמֵעַתָּה אַל יְהִי שִׁירָן שֶׁל לְוִיִּם לְתָמִיד שֶׁל בֵּין הָעַרְבַּיִם קַל בְּעֵינֶיךָ שֶׁכֵּן חָשׁוּ חֲכָמִים בִּפְנֵי הַבַּיִת שֶׁלֹּא לָבֹא לִידֵי סָפֵק שֶׁמָּא יִתְקַלְקְלוּ בּוֹ הַלְוִיִּם בָּבָא עֲדֵי רְאִיָּה אַחַר שֶׁהִגִּיעָה שְׁעַת הַמִּנְחָה כְּשֵׁם שֶׁנִּתְקַלְקְלוּ בּוֹ פַּעַם אַחַת בִּלְבַד אִם שֶׁאָמְרוּ שִׁיר שֶׁל חֹל גַּם לְתָמִיד שֶׁל בֵּין הָעַרְבַּיִם אַף עַל פִּי שֶׁכֵּן מִשְׁפָּטוֹ בְּכָל הַמּוֹעֲדִים חוּץ מֵרֹאשׁ הַשָּׁנָה וְכָל רֹאשׁ חֹדֶשׁ דְּכוֹתֵיהָ לְפַרְסֵם שֶׁקִּדְּשׁוּ בֵּית דִּין אֶת הַחֹדֶשׁ. אִם שֶׁנִּבְהֲלוּ נֶחְפְּזוּ וְלֹא אָמְרוּ בּוֹ שִׁיר כְּלָל כִּמְפֹרָשׁ בַּגְּמָרָא בִּשְׁתֵּי דְּרָכִים:

מַאֲמַר אֵם כָּל חַי - חֵלֶק ב סִימָן כ

אֶת שָׂרָה פָּשׁוּט בְּדִבְרֵיהֶם ז"ל שִׁמְלַת אַתְּ בָּאָה לְעוֹלָם לְרִבּוֹת וּמִלַּת גַּם כָּמוֹהָ אֶלָּא שֶׁהַמִּתְרַבָּה מִמִּלַּת אֶת הוּא דָּבָר חָשׁוּב וּמְעוּלֶּה בְּיוֹתֵר וְעוֹד שֶׁמְּרַבָּה כָּל מָה שֶׁאֶפְשָׁר לְהִתְרַבּוֹת כְּמוֹ אֶת הַשָּׁמַיִם וְתוֹלְדוֹתֵיהֶם אֶת הָאָרֶץ וְתוֹלְדוֹתֶיהָ וּבָא לְעוֹלָם לְהוֹרָאַת הַפָּעוּל עַל כֵּן כָּל מָקוֹם שֶׁבָּא אֶת לְרַבּוֹת אֵצֶל הַנִּפְעָל מֵאֵלָיו דְּלָא אַרְיָא כְּגוֹן וְלֹא יִקָּרֵא אֶת שִׁמְךָ אַבְרָם נִתָּן לִדְרֹשׁ בְּלִי סָפֵק וְכָאן מַשְׁמָעוֹ עִם כְּמוֹ שֶׁדָּרְשׁוּ חֲכָמִים שֶׁאֲפִלּוּ טְפֵלָה לְשֵׁם חָדָשׁ לֹא יִקָּרֵא עוֹד. וְכֵן בְּהִוָּלֶד לוֹ אֵת יִצְחָק בְּנוֹ שֶׁהַרְבֵּה עֲקָרוֹת נִפְקְדוּ עִם שָׂרָה וְכָל הָעוֹלָם הָיוּ מַרְגִּישִׁים שֶׁזְּכוּת הַצַּדִּיקִים הוֹעִילָה לָהֶם וְיִצְדַּק בָּם לוֹמַר בְּהִוָּלֶד לוֹ כִּדְתַנְיָא רַבִּי נָתָן עַל אוֹתָן שְׁנֵי תִּינוֹקוֹת וְהָיוּ קוֹרִין אוֹתָן נָתָן הַבַּבְלִי עַל שְׁמוֹ. וְכָל שֶׁכֵּן עִם מָה שֶׁתִּרְגֵּם יוֹנָתָן בְּפָסוּק הִנֵּה יָלְדָה מִלְכָּה שֶׁכָּל אוֹתָן הַתּוֹלָדוֹת הָיוּ בִּזְכוּת שָׂרָה לְהַעֲמִיד מֵהֶן רִבְקָה וְאִמּוֹתֵיהֶן שֶׁל שְׁבָטִים. וְכֵן בְּיוֹם הִגָּמֵל אֶת יִצְחָק דָּרַשׁ בּוֹ הה"ר הִלֵּל שֶׁבּוֹ בַּיּוֹם נִגְמְלוּ כָּל הַבָּנִים שֶׁהֵנִיקָה שָׂרָה וּגְדוֹלֵי הַדּוֹר לֹא סָעֲדוּ אֶלָּא עִם אַבְרָהָם לְפִיכָךְ כְּתִיב מִשְׁתֶּה גָּדוֹל כְּמוֹ שֶׁפֵּרְשׁוּ חֲכָמִים אֲבָל רִבּוּיוֹ שֶׁל גַּם פְּעָמִים יוֹרֶה עַל הַפָּעוּל וּפְעָמִים עַל הַפּוֹעֵל יוֹדִי בְּזֶה וּבָזֶה שֶׁיִּרְבֶּה כָּל דְּהוּ וּבָאוּ שְׁנֵיהֶם כְּאֶחָד בְּרִבּוּי אַחַר רִבּוּי לְמַעֵט כְּמוֹ וְגַם אֶת הַמֵּת יֶחֱצוּן שֶׁכְּבָר נֶאֱמַר וּמָכְרוּ אֶת הַשּׁוֹר הַחַי וְחָצוּ אֶת כַּסְפּוֹ רִבּוּי שְׁנֵי אֶתֵּן שֶׁבַח שֶׁהִשְׁבִּיחַ הַשּׁוֹר הַחַי קֹדֶם הַעֲמָדָה בַּדִּין וּדְמֵי הָעֵבָר שֶׁגַּם בָּהֶם חֶלְקָן אִם הָיְתָה פָּרָה שֶׁהִזִּיקָה וְאִלּוּ נֶאֱמַר וְאֶת הַמֵּת יַחֲצוּן שׁוֹמֵעַ אֲנִי שֶׁחוֹלְקִים בִּדְמֵי

הַמֵּת לָא שְׁנָא הִשְׁבִּיחַ אוֹ נִפְחַת קֹדֶם הָעֲמָדָה בַּדִּין הוֹסִיף בְּרִבּוּי לְמַעֵט שֶׁשֶּׁבַח נְבֵלָה בִּלְבַד חָלְקָן אֲבָל פְּחַת נְבֵלָה כֻּלּוֹ לַנִּזָּק וּלְפִי מָה שֶׁאָנוּ רְגִילִין לְפָרֵשׁ אֵין רִבּוּי הַלִּמּוּד אַחַר רִבּוּי הַלִּמּוּד אֶלָּא לְמַעֵט בְּגִדְרֵי הַלִּמּוּד וּלְעוֹלָם רַבָּה בַּלִּמּוּד כְּמוֹ שֶׁזָּכַרְנוּ בִּתְחִלַּת הַמַּאֲמָר וְהוּא כְּלָל גָּדוֹל מְבֹאָר יָפֶה אֶצְלֵנוּ בְּעִיּוּנֵי הַשְּׁנוּן יִצְדַּק מְאֹד לְפָרֵשׁ בְּזֶה כִּי בָּא לְמַעֵט בְּגִדְרֵי הַמִּיתָה שֶׁאֲפִלּוּ הֶזֵּק כָּל שֶׁהוּא מִתְרַבֶּה בְּחִיּוּב לְשַׁלֵּם חֲצִי נֶזֶק וּפָשׁוּט הוּא:

מַאֲמָר אֵם כָּל חַי - חֵלֶק ב סִימָן כא

כְּמוֹהוּ גַּם אֶת זֶה לְעֻמַּת זֶה עָשָׂה הָאֱלֹהִים מְעַט שֶׁאֵין רַע בְּמַעֲשֵׂה הָאֱלֹהִים אֶלָּא אוֹהֵב וְרַע כְּטַעַם וְהִנֵּה טוֹב מְאֹד גַּם אֶת הָעֹלָם נָתַן בְּלִבָּם מְעַט מָה שֶׁנִּגְזַר עַל הַמֵּת שֶׁיִּשְׁתַּכַּח מִן הַלֵּב. גַּם אֶת הַכֹּל יִקַּח מְעַט שֶׁלֹּא אָמַר כֵּן מְפִיבֹשֶׁת אֶלָּא לְהוֹרוֹת עַיִן טוֹבָה עַל מַלְכוּת בֵּית דָּוִד שֶׁחָזְרָה לִמְקוֹמָהּ. וְכֵן וְזָכַרְתִּי אֶת בְּרִיתִי יַעֲקֹב רַבָּה זִכְרוֹן שְׁכִּנָּה שֶׁהִיא עֲתִידָה לְהִגָּלוֹת בַּבַּיִת הַשְּׁלִישִׁי וְאַף אֶת בְּרִיתִי יִצְחָק זוֹ שְׁכִינָה שֶׁהָיְתָה בַּבַּיִת שֵׁנִי וְיֵשׁ כָּאן רִבּוּי אַחַר רִבּוּי לְמַעֵט לְפִי שֶׁהָיָה שָׁם אֵל מִסְתַּתֵּר כַּנּוֹדָע. וְאַף אֶת בְּרִיתִי אַבְרָהָם זוֹ הַשְׁרָאַת שְׁכִינָה בַּבַּיִת הָרִאשׁוֹן מְעַט שֶׁלֹּא הָיָה בִּרְצוֹנוֹ לְגַמְרֵי דִּכְתִיב כִּי עַל אַפִּי וְעַל חֲמָתִי הָיְתָה לִּי הָעִיר הַזֹּאת הַנֶּאֱמָר עַל תָּמִיד שֶׁל שַׁחַר שֶׁקָּרַב בְּאַרְבַּע שָׁעוֹת כַּד אַטְעִיתֵהּ בַּת פַּרְעֹה לִשְׁלֹמֹה. וְהָאָרֶץ אֶזְכֹּר זוֹ אֶרֶץ הַחַיִּים עַצְמָהּ שֶׁאֵינָהּ תְּלוּיָה בְּדָבָר וְנוֹסִיף לֶקַח לְקָמָן בַּכָּתוּב הַזֶּה זוֹ מִדָּה בַּתּוֹרָה יְשָׁרָה וּנְכוֹנָה מְאֹד לֹא יִתְבָּרֵר הַמְּכֻוָּן מִמֶּנָּה מִבַּלְעָדֶיהָ:

מַאֲמָר אֵם כָּל חַי - חֵלֶק ב סִימָן כב

וְכֵן שֶׁמָּעֲנוּ לְדָוִד בֶּן יִשַׁי מִשְׁתַּעֵי בָּהּ בִּלְשׁוֹן חָכְמָה כְּשֶׁאָמַר אֶל הַמֶּלֶךְ שָׁאוּל גַּם אֶת הָאֲרִי גַּם הַדּוֹב הִכָּה עַבְדֶּךָ מְעַט מִיתַת הָאֲרִי שֶׁהוּא לֹא מֵת וְהַדֹּב מֵת יִרְצֶה גְּבוּרַת הָאֲרִי הַטְּפֵלָה אֵלָיו הִכָּה עַבְדְּךָ שֶׁהִשְׁפִּיל גֵּאוּת הָאֲרִי וְלֹא הֱמִיתוֹ שֶׁאִלּוּ מֵת הָאֲרִי מִתַּחַת יָדוֹ לֹא הָיָה נבוכד נֶאצַּר מַחֲרִיב בֵּית קָדְשֵׁנוּ שֶׁהֲרֵי מַלְכֵי מָדַי וּפָרַס בִּקְשׁוּ לְבַטְּלוֹ וְלֹא יָכוֹלוּ שֶׁכֵּן מֵת הַדֹּב הָרוֹמֵז לְמַלְכוּתָם מִתַּחַת יַד דָּוִד לְפִיכָךְ אָמַר וְהָיָה הַפְּלִשְׁתִּי כְּאַחַד מֵהֶם גֶּבֶר יָמוּת כְּדֹב אוֹ יֶחֱלַשׁ כַּאֲרִי וְעִם זֶה יְדֻקְדַּק אָמְרוּ תְּחִלָּה וּבָא הָאֲרִי וְאֶת הַדּוֹב רַבָּה סִיּוּעַ הַדֹּב וְחִיּוּתוֹ מִלְמַעְלָה שֶׁבָּא לְהַזִּיק שֶׂה פְּזוּרָה וְהָאֲרִי הֻכָּה וּבָרַח וְזֶה הַדֹּב הַתַּחְתּוֹן בְּכוֹחוֹ וְסִיּוּעוֹ דִּלְעֵלָּא קָם וְנִתְאַכְזֵר עַל דָּוִד מָה כְּתִיב בָּתְרֵיהּ וְהֶחֱזַקְתִּי בִּזְקָנוֹ שֶׁהוּא כִּנּוּי לְמַזָּלוֹ כַּיָּדוּעַ לָרָגִיל בְּתָאֳרֵי הַקּוֹמָה וְהִכִּתִיו לְמַעְלָה וֶהֱמִתִּיו לְמַטָּה וּלְפִי שֶׁהָיָה עָתִיד לִפֹּל אוֹתוֹ סִיּוּעַ הָעֶלְיוֹן שֶׁלּוֹ בְּיַד דָּוִד כָּאָמוּר

לְפִיכָךְ נִזְכַּר מֵעִקָּרָא בְּהוֹרָאַת הַפָּעוּל בְּאָמְרוֹ וְאֶת הַדֹּב כִּי בָּא שֶׁדָּוִד מִן הַשָּׁמַיִם לְפָנָיו וְהוּא דִּקְדּוּק נָכוֹן וּמֻכְרָח וְיָדוּעַ שֶׁבִּטּוּל הָרַע לְמַטָּה הוּא הַשְׁלָמַת הַחִזּוּק הַמְּכֻוָּן לְשָׁרְשִׁים לְמַעְלָה כְּטַעַם וּשְׁלוּמַת רְשָׁעִים תִּרְאֶה הוֹי וְהֶחְזַקְתִּי בִּזְקָנוֹ וּבָא הַסִּפּוּר כֻּלּוֹ בְּתַכְלִית הֶכֵּוָן:

מַאֲמַר אֵם כָּל חַי - חֵלֶק ב סִימָן כג

וְלֹא זָכָה נְבוּכַדְנֶצַּר לְהִקָּרֵא אַרְיֵה אֶלָּא דִּמְבֵּית דָּוִד קָאָתֵי מִזַּרְעוֹ שֶׁל שְׁלֹמֹה מַמְלֶכֶת שֶׁבָּא אַחֲרֵי שֶׁגְּזָרָה אֶלָּא שֶׁלִּבָּהּ לֹא נָכוֹן עִמָּהּ וּלְסוֹף גָּלְתָה נִבְלָתָהּ וְחָזְרָה לְסוּרָהּ לָכֵן רָחֲקוּ בָּנֶיהָ מִיֶּשַׁע אִם כֵּן לֹא עַל חִנָּם בִּקֵּשׁ דָּנִיאֵל לְהַשִּׂיאוֹ עֵצָה טוֹבָה בְּאָמְרוֹ מַלְכֵּי יִשְׁפַּר עֲלָךְ וְנֶעֱנַשׁ עַל זֶה כִּי סוֹף סוֹף וּלְדָה כָּמוֹהָ עַל דָּא וַדַּאי קָרְאוּ מֶלֶךְ מַלְכַיָּא וְאַף עַל פִּי שֶׁבְּמַסֶּכֶת שְׁבוּעוֹת דְּרָשׁוּהוּ כְּלַפֵּי מַעְלָה מִכָּל מָקוֹם אֵין מִקְרָא יוֹצֵא מִידֵי פְּשׁוּטוֹ שֶׁכֵּן שְׁלֹמֹה יוֹשֵׁב עַל כִּסֵּא ה' וְנוֹבֶלֶת מִגְּדֻלָּתוֹ נִתְּנָה לְפִי שָׁעָה לִנְבוּכַד נֶצַּר בִּשְׂכַר שִׂיחָה נָאָה וְאַרְבַּע פְּסִיעוֹת כַּד הֲוָה סָפְרֵיהּ דִּמְרוֹדַךְ בַּלְאֲדָן וּכְבָר זָכַרְנוּ כִּי לֹא יְתֹאַר הַקָּדוֹשׁ בָּרוּךְ הוּא בְּמֶלֶךְ מַלְכַיָּא בִּלְבַד אֶלָּא מֶלֶךְ מַלְכֵי הַמְּלָכִים וּבֵאַרְנוּהוּ וְלֹא מָצִינוּ לְאֶחָד מִגְּדוֹלֵי הַמְּלָכִים שֶׁנִּקְרָא בְּפִי הַנְּבִיאִים מֶלֶךְ מַלְכַיָּא זוּלָתוֹ כִּי הִנֵּה סַנְחֵרִיב קָרְאוּ הוֹשֵׁעַ מֶלֶךְ שָׂרִים לְפִי שֶׁהָיוּ בְּנֵי חֵילוֹ מֵאָה וּשְׁמֹנִים וַחֲמִשָּׁה אֶלֶף כְּלְהֵי פַּרְשְׂכֵי כְּדִבְרֵי הַמִּדְרָשׁ וְאֵין צָרִיךְ לוֹמַר שִׂמְלַת שָׂרִים תְּחַסֵּר וָא"ו הָעֵטֶף כְּמוֹ רְאוּבֵן שִׁמְעוֹן כְּדַעַת הַמְּפָרְשִׁים:

מַאֲמַר אֵם כָּל חַי - חֵלֶק ב סִימָן כד

אֲבָל נְבוּכַד נֶצַּר נִתְנַבֵּא עָלָיו יִרְמְיָהוּ שֶׁהִמְלִיכוּהוּ מִן הַשָּׁמַיִם עַל כָּל הַגּוֹיִם וְעַל כָּל הַמַּמְלָכוֹת גּוֹיִם רַבִּים וּמְלָכִים עֲצוּמִים וּכְתִיב וְגַם אֶת חַיַּת הַשָּׂדֶה נָתַתִּי לוֹ לְעָבְדוֹ כָּאן נִתְמַעֲטוּ שִׁבְעָה עִדָּנִין בִּשְׁנֵי רִבּוּיָן הַלָּלוּ כִּי בָּאוּ לְמַעֵט בְּגִדְרֵי הַנְּתִינָה שֶׁלֹּא הָיְתָה לְעָבְדוֹ כָּל אוֹתָן הַשָּׁנִים וְרַבָּה בִּנְתִינָה שֶׁהָיְתָה לְשָׁמְרוֹ מִן הַנִּזָּקִין וְהֵמִיתָה שֶׁנִּדְמָה לְכָל מִין שֶׁהוּא מִנּוּ וְנִשְׁמַר מִזֶּה שֶׁלֹּא הִזִּיקוּהוּ עַד שֶׁחָזַר לִיקַר מַלְכוּתוֹ הֲדָרוֹ וְזִיווֹ כָּל מֶלֶךְ בָּאֻמּוֹת לֹא דָּמָה אֵלָיו בְּגָדְלוֹ אֶפֶס כִּי אַרְתַּחְשַׁסְתָּא בְּסֵפֶר עֶזְרָא שְׁבוּחֵי בְּעָלְמָא הוּא דִּמְשַׁבַּח נַפְשֵׁיהּ וְכֹרֶשׁ כָּמוֹהוּ כְּדִבְרֵיהֶם ז"ל. וְאוּלָם מִשֶּׁלּוֹ נָתְנוּ לוֹ לִנְבוּכַד נֶצַּר זְהָבָהּ שֶׁל יְרוּשָׁלַיִם שֶׁהִרְבָּה מִמֶּנּוּ נִתְּנָה אִמּוֹ סַבְתָּא לְמֶלֶךְ שְׁלֹמֹה וְלֹא נִמְסַר בִּנְיָנוֹ שֶׁל שְׁלֹמֹה אֶלָּא בְּיָדוֹ וּמִנָּלֵיהּ חָזֵי לַחוּס הַרְבֵּה עַל יִרְמְיָהוּ כִּמְפֹרָשׁ בַּכָּתוּב שֶׁצִּוָּה עָלָיו אֶת רַב טַבָּחִים קָחֶנּוּ וְעֵינֶיךָ שִׂים עָלָיו. וְהִנֵּה בִּקֵּשׁ דָּוִד לְהַחֲלִישׁ כֹּחוֹ לֹא לְהַאֲבִידוֹ כִּי בּוֹ יְכֻפַּר עֲוֹן יַעֲקֹב וְיִתָּכֵן שֶׁיִּהְיֶה אֲרִי וְאַרְיֵה כְּמוֹ נַעַר נַעֲרָה לַיִל לַיְלָה וְכַיּוֹצֵא שֶׁתְּחִלָּתוֹ חָסֵר וְסוֹפוֹ מָלֵא. וְכָאן בְּאַרְיֵה

הַחֲצוֹנִי הַזֶּה לְפִי גְּדֻלָּתוֹ מַפַּלְתּוֹ כִּי בִתְחִלָּתוֹ הֻכָּה וְלֹא מֵת וּבְסוֹפוֹ וְהִכְרַתִּי לְבָבֶל שֵׁם וּשְׁאָר וְנִין וָנֶכֶד:

מַאֲמָר אֵם כָּל חַי - חֵלֶק ב סִימָן כֹּה

מִמָּה שֶׁהֻכָּה הָאֲרִי וְלֹא מֵת יֻקַּח מוֹפֵת רְאָיָה הִיא נִפְלָאת בְּעֵינֵינוּ לְמוּסָר יִרְמְיָהוּ שֶׁאָמַר כִּי אִם הִכִּיתֶם כָּל חֵיל כַּשְׂדִּים הַנִּלְחָמִים אִתְּכֶם וְנִשְׁאֲרוּ בָם אֲנָשִׁים מְדֻקָּרִים אִישׁ בְּאָהֳלוֹ יָקוּמוּ וְשָׂרְפוּ אֶת הָעִיר הַזֹּאת בָּאֵשׁ וְדָנִיאֵל אִישׁ חֲמוּדוֹת הוֹדִיעַ לְדָרְיוֹשׁ כִּי לֹא נִמְלְטוּ הַכַּשְׂדִּים אֶלָּא כְּדֵי שֶׁיִּפְּלוּ בְיָדוֹ כְּמַאֲמַר יְשַׁעְיָה כָּל הַנִּמְצָא יִדָּקֵר וְכָל הַנִּסְפֶּה יִפּוֹל בֶּחָרֶב. וּלְפִי שֶׁמֶּלֶךְ כָּשֵׁר וְחָסִיד הָיָה גִּלָּה לוֹ שֶׁגָּאוֹן כַּשְׂדִּים גֵּרַם לָהֶם כְּמַהְפֵּכַת אֱלֹהִים אֶת סְדֹם וְאֶת עֲמֹרָה לְמַעַן יִכָּנַע דָּרְיָוֶשׁ לִפְנֵי הַמָּקוֹם בָּרוּךְ הוּא וְיַעֲשֶׂה שְׁלִיחוּתוֹ בְּבָבֶל כְּשׁוֹמֵר מִצְוָה לֹא בְגַאֲוָה וּבוּז כְּמוֹ שֶׁנִּתְנַבֵּא עֲלֵיהֶם יְשַׁעְיָה כִּי זֶה גָּרַם לָהֶם לְמַלְכֵי מָדַי וּפָרַס שֶׁלֹּא נִמְשְׁכָה מַלְכוּתָם אֶלָּא זְמַן קָצָר הַרְבֵּה מִכָּל שְׁאָר הַמַּלְכִיּוֹת כִּדְכְתִיב גַּאֲוַת אָדָם תַּשְׁפִּילֶנּוּ:

מַאֲמָר אֵם כָּל חַי - חֵלֶק ב סִימָן כו

וְעַל זֶה אָמַר יְשַׁעְיָה הִנְנִי מֵעִיר עֲלֵיהֶם אֶת מָדַי אֲשֶׁר כֶּסֶף לֹא יַחְשֹׁבוּ וְזָהָב לֹא יַחְפְּצוּ בוֹ וְקָשֶׁה לָמָּה לֹא זָכַר פָּרַס כָּל עִקַּר שֶׁהֲרֵי בְּדִבְרֵי הַיָּמִים שֶׁלָּהֶם סִפְּרוּ לָנוּ כִּי כֹּרֶשׁ בָּחוּר גִּבּוֹר חַיִל הָעִיר אֶת דָּרְיָוֶשׁ הַזָּקֵן הֶחָלוּשׁ נֶגֶד בֵּלְשַׁאצַּר וּמִפַּס יְדָא דִּי כְּתָבָא לְקֳבֵל נֶבְרַשְׁתָּא דְּבֵלְשַׁאצַּר הֶרְאָנוּ לָדַעַת בְּמִלַּת וּפַרְסִין הֱיוֹת פָּרַס עִקָּר וּמָדַי טְפֵלָה לוֹ וְלֹא יַסְפִּיק אָמַרְנוּ שֶׁדָּרְיוֹשׁ מֶלֶךְ תְּחִלָּה כִּי הָיָה זֶה מֵעַנְוְתָנוּתוֹ שֶׁל כֹּרֶשׁ לְפִי הַמְּסַפֵּר שֶׁחָלַק כָּבוֹד לְזָקֵן חוֹתְנוֹ וּמוֹרִישׁוֹ וַאֲחִי אָבִיו לְדִבְרֵי קְצָת. וְעוֹד יֻנַּח שֶׁצָּפָה הַנָּבִיא כִּי יָקַר פִּדְיוֹן נַפְשָׁם שֶׁל בָּבְלִיִּים וְחָדַל לְעוֹלָם וְלֹא יוֹעִילוּם אוֹצְרוֹת רֶשַׁע לָמָּה פֵּרַט שְׁנֵיהֶם וְהָפַךְ הַגְּזֵרָה יֹאמַר זָהָב לֹא יַחְשֹׁבוּ עִם הֱיוֹתוֹ דָּבָר חָשׁוּב וְהַכֶּסֶף לֹא יֶחְפְּצוּ בּוֹ כְּלָל. אָמְנָם עִם מַה שֶּׁקָּדַם בְּפִתְרוֹן חֲלוֹמוֹ שֶׁל נְבוּכַד נֶצַּר הֱיוֹת הַזָּהָב מְיֻחָד לְבָבֶל וְהַכֶּסֶף לְמָדַי וּפֶרֶס יָפֶה אָמַר הַנָּבִיא כִּי אוֹיְבֵי בָּבֶל לֹא יַחְשְׁבוּ מַלְכוּתָם וְנַחֲלַת אֲבוֹתָם לִמְאוּמָה וְהָיָה זֶה לְטוֹבִים שֶׁבָּהֶם מֵעֲצַת דָּנִיאֵל עַל הַכְּנִיעָה לֵאלֹהֵינוּ כָּאָמוּר וּכְמוֹ שֶׁהוֹכִיחַ לְבֵלְשַׁאצַּר לֹא הַשְׁפֵּלְתְּ לִבְבָךְ וְלִשְׁאָר הָעָם נִמְשָׁךְ מִגֹּדֶל לֵבָב בְּנֶפֶשׁ רְחָבָה וְרוּחַ גְּבוֹהָה לָרֶשֶׁת מִשְׁכָּנוֹת לֹא לָהֶם:

מַאֲמָר אֵם כָּל חַי - חֵלֶק ב סִימָן כז

וְזָהָב לֹא יֶחְפָּצוּ לְהִתְפָּאֵר בְּמַלְכוּת בָּבֶל וְלִהְיוֹת לָהֶם שָׁם כִּסֵּא כָבוֹד וּצְנִיף מְלוּכָה עִם הֱיוֹתָהּ בִּזְמַנָּם מוֹשֶׁלֶת עַל כָּל אֻמַיָּא וְלִשָּׁנַיָּא אֶלָּא יַחֲרִיבוּ אוֹתָהּ עַד הַיְסוֹד כְּמַהְפֵּכַת סְדוֹם. וּבָבֶל הָעוֹמֶדֶת הַיּוֹם אֲשֶׁר יִקְרְאוּ לָהּ הַפְּרָסִים בגד"ת וְנִזְכַּר מֵחֲכָמֶיהָ בָּאֲמוֹרָאִים רַב חִנָּא בַּגְדְּתָאָה הִיא עִיר חֲדָשָׁה מֻפְלֶגֶת מִמְּקוֹם בָּבֶל הַנֶּהְפֶּכֶת כְּמוֹ שֶׁנִּתְאַמֵּת אֶצְלָם גַּם כֵּן וְאוּלָם הַבִּטּוּל הַזֶּה לְשֵׁם רְשָׁעִים בְּדִין יִתְיַחֵס לְמֶלֶךְ הָרִאשׁוֹן שֶׁגָּעֲלָה נַפְשׁוֹ עֲטֶרֶת תִּפְאֶרֶת מַלְכוּת בָּבֶל מֵהַקָּרָא שְׁמוֹ עָלֶיהָ וְהַדֻּגְמָא מִזֶּה נִמְשְׁכָה לְכוֹרֶשׁ מֵעֲצַת דָּרְיָוֶשׁ הֶחָסִיד וְהוּא מְבֹאָר. וְנִמְצְאוּ אִם כֵּן הַכְּתוּבִים מְדַקְדְּקִים בֶּאֱמֶת הַסִּפּוּר לְיַחֵס גְּבוּרַת הַמִּלְחָמָה לִפְרַס וּכְדֵי בִזָּיוֹן לְמַלְכוּת בָּבֶל לְאַבֵּד אֶת שְׁמָהּ כָּאָמוּר הַהוּא יִקָּרֵא עַל שֵׁם מָדַי וְהַכֹּל מְתֻקָּן וּבָרוּר. וַעֲדַיִן הָיָה לְפַחוֹת יְהוּדָה שֵׁבֶט מוֹשְׁלִים עַל יִשְׂרָאֵל וְלֹא מַלְכוּת בִּשְׁעַת אָבְדַן שְׁתֵּי הַמַּלְכֻיּוֹת הָרִאשׁוֹנוֹת בָּבֶל וּפָרַס לְפִיכָךְ נִמְסְרוּ בְּיַד דָּוִד הָאֲרִי וְהַדֹּב כָּאָמוּר בְּשָׁעָה שֶׁהָיָה מִתְחַנֵּךְ בְּטַכְסִיסֵי מַלְכוּת וְלֹא הִגִּיעוּ לְפִרְקוֹ:

מַאֲמָר אֵם כָּל חַי - חֵלֶק ב סִימָן כח

וְאִלְמָלֵא זָכִינוּ הָיָה הַקָּדוֹשׁ בָּרוּךְ הוּא מַזְמִין לִפְנֵי דָּוִד נָמֵר וְחִוָּה אִמְתַּנִי לְהָכִין לִשְׁנֵיהֶם מִטְבָּח מִכֹּחַ שֵׁם אדנ"י שֶׁהוּא מִדַּת הַדִּין הָרְפָה וְיֵשׁ בְּרָאשֵׁי תֵּבוֹת אַרְיֵה דֹּב נָמֵר וְנֶעֶלְמָה הַיּוּ"ד בָּאַחֲרוֹנָה כְּשֵׁם שֶׁנֶּעֱלַם שֵׁם הַחַיָּה הָרְבִיעִית וּבָאָה הַיּוּ"ד בַּכָּתוּב שֵׁשׁ פְּעָמִים בְּשִׁשָּׁה תְּאָרֶיהָ לְהוֹרוֹת הַסְכָּמַת שִׁלְטָנוּתָהּ מִכָּל הַשֵּׁם שֶׁעוֹלֶה ס"ה וְהָרֶמֶז בּוֹ' יודי"ן וַחֲמִשָּׁה תָּאֳרֵי הַהַגְדָּלָה כִּי הָרִאשׁוֹן אֶצְטָרֵךְ לְגוּפֶיהָ וְנִרְמַז גַּם כֵּן בְּשֵׁשֶׁת היודי"ן מָה שֶׁנֶּחְלְשׁוּ שִׁשִּׁים גִּבּוֹרִים מִגִּבּוֹרֵי יִשְׂרָאֵל דִּלְעֵלָּא בַּעֲוֹנוֹתֵינוּ מֵהַגֵּן בַּעֲדֵנוּ וְלֹא שִׁיָּרָם אֶלָּא לְכַלֵּה הַפֶּשַׁע וּלְהָתֵם חַטָּאוֹת וּלְהָבִיא צֶדֶק עוֹלָמִים. כָּכָה בִּמְהֵרָה בְּיָמֵינוּ יְקִים אֱלָקָא שְׁמַיָּא מַלְכוּ דִּי לְעָלְמִין לָא תִתְחַבַּל תָּדֵק וְתָסֵף אַרְבַּע חֵיוָן שֶׁרָאָה דָּנִיֵּאל וְצַלְמוֹ שֶׁל נְבוּכַדְנֶצַּר בַּהֲדַיְהוּ עַל אַרְבַּעַת רְבָעָיו וְהִיא תְּקוּם לְעָלְמַיָּא:

מַאֲמָר אֵם כָּל חַי - חֵלֶק ב סִימָן כט

מֵהֶמְשֵׁךְ הַסִּפּוּר הַזֶּה לָמַדְנוּ גְּנוּת הַגַּאֲוָה וִיקַר תִּפְאֶרֶת הָעֲנָוָה שֶׁהִיא רְצוּיָה לְאָבִינוּ שֶׁבַּשָּׁמַיִם וְאֵין שְׁכִינָה שׁוֹרָה עַל בַּעֲלֵי גַּאֲוָה וְהָרֶמֶז בְּשֵׁם בֶּן ע"ב תֵּבוֹת שֶׁאֵין בּוֹ גִּימֶ"ל וְסִימָן לְשִׁעוּר קוֹמָה הַנִּזְכָּר בְּשִׁיר הַשִּׁירִים דָּר עָלַי שַׁח שֶׁהֵן שִׁבְעָה פְּסוּקִים תְּחִלָּתָן דּוֹדִי צַח וְאָדֹם

וְהַכַּוָּנָה מְבֹאֶרֶת כִּי שֵׁשׁ עֵינַיִם כַּאֲבוֹת הָעוֹלָם הוּא הַמֶּרְכָּבָה דִּירָה נָאָה אֶל הַמְּתֹאָר בְּקוֹמָה וְכֵן כְּתִיב כָּל גַּיְא יִנָּשֵׂא וּכְתִיב וְאֶת עֲנָוִים לְכִסֵּא וְכָל שֶׁכֵּן בִּהְיוֹתוֹ יוֹשֵׁב וְדָן אֶת עוֹלָמוֹ כְּהַיּוֹם הַזֶּה אַשְׁרֵי הַמַּשְׁפִּיל וּמְמַעֵט עַצְמוֹ לְפָנָיו תָּמִיד בְּלֵב שָׁלֵם כְּאָמְרָם זַ"ל עַל פָּסוּק נֹשֵׂא עָוֹן וְעֹבֵר עַל פֶּשַׁע לִשְׁאֵרִית נַחֲלָתוֹ לְמִי שֶׁעוֹשֶׂה עַצְמוֹ כְּשִׁירַיִם:

מַאֲמַר אֵם כָּל חַי - חֵלֶק ב סִימָן ל

נַחֲזֹר עַל הָרִאשׁוֹנוֹת לְמִלַּת אֶת שֶׁיֵּשׁ בָּהּ סְגֻלַּת הָרִבּוּי לְדָבָר חָשׁוּב כְּמוֹ שֶׁבֵּאַרְנוּ וּלְכָל מָה שֶׁאֶפְשָׁר לְהִתְרַבּוֹת מִמֶּנָּה כִּדְדָרְשִׁינַן וַיִּזְכֹּר אֱלֹהִים אֶת בְּרִיתוֹ אֶת אַבְרָהָם אֶת יִצְחָק וְאֶת יַעֲקֹב שֶׁזְּכוּת כָּל אֶחָד מֵהֶם כְּדַאי לְעַצְמוֹ וְהוּא טַעַם אֶת הָאָמוּר בָּהֶם. וּבְמִלַּת אֶת בְּרִיתוֹ נִתְרַבֵּיתָ שֶׁכִּנָּה הַשּׁוֹרָה עַל יִשְׂרָאֵל בִּזְכוּת הַבְּרִית כִּדְלְעֵיל וְלִכְבֵדָה נִתְּנָה לָנוּ מִצְוַת פְּרִיעָה וּלְהַקְבָּלַת פָּנֶיהָ נָהֲגוּ כָּל יִשְׂרָאֵל לְקַיֵּם אֶת הַמִּצְוָה הַזֹּאת בְּרָב עָם הַדְרַת מֶלֶךְ. וּבִימֵי יְהוֹאָחָז בֶּן יֵהוּא דִּכְתִיב לְמַעַן בְּרִיתִי אֶת אַבְרָהָם יִצְחָק וְיַעֲקֹב כִּי בְּאוֹתוֹ הַדּוֹר תַּמָּה כִּמְעַט זְכוּת אָבוֹת וְחֶסֶד אַבְרָהָם נִתְאַמֵּץ לָהֶם לְהַצָּלַת פּוּרְתָּא אֶלָּא שֶׁהוּא רָגִיל לְשַׁתֵּף עִמּוֹ זְכוּת חֲבֵרָיו שֶׁלֹּא לְהַחֲזִיק טוֹבָה לְעַצְמוֹ כְּמוֹ שֶׁנִּזְכִּיר בְּרֵישׁ הַחֵלֶק הַשְּׁלִישִׁי אַף עַל פִּי שֶׁזְּכוּת יַעֲקֹב נַחֲלָה בְּלֹא מְצָרִים הִיא וּשְׁנוֹתֶיהָ לֹא יִתָּמּוּ הֲרֵי כְּבָר נֶאֱמַר יִשְׂרָאֵל לֹא יַכִּירֶנּוּ שֶׁאֵינוֹ מִתְחַזֵּק עִמָּנוּ עַכְשָׁו בְּהַצָּלָתֵנוּ כְּדֵי לַחֲלֹק כָּבוֹד לְבִרְכַּת הוֹרָיו כִּי הָא דְּתַנְיָן כִּבַּדּוֹנִי בִּשְׁבִיל אַבָּא וּנְדַבֵּר בָּם לְקַמָּן בְּסִיַּעְתָּא דִּשְׁמַיָּא:

מַאֲמַר אֵם כָּל חַי - חֵלֶק ב סִימָן לא

וְאֶל הַמְכֻוָּן בְּרִבּוּי פָּקַד אֶת שָׂרָה דְּעָלֶה קָאֵמְנָא יִרְצֶה שֶׁנִּפְקַד עִמָּהּ הַשֹּׁרֶשׁ הָעֶלְיוֹן מַחְצַב הַנְּשָׁמוֹת לְיִשְׂרָאֵל עוֹד בָּא לְרַבּוֹת מָה שֶׁאָמַר בִּבְרֵאשִׁית רַבָּה שֶׁהֵבִיאָה דּוֹרְיָה לָעוֹלָם וְכַמָּה עֲקָרוֹת וְחַסְרֵי הַתּוֹלָדוֹת נִפְקְדוּ עִמָּהּ כִּי עַל כֵּן אָמְרָה כָּל הַשֹּׁמֵעַ יִצְחַק לִי שֶׁכָּל הָעוֹלָם כֻּלּוֹ הָיָה שָׂמֵחַ בְּשִׂמְחָתָהּ. וְאֶפְשָׁר שֶׁבָּא לְרַבּוֹת שְׁתֵּי צִדְקָנִיּוֹת כְּמוֹתָהּ רָחֵל וְחַנָּה שֶׁנִּפְקְדוּ גַּם הֵן בְּרֹאשׁ הַשָּׁנָה. וְהַתֵּימָא מֵרִבְקָה לָמָּה לֹא יַחֲסוֹ פְּקִידָתָהּ לְיוֹם הַזֶּה כִּי עֲקָרָה הִיא וְיִתָּכֵן לוֹמַר כִּי לָמָּה שֶׁהָיוּ לְאַבְרָהָם וּלְיַעֲקֹב בָּנִים מֵאִשָּׁה אַחֶרֶת וְכֵן לְאֶלְקָנָה הָיְתָה פְּקִידַת הַצִּדְקָנִיּוֹת הָאֵלּוּ זוֹ דּוֹמָה לְזוֹ דָּבָר בְּעִתּוֹ לְהוֹצִיא כְּלִי לְמַעֲשֵׂהוּ אֲבָל רִבְקָה שֶׁהָיָה יִצְחָק צָרִיךְ גַּם הוּא בְּיוֹתֵר לְאוֹתָהּ פְּקִידָה נִתְאַמֵּץ עִמָּהּ בִּתְפִלָּה וַיֵּעָתֵר לוֹ בְּאוֹתָהּ שָׁעָה שֶׁבִּקֵּשׁ רַחֲמִים עָלֶיהָ. וּכְבָר דִּקְדְּקוּ חֲכָמִים וַיֵּעָתֵר לוֹ לְצַדִּיק בֶּן צַדִּיק וְלֹא לָהּ לְצַדִּיק בֶּן רָשָׁע וְהֵיאַךְ יֹאמְרוּ שֶׁהִיא נִפְקְדָה. וְעוֹד שָׂרָה רָחֵל וְחַנָּה פְּקֻדָּתָן שֶׁמְּרָה נֶפֶשׁ צַדִּיק בִּלְבַד אֲבָל רִבְקָה לֹא הֻזְכְּרָה

פְּקִידָתָהּ בִּשְׁבִיל עֵשָׂו שֶׁיָּצָא מִמֶּנָּה:

מַאֲמַר אֵם כָּל חַי - חֵלֶק ב סִימָן לב

אַךְ דְּעוּ נָא וּרְאוּ מִפִּלְאֵי תְּמִים דֵּעִים כִּי הַיּוֹם הֲרַת עוֹלָם שֶׁבּוֹ יָבִיא בַּמִּשְׁפָּט כָּל יְצוּרֵי עוֹלָם נִתְיַחֵד לִפְקִידָתָהּ שֶׁל שָׂרָה מִסְּגֻלַּת הַוָּלָד הֶעָתִיד לָצֵאת מִמֶּנָּה שֶׁהוּא שַׁלִּיט עַל מִדַּת הַדִּין שֶׁל מַעְלָה שֶׁבָּהּ נִבְרָא הָעוֹלָם וְעִם בְּשׂוֹרַת אֲשֶׁר יֵצֵא מִמֵּעֶיךָ הוּא יִירָשֶׁךָ נִגְזַר עָלֵינוּ גָּלוּת לְתַכְלִית הַמָּרוּק כַּנּוֹדָע וְכֹה מִשְׁפָּטָהּ שֶׁל רָחֵל שֶׁעַל יְדֵי בָּנֶיהָ נִתְגַּלְגֵּל הַדָּבָר וְיָרְדוּ אֲבוֹתֵינוּ לְמִצְרַיִם וְעַל יְדֵי שְׁמוּאֵל הָרָמָתִי נָטְלוּ בְּנֵי עֵלִי אֲפּוֹפְּסִין שֶׁלָּהֶם וּבְמִשְׁפָּט הֶעֱמִיד אֶרֶץ מִכֹּל אֲשֶׁר לְפָנָיו. וְהוּא הָיָה לָהֶם לְיִשְׂרָאֵל מֵהָעֵדָא מַלְכִּין וּמְהַקֵּם מַלְכִּין וְהִרְבָּה לְהַצְדִּיק דִּין שָׁמַיִם עַל שָׁאוּל וּבֵיתוֹ שֶׁבְּאַחַת לֹא עָלְתָה לוֹ. וּכְבָר הָיָה שְׁמוּאֵל שָׁקוּל בְּעֵינֵי דָּוִד כְּמֹשֶׁה וְאַהֲרֹן שֶׁהֵם הָיוּ נוֹשְׂאֵי דֶּגֶל הָרַחֲמִים וְהַחֶסֶד יו"ד וָא"ו שֶׁבִּשְׁמָם וּשְׁמוּאֵל נוֹשֵׂא דֶּגֶל הַדִּין. וְעוֹד שֶׁהָיָה רַבּוֹ מְבֹהָק וּמִדּוֹתֵיהֶם דּוֹמוֹת וּמַתְאִימוֹת בִּשְׁתֵּי הַהֵי"ן שֶׁבִּשְׁמָם אֲבָל רִבְקָה עַל טוֹב בִּלְבַד יִזָּכֵר שְׁמָהּ שֶׁיָּלְדָה אֶת יַעֲקֹב וְהוּא מִמִּדַּת הָרַחֲמִים כַּנּוֹדָע וְאֵין לוֹ יַחַס עִם מִדַּת הַיּוֹם כְּלָל. עַל כֵּן חָתַמְן בְּזִכְרוֹנוֹת וַעֲקֵדַת יִצְחָק הַיּוֹם לְזַרְעוֹ תִּזְכֹּר וְאֵין מַזְכִּירִין זֶרַע יַעֲקֹב. וּבְזֹהַר אָמְרוּ שֶׁהַשּׁוּנַמִּית גַּם הִיא נִפְקְדָה בְּרֹאשׁ הַשָּׁנָה וּבְנָהּ הָיָה חֲבַקּוּק וּלְפִי שֶׁלֹּא נִפְקְדָה אֶלָּא עַל יְדֵי מַעֲשֶׂה שֶׁכִּבְּדָה אֶת אֱלִישָׁע בְּיוֹתֵר וְהִיא לֹא הָיְתָה עֲקָרָה אֶלָּא גְּדוֹלָה בְּמַעֲשֶׂיהָ וּגְדוֹלָה בַּיְצִירָה הָרִאשׁוֹנָה כַּאֲשֶׁר חֲכָמִים יַגִּידוּ וְעַכְשָׁו אִישָׁהּ זָקֵן לֹא הֻזְכְּרָה בַּגְּמָרָא בַּהֲדֵי הָנָךְ:

מַאֲמַר אֵם כָּל חַי - חֵלֶק ב סִימָן לג

שָׂרָה וְלֹא שָׂרַי כִּי יֵשׁ בִּשְׁמוֹת הַצַּדִּיקִים הֲכָנָה גָּדוֹל לְהַשְׁרוֹת עֲלֵיהֶם הַשֶּׁפַע הָאֱלֹהִי כְּמוֹ שֶׁכָּתוּב בִּבְצַלְאֵל רְאֵה קָרָאתִי בְשֵׁם וְאַחַר כָּךְ וָאֲמַלֵּא אֹתוֹ רוּחַ אֱלֹהִים וְהִנֵּה קְרִיאַת הַשֵּׁם הֶחָבִיב הַזֶּה הוּא עֶצֶם הַפְּקִידָה אֵלֶיהָ כְּשֵׁם שֶׁבִּקְרִיאַת הַשֵּׁמוֹת מֵאָדָם הָרִאשׁוֹן לְכָל מִינֵי הַחַיִּים פְּקֻדָּתָם שָׁמְרָה רוּחוֹ. וְהַפֶּלֶא מִמָּה שֶׁזָּכָה לִקְרֹא שֵׁם לְעַצְמוֹ וּלְרִבּוֹ דִּכְתִיב וַיִּקְרָא הָאָדָם שֵׁמוֹת וְכוּ' וּלְאָדָם הֲרֵי לְעַצְמוֹ אָמַר. וְיֵשׁ זָקֵף גָּדוֹל עָלָיו מִלְמַעְלָה מִסְפָּרוֹ כ"ו רֶמֶז לִיחִידוֹ שֶׁל עוֹלָם כָּךְ שֶׁמַּעְתִּי הוֹי צַדִּיק מוֹשֵׁל יִרְאַת אֱלֹהִים וְהַדְּבָרִים מַגִּיעִין לְשֵׁם אַלְ"ף דָּלֶ"ת הֵיכַל הַנְּשָׁמוֹת וְיַחֵס עַצְמוֹ אֶל הַדְּמוּת כִּי נִתְעַלָּה הַצֶּלֶם אֶל הַשָּׁרָשִׁים הָעֶלְיוֹנִים וְקָרָא לוֹ לִדְמוּתוֹ שֵׁם חָדָשׁ מוֹרֶה אֶפְשָׁרוּת בְּחִירָתוֹ עַל ב' דְּרָכִים נוֹסָף עַל פְּשִׁיטוּת צֵרוּפוֹ מִשְּׁתֵּי מִלּוֹת אֵד דָּם כִּי הָאֵד הָעוֹלֶה מִן הַדָּם שֶׁבַּכָּבֵד אֶל הַלֵּב וְהַמֹּחַ הוּא רֵיחַ נִיחוֹחַ לְמְקוֹר הַהַשְׂכָּלָה שֶׁבּוֹ

וְאִם יִזְכֶּה יְקַיֵּם בְּעַצְמוֹ אֲדַמֶּה לְעֶלְיוֹן וְאִם אֵין נִמְשַׁל כַּבְּהֵמוֹת נִדְמוּ וְעִם הִתְחַזֵּק הַשִּׂכְלִתוֹ עַל כָּל אֵלֶּה לֹא הוֹצִיא בִּשְׂפָתָיו אֶלָּא טַעַם הָגוּן בְּחָכְמָה וּמוּסָר שֶׁנִּבְרָא מֵאֲדָמָה וּבִשְׁבִילָהּ וּבָהּ הִזְדַּמֵּן לוֹ כֹּחַ הָאֶפְשָׁרוּת כָּאָמוּר:

מַאֲמַר אֵם כָּל חַי - חֵלֶק ב סִימָן לד

וְהִנֵּה בְּצוּרַת הַהֵ"א שֶׁנּוֹסַף בִּשְׁמָהּ שֶׁל שָׂרָה יֵשׁ רֶמֶז לְעִקַּר מִטְרָיָן שֶׁנִּתְחַדֵּשׁ בָּהּ הִיא הָאֵם כְּמוֹ שֶׁזָּכַרְנוּ וְהַהֶפֶךְ בְּצוּרַת הַיּוֹ"ד שֶׁהִיא סְתוּמָה כְּהָדָא דּוֹכְרָנִיתָא דְּלָא יָלְדָה וְהִיא עַצְמָהּ כְּמַעְיָן הַמִּתְגַּבֵּר הִרְחִיבָה נַפְשָׁהּ וְנִתְפַּשְּׁטָה לְכָאן וּלְכָאן בְּצוּרַת דָּלֶ"ת כְּמַאן דִּפְשִׁיט נַהֲרָא לִסְטָרוֹי הוּא הַנָּהָר הַיּוֹצֵא מֵעֵדֶן שֶׁאֵינוֹ פּוֹסֵק וְהוֹלֵךְ וְהַנַּחַל הַמַּשְׁקֶה אֶת הַגָּן הוּא כַּרְעָא דְּתָלֵי בְּתוֹךְ הַהֵ"א יוֹ"ד שֶׁיִּהְיֶה אוֹ וָא"ו קְטִיעָא רוֹצֶה לוֹמַר כְּקֶטַע הַזֶּה מֵרַגְלוֹ אֶחָד לֹא מְפֻסָּק בְּאֶמְצָעוֹ שֶׁהוּא הֶפְסֵד צוּרָתוֹ וְקִלְקוּל הוֹרָאָתוֹ הַפּוֹסֵל בְּסֵפֶר הַתּוֹרָה אֶלָּא וָא"ו קְטִיעָא כְּמִין יוֹ"ד זֶה וְזֶה מוֹרֶה עַל הַכְּנִיעָה וְהוּא כְּלִי מַחֲזִיק בְּרָכָה כְּוָא"ו שֶׁל מֹשֶׁה עָנָו מְאֹד וְכְוָא"ו שֶׁל בְּרִיתִי שָׁלוֹם:

מַאֲמַר אֵם כָּל חַי - חֵלֶק ב סִימָן לה

וְלָנוּ בְּמַאֲמַר חֵקֶר דִּין דְּבָרִים שֶׁל טַעַם בְּפֵרוּשׁ עָנָו מְאֹד בְּוָא"ו זְעִירָא דְּקָרֵינַן בֵּיהּ עָנִי מְאֹד יִדְרֹשׁ מִשָּׁם. וְכָאן יַסְפִּיק לְהַקְדִּים בְּמִלַּת בְּרִיתִי שָׁלוֹם מַה שֶּׁפֵּרְשׁוּ בַּזֹּהַר שֶׁאָמַר לוֹ הַקָּדוֹשׁ בָּרוּךְ הוּא לְמֹשֶׁה שֶׁיִּתֵּן מִשֶּׁלּוֹ לְפִנְחָס וְכֵן אָמַר לוֹ אֱמֹר אַתָּה הִנְנִי נוֹתֵן וְכוּ' אָמַר מֹשֶׁה רַבֵּנוּ ע"ה לְחַיַּי אֶלָּא שֶׁתִּקְטַן הַמַּתָּנָה בִּהְיוֹתָהּ בְּאֶמְצָעוּתִי וְהוּא עַל דֶּרֶךְ מַה שֶּׁאָמַר לְהַלָּן מִי יִתֵּן כָּל עַם ה' נְבִיאִים כִּי יִתֵּן ה' אֶת רוּחוֹ עֲלֵיהֶם וּמִמָּה שֶׁהָיוּ הווי"ן הָאֵלֶּה שֶׁזָּכַרְנוּ שְׁתֵּיהֶן קְטַנּוֹת כְּעֵין שְׁנֵי חֲצָאִין פַּשׁ לוֹן וָא"ו אַחַת שֶׁנָּעוּ מֵעִגּוּלוֹתֶיהָ וְשָׁמַעְנוּ בְּשֵׁם הָאֲרִ"י זצ"ל שֶׁצִּוָּה הַקָּדוֹשׁ בָּרוּךְ הוּא וְנִתּוֹסְפָה בְּפָסוּק וַיְהִי בְּיוֹם כַּלּוֹת מֹשֶׁה דְּאָמוּר רַבָּנָן כַּלַּת כְּתִיב פֵּרוּשׁ מִשְׁפָּטוֹ חָסֵר וּבָא מָלֵא לְהָעִיד כִּי זֶה מֹשֶׁה הָאִישׁ שֶׁהָיָה בְּכָל מַעֲשָׂיו מְקַטִּין עַצְמוֹ הוּא הִשְׁלִים לִכְנֶסֶת יִשְׂרָאֵל כְּלִילַת יֹפִי:

מַאֲמַר אֵם כָּל חַי - חֵלֶק ב סִימָן לו

וְיֵשׁ אוֹמְרִים שֶׁגַּם אָלֶ"ף שֶׁל וַיִּקְרָא אֶל מֹשֶׁה עֲשָׂאָהּ מֹשֶׁה זְעִירָא מִדַּעְתּוֹ לְמַעֵט כְּבוֹדוֹ בִּהְיוֹתוֹ קָרָא לָהּ לִשְׁכִינָה וְטַעַם הַקְּרִיאָה יָדוּעַ כְּתַרְגּוּמוֹ שֶׁל סֵדֶר קְדֻשָּׁה וּלְפִי זֶה מָצָאנוּ אוֹן לָנוּ בְּאָלֶ"ף שֶׁל אַשְׁרֶיךָ יִשְׂרָאֵל מִי כָמוֹךָ שֶׁבָּאָה רַבָּתִי מִטַּעַם הַמְפֹרָשׁ לְסֵפֶר הַתְּמוּנָה

בְּהַקְדָּמָתוֹ וְכֵן נִמְצָא בְּתִקּוּן סוֹפְרִים רַבִּים וְנִכְבָּדִים אֲשֶׁר יֵשׁ מָסֹרֶת בְּיָדָם לַעֲשׂוֹת אַלְפָא בֵּיתָא שֶׁל אוֹתִיּוֹת גְּדוֹלוֹת פְּשׁוּטוֹת וּכְפוּלוֹת בְּסֵפֶר הַתּוֹרָה לְבַדּוֹ וְהָרֶמֶז בָּאָלֶ"ף הַלָּזוֹ שֶׁהִגְדִּיל הַקָּדוֹשׁ בָּרוּךְ הוּא הָאֲשֶׁר הַמּוּכָן אֵלֵינוּ מִבִּרְכָתוֹ שֶׁל מֹשֶׁה אֲדוֹנֵנוּ בַּחֲתִימַת הַמַּאֲמָר לִפְנֵי מוֹתוֹ בְּתַכְלִית הַתּוֹסָפוֹת לְרוּחַ דַּעַת שֶׁלּוֹ כִּדְכְתִיב תּוֹסֵף רוּחָם יִגְוָעוּן וַיְהֶיֶה הָאֲשֶׁר הַהוּא הוֹלֵךְ וְגָדֵל בְּהִתְיַחֵד אִישֵׁי הָאֻמָּה לְהַשְׁוָאַת הַפַּרְצוּפִין וְהַדֵּעוֹת שֶׁבֵּאַרְנוּ בְּמַאֲמָר הַנִּזְכָּר בְּפֶרֶק הַצֶּלֶם וְהַדְּמוּת אֲשֶׁר הִיא בֶּאֱמֶת סִבָּה קְרוֹבָה אֶל הָאֹשֶׁר עָצוּם וְרַב הַמְיֻחָד לָעָם אֶחָד כָּאָמוּר. וַאֲחֵרִים אָמְרוּ עַל פִּי מִדְרָשׁ רַבָּה תַּנְחוּמָא שֶׁשִּׁיּוּר הָאָלֶ"ף וְהַוָּא"ו שֶׁהִקְטִין מֹשֶׁה מִדַּעְתּוֹ נִתְעַלָּה וְיָשַׁב עַל קַרְנֵי הַהוֹד אָלֶ"ף בִּימִינוֹ וָא"ו בִּשְׂמֹאלוֹ שֶׁהֵן בְּצִיּוּר הָאָלֶ"ף יוֹ"ד וָא"ו יוֹ"ד בְּגִימַטְרִיָּא הַשֵּׁם הַמְיֻחָד וּבְמִלּוּי הַוָּא"ו בְּגִימַטְרִיָּא אֶחָד:

תַּם וְנִשְׁלַם חֵלֶק שֵׁנִי

מַאֲמַר אֵם כָּל חַי - חֵלֶק ג סִימָן א

וַה' פָּקַד אֶת שָׂרָה כַּאֲשֶׁר אָמָר. פְּקִידַת הַצַּדֶּקֶת הַלָּזוֹ רֶמֶז לָנוּ הַכָּתוּב הַזֶּה שֶׁהָיְתָה מִמָּקוֹם גָּבוֹהַּ שֶׁנֶּאֱמַר עָלָיו אֶהְיֶה אֲשֶׁר אֶהְיֶה וְרַבּוֹתֵינוּ אָמְרוּ בְּנֵי חַיֵּי וּמְזוֹנֵי לָאו בִּזְכוּתָא תַּלְיָא מִלְּתָא אֶלָּא בְּמַזָּלָא תַּלְיָא מִלְּתָא. וְאַף עַל פִּי שֶׁבֵּאַרְנוּהוּ כִּפְשׁוּטוֹ בְּמַאֲמָר חֵקֶר דִּין וְהוּא דֶּרֶךְ אֲמִתִּי פָּשׁוּט וְעָמֹק נֶחְמָד לְהַשְׂכִּיל וְיַצִּיב וְנָכוֹן יִדָּרֵשׁ מִמְּקוֹמוֹ כִּי יַשְׂבִּיעַ נֶפֶשׁ שׁוֹקֵקָה לָדַעַת כַּמָּה יְשָׁרִים דַּרְכֵי ה' וְכַמָּה מְתֻקָּנִים שְׁבִילֵי הַהַשְׁגָּחָה אֵין נִגְרָע. הִנֵּה כָּאן לְהַגְדִּיל תּוּשִׁיָּה יָאוּת לְפָרֵשׁ בּוֹ מָה שֶׁאָמְרוּ חַכְמֵי רָזֵי תוֹרָה מָארֵי דְּאַגַּדְתָּא כִּי הַזְּכוּת הוּא תֹּאַר לְמִדַּת הַחֶסֶד הַנְּתוּנָה לְאַבְרָהָם וְגַם הַדִּין שֶׁהוּא פַּחַד יִצְחָק פּוֹתֵחַ בִּזְכוּת תְּחִלָּה כַּיָּדוּעַ בְּהִלְכוֹת דַּיָּנִין לְפִיכָךְ אַבְרָהָם הוֹלִיד אֶת צָחַק שֶׁקְּלַסְתֵּר פָּנָיו דּוֹמֶה לְאָבִיו. וְהִנֵּה לג' מַתָּנוֹת טוֹבוֹת אֵלֶּה שֶׁצַּדִּיקוֹ שֶׁל עוֹלָם חוֹנֵן וְנוֹתֵן בְּדֵעָה בִּינָה וְהַשֵּׂכֶל הַכּוֹלְלוֹת מִינֵי הָאֹשֶׁר בָּב' עוֹלָמוֹת אִישׁ לֹא נֶעְדָּר לֹא בִּזְכוּתָא הִיא הַיָּד הַגְּדוֹלָה שֶׁזָּכַרְנוּ אֶלָּא בְּמַזָּלָא תַּלְיָא מִלְּתָא וְאֵין הַכַּוָּנָה בְּמַזַּל הַשָּׁמַיִם חָלִילָה כִּי הוּא וּצְבָאוֹ וּפְקוּדָיו עִם פִּרְסוּם מִשְׁטָרָם בָּאָרֶץ כְּרֵבָּם וְגָדְלָם לְעֵינֵי בָשָׂר אֵינָם אֶלָּא שַׁמָּשִׁים קְטַנִּים עוֹשִׂים מְלַאכְתּוֹ שֶׁל אוֹתוֹ זְכוּת וְיֶתֶר הַמִּדּוֹת הָאֱלֹהִיּוֹת הַגְּלוּיוֹת אֵלָיו בְּסִיּוּעַ נוֹטֵיהֶם שֶׁהֵמָּה מְנִיעֵיהֶם מְשָׁרְתֵי עֶלְיוֹן עוֹשֵׂי רְצוֹנוֹ כָּךְ פֵּרְשׁוּהוּ בִּבְרֵאשִׁית רַבָּה סוֹף פָּרָשָׁה י"ב וְאֵין מַזָּל לְיִשְׂרָאֵל מִצִּדָּם כְּלָל דִּכְתִיב וּמֵאוֹתוֹת הַשָּׁמַיִם אַל תֵּחָתּוּ וְהָיוּ אַבְרָהָם וְשָׂרָה עֵדִים נֶאֱמָנִים בַּדָּבָר:

מַאֲמַר אֵם כָּל חַי - חֵלֶק ג סִימָן ב

אֶלָּא הַמַּזָּל הַזֶּה הַשֵּׁם הַקָּדוֹשׁ שֶׁזָּכַרְנוּ הַנִּקְרָא אֲשֶׁר כִּי אִשְּׁרוּהוּ אוֹתִיּוֹת רֹאשׁ שֶׁהוּא רֹאשׁ וּמְקוֹר לְכָל הַמַּזָּלִים וּמַשְׁפִּיעִים וְכֻלָּם אֶצְלוֹ כְּחֹמֶר בְּיַד הַיּוֹצֵר. וּמִשָּׁם זָכָה יַעֲקֹב אָבִינוּ לְמִטָּה שְׁלֵמָה דִּכְתִיב בָּהּ אֲשֶׁר פָּדָה אֶת אַבְרָהָם כִּי הִיא שֶׁעָמְדָה לוֹ בְּאוּר כַּשְׂדִּים וְאַף בִּשְׁעַת הָעֲקֵידָה שִׁתְּפָהּ אַבְרָהָם עִמּוֹ כְּדִכְתִיב וְאֵת יִצְחָק בְּנוֹ וַיְבַקַּע זֶה יַעֲקֹב עֲצֵי עֹלָה אֵלּוּ הַשְּׁבָטִים אֲשֶׁר הֵמָּה בְּצִדְקָתָם בָּנוּ אֶת בֵּית יִשְׂרָאֵל אַפִּרְיוֹן עָשָׂה לוֹ מִמֶּנּוּ שֶׁהַשָּׁלוֹם שֶׁלּוֹ וְהֵעִיד עָלָיו בֶּאֱמֶת שֶׁתִּקּוּנוֹ וְיֹפִי סִדּוּרוֹ הַנִּכְלָל בְּמִלַּת עָשָׂה גַּם הוּא לַמֶּלֶךְ הוּכַן מֵעֲצֵי הַלְּבָנוֹן אַנְשֵׁי עֲצָתוֹ אַבִּירֵי לֵב כְּטַעַם יִנּוֹן שְׁמוֹ מְלַבְּנִים וּמְזָרְזִים לִשְׁמֹעַ בְּקוֹל דְּבָרוֹ. וְאַחַר שֶׁנִּתְבָּאֵר כִּי הַבָּנִים לְכָל אָדָם נְתוּנִים הֵמָּה לוֹ מִכֹּחַ הַמַּזָּל הַנּוֹרָא הַזֶּה הָא וַדַּאי צָרִיךְ לָדַעַת מַאי רְבוּתָהּ דְּשָׂרָה:

מַאֲמַר אֵם כָּל חַי - חֵלֶק ג סִימָן ג

וְהָאֱמֶת שֶׁכָּל הָעוֹלָם כֻּלּוֹ תָּלוּי בְּמַזָּל לִבְנֵי חַיֵּי וּמְזוֹנֵי כָּאָמוּר וְהַשְׁפָּעָתוֹ אוֹתָם נִמְשֶׁכֶת לִכְלָל הַמְקַבְּלִים ע"י אֶמְצָעִיִּים רַבִּים וּכְפִי מַעֲלַת הַמַּשְׁפִּיעַ וְכֵן אָמַר קֹהֶלֶת כִּי גָבֹהַּ מֵעַל גָּבֹהַּ שֹׁמֵר וּגְבֹהִים עֲלֵיהֶם יִרְצֶה שֶׁהַסִּבּוֹת הַמִּתְפַּשְּׁטוֹת לִפְעֹל בַּתַּחְתּוֹנִים הֵן זוֹ לְמַעְלָה מִזּוֹ וּצְרִיכוּת אַהֲדָדֵי כִּי מִלַּת שׁוֹמֵר אֵין לוֹ הֶכְרֵעַ אֶלָּא כָּל אֶחָד שׁוֹמֵר וּמְמַתִּין אֶת חֲבֵרוֹ כְּטַעַם רְשׁוּתָא מֵעֲלֶיהָ וְעֵצָה מֵחַבְרֶיהָ וְלֹא אָמַר עַל גָּבוֹהַּ אֶלָּא מֵעַל לִרְמֹז לְב' מִינֵי גַּבְהוּת שֶׁיֵּשׁ לָהֶם לְהִתְיַחֵס בְּהִצְטָרְפָם לְזוּלַת אֲשֶׁר יֹאמַר לָהֶם סִבָּה קְרוֹבָה אוֹ רְחוֹקָה כַּמְבֹאָר אֶצְלֵנוּ בִּמְקוֹמוֹ וּכְבָר זְכַרְנוּהוּ בָּזֶה לְמַעְלָה עַד הִגִּיעוּ לִשְׁלֹשָׁה סִבּוֹת שֶׁהֵן בְּשׁוּרוֹ לְמַעְלָה מִשְּׁאָר הַסִּבּוֹת לֹא תִּתְעַלֶּה הָאֶחָד מֵהֶן עַל חֲבֶרְתָּהּ. וְדֻגְמָתָן לְמַטָּה בְּהַתְחָלוֹת הַטֶּבַע הֶהֶעְדֵּר וְהַחֹמֶר וְהַצּוּרָה שֶׁיֵּשׁ לָהֶן ג' סְגֻלּוֹת עַצְמִיּוֹת הָרִאשׁוֹן שֶׁאֵין זוֹ עָלָה לְזוֹ וְהַשֵּׁנִית שֶׁאֵין לָהֶן הַתְחָלָה אַחֶרֶת. וְהַשְּׁלִישִׁי שֶׁמֵּהֶן יִתְהַוֶּה כָּל הֹוֶה כַּמְבֹאָר בְּחָכְמַת הַטֶּבַע וְאָמַרְנוּ שֶׁאֵין לָהֶן הַתְחָלָה אַחֶרֶת הַכַּוָּנָה עַל שְׁלִילַת הַתְחָלָה טִבְעִית מֻשֶּׂגֶת וְנוֹדַעַת בְּמַהוּתָהּ וּגְדָרֶיהָ זוּלָתָן וְהַכֹּל מוֹדִים שֶׁנִּתְּנוּ מֵרוֹעֶה אֶחָד וּבְרְעוּתֵיהּ חַיֵּי לְכֹלָּא וְעֵלָּא מִנַּהוֹן סָרְכִין תְּלָתָא אֵלֶּה שֶׁזָּכַרְנוּ שֶׁאֵין עַל גַּבֵּיהֶם אֶלָּא הָרָצוֹן הַמֻּחְלָט כֵּן הַדָּבָר הַזֶּה שֶׁאָנוּ בְּבֵאוּרוֹ וְאִישׁ דַּעַת יְאַמֶּץ כֹּחַ בַּפָּסוּק הַזֶּה שֶׁאָמַר קֹהֶלֶת דְּאִי לֹא תֵּימָא הָכִי אִתְמְהָא יַצִּיבָא בְּאַרְעָא וְגִיּוֹרָא בִּשְׁמֵי שְׁמַיָּא. וְכָאן הֵעִיד הַכָּתוּב שֶׁהָיְתָה הַפְּקִידָה לְשָׂרָה עַל יְדֵי הַמַּזָּל הָעֶלְיוֹן הַכּוֹלֵל בְּעַצְמוֹ וּבִכְבוֹדוֹ ג' הַתְחָלוֹת אֵלֶּה בְּשִׁנּוּי גָּמוּר קָרְאוּ בִּשְׁמוֹתָם בְּיֹשֶׁר קַדְמוֹן צַח וּמְצֻחְצָח וְאִיכָּא דְּמַתְנֵי לְהוֹ לְמַפְרֵעַ קַדְמוֹן מְצֻחְצָח צַח עַל סֵדֶר דֵּעָה בִּינָה וְהַשֵּׂכֶל וְהוּא סִדְרָן שֶׁל ג' אוֹתִיּוֹת אֵלֶּה שֶׁבְּמִלַּת אֲשֶׁר לְרָגִיל בְּרְמִיזוֹתֵיהֶן וְהָיוּ אֵלֶּה הַצַּחְצָחוֹת עוֹמְדוֹת בְּרוּמוֹ שֶׁל עוֹלָם הַגָּבֹהַּ לְמַעְלָה יוֹתֵר מִן הַטֶּבַע הַרְבֵּה מְאֹד עַד אֵין חֵקֶר וּפָקַד אֶת שָׂרָה כַּאֲשֶׁר אָמַר בְּלִי שׁוּם אֶמְצָעִי כִּי הוּא אָמַר וַיֶּהִי:

מַאֲמַר אֵם כָּל חַי - חֵלֶק ג סִימָן ד

וְלֹא כֹּחַ הַבָּנִים בִּלְבַד נִתַּן לָהּ מֵהַמָּקוֹם עֶלְיוֹן שֶׁזָּכַרְנוּ כִּי אֲפִלּוּ לְמִי שֶׁאֵינוֹ עָקָר בְּטִבְעוֹ מִשָּׁם יְצַוֶּה ה' אֶת הַבְּרָכָה אֶלָּא אַף חִדּוּשׁ הַבְּרִיאָה בְּגוּפָהּ שֶׁל שָׂרָה לְהַמְצִיא לָהּ עִקָּר מַטְרוֹן הַצָּרִיךְ אֶל הַכֹּחַ הַמְאַשֵּׁר הָעֶלְיוֹן הַזֶּה אֲשֶׁר אֶהְיֶה לְצִיּוּרוֹ וּלְחַדְּשׁוֹ כִּי הוּא הַצַּיָּר הַגָּדוֹל לְכָל מַעֲשֵׂה בְרֵאשִׁית וְהוּא הַמְחַדֵּשׁ טוּבוֹ בְּכָל יוֹם תָּמִיד וּכְבָר קֹדֶם הַמֻּסְכָּם לַכֹּל כִּי אֵין חָדָשׁ תַּחַת הַשֶּׁמֶשׁ וְלֹא דָּבָר נוֹסָף עַל הַנִּגְזָר תְּחִלָּה שֶׁכֵּן אָמְרוּ חֲכָמִים תְּנָאֵי הִתְנָה הַקָּדוֹשׁ בָּרוּךְ הוּא עַל הַיָּם שֶׁיִּקָּרַע לְמֹשֶׁה

וְעַל הַשֶּׁמֶשׁ שֶׁיַּעֲמֹד לִיהוֹשֻׁעַ וְדוֹמֵיהֶם אַף כָּאן כַּאֲשֶׁר אָמַר מִתְּחִלַּת הַמַּחֲשָׁבָה כְּשֶׁיָּצָא מִפִּיו יִתְבָּרֵךְ נַעֲשֶׂה אָדָם בְּצַלְמֵנוּ כִּדְמוּתֵנוּ שֶׁהוּא מַאֲמָר מַחְשְׁבֵי נֶעֱלָם כְּפִי כָּל הַפֵּרוּשִׁים שֶׁנֶּאֶמְרוּ בּוֹ מֵאָז נִגְזַר עַל שָׂרָה שֶׁיִּהְיֶה הַדְּמוּת שֶׁלָּהּ חֲסַר הַטַּרְפַּחַת וְשֶׁל סוֹף צ' שָׁנָה בְּרִיאָה יִבָּרֵא לָהּ ה' לֹא בְכֹחַ וְלֹא בַחַיִל כִּי אִם בְּרוּחוֹ וְכֵן כַּאֲשֶׁר דָּבָר מִתְּחִלָּה כְּשֶׁיָּצָא מִפִּיו יִתְבָּרֵךְ מַאֲמָר פְּרוּ וּרְבוּ שֶׁהָיָה דִּבּוּר נִגְלָה לְאָדָם וּלְאִשְׁתּוֹ מֵאָז נִגְזַר עַל אַבְרָהָם וְשָׂרָה שֶׁיִּהְיֶה זִוּוּגָם מִשְׁתַּהֶה לַעֲשׂוֹת פְּרִי לְקֵץ הַיָּמִין מֵאָה שָׁנָה לְאַבְרָהָם וְתִשְׁעִים לְשָׂרָה:

מַאֲמַר אֵם כָּל חַי - חֵלֶק ג סִימָן ה

אַךְ דְּעוּ נָא וּרְאוּ כִּי כָּל אוֹתָן הַשָּׁנִים כְּשֶׁנִּזְדַּוְּגוּ אַבְרָהָם וְשָׂרָה וְלֹא הָיוּ לָהֶם בָּנִים לֹא הָיָה זִוּוּגָם פּוֹעֵל בָּטֵל ח"ו כִּי אָמְנָם זֶוֶג הַצַּדִּיקִים יֵשׁ בּוֹ דֻּגְמָא עֶלְיוֹנָה בְּלִי סָפֵק וְעַל כֵּן הֶאֱרִיךְ הַכָּתוּב בְּזִוּוּג יְהוּדָה וְתָמָר וְהוֹדִיעַ שֶׁהָיָה שְׂכָרָהּ לְגָרֵשׁ גְּדִי עִזִּים בְּסוֹד הַשָּׂעִיר מִן הַצֹּאן מַרְעִיתוֹ שֶׁל מָקוֹם וְיָדוּעַ כִּי מִלַּת צֹאן כּוֹלֶלֶת כְּבָשִׂים וְעִזִּים וְכַאֲשֶׁר נוֹצִיא מִסְפַּר גְּדִי עִזִּים שֶׁהוּא קמ"ד מִמִּסְפַּר הַצֹּאן שֶׁהוּא קמ"ו וְיִשָּׁאֲרוּ ב' טְלָאִים מְבֻקָּרִים הֵן הֵן פֶּרֶץ וְזָרַח אִי נָמֵי פָּשׁוּ לְהוּ מִן הָעִזִּים שָׂעִיר הַפְּנִימִי וְשָׂעִיר הַחִיצוֹן שֶׁשְּׁנֵיהֶם לַגָּבֹהַּ שֶׁהֵם קָדְשֵׁי קָדָשִׁים. וְטַעַם הָעֵרָבוֹן כַּמְבֹאָר בַּזֹּהַר וְלֹא פֵּרֵשׁ לְהֵיכָן יִשְׁתַּלַּח וְסָתְמוּ כְּפֵרוּשׁוֹ לַעֲזָאזֵל הַמִּדְבָּרָה שֶׁסּוֹדוֹ עַז אָזַל שֶׁהוּא עַז וּבִלְתִּי נִכְנָע אַף עַל פִּי שֶׁהוֹלֵךְ וְאָבֵד כְּטַעַם הוֹלֵךְ לָמוּת וְהוּא הָיָה תְּחִלָּה סַם חַיִּים לְעוֹלָם כְּטַעַם טוֹב מְאֹד וּמֶרֶד בְּקוֹנוֹ לְהַכְחִישׁ מַעֲשֵׂה בְרֵאשִׁית וְעוֹדֶנּוּ עוֹמֵד בְּמִרְדּוֹ לְפִיכָךְ אָמְרָה תוֹרָה לָדוּן כָּל מְכַשֵּׁף בִּסְקִילָה כְּטַעַם הַנְּפִילִים וְהוּא טַעַם דְּחִיַּת הַשָּׂעִיר לַצּוּק עַל יְדֵי אִישׁ עִתִּי הוּא חִירָה רֵעֵהוּ שֶׁל מְשַׁלֵּחַ סוֹד הָרַע שֶׁהוּא אוֹהֵב וְרֵעַ וְתַכְלִית הַמְּשַׁלֵּחַ הַזֶּה לָקַחַת הוּא בְּעַצְמוֹ הָעֵרָבוֹן מִיַּד הָאִשָּׁה כְּטַעַם אִתְעָרוּתָא מִתַּתָּא וְלֹא מָצְאָה אִישׁ עִתִּי לְהַלָּן שֶׁכֵּן אַנְשֵׁי מָקוֹם הַמִּדְבָּרָה אָמְרוּ לֹא הָיְתָה בָזֶה הַזְמָנָה אֶלָּא בְּפֶתַח שֶׁכָּל עֵינַיִם אֵלָיו צוֹפוֹת כָּרָאוּי. וַיֹּאמֶר יְהוּדָה אַתָּה תִּקַּח הַגְּדִי לְעַצְמְךָ לָהּ לִשְׁמָהּ שֶׁהוּא גְּרָמָא דִּנְפִיל לְחוּלְקֵיהָ מִבֵּי מַלְכָּא וְהוּא לְתוֹעַלְתָּהּ לְהָקֵל מֵעָלֶיהָ עֲוֹן בָּנֶיהָ פֶּן נִהְיֶה לָבוּז אִם עַל בָּנִים ח"ו וְהוּא בְּכָל צָרָתָם לוֹ צָר וְגַם הִיא תִּקַּח הָעֵרָבוֹן לָהּ לְעַצְמָהּ בְּמַתָּנָה כְּטַעַם שְׂכַר מִצְוָה מִצְוָה וְכָאן הֻשְׁלְמָה הַכַּוָּנָה כְּדַמְסִיק הִנֵּה שָׁלַחְתִּי אֶת הַגְּדִי הַזֶּה לְהַרְחִיקוֹ מֵעַל גְּבוּל יִשְׂרָאֵל כָּאָמוּר וְאַתָּה בְּמָקוֹם שֶׁצִּוִּית לְהוֹלִיכוֹ לֹא מְצָאתָהּ שָׁם שֶׁשָּׁבָה מִן הַגָּלֻיּוֹת וְהִיא גְּאֻלָּתָהּ וּגְאֻלַּת צֹאן קָדָשִׁים:

מַאֲמָר אֵם כָּל חַי - חֵלֶק ג סִימָן ו

אַף כָּאן זִוּוּג אַבְרָהָם וְשָׂרָה יֵשׁ בּוֹ מֵעֵין דֻּגְמָא שֶׁל מַעְלָה לֹא הֻכְשְׁרָה אֶרֶץ מִצְרַיִם לְכָךְ בָּעֵת הַהִיא כְּטַעַם אֲחוֹתִי הִיא שֶׁזָּכַרְנוּ בַּחֵלֶק הָרִאשׁוֹן בִּהְיוֹתָהּ מְלֵאָה גִּלּוּלִים וּכְשָׁפִים וּבִמְקוֹמָן חָיְשִׁינַן פֶּן יִתְגַּבְּרוּ עַל הָפְכָהּ שֶׁעֲדַיִן לֹא הִטַּהַרְנוּ מִזֻּהֲמָתָן שֶׁל תֶּרַח וְנָחוֹר אָבִיו לְפִיכָךְ לֹא קָרַב אֵלֶיהָ אַבְרָהָם בִּזְמַן שֶׁהָיָה גּוֹלֶה מִמַּמְלָכָה אֶל עַם אַחֵר שֶׁכֵּן זִוּוּגָם שֶׁל אַבְרָהָם וְשָׂרָה וְכָל שֶׁכֵּן בִּהְיוֹתוֹ עוֹשֶׂה פֵּרוֹת וּמַרְבֶּה אֶת הַדְּמוּת יֵשׁ בּוֹ בִּטּוּל הַקְּלִפָּה וְהַשְׁבָּתָתָהּ בְּלִי סָפֵק כְּטַעַם גֵּרֵשׁ הָאַמָּה הַזֹּאת וְזֶהוּ הַהֶבְדֵּל שֶׁבֵּין מִדַּת הַחֶסֶד לְיֶתֶר מִדּוֹת שֶׁלְּמַטָּה הֵימֶנּוּ כִּי עִם הֱיוֹת כְּנֶגְדָּהּ גַּם כֵּן קְלִפָּה מִבַּחוּץ מִכָּל מָקוֹם הַחֶסֶד מִתְגַּבֵּר עָלֶיהָ בְּיוֹתֵר וְהוּא טַעַם שֵׁם מִיכָאֵל מַלְאַךְ הַחֶסֶד מַכְרִיז שֶׁאֵין כָּמוֹהָ בְּכָל הַמִּדּוֹת וְיָדוּעַ שֶׁשָּׁם אֶל מְיַחֵד אֵלֶיהָ כִּי אָמְנָם הָעֶלְיוֹנוֹת אֵין לְעֻמָּתָן קְלִפָּה וְהַתַּחְתּוֹנוֹת אֵין לָהֶן רְשׁוּת לְבַטְּלָן אֶלָּא חֶסֶד לְאַבְרָהָם לְבַדּוֹ בִּזְכוּת גְּמִילוּת חֲסָדִים שֶׁהָיָה עוֹשֶׂה עִם כָּל הָעוֹלָם שֶׁהֲרֵי מָזוֹן לְכֹלָא בְּיָהּ וַיִּטַּע אֶשֶׁל שֶׁאָנוּ קוֹרִין בּוֹ נוֹטָרִיקוֹן אֲכִילָה שְׁתִיָּה לְמוּד לְלַמֵּד לְכָל הָאוֹרְחִים לְבָרֵךְ אֶל הַזָּן אֶת הַכֹּל וְהַהוֹלֵךְ בַּדֶּרֶךְ הֵנָּה לְמוּדוֹ מִלֹּהוֹ דְּהַיְנוּ לְוָיָה וַאֲפִלּוּ לְמַלְאֲכֵי הַשָּׁרֵת לְמִדָּם וְזֵרְזָם בְּאָמְרוֹ וְסַעֲדוּ לִבְּכֶם סִטְרָא דְּטוֹב לֵב אֶחָד בִּלְבַד אֲבָל אַחֵר שֶׁהוּא מִדַּת אֲחוֹרִים שֶׁלָּהֶם סִטְרָא דָּרַע תַּעֲבֹרוּ בְּדָלוּג שֶׁלֹּא יְסַעֲדוּהוּ כְּטַעַם אַל תֹּאמַר אֲשַׁלְּמָה רָע וְהֵם הֵשִׁיבוּ לוֹ כֵּן תַּעֲשֶׂה כַּאֲשֶׁר דִּבַּרְתָּ וְיֵשׁ בְּסוֹפֵי תֵּבוֹת אֵלֶּה אוֹתִיּוֹת נְהֹרַת מִלְּשׁוֹן נָהִיר וּבָהִיר כְּלוֹמַר יָפֶה לְמַדְּתֵנוּ וְהָיוּ אָמְנָם אַבְרָהָם וְשָׂרָה בְּכַוָּנַת הַיִּחוּדִים שֶׁלָּהֶם מַמְשִׁיכִים אֶצְלָם כָּל הַנְּשָׁמוֹת שֶׁהֵן עֲתִידוֹת לְהִבָּרְאוֹת לְגֵרִים הָרְאוּיִם לְהִדָּבֵק בְּזַרְעוֹ שֶׁל יִצְחָק כְּטַעַם הַנֶּפֶשׁ אֲשֶׁר עָשׂוּ בְחָרָן וְאָמְרוּ חֲכָמִים אַבְרָהָם מְגַיֵּר הָאֲנָשִׁים וְשָׂרָה מְגַיֶּרֶת אֶת הַנָּשִׁים כִּי לֹא עַל הַגֵּרִים שֶׁל אוֹתָהּ שָׁעָה בִּלְבַד הַדְּבָרִים אֲמוּרִים שֶׁהָיוּ גֵּרֵי שַׁעַר לֹא זוּלַת אֶלָּא עַל כָּל בָּאֵי עוֹלָם לְהִתְגַּיֵּר לֶעָתִיד וְלִהְיוֹת גֵּרֵי צֶדֶק וּבְזֶה גְּאֻלָּה תִּהְיֶה לָהֶם מִמָּה שֶׁנִּדְחוּ מֵחֲמַת הַחֵטְא הַקָּדוּם:

מַאֲמָר אֵם כָּל חַי - חֵלֶק ג סִימָן ז

וְעִם זֶה הָיָה זִוּוּגָם שֶׁל אַבְרָהָם וְשָׂרָה מַשְׁלִים תּוֹלְדוֹתָיו שֶׁל אָדָם הָרִאשׁוֹן כְּדָבָר שֶׁנֶּאֱמַר כִּי אַב הֲמוֹן גּוֹיִם נְתַתִּיךָ וְהוּא כְּעֵין מַעֲשֵׂה הַיִּבּוּם. וְעַל זֶה נֶאֱמַר כִּי חִזַּק בְּרִיחֵי שְׁעָרָיִךְ בֵּרַךְ בָּנַיִךְ בְּקִרְבֵּךְ כְּטַעַם הַבְּרָכָה אֲשֶׁר בֵּרַךְ מֹשֶׁה בַּרְזֶל וּנְחֹשֶׁת מִנְעָלֶיךָ וּכְיָמֶיךָ דָּבְאֶךָ אָמַר כִּי כְּשֶׁיִּהְיֶה מַעְיָנוֹ נָעוּל וְחָתוּם שָׁמוּר הֵיטֵב מִפּוֹעַל הָרֵיק וּפִתּוּיֵי הַיֵּצֶר

חָזָק כְּבַרְזֶל וּמַבְהִיק נוֹצְצִים כְּעֵין נְחֹשֶׁת קָלָל הָאָמוּר בְּמַלְאֲכֵי הַשָּׁרֵת מֻבְטָח הוּא שֶׁכָּל יָמָיו יַמְשִׁיךְ וְיַזִּיל שֶׁפַע שְׂבַע רָצוֹן לוֹ וְלַאֲחֵרִים מֵעֵין מָה שֶׁאָמְרוּ חֲכָמִים עֲתִידָה אִשָּׁה שֶׁתֵּלֵד בְּכָל יוֹם בְּתוֹסֶפֶת הַחִדּוּשׁ לְכָל מַעֲשֵׂה בְרֵאשִׁית הַפְלֵא וָפֶלֶא דָּבָר יוֹם בְּיוֹמוֹ. וּמִמָּה שֶׁיָּדַעְנוּ כִּי הַמְבַקֵּשׁ רַחֲמִים עַל חֲבֵרוֹ וְצָרִיךְ לְאוֹתוֹ דָּבָר הוּא נַעֲנֶה תְּחִלָּה יִהְיֶה אִם כֵּן אוֹמְרוֹ בֵּרַךְ בָּנַיִךְ בְּקִרְבֵּךְ לֹא בִּלְבַד שְׂכַר הַחִזּוּק נֶגֶד יֵצֶר הָרָע כָּאָמוּר אֶלָּא כֵּיוָן שֶׁבְּטֶרֶם תָּחִיל לְעַצְמָהּ יָלְדָה לַאֲחֵרִים כַּמְּבֹאָר בְּזֶה לְשָׂרָה אִמֵּנוּ עָנְתָה בָּהּ צִדְקָתָהּ וְהָיָה שְׂכָרָהּ בְּטֶרֶם יָבֹא חֵבֶל לָהּ וְהִמְלִיטָה זָכָר בְּשָׁרָשִׁים הָעֶלְיוֹנִים רָאוּי לִבְרָכָה בִּמְעֵי אִמּוֹ כְּטַעַם בְּטֶרֶם אֶצָּרְךָ בַבֶּטֶן יְדַעְתִּיךָ:

מַאֲמַר אֵם כָּל חַי - חֵלֶק ג סִימָן ח

וְהִנֵּה נִתְבָּאֵר בַּכָּתוּב אֵצֶל אַבְרָהָם וְשָׂרָה הַחִזּוּק בִּצְנִיעוּת שֶׁלֹּא לִפְרֹץ גֶּדֶר הַתַּאֲוָה כְּמַאֲמַר הִנֵּה נָא יָדַעְתִּי כִּי אִשָּׁה יְפַת מַרְאֶה אַתְּ שֶׁאִלְמָלֵא צֹרֶךְ הַהַצָּלָה גַּם עַתָּה לֹא הִתְבּוֹנֵן בְּיָפְיָהּ וְזֶה גָּרַם לְבָנִים בְּרָכָה מְקֻדֶּמֶת לִיצִירָה בְּמָה שֶׁנֶּאֱמַר לְיִצְחָק וְהִתְבָּרֲכוּ בְזַרְעֲךָ כֹּל גּוֹיֵי הָאָרֶץ יִרְצֶה שֶׁתִּתְפַּשֵּׁט בִּרְכָתוֹ לְזוּלַת כְּמַעְיָן הַמִּתְגַּבֵּר וְנִמְשָׁךְ לְכַמָּה בְּרֵכוֹת מַיִם חַיִּים וּכְנָהָר שֶׁאֵינוֹ פּוֹסֵק וּמַכְפֶּיהָ מְבָרֵךְ. וּלְפִי שֶׁיָּצָא מִמֶּנּוּ עֵשָׂו לֹא נֶאֱמַר לוֹ וְנִבְרְכוּ בְךָ בְּפֹעַל מֻשְׁלָם דָּבֵק בְּעַצְמוֹ כְּמוֹ שֶׁנֶּאֱמַר לְיַעֲקֹב כִּי הוּא וְזַרְעוֹ כֻּלָּם קְדֹשִׁים וּבְתוֹכָם ה' בֶּאֱמֶת. וּבָאוּ שְׁנֵי הַפְּעָלִים הַלָּלוּ בִּלְשׁוֹן עָבָר מִתְהַפֵּךְ לֶעָתִיד רְצוֹנִי וְהִתְבָּרֲכוּ הָאָמוּר בְּיִצְחָק וְנִבְרְכוּ הָאָמוּר בְּיַעֲקֹב כִּי מֵאָז הוּכְנוּ הַהַבְרָכוֹת הָאֵלֶּה עַל יְדֵי אַבְרָהָם וְשָׂרָה וּכְבָר נֶאֱמַר לוֹ וְשַׂמְתִּי אֶת זַרְעֲךָ כַּעֲפַר הָאָרֶץ שֶׁהוּא מְקַבֵּל כָּל הַהַבְרָכוֹת וְיָדוּעַ שֶׁאֵין הַהַבְרָכָה אֶלָּא עָנָף מִן הָאִילָן שֶׁהִשְׁפִּיל לָאָרֶץ וְנִטְמַן בֶּעָפָר עַד שֶׁיַּשְׁרִישׁ בָּאָרֶץ גִּזְעוֹ וְכָל זְמַן דְּאָכִיל דְּלָאו דְּלִיָּה בָּהִיל לְאִסְתַּכּוּלֵי בֵּיהּ. אַף כָּאן כֻּלְּהוּ גִּיּוּרֵי מִנַּן הֲווּ וְאִדְּחוּ וְהַשְׁתָּא מֵהֲדַר הוּא דְּהָדְרֵי לָן וְהַיְינוּ דְּתַנְיָא הַגִּיֹּרֶת הַשְּׁבוּיָה וְהַשִּׁפְחָה שֶׁנִּפְדּוּ שֶׁנִּתְגַּיְּרוּ וְשֶׁנִּשְׁתַּחְרְרוּ וַהֲרֵי שֶׁנִּפְדֵּית וְשֶׁנִּתְגַּיְּרָה וְשֶׁנִּשְׁתַּחְרְרָה מִבְּעֵי לָן לְמִתְנֵי דְּהָא כָּל חֲדָא מִנַּיְהוּ צְרִיכָא תַּקַּנְתָּא בְּאַנְפֵּי נַפְשָׁהּ וְלֹא שַׁיְּכוּ אַהֲדָדֵי אֶלָּא הַאי תַּנָּא דְּזָקְנָא תָּלָה אֶת הַקַּלְקָלָה בְּגוּפָן בִּלְבַד וְהִכְרִיז אֶת תַּקָּנָתָן לַגּוּף וְלַנֶּפֶשׁ יַחַד כַּמָּה דְּאַתְּ אָמַר אֲשֶׁר פָּדִיתָ מִמִּצְרַיִם גּוֹי וֵאלֹהָיו וְעֶבֶד מְשֻׁחְרָר בִּכְלַל גֵּרִים הוּא. וְאַף עַל גַּב דְּקַיְמָא לָן נִרְאֶה וְנִדְחֶה אֵינוֹ חוֹזֵר וְנִרְאֶה הָנֵי מִילֵּי מִי שֶׁהָיָה גּוֹי בִּשְׁעַת מַתַּן תּוֹרָה אֲבָל גִּיּוּרֵי מִנַּלַיְהוּ הֲוָה בְּסִינַי וְהוּא הַדִּין לְפוֹשְׁעֵי יִשְׂרָאֵל הַזּוֹכִים לְהִתְקַבֵּל בִּתְשׁוּבָה בְּכֹחַ הַצֵּרוּף עַל יְדֵי יִסּוּרִין דַּעֲלַיְהוּ כְּתִיב בְּחֵמָה שְׁפוּכָה אֶמְלוֹךְ עֲלֵיכֶם. וּכְשֵׁם שֶׁנִּתְיַחֲדָה אֶרֶץ יִשְׂרָאֵל לָלֶדֶת יִצְחָק כָּךְ עִיר חָרָן שֶׁשָּׁם חָרוֹן אַפּוֹ שֶׁל מָקוֹם לָהּ לְבַדָּהּ יָאֲתָה לְהַמְצִיא נִשְׁמוֹת הַגֵּרִים

לְקַיֵּם מָה שֶׁנֶּאֱמַר מִי גָּר אִתְּךָ בַּעֲנִיּוּתְךָ הוּא דְּעָלֶיךָ יִפֹּל כְּדִבְרֵיהֶם זַ"ל בְּמַסֶּכֶת בָּמוֹת זָכוֹר אֶזְכְּרֶנּוּ עוֹד וְכֵן בְּמַלְכוּתָא דְּאַרְעָא וְלִבְנֵי בַּרְזִלַּי תַּעֲשֶׂה חֶסֶד כִּי כֵן קָרְבוּ אֵלַי בְּבָרְחִי מִפְּנֵי אַבְשָׁלוֹם שֶׁצִּוָּה דָּוִד לִשְׁלֹמֹה:

מַאֲמַר אֵם כָּל חַי - חֵלֶק ג סִימָן ט

צֵא וּלְמַד מֵרוּת הַמּוֹאֲבִיָּה שֶׁלֹּא נִתְקַבְּלָה אֶלָּא בִּשְׁעַת עֲנִיָּה וּמְרוּדֶיהָ שֶׁל נָעֳמִי וְאָז כְּתִיב וְרוּת דָּבְקָה בָּהּ דַּוְקָא לֹא בְּשַׁלְוָתָהּ כִּי הֵמַר שַׁדַּי לִי מְאֹד וְכֵן מֵאֶלֶף נָשִׁים שֶׁגִּיֵּר שְׁלֹמֹה לֹא נִתְקַבְּלָה מִכֻּלָּן לְהַעֲמִיד מַמְלֶכֶת יִשְׂרָאֵל אֶלָּא נַעֲמָה הָעַמּוֹנִית שֶׁנָּשָׂאתָ לוֹ כְּשֶׁהָיָה בְּדַלֵּי דַּלּוּת וְלֹא חָזַר לְמַלְכוּתוֹ אֶלָּא בִּזְכוּתָהּ וְנִמְצָא כָּתוּב בְּאַגָּדָה שֶׁאוֹתָהּ טַבַּעַת שֶׁשֵּׁם הַמְפֹרָשׁ חָקוּק עָלֶיהָ וְנִפְּתָה שְׁלֹמֹה לְאַשְׁמְדַאי וְנָתְנָה לוֹ כִּדְאִיתָא בְּפֶרֶק מִי שֶׁאֲחָזוֹ דְּהִשְׁלִיכָה לַיָּם הַגָּדוֹל אַף עַל גַּב דְּהָתָם אָמְרוּ בָּלְעָה אֶפְשָׁר דַּהֲדָר אַפְקָהּ וְשָׁדֵי לָהּ אִי נָמֵי מַאי בָּלְעָה הֶעֱלִימָה מִן הָעוֹלָם סוֹף דָּבָר זִמֵּן הַקָּדוֹשׁ בָּרוּךְ הוּא דָּג אֶחָד וּבָלַע אוֹתָהּ וְשָׁלֹשׁ שָׁנִים נִטְרַד שְׁלֹמֹה בַּעֲנִיּוּתוֹ עַל שֶׁעָבַר ג' לָאוִין לֹא יַרְבֶּה לוֹ נָשִׁים וְסוּסִים וְזָהָב וְנִכְשַׁל בְּכֻלָּן וְנִטְרְפָה דַּעְתּוֹ בְּאָבְדַן הַטַּבַּעַת עַד שֶׁרִחַם עָלָיו הַקָּדוֹשׁ בָּרוּךְ הוּא וְנִזְדַּמֵּן לִפְנֵי מֶלֶךְ בְּנֵי עַמּוֹן וְנַעֲשָׂה לוֹ מֶלְצַר רָאַתְהוּ נַעֲמָה בִּתּוֹ וְחָשְׁקָה בּוֹ וְאָבִיהָ הִגְלָה אֶת שְׁנֵיהֶם לַמִּדְבָּר שָׁמָּה לְמַעַן יָמוּתוּ מִיתַת עַצְמָם וְיָדוֹ אַל תְּהִיֶה בָּם וְזִמְּנָם הַקָּדוֹשׁ בָּרוּךְ הוּא לִשְׂפַת הַיָּם וְאוֹתוֹ הַדָּג עָלָה לְגוֹרָלָם וּמִדָּה שֶׁל נַעֲמָה קִבֵּל שְׁלֹמֹה תַּנְחוּמִין שֶׁנָּתְנָה לוֹ הַטַּבַּעַת בִּקְרִיעַת הַדָּג וּתְחִי רוּחוֹ וּמַנְדְּעָהּ עָלֶיהָ יָתוּב וְאֵין סָפֵק שֶׁלֹּא הֶחֱמִיץ שְׁלֹמֹה מִצְוָה רַבָּתִי הַבָּאָה לְיָדוֹ אֶלָּא תֵּכֶף וּמִיָּד שֶׁחָזַר וְנִשְׁתַּפָּה שָׁם גִּיֵּר אוֹתָהּ וַעֲדַיִן הָיוּ שְׁנֵיהֶם עֲנִיִּים מְרוּדִים וְזָכְתָה יוֹתֵר מֵרוּת שֶׁנִּקְרֵאת אֵם הַמֶּלֶךְ סְתָם כִּדְאִיתָא בְּפֶרֶק הַסְּפִינָה וְנַעֲמָה הִיא אֵם הַמָּשִׁיחַ לְדַעַת חֲזָ"ל וּשְׁמָהּ יָעִיד עַל נֹעַם ה' אֱלֹהֵינוּ כְּשֵׁם שֶׁנִּקְרֵאת רוּת עַל שֵׁם שֶׁיָּצָא מִמֶּנָּה דָּוִד שֶׁרִוָּהוּ לְהַקָּדוֹשׁ בָּרוּךְ הוּא בְּשִׁירוֹת וְתִשְׁבָּחוֹת:

מַאֲמַר אֵם כָּל חַי - חֵלֶק ג סִימָן י

וּכְשֵׁם שֶׁגָּלְתָה נָעֳמִי לֶאֱסֹף אֶת רוּת כָּךְ גָּלָה שְׁלֹמֹה לֶאֱסֹף אֶת נַעֲמָה וְנָעֳמִי הַמְּקָרֶבֶת הִיא נֹעַם יוֹ"ד שֶׁבְּשֵׁם אָמְנָם נַעֲמָה הַמִּתְקָרֶבֶת הִיא נֹעַם הֵ"א אֲשֶׁר שָׁם רְחוֹבוֹת הַנָּהָר כַּנּוֹדָע לְפִיכָךְ נִקְרָא בְּנָהּ רְחַבְעָם כִּי בִקֵּשׁ הַקָּדוֹשׁ בָּרוּךְ הוּא לַעֲשׂוֹתוֹ מָשִׁיחַ וְיָרָבְעָם יִהְיֶה לוֹ לְמִשְׁנֶה שֶׁכְּנֶגְדָּם בִּמְרוֹם דָּוִד עִלָּאָה וּשְׁאָר הָעוֹלָם רַק הַכִּסֵּא יִגְדַּל מִמֶּנּוּ דְּאָמַר מָר אֵין יְשִׁיבָה בָּעֲזָרָה אֶלָּא לְמַלְכֵי בֵּית דָּוִד בִּלְבַד וּמַלְתִּיהָ דְרַבִּי אַמִּי דְּאָמַר לְכֹהֲנִים גְּדוֹלִים בִּלְבַד וְיָלִיף לָהּ מֵעֵלִי הַכֹּהֵן מְתוֹקְמָא לָן בַּמִּשְׁכָּן

שִׁילֹה בִּלְבַד דִּכְתִיב בַּיָּמִים הָהֵם אֵין מֶלֶךְ בְּיִשְׂרָאֵל וְעֵלִי הָיָה שׁוֹפֵט בִּמְקוֹם הַמֶּלֶךְ וּמִשֶּׁנִּבְנָה בֵּית עוֹלָמִים עַל יְדֵי מַלְכֵי בֵּית דָּוִד וְכֹהֵן גָּדוֹל עוֹמֵד וּמְשַׁמֵּשׁ לִפְנֵיהֶם כִּדְתְנַן בְּפָרָשַׁת הַקָּהֵל נִתְחַדְּשָׁה הֲלָכָה כְּדַאֲמַרַן. הָכִי סְבִירָא לָן וְיָאוֹת כָּל מִלֵּי דְּרַבָּנַן. וּמֵאָז רָאוּי הָיָה שֶׁיַּרְחִיב ה' לָנוּ אִלְמָלֵא זָכִינוּ וּכְשֶׁצָּפָה בּוֹ דָּוִד בְּרוּחַ הַקֹּדֶשׁ אָמַר עָלָיו וְעַל עַצְמוֹ רַבּוֹת עָשִׂיתָ אַתָּה ה' אֱלֹהַי נִפְלְאֹתֶיךָ וּמַחְשְׁבֹתֶיךָ אֵלֵינוּ שֶׁאָסַר עַמּוֹן וּמוֹאָב וְהִתִּיר בְּנוֹתֵיהֶם וְאָמְרוּ שֶׁהָיָה רְחַבְעָם בְּיָמָיו מֻטָּל בָּעֲרִיסָה וְאֵין זֹאת לְפִי הָאַגָּדָה שֶׁזָּכַרְנוּ אֶלָּא שֶׁבּוֹ בְּיוֹם נוֹלְדָה אִמּוֹ וְאוֹתָהּ עֲרִיסָה הִיא שֶׁנִּגְלֵית לְדָוִד בְּרוּחַ הַקֹּדֶשׁ וְאָמַר שִׁירָה עָלֶיהָ וְאַף עַל פִּי שֶׁאֵין מְשִׁיבִין עַל הַדְּרָשׁ דְּהָא שֶׁתִּיק לֵהּ רַב נַחְמָן לְרַבִּי יִצְחָק בְּתַעֲנִיּוֹת פֶּרֶק קַמָּא גַּבֵּי יַעֲקֹב אָבִינוּ לֹא מֵת כְּשֶׁאָמַר לוֹ מִקְרָא אֲנִי דּוֹרֵשׁ אַלְמָא פְּשָׁטֵיהּ דִּקְרָא לְחוּד וּדְרָשָׁא לְחוּד מִכָּל מָקוֹם חוֹבָה עָלֵינוּ לְהִזָּהֵר בִּדְבָרֵנוּ אֵלֶּה מֵעֵדוּתָן שֶׁל נְבִיאִים:

מַאֲמַר אֵם כָּל חַי - חֵלֶק ג סִימָן יא

כִּי הִנֵּה שְׁלֹמֹה מֶלֶךְ אַרְבָּעִים שָׁנָה וּרְחַבְעָם הָיָה בֶּן אַרְבָּעִים וְאֶחָד בְּמָלְכוֹ וְאֶפְשָׁר שֶׁלֹּא נִמְנוּ לִשְׁלֹמֹה הַשָּׁנִים קַדְמוֹנִיּוֹת וְלֹא כָּל זְמַן שֶׁנִּטְרַד מִמַּלְכוּת אֶלָּא אַחֲרֵי שֶׁחָזַר עַל כַּנּוֹ וְהָכִי דַּיֵּק קְרָא דִּכְתִיב וְהַיָּמִים אֲשֶׁר מָלַךְ שְׁלֹמֹה בִירוּשָׁלַםִ עַל כָּל יִשְׂרָאֵל דְּמַשְׁמַע רְצוּפִים וּמַשְׁמַע נַמִּי שֶׁלֹּא יָצָא אֶת הָעִיר כִּי נִבְעַת וְעַל כָּל יִשְׂרָאֵל בִּלְבַד הָיָה מוֹלֵךְ לֹא עַל הָעֶלְיוֹנִים כַּאֲשֶׁר בַּתְּחִלָּה. וְאַף רְחַבְעָם בִּתְחִלַּת אַרְבָּעִים וְאַחַת מֶלֶךְ עַל יְהוּדָה בִּלְבַד אַחֲרֵי שֶׁנִּתְיָאֵשׁ מִמַּלְכוּת יִשְׂרָאֵל וְכָל דִּבְרֵי חֲכָמִים קַיָּמִים. וְהָתָם נַמִּי שַׁפִּיר קָאָמַר רַבִּי צָחַק דִּסְפִדְיָהּ וְחֶנְטְיָהּ כֻּלְּהוּ שַׁיְּכֵי לְגוּף הַמֵּת לֹא כָּאֵלֶּה חֵלֶק עָקֵב מִצַּד הַנְּשָׁמָה שֶׁבִּשְׁבִילָהּ בִּלְבַד אָנוּ מִתְיַחֲסִים אַחֲרֵי הָאָבוֹת שֶׁאִם בִּשְׁבִיל הַהוֹלָדָה הַגַּשְׁמִית הֲרֵי תֶּרַח וְנָחוֹר שֶׁגִּנָּה אוֹתָנוּ בָּהֶם יְהוֹשֻׁעַ וְאָנוּ מַתְחִילִים לְסַפֵּר בָּהֶם לִגְנוּת בְּלֵילֵי הַפֶּסַח וְאָמְנָם יַעֲקֹב אָבִינוּ הָיָה בְּחִיר שֶׁבָּאָבוֹת מִצַּד שְׁלֵמוּת נִשְׁמָתוֹ שֶׁהוּא דְּמוּת דְּיוֹקָן שֶׁל מַעְלָה שׁוֹפְרֵיהּ דְּאָדָם הָרִאשׁוֹן אַחֲרֵי טָהֳרָתוֹ מִסִּיגֵי הַכֶּסֶף וְהַזָּהָב יִשְׁמָעֵאל וְעֵשָׂו וְהָאֱלִילִים כָּלִיל יַחֲלֹף עַל כֵּן יֵאָמֵר עָלָיו בֶּאֱמֶת יַעֲקֹב אָבִינוּ לֹא מֵת וְהָרַשְׁבָּ"א כָּתַב בְּפֵרוּשׁ הָאַגָּדָה הַזֹּאת כִּי יַעֲקֹב אָבִינוּ ע"ה הָיָה מְזֻקָּק שִׁבְעָתַיִם וְאֵלּוּ הֵן שִׁבְעָה צְרוּפִים אָדָם שֵׁת נֹחַ שֵׁם אַבְרָהָם יִצְחָק יַעֲקֹב וּלְפִי דַּרְכּוֹ אַף אָנוּ נֶאֱמַר שֶׁאָדָם עַצְמוֹ הָיָה בְּיִחוּד הַתתקע"ד דּוֹרוֹת אֲשֶׁר קֻמְּטוּ בְּלֹא עֵת מִכְּלַל אֶלֶף דּוֹר דְּחַד חָרוּב שֶׁקָּדַם לָעוֹלָם בְּסוֹד הַתֹּהוּ עַל כֵּן יֹאמַר לוֹ שֶׁהוּא חַלָּתוֹ שֶׁל עוֹלָם פָּשׁוּ לְהֶם כ"ו דּוֹרוֹת לְהַשְׁלָמַת הָאֶלֶף דּוֹר וְאָמְרוּ מִשֵּׁם הָאֲרִ"י זצ"ל כִּי עֶשְׂרִים מֵהֶם הָיוּ עֶשֶׂר כִּתּוֹת שֶׁל מַלְאָכִים כָּל כַּת מֵהֶם שְׁנֵי דּוֹרוֹת דּוֹר דּוֹר בְּגִימַטְרִיָּא כַּת וְהָיוּ אֵלֶּה מַיְמִינִים וּמַשְׂמְאִילִים

שֶׁקִּטְרְגוּ עַל בְּרִיאַת הָאָדָם וְנִשְׂרְפוּ אֶלָּא שֶׁהֵמָּה מִתְחַדְּשִׁים בְּכָל יוֹם בְּסוֹד רַבָּה אֱמוּנָתֶךָ הֲרֵי אֵלֶּה רֶכֶב אֱלֹהִים רִבֹּתַיִם רִבּוּעַ אֱלֹהִים בְּמִלּוּי ההי"ן בְּגִימַטְרִיָּא אֶלֶף וְאֶחָד חַד לְגוּפֵיהּ הֲרֵי אֶלֶף לְכָל דּוֹר מֵהֶם הֲוֵי רִבּוֹתַיִם לְעֶשְׂרִים דּוֹר. וְהִנֵּה שֵׁשׁ כְּנָפַיִם לְאֶחָד וְכָל כָּנָף כָּלוּל עֶשֶׂר דְּהַיְנוּ עֶשֶׂר פְּעָמִים עֶשֶׂר הֲרֵי הָאֶלֶף נַעֲשִׂים שִׁשִּׁים רִבּוֹא לְכָל דּוֹר מֵהֶם אִי נַמִּי מֵאֱלֹהִים שֶׁנִּבְרְאוּ בְּדִין דְּהַיְנוּ אֶלֶף דּוֹר כְּדַאֲמָרַן לֹא הָיוּ רְאוּיִים לְהִמָּנוֹת רֶכֶב רַק רִבּוֹתַיִם דְּהַיְנוּ עֶשְׂרִים דּוֹר כָּל אֶחָד מֵהֶם שָׁקוּל כְּאֶלֶף דֻּגְמָא דְּדוֹר הַמִּדְבָּר יְעַיֵּן מַאֲמַר חֵקֶר דִּין בְּסוֹף הַחֵלֶק הַשֵּׁנִי מִמֶּנּוּ וְעוֹד בִּכְלַל הָרֶכֶב מִן הַנָּאִים וְהַמְשֻׁבָּחִים יֵשׁ אוֹתָן שִׁשָּׁה דּוֹרוֹת הַנּוֹתָרִים שֶׁהֵם אַלְפֵי תְּרֵי שִׁנְאָן אַרְבַּע הָא שִׁית וְכַנְפֵיהֶם כְּלוּלִים מֵאָה הֲרֵי שֵׁשׁ מֵאוֹת אֶלֶף לְכָל דּוֹר מֵאֵלֶּה הַשִּׁשָּׁה גַּם כֵּן דְּהַיְנוּ שְׁמוּאֵל יְהוֹאֵל וּמֶרְכָּבוֹ ארגמ"ן הַנִּכְלָל בְּמֶטַטְרוֹן וּמְקוֹמוֹ בֵּינֵיהֶם נוֹטָרִיקוֹן לִשְׁלָשְׁתָּן שמ"י כַּנּוֹדָע הֲרֵי אֵלֶּה שִׁבְעָה רוֹאֵי פְּנֵי הַמֶּלֶךְ וְכָלִילָן בְּשִׁית דְּאוּרִיאֵל וְנוּרִיאֵל חָשְׁבִינַן חַד כִּמְבֹאָר בְּתִקּוּנִים וְאֵלֶּה הָאַחֲרוֹנִים אדנ"י בָּם וּבִזְכוּתָם נִתְּנָה תּוֹרָה לְיִשְׂרָאֵל לְקִיּוּם הָעוֹלָם דִּכְתִיב סִינַי בַּקֹּדֶשׁ וְכָל מִי שֶׁנֶּאֱמַר בּוֹ הָיָה שֶׁכְּבָר הָיָה אֵינוֹ אֶלָּא בְּחַד חָרוּב כְּדַאֲמָרַן לְטוֹב אוֹ לְמוּטָב וְסִמָּן לְדוֹרוֹת אֲשֶׁר קֻמְּטוּ נֵר רְשָׁעִים יִדְעָךְ וְכֻלָּם נִתְלִים בְּרִפְיוֹן כְּדִבְרֵי הַמִּדְרָשׁ זֶה וְזֶה בְּגִימַטְרִיָּא תתקע"ד וְכֵן לָמָּה תָמוּת בְּלֹא עִתֶּךָ עִם שָׁלֹשׁ אוֹתִיּוֹת וְהַמִּלָּה וּכְמוֹהוּ מָה שֶׁאָמַר אִיּוֹב לְבִלְדַּד עַל דַּעְתְּךָ כִּי לֹא אֶרְשָׁע עִתְּךָ וְדַעְתְּךָ בְּגִימַטְרִיָּא תתקע"ד בְּאַלְפָּא בֵּיתָא דאי"ק וְכָאֵלֶּה רִבּוֹת אֶלָּא שֶׁהַקָּצוּר יָפֶה אָמַר אִיּוֹב וַדַּאי לֹא אֶרְשַׁע בַּשִּׁעוּר הַזֶּה לְהִמָּנוֹת עִמָּהֶם ח"ו. אָמְנָם רָחוֹק מֵרְשָׁעִים יְשׁוּעָה הָכִי הֲוֵי אַלְמָא יְשׁוּעָה אִית לְהוּ אֶלָּא שֶׁהִיא רְחוֹקָה מֵהֶם וַעֲתִידָה לְהִתְקָרֵב כִּדְכְתִיב שָׁלוֹם שָׁלוֹם לָרָחוֹק וְלַקָּרוֹב אָמַר ה' וּרְפָאתִיו הָא נַמִּי הָכִי הֲוֵי עִם אַרְבַּע אוֹתִיּוֹת שֶׁל שֵׁם דְּהַיְנוּ יֹשֵׁב בְּסֵתֶר עֶלְיוֹן חָסֵר כְּתִיב בְּהַגָּלוּת י"ב צֵרוּפֵי הַהֲוָיָה בְּגִימַטְרִיָּא יֹשֵׁב עַל אַכְתְּרִיאֵל בְּגִימַטְרִיָּא בְּסֵתֶר וְדַי בָּזֶה אֶל הַמְכֻוָּן הֵנָּה. וְיֵשׁ בַּמָּה שֶׁבֵּאַרְנוּ סוֹד הַתְּרוּמָה שֶׁהִיא צְרִיכָה לִהְיוֹת עַל דַּעְתּוֹ שֶׁל בַּעַל הַבַּיִת כִּי אָמְנָם כ"ו דּוֹרוֹת שֶׁהוּרְמוּ מֵעוֹלָם הַתֹּהוּ הָיוּ עַיִן טוֹבָה אַחַת ממ' לְאֶלֶף דּוֹר בְּצֵרוּף הַמִּדָּה וְהַמִּשְׁקָל אֶל הַמִּנְיָן שֶׁאִלְמָלֵא כֵּן יַסְפִּיקוּ כ"ה לְאֶלֶף וּבֵית שַׁמַּאי אוֹמְרִים עַיִן טוֹבָה אַחַת מִל' דְּחַשְׁבֵי כ"ו דּוֹרוֹת לְחוּד וז' רוֹאֵי פְּנֵי הַמֶּלֶךְ לְחוּד כִּדְכְתִיב רָאשֵׁיכֶם שִׁבְטֵיכֶם אַלְמָא מוֹנִין רָאשִׁים בְּאַנְפֵּי נַפְשַׁיְהוּ אַף עַל גַּב דְּבִכְלָל שְׁבָטִים הֵם. וְאוּלָם עַיִן רָעָה אַחַת מס' הַיְינוּ מִסְפָּר קָטָן שֶׁל שֵׁם וְהוּא חֲשִׁבְנָה דַּחֲנוֹךְ שֶׁיֵּשׁ בְּעוֹלָמוֹ טוֹב וָרָע וְהוּא נַעַר קָטָן כְּדִבְרֵי רַב חָמָאי בְּסֵפֶר בְּרִית מְנוּחָה אֵצֶל הַבֵּאוּר שֶׁשְּׁמוֹ יה"ה נוֹטָרִיקוֹן הוי"ה הוּא הָאֱלֹהִים וְהוּא בְּגִימַטְרִיָּא עֶשְׂרִים דְּהַיְנוּ עַיִן בֵּינוֹנִית אֶחָד מֵחֲמִשִּׁים לְאֶלֶף דּוֹר וְזֶה הַשֵּׁם הוּא בִּבְרִיאָה דְּאִמָּא עִלָּאָה מְקַנְּנָא בְּיָהּ וּבָהּ סוֹד קָדוֹשׁ חַד קֳדָשִׁים תְּרֵי שֶׁכֵּן שֵׁם זֶה

כּוֹלֵל פִּרְקֵיהֶם בְּשִׁעוּר קוֹמָה וְאֵין כָּאן מָקוֹם לְהַאֲרִיךְ בְּזֶה. וְהִנֵּה הכ"ו דּוֹרוֹת קֹדֶם הַהַמְלָכָה לִבְרִיאַת הָאָדָם הָיוּ כֻּלָּם בַּעֲלֵי עַיִן טוֹבָה וְהַמְקַטְרְגִים עָלָיו קֹדֶם הַבְּרִיאָה לְשֵׁם שָׁמַיִם נִתְכַּוְּנוּ לְפִי שֶׁהָיָה עָתִיד לַחֲטֹא וְהֵם הָיוּ כ' דּוֹרוֹת דְּהַיְנוּ י' כִּתּוֹת כִּדְלְעֵיל וּמִשּׁוּם הָכִי מִיקְּרוֹ עַיִן בֵּינוֹנִית לֹא פָּחוֹת וְלֹא יוֹתֵר שֶׁהַמִּשְׁקָל וְהַמִּדָּה מְכֻוָּנִים בָּהּ וְאֵלֶּה הֵם חֲדָשִׁים לַבְּקָרִים שֶׁיֵּשׁ בָּהֶם טוֹב לוֹמַר שִׁירָה וְרִנָּה וְחוֹזְרִים לְאֵשָׁם וּשְׁלֹשָׁה רָאשֵׁי הַהַנְהָגָה הַיְשָׁרָה שֶׁלָּהֶם לֹא קִטְרְגוּ עָלָיו אֶלָּא שָׁתְקוּ כְּאַהֲרֹן אֵצֶל מִרְיָם לְפִיכָךְ עַיִן רָעָה אַחַת מִשִּׁשִּׁים דְּהַיְנוּ י"ז אֶלֶף וּבְצֵרוּף אֵלֶּה הַשְּׁלֹשָׁה שֶׁשָּׁתְקוּ עִם שִׁבְעָה רוֹאֵי פְּנֵי הַמֶּלֶךְ הֲרֵי אֵלֶּה י' פְּרַקְלִיטִים גְּדוֹלִים וְעַל אֵלֶּה הַשּׁוֹתְקִים נֶאֱמַר הַאֻמְנָם אֵלֶם צֶדֶק תְּדַבֵּרוּן מֵישָׁרִים תִּשְׁפְּטוּ בְּנֵי אָדָם:

מַאֲמַר אֵם כָּל חַי - חֵלֶק ג סִימָן יב

עַתָּה שַׁבְנוּ לְמַעֲשֵׂה הַיִּבּוּם וּלְזִוּוּג אַבְרָהָם וְשָׂרָה שֶׁהָיָה לְהַשְׁלָמַת הַזּוּלַת וְהֵמָּה בִּנְיַן אָב לְזִוּוּגָם שֶׁל תַּלְמִידֵי חֲכָמִים שֶׁבְּכָל דּוֹר וָדוֹר כִּי בִּזְמַן שֶׁהֵם נִזְקָקִן לִנְשֵׁיהֶם שֶׁאֲנִנּוּת בִּקְדֻשָּׁה וּבְטָהֳרָה וְאֵין וָלָד נוֹצָר מֵאוֹתָהּ טִפָּה כְּגוֹן שֶׁהֵם זְקֵנוֹת אוֹ יַלְדוּת עֲקָרוֹת אוֹ אַיְלוֹנִית נַאֲפִלּוּ שְׁנֵיהֶם טֻמְטוּמִין כְּמוֹ שֶׁהָיוּ אַבְרָהָם וְשָׂרָה קֹדֶם שִׁנּוּי הַשֵּׁם הִנֵּה מִלְּבַד הֱיוֹת בְּמִצְוֹתָם נַחַת רוּחַ מֵהַקָּדוֹשׁ בָּרוּךְ הוּא לַעֲקֶרֶת הַבַּיִת אֵם הַבָּנִים שְׂמֵחָה שֶׁהֵם בְּלִי סָפֵק מוֹסִיפִים אַהֲבָה וְאַחְוָה שָׁלוֹם וְרֵעוּת בֵּינוֹ לְבֵינָהּ הִנֵּה מַחֲשָׁבָה טוֹבָה שֶׁלָּהֶם הַקָּדוֹשׁ בָּרוּךְ הוּא מְצָרְפָהּ לְמַעֲשֶׂה וְזִוּוּגָם נַעֲשָׂה פּוֹעֵל דִּמְיוֹנִי לְאַחַר זְמַן לְמִי שֶׁלֹּא זָכָה וְצָרִיךְ סִיּוּעַ כָּאֵלֶּה שֶׁאָמְרוּ צָרִיךְ וְאֵין לוֹ תַּקָּנָה כְּגוֹן שֶׁמֵּת בְּלֹא בָּנִים וְאֵין לוֹ אָח לְיַבֵּם אֶת אִשְׁתּוֹ אוֹ שֶׁחָלְצָה וְלֹא אָבָה לְיַבֵּם יַזְמִין לָהֶם ה' גּוֹאֵל גַּם שֶׁב גַּם יָשִׁישׁ כְּבֹעַז שֶׁהָיָה בֶּן פ' שָׁנָה וְרוּת הָיְתָה נַעֲרָה כְּמוֹ שֶׁהֵעִיד עָלֶיהָ הַכָּתוּב פְּעָמִים רַבּוֹת וּמִיָּד שֶׁקִּיֵּם הַמִּצְוָה מֵת לְמָחֳרָתוֹ מִתּוֹךְ חֻפָּתוֹ וּמָה שֶׁלֹּא פָּסַק יְהוּדָה לְדַעְתָּהּ לְתָמָר נַעֲשָׂה לוֹ לְבֹעַז בְּקַחְתּוֹ אֶת רוּת פּוֹעֵל דִּמְיוֹנִי לְהוֹלִיד אֶת עוֹבֵד וְהוּא טַעַם וַיִּתֵּן ה' לָהּ הֵרָיוֹן הָאָמוּר בְּרוּת נְתִינָה מִיָּד לְיָד:

מַאֲמַר אֵם כָּל חַי - חֵלֶק ג סִימָן יג

וְקָרֵינָן בֵּיהּ בִּיהוּדָה וְלֹא יָסַף כִּי לֹא תֹּאמַר בְּעֶצֶם יְדִיעָה בְּמִקְרָא אֶלָּא הָעוֹשֶׂה פֵּרוֹת אַף עַל פִּי שֶׁבִּשְׁלִילוֹת כְּתִיב וְאִישׁ לֹא יָדְעָה שֶׁפֵּרוּשׁוֹ בְּהֶכְרֵחַ לֹא קָרַב אֵלֶיהָ וְכֵן הַמֶּלֶךְ לֹא יָדָעָהּ. וּלְפִי מָה שֶׁנִּתְבָּאֵר וְנִשְׁנָה בִּכְלַל הַמַּאֲמָר הַזֶּה יָצָא פֵּרוּשׁ הַכָּתוּב נָכוֹן וּבָרוּר כִּי הִנֵּה רִבּוּי הַשְּׁלִילָה אַחַר רִבּוּי הַשְּׁלִילָה מְעַט בִּגְדָרֶיהָ שֶׁאִלּוּ אָמַר וְלֹא יָסַף

לדעתה הייתי אומר מכאן ואילך לא נזקק אליה עכשו שאמר עוד למדנו שקרב אליה ולא הרתה. עוד זאת אדרש לדרש במלת ידע שהיא מרכבת משתי מלות יד שפרושו מקום ידע הוא הדעת איך שיובן וכזאת וכזאת צריכים אנו להתבונן בכל מלות לשון הקדש במהות האותיות סדורן וחלוקתן וצרופיהן עד אין תכלית כי לא דבר רק הוא אלא ממנו. ועתה כשנאמר ואיש לא ידעה הדבר מבאר שפרושו לא הכין מקום לחול בו הדעת אבל כשמעטנו היו"ד מהשלילה נצדק בדברנו כי המקום הוכן ולא נחה עליו רוח דעת וכן האומר בנשי מדין יודעת איש הרגו פרושו ראויה לביאה כדבריהם ז"ל אף על פי שאינה ראויה לילד אלא לקריבה בעלמא להעשות כלי בביאה ראשונה:

מאמר אם כל חי - חלק ג סימן יד

אשרי המכוין בכל מעשיו להשכיל להיטיב למי שיחפצו בו מן השמים שזכות הרבים תלוי בו הא למה זה דומה לתלמיד חכם שמת בלי בנים ונתיבמה אשתו להקים זרע למת הנה יודע נסתרות ונגלות גלוי וידוע לפניו אם היה המת הזה צריך להקמת הזרע בהיותו חסר התולדות שלא השאיר אחריו ברכה והוא כמו פרא למוד מדבר שאין מכניסין אותו במנוחות שאננות בגן עדן עד אשר יזכה אל הגאלה ואל התמורה שנבאר בסמוך והכתוב במקומו מקשר עם תלונת הנביא שמעשי אותה הנשמה גרמו התשת כח להשגחה והיותה משרכת דרכיה שאלו איה היא המדה הצריכה בו בעונה הזאת הנה היבמה הצדקת עם בן זוגה השני באות נפשה שאפה רוח והוא טעם היבום כדאמר רבנן דאחוה אבוה אנתתה אמיה ותהיה מלת ב"ם מרכבת כאלו תאמר אב אם והומרה האלף ביו"ד כמנהג הלשון ולא על חנם אלא מן הטעם הידוע לדרשי סתרי אותיות שהיו"ד פועלת והאל"ף מתפעלת כמו שנראה בשם בן ד' היות היו"ד גורמת הקריאה לאל"ף של שני הכנויים לפי חלוף הנקדות:

מאמר אם כל חי - חלק ג סימן טו

ובמצות היבום צריכים האח והאשה להכין עצמה להיות אב ואם למי שגאלה תהיה לו על ידם אף על פי שאין זה להם בן בשלשלת יחסין תחלה כדכתיב כי לא לו יהיה הזרע. וכונתם הטובה גרמה להוסיף כח בגבורה של מעלה שהיא גם היא באות נפשו כתיב של זה הפרא למוד מדבר שהיא מתאוה להמציא לו מנוח אשר ייטב כי נפשה הוא יש אם למקרא נמשך למאמר יחזקאל כנפש האב וכנפש הבן לי הנה.

וְגָדוֹל כֹּחַ הַיִּבּוּם לְהָנִיחַ דַּעְתָּם שֶׁל נֶפֶשׁ רוּחַ וּנְשָׁמָה בְּבַת אַחַת כִּדְכְתִיב אִם יָשִׂים אֵלָיו לִבּוֹ רוּחוֹ וְנִשְׁמָתוֹ אֵלָיו יֶאֱסֹף וְיָדוּעַ שֶׁהַלֵּב כִּנּוּי לְנֶפֶשׁ וְאִם נֶפֶשׁ הַמֵּת נִכְרְתָה הֵן לֹא קָצְרָה ד ה' מֵהוֹשִׁיעַ כִּי עִם ה' הַחֶסֶד וְהַרְבֵּה עִמּוֹ פְדוּת מִנֶּפֶשׁ הַיְּבָמִין הַלָּלוּ לַעֲשׂוֹת עָנָף וְלָשֵׂאת פֶּרִי אֲבָל שֶׁלֹּא בִּמְקוֹם יִבּוּם צָרִיךְ גְּאֻלָּה לִנְשָׁמָה תְּמוּרָה לְרוּחַ תְּעוּדָה לְנֶפֶשׁ וְדַי בָּזֶה לְפִי כַּוָּנַת הַמַּאֲמָר. וְאִם רוּחַ הַמֵּת שֶׁהֵמָּה מְכֻוָּנִים אֵלָיו אֵינוֹ צָרִיךְ לְכָךְ כְּגוֹן בֶּן עַזַּאי שֶׁאָמַר נַפְשִׁי חָשְׁקָה בַּתּוֹרָה וְלֹא הָיָה נוֹשֵׂא אִשָּׁה כִּי יָדַע בְּרָזֵי נִשְׁמָתוֹ שֶׁכְּבָר הִשְׁלִימָה חֻקָּהּ בָּזֶה פַּעַם אַחֶרֶת וְלֹא לְכָךְ נוֹצָר אֶלָּא לְהַגְדִּיל תּוֹרָה עַל זֶה נֶאֱמַר תַּאֲנָתָהּ מִי יְשִׁיבֶנָּה וְהַמִּלָּה נִגְזֶרֶת מִלָּשׁוֹן וְהָאֱלֹהִים אִנָּה לְיָדוֹ יִרְצֶה הַהֲכָנָה שֶׁעָשְׂתָה הַיְּבָמָה הַצַּדֶּקֶת שֶׁהִיא עִקַּר הַתִּקּוּן אֵינָהּ חוֹזֶרֶת רֵיקָם כָּל מְבַקְשֶׁיהָ לֹא יִיעָפוּ כִּי מַחֲשָׁבָה טוֹבָה הַקָּדוֹשׁ בָּרוּךְ הוּא מְצָרְפָהּ לְמַעֲשֶׂה כָּאָמוּר בְּחָדְשָׁהּ יִמְצָאוּנְהָ כִּי כָּאן הַקָּדוֹשׁ בָּרוּךְ הוּא מְחַדֵּשׁ מַעֲשֵׂה בְּרֵאשִׁית לְמִי שֶׁצָּרִיךְ וְאֵין לוֹ תַּקָּנָה אַחֶרֶת:

וּמוֹסִיפִין עֲלֵיהֶם שְׁנַיִם לְפַרְסוּמֵי מִלְּתָא כְּדֵי שֶׁרַבִּים יְבַקְשׁוּ עֲלֵיהֶם רַחֲמִים וְהֵן כְּנֶגֶד תְּרֵין יַצְרִין שֶׁהָיוּ עֵדִים בְּלִקּוּחִין רִאשׁוֹנִים הַנִּגְמָרִים בְּכֵלָיו שֶׁל קוֹנֶה דִּכְתִיב בֵּיהּ שָׁלַף אִישׁ נַעֲלוֹ אֶלָּא שֶׁהַנַּעַל הַקּוֹנֶה הוּא הַבֵּית הַיָּד וְכָאן מָרֵי מְסָנָא דִּידֵיהּ הוּא נוֹעֵל וּפוֹשֵׁט לָהּ אֶת הָרֶגֶל וְהִיא חֲלִיצָתוֹ וּמַתֶּרֶת הַקֶּשֶׁר לְפִי שֶׁאֵינוֹ מִן הַמּוּכָן לְהִקָּרֵא גּוֹאֵל וְזוֹרְקָתוֹ לָאָרֶץ בְּבִזָּיוֹן בְּכָל כֹּחָהּ לְהוֹרוֹת הַפְקָעַת זִקָּתָהּ וּבִטְחוֹנָהּ שֶׁרֶוַח וְהַצָּלָה יַעֲמֹד לְרוּחַ הַמֵּת מִמָּקוֹם אַחֵר וְטַעַם חָלוּץ הַנַּעַל כְּמוֹ הֶתֵּר הַקֶּשֶׁר ג' פְּעָמִים אֶחָד לוֹ וְאֶחָד לָהּ וְאֶחָד לְרוּחַ הַמֵּת. וּבְתִקּוּנִים פֵּרְשׁוּהוּ עַל נֶפֶשׁ רוּחַ וּנְשָׁמָה וְקָרְאוּ עֲלֵיהֶם הַפַּח נִשְׁבָּר וַאֲנַחְנוּ נִמְלָטְנוּ:

מַאֲמַר אֵם כָּל חַי - חֵלֶק ג סִימָן יז

קָרוֹב לִשְׁמֹעַ כִּי מִלַּת אַלְמָנָה שֵׁם הֻנַּח בִּלְשׁוֹנֵנוּ הַקְּדוֹשָׁה לְאִשָּׁה שֶׁמֵּת בַּעְלָהּ כִּי הוּא אַרְמוֹן לְרוּחַ הַמֵּת הַנִּשְׁאָב בָּהּ כְּמוֹ שֶׁפֵּרֵשׁ רַבִּי יֵיבָא סָבָא בְּזֹהַר פָּרָשַׁת מִשְׁפָּטִים. הוּא אָמַר לְמִי שֶׁאֵין לוֹ בָּנִים וַאֲנוּ אוֹמְרִים אַף לְמִי שֶׁקִּיֵּם פְּרִיָּה וּרְבִיָּה וְשִׁיֵּר בְּאִשְׁתּוֹ פּוֹעֵל דִּמְיוֹנִי לְהַשְׁלָמַת זוּלָתוֹ וְהוּא לָשׁוֹן נוֹפֵל עַל לָשׁוֹן הַכָּתוּב בִּישַׁעְיָה וְעָנוּ אִיִּים בְּאַלְמְנוֹתָיו שֶׁהוּא כְּמוֹ אַרְמְנוֹתָיו אֶלָּא שֶׁאַרְמוֹן יֵאָמֵר לְמָקוֹם מְיֻשָּׁב כִּדְכְתִיב וְאַרְמוֹן עַל מִשְׁפָּטוֹ יֵשֵׁב וְאַלְמוֹן לְמָקוֹם שֶׁאֵינוֹ מְיֻשָּׁב וְדַי בָּזֶה אֶל הַמְּכֻוָּן וְהַכְּלָל הוּא שֶׁנִּתְקַיְּמָה מִצְוַת יַבְּמִין עַל יְדֵי אַבְרָהָם וְשָׂרָה לְעֶשְׂרִים דּוֹרוֹת שֶׁקְּדָמוּהוּ וְהֵכִינוּ אֶת אֲשֶׁר יָבִיא תַּחַת כַּנְפֵי הַשְּׁכִינָה עַד יְמוֹת מְשִׁיחֵנוּ וְשׁוּב אֵין מְקַבְּלִים גֵּרִים דְּשַׁיְּרִינְהוּ רַחֲמָנָא לְיוֹמָא אַחֲרִינָא כֵּיוָן שֶׁחִבְּלוּ בְּעַצְמָם כִּי הִקְשׁוּ אֶת רוּחַ וְאִמְּצוּ אֶת לְבָבָם שְׁנוֹת רָאִינוּ רָעָה כָּךְ יָפֶה לָהֶם מֵעַתָּה שֶׁעֲבָדַי ה' יֹאכֵלוּ וְהֵם יִרְעָבוּ. וּמִי מֵהֶם יַצְדִּיק עַל עַצְמוֹ

דִּין שָׁמַיִם בְּאוֹתָהּ שָׁעָה יִהְיֶה מְזֻמָּן אַחַר כָּךְ אֶל הַחֶמְלָה תְּחִלָּה כִּי לֹא כָלוּ רַחֲמָיו עַל כָּל הַיְּצוּר וְדָעֵהוּ:

מַאֲמַר אֵם כָּל חַי - חֵלֶק ג סִימָן יח

וְהִנֵּה הָאֲכִילָה אֲשֶׁר אָמַרְנוּ הִיא בְּלִי סָפֵק סְעוּדַת הַלִּוְיָתָן שֶׁנִּזְכְּרוּ בְּפֶרֶק הַסְּפִינָה שֶׁצַּדִּיקִים גְּמוּרִים הָעוֹבְדִים מֵאַהֲבָה יִכְרוּ עָלָיו חֲבֵרִים כְּמָה דְּאַתְּ אָמַר וַיִּכְרֶה לָהֶם כֵּרָה גְדוֹלָה אָמְנָם הָעוֹבְדִים עַל מְנָת לְקַבֵּל פְּרָס הֲרֵי אֵלֶּה סוֹחֲרִים מַמָּשׁ וַעֲלֵיהֶ נֶאֱמַר יֶחֱצוּהוּ בֵּין כְּנַעֲנִים שֶׁמְּחַלְּקִים אֶת הַמֻּתָּר בֵּינֵיהֶן בְּצָרוֹת עַיִן וּבְמֹאזְנֵי מִרְמָה שֶׁמְּרַמִּין אֶת עַצְמָם בַּעֲבוֹדָה כְּגוֹן זוֹ וְכֵן מֵעוֹרוֹ שֶׁל לִוְיָתָן יִזְכּוּ הָרִאשׁוֹנִים כָּל אֶחָד מֵהֶם לְסֻכָּה שְׁלֵמָה שֶׁהִיא גַּג וּמְחִצּוֹת וְהָאַחֲרוֹנִים מִי לְצִלְצַל בִּלְבַד שֶׁהִיא סָכָךְ בְּלִי מְחִצּוֹת וּמִי לַעֲנָק וּמִי לְקָמֵעַ הַכֹּל בְּמִשְׁפַּט צֶדֶק וְהַשְּׁאָר יָאִיר נְתִיב הַגּוֹיִם מֵעַל חוֹמוֹת יְרוּשָׁלַיִם כְּמוֹ שֶׁרָמַזְנוּ בְּסָמוּךְ וְכִדְאִיתָא הָתָם וְאָמְרוּ שֶׁלִּוְיָתָן זָכָר וּנְקֵבָה נִבְרְאוּ וְאִם נִזְקָקִין זֶה לָזֶה מַחֲרִיבִין אֶת הָעוֹלָם מָה עָשָׂה הַקָּדוֹשׁ בָּרוּךְ הוּא סֵרֵס אֶת הַזָּכָר וְהָרַג אֶת הַנְּקֵבָה וּמְלָחָהּ לַצַּדִּיקִים לֶעָתִיד לָבֹא:

מַאֲמַר אֵם כָּל חַי - חֵלֶק ג סִימָן יט

וְאֵין סָפֵק שֶׁהַפְּשָׁט אֱמֶת וְהַסְּעוּדָה עֲתִידָה שֶׁבְּכֹחַ הָאֲכִילָה הַהִיא וּבְמִשְׁתֵּה הַיַּיִן הַמְּשֻׁמָּר בַּעֲנָבָיו נֵלֵךְ מֵחַיִל אֶל חָיִל כִּי לֹא יָאוּת לָרֹב צִבּוּר לָלֶכֶת מִן הַהֶפֶךְ אֶל הַהֶפֶךְ בְּלִי אֶמְצָעִי וְהַסְּעוּדָה הַזֹּאת תַּסְפִּיק לְהָבִיא אוֹתָנוּ אֶל הָעוֹלָם הַבָּא שֶׁאֵין בּוֹ אֲכִילָה וּשְׁתִיָּה וּבָא הָרֶמֶז בַּאֲכִילַת הַפֶּסַח עַל מַצּוֹת וּמְרוֹרִים אַחֲרֵי תְּרֵי כָּסֵי קַמָּאֵי כִּי בְּיָהּ ה' צוּר עוֹלָמִים וְאַחֲרָיו תְּרֵי כָּסֵי בָּתְרָאֵי שֶׁבָּהֶם הַשֵּׁם שָׁלוֹם וְהַכִּסֵּא בְּגִימַטְרִיָּא כּוֹס יְשׁוּעוֹת וְשׁוּב אֵין מַפְטִירִין כַּנּוֹדָע. וּכְתִיב בַּיּוֹם הַהוּא יִפְקֹד ה' בְּחַרְבּוֹ הַקָּשָׁה עַל לִוְיָתָן נָחָשׁ בָּרִחַ זֶה לִוְיָתָן זָכָר וְעַל לִוְיָתָן נָחָשׁ עֲקַלָּתוֹן זֶה לִוְיָתָן נְקֵבָה וְהַפְּקִידָה לַזָּכָר הִיא הַקְּנוֹגְיָא שֶׁגַּבְרִיאֵל מַתְחִיל בָּהּ וְהַקָּדוֹשׁ בָּרוּךְ הוּא עֶזְרוֹ וְלַנְּקֵבָה הִיא הַדְּחָתָהּ גְּמַר מְלַאכְתָּהּ שֶׁכְּבָר הָרַג אוֹתָהּ כָּאָמוּר וְכָל הַדְּבָרִים הָאֵלֶּה כַּהֲוָיָתָן וּמַשְׁמָעָן הֶאֱרִיךְ בְּהַמְתָּקָתָהּ הָרַשְׁבָּ"א ז"ל. וְאֵין בְּמַעֲשֵׂה הַצַּדִּיקִים דָּבָר לֹא יֵרָמֵז בּוֹ מִסִּתְרֵי הַמְּצִיאוּת הַמְּעַט אִם רַב בָּא וּלְמַד מִשְּׁפַר סֻכָּה וְלוּלָב וּמִכָּל מִצְוֹת הַמַּעֲשִׂיּוֹת שֶׁיֵּשׁ לְכֻלָּן דֻּגְמָא לְמַעְלָה כִּמְפֻרְסָם:

מַאֲמַר אֵם כָּל חַי - חֵלֶק ג סִימָן כ

וְטוֹב אֲשֶׁר נֶאֱחֹז בָּזֶה הַדֶּרֶךְ הַיָּשָׁר בְּעֵינֵינוּ שֶׁהוּא קָרוֹב אֶל הַפְּשָׁט

בִּרְמִיזָתוֹ כִּי לִוְיָתָן זָכָר דֻּגְמָא לַשֵּׂכֶל הָעִיּוּנִי וְנִסְתָּרֵס בְּהֶמְנַע מִמֶּנּוּ קַלּוֹת הַהִתְבּוֹנְנוּת בְּסִבַּת הַחֵטְא וְנוּטַל כָּבוֹד לְגַמְרֵי מֵעֲבוֹדַת הַגַּן וּשְׁמִירָתוֹ אוֹ מֵעֲבוֹדַת שֶׁכִּנָּה אוֹ הַנְּשָׁמָה וּשְׁמִירָתָהּ לְאֻמּוֹת שִׁמּוּשׁ הַנְּקֵבָה כַּכָּתוּב אֵלֶּה אֵפוֹא הֵן פְּעֻלּוֹת הַשֵּׂכֶל הַמַּעֲשִׂי לִוְיָתָן נְקֵבָה שֶׁאִלּוּ זָכִינוּ לֵהָנוֹת בְּשִׁתּוּף שְׁנֵיהֶם הָיוּ מַחֲרִיבִין אֶת הָעוֹלָם הַגַּשְׁמִי וּמַהֲפָּכִין אוֹתוֹ כֻּלּוֹ רוּחָנִי וְאוֹתָהּ הָעֲבוֹדָה וְהַשְּׁמִירָה נִמְלְחָה לַצַּדִּיקִים בִּבְרִית מֶלַח עוֹלָם לֶעָתִיד לָבֹא כְּאִלּוּ קִיְּמוּהָ כֵּיוָן שֶׁקִּבְּלוּהָ עֲלֵיהֶם וְנוֹתְנִים נַפְשָׁם עָלֶיהָ כְּמוֹ שֶׁבֵּאַרְנוּ בְּרֵישׁ מַאֲמָר חֵקֶר דִּין עַל כֵּן רָאוּי שֶׁיֹּאכְלוּ פְּרִי מַעַלְלֵיהֶם וְגַם צִדְקַת הַשֵּׂכֶל הָעִיּוּנִי לִוְיָתָן זָכָר תָּכִין לִפְנֵיהֶם לֶחֶם אַבִּירִים כָּאָמוּר וּכְבָר זָכַרְנוּ בַּחֵלֶק הָרִאשׁוֹן מִזֶּה הַמַּאֲמָר כִּי הָאֲכִילָה לְשֵׁם מִצְוָה בְּכָל מָקוֹם שֶׁהִיא יָאוֹת שֶׁיֹּאמַר אֵלֶיהָ הֲנָאָה מִזִּיו הַשְּׁכִינָה:

מַאֲמַר אֵם כָּל חַי - חֵלֶק ג סִימָן כא

וְאַף בְּהֵמוֹת בְּהַרְרֵי אֶלֶף זָכָר וּנְקֵבָה בְּרָאָם רֶמֶז לְכֹחוֹת הַגּוּף שׁוֹמְרֵי מִצְוֹת כִּי הִנֵּה הַמִּתְעוֹרֵר זָכָר שֶׁנִּסְתָּרֵס עַל כֵּן הָיוּ הַמִּצְוֹת הַמַּעֲשִׂיּוֹת רְפוּיוֹת בְּיָדֵנוּ מִדָּה כְּנֶגֶד מִדָּה עַל הַפְּחִיזוּת בְּקִיּוּמָן אֲשֶׁר אֵין בָּהּ חֵפֶץ כַּמְבֹאָר אֶצְלֵנוּ עַל פָּסוּק אֲנִי אָמַרְתִּי בְחָפְזִי כָּל הָאָדָם כֹּזֵב וְהַמִּתְאַוָּה נְקֵבָה שֶׁנִּצְטַנֵּן כְּטַעַם יִצְרָא דַּעֲבֵרָה דְּכַחְלִינְהוּ לְעֵינֶיהָ בְּמַסֶּכֶת יוֹמָא כָּךְ הָיָה מַעֲשֵׂה כָּתְנוֹת עוֹר וְהַלְבָּשָׁתָם לְאָדָם וּלְאִשְׁתּוֹ גֶּדֶר לְמַעֲרֻמֵּיהֶם וּכְבָר שָׁב הַחִזּוּק עַל שְׁמִירַת הַמֻּזְהָר לִהְיוֹת סִיַּעְתָּא דִּשְׁמַיָּא וְנִגְרַע מֵעֶרְכֵּנוּ כִּי לֹא נִתְחַזַּקְנוּ מֵאֵלֵינוּ עַל זֶה כָּרָאוּי לָנוּ וְאָמְנָם הִיא עֲרוּכָה וּשְׁמוּרָה לַצַּדִּיקִים לֶעָתִיד לָבֹא לְאוֹתָם שֶׁגָּלוּי וְיָדוּעַ לְפָנָיו שֶׁהָיוּ כְּדַאי לַעֲמֹד בְּנִסְיוֹנָם בְּלָאו הָכִי נָמֵי כִּי הֵן לֹא קָצְרָה יַד ה' לְהַטְעִים לְכָל צַדִּיק מֵעֵין מָה שֶׁטָּרַח בָּעוֹלָם הַזֶּה לְפוּם צַעֲרָא אַגְרָא. וְאָמְרָם כִּי יָגִיחַ יַרְדֵּן אֶל פִּיהוּ הִנֵּה רֶמֶז שֶׁכָּל הַנִּסִּים שֶׁנַּעֲשׂוּ לָנוּ בְּבִיאָה רִאשׁוֹנָה אַחֲרֵי יְצִיאַת מִצְרַיִם אֵינָם אֶלָּא גְּמִיעָה אַחַת בְּעֵרֶךְ לְבְלִיעַת מֵימֵי הַיָּם דְּאָמוּר רַבָּנָן בְּבִיאָה אַחֲרוֹנָה כַּמְבֹאָר בַּזֹּהַר וְנִרְמָז בְּפֶרֶק הַסְּפִינָה וְאֵין מֵי הַיַּרְדֵּן מִתְעָרְבִין בְּמֵי הַיָּם כִּי לֹא תֵעָקֵר יְצִיאַת מִצְרַיִם מִמְּקוֹמָהּ אֶלָּא שֶׁתְּהֵא טְפֵלָה לְקִבּוּץ גָּלֻיּוֹת כִּדְאִיתָא בְּמַסֶּכֶת בְּרָכוֹת:

מַאֲמַר אֵם כָּל חַי - חֵלֶק ג סִימָן כב

וְאִיכָּא נָמֵי זִיז שָׂדַי מְתֻקָּן לְאוֹתָהּ סְעוּדָה לַשְּׂרִידִים אֲשֶׁר ה' קוֹרֵא אֵין בּוֹ לֹא סֵרוּס וְלֹא צִנּוּן אַדְּרַבָּה קַרְסֻלֶּיהָ בְּמַיָּא וְרֵישֵׁיהּ בָּרְקִיעַ וְגוּפוֹ וּכְנָפָיו פּוֹרְחִים בָּאֲוִיר וְהָרֶמֶז לְמַעֲלָתָם שֶׁל חֲנוֹךְ וְאֵלִיָּהוּ שֶׁכְּנֶגְדָּם שְׁנַיִם כְּרוּבִים בַּמָּרוֹם מְטַטְרוֹן וְסַנְדַּלְפוֹן רֹאשָׁם בַּכִּסֵּא וְהֵם ב' שְׂרָפִים וְגוּפָם בַּהֵיכָל וְשָׁם יֵשׁ לְכָל אֶחָד מֵהֶם דְּמוּת אַרְבַּע חַיּוֹת וְרַגְלֵיהֶם רֶגֶל

יִשָׂרָה בִּמְדוֹר הַהִצּוּן כְּטַעַם אֹפֶן אֶחָד בָּאָרֶץ שֶׁאֶחָד מִתְעַלֵּם בַּחֲבֵרוֹ וּדְיוֹקָנֵי הַנֶּפֶשׁ רוּחַ וּנְשָׁמָה שֶׁל צַדִּיקִים הַלָּלוּ וְדוֹמֵיהֶן שָׁם הֵם שָׁבִים לָלֶכֶת כַּמְבֹאָר אֶצְלֵנוּ בְּמַאֲמַר הַנֶּפֶשׁ וְאוּלָם הָאֶחָד הָיָה מִצְוָה בְּשֶׁבַע מִצְוֹת בִּלְבַד וְאֶבְזְרֵהוּ הַמְפֹרָשׁ בְּמַאֲמַר חֵקֶר דִּין וְהָיָה מִתְחִלָּתוֹ מֵחֲסִידֵי אֻמּוֹת הָעוֹלָם אֶלָּא שֶׁפֵּרֵשׁ לָלֶכֶת בְּדַרְכֵי יִשְׂרָאֵל כְּמִי שֶׁאֵינוֹ מְצֻוֶּה וְעוֹשֶׂה אוֹ כְּגוֹן גֵּרֵי צֶדֶק שֶׁבְּכָל דּוֹר וָדוֹר וְנִתְקַבֵּל בְּמַעֲלָה עֶלְיוֹנָה לְאוֹת וּלְמוֹפֵת לְכָל בְּנֵי שֵׁת מָה מְתֻקָּן לָהֶם אִם יֵיטִיבוּ דַּרְכֵיהֶם וְכֵיוָן שֶׁעָלָה לֹא יָרַד כִּי צַדִּיק מֵת וְטִירוֹן הוּא כְּטַעַם נַעַר הָיִיתִי שֶׁאָמַר שַׂר הָעוֹלָם וּסְבִיב לְמַחֲנֵהוּ רְשָׁעִים יִתְהַלָּכוּן הַמְבַקְשִׁים לְהַפְרִיד ח"ו וְהוּא הָיָה תּוֹפֵר מִנְעָלִים בְּפֹעַל שֶׁהַמּוֹנֵעַ אוֹתָם מֵרַגְלָיו אֶת פּוֹשְׁעִים נִמְנָה בְּמַסֶּכֶת פְּסָחִים מִכְּלַל הַמְּגַדִּים לַשָּׁמַיִם וְהָיָה חֲנוֹךְ בֶּאֱמוּנָתוֹ מַכְוִין בָּהֶם לְקַשֵּׁר הָעוֹלָמוֹת הַתַּחְתּוֹנִים שֶׁיִּהְיוּ תְּקוּנִים לְרַגְלֵי שְׁכִינָה דִּכְתִיב בָּהּ מָה יָּפוּ פְעָמַיִךְ בַּנְּעָלִים שֶׁהֵם חָצְצוּ בֵּינָהּ וּבֵין דֹּמֶן הָאֲדָמָה אֲשֶׁר אֵרְרָהּ ה' בְּסִבַּת הַחֵטְא וְעַל כָּל תְּפִירָה וּתְפִירָה הָיָה מְכַוֵּן וְאוֹמֵר בָּרוּךְ שֵׁם כְּבוֹד מַלְכוּתוֹ לְעוֹלָם וָעֶד שֶׁיֵּשׁ בְּפָסוּק זֶה קֶשֶׁר וְיִחוּד כָּל הַהֵיכָלוֹת עֶלְיוֹנִים כַּנּוֹדָע וְרָאשֵׁי תֵּבוֹת שֶׁלּוֹ בְּגִימַטְרִיָּא חֲנוֹךְ מְטַטְרוֹן שֶׁנִּתְחַנֵּךְ בְּמִשְׁמַרְתּוֹ וְקָנָה מְקוֹמוֹ:

מַאֲמַר אֵם כָּל חַי - חֵלֶק ג סִימָן כג

וּלְפִי שֶׁעֲדַיִן לֹא נִתְּנָה תּוֹרָה עָשָׂה לְעַצְמוֹ פּוֹעַל דִּמְיוֹנִי כְּמִי שֶׁאֵינוֹ מְצֻוֶּה וְעוֹשֶׂה בַּמְּלָאכָה הַנִּזְכֶּרֶת חֵלֶף עֲבוֹדַת הַמִּצְוֹת מַעֲשִׂיּוֹת שֶׁבְּתוֹרָה צִוָּה לָנוּ מֹשֶׁה עַל כֵּן לֹא הֻשְׁלַם בְּנִסְיוֹנוֹתָיו כְּאֵלִיָּהוּ שֶׁהוּא מִזֶּרַע אַבְרָהָם מִשֹּׁרֶשׁ פִּנְחָס שֶׁעָמַד בְּסִינַי וְזָכָה לִבְרִית שָׁלוֹם וְעוֹדֶנּוּ חַי עַל כֵּן הוּא מְטַפֵּס וְעוֹלֶה לְלַמֵּד זְכוּת מְטַפֵּס וְיוֹרֵד עִם הַצַּדִּיקִים עֶזְרָה בְּצָרוֹת נִמְצָא מְאֹד וְאָמְרוּ עָלָיו שֶׁהוּא מַקְרִיב תְּמִידִין בְּבֵית הַמִּקְדָּשׁ אַף עַל פִּי שֶׁהוּא שָׁמֵם שֶׁהֲרֵי בִּקְדֻשָּׁתוֹ עוֹמֵד וְאָתְיָא כִּי הָא דִּתְנַן בְּסוֹף עֵדִיּוֹת מַקְרִיבִין אַף עַל פִּי שֶׁאֵין בַּיִת וְאֶפְשָׁר שֶׁנִּגְנְזוּ לוֹ קֻפּוֹת מִתְּרוּמוֹת הַלִּשְׁכָּה כְּדֵי שֶׁיִּהְיוּ בָּאִים מִשֶּׁל צִבּוּר וְאֵינוֹ רָחוֹק לְהַאֲמִין שֶׁיִּהְיוּ אֲבוֹת הָעוֹלָם עוֹמְדִים עַל גַּבָּיו לְמַעֲמָד וְהֵימָן אָסָף וִידוּתוּן מְשׁוֹרְרִים וּמְעָרוֹת הַקֳּדָשִׁים דִּכְתִיב בָּהוּ לוֹ יִהְיֶה אָמְרוּ שֶׁהוּא עוֹשֶׂה מְגִלּוֹת מְגִלּוֹת וְכוֹתֵב זְכִיּוֹתֵיהֶם שֶׁל כָּל אֶחָד מִיִּשְׂרָאֵל וְיֵשׁ אוֹמְרִים שֶׁאֵזוֹר עוֹר שֶׁלּוֹ הוּא מֵאֵילוֹ שֶׁל אַבְרָהָם אָבִינוּ כִּי לוֹ יָאֲתָה לְגוּפֵיהּ וְעוֹד לְהַזְכִּיר זְכוּת אָבוֹת תָּמִיד:

מַאֲמַר אֵם כָּל חַי - חֵלֶק ג סִימָן כד

וַיַּעַשׂ ה' לְשָׂרָה כַּאֲשֶׁר דִּבֵּר כָּאן לֹא הֻצְרַךְ לְבֵית דִּינוֹ כִּי הָיְתָה הֶכְוֵנָהּ

עַל מַעֲשֵׂה הַהֵרָיוֹן וְהַלֵּדָה וְכֵיוָן שֶׁהִסְכִּים הַבֵּית דִּין בִּבְרִיאַת הַכְּלִי מַחֲזִיק בְּרָכָה הַנִּקְרָא בְּדִבְרֵי הַמִּדְרָשׁ עִקַּר מִטְרָן כָּאָמוּר מִסְתָּמָא לֹא תֹהוּ בְּרָאָהּ. וְהִשְׁלִמָה עִם זֶה הַכַּוָּנָה לְמַחְשַׁבְתּוֹ יִתְבָּרַךְ שֶׁקָּדְמָה לְעוֹלָם שֶׁלֹּא נִבְרָא אֶלָּא בִּשְׁבִיל יִשְׂרָאֵל וְזֶהוּ כַּאֲשֶׁר אָמַר הָרֶמֶז עַל הַמַּחֲשָׁבָה כִּדְכְתִיב אָמַרְתִּי אֲנִי בְּלִבִּי וּנְשְׁלַם גַּם כֵּן הַתַּכְלִיתְלְכָל מַעֲשֵׂה בְּרֵאשִׁית דִּכְתִיב בְּיָהּ בִּדְבַר ה' שָׁמַיִם נַעֲשׂוּ וְזֶהוּ כַּאֲשֶׁר דִּבֵּר. וְיָדוּעַ הֱיוֹת יִצְחָק סָנֵגוֹר גָּדוֹל לְבָנָיו גּוֹאֲלָם חָזָק כְּדִבְרֵיהֶם ז"ל אֶצֶל כִּי אַתָּה אָבִינוּ כִּי יִצְחָק לְבַדּוֹ מִתְאַמֵּץ לִפְנֵי הַקָּדוֹשׁ בָּרוּךְ הוּא לְהַצִּיל בָּנָיו מִן הַדִּין כִּי אַבְרָהָם לֹא יְדָעָנוּ פּוֹעֵל עָבַר וְיִשְׂרָאֵל לֹא יַכִּירָנוּ פּוֹעֵל עָתִיד יִרְצֶה שֶׁאֵין לְיִצְחָק לִסְמֹךְ עַל חֶסֶד אַבְרָהָם שֶׁקָּדַם אֵלָיו כְּטַעַם הַקְּדִימָה וְהַשִּׁתּוּף לְמִדַּת הָרַחֲמִים עִם מִדַּת הַדִּין בִּבְרִיאַת הָעוֹלָם וְלֹא עַל זְכוּת יַעֲקֹב שֶׁהוּא שָׁמוּר לְעוֹלָם הַבָּא כִּדְכְתִיב אֶל בֵּית אֱלֹהֵי יַעֲקֹב אַלְמָא שְׁנֵי זְקֵנִים הַלָּלוּ כָּל הָעוֹלָם הַזֶּה כְּאַיִן נֶגְדָּם:

מַאֲמַר אֵם כָּל חַי - חֵלֶק ג סִימָן כה

תֵּדַע שֶׁהֲרֵי כְּשֶׁקִּבֵּל הַקָּדוֹשׁ בָּרוּךְ הוּא לִפְנֵיהֶם וְאָמַר לְכָל אֶחָד מֵהֶם בָּנֶיךָ חָטְאוּ הֵשִׁיבוּ יִמָּחוּ עַל קְדֻשַּׁת שְׁמֶךָ לֹא הַבָּנִים ח"ו אֶלָּא הָעֲוֹנוֹת וְהַפְּשָׁעִים כְּדִבְרֵי הַמִּדְרָשׁ וְהַכַּוָּנָה עַל יְדֵי גָּלֻיּוֹת וְיִסּוּרִין וּבִתְנַאי שֶׁחִצָּיו יְכַלֶּה בָּם הַחִצִּים כָּלִים וְהֵם אֵינָם כָּלִים אֲבָל מִכָּל מָקוֹם אֵין בָּזֶה נַחַת רוּחַ דִּבְהָדֵי הוּצָא לְקֵי כְּרָבָא הוּא שֶׁדָּוִד מַלְכֵּנוּ צוֹוֵחַ בִּתְפִלָּה זְכוֹר רַחֲמֶיךָ ה' וְלֹא רַחֲמָיו שֶׁל יַעֲקֹב וַחֲסָדֶיךָ לֹא חֶסֶד לְאַבְרָהָם דְּלָא בְּסָבֵי טַעְמָא וְלָא בְּדַרְדְּקֵי עֵצָה וְלֹא הִזְכִּיר מִדָּתוֹ שֶׁל יִצְחָק כִּי פַּחַד אֵלַי אֵיד אֵל. וְעוֹד שֶׁהוּא בְּעַצְמוֹ מִתְחַזֵּק בָּהּ לִטֹּל שְׂכָרוֹ מִן הַדִּין לְהַצָּלָתֵנוּ כְּמוֹ שֶׁיָּבֹא וְהֵמָּה בְּחָכְמָתָם לֹא הֻצְרְכוּ לְהַפְצִיר בְּרַחֲמָיו יִתְבָּרַךְ זֹאת הַפַּעַם כִּי יָדְעוּ בְּמִצְוָה הַזֹּאת שֶׁהַזְּמַן גְּרָמָא לִהְיוֹת יִצְחָק מוֹסֵר נַפְשׁוֹ עָלֵינוּ דַּעֲלֵיהּ רָמְיָא דִּכְתִיב אַתָּה אָבִינוּ כָּאָמוּר. וְאָמְנָם עַל הַהַצְלָחָה הָעֲתִידָה כְּתִיב וְזָכַרְתִּי אֶת בְּרִיתִי יַעֲקֹב כִּדְכְתִיב אֶל בֵּית אֱלֹהֵי יַעֲקֹב שֶׁהוּא קְרָאוֹ לְמִקְדָּשׁ בַּיִת לְהוֹרוֹת עַל קְבִיעוּתוֹ וְאַף אֶת בְּרִיתִי יִצְחָק וְאַף אֶת בְּרִיתִי אַבְרָהָם מִעֵט בִּשְׁנֵיהֶם מִטַּעַם רִבּוּי אַחַר רִבּוּי שֶׁכְּמִעוּט תַּמָּה זְכוּתָם וּכְבָר הַגַּנָּה עַל שְׁנֵי הַמִּקְדָּשִׁים מִמָּה שֶׁשָּׁוְא עָמְלוּ בוֹנֵיהֶם כְּמוֹ שֶׁנִּזְכַּרְנוּ בַּחֵלֶק הַשֵּׁנִי. וְאֵין בְּיַעֲקֹב אֶלָּא רִבּוּי אֶחָד שֶׁלֹּא לְמַעֵט בּוֹ מְאוּמָה אַשְׁרֵי כָּל חוֹכֵי לוֹ:

מַאֲמַר אֵם כָּל חַי - חֵלֶק ג סִימָן כו

וַהֲרֵי אָנוּ מוֹסִיפִים עַל דִּבְרֵיהֶם ז"ל נֹפֶךְ סַפִּיר וְיַהֲלוֹם כִּי א"ל אלהי"ם הוי"ה אדנ"י אַרְבָּעָה רָאשֵׁי הַחַיּוֹת שֶׁבַּמֶּרְכָּבָה הָעֶלְיוֹנָה הֵם בְּגִימַטְרִיָּא יִצְחָק שֶׁהוּא כּוֹלְלָן בָּעוֹלָם הַזֶּה שֶׁעָלָה בְּמַחְשַׁבְתּוֹ לְהִבָּרְאוֹת בְּדִין

לְפִיכָךְ יַחַד הַקָּדוֹשׁ בָּרוּךְ הוּא שְׁמוֹ עָלָיו בְּחַיָּיו וְלֹא נִגְלָה לְאַבְרָהָם תִּקּוּן הַדּוֹרוֹת שֶׁיְּקַבֵּל עָלָיו שְׂכַר כֻּלָּם כַּמְּבֹאָר בְּמַאֲמַר חֵקֶר דִּין עַד שֶׁנִּתְבַּשֵּׂר בְּיוֹרֵשׁ עֶצֶר אֲשֶׁר יֵצֵא מִמֵּעָיו מִפְּנִימִיּוּת הַחֶסֶד כְּדִבְרֵי סֵפֶר הַבָּהִיר שֶׁאָמַר הַמַּיִם הָרוּ וְיָלְדוּ אֲפֵלָה לָכֵן כְּתִיב וַתִּכְהֶינָה עֵינָיו מֵרְאוֹת וְהוּא טַעַם הַכֶּפֶל בְּפָסוּק אֵלֶּה תּוֹלְדֹת יִצְחָק בֶּן אַבְרָהָם אַבְרָהָם הוֹלִיד אֶת יִצְחָק הָרִאשׁוֹן לְעֵשָׂו קַדְמָאָה לָאו שְׁלִים וְהָאֶתְנָח בִּמְקוֹם פְּסִיק וְהַשֵּׁנִי לְיַעֲקֹב תִּנְיָנָא שְׁלִים שֶׁהַחֶסֶד הוֹלִיד אֶת יִצְחָק וְהוֹצִיא מִמֶּנּוּ יַעֲקֹב לְפִיכָךְ מִשֶּׁנּוֹלַד יִצְחָק הִתְחִילוּ אַרְבַּע מֵאוֹת שָׁנָה שֶׁל גֵּרוּת הַזֶּרַע הַנִּבְחָר:

מַאֲמַר אֵם כָּל חַי - חֵלֶק ג סִימָן כז

וּמוֹשַׁב בְּנֵי יִשְׂרָאֵל אֲשֶׁר יָשְׁבוּ מְקוֹרוֹת נִשְׁמוֹתֵיהֶם בְּמִצְרַיִם שֶׁל מַעְלָה מִצְרָנִית לַשְּׁכִינָה בְּמִדַּת אֲחוֹרַיִם שֶׁכֵּן מִצְרַיִם וְחָמֵשׁ אוֹתִיּוֹת בְּגִימַטְרִיָּא שפ"ה שְׁלֹשִׁים שָׁנָה וְאַרְבַּע מֵאוֹת שָׁנָה בְּגִימַטְרִיָּא נפ"ש לְבֵית יַעֲקֹב שֶׁמֵּעֵת הַנְּבוּאָה הִתְחִיל הַצֵּרוּף וְהוּא טַעַם וְאַתֶּם יְדַעְתֶּם אֶת נֶפֶשׁ הַגֵּר בֶּאֱמֶת וְיֹשֶׁר שֶׁהִיא הַמַּרְגָּלִית שֶׁהָיְתָה תְּלוּיָה בְּצַוָּארוֹ שֶׁל אַבְרָהָם וּמִצְרַיִם הִיא הַצַּוָּאר לְאַנְדְּרָטִי רַבְּתָא שֶׁל מְלָכִים וּפַרְעֹה הוּא הָעֹרֶף אֲחוֹרֵי הַצַּוָּאר לְפִי שֶׁגַּם אֶת זֶה לְעֻמַּת זֶה עָשָׂה הָאֱלֹהִים וּכְשֵׁם שֶׁנִּתְעַלּוּ יִשְׂרָאֵל בְּצֵאתָם מִמִּצְרַיִם וְעָלוּ לָאָרֶץ הַנִּבְחֶרֶת שֶׁהִיא רֹאשׁ עַפְרוֹת תֵּבֵל שֶׁבִּשְׁבִילָהּ אָמְרוּ נִתְּנָה רֹאשׁ לַעֲזָבָהּ לְהִפָּרֵד מִמֶּנָּה כְּמוֹ נִרְדִּי נָתַן רֵיחוֹ כָּךְ נִתְעַלָּה נבוכד נֶצַּר לִהְיוֹת רֹאשׁ לְאַנְדְּרָטִי דִּכְתִיב אֲנְתְּ הוּא רֵישָׁא דִּדְהֲבָא וְהַמְּקוֹנֵן אָמַר הָיוּ צָרֶיהָ קְלִפּוֹת מִצְרַיִם שֶׁהֵן בְּמֵצַר הַצַּוָּאר לְרֹאשׁ קְלִפּוֹת בָּבֶל וְהָיָה זֶה שְׂכַר עֲבֵרָה כִּי אַחֲרֵי שֶׁנָּשָׂא שְׁלֹמֹה אֶת בַּת פַּרְעֹה נִפְתָּה לַמַּלְכוּת שֶׁבָּא וְיָצָא מִבֵּינֵיהֶם נבוכד נֶצַּר כְּמוֹ שֶׁזָּכַרְנוּ לְמַעְלָה וּכְבָר בֵּאַרְנוּ בְּמַאֲמַר חֵקֶר דִּין כִּי נֶפֶשׁ אָדָם הָרִאשׁוֹן נִתְקְנָה בְּאַבְרָהָם אָבִינוּ שֶׁהִיא שֹׁרֶשׁ לְכָל הַנְּפָשׁוֹת וְנִקְרֵאת מַרְגָּלִית הַיּוֹרֶדֶת הִיא בְּשִׁעוּר קוֹמָתָהּ לִשְׁכֹּן כָּבוֹד בְּאַרְצֵנוּ לְרֶגֶל קוֹמַת הָרוּחַ שֶׁעָלֶיהָ כְּטַעַם אִשָּׁה שׁוֹכֶבֶת מַרְגְּלוֹתָיו לְדוֹרְשִׁים אוֹתוֹ לְשֶׁבַח וְהַכֹּל ' אֱמֶת דָּבָר בְּעִתּוֹ. וְאֵין לַנֶּפֶשׁ הַנִּכְסֶפֶת לַעֲשׂוֹת שְׁלִיחוּתָהּ וּרְצוֹן קוֹנָהּ בָּעוֹלָם הַזֶּה גֵּרוּת גְּדוֹלָה וּמְפֻרְסֶמֶת יוֹתֵר מִמָּה שֶׁנִּכְבַּשׁ מַעְיָנוֹ שֶׁל אַבְרָהָם שֶׁמִּמֶּנּוּ הַזֶּרַע הַנִּבְחָר מִמַּרְאֶה בֵּין הַבְּתָרִים עַד הֱיוֹתוֹ בֶּן מֵאָה שָׁנָה וְגַם אַחֲרֵי מוֹתוֹ נִתְלֵית הַמַּרְגָּלִית בְּגַלְגַּל חַמָּה שֶׁנִּסְתַּלֵּק מִי שֶׁהָיָה דּוֹרֵךְ כִּכְבַיָּא בְּסַנְדָּלוֹ וְנִשְׁאַרְנוּ לְהַנְהָגַת הַמַּעֲרָכָה שֶׁגָּרְמָה לָנוּ כָּל הַגָּלֻיּוֹת כְּהַיּוֹם זֶה:

מַאֲמַר אֵם כָּל חַי - חֵלֶק ג סִימָן כֹּחַ

עוֹד בְּיִצְחָק יִקָּרֵא לְךָ זָרַע הוּא בְּגִימַטְרִיָּא רד"ו שֶׁל שִׁעְבּוּד מִצְרַיִם

וְסִימָנְךָ אֶהְיֶה שְׁלָחַנִי כִּי עֶשֶׂר פְּעָמִים אֶהְיֶה עוֹלֶה רד"ו וְעַל מֹשֶׁה רַבֵּנוּ ע"ה נֶאֱמַר אַשְׁרֵי אָדָם מְפַחֵד תָּמִיד וּבְדִבְרֵי תּוֹרָה אִתְּמַר כִּי עַל הַהֶפֶךְ מְשַׁלְּמִים וְכֵן רַבִּים שִׁמְּנוּ וְטָעוּ גַּבֵּי שִׁבְעִים שָׁנָה שֶׁל פְּקִידַת בָּבֶל וּמִבְּנֵי אֶפְרַיִם שֶׁדָּחֲקוּ וְנִכְשְׁלוּ בִּפְקִידַת מִצְרַיִם הוּא הָיָה מְפַחֵד שֶׁמָּא גְּאֻלַּת מִצְרַיִם תְּלוּיָה בְּעֶשֶׂר הֲוָיוֹ"ת כְּטַעַם כִּי סָר לִרְאוֹת עַד שֶׁמָּסַר לוֹ הַקָּדוֹשׁ בָּרוּךְ הוּא סִימָן בְּתוֹךְ סִימָן פקו"ד דְּהַיְנוּ ק"ץ יִפְקֹד וַיְחַסֵּיר אֱלֹהִים מִמִּנְיַן אַרְבַּע מֵאוֹת הֲרֵי נִשְׁאֲרוּ רד"ו כִּדְאַמְרַן הָסֵר מֵהֶם צ"ג שָׁנִים הָרִאשׁוֹנוֹת שֶׁהָיָה לֵוִי קַיָּם שֶׁהֲרֵי יוֹסֵף בֶּן שְׁלֹשִׁים וְתֵשַׁע הָיָה כְּשֶׁיָּרְדוּ אֲבוֹתֵינוּ מִצְרַיְמָה וְלֵוִי גָּדוֹל הֵימֶנּוּ חָמֵשׁ שָׁנִים הֲרֵי מ"ד וּשְׁנוֹתָיו הָיוּ קל"ז הֲרֵי לֵוִי חַי בְּמִצְרַיִם צ"ג שָׁנָה וְהוּא הֶאֱרִיךְ יָמִים מִכָּל אֶחָיו וְכָל יָמָיו לֹא הִתְחִיל הַשִּׁעְבּוּד וצ"ג שָׁנִים בְּגִימַטְרִיָּא הוי"ה בהיכ"ל קָדְשׁוֹ שֶׁהָיָה אדו"ן יחי"ד מג"ן בַּעֲדָם כָּל זְמַן שֶׁאֶחָד מִן הַשְּׁבָטִים קַיָּם וְכָל שֶׁכֵּן לֵוִי שֶׁהָיָה מָארֵי אֻלְפָּן כַּנּוֹדָע נִשְׁאֲרוּ קי"ז שָׁנָה סִימָנִין אלו"ף נְעוּרֵי אַתָּה ל"א מֵהֶם הָיָה הַשִּׁעְבּוּד בְּפֶה רַךְ מִמִּדַּת הַחֶסֶד בְּגִימַטְרִיָּא א"ל וּפ"ו שָׁנִים בְּגִימַטְרִיָּא אֱלֹהִים מִשֶּׁנּוֹלְדָה מִרְיָם הָיָה בְּפֶרֶךְ וּבִמְרִירוּת מִתֹּקֶף הַדִּין לְהוֹצִיא יְקַר מִזּוֹלֵל סוֹד הַנֶּפֶשׁ לְבֵית יַעֲקֹב מִמִּצְרַיִם שֶׁל מַעְלָה וְשֶׁל מַטָּה מִכּוּר הַבַּרְזֶל כָּאָמוּר. וְיוֹנָתָן בֶּן עֻזִּיאֵל בְּרֵישׁ פָּרָשַׁת וַיֵּשֶׁב אָמַר שֶׁמְּכִירַת יוֹסֵף הָיְתָה תְּחִלַּת גָּלוּת מִצְרַיִם אַלְמָא כְּשֶׁנּוֹסָף כ"ב שָׁנָה שֶׁפֵּרֵשׁ יוֹסֵף מֵאָבִיו עַל רד"ו שָׁנָה יַעֲלוּ כֻּלָּם רל"ב מְנֵה הַשּׁוֹאַת הַדַּעַת לְאַרְבָּעָה מִלּוּאִים הַיְּדוּעִים לְשֵׁם בֶּן ד' ע"ב ס"ג מ"ה ב"ן מִסְפָּרָם יַחַד רל"ב כְּמִנְיַן בָּרוּךְ כְּבוֹד ה' ממקומ"ו שֶׁכֻּלָּם הִסְכִּימוּ בְּגָלוּת מִצְרַיִם כְּשֵׁם שֶׁאַרְבַּעְתָּם נוֹעֲדוּ עִם התור"ה בְּגִימַטְרִיָּא אַרְבָּעָה מִלּוּאִים שֶׁכְּנֶגְדָּם לְשֵׁם אֶהְיֶה ב' קס"א וקנ"א קמ"ג עִם אַרְבָּעָה זוּגוֹת לְמִנְיַן ונושנת"ם לְגָלוּת בָּבֶל וְהִנֵּה יִצְחָק מְחַשֵּׁב יְמֵי שְׁנוֹתֵינוּ שֶׁאָנוּ טְרוּדִים בָּהֶם קְצָתָם בְּשֵׁנָה קְצָתָם בְּצָרְכֵי גָּבוֹהַּ כְּגוֹן תּוֹרָה וּתְפִלָּה וּקְצָתָם בְּקִיּוּם הַחַיִּים הָאֱנוֹשִׁיִּים וְעַל מִעוּט הַזְּמַן שֶׁעָבְרוּ בוֹ בְּמִקְרֶה מַעֲשִׂים אֲשֶׁר לֹא יֵעָשׂוּ הוּא מֵלִיץ בַּעֲדֵנוּ שֶׁזְּכוּתוֹ תְּכַפֵּר מֶחֱצָה וּמֶחֱצָה מְבַקֵּשׁ שֶׁתְּהֵא מִדַּת רַחֲמִים סוֹבֶלֶת וּמְמַלֶּטֶת וְאֵין סָפֵק שֶׁהִיא הַמִּתְעוֹרֶרֶת אֵצֶל הָאָבוֹת וְאוֹמֶרֶת לְכָל אֶחָד מֵהֶם בָּנֶיךָ חָטְאוּ כְּדֵי שֶׁיְּבַקְּשׁוּ עֲלֵיהֶם רַחֲמִים וְאֵלֶיהָ אָמַר יִצְחָק טֹל אֶת פַּלְגָא וְאָנָא פַּלְגָא וְאִי לֹא הָא פְּשַׁטִית צַוָּארִי עַל גַּבֵּי הַמִּזְבֵּחַ כִּדְאִיתָא בְּמַסֶּכֶת שַׁבָּת פֶּרֶק רַבִּי עֲקִיבָא:

מַאֲמַר אֵם כָּל חַי - חֵלֶק ג סִימָן כט

נָשְׂאוּ יִשְׂרָאֵל פְּנֵיהֶם כְּלַפֵּי יִצְחָק וְאָמְרוּ כִּי אַתָּה אָבִינוּ לֹא כְּאַבְרָהָם וְלֹא כְּיַעֲקֹב הַשּׁוֹמֵעַ סָבוּר שֶׁשָּׂמוּ בִטְחוֹנָם בְּיִצְחָק ח"ו חָזְרוּ וְאָמְרוּ אַתָּה ה' אָבִינוּ כִּי ה' הוּא הָאֱלֹהִים הַנִּזְכָּר בְּמַעֲשֵׂה בְּרֵאשִׁית שֶׁהוּא פַּחַד

יִצְחָק כְּפִי אֶחָד הַפֵּרוּשִׁים הַנֶּאֱמָרִים בֶּאֱמֶת וְאַתָּה הוּא הַמְּחַזֵּר עַל הָאָבוֹת שֶׁיְּבַקְשׁוּ עָלֵינוּ רַחֲמִים וּמִי שָׁם פֹּה לְיִצְחָק מִבַּלְעָדֶיךָ אַתָּה הִקְדַּמְתָּ לוֹ זְכוּת שֶׁקּוּל כְּנֶגֶד כָּל חוֹבוֹתֵינוּ לְמַעַן יוּכַל לְהָגֵן עָלֵינוּ וִיטֹּל מִן הַדִּין פְּדוּת נַפְשֵׁנוּ וְהָיָה זֶה בִּשְׂכַר הָעֲקֵדָה שֶׁהָיְתָה בִּשְׁנַת ל"ז לְיִצְחָק כַּנּוֹדָע וְאָז אָבִיו הַזָּקֵן הָרַחֲמָן אִישׁ חֶסֶד מִכָּל הָאָדָם עֲקָדוֹ עַל מְנַת לְשָׁחֲטוֹ וּלְקַיֵּם בּוֹ הַפְּשָׁט וְנָתוּחַ וְכָלִיל לָאִשִּׁים וּכְנֶגְדָּן ל"ז אַזְכָּרוֹת רִאשׁוֹנוֹת שֶׁל בְּרִיאַת הָעוֹלָם כֻּלָּן שֵׁם אֱלֹהִים חוּץ מֵאוֹתוֹ הַזּוּג הָאַחֲרוֹן שֶׁהוּא תְּחִלָּה לְשֵׁם מָלֵא עַל עוֹלָם מָלֵא וּבוֹ הִקְדִּים מִדַּת רַחֲמִים וְשִׁתְּפָהּ לְמִדַּת הַדִּין וְהִיא עֲקִידָתָהּ בֶּאֱמֶת לְהַחֲלִישׁ תֹּקֶף הַדִּין לְקִיּוּם הָעוֹלָם וּמִיָּד סָמְכוּ הַכָּתוּב לְעִנְיַן צְמִיחוֹת עֲצֵי הַגָּן ו לְקִיחַת הָאָדָם וְהַנָּחָתוֹ בְּגַן עֵדֶן שֶׁכֵּן יִצְחָק אָבִינוּ נִגְנַז בְּגַן עֵדֶן ג' שָׁנִים תֵּכֶף אַחַר הָעֲקֵדָה מֵהַטַּעַם שֶׁזָּכַרְנוּ בְּמַאֲמַר חֵקֶר דִּין עַד שֶׁהָיְתָה רִבְקָה רְאוּיָה לוֹ:

מַאֲמַר אֵם כָּל חַי - חֵלֶק ג סִימָן ל

וַיֵּצֵא יִצְחָק מִגַּן עֵדֶן אוֹ מִבֵּית מִדְרָשׁוֹ שֶׁל שֵׁם כְּדִבְרֵי יוֹנָתָן בֶּן עֻזִּיאֵל וְדִלְמָא מִדְרָשׁ גַּן עֵדֶן שֶׁשָּׁם הָיָה יוֹנֵק מִמֶּנּוּ קָאָמַר לָשׂוּחַ בַּשָּׂדֶה לִפְנוֹת עֶרֶב וּבְאוֹתָהּ שָׁעָה רָמִי אַנַּפְשֵׁיהּ לְתַקֵּן תְּפִלַּת הַמִּנְחָה לְכַפֵּר בִּיצִיאָתוֹ מִגַּן עֵדֶן עַל הוֹצָאָתוֹ שֶׁל אָדָם הָרִאשׁוֹן מִשָּׁם בְּרֹאשׁ הַשָּׁנָה רִאשׁוֹן בִּשְׁעַת הַמִּנְחָה וְלֹא תִּקְּנָה עַד שֶׁנִּזְדַּמְּנָה לוֹ בַּת זוּגוֹ עַל יְדֵי הָעֶבֶד שֶׁזָּכָה לִכָּנֵס בְּגַן עֵדֶן חַי וְקַיָּם וְלֹא טָעַם טַעַם מִיתָה וְעוֹדֶנּוּ זוֹכֶה תָּמִיד לְשַׁמֵּשׁ אַבְרָהָם וְשָׂרָה בְּהַהוּא עָלְמָא כִּדְאַשְׁכְּחֵהּ רַבִּי בְּנָאָה דְּקָאֵי אַבָּבָא דִּמְעָרַת הַמַּכְפֵּלָה בְּפֶרֶק חֶזְקַת הַבָּתִּים כִּי דֶּרֶךְ יֵשׁ לוֹ שָׁם מִשַּׁעֲרֵי גַּן עֵדֶן וּמְבֹאָר בַּזֹּהַר כִּי הוּא מֹשֵׁל וְדֻגְמָא לְשַׂר הַפָּנִים אֶמְצָעִי לִשְׁלֹשָׁה קוֹשְׁרֵי כְּתָרִים מִכָּל הַתְּפִלּוֹת כְּמוֹ שֶׁקָּדַם שֶׁכֵּן תְּפִלַּת הַמִּנְחָה אֶמְצָעִית בְּמַעֲלָתָהּ וַחֲשִׁיבוּתָהּ בֵּין תְּפִלַּת הַשַּׁחַר וְהָעֶרֶב וּכְבָר זָכַרְנוּ שֶׁיֵּשׁ בְּקְשִׁירַת כְּתָרִים לְכָל תְּפִלָּה ג' מַדְרֵגוֹת וּכְנֶגְדָּם הַשָּׁלִיחַ הַזֶּה הַמַּעֲלָה הַדּוֹלָה וּמַשְׁקֶה מִתּוֹרַת רַבּוֹ נִקְרָא בַּג' תְּאָרִים עַבְדּוֹ א'. זְקַן בֵּיתוֹ ב'. הַמֹּשֵׁל בְּכָל אֲשֶׁר לוֹ ג':

מַאֲמַר אֵם כָּל חַי - חֵלֶק ג סִימָן לא

וְיִתָּכֵן כִּי עַל כֵּן נִכְפְּלָה שִׂיחָתוֹ בַּתּוֹרָה זֶה שָׁלֹשׁ רְגָלִים שֶׁהִיא יָפָה לִפְנֵי הַמָּקוֹם מִתּוֹרָתָן שֶׁל בָּנִים כְּדִבְרֵיהֶם ז"ל וְהָיָה הַסִּפּוּר הָרִאשׁוֹן מְכֻוָּן לִקְשִׁירָה רִאשׁוֹנָה הַקְּרוֹבָה אֵלֵינוּ וְהָרֶמֶז וְתֵרֶץ הַנַּעֲרָה כִּנּוּי לְנֶפֶשׁ הַמַּעֲשִׂיּוֹת כְּדִכְתִיב וּשְׁנֵי צְמִידִים עַל יָדֶיהָ וְנִשְׁנָה לִרְמֹז עַל הַקְּשִׁירָה הַשֵּׁנִית מֵהַשְׁלָמַת הַדִּבּוּר שֶׁכֵּן כְּתִיב בָּהּ וָאָשִׂם הַנֶּזֶם עַל אַפָּהּ מָה שֶׁלֹּא הֻזְכַּר תְּחִלָּה אֶלָּא שֶׁהָיָה מְזֻמָּן בְּיַד הָעֶבֶד. וְהַסִּפּוּר הַג' לֹא פֵּרַשׁ אֶלָּא

דֶּרֶךְ כְּלָל בְּסוֹד הַכַּוָּנָה כִּדְכְתִיב וַיְסַפֵּר הָעֶבֶד לְיִצְחָק כִּי מִדָּתוֹ שׁוֹקֶלֶת בְּכַף מֹאזְנַיִם סְפִירִיּוֹת מַחֲשָׁבָה וּזְכוּכָה בְּכָל הַתְּפִלּוֹת וּכְשֵׁם שֶׁכִּוֵּן יִצְחָק אֶת הַשָּׁעָה לְתַקֵּן תְּפִלַּת הַמִּנְחָה בְּהַקְבָּלַת פָּנֶיהָ שֶׁל רִבְקָה כָּכָה תִּקֵּן אַבְרָהָם תְּפִלַּת הַשַּׁחַר סָמוּךְ לִפְקִידָתָהּ שֶׁל שָׂרָה וְיַעֲקֹב בְּגָלוּתוֹ לֹא תִּקֵּן תְּפִלַּת הָעֶרֶב עַד שֶׁהָלַךְ לְחָרָן תְּחִלָּה וְהֵצִיץ בְּרָחֵל וְאַחַר כָּךְ וַיִּפְגַּע בַּמָּקוֹם. כִּי אָמְנָם הַתְּפִלָּה מְכַפֶּרֶת כְּמוֹ הַקָּרְבָּנוֹת וּכְתִיב וְכִפֶּר בַּעֲדוֹ וּבְעַד בֵּיתוֹ וְהָדָר וְעַל כָּל קְהַל יִשְׂרָאֵל:

מַאֲמַר אֵם כָּל חַי - חֵלֶק ג סִימָן לֵב

וּכְשֵׁם שֶׁיִּצְחָק אָבִינוּ סָבַר וְקִבֵּל בְּלֵב שָׁלֵם לְהֵעָקֵד בְּיוֹם הַכִּפּוּרִים בִּשְׁעַת הַמִּנְחָה עַל יְדֵי אַבְרָהָם כָּךְ בְּשִׂמְחָה רַבָּה נֶעֶקְדָה מִדַּת הַדִּין שֶׁל מַעְלָה לִרְצוֹנָהּ עַל יְדֵי הַחֶסֶד וְהֶעֶלְתָה לְרָצוֹן קַמֵּי עַתִּיק יוֹמִין עַל הַמִּזְבֵּחַ הַפְּנִימִי הַיָּדוּעַ כִּסֵּא כָבוֹד מָרוֹם מֵרִאשׁוֹן מְקוֹם מִקְדָּשֵׁנוּ וּלְפִי שֶׁקָּדְמָה עֲקֵדַת יִצְחָק בָּאָרֶץ לְכָל יֶתֶר הַתִּקּוּנִים שֶׁנַּעֲשׂוּ דֻּגְמָתָם בַּשָּׁמַיִם לְכָךְ הִקְדִּים הַכָּתוּב אֶרֶץ לְשָׁמַיִם כְּשֶׁהִזְכִּיר שָׁם מָלֵא תְּחִלָּה כְּמוֹ שֶׁבֵּאַרְנוּ יוּכַל בְּרוּאֵי מַעְלָה וּמַטָּה נִתְעַסְּקוּ אַהֲדָדֵי בַּעֲקֵדַת כָּל בַּעֲלֵי הַדִּין בְּאוֹתָהּ שָׁעָה כְּמוֹ שֶׁדָּרְשׁוּ חֲכָמִים בַּפָּסוּק כִּי עַד סִירִים סְבֻכִים בְּרֵישׁ נְבוּאַת נַחוּם שֶׁכֵּן מֵאָדִים נֶעֱקַד לִפְנֵי צֶדֶק וּמִיכָאֵל כֹּהֵן גָּדוֹל שֶׁל מַעְלָה עֲקָדוֹ לְגַבְרִיאֵל וְאַרְיֵה שֶׁבַּמֶּרְכָּבָה עָקַד אֶת הַשּׁוֹר וְהֶעֱלוּם עַל גַּבֵּי הַמִּזְבֵּחַ הַחִיצוֹן אֲשֶׁר בְּהֵיכָלוֹת כִּי שָׁם צִוָּה ה' אֶת הַבְּרָכָה לְאִישֵׁי יִשְׂרָאֵל אַנְשֵׁיהֶם מַמָּשׁ בְּשָׁעָה שֶׁתְּפִלָּתָם בְּפִיהֶם יִרְצוּ סֶלָה כְּטַעַם וָאֶשְׁפֹּךְ אֶת נַפְשִׁי לִפְנֵי ה' שֶׁיִּתְקַבְּלוּ בְּרָצוֹן הֵם וּתְפִלּוֹתֵיהֶם עַל ב' הַמִּזְבְּחוֹת בְּכָל מָקוֹם שֶׁיֵּשׁ דֻּגְמָתָן:

מַאֲמַר אֵם כָּל חַי - חֵלֶק ג סִימָן לג

וּמִכָּאן לָמַדְנוּ תְּנוּפַת הַלְוִיִּם עַל יְדֵי אַהֲרֹן שֶׁהִיא כְּעֵין אַסְקָתֵהּ אֲחָתֵהּ הָאָמוּר בְּיִצְחָק וְאִלּוּ הָיָה קֹרַח מַסְכִּים בַּהֲנָפָתוֹ כְּשֵׁם שֶׁהִסְכִּים יִצְחָק בַּעֲקֵדָתוֹ וְלֹא עוֹד אֶלָּא שֶׁזֶּה מָסַר נַפְשׁוֹ וְזֶה לֹא הָיָה צָרִיךְ לְכָךְ הִנֵּה בְּלִי סָפֵק הָיָה קֹרַח לְמַטָּה כְּגַבְרִיאֵל לְמַעְלָה כְּשֵׁם שֶׁשָּׁקוּל אַהֲרֹן כְּנֶגֶד מִיכָאֵל וְאֵין בִּנְשִׂיאוּת אֱלִיצָפָן עִנְיָן לְכָךְ כִּי עֲבוֹדוֹת גְּדוֹלָה הָיְתָה לֹא תַּאֲוַת לְמִי שֶׁרָאוּי לִהְיוֹת דֻּגְמָא לְאֶחָד מִשָּׂרֵי הַמֶּרְכָּבָה כְּשֵׁם שֶׁלֹּא יָאוּת לְאַהֲרֹן לִהְיוֹת נָשִׂיא נְשִׂיאֵי הַלְוִיִּם כִּי עֲבוֹדָה רַבָּה הִיא שֶׁהֻטְּלָה עַל אֶלְעָזָר שֶׁמֶן הַמָּאוֹר בִּימִינוֹ וְשֶׁמֶן הַמִּשְׁחָה בִּשְׂמֹאלוֹ קְטֹרֶת בְּחֵיקוֹ חֲבִתִּין עַל כְּתֵפָיו שֶׁאֵין גְּדוּלָה בְּפַלְטִין שֶׁל מֶלֶךְ וּבִירוּשַׁלְמִי שִׁטָּה אַחֶרֶת בְּהֶפְרֵשׁ מוּעָט אֲבָל רַבָּן שֶׁל כֹּהֲנִים וְשַׂרְן שֶׁל לְוִיִּם מִבָּעֵי לְהוּ שֶׁלֹּא יָסִיחוּ דַּעְתָּם מִכָּבוֹד שֶׁכִּנָּה. וְכֵן אָמְרוּ בַּגְּמָרָא בְּפֶרֶק טְבוּל יוֹם

גַּבֵּי מֹשֶׁה דְּטָרוּד בִּשְׁכִינָה הֲוָה וְהַיְינוּ דְּאָמַר לֵהּ יִתְרוֹ אִיעָצְךָ וִיהִי אֱלֹהִים עִמָּךְ כִּי הָיָה יִתְרוֹ בָּקִי מְאֹד בְּמַעֲלַת הַהִתְבּוֹדְדוּת וְצָרְכָּהּ לְמִי שֶׁיִּרְצֶה לְכַהֵן פְּאֵר אָמַר אִיעָצְךָ לְהָקֵל מֵעָלֶיךָ טָרְחֵי צִבּוּר וִיהִי כָּבוֹד שְׁכִנָה עַל רֹאשְׁךָ תָּמִיד:

מַאֲמַר אֵם כָּל חַי - חֵלֶק ג סִימָן לד

וְהָאֲרִ"י זצ"ל דָּרַשׁ עַל קֹרַח פָּסוּק צַדִּיק כַּתָּמָר יִפְרָח שֶׁכֵּן שְׁמוֹ רָשַׁם בְּסוֹפֵי תֵּבוֹת אֵלֶּה לְלַמֵּד שֶׁבְּסוֹף תִּקּוּן עוֹלָם גַּם הוּא יְתֻקַּן וְיָפֶה אָמַר שֶׁהֲרֵי הוּא וְסִיעָתוֹ בִּמְדוֹר גֵּיהִנֹּם מִשָּׁעָה רִאשׁוֹנָה שֶׁיָּרְדוּ שָׁם הִתְחִילוּ לְהַצְדִּיק עֲלֵיהֶם דִּין שָׁמַיִם וְכָךְ הֵם אוֹמְרִים מֹשֶׁה אֱמֶת וְתוֹרָתוֹ אֱמֶת וַאֲנוּ בַּדָּאִים וְאֵין בָּעוֹלָם קִלְקוּל גָּדוֹל כָּל כָּךְ שֶׁוִּדּוּי זֶה לֹא יַסְפִּיק לְתַקְּנוֹ וּגְדוֹלָה מִזּוֹ הֶחָכָם אָמְרָה בְּפֵרוּשׁ הַתִּקּוּנִים בְּדָבָר הַלָּמֵד מֵעִנְיָנוֹ וְהִנֵּה רָאשֵׁי תֵּבוֹת אֵלֶּה צַדִּיק כַּתָּמָר יִפְרָח הֵן בְּגִימַטְרִיָּא ק"כ צֵרוּפִים שֶׁל שֵׁם אֱלֹהִים כְּדָאמוּר רַבָּנָן חָמֵשׁ אוֹתִיּוֹת בּוֹנוֹת ק"כ בָּתִּים לְלַמֵּד שֶׁכָּל כֹּחוֹת הַדִּין יִגְבּוּ חוֹבָם תְּחִלָּה מִמֶּנּוּ וְאַחֲרֵי כֵן יִפְרָח וְכֵן הָאוֹתִיּוֹת הָאֶמְצָעִיּוֹת ד"י ת"ם פ"ר יֵשׁ בָּהֶן רֶמֶז מְפֹרָשׁ שהק"כ אֱלֹהִים עֲתִידִים לְהַכְרִיז ד"י לְצָרוֹתָיו שֶׁל קֹרַח שֶׁהֲרֵי ת"ם וּנְשַׁלֵּם לְפַיֵּס הֶחָמֵשׁ גְּבוּרוֹת שָׁרְשֵׁי הַדִּינִין שֶׁהֵן אוֹתִיּוֹת מנצפ"ך מִסְפָּרָן פ"ר וּכְמוֹ שֶׁאָמַר הַנָּבִיא וְשָׁלְמוּ יְמֵי אֶבְלֵךְ. עַל דֶּרֶךְ מָה שֶׁבֵּאַרְנוּ בְּמַאֲמַר חֵקֶר דִּין בְּרֵישׁ חֵלֶק ה' בְּפֵרוּשׁ מִלַּת גֵּיהִנֹּם וְשָׁם זָכַרְנוּ מָה יָקָר חַסְדּוֹ יִתְבָּרַךְ אֲפִלּוּ עִם הַמּוֹרְדִים וְהַפּוֹשְׁעִים לְהוֹצִיא יָקָר חַסְדּוֹ מִזּוֹלֵל וְכֵן אָמַר הַמֶּלֶךְ הֶחָכָם כֹּל פָּעַל ה' לַמַּעֲנֵהוּ וְאָמְרוּ חֲכָמִים לִקְלוּסוֹ:

מַאֲמַר אֵם כָּל חַי - חֵלֶק ג סִימָן לה

וּפְשׁוּטוֹ שֶׁל מִקְרָא דַּעֲלִיָּה קַמְּנָא לֹא הֻזְכַּר יִצְחָק בַּעַל הַדִּין לְפִי שֶׁבּוֹ נִבְרָא הָעוֹלָם וְאִם אַבְרָהָם יָדַעְנוּ שֶׁהוּא בַּעַל הַחֶסֶד וְיַעֲקֹב שֶׁסָּבַל עֹל הַבָּנִים וְצַעַר גָּדוֹל לֹא יַכִּירֵנוּ בְּרַחֲמָיו קַל וָחֹמֶר לְפַחַד יִצְחָק שֶׁאֵין הַקָּדוֹשׁ בָּרוּךְ הוּא וַתְּרָן וְאִם דִּין הוּא שֶׁיְּהֵא יִצְחָק מְקַבֵּל שָׂכָר גָּדוֹל עָצוּם וָרַב בִּשְׁבִיל הָעֲקֵדָה נוֹסֶפֶת עַל שְׁאָר זְכִיּוֹת הָרַבִּים וְסִפּוּרִים לְשׁוֹפֵט צֶדֶק בְּמִשְׁקָל אֶל דֵּעוֹת אֲשֶׁר אֵינֶנּוּ בָּז לִפְעֻלּוֹת אָדָם אֲפִלּוּ שִׂיחָה נָאָה מִכָּל מָקוֹם חֶסֶד גָּמוּר הוּא לָנוּ וּלְבָנֵינוּ שֶׁיְּהֵא זְכוּתוֹ מֵגִין עָלֵינוּ וְאֵין לָנוּ לְהִשָּׁעֵן אֶלָּא עַל אָבִינוּ שֶׁבַּשָּׁמַיִם. אַתָּה ה' אָבִינוּ גֹּאֲלֵנוּ מֵעוֹלָם שְׁמֶךָ כִּי קֹדֶם בְּרִיאַת הָעוֹלָם הָיָה הַגּוֹאֵל הָאַחֲרוֹן נִקְרָא בִּשְׁמוֹ כְּדִכְתִיב לִפְנֵי שֶׁמֶשׁ יִנּוֹן וּכְשֶׁנַּחְלִיף שְׁנֵי נוּנִי"ן בִּשְׁנֵי הַהֵי"ן בְּאַלְפָּא בֵּיתָא רַבָּתִי שֶׁל אי"ק בכ"ר הוּא שְׁמוֹ שֶׁל הַקָּדוֹשׁ בָּרוּךְ הוּא יֵשׁ אֵם לַמִּקְרָא. וְאַרְבַּע אוֹתִיּוֹתָיו הֵן הֵנָּה הָיוּ לִבְנֵי יִשְׂרָאֵל פֶּלֶס וּמֹאזְנֵי מִשְׁפָּט

לִשְׂכַר מִצְוָה כִּי מִן הַהֵ"א אַחֲרוֹנָה אֵם לְכָל אִישׁ חַי כָּל יִשְׂרָאֵל יֵשׁ לָהֶם חֵלֶק לְעוֹלָם הַבָּא וְהַדְּבֵק בְּוָא"ו שֶׁבַּשֵּׁם לַעֲסֹק בַּתּוֹרָה לִשְׁמָהּ וְשׁוֹנֶה הֲלָכוֹת בְּכָל יוֹם מֻבְטָח לוֹ שֶׁהוּא בֶּן הָעוֹלָם הַבָּא וְעַיֵּ"ל בְּלֹא בַּר וּמִן הַהֵ"א רִאשׁוֹנָה נִזְכֶּה לְעוֹלָם הַבָּא עַצְמוֹ בִּקְבִיעוּת וְהָעוֹלֶה אֶל הַיּוֹ"ד אֵם לַמָּסֹרֶת וְהוּא בְּגֵימַטְרִיָּא דו"ד ב"ן יש"י משי"ח הוי"ה בְּמִסְפַּר אוֹתִיּוֹת גְּדוֹלוֹת שֶׁל הָאַלְפָא בֵּיתָא הַזֹּאת עוֹד דָּוִד בֶּן יִשַׁי בְּגֵימַטְרִיָּא שֶׁכִּנָּה עִם הַמִּלָּה בְּחוּשְׁבָּן זְעֵיר כ"ו כְּמִסְפַּר הַשֵּׁם הַגָּדוֹל וּשְׁכִינָה עִם הַמֶּלֶךְ כְּמִסְפַּר הַשֵּׁם שְׁנֵיהֶם בְּחוּשְׁבָּן זְעֵיר וְיֵשׁ בְּאוֹתִיּוֹת דָּוִד רֶמֶז לַצַּדִּיק בֵּין ב' אוֹתִיּוֹת וּבְאוֹתִיּוֹת יִשַׁי שֶׁכִּנָּה בֵּין שְׁנֵי צַדִּיקִים אַף אָנוּ לָהּ עֵינֵינוּ וְלוּ אָנוּ מְחַכִּים שֶׁכְּתָבֵנוּ עִם כָּל עַמּוֹ יִשְׂרָאֵל בְּסֵפֶר הַחַיִּים וּבָרוּךְ שֵׁם כְּבוֹדוֹ לְעוֹלָם וְיִמָּלֵא כְבוֹדוֹ אֶת כֹּל הָאָרֶץ אָמֵן וְאָמֵן:

תַּם וְנִשְׁלַם מַאֲמַר אֵם כָּל חַי

סֵפֶר

עֲשָׂרָה מַאֲמָרוֹת

מַאֲמַר הַמִּדּוֹת

הַמִּדָּה הָרִאשׁוֹנָה:

רַבִּי יִשְׁמָעֵאל אוֹמֵר בִּשְׁלֹשׁ עֶשְׂרֵה מִדּוֹת הַתּוֹרָה נִדְרֶשֶׁת. הַשַּׁעַר הַזֶּה רַבִּים פְּתָחוּהוּ צַו לָצָו קַו לָקָו זְעֵיר שָׁם וַאֲנִי בָּאתִי אַחֲרֵיהֶם לֶאֱסֹף כְּעָמִיר גֹּרְנָה וּמִלֵּאתִי אֶת דִּבְרֵיהֶם כִּי אֵין מִדְרָשׁ בְּלֹא חִדּוּשׁ. ה' יִגְמֹר בַּעֲדִי ה' חַסְדְּךָ לְעוֹלָם. הַמִּדָּה הָרִאשׁוֹנָה:
קַל וָחֹמֶר הָרֶמֶז בָּהּ לְכֶתֶר עֶלְיוֹן בְּהִתְיַחֲסוֹ אֵצֶל עִלַּת הָעִלּוֹת כִּי הַכֶּתֶר קַל הוּא וְאַכָּמָא אַיֵּהוּ בְּעֶרְךְּ עִלָּתוֹ וְעִם כָּל זֶה נֶאֱסַר הַהִסְתַּכְּלוּת בּוֹ כָּל שֶׁכֵּן בְּמָה שֶׁלְּמַעְלָה הֵימֶנּוּ וְגָדוֹל כְּבוֹדוֹ שֶׁהֱשְׁוָה קוֹנוֹ לוֹ לְכָל הַדִּבְּרוֹת הַמֻּשְׁאָל אֲלֵיהֶם וּלְכָל הָאֲמִירוֹת הַמִּשְׁתַּתְּפוֹת אֲבָל בִּפְשִׁיטוּתוֹ לְבַדּוֹ הַמְּרוֹמָם עַל כָּל בְּרָכָה וּתְהִלָּה אֵינֶנּוּ בָּא מִן הַדִּין כִּי הוּא מְחַיֵּב הַמְּצִיאוּת מִבַּלְעֲדֵי הִתְיַחֵס לְזוּלָתוֹ כְּלָל וְעָלֶיהָ אִתְּמַר וְאֵין אֱלֹקִים עִמָּדִי וְגַם אֻמָּנָה בְּמָה שֶׁהוּא קוֹנֶה הַכֹּל וְנִטְפַּל בְּהַשְׁגָּחָתוֹ אֲלֵיהֶם כַּמָּה דְּאַתְּ אָמַר וְרַחֲמָיו עַל כָּל מַעֲשָׂיו דַּי לַבָּא מִן הַדִּין לִהְיוֹת כַּנִּדּוֹן כְּמוֹ שֶׁזְּכַרְנוּ. כַּיּוֹצֵא בַּדָּבָר אַתָּה אוֹמֵר וְאָבִיהָ יָרֹק יָרַק בְּפָנֶיהָ הֲלֹא תִכָּלֵם שִׁבְעַת יָמִים סָלְקָא דַּעְתָּךְ אֲמִינָא קַל וָחֹמֶר לַשְּׁכִינָה אַרְבָּעָה עָשָׂר יוֹם תַּלְמוּד לוֹמַר תִּסָּגֵר שִׁבְעַת יָמִים וְהַטַּעַם כִּי אָבִיהָ עַל חָכְמָה עִלָּאָה אִתְּמַר דְּאִיהוּ יֵשׁ מֵאַיִן וּבִינָה נָמֵי יֵשׁ מִיֵּשׁ אָמְרָה תּוֹרָה כִּי נֶהֶפְכוּ אֵצֶל מִרְיָם שְׁנֵיהֶם לְיַרְקוֹן וּבִדְיָדְהוּ מִשְׁתַּעֵי קְרָא הֲלֹא תִכָּלֵם שִׁבְעַת יָמִים כְּנֶגֶד הַמִּדּוֹת אֲשֶׁר תַּחְתֵּיהֶן הַמִּתְפַּעֲלוֹת עַל יָדָן אַלְמָא אֵין כָּאן קַל וָחֹמֶר אֶלָּא לְמַרְאֵה עֵינַיִם לְפִי הַפְּשָׁט הַמּוּחָשׁ וּכְדֵי שֶׁיִּהְיוּ טַעֲמֵי תּוֹרָה הַנִּגְלֶה וְהַנִּסְתָּר שָׁוִים בְּדִינָם יִכְּנוּ יַחְדָּו עַל שְׂפָתֵינוּ בָּאָה הַהֲלָכָה וְקָבְעָה דַּיּוֹ וְיָאוֹת כָּל מִלֵּי דְּרַבָּנָן עַיֵּן מַאֲמַר חֵקֶר דִּין חֵלֶק שְׁלִישִׁי פֶּרֶק ד' וְיֵשׁ קַל וָחֹמֶר בְּמַלְכוּת שֶׁהִיא מִתְנַהֶגֶת פְּעָמִים בְּחֶסֶד קַל הוּא עַל פְּנֵי מַיִם וּפְעָמִים בְּדִין לְהַחְמִיר בְּסְיָג לַתּוֹרָה. וְאִית דִּימָא אִיפְּכָא חֹמֶר מַיִם רַבִּים בְּחֶסֶד וּבְהִתְגַּבֵּר הַדִּין הֲרֵי הִיא קַלָּה בְּעֵינָיו וְכֵן דַּעְתָּן שֶׁל נָשִׁים קַלָּה וּבְהִתְעַטְּרָה בְּחֶסֶד וְרַחֲמִים יְקָרָה הִיא מִפְּנִינִים וְאָמְרוּ רַבָּנָן אֵין

עוֹנְשִׁין מִן הַדִּין וְהַטַּעַם לְפִי הַדֶּרֶךְ הָרִאשׁוֹן כִּי לְמַעְלָה אֵין דִּין כְּלָל וְשָׁרְשֵׁי הַדִּין שָׁם הֵם לְאַכְפְּיָא לְכֻלְּהוּ מָרֵיהוֹן דְּדִינָא וְכֵן אִישׁ חֶסֶד הוּא הַמַּצִּיל אֶת הַנִּרְדָּף אֲפִלּוּ בְּנַפְשׁוֹ שֶׁל רוֹדֵף כָּל שֶׁכֵּן בְּאֶחָד מֵאֵבָרָיו וְאֵין צָרִיךְ לוֹמַר אִם יַצִּילֵהוּ בְּלִי שׁוּם חֶסְרוֹן אֵבֶר אֶלָּא יַחֲזִיר אֶת הָרוֹדֵף לְמוּטָב וְזֹאת הַתְּעוּדָה הִיא הָרְאָיָה אֶל הַנִּדּוֹן. וּלְפִי הַדֶּרֶךְ הַשֵּׁנִי אֵין עֲנָשִׁין מִן הַדִּין דְּהָא קַיְמָא לָן הִלְכְתָא רַבָּתִי פּוֹתְחִין בִּזְכוּת תְּחִלָּה וּכְתִיב כִּי הַמִּשְׁפָּט לֵאלֹהִים הוּא וְלֹא מֵאֱלֹהִים וְאִם פָּתְחוּ לְחוֹבָה עַל הַקַּל שׁוּב אֵין דָּנִין לֹא אֶת הַקַּל וְלֹא אֶת הֶחָמוּר:

הַמִּדָּה הַשְּׁנִיָּה:

גְּזֵרָה שָׁוָה וְהִיא פְּעֻלַּת הַתִּפְאֶרֶת הַגּוֹזֵר וּמְסָרֵס הַקְּלִפּוֹת בְּכֹחַ עֶלְיוֹן כִּי הוּא מַכְרִיעַ לְמַעְלָה בֵּין חָכְמָה וּבִינָה לְהַשְׁוָאַת מִדּוֹתֵיהֶן לִתֵּן אֶת הָאָמוּר שֶׁל זֶה בָּזֶה וְאֵין אָדָם זֶה הַיּוֹדֵעַ דַּעַת עֶלְיוֹן דָּן גְּזֵרָה שָׁוָה מֵעַצְמוֹ פֵּרוּשׁ אֲפִלּוּ בִּזְמַן שֶׁיֵּשׁ לוֹ עֵזֶר כְּנֶגְדּוֹ מֵאִשָּׁה יִרְאַת ה' עֶצֶם מֵעֲצָמָיו שֶׁאֵין הַהַכְרָעָה בֵּין הַחֶסֶד וְהַדִּין בְּכָל מָקוֹם מִשְׁתַּלֶּמֶת מִבִּלְעָדֶיהָ כַּמְּבֹאָר בִּמְקוֹמוֹ אֶלָּא אִם כֵּן קַבָּלָה מֵרַבּוֹ כֶּתֶר עֶלְיוֹן וְרַבּוֹ מֵרַבּוֹ עֹלַת הָעֹלוֹת זוֹ כָּל מַעֲשֵׂהוּ בֶּאֱמוּנָה הִיא בַּת זוּגוֹ שֶׁנִּזְכַּרְנוּ הֲלָכָה לְמֹשֶׁה מִסִּינַי וּבְכֹחַ זֶה עֲנָשִׁין מִגְּזֵרָה שָׁוָה וְלֹא מִקְרֵי פְּתִיחָה לְחוֹבָה כִּי הַזְּכוּת שֶׁפָּתַחְנוּ בּוֹ בְּמָקוֹם אֶחָד נִפְתַּח בּוֹ שֵׁנִית בְּשָׁוִין אֲבָל בְּקַל וָחֹמֶר אֵינוֹ כֵן כִּי מָה שֶׁיּוֹעִיל לְזַכּוֹת אֶת הַקַּל לֹא יַצִּיל אֶת הֶחָמוּר:

הַמִּדָּה הַשְּׁלִישִׁית:

בִּנְיַן אָב מִכָּתוּב אֶחָד וּבִנְיַן אָב מִשְּׁנֵי כְתוּבִים וְהָרֶמֶז בִּתְחִלָּה עָלָה בְּמַחֲשָׁבָה לִבְרֹא אֶת הָעוֹלָם בְּמִדַּת הַדִּין כְּטַעַם בְּתִשְׁרֵי נִבְרָא הָעוֹלָם וּכְבָר זָכַרְנוּ מִזֶּה בְּרֵישׁ מַאֲמַר חֵקֶר דִּין פֶּרֶק ג'. וְהָיָה יוֹם אֶחָד דְּמַעֲשֵׂה בְרֵאשִׁית כ"ה בֶּאֱלוּל כַּנּוֹדָע וְהָיָה לֵילוֹ בִּכְלַל הַתֹּהוּ כַּמְּבֹאָר בַּכָּתוּב וְיוֹם שִׁשִּׁי הָיָה רֹאשׁ הַשָּׁנָה וְהִנֵּה הַפְּחוּתָה שֶׁבְּשָׁנִים הִיא שנ"ג יָמִים סִימָנָם אֵם הַבָּנִים שמח"ה נִמְצְאוּ שמ"ט יָמִים עָלוּ בְּתֹהוּ מ"ט יוֹם לְכָל אֶחָד מִמַּלְכִין קַדְמָאִין דְּמִיתוּ בְּרֵישׁ סִפְרָא דִּצְנִיעוּתָא וְאֵלֶּה השמ"ט יוֹם הֵם שְׁמִטַּת הַתֹּהוּ שֶׁקָּדְמָה לָעוֹלָם. אוֹ אֱמֹר שֶׁהַשָּׁנָה הִיא שנ"ד יָמִים כִּי יוֹם רִאשׁוֹן דְּמַעֲשֵׂה בְּרֵאשִׁית זִיל הָכָא קָא מִדְּחֵי לֵהּ שֶׁהֵן שמ"ט יוֹם בִּלְעָדָיו זִיל הָכָא קָא מִדְּחֵי לֵהּ שֶׁאֵין לֵילוֹ עִמּוֹ בִּמְלַאכְתּוֹ וְיֵשׁ בָּזֶה קְצָת דֻּגְמָא לִשְׁנַת הַחֲמִשִּׁים שֶׁל יוֹבֵל שֶׁהִיא עוֹלָה לְכָאן וּלְכָאן. שֶׁנִּמְצְאוּ אַרְבָּעָה יָמִים שְׁלֵמִים וְלֵילוֹתֵיהֶם עִמָּהֶם לְחַיֵּי הַמֶּלֶךְ הַשְּׁמִינִי שֶׁיָּצָא מִכְּלַל הַתֹּהוּ וְלִכְלַל תִּקּוּן לֹא בָא אֶלָּא בְּיָמָיו אִתְבַּטְּלַת אַרְעָא וְהֶאֱרִיךְ כָּל הַיָּמִים הַלָּלוּ עַל מַלְכוּתוֹ וְנָטַל שְׂכָרוֹ כְּפוֹעֵל בָּטֵל

לִפְנֵי מְלָךְ מֶלֶךְ לִבְנֵי יִשְׂרָאֵל זֶה אָדָם הָרִאשׁוֹן שֶׁהוּא דָּוִד וְהוּא מָשִׁיחַ רָאָה הַקָּדוֹשׁ בָּרוּךְ הוּא שֶׁאֵין הָעוֹלָם מִתְקַיֵּם בְּמִדַּת הַדִּין הִקְדִּים וְשִׁתֵּף מִדַּת רַחֲמִים כִּי עִם ה' הַחֶסֶד וְהַרְבֵּה עִמּוֹ פְדוּת לְפִיכָךְ מוֹנִין לִתְקוּפָה מִנִּיסָן שֶׁקָּדַם לְיִשְׁרֵי כְּשֵׁם שֶׁמּוֹנִין לִלְבָנָה מבהר"ד מוֹלָד שֶׁל תֹּהוּ וְהוּא טַעַם בְּנִיסָן נִבְרָא הָעוֹלָם שֶׁהִיא בְּרִיאָה לְסַדֵּר זְמַנִּים וְכָל דִּבְרֵי חֲכָמִים קַיָּמִים אַף עַל פִּי שֶׁמִּקְצָת מְפָרְשִׁים לֹא אָמְרוּ כֵן וְהָבֵן כִּי מוֹלָד שֶׁל תֹּהוּ הוּא הֶעְדֵּר שֶׁקָּדַם לַהֲוָיָה בְּאוֹתָהּ הַנְהָגַת הַדִּין וּקְדִימַת הַתְּקוּפָה מִנִּיסָן הוּא הֶעְדֵּר הַקּוֹדֵם לְהַנְהָגַת הַחֶסֶד וְקָרְבַת הֶעְדֵּר מְשֻׁלֶּמֶת הַהֲוָיָה כַּנּוֹדָע בְּחָכְמַת הַטֶּבַע וְהַמֻּרְגָּשׁ מוֹפֵת רְאָיָה אֶל הַמֻּשְׂכָּל וְאוּלָם צָרוּף בְּרֵאשִׁית שֶׁהוּא אֶחָד בְּתִשְׁרֵי בֵּין לְמַר וּבֵין לְמַר אַתְיָא כִּי הָא דְּתַנְיָא שְׁטָרֵי חוֹב הַמְאֻחָרִין כְּשֵׁרִים כִּי בָא הָרֶמֶז עַל בְּרִיאַת הָאָדָם שֶׁאָז הֻשְׁלַם הַתַּכְלִית לְמַעֲשֵׂה שָׁמַיִם וָאָרֶץ וּמָטָא זְמַן חִיּוּבַיְהוּ שֶׁל כָּל הַיְצוּרִים כֻּלָּם לִשְׁמֹר אֶת תַּפְקִידָם לֹא יָסוּרוּ מִמֶּנּוּ. וְאַף עַל גַּב דְּתַנָּאֵי דָּרְשֵׁי קְרָאֵי כִּפְשָׁטָן בְּפֶרֶק קַמָּא דְּרֹאשׁ הַשָּׁנָה וְנִשְׁמַע מִנָּה דְּרַבִּי יְהוֹשֻׁעַ נִבְרָא דַּוְקָא קָאָמַר שְׁתֵּי תְּשׁוּבוֹת בְּדָבָר חֲדָא תְּרֵי תַּנָּאֵי נִנְהוּ אַלִּיבָּיָה כִּדְאִיתָא הָתָם חַד קָתָנֵי סְתָמָא בְּנִיסָן נִבְרָא הָעוֹלָם וְהַיְינוּ כְּדַאֲמַרַן וְאִידָךְ הוּא דְּקָא דָּרֵשׁ קְרָאֵי. וְאִם תִּמְצֵי לוֹמַר חַד תַּנָּא הוּא וְרַבִּי יְהוֹשֻׁעַ גּוּפֵיהָ דָּרֵשׁ קְרָאֵי אַף אָנוּ נֹאמַר דִּלְאַסְבּוּרֵהּ לְמִלְּתֵהּ הוּא דַּעֲבַד וּמִשּׁוּם הָכֵי אֵין מְשִׁיבִין עַל הַדְּרָשׁ כְּמוֹ שֶׁזָּכַרְנוּ בְּמַאֲמַר אֵם כָּל חַי. וְדֵעְדִיפָא מִנָּה פֵּרֵשׁ רַב יֵבָא סָבָא בְּזֹהַר פָּרָשַׁת מִשְׁפָּטִים דְּאִיכָּא קְרָא בְּאוֹרָיְתָא מְסַבֵּר לְמִלְּתֵהּ לְהַעֲלִים סוֹדוֹ דִּכְתִיב וְאַתֶּם יְדַעְתֶּם אֶת נֶפֶשׁ הַגֵּר וּמִלָּה הַדָּרָה לְנַרְתִּקָהּ כְּאָמְרוֹ כִּי גֵרִים הֱיִיתֶם בְּאֶרֶץ מִצְרָיִם יְעַיֵּן שָׁם וְגַם בְּדִבְרֵי הַיָּמִים כְּתִיב בַּאֲמַצְיָה שֶׁלֹּא הֵמִית בְּנֵי הַמַּכִּים אֶת יוֹאָשׁ מֶלֶךְ יְהוּדָה אָבִיו כַּכָּתוּב לֹא יוּמְתוּ אָבוֹת עַל בָּנִים אַף עַל פִּי שֶׁאֵין הַפָּסוּק שֶׁבַּתּוֹרָה מִתְפָּרֵשׁ כָּךְ וְלִפְסוּלֵי עֵדוּת הוּא דְּאָתָא אַלְמָא לְאַסְבּוּרֵהּ לְמִלְּתֵהּ נְקָטֵיהָ וְאַיְּתֵי רְאָיָה מִנָּהּ. וְיֵשׁ פַּרְפֶּרֶת נָאָה בְּמִלַּת תשר"י שֶׁהִיא בְּגֵימַטְרִיָּא שְׁתֵּי פְּעָמִים תנ"ה הוֹדְךָ עַל הַשָּׁמָיִם. ותנ"ה גּוּפָהּ הוּא מִסְפַּר שְׁלֹשָׁה מִלּוּאִים פְּשׁוּטִים שֶׁל שֵׁם אהי"ה וְלִשְׁלֹשָׁה מֻרְכָּבִים גַּם כֵּן וְיֶשְׁנָהּ פַּעַם שְׁלִישִׁית בִּשְׁלֹשָׁה מְצֹרָפִים בְּשָׁוֶה גָּמוּר. עַל הָרִאשׁוֹנִים נֶאֱמַר אֲשֶׁר בָּרָא אֱלֹהִים וְעַל הָאַחֲרוֹנִים נֶאֱמַר לַעֲשׂוֹת. וְהִנֵּה נִיסָן הוּא בְּגֵימַטְרִיָּא תת"כ בְּמִסְפַּר אוֹתִיּוֹת גְּדוֹלוֹת שֶׁל מְנַצְפָּךְ וְהוּא מִנְיַן הַשָּׁנִים שֶׁל הַשְׁרָאַת שְׁכִינָה בַּמִּשְׁכָּן וּבְשִׁילֹה וּבֵית עוֹלָמִים בָּרִאשׁוֹנוֹת שֶׁמָּנוּ לָהֶם לִיצִיאַת מִצְרַיִם אֲבָל בְּבַיִת שֵׁנִי לֹא הָיָה שָׁם כְּבוֹד שְׁכִינָה וְהָיוּ מוֹנִים לְמַלְכֵי הָאֲרָצוֹת וִימֵי גִּלְגָּל וְנֹב וְגִבְעוֹן נָמֵי אֵינָם מִן הַמִּנְיָן לְפִי שֶׁבְּגִלְגָּל לֹא הָיָה הָאָרוֹן תָּמִיד אֵצֶל הַמִּזְבֵּחַ אֶלָּא כָּל שֶׁבַע שֶׁכָּבְשׁוּ הָיָה יוֹצֵא יָצֹא וָשׁוֹב לְהִלָּחֵם עִם מַלְכֵי כְּנַעַן וְכֵיוָן דְּאִדְּחִי אִדְּחִי וְאַחֲרֵי שֶׁחָרַב מִשְׁכַּן שִׁילֹה נִשְׁתַּהָה הָאָרוֹן כ' שָׁנָה בְּקִרְיַת יְעָרִים וְג' חֳדָשִׁים בֵּית עוֹבֵד אָדֹם ומ"ג שָׁנָה בְּצִיּוֹן שֶׁשָּׁם יָסַד דָּוִד הַדּוּ

לַה' קָרְאוּ בִּשְׁמוֹ דְּדִבְרֵי הַיָּמִים לְאָמְרוֹ לִפְנֵי הָאָרוֹן חֶצְיוֹ הָרִאשׁוֹן הַבָּא בְּסֵפֶר תְּהִלִּים הָיוּ אוֹמְרִים אוֹתוֹ שַׁחֲרִית וְחֶצְיוֹ הָאַחֲרוֹן שֶׁרֻבּוֹ מְלֻקָּט מִתּוֹךְ י"א מִזְמוֹרִים הַמְּיֻחָסִים לְמֹשֶׁה הָיוּ אוֹמְרִים אוֹתָם בְּמִנְחָה. הֲרֵי אֵלֶּה ס"ג שָׁנָה שְׁלֹשָׁה עָשָׂר מֵהֶן הָיָה אֹהֶל מוֹעֵד וְהַמִּזְבְּחוֹת בְּנֹב בְּבָמָה וַחֲמִשִּׁים בְּגִבְעוֹן עַל כֵּן הֻתְּרוּ הַבָּמוֹת עַד שֶׁנִּכְנַס הָאָרוֹן לְנוּחוֹ בְּבֵית עוֹלָמִים אֵצֶל מִזְבַּח ה' וְנֶאֶסְרוּ הַבָּמוֹת לְעוֹלָם וְהִנֵּה כְּשֶׁנִּצְרַף ל"ט שָׁנָה לַמִּשְׁכָּן בַּמִּדְבָּר ושס"ט לְשִׁילֹה ות"י לַבַּיִת אֲשֶׁר בָּנָה שְׁלֹמֹה תֶּחְסַרְנָה שְׁתֵּי שָׁנִים מִן הַמִּנְיָן אֲשֶׁר אָמַרְנוּ וְהֵן שְׁתֵּי שָׁנִים שֶׁחָסְרוּ לָנוּ מִמִּנְיָן וְנוֹשַׁנְתֶּם בָּאָרֶץ עַל שֵׁם וַיִּשְׁקֹד ה' הַכֹּל לְטוֹבָתֵנוּ כְּדִבְרֵי חֲכָמִים וְדַע כִּי בִּכְלַל הַנ' שָׁנָה שֶׁהָיָה אֹהֶל מוֹעֵד בְּגִבְעוֹן נִכְנְסוּ ז' שָׁנִים שֶׁל בִּנְיַן הַבַּיִת שֶׁהֲרֵי כְּשֶׁתָּסִיר ל"ט שָׁנָה שֶׁל מִדְבָּר מִמִּנְיָן תתי"ח נִשְׁאֲרוּ תשע"ט הוֹסֵף עֲלֵיהֶם ע"ז שָׁנָה לְגִלְגָּל נֹב וְגִבְעוֹן הֲרֵי אֵלֶּה תתנ"ו וּבִשְׁנַת תת"נ לְבִיאַת הָאָרֶץ נֶחֱרַב הַבַּיִת וְיוֹם אֶחָד בַּשָּׁנָה חָשׁוּב שָׁנָה הֲרֵי שֶׁבַע שָׁנִים שֶׁל בִּנְיָן נִמְנוּ לְגִבְעוֹן וּלְבֵית עוֹלָמִים וְלֹא הָיְתָה עֲבוֹדָה בְּמִקְדָּשׁ רִאשׁוֹן אֶלָּא ת"ג שָׁנִים בִּלְבַד וְהַיְינוּ דְּקָאָמַר נָבִיא ג"ת דֶּרֶךְ ה'. וּכְנִשְׁצַטְרֵף ל"ט שָׁנָה שֶׁל מִדְבָּר י"ד שֶׁל גִּלְגַּל שס"ט שֶׁבְּשִׁילֹה י"ג שֶׁל נֹב תנ"ג לְגִבְעוֹן וּבֵית עוֹלָמִים ות"כ לְבַיִת שֵׁנִי הֲרֵי אֶלֶף וְשַׁ"ח שָׁנָה לְכָל מִשְׁכְּנוֹת יַעֲקֹב וּכְבָר הָיוּ רְאוּיִם לִהְיוֹת אֶלֶף.

ש"י. וְהָרֶמֶז וְיַעֲקֹב אִי"ש תָּם יוֹשֵׁב אֹהָלִים אֶלָּא שֶׁחָסְרוּ שְׁתֵּי שָׁנִים לְטוֹבָתֵנוּ כִּדְלְעֵיל וְכֵן המשכ"ן משכ"ן העדו"ת בְּגִימַטְרִיָּא אֶלֶ"ף ש"י וּכְתִיב אֵלֶּה פְקוּדֵי מִלְּשׁוֹן מִנְיַן שְׁנוֹת מִסְפַּר אִתָּיו אֶלָּא שֶׁיֶּחְסְרוּן שָׁנִים מְעוּט רַבִּים מִלְּשׁוֹן יִפָּקֵד מְקוֹם דָּוִד עַל כֵּן בָּא חֶסְרוֹן וָא"ו בְּמִלַּת הָעֵדוּת וְיֻשְׁלְמוּ אֶלֶף ש"ח עִם שָׁלֹשׁ מִלּוֹת וְהַכּוֹלֵל וְאֵיזֶה מְקוֹם מְנוּחָתוֹ שֶׁל הַמִּשְׁכָּן מִשְׁכַּן הָעֵדוּת במדב"ר גלג"ל שיל"ה נו"ב גִּבְעוֹן צִיו"ן עִי"ר דוי"ד שֶׁהֵם בְּגִימַטְרִיָּא מִסְפַּר הַשָּׁנִים אֲשֶׁר אָמַרְנוּ וּבִלְבַד שֶׁתִּהְיֶה מִלָּה דָּוִד מְלֵאָה בְּיוּ"ד וְכָל אוֹתוֹ הַזְּמַן לֹא זָכִינוּ לַמִּקְדָּשׁ אֶלָּא בִּשְׁבִיל קַבָּלַת עֹל מַלְכוּת שָׁמַיִם בְּכָל יוֹם פְּעָמִים שֶׁכֵּן פָּסוּק שְׁמַע יִשְׂרָאֵל עוֹלֶה בְּגִימַטְרִיָּא אֶלֶף קי"ח וְעוֹד שְׁנֵי הַפְּסוּקִים יַחַד שְׁמַע וּבָרוּךְ בְּחוֹשְׁבָן זְעֵיר דְּחֲנוֹךְ דְּבָרוּךְ שֵׁם כְּבוֹד מַלְכוּתוֹ לְעוֹלָם וָעֶד הוּא קְלוּסוֹ כְּמוֹ שֶׁזָּכַרְנוּ בְּמַאֲמָר אֵם כָּל חַי בַּחֵלֶק הַשְּׁלִישִׁי סִימָן כ"ב הֵם בְּגִימַטְרִיָּא ק"ץ הֲרֵי אֶלֶף ש"ח בְּדִקְדּוּק גָּמוּר וְהֵן גַּם כֵּן בְּגִימַטְרִיָּא לַה' מִשְׁכָּנוֹת לַאֲבִיר יַעֲקֹב בְּתוֹסָפוֹת חוֹשְׁבָן זְעֵיר לְמִלַּת יַעֲקֹב וְדַי בָּזֶה:

הַמִּדָּה הָרְבִיעִית:

כְּלָל וּפְרָט הִנֵּה הַכֶּתֶר כְּלָל וְהַתִּפְאֶרֶת פְּרָט וְאֵין בַּכְּלָל אֶלָּא מַה שֶּׁבַּפְּרָט כִּי לֹא נֶחְשַׁב הֱיוֹת בְּהֶעְלֵמוֹ שֶׁל כֶּתֶר אֶלָּא מָה שֶׁיָּצָא לָאוֹר בְּתִפְאֶרֶת. וְיָדוּעַ בִּשְׂפַת אֱמֶת שֶׁהַכֶּתֶר הוּא הָרָצוֹן וְתִפְאֶרֶת הוּא הַדַּעַת אִם כֵּן אֵין

בְּרָצוֹן אֶלָּא מָה שֶׁבַּדַּעַת וּמִמָּה שֶׁיָּדַעְנוּ שֶׁהָרָצוֹן הָעֶלְיוֹן חָפֵץ בִּבְחִירַת הָאָדָם עַל כָּל הַמַּעֲשֶׂה מְבֹאָר נִגְלֶה שֶׁבְּחִירַת הָאָדָם הִיא מִתְּנָאֵי הַיְּדִיעָה הָעֶלְיוֹנָה שֶׁאִי אֶפְשָׁר בְּחֹק הַדַּעַת לְהַכְחִישׁ אֶת הָרָצוֹן וְלָמַדְנוּ שֶׁאֵין דֶּרֶךְ לַעֲמֹד עַל אֲמִתַּת הַתּוֹרָה אֶלָּא בְּשִׁמּוּשׁ חֲכָמִים לָדַעַת נְתִיבוֹתֶיהָ שָׁלוֹם מִן הַקָּדוּם אֶל הַמְּאֻחָר וְהַלָּמֵד לְמַפְרֵעַ מַקְשֶׁה לִבּוֹ בְּעִוָּרוֹן הַסְּפֵקוֹת וְנוֹעֵל דֶּלֶת הַתְּרוּצִים בְּפָנָיו שֶׁהֲרֵי הַמִּתְפָּאֲרִים בְּמֶחְקָר עַל יְסוֹד רָעוּעַ מַקְשִׁים לְעַצְמָם בְּאֹפֶן זֶה כָּל מִתְחַכֵּם יִתֵּן אֶל לִבּוֹ שֶׁאִם יֵשׁ יְדִיעָה אֵין בְּחִירָה וְאִם יֵשׁ בְּחִירָה אֵין יְדִיעָה וְאֵין לְסַפֵּק בִּידִיעָתוֹ יִתְבָּרַךְ אֶת הָעֲתִידוֹת וְאַיֵּה אֵיפֹה בְּחִירַת הָאָדָם עַל מִצְוַת הַתּוֹרָה וְאַזְהָרוֹתֶיהָ וְהַגְּמוּל הַמְיֻעָד עֲלֵיהֶן לִפָּרַע וְלִתֵּן שָׂכָר. וְעֵינֵינוּ הָרוֹאוֹת שֶׁאֵין תְּרוּפָה לְמַחֲלָתָם וְשָׁוְא שָׁקְדוּ בִּתְרוּצֵיהֶם זוּלָתִי הָרַמְבָּ"ם בְּסֵפֶר הַמַּדָּע כִּי טוֹב פָּתַר לְעַצְמוֹ שֶׁאֵין יְדִיעַת הָאֵל יִתְבָּרַךְ כִּידִיעָתֵנוּ וְהוּא מִבְחַר הַתְּרוּצִים לְמִי שֶׁנִּכְנַס בַּחֲקִירָה הַזֹּאת מִדֶּרֶךְ הַסָּפֵק וְאֵין תְּפִישָׂה עָלָיו מִמָּה שֶׁהִשִּׂיגוּ הָרַאֲבָ"ד שֶׁלֹּא הָיָה לוֹ לְעוֹרֵר הַסָּפֵק כִּי אָמְנָם מֵהֶפְסֵד הַדֵּעוֹת שֶׁהָיָה בִּזְמַנּוֹ אֵצֶל רַבִּים מִבְּנֵי עַמֵּנוּ כִּדְמוּכָח מֵאַגֶּרֶת תֵּימָן אֲשֶׁר לוֹ וּמִשְּׁאָר חִבּוּרָיו בִּמְקוֹמוֹת שׁוֹנִים הֻכְרַח לְהַעֲלוֹת עַל סֵפֶר הַרְבֵּה דְּבָרִים קְרוֹבִים אֶל הַשֵּׂכֶל יַסְפִּיקוּ לְפִי שַׁטַּח הַנְּבוֹכִים הָהֵמָּה לָסוּר מִמּוֹקְשֵׁי מוֹת וְלֹא רַבִּים יֶחְכְּמוּ בְּסֵדֶר הַלִּמּוּד הַנָּאוֹת לְיוֹשְׁבֵי לִפְנֵי חֲכָמִים וְגַם הָרַאֲבָ"ד הִמְתִּיק עָלֵינוּ אֶת הַמְּלִיצָה בְּבֵרוּר הַסָּפֵק הַהוּא וְהוֹדָה שֶׁכָּל זֶה אֵינֶנּוּ שָׁוֶה בְּדֶרֶךְ הַמֶּחְקָר וְיָתֵר מֵהֵמָּה בְּנִי הִזָּהֵר שֶׁלֹּא תֹאבֶה לְבֶן גֵּרְשׁוֹן וְלֹא תִשְׁמַע לְבֶן אֵלִיָּה אָסְיָא וְלֹא לְזוּלָתָם מִן הַמִּתְהַלְּלִים בְּמַתַּת שָׁקֶר וְהוּא עַל דְּרָכִים רַבִּים תִּזְרֵם וְרוּחַ תִּשָּׂאֵם וּסְעָרָה תָּפִיץ אוֹתָם. אַךְ הָאֱמֶת לְעוֹלָם עוֹמֶדֶת אַחַת הִיא לְאִמָּהּ בָּרָה הִיא לְיוֹלַדְתָּהּ שֶׁאִם אֵין בְּחִירָה בְּיַד הָאָדָם פְּסִיק רֵישֵׁיהּ וְלָא יָמוּת הוּא וְאִם כֵּן אֵין שֶׁבַח לָאֵל יִתְבָּרַךְ בִּידִיעַת מַעֲשָׂיו כִּי אֲפִלּוּ אִישׁ רָשׁ וְנִקְלֶה יוֹדֵעַ מָה שֶׁיַּעֲשֶׂה חֲבֵרוֹ בִּהְיוֹתוֹ כָּפוּף וְנִכְנַע לִרְצוֹנוֹ וּמְשֻׁעְבָּד לְמַאֲמָרוֹ הוּא הַדָּבָר אֲשֶׁר אָמַרְנוּ שֶׁבְּחִירַת הָאָדָם הִיא מִתְּנָאֵי הַיְּדִיעָה הָעֶלְיוֹנָה וּמִמַּשְׁלִימֵי גְּדֵרֶיהָ כְּמוֹ שֶׁנִּתְבָּאֵר בְּמִדָּה חֲמִשִׁית וְהַשִּׁשִּׁית וּמַלְכוּת שָׁמַיִם הִיא בֵּית הַבְּחִירָה לַעֲשׂוֹת כִּרְצוֹן אִישׁ וָאִישׁ בָּב' שֶׁבְּבֵילִין שֶׁתַּחְתֶּיהָ וְהַיְינוּ דְּתַנְיָן הַכֹּל צָפוּי שֶׁהַיְּדִיעָה צוֹפִיָּה הֲלִיכוֹת הַבְּחִירָה לֹא זוּלַת לְפִיכָךְ לֹא קָתָנֵי הַכֹּל יָדוּעַ אוֹ גָּלוּי אֶלָּא צָפוּי כִּדְאָמְרַן אַלְמָא הָרְשׁוּת נְתוּנָה וְאֵלִיָּה צוֹפֵן וּמְצַפִּין מִלְמַעְלָה וּבְטוּב הָעוֹלָם נִדּוֹן צַדִּיקִים נְזוֹנִים הֵימֶנּוּ וּפוֹשְׁעִים יִכָּשְׁלוּ בוֹ כְּסוּמָא עָיֵף וְרָעֵב הַנִּכְשָׁל בְּכִכַּר לֶחֶם שֶׁמִּתְגַּלְגֵּל בְּרַגְלָיו וְהוּא לֹא יָדַע וְאָשֵׁם גַּם אֶל פִּיהוּ לֹא יְשִׁיבֶנּוּ וְהַכֹּל לְפִי רֹב הַמַּעֲשֶׂה הַמַּקְנֶה תְּכוּנָה בַּנֶּפֶשׁ לְטוֹב אוֹ לְמוּטָב וּכְתִיב וּבָחַרְתָּ בַּחַיִּים עָבָר מְהֻפָּךְ לֶעָתִיד כִּי אָמְנָם בְּנִשְׁמוֹתֵיהֶם שֶׁל צַדִּיקִים נִמְלַךְ הַקָּדוֹשׁ בָּרוּךְ הוּא וּבָרָא אֶת הָעוֹלָם וְכָל מַעֲשֵׂה בְרֵאשִׁית בְּצִבְיוֹנָם נִבְרְאוּ כְּמוֹ שֶׁדָּרְשׁוּ מִדִּכְתִיב וַיְכֻלּוּ הַשָּׁמַיִם וְהָאָרֶץ וְכָל צְבָאָם וּמִשְׁפְּטֵי

ה' אֱמֶת צָדְקוּ יַחְדָּו הָא לָמַדְנוּ שֶׁהַיְּדִיעָה נִתְלֵית בִּבְחִירָה שֶׁהִיא הָיְתָה תְּחִלַּת הַמַּחֲשָׁבָה וְסוֹף הַמַּעֲשֶׂה אִלְמָלֵא כֵן אֵין כָּאן אֶלָּא הֶכְרֵחַ וְהוּא הֵפֶךְ הָרָצוֹן הָא מַאי אִית לָן לְמֵימַר כִּי הָרָצוֹן הָעֶלְיוֹן מַשְׂבִּיעַ לְכָל חַי כְּפִי הַמְּצֻיָּר בְּדַעְתּוֹ יִתְבָּרֵךְ וְאוֹתוֹ הַצִּיּוּר בִּצְפִיָּתוֹ יְצַפֶּה אֶל הַבְּחִירָה הָאֱנוֹשִׁית לְהוֹצִיא כְּלִי לְמַעֲשֵׂהוּ נִמְצָא הַחוֹטֵא הוּא הַמַּכְרִיחַ אֶת הַטֶּבַע הַיָּשָׁר וּמַטְרִיחַ אֶת קוֹנוֹ וְהַשּׁוֹטֵר מֻכְרָח מֵהַחוֹטֵא עַצְמוֹ לִגְבּוֹת חוֹבוֹ וְאֵין דָּבָר רַע וְלֹא הֶכְרֵחַ כָּל עִקָּר יוֹרֵד מִלְמַעְלָה וּכְסִיל לֹא יָבִין אֶת זֹאת בְּשֶׁיַּנִּיחַ הָפְכּוֹ בִּפְשִׁיטוּת יִשְׂמַח צַדִּיק בַּה' וְחָסָה בוֹ:

הַמִּדָּה הַחֲמִישִׁית:

פְּרָט וּכְלָל הֵן הֵן תִּפְאֶרֶת וּמַלְכוּת נַעֲשָׂה הַכְּלָל מוּסָף עַל הַפְּרָט בְּהַעֲלוֹתָהּ אֵלָיו תִּקּוּנֵי הַתַּחְתּוֹנִים בְּכִשְׁרוֹן מַעֲשֵׂיהֶם וְאוֹמֶרֶת לְפָנָיו חֲמִי בְּמַאי בְּרָא אָתֵינָא קָמָךְ וְהִיא הַבְּחִירָה הַמִּתְעַלֵּית אֶל הַדַּעַת דְּאִתְּמַר עָלֶיהָ עַתָּה יָדַעְתִּי כִּמְבֹאָר בִּמְקוֹמוֹ דְּהָא מֵעִקָּרָא נַמִּי יָדַע כְּמוֹ שֶׁיִּבְחַר לֹא זוּלַת כִּי מֵעוֹלָם לֹא רָאֲתָה חַמָּה שֶׁכְּנֶגְדָּהּ הַיְדִיעָה בְּמִדּוֹת הָעֶלְיוֹנוֹת פְּגִימָתָהּ שֶׁל לְבָנָה הַבְּחִירָה מִפְּנֵי דַּרְכֵי שָׁלוֹם לְהַשְׁלָמַת הַהַנְהָגָה בֶּאֱמֶת וָיֹשֶׁר. וְלָנוּ בְּמַאֲמָר גּוּר אַרְיֵה דָּרוֹשׁ עָמֹק בְּסִתְרֵי הַתּוֹרָה עַד לְהַפְלִיא אֲבָל אָמְרָם ז"ל אִי אֶפְשָׁר לִשְׁנֵי מְלָכִים לְהִשְׁתַּמֵּשׁ בְּכֶתֶר אֶחָד בּוֹקֵעַ וְעוֹלֶה בּוֹקֵעַ וְיוֹרֵד וְאֵין כָּאן מָקוֹם לְהַאֲרִיךְ:

הַמִּדָּה הַשִּׁשִּׁית:

כְּלָל וּפְרָט אִי אַתָּה דָּן אֶלָּא כְּעֵין הַפְּרָט כִּי תְּחִלַּת הַמַּחֲשָׁבָה הוּא סוֹף הַמַּעֲשֶׂה הַמִּשְׁתַּלֵּם עַל יְדֵי הַתִּפְאֶרֶת שֶׁהוּא מְפָרֵט כְּלָלֵי הַשָּׁרָשִׁים הָעֶלְיוֹנִים וּמַשְׁפִּיעִים לְמַלְכוּת וְהִיא דָּנָה אֶת הָעוֹלָם בְּדִין אֱמֶת יְסוֹדָתוֹ עַל הַדַּעַת הַשּׁוֹפֵט בְּצֶדֶק עַל פִּי הָרָצוֹן הָעֶלְיוֹן שֶׁיִּהְיֶה הַטֶּבַע הַיָּשָׁר מְיַסֵּר וְגוֹמֵל אֶת הָאָדָם בַּדֶּרֶךְ יִבְחַר וְהוּא טַעַם הָא דִּתְנַן בַּעֲשָׂרָה מַאֲמָרוֹת נִבְרָא הָעוֹלָם וְהַתַּנָּא הוּא שׁוֹאֵל לְעַצְמוֹ וּמָה תַּלְמוּד לוֹמַר לֹא שָׁאַל מִפְּנֵי מָה הָיוּ עֲשָׂרָה כִּי הָרִבּוּי הַמְּתֹאָר בְּשִׁנּוּי לִשְׁמֹר אֶת דֶּרֶךְ הַיִּחוּד שֶׁמִּמֶּנּוּ הַכֹּל וְאֵלָיו הֵם שָׁבִים לָלֶכֶת לֹא יִתְרַבֶּה וְלֹא יַתְמִיד וְלֹא שֶׁתְּלָם אֶלָּא בְּמִסְפַּר הָעֲשָׂרָה כַּנּוֹדָע וְעוֹד אֵין שְׁאֵלַת מָה תַּלְמוּד לוֹמַר נוֹפֶלֶת רַק עַל הַדָּבָר הַפָּשׁוּט הַמְּפֻרְסָם שֶׁאֵין צֹרֶךְ בְּהוֹדָעָתוֹ אַךְ כַּוָּנַת הַשְּׁאֵלָה הָיְתָה מָה הוֹעִילָנוּ הַכָּתוּב לְפָרֵט מַאֲמָר מְיֻחָד לְכָל הֲוָיָה מְיֻחָד וְתַנָּא כִּי אָרְחֵיהּ אַקְּרָא קָאֵי וְהוֹסִיף כֹּחַ הַקֻּשְׁיָא בְּמָה שֶׁבֵּאַרְנוּהוּ בְּאָמְרוֹ וַהֲלֹא בְּמַאֲמָר אֶחָד יָכוֹל לְהִבָּרְאוֹת כִּי הַיִּחוּד הָאֲמִתִּי כּוֹלֵל הָרִבּוּי בְּעַצְמוֹ וְגוֹרֵם אֵלָיו שֶׁיִּהְיוּ הַחֲלָקִים דְּבֵקִים וְחוֹשְׁקִים תָּמִיד אֶל הַשֹּׁרֶשׁ וְהוּא הַמְכֻוָּן בֶּאֱמֶת לְכָל מַעֲשֵׂה בְרֵאשִׁית וְהֵשִׁיב כִּי בָּאוּ הַכְּתוּבִים

לְלַמְּדֵנוּ לָמוּד נִפְלָא וְהוּא מָה שֶׁהֻטְבְּעוּ הַמַּאֲמָרוֹת אֶחָד לְאֶחָד בְּכֹחַ שָׁוֶה לְדַבֵּר וּתְמוּרָתוֹ וְהוּא הָאָבוּד וְהַנִּצְחִיּוּת אֶל הַהֲוָיוֹת שֶׁנִּבְרְאוּ עַל יְדֵי שֶׁהוּא מָסוּר לְגַמְרֵי לִבְחִירַת הָאָדָם וְאִם הָיוּ הַמַּאֲמָרוֹת כֻּלָּם בִּכְלָל אוֹ בִּפְרָט מְיוּחָסִין בְּעַצְמָן לְכָל הַהֲוָיוֹת לֹא הָיְתָה תְּקוּמָה לָרְשָׁעִים שֶׁכֵּן הַחוֹטֵא בַּהֲוָיָה אַחַת יְאַבֵּד טוֹב הַרְבֵּה כִּי יִפְגֹּם בְּכָל הַמַּאֲמָרוֹת וּמִי יְקִימֶנּוּ עַכְשָׁו שֶׁחָטָא אֶחָד פּוֹגֵם מַאֲמָר אֶחָד בִּלְבַד אַף עַל פִּי שֶׁהוּא מַחֲרִיב אֶת הָעוֹלָם וְנִשְׁאַר בְּעֵינוֹ הַמַּאֲמָר הַהוּא בּוֹשׁ מֵחֲבֵרָיו וְנִגְרַע מֵעֶרְכּוֹ שֶׁל חוֹטֵא זֶה לְפִי שָׁעָה מִכָּל מָקוֹם הוּא יוֹתֵר נָקֵל לְהָסִיר הַמְּנִיעָה לְגִלּוּי שְׁכִּנָה בַּתַּחְתּוֹנִים כִּי תְּיַסְּרֶנּוּ רָעָתוֹ וּמְשׁוּבֹתָיו יוֹכִיחוּהוּ וְהוּא הַפֵּרוּשׁ הָאֲמִתִּי לְמִלַּת לִפְרֹעַ שֶׁמַּשְׁמָע לְהִגָּלוֹת מִן הַמְּחִצָּה שֶׁל בַּרְזֶל שֶׁהֶעָוֹן גּוֹרֵם הֱיוֹתָהּ מַפְסֶקֶת בֵּין יִשְׂרָאֵל לַאֲבִיהֶם שֶׁבַּשָּׁמַיִם. הָא כֵּיצַד כְּתִיב יְהִי אוֹר וְאִם הֵמָּה עוֹשִׂים בְּמַחְשַׁךְ מַעֲשֵׂיהֶם וְאוֹמְרִים מִי רוֹאֵנוּ יִמָּנַע מֵרְשָׁעִים אוֹרָם. כְּתִיב יְהִי רָקִיעַ בְּתוֹךְ הַמָּיִם וִיהִי מַבְדִּיל בֵּין מַיִם לָמָיִם וּכְשֶׁהֵם חָפְצוּ בְּעַרְבוּבְיָא אֲרֻבּוֹת הַשָּׁמַיִם נִפְתָּחוּ וְכֵן לְעִנְיַן הַטּוֹבָה אִם בָּאוּרִים נְכַבֵּד ה' הוּא יִהְיֶה לָנוּ לְאוֹר עוֹלָם וּכְשֶׁנִּשָּׂא לְבָבֵנוּ אֶל כַּפָּיִם אֶל אֵל בַּשָּׁמָיִם כְּתִיב וְאַתָּה תִּשְׁמַע הַשָּׁמַיִם וְזֶה הַדָּבָר גַּם כֵּן יְכַפֵּל שְׂכָרָן שֶׁל צַדִּיקִים וְהוּא אָמְרוּ לִתֵּן שָׂכָר טוֹב כִּי הַמִּצְוָה הַמִּתְקַיֶּמֶת בַּהֲוָיָה אַחַת מְפַיֶּסֶת מַאֲמָר אֶחָד הַמַּשְׁלִים לְכָל הַמַּאֲמָרוֹת וְהִרְבָּה לָהֶם תּוֹרָה וּמִצְוֹת לְזַכּוֹתָם שֶׁכֵּן מִדָּה טוֹבָה מְרֻבָּה. וְלָמַדְנוּ מִזֶּה שֶׁהֻשְׁווּ הַטֶּבַע וְהַמַּעֲשֶׂה וְהַגְּמוּל בְּנוֹשֵׂא אֶחָד וְהוּא הַנִּרְצֶה בִּידִיעָתוֹ יִתְבָּרֵךְ אֶת בְּחִירָתֵנוּ:

הַמִּדָּה הַשְּׁבִיעִית:

כְּלָל שֶׁהוּא צָרִיךְ לִפְרָט וּפְרָט שֶׁהוּא צָרִיךְ לִכְלָל שֶׁכֵּן הַכֶּתֶר צָרִיךְ לְהִתְפַּשְּׁטוּת הַתִּפְאֶרֶת וְגִלּוּי עֲנָפָיו לְהַשְׁלָמַת רְצוֹנוֹ וְאֵין צָרִיךְ לוֹמַר שֶׁגַּם הֵמָּה צְרִיכִים אֵלָיו תָּמִיד נִמְצָא הַגָּדוֹל נִמְלָךְ בְּקָטָן וְהַקָּטָן נוֹטֵל רְשׁוּת וְעוֹשֶׂה שְׁלִיחוּתוֹ:

הַמִּדָּה הַשְּׁמִינִית:

כָּל דָּבָר שֶׁהָיָה בִּכְלָל וְיָצָא מִן הַכְּלָל לְלַמֵּד לֹא לְלַמֵּד עַל עַצְמוֹ יָצָא אֶלָּא לְלַמֵּד עַל הַכְּלָל כֻּלּוֹ יָצָא. יָדוּעַ כִּי מַלְכוּת הוּא דִּבּוּר כּוֹלֵל כָּל הַדִּבְּרוֹת וּמַאֲמָר כּוֹלֵל כָּל הַמַּאֲמָרוֹת שֶׁהֵם נֶעֱלָמִים בִּמְקוֹמָם וְנִגְלִים וּמֻשְׁפָּעִים מִנָּהּ וּבָהּ וְהוּא בִּכְלַל הָעֶשֶׂר נְטִיעוֹת הַמִּתְפַּשְּׁטוֹת בְּרַחֲמִים וְיָצָא מִן הַכְּלָל לְלַמֵּד דִּין כִּמְלַמֵּד הַזֶּה שֶׁמְּלַמֵּד אֶת הַפָּרָה לְתַלְמֶיהָ לֹא לְלַמֵּד עַל עַצְמוֹ בִּלְבַד יָצָא שֶׁיֵּשׁ בְּזֶה קָצוּץ נְטִיעוֹת ח"ו אֶלָּא לְלַמֵּד עַל הַכְּלָל כֻּלּוֹ שֶׁהִסְכִּים לִפְעֻלַּת הַדִּין וְלֹא לְלַמֵּד דִּין עַל עַצְמוֹ יָצָא כְּאִלּוּ

הָיָה מִתְפַּעֶלֶת מִמֶּנּוּ ח"ו דִּכְתִיב אֲנִי ה' לֹא שָׁנִיתִי וְהַפּוֹגֵם וּמַכְחִישׁ בָּהּ כֹּפֶר בְּעִקָּר הָא מַאי אִית לָן לְמֵימַר כִּי כְּשֵׁם שֶׁאֵין הַכְּלָל יוֹרֵד מִמַּעֲלָתוֹ בְּכָךְ וְכָבוֹד שָׁמַיִם בִּמְקוֹמוֹ עוֹמֵד מִשְׁפָּט אֶחָד אֵלֶיהָ גַּם כֵּן אֶלָּא לְלַמֵּד דִּין עַל הַתַּחְתּוֹנִים בִּשְׁבִיל הַכְּלָל כֻּלּוֹ יָצָא בְּסוֹד מִעוּט הַיָּרֵחַ שֶׁהַכָּבוֹד הָעֶלְיוֹן פּוֹשֵׁט אֶת כֻּתָּנְתּוֹ בִּלְבַד כְּטַעַם בֶּצַע אֶמְרָתוֹ וְהוּא אֵינוֹ חָסֵר כְּלוּם. עוֹד מֹשֶׁה רַבֵּנוּ ע"ה הָיָה בִּכְלָל אָכוֹל תֹּאכַל וְאָמְרוּ בִּירוּשַׁלְמִי שְׁבוּעָה שֶׁלֹּא אוֹכַל שִׁבְעָה יָמִים מַלְקִין אוֹתוֹ וְאוֹכֵל לְאַלְתַּר יָצָא מֹשֶׁה מִזֶּה הַכְּלָל שֶׁעָשָׂה בְּהַר ק"כ יוֹם י יַלָא כְּאֵלִיָּהוּ שֶׁהָלַךְ מ' יוֹם בְּכֹחַ הָאֲכִילָה אֶלָּא מֹשֶׁה נִתְמָרֵק תְּחִלָּה מֵאֲכִילָה וּשְׁתִיָּה שֶׁבְּמֵעָיו לֹא לְלַמֵּד עַל עַצְמוֹ בִּלְבַד אֶלָּא לְכַפֵּר עַל הַכְּלָל כֻּלּוֹ. בְּאֹפֶן זֶה אוֹמֵר הָיָה הָאֲר"י זצ"ל כִּי כְּשֵׁם שֶׁהַפְסָקַת יוֹם רִאשׁוֹן לְכָל אֶחָד מִיִּשְׂרָאֵל מוֹנִין לוֹ אֶחָד יוֹם ב' מוֹנִין לוֹ כ"ו יוֹם שְׁלִישִׁי שֶׁכְּבָר הֻרְגַּל הַטֶּבַע שֶׁלֹּא לֶאֱכֹל אֵין מוֹנִין לוֹ אֶלָּא י"ג צֵרוּפָן מ' כָּךְ ג' יָמִים רִאשׁוֹנִים חָשְׁבִינַן לְהוּ תַּעֲנִית אַחַת לְהַפְסָקוֹת הַגְּדוֹלוֹת יוֹם ד' כ"ו כְּנֶגְדּוֹ יוֹם ה' שֶׁהֻרְגַּל הַטֶּבַע בְּהַפְסָקוֹת הַגְּדוֹלוֹת מוֹנִין לוֹ י"ג כְּנֶגְדּוֹ סַךְ כָּל חֲמֵשֶׁת הַיָּמִים יַחַד אֶלֶף ות"ר יוֹם הַשִּׁשִּׁי שֶׁהוּא קְצֵה הַגְּבוּל מוֹנִין לוֹ מ' זִמְנֵן כְּנֶגֶד כֻּלָּם אִם כֵּן יַעֲלֶה יוֹם הַשִּׁשִּׁי לְבַדּוֹ ס"ד אֲלָפִים כְּנֶגֶד פְּנֵי הַחַיּוֹת שֶׁגּוּפוֹ נַעֲשָׂה כְּאַחַת מֵהֶן וְעִם אֶלֶף ת"ר רִאשׁוֹנִים הֲרֵי אֵלֶּה ס"ה אֲלָפִים ות"ר דְּהַיְנוּ אדנ"י פְּנֵי שְׁכִינָה וְשֵׁשׁ מַעֲלוֹת לְכִסֵּא כְּבוֹדָהּ הַכֹּל לְפִי רֹב הַמַּעֲשֶׂה וּבִלְבַד דְּמַצֵּי לְצַעוּרֵי נַפְשֵׁיהּ וִיכַוֵּין אָדָם לִבּוֹ לַשָּׁמַיִם. וְהִנֵּה אַחַר כָּל שֵׁשֶׁת יָמִים יֵשׁ לָנוּ יוֹם שַׁבָּת שֶׁבּוֹ הָיָה מֹשֶׁה רַבֵּנוּ ע"ה נִזּוֹן מַמָּשׁ מִזִּיו שְׁכִינָה דְּהַיְנוּ בַּעֲבוּר שְׁמוֹ הַגָּדוֹל כְּמָה דְּאַתְּ אָמַר וַיֹּאכְלוּ מֵעֲבוּר הָאָרֶץ וּבִכְלָל הַצּוֹמוֹת אֶל יָבֹא הָסֵר י"ז שַׁבָּתוֹת מִכְּלַל קי"ט יוֹם שֶׁהֵם בְּגִימַטְרִיָּא מְעַט מֵאֱלֹהִים יִשָּׁאֲרוּ י"ז פְּעָמִים ס"ה אֲלָפִים ות"ר יַעֲלוּ בְּיָדֵינוּ קי"א רִבּוֹא חֲמֵשֶׁת אֲלָפִים וּמָאתַיִם. הָרְבָבוֹת הֵם הב"ל הבלי"ם פֵּרוּשׁ ג' פְּעָמִים הב"ל דְּהַיְנוּ הֶבֶל שֵׁת מֹשֶׁה לְקַיֵּם וּכְפֵר בַּעֲדוֹ וְעוֹד הֻצְרְכוּ חֲמֵשֶׁת אֲלָפִים וּמָאתַיִם לְקַיֵּם וּבְעַד בֵּיתוֹ דְּהַיְנוּ לב"ת א"ש תְּלַת זִמְנֵי לְמֹשֶׁה שֵׁת הֶבֶל שֶׁכֵּן אוֹתִיּוֹת לַבַּת אֵשׁ מַשְׁלִימוֹת לְאוֹתִיּוֹת מֹשֶׁה מֵתָר ג' שֵׁמוֹת אֶלָּא שֶׁנִּכְנְסָה אָלֶ"ף תַּחַת הֵ"א שֶׁל סוֹף שְׁמוֹ מַמָּשׁ דִּלְגוּפֵהּ לְקַיֵּם בּוֹ אָשָׁם נַפְשׁוֹ עַיֵּן מַאֲמַר חֵקֶר דִּין סוֹף פֶּרֶק י' מֵהַחֵלֶק הַחֲמִישִׁי כִּי אוֹתִיּוֹת מֹשֶׁה סְתָם הֵם נוֹטָרִיקוֹן מֹשֶׁה שֵׁת הֶבֶל. שִׁי"ן וְאָלֶ"ף בִּמְקוֹם הֵ"א הֲרֵי אֵשׁ. ב"ל שֶׁל הֶבֶל ת' שֶׁל שֵׁת הֲרֵי לָבַת. וְהִנֵּה אָלֶ"ף שֶׁל לַבַּת אֵשׁ תֵּחָשֵׁב אֶלֶף בִּסְגֻלָּה דְּהַיְנוּ מִסְפָּר גָּדוֹל וְג' פְּעָמִים אֶלֶף תשל"ב הֵם ה' אֲלָפִים וּמָאתַיִם אַחֲרֵי שֶׁהוֹסַפְנוּ עֲלֵיהֶם אַרְבַּע הַתֵּרִים בְּהֵ"א שֶׁהֶחְלַפְנוּ בְּאָלֶ"ף אוֹ אָמוּר לְהוֹסִיף ה' יְתֵרִים כְּנֶגֶד כָּל הַהֵ"א שֶׁלֹּא תִּתְרַעֵם כְּמוֹ שֶׁנִּתְרַעֲמָה יוּ"ד שֶׁל שָׂרַי שֶׁכֵּן יוֹם אַחֲרוֹן שֶׁל ק"כ יוֹם אֵינוֹ מִן הַמִּנְיָן הָרִאשׁוֹן וְאֵין מוֹנִין לוֹ אֶלָּא א' אַחֲרֵי שֶׁעָבַר עָלָיו יוֹם שַׁבָּת כְּמוֹ שֶׁבֵּאַרְנוּ עוֹד מֹשֶׁה שֵׁת הֶבֶל בְּמִלּוּי אוֹתִיּוֹת

הֵן בְּגִימַטְרִיָּא לְבַת אֵשׁ פֵּרוּשׁ אֶלֶף תשל"ג וְהוּא גַּם כֵּן בְּגִימַטְרִיָּא תִּפְאֶרֶת עִם הַכּוֹלֵל דְּהַיְנוּ ישרא"ל תְּרֵי זִמְנֵי ותר"נ דְּהַיְנוּ הֵיכַל בִּכְלָלוּת עֶשֶׂר וְעוֹד אֶלֶף שָׁנִים שֶׁל אָדָם וְדָוִד הֵם ל"ו רְבָבוֹת וַחֲצִי שֶׁל יָמִים וְעוֹד ב' אֲלָפִים יְמוֹת מְשִׁיחֵנוּ שֶׁהִתְעַנָּה מֹשֶׁה רַבֵּנוּ ע"ה בְּעַד שְׁלָשְׁתָּם הֲרֵי אֵלֶּה ק"ט רְבָבוֹת וַחֲצִי פָּשׁוּ לָהֶם רִבֹּתַיִם וּמָאתַיִם שֶׁהֵם מ' יוֹם דְּהַיְנוּ כְּדֵי הַפְסָקָה אַחַת גְּדוֹלָה לְכָל אֶחָד מֵחָמֵשׁ מֵאוֹת כְּנֶגֶד יוֹצְאֵי מִצְרַיִם שֶׁמֵּתוּ בִּימֵי אֲפֵלָה וְלֹא נִגְאֲלוּ שֶׁהֵם עֶשֶׂר הַפְסָקוֹת לְאֶחָד מֵחֲמִשִּׁים אֵלּוּ וְאֵלּוּ רִבֹּתַיִם וְעוֹד הַפְסָקָה אַחַת לְכָל אֶחָד מֵחֲמִשָּׁה הֲרֵי מָאתַיִם וְאָתְיָא כְּכֻלְּהוּ רַבָּנַן דְּאַגַּדְתָּא אֶקְרָא דִּכְתִיב וַחֲמֻשִׁים עָלוּ בְנֵי יִשְׂרָאֵל מֵאֶרֶץ מִצְרָיִם. עוֹד כָּל אַחַת מִן הַצּוֹמוֹת שֶׁל מֹשֶׁה רַבֵּנוּ ע"ה הָיָה שָׁקוּל כְּשָׁנִים שֶׁל כָּל אָדָם בִּשְׁבִיל מֵרוּק אֲכִילָה וּשְׁתִיָּה כִּדְלְעֵיל הֲרֵי אֵלֶּה רכ"ג רִבְבוֹת ות' הָסֵר מֵהֶם רי"ט רְבָבוֹת לְשִׁית אַלְפֵי שְׁנִין הֲוֵי עָלְמָא ומ' אֶלֶף לְחַד חָרוּב מ' יוֹם לְכָל אֶחָד מֵאֶלֶף דּוֹר נִשְׁאֲרוּ עֶשֶׂר פְּעָמִים אַרְבָּעִים יוֹם לְמֹשֶׁה גּוּפֵיהּ דִּכְתִיב בֵּיהּ וּמֹשֶׁה עָלָה אֶל הָאֱלֹהִים שֶׁלֹּא עָלָה מֹשֶׁה לְמַעְלָה מֵעֲשָׂרָה. וּבְהָנֵי שִׁית אַלְפֵי שְׁנִין יְדַקְדֵּק ב' אֲלָפִים תֹּהוּ שֶׁלְּסוֹף מ' יוֹם רִאשׁוֹנִים נִשְׁבְּרוּ הַלּוּחוֹת שְׁנֵי אֲלָפִים תּוֹרָה שֶׁלְּסוֹף מ' יוֹם אֶמְצָעִיִּים נֶאֱמַר פְּסָל לְךָ ב' אֲלָפִים יְמוֹת הַמָּשִׁיחַ דְּהַיְנוּ גְּאֻלָּה שֶׁלְּסוֹף אַרְבָּעִים יוֹם אַחֲרוֹנִים הָיָה יוֹם הַכִּפּוּרִים:

הַמִּדָּה הַתְּשִׁיעִית:

כְּשֶׁיָּצָא לִטְעֹן טָעוּן אֶחָד כְּעִנְיָנוֹ בְּסוֹד יְסוּרִן שֶׁל אַהֲבָה יָצָא לְהָקֵל וְלֹא לְהַחְמִיר כְּטַעַם וְגַם נֵצַח יִשְׂרָאֵל לֹא יְשַׁקֵּר כִּי הַצַּדִּיקִים שֶׁמִּדָּה זוֹ פּוֹגַעַת בָּהֶם שְׂמֵחִים בְּיִסּוּרִין וַעֲלֵיהֶם נֶאֱמַר וְסוּרַי בָּאָרֶץ יִכָּתֵבוּ יִסּוּרֵי כְּתִיב כִּי הַמְּנַקֶּת נַרְדִּית עִמָּהֶם לְהָגֵן עַל הָעוֹלָם לְפִיכָךְ בָּאָרֶץ הָעֶלְיוֹנָה יִכָּתֵבוּ כְּטַעַם קַלְנִי מֵרֹאשִׁי וְהַפָּסוּק מַאֲמַר הַשְּׁכִינָה הוּא וְאֵלֶּה הַצַּדִּיקִים שֶׁבָּאוּ לָעוֹלָם בִּפְגִימוֹ דְּסִיהֲרָא וְלוֹקִין עִמָּהּ שָׁרְיָן כְּגַוְנָא דִּלְעֵלָּא גּוּפָא אִתְפַּגַּם כְּטַעַם בֶּצַע אִמְרָתוֹ וְנִשְׁמְתָא לְגוֹ כְּטַעַם לֹא שָׁנִיתִי שֶׁזָּכַרְנוּ וְאִנּוּן חַבְרִין בְּהֵדָדֵי וּבָזֶה מְקִילִין מֵהָעֹנֶשׁ הָרָאוּי לָבֹא לָעוֹלָם כִּי הֵם נִתְפָּשִׂים בַּעֲוֹן הַדּוֹר וְאֵין הַכַּוָּנָה הָעֶלְיוֹנָה לְהַחְמִיר הַדִּין עֲלֵיהֶם בִּשְׁבִיל עַצְמָם כִּי אַף עַל פִּי שֶׁמִּשְׁפְּטֵי ה' אֱמֶת עַל הַצַּדִּיקִים הַלָּלוּ כִּי מִי שֶׁחֳלָיֵנוּ הוּא נָשָׂא וּמַכְאוֹבֵינוּ הוּא סְבָלָם הוּא הָאָדָם בְּעַצְמוֹ שֶׁגָּרַם הַמִּיתָה לָעוֹלָם וִילַמֵּד סָתוּם מִן הַמְפֹרָשׁ מִכָּל מָקוֹם חֵלֶק שָׁמַיִם נֶגְדָּם כְּבָר נִתְקַן בִּתְשׁוּבָה שְׁלֵמָה וְכָל תְּנָאֶיהָ וְחֶלְקֵנוּ מֵהֶם הִנֵּה נִדְרָשׁ בְּסוֹד הָעֲרָבוֹת וְכָל אָרְחוֹת ה' מִשְׁפָּטִים יְשָׁרִים וְתוֹרוֹת אֱמֶת:

הַמִּדָּה הָעֲשִׂירִית:

כְּשֶׁיָּצָא לִטְעֹן שֶׁלֹּא כְּעִנְיָנוֹ בְּמִזְבַּח כַּפָּרָה כְּטַעַם וְהוֹדִי נֶהְפַּךְ עָלַי לְמַשְׁחִית יָצָא לְהָקֵל וּלְהַחֲמִיר וְהִנֵּה טוֹב מְאֹד זֶה מוֹת שֶׁהוּא מַקְדִּים לְעוֹלָם רְפוּאָה לַמַּכָּה וּמֵקֵל מֵהַכְרָעַת הָעֲוֹנוֹת לִכְלַל הָעוֹלָם בְּמָה שֶׁמַּחְמִיר עַל הַיָּחִיד הַמִּתְכַּפֵּר וּמֵשִׂים אָשָׁם נַפְשׁוֹ לִרְצוֹנוֹ כְּטַעַם אֹהֲבֵם נְדָבָה כִּי שָׁב אַפִּי מִמֶּנּוּ כְּפִי מָה שֶׁפֵּרְשׁוּ בּוֹ רַבּוֹתֵינוּ בְּמַסֶּכֶת יוֹמָא וְחֵפֶץ ה' בְּיָדוֹ יִצְלָח:

הַמִּדָּה אַחַד עָשָׂר:

כְּשֶׁיָּצָא לָדוּן בְּדָבָר הֶחָדָשׁ שֶׁתִּפְאֶרֶת מְסַיְּעָה לְפֹעַל דִּין וְהוּא חִדּוּשׁ אֶצְלוֹ בְּהִתְהַפֵּךְ מִדַּת רַחֲמִים בְּעַצְמָהּ לְמִדַּת הַדִּין מִצַּד הַיְסוֹד קֵץ חַי עָלְמִין נָטִיל לִשְׂמָאלָא וְכֵיוָן שֶׁיּוֹסֵף הוּרַד מִצְרַיְמָה יַעֲקֹב יָרַד אַחֲרָיו בְּחַבְלֵי אָדָם בַּעֲבוֹתוֹת אַהֲבָה שֶׁאָדָם הוּא דְּיוֹקְנָא וְיַעֲקֹב דְּמוּת הַדְּיוֹקָן כִּדְאִיתָא בְּפֶרֶק חֶזְקַת הַבָּתִּים וְאָז תִּפְאֶרֶת הֶחָבוּשׁ עִמָּהּ וְנִקְרָא אִתָּהּ כַּמְּבֹאָר בִּשְׂפַת אֱמֶת אֵינוֹ מַתִּיר עַצְמוֹ גְּרָמָא דְּנָפִיל בְּחוּלְקֵיהּ עֶצֶם מֵעֲצָמָיו לַהֲפֹךְ מִדַּת הַדִּין לְמִדַּת רַחֲמִים עַד שֶׁיַּחֲזִירֶנּוּ הַכָּתוּב הַמְיַחֵד סוֹד הַחֶסֶד תּוֹרָה שֶׁבִּכְתָב לִכְלָלוֹ לְהַמְשִׁיךְ רַחֲמִים בְּגִלּוּי שֶׁכִּנָּה בְּפֵרוּשׁ בְּגִימַטְרִיָּא בִּירוּשָׁלַםִ שֶׁמִּשָּׁם הוֹרָאָה פְּסוּקָה מִתּוֹרָה שֶׁבְּעַל פֶּה יוֹצֵאת לְכָל יִשְׂרָאֵל וְהוּא כְּטַעַם אִשָּׁה מַזְרַעַת תְּחִלָּה יָלְדָה זָכָר וּבִלְבַד שֶׁיִּקְדְּמוּ שׁוֹשְׁבִינֵי הַבַּעַל לְלַוּוֹתָהּ וְהֶרְמֵז וְאֵד יַעֲלֶה מִן הָאָרֶץ א"ד בְּגִימַטְרִיָּא ה' אַחֲרוֹנָה שֶׁבְּשֵׁם רֵאשִׁית לְשֵׁם אדנ"י. ו' לְרַבּוֹת נִשְׁמָתִין דְּצַדִּיקַיָּא דְּמִתְעָרִין לְתַתָּא:

הַמִּדָּה הַשְּׁתֵּים עֶשְׂרֵה:

דָּבָר הַלָּמֵד מֵעִנְיָנוֹ וְדָבָר הַלָּמֵד מִסּוֹפוֹ כִּי זֹאת יְרוּשָׁלַםִ מִכָּל מִלְּמֶדְיָהּ הַשְּׂכִילָה שֶׁהֲרֵי עוֹנִים עָלֶיהָ דְּבָרִים מִלְּמַעְלָה וְהוּא מֵעִנְיָנוֹ שֶׁהִיא עִמָּהֶם בָּאֲצִילוּת וּלְפִי שֶׁאֵינָהּ בְּאַחְדוּתָהּ מִפְּנֵי שֶׁנִּטְרְדָה צְרִיכָה לְדָבָר הַלָּמֵד מִסּוֹפוֹ כְּפִי הַהֲכָנוֹת הַמִּתְעוֹרְרוֹת מִלְּמַטָּה וְיֵשׁ כָּאן סוֹד הַקָּרְבָּנוֹת שֶׁנִּתְיַחֲדָה יְרוּשָׁלַםִ אֲלֵיהֶם בְּמִזְבַּח הָרִאשׁוֹן שֶׁל אָדָם וְהֶבֶל וְנִמְשַׁךְ אֲלֵיהֶם שֵׁם בֶּן נֹחַ וּבוֹ נֶעֱקַד יִצְחָק וְהֻקְרַב עָלָיו אַיִל שֶׁל אַבְרָהָם אָבִינוּ. וַאֲוִירָה הָיָה מָצוּי בְּכָל הַמְּקוֹמוֹת שֶׁהִקְרִיבוּ אֲבוֹתֵינוּ בָּהֶם לְצֹרֶךְ שָׁעָה כִּי הִיא שַׁעַר הַשָּׁמַיִם בֵּית אֱלֹהִים בֶּאֱמֶת. וְעוֹנִים עָלֶיהָ מִלְּמַעְלָה כְּעִיר שֶׁחֻבְּרָה לָּהּ יַחְדָּיו עַיֵּן מַאֲמָר אֵם כָּל חַי בְּחֵלֶק הַשְּׁלִישִׁי סִימָן ל"ב הַכֹּל כְּפִי הֲכָנַת הַמַּקְרִיבִים לְמַטָּה וְדוֹרְשֵׁי רְשׁוּמוֹת אָמְרוּ עַל פָּסוּק הַיּוֹם ה'

נִרְאָה אֲלֵיכֶם שֶׁהֵן אוֹתִיּוֹת אַהֲרֹן מִיכָאֵל זֶה נִתְכַּהֵן לְמַטָּה וְזֶה לְמַעְלָה. וְאוּלָם מִנְיַן קָרְבְּנוֹת הַצִּבּוּר שֶׁבְּכָל שָׁנָה סִימָנָם אר"ץ וּמִנְיָן הָעֶשְׂרוֹנִין שֶׁל מְנָחוֹת סִימָנָם אש"ר הוי"ה אֱלֹהֶיךָ דּוֹרֵשׁ אוֹתָהּ חוּץ מִשָּׂעִיר הַמִּשְׁתַּלֵּחַ אֶל אֶרֶץ גְּזֵרָה אש"ר הָיְינוּ מל"ך של"ם שֶׁבֵּאַרְנוּ בְּמַאֲמָר חֵקֶר דִּין בְּחֵלֶק הַשֵּׁנִי פֶּרֶק ל"א וְסָמִיךְ לָהּ הוי"ה דְּהַיְנוּ מְקוֹמוֹ כַּמְּבֹאָר שָׁם. וּכְתִיב וְנֶפֶשׁ כִּי תַקְרִיב מִנְחָה וְאָמְרוּ חֲכָמִים מַעֲלֶה עָלָיו הַכָּתוּב כְּאִלּוּ הִקְרִיב נַפְשׁוֹ כִּי סוֹד הַקָּרְבָּנוֹת וְסִלּוּק הַנְּפָשׁוֹת אֶחָד הוּא בְּשִׁנּוּי הַדֻּגְמָא כַּמְבֹאָר בִּמְקוֹמוֹ יְעַיֵּן מַאֲמָר חֵקֶר דִּין חֵלֶק ג' פֶּרֶק ג'. וּכְבָר בֵּאַרְנוּ בְּמַאֲמַר הַנֶּפֶשׁ מַהוּ אִיקוֹנִין רִאשׁוֹנָה שֶׁהִיא בַּעֲלַת ה' שְׁמוֹת נֶפֶשׁ רוּחַ נְשָׁמָה חַיָּה יְחִידָה וּמַהוּ אִיקוֹנִין שְׁנִיָּה הַנִּכְלָלָה בְּשֵׁם דְּיוֹקָן וּמַהוּ אִיקוֹנִין שְׁלִישִׁית הַנִּכְלָלָה בְּשֵׁם צֶלֶם וּמַהוּ אִיקוֹנִין רְבִיעִית שֶׁהִיא כֹּחַ בַּגּוּף וְהַיְינוּ נֶפֶשׁ חִיּוּנִית יָאוּת לְפִי דַּרְכֵּנוּ שֶׁנִּקְרָאָה הָאָדָם בְּאָדָם דְּהָא בְּלָא הָא לָא קַיְמָא הֲרֵי אֵלֶּה הַחֲלֻקּוֹת הַהֶכְרֵחִיּוֹת לְנֶפֶשׁ אָדָם בֶּאֱמֶת צֵא וַחֲשֹׁב ה' שְׁמוֹת שֶׁל אִיקוֹנִין רִאשׁוֹנָה הֵן בְּגִימַטְרִיָּא אֶלֶף צ"ט הוֹסֵף עֲלֵיהֶם דיוק"ן צל"ם האד"ם באד"ם הֲרֵי אֵלֶּה אֶלֶף וַחֲמֵשׁ מֵאוֹת וְעֶשְׂרִים וְשִׁשָּׁה בְּדִקְדּוּק גָּמוּר בְּמִנְיָן הָעֶשְׂרוֹנִין שֶׁזָּכַרְנוּ וְהִנֵּה הַקָּרְבָּנוֹת עַצְמָם הֵם כְּבָשִׂים לְעוֹלָה אֶלֶף ק"א תֵּן מֵהֶם אֶלֶף צ"ט לְאִיקוֹנִין רִאשׁוֹנָה שֶׁהִיא עֶצֶם אָדָם וְעִקָּרוֹ פָּשׁוּ לְהוּ תְּרֵי חַד לִדְיוֹקָן וְחַד לְצֶלֶם וְעוֹד שְׁנֵי כְּבָשִׂים לְזִבְחֵי שַׁלְמֵי צִבּוּר לְפִיּוּס הָאָדָם בְּאָדָם לְפִיכָךְ הֵם נֶאֱכָלִים לְעֹנֶג הַנֶּפֶשׁ הַחִיּוּנִית עַיֵּן מַאֲמָר חֵקֶר דִּין חֵלֶק א' פֶּרֶק כ"א. הַפָּרִים הֵם קי"ד דַּל שִׁבְעִים פָּרֵי הֶחָג שֶׁהֵם לְפִיּוּס ע' אֻמּוֹת פָּשׁוּ לְהוּ מ"ד כְּנֶגֶד רִבּוּעַ אהי"ה דְּמִתַּמָּן חָמֵשׁ גְּבוּרָן שֶׁהֵן אוֹתִיּוֹת מנצפ"ך בְּגִימַטְרִיָּא פַּר. הָאֵלִים אַרְבָּעִים מֵעֵין אֵילוֹ שֶׁל אַבְרָהָם אָבִינוּ אִישׁ חֶסֶד דְּתַמָּן שֵׁם ע"ב דְּהַיְנוּ הֲוָיָה בְּמִלּוּי ד' יודי"ן חַטָּאוֹת הַצִּבּוּר ל"ב לְטַהֵר הַלֵּב פַּשׁ לָן פָּרוֹ שֶׁל כֹּהֵן גָּדוֹל בְּיוֹם הַכִּפּוּרִים שֶׁגַּם הוּא קָרֵב חַטָּאת כְּמוֹ שְׂעִיר הַפְּנִימִי וּשְׁנֵיהֶם נִשְׂרָפִים וְשֶׁלֹּא לְהַעֲמִיק עוֹד בַּפַּרְפֶּרֶת הַזֹּאת כְּדֵי שֶׁתְּהֵא עֲרֵבָה לָאֹזֶן שׁוֹמַעַת יַסְפִּיק בָּזֶה מָה שֶּׁשָּׁנִינוּ בְּסוֹף פִּרְקָא קַמָּא דִּשְׁבוּעוֹת רַבִּי שִׁמְעוֹן אוֹמֵר כְּשֵׁם שֶׁדַּם הַשָּׂעִיר הַנַּעֲשֶׂה בִּפְנִים מְכַפֵּר עַל יִשְׂרָאֵל פֵּרוּשׁ עַל טֻמְאַת מִקְדָּשׁ וְקָדָשָׁיו כָּךְ דַּם הַפָּר מְכַפֵּר עַל הַכֹּהֲנִים כְּשֵׁם שֶׁוִּדּוּיוֹ שֶׁל שָׂעִיר הַמִּשְׁתַּלֵּחַ מְכַפֵּר עַל יִשְׂרָאֵל פֵּרוּשׁ אֶת כָּל עֲוֹנָתָם כָּךְ וִדּוּיוֹ שֶׁל פָּר מְכַפֵּר עַל הַכֹּהֲנִים:

הַמִּדָּה שְׁלֹשׁ עֶשְׂרֵה:

שְׁנֵי כְתוּבִים הַמַּכְחִישִׁים זֶה אֶת זֶה כִּי הוֹאִיל וְהַדָּבָר תָּלוּי בְּמַעֲשֵׂה הַתַּחְתּוֹנִים יֵשׁ לָעוֹלָם בָּעֶלְיוֹנִים מַיְמִינִים לִזְכוּת וּמַשְׂמְאִלִים לְחוֹבָה וְהֵמָּה בִּכְתוּבִים שֶׁשָּׁם מִשְׁמְרוֹת כְּהֻנָּה וְשָׂרֵי הַחַיָּלִים כְּפִי מָה שֶׁאָנוּ רְגִילִים לְפָרֵשׁ בְּמִשְׁנַת רַבִּי שִׁמְעוֹן אוֹמֵר ג' כְּתָרִים הֵם וּכְבָר זָכוּ בּוֹ

רַבִּים בְּהַגָּהוֹתֵינוּ לְהַקְדָּמוֹת הַקְּצָרוֹת מֵהֶחָכָם זצ"ל עַד שֶׁיָּבֹא בֵּית דִּין הַגָּדוֹל בָּעֵדָה שׁוֹפֶטֶת וְעֵדָה מַצֶּלֶת וְרַב שָׁלוֹם עִמָּהֶם מֻפְלָא שֶׁבְּדַיָּנִים אֶרֶךְ אַפַּיִם וְרַב חֶסֶד וְיַכְרִיעַ בֵּינֵיהֶם. וְיֵשׁ עוֹד לְתַלְמִידֵי הָאֲרִ"י זצ"ל בְּפֵרוּשׁ הַמִּדּוֹת הָאֵלֶּה דְּרוּשִׁים עֲמֻקִּים וּמֻפְלָאִים בְּשִׁעוּר קוֹמָה. ה' חָפֵץ לְמַעַן צִדְקוֹ יַגְדִּיל תּוֹרָה וְיַאְדִּיר:

סְלִיק מַאֲמַר הַמִּדּוֹת

סֵפֶר

עֲשָׂרָה מַאֲמָרוֹת

מַאֲמַר עוֹלָם קָטָן

מַאֲמַר עוֹלָם קָטָן - סִימָן א

כֹּל הַנְּשָׁמָה תְּהַלֵּל יָהּ עַל אַרְבַּעַת רִבְעֵיהֶן שֶׁל מִכְסַת נְפָשׁוֹת הַנִּגָּשׁוֹת אֶל הוי"ה וְזֶה פְּרָטָן גְּדוֹלָה קוֹדֶמֶת וּמְשֻׁבַּחַת וּמְעוּלֶה בְּכֻלָּן הִיא אֲקוֹנֶן רִאשׁוֹנָה הָאָדָם בְּאָדָם צֶלֶם עֶלְיוֹן בֶּן הַמֶּלֶךְ מֵאֵת ה' הָיְתָה זֹּאת הִיא נִפְלָאת בְּעֵינֵי כָּל בַּעַל כָּנָף אוֹפַן חַיָּה וְשָׂרָף וְכוֹלֶלֶת בְּעַצְמָהּ חֲמִשָּׁה פַּרְצוּפִין נֶפֶשׁ רוּחַ נְשָׁמָה חַיָּה יְחִידָה שֶׁהֵן בְּגֵימַטְרִיָּא בָּרְכִי נַפְשִׁי אֶת ה' וְכֻלָּן מֵעוֹלָם הַיִּחוּד לְכֹל קְהַל עֲדַת יִשְׂרָאֵל הַצַּדִּיקִים בְּכָל הַדּוֹרוֹת אַחַת הִיא לְאִמָּא עִלָּאָה בָּרָה הִיא לְאִמָּא תַּתָּאָה כִּי הִיא בִּלְתִּי נִפְרֶדֶת ' יוּלָא מִתְגַּלְגֶּלֶת לֹא תֶּחְטָא וְלֹא תֵּעָנֵשׁ לָמָּה שֶׁהִיא מִסְתַּלֶּקֶת בִּנְקִיּוּת מִן הַחוֹטֵא בְּטֶרֶם יַחֲשִׁיךְ וְאֵינָהּ נִכְנֶסֶת לְגֵיהִנֹּם לֹא עֶלְיוֹן שֶׁהוּא נְהַר דִּינוּר וְלֹא תַּחְתּוֹן שֶׁהוּא גֵּיא צַלְמָוֶת אֶלָּא לְהַצָּלַת הַזּוּלַת כִּי בִּזְכוּתָהּ עֲתִידִים צַדִּיקִים שֶׁיִּקָּרְאוּ בִּשְׁמוֹ שֶׁל הַקָּדוֹשׁ בָּרוּךְ הוּא וּכְתִיב כִּי בָאֵשׁ ה' נִשְׁפָּט וְזֶהוּ גְּמַר שְׁלִיחוּתָהּ שֶׁל אֵשׁ זוֹ שֶׁהוּא בְּטוֹלָה שֶׁכֵּן אָמְרָה תּוֹרָה וְהוּעַד בִּבְעָלָיו יָבֹא בַּעַל הַשּׁוֹר וְיַעֲמֹד עַל שׁוֹרוֹ כִּי בִּזְמַן שֶׁהוּא יוֹצֵא לִסָּקֵל בְּעָלָיו נִשְׁפָּט שֶׁהוּא קְנָיָנוֹ וְתַנָּן יִשְׂרָאֵל קִנְיָן אֶחָד. וּכְתִיב כִּי עַד צֶדֶק יָשׁוּב מִשְׁפָּט וְאַחֲרָיו כָּל יִשְׁרֵי לֵב יְעַיֵּן בְּחֵלֶק א' פֶּרֶק ל"ז מִמַּאֲמַר יוֹנַת אֵלֶם אָז תִּבָּקַע הָאָרֶץ בְּקוֹלָם כְּמוֹ שֶׁהָיָה בְּמַלְכוּת שְׁלֹמֹה וּבֵאַרְנוּהוּ בִּמְקוֹמוֹ יָפֶה כְּפִי אֲמִתַּת מְצִיאוּתָהּ מִקַּל וָחֹמֶר לְמֶלֶךְ שֶׁהַשָּׁלוֹם שֶׁלּוֹ דִּכְתִיב בְּיָהּ בָּאוּרִים כַּבְּדוּ ה' אֲשֶׁר אוּר לוֹ בְּצִיּוֹן אֵלּוּ שְׁעָרִים הַמְּצֻיָּנִים בַּהֲלָכָה לְמָחוֹל הַצַּדִּיקִים וְהַרְבֵּה מְאוֹרוֹת יֵשׁ בָּאוֹר כִּי בְּאוֹר פְּנֵי מֶלֶךְ חַיִּים וְהָיָה הֶעָקֹב לְמִישׁוֹר וְהָרְכָסִים לְבִקְעָה וְעִם זֶה נִתְבָּאֲרוּ הָאֳפָנִים בְּמִלַּת אוּרִים כְּפִי שִׁתּוּף הוֹרָאָתָם בַּמִּקְרָא:

מַאֲמַר עוֹלָם קָטָן - סִימָן ב

שְׁנִיָּה הַחַי בְּאָדָם דְּמוּת עֶלְיוֹן שַׂר לִפְנֵי הַמֶּלֶךְ וְהִיא אָמְנָם אֲקוֹנֶן שְׁנִיָּה

הַכּוֹלֶלֶת שְׁלֹשָׁה דְּיוֹקְנִין נִפְרָדִים קְרָאוּ בִּשְׁמוֹתָם עַל שֵׁם הַמַּדְרֵגוֹת הַמִּתְלַבְּשׁוֹת בָּהֶם מִן הַמַּעֲרָכָה גְּדוֹלָה שֶׁזָּכַרְנוּ דְּאִינוּן נֶפֶשׁ רוּחַ וּנְשָׁמָה בִּלְבַד עַיֵּן מַאֲמַר הַנֶּפֶשׁ פֶּרֶק י"ז כִּי אָמְנָם חַיָּה וִיחִידָה הֵן בְּסוֹד רֹאשׁ וְאֵינָן צְרִיכִין לְבוּשׁ כִּי אֵין לוֹ יִחוּס עִמָּהֶם כְּלָל וְאֵלֶּה הַדְּיוֹקְנִין מִתְפַּשְּׁטִין מִבְּרִיאָה יְצִירָה עֲשִׂיָּה לְכָל הָאֶזְרָח בְּיִשְׂרָאֵל וּלְגֵר צֶדֶק הַגֵּר בְּתוֹכָם אֲשֶׁר בָּא לַחֲסוֹת תַּחַת כַּנְפֵי הַשְּׁכִינָה דַּוְקָא וְאֵין לוֹ חֵלֶק בְּמַעֲרָכָה רִאשׁוֹנָה עַד יָשׁוּבוּ יוֹשְׁבֵי בְּצִלּוֹ לִהְיוֹת עֲמוּסִים מִנִּי בֶטֶן בִּזְכוּת הַצַּדִּיקִים הַמִּטַּפְּלִין בָּהֶם כְּגוֹן מֹשֶׁה בְּיִתְרוֹ וְנָעֳמִי בְּרוּת וְהוּא טַעַם מַה שֶּׁאָמְרוּ נִכְנְסָה לוֹ צִפּוֹר תַּחַת כְּנָפָיו בְּשַׁבָּת יוֹשֵׁב וּמְשַׁמְּרָהּ עַד שֶׁתֶּחְשַׁךְ כִּי הַצַּדִּיקִים הֵם סוֹד שַׁבָּת בְּכָל מָקוֹם וְצִפּוֹר טְהוֹרָה הִיא נֶפֶשׁ הַגֵּר צִפּוֹרָה וַדַּאי הַפּוֹרֶשֶׁת מתתקע"ד דּוֹרוֹת דְּלָא הֲוָן לָהּ לְיוֹצֵר בְּרֵאשִׁית וּבָאָה לַחֲסוֹת **תח"ת כנפי"ו** בְּמִסְפַּר שָׁנָה וְהַצַּדִּיקִים הֵם עַצְמָם כַּנְפֵי הַשְּׁכִינָה כַּנְפֵי יוֹנָה מַמָּשׁ כִּי הִיא פּוֹרַחַת בָּהֶם בְּשִׂמְחָה וּבְטוּב לֵבָב בְּגָבְהֵי מְרוֹמִים וְצַדִּיק זֶה שֶׁזָּכָה בָּהּ בְּנֶפֶשׁ הַגֵּר יוֹשֵׁב וּמְשַׁמְּרָהּ עַד שֶׁתֶּחְשַׁךְ שִׁמְשָׁהּ בָּעוֹלָם הַזֶּה לְהָאִיר לָעוֹלָם הַבָּא אֲשֶׁר אֵינֶנּוּ מֵסִיחַ דַּעְתּוֹ כָּל יָמָיו מִתִּקּוּנוֹ כְּלָל וְהִיא נַעֲשָׂה בֵּינִי וּבֵינֵי חָלוּק שֶׁלּוֹ בְּתוֹסֶפֶת לְזֶה הַזּוֹכֶה בּוֹ מִלְּבַד הַהִיא חֲלוּקָא דְּרַבָּנָן שֶׁל כָּל אָדָם עַד שֶׁיִּזְכּוּ שְׁנֵיהֶם יַחְדָּו לְסוֹד צֶדֶק לָבַשְׁתִּי וַיִּלְבָּשֵׁנִי לְדָמוֹת לְעֶלְיוֹן דִּכְתִיב בְּיָהּ ה' מָלָךְ גֵּאוּת לָבֵשׁ וְהָדָר לָבֵשׁ ה' וְדַי בְּזֶה. אַךְ אַבְרָהָם סָבָא חֲסִידָא קַדְמָאָה לְגִיּוֹרִין לֵיכָּא לְמֵמַר בֵּיהּ הָכִי אֶלָּא בְּיָדוֹ בְּעֶצֶם וְרִאשׁוֹנָה וְלָא תָּלוּ לֵהּ בִּזְכוּת אֲחֵרִים וְזֶה מִטְּעָמִים הָא' שֶׁהָיָה לִפְנֵי מַתַּן תּוֹרָה. ב' מַה שֶּׁאָמְרוּ עָלָיו שֶׁכָּל יְמֵי הֱיוֹתוֹ בָּעוֹלָם לֹא הֻצְרַךְ הַחֶסֶד עֶלְיוֹן לַעֲשׂוֹת מְלַאכְתּוֹ. ג' שֶׁנֶּאֶמְרָה בּוֹ בְּחִירָה. ד' שֶׁנִּמְצָא לְבָבוֹ נֶאֱמָן אַף הָרַע שֶׁבּוֹ. ה' לְגֹדֶל הַנִּסְיוֹנוֹת וּרְבוּיָן וְכֻלָּן נִרְמְזוּ בְּתוֹסֶפֶת ה' שֶׁל אַבְרָהָם בּוֹעֲלֶיהָ כְּתִיב וְאָנֹכִי נְטַעְתִּיךְ שׂוֹרֵק פֵּרוּשׁוֹ נָקוּד שׁוּרֶק דַּוְקָא בְּלֹא ו' דְּהַיְנוּ קִבּוּץ שְׂפָתַיִם בְּשָׁלֹשׁ נְקֻדּוֹת זוֹ עַל זוֹ אַבְרָהָם בְּמַלְכוּת גֵּר צֶדֶק וַדַּאי יִצְחָק בִּיסוֹד קֵץ חַי עָלְמִין יַעֲקֹב בְּתִפְאֶרֶת דְּאִינוּן כֻּלָּהּ זֶרַע אֱמֶת שֶׁבְּכָל אֶחָד מֵהֶם יָפֶה כֹּחַ הַבֵּן מִכֹּחַ הָאָב וְהִנֵּה רוּחַ הַקֹּדֶשׁ שׁוֹאֵל וְאֵיךְ נֶהְפֶּכֶת לִי שֶׁיִּהְיֶה אַבְרָהָם לְמַעְלָה מִכֻּלָּם בְּחֶסֶד יִצְחָק תַּחְתָּיו בִּגְבוּרָה וְיַעֲקֹב בְּתָרָה בְּתִפְאֶרֶת שֶׁהוּא מְקוֹמוֹ הָרִאשׁוֹן וּמֵשִׁיב לְעַצְמוֹ סוּרֵי הַגֶּפֶן נָכְרִיָּה כֵּיוָן שֶׁנּוֹלַד מֵאַבְרָהָם צֶמַח צַדִּיק וּמִמֶּנּוּ בָּחוּר שֶׁבָּאָבוֹת וּמִטָּתוֹ שְׁלֵמָה סָרוּ אַבְרָהָם וְיִצְחָק מהתיחס אַחֲרֵי תֶּרַח וְנָחוֹר לְהַתְחִיל בִּגְנוּת אֶלָּא הַכֹּל הוֹלֵךְ אַחַר הַחִתּוּם אֲבָל בֶּן נֹחַ אֶפְשָׁר שֶׁיִּזְכֶּה לְדֻגְמָתָן שֶׁל דְּיוֹקְנִין הַלָּלוּ הַנִּלְוִים אֵלָיו מִשָּׁלֹשׁ מַדְרֵגוֹת כַּיּוֹצֵא בָּהֶן אֲשֶׁר בְּרוּחָנִיּוּת הָעֲשִׂיָּה לֹא זוּלַת רַק בְּחֶלְקֵי הָאֲצִילוּת שֶׁבָּהּ אֵלָיו לֹא יַגִּיעוּ וְהִנֵּה אֵלֶּה וְאֵלֶּה הֵם הַמְּתֹאָרִים בִּסְבִיב אִישׁ יַחַד פְּנֵי רֵעֵהוּ פְּעָמִים שָׁלֹשׁ לְאֵיפָה שְׁלֵמָה לֵב הָאָדָם וּלְאֵבָרִים אֵין מִסְפָּר וְאֵין צָרִיךְ לוֹמַר שֶׁסּוֹד הָעִבּוּר מָצוּי בָּהֶם וּבְעֵת הַתְּחִיָּה הִנֵּה

הַשָּׁלֵם שֶׁבַּסְּבוּבִים יִזְכֶּה אֲלֵיהֶם וְעַל עֶדְרֵי חֲבֵרָיו יִתְנוֹצְצוּ מֵהֶם עֲנָפִים מִתְרַבִּים כְּפִי הַצֹּרֶךְ כְּמַדְלִיק נֵר מִנֵּר וְכָל סָבוּב שֶׁיִּתָּאֵר לוֹ חִלּוּף מִינֵי אֵין לוֹ יַחַס עִם הַמַּעֲרָכָה הַזֹּאת כְּלָל עִקָּר כִּי אִם עַל אֹפֶן הַמִּתְבָּאֵר בְּתִקּוּנִים כִּי יֵשׁ אָדָם שֶׁעֲמָלוֹ בִּתְכוּנוֹת שׁוֹנוֹת כְּגוֹן קַל כְּנֶשֶׁר אוֹ גִּבּוֹר כַּאֲרִי מֵעֵין חִלּוּף פְּנֵי הַמֶּרְכָּבָה שֶׁלֹּא סָרוּ מִהְיוֹת כֻּלָּם דְּמוּת פְּנֵיהֶם פְּנֵי אָדָם אָכֵן מָצָאנוּ בָּהֶם בִּשְׁעַת הַדִּין שֶׁנִּשְׁתַּנּוּ פְּנֵי הַשּׁוֹר לִפְנֵי כְּרוּב וּמִזֶּה לָמַדְנוּ לָהֶם אֶפְשָׁרוּת הַסָּבוּב בִּקְטַנִּים דִּכְתִיב בָּהֶם אֶת מִי יוֹרֶה דֵעָה וְאֶת מִי יָבִין שְׁמוּעָה גְּמוּלֵי מֵחָלָב עַתִּיקֵי מִשָּׁדָיִם וְעַל פִּי הַדְּבָרִים הָאֵלֶּה יִצְדַּק מַאֲמַר הַגָּאוֹן רַב סְעַדְיָה עַל מָה שֶׁעֵינֵינוּ הָרוֹאוֹת רַבּוֹת רָעוֹת וְצָרוֹת הִשְׂתָּרְגוּ עָלוּ עַל צַוָּארֵי מִקְצָת הָעוֹלָלִים לְהֵטִיב לָהֶם כִּי טוֹב אַחֲרִית דָּבָר זֶה מֵרֵאשִׁיתוֹ לְחֶסְרוֹן הַמָּסֹרֶת לֹא זוּלַת כְּמוֹ שֶׁבֵּאַרְנוּ בְּמַאֲמַר הַנֶּפֶשׁ וְלָנוּ עוֹד דְּבָרִים בְּאֵלֶּה הַשְּׁלֹשָׁה דְּיוֹקְנִין תִּשְׁמָעֵם בִּכְלַל מַה שֶּׁיָּבֹא בַּמַּעֲרָכָה שְׁלִישִׁית בְּסָמוּךְ וְגַם אֵלֶּה מִסְתַּלְּקִין בִּנְפֹל תַּרְדֵּמָה עַל אֲנָשִׁים לִהְיוֹת לָהֶם מַהְלְכִים בֵּין הָעֶלְיוֹנִים כָּל אֶחָד לְפִי זְכוּתוֹ כְּטַעַם אֲנִי יְשֵׁנָה וְלִבִּי עֵר וְאָז יִגְבַּר הַמְּדַמֶּה בִּשְׁתַּיִם הַמַּעֲרָכוֹת תַּחְתּוֹנִים שֶׁאָנוּ עֲתִידִים לְפָרֵשׁ בָּזֶה וְיָבוֹא הַחֲלוֹם בְּרֹב עִנְיָן. וְאוּלָם לֵית אַבְטָחוּתָא לִשְׁלֹשָׁה דְּיוֹקְנִין הָאֵלֶּה לְרָחוֹק וּלְקָרוֹב כִּי בַּעֲלֵי בְחִירָה הֵמָּה וּנְהַר דִּינוּר הוּא לְבוֹנָם לֹא עֲדִיפֵי מִמְּטַטְרוֹן בְּפֶרֶק אֵין דּוֹרְשִׁין וְגַבְרִיאֵל בְּפֶרֶק יוֹם הַכִּפּוּרִים וְאֵלִיָּהוּ בְּפֶרֶק הַפּוֹעֲלִים שֶׁעַל יְדֵי מַעֲשֶׂה הֲוָה מַאי דַּהֲוָה. וְאֶפְשָׁר לִשְׁנַיִם הַתַּחְתּוֹנִים שֶׁהֵם הָרוּחַ וְהַנֶּפֶשׁ שֶׁיֵּרְדוּ לְגֵיהִנֹּם תַּחְתּוֹן לֹא לְעַצְמָם זוּלָתִי אִם יִקְרֶה שֶׁיִּהְיוּ לָהֶם בְּגָדִים צוֹאִים לְרַע בְּחִירָתָם שֶׁהֲרֵי הֵם צְרִיכִים מְאֹד לְעַכֵּל זֻהֲמָתָן כְּשָׂרוּף הָאֵשׁ אֶת הַחֲלוּדָה הַנִּדְבֶּקֶת לְכֶסֶף צָרוּף וְהוּא אֵינֶנּוּ חָסֵר כְּלוּם אַךְ אֵינוֹ נִמְנָע מִהְיוֹת בּוֹעֵר בָּאֵשׁ וְאֵינֶנּוּ אֻכָּל כְּטַעַם פּוֹשְׁעֵי יִשְׂרָאֵל אֵין אוּר שֶׁל גֵּיהִנֹּם שׁוֹלֶטֶת בָּהֶם רוֹצֶה לוֹמַר שְׁלִיטָה גְּמוּרָה לְהַאֲבִידָם חָלִילָה כִּי אַף עַל פִּי שֶׁחָטָא יִשְׂרָאֵל הוּא אֲבָל דְּיוֹקָן הַנְּשָׁמָה אֵינוֹ צָרִיךְ וְלֹא נִטְפָּל לְגֵיהִנֹּם תַּחְתּוֹן אִם לֹא יֵרֵד שָׁם לְהַעֲלוֹת אֶת הַזּוּלַת וְגַם זֶה לוֹ מָרוֹק לֹא מִזְעָר בִּשְׁבִיל אֵיזוֹ מַחֲשָׁבָה גְּרוּעָה וְהִיא מַרְדּוּת אַחַת בְּלִבּוֹ שֶׁל אָדָם טוֹבָה וַדַּאי אֵין בָּהּ רַע כְּלָל וְגוֹרֶמֶת לוֹ תִּקּוּן נִכְבָּד הַרְבֵּה יוֹתֵר מִמֵּאָה מַלְקוֹת וְאָז כִּבְהֵמָה לְתֵמָּה בַּבִּקְעָה תֵּרֵד רוּחַ ה' תְּנִחֶנּוּ כִּי לוֹ לְבַדּוֹ נִתְכְּנוּ עֲלִילוֹת וּזְכוּת גָּדוֹל יֵחָשֵׁב לְאוֹתוֹ דְּיוֹקָן. אַךְ הִרְהוּרֵי עֲבֵרָה קָשִׁים הַבָּאִים מֵחֲמַת עֲבֵרָה קוֹדֶמֶת וְהֵם בֶּאֱמֶת יוֹתֵר קָשִׁים מִמֶּנָּה שֶׁהִיא בְּגַשְׁמִי וְהֵם בְּרוּחָנִי לֹא יוּכְלוּ יִגְּעוּ בִּדְיוֹקָן הַנְּשָׁמָה כְּלָל שֶׁהַקְּלִפּוֹת מִצִּדָּהּ מוּעֶטֶת וּרְחוֹקוֹת מִן הַקֹּדֶשׁ. וּבִדְיוֹקָן הָרוּחַ הֵן מֶחֱצָה עַל מֶחֱצָה בְּסוֹד עֵץ הַדַּעַת טוֹב וָרָע וְאַף עַל פִּי שֶׁהֵם קְרוֹבִים אֶחָד בְּאֶחָד יִגַּשׁוּ אֵינָם מְעֹרָבִים בְּטִבְעָם אֶלָּא זֶה לְעַצְמוֹ וְזֶה לְעַצְמוֹ וְכָאן מְאֹד מְאֹד יִזָּהֵר הָאָדָם שֶׁלֹּא לְעָרֵב קֹדֶשׁ בַּחוֹל וְהוּא סוֹד הַהַבְדָּלָה. אַךְ בִּדְיוֹקָן הַנֶּפֶשׁ אִיכָּא תַּרְתֵּי לִגְרִיעוּתָא כִּי הַכֹּל סָג אֲפִלּוּ מְעוּט הַטּוֹב

בְּרִבּוּי הָרַע וְסִימָנְךָ נִדְבַת הַמִּשְׁכָּן מִבִּזַּת מִצְרַיִם אֶלָּא שֶׁטְּהָרָה בְּיִשְׂרָאֵל וְנִדְבַת הַמִּשְׁכָּן לַאֲדוֹנֵינוּ דָּוִד הָכֵי נָמֵי מֵאַרְצוֹת קִבְּצָם מֵאֲרָם וּמִמּוֹאָב וּמִבְּנֵי עַמּוֹן וּשְׁלֹמֹה כָּמוֹהוּ וְצָרִיךְ לְבָרְרָם בְּכָל כֹּחֵנוּ. וְכָל אֶחָד מֵהַדְּיוֹקְנִין כָּלוּל מִשְּׁלָשְׁתָּן אַלְמָא הַמַּחֲשָׁבוֹת הַפְּגוּמוֹת יֶשְׁנָן גַּם בְּאֵלֶּה הַשְּׁנַיִם עִם הֱיוֹתָם מְשַׁמְּשִׁים בְּעֶצֶם וְרִאשׁוֹנָה אֶחָד לַדִּבּוּר וְאֶחָד לַמַּעֲשֶׂה:

מַאֲמַר עוֹלָם קָטָן - סִימָן ג

שְׁלִישִׁית הַצּוֹמֵחַ בְּאָדָם צַלָּם תַּחְתּוֹן עֶבֶד לִפְנֵי הַמֶּלֶךְ וְהִיא הִתְפַּשְּׁטוּת בָּעוֹלָם הַמֻּרְגָּשׁ לִתְרֵי תַּתָּאֵי מִגּוֹ תְּלָתָא מִן הַדְּיוֹקְנִין שֶׁזָּכַרְנוּ כִּי הָעֶלְיוֹן שֶׁבָּהֶם גַּם הוּא רֹאשׁ יַחֲשֵׁב וְיֶשְׁנָהּ לְאִקּוּנִין שְׁלִישִׁית הַלָּזוֹ לָאָדָם בִּפְנֵי עַצְמוֹ וּלְדָוִד בִּפְנֵי עַצְמוֹ וְכֵן לִמְשִׁיחַ צִדְקֵנוּ וּלְכָל דּוֹמֵיהֶם הָכֵי נָמֵי לֹא יִשְׁתַּתְּפוּ בָהּ אֲפִלּוּ רָעִים אֲהוּבִים אִם לֹא עַל צַד הָעִבּוּר וְאִית בָּהּ תְּרֵין דַּרְגִּין חַד רַבְרְבָא הַנִּקְרָא צֶלֶם בֶּאֱמֶת דִּכְתִיב בְּיָהּ אַךְ בְּצֶלֶם יִתְהַלֶּךְ אִישׁ וְחַד זְעִירָא הַנִּקְרָא צֵל דִּכְתִיב כִּי צֵל יָמִינוֹ עֲלֵי אֶרֶץ הָעֶלְיוֹן כָּל עַצְמוֹ אֵינוֹ אֶלָּא לִהְיוֹת דֻּגְמָא שְׁלֵמָה לִנְשָׁמָה מְקוֹנִין שְׁנִיָּה וְהַתַּחְתּוֹן יִתְחַלֵּק גַּם הוּא לִשְׁנַיִם שֶׁהֵם לְבוּשֵׁי הָרוּחַ וְהַנֶּפֶשׁ בְּסוֹד חֲלוּקָא דְּרַבָּנַן הַמְּזֻמָּן לִשְׁלֹשָׁה הַדְּיוֹקְנִין בְּכֹחַ פָּשׁוּט מִשֵּׁשֶׁת יְמֵי בְּרֵאשִׁית אֶלָּא שֶׁהוּא מְחֻסָּר מַעֲשֵׂה הַמִּצְוֹת בִּרְכוֹתֵיהֶן וְכַוָּנָתָן לְהַשְׁלָמָתוֹ וְכֻלָּן מִסְתַּלְּקִין לְהַנֶּחְתָּמִים לְמִיתָה בְּלֵיל הַחוֹתָם וְחוֹזְרִין עַד ל' יוֹם לִפְנֵי הַגְּוִיעָה וְאָז הָעֶלְיוֹן לְבַדּוֹ הוֹלֵךְ וְלֹא יָשׁוּב עִם נְשָׁמָה עַצְמָהּ דִּבְרִיאָה שֶׁהִיא עוֹלָה מֵאֵלֶיהָ יְלְבְרוּר חֶלְקָהּ וְאֵין נְטִילָתָהּ עַל יְדֵי שָׁלִיחַ אֶלָּא הוֹלֶכֶת וְחוֹזֶרֶת כְּפִי זְכוּתוֹ שֶׁל אָדָם אַךְ אֵינָהּ מִתְיַשֶּׁבֶת בּוֹ בִּקְבִיעוּת וְהִיא חוֹזֶרֶת גַּם כֵּן עִם מַרְאֵה דְּמוּת כְּבוֹד ה' בִּשְׁעַת סִלּוּק הָאַחֲרוֹן דִּכְתִיב בְּיָהּ תּוֹסֵף רוּחָם יִגְוָעוּן וּכְתִיב תָּשֵׁב אֱנוֹשׁ עַד דכ"א נוֹטָרִיקוֹן לָזֶה וְגַם לְסוֹד אַחֵר שֶׁהוּא דְּמוּת כְּמַרְאֵה אָדָם הָרִאשׁוֹן. וּבְנֵי יִשְׂרָאֵל הַשְּׁלֵמִים וְהַגְּדוֹלִים שֶׁבָּהֶם הִרְגִּישׁוּ זֶה הַסִּלּוּק הַמֻּקְדָּם ל' יוֹם כִּי הוּא לְבַדּוֹ יִצְדַּק בְּמֹשֶׁה אֲדוֹנֵינוּ לֹא הַסִּלּוּק שֶׁל לֵיל הַחוֹתָם אֲשֶׁר אֵין לוֹ עִנְיָן בְּשׁוּם פָּנִים עִם מִי שֶׁמָּלְאוּ יָמָיו וּשְׁנוֹתָיו וְיִבְכּוּ בְּחַיָּיו בְּצִנְעָא כָּל אוֹתָן ל' יוֹם כִּי פִּרְסֵם הַכָּתוּב וְהִכְרִיז בְּגָלוּי זְכוּתָם וְצִדְקָתָם אֲשֶׁר עָשׂוּ בַּסֵּתֶר וַאֲחֵרִים בָּכוּ ל' יוֹם אֲחֵרִים דִּכְתִיב בָּהוּ וַיִּתְּמוּ יְמֵי בְכִי אֵבֶל מֹשֶׁה מִכְּלָל שֶׁהָרִאשׁוֹנִים הָיָה בָּהֶם בְּכִי בְּלֹא אֵבֶל וְהָאַחֲרוֹנִים הָיוּ לְכָל יִשְׂרָאֵל כִּי הַכֹּל קְרוֹבָיו הָאֱמֶת יוֹרֶה דַּרְכּוֹ כִּי הוּא פָּשָׁט בָּרוּר. וְהִנֵּה כָּל אֵלֶּה ל' יוֹם שֶׁלִּפְנֵי הַגְּוִיעָה הֶאָרַת הַנְּשָׁמָה הַזֹּאת שֶׁהִיא רוֹשֶׁם בְּעָלְמָא נִשְׁאֶרֶת בְּרַפָּיו מִכָּאן וְהָלְאָה לָמָּה שֶׁהִיא כָּעֲטִיָּה בְּתוֹךְ דְּיוֹקַן הָרוּחַ בִּלְבַד וּבְכָל לַיְלָה כְּשֶׁהִיא עוֹלָה לִרְאוֹת וְלֵירָאוֹת עִם הַנְּשָׁמָה עַצְמָהּ מַרְאִין לָהּ מְקוֹם כְּבוֹדָהּ בְּהַהוּא עָלְמָא וְעָלֶיהָ נֶאֱמַר אֵין אָדָם שַׁלִּיט בָּרוּחַ לִכְלוֹא

אֶת הָרוּחַ יִרְצֶה לוֹמַר שֶׁאֵין הָרוּחַ הָעִקָּרִי מַלְבִּישׁ לְגַמְרֵי וְלֹא מְצַמְצֵם בְּעַצְמוֹ אוֹתוֹ הָרֹשֶׁם הַנִּשְׁאָר מִן הַנְּשָׁמָה הַהוּא יִקָּרֵא רוּחַ עַכְשָׁו עַל שֵׁם גּוֹאֲלוֹ הַקָּרוֹב אֵלָיו וְהַלְּבוּשׁ הַתַּחְתּוֹן בִּשְׁנֵי חֲלָקָיו אֵינוֹ זָז מִשָּׁם עַד יוֹם הַמָּוֶת דִּכְתִיב בְּיָהּ עַד שֶׁיָּפוּחַ הַיּוֹם וְנָסוּ הַצְּלָלִים וְהַטַּעַם לָזֶה כִּי הֵם הַמּוֹשְׁלִים וּפוֹעֲלִים בְּעֶצֶם בִּשְׁנֵי חֶלְקֵי הַנֶּפֶשׁ חִיּוּנִיּוֹת שֶׁנִּזְכִּיר לְקַמָּן לֹא כֵן הַצֶּלֶם כִּי אֵין לוֹ קִרְבָה עַצְמִית עִם הַכֹּחוֹת הַגּוּפָנִיּוֹת רַק בִּפְרוֹס עֲלֵיהֶם סֻכַּת שָׁלוֹם בִּלְבַד וְגַם בְּהִסְתַּלְּקוֹ אֵין אִישׁ נִגְרָע מִן הַפְּעֻלּוֹת הַבְּחִירִיּוֹת וְהַטִּבְעִיּוֹת וּמִכָּל מַחְשְׁבוֹת אָדָם וְתַחְבּוּלוֹתָיו עָנְשָׁן וּמַתַּן שְׂכָרָן בְּאֵלֶּה ל' יוֹם כְּלוּם. וּמִן הַצְּלָלִים אֲשֶׁר אָמַרְנוּ יֵשׁ לוֹ בָּבוּאָה רִאשׁוֹנָה וּשְׁנִיָּה כָּל יְמֵי חַיָּיו לֹא כֵן הַשֵּׁדִים שֶׁאֵין לָהֶם לְבוּשׁ זוּלָתִי מֵהָעֲשִׂיָּה שֶׁבַּעֲשִׂיָּה בִּלְבַד. וְהִנֵּה הַשֵּׂכֶל הַפּוֹעֵל הוּא הַמַּלְאָךְ הַמְמֻנֶּה עַל הַהֵרָיוֹן שָׁלִיחַ עֶלְיוֹן לְהַלְבִּישׁ כְּלָלוּת הַתְּמוּנָה הַשְּׁלִישִׁית הַזֹּאת בְּגוּף הָאָדָם וְכָאן יוֹדִיעַ אֵלָיו הָאֵל יִתְעַלֶּה מַהוּת הַצּוּרָה שֶׁתָּחוּל עַל הַטִּפָּה הַמִּזְדַּמֶּנֶת לוֹ בְּאוֹתָהּ שָׁעָה שֶׁהֶחָכָם יִהְיֶה אוֹ סָכָל וְהִיא נִדּוֹנֵית עִם כָּל מָה שֶׁתַּחְתֶּיהָ בִּשְׁלֹשִׁים וָשֵׁשׁ כְּרִיתוּת שֶׁבַּתּוֹרָה כְּנֶגֶד שְׁלֹשִׁים וָשֵׁשׁ מָנֶה דְּרִבּוֹא רִבְּבָן דְּאִינוּן שִׁשִּׁים רִבּוֹא אֻכְלוּסִין כְּמוֹ שֶׁאָנוּ עֲתִידִים לְפָרֵשׁ בְּמַאֲמַר צִבְאוֹת ה' בְּסִיַּעְתָּא דִּשְׁמַיָּא שֶׁהַנֶּפֶשׁ הַחוֹטֵאת נִכְרֶתֶת מֵהֶן וְרָזָא דָא מִנִּשְׁמַת אֱלוֹהַּ יֹאבֵדוּ וְאֵין צָרִיךְ לוֹמַר שֶׁנִּדּוֹנֵית בְּעֶצֶם בַּגֵּיהִנֹּם תַּחְתּוֹן לְפִי צֹרֶךְ הַמֵּרוּק וְהִיא לְבַדָּהּ נֶפֶשׁ הַמַּשְׂכֶּלֶת לְבַעֲלֵי הַמֶּחְקָר אֲשֶׁר אֵין לָהֶם חֵלֶק לְמַעְלָה מִמֶּנָּה תַּחַת כִּי שָׂנְאוּ דַּעַת וּבְתוֹרַת בְּנֵי נֹחַ מָאָסוּ וְגַם הַתּוֹרָה לָהֶם מֵאָז ה' מִסִּינַי בָּא כִּי זָרַח וְהוֹפִיעַ וְלֹא שָׁמְעוּ וְיִרְאַת ה' לֹא בָחָרוּ עַל כֵּן יֹאכְלוּ מִפְּרִי דַּרְכָּם בִּלְעֲדֵי יֶחֱזוּ וְאֵין מוֹרֶה לָהֶם דָּת אֱלֹהִית כְּלָל לְפִיכָךְ בְּחַיֵּיהֶם קְרוּאִים מֵתִים חוֹזִים שׁוֹכְבִים אוֹהֲבֵי לָנוּם שֶׁאֵין לָהֶם נְשָׁמָה אֶלָּא מִן הַצֵּל וּבָהּ כָּל הַרְהוּרִין וּמַחְשְׁבִין דְּהַבְלֵי עָלְמָא וְזוֹ אֵינָהּ מִסְתַּלֶּקֶת בִּשְׁעַת הַשֵּׁנָה כְּמוֹ שֶׁבֵּאַרְנוּ:

מַאֲמַר עוֹלָם קָטָן - סִימָן ד

רְבִיעִית הַדּוֹמֵם בָּאָדָם דְּמוּת תַּחְתּוֹן שִׁפְחָה לִפְנֵי הַמֶּלֶךְ דִּכְתִיב בָּהּ אַךְ לֵאלֹהִים דּוֹמִיָּה נַפְשִׁי הִיא הַנֶּפֶשׁ הַחִיּוּנִית שֶׁרָאֲתָה בְּחוּשׁ וְנִתְקַדְּשָׁה לְמָרָה בְּשָׁעָה שֶׁאָמְרָה עַל הַיָּם זֶה אֵלִי וְאַנְוֵהוּ אֶהְיֶה לוֹ נָוֶה שֶׁהַכִּסֵּא קָרוֹב מִמֶּנָּה אַף אִם נַמְשִׁילֵהוּ בְּעַצְמֵנוּ בַּמַּעֲרָכָה שְׁלִישִׁית וְהַלְּבוּשׁ יוֹתֵר קָרוֹב מִשְּׁנֵיהֶם שֶׁנִּתָּן לִדְרֹשׁ בִּשְׁנִיָּה זֶה וְזֶה עַל צַד הַשְּׁאֵלָה הַקְּרוֹבָה אַךְ אִקּוֹנִין רִאשׁוֹנָה אֵין לָהּ יַחַס עִם הֵיכָל וְלֹא עִם כִּסֵּא וְלֹא עִם לְבוּשׁ רַק חֵלֶק ה' עַמּוֹ וּכְתִיב גַּם בְּנֵיהֶם עֲדֵי עַד יֵשְׁבוּ לְכִסֵּא לָךְ לֹא אָמַר בְּכִסֵּא לָךְ אֶלָּא לְכִסֵּא שֶׁלֹּא נִבְרָא הַכִּסֵּא מֵעִקָּרָא אֶלָּא בִּשְׁבִילָם לְפִיכָךְ פְּנֵי יַעֲקֹב חֲקוּקִים בּוֹ. וְדַע כִּי עִם הַרְכָּבַת הַיְסוֹדוֹת עַל יְדֵי תְּנוּעוֹת הַגְּרָמִים הַשְּׁמֵימִים לָחוּל עֲלֵיהֶם צוּרָה אֱנוֹשִׁית נִרְאֵית לָעֵינַיִם אָז

מִתְחַדֶּשֶׁת הַנֶּפֶשׁ הַזֹּאת הַחִיּוּנִית וִיצִירָתָהּ בְּאוֹתָהּ שָׁעָה בַּצַּד מָה שֶׁהוּא כֹּחַ בְּגוּף לֹא זוּלַת וְיָצָאת לְפָעֳלָהּ וְלַעֲבוֹדָתָהּ עַל יְדֵי הַמַּלְאָךְ שֶׁזָּכַרְנוּ הַמְּמֻנֶּה אוֹתָהּ וּמְצַיֶּרָהּ בִּשְׁתֵּי כֹּחוֹתֶיהָ. הָא' הַבְלָא דְּגַרְמֵי שֶׁהוּא חֹם הַטִּבְעִי בָּסִיס לַנֶּפֶשׁ הַצּוֹמַחַת אֲשֶׁר נִגְזַר עָלֶיהָ עָשִׁיר אוֹ עָנִי וְהִיא הַנֶּפֶשׁ הַבַּהֲמִית שֶׁעֲסָקֶיהָ רָעִים בִּדְבָרִים בְּטֵלִים לְמִי שֶׁנִּגְרָר אַחֲרֵיהֶם וְהַחָכְמָה תָּעֹז לֶחָכָם לִמְשֹׁל בָּהּ עַד רִדְתָּהּ לִהְיוֹת חַיּוֹת קְצָת לְגוּפוֹת הַצַּדִּיקִים בְּקֶבֶר אֲשֶׁר הֵמָּה לִשְׁלֵמוּתָם שֶׁאֵין בְּלִבָּם קִנְאָה מִתְקַדְּשִׁים וּמְטַהֲרִים וְאֵין עַצְמוֹתֵיהֶם מַרְקִיבִין. וְהַשְּׁנִיָּה עִצְבּוּנָא דְּבִשְׂרָא בָּסִיס לַמַּרְגֶּשֶׁת דְּאִתְמַר עָלָהּ גִּבּוֹר אוֹ חַלָּשׁ וְהִיא רוּחַ מְמַלְּלָא בְּהַבְלֵי עָלְמָא וְרִמָּה קָשָׁה לָהּ בְּקֶבֶר כְּמַחַט בִּבְשַׂר הַחַי עַד שֶׁיִּתְעַכֵּל הַבָּשָׂר אַךְ צַדִּיקִים יוֹדוּ לִשְׁמוֹ יִתְבָּרַךְ דִּכְתִיב בָּהוּ אַף בְּשָׂרִי יִשְׁכֹּן לָבֶטַח כִּי הֵם יְשֵׁנֵי אַדְמַת עָפָר נַעֲרָבָה שְׁנָתָם בְּלִי מוֹנֵעַ כִּי אֵין לְרִמָּה חֵלֶק וְנַחֲלָה בִּבְשָׂרָם כְּלָל וְעַצְמוֹתֵיהֶם יַחֲלִיץ שׁוֹפֵט צֶדֶק מֵהַתָּכַת הַרְכָּבָתָם עַד שָׁעָה אַחַת קֹדֶם תְּחִיַּת הַמֵּתִים לְקַיֵּם בָּהֶם וְאֶל עָפָר תָּשׁוּב כִּי הַכֹּל הָיָה מִן הֶעָפָר וְהַכֹּל שָׁב אֶל הֶעָפָר אֲפִלּוּ גַּלְגַּל חַמָּה נַעֲתִידִים צַדִּיקִים שֶׁיִּהְיוּ פְּנֵיהֶם דּוֹמִין לַחַמָּה וְיֶשְׁנָהּ גַּם כֵּן לְזֹאת הַצּוּרָה הַחִיּוּנִית לְכָל אֶחָד מֵאִישֵׁי הַמִּין לֹא יִשְׁתַּתֵּף בָּהּ זוּלָתוֹ אִם לֹא עַל צַד הָעִבּוּר כְּמוֹ שֶׁזָּכַרְנוּ בַּקּוֹדֶמֶת אֵלֶיהָ. וְכָל מִיתָה שֶׁאֵין בָּהּ כָּרֵת בֵּין בְּדִינֵי אָדָם בֵּין בְּדִינֵי שָׁמַיִם מִשְׁפָּטָהּ אָבְדַן הַנֶּפֶשׁ הַחִיּוּנִית בִּלְבַד וְיֵשׁ בְּדִינֵי אָדָם שְׁלֹשִׁים וָשֵׁשׁ גּוּפֵי עֲבֵרוֹת לְהִתְחַיֵּב עֲלֵיהֶם מִיתַת בֵּית דִּין שְׁמֹנָה עָשָׂר בְּנִסְקָלִין עָשָׂר בְּנִשְׂרָפִים שְׁתַּיִם בְּנֶהֱרָגִים וָשֵׁשׁ בְּנֶחְנָקִים אֲשֶׁר יֵשׁ לָהֶם גַּם כֵּן אוֹתוֹ הַיַּחַס עִם ל"ו מָנָה דְּרִבּוֹא רַבָּבָן שֶׁזָּכַרְנוּ הָאִי כִּי אָרְחֵיהּ וְהָאִי כִּי אָרְחֵיהּ וְיָפֶה כֹּחַ בֵּית דִּין שֶׁכָּל חַיָּבֵי כְּרֵיתוּת שֶׁלָּקוּ כָּל שֶׁכֵּן הַמּוּמָתִים עַל יָדָם נִפְטְרוּ מִידֵי כְּרִיתָתָן שֶׁאֵין הַצֶּלֶם שֶׁלָּהֶם נִגְעָל וְגַם הִנֵּה הַנֶּפֶשׁ הַחִיּוּנִית יוֹרֶדֶת שַׁחַת לְהַשְׁלָמַת הַמָּרוּק וְהִיא לְבַדָּהּ עוֹלָה בָּאוֹב לִרְשָׁעִים לְעוֹלָם וְלַצַּדִּיקִים כָּל שְׁנֵים עָשָׂר חֹדֶשׁ בִּלְבַד וְגַם זֶה לֹא שָׁמַעְנוּ רַק בִּשְׁמוּאֵל הָרָמָתִי שֶׁחֶלְקוֹ מִמָּרוֹם כָּבוֹד לַמַּלְכוּת לֹא הוֹדִיעוּהוּ עַד שֶׁהִכִּיר בְּדָבָר וְאָמַר לְשָׁאוּל לָמָּה הִרְגַּזְתַּנִי אַךְ הַמֵּתִים בִּנְשִׁיקָה עַל פִּי ה' אֵין הָאוֹב שׁוֹלֵט בָּהֶם כָּל עִקָּר. וְדַע כִּי הַסָּבוּב הַנֶּאֱמָר בֶּאֱמֶת שֶׁיֵּשׁ בּוֹ חִלּוּף מִינֵי כִּפְשׁוּטוֹ וּמַשְׁמָעוֹ אִי אֶפְשָׁר בְּשׁוּם פָּנִים שֶׁיִּתָּאֵר זוּלָתִי לִשְׁתֵּי הַמַּעֲרָכוֹת הַתַּחְתּוֹנוֹת הָאֵלֶּה יַחַד אוֹ לָאַחֲרוֹנָה בִּלְבַד כְּפִי חֹמֶר הֶעָוֹן בֵּין רַב לִמְעַט אִם בְּסוֹד הַמַּאֲסָר וְאִם בְּאָבְדַן הַצּוּרָה הָרִאשׁוֹנָה וְגַם זוֹ נֶחָמָה רַבָּה הוֹאִיל וְהַצּוּרוֹת הַלָּלוּ פְּרָטִיּוֹת וְכָל אַחַת אִישׁ וְאִישׁ יֵלֵד בָּהּ הִנֵּה מֵעַתָּה חוֹטֵא אֶחָד בִּלְבַד יִלָּכֵד בָּהּ וְרָזָא דָּא ה' בָּעִיר צַלְמָם תִּבְזֶה לְאַפּוּקֵי הַצֶּלֶם וְהַדְּמוּת הָעֶלְיוֹן הַמְיֻחָס לֵאלֹהִים אִם שֶׁיִּהְיֶה הַחִלּוּף לְצַלְמָם הַתַּחְתּוֹן בָּעִיר מַמָּשׁ אוֹ בְּצוֹמֵחַ נִבְזֶה אֲכָלוּ אוֹ בְּרַגְלַיִם תֵּרָמַסְנָה כֶּעָפָר לָדוּשׁ כִּי הוּא תַּכְלִית הַבִּזָּיוֹן וְדַי בָּזֶה כִּי כְּבָר בֵּאַרְנוּ שִׁעוּר מַסְפִּיק הַתִּקּוּן לְכֻלָּם בְּסוֹף מַאֲמָר

חֲקֹר דִּין הוּא הַדָּבָר שֶׁנֶּעְלַם מִסָּבֵי דְּבֵי אַתּוּנָא בְּפֶרֶק קַמָּא דִּבְכוֹרוֹת שֶׁאָמְרוּ לוֹ לְרַבִּי יְהוֹשֻׁעַ בֶּן חֲנַנְיָא אִית לָן רְחְיָא תְּבִירָא חַיְטָא כִּי מָסֹרֶת הָיְתָה בְּיָדָם מִפִּיתָגוֹרָא רַבָּם יְרִידַת פְּלָאִים הַלָּזוֹ וְלֹא יָדְעוּ לָהּ הוּא וְהֵם שׁוּם תִּקּוּן כְּלָל לְכָךְ אָמְרוּ שֶׁהוּא אֶבֶן שְׁבוּרָה וּבִקְּשׁוּ מִמֶּנּוּ מַאי תַּקַּנְתָּא שֶׁקֶל כַּסְקָא מָנָה שֶׁדָּא לְהוּ אָמַר לְהוּ כִּרְכּוּ לִי מָנָה גַּרְדִּי רָמַז לָהֶם סוֹד עִבְרֵי בְּעֵמֶק הַבָּכָא מַעְיָן יְשִׁיתוּהוּ לְקַיֵּם וַעֲסוּתֶם רְשָׁעִים כְּמוֹ שֶׁזָּכַרְנוּ וְהֵם שֶׁתָּקוּ לָהֶם כִּי לֹא הֵבִינוּ וְיִתְמְהוּ מִמַּחְשְׁבוֹתָיו וּבְמָה יִזְכּוּ לְכָךְ אֲפִלּוּ לַהֲלָכָה וְכָל שֶׁכֵּן לְמַעֲשֶׂה וְהוּא קַיָּם בָּהֶם וּמִשְׁפָּטִים בַּל יְדָעוּם:

מַאֲמַר עוֹלָם קָטָן - סִימָן ה

אֵלֶּה אֵפוֹא הֵם אַרְבַּע מַעֲרָכוֹת כּוֹלְלוֹת לְכָל חֶלְקֵי הַנֶּפֶשׁ כְּלָלֵיהֶן וּפְרָטֵיהֶן בְּדִקְדּוּק וּכְבָר יִצְדַּק בָּהֶן עַל צַד אֶחָד מִצִּדְדֵי הַשְּׁאֵלָה אֲשֶׁר יֹאמַר לְתַחְתּוֹנָה נֶפֶשׁ בְּסוֹד ה"א אַחֲרוֹנָה שֶׁל שֵׁם שֶׁנִּיָּה לָהּ רוּחַ וְהִיא עַצְמָהּ וָא"ו שֶׁבְּשֵׁם וּנְשָׁמָה עַל גַּבֵּיהֶן ה"א רִאשׁוֹנָה אַךְ מַעֲרָכָה גְּדוֹלָה שֶׁזָּכַרְנוּ רִאשׁוֹנָה הִיא נִשְׁמְתָא לְנִשְׁמְתָא יוּ"ד שֶׁבְּשֵׁם וְהַזּוֹכִים בְּאַרְבַּע מַעֲרָכוֹת אֵלֶּה כְּפִי הַמְּכֻוָּן בָּהֶן לְיוֹצֵר בְּרֵאשִׁית הוּא יְחִידוֹ שֶׁל עוֹלָם הַנִּרְמָז בְּקוֹצוֹ שֶׁל יוּ"ד הֵם הַקּוֹצְרִים בְּשָׂדֶה אֲשֶׁר בֵּרְכוֹ ה' מְחַצְּדֵי חַקְלָא קַדִּישָׁא וְהַמִּלָּה הַנִּכְבֶּדֶת הַזֹּאת נוֹטָרִיקוֹן לִכְלַל הַדָּרוּשׁ מְדַבֵּר חַי צוֹמֵחַ דּוֹמֵם שֶׁהֵם עִם הַכּוֹלֵל בְּגִימַטְרִיָּא צְבָאוֹת וְאִתְּמַר בָּהוּ ה' עִמָּכֶם בְּאַרְבַּע אֶתְוָן דְּלִיָּה שֶׁהָיוּ בֹּעַז עוֹבֵד יִשַׁי דָּוִד מֶרְכָּבָה אֲלֵיהֶן וּכְתִיב ה' הוּא הָאֱלֹהִים לְפִיכָךְ אוֹתִיּוֹת הָרִאשׁוֹנוֹת לְאַרְבַּעְתָּן דַּעֲלַיְהוּ אִתְּמַר וְאַתָּה ה' מָגֵן בעד"י הֵן הֵנָּה בְּגִימַטְרִיָּא אֱלֹהִים אֶמְצָעוּת עִם הַכּוֹלֵל גִּימַטְרִיָּא שְׁכִינָה אַחֲרוֹנוֹת גִּימַטְרִיָּא כ"ה כִּנּוּי אֵלִיָּה רָזָא דכ"ב אַתְוָן דְּאוֹרַיְתָא וּתְלַת אַבְהָן אֵלּוּ וָאֵלּוּ עִם הַתֵּבוֹת גִּימַטְרִיָּא צְבָאוֹת וְדַי בָּזֶה וְעַל יְדֵי כֵּן נִקְרָא שֵׁם מָלֵא עַל עוֹלָם מָלֵא וּמִזֶּה הַטַּעַם בֶּאֱמֶת וְיָשָׁר יִקְרָא הָאָדָם הַשָּׁלֵם עוֹלָם קָטָן וְהַיְינוּ דִּתְנִינַן הָעוֹסֵק בַּתּוֹרָה לִשְׁמָהּ כָּל הָעוֹלָם כֻּלּוֹ כְּדַאי הוּא לוֹ אֲשֶׁר הָעָם שֶׁכָּכָה לוֹ וְגוֹמֵר:

סְלִיק מַאֲמַר עוֹלָם קָטָן

סֵפֶר

עֲשָׂרָה מַאֲמָרוֹת

מַאֲמַר הָעִתִּים

מַאֲמַר הָעִתִּים - סִימָן א

הָעִתִּים הַמְּפֹרָשִׁים בְּסֵפֶר קֹהֶלֶת לְמֶלֶךְ הֶחָכָם מִכָּל אָדָם צְרִיכִים בֵּאוּר בָּרוּר יַצִּיב וְנָכוֹן לְהָבִין וּלְהַשְׂכִּיל בְּעֶצֶם הַדְּבָרִים יְסוֹדָם וְעָמְקָם לְפִי הַפְּשָׁט הַנִּגְלֶה יָשָׁר וְנֶאֱמָן לְמַעַן דַּעַת הַסֵּדֶר הַכּוֹלֵל בָּהֶם וְקָשׁוּר יִשּׁוּב חֶלְקֵיהֶם זוּג זוּג בְּצֶדֶק וּמִשְׁפָּט וּמֵישָׁרִים וּמַדּוּעַ בְּרֻבָּם קָדְמוּ הָרָעוֹת אֶל הַטּוֹב לְפִי הַמְפֻרְסָם וְלִפְעָמִים בְּהֵפֶךְ כִּי גַּם בְּמִקְצָתָם יִזָּכֵר אֶת הַטּוֹבָה תְּחִלָּה וְלֹא נוּכַל לְהִתְעַלֵּם מִתַּת טוּב דַּעַת וְטַעַם לְהַמְשִׁיךְ הַזּוּגוֹת זֶה אַחַר זֶה בְּשִׁוּוּי כְּלָלֵיהֶם וּפְרָטֵיהֶם יַחְדָּו וְהִתְחַסֵּם אַהֲדָדֵי כְּגוֹן הֵיכָא דְּפֶתַח בְּמַאי דְּדָמֵי לְדַסְלִיק מִנֵּיהּ אִם טוֹב וְאִם רָע וְלָמָּה שֵׁנָּה בְּמִקְצָתָם לִסְמֹךְ הָעִתִּים אֶל הַשֵּׁם וְלֹא אֶל הַפֹּעַל כְּגוֹן עֵת מִלְחָמָה וְעֵת שָׁלוֹם וְלֹא אָמַר עֵת לִלְחֹם וְעֵת לְהַשְׁלִים וּבְאֵלֶּה הַשֵּׁמוֹת לֹא בָּאָה בָּהֶם לַמ"ד כְּלָל וְכָל הַשְּׁאָר נִשְׁתַּנּוּ בִּשְׁנֵי דְּבָרִים הָאֶחָד כִּי כֻּלָּם נִסְמְכוּ אֶל הַפֹּעַל לָלֶדֶת לָמוּת לָטַעַת. וּלְעִנְיַן הַלַּמ"ד הֶחֱלִיף הַמְּלִיצָה בָּהֶם בְּשִׁנּוּי רַב כִּי יֵשׁ זוּגוֹת שֶׁבָּאוּ בָם הַצְּדָדִים שְׁנֵיהֶם בְּלַמ"ד וְלִפְעָמִים שְׁנֵיהֶם בִּלְתִּי לַמ"ד וּמֵהֶם שֶׁהַחֲצִי מְשֻׁנֶּה בָּזֶה מֵחֶצְיוֹ כִּי בָא תְּחִלָּתוֹ בְּלַמ"ד וְסוֹפוֹ בִּלְעָדֶיהָ וְאִלּוּ הָיָה בְּהִפּוּךְ הֶחֱרַשְׁתִּי כִּי הַלַּמ"ד צוֹפִיָּה הֲלִיכוֹת הַתַּכְלִית הַמֻּשֶּׂגֶת בָּאַחֲרוֹנָה וְכָל שֶׁכֵּן בְּאוֹתוֹ זוּג שֶׁבָּא בוֹ הַהֵפֶךְ הַזֶּה כְּפִי מָה שֶׁנְּבָאֲרֵהוּ בֶּאֱמֶת וְיָשָׁר כִּי הוּא הַגּוֹרֵם לִכְאוֹרָה גֹּדֶל הַתְּמַהּ בּוֹ וְעוֹד שֶׁאֵין זוּלָתוֹ כַּסֵּדֶר הַזֶּה וְהוּא עֵת לְהַשְׁלִיךְ אֲבָנִים וְעֵת כְּנוֹס אֲבָנִים כִּי קָרוֹב הַכְּנוּס מְאֹד לַתּוֹעֶלֶת הַמִּתְבַּקֶּשֶׁת יוֹתֵר מֵהַהַשְׁלָכָה דּוֹק הַקּוּשְׁיָא הַחֲזָקָה וְהִיא כְּפוּרַחַת מֵעֶצֶם הַבֵּאוּר בִּכְפָלַיִם עֲמֹד עָלָיו וְתִשְׁכַּח הַתֵּרוּץ הָאֲמִתִּי בְּצִדָּהּ וּמִכָּל מָקוֹם יִקְשֶׁה עוֹד בְּכָאן בִּכְלַל הֶהָעָרוֹת הֶכְרֵחִיּוֹת הָאֵלֶּה לָמָּה תֶּחְסַר הַלַּמ"ד בְּשֶׁגַּם אֶחָד מֵהֶם כִּי אֲפִלּוּ הָרָעוֹת שֶׁכֻּלָּן וַדַּאי בְּהַשְׁגָּחָה אֵינָן אֶלָּא הַזְמָנָה גְּדוֹלָה לַתַּכְלִית הַטּוֹבָה כִּי טוֹבוֹת הֵנָּה הַרְבֵּה יוֹתֵר מִן הַטּוֹבוֹת אִם יְדֻמֶּה שֶׁתָּבֶאנָה

בְּמִקְרֶה אַךְ מָה שֶׁיַּחֲשֹׁב לֶהָמוֹן בָּאוּ עַל צַד הַהִזְדַּמֵּן גַּם הוּא מִשְּׁלוּחֵי הַהַשְׁגָּחָה בְּלִי סָפֵק וְהַכֹּל מְבֹאָר מְאֹד כְּאוֹתוֹ שֶׁשְּׁנִינוּ מְבָרְכִין עַל הָרָעָה מֵעֵין הַטּוֹבָה וְעַל הַטּוֹבָה מֵעֵין הָרָעָה וְהוּא שֶׁאָמַר קֹהֶלֶת טוֹב כַּעַס מִשְּׂחוֹק וְדַי בָּזֶה עַתָּה. וְצָרִיךְ גַּם כֵּן לָדַעַת לָמָּה נִתְיַחֲדוּ כָּאן בִּכְלָל הַדָּרוּשׁ הַמְּאֹרָעוֹת הָאֵלֶּה מִכָּל זוּלָתָן וּמַאי אֲלִמַיְהוּ דְּהָנֵי וְלָמָּה פֵּרֵשׁ בְּמִעוּטָם בִּלְבַד נוֹשֵׂא הַפְּעֻלָּה כְּגוֹן לַעֲקֹר נָטוּעַ לְהַשְׁלִיךְ אֲבָנִים לֹא כֵן בְּכֻלָּם וְטַעַם בְּכֶפֶל בְּעֵת לְהַשְׁלִיךְ כִּי הוּא לְבַדּוֹ נִזְכַּר פַּעֲמַיִם וְלֹא הַשְׁוֶה מִדּוֹתָיו לְפָרֵשׁ הַדָּבָר הַמֻּשְׁלָךְ אֶלָּא בָּרִאשׁוֹן וּבַשֵּׁנִי לֹא כֵן וְעוֹד הָאֶחָד מֵהֶם הוּא שֶׁכְּנֶגְדּוֹ עֵת כְּנוֹס וְהִקְדִּים הַהַשְׁלָכָה וְאִידָךְ עֵת לִשְׁמֹר תְּחִלָּה וְסִדֵּר וְעֵת לְהַשְׁלִיךְ סְתָם וּוַדַּאי חִלּוּף הַנּוֹשֵׂא הוּא הוּא הַגּוֹרֵם וְצָרִיךְ לָדַעַת אֵיךְ וּמָה עִם רִבּוּי הַשִּׁנּוּיִים בְּרֻבָּם וּכְבָר זָכַרְנוּ מִקְצָתָם לְמַעְלָה וְהוּא כֶּפֶל הַהַרְגָּשָׁה לְכָל מַעְיָן יָשָׁר הוֹלֵךְ וְיֵשׁ גַּם כֵּן עֵת לִרְחוֹק מֵחַבֵּק אֲשֶׁר אֵינֶנּוּ דוֹמֶה לַאֲחֵרִים כְּלָל וּנְדַבֵּר בּוֹ לְקַמָּן:

מַאֲמַר הָעִתִּים - סִימָן ב

וְאֶחֱזֶה אָנֹכִי אָשִׁית לִבִּי כִּי הָעִתִּים הַמְּזֻמָּנִים הָאֵלֶּה יְעִידוּן יַגִּידוּן בְּחָכְמָה וּבִתְבוּנָה וּבְדַעַת מֵרֵאשִׁית הַתּוֹלָדוֹת עַל מְאֹרְעוֹת הָאָדָם בָּעוֹלָם הַזֶּה בְּסִדּוּר נִפְלָא וְקֶשֶׁר אַמִּיץ בְּקְדִימַת הַקְּלִפָּה לְהַפְּרִי הִנֵּה כִּי כֵן יָפֶה לָהֶם לַצַּדִּיקִים שֶׁתְּחִלָּתָן יִסּוּרִים וְסוֹפָן שַׁלְוָה כִּי אַחֲרִיתָהּ לְאִישׁ שָׁלוֹם וְאוּלָם בַּעֲבוּר זֹאת פֶּתַח דְּבָרָיו יַזְהִיר יָבִין פְּתָאִים כִּי סוֹף הַמַּעֲשֶׂה לִיצִירַת הָאָדָם מִתְּחִלַּת הַמַּחֲשָׁבָה לֹא הָיָה וְלֹא נִבְרָא אֶלָּא לְהַרְבּוֹת אֶת הַדְּמוּת הַהוֹלֵךְ אֹרַח יֹשֶׁר יִדַּמֶּה לָעֶלְיוֹן בְּכִשְׁרוֹן מַעֲשָׂיו וְהִיא מִצְוָה רִאשׁוֹנָה לְאָדָם וְחַוָּה שֶׁנִּתְבָּרְכוּ בָּהּ בְּיוֹם הִבָּרְאָם לְפִיכָךְ אָמַר עֵת לָלֶדֶת מִלְּתָא דִּרְמִיָּא עַל הַהוֹרִים שְׁנֵיהֶם אַף עַל גַּב דְּאִיהִי לֹא מִפַּקְדָא וְנִמְצָא הַפּוֹעַל הַזֶּה הַקַּל בְּכָל אֶחָד מֵהֶם וְאַרְפַּכְשַׁד יָלַד. וַתֵּלֶד שָׂרָה וְדוֹמֵיהֶם. וְעֵת לָמוּת הַשּׁוֹמֵעַ סָבוּר שֶׁהוּא עַל מוּת לַבֵּן וְאֵינוֹ כֵּן אֶלָּא עַל הַיּוֹלֶדֶת שֶׁיַּרְכוֹתֶיהָ מִצְטַנְּנוֹת כַּאֲבָנִים וְכָאֵלּוּ הִיא מֵתָה מֶחֱצְיָהּ וּלְמַטָּה כַּנּוֹדָע אַלְמָא מֵתָה הִיא בְּאוֹתָהּ שָׁעָה וְסוֹפָהּ לִחְיוֹת. וְאֵינוֹ רָחוֹק לְפָרֵשׁ עִם זֶה עֵת לָלֶדֶת עַל הָאָב וְעֵת לָמוּת עַל הָאֵם כִּדְאָמְרָן הוֹאִיל וְהָאִשָּׁה הֵבִיאָה מִיתָה לָעוֹלָם. וּלְפִי שֶׁרָצָה בְּסוֹף הָעִתִּים לְסַיֵּם בְּשֶׁבַח הַנּוֹלָדִים בְּנֵי קַיָּמָא וְהַשָּׂגַת תַּכְלִיתָם שֶׁלֹּא תֹהוּ נִבְרְאוּ לָשֶׁבֶת נֻצָּרוּ בִּישִׁיבַת שְׁנֵי עוֹלָמוֹת הִתְחִיל בִּגְנוּת הַנְּפָלִים שֶׁכֵּן רֵאשִׁית מְצִיאָתָם עֵת לָטַעַת וְלֹא אָמַר לִנְטֹעַ כְּמִעֵט שֶׁהִיא נְטִיעָה בְּטָעוּת בְּנֵפֶל טָמוּן לֹא יֵרָאֶה אוֹר וְשַׁיָּךְ בָּהּ לְשׁוֹן נְטִיעָה כִּי הָאָדָם עֵץ הַשָּׂדֶה הוּא. וְעֵת לַעֲקֹר נָטוּעַ בְּסוֹפָם וּפֵרֵשׁ בָּהֶם נוֹשֵׂא הַפְּעֻלָּה לִכְלֹל כָּל שֶׁלֹּא שָׁהָה שְׁלֹשִׁים יוֹם בְּהָאָדָם אַף עַל פִּי שֶׁיָּצָא לַאֲוִיר הָעוֹלָם וְגָמְרוּ שְׂעָרָיו וְצִפָּרְנָיו. וְעוֹד נָטוּעַ קָרְיָהּ קָרָא בִּשְׁעַת עֲקִירָתוֹ כְּלוֹמַר כִּי אֵין הָעֲקִירָה לְאֶפֶס תִּקְוָה

כִּי נָטוּעַ הוּא מִשֵּׁשֶׁת יְמֵי בְּרֵאשִׁית אֲשֶׁר פִּרְיוֹ יִתֵּן בְּעִתּוֹ הַיָּדוּעַ לְחֵפֶץ חֶסֶד וְדֶרֶךְ חַיִּים אֵלָיו תּוֹכַחַת מוּסָר. וְעַל הַיְּלוּדִים לָמוּת עַל יְדֵי מַלְאַךְ הַמָּוֶת בְּחַרְבּוֹ הַקָּשָׁה כְּדֶרֶךְ כָּל הָאָרֶץ וּבִכְלָל כָּל מִיתַת אוֹנְסִין אָמַר עֵת לַהֲרֹג וְעַל תְּחִיַּת הַמֵּתִים אָמַר וְעֵת לִרְפּא הַשָּׁוֶה מְדוּתָם י יִשְׁעוֹמְדִים כֻּלָּם בְּמוּמָן וּמִתְרַפְּאִין בְּשֶׁמֶשׁ צְדָקָה כִּי לֹא עַל הַחִגֵּר וְהַסּוּמָא חַסְרֵי אֵבֶר וְדוֹמֵיהֶם בִּלְבַד הַדְּבָרִים אֲמוּרִים וְכָל יֶתֶר מֵמֶּן נִסְתָּרִים וְנִגְלִים אֶלָּא יֵשׁ בִּכְלָלָם מוּם קָבוּעַ גָּלוּי וְיָדוּעַ צָרִיךְ רְפוּאָה רַבָּה וְהוּא שֶׁפְּשָׁטָם כָּתְנוֹת אוֹר וְלִבְּשָׁם כָּתְנוֹת עוֹר חֲלִיפָתָם כִּי תִּתְעַכֵּל זֻהֲמָתָם בֶּעָפָר וְאַף עַל פִּי כֵן יִחְיוּ מֵתֵינוּ וְשָׂם עוֹר עֲלֵיהֶם וְשָׁבוּ וְשִׁחֲרוּ אֶל לְעֵינֵי שֶׁמֶשׁ צְדָקָה וְנֶעְתַּר לָהֶם וּרְפָאָם:

מַאֲמַר הָעִתִּים - סִימָן ג

נְעַדִּין בְּכָל אֵלֶּה הָעִתִּים שֶׁזָּכַר רִאשׁוֹנָה וּבְבַעֲלֵי הַמְּאֹרָעוֹת הָהֵם לֹא סִפֵּר מִמַּעֲשֵׂיהֶם כְּלוּם שֶׁיַּגִּיד לְאָדָם יָשְׁרוֹ עִם שֶׁיִּהְיֶה לָאַחֲרוֹנָה מַשְׁמָע מִסְתָּמָא שֶׁהָיוּ דְּבָרָיו כָּאן מִמִּי שֶׁמֵּת בְּלֹא בָּנִים לְפִיכָךְ אָמַר עֵת לִפְרֹץ שְׁכוֹל וְאַלְמוֹן וְעֵת לִבְנוֹת בְּסוֹד הַיִּבּוּם שֶׁזֶּה הַלָּשׁוֹן דַּוְקָא נֶאֱמַר עָלָיו בַּתּוֹרָה בִּגְנוּת מִי שֶׁאֵינוֹ מְיַבֵּם. וְעַל הַיְבָמָה שֶׁבַּחֲלוֹף הָעִתִּים יִצְדַּק לוֹמַר בָּהּ בְּכִי וְשֵׁרוּת אָמַר עֵת לִבְכּוֹת וְעֵת לִשְׂחוֹק דְּכָל חֲדָא מָנַיְהוּ מִצְוָה בְּאַנְפֵּי נַפְשָׁהּ וּמִבָּעֵי לְקַיְּמוּהָ לִשְׁמָהּ. וְעַל הַשְּׁכֵנוֹת אֲשֶׁר יָדַעְתָּ סוֹדָן בְּזִוּוּגָם שֶׁל בֹּעַז וְרוּת הֵן הֵנָּה נָשִׁים שֶׁאֲנָנוּת גּוֹמְלוֹת חֲסָדִים תָּמִיד מֵעֵין הַמְּאֹרָע בְּבֵית הָאֵבֶל וּבְבֵית הַמִּשְׁתֶּה אָמַר עֵת סְפוֹד כְּגוֹן בְּמִיתַת מַחְלוֹן וְעֵת רְקוֹד בְּחֻפַּת בֹּעַז וְלֵדַת עוֹבֵד וְהַהֶקֵּשׁ בְּדוֹמִים. וּלְפִי שֶׁהַשְּׁכֵנוֹת הַלָּלוּ וּמַעֲשֵׂיהֶם לָאו לְגוּפַיְהוּ אִצְטְרִיכוּ אֶלָּא לְצַוְתָּא בְּעָלְמָא בָּאוּ שְׁנֵי פְּעָלִים אֵלֶּה בְּלֹא למ"ד לְהוֹרוֹת כִּי אֵין דָּבָר מִזֶּה מַגִּיעַ אֲלֵיהֶם שֶׁיִּבָּקֵשׁ בִּשְׁבִילוֹ לִפְנוֹת אֶל הַתַּכְלִית עַל יָמִין אוֹ עַל שְׂמֹאל אֶלָּא גְּמִילוּת חֲסָדִים בְּעָלְמָא וְעוֹד נוֹסִיף בְּסָמוּךְ עַל בֵּאוּר יוֹתֵר מְתֻיַּשָּׁב וְנָכוֹן. אָמַר עֵת לְהַשְׁלִיךְ אֲבָנִים עַל סוֹד הַחֲלִיצָה שֶׁאֵין כָּאן יִבּוּם שֶׁנִּקְרָא בִּנְיַן אֲבָנִים וּתְמוּרָתוֹ חֲלִיצָה רְקִיקָה וַחֲבִיטַת הַמִּנְעָל בַּקַּרְקַע וּקְרִיאַת הַפָּסוּק לְבַסּוֹף הַמַּעֲשִׂים וְהַהַכְרָזָה ג' פְּעָמִים חֲלוּץ הַנַּעַל אֲשֶׁר בְּצַד"י רַבָּתִי דאי"ק הוּא בְּגִימַטְרִיָּא נֶפֶשׁ רוּחַ נְשָׁמָה חַיָּה יְחִידָה לְלַמֵּד שֶׁהֻתַּר הַקֶּשֶׁר מג' תַּחְתּוֹנוֹת אַהֲדָדֵי נְשָׁמָה בַּחֲלִיצָה רוּחַ בִּרְקִיקָה נֶפֶשׁ בַּחֲבִיטַת הַמִּנְעָל וּמִשְּׁלָשְׁתָּן לָעֶלְיוֹנוֹת שֶׁהֵן מִתְעַלְּמוֹת מֵאֲשֶׁר לֹא יִבְנֶה אֶת בֵּית אָחִיו וְהָרֶמֶז בִּקְרִיאָה וְהִנֵּה כָּאן פֵּרֵשׁ הַכָּתוּב נוֹשֵׂא פְּעֻלַּת הַהַשְׁלָכָה לַחֲשִׁיבוּתוֹ וְכֵן בְּשֶׁנֶּגְדּוֹ כִּי אֲבָנִים הֵם רֶמֶז לָאוֹר הַנְּשָׁמוֹת כְּטַעַם רוֹעֶה אֶבֶן יִשְׂרָאֵל וְהַהַשְׁלָכָה אֲלֵיהֶן לְפִי שָׁעָה שֶׁזּוֹכֵר הַכָּתוּב בָּזֶה הוּא לִפְרֹק הַחִבּוּר כִּדְאָמְרַן וּלְהַתָּרַת הַקֶּשֶׁר שֶׁהָיָה גּוֹרֵם עַד עַתָּה הֱיוֹתָן תְּלוּיוֹת בְּדַעַת הַיָּבָם. וְעַל הַתִּקּוּן הַמְּקֻוֶּה לְחֶלְקֵי הַנֶּפֶשׁ מֵהָאָח

הַמֵּת אַחַר הַחֲלִיצָה כַּמְבֹאָר בְּזֹהַר אָמַר וְעֵת כְּנוּס אֲבָנִים בְּלֹא למ"ד וְהוּא כֶּפֶל הַקּוּשְׁיָא שֶׁעוֹרַרְנוּ לְמַעְלָה לְכֹחַ אַמִּיץ הִנֵּה וְזֶה כִּי לִהְיוֹת הַכְּנוּס אֲלֵיהֶם הוּא הַדָּבָר הַמֵּבִיא אֶל הַתִּקּוּן לָמָּה יִבָּצֵר מִמֶּנּוּ שִׁמּוּשׁ הלמ"ד הַמּוֹרֶה עַל בַּקָּשַׁת הַתַּכְלִית וְהַצִּפִּיָּה אֵלֶיהָ. אָכֵן מֶלֶךְ בַּמִּשְׁפָּט יְכַלְכֵּל דְּבָרָיו וְתֵרֶב חָכְמַת שְׁלֹמֹה לְהַזְהִירֵנוּ כִּי אֲנַחְנוּ לֹא נֵדַע מִצְוָה זוֹ עַל יְדֵי מִי תִּשְׁתַּלֵּם מִן הַשָּׁמַיִם אַחֲרֵי שֶׁהָאָח הַחַי פָּטַר אֶת עַצְמוֹ מִמֶּנָּה שֶׁאִלּוּ הָיְתָה מָסֹרֶת בְּיָדֵינוּ תִּצְדַּק בָּהּ קְדִימַת הלמ"ד כְּמוֹ שֶׁבָּאָה בְּעֵת לִבְנוֹת לְטַעַם הַכָּתוּב שֶׁפֵּרֵשׁ בּוֹ אִם יָשִׂים אֵלָיו לִבּוֹ רוּחוֹ וְנִשְׁמָתוֹ אֵלָיו יֶאֱסֹף אַךְ קָרוֹב מַצְדִּיק בְּרִיּוֹתָיו בָּרוּךְ הוּא כִּי תְּחִלַּת הִזְדַּמְּנוּתָיו לְפָעֳלוֹ הֲלֹא הוּא הַצֶּדֶק מִשָּׁמַיִם נִשְׁקָף בַּעֲשׂתוֹ נוֹרָאוֹת לֹא נְקַוֶּה תַּכְלִית זוּלָתוֹ וְהָעוֹלֶה מִזֶּה בִּתְחִלַּת הָעִיּוּן כִּי חֶסְרוֹן הלמ"ד בְּעִתִּים הַלָּלוּ זִמֵּן יְחַשֵּׁב לַחֲלִשַׁת הַסִּבָּה הַגּוֹרֶמֶת הַפְּעֻלָּה הַהִיא כְּמוֹ שֶׁפֵּרַשְׁנוּ בְּעֵת סְפוֹד וְעֵת רְקוֹד זִמֵּן לְשֶׁבַח הַפְּעֻלָּה שֶׁהִיא עַצְמָהּ הַתַּכְלִית וְהוּא בֵּאוֹרְנוּ כָּאן בְּעֵת כְּנוּס אֲבָנִים וְזֶה עִקָּר עַד שֶׁאֲפִלּוּ בְּעֵת סְפוֹד וְעֵת רְקוֹד קָרוֹב הַדָּבָר מְאֹד כִּי לִהְיוֹתוֹ גְּמִילוּת חֲסָדִים דַּוְקָא לֹא לָשׂוּם פְּנִיָּה אַחֶרֶת הִיא חֲשִׁיבוּתָן וְהַשְׁלָמַת מְלַאכְתָּן וּלְעוֹלָם חֶסְרוֹן הלמ"ד יִדָּרֵשׁ לְשֶׁבַח וּמָנָה לֹא תָזוּעַ. עַד כָּאן מַחֲנוֹת הָעִתִּים לְזוּגִים הָעֲקֻמִּים לְמַרְאֵה עֵינַיִם בָּרוּךְ הַמֶּלֶךְ הַקָּדוֹשׁ שֶׁאֵין כָּמוֹהוּ כִּי הוּא לְבַדּוֹ יוֹדֵעַ רוֹצֶה יָכוֹל עוֹסֵק בְּתַקָּנַת כָּל בְּרוּאָיו תָּמִיד וְתוֹכַחַת מוּסָר לְנֶפֶשׁ וּלְבָשָׂר וּלְכָל חֶפְצֵיהֶם מֵאָבִינוּ שֶׁבַּשָּׁמַיִם הֵן הִנֵּה הָיוּ דֶּרֶךְ חַיִּים לָנוּ וּלְבָנֵינוּ עַד עוֹלָם:

מַאֲמַר הָעִתִּים - סִימָן ד

וְעַל הַלִּקּוּחִים הַיְשָׁרִים הַנָּאִים וְהַמְשֻׁבָּחִים וְהֵם הַמַּצְלִיחִים לְיִשּׁוּבוֹ שֶׁל עוֹלָם מִתְּחִלָּתָם וְעַד סוֹפָם אָמַר עֵת לַחֲבוֹק בְּלֵיל טְבִילָה בִּצְנִיעוּת וּפִיּוּס בְּשׁוּבָה וְנַחַת מֵהוֹרָאַת בִּנְיַן הַקַּל שֶׁלֹּא יְהֵא אָץ בָּרַגְלַיִם חוֹטֵא כִּי הַשָּׁהוּי וְהַמָּתוּן גּוֹרֵם שֶׁהָאִשָּׁה מַזְרַעַת תְּחִלָּה וְאָז שְׂכַר פְּרִי הַבֶּטֶן הוּא נַחֲלַת ה' בָּנִים. וְעֵת לִרְחוֹק מֵחַבֵּק בִּשְׁעַת נִדָּתָהּ וְאֵין זֶה תֹּאַר אֹמֵר עַל אָדָם דְּעָלְמָא שֶׁהָיָה חוֹבֵק אוֹ מְחַבֵּק נָוַת צִדְקוֹ וּבָא עִתּוֹ לִרְחוֹק בְּאָמְרָהּ לוֹ כְּשׁוֹשַׁנָּה אֲדֻמָּה רָאִיתִי שֶׁהֲרֵי מִלַּת מְחַבֵּק הָאֲמוּרָה כָּאן אֵינוֹ מוֹרֶה עַל הַמְּתֹאָר וְלֹא פֹּעַל בֵּינוֹנִי אֶלָּא מָקוֹר וצִיר"י הַמֵּ"ם לָעֵד שֶׁכֵּן מִשְׁפָּטוֹ לִרְחוֹק מִהְיוֹת חוֹבֵק וְהַכַּוָּנָה לֶאֱסֹר כָּל מִינֵי קְרִיבוּת אֲבָל רֵישָׁא דִּקְרָא וַדַּאי מְיָרֵי לַחֲבוֹק תַּשְׁמִישׁ וּלְשַׁנָּא מְעַלְיָא נָקִיט הוֹאִיל וְכֵן הוּא הָאֱמֶת לֹא תֵּימָא גַּם וְעֵת לִרְחוֹק אֵינוֹ אֶלָּא תַּשְׁמִישׁ קָא מַשְׁמַע לָן שֶׁאַף שְׁאָר קְרִיבוּת אֲסוּרִים וְשַׁפִּיר קָאָמַר לִרְחוֹק בלמ"ד שֶׁהִיא כַּוָּנַת הַתַּכְלִית דְּהָא כָּל אִשָּׁה שֶׁדָּמֶיהָ מְרֻבִּין בָּנֶיהָ מְרֻבִּין וּכְשֵׁם דְּרֵישָׁא כְּתִיב לַחֲבוֹק לְשׁוֹן קַל סֵיפָא נָמֵי לִרְחוֹק לְשׁוֹן קַל שֶׁמִּכָּל מָקוֹם מֻתָּר לְהִתְיַחֵד עִם אִשְׁתּוֹ נִדָּה שֶׁאֵין יִצְרוֹ תּוֹקְפוֹ. וְחִבּוּק דְּסֵיפָא לְשׁוֹן כָּבֵד הוּא לְלַמֵּד

שֶׁהָרָחוֹק בִּזְמַנּוֹ גּוֹרֵם חִזּוּק הַחִבּוּק בְּעוֹנָתוֹ בְּהִסְתַּלֵּק הַמּוֹנֵעַ לְרִבּוּי הַתּוֹעֶלֶת הַנִּמְשָׁךְ מִמֶּנּוּ הוֹאִיל וּבָנֶיהָ מְרֵבִּין כִּדְאָמְרָן. עֵת לְבַקֵּשׁ בְּתַחֲנוּנִים מִן הַשָּׁמַיִם שֶׁיִּתְּנוּ לָהּ בָּנִים הֲגוּנִים וִיהִי עִמָּם בְּלֵילֵי שַׁבָּתוֹת וְיָמִים טוֹבִים וְדוֹמֵיהֶם. וְעֵת לְאַבֵּד פֵּרֵשׁ לְהַעֲלִים עַצְמוֹ מִן הַזִּוּוּג כַּאֲבֵדָה הַמִּתְבַּקֶּשֶׁת בְּעָתָהּ בְּעוֹנַת תַּלְמִידֵי חֲכָמִים אַךְ הֶעְלֵם הַזֶּה רָאוּי וּמְחֻיָּב בִּימוֹת הַחֹל אִם אֵין שָׁם הַזְמָנַת קְדֻשָּׁה כְּגוֹן לֵיל טְבִילָה וְכַיּוֹצֵא בּוֹ. עֵת לִשְׁמֹר מִשֶּׁנִּקְלַט הַזֶּרַע שֶׁלֹּא יַעֲשֶׂה סַנְדָּל וְעֵת לְהַשְׁלִיךְ סְתָם וְלֹא פֵּרֵשׁ לְגֵרָעוֹן הַנּוֹשֵׂא שֶׁהוּא הַמּוּתָּרוֹת כְּמוֹ שִׁיבָא וְאֵינֶנּוּ מֵעֵין הַצַּד שֶׁכְּנֶגְדּוֹ שֶׁהוּא עֲקַר פְּרִי וְעוֹד שֶׁאֵין בּוֹ תּוֹעֶלֶת בְּדָבָר הַמֻּשְׁלָךְ כִּי הָא דִּתְנַן כָּל שֶׁאֵינוֹ כָּשֵׁר לְהֶצְנֵעוֹ וְאֵין מַצְנִיעִין כָּמוֹהוּ לַאֲתוּיֵי דַּם נִדָּה דַּאֲפִלּוּ לְשַׁבְּרָא לָא חֲזֵי כֵּיוָן דְּחָלְשָׁא וְכָאן הוּא הַדָּם הַשּׁוֹתֵת שֶׁמַּתְחִיל קֹדֶם הַלֵּדָה לְמָרֵק הָאֵם מִן הַמּוּתָּרוֹת וּמוֹעִיל גַּם כֵּן לְהָרִים מִכְשׁוֹל מִנַּחַל בַּדֶּרֶךְ אֶל הַנַּעַר הַיּוֹלֵד פֶּן יִשְׁתֶּה מִמֵּי הַמָּרִים הַמְאָרְרִים הָהֵם לְפִיכָךְ אֵין פְּתִיחַת הַקֶּבֶר בְּלֹא דָּם. עֵת לִקְרֹעַ הָרֶחֶם עַל יְדֵי נְשִׁיכַת הַנָּחָשׁ כִּדְכְתִיב לַפֶּתַח חַטָּאת רוֹבֵץ בְּסוֹד הַשֵּׁם קר"ע שט"ן אֲשֶׁר יָדַעְתָּ. וְעֵת לִתְפֹּר שֶׁהוּא תִּקּוּן הַקְּרִיעָה וְהָפְכָהּ בִּסְתּוּם פִּי הָרֶחֶם אַחַר הַלֵּדָה. עֵת לַחֲשׁוֹת שֶׁלֹּא יַרְבֶּה שִׂיחָה עִם הָאִשָּׁה בְּאִשְׁתּוֹ אָמְרוּ בִּימֵי נִדָּתָהּ דִּכְתִיב נֶאֱלַמְתִּי דוּמִיָּה הֶחֱשֵׁתִי רָאשֵׁי תֵּבוֹת נִדָּה וְכֵן בִּימֵי הַלֵּדָה דִּכְתִיב בָּהּ וְטָמְאָה שִׁבְעַת יָמִים. וְעֵת לְדַבֵּר בְּלֵיל שְׁמִינִי עַל יְדֵי טְבִילָה בִּזְמַנָּהּ כִּי הָא דִּתְנַן רָאוּהָ מְדַבֶּרֶת וְעוֹד שֶׁצָּרִיךְ לְפַיְּסָהּ תְּחִלָּה בְּדִבְרֵי רָצוּי שֶׁל מִצְוָה וּבִצְנִיעוּת גְּדוֹלָה הוֹאִיל וּלְבַסּוֹף שׁוֹפֵט צֶדֶק יִתְבָּרַךְ מַגִּיד לְאָדָם מַה שִּׂיחוֹ בֵּינוֹ לְבֵינָהּ וְעָתִיד לַעֲמֹד בַּדִּין גַּם עַל הַפְּרָט הַזֶּה.

עֵת לֶאֱהֹב בְּנֵי קַיָּמָא לָזוּן אוֹתָם כְּשֶׁהֵם קְטַנִּים וְעֵת לִשְׂנֹא לְמַרְאֵה עֵינַיִם מִי מֵהֶם שֶׁהִגִּיעַ לַחֲנֹךְ דִּכְתִיב יַסֵּר בִּנְךָ וִינִיחֶךָ וּכְשֶׁיִּגְדַּל זֶהוּ עֵת מִלְחָמָה בֵּינוֹ לְבֵין עַצְמוֹ לְהַרְגִּיז הַיֵּצֶר טוֹב עַל הַיֵּצֶר הָרָע וְכַאֲשֶׁר יִהְיֶה דִּדָּן נֶצַח אָז וַדַּאי הֶשֵּׂג הַמְבֻקָּשׁ הָאֲמִתִּי לְפִיכָךְ אָמַר וְעֵת שָׁלוֹם. וְהִנֵּה אֵלֶּה הַשְּׁנֵי עִתִּים אַחֲרוֹנִים הֵן הֵם גְּמַר הַתַּכְלִית אִם מִצַּד חִיּוּבֵנוּ לְהִתְעוֹרֵר בְּכָל מַאֲמַצֵּי כֹחַ לְהַחֲזִיק בּוֹ שֶׁגַּם הַחִזּוּק הַזֶּה הוּא מֵעֶצֶם הַטּוֹבָה נִכְסָף וְאִם בְּהַשָּׂגָתֵנוּ הַמְבֻקָּשׁ לָכֵן הִזְכִּיר בִּשְׁנֵיהֶם הַחֵפֶץ הַמֻּשָּׂג לֹא הַפְּעֻלָּה הַמְבִיאָה אֵלָיו וְהוּא הַטַּעַם גַּם כֵּן שֶׁלֹּא הֻצְרַךְ לִכְתֹּב בָּהֶם למ"ד וְכָלָא שַׁפִּיר. וְדַע כִּי עֵת שָׁלוֹם בְּמִסְפָּר קָטָן כ"ז אוֹתִיּוֹת הַתּוֹרָה וּבְמִלּוּי אוֹתִיּוֹת הוּא בְּמִסְפָּר קָטָן היכ"ל הִנֵּה עַיִן בְּעָלָיו וְלִבּוֹ שָׁם כָּל הַיָּמִים:

מַאֲמַר הָעִתִּים - סִימָן ה

וְדַע כִּי הָעֵת הַנּוֹפֵל תַּחַת הַזְּמַן אֵינוֹ רַק חֲצִי רֶגַע מִן הָרְגָעִים הַקְּטַנִּים שֶׁשִּׁעֲרוּ חֲזָ"ל בְּפֶרֶק קַמָּא דִּבְרָכוֹת וְאָמְרוּ שֶׁהֵם בְּשָׁעָה אַחַת חֲמִשָּׁה

רִבּוֹא וּשְׁמוֹנַת אֲלָפִים וּשְׁמֹנֶה מֵאוֹת וּשְׁמֹנִים וּשְׁמֹנָה וְסִימַן עֵת חֵפֶץ. כִּי אָמְנָם הָרֶגַע הוּא הָעַתָּה וְהָעֵת הוּא חֲצִי הָעַתָּה וְהַמִּבְטָא מֵעִיד עַל זֶה כִּי רֶגַע כְּמֵימְרֵיהּ אֱמֹר נָא עֵת וְהַשְׁמַע לְאָזְנֶיךָ אֲשֶׁר אֵינֶנּוּ בְּמוּחָשׁ כִּי אִם חֲצִי מֵימְרֵהּ שֶׁל רֶגַע וְעַל הַשִּׁעוּר הַמִּעוּט הַזֶּה שֶׁמְּצִיאָתוֹ וּבִטּוּלוֹ בָּאִים כְּאֶחָד אָמַר יְחֶזְקֵאל וּכְתוֹעֲבוֹתֵיהֶן עָשִׂיתִי כִּמְעַט ק"ט וְהוּא בְּגֵימַטְרִיָּא הד"ק דִּכְתִיב גַּבֵּי קְטֹרֶת וְשָׁחַקְתָּ מִמֶּנָּה הָדֵק וּתְנוּ רַבָּנָן כְּשֶׁהוּא שׁוֹחֵק אוֹמֵר הָדֵק הֵיטֵב הֵיטֵב הָדֵק יְעֻיַּן בְּמַאֲמַר הַמִּלּוּאִים שֶׁלָּנוּ דָּרוּשׁ נֶחְמָד מִתְיַחֵס מְאֹד אֶל הַמָּקוֹם הַזֶּה לִרְגָעִים יִבְחַן הַזְּמַן הַיָּקָר שֶׁבַּנִּמְצָאוֹת כִּי גָז חִישׁ וַנָּעֻפָה וְטַעַם מִלַּת ק"ט בְּדִקְדּוּק הוֹרָאָתָהּ עַל הָעֵת הַזֹּאת שֶׁהוּא קָרוֹב בְּמִעוּטוֹ לְאֶחָד מק"ט לְעִתִּים הַגְּדוֹלִים שֶׁהַשָּׁעָה תתר"ף מֵהֶם וְכָאן כְּתִיב עָשִׂיתִי וְהַקְּרֵי עָשִׂית כְּטַעַם כִּי רֶגַע בְּאַפּוֹ שֶׁמַּטְרִיחִים אוֹתוֹ לָצוּר צוּרוֹת דְּלָא הֲנְיָן לֵהּ וְהִנֵּה כמע"ט ק"ט גֵּימַטְרִיָּא רמ"ח שֶׁהוּא שִׁעוּר קוֹמָתָן לְאוֹתָן הַצּוּרוֹת אֲשֶׁר הָיוּ עָלָיו לְטֹרַח וּבָאָה מִלַּת כִּמְעַט בְּכָ"ף הַדִּמְיוֹן בִּשְׁבִיל הֶבְדֵּל פְּרוֹטְרוֹט אֲשֶׁר בֵּין עֵת לְקֵט וְהוּא סוֹד מַכִּישׁ אַחֲרוֹן וְאֵין בּוֹ שָׁוֶה פְּרוּטָה שֶׁבָּא בְּדִבְרֵי חֲכָמִים ז"ל אֵצֶל עוֹשֵׂי מְלָאכָה בְּאִסּוּרֵי הֲנָאָה שֶׁשְּׂכָרוֹ מֻתָּר בְּדִיעֲבַד אַף עַל פִּי שֶׁעָשָׂה שֶׁלֹּא כַּהֹגֶן וְאָסוּר לַעֲשׂוֹתוֹ לְכַתְּחִלָּה וּמִמֶּנּוּ נִלְמַד לִבְרִיאַת הַמַּזִּיקִין עֶרֶב שַׁבָּת בֵּין הַשְּׁמָשׁוֹת כַּמְּבֹאָר לָנוּ בִּמְקוֹמוֹ אֵצֶל סוֹד עֲבֵרָה לִשְׁמָהּ כִּי הִנֵּה שו"ה פרוט"ה הוּא בְּגֵימַטְרִיָּא תור"ה שֶׁהִיא אמצעי"ת בְּמִסְפַּר שָׁוֶה בֵּין הַמְּרוֹמָם עַל כָּל בְּרָכָה וּתְהִלָּה וְהַנִּבְרָאִים כֻּלָּם חוּץ מִן הַמַּזִּיקִין כְּדֵי שֶׁלֹּא יִהְיֶה לָהֶם קִיּוּם מִצַּד הַבְּרִיאָה לוּלֵי הַחֵטְא גּוֹרֵם וְדַוְקָא חֶמְדָּה גְּנוּזָה הִיא שַׁבָּת עַצְמָהּ שֶׁלֹּא הִשְׁלִימָה לִבְרִיאָתָם אֲבָל כְּלִי חֶמְדָּה שֶׁהוּא בְּתוֹסְפוֹת שַׁבָּת אִי אֶפְשָׁר זוּלָתוֹ לְשׁוּם נִבְרָא עַיֵּן בְּמַאֲמַר הַשַּׁבָּתוֹת וּמַאי נִיהוּ כְּלִי חֶמְדָּה הַכְּתָב וְהַמִּכְתָּב וְהַלּוּחוֹת שֶׁהֵם הַכְּלָל עֲשָׂרָה דְּבָרִים שֶׁנִּבְרְאוּ בֵּין הַשְּׁמָשׁוֹת אֶלָּא שֶׁכָּל אֵלֶּה בְּשִׁעוּרָא רַבָּא דְרַבִּי יְהוּדָה חֶמְדָּה גְּנוּזָה הִשְׁלִימָה עִמָּם וְהַמַּזִּיקִים לְבַדָּם מִבַּלְעָדֶיהָ רַק עַל יְדֵי כְּלִי חֶמְדָּה כְּדֵי שֶׁלֹּא יִבְעֲטוּ בְּשִׁעוּרָא זוּטָא דְרַבִּי יוֹסִי לֹא זוּלַת:

מַאֲמַר הָעִתִּים - סִימָן ו

וְיֵשׁ בַּתּוֹסֶפְתָּא רֵישׁ בְּרָכוֹת חֲלֻקָּה אַחֶרֶת בְּשִׁעוּר הָעִתִּים בְּרַם אֲנַן אַגְמָרָא דִּדָן קָסָמְכִינַן וְהַכָּתוּב מְסַיְּעָהּ. וּלְפִי שֶׁהָאֵל יִתְבָּרַךְ יוֹדֵעַ לְחַשֵּׁב עִתָּיו וּרְגָעָיו אָמַר הַמֶּלֶךְ דָּוִד בְּיָדְךָ עִתּוֹתַי וְהוּא מְדַקְדֵּק בָּהֶם כְּחוּט הַשַּׂעֲרָה מִתְּנוּעַת הַגַּלְגַּל הַמְשֹׁעֶרֶת וַעֲלֵיהֶם יִצְדַּק לוֹמַר בֵּין עַמּוּד לַעֲמֹד פֻּרְקָן כִּי תְּשׁוּעַת ה' כְּהֶרֶף עַיִן וְהַנָּבִיא יְשַׁעְיָה אָמַר בְּרֶגַע קָטֹן עֲזַבְתִּיךְ הוּא הָרֶגַע שֶׁבּוֹ נִבְרְאוּ הַמַּזִּיקִים וּכְתִיב בַּתְרֵיהּ הֵן אָנֹכִי בָּרָאתִי חָרָשׁ וְגוֹ' כְּתִיב הֵן וּקְרֵי הִנֵּה זֶה וְזֶה מוֹרֶה עַל הַהַזְמָנָה בִּלְבַד דְּלָאו מִלְּתָא

הִיא אֶלָּא אִם יִגְרֹם הַחֵטְא אַךְ הַכְּתִיב דַּיֵּק שַׁפִּיר כִּי הָרֶגַע הוּא קָרוֹב מְאֹד לְאֶחָד מנ"ה חֲלָקִים לְעִתִּים הַגְּדוֹלִים שֶׁזָּכַרְנוּ לְמַעְלָה וְהַמַּזִּיקִים שֶׁנִּבְרְאוּ בְּאוֹתוֹ רֶגַע אֵין גַּם אֶחָד מֵהֶם מַזִּיק בְּפֹעַל לְפִיכָךְ אָמַר הַכָּתוּב הִנֵּה אָנֹכִי בָּרָאתִי חָרָשׁ מְזֻמָּן מִן הַהַנְהָגָה הָעֶלְיוֹנָה לְפִי צֹרֶךְ הַשָּׁעָה הַשְׁתָּא מִיהַת אֵין רַע וְהַיְינוּ סִיּוּמָא דִּקְרָא וְאָנֹכִי בָּרָאתִי מַשְׁחִית לְחַבֵּל לֹא מְחַבֵּל אֶלָּא אִם כֵּן הוֹכִינוּהוּ בַּעֲוֹנֵנוּ. וּבַמִּדְרָשׁ כְּשֶׁנִּבְרָא הַבַּרְזֶל הִתְחִילוּ הָאִילָנוֹת מְרַתְּתִין אָמַר לָהֶם הַקָּדוֹשׁ בָּרוּךְ הוּא עֵץ מִכֶּם לֹא יִכָּנֵס בּוֹ וְאֵין אֶחָד מִכֶּם נִזּוֹק:

מַאֲמַר הָעִתִּים - סִימָן ז

אַךְ דָּבָר שְׂפָתַיִם לְחַכְמֵי הָאֱמֶת מֵעִנְיַן קְדִימַת הַקְּלִפָּה לִפְרִי כְּמוֹ שֶׁזָּכַרְנוּ לְמַעְלָה הִנֵּה נִדְרָשׁ בָּעוֹלָם הַמֻּשְׂכָּל שֶׁאֵינָהּ אֶלָּא קְדִימַת עֵת אֶחָד מֵחַשְׁבֵי לֹא זִמְנֵּי. בְּסוֹד הַמְּלָכִים אֲשֶׁר דָּרְכוּ מְתֵי אָוֶן אֲשֶׁר קֻמְּטוּ בְּלֹא עֵת הוּא הַדָּבָר אֲשֶׁר הוֹרֵהוּ אֱלִיפַז לְאִיּוֹב בְּמַעֲנֵהוּ הַשְּׁלִישִׁי בְּדָבָר הַלָּמֵד מֵעִנְיָנוֹ לִשְׁנֵיהֶם כְּאֶחָד לְמִשְׁפְּחוֹתָם לְבֵית אֲבוֹתָם זֶה תֵּימָנִי וְזֶה מֵאֶרֶץ עוּץ. וְעַל צֵאתָהּ לַפֹּעַל כְּתִיב רֵאשִׁית גּוֹיִם עֲמָלֵק רָאשֵׁי תֵּבוֹת רֶגַע. אֶמְצָעִיּוֹת אִישׁ וַיִּמָּל סוֹפֵי תֵּבוֹת תמ"ק וּפֵרְשׁוּ זְכַרְיָה בְּיוֹם בָּא לַה' כַּמְבֹאָר לָנוּ יָפֶה בִּמְקוֹמוֹ רָאוּ מָה אַחֲרִיתוֹ וְהִנֵּה טוֹב אַחֲרִית דָּבָר כְּשֶׁהוּא טוֹב מֵרֵאשִׁיתוֹ לְפִיכָךְ לֹא קָדְמָה הַקְּלִפָּה אֶלָּא לְהַפְּרִי אֲבָל הַזְּרִיעָה שֶׁקָּדְמָה לַכֹּל שֶׁכֵּן נְטִיעַת גַּרְעִין קוֹדֶמֶת לִנְטִיעַת יִחוּר צוֹפִיָּה הֲלִיכוֹת הַתַּכְלִית אֶל מוּל הַטּוֹבָה שֶׁאֵין לְמַעְלָה הֵימֶנָּה מִן הַמַּגִּיד מֵרֵאשִׁית אַחֲרִית הַמֶּלֶךְ הַטּוֹב וְהַמֵּטִיב לַכֹּל:

מַאֲמַר הָעִתִּים - סִימָן ח

וְהִנֵּה עֵת הוּא סוֹף הַדַּעַת הַכּוֹלֵל מִסְפַּר עֶשֶׂר שְׁמוֹת הוי"ה וְעֶשֶׂר שְׁמוֹת אהי"ה בְּמִסְפָּרָן וְהַדָּלֶ"ת מְקוֹרָן שֶׁהוּא ד' אֶתְוָן מֵהַשֵּׁם הַגָּדוֹל ב"ה. וְהִתְבּוֹנַנְתִּי עַל מִלַּת עִתִּים שֶׁהוּא בְּמִסְפָּר גָּדוֹל שֶׁל אי"ק בְּגִימַטְרִיָּא תתר"ף וְעַל שֶׁמָּם נִקְרְאוּ הַחֲכָמִים יוֹדְעֵי הָעִתִּים מִשּׁוּם דְּבִבְצִיר מֵהָנֵי אֵין לָהֶם יְדִיעָה מֻשְׁלֶמֶת לִפְעֻלַּת הָאָדָם בְּאוֹתָן כ"ח חִלּוּפֵי הַזְּמַנִּים שֶׁזָּכַר קֹהֶלֶת לָמָּה שֶׁהִיא תְּחַיֵּב צְפִיַּת הַמְּקֻדָּם וְהַמְּאֻחָר וְהַשְׁעָרַת מְקוֹמָהּ וּשְׁעָתָהּ בְּמַחֲשָׁבָה דִּבּוּר וּמַעֲשֶׂה כְּלֵי הַאי וְעִדָּנִין אֶפְשָׁר וּכְבָר נִתְבָּאֵר זֶה בִּמְקוֹמוֹ כִּי כָּל אֶחָד מֵהָאוֹתִיּוֹת הוי"ה תְּנֻקַּד בְּשֵׁשׁ נְקֻדּוֹת עִקָּרִיּוֹת שֶׁהֵן הֶחָמֵשׁ תְּנוּעוֹת גְּדוֹלוֹת קמ"ץ חול"ם ציר"י חיר"ק שור"ק שֶׁסִּימָנָם פִּתּוּחֵי חוֹתָם גַּם השב"א כְּאֶחָד מֵהֶם אֲשֶׁר חֲכָמִים יַגִּידוּ שֶׁעִם הֱיוֹתוֹ עֶבֶד לָהֶן הִנֵּה בִּמְצִיאוּתוֹ לְבַדּוֹ מֶלֶךְ הוּא וְהַטַּעַם כִּי יֵשׁ תְּנוּעוֹת קְטַנּוֹת שֶׁהֵן תּוֹלְדוֹת אֶל הַגְּדוֹלוֹת כַּנּוֹדָע אֲבָל השב"א אֵינוֹ

כֵּן אֶלָּא הוּא נָקוּד בִּפְנֵי עַצְמוֹ אֵין לוֹ הִשְׁתַּלְשְׁלוּת מֵהָאֲחֵרִים כְּלָל וַעֲבוֹדָתָהּ לִתְנוּעוֹת גְּדוֹלוֹת מְפֹרֶשֶׁת בַּזֹּהַר שֶׁהוּא רָץ בִּשְׁלִיחוּת וּמְזַנֵּב אַחֲרֵיהֶן וּפֵרֵשׁ רָץ מִתְנוֹעֵעַ גַּם הוּא אֶצְלָן שֶׁאֵין שָׁם שב"א נָח וּמְזַנֵּב פֵּרֵשׁ מֵזִיז אֶת הָאוֹת הַסְּמוּכָה לָהֶן שֶׁלֹּא תְּהֵא עוֹמֶדֶת לִפְנֵיהֶן לְעַכֵּב הַרְחָבָתָן אֶלָּא השב"א מֵנִיעַ אוֹתָהּ הוּא הַדָּבָר שֶׁאָמְרוּ הַמְדַקְדְּקִים עַל אוֹתִיּוֹת הַגָּרוֹן שֶׁאֵין בָּהֶם מֶקַח שח"ד פֵּרוּשׁ לֹא שב"א תַּחְתֵּיהֶן וְלֹא נָקוּד חיר"ק לִפְנֵיהֶם וְלֹא דג"ש בְּתֹכָן כִּי שְׁלָשְׁתָּן סִימָנֵי הַדִּין כְּנֶגֶד שָׁלֹשׁ שְׁמוֹת אֱלֹקִים שֶׁעִם הַכּוֹלֵל מִסְפָּרָן גרו"ן וְהִנָּם בְּמֵצַר הַגָּרוֹן בְּהֶקְבֵּץ שָׁם יַחְדָּיו כֹּחַ בִּינַת הֶעָלוּל וּגְבוּרַת הַסִּבָּה קְרוֹבָה וְהוּא הַסִּבָּה רְחוֹקָה כַּנּוֹדָע לְיוֹשְׁבִים לִפְנֵי חֲכָמִים וַאֲנוּ צְרִיכִים לְמִתְקָם בְּפַתַּ"ח סגו"ל ורפ"ה שֶׁכֻּלָּם סְגֻלּוֹת הַחֶסֶד. וְהִנֵּה כָּל אוֹת מההוי"ה תִּצְטָרֵף עִם אוֹת אַחַת בְּשֶׁגַּם הִיא מְנֻקֶּדֶת בְּשֵׁשׁ נְקֻדּוֹת אֵלֶּה אַחַת אַחַת דְּתִרְבֵּי צֵרוּפֵיהֶן עַד ל"ו פָּנִים כִּי ו' נְקֻדּוֹת שֶׁל יו"ד מִצְטָרְפוֹת כֻּלָּן עִם אָלֶ"ף קמ"ץ וְכֻלָּן עִם אָלֶ"ף ציר"י וְכֵן עִם שְׁאָר הַנְּקֻדּוֹת שֶׁזָּכַרְנוּ הֲרֵי ל"ו וּכְשֶׁתִּמְנֶה כְּדֶרֶךְ הַגִּימַטְרִיָּא הַפְּשׁוּטָה ל"ו פְּעָמִים י"א שֶׁהֵן אוֹתִיּוֹת אֲשֶׁר אָמַרְנוּ דְּעָלוּ אַהֲדָדֵי וְכֵן לְאַרְבַּע אוֹתִיּוֹת מֵהַשֵּׁם הַגָּדוֹל כָּל אֶחָד מֵהֶם עִם אָלֶ"ף יַעֲלֶה הַמִּסְפָּר לְאַרְבַּעְתָּן שְׁלֹשִׁים פְּעָמִים ל"ו שֶׁהֵם תתר"ף בְּדִקְדּוּק. וְאַרְבַּע אֶתְוָן בא"ת ב"ש הֵן הֵן מצפ"ץ שֶׁהוּא נוֹטָרִיקוֹן מֶלֶךְ צֶדֶק פּוֹעֵל צְדָקוֹת וְאַרְבַּע תֵּבוֹת הַלָּלוּ הֵן בְּגִימַטְרִיָּא תתר"ף וְכֵן אָדָם חַוָּה בְּמִלְּוֵי אוֹתִיּוֹת אָלֶ"ף דָּלֶ"ת מֵ"ם חֵי"ת וָי"ו ה"י וְהַיְנוּ שִׁשִּׁים פְּעָמִים ח"י שֶׁהוּא צֵרוּף כְּלָלוֹתֶיהָ שֶׁל תִּפְאֶרֶת בַּעַל שֵׁשׁ קְצָווֹת כָּל אֶחָד כָּלוּל מֵעֶשֶׂר וִיסוֹד שֶׁהוּא עַצְמוֹ ח"י וְהוּא טַעַם סח"י וּמָאוֹס לְשֶׁבַח עַל דֶּרֶךְ שֶׁאָנוּ רְגִילִים לְפָרֵשׁ הַנְּבוּאוֹת וְכָל כִּתְבֵי הַקֹּדֶשׁ כִּי כֻּלָּן בְּסִינֵי עַל תְּנַאי נֶאֶמְרוּ. וְדַק שֶׁלֹּא אָמַר וְהַמָּאֵס אֶלָּא וּמָאוֹס כִּי הָאָדָם הַשָּׁלֵם בְּסוֹד הַחַי עַל הַדֶּרֶךְ שֶׁבֵּאַרְנוּהוּ לוֹ יָאֱתֶה לִמְאֹס בְּרַע כְּטַעַם יָרוּם רֹאשִׁי עַל אֹיְבֵי סְבִיבוֹתַי לְהַרְחִיקָם מֵעַל גְּבוּל הַקְּדוּשָּׁה וְגַם יֵשׁ כָּאן מִסְפַּר ג' הֲוָיוֹת בְּגִימַטְרִיָּא סח"י וְכֵן תִּפְאֶרֶת יְסוֹד מַלְכוּת בְּסוֹד סָחִישׁ אוֹ סָחִיס הָאֲמוּרִים בְּחִזְקִיָּהוּ סמ"ךְ תִּפְאֶרֶת ח"י יְסוֹד שִׁי"ן בְּסוֹף מַלְכוּת שִׁי"ן בְּרֹאשׁ בִּינָה זֶה וָזֶה בְּגִימַטְרִיָּא חשמ"ל כִּי הוּא נוֹבֶלֶת אוֹר פניא"ל וְדַי בְּזֶה. וְהִנֵּה סֵדֶר הַחִבּוּר לְאוֹת אָלֶ"ף עִם אוֹתִיּוֹת הַשֵּׁם הַגָּדוֹל בְּיֹשֶׁר הוּא הַנִּדְרָשׁ גַּם כֵּן לְכָל אֶחָד מִי"ב צֵרוּפֵי הוי"ה הֲרֵי י"ב פְּעָמִים תתר"ף שֶׁהֵן הַשָּׁעוֹת מֵהַיּוֹם בְּקַדִימַת אוֹתִיּוֹת הַשֵּׁם לְאוֹת הָאָלֶ"ף כִּי הוּא הַמָּאוֹר הַגָּדוֹל שֶׁמַּחְשַׁבְתּוֹ קְדוּמָה לַכֹּל אַךְ בְּקַדִימַת הָאָלֶ"ף עַל אוֹתִיּוֹת הַשֵּׁם יִתְחַדְּשׁוּ הַמִּסְפָּרִים הָאֵלֶּה מַמָּשׁ עַל אוֹתוֹ הַדֶּרֶךְ בי"ב שָׁעוֹת מֵהַלַּיְלָה. אוֹ אָמוּר כִּי זֶה וָזֶה רֶמֶז לְשָׁעוֹת הַיּוֹם וְהֶהְבֵּדֵל בַּחִלּוּף הַדְּרָכִים הַלָּלוּ בְּהִתְחַזֵּק הַפְּעֻלּוֹת בְּפָחוֹת וְיֶתֶר לְחֶסֶד דִּין וְרַחֲמִים כִּי בְּקַדִימַת הֵ"א עִלָּאָה עַל הֵ"א תַּתָּאָה תִּהְיֶה הַהוֹרָאָה עַל הַשָּׁעוֹת מֵהַיּוֹם וְהַהֵפֶךְ עַל שְׁעוֹת הַלַּיְלָה וְהַהֶקֵּשׁ בְּזֶה לְכָל

כַּיּוֹצֵא בּוֹ. אוֹ אָמוּר כִּי אֵלֶּה וְאֵלֶּה רֶמֶז לִשְׁעוֹת הַיּוֹם שֶׁאֵין צָרִיךְ לִדְרֹשׁ בָּהֶן קְדִימָה וְאִחוּר אוֹ חִלּוּף אָמְנָם שְׁעוֹת הַלַּיְלָה תְּרֻמְּזָנָה גַּם בָּאוֹתִיּוֹת הָאֵלֶּה עַצְמָן עִם חִלּוּף נְקֻדּוֹתֵיהֶן כִּי נִקַּח תְּמוּרָתָן לְפַתַּ"ח סגו"ל קבו"ץ חיר"ק קָטָן וקמ"ץ חָטֵף אֲשֶׁר אֵין בּוֹ שב"א וְאֵלֶּה הֵן חָמֵשׁ תְּנוּעוֹת קְטַנּוֹת מַמָּשׁ דֻּגְמָתָן שֶׁל הָרִאשׁוֹנוֹת דְּעָלְיָהוּ אִתְּמַר חַיּוֹת קְטַנּוֹת עִם גְּדֹלוֹת והשב"א מַשְׁלִים עִמָּהֶם גַּם כֵּן מִסְפַּר שִׁשָּׁה שֶׁכֵּן הוּא מִצְטָרֵף לַחֲטַף פַּתַּ"ח וְלַחֲטַף סֶגוֹל כְּמוֹ שֶׁהוּא מִצְטָרֵף לַחֲטַף קמ"ץ אָמְנָם אֵין עֵסֶק לַחֲטָפִים הַמְּפֹרָשִׁים עִם השב"א לִפְנֵיהֶם בְּאֵלֶּה הַצֵּרוּפִים כְּלָל אֲשֶׁר הֵמָּה נִדְרָשִׁים בַּנְּקֻדּוֹת הַפְּשׁוּטוֹת לֹא בִּמְרֻכָּבוֹת. עַד כָּאן הָיוּ דְּבָרֵינוּ בָּאוֹת אָלֶ"ף בִּלְבַד עִם כָּל אֶחָד מֵאוֹתִיּוֹת הַשֵּׁם הַגָּדוֹל וְכֵן תַּעֲשֶׂה לכ"ז אוֹתִיּוֹת הָאָלֶ"ף בֵּי"ת עִם הַכְּפוּלוֹת שֶׁכֻּלָּן בְּדֶרֶךְ הַמִּסְפָּר לֹא נֶחְשְׁבָן כָּאן זוּלַת אַחַת אַחַת לְפִי שֶׁאֵינָן רַק נִטְפָּלוֹת אֶל הַשֵּׁם שֶׁהוּא הָעִקָּר הֲרֵי אֵלֶּה **כ"ז** יָמִים שֶׁהַלְּבָנָה גּוֹמֶרֶת בָּהֶם סְבוּב הָרָקִיעַ כֻּלּוֹ מָה שֶׁהַשֶּׁמֶשׁ מְהַלֵּךְ בְּשָׁנָה תְּמִימָה אֶלָּא שֶׁעֲדַיִן צְרִיכָה הַלְּבָנָה לָרוּץ אוֹרַח אַחֲרָיו כָּל אוֹתוֹ הַמֶּרְחָק שֶׁבֵּין מְקוֹם הַמּוֹלָד הַקּוֹדֵם לַסְּבוּב הַזֶּה עַד מִשְׁכַּן כְּבוֹדוֹ עַכְשָׁו לְדָבְקָה בוֹ וְהוּא עֵת שָׁלוֹם שֶׁחָתַם בּוֹ קֹהֶלֶת שֶׁקְּדָמוּהוּ כ"ז עִתִּים כְּנֶגֶד כ"ז יָמִים וכ"ז אוֹתִיּוֹת הַתּוֹרָה וְכָל זֶה מִן הַמְּפֻרְסָמוֹת לַמַּתְחִילִים בְּחָכְמָה וְאֵין כָּאן מָקוֹם לְהַאֲרִיךְ:

מַאֲמַר הָעִתִּים - סִימָן ט

אַךְ טוֹב מַרְאֶה עֵינַיִם בְּהָהוּא חִירְגָא דְּיוֹמָא דְּאָמוּר רַבָּנָן לֹא שְׁמַיָּה דִּכְתִיב וְכָל דָּארֵי אַרְעָא כְּלָה חֲשִׁיבִין כִּדְאִיתָא בַּגְּמָרָא דְּיוֹמָא וְהַמִּלָּה נִגְזֶרֶת מִן וְתָלָה אֶרֶץ מִצְרַיִם וְהַכֵּף לַדִּמְיוֹן כַּנּוֹדָע וְהַכַּוָּנָה לָנוּ בְּפָסוּק זֶה לִדְרֹשׁ וּלְקַבֵּל שָׂכָר כִּי חֶשְׁבּוֹנָם שֶׁל אוֹתָן הַחֲלָקִים דַּקִּים וְנִלְאִים בְּהֶחְלֵט שֶׁמַּנְסֶרֶת הַחַמָּה בְּכָל יוֹם בְּסוֹד חַלּוֹנֵי רָקִיעַ הוּא כְּמִנְיַן כָּל דָּארֵי אַרְעָא הַכּוֹלֵל עוֹג מֶלֶךְ הַבָּשָׁן בְּעוֹדֶנּוּ חַי וּדְכַוָּותֵיהּ בְּכָל דּוֹר וָדוֹר מִן הָעֲנָקִים וְכָל הָאָדָם קָטֹן וְגָדוֹל שָׁם הוּא כַּטּוּב כְּחוֹטֶא בְּהֵמָה וָרֶמֶשׂ וְחַיְתוֹ אֶרֶץ עַד הַקָּטָן שֶׁבְּיַתּוּשִׁים וְכָל שֶׁרֶץ הַמַּיִם בְּיַמִּים וּבַנְּחָלִים בַּחֲרִיצִין וּנְעִיצִין בּוֹרוֹת שִׁחִין וּמְעָרוֹת וְכָל הַבְּרִיּוֹת שֶׁבָּאֲוִיר וְגַם הָרוֹאִים וְאֵינָם נִרְאִים מִבַּעֲלֵי הַגֶּשֶׁם כֵּיוָן שֶׁבְּרִיאָתָם תַּחַת הַגַּלְגַּלִּים וְהַרְכָּבָתָם מַמָּשׁוּת הַיְסוֹדוֹת וּכְבָר נִמּוֹחוּ גַּם הֵם בְּמַבּוּל סְבָרָא הִיא שֶׁכֻּלָּם שָׁוִים שֶׁדַּרְכָּם לִמְנוֹת בַּחֶשְׁבּוֹן הַזֶּה אִם מֵת אֶתְמוֹל אֶחָד מֵהֶם יֶחְסַר הַאי חִרְגָּא דְּיוֹמָא חֵלֶק אֶחָד וְאִם נוֹלַד אֶחָד אוֹ יוֹתֵר יִרְבּוּ אוֹתָן הַחֲלָקִים כְּנֶגְדָּם שֶׁאוּלַי יִשְׁאֲלוּ הַטִּבְעִיִּים וְכֵן הַתַּמּוֹ כִּי הַחַי נוֹלַד הוּא וְהַשֶּׁמֶשׁ הַחַי עַל כֵּן אֵינוֹ מֵאִיר אֶלָּא לִמְנוּיָיו וְאֹזֶן שֹׁמַעַת תּוֹכַחַת חַיִּים שֶׁלֹּא לְהִתְגָּאוֹת כְּלָל כֵּיוָן שֶׁכֻּלָּם שָׁוִים בְּמִנְיָן זֶה. וְהִנְּךָ רוֹאֶה כִּי מָה שֶׁאָמַרְנוּ בְּפָסוּק שֶׁאָמַר כְּלֹא חֲשִׁיבִין לְהִתְפָּרֵשׁ לְפִי הַמְּפֻרְסָם שֶׁמַּשְׁמָעוֹ

נֶחֱשָׁבִים לִכְלוּם וְכָאֵלּוּ כְּתִיב בָּאָלֶ"ף וְהָיוּ כְּלֹא הָיוּ וּמִדְרָשׁוֹ לֹא זָז מִמְּקוֹמוֹ שֶׁיִּהְיֶה לְשׁוֹן חֶשְׁבּוֹן. וּכְשֵׁם שֶׁהַחַמָּה מְנַסֶּרֶת שַׁחֲרִית בָּרָקִיעַ הַמֵּשִׁיר צְרוֹרוֹת לְעֻמַּת פָּנֶיהָ בָּאֹפֶק שֶׁלָּנוּ שֶׁהָאֶמְצַע אֵלָיו מִגְדַּל הַלְּבָנוֹן עַל דֶּרֶךְ שֶׁבֵּאַרְנוּהוּ בִּמְקוֹמוֹת רַבִּים כָּךְ מְנַסֶּרֶת עַרְבִית וְנוֹפֶלֶת הַהוּא חִרְגָּא מֵאֲחוֹרֶיהָ בָּאֹפֶק שֶׁכְּנֶגְדּוֹ לְמַטָּה בָּאָרֶץ לְהַשְׁלִים סְבוּבָהּ מֵעֶרֶב עַד עֶרֶב בְּכָל כִּפַּת הָרָקִיעַ רַק שֶׁבַּיּוֹם גּוּפָהּ שֶׁל הַחַמָּה תָּלוּי לְמַטָּה בְּקַעֲרוּרִית הַגַּלְגַּל שֶׁלָּהּ וּבַלַּיְלָה עוֹלֶה בְּגַבְנוּנִית הַגַּלְגַּל מָשָׁל לְאָדָם הַמַּקִּיף בְּרַגְלָיו עִיר חוֹמָה דְּלָתַיִם וּבְרִיחַ חֶצְיָהּ הַקִּיר הָעִיר וְחוּצָה בְּצֵאתוֹ מִן הַשַּׁעַר הַמַּעֲרָבִי וְחֶצְיָהּ פְּנִימָה אַחֲרֵי שֶׁנִּכְנַס מִן הַשַּׁעַר הַמִּזְרָח וְאֵינוֹ נִמְנָע מֵהִלּוּכוֹ בְּסָבוּב תָּמִיד עַד תֻּמּוֹ כִּי גַּם כְּנִיסָה וִיצִיאָה אֵינָן לוֹ אֶלָּא בְּהֶקֵּף גָּמוּר כְּפִי מַה שֶּׁיִּסְבְּלֵהוּ יָפֶה יָפֶה רֹחַב הַשְּׁעָרִים כֵּן הַדָּבָר הַזֶּה וְיֵשׁ לָנוּ בּוֹ דֻּגְמָא רַבָּתִי בְּסִתְרֵי תּוֹרָה בְּסוֹד וַיַּפֵּל ה' אֱלֹקִים תַּרְדֵּמָה עַל הָאָדָם יִתְבָּאֵר בִּמְקוֹמוֹ וְהִנֵּה מְצִיאַת הַדָּבָר בְּעַצְמוֹ מוֹכִיחַ שֶׁאֵין חַלּוֹן וְלֹא נְסִירָה אֶלָּא בְּעֶצֶם הַגַּלְגַּל הָרְבִיעִי שֶׁגּוּף הַחַמָּה פּוֹתֵחַ וְנוֹעֵל בּוֹ וּבְהִתְעָרֵב נִצּוּץ הָאוֹר מִגּוּפָהּ שֶׁל הַחַמָּה בְּאוֹתָן הַחֲלָקִים דַּקִּים יַחֲלִיפוּ כֹּחַ לְבַקֵּעַ הָרְקִיעִים הַתַּחְתּוֹנִים שֶׁכֻּלָּם מְגֻשָּׁם זַךְ אֲוִירִי וְנוֹפֵל הַהוּא חִרְגָּא בַּאֲוִיר הָעוֹלָם הַזֶּה וְנִרְאֶה לָעֵינַיִם וְחֹם הַשֶּׁמֶשׁ מוֹשֵׁךְ נְצוּצוֹת אֵלֶּה מֵהַהוּא חִרְגָּא אַחֲרָיו כָּל אוֹתוֹ הַיּוֹם אַף עַל פִּי שֶׁהוּא הוֹלֵךְ תָּמִיד וּמִתְרַחֵק מִנֶּגֶד לַחַלּוֹן עַד שֶׁהִיא מְמַסְמָסָן וּמַחֲזִירָן לִיסוֹד הָאֵשׁ וְהָאֲוִיר שֶׁכֵּן מַעֲשֵׂה בְּרֵאשִׁית לְוִין זֶה מִזֶּה כְּמוֹ שֶׁפֵּרֵשׁ הָרַמְבָּ"ם זַ"ל בִּיסוֹדוֹת רֵישׁ סֵפֶר הַמַּדָּע הוּא הַדֶּרֶךְ יָשָׁר לְיוֹצֵר בְּרֵאשִׁית שֶׁבּוֹ עֵרֶב אֵשׁ וּמַיִם וְעָשָׂה מֵהֶם שָׁמַיִם וְיֵשׁ חִלּוּף רַב בְּהַהוּא חִרְגָּא בֵּין שְׁנֵי צְדָדֵי הָאֹפֶק כִּי מִמֶּנּוּ וּלְמַעְלָה יָרַד הָעֶלְיוֹן תְּחִלָּה וְהַשְּׁאָר סָמוּךְ לוֹ וּמִמֶּנּוּ וּלְמַטָּה יָרַד הַתַּחְתּוֹן תְּחִלָּה וְהַשְּׁאָר סָמוּךְ לוֹ וְאֵין סָפֵק שֶׁגַּם זֶה יַחְשִׁיךְ אוֹר הַיּוֹם קְצָת לְיוֹשְׁבֵי חֶצְיוֹ הַתַּחְתּוֹן מֵהַכַּדּוּר כִּי מִי יְגַלֶּה לָהֶם עָפָר מֵעֵינַיִם נוֹסָף עַל הֱיוֹתוֹ עוֹלֶה וּמִסְתַּלֵּק פָּנָיו לְמַעְלָה וַאֲחוֹרָיו אֲלֵיהֶם לֹא כֵן בְּרִדְתּוֹ אֵלֵינוּ כִּי אָז יָשִׂישׂ כְּגִבּוֹר בְּפָנִים מְאִירוֹת וְנוֹסָף לֶקַח בְּמַאֲמַר הָרְקִיעִים:

מַאֲמַר הָעִתִּים - סִימָן י

וּבַגְּמָרָא יְרוּשַׁלְמִי פֶּרֶק אִם אֵין מַכִּירִין אָמְרוּ רַזַ"ל שָׁלֹשׁ מֵאוֹת וְשִׁשִּׁים וְחָמֵשׁ חַלּוֹנוֹת בָּרָא הַקָּדוֹשׁ בָּרוּךְ הוּא שֶׁיִּשְׁתַּמֵּשׁ בָּהֶם הָעוֹלָם מֵאָה וּשְׁמוֹנִים וּשְׁתַּיִם בְּמִזְרָח מֵאָה וּשְׁמוֹנִים וּשְׁתַּיִם בַּמַּעֲרָב וְאֶחָד בְּאֶמְצָעוֹ שֶׁל הָרָקִיעַ שֶׁמִּמֶּנּוּ יָצָא מִתְּחִלַּת מַעֲשֵׂה בְּרֵאשִׁית עַד כָּאן וְהַדְּבָרִים מוֹכִיחִים שֶׁלֹּא דִּבְּרוּ שָׁם אֶלָּא מֵהָאֹפֶק וּלְמַעְלָה בְּחֵלֶק הָעוֹלָם שֶׁאֶרֶץ יִשְׂרָאֵל קְבוּעָה בְּאַמְצִיעָתוֹ וְזֶה הַדָּבָר מֻרְגָּל מְאֹד לַחֲזַ"ל תָּמִיד בִּדְרוּשִׁים הָאֵלֶּה וְהוּא מַה שֶּׁנֶּעְלַם כָּאן מִן הַמְּפָרֵשׁ לַאֲגָדוֹת יְרוּשַׁלְמִי

וּמְקוֹמוֹת רַבּוֹת מִשְּׁאָר בְּאוּרָיו וּבִפְרָט בִּבְרֵאשִׁית רַבָּה פֶּרֶק ב' סִימָן ו' שֶׁהֵבִיא חֲבִילוֹת חֲבִילוֹת שֶׁל מַאֲמָרִים לֹא יוּבְנוּ לְפִי שִׁטָּתוֹ בְּשׁוּם פָּנִים אֶלָּא בְּמָה שֶּׁכִּחֵשׁ אֶל הָאוֹמְרִים הַכְחָשַׁת הַמּוּחָשׁ מִכַּדּוּרִיּוּת הָאָרֶץ וְהַגַּלְגַּלִּים סְבִיבוֹתֶיהָ וְלֹא נִיחָא לְמָאֲרֵיהּ שֶׁנֶּחְשַׁב קְטַנֵּי אֶרֶץ הֹבְרֵי שָׁמַיִם הַחֹזִים בַּכּוֹכָבִים אֲשֶׁר לֹא יָדְעוּ וְגַם הֵיטֵב אֵין אִתָּם כְּאִלּוּ הֵם חֲכָמִים מְחַכְּמִים וְנִתְלוּ בּוּקָם סְרִיקֵי בְּאַנְשֵׁי עֲצָתוֹ שֶׁל יוֹצֵר בְּרֵאשִׁית מִפְּנֵי נֶשֶׁר קַלּוּ בְּהַשְׂכָּלָתָם וּמֵאַרְיוֹת שֶׁבְּמֶרְכָּבָה גָּבְרוּ. וְהִנְנִי כָּאן פּוֹתֵחַ שַׁעַר כְּפִתְחוֹ שֶׁל אוּלָם לְכָל מַעְיָן יָשָׁר הוֹלֵךְ בַּהַקְדָּמָה אֲשֶׁר אָמַרְנוּ שֶׁהִיא אֲמִתִּית בְּעַצְמָהּ כִּי דִּבְרֵי חֲכָמִים כְּדָרְבוֹנוֹת בִּדְרוּשִׁים הָאֵלֶּה הִנֵּה הֵם בְּהַרְבֵּה מְקוֹמוֹת יְסוּדָתָם בְּהַרְרֵי קֹדֶשׁ רְצוֹנִי עַל חֵלֶק הָעוֹלָם אֲשֶׁר מִמַּעַל לָאֹפֶק לִכְבוֹד הַמֶּרְכָּז הָאֶמְצָעִי עֶלְיוֹן עַל כָּל הָאָרֶץ שֶׁהָעוֹלָם כֻּלּוֹ לֹא נִבְרָא אֶלָּא בִּשְׁבִילוֹ וּלְקִיּוּם הַמִּצְוֹת הַתְּלוּיוֹת בּוֹ רוֹצֶה לוֹמַר בְּאֶרֶץ יִשְׂרָאֵל וְיֵשׁ מִקְצָת דִּבְרֵיהֶם שֶׁלֹּא נֶאֶמְרוּ כִּי אִם עַל תְּחִלַּת הַבְּרִיאָה קֹדֶם מַאֲמַר יִקָּווּ הַמַּיִם כְּגוֹן הַהוּא דְּבֶן זוֹמָא הַתָּם וְהַהֶקֵּשׁ מִזֶּה לְכָל כַּיּוֹצֵא וְיֵשׁ חִלּוּקִים אֲחֵרִים רַבִּים פְּלִיאָה דַּעַת מִמֶּנּוּ הֲבָנַת מִקְצָתָם וְאִם לְקֹצֶר דַּעְתֵּינוּ נִשְׂגָּבָה וְלֹא נוּכַל לָהּ לְהָבִין וּלְהַשְׂכִּיל מַה נִּמְרְצוּ אִמְרֵי יֹשֶׁר אֵיךְ נִתְכַּבֵּד בִּכְבוֹד רַבּוֹתֵינוּ נוֹחֵי נֶפֶשׁ לְיַחֵס לָהֶם הַקִּצּוּר וְלָנוּ הַחָכְמָה מוֹרָשָׁה מִיַּלְדֵי נָכְרִים אוֹי לָהּ לְאוֹתָהּ בּוּשָׁה זֶהוּ מִן הַדְּבָרִים שֶׁאֵין הַדַּעַת סוֹבַלְתָּן. וּמִי שֶׁבְּעֵינָיו יִרְאֶה אֶרֶץ יִשְׂרָאֵל הָרְאוּיָה לִהְיוֹת אַרְבַּע מֵאוֹת פַּרְסָה מְרֻבַּעַת שֶׁהֵן עֶשְׂרָה פַּרְסָאוֹת בְּשֶׁבּוֹר שֶׁהֲרֵי גְּבוּלֶיהָ מְפֹרָשִׁים בַּתּוֹרָה וּלְבָבוֹ יָבִין כַּמָּה הַחֵטְא גּוֹרֵם אַל יִתְמַהּ אִם הַמְּצִיאוּת מְחַיֵּב אוֹתָנוּ לְפָרֵשׁ וְהָאָרֶץ לְעוֹלָם עוֹמֶדֶת הַנֶּאֱמָר עַל כְּלַל הָעוֹלָם שֶׁהִיא מִתְחַלֶּפֶת לֹא חוֹלֶפֶת רְצוֹנִי שֶׁאֵינָהּ בְּטֵלָה אֲבָל אֶפְשָׁר קָרוֹב מְאֹד שֶׁיַּשִּׂיגוּהָ חִלּוּפִים גְּדוֹלִים עַל דָּבְרַת בְּנֵי אָדָם וְגֵיהִנֹּם תַּחְתּוֹן שֶׁהוּא בְּלִי סָפֵק מִכְּלַל הָעוֹלָם הֱיוֹתוֹ מִתְרַחֵב תָּמִיד כְּמוֹ שֶׁהֵעִיד יְשַׁעְיָה הֲלֹא דָּבָר הוּא. וְהַמַּשְׂכִּיל יָבִין מִמָּה שֶׁאָמְרוּ רז"ל שֶׁהַשָּׁמַיִם הָיוּ נִמְתָּחִים וְהוֹלְכִים עַד שֶׁגָּעַר בָּהֶם הַקָּדוֹשׁ בָּרוּךְ הוּא וּמִי נָתַן לָהֶם כֹּחַ לְהִמָּתַח אֶלָּא הוּא יִתְבָּרַךְ בְּעַצְמוֹ אַךְ לֹא כָּל הָעִתִּים שָׁוִים לְפִיכָךְ כְּתִיב וַה' שָׁמַיִם עָשָׂה הוּא וּבֵית דִּינוֹ וְשָׁלֹשׁ תֵּבוֹת הָאֵלֶּה גִּימַטְרִיָּא ת"ק מִלּוּאוֹ שֶׁל שֵׁם שד"י שֶׁאָמַר לְעוֹלָם דַּי הָא כֵּיצַד הוּא הַמֵּטִיב בְּלִי צִמְצוּם נָתַן לָהֶם כֹּחַ כְּדַאֲמַרַן וּבֵית דִּינוֹ יִתְבָּרַךְ גָּעַר בָּהֶם וְאָמַר לָהֶם דַּי וְדַע כִּי הוּא מִדַּת הַחֶסֶד וְהַדִּין בֵּית דִּינוֹ כְּמַשְׁמָעוֹ וָא"ו הֶמְשֵׁךְ רַבָּה אֶל הַחֶסֶד מִדַּת הָרַחֲמִים דִּשְׁכִיכֵי אַהֲדָדֵי וְדַי בָּזֶה עַתָּה. וְאִם חֲכָמִים בְּעֵינֵיהֶם לֹא יָדְעוּ לְשַׁעֵר דְּבָרִים אִלּוּ שֶׁאֵין לָהֶם שִׁעוּר וְהֵם אֲמִתִּיִּים בְּעַצְמָם מִי יִתֵּן הַחֲרֵשׁ יַחֲרִישׁוּן וּתְהִי לָהֶם לְחָכְמָה רַבָּה וְאִם הֵמָּה לֹא יַאֲמִינוּ לָמָּה שֶׁהוּא מִכְּלַל תּוֹרָה שֶׁבְּעַל פֶּה בְּלִי סָפֵק עֲתִידִים לִתֵּן אֶת הַדִּין הַלְוַאי שֶׁלֹּא יַאֲמְנוּ הֵם וַהֲוָיוֹתֵיהֶם מִתַּלְמִיד הוֹלֵךְ לְתֻמּוֹ הָרַחֲמָן יַצִּילֵנוּ מִשַּׁחַת רִשְׁתָּם כְּלַל הַדְּבָרִים הַמַּאֲמִין חִדּוּשׁ הָעוֹלָם בִּרְצוֹן

מְחַדְּשׁוֹ יִתְבָּרֵךְ וְהַשְׁגָּחָתוֹ הַתְּדִירָה עַל כָּל בְּרוּאָיו בְּמִשְׁפַּט צֶדֶק יִתֵּן אֶל לִבּוֹ אֲשֶׁר לֹא יִתְגָּאַל בֶּאֱמוּנוֹת כּוֹזְבוֹת אֲשֶׁר בְּדוּ מִלִּבָּם הָאוֹמְרִים בְּקַדְמוּת וְלֹא דַּי שֶׁלֹּא נִהְיֶה נִפְתִּים אֶל הַשֹּׁרֶשׁ הָרַע הַהוּא שֶׁאֲפִלּוּ תִּינוֹקוֹת שֶׁל בֵּית רַבָּן בְּקִיאִין בּוֹ שֶׁהֲרֵי הַתּוֹרָה מַכְזִיבָתוֹ פָּתַח דְּבָרֶיהָ אֶלָּא צָרִיךְ לְהִזָּהֵר מְאֹד מִמָּה שֶׁהוּא פּוֹרֶה רֹאשׁ וְלַעֲנָה לְכָאן וּלְכָאן וְשָׂם בַּסֵּתֶר כִּי הֵמָּה אוֹחֲזִים אֶת הָעֵינַיִם וּמַתְעִים הַבְּרִיּוֹת בְּתוֹלְדוֹת הַיּוֹצְאוֹת מֵעִנְיַן קַדְמַת הָעוֹלָם כִּי רַבּוֹ וְכָזָב אֶחָד בְּהַתְחָלָתוֹ גּוֹרֵם רָעָה רַבָּה לִכְלַל הַמֻּשְׂכָּלוֹת וְכַמָּה לָא חָלֵי וְלָא מַרְגֵּשׁ הַלָּמֵד מִן הַמָּגוֹשׁ אֲפִלּוּ מָה שֶׁיִּשְׁפֹּט הַחוּשׁ אֲלֵיהֶם הֱיוֹתָם אוֹמְרִים אֱמֶת וּרְאָיָה מֵרַב קְטִינָא שֶׁאָמַר אוּבָא טָמֵא כְּדִיב וּמַלְוֵי כְּדִיבוֹן דְּלָא לְסָרְכוֹ כֻּלֵּי עָלְמָא אַבָּתְרֵהּ אַף עַל פִּי שֶׁבְּאוֹתוֹ דָּבָר שֶׁאָמַר עַל גּוֹהֲא וּבַר גּוֹהֲא עוֹלֶה לֹא נִמְצָא בִּשְׂפָתָיו אֲבָל מִלּוּי כְּדִיבִין אָמַר רַב קְטִינָא בִּלְשׁוֹן חָכְמָה וּלְבָבוֹ יַחְשֹׁב בֶּאֱמֶת דְּהָנֵי לָאו מִילֵּי נִנְהוּ אֶלָּא דִּבְרֵי רַבּוֹתֵינוּ הַמְכֻבָּדִים וּמִכָּל מָקוֹם לֹא אָבָה לְקַבְּלָהּ מִפִּיו וּבַאֲשֶׁר אָמְרָה הַתּוֹרָה לֹא תִלְמַד לַעֲשׂוֹת אֲבָל אַתָּה לָמֵד לְהָבִין וּלְהוֹרוֹת לֹא הִתִּירָה לִלְמֹד מֵהֶם כְּלָל אֶלָּא מִכְּתְבֵי הַתּוֹרָה דְּכָל רָז לֹא אָנִיס לְהוֹ וַאֲפִלּוּ דְּבָרִים שֶׁהֵם עַצְמָם קֹדֶשׁ כְּגוֹן מִצְוַת הַתּוֹרָה וְאַזְהָרוֹתֶיהָ לֹא הִתִּירָה לָנוּ שֶׁנִּלְמֹד אוֹתָם אֶלָּא מִפִּי אָדָם שָׁלֵם כְּמַלְאַךְ ה' צְבָאוֹת קַל וָחֹמֶר לִדְבָרִים שֶׁאֶפְשָׁר לְהִסְתַּכֵּן בָּהֶם וְאַף רַבִּי עֲקִיבָא לֹא לָמַד גַּם הַחָכְמָה הַחִצוֹנִית אֶלָּא מִפִּי רַבִּי אֱלִיעֶזֶר הַגָּדוֹל שֶׁמִּימָיו לֹא אָמַר דָּבָר לְתַלְמִידָיו אִם לֹא שֶׁשָּׁמְעוּ מֵרַבּוֹתָיו דַּוְקָא צַדִּיקִים כְּמוֹתוֹ אֲבָל בִּפְנֵי רַבּוֹ הָיָה דּוֹרֵשׁ בְּמֶרְכָּבָה דְּבָרִים לֹא שָׁמְעָתָן אֹזֶן שֶׁאֵימַת רַבּוֹ עָלָיו וּמֻבְטָח הָיָה שֶׁלֹּא יֹאמַר אֶלָּא דְּבָרִים בְּרוּרִים נְכוֹחִים לַמֵּבִין וִישָׁרִים לְמֹצְאֵי דָעַת וְעוֹד דּוֹרֵשׁ הָיָה שֶׁפֵּרֵשׁ דָּרְשָׁא דִּקְרָא שֶׁהֵם מְאַמְּתִים אֶת דְּבָרָיו וְאֵין לָנוּ רַב מֻבְהָק גָּדוֹל מִזֶּה אַשְׁרֵי אָדָם מָצָא חָכְמָה וְסוֹמֵךְ אַהֵמָנוּתֵיהּוּ דְּרַבָּנָן:

מַאֲמַר הָעִתִּים - סִימָן יא

נַחֲזֹר לְחַלּוֹנֵי רָקִיעַ שֶׁמָּסְרוּ לָנוּ אֲמִתַּת מְצִיאוּתָם אַנְשֵׁי כְּנֶסֶת הַגְּדוֹלָה בְּשִׁבְחוֹ שֶׁל מָקוֹם אֲשֶׁר לֹא יְדֻמֶּה בּוֹ בְּדִבְרֵי הַקְּדוֹשִׁים הָהֵם כָּזָב כְּלָל וְיֵשׁ לְכָל חַלּוֹן שֵׁם בִּפְנֵי עַצְמוֹ כִּדְאִיתָא בַּבָּרַיְתָא דְּפִרְקֵי רַבִּי אֱלִיעֶזֶר וּקְצָתָם מִקְרָאִי. דַּע כִּי בַּחֲזָרַת הַגַּלְגַּל יוֹם בְּיוֹמוֹ הִנֵּה הַחַלּוֹנוֹת הַנִּפְתָּחִים לָנוּ שַׁחֲרִית וְעַרְבִית עוֹלִים וְיוֹרְדִים מֵהָאֹפֶק יוֹם יוֹם בְּמִסְפָּר בְּמִפְקָד אֵין נִגְרָע עַד שֶׁלְּעוֹלָם יֵשׁ שֶׁהֵם מִמַּעַל לוֹ רְאוּיִם לְהִפָּתַח כְּמִנְיַן יַעֲקֹב דִּכְתִיב בֵּיהּ וַיִּזְרַח לוֹ הַשֶּׁמֶשׁ חוּץ מֵהַנִּפְתָּח בְּכָל יוֹם שַׁחֲרִית בְּסוֹד מְחַדֵּשׁ מַעֲשֵׂה בְרֵאשִׁית עַל פְּתִיחָה זוֹ בַּבֹּקֶר תִּקְּנוּ לָנוּ בְּיוֹצֵר שַׁבָּת וּבוֹקֵעַ חַלּוֹנֵי רָקִיעַ שֶׁכֻּלָּן סְתוּמִים וְאֵינָן נִפְתָּחִין אֶלָּא אִישׁ יוֹמוֹ וּכְנֶגְדּוֹ נִפְתַּח עַרְבִית לְמַטָּה לָאָרֶץ בָּרָקִיעַ אֲשֶׁר עַל רָאשֵׁי

הָאֲנָשִׁים שֶׁכַּפּוֹת רַגְלֵיהֶם הֲפוּכוֹת תַּחַת פַּרְסוֹתֵינוּ וְעִם מָה שֶׁנִּבְאַר לְקַמָּן נִתְקַיְּמוּ דִּבְרֵי הַתַּנָּאִים כִּכְתָבָם וְכִלְשׁוֹנָם לְכָל מֵבִין יְסוֹדָם כִּי זֶה כָּל הָאָדָם וְהֵמָּה מֻסְכָּמִים עִם מְצִיאוּת הַגַּלְגַּלִּים וּסְבוּבָם הַמְּפֻרְסָמִים בְּאוֹתָהּ חָכְמָה לֶהָמוֹן הָעוֹסְקִים בָּהּ לֹא חִסַּרְנוּ דָּבָר:

מַאֲמַר הָעִתִּים - סִימָן יב

וְעַתָּה דַּע כִּי הָעִתִּים הַדַּקִּים אֲשֶׁר אָמַרְנוּ שֶׁהֵם חוּטֵי הַשְּׂעָרָה מִתְּנוּעַת הַגַּלְגַּל הֵן הֵמָּה שָׁוִים לֶאֱרֹג לְפִי הָאֱמֶת לְהַהוּא חֲלוּקָא דְּרַבָּנָן אֲשֶׁר יֹאמַר בְּדִבְרֵי חֲכָמִים וְחַדּוּתָם שֶׁהוּא נַעֲשָׂה מִשְּׁסָ"ה יְמוֹת הַחַמָּה וּכְתִיב וַיִּקְרָא אֱלֹהִים לָאוֹר יוֹם אַלְמָא הַיּוֹם הוּא עֶצֶם הָאוֹר וְכֵן הַחֹשֶׁךְ כָּמוֹהוּ רוֹצֶה לוֹמַר שֶׁהוּא דָּבָר נִבְרָא שֶׁהֻפְרַשׁ מִן הָאוֹר שֶׁכְּנֶגְדָּם שס"ה מִצְוַת לֹא תַעֲשֶׂה דַּרְגִּין נֻקְבִן שֶׁהַשְׁבָּתָתָן וּבִטּוּלָן זֶהוּ שְׁלֵמָתָן כְּטַעַם אַרְעָא אִתְבַּטֶּלֶת שֶׁשָּׁנִינוּ בְּסִפְרָא דִּצְנִיעוּתָא דִּכְתִיב בָּהּ כָּל כְּבוּדָּה בַת מֶלֶךְ פְּנִימָה וְלֹא קַדְמָה הַחוּצָה וְזֶה גּוֹרֵם מִמִּשְׁבְּצוֹת זָהָב לְבוּשָׁהּ רָאשֵׁי תֵּבוֹת מַזָּל שֶׁהוּא נִטְפָּל אֶל הַזְּכוּת יְעַיֵּן חֵקֶר דִּין בַּחֵלֶק הַשֵּׁנִי קָרוֹב לְסוֹפוֹ וְהִנֵּה רמ"ח מִצְוַת עֲשֵׂה וּמִצְוֹת סֵפֶר הַתּוֹרָה עַל כֻּלָּן אִנּוּן דַּרְגִּין דְּכוּרִין שֶׁהֲרֵי בְּרֻבָּן נָשִׁים פְּטוּרוֹת אֶלָּא דַּאֲנַן פָּסְקִינַן הִלְכְתָא נָשִׁים סוֹמְכוֹת רְשׁוּת וְשַׁפִּיר מְבָרְכִין וְצִוָּנוּ הוֹאִיל וְגַם הוּא בִּכְלָל עַם קָדוֹשׁ לְפִיכָךְ אִיתַנְהוּ בְּלֹא תָשִׂימוּ קָרְחָה אַף עַל גַּב דְּלֵיתַנְהוּ בְּבַל תַּקִּיף וְכָל דְּאִיתִיהָ בַּאֲשֶׁר קִדְּשָׁנוּ אִתֵּיהּ נָמֵי בְּצִוָּנוּ לְקַבֵּל שְׂכָרוֹ כְּמִי שֶׁמְּצֻוֶּה וְעוֹשֶׂה אֶלָּא שֶׁלְּגַבֵּי הָאֲנָשִׁים חוֹבָה וַדַּאי שֶׁאִם לֹא סָמַךְ כִּפֵּר וּמַעֲלִין עָלָיו כְּאִלּוּ לֹא כִפֵּר וּלְגַבֵּי הַנָּשִׁים הוּא מִצְוָה וְתַלְמוּד עָרוּךְ הוּא מִצְוָה לְגַבֵּי חוֹבָה רְשׁוּת קָרֵינַן לֵהּ וְכֵן בְּדִין שֶׁהֲרֵי בִּלְעָדַי זֶה הַשְׁלָמָה לָהֶן כַּפָּרָתָן וְלֹא עַל חִנָּם הָיְתָה מִיכַל בַּת שָׁאוּל מְנַחַת תְּפִלִּין כֵּיוָן שֶׁלֹּא הָיָה לָהּ וָלָד עַד יוֹם מוֹתָהּ וְאִשְׁתּוֹ שֶׁל יוֹנָה עָלְתָה לָרֶגֶל כַּאֲנָשִׁים לְסַיֵּעַ בְּתִקּוּן לְמִי שֶׁבִּטֵּל הָעֲלִיָּה לַאֲנָשִׁים כְּנָשִׁים דַּעֲלִיָּה רָמְיָא כַּמְבֹאָר בִּמְקוֹמוֹ:

מַאֲמַר הָעִתִּים - סִימָן יג

וּמִכָּאן אַתָּה לָמֵד מַאי דִּכְתִיב יָמִים יֻצָּרוּ כִּפְשׁוּטוֹ וּמָה הוּא מַלְבּוּשׁ הַנְּשָׁמָה כְּמַשְׁמָעוֹ וְכֵיצַד כָּל הַנִּבְרָאִים שָׂם אֲדוֹן הַכֹּל תַּחַת רַגְלָיו שֶׁל הָאָדָם וְהֵיאַךְ אָדָם אֶחָד יַכְרִיעַ אֶת כָּל הָעוֹלָם לִזְכוּת אוֹ לְחוֹבָה שֶׁהֲרֵי מַעֲשֵׂה תָקְפּוֹ וּגְבוּרָתוֹ הוּא אוֹרֵג בְּהַהוּא חִירְגָא דְּיוֹמָא הַכּוֹלֵל כָּל דָּארֵי אַרְעָא וְאָמְרוּ בַּזֹּהַר פָּרָשַׁת וַיְחִי כִּי יְמֵי הָאָדָם קְצוּבִין כְּמִסְפַּר נִצּוּצֵי נְשָׁמוֹת לְעָבְדָהּ וּלְשָׁמְרָהּ בְּכִשְׁרוֹן מַעֲשָׂיו וְיָדוּעַ בַּדְּבָרִים הָרוּחָנִיִּים כִּי כָּל יוֹם וְכָל נִצּוֹץ מִנִּצּוּצֵי הַנְּשָׁמָה כּוֹלֵל קוֹמָה שְׁלֵמָה וְכָל מִצְוָה כּוֹלֶלֶת

תרי"ג מִצְוַת כְּטֶבַע הַקְּדוֹשָׁה שֶׁכָּל פְּרָטֶיהָ הֵמָּה מִתְדַּמֵּי הַחֲלָקִים יִתְלַכְּדוּ וְלֹא יִתְפָּרְדוּ לְפִיכָךְ הַמַּגִּיהַּ אוֹת אַחַת בְּסֵפֶר תּוֹרָה כְּאִלּוּ כְּתָבוֹ כֻּלּוֹ נִמְצָא כָּל יוֹם מֵעֵין בִּרְכוֹתָיו הוּא לָבוּשׁ בִּפְנֵי עַצְמוֹ וְדִיוֹקָן שָׁלֵם יֵחָשֵׁב וְהוּא הַסָּנֵגוֹר הַנִּקְנֶה בְּמַעֲשֵׂה הַמִּצְוֹת שֶׁשָּׁנִינוּ בְּמַסֶּכֶת אָבוֹת וְנִקְרָא פרקלי"ט בְּגִימַטְרִיָּא נפ"ש עִם הַכּוֹלֵל מַשְׁלִים הַתִּקּוּן אֱלֹהָה בְּצֶלֶם וּדְמוּת וְתַנְיָא אִם בִּטַּלְתָּ מִן הַתּוֹרָה הַרְבֵּה בְּטֵלִים כְּנֶגְדְּךָ שֶׁאוֹתָן הַנִּצוֹצוֹת נִשְׁאֲרוּ בְּלִי לְבוּשׁ וְהַיָּמִים בְּטֵלִים לֹא אוֹבְדִים אֵלָיו יָחֳלוּ שֶׁבְּיָדוֹ לְתַקְּנָם עוֹד כְּטַעַם עָבַר עַל מִצְוַת עֲשֵׂה וְעָשָׂה תְּשׁוּבָה לֹא זָז מִשָּׁם עַד שֶׁמּוֹחֲלִין לוֹ דְּהַשְׁתָּא מִיהַת לֹא גָּרַע מִמִּי שֶׁחָשַׁב לַעֲשׂוֹת מִצְוָה בִּזְמַנָּהּ וְנֶאֱנַס שֶׁהֲרֵי גַּם זֶה עַכְשָׁו חוֹשֵׁב בִּתְשׁוּבָה שְׁלֵמָה כִּי רְאוּיָה הָיְתָה אוֹתָהּ מִצְוָה מֵאָז שֶׁתֵּעָשֶׂה עַל יָדוֹ וְדוֹאֵג לָהּ עַתָּה שֶׁהוּא אָנוּס בְּשָׁעָה זוֹ וְאֵין בְּיָדוֹ לַעֲשׂוֹת הוֹאִיל וְעָבַר יוֹמוֹ אֱמֶת שֶׁאֵינוֹ דּוֹמֶה לְמִי שֶׁחָשַׁב וְעָשָׂה. חֹמֶר בְּעוֹבֵר עַל לֹא תַעֲשֶׂה כִּי לֹא דַּי שֶׁמּוֹנֵעַ מִנִּשְׁמָתוֹ כָּתְנוֹת אוֹר הַמְזֻמָּנִים לָהּ תָּמִיד לוֹ חָפֵץ בִּבְרָכָה אֶלָּא שֶׁהוּא מַשְׁרָה עָלֶיהָ בְּגָדִים צוֹאִים בְּסוֹד הַקָּטֵגוֹר הַנִּקְנֶה בַּעֲבֵרָה וְאִם יֹאמַר לָשׁוּב וּלְתַקֵּן בֶּאֱמֶת וּבְלֵב שָׁלֵם מֻבְטָח הוּא בַּעַל תְּשׁוּבָה שְׁלֵמָה לִזְכּוֹת וּלְאַלְתַּר אַף עַל פִּי שֶׁעֲדַיִן הוּא לָבוּשׁ כָּתְנוֹת עוֹר כִּי בָּם יָדִין עַצְמוֹ לִרְצוֹנוֹ בְּסִגּוּפִים כְּפִי כֹּחוֹ וּבִגְדֵי עֲרוּמִים יַפְשִׁיט כִּי הַמַּזִּיקִים נִבְרְאוּ בְּלִי לְבוּשׁ וְהֵם עֲרוּמִים מַמָּשׁ וְעוֹד עֲרוּמִים הֵם וּמַעֲרִימִין לְהַחֲטִיא אֶת הָאָדָם כְּדֵי שֶׁהֶעָוֹן יִהְיֶה לָהֶם בֶּגֶד בּוֹגְדִים וּבַעַל תְּשׁוּבָה יַפְשִׁיט הַבְּגָדִים הָאֵלֶּה מֵעַל גַּבֵּי הָעֲרוּמִים לְהַחֲטִיא הַהֵם כְּפִי שְׁנֵי הֵם בָּנִים שֶׁזָּכַרְנוּ וְעֵדוּת נֶאֱמָנָה לָעִקָּר הַדָּרוּשׁ מֵאָדָם הָרִאשׁוֹן דְּחָב בְּמַחֲשָׁבָה וּבַעֲבִדָא אֶלָּא שֶׁהָיָה אָנוּס בְּמַעֲשֵׂהוּ וּמֻטְעֶה בְּמַחְשַׁבְתּוֹ כְּמוֹ שֶׁבֵּאַרְנוּהוּ בְּמַאֲמַר צְבָאוֹת וְאַף עַל פִּי שֶׁהִרְבָּה בִּתְשׁוּבָה גְּדוֹלָה וּמִתְמֶדֶת מִיּוֹם הוּלְדוּ שֶׁבּוֹ סָרַח וּבוֹ עָשָׂה תְּשׁוּבָה וְלֹא פָּסַק עַד יוֹם מוֹתוֹ מִכָּל מָקוֹם נִסְתַּלֵּק מִנֵּיהּ זִהֲרָא עִלָּאָה וְזָכָה בּוֹ חֲנוֹךְ בֶּן יֶרֶד וְנַעֲשָׂה עָלָיו בַּעַל הַפִּקָּדוֹן וְאָדָם בִּתְשׁוּבָתוֹ תִּקֵּן מַעֲשָׂיו הַרְבֵּה וּבִתְחִיַּת הַמֵּתִים יָאִירוּ וּמִי קָדַם אֵלָיו וְיִזְכֶּה בְּסוֹד בַּעַל תְּשׁוּבָה וַדַּאי לִמְקוֹם חֲנוֹךְ בֶּן יֶרֶד שֶׁהוּא צַדִּיק גָּמוּר אֵינוֹ יָכוֹל לַעֲמֹד בּוֹ וּמַאֲמַר הַנָּבִיא כִּי בֹשֶׁת עֲלוּמַיִךְ תִּשְׁכָּחִי וְחֶרְפַּת אַלְמְנוּתַיִךְ לֹא תִזְכְּרִי עוֹד מַבְטִיחַ אֶת בַּעֲלֵי תְּשׁוּבָה שֶׁבְּאַחֲרִית הַיָּמִים יִהְיֶה מֹר וַאֲהָלוֹת קְצִיעוֹת כָּל בִּגְרוֹתֵיהֶם עַד אֵין מְכֵלִים שֶׁהַכֶּפֶל וְהַחֲלוּף יְפָרֵשׁ הַבֹּשֶׁת עַל בִּטּוּל מִצְוַת עֲשֵׂה שֶׁהָרִפְיוֹן גּוֹרֵם וְהִיא מִדָּה בְּיַלְדָּה רַכָּה וַעֲנֻגָּה רָבְתָה אֶצְלָהּ מֵעֲשׂוֹת בְּחֵפֶץ כַּפֶּיהָ וְהַבֹּשֶׁת הוּא לָהּ כָּרִי הָאָחוֹר מִלְּשׁוֹן כִּי בוֹשֵׁשׁ מֹשֶׁה אָמְנָם הַחֶרְפָּה תִּפֹּל עַל הַחֲרִיפוּת וְהַמְּהִירוּת לַעֲבֹר עַל מִצְוַת לֹא תַעֲשֶׂה וְהִיא מִדָּה נוֹהֶגֶת בְּאַלְמָנָה שֶׁטָּעֲמָה טַעַם בִּיאָה אַלְמָא סוֹף שְׁלֵמוּתָן שֶׁל בַּעֲלֵי תְּשׁוּבָה בְּעָלֶיהָ וַדַּאי הוּא הֱיוֹתָם עֲתִידִים לְהֵחָשֵׁב בִּזְכוּת הַצַּדִּיקִים הַגְּמוּרִים שֶׁהַתְּשׁוּבָה מְשַׁכַּחַת עָוֹן וּמַכְרַעַת אוֹתָם לְטוֹב עַד שֶׁהַזְּדוֹנוֹת נַעֲשִׂים לִזְכֻיּוֹת וְהוּא

טַעַם לְתַקְּרוּ צַדִּיקִים עַל שִׁמְךָ שֶׁבָּא לְפִיּוּס הַיָּרֵחַ שֶׁהִיא עֲתִידָה לְהִתְחַדֵּשׁ וּלְהַתְמִיד בִּשְׁלֵמוּתָהּ הָרִאשׁוֹן וְהַמִּעוּט לֹא יִזָּכֵר עוֹד יִשְׁמְעוּ עֲנָוִים וְיִשְׂמָחוּ עִם הַמְּפֹרָשׁ לָנוּ בָּזֶה בִּמְקוֹמוֹ:

מַאֲמַר הָעִתִּים - סִימָן יָד

אַלְמָא תְּנַן רַבִּי אֱלִיעֶזֶר אוֹמֵר הָאוֹרֵג ג' חוּטִין בַּתְּחִלָּה וְאֶחָד עַל הָאָרִיג חַיָּב וּכְבָר אָמַרְנוּ כִּי הָעֵת הוּא חוּט אֶחָד וְהָרֶגַע שְׁנֵי עִתִּים הוּא שֶׁהֵם שְׁנֵי חוּטִים וּמִשְׁפַּט הַמְּלָה אוֹרֵג וְנוֹגֵעַ הֲרֵי צֵרוּף שְׁתֵּי הַפְּעֻלּוֹת יַחַד יִקָּרֵא רֶגַע כִּי חוּט הָאָרִיג הַזֶּה מְדֻבָּקִים וְנוֹגְעִים אַהֲדָדֵי לֹא כְּמַחְשֶׁבֶת אַנְשֵׁי הַמֶּחְקָר הַמַּגְדִּירִים אֶת הַזְּמַן שֶׁהוּא כַּמּוּת מִתְפָּרֵד וְאֵינוֹ אֶלָּא מִתְדַּבֵּק בֶּאֱמֶת. עוֹד הֵמָּה חָשְׁבוּ שֶׁלֹּא סָר מֵעוֹלָם מֶשֶׁךְ בִּלְתִּי מְשֹׁעָר וְזֶהוּ שֶׁקֶר כִּי מָה שֶׁאֵין לוֹ שִׁעוּר אַף אֵין לוֹ מֶשֶׁךְ וְאֵין לַהַזְּמָן מְצִיאוּת אֶלָּא בְּמֶשֶׁךְ תְּנוּעַת הַגַּלְגַּל תֵּדַע כִּי כָּל י"ב חֹדֶשׁ שֶׁל מִשְׁפַּט דּוֹר הַמַּבּוּל לֹא שִׁמְּשׁוּ הַמַּזָּלוֹת וְלֹא בָּאָה אוֹתָהּ הַשָּׁנָה בְּחֶשְׁבּוֹן יְמוֹת עוֹלָם וְהָיוּ נֹחַ וַאֲשֶׁר אִתּוֹ בַּתֵּבָה שָׁטִים אָז עַל פְּנֵי הַמַּיִם כְּמוֹ שֶׁעֲתִידִים הַצַּדִּיקִים לִהְיוֹת שָׁטִים עַל פְּנֵי הַמַּיִם בְּחַד חָרוּב. וְהִנֵּה זֹאת הַנְּגִיעָה וְהַדְּבִיקָה לְחוּטֵי הָאָרִיג שֶׁזָּכַרְנוּ הִיא הַמְּחַיֶּבֶת לְחַשֵּׁב הָרְגָעִים וְלֹא יַסְפִּיק לָנוּ חֶשְׁבּוֹן הָעִתִּים שֶׁהֲרֵי אֵין רֵיקוּת נִמְצָא וּלְעוֹלָם חֶצְיוֹ הָאַחֲרוֹן שֶׁל זֶה הָרֶגַע מִתְדַּבֵּק עִם חֶצְיוֹ הָרִאשׁוֹן שֶׁל הָרֶגַע הַבָּא אַחֲרָיו וּשְׁנֵי הַחֲצָאִין כִּי הֲדָדֵי הֵן הֵם רֶגַע מְחֻבָּר מֵחֶצְיוֹ שֶׁל זֶה וּמֵחֶצְיוֹ שֶׁל זֶה וּתְחִלַּת הָאָרִיג הַנִּכְבָּד הַהוּא שֶׁיִּצְדַּק לִקְרֹא לוֹ אֲוִירָא דְּאִתְפַּס עַל גַּבֵּי הַשְּׁתֵּי אֲוִירָא דְּלָא אִתְפַּס וְהוּא עֶצֶם הָאוֹר שֶׁזָּכַרְנוּ שֶׁעוּרוֹ שְׁלֹשָׁה חוּטִין בַּתְּחִלָּה כִּי הָעֵת הָרִאשׁוֹן אִי אֶפְשָׁר לַעֲמֹד עָלָיו לְקַלּוּת מַחְצַבְתּוֹ וְהוּא מִתְדַּבֵּק אֶל הָרֶגַע הַבָּא וּכְבָר עָבַר אוֹתוֹ עֵת רִאשׁוֹן וְהָרֶגַע חֶצְיוֹ הֹוֶה וְחֶצְיוֹ עָתִיד הֲרֵי תְּחִלַּת הַזְּמַן הוּא הֹוֶה בֵּין עָבָר וְעָתִיד שֶׁאֵין לוֹ הַשְׁעָרָה מֻשְׁלֶמֶת אֶלָּא בְּכָךְ אֲבָל מִכָּאן וָאֵילָךְ כָּל עֵת לְבַדּוֹ מוֹסִיף וְהוֹלֵךְ לְפִיכָךְ הָעוֹשֶׂה מְלָאכָה בְּשַׁבָּת שֶׁהוּא כְּנֶגֶד אֶחָד מִשְּׁנֵי הַמְּאֹרָעוֹת הָאֵלֶּה דְּהַיְנוּ שְׁלֹשָׁה חוּטִין בַּתְּחִלָּה אוֹ אֶחָד עַל הָאָרִיג חַיָּב חַטָּאת לְדַעַת רַבִּי אֱלִיעֶזֶר אֲבָל חֲכָמִים הִשְׁווּ תְּחִלָּתוֹ לְסוֹפוֹ כִּי הָרֶגַע הַכּוֹלֵל שְׁנֵי הָעִתִּים הוּא לָהֶם אָרִיג מֻשְׁלָם דְּקָסָבְרֵי שֶׁהַהֹוֶה הָרִאשׁוֹן הַמּוֹשֵׁךְ עַצְמוֹ וְאַחֵר עִמּוֹ מֻפְלָג בְּעִתּוֹ הַקּוֹדֵם לְכֻלָּם מִן הָעֵת הַשְּׁלִישִׁי וְאֵינוֹ צָרִיךְ לוֹ שֶׁהֲרֵי הַשֵּׁנִי מַפְסִיק בֵּינֵיהֶם וַעֲדַיִן אֵין הַחֲלוּקָא דְּרַבָּנָן מֻשְׁלָם עַד שֶׁנְּצַיֵּר בּוֹ אֲנַחְנוּ בְּכָל יוֹם מִצְוֹת מַעֲשִׂיּוֹת מְלֶאכֶת חָרָשׁ וְחֹשֵׁב וְרֹקֵם אִישׁ אִישׁ מִמְּלַאכְתּוֹ אֲשֶׁר הֵמָּה עֹשִׂים וְכָל אֶחָד צָרִיךְ שְׁנֵי חוּטִים שֶׁהֵם שְׁנֵי עִתִּים לְפַתֵּחַ בָּהֶם קָדוֹשׁ וּבָרוּךְ אוֹ לַעֲנוֹת אָמֵן דְּבַבָּצִיר מֵהָכִי לֹא סַגֵּי לָא שְׁנָא שְׁלִיחַ צִבּוּר אוֹ יָחִיד הָעוֹנֶה אַחֲרָיו וּמוֹדִים חֲכָמִים בֵּין לְקֻלָּא בֵּין לְחוּמְרָא בְּעֵת הָאַחֲרוֹן שֶׁהוּא הַכָּאַת הַפַּטִּישׁ לְאָרִיג הֶחָלוּק הֶחָבִיב הַזֶּה שֶׁכְּנֶגְדּוֹ

בְּשַׁבָּת חַיָּב וְכֵן אִם פָּתַח בְּאָמָן וְנֶאֱנַס וְלֹא הִשְׁלִים לֵיכָּא בְּהָא מִלְּתָא מִשּׁוּם אָמָן קְטוּפָה אֶלָּא מַעֲלִים עָלָיו כְּאִלּוּ הִשְׁלִים וּבוֹ נִגְמַר חֲלוּקָא דְּרַבָּנָן. אֲבָל בְּרִיאַת הַמַּזִּיקִים בְּאוֹתוֹ עֵת אַחֲרוֹן שֶׁל בֵּין הַשְּׁמָשׁוֹת מִכּוּשׁ רִאשׁוֹן הָיָה לָהֶם וְלֹא נִגְמַר כִּי עַל כֵּן נִתְיַחֵד אֲלֵיהֶם אוֹתוֹ הָעֵת מִמִּי שֶׁיּוֹדֵעַ לְחַשֵּׁב עִתָּיו וּרְגָעָיו לְפִי שֶׁאֵין בָּהּ שׁו"ה פְּרוּט"ה בְּגִימַטְרִיָּא תור"ה יְקָרָה הִיא מִפְּנִינִים בְּמִסְפַּר שֶׁקֶל וְעַל דֶּרֶךְ שֶׁבֵּאַרְנוּ לְמַעְלָה יְעֻיַּן מַאֲמַר שַׁבְּתוֹת ה' וּלְגַבֵּי מֹשֶׁה וְדָוִד שְׁנֵי גְּדוֹלֵי עוֹלָם שֶׁהָיוּ יוֹדְעִים גַּם הֵם לְחַשֵּׁב כַּמְבֹאָר בְּרֵישׁ בְּרָכוֹת וְאִנּוּן תְּרֵי מִגּוֹ תְּלָתָא וּמָשִׁיחַ עִמָּהֶם דְּלָא אִיבְרֵי עָלְמָא אֶלָּא לְדִידְהוּ כְּרַב וּשְׁמוּאֵל וְרַבִּי יוֹחָנָן בְּפֶרֶק חֵלֶק הָיָה לָהֶם גַּם אוֹתוֹ עֵת אַחֲרוֹן בַּעֲשֶׂה דְּתוֹסְפוֹת שַׁבָּת הוֹאִיל וְלֵיכָּא גַּבַּיְהוּ סְפֵיקָא דְּיוֹמָא:

מַאֲמַר הָעִתִּים - סִימָן טו

וְאַל תִּתְמַהּ עַל הַשֶּׁמֶשׁ הָעוֹשֶׂה בְּשַׁבָּת כְּמוֹ בְּחוֹל וְאֵינוֹ נִמְנָע כִּי הוּא כְּלִי אוּמָנוּתוֹ לְאוֹתוֹת וּלְמוֹעֲדִים וּלְיָמִים וּלְשָׁנִים בְּמִצְוַת הַקָּדוֹשׁ בָּרוּךְ הוּא וַהֲלָכָה כְּבֵית הִלֵּל שֶׁאֵין מִצְוָה בִּשְׁבִיתַת כֵּלִים וּשְׂכַר הַיּוֹם מֻתָּר בָּהֶם אֲפִלּוּ שֶׁלֹּא בְּהַבְלָעָה שֶׁאֵינוֹ שְׂכַר שַׁבָּת אֶלָּא שְׂכַר כֵּלִים דִּידִיעַ פַּחְתַיְהוּ וְעוֹשִׂין חֶשְׁבּוֹן לְאַחַר שַׁבָּת לֹא אָסְרוּ אֶלָּא שְׂכַר אָדָם וְדָא הוּא בְּרַיְרָה דְּמִלָּה אַף כָּאן יֵשׁ לְהַשֶּׁמֶשׁ שָׂכָר שַׁבָּת צָפוּן לֶעָתִיד לָבוֹא דִּכְתִיב וְאוֹר הַחַמָּה יִהְיֶה שִׁבְעָתַיִם כְּאוֹר שִׁבְעַת הַיָּמִים הֲרֵי מְפֹרָשׁ שְׂכָרוֹ אִתּוֹ יוֹם יוֹם שֶׁלֹּא בְּהַבְלָעָה וּכְתִיב וְזָרְחָה לָכֶם יִרְאֵי שְׁמִי שֶׁמֶשׁ צְדָקָה וּמַרְפֵּא בִּכְנָפֶיהָ. וּלְבֵית שַׁמַּאי דְּסָבְרֵי בִּשְׁבִיתַת כֵּלִים מִצְוָה וְאֵין סָפֵק דִּלְדִידְהוּ נָמִי אֵינוֹ אֶלָּא מִדְּרַבָּנָן הִנֵּה מַעֲשֵׂה תָּקְפּוֹ שֶׁל הַשֶּׁמֶשׁ מִצְוַת הַיּוֹם הִיא שֶׁקָּבוּעַ לָהּ זְמַן וּכְתִיב לַכֹּל זְמָן סוֹד הַהַנְהָגָה הָעֶלְיוֹנָה לִפְעֻלַּת אָדָם כְּטוֹב כְּחוֹטֵא הָאֶחָד נִמְשָׁךְ אַחַר מִדַּת הַטּוֹב שֶׁבְּעֵץ הַדַּעַת שֶׁהוּא מְנוּבָלוֹת עֵץ הַחַיִּים וְהַשֵּׁנִי מַפִּיל אֶת עַצְמוֹ לַגְּיָסוֹת שֶׁבְּצַד הָרָע וַאֲפִלּוּ בְּפֹעַל הַמְּגֵנָּה בְּחֵיק הָאָדָם הַחוֹטֵא בּוֹ יִצְדַּק שֶׁיֹּאמַר עָלָיו הָאֱלֹהִים אִנָּה לְיָדוֹ כְּטַעַם מְגַלְגְּלִין חוֹבָה עַל יְדֵי חַיָּב:

מַאֲמַר הָעִתִּים - סִימָן טז

וּבִירוּשַׁלְמִי אָמְרוּ כָּל מִלְּתָא דְּלָא מְחַוְּרָא מַסְמְכִין לָהּ מִן אַתְרִין סַגִּין פֵּרוּשׁ כָּל דָּבָר שֶׁאֵינוֹ בָּרוּר וְלֹא מֻרְגָּל אֶל הַשֵּׂכֶל צָרִיךְ לַעֲשׂוֹת לוֹ סְמוּכוֹת וְיָדַיִם מוֹכִיחוֹת לְהָבִין אָמְרֵי בִּינָה אַף אָנוּ נְחַפְּשָׂה דְּרָכֵינוּ וְנַחְקֹרָה עַל שְׁלֹשָׁה גּוּפֵי עֲבֵרוֹת הַחֲמוּרוֹת שֶׁבַּתּוֹרָה לְקַיֵּם הַכְּלָל הַגָּדוֹל הַזֶּה וְהֶקֵּשׁ בָּהֶן לְכָל אַזְהָרוֹת כֻּלָּן. דַּע שֶׁאֵין פְּעֻלָּה בָּעוֹלָם אֲשֶׁר אֵינֶנָּה הֲגוּנָה לְאֵיזֶה נִבְרָא וְיֵשׁ לְהַקְדָּמָה זוֹ שֹׁרֶשׁ גָּדוֹל וְנוֹרָא בַּזֹּהַר אֵין

לְהַאֲרִיךְ בּוֹ וְגַם אֲמָנָה דַּי לָנוּ בְּקִיּוּם הַכְּלָל הַזֶּה בְּמִי שֶׁיִּהְיֶה מֵהַנִּבְרָאִים אַף עַל פִּי שֶׁאֵינוֹ אִישׁ וְהוּא מֻטְבָּע בִּכְלַל הַחַיִּים בְּהָהוּא חִירְגָּא דְּיוֹמָא שֶׁאִם לֹא כֵן לֹא הָיָה רָאוּי שֶׁיִּמְצָא בְּטֶבַע אֶפְשָׁרִית עֲשִׂיָּתָהּ בְּשׁוּם פָּנִים וְהַדִּמְיוֹן לֹא תֹאכְלוּ כָל נְבֵלָה לַגֵּר אֲשֶׁר בִּשְׁעָרֶיךָ תִּתְּנֶנָּה וַאֲכָלָהּ שֶׁהִיא הֲגוּנָה לוֹ גַּם אַחֲרֵי מַתַּן תּוֹרָתֵנוּ הוּא הָיָה בִּכְלָל רָאָה וַיַּתֵּר גּוֹיִם וְלֹא נִיחָא לֵהּ בְּהֶפְקֵירָא אֶלָּא חָפֵץ בְּמִקְצָת מִצְוֹת וְלִכְלַל גֵּר צֶדֶק לֹא בָּא סְבָרָא הִיא שֶׁאֵין לוֹ חֵלֶק אֶלָּא בִּנְבֵלוֹת הַנְּשָׁמוֹת הַטּוֹבוֹת וְשׁוֹמֵר שֶׁבַע מִצְוֹת לְפִיכָךְ רְאוּיָה הַנְּבֵלָה לְמַאֲכָלוֹ וְהוּא טַעַם הַדִּין הַמְפֹרָשׁ בְּפָסוּק שֶׁנְּתִינַת הַגֵּר קוֹדֶמֶת לִמְכִירָה לְגוֹי. וַאֲפִלּוּ גּוּפָהּ שֶׁל עֲבוֹדָה אַחֶרֶת אֶפְשָׁר בְּמִקְצָת דְּרָכֶיהָ שֶׁיִּהְיֶה הֶתֵּר לְאֵיזֶה נִבְרָא מִצַּד אוֹתָהּ הָעֲבוֹדָה בְּעַצְמָהּ אִלּוּ הָיָה הָעוֹבֵד מְכַוֵּין כַּהֹגֶן בְּפָעֳלוֹ וּבַעֲבוֹדָתוֹ וְהִיא אָמְנָם אֲסוּרָה וְקָרָה לוֹ מִצַּד קִלְקוּל הַמַּחֲשָׁבָה הַמְפֻגֶּלֶת וּפוֹסֶלֶת בְּמַעֲשֵׂהוּ שֶׁהֲרֵי אוֹרֵחַ אִתְּתָא לִמְפַלַּח לְבַעְלָהּ וְאֹרַח בְּנָיָן לִמְפַלַּח לַאֲבוּהוֹן הַגַּע עַצְמְךָ שֶׁתֹּאמַר אִשָּׁה לְבַעְלָהּ אֵל אַתָּה אָז הָעֲבוֹדָה שֶׁהָיְתָה מִצְוָה וְנִשְׂכֶּרֶת בָּהּ הֵנָּה שֶׁבָּהּ אֲסוּרָה לָהּ וְנֶעֱנֶשֶׁת עָלֶיהָ בִּשְׁבִיל מַחְשֶׁבֶת פִּגּוּל הָא לָאו הָכִי קַחֲשִׁיב לָהּ מִצְוָה רַבָּה וְכֵן אַתָּה מוֹצֵא בְּשָׂרֵי יְהוּדָה שֶׁהִשְׁתַּחֲווּ לְיוֹאָשׁ כִּי הַפָּעוּל הַהוּא לְשֵׁם מַלְכוּת הֲרֵי זֶה מְשֻׁבָּח אֲבָל לְשֵׁם אֱלָהוּת עֲבֵרָה מְגֻנָּה וַחֲמוּרָה הִיא וְכָל שֶׁכֵּן שֶׁהוּא עָוֹן חָמוּר בִּהְיוֹת אֵיזֶה נִבְרָא עוֹבֵד לְמִי שֶׁלֹּא יָאוּת לוֹ לְעָבְדוֹ כָּל עִקָּר וְגַם אֲמָנָה כָּל הַצּוּרוֹת הַחָמְרִיּוֹת שֶׁהֵן צְרִיכוֹת זוֹ לָזוֹ הֵנָּה הַהִשְׁתַּדְּלוּת בְּתִקּוּנָן הִיא עֲבוֹדַת שָׁמַיִם בֶּאֱמֶת וְיֹשֶׁר וּבִלְבַד שֶׁיְּכַוֵּין הָעוֹבֵד אֶת לִבּוֹ לַמָּקוֹם וְהַבְּרִיּוֹת שֶׁאֵין בָּהֶם דַּעַת כֻּלָּן נִגְרָרוֹת בִּפְעֻלּוֹתֵיהֶן לְדַעַת הַשַּׂר הַמְּמֻנֶּה עֲלֵיהֶן וְיֵשׁ מְרִידָה בְּשָׂרִים וְהָעֵד רוֹכֵב נָחָשׁ וְאוּלָם אֵין גַּם אֶחָד מִמִּין הָאָדָם שֶׁרַשַּׁאי לַעֲבֹד שׁוּם נִבְרָא בְּעוֹלָם קָטָן וְגָדוֹל לֹא מַלְאָךְ וְלֹא שָׂרָף בְּשׁוּם דֶּרֶךְ מִדַּרְכֵי הַכַּוָּנָה ח"ו בִּלְתִּי לַה' לְבַדּוֹ וְהוּא חֹמֶר הָאִסּוּר לְפִיכָךְ אָמְרָה תּוֹרָה לֹא תִלְמַד לַעֲשׂוֹת אֲבָל אַתָּה לָמֵד לְהָבִין וּלְהוֹרוֹת:

מַאֲמַר הָעִתִּים - סִימָן יז

וְהִנְנִי לָמֵד מֵבִין וּמוֹרֶה בַּעֲבוֹדַת פְּעוֹר הַנִּבְזָה נִמְאָס נִתְעָב וְנֶאֱלָח בְּזוּי הוּא מְאֹד מִכָּל אֱלֹהֵי הַנֵּכָר וְשָׁם מְקוֹמוֹ הַמְיֻחָד לוֹ אֶדְרָעִי חֶלְקָהוּ לִשְׁתֵּי תֵבוֹת וְאָזְנֶיךָ תִּשְׁמַעְנָה כִּי הֵנָּה הִיא הוֹגֶנֶת לוֹ לְנָחָשׁ הַקַּדְמוֹנִי לְעָבְדָהּ וּלְשָׁמְרָהּ הוּא לְבַדּוֹ כָּרָאוּי לוֹ אַחֲרֵי שֶׁנִּתְקַלְקֵל וּבִלְבַד שֶׁלֹּא יִתְכַּוֵּן רוֹכְבוֹ נָחָשׁ הוּא הַשַּׂר שֶׁלּוֹ לַעֲבֹד זוּלָתוֹ תְּבָרֵךְ וְיַצְדִּיק עָלָיו דִּין שָׁמַיִם זֶה לֶעֱנֹשׁ פִּשְׁעוֹ הָרִאשׁוֹן וְלֹא יוֹסִיף לִמְרֹד עוֹד לְהַחֲטִיא אָדָם בְּדָבָר וְנִרְמַז הַסּוֹד הַזֶּה בְּפָסוּק וְעפ"ר תֹּאכַל כָּל יְמֵי חַיֶּיךָ רַק בְּעֵינֶיךָ תַבִּיט שֶׁהֵן אוֹתִיּוֹת פעו"ר כִּי טַהֲרַת הַצּוֹאָה לְהִקָּרֵא מַחֲנֶיךָ קָדוֹשׁ הִיא כְּשֶׁתִּהְיֶה יַבָּשָׁה וְנִפְרֶכֶת וְנַעֲשֵׂית עָפָר וְעַל הַהֵפֶךְ מִזֶּה הִנֵּה הַנָּחָשׁ

הָאָרוּר מִכָּל מַהְפָּךְ הֶעָפָר לְזֶבֶל כִּי אֵין שׁוּם נִבְרָא מַכְנִיס וְאֵינוֹ מוֹצִיא רַק בְּרִיָּה קַלָּה שֶׁשְּׁמָהּ יַתּוּשׁ כִּדְאִיתָא בְּפֶרֶק הַנִּזָּקִין גַּם אֶת זֶה לְעֻמַּת זֶה בְּתַכְלִית הַקְּדֻשָּׁה שֶׁאֵין בָּהּ קְלִפָּה כְּלָל מְצָאנוּהָ בְּאוֹכְלֵי הַמָּן וְשׁוֹתֵי מַיִם מִבְּאֵרָהּ שֶׁל מִרְיָם גִּבֹּרֵי כֹחַ עֹשֵׂי דְבָרוֹ יִתְבָּרֵךְ לִשְׁמֹעַ בְּקוֹל דְּבָרוֹ. וְהִנֵּה הַיַּתּוּשׁ נִקֵּר בְּמֹחַ הָאוֹיֵב שֶׁבַע שָׁנִים וְנַעֲשָׂה כְּגוֹזָל בֶּן שָׁנָה מִשְׁקַל שְׁנֵי לִטְרִין וּמָצְאוּ פִּיו שֶׁל נְחֹשֶׁת וְצִפָּרְנָיו שֶׁל בַּרְזֶל וְהִנֵּה חַיָּבִים אָנוּ לִדְרֹשׁ מִלָּה מִלָּה וְטַעְמָהּ כִּי אֵין דָּבָר בָּטֵל בְּשִׂיחַת תַּלְמִידֵי חֲכָמִים כָּל שֶׁכֵּן בִּיסוֹד הַמְּאֹרָע מִמִּשְׁפְּטֵי ה' אֱמֶת. הִנֵּה בְּרִיָּה קַלָּה זוֹ נִקְרֵאת יַתּוּשׁ מִשּׁוּם דִּמְעַיַּלְנָא אִית לָהּ וּמַפְּקָנָא לֵית לָהּ כִּדְאִיתָא הָתָם כִּי זֶה הַדָּבָר מוֹרֶה תַּשּׁוּת כֹּחָהּ עַד הַקָּצֶה הָאַחֲרוֹן וּשְׁמָהּ הוּא בְּגִימַטְרִיָּא ונפ"ש רעב"ה עִם הַמִּלּוֹת וְהַכּוֹלֵל לְפִיכָךְ אָמַר עָלָיו הַמֶּלֶךְ הֶחָכָם כָּל מַר מָתוֹק שֶׁאֵינוֹ מוֹצִיא כְּלוּם וּמְקַבֵּץ כָּל הַזֻּהֲמָא לְהִתְפַּרְנֵס מִמֶּנָּה וְאֵין זֻהֲמָא מִבְּנֵי הַחַי יוֹתֵר מִן הַפּוֹשֵׁט טְלָפָיו כִּי מַפְרִיס פַּרְסָה הוּא וְגֵרָה לֹא יִגָּר בָּזוּי הוּא מְאֹד וַהֲרֵי פִּיו כְּצוֹאָה עוֹבֶרֶת אֲפִלּוּ בְּשָׁעָה שֶׁעוֹלָה מִן הַנָּהָר אַף כָּאן עוֹלֶה הָיָה זֶה מִן הַיָּם בְּשָׁעָה שֶׁהִתְחִיל מְחָרֵף וּמְגַדֵּף בִּשְׁנָא גַּלָּיו וְאָמַר אֵין כֹּחוֹ אֶלָּא בַּמַּיִם וּמֵעִקָּרָא נָמֵי מִצְחוֹ נְחוּשָׁה וְאָמַר אִי אֱלֹהֵינוּ לְפִיכָךְ פִּי הַיַּתּוּשׁ הָיָה שֶׁל נְחֹשֶׁת וְגַם הִנֵּה גְּבוּרָה רַבָּה נוֹדַעַת לוֹ יִתְבָּרֵךְ בַּיַּבָּשָׁה עַל יְדֵי בְּרִיָּה קַלָּה דְּחִיּוּתָהּ קַלִּיל וְזוֹ נִתְקַיְּמָה בְּאָדָם חָלָל רָשָׁע שֶׁבַע שָׁנִים כְּנֶגֶד שִׁבְעָה גּוּפֵי עֲבֵרוֹת שֶׁנִּמְנוּ לוֹ שָׁם. בְּנִזָּיוֹן לִפְנֵי לְפָנִים. שֵׁנִית בְּנִזָּיוֹן סֵפֶר תּוֹרָה. שְׁלִישִׁית הָעֵז בְּסַיִף. רְבִיעִית שֶׁאָגוּ צוֹרְרֶיךָ. חֲמִשִׁית בְּנִזָּיוֹן הַפָּרֹכֶת. שִׁשִּׁית בְּנִזָּיוֹן הַכֵּלִים. שְׁבִיעִית אֵין כֹּחוֹ אֶלָּא בַּמַּיִם וְנַעֲשָׂה בְּשִׁבְעָה שָׁנִים כְּגוֹזָל בֶּן שָׁנָה שֶׁיֵּשׁ בַּקְּלִיפּוֹת שֶׁבַע מִדּוֹת נִכְלָלוֹת כְּאַחַת כְּקוֹף בִּפְנֵי אָדָם וְהָיָה מִשְׁקַל שְׁנֵי לִטְרִין שֶׁכָּל לִטְרָא מִשְׁקַל תִּשְׁעָה סְלָעִים פָּחוֹת רְבִיעִי נִמְצְאוּ שְׁנֵי לִטְרִים שִׁבְעִים דִּינָרִים מִנַּיִן הַלָּמֵד מֵעִנְיָנוֹ וּמְנֻקֶּרֶת מוֹחוֹ וְנַעֲשָׂה צִפָּרְנָיו שֶׁל בַּרְזֶל עַל שֵׁם שֶׁקּוֹהִי דִּי פַּרְזֶל בַּחֲלוֹם נְבוּכַד נֶצַּר הַנּוֹגֵעַ כָּאן וְהוּא סוֹד מְמֻשָּׁל רַב מֶשֶׁךְ אָרֹךְ לְרַגְלֵי הָאַנְדְּרָטִי כִּי הִנֵּה עַצְמוֹת הַשּׁוֹקַיִם הֵם רֹב בִּנְיָן כְּדִין טֻמְאַת מֵת וְעוֹד כְּתִיב וְהִנֵּה אִשָּׁה שֹׁכֶבֶת מַרְגְּלֹתָיו וְכָל שֶׁיֵּשׁ בּוֹ כֹּחַ דּוּ פַּרְצוּפִין לְטוֹב אוֹ לְמוּטָב יֵשׁ לוֹ קִיּוּם הַרְבֵּה וְעֶגְלֵי יָרָבְעָם יוֹכִיחוּ וְעוֹד כְּתִיב וַתְּגַל מַרְגְּלוֹתָיו וַתִּשְׁכָּב וְכָל אוֹר מְגַלֶּה כְּפָלִים בִּמְכֻסֶּה וְעוֹד הָאַחֲרוֹן הִכְבִּיד לִגְמֹר אֶת הַמָּרוּק בְּגָלוּת שְׁלֹמֹה לְקַיֵּם מַה שֶּׁנֶּאֱמַר לֹא תּוֹסִיף לְהַגְלוֹתֵךְ. וְהִנֵּה הַנָּחָשׁ בַּעֲוֹנוֹ עוֹשֶׂה בֵּית הַכִּסֵּא לְנֻקְבָּא דִּתְהוֹמָא רַבָּא וְהָיָה זֶה זָר מַעֲשֵׂהוּ נָכְרִיָּה עֲבוֹדָתוֹ לְהוֹצִיא זֶבֶל אַשְׁפָּה כְּדִבְרֵיהֶם ז"ל וְכָל הַיִּצּוּר אֶפְשָׁרִי הַתִּקּוּן בְּשֶׁבַע שַׁבָּתוֹת תְּמִימוֹת אַחַת לְאַחַת לִמְצֹא חֶשְׁבּוֹן אֵיךְ שֶׁיּוּבְנוּ עַיֵּן מַאֲמַר צְבָאוֹת חוּץ מִן הַנָּחָשׁ שֶׁאֵין לוֹ תַּקָּנָה עַד הַיּוֹבֵל הַגָּדוֹל כִּי אָז יִתְבַּטֵּל אוֹתוֹ תְּהוֹמָא רַבָּא לְגַמְרֵי וְאַחַר תִּטַּהֵר אֲפִלּוּ דְּיוֹטָא הַתַּחְתּוֹנָה שֶׁבִּשְׁאוֹל מִגְּבוּלֵי הַגַּן עֵדֶן תֵּחָשֵׁב וְהוּא כָּרַע כְּחִיזְרָא וְזָקַף

כְּחָוְיָא בְּסוֹד מַטֵּה אַהֲרֹן שֶׁעָמַד חַי בְּצוּרַת נָחָשׁ לִבְלֹעַ תַּנִּינֵי הַחַרְטֻמִּים וְהוּא טָהֳרַת הַנָּחָשׁ שֶׁלֹּא יֵלֵךְ עַל גָּחוֹן וְכָל הַזּוֹקֵף זוֹקֵף בְּשֵׁם כִּי ה' זוֹקֵף כְּפוּפִים וְכֻלָּם בְּמַשְׁמָע אֵין נִגְרָע. אַךְ עֵת לְכָל חֵפֶץ דָּבָר בְּעִתּוֹ וּלְכָל נִבְרָא מְקוֹמוֹ וּשְׁעָתוֹ וְדַי בָּזֶה לְפִי הַמְּכֻוָּן יִשְׁמַע חָכָם וְיֶחְכַּם עוֹד:

מַאֲמַר הָעִתִּים - סִימָן יח

וְאֶל הַשֵּׁנִית מִן אַזְהָרוֹת הַחֲמוּרוֹת שֶׁזָּכַרְנוּ רָאוּי הָיָה לְהִמָּצֵא נֶפֶשׁ עֲשׁוּקָה בְּמוּם זָר לְסִבָּה נוֹדַעַת אֶל הַיּוֹדֵעַ תַּעֲלֻמוֹת לֵב כְּמוֹ שׁוֹטִים שֶׁקִּלְקְלוּ הֵן הֵם שְׁלוּחָיו הֵן הֵם עֵדָיו וְעָלָה כְּתִיב וְהִנֵּה דִּמְעַת הָעֲשֻׁקִים וְאֵין לָהֶם מְנַחֵם וּמִיַּד עֹשְׁקֵיהֶם כֹּחַ וְאֵין לָהֶם מְנַחֵם בְּקַדְמָאָה וַדַּאי כִּפְשׁוּטוֹ שֶׁאֵין לָהֶם הֶיתֵּר לָבוֹא בַּקָּהָל בָּתְרָאָה לִדְרָשָׁה כִּי מֵאַיִן יָבֹא עֶזְרָם הוּא הַפֶּלֶא הָעֶלְיוֹן הַנִּקְרָא מַזָּל שֶׁכֹּחוֹ יָפֶה לְהַעֲלוֹת לְכָל בְּרוּאָיו אֲרֻכָה וּמַרְפֵּא וְהַיְינוּ דְּאָמְרֵי רַבָּנָן גַּבֵּי בְּנֵי בְּמַזָּלָא תַּלְיָא מִלְּתָא אֶחָד בָּנִים כְּשֵׁרִים וְאֶחָד בָּנִים פְּסוּלִים לְפִיכָךְ אָמְרוּ תַּלְיָא וְלֹא הוֹי כִּי אֵין הֲוָיָה פְּסוּלָה מִתְיַחֶסֶת אֵלָיו כְּלָל. וְיֵשׁ טַהֲרָה בָּעוֹלָם הַזֶּה לְטָהֳרַת נֶפֶשׁ הַמַּמְזֵר בְּכֶסֶף מָלֵא כְּאוֹתָהּ שֶׁשָּׁנִינוּ בְּקִדּוּשִׁין שֶׁהוּא מֻתָּר לִשָּׂא שִׁפְחָה דִּידֵיהּ בְּלִקּוּחִין בְּמָה שֶׁתִּהְיֶה מְיֻחֶדֶת לוֹ לֹא זוּלַת שֶׁהֲרֵי אֵין קִדּוּשִׁין תּוֹפְסִין לוֹ בָּהּ וְהוּא הַמְכֻוָּן כְּדֵי שֶׁיִּהְיֶה עִם זֶה תִּקּוּנוֹ בְּיָדוֹ לְשַׁחְרֵר אֶת בָּנָיו לְהַכְשִׁירָם לָבֹא בַּקָּהָל וּבְכְהַאי גַּוְנָא דַּוְקָא הֻתַּר לוֹ אִסּוּר זֶה לְכַתְּחִלָּה וְגַם בְּדִיעֲבַד יִהְיֶה הַתִּקּוּן אֶפְשָׁרִי בְּכָל גַּוְנָא אֲפִלּוּ שִׁפְחָה דַּאֲחֵרִינֵי שֶׁאִם נִשְׁתַּחְרְרוּ בָּנָיו בְּכֶסֶף אוֹ בִּשְׁטָר בִּרְצוֹן אֲדוֹנֶיהָ שֶׁל אוֹתָהּ שִׁפְחָה שֶׁהִיא וּבָנֶיהָ קְנוּיִים לוֹ הֻכְשְׁרוּ לָבֹא בַּקָּהָל כִּי אֱלֹהֵינוּ מְרַחֵם חוֹשֵׁב מַחֲשָׁבוֹת לְהָשִׁיב נִדְחֵי כֻּלָּם יִלְמַד סָתוּם מִן הַמְּפֹרָשׁ וּכְתִיב וְיָשַׁב מְצָרֵף וּמְטַהֵר כֶּסֶף דְּמָנֵיהּ גָּמְרִינַן הָתָם מִשְׁפָּחָה שֶׁנִּטְמְעָה נִטְמְעָה וְדַעֲדִיפָא מִנָּהּ סְבִירָא לֵהּ לְרַבִּי יוֹסֵי מַמְזֵרִים טְהוֹרִים לֶעָתִיד לָבוֹא אֲבָל לֹא פֵּרֵשׁ טַהֲרָתָם כֵּיצַד כִּי הַרְבֵּה דְּרָכִים לַמָּקוֹם לְפִיכָךְ אֵין לְזַלְזֵל בְּאִסּוּר זֶה אֲפִלּוּ בְּרֹב הַשָּׁנִים וְכָל שֶׁהוּא יָדוּעַ וְנִכָּר לָרַבִּים אַף עַל פִּי שֶׁרֹב עַמֵּי הָאָרֶץ אֵינָם חוֹשְׁשִׁים לוֹ לֹא מִקְּרֵי נִטְמְעָה וְאָסוּר לַקָּהָל כְּאִלּוּ נוֹלַד עַכְשָׁו מֵחַיָּבֵי כְּרִיתוּת וְיֵשׁ מַמְזֵר תַּלְמִיד חָכָם שֶׁתִּקּוּנוֹ בְּיָדוֹ בְּרִבּוּי הָעֵסֶק בַּתּוֹרָה כִּי טוֹב סַחְרָהּ מִסְּחַר כֶּסֶף סְחוֹרָה דַּיְקָא לָשׁוֹן סָבִיב שֶׁאֵין הַדָּבָר מָסוּר בְּיָדֵינוּ בִּלְתִּי לַה' לְבַדּוֹ וְהוּא מִדָּה כְּנֶגֶד מִדָּה הַמְּפֹרֶשֶׁת לָנוּ לְמִי שֶׁשָּׁנָה כְּדִתְנַן בַּחֲגִיגָה יְעֻיַּן אֶצְלֵנוּ בִּמְקוֹמוֹ:

מַאֲמַר הָעִתִּים - סִימָן יט

וְיֵשׁ אָמְנָם לְנֶפֶשׁ הַמַּמְזֵר יַחַס עִם מוֹלִידָיו כְּגוֹן עַמּוֹן וּמוֹאָב עִם לוֹט וּבְנוֹתָיו בְּסוֹד תְּרֵי מִגּוֹ תְּלָתָא מִמַּעֲלֵי הַגֵּרָה בִּלְבַד שֶׁהַגָּמָל וְהוּא בֶּן

הָאֻמָּה קֹדֶם אֲלֵיהֶם בְּתוֹלָדוֹת. וְהִזְמִינוּ בְּנוֹת לוֹט אֶת עַצְמָן לְכָךְ וְהוּא עַצְמוֹ הָיָה מִשֹּׁרֶשׁ הַנָּחָשׁ הַקַּדְמוֹנִי אָרוּר כִּשְׁמוֹ וְעוֹד מִלָּשׁוֹן וּבִלַּע בָּהָר הַזֶּה פְּנֵי הַלּוֹט הַלּוֹט וְהוּא הַיֵּצֶר הָרַע כְּנִרְמָז בַּמִּדְרָשׁ הַנֶּעְלָם וּכְבָר אָמְרוּ עָלָיו שְׂמֹאל דּוֹחָה וְיָמִין מְקָרֶבֶת שֶׁהֲרֵי גָּדֵל בְּמִצְוַת אֵצֶל אַבְרָהָם. וְנִתְחַכְּמוּ בְּנוֹתָיו בְּמָקוֹם שֶׁאֵין אֲנָשִׁים לְפִי סְבָרָתָן לִחְיוֹת זֶרַע מֵאֲבִיהֶן וּפֵרְשׁוּ חֲזָ"ל כִּי אֵין זֶרַע הָאָמוּר כָּאן אֶלָּא מָשִׁיחַ צִדְקֵנוּ לֹא שֶׁתְּהֵא לָהֶם יְדִיעָה פְּרָטִית בְּזֶה אֶלָּא כֵּיוָן שֶׁתָּקְעוּ מַחְשַׁבְתָּן לִחְיוֹת זֶרַע שֶׁיְּהֵא מְמַלֵּא אֶת הָעוֹלָם שֶׁהָיָה שָׁמֵם לְגַמְרֵי לְפִי דַּעְתָּן אִם כֵּן כִּוְּנוּ לְזֶרַע שֶׁהוּא עַצְמוֹ מָלֵא כָּל הָאָרֶץ הוּא הַדָּבָר הָאָמוּר בְּסוֹף רוּת רַבָּתִי וּבִבְרֵאשִׁית רַבָּה כְּשֶׁנּוֹלַד שֵׁת בְּצֶלֶם וּדְמוּת שֶׁנִּסְתַּכְּלָה חַוָּה בְּזֶרַע הַבָּא מִמָּקוֹם אַחֵר וְדַי בְּזֶה. וְהִנֵּה הִשְׁתַּדְּלָה הַבְּכִירָה תְּחִלָּה לִשְׁלֹט עַל אָבִיהָ וְעַל עַצְמָהּ לְפִיכָךְ תְּקוּנָה קָשָׁה דְּלֵית לָהּ אַבְטָחוּתָא דּוֹק וְתִשְׁכַּח בְּדָבָר הַלָּמֵד מֵעִנְיָנוֹ וְעַיֵּן מַאֲמַר הַמִּלּוּאִים גַּבֵּי אַרְבָּעָה מִינֵי בַּעֲלֵי חַיִּים שֶׁיֵּשׁ לְכָל אֶחָד מֵהֶם סִימָן אֶחָד שֶׁל טָהֳרָה בִּלְבַד מִכָּל הוֹלֵךְ עַל אַרְבַּע. וְהַצְּעִירָה גַּם הִיא נִמְשְׁכָה אַחַר עֲצָתָהּ וְלָמְדָה מִמַּעֲשֶׂיהָ. וְהִנֵּה אִשָּׁה מַזְרַעַת תְּחִלָּה יוֹלֶדֶת זָכָר וְהֵן הָיוּ מְזִידוֹת בְּזֶה אַף עַל פִּי שֶׁהָיוּ מֻטְעִין וְכִוְּנוּ לְשֵׁם מִצְוָה מִכָּל מָקוֹם לִהְיוֹתוֹ מַעֲשֶׂה מְגֻנֶּה בְּיוֹתֵר וַעֲבֵרָה חֲמוּרָה כְּמוֹתָהּ לֹא יַסְפִּיק לְהֶתֵּרָהּ הֱיוֹתָהּ לִשְׁמָהּ לְפִיכָךְ נִתְרַחֲקוּ הַזְּכָרִים שֶׁלָּהֶן. לוֹט הָיָה שׁוֹגֵג אוֹ אָנוּס בְּשִׁכְרוּתוֹ לְפִיכָךְ הַנְּקֵבוֹת הַבָּאוֹת מֵאִישׁ מַזְרִיעַ תְּחִלָּה מוּתָּרוֹת לְאַלְתַּר לָבֹא בַּקָּהָל וְעִם זֶה הַגְּזֵרָה הַקְּדוּמָה דָּדָה עַבְדָה לְהוֹצִיא יָקָר מִזּוֹלֵל כְּטַעַם מָצָאתִי דָּוִד עַבְדִּי וְאָמְרוּ חֲזָ"ל הֵיכָן מְצָאתִיו בִּסְדוֹם דִּכְתִיב שְׁתֵּי בְנוֹתֶיךָ הַנִּמְצָאוֹת. וְהַמָּשִׁיחַ הַיּוֹצֵא מֵהֶם הוּא מְצִיאָה וְעַקְרָב בְּהֶסַּח הַדַּעַת בְּלֹא הַזְמָנָה מֻשְׁלֶמֶת כְּפִי הָרָאוּי לְדוֹר שֶׁבֶּן דָּוִד בָּא שֶׁיְּהֵא כֻּלּוֹ זַכַּאי. וְיוֹעִיל אָז הֱיוֹתוֹ נוֹלָד מִשֹּׁרֶשׁ הַחִצוֹנִים שֶׁלֹּא יְקַטְרְגוּ עָלָיו לְהַזְכִּיר עֲוֹנוֹת רִאשׁוֹנִים וְגַם הִנֵּה קְלִפָּה קָשָׁה שֶׁל עַמּוֹן וּמוֹאָב הָיְתָה לוֹ בְּסוֹד עַקְרָב שֶׁפֵּרוּשׁוֹ מֵעִיק רַב בִּשְׁתַּיִם דֵּעוֹת כְּמַאֲמָרָם ז"ל דָּמֵי בָּתַר דָּמֵי וְהֶצְרֵךְ צֵרוּף אַחַר קֹדֶם שֶׁיָּצָא לַאֲוִיר הָעוֹלָם בִּקְדֻשָּׁה וּבְטָהֳרָה. וְאִם יָבֹא בְּדוֹר שֶׁכֻּלּוֹ חַיָּב תִּכָּתֵב זֹאת לְדוֹר אַחֲרוֹן בְּסוֹד מְצִיאָה וְעַקְרָב הֵן הֵם חֶבְלֵי מָשִׁיחַ:

מַאֲמַר הָעִתִּים - סִימָן כ

וְהִנֵּה תָּלָה הַכָּתוּב טַעַם הָרִחוּק לְעַמּוֹן וּמוֹאָב בִּשְׁנֵי דְּבָרִים הָאֶחָד שְׁנֵיהֶם שָׁוִים בּוֹ אֲשֶׁר לֹא קִדְּמוּ אֶתְכֶם בַּלֶּחֶם עַל כֵּן הֻצְרַךְ דָּוִד לְהִסְתַּכֵּן בְּצֵאתוֹ מֵעִם יְהוֹנָתָן בְּלֹא לֶחֶם. וְהַשֵּׁנִי לְמוֹאָב לְבַדּוֹ אֲשֶׁר שָׂכַר לְקַלֶּלְךָ לְפִיכָךְ סָבַל דָּוִד הַמֶּלֶךְ ע"ה אֶת קִלְלָתוֹ שֶׁל שִׁמְעִי בְּאַהֲבָה. וְרָאִיתִי מִי שֶׁכָּתַב בּוֹ כְּשֵׁם שֶׁאֲשֶׁר שָׂכַר טַעְמָא הוּי לְמוֹאָב

בִּלְבַד כָּךְ אֲשֶׁר לֹא קִדְּמוּ בְּלֶחֶם הוֹי טַעֲמָא ' לְעַמּוֹן בִּלְבַד דְּהָא כְּתִיב גַּבֵּי סִיחוֹן אֹכֶל בְּכֶסֶף תַּשְׁבִּרֵנִי כַּאֲשֶׁר עָשׂוּ לִי בְּנֵי עֵשָׂו וְהַמּוֹאָבִים הַיּוֹשְׁבִים בְּעָר. וְאֶפְשָׁר לוֹמַר כִּי בַּגְּמָרָא פֶּרֶק הֶעָרֵל לֹא הֵשִׁיבוּ כֵּן לְקֻשְׁיָתוֹ שֶׁל דּוֹאֵג שֶׁשָּׁאַל הָיָה לָהֶם לְקַדֵּם אֲנָשִׁים לִקְרַאת אֲנָשִׁים וְנָשִׁים לִקְרַאת נָשִׁים וְזוֹ שֶׁאָמַרְנוּ תְּשׁוּבָה לָזֶה שֶׁהֲרֵי הַמּוֹאֲבוֹת קִדְּמוּ בְּלֶחֶם וְלָמָּה לֹא נֶאֱמַר זֶה בַּגְּמָרָא מִשּׁוּם דִּפְשָׁטֵיהּ דִּקְרָא לֹא קִדְּמוּ מַשְׁמַע אֵלֶּה וְאֵלֶּה שָׁוִים בְּדָבָר מָה שֶׁאֵין כֵּן אֲשֶׁר שָׂכַר. וְיֵשׁ מְפָרְשִׁים כִּי הַמּוֹאָבִים שֶׁהָיוּ יוֹשְׁבִים בְּעָר לְבַדָּם הֵמָּה מָכְרוּ לְיִשְׂרָאֵל מִן הַבָּא בְּיָדָם וְהָיוּ הֵמָּה מְעוּטָא דִּמְעוּטָא שֶׁל כְּלַל אֻמַּת מוֹאָב כִּי מוֹאָב נִדּוֹן בָּזֶה אַחַר רֻבּוֹ וּדְכְלֵי עָלְמָא מִיהַת רָאוּי הָיָה דָּוִד לְהִסְתַּכֵּן בְּחֹסֶר לֶחֶם כְּדֵי לְכַפֵּר עֲוֹן אֲכִילָה רִאשׁוֹנָה שֶׁל עֵץ הַדַּעַת וְכַאֲשֶׁר נָשִׁית לֵב לָמָּה שֶׁהֻשְׁווּ בָּזֶה הַיּוֹשְׁבִים בְּשֵׂעִיר וְהַיּוֹשְׁבִים בְּעָר הַדָּבָר בָּרוּר כִּי הַיּוֹשְׁבִים בְּעָר הֵם לֹא קִדְּמוּ וְנִשְׁמְטוּ יְחִידִים מִמַּחֲנֵה יִשְׂרָאֵל לִשְׁבֹּר אֹכֶל וּמַיִם מֵהֶם וְהָיָה זֶה לְתוֹעֶלֶת הַמּוֹכְרִים וּמֹשֶׁה אָמַר לְסִיחוֹן גַּם אַתָּה תַּעֲשֶׂה כֵּן לְתוֹעַלְתְּךָ רַק דָּבָר אֶחָד אֲנִי שׁוֹאֵל יוֹתֵר מִמָּה שֶׁנֶּהֱנֵיתִי מֵהֶם רַק אֶעְבְּרָה בְּרַגְלַי וְהַדָּבָר בָּרוּר כִּי לְפִי שֶׁיַּד בְּנֵי עַמּוֹן וַדַּאי לֹא הָיְתָה בְּמַעַל הַהוּא בְּדָבָר בִּלְעָם לֹא הָיָה שׁוּם חוֹלֵק וּמְעַרְעֵר בְּאֻמָּה הָעַמּוֹנִית שֶׁנִּתְקַבְּלָה מִיַּד לָבֹא בְּקָהָל וְלֹא רַבּוּ עָלֶיהָ כְּשֵׁם שֶׁרָבְתָה הַמַּחְלֹקֶת עַל אוֹדוֹת רוּת שֶׁקָּדְמָה לָהּ לְמַעַן תִּסְבֹּל הִיא לְבַדָּהּ אֶת הַצַּעַר הַהוּא וְלֹא נִתְקָרְבָה נָעֳמִי עַד שֶׁפָּשְׁטָה הַהוֹרָאָה בְּכָל יִשְׂרָאֵל. עוֹד הַבְּכִירָה הִרְבְּתָה לְדַבֵּר בְּבֹשֶׁת וְנִגְזַר עַל בָּנֶיהָ הַגֵּרוּי וְכֵן הֻצְרַךְ דָּוִד שֶׁיָּצָא מִמֶּנּוּ לְהַרְבּוֹת בְּדִבְרֵי שִׁירוֹת וְתִשְׁבָּחוֹת וּלְהִתְגָּרוֹת מְאֹד בְּאוֹיְבָיו דִּכְתִיב וְלֹא אָשׁוּב עַד כַּלּוֹתָם וְהַצְּעִירָה שָׁתְקָה וְנֶאֱסַר לָנוּ הַגֵּרוּי בְּבְנֶיהָ וְכֵן הַמְּלָכִים שֶׁיָּצְאוּ מִמֶּנּוּ לֹא הֻצְרְכוּ לַעֲמָלוֹ שֶׁל דָּוִד אֶלָּא אָסָא רָדַף יְהוֹשָׁפָט בִּקֵּשׁ רַחֲמִים וְחִזְקִיָּה מְנוּחָתוֹ כָּבוֹד וּכְבָר בֵּאַרְנוּ בְּמַאֲמָר יוֹנַת אֵלֶם פֶּרֶק כ"א כִּי לֹא עַל חִנָּם שָׁנוּ מִדּוֹתֵיהֶם אַף כִּי חִזְקִיָּה לֹא הָיָה יוֹשֵׁב וּבָטֵל מֵעֲצֵלָה תַּפִּיל תַּרְדֵּמָה אֶלָּא כֻּלָּם לְדֻגְמָא רַבָּתִי וְעַל חִזְקִיָּה כְּתִיב וְהָיָה ה' מִבְטָחוֹ וְגוֹ' שָׁם אדנ"י דְּאִתְּמַר בֵּיהּ אַרְעָא אִתְבַּטֶּלֶת יְעַיֵּן שָׁם:

מַאֲמַר הָעִתִּים - סִימָן כא

מִן הַתִּיכוֹנָה אֶל הַשְּׁלִישִׁית רָאוּי הָיָה הֶבֶל בְּנוֹ שֶׁל אָדָם הָרִאשׁוֹן לָמוּת בַּעֲוֹנוֹ שֶׁהֵצִיץ בִּכְבוֹד הָעֶלְיוֹן וְקַיִן נַעֲשָׂה לוֹ קוֹסְטִינֵר שֶׁלֹּא לְשֵׁם שָׁמַיִם לְפִיכָךְ גַּם הוּא נֶעֱנַשׁ עָלָיו. עוֹד לֹא הָיָה הֶבֶל רָאוּי לָמוּת אֶלָּא עַל יְדֵי קַיִן כְּבֶלַע רָשָׁע צַדִּיק מִמֶּנּוּ שֶׁאִלּוּ הָיָה הֶבֶל צַדִּיק גָּמוּר כְּבָר נָפַל קַיִן לְפָנָיו כְּמוֹ שֶׁאָמְרוּ רז"ל וְהוּתַר לוֹ דָּמוֹ וּלְפִי שֶׁנִּתְחַסֵּד עִמּוֹ נִמְשְׁכָה אַחַר כָּךְ בְּתוֹרַת חֶסֶד מִיתַת אַהֲרֹן עַל יְדֵי מֹשֶׁה שֶׁשְּׂכַר מִצְוָה מִצְוָה

לַהֲפֹךְ אֶת הַקְּלָלָה לִבְרָכָה אַךְ כֵּיוָן שֶׁנִּתַּן רְשׁוּת עַל הֶבֶל שֶׁדָּמוֹ יִשָּׁפֵךְ וּשְׁנֵיהֶם לְבַדָּם בַּשָּׂדֶה אֶפְשָׁר שֶׁהֻתַּר לוֹ לְקַיִן לִהְיוֹת עָלָיו שְׁלִיחַ בֵּית דִּין אִלּוּ צָדַק נַפְשׁוֹ וְהֱמִיתוּ בְּדִין אֱמֶת בִּשְׁלִיחוּת שֶׁל שׁוֹפֵט צֶדֶק וְאָמַר תֵּן כָּבוֹד וְהַתּוֹדָה לֹא עָשָׂה כֵּן קַיִן אֲבָל הִרְשִׁיעַ אֶת עַצְמוֹ לְפִיכָךְ אָמַר שְׁלֹמֹה כֹּל פָּעַל לַמַּעֲנֵהוּ וְאָמְרוּ ז"ל לְקְלוּסוֹ שֶׁהֲרֵי לֹא מֵת הֶבֶל אֶלָּא מִתּוֹךְ שִׁבְחוֹ שֶׁל מָקוֹם דִּרְחוֹשֵׁי מַרְחֶשֶׁן שִׂפְווֹתֶיהָ אִית דִּין פֵּרוּשׁ לְהַעֲנִישׁ אֶת הַצַּדִּיקִים בָּעוֹלָם הַזֶּה עַל עֲבֵרוֹת קַלּוֹת שֶׁבְּיָדָם וְאִית דַּיָּן מִן הָעוֹלָם וְעַד הָעוֹלָם לִתֵּן לָהֶם שָׂכָר טוֹב לֶעָתִיד לָבֹא שֶׁהוּא עוֹלָם אַחֲרוֹן וְגַם רָשָׁע לִקְלוּסוֹ שֶׁל הַמָּקוֹם נִבְרָא לְמַעַן יִצְדַּק בְּפִתְגָּם מַעֲשֵׂה הָרָעָה בְּיוֹמָהּ מְקוֹמָהּ וְשֶׁעַתָּה בְּסוֹד עָבְרָה לִשְׁמָהּ בֶּאֱרְנוּהוּ בִּמְקוֹמוֹ יָפֶה יָפֶה אֲבָל קַיִן וַחֲבֵרָיו וּמִי אֲבִיהֶם רוֹכֵב הַנָּחָשׁ רֵעֵהוּ וְשׁוֹמְרֵהוּ שׁוֹמֵר נַפְשׁוֹ יִרְחַק מִפְּתוּיוֹ כִּי רַע וּמָר כִּי נָגַע עַד הַלֵּב הָאֲמִתִּי וְהוּא רַחוּם יְכַפֵּר עָוֹן הֵמָּה עָזְרוּ לְרָעָה וְלָהֶם הֵם אוֹמְרִים לֵית דִּין בָּעוֹלָם הַזֶּה פֵּרֵשׁ לְהַעֲנִישׁ אֶת הַדִּין אַדְּרַבָּה אוֹכְלִים שְׂכַר מִצְוַת קַלּוֹת וּלְהַאֲבִיד גַּם לְאוֹתוֹ שָׂכָר עוֹדֶנּוּ בֵּין שְׁנֵיהֶם וְלֵית דַּיָּן לִפָּרַע כָּאן מֵעֲבֵירוֹת חֲמוּרוֹת שֶׁבְּיָדָם וְכָל כָּךְ לָמָּה לְהַשְׁמִידָם עֲדֵי עַד דָּלִית עוֹלָם אַחֲרָן לַמּוֹרְדִים הַפּוֹשְׁעִים כִּי תוֹלַעְתָּם לֹא תָמוּת וְאִשָּׁם לֹא תִכְבֶּה כְּפִי מָה שֶׁפֵּרַשְׁנוּ בְּמַאֲמָר חֵקֶר דִּין יְעֻיַּן שָׁם:

מַאֲמַר הָעִתִּים - סִימָן כב

עוֹד רָאוּי הָיָה לְהִמָּצֵא לְפָחוֹת נִבְרָא אַחֵר שֶׁיִּתְפָּעֵל בְּמִיתָה בְּטֶבַע וּסְגֻלָּה לֹא עַל צַד הָעֹנֶשׁ שֶׁהֲרֵי לֹא נִבְרָא דָּבָר לְבַטָּלָה כִּי הַמִּיתָה עַצְמָהּ שֶׁהִיא מִפְּעֻלּוֹת הַהַשְׁגָּחָה לֹא תֹּהוּ בְּרָאָהּ שֶׁאִלּוּ לֹא יֶחֱטָא הָאָדָם לָמָּה יוּמַת מֶה עָשָׂה וַהֲרֵי אֶפְשָׁר שֶׁלֹּא יֶחֱטָא וְהִנֵּה לֹא אָמְרָה הַתּוֹרָה אֲלָפִים שָׁנָה קֹדֶם הָעוֹלָם אָדָם כִּי יָמוּת בְּאֹהֶל לִקְנֹס עַל אָדָם הָרִאשׁוֹן מִיתַת עוֹנְשִׁין קֹדֶם שֶׁיֶּחֱטָא ח"ו אָמְנָם הָיְתָה הַכַּוָּנָה עַל מִיתָה מְעֻלָּה וּמְשֻׁבַּחַת לְפִי גֹּדֶל עֶרְכָּהּ סוֹדָהּ וַחֲשִׁיבוּתָהּ שֶׁזָּכָה בָּהּ מֹשֶׁה רַבֵּנוּ ע"ה לְבַדּוֹ לֹא כָהֲתָה עֵינוֹ וְלֹא נָס לֵחֹה וְנִצְטַוָּה עָלֶיהָ כְּאֶחָד מִכָּל הָעֲשִׂין שֶׁבַּתּוֹרָה דִּכְתִיב וּמוּת בָּהָר כִּמְצֻוֶּה וְעוֹשֶׂה כְּעוֹנַת מִצְוַת צִיצִית וּתְפִלִּין וַחֲלִיצָתָן עֶרֶב שַׁבָּת עִם חֲשֵׁכָה וְכַיּוֹצֵא בָּהֶן וְקִיּוּם מִצְוָה זוֹ עָלָיו הָיָה בְּעֵת רָצוֹן כַּמְבֹאָר בִּמְקוֹמוֹ שֶׁבּוֹ מָלְאוּ יָמָיו וּשְׁנוֹתָיו אַלְמָא גְּזֵרָה הָיְתָה מִלְּפָנָיו יִתְבָּרַךְ שֶׁיָּמוּת בְּאוֹתוֹ פֶּרֶק לֹא סִבַּת שׁוּם עָוֹן חָלִילָה סָמִי מִכָּאן גְּוִיעָה וַאֲסִפָה אֶלָּא וַיָּמָת שָׁם מֹשֶׁה עֶבֶד ה' שֶׁקִּיֵּם הַמִּצְוָה הַזֹּאת לִרְצוֹנוֹ בְּשִׂמְחָה וְדִקְדֵּק תַּרְגּוּם אוּנְקְלוֹס בְּאַהֲרֹן בַּכָּתוּב וַיִּרְאוּ כָּל הָעֵדָה כִּי גָוַע אַהֲרֹן לֹא תִּרְגֵּם וְאִתְנַגֵּד כְּמִנְהָגוֹ גַּבֵּי גְּוִיעָה הָאֲמוּרָה לִשְׁלֵמִים אֶלָּא תִּרְגֵּם אֲרֵי מוֹת אַהֲרֹן וְכֵן שְׁאָר הַמְּתַרְגְּמִין וְלָמְדוּ זֶה מִמָּה שֶׁלֹּא נֶאֶמְרָה בּוֹ אֲסִפָה בִּשְׁעַת מַעֲשֶׂה כְּמוֹ בִּשְׁאָר הַצַּדִּיקִים דִּכְתִיב בָּהוּ וַיִּגְוַע וַיֵּאָסֶף

אֶל עַמָּיו אַף עַל פִּי שֶׁבִּשְׁעַת הַצִּוּוּי נֶאֱמַר לְמֹשֶׁה יֵאָסֵף אַהֲרֹן אֶל עַמָּיו וּבְמֹשֶׁה גְּבִיָּה כְּתִיב וּמוּת וְהֵאָסֵף כַּאֲשֶׁר מֵת אַהֲרֹן וַיֵּאָסֶף אַף אֲנַן נָמֵי נִדּוֹק וְנֵימָא מִיתָה וַאֲסִפָּה פֵּרוּשָׁן לְהֵאָסֵף עִם צַדִּיקִים מְיֻחָדִים בְּמוֹתָם שֶׁגּוּפָם קַיָּם אַף לְאַחַר מִיתָה אֲשֶׁר אֵינָהּ אֲלֵיהֶם אֶלָּא פֵּרוּק הֶחָבוּר שֶׁתִּהְיֶה נִשְׁמָתָם בְּמֶחֱצָה אַחַת וְגוּפָם בְּמֶחֱצָה אַחֶרֶת וּגְוִיעָה וַאֲסִפָּה לֹא כֵן אֶלָּא אַרְבַּע יְסוֹדוֹת הַגּוּף לְבַדָּן וְגַם לְאַחַר מִיתָה יִתְלַכְּדוּ וְלֹא יִתְפָּרְדוּ אַךְ הַגְוִיעָה הִיא חֻלְשַׁת הַרְכָּבָתָם וְרִפְיוֹן חִבּוּרָם בְּסוֹד יְשֵׁנֵי עָפָר אַף לְמִי שֶׁלֹּא נֶאֱמַר בּוֹ וְאֶל עָפָר תָּשׁוּב עַד שָׁעָה אַחַת קֹדֶם תְּחִיַּת הַמֵּתִים וְיֵשׁ לִישֵׁנֵי עָפָר שָׁעוֹת יְדוּעוֹת יָקוּמוּ לְהִתְפַּלֵּל עַל הַחַיִּים תִּתְחַזֵּק הַרְכָּבַת יְסוֹדוֹתֵיהֶם לְפִי שָׁעָה בְּהֶבְדֵּל אֲשֶׁר לִבְנֵי הָעוֹלָם הַזֶּה כֵּן יְקִיצָם לְשָׁעָה. וְלָנוּ בְּפָסוּק אַחַר תֵּאָסֵף אֶל עַמֶּךָ שֶׁנֶּאֱמַר לְמֹשֶׁה בְּמִלְחֶמֶת מִדְיָן סוֹד נֶחְמָד כִּי מַכַּת אֲחוֹרַיִם שֶׁל גּוּפוֹ בִּלְבַד הָיְתָה בְּמֹשֶׁה אֲסִפָּה אֶל עַמָּיו לֹא כֵן לִפְנֵי מֹשֶׁה פְּנֵי חַמָּה כִּי קָרַן עוֹר פָּנָיו. עוֹד תֵּאָסֵף אֶל עַמֶּךָ בְּגִימַטְרִיָּא שב"ת בֵּאַרְנוּהוּ בְּמָקוֹם אַחֵר. וְהָרָצוֹן לְגַבֵּי אַהֲרֹן שֶׁבִּשְׁעַת הַצִּוּוּי נֶאֱמַר וְאַהֲרֹן יֵאָסֵף וּמֵת שָׁם וּכְבָר כְּתִיב וַיִּרְאוּ כָּל הָעֵדָה כִּי גָוַע אַהֲרֹן אַלְמָא לֹא גָּוַע אֶלָּא לְמַרְאֵה עֵינֵיהֶם וְלֹא נֶאֶמְרָה בּוֹ קְבוּרָה רַק בְּפָרָשַׁת עֵקֶב וְהַטַּעַם הוֹאִיל וְהָיְתָה בְּמוֹסֵרָה קָמִשְׁתָּעֵי קְרָא וְאָמַר שָׁם לְתוֹכָחָה כְּמוֹ שֶׁפֵּרֵשׁ רַשִׁ"י שָׁם שֶׁסָּמַךְ לוֹ וַיִּקָּבֵר שָׁם לוֹמַר לֹא בְּמוֹסֵרָה מֵת אֶלָּא בְּמָקוֹם שֶׁנִּקְבַּר מֵת וְכוּ':

מַאֲמַר הָעִתִּים - סִימָן כג

מִי יְגַלֶּה עָפָר מֵעֵינֶיךָ אָבִינוּ הָרִאשׁוֹן שֶׁהִקְרִיב עַצְמוֹ לְמִיתָה שֶׁלֹּא בְּעוֹנָתָהּ בְּזוֹ לֹא בָחַר ה' כִּי הִנֵּה הַמִּיתָה מְכֻוֶּנֶת מֵאִתּוֹ יִתְבָּרַךְ שֶׁתִּהְיֶה בְּאֹהֶל וְהִיא גְּנִיזָה בְּקֹדֶשׁ מוֹת וְחַיִּים כִּי הֲדָדֵי וְעָלֶיהָ נֶאֱמַר וְהִנֵּה טוֹב מְאֹד פְּשׁוּטוֹ זֶה מוֹת דָּבָר בְּעִתּוֹ מַה טּוֹב וְיָדוּעַ שֶׁכָּל הַנִּכְנָס מִקְּדוּשָּׁה קַלָּה לִקְדֻשָּׁה חֲמוּרָה טָעוּן פְּרִישָׁה וְעֵדוּת נֶאֱמָנָה עַל זֶה מֵעֲבוֹדַת יוֹם הַכִּפּוּרִים וּמִמַּעֲשֵׂה פָּרָה וְכֵן וַיִּקְרָא אֶל מֹשֶׁה בַּיּוֹם הַשְּׁבִיעִי וּמְקוֹם הַפְּרִישָׁה הוּא טָהֳרָה לִטְמֵאִים אֲבָל לֹא לִטְהוֹרִים בְּהֶחְלֵט הַמָּשָׁל בָּזֶה לִשְׁכַּת עַל פְּנֵי הַבִּירָה לְגַבֵּי הַהֵיכָל וְהַקֹּדֶשׁ וְהוּא בְּעֵרֶךְ בִּגְדֵי אוֹכְלֵי תְרוּמָה מִדְרָס לְקֹדֶשׁ וְהָיוּ יְמֵי הַפְּרִישָׁה טְעוּנִים הַזָּאָה שְׁלִישִׁי וּשְׁבִיעִי דֻּגְמָא לִימֵי הַבִּנְיָן וְהַמַּלְכוּת בְּתוֹךְ וְהָעוֹלֶה בִּיסוֹד הוֹד נֶצַח מְזִין עָלָיו מִן הַיָּמִין כִּדְכְתִיב וְהִזָּה הַטָּהֹר עַל הַטָּמֵא וְכֵן מַלְכוּת תִּפְאֶרֶת גְּבוּרָה חֶסֶד הֲרֵי הוּא הַשַּׁעַר גַּם הוּא מִן הַיָּמִין וְהִנֵּה מַעֲשֵׂה פָרָה הוּא חֻקַּת הַתּוֹרָה לְמֹשֶׁה בִּשְׁלֵמוּת הָעִיּוּן חֻקַּת עוֹלָם לִבְנֵי יִשְׂרָאֵל בְּכִשְׁרוֹן הַמַּעֲשֶׂה וְלַגֵּר הַגָּר בְּתוֹכָם הָכִי נָמֵי הַפּוֹרֵשׁ מִן הָעָרְלָה כְּפוֹרֵשׁ מִן הַקֶּבֶר. אָמְנָם זֹאת הַתּוֹרָה עַצְמָהּ אָדָם כִּי יָמוּת בְּאֹהֶל כָּל אָדָם וְכָל מִיתָה וְכָל אֹהֶל בְּמַשְׁמָע לְפִיכָךְ אָמַרְתִּי אֶחְכָּמָה בְּמָקוֹם שֶׁהֶרְשֵׁיתִי

אֶתְבּוֹנֵן וְהִיא רְחוֹקָה מִמֶּנִּי וְכָל כְּלִי פָּתוּחַ שֶׁבִּמְקוֹם הַפְּרִישָׁה פּוֹנֶה לְמַטָּה וְאֵין צָמִיד פָּתִיל לְהִתְאַחֵד בְּשָׁרְשׁוֹ טָמֵא הוּא לֹא ז' יָמִים בִּלְבַד אֶלָּא בְּהֶחְלֵט וְטָעוּן חֲזָרַת כִּבְשׁוֹנוֹת וְסֵדֶר זְמַנִּים שֶׁל מַעְלָה גּוֹרֵם שֶׁכָּל הַבָּא אֶל הָאֹהֶל מִלְמַטָּה מִן הַנִּלְוִים אֵלָיו בְּחַיָּיו וּמִתְקַבֵּל שָׁם בִּזְכוּתוֹ מִן הַמַּלְאָכִים הַמַּלְוִים אוֹתוֹ וְכַיּוֹצֵא וְכָל אֲשֶׁר בָּאֹהֶל מִנּוֹעָדִים שָׁם מִלְמַעְלָה לִכְבוֹדוֹ יִסְתַּם וְיַעֲלֶה וִיהִיֶה ה' עִמּוֹ זְמַן מִגְּבַל וְהוּא אוֹמֵר יִטְמָא שִׁבְעַת יָמִים וּמִלַּת טָמֵא נִדְרֶשֶׁת כָּאן לְשֶׁבַח לְשׁוֹן אוֹטֵם וּסְתִימָה וְהָעוֹלֶה בְּסוֹד חֲזָרַת הָאוֹר מִמַּטָּה לְמַעְלָה שֶׁאֵין מִיתָה אֶלָּא סִלּוּק וְהַעֲלָאָה וּגְנִיזָה. אוֹ יֹאמַר וְכָל אֲשֶׁר בָּאֹהֶל קוֹדֶם לָכֵן מִן הַמְּצִיאוּת הַנִּכְמָסִים שָׁם מִיְּדֵי עֶבְרוֹ וּמִתְיַיגֵּן עֵת הִשְׁתַּלְמוּ וְדַוְקָא מְצִיאוּת מֻשְׁרָשִׁים לְמַעְלָה וְהַנִּלְוִים הַפּוֹנִים גַּם כֵּן שָׁם אַךְ כָּל כְּלִי נְחֹשֶׁת וּבַרְזֶל עֲשׂוּת מִן הַלְּבוּשִׁים הַתַּחְתּוֹנִים טְעוּנִים הַפְּשָׁט וּגְנִיזָה בִּמְקוֹמָן עַד בֹּא חֲלִיפָתָן זֶהוּ דִּין הַמִּיתָה אֲבָל הַגְּוִיעָה כִּפְשׁוּטָהּ לֹא כֵן אֶלָּא פְּרוּשָׁה אֲפִיסַת הַכֹּחוֹת הַטִּבְעִיּוֹת וְהִתְעַלְּיָהֶן וּפֵרוּק יְסוֹדוֹתֵיהֶן כִּדְאָמְרַן:

מַאֲמַר הָעִתִּים - סִימָן כד

וְהִנֵּה הָאוֹתִיּוֹת עַצְמָן שֶׁבְּמִלַּת טָמֵא רוֹמְזוֹת לְסוֹד מ"ט שְׁעָרִים עֶלְיוֹנִים לְחוּד שֶׁהֵם שִׁבְעַת יְמֵי הַהֶקֵּף כָּל אֶחָד כָּלוּל שִׁבְעָה וְשַׁעַר הַחֲמִשִּׁים הַנֶּעְלָם לְחוּד נִרְמָז בְּאוֹת הָאָלֶ"ף שֶׁהַכֹּל פּוֹנִים לוֹ לְהִתְעַלּוֹת וּלְהִתְיַחֵד שָׁם וְצָרִיךְ לְהַקְדִּים אֵלָיו הֶפְסֵק טְהוֹרָה מִן הַמּוּחָשׁוֹת הַתַּחְתּוֹנוֹת תְּחִלָּה כְּשֵׁם שֶׁמֹּשֶׁה נִתְכַּסָּה בֶּעָנָן שֵׁשֶׁת יָמִים בַּעֲלוֹתוֹ הָהָרָה אַחַר מַתַּן תּוֹרָה וְעָלָה אֵלַי קְרָאוּהוּ בַּשְּׁבִיעִי לְמָרֵק מִמֶּנּוּ אֲכִילָה וּשְׁתִיָּה מָה שֶׁלֹּא נִזְכַּר בִּשְׁאָר עֲלִיּוֹתָיו ע"כ אוֹמֵר אֲנִי שֶׁלֹּא אָכַל בֵּנְתַיִם. בֵּין יְרִידָה רִאשׁוֹנָה אֶל הָעֲלִיָּה שְׁנִיָּה הָיָה טָרוּד לְבַעֵר הָעֵגֶל וְעוֹבְדָיו וְקָאֵי עֲלַיְהוּ בְּלֹא תֹאכְלוּ עַל הַדָּם שֶׁאָמְרוּ רז"ל אַזְהָרָה לְסַנְהֶדְרִין שֶׁהָרְגוּ אֶת הַנֶּפֶשׁ שֶׁאֵין טוֹעֲמִין כְּלוּם כָּל אוֹתוֹ הַיּוֹם. וּבַלַּיְלָה שֶׁלְּאַחֲרָיו הָיָה מְסַדֵּר תְּפִלָּתוֹ בְּלִי סָפֵק מָה שֶׁהוּא עָתִיד לְהִתְפַּלֵּל לְמָחָר לְכַפֵּר עֲלֵיהֶם. וּבֵין שְׁנִיָּה לִשְׁלִישִׁית הָיָה עוֹסֵק בְּמִצְוַת פְּסָל לְךָ שְׁנֵי לוּחוֹת לְתִקּוּן הַדּוֹמֵם שֶׁחָטְאוּ בּוֹ בִּזְהַב הָעֵגֶל וְכֵן וְעָשִׂיתָ לְּךָ אֲרוֹן עֵץ לְתִקּוּן הַצּוּרוֹת דִּכְתִיב בְּהוּ וַיָּמִירוּ כְּבוֹדָם בְּתַבְנִית שׁוֹר אֹכֵל עֵשֶׂב וּכְשֶׁהוֹרִיד לוּחוֹת שְׁנִיּוֹת תִּקֵּן בְּמִינֵי הַחַי בְּפָרָשַׁת הַקָּרְבָּנוֹת וּבִפְנֵי אָדָם בְּקַרְנֵי הַהוֹד שֶׁזָּכָה אַלְמָא לֹא נִשְׁאַר לוֹ פְּנַאי לֶאֱכֹל בֵּין יְרִידָה לַעֲלִיָּה וְהַתּוֹרָה הֵעִידָה בִּירִידָה שְׁלִישִׁית וְאָנֹכִי עָמַדְתִּי וּבִשְׁנִיָּה וָאֶתְנַפַּל וּבָרִאשׁוֹנָה וָאֵשֵׁב בָּהָר וְהַסִּימָן לִשְׁלָשְׁתָּם יַחַד בְּסֵדֶר זֶה מַמָּשׁ וְהָאִישׁ מֹשֶׁה עָנָו מְאֹד עָנִי כְּתִיב בְּוָא"ו קְטִיעָא דּוֹמֶה לְוָא"ו שֶׁל בְּרִיתִי שָׁלוֹם זֶה צַדִּיקוֹ שֶׁל עוֹלָם דִּכְתִיב בֵּיהּ וְהַדַּל לֹא יַמְעִיט כִּי קְטַנּוּת הַוָּא"ו מְשַׁוִּיהָ לָהּ יוּ"ד חֲצִי שִׁעוּרוֹ שֶׁל וָא"ו וְכָל שֶׁכֵּן שֶׁיִּצְדַּק זֶה עִם מָה שֶׁדָּרְשׁוּ בַּזֹּהַר כִּי מֹשֶׁה

נִצְטַוָּה לִהְיוֹת הוּא הַמְדַבֵּר בַּעֲדוֹ וְאוֹמֵר הִנְנִי מֹשֶׁה נוֹתֵן לוֹ לְפִנְחָס אֶת בְּרִיתִי שָׁלוֹם הַכְּלָל הָעוֹלֶה מִן הַדְּבָרִים הַלָּלוּ כִּי לֹא הָיָה מֹשֶׁה צָרִיךְ לְמוּחָשׁוּת הַטִּבְעִיּוֹת מִן הָעוֹלָם הַזֶּה כְּלוּם וּמִלַּת עב"י נוֹטָרִיקוֹן עֲמִידָה נְפִילָה יְשִׁיבָה יְעַיֵּן זֹהַר בְּרֵאשִׁית דַּף ל"א כִּי מֹשֶׁה אָחִיד בְּנְהוֹרָא חִוָּרָא דְּלָא אָכִיל וְלֹא שָׁתֵי כְּלוּם וְדַי בְּזֶה. אָבִינוּ הָרִאשׁוֹן חֵטְא וְנִכְפְּלָה מִיתָתוֹ כִּי נִתְלַבֵּשׁ בְּמִיתָה הַחִיצוֹנָה וְהֶאֱכִיל פָּגָה לְכָל הַיְּצוּר וְהַפִּיגָם מִן הַחַיִּים וְכָאן נִדְרָשׁ וְהִנֵּה טוֹב מא"ד רָאשֵׁי תֵּבוֹת מַשְׂכִּיל אֶל דַּל זֶה אָדָם אוֹתִיּוֹת מְאֹד שֶׁנַּעֲשָׂה דַּל אַחַר הַחֵטְא וּתְקוּנוֹ הַמָּוֶת כְּמַשְׁמָעוֹ וְעוֹד שֶׁסּוֹף סוֹף עֲצַת ה' לְעוֹלָם תַּעֲמֹד לְפִיכָךְ עַל מִיתַת הָעֹנֶשׁ נֶאֱמַר מוֹת וְעַל הַמִּיתָה הַמְכֻוֶּנֶת לְכָבוֹד וּלְתִפְאֶרֶת נֶאֱמַר הַכֶּפֶל תָּמוּת וְהִנֵּה טוֹב מְאֹד אִם יִתְמַהְמֵהַּ חַכֵּה לוֹ כִּי צַדִּיקִים שֶׁעָתִיד הַקָּדוֹשׁ בָּרוּךְ הוּא לְהַחֲיוֹת שׁוּב אֵינָן חוֹזְרִין לַעֲפָרָם אַלְמָא זֹאת הַמִּיתָה בִּלְבַד בְּבִטּוּל הַהַרְכָּבָה הִיא הַמְשֻׁלֶּלֶת מֵהֶם:

מַאֲמַר הָעִתִּים - סִימָן כה

נַקְטִינַן כִּי הָרָעוֹת וְהַטּוֹב כֻּלָּם נְתוּנִים מֵרוֹעֶה אֶחָד וְטַעַם קְדִימַת הַקְּלִפָּה לִפְרִי לִכְבֹּשׁ אוֹתָהּ בֵּין הַטּוֹב וְהַחֶסֶד שֶׁפֵּרֵשׁ בְּזֹהַר פָּרָשַׁת תְּרוּמַת טוֹב כָּלוּל כְּלֹא בְּגוֹיָהּ וְלֹא אִתְפַּשַּׁט לְתַתָּא וְהָרֶמֶז בְּשֵׁם בֶּן ד' כְּשֶׁהוּא מִתְעַלֶּה בְּמִסְפָּר קָטָן עוֹלֶה טו"ב וְהִנֵּה חֶסֶד נָחִית וְאִתְפַּשַּׁט לְתַתָּא וְזַן כְּלֹא וְהָרֶמֶז בְּשֵׁם בֶּן ד' כְּשֶׁהוּא מִתְעַלֶּה בְּאוֹתִיּוֹתָיו שֶׁעוֹלֶה בְּגֵימַטְרִיָּא חס"ד לְהַשְׂבִּיעַ לְכָל חַי רָצוֹן וְאִי אֶפְשָׁר לַקְּלִפָּה שֶׁתְּקַדֵּם אֶלָּא אֶל הַהִתְפַּשְּׁטוּת לֹא לְשֹׁרֶשׁ הַנֶּעֱלָם בְּשׁוּם פָּנִים הוּא הַדָּבָר אֲשֶׁר אָמַרְנוּ כִּי הָרַע אֵין לוֹ קְדִימָה בְּמוּחָשׁ לְחֶלְקָהּ מֻחְלֶטֶת אֶלָּא קָשׁוּר בַּעֲבוֹתוֹת אַהֲבָה בֵּין הַטּוֹב וְהַחֶסֶד וְעַל הַקְּדִימָה בְּמוּחָשׁ לַחֵלֶק הַגָּרוּעַ תְּחִלָּה כְּתִיב וְנָתַתִּי עֵשֶׂב בְּשָׂדְךָ לִבְהֶמְתֶּךָ וַהֲדַר וְאָכַלְתָּ וְשָׂבָעְתָּ מִכָּל הַחַי הַטָּהוֹר וְעַל הַלֶּחֶם לְבַדּוֹ נֶאֱמַר וְשָׂבָעְתָּ. וְכֵן בִּמְזוֹן הָאָדָם חֲלָקִים הַיּוֹתֵר נִכְבָּדִים וּמְעוּלִים הֵם הַמְאֻחָרִים בַּהֲזָנָה עַד שֶׁיִּזַּכֵּךְ הָאָדָם וְיִתְבָּרֵר פְּעָמִים שָׁלֹשׁ בָּרֹאשׁ לָהֶם. וְיָדוּעַ בִּכְלָל הַנִּבְרָאִים כִּי דָּא קְלִפָּה לְדָא וְדָא מוֹחָא לְדָא וְזֶה הַפְּרִי הַמְאֻחָר בַּיְּצִירָה גַּם הַלְּבוּשׁ הַחִצוֹן עָתִיד לִהְיוֹת בִּכְלָל הַטּוֹב וְלָנוּ בְּזֶה טַעַם לְשַׁבֵּחַ עִם הַגְּלוּסְקָאוֹת שֶׁעֲתִידָה אֶרֶץ יִשְׂרָאֵל לְהוֹצִיא בִּזְמַן שֶׁיָּשׁוּב אוֹר הַחַמָּה עַל חַד תְּלַת מְאָה וְאַרְבָּעִים וּתְלַת שֶׁעַל סְלוּקָם נֶאֱמַר אַלְבִּישׁ שָׁמַיִם קַדְרוּת אלבי"ש בְּגֵימַטְרִיָּא הָכִי הוֹי אֶלָּא שֶׁהַחֵלֶק מֵהָאוֹר הַזֶּה שֶׁנִּשְׁאַר בָּעוֹלָם הוּא הַגָּרוּעַ מֵעֵין הַשֶּׁמֶן הַסָּמוּךְ מְאֹד לְהַפְּתִילָה וּשמ"ב חֲלָקִים מִמֶּנּוּ שֶׁעָלוּ בְּשֵׁם ה' וְנִגְנְזוּ וְנִסְתַּלְּקוּ מִן הָעוֹלָם בְּעָוֹן רִאשׁוֹן הִנֵּה כָּל חֵלֶק מֵהֶם מְעֻלֶּה מִכָּל מָה שֶׁתַּחְתָּיו עַד שֶׁיַּגִּיעַ אֶל הַחֵלֶק הָעֶלְיוֹן הַנֶּעֱלָם מִן הָעַיִן שֶׁכֹּחַ אֵין סוֹף גָּנוּז בְּתוֹכוֹ כַּמְבֹאָר בִּמְקוֹמוֹ. הָא לָמַדְתָּ שֶׁאֵין שִׁעוּר

לְקַלְקוּל הַמְּאוֹרוֹת שֶׁנִּתְמַעֲטוּ בְּעָוֹן רִאשׁוֹן וְאֵין קִצְבָּה לְתִקּוּן הֶעָתִיד כִּי לֹא השמ"ג חֲלָקִים שָׁוִים עַד שֶׁנּוּכַל לְשַׁעֵר בְּשִׂכְלֵנוּ מָה יוֹשִׁיעֵנוּ ה' כִּי רַבִּים רַחֲמָיו עַד אֵין קֵץ. וּמִכָּל מָקוֹם שָׁנִינוּ בְּסֵפֶר הַזֹּהַר שֶׁהוּא נוֹתֵן קִצְבָּה רַבָּה לְאוֹר הַחַמָּה שֶׁבְּשִׁבְעָתַיִם וּפֵרַשְׁנוּהוּ יָפֶה בְּסֵפֶר עָסִיס רִמּוֹנִים בְּשַׁעַר ח' עַיֵּן שָׁם:

מַאֲמַר הָעִתִּים - סִימָן כו

וּמִן הַמְּאוֹרוֹת נִלְמַד לְכָל דָּבָר כִּי מָה שֶׁאֵרַע אֲלֵיהֶן הוּא סִימָן לְחֶלְקֵי הַנֶּפֶשׁ אֲשֶׁר מִסְפַּר הַמִּשְׁתַּן יַחַד נפ"ש רו"ח נשמ"ה חי"ה יחיד"ה הוּא כְּמִנְיַן שמי"ם קדרו"ת בְּתוֹסָפוֹת הַקַּדְרוּת עַצְמוֹ שֶׁהוּא לְבוּשׁ שַׂק עֲלֵיהֶן עַד יְרַחֲמֵנוּ עֹשֵׂנוּ הִנֵּה הֵן וְכוּלְלָן שֶׁהוּא הָאָדָם הַשָּׁלֵם הִנֵּה הִנָּם בְּגִימַטְרִיָּא תלמו"ד תור"ה עִם הָאוֹתִיּוֹת שֶׁאֵין לְנִשְׁמַת הָאָדָם תִּקּוּן יוֹתֵר מִבַּלְעֲדֵי הַתּוֹרָה וְאוֹתִיּוֹתֶיהָ שֶׁכֻּלָּן מַתְאִימוֹת בְּכָל מָקוֹם וּבְכָל זְמַן הֶחָפֵץ יְמַלֵּא אֶת יָדוֹ. וּמִכָּאן אַתָּה דָּן לִשְׁאָר הַמַּדְרֵגוֹת נִסְתָּרוֹת וְנִגְלוֹת שֶׁיֵּשׁ לְכֻלָּן עִלּוּי בְּקֹדֶשׁ עִם הַתִּקּוּן הַכּוֹלֵל הַמְּקֻוֶּה בִּמְהֵרָה בְּיָמֵינוּ וּמִי יַעֲמֹד בְּסוֹד ה' לְשַׁעֵר דְּבָרִים שֶׁאֵין לָהֶם שִׁעוּר וְהִנֵּה דָּא לַחְמָא עַנְיָא שֶׁאָנוּ אוֹכְלִים צָרִיךְ לְנִקּוּתוֹ מִן הַסֻּבִּין הַנִּזְרָקִין תָּמִיד בְּזֵעַת אַפֵּינוּ וְאֵינָם רְאוּיִים לְמַאֲכָל שֶׁהֵם הַקְּלִפָּה הַחִיצוֹנָה וְאַדְּרַבָּה הוּא חֵלֶק שֶׁיְּהֵא אָז מְשֻׁבָּח וְעָדִיף בְּבִשּׁוּל וְעָלָיו רָאוּי לְבָרֵךְ הַמּוֹצִיא אֶלָּא שֶׁהֵרַע בְּפַעַם צָרִיךְ מֵרוּק רַב קֹדֶם שֶׁיִּמְתַּק וְיֵשׁ כָּאן סוֹד אֶרֶץ נִבְרֵאת תְּחִלָּה כִּי בְּרֵאשִׁית הָיְתָה צַדִּיקִים הַמּוֹעִילִים הָעֲקוּדִים בְּמַקְשָׁרִים לְיַעֲקֹב אֲשֶׁר הֵמָּה מֵעוֹלָם הַיִּחוּד הָיָה סֵדֶר יְצִיאָתָם מִן הָאֶפֶס הַמֻּחְלָט אֶל תְּחִלַּת הַמְּצִיאוּת מִמַּטָּה לְמַעְלָה וּכְשֶׁהֵאִיר בָּהֶם הַנִּצּוּץ הָעֶלְיוֹן בְּסֵדֶר מִמַּעְלָה לְמַטָּה אֲזַי שָׁמַיִם נִבְרְאוּ תְּחִלָּה וְיִשְׁתַּמֵּר תַּקָּנַת הַשּׁוֹאָתָם בְּאוֹר וְכֵלִים יַחַד כְּטַעַם שֶׁהֻתַּר הָאֶגֶד שֶׁלָּהֶם וְנִקְרְאוּ נְקֻדִּים וְאִם שְׁנֵיהֶם כְּאֶחָד נִבְרְאוּ וְעַל יְדֵי כֵן הַפַּח נִשְׁבָּר וַאֲנַחְנוּ נִמְלָטְנוּ בְּסוֹד בְּרוּדִים שֶׁפֵּרוּשׁוֹ בָּרִים וְדָוִים בְּבֵרוּר הַנְּשָׁמוֹת וְהִתְפַּשְּׁטָן בִּלְבוּשֵׁיהֶם כַּמְבֹאָר בִּמְקוֹמוֹ וְדַי בָּזֶה לְאֹזֶן שׁוֹמַעַת. וְיֵשׁ לְסִתְרֵי הָאֱלֹהִית פָּנִים לִפְנִים וְסוֹד לְסוֹד בְּלֵב נָבוֹן תָּנוּחַ חָכְמָה וְהַצְנֵעַ לֶכֶת עִם אֱלֹהֶיךָ בָּרוּךְ ה' לְעוֹלָם אָמֵן וְאָמֵן:

סְלִיק מַאֲמַר הָעִתִּים